# 宋蜀大字本
# 史記校勘記
（上）

〔清〕管世駿　王舟瑶　撰
張　彧　酆子翔　校點



北京大学出版社
PEKING UNIVERSITY PRESS

**圖書在版編目 (CIP) 數據**

宋蜀大字本史記校勘記：全三册 /（清）管世駿，（清） 王舟瑶撰；張彧，鄷子翔校點．—北京：北京大學出版社，2024.4

ISBN 978-7-301-34250-3

Ⅰ．①宋…　Ⅱ．①管…　②王…　③張…　④鄷…　Ⅲ．①《史記》—校勘　Ⅳ．① K204.2

中國國家版本館 CIP 數據核字 (2023) 第 137977 號

| | |
|---|---|
| **書　　名** | 宋蜀大字本史記校勘記 |
| | SONG SHU DAZIBEN SHIJI JIAOKANJI |
| **著作責任者** | （清）管世駿　王舟瑶　撰 |
| | 張　彧　鄷子翔　校點 |
| **責任編輯** | 武　芳 |
| **標準書號** | ISBN 978-7-301-34250-3 |
| **出版發行** | 北京大學出版社 |
| **地　　址** | 北京市海淀區成府路 205 號　100871 |
| **網　　址** | http://www.pup.cn　　新浪微博：@ 北京大學出版社 |
| **電子郵箱** | 編輯部 dj@pup.cn　　總編室 zpup@pup.cn |
| **電　　話** | 郵購部 010-62752015　發行部 010-62750672 |
| | 編輯部 010-62756449 |
| **印 刷 者** | 北京虎彩文化傳播有限公司 |
| **經 銷 者** | 新華書店 |
| | 650 毫米 ×980 毫米　16 开本　95.25 印張　1210 千字 |
| | 2024 年 6 月第 1 版　2024 年 6 月第 1 次印刷 |
| **定　　價** | 398.00 元（全三册） |

# 目録

# 前言

二〇一九年十二月，《復旦大學圖書館藏古籍稿抄珍本》叢書出版[1]，其中收入一部名爲《宋蜀大字本史記校勘記》（以下簡稱「校勘記」）的稿本，引起了筆者的注意。該校勘記每半葉十一行，行二十一字，小字雙行同。左右雙邊，上下黑口，單黑魚尾，版心中題葉數。每卷卷首天頭右上方鈐有「劉承幹字貞一號翰怡」白文方印、「吴興劉氏嘉業堂藏書印」朱文方印，版框右側空白處鈐有「復旦大學圖書館藏」朱文長方印、「欣夫」朱文方印，共四枚藏書印。可見該書經過劉承幹及王欣夫先生遞藏，最後歸復旦大學圖書館。

由於該校勘記爲稿本，流傳不廣，除了王欣夫先生《蛾术軒篋存善本書録》有簡單的介紹之外，學術界之前對其關注並不多，如《〈史記〉校勘史述論》一文謂「王舟瑶曾撰《宋蜀刻大字本史記校勘記》一百三十卷，……此書也僅僅是以稿本流傳，未能刊行，很是遺憾。同時，筆者尚無機會接觸此校勘記，因此不便發表更多的評論」[2]。有鑒於此，我們有必要在整理該書之前，全面探討該校勘記的作者、性質、底本、體例、成就諸問題，以期釐清、重估該校勘記的學術價值。

## 一、作者及性質考

復旦大學影印本將該書作者題爲王舟瑶，在卷首有該書編者所作《解題》云「王舟瑶撰，民國初王氏稿本。十八册」❸。王舟瑶（一八五八—一九二五），字玫伯，號默盦，浙江黄巖（今台州）人。清光緒十二年（一八八六）入杭州詁經精舍，十五年中舉人，二十八年被京師大學堂聘爲師範館經學科及仕學館歷史科教習，民國建立後潛心收集鄉邦文獻，著有《默盦集》《京師大學堂中國通史講義》《京師大學堂經學科講義》《光緒台州府志》等書。

然而，該稿本並無任何題名，最早著録其作者爲王舟瑶的是王欣夫先生，其《蛾術軒篋存善本書録・辛壬稿》卷二著録有兩部《宋蜀大字本史記校勘記》，一部爲四册，另一部爲十八册，均著録爲「清黄巖王舟瑶撰。手稿本」。❹嘉業堂影印的宋「蜀大字本」《史記》書前有王舟瑶序，序中提到劉承幹請其校勘《史記》一事，王欣夫先生可能據此將其作者題爲王舟瑶。後來，《中國古籍善本書目》將其著録爲「王舟瑶撰，稿本」，❺並未明確其爲手稿本。復旦大學出版社影印本書前《解題》謂據王欣夫先生書目「相關篇目記載」云云，很顯然是繼承了王欣夫先生的説法。然而，據筆者考證發現，該校勘記的實際作者並非王舟瑶，且其性質並非手稿本，而是由手民抄寫的清稿本，具體考論如下。

## （一）作者考

首先是作者問題，該校勘記的第一作者是王舟瑤的同鄉管世駿而非王舟瑤。管世駿（一八六〇—一九一九），字德輿，黄巖人，與王舟瑤同肄業於詁經精舍，光緒壬辰（一八九二）進士，官嚴州府教授，有《管處士年譜》《台州外書訂》《邑乘管窺》等。之所以説管氏爲該校勘記的作者，理由如下：

第一，從校勘記内容來看，參與校勘的至少有兩人。如《周本紀》出文「其登名民三百六十夫」，其原校語云：「《字類》一『丌』下云：『《史記・周紀》「亓登名民三百六十夫」，「亓」當作「丌」，古「其」字。』」天頭有浮籤曰：「今本《字類》作『其登名民三百六十夫』，『其』當作『丌』。丌，古『其』字』，未知尊校所據何本？」可知王氏所見《班馬字類》與管氏所見本不同，故出此條批語（兩者之手迹考證詳下文）；其下又有管氏批注云：「此依别下齋校本。」王氏稱校勘記爲「尊校」，顯然非王氏所校。經王氏審閲之後，管氏又根據王氏批語有所修改，《周本紀》「黎化爲玄黿」出文順序有誤，故王氏在該條校語之上作批語「是條當移次『莫敢發』條之下」，管氏將原校語塗删，又畫綫條乙正，並在「莫敢發之」條後抄出原校語（見圖一）。

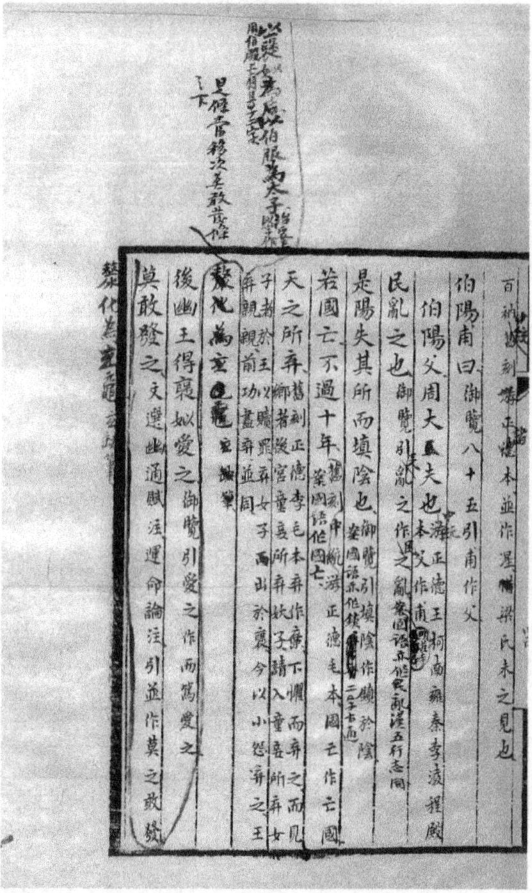

圖一　《周本紀》校語❻

第二，嘉業堂劉承幹影印宋刻前四史，原本是請葉昌熾主持校勘事宜，然而一九一七年葉氏不幸離世，因此劉承幹的朋友章梫在其年十月二十八日向其推薦由王舟瑶「繼菊裳之後任校勘四史」❼。然而，王舟瑶在其自定年譜中説：「烏程劉翰怡京卿（承幹）函請校勘宋本四史，居士以老病辭，惟聞京卿藏書頗富且多舊本，擬明春往觀。」❽劉承幹的邀請可以與嘉業堂日記的記載互證，且年譜中明確表明王舟瑶以年老體弱推辭校勘工作。《重刻蜀大字本史記序》中也明言：「翰怡初欲余爲斠勘一過，余以衰病辭，既而書來督敘，因略書所見於篇首。」再一次提及推辭校勘工作的原因❾。可見，王舟瑶起初並没有答應任校勘一職，而是明確以老病推辭。但民國七年（一九一八）二月，王舟瑶收到劉承幹的邀請至上海嘉業堂觀書，劉氏仍然請他校勘嘉業堂所藏宋版前四史，王舟瑶遂向劉氏推薦了同年管世駿代其觀書並抄録鄉邦文獻❿。這在該年二月二十二日劉氏日記裏也可以得到印證：

午後章一山來談，玫伯年丈于四史一席，已允擔任，惟決計不受薪水，若予必欲酬報，則可爲伊刻書數種足矣。另請一幫辦者擬管德輿，每月非五十元不可，已去函招之矣。⓫

可見，後來王舟瑶答應了劉承幹任「四史一席」之職務，但同時向劉氏推薦了管世駿代其校勘。王舟瑶不收薪酬，但從該稿上的王氏批注文字來看，他還是承擔了部分審閲與修訂工作，而實際的校勘工作由管世駿完成。民國七年三月初十日劉氏日記又載：「夜間與玫伯、德輿談。」⓬日記未記録此次交談内容，但極有可能是在商定校勘體例及工作計劃。

第三，據民國八年八月二十四日劉承幹日記載：「晚以管德輿年丈《史記》校成，自行辭館，明日返里，備筵餞行。……余與德輿又談片時，藉代送行，以明晨啓行，余不及送也。」⓭這段話明確表明了《史記》的實際校勘者是管世駿。如果從民國七年二月開始算起，到此時校畢，歷時已一年半。劉承幹日記裏還有其他綫索，比如民國十年八月十一日：

修書人張天麟昨日到此，王錫生介紹，專修潘明訓之《史記》，以借已數年，爲管德輿年丈損傷，故必須修補好以還之。

是日陶鵬南返武昌，以《史記》已修補好也，尚有《漢書》、《三國志》板在武昌，俟校過後，在武昌修可耳，故此間以後不來矣。⑭

又十一月十六日：

余景刻宋蜀大字本《史記》，抄配頗多，後假得潘明訓君所藏，行格相符，遂以補全，然久假未歸，歷三年矣，今則板已校改無訛，其書爲重装而歸焉，志數語於此，極不忘其雅意也。⑮

雖然劉承幹認爲所藏宋版《史記》是蜀大字本，但實際上是南宋紹興中期淮南西路轉運司刻宋元明遞修本與蜀大字本的補配本（詳下文）。上海藏書家潘明訓藏書齋寶禮堂藏有一百餘部宋版書，其中就有淮南西路本《史記》。嘉業堂藏本有抄本補配，潘氏所藏本亦有殘缺，但正好可以補齊嘉業堂藏本所缺，於是劉氏就向潘氏借來，用作重刻的底本，同時作爲校勘底本。從這兩段日記可以看出，潘氏藏本在校勘的過程中被管世駿損傷，於是劉氏請人修復，可以進一步佐證實際校勘者是管世駿而非王舟瑤。

第四，也是一個最直接的證據，管世駿在給王舟瑤的信札中寫道：

> 《史記》已校過半，重九日偶受風寒，不飯而粥，以致曠課半月餘，頃已無他，而精力衰耗，匪復少時，恐今歲不能校畢也。[16]

此札落款日期是「九月廿七日」，没有具體的年份，結合第二個證據中劉氏所言《史記》校畢日期是民國八年八月，可以推斷出寫這封信的日期當是民國七年，此時管氏已經校了半年有餘。

## （二）稿本性質考

我們認爲，該校勘記的性質是清稿本，又經過了王、管二人的批注與修改，而非管氏手稿本。理由如下：

第一，該稿有正文、批注、修改三種筆迹，三種筆迹當分屬三人。首先是正文，楷書，筆迹比較工整，與其他兩種筆迹（圖二天頭處修改筆迹、圖三天頭處籤條上批注筆迹）皆不同。其修改筆迹與管世駿筆迹近似，如圖五修改筆迹中的「此」字，與圖四管氏手稿《邑乘管窺》中的「此」字筆勢一致；又如校勘記中「元」字兩種筆勢不同的寫法，圖四手稿中亦有相同的兩種寫法，可見校勘記中的修改筆迹爲管氏手迹無疑。校勘記天頭或版框内也有一些批注，有的用浮籤，這些校語的筆迹與王舟瑤筆迹一致，如圖三批語「大小之神條當次四遠條前」，其筆迹與圖六抄本《脚氣集》王氏跋語筆迹相同，可見校勘記中的批注筆迹屬於王氏。然而，也有一部分修改筆迹屬於王氏，王氏筆迹明顯與正文筆迹不同，管氏筆迹則較潦草，其稍工整如圖二半葉末一行管氏所補校語「中統本幣誤弊」一條之字迹，其「誤」字與正文中「誤」字筆勢有明顯不同，此外如「之」「本」等字的寫法也完全不同。可見該稿本的抄寫者並非管氏、王氏，當另有其人。

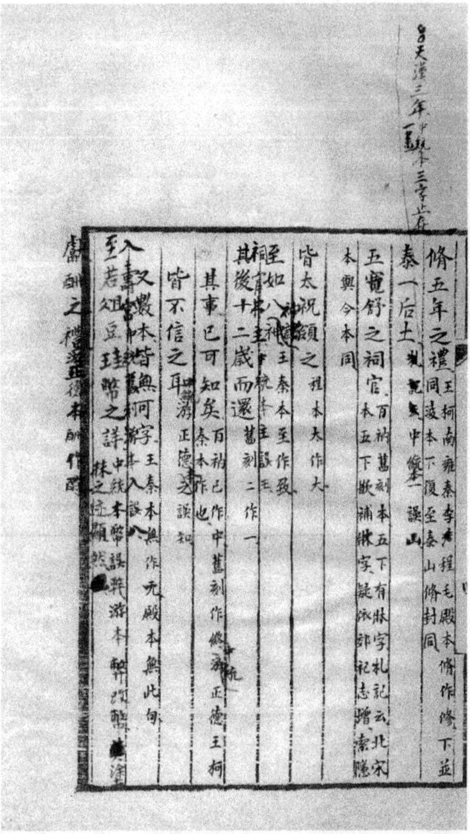

圖二　校勘記正文及修改筆迹[17]

圖三　校勘記天頭處批注[18]

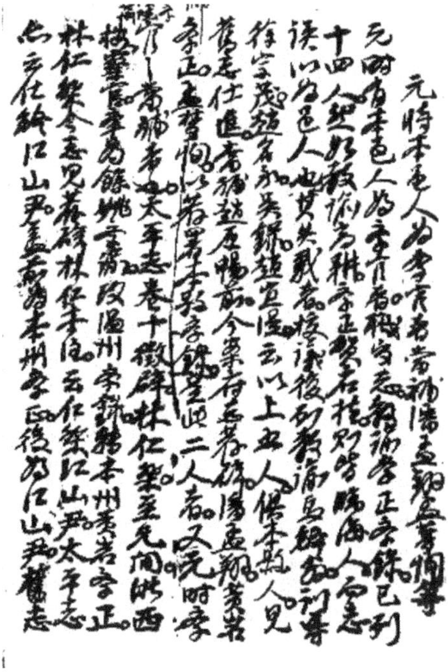

圖四　管世駿手稿本《邑乘管窺》⑲

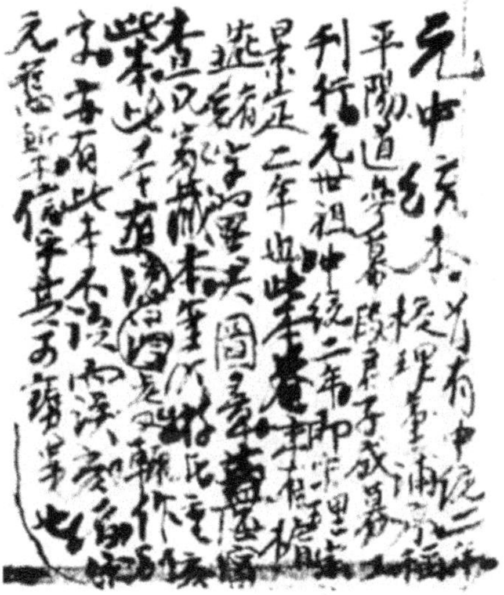

圖五　校勘記天頭處修改筆迹⑳

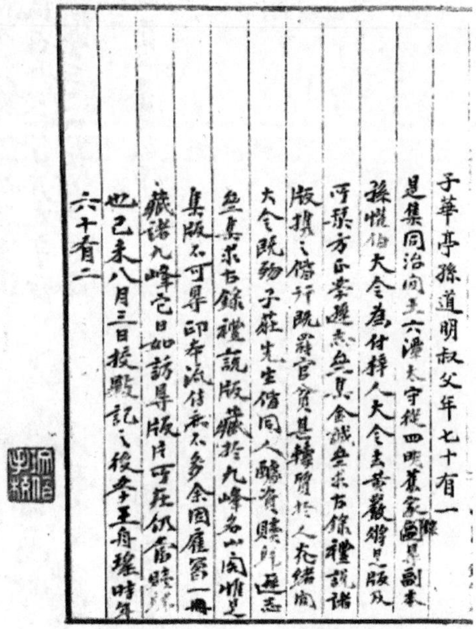

圖六　抄本《脚氣集》王舟瑶跋㉑

第二，該稿每葉版框右上欄綫外題有「吴興劉氏嘉業堂鈔本」，即該稿所用紙張爲劉氏嘉業堂自印抄稿紙，或爲劉承幹請手民過録。該稿多有抄寫訛誤，如「經」誤「維」、「在」誤「座」、「京」誤「宋」、「山」誤「三」、「二」誤「工」、「弟」誤「茅」等，極有可能是手民不熟悉管氏字迹而造成的誤抄。

綜合本節的考察，我們認爲該校勘記的第一作者是管世駿，且該稿本的性質是手民據管氏手稿本謄清的清稿本，並非王氏手稿本。其後經王氏審閲並批改，又經管氏修改，故王舟瑶可以算是該校勘記的第二作者。該校勘記雖然經過了王舟瑶的審閲與批改，但與整部校勘記相比，其條數並不多，具體的校勘工作及校語撰寫均是由管氏獨立完成，故在校勘記的實際作者方面，王欣夫先生及《復旦大學圖書館藏古籍稿抄珍本》編者均失考。作爲校勘記的第一作者，管世駿的功勞不應被掩没。

## 二、底本及通校本

### （一）底本

該校勘記所用底本爲嘉業堂舊藏南宋淮南西路轉運司刻宋元明初遞修本《史記集解》，由於該本有四十五卷元刻本、明清抄本補配，故其補配部分，劉承幹借潘明訓寶禮堂藏同版本的《史記集解》作校勘底本。該校勘記卷首有「宋蜀大字本史記校勘記引據各本」，條列所據底本及參校、通校諸本。其中底本即「宋刻蜀大字本」，下有解題云：

每葉十八行，行十六字，注文每行二十字或二十一字不等，無序跋，有同治己巳吴雲題記，稱舊爲孫敬亭藏本，今歸兩罍軒。案《汲古閣珍藏秘本書目》：「蜀本大字《史記》，有缺。又蜀本大字《史記》半部，有宋刻籤題二條。」《百宋一廛書録》：「有大字宋板《史記》一百十六至一百二十，但有集解，非三家注也。」今此本於宋諱皆缺筆，即毛氏所謂有宋刻籤題，黄氏所謂大字宋板也。……今據此本重刊，所有譌奪悉仍其舊。

校勘記所用底本之一即嘉業堂所藏本，管世駿認爲它是「宋蜀大字本」，並敘其行款、版式、皮藏源流等。該本現藏中國國家圖書館，其《列傳》二十七、三十五、六十六後並有「左迪功郎充無爲州軍學教授潘旦校對，右承直郎充淮南路轉運司幹辦公事石蒙正監雕」兩行題銜，實際上就是南宋淮南西路轉運司刻宋元明初遞修本《史記集解》（下簡稱「淮南西路本」），而非蜀大字本。《嘉業堂藏書志》亦著録該本爲「蜀大字本」，並謂有題銜者爲淮南路補刻[22]。對此前人學者已多有考辨，如賀次君《史記書録》云：「張、莫、黄三氏所見，非真蜀大字本，而爲淮南路無爲州之官刊本，行款字數與蜀大字本相同而已。」[23]嘉業堂影刻本王舟瑶序及劉承幹跋均謂其底本爲蜀刻大字本，賀氏謂：「藏書刻書者多自高其所藏所刻之身價，不足辨也。」[24]

同時，嘉業堂藏本中的補配部分除元刻、明清抄本外，其餘的十八卷補配本是真正的蜀刻大字本。《北京圖書館善本書目》著録的嘉業堂舊藏本所補配的「另一宋刻本」[25]，即嘉業堂本中的蜀大字本部分，存《孝景本紀》《孝武本紀》《衛將軍驃騎列傳》《平津侯主父列傳》《南越列傳》《淮南衡山列傳》《循吏列傳》《汲鄭列傳》《儒林列傳》等十八卷。兩種版本版式、行款相近，如每行均十六字。然而，淮南西路本與蜀大字本的字體有差異，淮南西路本的字體爲歐體字，較爲端整，與宋浙本近似，而補配蜀大字本字體爲顔柳混合體，撇捺長而尖利，較爲清勁，如下圖「何必威嚴哉」之「必」字、「三月爲楚相」之「月爲楚」三字，嘉業堂舊藏中的蜀大字本明顯比寶禮堂舊藏淮南西路本的撇長而尖利（見圖七、圖八）。與舊藏家的認識相同，管氏、王氏均未細究其字體的細微差異，將兩種版本混稱爲蜀大字本。

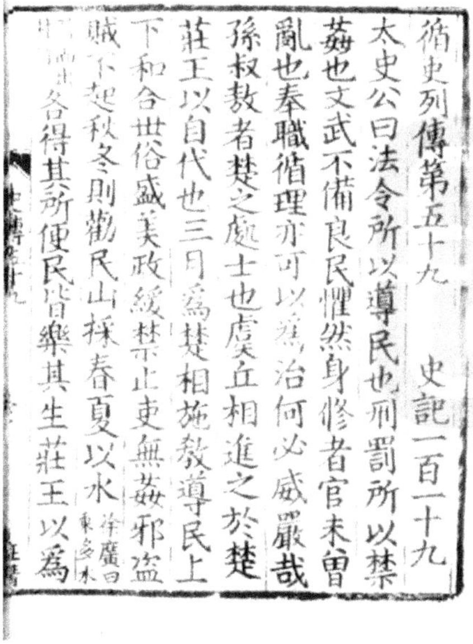
循吏列傳第五十九　史記一百一十九
太史公曰法令所以導民也刑罰所以禁
姦也文武不備良民懼然身修者官未曾
亂也奉職循理亦可以爲治何必威嚴哉
孫叔敖者楚之處士也虞丘相進之於楚
莊王以自代也三月爲楚相施教導民上
下和合世俗盛美政緩禁止吏無姦邪盜
賊不起秋冬則勸民山採春夏以水徐廣曰乘多水
各得其所便民皆樂其生莊王以爲

圖七　寶禮堂舊藏本《循吏列傳》書影　中國國家圖書館藏

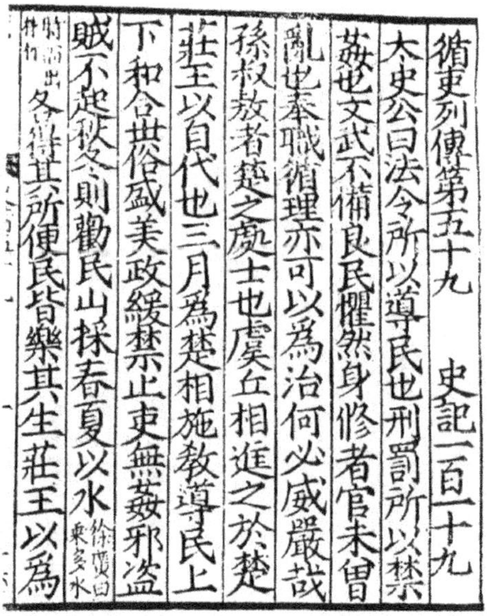
循吏列傳第五十九　史記一百一十九
太史公曰法令所以導民也刑罰所以禁
姦也文武不備良民懼然身修者官未曾
亂也奉職循理亦可以爲治何必威嚴哉
孫叔敖者楚之處士也虞丘相進之於楚
莊王以自代也三月爲楚相施教導民上
下和合世俗盛美政緩禁止吏無姦邪盜
賊不起秋冬則勸民山採春夏以水徐廣曰乘多水
時出竹 各得其所便民皆樂其生莊王以爲

圖八　嘉業堂舊藏本《循吏列傳》書影　中國國家圖書館藏

如前文所言，因爲嘉業堂藏本中有抄配，亦有别本羼入，非復宋本之舊，於是劉承幹向潘氏借其寶禮堂藏本。寶禮堂藏本同樣被視爲蜀大字本，管世駿將其作爲校勘底本之一。寶禮堂本今亦藏中國國家圖書館，其版式與嘉業堂藏本相同，但如前所述，實際上也是宋淮南西路本，而非真正的蜀大字本。校語中將潘氏藏本稱作「潘本」，以示與嘉業堂藏本有所區别。比如《秦始皇本紀》「已而倍盟」下出校語「自八葉『盟』字至十葉係補鈔，今依潘本」，其後「陛階也」下有校語云：「舊刻作『階下也』，非，補鈔本亦同。」[26]可見抄配處用寶禮堂舊藏本來代替，而原補抄本則成了對校本。爲了方便大家清楚地看到該校勘記所用底本情況，我們根據校語等綫索列表如下（表一）。

表一　校勘記所用底本情況表[27]

| 版本 | 所據藏本 | 卷數 | 《史記》卷次 |
|---|---|---|---|
| 淮南西路本 | 嘉業堂舊藏本 | 約六十七卷 | 卷一至卷一〇、卷一三至一四、卷二一、卷二四、卷三一、卷三二、卷三四至三五、卷四〇至五五、卷六八至卷七一、卷七九至卷九六、卷一〇〇至卷一〇三、卷一〇六至一一〇、卷一一四至一一五 |
| 蜀大字本 | 嘉業堂舊藏本 | 十八卷 | 卷一一至一二、卷二二、卷二六至二七、卷三三、卷九七至九九、卷一〇四至一〇五、卷一一一至一一三、卷一一八至一二一 |

續表

| 版本 | 所據藏本 | 卷數 | 《史記》卷次 |
| --- | --- | --- | --- |
| 淮南西路本 | 寶禮堂舊藏本 | 約四十五卷 | 卷一五至二〇、卷二三、卷二五、卷二八至三〇、卷三六至三九、卷五六至六〇、卷六一至六七、卷七二至七八、卷一一六至一一七、卷一二二至一三〇 |

根據上表可以看出，該校勘記所用底本有一百一十二卷爲淮南西路本，十八卷爲蜀大字本。淮南西路本、蜀大字本均屬於九行本《史記集解》的版本系統。目前存世的淮南西路本《史記集解》共有三部，除了中國國家圖書館所藏嘉業堂、寶禮堂舊藏本兩部外，上海圖書館亦藏有一部，僅存三十卷，《中國版刻圖録》謂其「初印精湛，無一補版」[28]，《上海圖書館藏宋本圖録》亦謂其「凡存五百十四葉，初印精湛，無一補版」[29]，而《北京圖書館善本書目》將嘉業堂本、寶禮堂本均著録爲「宋紹興淮南路轉運司刻宋元明初遞修本」[30]，尾崎康先生亦認爲這兩部《史記》屬遞修後印本，「至少經過南宋中期及元代補刻」[31]。然而，與上海圖書館藏初印本相比，「諸遞修後印本相應頁面屬原版者僅二百二十葉，不及初印本之半」[32]。該初印本爲上海甘翰臣非園舊藏之本，甘氏亦在上海，或當時劉承幹無有途徑得知，故管氏並未能利用到該初印本作底本，是一遺憾。關於淮南西路本的版本系統，張玉春先生經過考證其與諸版本宋刻《史記》文字的異同做出推斷，認爲它是日本杏

雨書屋藏北宋本《史記集解》的翻刻本，其文字具有重要的校勘價值[33]。而十八卷的蜀大字本部分則是天壤間僅存，經筆者目驗，它極可能爲初印，未有補版，其文字亦具有重要的校勘價值。該校勘記在底本的選擇上雖然未能利用到非園舊藏初印本，也就是説尚有接近三百葉未能用到初印本，但它與兩千四百餘葉的整部書相比所占不到八分之一，我們推斷它對該校勘記校勘品質的影響是比較小的[34]。

## （二）通校本

該校勘記共選用了十五種《史記》版本作爲通校本，分别是明毛晉汲古閣刻單行《史記集解》本（管氏校語簡稱「毛本」，以下皆是管氏校語簡稱）、明毛晉汲古閣單行《史記索隱》本（《索隱》本）、上海涵芬樓影印涇陽陶氏（即端方）百衲本（百衲本）[35]、元中統本（中統本）、舊刻本、明天順間游明重刻元中統本（游本）、明正德十三年（一五一八）建寧府校刻元中統本（正德本）、明嘉靖六年（一五二七）王延喆翻宋合刻三家注本（王本）、明嘉靖間汪諒合刻三家注本（汪本）、明嘉靖九年（一五三〇）南京國子監刻本（南雍本）、明嘉靖十三年（一五三四）秦藩本（秦本）、明嘉靖十六年（一五三七）李元陽刻本（李本）、明萬曆五年（一五七七）凌稚隆刻本（凌本）、明崇禎元年（一六二八）程正揆刻本（程本）、清乾隆四年（一七三九）經史館校刊本（殿本）。仔細來看，這些通校本是按照版本系統排列的，並非雜亂無章。

首先是《史記集解》單刻本，有毛本、百衲本兩種。由於底本是《史記集解》單刻本，所以把與之同版本系統的《集解》單刻本列在最前。毛晉汲古閣《史記集解》單刻本即毛氏汲古閣刻《十七史》之第一部，該本在内封面上有「毛氏據古本考校」字樣，毛氏没有説此本自何本出，但汲古閣收藏《史記》版本極多，其《史》文及注多與宋刻本同，可以糾正他本《史記》之失，尤其是《集解》注，後人篡亂羼入者不多，清代學者對毛氏本比較重視，推爲《集解》善本。其次是百衲本，解題稱「此本爲劉燕庭方伯喜海所藏，有涵芬樓影印湧陽陶氏本」[36]，即商務印書館涵芬樓在清宣統元年（一九〇九）影宋百衲本。這部百衲本《史記》由四種宋刻本配成，其中兩種《集解》單刻本，包括南宋紹興初年翻北宋本七十五卷，北宋至南宋覆景祐本十九卷，共有九十四卷之多，因此管氏或將其視作《集解》單刻本。這兩種宋刻在當時已算罕見的珍本，管氏在無法利用到其他宋本的情况下，用百衲本來作爲通校本，是十分明智的選擇。

再次是《史記索隱》單刻本，即毛晉汲古閣刻《史記索隱》，解題僅稱其「據北宋秘省大字刊本」，實際上據毛晉跋語，管氏所校爲《索隱》本所出《史》文，《索隱》之《史》文僅出所注之字句，然而從北宋本而來，又經過了毛氏校勘改正，具有較大的校勘價值。

又次是《史記集解》《史記索隱》二家注合刻本，有元中統本、舊刻本、游本、正德本四種。元中統本是元世祖中統二年，即宋理宗景定二年（一二六一）刻本，解題云：「首有中統二年校理董浦序，稱平陽道參幕段君子成募工刊行。」《嘉業堂藏書志》云：「此真元中統本……此吴氏拜經樓藏本，歸之江山劉泖生，又歸之查翼甫。查氏散出，予正校勘《史記》，因爲以重價購之。」[37]則該本即嘉業堂所購查氏舊藏本，游本、正德本據元中統本重刻，因中統本有補版，管氏亦將游本、正德本列爲參校本。中統本所據底本是南宋本，校勘精審，可正它本之誤處甚多，有中統本不誤而重刻本誤刻之處，相對於重刻本而言校勘價值更大。所謂「舊刻本」，張文虎先稱其爲「舊刻本」，《札記》曰：「上海郁氏藏本。字形古樸，雜採《集解》、《索隱》頗略，似元明間刊本，無序跋年月，卷尾多缺壞，蓋書估去之以充宋本，今不敢定，衹稱『舊刻本』。」[38]管校沿用其説，管氏所用參校本與張文虎所用上海郁氏藏本爲同一版本，然而首尾俱全。管氏亦未考證出舊刻本爲何本，我們認爲它實際上是明白鹿書院刻本。校勘記在「五帝本紀卷第一」下出校語云：「中統、舊刻……亦無『卷』字……舊刻此下低一格，分列黄帝、顓頊、帝嚳、帝堯、帝舜各一行。」又在「史記一」下出校語云：「舊刻三字別提行。」[39]白鹿書院本自卷一頂格「五帝本紀第一」，次行低一格列子目，五帝各占一行，又次行頂格「史記一」。與校勘記所述相同，且白鹿書院本無《史記正義》，因此「舊刻本」爲白鹿書院刻本無疑。

最後是三家注合刻本，有王本、汪本、南雍本、秦本、李本、凌本、程本、殿本八種。這八種版本以明刻本爲主。明刻三家注本常見的是「嘉靖三刻」和「南北監本」[40]，嘉靖三刻包括王本、汪本、秦本，南監本有三種，北監本有一種，嘉靖三刻均據宋本重刻，管氏將嘉靖三刻全部作爲參校本，南北監本校勘不精，然南監本優於北監本，管氏衹選用南監本中刻印最早的嘉靖九年（一五三〇）張邦奇校刊本，可謂擇其善者。李本、凌本、程本三本爲《史記評林》本，其中凌本以宋本校刊，程本亦重校勘。清刻祇有一種，即武英殿本，殿本以明監本爲底本，以當時所見善本校勘，並附考證。

由此可知管氏對通校本的選擇並不盲目，大致上按照版本系統由近及遠的關係羅列，所選用的本子或爲宋刻本，或爲校勘性善本，擇善而從，在校語中也按照這個順序排列，可謂深諳校勘之道。不過，按照今天的校勘工作原則，二家注及三家注合刻本作爲參考校本即可，不必進行通校；而據其校語可知管氏亦將其作爲通校本，則稍嫌繁冗。

## 三、校勘體例

該校勘記將《史》文頂格，單獨占一行，《集解》注文低一字，亦單獨占一行，校語兩行。與我們今天的校勘記相比，該校勘記的校勘體例獨具特色，主要體現在出校底本及通校本誤字，出校《史記》版本内容結構，出校避諱字，出校異體字、俗體字，這四個方面。

### （一）出校底本及通校本誤字

該校勘記屬於底本式校勘記，即照録底本，完全保留了淮南西路本《史記》的文字信息，以注記正誤及他本異文的方式出校。我們今天校勘古籍的一個比較常見的原則是對於底本不誤而他本有誤者不出校。而該校勘記不但凡是底本有誤者均出校，比如《周本紀》「國人皆載之」出校語云：

本『戴』誤『載』。」按，作「戴」爲是，淮南西路本作「載」係因形近致誤；又如《吕后本紀》「太后以吕産女趙王后」下出校語云：「各本『女』下有『爲』字，此脱。」而且，該校勘記對於底本不誤而他本有誤者亦出校，比如《吕后本紀》「以太后制天下事也」下出校語云：「王、柯、秦本『制』誤『稱』，蓋涉上『不稱元年者』『稱』字而誤。」羅列了「制」誤「稱」的版本並對致誤原因做出推斷。又如《酷吏列傳》「盜賊惡少年投鉅購告言奸」，出文「投鉅」並云「中統、游、正德、王、柯、南雍、秦、程、殿本『鉅』誤『鉅』」，等等，不勝枚舉。因爲在研究版本系統時，兩本同誤而他本不誤者，對於證明這兩個版本同屬一個版本系統更有説服力，因此這種出校方式有利於我們瞭解、考察《史記》各版本的版本系統。

## （二）出校《史記》版本内容結構

衆所周知，古籍版本包括形式和内容兩個方面，版本形式指的是古籍的物質形式，包括字體、版式、紙張、裝幀形制等方面，即其外形結構；而版本的内容則由正文、序跋、凡例、目録等方面構成，即其内部結構。該校勘記的一個特色就是關注《史記》版本内容的結構，如該校勘記多出校淮南西路本及蜀大字本的卷次、大題、小題等内部結構特徵。比如「五帝本紀卷第一」出校語云：

各本此行不連上序文，惟百衲、毛本同此。百衲本誤本，無「卷」字，中統、舊刻、正德、王、柯、南雍、秦、李、程、毛、殿本亦無「卷」字。……正德本題作「五帝本紀」，而以伏羲、神農列黄帝之前，尤謬。正德、李、程《紀》《表》《書》《世家》《列傳》標題低二格，凌本低一格，均非。

據此條校語可知，淮南西路本與百衲本、毛本的篇題「五帝本紀」及該篇内容緊接着序文，在同一葉，而其他版本則該篇另起一葉。正德本「以伏羲、神農列黄帝之前」，是指正德本將司馬貞所撰《三皇本紀》放於《五帝本紀》之前。淮南西路本與蜀大字本各篇題均頂格，而正德本、李本、程本、凌本之標題均未頂格。管氏對以上兩種變亂行款做法均持否定態度。緊接着的「史紀一」又出校語云：

「紀」本作「記」，此誤。此本及百衲、中統、舊刻此三字别提行。案此本殷周《本紀》等上題「殷本紀第三」「周本紀第四」，下空三格或四格，題「史記三」「史記四」，正合古書大題在下、小題在上之例。王、南雍、秦本，此下空格題「史記一」，甚是。毛本此三字在「五帝本紀第一」之前，非舊式。

按這段校語又説明了淮南西路本的行款格式，清人錢大昕即云：「古書多大題在下。……宋、元以來刻本，皆移大題於上，而古式遂亡。今讀者且不知何語矣。予曾見《史記》宋大字本，亦大題在下（淮南轉運司監雕本）。」[41]錢大昕所謂淮南轉運司監雕本《史記》，或管氏所校淮南西路本，它實際上繼承了寫本大題在下的形制。如日本學者傳抄唐寫本的《夏本紀》《殷本紀》《周本紀》《高祖本紀》[42]，法藏敦煌唐寫本伯二六二七《管蔡世家》都如此[43]，淮南西路本實際上繼承了六朝以來的這種寫本行制。這種形制對後世刻本影響頗深，元明清刻《史記》大部分都予以保留，衹是明清以來的個別的本子將大題移於小題之上，比如毛晉汲古閣刻本《史記集解》，管氏對這種變亂古書形制的版本多持否定態度。

又比如《夏本紀》「帝太康失國」下出校語云：「百衲、舊刻、毛本上空一格，不提行。各本連上不提，下『帝中康』等同。」其實，這種空格亦是保留了古寫本的版式特點，如日本内閣文庫藏日本學者傳抄本《夏本紀》，夏王的世系每王皆提行别書，則百衲本（該卷底本爲南宋紹興初杭州刊本）、白鹿書院等版本之空格或代表另起一行。古籍版本的内部結構也是古籍版本鑒定的重要依據，管氏對此多有出校，有利於我們瞭解《史記》各版本在内容結構上的差異。

## （三）出校避諱字

此外，該校勘記還出校了淮南西路本與蜀大字本避諱缺筆的文字。比如《五帝本紀》「是爲帝顓頊也」下出校語云：「『項』避宋神宗諱缺筆，下『帝顓頊高陽者』『帝顓頊生子曰窮蟬』『顓頊崩』『顓頊氏有不才子』，注『顓頊與嚳』並同，餘不缺。」[44] 又如《齊太公世家》「子莊公購立」，其校語云：「各本『購』作『購』，此避高宗諱缺筆。」[45] 其他如「玄」「敬」「竟」「慎」「胤」「讓」「貞」「完」「敦」「殷」等有缺筆者皆出校。凡是有避諱缺筆的字皆出校，其出文照録底本，並説明何筆有缺，避何人之諱，這些有利於我們進一步研究淮南西路本及蜀大字本對宋朝歷代皇帝避諱的寬嚴情況，更有利於我們研究與討論這兩個版本的刊刻時間。

### （四）出校異體字、俗體字

對於底本之異體字、俗體字，今天出校的一個原則是在不涉及字形辨析時，均可改爲正體字而不出校，而該校勘記對底本及他本用異體字、俗體字者皆出校。比如《夏本紀》「三百里蠻」下出校語云：「舊刻、游本『蠻』作『蛮』，注同，俗省字。」出校了他本俗字。又如《高祖本紀》「至献公時」下出校語云：「各本『献』作『獻』，『献』爲『獻』之俗省，下『皆之邑西獻』，注『獻牛酒』，游本亦作『献』。」出校了底本及他本俗字。通過其校語不難看出，雖然宋刻本有異體字、俗體字，但明刻本尤多，其中又以游明重刻中統本所用異體字、俗體字最多。

以上校勘體例，若以今日之校勘標準來看，頗覺煩冗。但考慮到管氏從事校勘的年代，各本分藏多家，難得彙聚一處，則這種不避煩冗的體例，反而能達到一展卷而衆本在目前的效果。

## 四、成就

該校勘記在版本對校、文字考證、吸收利用前人成果等方面均取得了較高的成就，分別考論如下。

## （一）充分揭示了淮南西路本與蜀大字本的校勘價值

該校勘記充分揭示了淮南西路本與蜀大字本重要的校勘價值，對於我們今天進一步整理、研究《史記》都具有重要的參考意義。二〇一四年中華書局出版點校本二十四史修訂本《史記》，修訂了舊點校本的諸多文字，校勘精審，是迄今爲止《史記》最重要的整理本，然而未利用九行本《史記》及該校勘記。該校勘記對於進一步整理、修訂《史記》具有重要的參考價值，我們選取這個角度來討論其成就。由於它能夠藉以參考並校正、補校新修訂本《史記》之處甚多，兹舉五例以説明之。

其一，《吕太后本紀》云：「齊内史士説王曰：『太后獨有孝惠與魯元公主。』」《集解》云：「如淳曰：『《公羊傳》曰「天子嫁女於諸侯，必使諸侯同姓者主之」，故謂之公主。《百官表》「列侯所食曰國，皇后、公主所食曰邑」，諸侯王女曰翁主。』」㊻管校出文「諸侯王女曰翁主」並云：「中統、舊刻本『王』誤『三』。各本『翁』作『公』，涉上文『公主』而誤，此本是。」按中華書局新修訂本《史記》亦出校，其校勘記云：「『翁主』，原作『公主』，據毛利本、景祐本、紹興本改。按：《漢書》卷一下《高帝紀下》『女子公主』顔師古注引如淳作『翁主』，師古曰：『天子不親主婚，故謂之公主。諸王即自主婚，故其女曰翁主。翁者，父也，言父主其婚也。亦曰王主，言王自主其婚也。』」㊼舊版點校本《史記》與舊刊本《史記》多誤「翁主」爲「公主」，新修訂本所校可信，其按語理由充分。其實出土文獻比如張家山漢墓竹簡《二年律令・置吏律》有云：「諸侯王女毋得稱公主。」㊽可見吕后二年有法律明確禁止諸侯王女稱「公主」，故當作「翁主」爲是。然而新修訂本《史記》未將淮南西路本作爲參校本，可據管氏校語補校。

其二，《高祖功臣侯者年表》云：「蓋周封八百，幽厲之後，見於《春秋》。《尚書》有唐虞之侯伯，歷三代千有餘載，自全以蕃衛天子。……漢興，功臣受封者百有餘人。」[49]管校出文「見於春秋尚有唐虞之侯伯」並云：「各本『尚有』作『尚書』，春秋時國名，不得謂見《尚書》，『書』字誤，此本無之，視他本爲勝。」管校甚是，此與《尚書》無涉，「書」字涉「尚」字而誤。徐仁甫引吴闓生曰：「疑『書』爲衍字，言周之八百，至幽厲後，見春秋者，尚有唐虞之侯伯也，如庭堅之後是已。此處與《尚書》無涉。」並云：「吴説甚是。此因尚而增書字，猶《禮記》因諸而增侯字。」[50]「尚」義爲仍然，這段話講的是周代分封，到了幽王、厲王之後，在春秋時期仍然有唐虞之侯伯的後代，在千年之後作爲諸侯國來保衛周天子，與《尚書》無涉。新修訂本未出校，當依淮南西路本及該校勘記出校。

其三，《天官書》云：「欲終日有雲，有風，有日。日當其時者，深而多實。」[51]管校出文「當其時者」並云：「各本『當』上有『日』字，《志疑》云：『「有日」下誤複一「日」字。』」並未輕下按斷，而是引《史記志疑》之説作爲支撑。該句下文又有「無雲有風日，當其時」「有雲風，無日，當其時」「有日，無雲，不風，當其時者」三種情況，均是通過觀察「臘明」或「正月旦」這一天是否有雲、有風、有日，綜合這三項因素來占卜作物在一年中的生長與收成情況。「有雲，有風，有日」這三者正當其時，已經是一種最好的情況了，不應當重複「日」字，因此其一「日」字爲衍文。新修訂本《史記》未出校，當據蜀大字本及該校勘記出校。

其四，《酈生陸賈列傳》云：「天下雖有變，即權不分。爲社稷計，在兩君掌握耳。」[52]管校出文「即權不分權不分」云：「百衲、中統、舊刻、游、正德、毛本同，各本脱下『權不分』三字。」按臺北傅斯年圖書館藏北宋末南宋初覆刊景祐本、中國國家圖書館藏南宋覆刻北宋十四行本《史記集解》亦重「權不分」三字，日本高山寺寫本作「權〻不〻分〻」，用重文符號表示。該句上有「將相和調，則士務附；士務附」，《漢書·酈陸朱劉叔孫傳》亦重「權不分」三字[53]，《史記會注考證》云：「高山寺本『即』作『則』。高山寺、楓山本，重『權不分』三字，與《漢書》合。」[54]兩個「權不分」分屬兩句，缺一不可。在《史記》從寫本到抄本的過渡過程中，刻工因忽略重文符號而誤脱「權不分」三字，當據管氏校語補。

其五，《淮南衡山列傳》云：「及太子爽坐王告不孝，皆弃市。」[55]管校出文「坐告王不孝」並云：「南雍、李、凌、程、殿本同，百衲作『主告不孝』，中統、舊刻、游、正德、王、柯、秦本作『王告不孝』，毛本作『王后不孝』，並無『坐』字。《異同》作『王告不孝』，『王』上細書『坐』『告』二字，『告』字細書『父』字。劉辰翁評云：『《史記》文順。《漢書》添『告』字，贅辭。『告王父』雖異，不如『王告不孝』直。』案《漢書》云『及太子爽坐告王父不孝』，則當讀『坐告王』句，『不孝』句。此本爲勝。《漢書》作「及太子爽坐告王父不孝，皆棄市」[56]，本於《史記》而添一「父」字。漢代的法律，提倡「親親得相首匿」，反過來講，如果不爲親屬匿罪而告發親屬，則與容隱的精神相違背，所以嚴格制裁子孫告發父母的行爲。劉爽因告發其父淮南王謀反而被棄市。張家山漢簡《二年律令·告律》記載：「子告父母、婦告威公、奴婢告主、主父母妻子，勿聽而棄告者市。」[57]從出土文獻來看，其句式均作「告某」，因此當作「告王」爲是。新修訂本《史記》未出校，當依照蜀大字本及該校勘記出校。

## （二）善於運用小學的方法考證《史記》文字

有清一代，專書校勘深入發展，許多學者親自校勘了大量古書，取得了豐富的實踐經驗，也出現了如盧文弨《群書拾補》、王念孫《讀書雜志》、錢大昕《廿二史考異》、王鳴盛《十七史商榷》、俞樾《古書疑義舉例》、梁玉繩《史記志疑》等一大批校勘專著或相關著作。他們擅長把小學的研究成果應用於校勘，都對《史記》考訂有突出的貢獻，但運用版本對校則不太多。我們知道，小學的理論與方法可以解決古籍在流傳過程中由於漢字演變而造成的認錯、讀錯以及解釋錯誤的問題，並不能確定原著者所用的原字是哪一個。對於古籍整理、校勘的考據來説，首要的證據就是版本的根據。因此，在版本對校的基礎上，再用小學的方法來解決問題，在《史記》校勘中就比較少見了。而該校勘記則在有版本依據的基礎上較多地運用了小學的方法來考證《史記》文字。

管氏善於運用小學的方法考證《史記》文字，主要表現在文字學方面。比如《五帝本紀》「脩身而天下服」，管氏校語云：「凌、毛本『脩』作『修』。《治要》同。案《説文》『脩，脯也』，『修，飾也』，經傳多段『脩』爲修治字。」「脩」本義爲乾肉，假借作整治、治理意義的「修」。比如《平津侯主父列傳》「由民困而主不恤，下怨而上不知，俗已亂而政不脩，此三者陳涉之所以爲資也」，又「故賢主獨觀萬化之原，明於安危之機，脩之廟堂之上，而銷未形之患」，《漢書·主父偃傳》皆作「修」。因此淮南西路本作「脩」是正確的。

又如《五帝本紀》「迎日推策」，管氏校語云：「舊刻『策』作『測』，凌本作『筴』，《字類》五亦引作『筴』，云『與策同』。案『策』爲『册』叚借字，俗作『筴』。」按《史記》借「策」爲「册」，屬「本有本字的假借」[58]。按照《説文》，「策」的本義是趕馬的馬箠，古書中常常借「策」爲「册」。該條校記用通假字的知識説明了《史記》作「策」的正確性，而「測」「筴」顯誤。

將文字學的知識自覺地運用到《史記》文字考證之中，並融爲校勘記的一部分，可以説管氏繼承了乾嘉考據學派的優良傳統。

## （三）用版本資料證明、修正前人成果

該校勘記注意利用《讀書雜志》《史記志疑》《校刊史記集解索隱正義札記》等前人的校勘考證成果，其利用方式除了簡單的引用之外，還在此基礎上證明、闡發、修正前人成果，這是難能可貴的。比如《封禪書》出文「言候獨見其星出如瓜」，其校語云：

百衲「其」作「填」，各本作「旗」。《讀書記》云：「『旗』當從《漢書》作『填星』，故下云『信星昭見』也。」《志疑》云：「當依《補紀》作『其星出如瓠』爲是，蓋即指上文茀於東井、三能之星

也。」案梁説是也，此本作「其」，獨與《武紀》合，蜀刻之勝於他本如此。

此條校記首先交代了各本的異文，又轉述何焯《義門讀書記》、梁玉繩《史記志疑》的看法，又利用《武帝本紀》本校，最後是下結論。北宋末南宋初覆景祐本亦作「其」[59]，管氏的判斷是正確的。

又如《天官書》出文「前方而高後兑而卑者卻」，其校語云：

南雍、李、凌、程、殿本「郤」作「郄」，百衲作「前方而後高者兑，後兑而卑者郤」，與《漢志》合。中統、舊刻、游、正德、王、柯、秦本作「前方而後高，兑而卑者郄」，毛本作「前方而後高，兑而卑者郤」，《字類》五引作「雲氣兑而卑者郤」，《雜志》云：「武進顧子明曰：『下文云「氣相遇者，卑勝高，兑勝方」，卑與高對，兑與方對，當依《晉志》作「前方而高，後兑而卑者郤」。』今本《史記》『高』『後』二字互易，《漢書》則『高』上衍『後』字，『高』下又衍『者兑』二字。」案此本與《晉志》合，則《史記》『高』『後』二字未嘗互易，蜀刻之精如此，惜不令王氏見之也。

按金陵書局本作「前方而後高者兑，後兑而卑者卻」，點校本二十四史本及新修訂本《史記》均沿誤。王念孫《讀書雜志》所據底本爲震澤王氏本，作「前方而後高，兑而卑者卻」，又以前人之説疑「高」「後」二字互倒，然而無其他版本依據。管氏則對校諸本，南雍、李、凌、程、殿本同淮南路本，證「前方而高」「後兑而卑」相對偶，它本「高」「後」二字誤倒，「者兑」二字爲衍文，從而證明了王念孫考證成果的正確性。《隋書·天文志》云：「前方而高，後鋭而卑者却。」[60]當承自《史記》，其文不誤。上文「前卑而後高者，疾」，下文有「前高而後卑者，不止而反」「氣相遇者，卑勝高，兑勝方」，「卑」「高」「兑」「方」均是形容雲氣，「疾」「卻」「不止而反」則是形容軍隊，而「兑」不可用來形容軍隊，故「者兑」二字爲衍文。依照文例，「卑」與「高」相對，「兑」與「方」相對，「方而高」與「兑而卑」相對，「方」與「高」不可相對。故「後高」爲「高後」二字誤倒，「者兑」二字衍，當依蜀刻本。

該校勘記對前人校勘成果的利用主要集中于張文虎的《校刊史記集解索隱正義札記》。該校勘記對《札記》不但多次引用，且對其失當之處有所修正，主要集中在張文虎誤校、漏校之處。比如《齊太公世家》「闞止有寵焉」，其校語云：

《索隱》「闞」作「監」，云「『監』，《左傳》作『闞』，音苦濫反」。《考異》云：「《田齊世家》作『監止』，此史公本文也，此篇作『闞』，乃後人妄改。」《札記》云：「官本『監』，與《索隱》合。」案殿本作「闞」，《考證》無説，張氏誤記，以爲作「監」也。

今檢中國國家圖書館、北京大學圖書館藏武英殿本《史記》，均作「闞」而未作「監」，故此處或爲張文虎誤記。又如《衛康叔世家》「鸖可令擊翟，翟於是遂入」，其「翟於是遂入」校語云：

舊刻、南雍、李、程、殿本同，各本無「翟」字，凌本旁注「一本『翟』下有『翟』字」。《志疑》云：「『擊翟』句下，一本重『翟』字，是。」《札記》云：「官本有『翟』字，與凌引一本合。」案：舊刻、南雍諸本並有「翟」字，何以不引？

金陵書局本重「翟」字，張文虎衹是列出官本（即殿本）與之相同，並未羅列衆本異文，而管校不僅全面出校與之文字相同的版本，同時説明衆本異文。又如《外戚世家》「及代王立爲帝」，其校語云：

凌本旁注「一本『及』作『後』」，《札記》云：「中統、游、王、柯本『及』作『後』。」案中統、游、王、柯本並作「及」，不作「後」。

今覆校中國國家圖書館藏中統、游、王、柯諸本均作「及」，則張氏誤校。總的來説，其實兩書除底本外，所用校本差别並不是很大，但張氏之成書較早，且其重點不是放在通校上，其性質更偏重於文字考證，因此僅出校個别版本的異文，並不全面，這樣就在通校方面給了該校勘記更大的提升空間。管世駿對張文虎在版本通校方面的補正，也展現出了該校勘記的旨趣與特點。

## 五、結語

以上，我們考辨了該校勘記的作者、性質、底本、通校本、特點、成就諸問題。該校勘記是在葉昌熾未竟的工作基礎上完成的，本要附刻於劉承幹嘉業堂影刻蜀大字本《史記集解》之後，作爲全書的一部分，惜未能付梓。在民國的《史記》校勘史上，該校勘記可以算得上第一部出校充分、體例嚴謹的《史記》專書校勘記。此後，隨着《史記》的不斷流傳，出現了多部《史記》的專書校勘記，如

《百衲本史記校勘記》《景祐本史記校勘記》等。

雖然王舟瑶没有承擔具體的校勘工作，但王舟瑶對抄稿的的批注、删改使該校勘記的品質得到進一步提升。比如《五帝本紀》「祡，望秩於山川」之「祡」字，原校語云：「百衲、毛本同，舊刻譌「柴」，各本作『柴』，注同，舊刻注亦作『柴』。」王舟瑶在其後增補云：「案以『祡』爲正，《説文》『祡』下引《虞書》作『祡』。」則進一步判斷了異文的是非。類似的批注有數十條，均被管世駿採納。王欣夫評價該校勘記云：「一展卷而各本面目，燦然具呈，誠爲校讀《史記》之淵海。……經有阮氏《校勘記》而史則未聞其匹，今此視阮氏書未知如何？」[61]可以説是很高的評價。管、王二人俱肄業於杭州詁經精舍，師承俞樾，具有很好的考據學功底，因此保證了該校勘記的校勘水準。該校勘記最重要的成就是揭示了淮南西路本及蜀大字本的文字價值，而點校本二十四史修訂本《史記》的校勘工作未能利用到這兩個版本及該校勘記。

此次整理，由我與鄧子翔師弟共同完成，我負責《本紀》《表》《書》《世家》部分，師弟負責《列傳》部分，最後由我來覆校並統一體例。師弟工作認真，盡心盡力，在此對他表示感謝。也要感謝我的導師安平秋先生以及楊海峥先生對我們整理工作的關心與指導。還要感謝北京大學出版社馬辛民主任的大力支持，感謝責任編輯武芳老師耐心而細緻地審閲了本書的全部書稿，並提出了寶貴的修改意見。

最後，希望本書的出版能夠給《史記》的研究者提供便利，成爲有用的參考資料，並進一步推動

《史記》的整理與研究。由於我的水平有限和見之不廣，本書也必然存在一些缺點以至錯誤，在此懇請讀者批評指正。

張彧

二〇二一年十月一日於蔚秀園

【注释】

❶ 陳思和、嚴峰主編：《復旦大學圖書館藏古籍稿抄珍本》第一輯，復旦大學出版社，二〇一九年。

❷ 安平秋、張興吉：《〈史記〉校勘史述論》，《文獻》二〇〇九年第二期，第八六頁。

❸ 樂怡：《〈宋蜀大字本史記校勘記〉解題》，《復旦大學圖書館藏古籍稿抄珍本》第一輯第一二册，第三頁。

❹ 王欣夫撰，鮑正鵠、徐鵬整理：《蛾術軒篋存善本書録·辛壬稿》卷二，上海古籍出版社二〇〇二年，第四六五—四六六頁。

❺ 《中國古籍善本書目》編輯委員會編：《中國古籍善本書目》卷五，上海古籍出版社一九九一年，第二册，第一〇頁。

❻ 《宋蜀大字本史記校勘記》，《復旦大學圖書館藏古籍稿抄珍本》第一輯第一二册，第九八頁。

❼ 劉承幹著，陳誼整理：《嘉業堂藏書日記抄》下册，鳳凰出版社二〇一六年，第三三五頁。

❽ 王舟瑶：《默盦居士自定年譜》，《北京圖書館藏珍本年譜叢刊》第一八五册，北京圖書館出版社一九九九年，

第四九一頁。

❾ 王舟瑶：《重刻蜀大字本史記序》，民國十年（一九二一）嘉業堂影刻本。按：牌記題曰「己未孟春吴興劉氏嘉業堂影宋蜀大字本」，己未爲民國八年，而作序的時間是「辛酉季秋」，即民國十年，則影宋本《史記》實際刻成時間當爲一九二一年。

❿ 《默盦居士自定年譜》，《北京圖書館藏珍本年譜叢刊》第一八五册，第四九一—四九二頁。

⓫ 《嘉業堂藏書日記抄》下册，第三四二頁。

⓬ 《嘉業堂藏書日記抄》下册，第三四四頁。

⓭ 《嘉業堂藏書日記抄》下册，第三七六頁。

⓮ 《嘉业堂藏书日记抄》下册，第四一九頁。

⓯ 《嘉業堂藏書日記抄》下册，第四二四頁。

⓰ 陳廣建主編：《台州鄉賢書畫名蹟》，中國藝術出版社二〇一一年，第六四頁。

⓱ 《宋蜀大字本史記校勘記》，《復旦大學圖書館藏古籍稿抄珍本》第一輯第一二册，第二六八頁。

⓲ 《宋蜀大字本史記校勘記》，《復旦大學圖書館藏古籍稿抄珍本》第一輯第一二册，第八頁。

⓳ 管世駿：《邑乘管窺》卷上，《浙江圖書館稀見方志叢刊》第三八册，國家圖書館出版社二〇一一年，第三六五頁。

⓴ 《宋蜀大字本史記校勘記》，《復旦大學圖書館藏古籍稿抄珍本》第一輯第一二册，第二一頁。

㉑ 沙鷗：《〈脚氣集〉的前世今生》。按，該抄本爲沙鷗所藏，配圖見微信公衆號「道里臺」二〇一九年十月十九日推文。

㉒ 繆荃孫、吴昌綬、董康撰，吴格整理點校：《嘉業堂藏書志》卷二《史部》，復旦大學出版社一九九七年，第一八

三—一八四頁。

㉓ 賀次君:《史記書録》,商務印書館一九五八年,第六六頁。

㉔ 《史記書録》,第一〇三頁。

㉕ 北京圖書館編:《北京圖書館善本書目》卷二《史部上》,中華書局一九五九年,第二册,第二頁下。

㉖ 《宋蜀大字本史記校勘記》,《復旦大學圖書館藏古籍稿抄珍本》第一輯第一二册,第一三四頁。

㉗ 按,此表爲大致情況,嘉業堂舊藏本六十七卷除上述《秦始皇本紀》八葉「盟」字至十葉爲抄補外,還有部分葉爲抄補或别本補配,管氏均以潘本作底本,兹不一一注明。

㉘ 北京圖書館編:《中國版刻圖録》,文物出版社一九六一年,第一册,第二六頁。

㉙ 上海圖書館編:《上海圖書館藏宋本圖録》,上海古籍出版社二〇一〇年,第一〇八頁。

㉚ 《北京圖書館善本書目》卷二《史部上》,第二册,第二頁下。

㉛ [日]尾崎康:《正史宋元版之研究》,中華書局二〇一八年,第二四八頁。

㉜ 《上海圖書館藏宋本圖録》,第一〇八頁。

㉝ 張玉春:《史記版本研究》,商務印書館二〇〇一年,第一九三頁。

㉞ 筆者曾對照中國國家圖書館藏嘉業堂及寶禮堂舊藏的這兩部九行本《史記集解》,其初刻後印部分及遞修補版部分的文字均没有差異,故這兩部書互相補配,不會對該校勘記的校勘品質産生影響。然而,筆者未能目驗上海圖書館所藏初印本,至於其與國圖所藏兩部後印本文字之間的差異對該校勘記校勘質量産生的影響,我們暫作如上推斷。

㉟ 按《百衲本二十四史》中的《史記》，爲張元濟所輯南宋建安黄善夫刊三家注合刻本，由涵芬樓在一九三七年影印出版，我們下文中所提及的百衲本均是涵芬樓一九〇九年影涇陽陶氏百衲本，均非《百衲本二十四史》本。

㊱ 《宋蜀大字本史記校勘記》，《復旦大學圖書館藏古籍稿抄珍本》第一輯第一二册，第八頁。

㊲ 《嘉業堂藏書志》卷二《史部》，第一八四頁。

㊳ 張文虎撰：《校刊史記集解索隱正義札記》卷一《本紀》，中華書局二〇一二年，第一册，第一頁。

㊴ 《宋蜀大字本史記校勘記》，《復旦大學圖書館藏古籍稿抄珍本》第一輯第一二册，第一二、一三頁。

㊵ 按這兩種説法最早由安平秋先生提出，見《史記版本述要》，《古籍整理與研究》一九八七年第一期，上海古籍出版社，第二八頁。

㊶ 錢大昕：《十駕齋養新録餘録》卷上，上海書店出版社二〇一一年，第四〇五頁。

㊷ 傳統上學界認爲這些寫本是六朝寫本或唐寫本，但近幾年一些學者考證認爲這些寫本大部分是日本學者的傳抄本，如李由《從日傳〈史記〉抄本看〈史記〉新修訂本的校勘》，《域外漢籍研究集刊》二〇一五年第十二輯；蘇芃《日本宫内廳藏舊抄本〈史記·高祖本紀〉年代新證》，《文學遺産》二〇一九年第一期。儘管如此，它們的底本都是六朝寫本或唐寫本，保存了古抄本之形制。

㊸ 按該卷爲殘本，《管蔡世家》存後半段，其末尾有「管蔡世家第五，史記」八字。

㊹ 《宋蜀大字本史記校勘記》，《復旦大學圖書館藏古籍稿抄珍本》第一輯第一二册，第二〇頁。

㊺ 《宋蜀大字本史記校勘記》，《復旦大學圖書館藏古籍稿抄珍本》第一輯第一三册，第二五五頁。

㊻ 《史記》卷九《吕太后本紀》，中華書局二〇一四年，第五〇六—五〇七頁。

㊼《史記》卷九《吕太后本紀》，第五二二頁。

㊽張家山二四七號漢墓竹簡整理小組編：《張家山漢墓竹簡（二四七號墓）》，文物出版社二〇〇六年，第三九頁。

㊾《史記》卷一八《高祖功臣侯者年表》，第一四〇九頁。

㊿徐仁甫：《史記注解辨正》卷二，中華書局二〇一四年，第四九頁。

51《史記》卷二七《天官書》，第一五六八頁。

52《史記》卷九七《酈生陸賈列傳》，第三二七一頁。

53《漢書》卷四三，中華書局一九六二年，第二一一五頁。

54［日］瀧川資言考證，楊海峥整理：《史記會注考證》卷九七《酈生陸賈列傳》，上海古籍出版社二〇一六年，第三五一一頁。

55《史記》卷一一八《淮南衡山列傳》，第三七六二頁。

56《漢書》卷四四《淮南衡山濟北王傳》，第二一五六頁。

57《張家山漢墓竹簡（二四七號墓）》，第二七頁。

58裘錫圭先生將借「策」爲「册」歸入「本有本字的假借」，並説：「古代常常借『策』爲『册』。」見《文字學概要》（修訂本），商務印書館二〇一三年，第一七九頁。

59《史記》卷二八《封禪書》，臺灣二十五史編刊館影印北宋至南宋覆景祐本，第二七頁上。

60魏徵、令狐德棻撰：《隋書》卷二一《天文下・雜氣》，中華書局一九七三年，第五九一頁。

61《蛾術軒篋存善本書録・辛壬稿》卷二，第四六七頁。

# 凡例

一、此次點校以復旦大學圖書館藏清稿本《宋蜀大字本史記校勘記》（簡稱「《校勘記》」）爲底本。

二、《校勘記》原不分卷，亦無目録，各篇題多以出文的形式列出。此次整理，對照二〇一四年中華書局點校本二十四史修訂本《史記》（以下簡稱「新修訂本《史記》」）增加了卷次、篇題，並編制了目録。

三、《校勘記》原所出《史》文頂格，注文空一格，此次整理仍將《史》文頂格，注文則空二格。

四、《校勘記》所出《史》文之下，標出其所對應新修訂本《史記》的册數、頁碼，無則闕之。

五、此次整理，對《校勘記》的出文部分做了覆校，力求反映其底本原貌，所用覆校本分别如下：

（一）國家圖書館藏嘉業堂舊藏南宋淮南西路刻本《史記集解》，簡稱「嘉業堂本」。

（二）國家圖書館藏寶禮堂舊藏南宋淮南西路刻本《史記集解》，簡稱「寶禮堂本」。

六、對於《校勘記》通校諸本，如手民抄寫難以辨識者或有疑誤之處，均做覆校，此外一律不做覆校。覆校所用版本隨文出注，若爲通行整理本，則不注明其出版信息。

七、《校勘記》出文及校語中的異體字、俗體字，管世駿、王舟瑶二人（簡稱「管、王二人」）視爲異文且有校語指出者一律照録，其餘統一改爲正體字。出校之避諱字一律照録，其餘全部回改。出校之殘泐字（係版片漫漶所致）均照録，如不影響文義，則改用原字。

八、《校勘記》出文及校語文字訛脱衍倒，手民初抄有承襲管氏之誤或誤抄而二人未做改動者，均予以改正並出校。

九、管、王二人對該稿内容上的删改、補充，照録其删改後的文字，不出注説明删改、補充過程。

十、管、王二人對該稿所作批語，一律在正文對應的校語下出注。

十一、對於校語中的引文，整理時均做覆覈，文字有輕微差異而與文義無涉者，不予改動，確屬手民筆誤或管、王二人誤記者，則予以改正並出校。

# 宋蜀大字本史記校勘記引據各本

**宋刻蜀大字本**　每葉十八行，行十六字，注文每行二十字或二十一字不等。無序跋，有同治己巳吴雲題記，稱舊爲孫敬亭藏本，今歸兩罍軒。案《汲古閣珍藏秘本書目》：「蜀本大字《史記》，有缺。又蜀本大字《史記》半部，有宋刻籤題二條。」《百宋一廛書録》：「有大字宋板《史記》一百十六至一百二十，但有集解，非三家注也。」今此本於宋諱皆缺筆，即毛氏所謂有宋刻籤題，黄氏所謂大字宋板也。其《列傳》二十七、三十五、六十六並有「左迪功郎充無爲州軍學教授潘旦校對，右承直郎充淮南路轉運司幹辦公事石蒙正監雕」，則爲宋時刻板明矣。今據此本重刊，所有譌奪悉仍其舊，惟中有鈔配及別本羼入者，非復宋本之舊，兹於鈔配者以潘氏藏本補校，潘本與此本板式相同，有「郎邪王敬美氏收藏圖書」印及「毛晉秘篋汲古閣世寳」「隱湖毛表圖書」，蓋本王氏世懋家藏本，後歸汲古毛氏。❶

**毛晉汲古閣單行集解本**　毛於《重鐫經史目録》云：「隨遇宋板精本，考校此書，每卷有『審定宋本』字様。崇禎十四年開雕。」光緒四年，金陵局本題「仿汲古閣本刊」，然時有剜改，非原本也。

---

❶ 此條上有王氏浮籤曰「此條宜再考」。

**又單行索隱本**　據北宋祕省大字刊本。

**宋百衲本**　錢曾《讀書敏求記》：「予昔藏宋刻《史記》有四，此本乃集諸宋板，共成一書。大小長短，各種咸備。李沂公取桐絲之精者，雜綴爲一琴，謂之百衲，予亦戲名此爲百衲《史記》。」此百衲之名所由昉也，有集解、索隱，此本爲劉燕庭方伯喜海所藏，有涵芬樓影印洇陽陶氏本。❶

**元中統本**　首有中統二年校理董浦序，稱平陽道參幕段君子成募工刊行。元世祖中統二年，即宋理宗景定二年也。此本卷末有「檀燕緒字翼夫」圖章，蓋海寧查氏家藏本。案明游氏重刻此本，此本有漫漶處，輒作別字，亦有此本不漫而誤刻者，宋元舊槧，信乎其可寶貴也。

**舊刻本**　張氏文虎云：「上海郁氏藏本，雜采集解、索隱頗略，似元明間刊本。」當即此書，惟張稱卷尾多缺壞，此本則首尾俱全，蓋與郁本同一書而別行也。書中於集解雖不全載，然《史》文與今本異者，俱足以資考證。首有莫友芝圖印，蓋獨山莫氏家藏本。

**明天順間游明重刻元中統本**　此本題豐城游明大昇校正新增，明字大昇，南昌豐城人，天順中爲福建按察司僉事，提督學校滿九載，進副使，仍提督學校，成化間卒，見《萬姓統譜》。此書重刻元中統本，兼列集解、索隱而無正義，惟卷首載張氏《正義序》及《論例》《謚法解》等數葉耳，首有中統二年董浦序。

**正德十三年建寧府校刻元中統本**　有李堅、張文麟等序，李稱句數字尋，正以監本。首載中統二年董浦

---

❶ 此條上有王氏浮籤曰「此條宜再考」。

序，蓋用中統本而以監本校正。

**嘉靖六年王延喆翻宋合刻三家注本**　自跋稱取舊藏宋刊《史記》重加校讐，翻刻于家塾，工始嘉靖乙酉臘月，迄丁亥之三月。毛晉刻《索隱》單行本，書後云倘有問張守節《正義》者，有王震澤先生行本，在其推重也至矣。

**嘉靖間汪諒合刻三家注本**　柯維熊校，世稱柯本，前有嘉靖四年費懋中序，後有嘉靖六年維熊自跋，今本均未見，蓋書估去之，欲以充宋槧。

**嘉靖九年南雍本**　南監舊有《史記》三本，惟中本較完，景泰四年、正德十年均有刊補。此本爲南京國子監祭酒張邦奇、司業江汝璧校刊，於集解、索隱、正義稍有刪節，至萬曆二十四年馮夢禎又刊之。時北監亦有刊本，不若此本之善。

**嘉靖十三年秦藩本**　合刻三家注，與王本同，而改正處亦時有之。此本爲莫友芝所藏，莫謂王本《周本紀》二十七葉脱索隱一條、正義二條，柯本《秦本紀》三十二葉脱索隱一條、正義一條，秦本則王、柯所闕之二葉皆不缺，則亦足以補王、柯之疏略矣。

**嘉靖十六年李元陽刻本**　卷九及卷五十五題楊慎、李元陽輯訂，卷四十七題楊慎、李元陽訂刻，卷末題嘉靖十六年丁酉福州府知府胡有恒、同知胡瑞敦雕。凌氏穉隆《評林》「引用書目」，首楊慎《史記題評》，即此本也。慎戍滇時，與元陽爲至交，世稱中谿先生，其巡按福建時，嘗刊《周易兼義》九卷，謂之閩本，又謂之九行本。此書亦按閩時所刊，與所刊《班馬異同》同在嘉靖丁酉。莫氏《宋元舊本書經眼録》謂「明人好尚評論，是書刻有評者，蓋昉乎此」。

**萬曆五年凌稺隆刻本**　自云以宋本與汪本字字詳對，有不合者又以他善本參之，梁氏《志疑》所引湖本即此，此後徐氏孚遠、陳氏子龍《測議》刊於崇禎五年，專據此本，而注多删削，且有誤字。又如萬曆十四年鍾人傑本，於注文不標明三家，天啓五年鍾惺本，《史》文不全，均無關考證，不復采用。

**崇禎元年程正揆刻本**　有自序及陳仁錫序，《紀》《表》《書》《世家》《列傳》第一卷並題陳仁錫評，而全書實無評語，蓋據南雍本重刻，亦間有異文。

**乾隆四年經史館校刊本**　有集解、索隱、正義，古香齋鑒賞袖珍《史記》與此同。今稱殿本，張氏《札記》謂之官本，每卷附《考證》。

# 史記集解序

**史紀集解序**〔一〇・四〇三五〕　各本「紀」作「記」，此傳寫之譌。程本「序」作「敘」。

**裴駰**〔一〇・四〇三五〕　《索隱》及百衲、中統、舊刻、游、王、柯、南雍、秦、毛、殿本同。正德本題「大宋南中郎外兵參軍聞喜裴駰著解」，李本題「宋中郎外兵參軍聞喜裴駰著」，凌、程本題「宋中郎外兵曹參軍裴駰」。張氏文虎《札記》云：「游本、王本止題此二字，他本或題官銜，蓋依《索隱》注增。」案《隋志》「《史記》八十卷，宋南中郎外兵參軍裴駰注」，已署官銜，在《索隱》前。

**接其後事**〔一〇・四〇三五〕　單行《索隱》本「接」譌「按」。

**至于採經摭傳**〔一〇・四〇三五〕　舊刻同，各本「採」作「采」。

**或有抵捂**〔一〇・四〇三五〕　正德本「抵捂」作「牴牾」，下班氏所謂「疏略抵捂」同，游本下文亦作「牴牾」。

**亦其所涉獵者廣博**〔一〇・四〇三五〕　中統、舊刻、游、柯本「博」作「愽」，係俗寫。下「博極群書」「子産之博物」並同，後凡「博」字放此。

**述貨殖則崇勢利而羞賤貧**〔一〇・四〇三五〕　《索隱》本「勢」作「埶」，「賤貧」作「貧賤」，王、秦本脱「而羞賤貧」四字。案《漢書》作「賤貧」，作「貧賤」者誤倒。

**然自劉向楊雄**〔一〇·四〇三五〕　中統、舊刻、游、正德、柯、秦、凌、程本同，《索隱》及各本「楊」作「揚」。

**考較此書**〔一〇·四〇三八〕　《索隱》及百衲、毛本「較」作「挍」，舊刻作「校」。

**是非相貸**〔一〇·四〇三八〕　王、柯、秦、毛本同。《索隱》及中統、游、正德本「貸」作「貿」，南雍、李、凌、程、殿本作「貿」，案「貿」隸變作「貿」，「貸」「貿」皆「貿」之別體。

**爲作音義**〔一〇·四〇三八〕　中統、游、正德、王、柯、秦本無「作」字。

**粗有所發明**〔一〇·四〇三八〕　《索隱》及百衲、程、毛本「粗」作「麄」，柯、凌、程本作「麤」。

**莫知氏姓**〔一〇·四〇三八〕　柯、凌、程本誤倒作「姓氏」。

**依違不悉辯也**〔一〇·四〇三八〕　舊刻「辯」作「辨」。案《説文》刀部「辨，别也」，辡部「辯，治也」，「辨」爲「辨」别字，今俗與辯治字無别，又别作「辦」，爲幹辦字。

**豈足以關諸畜德**〔一〇·四〇三八〕　毛本「畜」作「蓄」。

# 卷一　五帝本紀第一

**五帝本紀卷第一**〔一·一〕　各本此行不連上序文，惟百衲、毛本同此。百衲本誤本，無「卷」字，中統、舊刻、正德、王、柯、南雍、秦、李、程、毛、殿本亦無「卷」字。舊刻此下低一格，分列黄帝、帝顓頊、帝嚳、帝堯、帝舜各一行。正德本題作「五帝本紀」，而以伏羲、神農列黄帝之前，尤謬。正德、李、程《紀》《表》《書》《世家》《列傳》標題低二格，凌本低一格，均非。

**史紀一**〔一·一〕　「紀」本作「記」，此誤。此本及百衲、中統、舊刻此三字别提行。案此本殷周《本紀》等上題「殷本紀第三」「周本紀第四」，下空三格或四格題「史記三」「史記四」，正合古書大題在下、小題在上之例。王、南雍、秦本此下空格題「史記一」，甚是。毛本此三字在「五帝本紀第一」之前，非舊式。

**凡是徐氏義**〔一·一〕　中統、舊刻、游、王、柯、南雍、秦、李、凌、程、殿本上有「裴駰曰」三字，此後人所加，惟百衲、毛本與此同，瞿氏鏞《鐵琴銅劍藏書目録》據宋刊本亦同，正德本脱此一條。

**餘者悉是駰注解**〔一·一〕　百衲、中統、舊刻、毛本同，各本「注」作「註」，俗字也。

**幼而徇齊**〔一·二〕　程本「徇」作「狥」，注同。李本注亦作「狥」，《班馬字類》四《補遺》引作「狥」，《册府元龜》十八同，俱俗字。案《元龜》一書，雖據《史記》之文，而未明標《史記》之目，故今取以校《史》文異同，不言其引

《史記》也。《札記》云：「徇，《群書治要》《説文繫傳》引並作『侚』，與《集解》訓疾義合。」

**言聖德幼而疾速也**〔一·三〕　游本「疾」作「斉」，正德本作「齊」，蓋涉上句「齊速也」齊字而誤。游本字多俗省，若「體」作「体」、「來」作「来」、「數」作「数」、「經」作「経」、「節」作「莭」、「國」作「国」、「蓋」作「盖」、「變」作「変」、「濟」作「済」、「肅」作「粛」、「屬」作「属」、「第」作「苐」、「蠻」作「蛮」、「斷」作「断」、「辭」作「辞」、「學」作「斈」、「舉」作「挙」、「榮」作「栄」、「鄭」作「郑」、「等」作「等」、「幽」作「凼」、「職」作「耺」、「關」作「関」、「遷」作「迁」、「劉」作「刘」、「亂」作「乱」之類，不可枚舉，今不悉出。游重刻中統本，中統雖有俗省字，然不若是之甚也。

**應劭曰**〔一·五〕　游本「劭」作「邵」，非。

**軒轅乃修德振兵**〔一·四〕　舊刻、程、殿本「修」作「脩」。

**以與炎帝戰於阪泉之野**〔一·四〕　《治要》「於」作「于」。

**蓺五種**〔一·四〕　百衲、舊刻、正德、毛、殿本同。《元龜》五同。《索隱》及各本「蓺」作「蓺」，注同。正德本注亦作「藝」，《字類》四：「藝五種，一本作『蓺』。」

**蓺樹也詩云蓺之荏菽**〔一·五〕　凌本上有「駰案」二字，案此上未引他説，不應冠以「駰案」二字。後凡各本有此二字者，均衍。中統、游、正德、王、柯、南雍、秦、李、程本兩「蓺」字作「藝」。

**周禮曰**〔一·五〕　游本「禮」作「礼」，爲「禮」之古文，與他俗省字有别。

**遂禽殺蚩尤**〔一·四〕　《治要》作「乃殺蚩尤」，《太平御覽》九《天部》引《史記》曰：「蚩尤氏能徵風召雨，與黄帝争强，滅之於冀。」梁氏玉繩《志疑》云：「今本《史記》無之，豈事見他書，誤以爲《史記》歟？抑《史》文舊有，經後人妄删也？」

**皇覽曰**〔一・六〕　凌本上有「駰案」二字，下引《封禪書》《匈奴傳》《地理志》《海外經》，又兩引《謚法》，並同。

**蚩尤冢在東平郡壽張縣闞鄉城中**〔一・六〕❶　舊刻無「城中」二字。

**高七丈**〔一・六〕　《水經注》八《濟水》注引《皇覽》「七丈」作「七尺」，《御覽》三百八、又五百六十引並同，《札記》引《御覽》誤作「七十九」。

**天下有不順者**〔一・四〕　《御覽》七十九引「天下」作「諸侯」。

**平者去之**〔一・四〕　舊刻「者」作「而」。

**披他本亦作陂字蓋當爲詖詖者旁其邊之謂也**〔一・七〕❷　百衲「本」誤「夲」，下並同。金陵局本《集解》「爲」改「音」，又改「詖者」之「詖」作「陂」，局本雖題仿汲古閣本刊，而改字甚多，如《五帝紀》注「純，一作絞」，改「絞」作「紂」；《夏紀》注「簫韶，舞樂名」，改「舞」作「舜」；《周紀》「旍，旗名」，改「旍」作「旒」；又「不得言傳以語士」，改「言」作「達」，改「士」作「王」；《秦紀》六「公大夫」、七「官大夫」，「公」「官」二字互易；又

❶「郡」，原作「縣」，據嘉業堂本改。
❷此條上有王氏浮籤曰「此條欠詳明，中有誤字」。

注「《晉帝記》曰」改「帝」作「地」之類，非復毛本之舊，今悉依毛本。以後凡舊校所引局本與毛異者，不復置辨。

**未甞寧居**〔一・四〕　舊刻、凌、程、殿本「甞」作「嘗」，以後此類不悉出。

**登丸山**〔一・七〕　《初學記》九引「丸」作「桓」。

**駰案地理志曰**〔一・七〕　游本「理」作「里」。中統本無「曰」字。舊刻無「駰案」二字，自此至「治氣以教化」注，並不著「某某曰」，且與《索隱》混而無别，舊刻本惟此數條體例未善，全書均不如是。

**丸山在郎邪朱虚縣**〔一・七〕　殿本「郎」作「琅」，王、柯、南雍、李、凌、程本「邪」譌「耶」。

**西至于空桐**〔一・七〕　《字類》一引「于」作「於」，《藝文類聚》七引作「西至于崆峒」，《初學記》九引「西至崆峒」，《御覽》四十四引「黄帝西至于崆峒」，又七十九引「西至崆峒」，《元龜》五作「西至于空峒」。案「崆峒」後起字，古衹作「空同」「空桐」。

**登雞頭**〔一・七〕　舊刻「雞」作「鷄」，《元龜》同，《御覽》七十九引「頭」下有「山」字，又四十四引作「笄頭山」。

**登熊湘**〔一・七〕　《類聚》引「南至熊湘」，《初學記》引「湘」作「相」，非。

**封禪書曰**〔一・八〕　殿本上有「駰案」二字，下「太史公」云云，又兩引《皇覽》，一引《海外經》，兩引《謚法》，又「《尚書》作嵎夷」，又「《孟子》曰」，又「鄭玄駁許慎《五經異義》曰」，並同。

**北逐葷粥**〔一·七〕 《御覽》七十九引「逐」作「極」。《類聚》引「葷粥」作「獯鬻」，《字類》一「燀粥」下，又五「粥」下，並引作「燀粥」。

**合符釜山**〔一·七〕 《類聚》引「釜」誤「峯」。

**遷徙往來無常處**〔一·七〕 《元龜》五「常」作「嘗」。

**置左右大監**〔一·七〕 舊刻「大」作「太」，《元龜》十八同。

**監于萬國萬國和**〔一·七〕 舊刻脱下「萬國」二字。

**迎日推策**〔一·七〕 舊刻「策」作「測」，凌本作「筴」，《字類》五亦引作「筴」，云「與策同」。案「策」爲「册」叚借字，俗作「筴」。

**故曰迎日**〔一·九〕 游本「日」下有「者」字，正德本有「也」字，均衍。

**鄭玄曰**〔一·九〕 「玄」字避宋始祖諱缺筆，下「其一曰玄囂」「而玄囂之孫高辛立」，及七葉注一引「鄭玄曰」，又八葉注兩引，十七葉注五引，十八、九兩葉注各一引，並同，餘不缺。

**大鴻見封禪書**〔一·九〕 王、柯、南雍、秦、李、凌、程本無此六字，南雍、李、程於《集解》有删節，王、柯、秦、凌則漏載此文也。

**徐廣曰一作沃**〔一·十一〕 中統、游、正德、王、柯、凌本「一」上有「波」字。

**土石金玉**〔一·七〕 舊刻脱「金玉」二字。

**勞勤心力耳目**〔一·七〕 百衲、柯、南雍、李、程、毛本同，《治要》同。各本「勞勤」作「勤勞」，《元龜》五十六同。

**黄帝二十五子**〔一・十一〕《御覽》七十九作「有二十五子」。

**而娶於西陵之女**〔一・一二〕中統、舊刻、游、正德本「陵」作「林」。《御覽》一百三十五引「黄帝娶西陵氏女」，王氏念孫《讀書雜志》曰：「下文『昌意娶蜀山氏女』『帝嚳娶陳鋒氏女』皆有『氏』字，❶此誤脱。」

**是爲嫘祖**〔一・一二〕❷《御覽》引「嫘」作「累」。

**是爲青陽**〔一・一二〕王、秦本此下有注云：「太史公曰據《大戴禮》，以累祖生昌意及玄囂，❸玄囂即青陽也。皇甫謐以青陽爲少昊，乃方雷氏所生，是其異也。」柯、南雍、李、程本「累」作「嫘」，末句作「是其所見異也」。《殿本》「太史公曰」，「曰」作「乃」。

**高陽有聖德焉**〔一・一二〕百衲本「德」作「悳」，下「鄙德」「觀其德於二女」並同。

**是爲帝顓頊也**〔一・一二〕「頊」避宋神宗諱缺筆，下「帝顓頊高陽者」「帝顓頊生子曰窮蟬」「顓頊崩」「顓頊氏有不才子」，注「顓頊與嚳」並同，餘不缺。

**帝顓頊高陽者**〔一・一四〕正德本每帝前空一行，後凡合傳並同。

**静淵以有謀**〔一・一四〕《藝文類聚》十一引作「静深有謀」。《後漢書・馮衍傳》注引《史記》「高陽氏沈深而

---

❶「鋒」下，原衍「女」字，今删。

❷「祖」，原作「姐」，據嘉業堂本改。

❸「祖生昌意」，原作「姐生男意」，據王本、秦本改。

有謀」，《札記》據汪説，「傳」下脱「注」字。

**養材以任地**〔一・一四〕《元龜》十八「材」作「財」。

**載時以象天**〔一・一四〕《御覽》七十九引「象」作「像」。

**依鬼神以制義**〔一・一四〕凌、殿本「制」作「剬」，《考證》云：「監本作『制』，《正義》曰『剬，古制字』，則本文應作『剬』。」錢氏大昕《拾遺》云：「《説文》『制』從刀，未聲，依字當作『𠛐』，隸變爲『制』，或譌爲『剬』，則與耑旁相亂矣。唐人不諳六書，翻以爲古。」

**潔誠以祭祀**〔一・一四〕凌、毛本作「潔」，各本作「絜」，《治要》同。《字類》五引作「絜誠以祭」。

**南至于交阯**〔一・一四〕百衲、舊刻、毛本同，各本「阯」作「趾」。

**西至於流沙**〔一・一四〕《元龜》十八同，各本「於」作「于」，《類聚》引作「西濟流沙」，《治要》作「西濟於流沙」，下「東至于蟠木」亦作「于」。《雜志》云：「『西至』本作『西濟』，此涉上下三『至』字而誤，《正義》曰『濟，渡也』，則本作『濟』明矣，《治要》引此正作『濟』，《大戴禮・五帝德》篇同。」

**上有大桃樹**〔一・一五〕「樹」缺末點，避宋英宗嫌名。

**屈蟠三千里**〔六・一五〕王、柯、南雍、秦、李、程、殿本此下有「東北有門」五十一字，《札記》云：「中統本、游本、毛本、《册府元龜》十八引皆無此五十一字，蓋合刻依《續漢志》注增。」

**大小之神**〔一・一四〕百衲、中統、舊刻、游、正德、毛本同。《類聚》引及《元龜》同。各本「大小」作「小大」，《雜志》云：「當從宋本作『大小』，寫者誤倒耳。《正義》先釋『大』，後釋『小』，則本作『大小』明矣。《群書治要》

引此正作『大小』，《大戴禮》同。」

**四遠皆平而來服屬**〔一·一五〕❶　毛本「屬」作「属」，俗省字。

**是爲帝嚳**〔一·一五〕　《御覽》七十九引「嚳」作「俈」，注云：「與『嚳』同。」

**帝嚳高辛者**〔一·一六〕　《類聚》及《御覽》八十引「辛」下並有「氏」字。

**少昊之前**〔一·一六〕　舊刻「之」作「以」，《札記》云：「與《夏本紀》集解及《漢書·古今人表》合。」

**上古質故**〔一·一六〕　百衲、舊刻、毛本同，各本「質」下有「也」字，《治要》同。

**都亳**〔一·一六〕❷　各本「亳」作「毫」，此誤。

**脩身而天下服**〔一·一六〕　凌、毛本「脩」作「修」，《治要》同。案《説文》「脩，脯也」，「修，飾也」，經傳多叚「脩」爲修治字。

**莫不從服**〔一·一六〕　《治要》「不」作「弗」，《類聚》引「服」誤「助」。

**生放勛**〔一·一七〕　程本「勛」作「勳」字，《字類》一《補遺》「勛」下云：「《史記·五帝紀》『放勛』，又『放勳』。」案《正義》云「勳，亦作勛」，則所據本當作「勳」。《説文》「勳」古文作「勛」。

---

❶　此條原在「大小之神」條上，上有王批「『大小之神』條當次『四遠』條上」，並有綫予以乙正。

❷　此條原在「還」條下，上有王批「此條當次『上古質故』條之後」，管氏塗删之後補於此。

**娶娵訾氏女**〔一・一七〕❶ 游、正德本「娵」誤「姬」。

**帝摯立不善崩**〔一・一七〕 《索隱》出「不善」二字，云「古本作『不著』」，下引衛宏云「摯立九年，而唐侯德盛，因禪位焉」。既云禪位，則不得稱崩矣，疑小司馬所據本「善」下無「崩」字。

**而弟放勳立**〔一・一七〕 百衲、柯、李、程、殿本同，各本「勳」作「勛」。

**帝堯者**〔一・一八〕 中統、游、正德、王、柯、南雍、秦、李、凌、殿本提行。百衲「堯」上無「帝」字，《治要》無「者」字。《札記》云：「案《史記》篇自爲卷，脈絡相貫，後人取便簡閱，中斷提行，然亦有改之未盡者，舊刻、毛本此《紀》帝堯接帝嚳，是其迹也。」

**放勛**〔一・一八〕 中統、游、正德、王、柯、南雍、秦、李、凌、程、殿本「勛」作「勳」。

**年百一十八**〔一・一九〕 百衲、舊刻、毛本同，各本無「一」字。

**其知如神**〔一・一八〕 《治要》「知」作「智」。

**駰案太古冠冕圖云**〔一・一九〕 「冠」即「冠」之别體，下注「野夫黄冠」同。

**不云便程東作**〔一・一九〕 各本「不」作「下」，此誤。

**百姓群臣之父子兄弟**〔一・一九〕 舊刻「弟」下有「也」字。

**居郁夷**〔一・二〇〕 《書・堯典》「宅嵎夷」，《釋文》云：「《尚書考靈耀》及《史記》作『禺銕』。」案今文《尚書》作

---

❶ 此條原在「生放勛」條上，二條上有王批「此二條前後易舛」，管氏於二條上分别批「下」「上」二字並乙正。

「禺銕」，古文作「堣夷」，此「郁夷」又「禺銕」之别本，詳段氏《撰異》。

**言其氏老壯分析也**〔一・二一〕　各本「氏」作「民」，此誤。

**便程南訛**〔一・二〇〕　殿本「訛」作「爲」，注同，《困學紀聞》二引，《索隱》「夏言南爲」，今單本及合刻「爲」並誤「譌」，當據改。段氏玉裁《古文尚書撰異》引此文作「爲」，云：「今本『爲』作『訛』者，妄依衛包。」《尚書》錢氏《考異》云：「《索隱》《正義》本皆作『爲』字。」案《索隱》「爲」如字讀，又孔安國强讀爲『訛』字，則其所據本作「爲」矣。《正義》「爲」音「于僞反」，其作「爲」，更甚明顯。

**敬行其教以致其功也**〔一・二二〕❶　舊刻無「其」字。

**此居治西方之官**〔一・二二〕　舊刻脱「方」字。

**萬物成也**〔一・二三〕　舊刻「成」上有「皆」字。

**毛更生曰整理**〔一・二三〕　毛本同，舊刻上無「曰」字。各本「整理」作「毨理」。《札記》云「《正義》『毛更生曰整理』」，案「《正義》」係「《集解》」之誤。

**昴白虎之中星**〔一・二三〕　程本「中」誤「日」。

**四十五刻**〔一・二三〕　百衲「刻」下有「失之」二字，舊刻作「失之矣」，王、柯、南雍、李、秦、凌、程本「刻」下有「非」字。

---

❶ 此條原頂格，上有王批「此是集解，當低一格」，並改「敬」字爲低一格。

**其民燠**〔一・二〇〕　游、正德本「燠」作「澳」，非。

**氄音茸**〔一・二三〕　舊刻「茸」誤「葺」。

**信飭百官**〔一・二〇〕　王、柯、秦、凌本「飭」作「飭」，程本作「飭」，均俗字。

**古勑字**〔一・二四〕　舊刻「勑」誤「飭」，中統、游、王本作「勑」，凌、殿本作「勑」。

**孔安國曰**〔一・二四〕　舊刻「國」作「国」，俗，下「陶唐皆國名」「國于中山」並同。

**讙兜曰**〔一・二四〕❶　《字類》一：「《史記・五帝紀》『驩兜』，又作『讙』。」

**嗟四嶽**〔一・二四〕　舊刻「嶽」作「岳」，注同，下注「祡祭五嶽者」，亦作「岳」。

**湯湯洪水滔天**〔一・二四〕　各本「滔」作「滔」。

**試不可用而已**〔一・二四〕　舊刻無「用」字。

**九歲**〔一・二四〕　殿本「歲」作「載」，凌本旁注「一本『歲』作『載』」，《志疑》云：「本作『九載』。明程一枝《史詮》云『「載」作「歲」，非也』。觀《正義》釋『載』字，則自不得作『歲』，蓋唐以後本傳譌，《史詮》是也。」

**及疏遠隱匿者**〔一・二六〕　游、正德本「疏」作「踈」，俗省字。

**衆皆言於堯曰**〔一・二六〕　王、柯、秦本脱「言」字。

---

❶「讙」，原作「驩」，據嘉業堂本改。

**孔安國曰不至於姦惡**〔一・二六〕　凌本脱此條。

**舜所居嬀水之汭**〔一・二七〕　柯、秦、凌本脱「嬀」字。

**蓋試以司徒之職**〔一・二七〕　中統、舊刻、游、正德、王、柯、南雍、秦、李本「蓋」作「盖」，舊刻「職」作「耺」，均俗省。

**四門官四門**〔一・二七〕　各本作「四門，四方之門」。

**文祖者堯大祖也**〔一・二六〕　舊刻、毛本「大」作「太」。

**舜乃在璿璣玉衡**〔一・二八〕　游本「璿」作「璿」，王、秦本作「璿」，《考證》云：「在，監本誤爲『作』。」案此係北監本。

**禮祭上帝於圜丘**〔一・二九〕　毛本「圓」作「圜」。

**騆案六宗義衆矣**〔一・二九〕　南雍、李、程本無「矣」字。

**辯於群神**〔一・二八〕　《元龜》三十二：「『偏於群神』，《史記》『偏』作『辯』。」《字類》一《補遺》引《五帝本紀》「辨於群臣」，音班。

**徐廣曰辯音班**〔一・三〇〕　游、正德本無「辯音班」三字，而有「名山大川」四字。《札記》云：「『徐廣曰名山大川』七字，各本脱，游本混在『辯于群神』下。」

**騆案鄭玄曰**〔一・三〇〕　游、正德本無「騆」字。

**輯五瑞**〔一・二八〕　正德、李、程本同。各本「輯」作「揖」，注同。案古以「揖」爲「輯」，《字類》五《補遺》所引正作「揖」。《尚書》本作「揖」，唐石經已後作「輯」者，蓋衛包所改，詳段氏《撰異》。《札記》云：「揖，游本『輯』。」案游本作「揖」不作「輯」，張誤記。

**輯斂也**〔一・三〇〕 百衲、毛本「斂」作「歛」，下同。

**柴**〔一・二八〕 百衲、毛本同，舊刻譌「柒」，各本作「柴」，注同，舊刻注亦作「柴」。案以「柴」爲正，《說文》「柴」下引《虞書》作「祡」。

**鄭玄曰同律**〔一・三一〕 百衲、舊刻本同，中統本「律」誤「陰」。游、正德、王、毛本作「律音律」，柯、秦、凌、殿本作「同音律」。案《尚書釋文》「同律」下云：「鄭云：『陰吕、陽律也。』」是鄭君以「陰吕」訓「同」，「陽律」訓「律」，與《周禮・大司樂》及《大師》「六律六同」注合，此本及百衲本、舊刻本作「同律」，顯有脱誤。各本作「律音律」或「同音律」，均以意改，非真鄭注如是也。

**脩五禮**〔一・二九〕 游、正德、凌本「脩」作「修」。

**帛所以薦玉也**〔一・三二〕 王、秦本「玉」譌「王」。

**二生一死爲摯**〔一・二九〕 《字類》四《補遺》引《五帝紀》「三帛，二生，一死執」云：「《尚書》字作『贄』。」

**馬融曰摯**〔一・三二〕 王、柯、秦、凌本「摯」作「贄」。

**三帛已下不還**〔一・三三〕❶ 王、柯、南雍、李、程、殿本「還」下有「也」字。

---

❶「已」，原作「以」，據嘉業堂本改。

**巡狩之年**〔一・三三〕 殿本「之」作「九」。

**禹平水土**〔一・三三〕 本「土」誤「士」。

**舜以冀州之北廣大**〔一・三三〕❶ 舊刻、王、柯、南雍、秦本「冀」作「兾」，俗省字，下「舜，冀州之人也」同。

**分燕置幽州分齊爲營州**〔一・三三〕 舊刻「幽」作「㓜」，「營」作「营」，俗省字。

**濬水害也**〔一・三三〕 游本「濬」作「潜」，非。

**扑櫝楚也**〔一・三三〕 舊刻「扑」誤「朴」，下「扑爲教官刑」者同。

**眚裁過赦**〔一・二九〕 舊刻、正德、凌本「眚」譌「青」，注同。

**一作衆**〔一・三四〕 凌本「一」上有「終」字。

**今文云**〔一・三四〕 南雍本「文」誤「又」。

**惟刑之謐哉**〔一・三四〕 《索隱》本「刑」誤「形」。

**爾雅曰**〔一・三四〕 游本「爾」作「尒」。案《説文》八部「尒，詞之必然也」，㸚部「爾，麗爾，猶靡麗也」，今俗「尒」字亦通借作「爾」。

**嶽彊請試之**〔一・三四〕 百衲、中統、舊刻、游、正德、毛本「彊」作「强」。案《説文》弓部「彊，弓有力也」；虫部

---

❶「北」，原作「土」，據嘉業堂本改。

「强，蚚也」，籀文作「𩏩」；力部「勥，迫也」，古文作「𠗟」。此文「彊」當作「勥」，通用「彊」字，亦作「强」字。

**北裔也**〔一・三五〕　南雍、李、程本「北」上有「幽陵」二字。

**變一作變**〔一・三五〕　各本下「變」字作「燮」，此誤。

**南裔也**〔一・三五〕　南雍、李、程本「南」上有「崇山」二字，又下「西裔也」上有「三危」二字。

**令舜攝行夫子之政**〔一・三六〕　本「天」誤「夫」。

**凡二十八年而崩**〔一・三六〕　舊刻無「凡」字。

**堯冢在濟陰城陽**〔一・三六〕　王本「城」作「成」，南雍、李、程本「濟陰城陽」作「濟陰城」。

**堯葬濟陰丘壠山**〔一・三六〕　游、正德、王、柯、南雍、秦、李、凌、程、殿本「壠」作「隴」。

**於是乃權授舜**〔一・三六〕　南雍、程本脱此句，《考證》云：「此下監本落『於是乃權授舜』句，今添。」

**於是遂返**〔一・三七〕　舊刻同，各本「返」作「反」。

**虞舜者**〔一・三七〕　百衲、舊刻本此三字直接「是爲帝舜」，下不提行。《治要》無「者」字。

**駰案謚法曰**〔一・三七〕　各本無「駰案」二字，惟殿本與此同。

**皇甫謐云**〔一・三八〕　本「謚」誤「謐」。各本「云」作「曰」。

**重華父曰瞽叟**〔一・三七〕　《書・堯典》疏、《御覽》百三十五、《元龜》二十七「叟」並作「瞍」。

**匪有懈**〔一・三八〕　舊刻、毛本「懈」作「解」。

**不失予道**〔一・三九〕　本「子」誤「予」。《治要》脱「子道」二字。

**今屬濟陰**〔一・三九〕　各本「属」作「屬」。

**濟陰定陶西南陶丘亭是也**〔一・三九〕　游本「丘」誤「立」。

**即求常在側**〔一・三九〕　中統、游、正德、王、柯、秦本「常」作「甞」，南雍、李、凌、程、殿本作「嘗」。

**四嶽咸薦虞舜曰可**〔一・四〇〕　中統、游、正德本「嶽」作「岳」。

**雷澤上人皆讓居**〔一・四〇〕　《御覽》八十一引「上」作「之」，《元龜》十八同。

**史記音隱曰**〔一・四一〕　舊刻、王、凌本「音隱」誤「索隱」；凌本「史」上衍「騶案」二字；南雍、李、程本作「索隱曰」，無「史記」二字；殿本「音隱」作「音義」，均誤。正德本「隱」作「窳」，則涉正文「窳」字而誤。

**予牛羊**〔一・四〇〕　《御覽》八十一引「予」作「與」。

**名見左傳**〔一・四二〕　凌本上有「騶案」二字，下「高辛氏有才子八人」注同，殿本此二條並脱。

**使布五教于四方**〔一・四二〕　舊刻「使」作「以」。

**少皞氏有不才子**〔一・四三〕　百衲同，各本「皞」作「皡」，从白，非是。

**謂之檮杌**〔一・四三〕　柯、秦本「杌」誤「机」，注同。

**檮杌頑凶無疇匹之皃**〔一·四四〕❶　百衲、中統、舊刻、游本同，秦本「匹」作「疋」。各本「皃」作「貌」。

**縉姜姓也**〔一·四四〕　舊刻同，各本作「縉雲氏，姜姓也」。

**舜賓於四門**〔一·四三〕　中統、游、正德、毛本「於」作「于」。下「遷于四裔」，舊刻作「於」。

**以御螭魅**〔一·四三〕　游、正德本「御」作「禦」，「螭」作「魑」，《元龜》五同，《治要》亦作「禦」。

**魑魅人面獸身**〔一·四五〕　王、柯、南雍、秦、李、凌、殿本「魑」作「螭」。

**毋凶人也**〔一·四三〕　舊刻、凌、程、毛、殿本「毋」作「毌」，各本「母」「毋」二字並無區别，以後不悉出。

**舜入于大麓**〔一·四五〕　舊刻「于」誤「干」。

**而禹皋陶契后稷伯夷夔龍垂益彭祖**〔一·四五〕　毛本「皋」作「臯」，下同。凌、程本「垂」作「倕」。

**則蠻夷率服**〔一·四五〕　舊刻「蠻」作「蛮」，俗省字。

**舜曰嗟然禹**〔一·四六〕　凌、程本「嗟」字在「然」下。

**舜曰棄**〔一·四六〕　凌本「棄」作「弃」，《字類》四《補遺》「棄」下云：「《史記·五帝紀》『棄』，《周紀》『后稷名弃』。」是宋人所見《五帝紀》本作「棄」，不作「弃」。

**黎民始飢**〔一·四六〕　殿本「飢」作「饑」，注同。

---

❶ 「頑凶」，原倒，據嘉業堂本改。

**今又尚書作祖飢**〔一・四七〕　本「文」誤「又」。

**獄官之長**〔一・四七〕　毛本「獄」誤「義」。

**次罪於市朝**〔一・四七〕　王本「市」誤「帝」。

**同族適甸師氏**〔一・四七〕　游、正德本「族」誤「於」。

**五流有度**〔一・四六〕《志疑》云：「《史詮》云：『古本『度』作『厇』，《尚書》作『宅』，蓋『厇』之譌也。』」

**亦有三等之居**〔一・四八〕　舊刻「三」誤「二」。

**謂主百工之官也**〔一・四八〕　舊刻「主」誤「立」。

**惟能馴予上下**〔一・四六〕　各本「惟」作「誰」，此誤。

**有能典朕三禮**〔一・四六〕　游本「禮」作「礼」，注同。

**三禮天神地祇人鬼之禮也**〔一・四八〕　舊刻、游、南雍、李、凌、程本「祇」譌「祇」。

**直哉維静挈**〔一・四六〕❶　中統、舊刻、游、正德本同，各本「絜」作「潔」，注同。

**教穉子**〔一・四六〕　中統、游、王、柯、秦、凌本同，《字類》四《補遺》引同，各本「稺」作「穉」，注同，俗寫。

**正直而色温和**〔一・四九〕　毛本「色」誤「名」。

---

❶「維」，原作「惟」，據嘉業堂本改。

**寬大而謹敬戰栗也**〔一·四九〕 「敬」避宋翼祖諱缺筆，下「敬哉」同。王本「戰」字空格。

**歌永言**〔一·四六〕 百衲、中統、游、正德、王、柯、南雍、秦、李、凌、程、殿本「永」作「長」，舊刻、毛本作「謌長言」，此注亦作「謌」。《札記》云：「舊刻、游本、毛本作『謌』，注同。」案游本作「歌長言」，注亦作「歌」，不作「謌」。《説文》欠部「歌，詠也」，或從言作「謌」。

**聲依詠**〔一·四六〕 百衲本同，各本「詠」作「永」。

**聲之曲折**〔一·四九〕 舊刻「聲」作「声」，俗省字，下「聲中律」同。

**又依長言**〔一·四九〕 游、正德本「依」作「永」。

**率稱言音和也**〔一·四九〕 各本「稱」作「舞」，此誤。

**振驚朕衆**〔一·四六〕 「驚」缺「敬」末筆，注二「驚」字同。

**一云齊説殄行振驚衆**〔一·五〇〕 舊刻「齊」作「斉」，俗省字。

**無所復勑**〔一·五〇〕 凌本「勑」作「勅」，下「皆格於文祖時所勑命也」同。

**乃復分析流之**〔一·五〇〕 本「析」誤「折」。

**民各伏得其實**〔一·五〇〕❶ 《御覽》八十一引作「民服其實」。

---

❶ 「各」，原作「皆」，據嘉業堂本改。

**百工致功**〔一·五〇〕❶　秦本「百」上衍「百」字，柯本「百」上空格。

**山澤辟**〔一·五〇〕　《御覽》引作「山澤開闢」。

**棄主稷**〔一·五〇〕　凌本「棄」作「弃」，下「棄爲周」同。《御覽》「稷」作「農」。

**百穀時茂**〔一·五〇〕　《御覽》「百」上有「則」字。

**氐羌**〔一·五〇〕　舊刻、毛本「氐」誤「氏」，《義門讀書記》云「『氐』疑當作『氐』」，豈未見作「氐」之本歟？

**東長鳥夷**〔一·五〇〕　《札記》云：「《正義》注『鳥，或作島』，此四字蓋《集解》文，今本佚。」

**鳳皇來翔**〔一·五一〕　舊刻「皇」作「凰」。

**或言蒲坂**〔一·五二〕　中統、舊刻、游、正德、王、柯、南雍、秦、李、凌、程、殿本「坂」作「阪」。

**或言乎陽**〔一·五二〕　本「平」誤「乎」。

**皇覽曰**〔一·五二〕　凌本上有「駰案」二字，下「孟子曰」「鄭玄《駁許慎五經異義》曰」並同。

**二妃不從**〔一·五二〕　殿本「二」作「三」。

**丹朱葬於陰**〔一·五二〕　中統、游、正德、毛本「於」作「于」。

**和敬貌**〔一·五二〕　游本「貌」作「皃」。

---

❶「功」，原作「工」，據嘉業堂本改。

**封之有庳**〔一・五三〕　王、柯、秦、凌本「庳」誤「瘅」。

**舜子商均亦不肖**〔一・五二〕　舊刻「商」作「啇」，注及下並同，俗寫，此本下「舜子商均」亦誤「啇」。

**然后禹踐天子位**〔一・五二〕　百衲、毛本同，各本「后」作「後」，《字類》三引作「后」，云：「與『後』同，古通用。」

**皆有疆土**〔一・五二〕　游本「疆」作「彊」。正德本作「彊」，非。

**外傳曰**〔一・五三〕　中統、游、正德本「曰」作「云」。

**其得姓者十四人**〔一・五三〕　中統本「得」誤「符」。

**西祁己滕葴住荀釐姞嬛衣是也**〔一・五四〕❶　各本「住」作「任」，此誤。中統本「葴」誤「箴」，舊刻誤「蔵」。中統本「嬛衣」作「儇依」，游、正德本作「睘依」，殿本作「嬛依」。❷

**舜嬪子虞**〔一・五四〕　本「于」誤「子」。

**今河東大陽西山上虞城是也**〔一・五四〕　百衲、毛本同，各本「大」作「太」。

**鄭玄曰駁許慎五經異義曰**〔一・五四〕　百衲、舊刻、游、正德、毛本同，各本「鄭玄」下無「曰」字。

**肵之土而命之氏**〔一・五四〕　各本「肵」作「胙」，此誤。

**太史公曰**〔一・五四〕　南雍、程、毛本不提行。

---

❶ 「祁」，原作「祈」，據嘉業堂本改。

❷ 「嬛」，原作「儇」，據中國國家圖書館（下簡稱「國圖」）藏殿本改。

**薦紳即搢紳也**〔一·五五〕 百衲、毛本同，《字類》四引同，各本「搢」作「縉」。

**東漸於海**〔一·五四〕 《字類》二《補遺》引「於」作「于」，云：「《夏紀》同。」

**子觀春秋國語**〔一·五四〕 本「予」誤「子」，舊校云：「自『子觀春秋國語』以下，皆在末一葉，既脱去《集解》四十三字，正文亦多踳駁，後附《索隱》述贊，墨色、字體皆與前不類，似後來補板。」案此顯係别本羼入，今依潘本補徐注，删《索隱》述贊。

**顧弟弗深考**〔一·五四〕 游、正德、秦本「弟」作「第」，游、正德本注「弟如湞池」亦作「第」。案「第」後起字，古作「弟」。

**史記漢書見此者非一**〔一·五五〕 王、柯、南雍、秦、李、凌、程、殿本「記」誤「説」。

**余并論次**〔一·五五〕 《字類》四引作「合并輪次」，疑有誤。

**故著爲本紀書首**〔一·五五〕 正德本脱「首」字。

# 卷二　夏本紀第二

**夏本紀第二**〔一・六三〕　中統、游、王、南雍諸本，此下空格，題「史記二」，而此本無之，以本書下殷、周等《紀》例之，蓋有此三字而誤奪也。毛本「史記二」三字在第一行頂格，「夏本紀第二」五字在第二行，下並同。

**謚法曰**〔一・六三〕　殿本上有「駰案」二字，下「《尚書》『傅』字作『敷』」，「《尚書》『滑』字作『曶』」，「《尚書大傳》曰」，「《禮緯》曰」，兩引「《皇覽》曰」，「《孟子》『陽』字作『陰』」，「《謚法》『賊人多殺曰桀』」，「《禮運》稱孔子曰」，並同。

**禹者黄帝之玄孫**〔一・六三〕　「玄」缺筆。

**鴻水滔天**〔一・六四〕　百衲同，各本「滔」作「滔」。《治要》「鴻」作「洪」，《御覽》八十二引同。

**群臣四嶽皆曰**〔一・六四〕　游本「群」誤「郡」。

**讓於契后稷皋陶**〔一・六五〕　毛本「皐」作「皋」，下並同。

**克勤其德**〔一・六五〕　百衲「德」作「悳」。案《説文》「德，升也」，「悳，外得於人，内得於己也」，道德字當作「悳」，後人借用「德」字而「悳」字轉廢不用，《史記》間存古字，可貴也。

**徐廣曰一作士**〔一・六五〕　殿本脱「曰」字，中統、游、正德本「士」譌「土」。

**興人徒以傅土**〔一·六五〕《御覽》八十二引「傅」作「敷」。

**尚書傅作敷**〔一·六六〕中統、王、柯、南雍、秦、李、凌、程、殿本「傅」下有「字」字，游、正德本有「土」字，正德本「傅」誤「傳」。

**定其差秩**〔一·六六〕正德本「秩」誤「秋」。

**祀禮所視也**〔一·六六〕游、柯本「禮」作「礼」。

**駰案尚書大傳曰**〔一·六六〕舊刻「傳」誤「傅」。

**禹傷先人父鯀之功不成**〔一·六五〕❶《御覽》引作「禹傷先人之功不成」，無「父鯀」二字。

**祭祀豐絜**〔一·六六〕舊刻、正德本「豐」譌「豊」。凌、殿本「絜」作「潔」。

**溝□□廣深四尺**〔一·六六〕❷百衲空格作「城城」二字，各本不空。

**十里爲成成閒有減**〔一·六六〕❸百衲「成」作「城」，無下「成」字，非。

**水行乘船**〔一·六五〕中統、游、正德本「船」作「舩」，王、柯、秦本作「舡」，並俗字。《北堂書鈔》一百三十九引「水行乘舟」，孔氏廣陶校云：「今案，見《史記·夏本紀》，『舟』作『船』。」案《夏紀》下有「水行乘舟」之文，《書

---

❶「功」字，原脱，據嘉業堂本補。

❷以下管氏出文爲空格符號者，所據底本或爲空白，或爲墨釘，不再一一出注説明。

❸「減」，原作「洫」，據嘉業堂本改。

鈔》所引用彼文也，不得輒標爲異文。

**謂以板置其泥上**〔一・六六〕　《御覽》引無「其」字，《漢書・溝洫志》注同。

**山行乘檋**〔一・六五〕　百衲同，《字類》五《補遺》引同。各本「檋」作「欙」，從木，注同，《類聚》二十七引同，舊刻注「欙車」作「檋」，王、柯、秦本注亦作「檋」。案「欙」古止作「蔂」，「欙」「檋」皆「蔂」之俗。

**不違四時之宜也**〔一・六七〕❶　中統、游、正德本無「也」字。

**陂九澤**〔一・六六〕　游本「陂」誤「波」。

**稻可種卑濕**〔一・六六〕　百衲同，各本「稻」作「稻」。毛本「濕」作「溼」。

**禹行自冀州始**〔一・六七〕　王、柯、南雍、秦、李本「冀」作「兾」，俗省字，下同。

**壺口在河東北屈梁在左馮翊夏陽岐在右扶風美陽**〔一・六七〕　百衲、舊刻本同，惟「歧」字作「岐」。毛本「壺口」下有「山」字，「屈」下有「懸之東南」四字。❷中統、游、正德、王、柯、南雍、凌、毛、殿本「梁」「岐」下並有「山」字，與《索隱》所列鄭注合。

**既修太原**〔一・六七〕　舊刻、殿本「修」作「脩」，下「六府甚修」「慎其身修」並同。

**至於嶽陽**〔一・六七〕　中統、游、正德、王、柯、南雍、秦、李、凌、程、殿本「於」作「于」。

---

❶ 此條原頂格，上有王批「此是集解，當低一格」，並於「不」上畫二空格符。

❷ 此句上有王批云：「『懸』當作『縣』，毛本誤。」

**至於衡漳**〔一・六七〕　各本「於」作「于」。

**九州之中爲第五**〔一・六八〕　游本「第」作「弟」。

**恒水出恒山**〔一・六八〕　「恒」避宋真宗諱缺筆。

**鳥夷皮服**〔一・六七〕　程本同，各本「鳥」作「島」，注同。案作「鳥」爲是，《集解》直引鄭注「鳥夷」之説，不先言「一本作鳥」，則其所見本必作「鳥」，《禹貢》亦作「鳥」。《孔傳》讀爲「島」，今經文作「島」，乃衛包所改。

**鳥夷東北之民賦食鳥獸者**〔一・六八〕❶　中統、游本「賦」作「賚」，殿本作「搏」。《書・禹貢》疏引鄭注作「鳥夷，東方之民，搏食鳥獸者也」。

**夾右碣石**〔一・六七〕　《索隱》作「夾石碣石」，當是傳寫之訛。

**濟河維沇州**〔一・六九〕❷　王、柯、南雍、秦、李、程、毛、殿本同，《字類》三引同，各本「沇」作「兖」。

**簡絜**〔一・六九〕　游、正德、王、柯、南雍、秦、李、凌、程、殿本「絜」作「潔」。

**鈞盤**〔一・六九〕　本「鉤」誤「鈞」。

---

❶ 此條上有管批「低一格」。

❷ 此條上有王氏浮籤曰：「入于海，《集解》：『徐廣曰：海，一作「河」。』《札記》云：『《禹貢》《漢志》並作「河」。』案是條似當采。」

**雷澤在濟陰城陽**〔一·六九〕❶ 凌、殿本「陽」下有「縣西北」三字。

**其賦下下**〔一·七〇〕 百衲、舊刻、毛、殿本同，各本「下下」作「中下」，正德本脱第二「下」字。

**又宜蠶**〔一·七〇〕 殿本「蠶」下有「桑」字，《札記》云：「與《書傳》合。」

**盛之筐篚而貢焉**〔一·七〇〕 「筐」避宋太祖諱缺筆，百衲、中統、舊刻、游、正德、王、柯、南雍、秦、李、凌本並同。案以後百衲諸本避諱字不復出。

**嵎夷既略**〔一·七〇〕 百衲、舊刻本「嵎」作「堣」，注同，與《説文》「堣」下所引《尚書》合，是古文，此作「嵎」，蓋後人依今文改。

**鄭玄曰地理志云云**〔一·七〇〕 「玄」缺筆，下同，惟三葉、七葉、十二葉至十五葉，又十七葉，引鄭玄並不缺，非皆宋刻之舊也。

**鉛松怪石**〔一·七〇〕 中統、舊刻、游、正德、王、柯、南雍、秦、李、凌、程、殿本「鉛」作「鈆」。

**中爲琴瑟絃**〔一·七一〕 「絃」缺末點。

**海岱及淮惟徐州**〔一·七一〕 百衲、舊刻、毛本同，各本「惟」作「維」。

**蒙羽其蓺**〔一·七一〕 百衲、舊刻、毛本同，各本「蓺」作「藝」，注「二山可以種蓺」同，正德本注亦作「蓺」。

**地理志沂水出泰山蓋縣**〔一·七二〕 百衲無「蓋縣」二字，中統、舊刻、游、正德本「蓋」作「盖」。

---

❶ 「澤」，原作「首」，據嘉業堂本改。

**二水已已**〔一·七二〕　各本下「已」字作「治」，此誤。

**東原底平**〔一·七二〕　百衲、王、柯、秦、凌本「底」作「厎」，下「和夷厎績」「原隰厎績」，此本並作「厎」。案「底」本訓山居，引伸之訓止。「厎」本訓柔石，引伸之訓致。此「厎」字訓致，字當從厂。

**今東平郡即東原**〔一·七二〕　百衲作「今東郡有平原」。

**漸進長**〔一·七二〕　各本「進長」作「長進」。案《書傳》作「進長」，與此合。

**包蘽生也**〔一·七二〕　各本「蘽」作「叢」。

**羽畎夏狄**〔一·七二〕　中統、游、正德、王、柯、南雍、秦、李、凌、程、殿本「狄」作「翟」，中統本注作「狄」，游、王諸本作「翟」。案「翟」字正字，「狄」叚借字。

**淮夷二水**〔一·七三〕　毛本水下有「名」字。

**淮海維揚州**〔一·七三〕　中統、游、正德、程本「揚」作「楊」。

**彭蠡既都**〔一·七三〕　百衲、舊刻本「蠡」作「蠫」，係駁文。

**冬月居此澤也**〔一·七四〕　百衲無「冬月」二字。

**震澤吴南太湖名**〔一·七四〕　舊刻「太」作「大」。

**少長曰夭喬高也**〔一·七五〕　殿本上有「孔安國曰」四字。❶

---

❶「四」，原作「三」，今改。

**齒革羽旄**〔一·七三〕　百衲、舊刻、游、正德本同，各本「旄」作「毛」。案《集解》引《孔傳》「旄，牛尾也」，是經文本作「旄」，今《書》作「毛」，乃衛包所改，後人又據以改《史記》。

**象齒犀皮**〔一·七五〕　殿本「齒」作「牙」。案據《書傳》改。

**其篚織貝**〔一·七三〕　正德本「貝」誤「具」，注同。

**織細繒也**〔一·七六〕　殿本「繒」作「紵」。案據《書傳》改。

**有似於朝**〔一·七六〕　王、柯、南雍、秦、凌、毛、殿本「於」作「于」。

**江於此州界分爲九道**〔一·七七〕　游、王、南雍、秦、凌、程、毛本「於」作「于」。

**九江在尋陽南**〔一·七七〕　王、柯、秦、凌本「尋」作「潯」。

**雲夢土爲治**〔一·七六〕　百衲、中統、舊刻、王、南雍、秦、李、程、毛、殿本同，各本「雲夢土」作「雲土夢」。《索隱》出「雲土夢」三字云：「雲土、夢本二澤名，蓋人以二澤相近，或合稱雲夢耳。」沈括《夢溪筆談》謂：「太宗皇帝時，得古本《尚書》，作『雲土夢作乂』，詔改從古本。」則《尚書》與《史記》當並作「雲土夢」。錢氏《拾遺》引淳熙耿秉刊本正「土」在「夢」上。而此本作「雲夢土」者，蜀石經「雲土夢作乂」倒「土」「夢」字，此本係蜀大字本，則改《史記》以求合於石經《尚書》也，不必以其與《索隱》不合而疑之。《志疑》云：「今惟王鏊《史記》本作『雲夢土』，他本《史記》及《水經注》已爲後人所改矣。」梁氏蓋未見此本及百衲、舊刻、南雍、秦、李諸本，且王本出王延喆，非鏊也，延喆跋稱「先文恪公」，則當爲鏊之子矣。

**其中有平土丘**〔一·七七〕　游、正德本「土」誤「上」。

**維箘簬楛**〔一·七六〕　毛本同，各本「簬」作「簵」，注同。案《説文》「簬」下引《夏書》作「簬」，又重「簵」，下云「古文簬从輅」。

**言箘蕗楛三國所致貢**〔一·七八〕　毛本作「簬」，各本作「簵」，此「蕗」字誤。

**匭纏□也菁茅茅有□刺者**〔一·七八〕　二空格，上「結」字，下「毛」字。

**生組水中**〔一·七八〕　各本「組」作「於」，此涉下文「組綬」「組」字而誤。

**至於南河**〔一·七六〕　中統、游、正德本「南河」作「河南」。案《禹貢》作「南河」，作「河南」者誤倒。

**伊出陸渾山**〔一·七八〕❶　王本「渾」誤「準」。

**澗出澠池山**〔一·七八〕　游、正德本「澠」誤「沔」。

**滎潘既都**〔一·七八〕　百衲、舊刻本同，《索隱》及各本「滎潘」作「滎播」。李本「滎」譌作「榮」。案《説文》「潘，水名，在河南滎陽」，江氏聲以爲是「滎潘」之「潘」，而此本正作「潘」，益可爲證。

**滎澤名**〔一·七九〕　游、正德本「滎」作「榮」，下注「泆爲滎」「滎澤在敖倉東南」並同，作「榮」非是。

**在菏東北**〔一·七九〕　中統、游、正德、柯、凌、殿本「菏」作「河」。

**汶嶓既蓺**〔一·七九〕　游、正德本「蓺」作「藝」，《字類》四引作「蓺」，又一引「既蓺」誤「即蓺」。

**岷山在蜀郡湔氏道**〔一·八〇〕　舊刻「湔」作「箭」。正德本「氏」作「氐」。

---

❶「伊」下，原有「水」字，據嘉業堂本删。

**沱涔既道**〔一·七九〕　《字類》二「涔」下，又四《補遺》「道」下，引「既道」並作「已道」。

**人荆州**〔一·八〇〕　本「入」誤「人」，此六葉係羼入，多錯字。

**鄭互曰**〔一·八〇〕　本「玄」誤「互」。

**熊熊狐狸織皮**〔一·七九〕　下「熊」字係「羆」字之誤。

**西傾因桓是來**〔一·八〇〕　「桓」避宋欽宗諱缺筆，注同。

**因桓水是來**〔一·八一〕　游本「桓」作「栢」，正德本誤「相」。

**或謂漢爲沔**〔一·八一〕　中统、游、正德本「謂」作「爲」，非。

**黑水西河維雍州**〔一·八一〕　各本「維」作「惟」。

**至於合黎**〔一·八一〕　毛本「於」作「于」。

**涇水出安定涇陽**〔一·八一〕　游、正德本「涇」誤「經」。

**灃水所同**〔一·八一〕　舊刻、游、正德本「灃」誤「澧」，注同。

**音豐**〔一·八二〕　王、柯、南雍、秦、李、凌、程、殿本「音」上有「灃」字，在正文「同」字下。

**同於渭也**〔一·八二〕　王、柯、秦、凌本無「同」字。王本「於」作「于」。

**荆在岐東**〔一·八二〕　各本「歧」作「岐」。

**至于鳥鼠**〔一·八一〕　南雍、李、程本「于」作「於」。

**貢璆琳琅玕**〔一・八一〕王、秦本「玕」誤「玗」。

**浮於積石至於龍門西河**〔一・八一〕毛本二「於」字作「于」。

**析支**〔一・八一〕中統本「析」作「㭊」，《字類》二《補遺》引同。案張氏《論字例》以「析」旁著「片」爲訛字，則此字唐時已有之矣。

**至于太嶽**〔一・八四〕正德本「太」作「泰」。

**砥柱析城**〔一・八四〕舊刻「砥」作「底」。

**至於王屋**〔一・八四〕百衲、舊刻本同，各本「於」作「于」。

**此二山在連延東北**〔一・八五〕各本「山」下無「在」字，此衍。

**接碣石而入于滄海**〔一・八五〕中統、游、正德、王、柯、南雍、秦、李、程、殿本「于」作「於」。

**地理志曰**〔一・八五〕百衲「理」作「里」。王、柯、南雍、秦、李、凌、程、殿本「曰」作「云」。

**熊耳外方桐栢**〔一・八四〕百衲、毛本「栢」作「柏」，注同。

**太華山在弘農薵陰南**〔一・八六〕各本「薵」作「華」，此誤。中統本「弘」誤「引」。此本與百衲、舊刻、毛本注文在「至于負尾」句下，各本連上「《地理志》曰朱圉」云云在「至于太華」下。

**外方在潁川高高山**〔一・八六〕百衲、舊刻本「潁」作「穎」。各本上「高」字作「嵩」，此誤。

**若撗尾者**〔一・八六〕百衲同，各本「撗」作「横」，此與百衲本偶誤。

**大别在廬江安豐縣**〔一・八六〕 舊刻「豐」誤「豊」。中統、南雍、李、凌、程本「廬」作「盧」。

**敷淺原一名博陽山**〔一・八七〕 游、正德本「博」作「傅」。

**至於合黎**〔一・八七〕 程、殿本「於」作「于」。

**餘波入於流沙**〔一・八七〕 李、毛、殿本「於」作「于」。

**弱水餘波西溢入流沙**〔一・八八〕 中統、游、正德本「溢」誤「液」，下注「東溢分流」同。

**通于南海**〔一・八八〕 中統、游、正德、王、柯、南雍、秦、李、殿本「于」作「於」。

**入於南海**〔一・八七〕 百衲、舊刻本同，各本「於」作「于」。

**過梁州**〔一・八八〕 游、正德、王、柯、秦、李、凌本「梁」作「沙」。案《書傳》作「梁」。

**在西虢之界**〔一・八九〕 中統、游本「虢」誤「號」。

**河水東流**〔一・八九〕 王本「河」誤「何」。

**洛汭洛入河處**〔一・八九〕 王本「處」作「処」。

**養水出隴西氐道**〔一・九〇〕 各本「養」作「瀁」，此脱水旁。游本「氐」作「氏」。

**又東爲蒼浪之水**〔一・八七〕 游、正德、秦本「蒼」作「滄」。

**入于大别**〔一・八七〕 王、南雍、李、程本「大」誤「太」。

**在江夏音陵三界**〔一・九一〕　各本「音」作「竟」，「三」作「之」，❶此誤。

**水東回爲彭蠡大澤**〔一・九一〕　百衲、毛本「回」作「迴」。

**東別爲沱**〔一・八七〕　百衲、舊刻本「沱」作「沲」。

**孔安國曰馬融王肅皆以醴爲水名**〔一・九一〕　殿本「曰」作「及」。

**入于河**〔一・八七〕　舊刻脱「河」字。

**地里志**〔一・九一〕　各本「里」作「理」。

**沇水出河東東垣**〔一・九一〕　殿本「東垣」作「垣縣」。案據《漢志》改。

**又東北入于海**〔一・八七〕　毛、殿本「東北」作「北東」。段氏曰：「作『東北』者，蓋今文《尚書》。」

**與泗沂二水合入海也**〔一・九二〕　殿本同，各本「泗沂」作「沂泗」，此本獨與《書傳》合。

**鳥鼠共爲雄雌**〔一・九二〕　中統、游、正德本「雄雌」作「雌雄」。

**東會于灃**〔一・八七〕　舊刻、游、正德本同，各本「灃」作「澧」。案《禹貢》作「灃」，《釋文》音豐。

**又東北至于涇**〔一・八七〕　舊刻「東」下無「北」字。游、正德、毛本「于」作「於」。案《禹貢》《漢志》均無「北」字。

**東過漆沮入于河**〔一・八七〕　《水經注》十六《漆水》注引作「又東逕漆沮，入於洛」。

---

❶「之」，原作「云」，據各本改。

**漆沮二水名**〔一・九三〕　舊刻脱「名」字。

**亦曰洛水**〔一・九三〕　《水經注》引「水」下有「也」字。

**會於雒陽之南**〔一・九三〕　舊刻、毛本「於」作「于」。下注「合於鞏之東也」，毛本亦作「于」。

**四方之邑**〔一・九三〕　殿本「邑」作「宅」，案據《書傳》改。

**九山栞旅**〔一・九三〕　舊刻同，各本「旅」作「旅」，注同。舊刻上「蔡蒙旅平」「荆岐既旅」並作「旅」。案「旅」本從㫃從从，隸變作「旅」，今作「旅」，非。

**已槎木通道而旅祭也**〔一・九三〕　中統、游、正德本「槎」作「槎」，非。

**九州川**〔一・九三〕　各本「川」上有「之」字，此脱。

**已滌除**〔一・九三〕　秦本「滌」誤「滌」。

**無汶溢也**〔一・九三〕　各本「汶」作「決」，此誤。

**祚之土**〔一・九四〕　殿本「祚」作「胙」。

**其敬悦天子之德既先**〔一・九四〕　「敬」缺筆，餘不缺。

**供食國之馬也**〔一・九四〕　殿本作「供飼國馬也」。案《書傳》作「供飼」。

**侯候也斥候而服事也**〔一・九五〕　舊刻二「候」字誤「侯」。游本「斥」誤「斤」。

**天子所以安之**〔一・九五〕　殿本無「之」字，與《書傳》合。

**受主者刑法而已**〔一·九五〕　各本「主」作「王」，與上「數王者」一例，此誤。

**三百里蠻**〔一·九四〕　舊刻、游本「蠻」作「蛮」，注同，俗省字。

**禮簡怠慢**〔一·九五〕　游本「禮」作「礼」。

**西被于流沙**〔一·九六〕　舊刻「于」誤「干」。

**於是太平治**〔一·九六〕　舊刻同，各本「於」上有「天下」二字。《治要》引作「於是大平治」。

**思禹長久之道**〔一·九七〕　各本「禹」作「爲」，此誤。

**故言不及繇**〔一·九七〕　各本「繇」作「鯀」，此誤。

**因事以爲驗**〔一·九七〕　舊刻「驗」下有「也」字。

**蚤夜翊明有家**〔一·九六〕　《字類》三引「翊明」作「翊翊」，當是傳寫之誤。

**九德三德之中有其三也**〔一·九七〕　各本「九德」作「三德」，「三德」作「九德」，此誤倒。

**行六德以信治政**〔一·九七〕　各本「政」下有「事」字。游、正德本「事」字誤作大書，連下「翕受敷施」句。

**俊又在官**〔一·九六〕　本「乂」誤「又」。

**能合三六之德而用之**〔一·九八〕　各本「合」下有「受」字，與《書傳》合。

**如此則俊德理能之士**〔一·九八〕　舊刻脱「能」字。

**天討有罪**〔一·九六〕　百衲、毛本「罪」作「辠」。

**吾言底可行乎**〔一·九六〕　百衲、中統、王、柯、秦、毛本「底」作「厎」。

**女言致可績行**〔一·九六〕　百衲、舊刻本同，各本「女」作「汝」。

**山行乘欋**〔一·九八〕　舊刻、王、柯、秦、李、殿本同，各本「欋」作「檋」，程本誤「禕」。

**行山栞水**〔一·九八〕　本「木」誤「水」。

**以決九川**〔一·九八〕　中統本「九」誤「山」。

**田閒溝也**〔一·九八〕　「溝」避宋高宗嫌名缺筆。

**予欲聞六律五聲八音**〔一·九九〕　毛本「予」作「余」。

**来始滑**〔一·九九〕　各本「来」作「來」。百衲、正德、毛本「始」作「治」。

**女聽**〔一·九九〕　游、正德本「聽」下有「之」字。中統本脱「聽」字。

**駰案尚書滑字作曶**〔一·九九〕　舊刻、淩、殿本同，各本無「駰案」二字。

**□鄭玄曰**〔一·九九〕　各本「鄭」上不空格。

**以出内政教於五官**〔一·九九〕　殿本「内」作「納」。

**女匡拂予**〔一·九九〕　「匡」缺筆。「子」爲「予」之訛文。

**女無面諛**〔一·九九〕　百衲本「無」作「无」。

**敬曰輔臣**〔一·九九〕　各本「曰」作「四」，此誤。

**駰案尚書大傳曰**〔一·九九〕 舊刻本同，凌、殿本亦有「駰案」二字。各本「傳」作「傳」，此誤。

**古者天予必有四隣**〔一·九九〕 本「子」誤「予」。

**前曰疑**〔一·九九〕 游本「疑」誤「凝」。

**後曰丞**〔一·九九〕 百衲「丞」誤「承」。

**臣一作吾**〔一·九九〕 百衲、毛本無「臣」字。中統本「一」字誤作大書。

**優劣同流故也**〔一·九九〕 百衲、毛本「同」作「共」。

**毋若丹朱傲**〔一·一〇〇〕 百衲、舊刻、毛本「傲」作「敖」。

**毋水行舟**〔一·一〇〇〕 百衲、游、正德、王、柯、秦、凌、毛本「行舟」作「舟行」。

**至壬甲四日**〔一·一〇〇〕 本「于」誤「壬」，殿本作「於」。

**復往治水也**〔一·一〇〇〕 王、柯、南雍、秦、李、凌、程、毛、殿本無「也」字。

**以故能成水土功**〔一·一〇〇〕 百衲「以故」作「故以」。

**至于五千里**〔一·一〇〇〕 中統本「于」誤「子」。

**簫韶舞樂名**〔一·一〇一〕 殿本「舞」作「舜」，據《書傳》改。

**鳳皇來儀**〔一·一〇一〕 舊刻、游、正德本「皇」作「凰」，注同。

**惟在順時惟在慎微**〔一·一〇一〕 舊刻二「惟」字作「維」。

**股肱善哉元首起哉百工喜哉**〔一・一〇一〕　百衲、毛本同，各本「善」作「喜」，「喜」作「熙」，與《尚書》合。

**皋陶拜首稽首揚言曰**〔一・一〇一〕　百衲、舊刻、毛本同，各本「拜首」作「拜手」，與《尚書》合。舊刻「揚」誤「楊」。

**舜又歌曰**〔一・一〇一〕　《志疑》云：「一本無『舜』字。」當衍之。

**股肱惰哉**〔一・一〇一〕　各本此下有「萬世墮哉」四字，此脱。注孔安國曰「萬事墮壞也」，正釋此四字之義。

**萬事墮廢也**〔一・一〇一〕❶　中統、游、正德本「墮」作「隳」。

**舜本記云**〔一・一〇二〕　百衲、正德、毛本同，各本「記」作「紀」。

**使得祭祀與**〔一・一〇二〕　舊刻「得」誤「侍」。

**禹辭辟舜之子商均於陽城**〔一・一〇二〕　中統、舊刻本「商」誤「啇」，下同。

**今潁川陽城是也**〔一・一〇二〕　中統、舊刻、正德本「潁」誤「頴」。

**皇覽曰**〔一・一〇三〕　凌本上有「駰案」二字，殿本同。

**皋⿸丆白家在廬江大縣**〔一・一〇三〕　各本作「皋陶冢在廬江六縣」。此「⿸丆白」字爲「陶」之駁文，「家」字、「大」字則「冢」與「六」之誤也。

**孟子曰陽字一作陰**〔一・一〇三〕　凌本「孟子」上有「駰案」二字，殿本同。南雍、李、程、殿本無「曰」字、「一」字，此誤衍。

---

❶ 「廢」，原作「壞」，據嘉業堂本改。

**益之佐禹日淺**〔一·一〇三〕　百衲本「佐」作「左」。

**是爲夏后帝啓禹之子**〔一·一〇三〕　各本「禹」上重「夏后帝啓」四字。

**其母塗山氏之女也**〔一·一〇三〕　《御覽》八十一引作「娶塗山氏之女，生子曰啓」。

**天子六軍**〔一·一〇四〕❶　中統、游、正德本「天」上有「自」字，衍。

**有功即賞祖王前**〔一·一〇五〕　各本「王」作「主」，此誤。

**予則帑僇女**〔一·一〇四〕　游、正德、王、柯、南雍、秦、李、凌、程、殿本「女」作「汝」。

**辱及汝子**〔一·一〇五〕　毛本「汝」作「女」。

**帝太康失國**〔一·一〇五〕　百衲、舊刻、毛本上空一格，不提行。各本連上不提，下「帝中康」等同。

**亂甲乙也**〔一·一〇五〕　中統、游、正德本「也」上有「者」字。

**帝相崩**〔一·一〇五〕　中統、游、正德、王、柯、南雍、秦、李、凌、程、殿本不空格，下並同。

**子帝予立**〔一·一〇六〕　《索隱》及毛、殿本「予」作「宁」，下「帝予崩」同，《元龜》一同。

**帝槐崩**〔一·一〇六〕　百衲、舊刻、毛本上空一格。

**子帝廑立**〔一·一〇六〕　《索隱》及李、程、殿本「廑」作「厪」，下「帝廑崩」同，《字類》四引同。

---

❶「軍」，原作「卿」，據嘉業堂本改。

**其后有劉累**〔一·一〇六〕　百衲、舊刻、毛本同，各本「后」作「後」。

**后劉累之爲諸侯者**〔一·一〇八〕　殿本「后」作「後」。

**應邵曰**〔一·一〇八〕　各本「邵」作「劭」，此誤。

**御亦養**〔一·一〇八〕　正德本「養」下有「也」字。

**夏后既饗**〔一·一〇八〕　中統、游、正德本「饗」作「享」，秦本誤「袁」。

**子帝皐立**〔一·一〇八〕　毛本「臯」作「皋」，下同。

**帝皐崩**〔一·一〇八〕　百衲、舊刻、毛本上空一格，下「帝發崩」同。

**左傳曰**〔一·一〇九〕　程本「左」誤「三」。

**帝墓在⿰肴攵南陵**〔一·一〇九〕　各本「帝」作「皋」。「⿰肴攵」爲「殽」之別體。

**子帝履癸立**〔一·一〇八〕　各本「葵」作「癸」，此誤。

**帝桀之時**〔一·一〇八〕❶　百衲、舊刻、毛本「帝」上空一格。

**自孔甲以来**〔一·一〇八〕　游本同，各本「来」作「來」。

**謚法賊人多殺曰桀**〔一·一〇九〕　凌本上有「駰案」二字。

---

❶ 此條原低一格，上有王批「此條正文，當頂格」，並以綫劃去空格。

**而武傷百姓弗堪**〔一·一〇八〕　各本「百姓」下重「百姓」二字，此脱。

**湯修德**〔一·一〇八〕　《治要》「修」作「脩」。

**孔安國**〔一·一〇九〕　各本「國」下有「曰」字，此脱。

**遂於而死**〔一·一〇八〕　本「放」誤「於」。

**有王与無王**〔一·一〇九〕　各本「与」作「與」。案《説文》「與，黨與也」，「与，賜予也」，今俗以「與」代「与」，而「与」廢矣。

**用歲四百七十一年矣**〔一·一〇九〕　柯本「百」誤「日」。

**一云斟氏尋氏**〔一·一〇一〇〕❶　中統、游、正德本「一云」作「一作」。《索隱》云「又下云斟戈氏」，《考異》云「上『氏』字衍」。

**孔子正夏時**〔一·一〇九〕　游、正德本「子」作「氏」。

**葬篳棺**〔一·一一〇〕　《索隱》及游、正德、南雍、李、殿本「篳」作「葦」。

**穿壙深七尺**〔一·一一〇〕　毛本「七」作「二」。

**土階三等**〔一·一一〇〕　游、正德本「土」誤「上」，程本誤「二」。

**相傳以爲下有群鳥耘田也**〔一·一一〇〕　殿本「也」上有「者」字。

---

❶「尋」，原作「戈」，據嘉業堂本改。

# 卷三　殷本紀第三

**殷契**〔一·一一九〕《御覽》八十三引作「殷之祖契」。

**母曰簡狄**〔一·一一九〕正德本上有「帝嚳之子也」五字，衍。

**有娀氏之女**〔一·一一九〕《詩·商頌》疏引下有「也」字。

**淮南子曰**〔一·一二〇〕殷本上有「駰案」二字，下「《禮緯》曰」「《孟子》曰」，兩引「《列女傳》曰」，又「劉向《別録》曰」「《尚書大傳》曰」「《尚書》『理』字作『賚』」「《詩》云」，兩引「《皇覽》曰」，又「《謚法》曰」「《爾雅》曰」「《地理志》曰」，並同。

**爲帝嚳次妃**〔一·一一九〕《藝文類聚》十引《史記》作「帝嚳少妃有娀氏簡狄」。

**見玄鳥墯其卵**〔一·一一九〕「玄」缺筆。殷本「墯」作「墮」。百衲、中統、游、正德、柯、南雍、秦、李本「卵」作「卯」，舊刻作「郊」，凌、程、毛、殷本作「卵」。《類聚》作「以春分元鳥至之日，祀于高禖，有元鳥遺其卵，簡狄吞之，孕生契，爲殷始祖」，與原文多不同。

**五品不訓**〔一·一一九〕《元龜》一同，《御覽》八十三引「訓」作「遜」。

**而敬敷五教**〔一·一一九〕　秦本「敷」誤「[illegible]」。❶

**封於商**〔一·一一九〕　舊刻、正德本「商」誤「啇」，下注並同。

**商國在太華之陽**〔一·一二〇〕　柯本「太」作「大」。秦本「華」誤「彝」。

**禮緯曰**〔一·一二〇〕　柯本「禮」作「礼」，下「禮下賢者」、注「《禮記》曰」「《周禮》環人」，並同。

**昭明卒**〔一·一二〇〕　百衲、舊刻、王本同，各本不空格，下「昌若卒」至「主癸卒」並同。

**宋忠曰**〔一·一二〇〕　百衲、毛、殿本同，各本「忠」作「衷」，下「子冥立」注同。

**春秋左氏傳曰**〔一·一二〇〕　正德本作「《左傳》曰」。

**子曹圉立**〔一·一二〇〕　舊刻脱「子」字。

**冥司空**〔一·一二一〕　舊刻同，各本「冥」下有「爲」字。

**勤其官事**〔一·一二一〕　中統、游、正德本「其」作「於」。

**振卒**〔一·一二〇〕　百衲、舊刻、毛本「振」上空一格。

**張晏曰**〔一·一二一〕　舊刻「晏」誤「宴」。

**成湯自契至湯**〔一·一二一〕　舊刻無「成湯」二字，《志疑》云：「『成湯』二字傳寫誤增，故《史詮》謂洞本無此

---

❶ 按，此乃板片漫漶所致，非誤字。

二字，當衍之。」

**梁國穀孰爲南亳**〔一·一二二〕 百衲、舊刻本同，各本「孰」作「熟」。

**人視水見形**〔一·一二二〕 《治要》十一「見」誤「視」。

**言能聽道乃進**〔一·一二二〕 《治要》「乃」作「迺」，下「紂乃重刑辟」同。

**爲善者皆在王官**〔一·一二二〕 《治要》無「皆」字。

**湯曰女不能敬命**〔一·一二二〕 南雍、李、程本脱「湯」字。

**阿衡欲干湯而無由**〔一·一二二〕 凌本「干」誤「于」，《字類》一引「干」作「奸」。

**致於王道**〔一·一二二〕 舊刻、毛本同。各本「於」作「于」，凌本誤「干」。

**湯使人聘迎之**〔一·一二二〕 游、正德本「聘」上有「往」字。

**九主者**〔一·一二三〕 中統、游、正德本「者」誤「昔」。

**二篇皆所以醜夏而還之意也**〔一·一二四〕 殿本「皆」作「言」。

**馬融曰**〔一·一二五〕 正德本「馬」誤「馮」。

**舍我嗇事**〔一·一二四〕 游、正德本「嗇」作「穡」。

**衆民相率怠憧不和同**〔一·一二五〕 程、殿本「憧」作「惰」。

**詩云**〔一·一二五〕 中統、游、正德本「云」作「曰」。

**毛傳曰**〔一・一二五〕　中統本「傳」誤「詩」。

**宋敗於有娀之墟**〔一・一二五〕　各本「宋」作「桀」，此誤。《字類》一《補遺》引作「敗桀于有娀之虚」。

**作夏社**〔一・一二五〕　游、正德本「社」誤「稷」。

**一云伊尹報政**〔一・一二六〕　游本「政」誤「攻」。

**於是諸侯□服**〔一・一二五〕　此空格，百衲、中統、柯、南雍、秦、李、毛本作「必」；游、正德、王、程本作「心」；凌本作「畢」，旁注「一作『必服』」；殿本不空格。《後漢書・王暢傳》注引作「畢服」，《元龜》五同。

**一無此陶字**〔一・一二六〕　毛本「無」作「无」。

**中䨻作誥**〔一・一二六〕　游、正德本「中䨻」作「仲虺」。

**王自至於東郊**〔一・一二六〕　殿本「於」作「于」，《元龜》六十二引作「王至自東郊」。

**其有功乎民**〔一・一二六〕❶　游本「有」作「育」，非。

**東爲江北爲濟西爲河南爲淮**〔一・一二六〕　《初學記》六引作「東爲江，北爲河，南爲淮，西爲濟」。

**四瀆已脩**〔一・一二六〕　凌、程、毛本「脩」作「修」。

**萬民乃有居**〔一・一二六〕　《初學記》引作「万民乃居」。

---

❶「乎」，原作「于」，據嘉業堂本改。

**一作土**〔一・一二七〕　游、正德本「土」誤「上」。

**音與**〔一・一二七〕　游、正德本「音」上有「予」字，此注在「有狀」下。

**一作政**〔一・一二七〕　中統、游、正德、王、柯、南雍、秦、李、凌、程、殿本「一」上有「之」字，此注在「在國」下。

**湯司空也**〔一・一二七〕　正德本作「湯之臣，時爲司空也」，蓋以意增。

**湯乃改正朔服色**〔一・一二七〕　百衲、舊刻同，各本「服」上有「易」字。

**湯冢在濟陰亳縣北東郭**〔一・一二八〕　游、柯本「濟」誤「方」。《札記》云：「吴云金板作『東北東郭』。案《正義》云『北郭東』。」

**去縣三里**〔一・一二八〕　游、正德、王、柯、秦、凌本「縣」作「州」。

**大司空史御長卿**〔一・一二八〕　舊刻同，各本「史御」作「御史」。《義門讀書記》云：「按《漢書・公卿表》，建平紀元凡四年，無長卿其人爲御史者。」洪頤煊《讀書叢録》云：「案大司空下不得言御史，此本作『大司空史御長卿』，傳寫誤乙作『御史』，《水經・汳水》注引《皇覽》作『大司空史卻長卿』，❶『卻』即『御』字之譌。」案此本正作「御長卿」，足見蜀本之精，非各本所能及。

**案行水灾**〔一・一二八〕　中統、游、正德、王、柯、南雍、秦、李、凌、程、毛本「灾」作「災」。

**殷湯無葬處**〔一・一二八〕　「殷」缺筆，下「諸侯咸歸殷」「殷復興」「帝祖乙立，殷復興」「帝陽甲之時，殷

---

❶「水經汳水」，原作「北經汲水」，爲管改，上有王批云：「汲，當作『汳』。」

衰」「殷已都河南」「殷民咨胥皆怨」「殷道復興」「殷復衰」「思復興殷」「天既訖我殷命」「諸侯叛殷」「殷之太師少師」「以續殷祀」「殷民大説」「而封殷後爲諸侯」「以續殷後焉」「有殷氏」「北殷字」「殷路車爲善」，注「治於亳之殷地」「曰殷亳」「以人事觀殷」「殷凡三十一世」，並同，餘不缺。王、柯、秦本「無」作「无」。

**年百歲而萌**〔一·一二八〕本「崩」誤「萌」。

**帝外丙即位三年**〔一·一二八〕百衲、舊刻、毛本同，各本「帝外丙」不空格，下同。《御覽》八十三引「三年」作「二年」。

**帝中壬即位**〔一·一二八〕《御覽》引「中」作「仲」。

**鄭玄曰**〔一·一二八〕「玄」缺筆，下凡四引，並同。

**徂后者**〔一·一二八〕秦本「徂」誤「祖」。

**帝太甲修德**〔一·一二九〕正德、殿本「修」作「脩」，下「帝其修德」「法則可修」「先修政事」「武丁修德行政」「乃陰修德行善」「修盤庚之政」，注「我所修也」「不改修也」「不修教法者」，正德本並同。李本「乃陰修德行善」，亦作「脩」。

**亳有祥桑穀**〔一·一二九〕王、柯、南雍、秦、李、凌本「穀」作「榖」，俗字也。

**共生於朝**〔一·一二九〕毛本「於」作「于」。

**祥妖怪也**〔一·一三〇〕游、正德本「怪」作「蘖」。

**兩手搤之曰拱**〔一・一三〇〕❶ 游、正德本「搤」誤「榏」。

**帝太戊懼**〔一・一三〇〕 游、王、柯、秦、凌本「太」作「大」。

**而祥桑枯死而去**〔一・一三〇〕 《治要》無「而去」二字。

**伊陟讓**〔一・一三〇〕 「讓」避宋濮安懿王諱缺筆。

**仲丁遷于隞**〔一・一三〇〕 《御覽》八十三引「隞」作「敖」，《孟子疏》作「囂」。

**皇甫謐曰**〔一・一三一〕 本「謐」誤「謚」，中統本誤同。

**或云河南敖倉是**〔一・一三一〕 中統、游、正德本「是」下有「也」字。

**祖乙遷于邢**〔一・一三〇〕 《札記》云：「《御覽》引作『耿』。」案《御覽》八十三引《書敘傳》曰「祖乙圮于耿」，非引《史記》。

**中丁書闕不具**〔一・一三〇〕 百衲同，各本「中」作「仲」。

**巫賢任職**〔一・一三一〕 凌本「賢」誤「咸」。

**立沃甲兄祖辛之子祖丁**〔一・一三一〕 《志疑》云：「《書疏》引《史》以祖丁爲開甲之弟，皆與今《史記》本異。」

**復居成湯之故居**〔一・一三一〕 《御覽》引「居」作「國」。

---

❶ 此條原在「伊陟讓」條之下，管氏於兩條上分別批「下」「上」二字並以綫乙正。

**殷民咨胥皆怨**〔一·一三二〕 毛本「皆」誤「相」。

**相與怨其上也**〔一·一三二〕 王本「與」作「与」，柯本作「与」。

**今偃師是也**〔一·一三二〕 游本「偃」作「匽」。

**帝小辛立**〔一·一三二〕 舊刻脱「帝小辛」三字。

**於是迺使百工營求之野**〔一·一三二〕 中統、游、正德本「迺」作「乃」。

**得説於傅險中**〔一·一三二〕 《御覽》引「險」作「巖」，下「築於傅險」同。

**傅巖在北海之洲**〔一·一三三〕 毛本「巖」作「岩」，下注「傅氏之巖」同。舊刻無「之」字。

**在虞號之界**〔一·一三三〕 本「號」誤「號」。

**有澗水壞道**〔一·一三三〕 游本「澗」誤「間」。

**有飛雉**〔一·一三三〕 《字類》一引「飛」作「蜚」，又四引作「飛」。

**賢臣名**〔一·一三三〕 正德本「賢」上有「祖乙」二字。

**天以信命正其德**〔一·一三三〕❶ 中統、游、正德本「信」誤「言」。

**常祀毋禮于弃道**〔一·一三三〕 柯本「禮」作「礼」，殿本「禮」作「豊」。中統、舊刻、游、正德、殿本「弃」作「棄」。

❶ 此條原頂格，上有王批云「此條集解，當低一格」，並以空格符改正。

**主者主民**〔一·一三四〕 各本上「主」字作「王」，與《書傳》合，此誤。

**無非大時**〔一·一三四〕 各本「大時」作「天時」，與《書傳》合，此誤。

**天時所常祀也**〔一·一三四〕 舊刻不重「天時」二字。

**不當時豐於近也**〔一·一三四〕 各本「時」作「特」，此誤。舊刻、毛本「豐」譌「豊」。

**祭殷彤**〔一·一三四〕 各本作「殷曰彤」，此誤。

**殷復去亳**〔一·一三四〕 游本「亳」誤「毫」。

**與之博**〔一·一三四〕 秦本「博」誤「搏」。

**仰而射之**〔一·一三四〕《字類》三引「仰」作「卬」。

**武乙獵於河渭之間**〔一·一三四〕 毛本「間」誤「濱」。

**辛毋正后**〔一·一三五〕《御覽》一百三十五引「后」下有「位」字。

**天下爲之紂**〔一·一三五〕 百衲、中統、王、柯、秦、毛本同，各本「爲」作「謂」，《治要》同。

**帝紂資辨捷疾**〔一·一三五〕《御覽》引「辨」作「辯」。

**智足以距諫**〔一·一三五〕《治要》「距」作「拒」。案《説文》無「拒」字，當即「歫」之別體。

**言足以飾非**〔一·一三五〕《治要》作「飾是非之端」。

**以爲皆出己之下**〔一·一三五〕《御覽》引「皆」上有「人」字。

**愛妲己**〔一・一三五〕《御覽》一百三十五引此上有「紂伐有蘇，有蘇人以妲己女焉」二句，又八十三引無。

**妲己之言是從**〔一・一三五〕《書・泰誓》疏引上有「惟」字。

**新序曰**〔一・一三六〕　正德本「曰」作「云」。

**瓚曰**〔一・一三六〕　正德本「瓚」誤「讚」。

**鉅鹿水之大橋也**〔一・一三六〕　中統、游、正德、王、柯、南雍、秦、李、凌、程、殿本無「也」字。

**奇物充仞**〔一・一三五〕《書・泰誓》疏引「仞」作「牣」。

**多取野獸蜚鳥置其中**〔一・一三五〕《治要》「蜚」作「飛」。

**大最樂戲於沙丘**〔一・一三五〕　秦本「最」作「聚」，《書・泰誓》疏引同。《字類》三「冣」下云：「《史記・殷紀》『大冣樂戲於沙丘』，本或作『最』，並古『聚』字。」又四「冣最」下云：「《史記・殷紀》『大冣樂戲于沙丘』，或作『最』，《周紀》『周最』，並古『聚』字。」《考異》云：「『最』當作『冣』，《説文》『冣，積也』，音與『聚』同。《功臣表》注『孔子文生最』，《説文》以『最』爲積聚字，此『最』字亦『冣』字之譌。」❶

**最一作聚**〔一・一三六〕　舊刻「聚」下有「也」字。

---

❶「譌」下，原有「案錢氏知『最』爲『冣』之誤，而不知引《字類》以證之，《札記》但依《考異》改『最』爲『冣』，亦不引《字類》，均疏」。上有王批：「《字類》所引作『寂』作『最』不作『冣』，與《説文》不合，故不引，並非疏。」原案語又爲管删。

**縣肉爲林**〔一・一三五〕　《治要》「縣」作「懸」，下「縣之白旗」同。

**於是紂乃重刑辟**〔一・一三六〕　百衲、舊刻、游、正德本同，各本「刑辟」作「辟刑」，《字類》五引同。

**有炮烙之法**〔一・一三六〕　百衲「烙」作「格」，注同，下「以請除炮烙之刑」同。瞿氏據宋本同，云：「《周本紀》亦同，凡見三處，《漢書・谷永傳》亦作『炮格』。」《字類》五引無「之」字。案以「格」爲長，説詳《讀書雜志》三。

**列女傳曰**〔一・一三七〕　李本「傳」誤「列」。

**一作邘音于野王縣有邘城**〔一・一三七〕　李、程本上「邘」字同，各本二「邘」字作「邗」。案既音于，則當從于作「邘」。

**九侯女不憙淫**〔一・一三七〕　《御覽》八十三引「憙」作「憘」。

**鄂侯争之强**〔一・一三七〕　百衲「强」作「疆」，舊刻、正德本作「彊」，中統、游、王、柯、南雍、秦、李、程、毛、殿本作「彊」。

**西伯昌聞之竊嘆**〔一・一三七〕　殿本「嘆」作「歎」，《御覽》八十三引同，《治要》同。案《説文》「嘆，吞歎也，一曰太息也，歎吟也」，《毛詩》中兩體錯出，今通用。

**紂囚西伯羑里**〔一・一三七〕　《正義》云：「牖，一作『羑』，音酉。」據知張氏所據本作「牖里」，故云「一作羑」也。《字類》三「牖」下引《史記・周紀》「紂囚西伯牖里」，「周紀」是「殷紀」之訛。

**河内湯陰有羑里城西伯所拘處**〔一・一三七〕　王本「河」誤「可」。《水經注》九《蕩水》注引《史記音義》曰：「牖里，在蕩陰縣。」「湯陰」當作「蕩陰」，「羑里」本作「牖里」也。

音酉〔一・一三七〕　正德本「音」上有「羑」字。

求美女奇物善馬以獻紂〔一・一三七〕　程本「美」誤「姜」，毛本無「以」字。

及西伯伐飢國〔一・一三七〕　正德本「飢」作「饑」。

飢一作阢〔一・一三八〕　舊刻、游、正德、柯、秦本「阢」誤「肌」，李、凌本誤「肒」。

祖己後賢臣也〔一・一三八〕　游、正德本「後」作「后」。

元一作卜〔一・一三八〕　程本此下有「假，音格，至也」五字，各本無。

故天弃我〔一・一三八〕　中統、游、正德、李、毛、殿本「弃」作「棄」。

傲佷明德〔一・一三九〕　舊刻「佷」誤「恨」，王、柯、南雍、秦、凌、毛本作「很」，李、程、殿本作「狠」。案《説文》「很」在彳部，「狠」在犬部，音義皆異。

不修教法者〔一・一三九〕　舊刻「修」作「脩」，「者」下有「也」字。

今我民罔不欲喪〔一・一三七〕　百衲同。各本「罔」作「罔」。

乃與太師少師謀〔一・一三九〕　柯、凌本「太」作「大」。

比干曰〔一・一三九〕　秦本「干」誤「王」。

不得不以死争〔一・一三九〕　《字類》四引「以」上有「必」字。

乃詳狂爲奴〔一・一三九〕　游、正德、柯、南雍、秦、李、程本「詳」作「佯」。

**乃持其祭樂器奔周**〔一・一三九〕　凌本旁注「一本無『樂』字」，程本「樂」字空格。

**縣之白旗**〔一・一三九〕　《書・洪範序》疏引「白」上有「太」字。

**封比干之墓**〔一・一三九〕　百衲、游、王、柯、秦、毛本「封」下有「紂」字，蓋此字本在下「子武庚禄父」上，誤入此句也。

**封紂子武庚禄父以續殷祀**〔一・一三九〕　百衲、中統、游、王、柯、秦、毛本「子」下「紂」字誤入上「封比干之墓」「封」字下，❶《義門讀書記》云：「當作『封比干之墓，封紂子武庚禄父』，此傳寫之誤。」《札記》云：「今從凌本。」案舊刻、游、正德、南雍、李、程、殿本，並不誤。張引凌本而不引南雍本，蓋但見萬曆二十四年南雍本，以爲在凌氏後，不知張邦奇刊本題「嘉靖九年」，實先凌本四五十年也。李本刊於嘉靖十六年，凌氏引作「楊慎題評」者，亦自南雍本出，至舊刻、游、正德本，遠在凌氏前，更無論矣，張豈均未之見乎？

**殷民大説**〔一・一三九〕　《治要》「説」作「悦」。

**采於書詩**〔一・一四〇〕　毛本「書詩」作「詩書」，《字類》三引同。《札記》云：「『書詩』，宋本、毛本倒。」

**北殷氏**〔一・一四〇〕　程本「北」誤「此」。

---

❶ 「子下」，當爲「封下」或「子上」之誤。

# 卷四　周本紀第四

**周后稷名弃**〔一·一四五〕　百衲、中統、游、王、柯、南雍、秦、李、凌、程、殿本同，《治要》十一同，《字類》四《補遺》引同。舊刻、正德、李、毛、殿本「弃」作「棄」，《詩·大雅·生民》疏、《御覽》八十四引同。

**曰姜原**〔一·一四五〕　《御覽》八十四引《史記》「原」作「嫄」，《文選·西征賦》注引「姜嫄爲帝嚳元妃」，《詩·生民》疏引「姜嫄出野」，又「姜嫄踐巨人迹」，並作「嫄」。

**姜原爲帝嚳元妃**〔一·一四五〕　《藝文類聚》十引作「帝高陽氏元妃姜嫄」，案帝嚳高辛氏，非高陽氏也。

**見巨人跡**〔一·一四五〕　凌本「跡」作「蹟」，《生民》疏引作「迹」，《類聚》引作「見大人之跡」。

**心忻然説**〔一·一四五〕　凌本「忻」作「欣」。《類聚》作「履之欣然，若感而生后稷」，以下敘后稷之棄先寒冰，次隘巷，次平林，與原文不合，且多改竄。

**居期而生子**〔一·一四五〕　《生民》疏引作「及朞而生棄」。

**弃之隘巷**〔一·一四五〕　《索隱》及中統、舊刻、游、正德、李、毛、殿本「弃」作「棄」，下並同。

**馬牛過者**〔一·一四五〕　《御覽》引「馬牛」作「牛羊」。

**皆辟不踐**〔一·一四五〕　《御覽》引「辟」作「避」。

**姜原㠯爲神**〔一・一四五〕　百衲、舊刻、王、柯、秦本同，各本「㠯」作「以」。

**仡如巨人之志**〔一・一四六〕　百衲、舊刻、柯、淩、毛本同，《字類》五《補遺》引同，各本「仡」作「屹」。

**好種樹麻菽**〔一・一四六〕　「樹」缺末點，下注「樹立也」同。《生民》疏引「種樹」作「種殖」，「麻菽」作「麻麥」，此二字不重。《類聚》八十五引作「好種樹麻菽麥」，《元龜》一同。

**相地之宜宜穀者稼穡焉**〔一・一四六〕　《生民》疏不重「宜」字，「焉」作「之」。《類聚》六十五引作「宜穀者耕稼穡之」。

**民皆法則之**〔一・一四六〕　《生民》疏無「則」字。

**天下得其利**〔一・一四六〕　《生民》疏「得」作「宜」。

**封弃於郃**〔一・一四六〕　《生民》疏引作「禹封棄於郃」。案疏以《傳》《箋》皆言「堯封」，謂《周本紀》以后稷之號起舜時不可信，似所引《周紀》必作「舜封」，作「禹」者係譌字，《緜》疏引作「舜封」不誤。

**禮緯曰**〔一・一四六〕　游本「禮」作「礼」。

**山海經大荒經曰**〔一・一四七〕　殿本上有「駰案」二字，下引劉向《別録》，四引《地理志》，又引《山海經》，三引《周禮》，又引《司馬法》、蔡邕《獨斷》、《爾雅》、《公羊傳》、《汲冢紀年》，三引《左傳》，兩引《皇覽》，又引《春秋》「又胙燔肉也」，又引《漢書・百官表》，並同。

**冢去中國三萬里也**〔一・一四七〕　中統本「萬」作「万」。

**去稷不務**〔一·一四七〕《詩·緜》疏引「去稷」作「棄稷」。❶

**而奔戎狄之間**〔一·一四七〕各本「奔」作「犇」，《御覽》八十四引作「奔」。

**子鞠立**〔一·一四七〕游、正德本「鞠」作「鞫」，下「鞠卒」同。《詩·豳譜》疏引「鞠」下有「陶」字，《大雅·公劉》疏引「不窋生鞠陶，鞠陶生公劉」。

**雖在戎狄之間**〔一·一四七〕各本「雖」上有「公劉」二字，此脱。

**復脩后稷之業**〔一·一四七〕正德本同，《詩·緜》疏引同，各本「脩」作「修」，下「復脩后稷公劉之業」同。案此本下「脩」並作「修」，惟「耆艾脩之」作「脩」。

**行地宜**〔一·一四七〕《詩·緜》疏引「行」作「相」。《札記》「《緜》疏」誤「《大明》疏」。

**自漆沮渡渭**〔一·一四七〕凌本「渡」作「度」，《字類》四《補遺》引同。

**取林用**〔一·一四七〕各本「林」作「材」，此誤。《元龜》「材用」作「財用」。

**百姓懷之多徒而保歸焉**〔一·一四七〕「徒」各本作「徙」。《詩·緜》疏引作「百姓從而歸保焉」。

**周道之興自此後**〔一·一四七〕百衲、中統、舊刻、游、柯、秦、毛本同，各本「後」作「始」，《元龜》同。《義門讀書記》云：「『後』作『始』。」

---

❶ 此條上有王氏眉批云：「《詩·緜》疏引《周語》作「棄稷」，引《周本紀》亦作「去稷」，無異文，此條删。」上有管氏浮籤云：「案閩、監、毛本引《周本紀》『去』作『棄』，當時但校毛本，故存此條，可删。」

**國於豳**〔一・一四七〕 《文選・西征賦》注、《御覽》八十四引「豳」作「邠」，下同。《字類》一：「《史記・周紀》『國于豳』，即『邠』也，古今字異耳。」

**子茬弗立茬弗卒**〔一・一四八〕 百衲、舊刻本「茬」誤「羌」，各本作「差」，毛本誤「羌」，《元龜》同。

**高圉卒子亞圉立**〔一・一四八〕 毛本「卒」誤「立」，《義門讀書記》云：「上『立』字作『卒』字。」

**世本云**〔一・一四八〕❶ 王、柯、南雍、秦、李、凌、程、殿本「世」作「系」。

**國人皆載之**〔一・一四八〕 本「戴」誤「載」。

**薰育戎狄攻之**〔一・一四八〕 《御覽》八十四引「薰」作「獯」，《元龜》同。

**乃與私屬遂去豳**〔一・一四八〕 《御覽》引「與」作「以」，無「遂」字。

**渡漆沮**〔一・一四八〕 殿本「渡」作「度」。

**駰案皇甫謐曰**〔一・一四九〕 百衲、舊刻及毛、殿本同，各本無「駰案」二字。游、正德、王、柯、秦、凌、殿本「曰」作「云」。

**而營築城郭室屋**〔一・一四八〕 中統、游、正德本「室屋」作「宮室」。

**禮記曰**〔一・一四九〕 柯本「禮」作「礼」，下「禮下賢者」「興正禮樂度制」，注「《周禮・環人》」「《周禮》曰」，並同。

---

❶ 此條原上空二格，上有王批云「低一格」，管氏以綫提高一格。

**大姜有任氏之女**〔一·一五〇〕　各本「大」作「太」。舊刻「任」下無「氏」字。百衲、中統、游、正德、王、柯、南雍、秦、李、凌、程、毛本「任」作「台」，凌、殿本作「邰」，《元龜》同。南雍、李、程本此文混入正義中。《札記》云：「『有吕』原誤『邰』，《考證》據《列女傳》改。」

**太任摯任氏之中女**〔一·一五〇〕　舊刻「氏」字誤在「摯」字上。殿本無「之」字。

**公季修古公遺道**〔一·一五一〕　《書·武成》疏引「遺道」作「之道」。《札記》「道」誤「德」。

**篤於行義**〔一·一五一〕　毛本「於行」二字誤倒。

**西伯曰文王**〔一·一五一〕　《治要》無「曰文王」三字。《文選·報任少卿書》注引作「西伯文王也」。《雜志》云衍「曰」字，脱「也」字。

**則古公公季之法**〔一·一五一〕　《治要》無「公季」二字。

**劉向别録曰**〔一·一五一〕　舊刻脱「曰」字。

**諸侯嚮之**〔一·一五一〕　各本「嚮」上有「皆」字，《文選·王命論》注引同，《御覽》八十四引無。

**紂乃囚西伯於羑里**〔一·一五一〕　《字類》三「牖」下引作「紂囚西伯牖里」，又《補遺》别本亦作「羑」。案此所引是《殷紀》之文，《殷紀》在《周紀》前，且彼文無「乃」字、「於」字，正與此合，傳寫誤「殷」爲「周」耳。

**紂大説**〔一·一五一〕　《類聚》十八引《史記》「説」作「悦」。

**乃赦西伯**〔一·一五一〕　《類聚》引「赦」作「放」。

**以請紂去炮烙之刑**〔一·一五二〕　百衲「烙」作「格」。

**有獄不能決**〔一·一五二〕《御覽》引「獄」作「訟」。

**乃如周**〔一·一五二〕《御覽》引作「詣周」。

**入界**〔一·一五二〕《御覽》引「界」上有「其」字。

**未見西伯皆慙**〔一·一五二〕《御覽》引「皆」作「而」。

**吾所争周人所恥**〔一·一五二〕《御覽》引作「吾所争者，周所恥也」。

**遂俱讓而去**〔一·一五二〕舊刻同，各本「遂」下有「還」字。

**西伯蓋受命之君**〔一·一五二〕《治要》「君」下有「也」字。

**明年伐犬戎**〔一·一五三〕《詩·文王》疏引「犬戎」作「犬夷」。

**密須氏姞姓之國**〔一·一五三〕舊刻「姞」誤「始」。

**項曰**〔一·一五三〕本「瓚」字，灆缺。

**一作阮**〔一·一五三〕百衲、舊刻、王、柯、南雍、秦、李、程、殿本「阮」作「阢」，中統、游、正德、柯、秦、凌本作「阮」。案「阮」與「阮」並「阢」字形似之誤。

**殷之祖伊聞之**〔一·一五三〕「殷」缺筆，下「武王滅殷」同，餘不缺。

**邘城在野王縣西北音干**〔一·一五四〕本「邘」誤「邗」，本「于」誤「干」。

**伐崇侯虎而作豐邑**〔一·一五三〕舊刻「豐」譌「豊」，注同。

**自岐下而徙都豐**〔一・一五三〕　《御覽》引作「而徙都於酆」，下有「諸侯多歸之」句。

**稱王而斷虞芮之訟**〔一・一五四〕　「芮」當從内作「芮」，各本作「芮」。

**益王瑞自太王興**〔一・一五四〕　各本「益」作「蓋」，此誤。

**東觀兵至于盟津**〔一・一五六〕❶　《類聚》十二引「盟」作「孟」，無「至于」二字，下「盟」字並同。

**畢力賞罰**〔一・一五六〕　百衲、舊刻、南雍、李、程本同，各本「力」作「立」。

**言殷之兵衆與周之象也**〔一・一五七〕　中統、游、正德本上「之」字作「人」。中統本「象」誤「家」，柯、秦本誤「人」。

**殺王子比干**〔一・一五七〕　《御覽》八十四作「剖比干」。

**大師疵少師强**〔一・一五七〕　各本「疵」作「疵」，《元龜》五作「庇」。王、柯、南雍、秦、李、凌、程、殿本「强」作「彊」，《類聚》引誤「疆」，又下衍「微子」二字。

**抱其樂器而犇周**〔一・一五七〕　《類聚》引「樂器」作「祭器」。

**不可以不畢伐**〔一・一五七〕　《後漢書・袁術傳》注引作「不可不伐」。

**武王乃作太誓**〔一・一五七〕　中統、游、正德本「太」作「泰」。《札記》云：「案《太誓》疏引《周本紀》云『武王伐紂，卜龜兆不吉，群公皆懼，惟太公勸之』十八字，今見《太公世家》，疑孔氏誤憶。」

---

❶　此條原在「畢力賞罰」下，據嘉業堂本移。

**乃斷弃其先祖之樂**〔一·一五七〕 舊刻、正德、李、毛殿本「弃」作「棄」。

**夫子大夫之稱**〔一·一五八〕 各本「大」作「丈」。

**武王朝至於商郊牧野**〔一·一五八〕 中統、游、正德、王、柯、南雍、秦、李、凌、程、殿本「於」作「于」。

**甲子朝誓之**〔一·一五九〕 中統、游、正德本「之」作「也」。

**示無事於誅**〔一·一五九〕 毛本「無」作「无」。

**我有國冢君**〔一·一五八〕 游、正德本「有」作「友」。

**乃庸蜀羌髳微纑彭濮人**〔一·一五八〕 各本「乃」作「及」，此誤。中統、游本「蜀」誤「屬」。

**羌在西蜀□**〔一·一五九〕 空格「叟」字，《元龜》五「蜀」下直接「矛微在巴蜀」云云。

**髳微在巴蜀**〔一·一五九〕 《元龜》「髳」作「矛」，非。❶

**唯代雄鳴**〔一·一六〇〕 本「雌」誤「唯」。

**自弃其先祖肆祀不答**〔一·一五八〕 舊刻「弃」作「棄」，下「皆弃其家國」及注同。毛本「祀」誤「犯」，《義門讀書記》云：「『犯』作『祀』。」

**答問也**〔一·一六〇〕 《元龜》五「問」作「報」。

---

❶ 此條上有王氏浮籤：「『矛』字是否有誤，當檢原書。」

**俾暴虐于百姓**〔一·一六〇〕　本「于」誤「子」。

**以姦軌于商國**〔一·一五八〕　中統本「商」誤「商」，下「于商郊」「昏暴商邑」「封商紂子禄父」「表商容之閭」「以望商邑」並同。

**多則六**〔一·一五八〕　各本「六」下有「七」字，此脱。

**勉哉天子**〔一·一五八〕　本「夫」誤「天」。

**威武皃**〔一·一六〇〕　百衲、舊刻同，各本「皃」作「貌」。

**如豺如離**〔一·一五八〕　百衲、毛本「豺」作「犲」，《字類》一引同。

**禦彊禦謂彊暴也**〔一·一六〇〕　柯、秦本二「彊」字誤「疆」。

**不得暴殺紂師之犇走者**〔一·一六〇〕　百衲「者」作「是」。

**其于爾身有戮**〔一·一五九〕　游、正德、王、柯、秦、凌本「于」作「予」，凌本旁注「宋本『予』作『于』」。

**亦發兵七十萬人距武王**〔一·一六〇〕　《詩·大明》疏引「距」作「拒」，《元龜》同。

**左射以蔽**〔一·一六一〕　游、正德本「蔽」作「掫」。

**皆行其所聞而復**〔一·一六一〕　中統、游、正德本「復」下有「云」字。

**以大卒馳帝紂師**〔一·一六〇〕　《詩·大明》疏引無「帝」字。《元龜》四十四「帝」作「商」，案此即徐廣所引别一本。

**皆倒兵以戰**〔一·一六〇〕《大明》疏引「兵」作「戈」，《類聚》一作「干戈」。

**以開武王**〔一·一六〇〕《元龜》四十四「開」誤「闢」。

**紂兵皆崩畔紂**〔一·一六〇〕《類聚》引作「紂軍潰叛」，《御覽》八十四作「紂軍潰畔」，《元龜》五作「紂軍皆潰畔紂」，又四十四作「紂軍皆散畔」。

**蒙衣其珠玉**〔一·一六〇〕《札記》云：「王本『殊』。」案王本亦作「珠」。

**三發而後下車**〔一·一六一〕百衲、舊刻、毛本「後」作「后」。

**懸大白之旗**〔一·一六一〕各本「懸」作「縣」，下同。王、柯、南雍、秦、李、程、殿本「大」作「太」。

**已而至紂之嬖妾二女**〔一·一六一〕《元龜》五「至」作「致」。

**駟案司馬法曰**〔一·一六二〕殿本與此同，各本無「駟案」二字。

**武王已乃出復軍**〔一·一六一〕❶《御覽》八十四引作「出復于軍」。

**蔡邕獨斷曰**〔一·一六二〕中統、舊刻、游本同，各本「断」作「斷」，「断」爲「斷」俗省字。

**旍旗名**〔一·一六二〕百衲、毛本同，各本「旍」作「旒」，注同。

**駟案周礼曰**〔一·一六二〕各本無「駟案」二字，惟殿本有之。各本「礼」作「禮」，柯本作「礼」。

---

❶「出復」，原作「復出」，據嘉業堂本改。

**欲得陰陽之絜氣**〔一・一六二〕　柯、秦、凌本「絜」作「潔」。

**衞康叔封布兹**〔一・一六二〕　各本此下有「徐廣曰『兹者，籍席之名。諸侯病曰『負兹』』」凡十六字，此脱。

**史佚筴祝曰**〔一・一六二〕　各本「史」作「尹」。

**侮蔑神祇不祀**〔一・一六二〕　游、正德、南雍、李、凌、程、殿本「祇」作「祗」。

**膺受大命**〔一・一六二〕　各本「受」作「更」。中統、游、正德、王、柯、南雍、秦、李、凌、程、殿本此下有小注云：「監本作『受』。」《札記》云：「蓋校者所加。」

**命南宫括散鹿臺之財**〔一・一六三〕　《書・武成》疏引「財」作「錢」，《治要》同。王氏念孫謂：「本作『錢』，後人依晚出古文《尚書》改作『財』。」列有十證，詳《雜志》。

**鄭玄曰**〔一・一六四〕　「玄」缺筆，餘引「鄭玄」不缺。

**地理志**〔一・一六四〕❶　凌本「志」下有「云」字，下「帝堯之後於薊」注同。

**弘農陜縣有焦城**〔一・一六四〕　「弘」缺筆，下注「陸渾縣屬弘農郡」同，中統本「弘」誤「引」。

**封尚父於營立**〔一・一六三〕　本「丘」誤「立」。

**示雅曰**〔一・一六四〕　中統、游本「示」作「尓」，各本作「爾」，蓋「爾」本作「尓」，傳寫誤爲「示」。

**水出其前而左曰營丘**〔一・一六四〕　百衲脱「左曰」二字。中統本「左」作「去」。

---

❶ 此條原頂格，上有王批「低一格」，並塗删「地」字，另空二格補書「地」字。

**自夜不寐**〔一・一六五〕❶　舊刻、正德本「自」作「日」。

**乃今有成**〔一・一六五〕　毛本「乃今」作「今乃」。

**其登名民三百六十夫**〔一・一六五〕　《字類》一「丌」下云：「《史記・周紀》『亣登名民三百六十夫』，『亣』當作『丌』，古『其』字。」❷

**一云不顧□□□□失威**〔一・一六六〕　此空四格，百衲、舊刻、毛本作「夫亦不賓滅」。毛本「失威」作「失滅」，百衲、舊刻與此本同。張校「賓滅」作「賓成」。案是本及舊刻「滅」作「威」，「威」蓋「滅」之譌。威，滅也。《逸周書・度邑解》本作「賓威」，「賓威」即「擯滅」，其作「賓成」者，「成」亦「威」之譌，《札記》據之改。《集解》《索隱》並作「賓成」，是以不誤爲誤矣。

**一又云不顧□□□□**〔一・一六六〕　此空四格，各本作「亦不恤也」。

**至今我未定天保**〔一・一六五〕　各本「至」上有「以」字，此空一格。

**日夜勞來定我西土**〔一・一六五〕　《索隱》及百衲、中統、舊刻、游、正德、秦、毛本同，《元龜》十三同，《字類》四引同。王、柯、南雍、李、凌、程、殿本「我」上無「定」字，引《索隱》曰「七字連作一句讀」，案單行本《索隱》

---

❶ 此條原上空一格，上有王批「此是正文當頂格」，並有綫塗刪空格。

❷ 此條上有王氏浮籤曰：「今本《字類》作『其登名民三百六十夫』，『其』當作『丌』。丌，古『其』字，未知尊校所據何本？」下有管氏批語：「此依別下齋校本。」

「七」作「八」，中統、游、正德本引亦作「八」，則當有「定」字矣。

**我南望三塗**〔一·一六六〕《索隱》本「塗」作「途」。

**放牛於桃林之虚**〔一·一六六〕治要「虚」作「墟」。

**示天下不復用也**〔一·一六六〕《治要》無「也」字。

**武王王亦醜**〔一·一六八〕毛本同，各本無下「王」字。案此誤衍。

**克王克殷二年**〔一·一六九〕上「克」字，各本作「武」字，此誤。

**皇甫謐曰**〔一·一六九〕本「謐」誤「諡」。

**騆案皇覽曰**〔一·一六九〕游、正德本「案」誤「安」。

**伐誅武庚管叔放蔡叔**〔一·一六九〕《雜志》謂「管叔」上當有「殺」字，《藝文類聚·帝王部》《太平御覽·皇王部》引此並作「誅武庚，殺管叔，放蔡叔」。

**道里均**〔一·一七〇〕《類聚》引「里」誤「理」。

**召公爲保周公爲師**〔一·一七〇〕《書鈔》五十二引《史記·周本紀》云：「成王即位，周公、畢公並爲太傅，容二人爲之也。」案《史》無此文。

**古文尚書敘周官書篇名**〔一·一七一〕中統、舊刻、游、正德、王、柯、秦本「敘」作「序」。

**興正禮樂度制**〔一·一七一〕柯本「禮」作「礼」。游、正德本「度制」作「制度」。

**大子釗遂立**〔一·一七一〕舊刻「太」作「大」。

**刑錯四十餘年不用**〔一・一七一〕《治要》「錯」作「措」，注同。

**無所置刑**〔一・一七二〕游本「無」作「无」，下「玩則無震」同。

**成定東周郊境**〔一・一七二〕「境」缺筆，避翼祖嫌名。

**王道衰微**〔一・一七二〕《御覽》八十五引上有「而」字。

**伯冏名也**〔一・一七二〕《殿本》「名也」作「臣名」，與《書傳》合。

**蓋太僕衆僕之長**〔一・一七二〕各本「太僕」作「太御」。

**先王燿德不觀兵**〔一・一七三〕百衲、毛本同，各本「燿」作「耀」。

**言武王常求美德**〔一・一七四〕中統、舊刻本「常」作「當」，游本「求」誤「来」。

**故陳其功於是夏一而歌之**〔一・一七四〕❶ 各本無「一」字。

**謂弃與不窋也**〔一・一七四〕舊刻、正德、李、毛本「弃」作「棄」，下「弃稷不務」同。游本「與」作「与」。

**無不欣喜**〔一・一七三〕《字類》一「訢」下引作「無不訢憙」。游本「無」作「无」，下「是以近無不聽，遠無不服」「無乃廢先王之訓」，注「無簡核誠信」，並同。

**訢載武王**〔一・一七三〕柯、凌、程本「載」作「戴」，《治要》同。

---

❶ 此條原頂格，上有王批「此是集解，當低一格」，並於「故」上畫二空格符及綫改正。

**此揔言之也**〔一・一七五〕　正德、凌、毛殿本「揔」作「總」。

**詩云莫敢不來王**〔一・一七五〕　中統、舊刻、游、正德、王、柯、南雍、秦、李、凌、殿本「云」作「曰」。

**言號令也**〔一・一七五〕　中統、游本「號」作「号」。案《説文》「号，痛聲也」「號，呼也」，二字義本異；《玉篇》「号，令也，召也」「號，哭痛聲也」，與許義相反，今則「號」行而「号」废矣。

**名謂尊早職貢之名号也**〔一・一七五〕　「早」爲「卑」之駁文。「号」爲「號」之通假，中統、游本亦作「号」。

**無乃廢先王之訓而王幾頓乎**〔一・一七四〕　《治要》「幾頓」上脱「王」字。

**言犬戎立性敦蕍也**〔一・一七六〕　各本「蕍」作「篤」。

**當何選擇乎**〔一・一七七〕　各本「選」上有「所」字。

**何居非其宜與**〔一・一七六〕　游本「與」作「与」，下「夏帝卜殺之與去之與止之，莫吉」「鄭與虢君伐殺王頹」「叔帶與戎翟」，又注「使與罰名相當」「與犯法者等」，並同。

**非唯及世輕重所宜也**〔一・一七七〕　凌、程本「也」作「乎」。

**兩造具備**〔一・一七六〕　中統、游、正德本「具備」倒作「備具」。

**五過之疵**〔一・一七六〕　舊刻「疵」誤「疪」。

**惟察其皃**〔一・一七七〕　百衲、舊刻本同，各本「皃」作「貌」。❶

---

❶ 此條原頂格，上有王批曰「此是集解，當低一格」，並於「惟」上畫二空格符及綫改正。

**無簡不疑**〔一·一七六〕 各本同，程本「疑」作「聽」，❶《志疑》云：「『疑』字乃湖本譌刻，它本是『不聽』。」案各本俱作「不疑」，惟程本據《尚書》改「疑」爲「聽」，梁説非是。

**無輕用刑**〔一·一七八〕 游、毛本「無」作「无」。

**音刷**〔一·一七八〕 游、正德本「刷」誤「刷」。

**其罪倍灑**〔一·一七六〕 舊刻「倍」誤「信」。

**一作蓰五倍曰蓰**〔一·一七八〕 凌、殿本同，各本無上「蓰」字，當從此本。

**倍百爲二百鍰也**〔一·一七八〕 舊刻無「也」字。

**凡五百三十二三分一也**〔一·一七八〕 各本「二」作「三」。

**康公母姓隗氏**〔一·一七九〕 游、正德本「隗」誤「媿」。

**王御不參一族**〔一·一七八〕 中統、游、正德、王、柯、南雍、秦、凌、程本「參」作「叄」，注同，李本作「三」。

**一族一父子也**〔一·一七九〕 舊刻無下「一」字。

**康公不獻**〔一·一七八〕 王、柯、秦本「獻」作「献」，俗省字。

**大夫芮良夫**〔一·一七九〕 游、正德、王、柯、秦本下「夫」字誤「正」。

---

❶ 「各」「程」原互倒，據各本乙正。

**猶曰怵惕**〔一・一八〇〕正德本、殿本「曰」作「日」，凌本旁注：「曰，一本作『日』。」《札記》云：「官本『日』，與《治要》合，天聖本《國語》同。」

**懼怨之來也**〔一・一八〇〕《治要》無「也」字。

**立我烝民**〔一・一八〇〕各本「烝」作「蒸」，此係駁文。

**陳錫載周**〔一・一八〇〕舊刻「載」作「哉」。

**榮公若用**〔一・一八〇〕《治要》「若」誤「有」。

**周必敗也**〔一・一八〇〕《治要》無「也」字。

**用事**〔一・一八〇〕《詩》小、大《雅》疏引作「使用事焉」。❶

**國人莫敢言**〔一・一八〇〕小、大《雅譜》疏引「莫」作「不」，下「國人莫敢言」作「國人不敢出言」。

**以目相眄而已**〔一・一八一〕中統、舊刻、柯、李、凌、殿本「眄」作「眄」，游、正德、秦本譌「盼」。

**天天子聽政**〔一・一八〇〕上「天」字本「故」字，此誤。

**無眸子曰瞍**〔一・一八一〕毛本「無」作「无」。

**矇主弦歌**〔一・一八一〕「弦」缺筆，中統、游、正德、王、柯、南雍、秦、李、程、殿本「弦」作「絃」。

---

❶ 此條上有王批「詩小大雅云云是小字」。

**諷誦箴諫之語也**〔一・一八一〕　中統、游、正德本無「也」字。

**傳以語士**〔一・一八一〕　程本「士」作「事」，《國語》韋注「士」作「王」，金陵本已據改。❶

**近臣駿僕之屬**〔一・一八二〕　中統、游本「屬」作「属」。

**瞽樂太師史太史也**〔一・一八二〕　游、正德本二「太」字作「大」。

**耆艾師傅也**〔一・一八二〕　中統、舊刻、游本「傅」誤「傳」。

**耆艾脩之**〔一・一八〇〕　舊刻、凌、程、毛、殿本「脩」作「修」，注同。

**而后王斟酌焉**〔一・一八〇〕　中統、游、正德、王、柯、南雍、秦、李、柯、凌、殿本「后」作「後」。

**乃相與畔襲厲王**〔一・一八一〕　《治要》「畔」作「叛」，「王」上無「厲」字，下「厲王出犇於彘」同。

**厲王出犇於彘**〔一・一八一〕　中統、游、正德、王、柯、南雍、秦、李、凌、程、殿本「犇」作「奔」，《治要》同，又「於」作「于」。

**在危阨之中**〔一・一八二〕　各本「阨」作「險」。

**太子竟得脱**〔一・一八二〕　「竟」缺筆。

**召公周公二相行政**〔一・一八二〕　《御覽》八十五引「二」下有「人」字，「相」下有「共」字。

---

❶ 此條上有王氏浮籤曰：「金陵局本『士』作『王』，與《國語》韋解合，未知各本異同，當再檢。」旁有管批曰：「各本並作『傳以語士』，金陵本據《國語》注改。」

**厲王死于彘**〔一・一八二〕　小、大《雅》疏引「死」作「崩」。

**諸侯復宗周**〔一・一八二〕　小、大《雅》疏「復」下有「歸」字。

**南國漢江之間**〔一・一八四〕❶　百衲、舊刻、游、正德、毛本同，各本「間」誤「門」。《札記》云：「『江漢之間』原譌『漢江之門』，《考證》據《國語》注改。」案如張所言，似未見作「間」本。

**子幽王宫湦立**〔一・一八四〕　百衲、中統、舊刻、游、正德本同，各本「湦」誤「涅」，《文選・西征賦》注引同。《志疑》云：「《國語補音》曰『今官本《史記》作「宫湦」，徧檢字書無此字。又或作「宫湟」，然並與「涅」字相亂，皆非是。據《人表》作「宫涅」，宜從「涅」』。……余謂『湦』乃『涅』之譌，而涅、湟、皇三字亦誤，當從《外紀》《古史》作『宫湦』爲是也。知者，徐廣曰『一作「生」』，蓋湦與生通借耳。」案此與百衲、中統、舊刻諸本並作「湦」，梁氏未之見也。

**伯陽甫曰**〔一・一八四〕　《御覽》八十五引「甫」作「父」。

**伯陽父周大夫也**〔一・一八五〕　中統、游、正德、王、柯、南雍、秦、李、凌、程、殿本「父」作「甫」。

**民亂之也**〔一・一八四〕　《御覽》引「民亂之」作「民之亂」，案明道本《國語》亦作「民亂」，《漢書・五行志》同。

**是陽失其所而填陰也**〔一・一八四〕　《御覽》引「填陰」作「鎮於陰」，案《國語》亦作「鎮」，二字古通。

**若國亡不過十年**〔一・一八四〕　中統、舊刻、游、正德、毛本「國亡」作「亡國」，案《國語》作「國亡」。

---

❶ 此條上有王氏浮籤：「『漢江』，張校本作『江漢』，未知各本爲何，當再檢。」旁有管批：「各本並作『漢江』。」

**天之所弃**〔一·一八四〕　舊刻、正德、李、毛本「弃」作「棄」，下「懼而弃之」「而見鄉者後宮童妾所弃妖子」「請入童妾所弃女子者於王以贖罪」「弃女子出於褒」「今以小怨弃之」「王弃親親」「前功盡弃」，並同。

**後幽王得褎姒愛之**〔一·一八六〕　《御覽》引「愛之」作「而篤愛之」。

**以褎姒爲后以伯服爲太子**〔一·一八六〕❶　《治要》上「以」字作「用」，「伯服」上有「其子」二字。

**莫敢發之**〔一·一八六〕　《文選·幽通賦》注、《運命論》注引並作「莫之敢發」。

**漦化爲玄黿**〔一·一八六〕❷　「玄」缺筆。

**女七歲而毀也**〔一·一八七〕　殿本「毀」下有「齒」字，與《國語》注合。

**而見鄉者後宫童妾所弃妖子**〔一·一八六〕　《字類》四《補遺》引「後」上衍「見」字。

**幽王欲其笑萬方**〔一·一八七〕　中統本「方」誤「万」。

**幽王爲㷭燧**〔一·一八七〕　百衲、毛本同，《字類》一「㷭」下，又四「燧」下引同，中統、舊刻、游、正德本「㷭燧」作「烽燧」，各本作「熢燧」，李本「㷭」誤「熢」。下「爲數舉㷭火」，中統、舊刻、游、正德、毛本作「烽」，《治要》同，王、柯、南雍、秦、凌、殿本作「熢」，李本誤「熢」。

---

❶ 此條原在「後幽王得褎姒愛之」條上，據嘉業堂本移。

❷ 此條原在「天之所弃」條下，上有王批「是條當移次『莫敢發』條之下」，並以綫乙正，管氏塗删後重寫於「莫敢發之」條下。

**則舉烽火**〔一・一八七〕　百衲、王、柯、秦本「烽」作「熢」，中統、南雍、凌、程、毛、殿本作「燧」，李本誤「燧」，《治要》作「幽王爲舉烽火」，下「爲數舉熢火」亦作「烽」。

**幽王說之**〔一・一八八〕　《治要》「王」下有「欲」字，「說」作「悅」。

**王用之又廢申后去太子也**〔一・一八八〕　《文選・西征賦》注引同，《元龜》百十八「王用之」上有「而」字。《治要》《詩・王城譜》疏引並作「王之廢后去太子也」，《御覽》八十五作「王用之，廢申后，去太子也」。

**申侯怒**〔一・一八八〕　小、大《雅譜》疏引「申侯」上有「故」字，下無「怒」字。

**與繒西夷犬戎攻幽王**〔一・一八八〕　游本「與」作「与」。《治要》、《王譜》疏引「與」上有「乃」字，「攻」上有「共」字。《治要》無「幽」字。

**幽王舉熢火徵兵**〔一・一八八〕　「徵」避宋仁宗嫌名缺筆，中統、舊刻、游、正德、毛本「熢」作「烽」，王、柯、南雍、秦、李、凌、殿本作「燧」，《詩・王風》譜引同。❶

**遂殺幽王驪山下**〔一・一八八〕　《詩・王譜》疏引「驪」作「麗」，《字類》一《補遺》引「殺幽王驪山中」。

**自武王滅殷**〔一・一八八〕❷　「殷」缺筆。

**東遷于雒邑辟戎寇**〔一・一八九〕　《詩・黍離》序疏引「平王東徙洛邑，避戎寇」，《御覽》八十五引「平王乃東

---

❶ 「徵避」至「引同」，原文字不可識，爲管氏所貼浮籤文字改正。

❷ 此條原在「遂殺幽王驪山下」條下，兩條上有王批「前後互易」並畫有乙正符號。

徙洛邑，避戎寇也」。

**周室衰微諸侯强并弱**〔一・一八九〕《黍離》疏引「衰微」作「微弱」，「强」上有「以」字。《御覽》作「王室微弱，而諸侯以强并弱」。

**大子洩父蚤死**〔一・一八九〕《王譜》疏引「洩」作「泄」，「蚤」作「早」。

**是爲桓王**〔一・一八九〕「桓」缺筆，下並同。

**子莊王佗立**〔一・一九〇〕《王譜》疏、《御覽》引「佗」作「他」。

**王子克犇燕**〔一・一九〇〕中統、游、正德、程本「犇」作「奔」。

**子釐王胡齊立**〔一・一九〇〕《御覽》引「釐」作「僖」。

**生子穨**〔一・一九一〕中統、舊刻、游、正德、王、柯、南雍、秦、李、凌、程、殿本「穨」作「頹」，下同，《御覽》八十五引同，案「頹」乃「穨」之俗。

**奪其大臣園以爲囿**〔一・一九一〕《御覽》引作「奪其大臣蔿國之田以爲囿」，《元龜》同。案《集解》引《左傳》「大臣蔿國也」，則正文無「蔿國」可知，《御覽》《元龜》均據《左氏傳》增。

**惠王犇温**〔一・一九一〕中統、游、程本「犇」作「奔」。

**樂及偏舞**〔一・一九一〕《御覽》引此句上有「遂享諸大夫」五字。❶

---

❶「五」，原作「六」，今改。

鄭與虢君伐殺王頹〔一·一九一〕《御覽》引「王」作「子」。

毋逆朕命〔一·一九二〕本「毋」誤「母」。

惠王以后之鞶鑒與之〔一·一九三〕百衲、中統、游、正德、毛本同，各本「與之」作「與鄭」。

而獨與虢公玉爵〔一·一九三〕舊刻本、柯本「玉」誤「王」。

翟人來誅〔一·一九三〕王本「誅」誤「諸」。

鄭居王於氾〔一·一九四〕凌、殿本「氾」作「汜」。

襄王乃賜晉文公珪鬯弓矢〔一·一九四〕《御覽》引「珪鬯」作「秬鬯」。

秦穆公卒〔一·一九五〕中統、游、正德本「穆」誤「繆」。

子匡王班立〔一·一九五〕「匡」缺筆，下同。

陸渾縣屬弘農郡〔一·一九五〕「弘」缺筆。中統、游本「屬」作「属」。

皇鑒曰〔一·一九六〕名本「鑒」作「覽」，此誤。

靈王冢在河南城西南柏亭西周山上〔一·一九六〕舊刻「山」上無「周」字。

景王愛子朝〔一·一九六〕舊刻無「子」字。

是爲敬王〔一·一九六〕「敬」缺筆，自此至集解「敬王四十四年」，十「敬」字皆缺筆。

敬王猛母弟〔一·一九七〕中統、游、正德本「母」誤「王」。

**今西鄂晁氏**〔一·一九七〕 舊刻「晁」誤「趙」。

**自謂子晁後也**〔一·一九七〕 舊刻、南雍、李、凌、程、殿本「晁」作「朝」。

**四十二年敬王崩**〔一·一九七〕 《御覽》引作「四十三年」，《志疑》謂《御覽》八十五卷引《史記》作「四十四年」，誤。

**子元王仁立**〔一·一九七〕 舊刻脱「王」字。

**貞王介也**〔一·一九八〕 「貞」缺筆，避仁宗諱，下並同。

**子定王介立**〔一·一九七〕 《御覽》引「定」上有「貞」字，《元龜》云：「元王生貞定王。」

**立應爲貞王**〔一·一九八〕 殿本「貞」下有「定」字。

**徐廣曰**〔一·一九八〕 舊刻脱「曰」字。

**考悊王元辛丑**〔一·一九八〕 凌、程、殿本「悊」作「哲」。

**是歲盜殺楚聲王**〔一·一九九〕 舊刻脱「王」字。

**周孝王封伯翳之後爲侯伯**〔一·二〇〇〕 舊刻「伯」作「栢」。

**五百歲謂從秦仲至孝公强大**〔一·二〇〇〕 王、柯、南雍、秦、李、凌、程、殿本「强」作「彊」。

**致文武胙於秦孝公**〔一·二〇〇〕❶　游本「胙」誤「昨」。正德本「於」誤「爲」。

**王赧徒都西周**〔一·二〇一〕　本「徙」誤「徒」。

**故謂周秦也**〔一·二〇二〕　游本「謂」誤「爲」。

**一作何**〔一·二〇三〕　百衲、中統、游、正德、毛本「何」作「可」。

**氏始注云**〔一·二〇三〕　各本「始」作「姓」，此誤。王、柯、南雍、秦、李、凌、程本「注」作「註」，殿本誤「譜」。

**韓强與周地**〔一·二〇三〕　王、柯、南雍、秦、李、凌、程、殿本「强」作「彊」。

**而西國之寶**〔一·二〇四〕　各本「國」作「周」，此「寶」字與上「多名器重寶」，爲「寶」字之俗體，後不悉出。

**陽翟雍氏城**〔一·二〇五〕　各本「城」下有「也」字。

**徐廣曰今河南新城縣高都城也**〔一·二〇五〕　《水經注》五《洛水》注引徐廣《史記音義》曰：「今河南新城縣有高都城。」

**漢書曰百官表曰**〔一·二〇六〕　百衲同，各本「書」下無「曰」字，此誤衍。

**然則諸國其放秦也**〔一·二〇六〕　百衲、毛本作「其」，各本作「共」。凌本「放」作「倣」，游、正、德、柯、秦、本誤「攻」。

**今相國乃徵甲與粟於周**〔一·二〇五〕　「徵」缺筆，避仁宗嫌名，下「吾母徵甲」同，餘不缺。

---

❶ 此條原上空一格，上有王批「此條是正文，當頂格」，並畫綫提高一格。

**是以弊高都得完周也**〔一・二〇五〕　「完」缺筆，避欽宗嫌名。

**朴一作仆**〔一・二〇六〕　本「扑」誤「朴」。

**秦敗魏將犀武於伊闕**〔一・二〇六〕　中統、游、正德本「闕」下有「也」字。

**西河有趙藺離石二縣**〔一・二〇七〕　殿本作「西河郡有藺、離石二縣」。

**楚有養由基者**〔一・二〇六〕　中統、游、正德本無「者」字，《札記》引吴校金板同。

**善可教射矣**〔一・二〇六〕❶　舊刻「善」誤「養」。

**支左詘右也**〔一・二〇六〕　毛本「詘」作「絀」，《札記》引宋本同。

**王試出兵境以觀之**〔一・二〇七〕　「境」缺筆，避翼祖嫌名。

**客謂周最曰**〔一・二〇九〕　《札記》云：「《索隱》音詞喻反，則當作『冣』，今本並誤作『最』。」

**應今潁川父城縣應鄉是也**〔一・二〇九〕　正德本「潁」作「穎」，非。

**而周最謂秦王曰**〔一・二〇九〕　舊刻「最」上無「周」字。

**徐廣曰**〔一・二一一〕　游、正德本「廣」誤「古」。

**文潁曰**〔一・二一一〕　百衲、舊刻、李本同，凌、殿本「潁」作「穎」，各本誤「顈」。

❶ 此條原上空一格，據嘉業堂本改。

**謚曰西周武公**〔一·二一二〕　正德本「曰」誤「法」。

**在洛陽南百五十里**〔一·二一二〕　游、正德本「百」誤「北」。

**鞏緱氏**〔一·二一二〕　百衲「鞏」誤「蛩」。

**成王使召公卜居居九鼎焉**〔一·二一二〕　《王譜》疏引作「成王使召公卜居之，遷九鼎焉」。

**而周復都豐鄗**〔一·二一二〕　百衲、毛本同。舊刻「豐」誤「豊」。各本「鄗」作「鎬」。

**天子將封太山**〔一·二一三〕　舊刻「太」作「泰」。

**命子南爲侯**〔一·二一三〕　中統本「侯」誤「使」。

**故氏子南而稱君也**〔一·二一三〕　游、正德本「氏」誤「比」。

**比列侯以奉其先祭祀**〔一·二一三〕　中統、游本「列」誤「烈」。

# 卷五　秦本紀第五

**秦之先帝顓頊之苗裔**〔一・二二三〕　「頊」缺筆。

**孫曰女脩**〔一・二二三〕　毛本「脩」作「修」，下同，《聚類》九十二引同，《索隱》及各本作「脩」。

**玄鳥隕卵**〔一・二二三〕　「玄」缺筆，下並同。

**生子大業**〔一・二二三〕　《類聚》引作「生太業」。

**女華生大費**〔一・二二三〕　各本「大」作「太」；《詩・秦譜》疏引作「太」，下重「太費」二字。案此本下「大費拜受」「大費生十二人」並作「大」。

**其賜爾皁游**〔一・二二三〕　《索隱》「游」作「斿」，《册府元龜》一百八十二作「旒」。

**乃妻之姚姓之玉女**〔一・二二三〕　中統、游本「姚」作「𡛼」，注同。

**皇甫證云**〔一・二二四〕　本「謐」誤「證」。

**賜之玄玉**〔一・二二四〕　《元龜》一百八十二「賜」作「錫」，《札記》引《元龜》誤作「八十五」。

**鳥獸多馴服**〔一・二二三〕　「馴」脱一筆。

**是爲栢翳**〔一・二二三〕《秦譜》疏引「栢」作「伯」，《御覽》八十六、《困學紀聞》二並引作「柏」，《字類》四引作「栢翳」，又五《補遺》、《史記・秦紀》「栢翳」讀作「伯」。

**舜賜姓嬴氏**〔一・二二三〕　中統、游本「賜」誤「受」。

**大費生十二人**〔一・二二四〕　各本「十」作「子」，此誤。

**一曰大廉**〔一・二二四〕《秦譜》疏引「大」作「太」。

**實鳥俗氏**〔一・二二四〕《秦譜》疏引「俗」作「谷」，《元龜》作「實爲裕氏」。

**實費氏**〔一・二二四〕《元龜》「實」下有「爲」字。

**費昌常夏桀之時**〔一・二二四〕　各本「常」作「當」，此誤。

**帝太戊聞而卜之**〔一・二二四〕　程本「太」作「大」，《秦譜》疏、《元龜》並同。

**自太戊以下**〔一・二二四〕　柯本「太」作「大」，《秦譜》疏、《元龜》同。

**中衍之後**〔一・二二四〕　殿本「中」作「仲」。

**遂世有功**〔一・二二四〕《御覽》八十六引無「遂」字。

**以佐殷國**〔一・二二四〕「殷」缺筆，餘不缺。

**故嬴姓多顯**〔一・二二四〕　王、秦本「多」作「爲」，《秦譜》疏引「多」作「名」。

**晏子春秋曰**〔一・二二五〕　殿本上有「駰案」二字，下十九引《地理志》，又引《毛詩序》，又「班固曰」，兩引

《皇覽》，一引《周禮》，兩引《漢書・百官表》，又引《漢書》，又「犀首，官名」，又引《晉帝記》，並同。

**是時蜚廉爲紂石北方**〔一・二二五〕　《水經・汾水》注作「飛廉先爲紂使北方」，《御覽》五百五十一引「石」亦作「使」，梁氏《志疑》、洪氏《叢録》並謂「石」爲「使」之譌，張氏《札記》云：「據《集解》則皇甫謐所見本已誤。」

**地里志霍太山在河東彘縣**〔一・二二六〕　各本「里」作「理」。中統、游、正德本上有「駰案」二字，「縣」下有「方」字。凌本「志」下有「云」字。

**賜爾石棺**〔一・二二五〕　《御覽》引「爾」作「汝」。

**季勝生孟增**〔一・二二五〕　《元龜》「生」誤「等」。

**得驥温驪**〔一・二二五〕　《字類》四《補遺》引《史記・周紀》「繆王得驥温驪」，又五《補遺》引《周紀》「騄耳」，並誤以「秦」爲「周」。

**温一作盗**〔一・二二六〕　《索隱》「温音盗，徐廣亦作『盗』」，洪氏頤煊曰：「《後漢書・東夷傳》李賢注引《史記》作『盗驪』，即徐廣本。」

**郭璞曰色如華而赤云云**〔一・二二六〕　南雍、李、程本此條及下「騄耳之駟」注並混入《索隱》中。

**駵馬赤也**〔一・二二六〕　殿本「馬赤」作「赤馬」。

**郭璞曰紀年云北唐之君來**皃〔一・二二六〕　百衲、中統、游、正德、南雍、李、程本無「曰」字。凌本此注連上「驊駵注」爲一條，無「郭璞曰」三字。各本「皃」作「見」，此誤。

**是生綠耳**〔一・二二六〕　中統、游、正德本「綠」作「騄」。

**郭璞曰紀年云穆王十七年云云**〔一·二二七〕　凌、毛、殿本同，各本脱「曰」字。

**地里志臨淮有徐縣**〔一·二二七〕　各本「里」作「理」。中統、游、正德本上有「駰案」二字。中統、游、正德、王、柯、秦、凌、殿本「志」下有「曰」字，南雍、李、程本下有「云」字。

**口子曰**〔一·二二七〕　各本「口」作「尸」，此誤。

**駰謂號偃由此**〔一·二二七〕　程本「謂」誤「爲」。

**一日千里以救亂**〔一·二二五〕　南雍、李、程、毛、殿本同，百衲、中統、游、正德、王、柯、秦、凌本無「一日千里」四字，《元龜》八十二同。凌本旁注「一本『歸周』下有『一日千里』四字」。《札記》云：「據《正義》引《古史考》，則《史》文當有。」

**造父族由此爲趙氏**〔一·二二五〕　《元龜》「由」作「繇」。

**趙衰其後也**〔一·二二五〕　《元龜》「衰」誤「襄」。

**有子曰女防**〔一·二二五〕　《秦譜》疏引「防」作「妨」，下同。

**旁臯生太几**〔一·二二五〕　《秦譜》疏引「太」作「大」，《元龜》百八十二同。

**太几生大駱**〔一·二二五〕　《秦譜》疏引「駱」作「雒」，下並同。

**非子居犬丘**〔一·二二七〕　《元龜》「犬」誤「大」，下「大丘」並同，《秦譜》疏引「滅犬丘、大駱之族」亦誤「大」。

**孝王欲以爲大駱適嗣**〔一·二二八〕　中統、游本「欲」誤「亦」。

**申侯之女爲大駱妻**〔一·二二八〕　《秦譜》疏引「妻」上有「之」字。《元龜》作「而大駱娶申侯之女」。

**生適子成**〔一·二二八〕《札記》云："中統無『適』字。"案中統有"適"字，與此本同。

**昔柏翳爲舜主畜**〔一·二二八〕凌本"柏"作"伯"，《秦譜》疏引同，王、柯、南雍、秦、李、殿本作"栢"。

**諸侯或叛之**〔一·二二九〕《元龜》"或"作"咸"。

**毛詩序曰**〔一·二二九〕中統、游、正德本上有"駰案"二字。

**秦仲始太**〔一·二二九〕本"大"誤"太"。

**有車馬禮樂侍御之好也**〔一·二二九〕柯本"禮"作"礼"。

**我非殺戎王**〔一·二二九〕游、正德"戎"誤"我"。

**襄公元年以女弟繆嬴爲豐王妻**〔一·二二九〕百衲無"元年以"三字。舊刻"豐"誤"豊"，下"奪我岐豐之地"同，正德本作"幽"，凌云："按周無豐王，閩本作『豳王』。"

**東徙雒邑**〔一·二三〇〕《秦譜》疏引"雒"作"洛"。

**賜之岐以西之地**〔一·二三〇〕《秦譜》疏引"岐"下有"山"字。《元龜》"岐以西"誤作"以其西"。

**赤馬黑髦曰駵**〔一·二三〇〕正德、殿本"髦"作"鬣"。

**徐廣曰**〔一·二三〇〕本"曰"誤"四"。

**誉邑之**〔一·二三〇〕各本"誉"上有"即"字。

**十年初爲鄜時**〔一·二三〇〕❶　中統本「十」誤「卜」。

**豐太特**〔一·二三〇〕❷　本「大」誤「太」。

**文公太子卒**〔一·二三〇〕　《元龜》「太子」誤「天子」。

**郿之平陽亭**〔一·二三二〕　《水經注》十七《渭水》注引作「故齊之平陽亭也」。

**大庶長弗忌威壘三父**〔一·二三二〕　《元龜》「大」誤「太」，「威」誤「成」，「父」誤「公」。

**立六年卒**〔一·二三三〕❸　《札記》云：「宋本無『立』字。」

**至于華山下**〔一·二三三〕　毛本「于」作「於」。

**伐邽冀戎**〔一·二三三〕　中統、游、正德、王、柯、南雍、秦、李、凌、程、殿本「冀」作「冀」，注同，下「築冀闕」同。

**地里志隴西有上邽縣**〔一·二三四〕　各本「里」作「理」。凌本「志」下有「云」字，下「初縣杜、鄭」注同。

**冀縣屬天水郡**〔一·二三四〕　中統、游本「屬」作「属」，下注「屬魏地」，又「本屬韓地」，中統、舊刻、游本同。

**京兆有鄭縣杜縣也**〔一·二三四〕　南雍、李、程、殿本「縣」下無「也」字。

❶ 此條原在「營邑之」條上，據嘉業堂本移。

❷ 此條原上空一格，上有王批「此條正文，當頂格」，並畫綫提高一格。

❸ 此條原在「太庶」條上，上有王批「前後易轉」，並畫有乙正符號。

**而立齊桓公**〔一·二三四〕 「桓」缺筆，下並同，注「音桓」不缺。

**齊晉爲強國**〔一·二三四〕❶ 百衲、中統、舊刻、游、正德、毛本同。王、柯、南雍、秦、李、凌本「強」作「彊」，程本誤「疆」，下「晉之強，秦之憂也」「東服強晉」「楚莊王強」「晉悼公強」「楚靈王強」「晉公室卑而六卿強」「故晉復強」並同。

**𨙸桓公伯於鄄**〔一·二三五〕 百衲、中統、游、柯本同，《字類》一引同，各本「𨙸」作「齊」，下「𨙸桓伐山戎」同。

**少子穆公**〔一·二三五〕 《元龜》「穆」作「繆」。

**立王子穨**〔一·二三六〕 百衲、舊刻、毛本「穨」作「積」，下同。

**𨙸桓公伐山戎**〔一·二三七〕 百衲、中統、游、柯本同，各本「𨙸」作「齊」。

**以璧馬賂於虞故也既虜百里傒**〔一·二三八〕 百衲無此十三字。

**地里志南陽有宛縣**〔一·二三八〕 程本同，各本「里」作「理」。凌本「志」下有「云」字。

**臣嘗游困於齊**〔一·二三八〕 中統、游、正德、王、柯、南雍、秦、李、凌、程、殿本「嘗」作「常」。

**一竹西**〔一·二三九〕 本「作」誤「竹」。

**駟案公恙傳曰**〔一·二三九〕 本「羊」誤「恙」。凌本「案」作「按」。

**服虔曰**〔一·二四〇〕 百衲「虔」誤「虞」。

---

❶ 此條原在「而立齊桓公」條上，兩條上有王批「下」「上」二字，並畫綫乙正。

**使百里傒將兵送夷吾**〔一・二三九〕 程本「傒」作「奚」。

**使人與丕鄭召吕郤**〔一・二三九〕 各本「鄭」下有「歸」字，疑此本脱。

**能誅其太臣**〔一・二四〇〕 本「大」誤「太」。

**齊等仲隰朋死**〔一・二四〇〕 本「管」誤「等」。

**因其飢而伐之**〔一・二四〇〕 程本「飢」作「饑」。

**晉君棄其軍**〔一・二四一〕 王、柯、秦、凌本「棄」作「弃」。

**還而馬鷙**〔一・二四一〕 各本「鷙」作「鷙」，此誤。

**而反生得晉君**〔一・二四一〕《類聚》七十二引「反」作「返」。

**夷吾姊亦爲繆公夫人**〔一・二四一〕 王、柯、南雍、秦、李、凌、程、毛、殿本「繆」作「穆」。

**賈逵曰**〔一・二四二〕 游本「逵」誤「達」。

**諸侯雍餼七牢**〔一・二四二〕 殿本「雍」作「饔」。

**繆公益禮厚遇之**〔一・二四二〕 柯本「禮」作「礼」，下「秦師無禮」同。

**二日**〔一・二四二〕 本「月」誤「日」。

**子圉是爲襄公**〔一・二四二〕 本「懷」誤「襄」。

**殺至弟帶**〔一・二四二〕 本「王」誤「至」。

**將兵行日**〔一・二四三〕《御覽》三百八十三引「行」下重「行」字。

**繆公聞怒曰**〔一・二四三〕《御覽》引作「繆公聞而怒」。

**臣子與燒**〔一・二四三〕毛本「臣」作「吾」。各本「燒」作「往」，此誤。中統、游、正德、王、柯、南雍、秦、李、程本「臣」下小注云：「監本作『吾』。」凌本「往」下注云：「臣，監本作『吾』。」《札記》云：「此校者所注。」

**三十三年秦秦兵遂東**〔一・二四三〕上「秦」字，各本作「春」，此誤。

**遅還**〔一・二四三〕中統、舊刻、正德、王、柯、南雍、秦、李、毛、殿本「遅」作「遲」。

**鄭販賣賈人弦高**〔一・二四三〕王、柯、南雍、秦、李、程、殿本此下有注云「人姓名」，凌本此三字入正義，《札記》云：「疑校者旁注誤入。」

**滑晉人邊邑也**〔一・二四三〕各本「人」作「之」，此誤。

**繆公女**〔一・二四四〕殿本「女」下有「也」字。

**愈厚厚之**〔一・二四四〕上「厚」字，各本作「益」，此誤。

**戰于彭衙**〔一・二四五〕凌本「于」作「於」。

**馮翊郃陽縣西北有衙城**〔一・二四五〕舊刻「郃」誤「郤」。

**奪一作徇**〔一・二四六〕王、南雍、秦、李、凌、程、殿本「徇」作「狥」。

**下罷極**〔一・二四五〕❶　《治要》十一「罷」作「疲」。

**而后令内史廖**〔一・二四五〕　百衲、中統、舊刻、毛本同，各本「后」作「後」。

**戎王受而説之**〔一・二四五〕　《治要》「説」作「悦」。

**皆晉地**〔一・二四六〕　百衲、舊刻、南雍、李、程、毛本同，各本「皆」作「此」。

**在大陽**〔一・二四七〕　百衲、中統、舊刻、游、正德本同，各本「大」作「太」。

**以申思不用蹇叔百里傒之謀**〔一・二四六〕　凌本「傒」作「奚」。

**從死者百七十七人**〔一・二四七〕　《詩・秦・黄鳥》疏引作「百七十人」。

**死而棄民**〔一・二四七〕　王、柯、南雍、秦、李、凌、程、殿本「棄」作「弃」，下「楚公子棄疾弑靈王而自立」同。

**往歲繆公之卒**〔一・二四八〕　程本「繆」作「穆」。

**二十九年楚靈王强**〔一・二五〇〕　各本「二」作「三」，此誤。上既稱「三十六年」，則此作「三十九年」明矣。

**伍子胥奔吴**〔一・二五〇〕　中統、游、正德本「奔」作「犇」。

**吴王闔閭與伍子胥伐楚**〔一・二五〇〕　毛本「伍」誤「吴」。

**惠公元年**〔一・二五一〕　中統、游本「元」誤「三」。

---

❶ 此條及「戎王受而説之」條，原在「在大陽」條下，據嘉業堂本移。

**立其兄陽生爲悼公**〔一・二五一〕　游、正德、李本「爲」上有「是」字，《札記》云：「吴校宋板有『是』字。」

**吴彊陵中國**〔一・二五一〕　程本「彊」誤「疆」，下「故晉復彊」「奪秦河西地」「河山以東彊國六」「有能出奇計彊秦者」並同。

**齊田恒弑簡公立其弟平公恒相之**〔一・二五一〕　各本「恒」作「常」，此不避漢諱，恐非史公原文。

**地里志馮翊有頻陽縣**〔一・二五二〕　中統、游、正德本上有「駰案」二字，下十六引《地里志》，又引《周禮》，又引《漢書》，又《漢書・百官表》，又「犀首，官名」，又引《皇覽》，又「一云華陽」，並同。各本「里」作「理」，此本下引《地里志》如「重泉縣屬馮翊」「河東有安邑縣」「汾陰皮氏二縣屬河東」「太原有中都縣」「漢中有上庸縣」「魏郡有武始縣」「河内有軹縣」「南陽有鄧縣」「西河有中陽縣」「汝南有安城縣」「河南有襄陵縣」「河南有卷縣」「潁川有長社縣」「河南梁縣有陽人聚」「漢高祖更曰河南郡」，並作「里」。

**十一年**〔一・二五二〕　各本作「十三年」，《志疑》云：「靈公在位止十年，即卒於城籍姑之歲也，安得十三年乎？」案《元龜》引《史》文「靈公十年卒」，「三」字固非，即「一」字亦衍也。

**三十三年伐義渠**〔一・二五二〕　舊刻「三十三」誤作「二十三」。

**成藉姑**〔一・二五三〕　百衲、中統、游、正德本同，各本「藉」作「籍」。

**簡公昭子之弟而懷公子也**〔一・二五三〕　《索隱》及百衲、中統、游、正德、王、柯、秦本「昭」下無「子」字。

**徐廣曰丁酉**〔一・二五四〕　中統、舊刻、游、正德本「酉」下有「正月」二字。

**今萬年是也**〔一・二五五〕　中統本「萬」作「万」。

**周太史儋見獻公曰**〔一·二五四〕　毛本「太」作「大」。

**别五百歲復合合七十七歲而霸王出**〔一·二五四〕　凌本旁注：「一本無下『合』字。」

**天子賀以黼黻**〔一·二五四〕　《字類》三「顗」下引作「黼戫」，又五「戫」下同。案張守節《論字例》云：「其『黼黻』之字法從『黹』，今之《史記》則有從『耑』，《秦本紀》云『天子賜孝公黼戫』，鄒誕生音甫弗，而鄒氏之前《史》已從『耑』矣。」是張所見本作「黼戫」，即《字類》之所據也。

**脩穆公之政令**〔一·二五六〕　中統、舊刻、游、正德、凌、程、毛、殿本「脩」作「修」。

**地理志天水有獂道縣**〔一·二五六〕　王本「獂」作「源」。案「地理志」「理」字，此卷多作「里」，惟此文作「理」。

**衛鞅説孝公變法修刑**〔一·二五六〕　王、柯、南雍、秦、李、程本「修」作「脩」。

**漢書百官表白**〔一·二五七〕　本「曰」誤「白」。

**二十年**〔一·二五七〕　中統本脱此三字。

**會諸侯逢澤**〔一·二五七〕　舊刻、程本「逢」作「逄」，注同。

**號商君**〔一·二五八〕　舊刻「商」誤「啇」，下注「商君爲法於秦」，中統本亦誤。

**與晉戰鴈門**〔一·二五九〕　《索隱》「鴈」作「雁」，案《説文》「雁」「鴈」分爲二部，今「鴈」與「雁」混久矣。

**而卒車裂以徇秦國**〔一·二五九〕　舊刻、凌、程、殿本「徇」作「狥」。

**五十石**〔一·二五九〕　舊刻同，各本「十」作「千」，《北堂書鈔》四十八引同，《札記》云：「『千』字疑誤，《韓非子・定法篇》作『五十石』。」

**三簪褭**〔一・二五九〕　舊刻「褭」作「裊」，中統本作「袅」，游、正德、南雍、王、柯、秦、凌、李、程、殿本作「裊」，《書鈔》四十八引作「梟」。

**十五中更**〔一・二五九〕　本「三」誤「五」。

**十九閔内侯**〔一・二五九〕　中統、舊刻、游本同，各本「閔」作「關」，「閔」爲「關」俗省字。

**犀首官名姓公孫名衍**〔一・二六〇〕　凌本此文誤入正義，程本下衍「之類姓公孫」五字。

**魏納陰晉陰晉更名寧秦**〔一・二六〇〕　中統、舊刻、游、正德本無下「陰晉」二字。

**地里志二縣屬河東**〔一・二六〇〕　王、柯、南雍、秦、李、凌、程本「志」上有「云」字。

**王游至北河**〔一・二六一〕　中統本「北河」作「河北」，《札記》云：「『北河』，中統、游本倒。」案游本作「北河」。

**戎地在河上**〔一・二六二〕　百衲「戎」誤「我」。

**秦使庶長疾與戰脩魚**〔一・二六一〕　百衲本無「秦」字，舊刻、南雍、李、程、毛本「脩」作「修」。

**伐敗趙將泥**〔一・二六二〕　各本「泥」作「泥」。

**斬首萬**〔一・二六二〕　百衲「萬」下有「級」字。

**是歲王赧元年**〔一・二六三〕　舊刻「年」下有「也」字。

**燕君讓其臣子之**〔一・二六二〕　「讓」缺筆。

**虜其將屈匄**〔一・二六二〕　中統、秦本「匄」誤「匃」，游、正德本作「㔻」，毛本誤「罔」，《義門讀書記》云：「『罔』作『匄』。」

**一作狀**〔一・二六三〕　凌本「一」上有「壯」字。

**一作趙**〔一・二六三〕　凌本「一」上有「越」字。

**樗里疾甘茂**〔一・二六三〕　正德本「樗」作「樗」，下同。《字類》一「《史記・秦紀》『樗里疾』，餘《傳》作『樗』」，《考異》云：「《説文》『樗』作『樗』。」

**寡人欲容車通三川**〔一・二六三〕　《北堂書鈔》一百三十九引「容」作「客」。

**王與孟説舉鼎絶臏**〔一・二六四〕❶　《御覽》三百八十六引作「舉龍文赤鼎，絶臏而死」，又五百四十八引「舉龍文鼎，絶臏而死」，又七百五十六作「舉龍文之鼎，絶臏而死」。

**姓芊氏**〔一・二六四〕　中統、正德、李、凌、程本「芊」誤「芉」，案其字當作「芊」，下「使將軍芊戎攻楚」，此本作「芊」，不誤。

**昭襄王爲質於燕**〔一・二六四〕　中統、游、正德本「昭」誤「周」。

**迎婦於楚者**〔一・二六五〕　中統、游、正德本「婦」誤「歸」。

**地里志漢中有上庸縣**〔一・二六五〕　凌本「志」下有「云」字，下「左更錯取軹及鄧」「秦取魏安城」「王與

---

❶ 此條原低二格，上有王批「正文頂格」，並畫綫提高，管氏於畫綫處補「王與孟説」四字。

楚王會襄陵」「客卿胡傷攻魏卷、蔡陽、長社，取之」「以陽人聚賜周君」，注並同。

**其君亡竟死齊**〔一·二六五〕「竟」缺筆。

**殺其將景快**〔一·二六五〕殿本「快」作「缺」，《札記》云：「《六國表》《楚世家》並作『景缺』，上文『拔新城』《正義》引同。」

**取垣**〔一·二六七〕「垣」避宋欽宗嫌名缺筆，下並同。

**向在軌之西**〔一·二七〇〕各本「軌」作「軹」，此誤。

**秦地有父馬生駒**〔一·二七〇〕正德本「地」誤「也」。

**有牡馬生牛而死**〔一·二七〇〕《札記》云：「吴云宋板『牛』作『羊』。」

**二十三年**〔一·二六七〕柯本提行，下「二十四年」至「二十八年」並提，非。

**地里志汝南有安城縣**〔一·二七〇〕柯本同，各本「里」作「理」。王、柯、南雍、秦、李、凌、程、殿本「志」下有「云」字。中統、游本「縣」下有「也」字。

**大良造白起攻楚**〔一·二六七〕柯本「大」作「太」，下同。

**楚人反我江南**〔一·二六八〕毛本「反」作「伐」。

**地里志河南有卷縣**〔一·二七一〕舊刻「地」上有「駰案」二字，下「潁川有長社縣」「一云華陽」並同。

**河内脩武**〔一·二七一〕凌、程、毛、殿本「脩」作「修」，下注「宵曰脩武」同。

**到于邢丘**〔一·二七二〕舊刻無「到」字。

**芊氏**〔一・二七二〕　舊刻「芊」誤「芉」。

**四十三年**〔一・二六八〕　舊刻「年」作「載」。

**葉陽君悝出之國**〔一・二六八〕　舊刻、南雍、李、程、殿本同，各本無「君」字。凌本旁注：「一本『葉陽』下有『君』字。」

**伐趙武安皮牢拔之**〔一・二六八〕　毛本「武安」下有「君攻」二字，《義門讀書》云：❶「一本無『君攻』二字，似脱。」《札記》云：「《白起傳》但云『王齕攻皮牢，拔之』，蓋『武安』二字涉上文而衍，後人又增『君攻』二字。」

**皆稱亡任**〔一・二七三〕　各本「亡任」作「士伍」，此誤。

**一作曼**〔一・二七三〕　毛本脱「一」字。

**在大陽**〔一・二七四〕　中統、游、正德、柯、凌本「大」作「太」。

**修先王功臣**〔一・二七五〕　舊刻「王」下有「之」字。程本「修」作「脩」，下「修先王功臣」同。

**地里志河南梁縣有陽人聚**〔一・二七五〕　中統、游、正德本「梁縣」誤「梁陽」。

**秦却於河外**〔一・二七五〕　南雍、程、殿本「却」作「郄」。

**號爲秦皇帝**〔一・二七六〕　各本「秦」作「始」，此誤。

**世本作鍾離**〔一・二七七〕　中統、舊刻、游、正德本「鍾」作「鐘」。

---

❶「書」下，當有「記」字。

**應劭曰**〔一・二七七〕　游本「劭」誤「邵」。

**氏姓注云**〔一・二七七〕　王、柯、南雍、秦、李、凌、程本「注」作「註」，俗。

**有姓終黎者是**〔一・二七七〕　南雍、李、程、殿本「是」下有「也」字。

**脩魚氏**〔一・二七七〕　舊刻、凌、殿本「脩」作「修」。

# 卷六　秦始皇本紀第六

**秦始皇本紀第六**〔一·二八九〕　正德本題「秦本紀第六」，非。

**史紀六**　本「記」誤「紀」。

**秦始皇帝者**〔一·二八九〕　正德本脱「者」字，《治要》十一同，又下句「秦莊襄王子也」無。

**反生**〔一·二八九〕　各本「反」作「及」，此誤。

**以正月旦生**〔一·二九〇〕　正德本「旦」誤「日」。

**政代立爲秦王**〔一·二八九〕　正德本脱「代」字。

**東至滎陽**〔一·二八九〕　舊刻、游、秦、程本「滎」誤「榮」，《元龜》一百三十三同。

**文潁曰**〔一·二九〇〕　毛本同，百衲、南雍、李、殿本「潁」作「穎」，各本作「頴」。

**蒙驁王齮麃公等爲將軍**〔一·二八九〕　凌本旁注：「一本无『王齮』二字。」

**一作齕**〔一·二九〇〕　中統、游、正德、南雍、李、凌、程、殿本「一」上有「齮」字。

**晉陽反**〔一·二九〇〕　《元龜》此文在「元年」下。

**元年**〔一・二九〇〕　百衲、中統、舊刻、游、正德、毛本不提行，下並同，各本提行。《札記》云：「合刻本皆每年提行，亦後人取便檢閱耳。」

**徐廣曰暘音場**〔一・二九一〕　正德本此文下云：「又音暢，魏之邑名。」案「音暢」以下乃《索隱》文，不當連引。

**歲大飢**〔一・二九〇〕　凌、程、毛本「飢」作「饑」。

**地理志陳留有酸棗縣**〔一・二九一〕　中統、游、正德、殿本上有「騆案」二字，下「《地里志》『陳留有雍丘縣』」云云，「《地里志》『蘄年宮在雍』」，又三引《漢書・百官表》，又「縣首於木上曰梟」，又引《説苑》，並同。

**一作千**〔一・二九一〕　游、王、秦、殿本同，各本「千」作「干」。

**地里志陳留有雍丘縣河内有山陽縣**〔一・二九一〕　各本「里」作「理」，下「《地里志》『蘄年宮在雍』」「《地里志》『渭城有蘭池宮』」並同。❶

**壁於此地**〔一・二九二〕　凌本「於」作「于」。

**時七卒死者**〔一・二九二〕　舊刻同，各本「七」作「士」。

**徐廣曰一無此重字**〔一・二九三〕　中統、游、正德、毛本「無」字下無「此」字。殿本脱此一條，沿南雍之舊也。

---

❶「地里志渭城」，「里」字，原作「理」，據諸本改。

**嫪毐封爲長信侯**〔一·二九三〕　舊刻「毐」誤「毒」，下「復嫪毐舍人遷蜀者」同。

**宫室車馬衣服苑囿馳獵恣毐**〔一·二九三〕❶　正德本「毐」誤「毒」，下「皆決於毐」「太原郡更爲毐國」「長信侯毐作亂而覺」「昌平君發卒攻毐」「毐等敗走」「有生得毐」「盡得毐等」「坐□毐免」並同。❷

**或竟天**〔一·二九三〕　「竟」缺筆，下「竟案李斯」「秦竟滅矣」「竟成始皇」「竟誅猾臣」並同。

**司馬遷記事**〔一·二九四〕　王、柯、南雍、秦、李、凌、程本上有「裴駰云」三字，殿本作「駰案」。王、南雍、秦本「遷」作「迁」，俗省字，下注「太史遷贊語」中，中統、王、柯、南雍、秦本亦作「迁」。

**天子璽曰玉螭虎鈕**〔一·二九五〕　各本「曰」作「白」，此誤。中統本「玉」作「王」。中統、游、正德本「鈕」誤「釰」，下同。

**又獨以玉**〔一·二九五〕　舊刻「玉」作「王」。

**從斗□南**〔一·二九四〕　空格「以」字。

**相國吕不韋坐□毐免**〔一·二九四〕　百衲、中統、游、王、南雍、秦、李、程、毛、殿本空格作「嫪」，此本上半體亦似「嫪」，舊刻、正德、柯本作「嚳」；凌本誤「繆」，旁注「一本『嫪』作『嚳』」，則其字亦當作「嫪」矣。

**桓齮爲將軍**〔一·二九四〕　「桓」缺筆，下並同。

❶ 「馳」，原作「田」，據嘉業堂本改。
❷ 「□」，諸本作「嫪」，當據補。

**騆案説苑曰**〔一·二九七〕 中統、游、正德、殿本同，各本無「騆案」二字。

**文爵之上卿**〔一·二九七〕 本「又」誤「文」。

**咸陽南宫**〔一·二九七〕 各本「宫」下有「也」字。

**以秦之强諸侯譬如郡縣之君臣**〔一·二九七〕 王、柯、南雍、秦、李、凌、程、殿本「强」作「彊」，下「秦王復召王翦强起之」同，《御覽》八十六引「諸侯」上有「視」字。

**翕而出不意**〔一·二九七〕 《御覽》引無「翕」字。

**不過亡三十萬金**〔一·二九七〕 舊刻「亡」作「下」，《御覽》引「三」作「四」。

**蜂一作隆**〔一·二九七〕 舊刻脱「一」字。

**長目摯鳥膺豺聲**〔一·二九七〕 正德本「摯」作「鷙」，《御覽》七百二十九引作「長目，鷙喙、鳥膺，豺聲」。

**我布衣**〔一·二九七〕 《御覽》引「衣」下有「也」字。

**固止**〔一·二九八〕 《御覽》引「止」下有「之」字。

**王翦攻閼與橑陽**〔一·二九八〕 正德本「橑」誤「撩」，注同。百衲、殿本「陽」誤「楊」。

**有斗石佐史之秩**〔一·二九九〕 舊刻無「之」字。

**自今以來**〔一·二九八〕 秦本「今」誤「令」。

**一作文**〔一·二九九〕 中統、游、正德、王、柯、秦、凌、殿本「一」上有「門」字。

**地理志太原有狼孟縣**〔一·三〇〇〕 殿本上有「騆案」二字，下九引《地理志》，又引《漢書·鄒陽傳》，七引《漢書·百官表》，又「漢高祖尊父曰太上皇，亦放此也」，又「《謚法》，周公所作」，又「三十六郡者」云云，又「宇，宇宙。縣，赤縣」，又引《太原真人茅盈内紀》，又引《説苑》，又「石百二十斤」，又引《皇覽》《西京賦》《鶡冠子》，又兩引《漢書音義》，又「始皇初爲秦王，年十三也」，又引《公羊傳》，引《春秋》，並同。

**命曰潁川**〔一·三〇〇〕 百衲、中統、南雍、李、程、毛、殿本「潁」作「潁」，此本下「天下大酺」及「分天下以爲三十六郡」注，亦從水，不誤。

**民大飢**〔一·三〇〇〕 凌、程本「飢」作「饑」。

**諸嘗與王生趙時**〔一·三〇〇〕 程本「嘗」作「常」。

**大飢**〔一·三〇〇〕 凌、程、毛本「飢」作「饑」。

**體解軻以徇**〔一·三〇一〕 李、程本「徇」作「狗」。

**昌平軍徙於郢**〔一·三〇一〕 凌、殿本「軍」作「君」，凌本旁注「一本作『軍』」，《義門讀書記》云：「『軍』當作『君』，即上所謂相國昌平君，反之於郢，故下項燕得立以爲王也。」

**周禮族師**〔一·三〇二〕 王、柯、秦本「禮」作「礼」。

**異日韓王納地効璽**〔一·三〇三〕 百衲同，各本「効」作「效」。

**已而倍盟**〔一·三〇三〕 自八葉「盟」字至十葉係補鈔，今依潘本。

**齊王用后勝計**〔一·三〇三〕 毛本「用」誤「欲」。

**陛階也**〔一・三〇五〕 舊刻作「階下也」，非，補鈔本亦同。

**所由升堂也**〔一・三〇五〕 舊刻「升」誤「外」，補鈔本同。

**自上古曰來未嘗有**〔一・三〇四〕 百衲、中統、游、王、柯、南雍、凌、殿本同，毛本「曰」作「已」，各本作「以」。

**其文曰制詔詔書詔告也**〔一・三〇五〕 程本「詔書」誤「詔者」。王、柯、南雍、秦、李、凌、程、殿本無「也」字。

**群臣有所奏請**〔一・三〇五〕 正德本「臣」誤「書」。

**天子荅之曰可**〔一・三〇五〕 程本「荅」誤「各」。

**號曰皇帝**〔一・三〇四〕《治要》「號」上有「自」字。

**追尊莊襄王爲太上皇**〔一・三〇四〕 南雍本「太」作「大」。

**朕聞太古**〔一・三〇四〕 南雍、程本「太」作「大」。毛本「古」誤「亡」。

**至于萬世**〔一・三〇四〕 百衲、中統、舊刻、游、正德、柯、李、凌、毛本同，《文選・過秦論》注引同，《北堂書鈔》九十四引作「至于萬廿」，「世」避唐太宗諱改「廿」。《御覽》八十六引「于」作「於」，《元龜》一百九十一同，王、南雍、程、殿本「于」作「千」。《雜志》云：「當從宋本、游本作『至于萬世』。舊本《北堂書鈔・禮儀部十五》、《文選・過秦論》注、《太平御覽・皇王部十一》引此並作『至于萬世』，《資治通鑑・秦紀二》同。」瞿氏《藏書目録》：「據宋本《秦始皇本紀》『至于萬世』，不作『千萬世』。」

**鄭玄曰**〔一・三〇六〕 「玄」缺筆，下注「時下玄洲戲赤城」同。

**朝賀皆自十月朔**〔一・三〇六〕　中統、游、正德本「皆」作「今」，凌本旁注「一本『皆』作『今』」。

**而輿六尺**〔一・三〇六〕　《御覽》引「輿」作「轝」。

**以爲水德之治**〔一・三〇六〕　舊刻同，各本「治」作「始」。

**刻削毋仁恩和義**〔一・三〇六〕　《治要》「毋」作「無」，下「毋以臣畜天下」「願陛下從時毋疑」「關中盜毋能爲也」並同。

**請立諸子**〔一・三〇七〕　李本「請」誤「誰」。

**然后屬疏遠**〔一・三〇七〕　百衲、舊刻、毛本同，中統、游、正德、王、柯、南雍、秦、李、凌、程、殿本「后」作「後」。

**是樹兵也**〔一・三〇七〕　「樹」缺筆，下「休於樹下」「因封其樹爲五大夫」「皆伐相山樹」「醫藥、卜筮、種樹之書」「樹草木以象山」，注「三丈而樹」「樹以青松」，並同。

**分天下以爲三十六郡**〔一・三〇七〕　《御覽》八十六引「天下」下有「之國」二字。

**二十六郡者**〔一・三〇八〕　本「三」誤「二」。毛本無「者」字，下有「謂河南上中地」六字，衍。

**陽郡**〔一・三〇八〕　各本「陽」作「碭」，此誤。

**漁陽**〔一・三〇八〕　中統、游本「漁」作「魚」。

**鴈門**〔一・三〇八〕　程本「鴈」誤「燕」。

**秦郡守掌治其郡**〔一・三〇八〕　補鈔本「秦」下衍「始皇時」三字，「治」上衍「主」字。

**有丞尉**〔一・三〇八〕 補鈔本「有」上衍「又」字。

**掌佐守典武職甲卒**〔一・三〇八〕 正德本「甲」誤「中」，補鈔本「掌」上衍「爲之」二字。

**銷以爲鍾鐻**〔一・三〇七〕 《治要》「鍾」作「鐘」。

**金人十二**〔一・三〇七〕 《御覽》引上有「鑄爲」二字。《漢書・五行志七下之上》「史記秦始皇帝二十六年，有大人長五丈，足履六尺，皆夷狄服，凡十二人，見于臨洮」，當爲此《紀》佚文。

**重各千石**〔一・三〇七〕 《類聚》八十四引「石」作「斤」。

**置廷宫中**〔一・三〇七〕 凌本旁注「一本作『宫廷』」，《文選・過秦論》注、《御覽》八十六引並作「置宫廷中」。

**車同軌**〔一・三〇八〕 百衲同，毛本「軌」作「軓」，各本作「軌」，非。

**地里志西河有陰山縣**〔一・三〇九〕 各本「里」作「理」，下凡五引《地里志》並同。

**在高陸縣**〔一・三〇九〕 王、柯、南雍、秦、李、凌、程、殿本「陸」作「陵」，《元龜》一百九十二同。

**殿屋複道周閣相屬**〔一・三〇八〕 《御覽》引「周閣」作「周閤」，《元龜》同。

**所得諸侯美人鍾鼓**〔一・三〇八〕 中統、殿本「鍾」作「鐘」，《治要》同，《御覽》引「鍾鼓」作「鼓鍾」。

**出雞頭山**〔一・三一〇〕 正德本「雞」作「鷄」。

**立石封祠祀**〔一·三一一〕❶ 《書鈔》一百六十引無「祠」字。

**歸功於天**〔一·三一二〕 舊刻「天」誤「大」。

**積土爲封**〔一·三一二〕 舊刻「土」誤「上」。

**皆太山下小山**〔一·三一二〕 正德、南雍、李、程、殿本「太」作「泰」。

**臣下脩飭**〔一·三一二〕 舊刻、程、毛、殿本「脩」作「修」，游、正德、李本「飭」作「飾」，非。

**二十有六年**〔一·三一二〕 《容齋隨筆》據石刻拓本謂：「諸銘每稱年，皆當作『廿』字、『卅』字，以諸銘皆四字一句也。」

**登茲泰山**〔一·三一二〕 李本「泰」誤「秦」。

**不懈於治**〔一·三一二〕 《元龜》一百九十二「於」作「爲」。

**建設長利**〔一·三一二〕 《元龜》「利」作「吏」，《志疑》云：「《史詮》謂『吏』誤作『利』。」

**愼遵職事**〔一·三一二〕 「愼」缺筆，下「各愼其身」同。

**南登琅邪**〔一·三一三〕 凌本旁注「一本無『南』字」。

**乃徙黔首三萬户琅邪臺下**〔一·三一三〕 《御覽》一百十六引作「乃徙黔首二萬户於瑯琊山」。《水經注》二

❶ 此條原在「出雞頭山」條上，據嘉業堂本移。

十六《濰水》注作「乃徙黔首二十萬户於琅琊山下」，❶《札記》云：「案《續漢·郡國志》引《史》作『三』，《郡縣志》引作『二』，今趙、戴二家校《水經注》亦作『三』，蓋依《史記》改。」

**越王句踐嘗治琅耶縣**〔一·三一四〕 各本「耶」作「邪」。

**復十二歲**〔一·三一三〕 《水經注》及《郡縣志》「歲」作「年」。

**立石刻頌秦德**〔一·三一三〕 凌本旁注「一本无『刻』字」，《御覽》八十六引作「立石頌秦德」。

**明得意**〔一·三一三〕 中統、游、正德、王、柯、南雍、秦、李、凌、程、殿本「得」作「德」。

**摶心揖志**〔一·三一四〕 李、程、殿本「摶」作「搏」，《元龜》一百九十二同，《字類》二「摶」下云：「《史記·秦始皇紀》『摶心揖志』，音專。」案《索隱》云「摶音專」，而其文亦作「摶」，當是傳寫之誤。楊慎云：「『摶』音甎，从心从專，與『搏』字不同，『搏』音博，从十从專也。不深於字學者，多混用之。」

**匡飭異俗**〔一·三一四〕 「匡」缺筆。

**舉錯必當**〔一·三一四〕 中統、游、正德本「錯」作「措」。

**姧邪不容**〔一·三一四〕 舊刻「姧」作「奸」，各本作「姦」，下「徒姧利相告日聞」同。

**皆務貞良**〔一·三一四〕 「貞」缺筆。

**誅亂除害**〔一·三一五〕 《札記》云：「吴云宋板『誅』作『去』。」

---

❶ 「水經注」，原作「水經志」，據文義改。

**不用兵革**〔一·三一五〕　《札記》云：「吴云宋板作『以銷』。」

**功蓋五帝**〔一·三一五〕　舊刻「蓋」作「盖」，俗省字。下「蓋得聖人之威」，舊刻、正德本亦作「盖」，又注「蓋在餘杭也」，中統、舊刻、游、正德本同。

**立名爲皇帝**〔一·三一六〕　《札記》云：「吴云宋板無『爲』字。」

**倫侯建成侯趙亥**〔一·三一六〕　各本「成」作「城」，《元龜》作「城」。

**丞相隗林**〔一·三一六〕　殿本「林」作「狀」，案《索隱》云「隗姓林名，有本作『狀』者，非」，殿本改其文云：「隗姓狀名，有本作『林』者，非。」不知小司馬特引顔之推説以廣異聞，其所據本固作「林」，不作「狀」也。

**五大夫楊樛從**〔一·三一六〕　正德本「樛」誤「摎」。

**齊人徐市等上書**〔一·三一七〕　中統、游本「市」誤「氏」，下「於是遣徐市」同。《考證》云：「何孟春曰：『「徐市」又作「徐福」，非有兩名，「市」乃古「黻」字。』」《志疑》云：「『市』即『芾』字，與『黻』同，各本皆譌刻爲『朝市』之『市』。」

**請得齋戒**〔一·三一七〕　中統、舊刻、游本「齋」作「齊」，舊刻下「齋戒禱祠」同。

**而葬此**〔一·三一八〕　舊刻無「而」字。

**武關在折西百七十里弘農界**〔一·三一九〕　「弘」缺筆，下注「戲弘農湖西界也」「在弘農東十三里」並同。百衲、中統、舊刻、毛、殿本「折」作「析」，各本作「浙」。

**至陽武博浪沙中**〔一·三一九〕　南雍本同，各本「浪」作「狼」，注同。正德、毛本注亦作「浪」，《考證》云：「浪，一本作『狼』。」《字類》四《補遺》「狼」下云：「《史記·始皇紀》『至武陽博狼沙中』，無音，《留侯世家》作『博浪』。」

**爲盜所驚**〔一·三一九〕「驚」字缺「敬」末筆。

**陽和方起**〔一·三一九〕中統本「方」誤「万」。

**顯箸綱紀**〔一·三一九〕百衲同，各本「箸」作「著」。

**貪戾無猒**〔一·三一九〕百衲、舊刻本同，各本「猒」作「厭」。

**表垂于常式**〔一·三一九〕《元龜》「常」作「甞」，下「常職既定」「以立典常」「常治無極」並同。

**清理疆内**〔一·三二〇〕王、柯、秦、凌、程本「疆」作「彊」，非。

**外誅暴彊**〔一·三二〇〕中統、游、正德本「彊」作「强」，《元龜》同，舊刻作「疆」。

**甾害絶息**〔一·三二〇〕各本「甾」作「菑」，毛本作「災」，《字類》一「菑」下引《史記·秦紀》「甾害絶息」，又《補遺》云：「别本亦作『菑』。」

**後嗣循業**〔一·三二〇〕百衲「循」作「脩」。

**使黔首自實田也**〔一·三二一〕中統本「首」誤「道」，正德本脱此字。

**神仙得者茅初成**〔一·三二一〕《索隱》云：「道書茅濛字初成，今此云『茅濛初成』者爲神仙之道，其意失也。蓋由裴氏所引不明，或後人增益『濛』字，遂令七言之詞有衍爾。」《讀書叢録》云：「案《集解》本『茅』下有『濛』字，今本無者，與《索隱》所見本異。」

**地里志渭城縣有蘭池宫**〔一·三二一〕　凌本「志」下有「云」字。

**古仙人**〔一·三二二〕　凌本「古」上有「羡門」二字。

**復一作優**〔一·三二二〕　中統、游、正德、王、柯、秦本「優」作「憂」。

**初一秦平**〔一·三二二〕　正德本「秦平」作「泰宇」，各本作「泰平」，《元龜》作「太平」，凌云：「按『泰平』疑是『泰宇』，方叶韻。」

**女修其業**〔一·三二二〕　程本「修」作「脩」，《元龜》同。

**惠被諸產**〔一·三二二〕　《元龜》「被」作「彼」。

**發諸嘗逋亡人贅壻**〔一·三二三〕　中統、游、正德、王、柯、秦本「嘗」誤「賞」。

**瓚曰**〔一·三二三〕　游本「瓚」誤「瓉」。

**略取陸梁地爲桂林**〔一·三二三〕　游本「桂」誤「椎」。

**徐廣曰在五原北**〔一·三二四〕　《水經注》三《河水》注引「《史記音義》曰：五原安陽縣北有馬陰山」，又引「徐廣《史記音義》曰：陶山在五原北，即此山也」。案《水經注》兩引《史記音義》，前作「陰山」，後作「陶山」，作「陰」是，作「陶」非也，「陶」「陰」形似，故「陰」譌爲「陶」，諸家辨之詳矣。此文「在五原北」四字，非徐注全文，當依《水經注》補之。

**取高闕陶山北假中**〔一·三二三〕　《水經注》三引「《史記》曰：秦使蒙恬將十萬人渡河，取高闕，據陽山，北假中」是也。《札記》云：「案《蒙恬傳》云『於是渡河，據陽山』，《匈奴傳》云『又渡河，據陽山，北假中』，二文相同。據上文云『並河以東，屬之陰山』，是在河南。此云『渡河取高闕』，是在河北，正與徐廣『陰山在河南，陽山在河北』説合。然則此文當作『陽山』，因舊本上文『陰山』誤作『陶』，而并此『陽』字亦誤爲『陶』矣。」

**膏壤殖穀**〔一・三二四〕　中統、游、正德本「膏」誤「高」。

**築亭障目逐戎人**〔一・三二三〕　百衲、中統、舊刻、游、王、柯、南、雍、秦、凌、殿本作「目」，各本作「以」。

**放逐蠻夷**〔一・三二五〕　舊刻「蠻」作「蛮」，俗省。

**臣聞殷周之王**〔一・三二五〕　「殷」缺筆，下「及殷夏之間」同，「並殷周之迹」「殷」字不缺。

**無輔拂**〔一・三二五〕　《治要》及《御覽》四百五十一引「拂」作「弼」，《札記》云：「《字類》引作『弼』。」案《字類》五「拂」下云：「《始皇紀》『輔拂』。」則其文實作「拂」，不作「弼」。

**何以相救哉**〔一・三二五〕　中統、游本「救」作「助」。

**非忠臣**〔一・三二五〕　《治要》「臣」下有「也」字。

**固非愚儒所知**〔一・三二五〕　《治要》「知」下有「也」字。

**別白黑而定一尊**〔一・三二五〕　百衲、毛本同，《元龜》二百十八同，各本「白黑」作「黑白」。

**異取以爲高**〔一・三二五〕　毛本「高」作「尚」。《元龜》「取」作「趍」，《考異》云：「《李斯傳》作『異趣』。」

**則主勢降乎上**〔一・三二五〕　《治要》「乎」作「於」。

**臣請史官非秦紀**〔一・三二五〕　南雍、李、程、殿本同，各本「紀」作「記」，《治要》同，《書鈔》四十五引同。

**皆燒之**〔一・三二五〕　《書鈔》引「燒」上有「雜」字。

**天下敢有藏詩書百家語者**〔一·三二六〕　二十葉「百家」「百」字起至「發北山石椁」「椁」字，係補鈔，今依潘本。

**有敢偶語詩書**〔一·三二六〕　《札記》依吳校宋板「書」下補「者」字。

**弃市**〔一·三二六〕　舊刻、正德、南雍、李、程、毛、殿本「弃」作「棄」，補鈔本同，《書鈔》四十一、《御覽》八十六引同。

**以古非今者族**〔一·三二六〕　《書鈔》四十一引《始皇本紀》「以」作「是」。

**吏見知不舉者與同罪**〔一·三二六〕　《治要》無「者」字，《御覽》引作「吏見不舉，與之同罪」，下有「諸有文學之書蠲除之」九字。

**晝日司寇虜**〔一·三二六〕　百衲同，各本「司」作「伺」。

**所不去者**〔一·三二六〕　補鈔本脱「者」字。

**城旦四歲也**〔一·三二六〕　《札記》云：「『城旦，四歲刑』，『刑』字原誤『也』，《考證》據《通鑑集覽》引改。」

**若欲有學法令**〔一·三二六〕　《御覽》引無「有」字。

**先王之宫廷小**〔一·三二六〕　《元龜》一百九十六「廷」作「庭」，《御覽》一百七十五引「廷」誤「迂」。

**臣聞周文王都豐**〔一·三二六〕　游本「豐」誤「豊」。

**下可以建五丈旗**〔一·三二七〕　《御覽》引「旗」上有「旌」字。

**周馳爲閣道**〔一·三二七〕　《御覽》引作「周旋爲閣」。

**自殿下直抵南山**〔一·三二七〕《御覽》引「抵」作「指」，「南山」下有「之類」二字，連下爲句。

**爲復道**〔一·三二七〕正德本「復」作「複」，《水經注》十九《渭水》注、《治要》十一、《御覽》八十六又一百七十五引，並同，《字類》五《補遺》引作「復」。

**自阿房渡渭**〔一·三二七〕《水經注》引「渡」作「度」。

**或作麗山**〔一·三二七〕治要「麗」作「驪」，《元龜》百九十六作「酈」，《字類》一《補遺》「麗」下云：「或作『麗山』，通作『驪』。」

**因徙三萬家麗邑**〔一·三二七〕游本「徙」誤「徒」，《治要》及《御覽》八十六引「麗」作「驪」，《元龜》作「酈」。

**臣等求芝奇藥仙者**〔一·三二八〕南雍、李、程本「仙」作「僊」，下「未可爲求仙藥」「使博士爲仙真人詩」，並同。

**入水不爇**〔一·三二八〕本「火」誤「水」。毛本「爇」作「熱」。

**未能恬惔**〔一·三二八〕百中、中統、舊刻、游、正德、王、柯、南雍、秦、程、毛、殿本同，李、程本「惔」作「淡」，《札記》云：「《字類》引作『倓』。」案《字類》四「惔」下云「《史記·秦紀》『未能恬惔』」，與今本同。

**然后不死之藥**〔一·三二八〕百衲、舊刻本同，各本「后」作「後」，《治要》同。

**乃令咸陽之旁**〔一·三二八〕《札記》云：「《御覽》百七十五引作『命』。」案《御覽》百七十五《居處部》未見此文，恐有誤。下「弗善也，中人或告丞相」，《札記》引《御覽》百七十五作「不善之，中人以告丞相」，亦同。

**復道甬道相連**〔一·三二八〕中統、游、正德本「復」作「複」，《治要》及《御覽》八十六引同。

**帷帳鍾鼓美人充之**〔一・三二八〕　百衲、中統、舊刻、游、南雍、李、毛、殿本「鍾」作「鐘」，《治要》同。

**弗善也**〔一・三二八〕　《御覽》八十六引「弗」作「不」。

**皆殺之**〔一・三二八〕　《札記》云：「《御覽》百七十二引作『斬』。」案《御覽》百七十二《州郡部》未見此文。

**博士雖七十人**〔一・三二九〕　《札記》云：「吴校宋板無『雖』字。」

**倚辨於上**〔一・三二九〕　百衲、毛本同，《字類》四引同，各本「辨」作「辦」。

**一作間**〔一・三三〇〕　百衲、舊刻、柯、凌、毛本同，各本「間」作「問」。

**今乃誹謗我以重吾不德也**〔一・三二九〕❶　《治要》作「今乃誹謗我也」。

**或爲訞言以亂黔首**〔一・三二九〕　程本「訞」作「妖」。

**徙於北河榆中**〔一・三三〇〕　中統、游、正德本「於」誤「云」。

**石晝隕**〔一・三三一〕　程本「石」誤「召」。中統本「晝」誤「書」。

**使者從關東云云**〔一・三三〇〕　《漢書・五行志》卷七中之上引《史記》云「秦始皇三十六年，鄭客從關東來，至華陰，望見素車白馬，從華山上下，知其非人，道住止而待之。遂至，持璧與客曰」云云。《初學記》五引《史記》亦同。案《漢志》所引，與此《紀》文小異而加詳，《文選・西征賦》注引作「鄭使者從關東來，至華陰之野」，《雜志》云：「今本脱『鄭』字、『來』字。」

---

❶「吾」，原作「我」，據嘉業堂本改。

**爲吾遺滈池君**〔一・三三〇〕《漢書・五行志》及《初學記》引「吾」作「我」，「滈」作「鎬」。

**武王伐商**〔一・三三一〕 舊刻同，各本「商」作「商」。

**始皇荒淫□若紂矣**〔一・三三一〕 各本「若」上不空格。

**今年祖龍死**〔一・三三〇〕《文選・西征賦》注、《初學記》五《地部上》並引「今年」作「明年」。

**龍君之象**〔一・三三一〕 毛本「象」下有「也」字。

**上許之**〔一・三三二〕《御覽》八十六引「上」作「始皇」。

**觀藉柯**〔一・三三二〕 中統、游、正德、王、柯、南雍、秦、李、凌、程、殿本「藉」作「籍」，《御覽》引誤「蘇」。

**渡海渚**〔一・三三二〕《御覽》引「海」作「梅」。

**望于南海而立石刻**〔一・三三二〕《索隱》出「望于南海而刻石」七字。

**德惠脩長**〔一・三三二〕《索隱》及舊刻、凌、毛、殿本「脩」作「修」，《元龜》作「脩」。

**本原事迹**〔一・三三三〕 王本「迹」作「跡」。

**追首高明**〔一・三三三〕 中統、游、正德、王、柯、秦本「首」作「守」，凌本旁注「一本『首』作『守』」，《索隱》云：「今檢會稽刻石文『首』字作『道』，雅符人情也。」

**顯陳舊章**〔一・三三三〕 殿本「章」作「彰」。

**以立恒常**〔一・三三三〕「恒」缺筆，《元龜》一百九十二「恒常」作「典嘗」。

**貪戾慠猛**〔一・三三三〕　舊刻「慠」作「傲」，《元龜》作「悖」。

**率衆自彊**〔一・三三三〕　程、毛本「彊」誤「疆」，《元龜》作「强」。

**以事合從行爲辟方**〔一・三三三〕　《元龜》作「以合衡縱爲辟方」，蓋脱一「事」字，「從行」誤作「縱衡」而又互倒也。

**音息**〔一・三三四〕　正德、凌、殿本「音」上有「熄」字。王、秦本「音息」二字誤「奇恩」。

**監本作殘**　各本無此四字，當是校者所記，誤入注文。

**被澤無疆**〔一・三三三〕　南雍、李、程本「疆」誤「彊」。

**遠近畢清**〔一・三三三〕　《元龜》「畢」作「必」。

**有子而嫁**〔一・三三三〕　舊刻「而」誤「不」。

**防隔内外**〔一・三三三〕　《元龜》「防」誤「方」。

**男女潔誠**〔一・三三三〕　百衲、中統、游、正德、王、柯、南雍、李、凌、程、毛、殿本「潔」作「絜」。

**夫爲寄豭**〔一・三三三〕　《元龜》作「夫爲寄假」，非。

**和安敦勉**〔一・三三三〕　王本「和安」作「安和」，中統、游、正德本「敦勉」作「敦誠」。

**黔首脩潔**〔一・三三三〕　舊刻、毛、殿本「脩」作「修」。

**人樂同則**〔一・三三三〕　《元龜》「則」作「利」。

**請刻此石**〔一・三三三〕《元龜》「石」誤「地」。

**從江乘渡**〔一・三三五〕各本此下有注云「《地理志》丹陽有江乘縣」，此脱。

**並海上北至琅邪**〔一・三三五〕《類聚》二十七引作「傍海，北至琅琊」，又二十八引「傍海上，北至瑯琊」。

**問占夢博士**〔一・三三五〕《御覽》八十六引「問」上有「以」字。

**以大魚鮫龍爲候**〔一・三三五〕王、柯、南雍、秦、李、凌、程、殿本「鮫」作「蛟」，《御覽》引同。

**西至平原津而病**〔一・三三五〕中統、游、正德本「病」作「疾」。

**始皇崩於沙丘平臺**〔一・三三五〕《御覽》引此下有「時年五十，在位三十七年」，案「年五十」見徐廣注，「在位三十七年」則據後文增入也。

**棺載轀涼車中**〔一・三三五〕《御覽》引「轀涼」作「轀輬」，下「宦者輒從轀涼車中可其奏事」同，《書鈔》一百三十九引作「棺載輼車」，下「轀涼車中」亦作「輼車中」。

**其賜死**〔一・三三六〕《御覽》引無「其」字。

**上轀車臭**〔一・三三六〕《御覽》引「轀」下有「輬」字。

**令車載一石鮑魚**〔一・三三六〕《書鈔》「車」下有「後」字，「石」作「乘」。

**葬始皇酈山**〔一・三三七〕游、正德本「酈」作「驪」，下「穿治酈山」「復土酈山」「酈山事大畢」並同。

**穿三泉下銅**〔一·三三七〕❶　游、正德本「銅」誤「錮」。

**錮鑄塞**〔一·三三七〕　南雍、李、程、殿本「塞」下有「也」字。

**徙臧滿之**〔一·三三七〕　舊刻、正德、南雍、程本「臧」作「藏」。《字類》二《補遺》引「徙」作「徒」。

**機相灌輸**〔一·三三七〕　《御覽》八百十二引作「機轉相輸，終而復始」。

**徐廣曰人魚似鮎四脚**〔一·三三七〕　《水經注》十五《洛水》注引「徐廣曰：人魚似鮎而四足，即鯢魚也」。

**大事畢已臧**〔一·三三七〕　中統、游、正德本「已」作「矣」。

**周迴五里餘**〔一·三三八〕　中統、游、正德本「迴」作「回」。

**二世皇帝元年**〔一·三三八〕　百衲、中統、舊刻、游、正德、程、毛本不提行。

**祠始皇廟**〔一·三三八〕　中統、游、正德本「祠」作「祀」。

**先帝巡行郡縣以示彊**〔一·三三九〕　《治要》「彊」作「强」，下「官吏尚彊」「其彊也」「彊國請服」並同。

**姓馮**〔一·三三九〕　正德本「馮」下衍「氏」字。

**於是二世乃遵用趙高**〔一·三四〇〕　舊刻「遵」作「尊」，《志疑》云：「《史詮》曰：『洞本「遵」作「尊」。』」《札記》云：「《治要》引作『尊』。」案《治要》作「遵」，與此本同。

❶「泉」，原作「星」，據嘉業堂本改。

**爲之柰何**〔一・三四〇〕　百衲、中統、舊刻、游、正德、王、柯、南雍、秦、李、程本同，凌、毛、殿本「柰」作「奈」，《治要》同，後不悉出。

**管中事**〔一・三四〇〕　《御覽》六百四十五引「中」作「重」。

**其心實不服**〔一・三四〇〕　《治要》「服」下有「矣」字。

**願陛下遂從時毋疑**〔一・三四〇〕　《御覽》引「毋」作「無」。

**即群臣不及謀**〔一・三四〇〕　《治要》「服」下有「矣」字。

**而六公子戮死於杜**〔一・三四〇〕　舊刻、正德本「杜」作「社」。

**闕廷之禮**〔一・三四〇〕　《御覽》六百四十七引「闕廷」作「朝廷」，《札記》引《御覽》誤作「四百四十七」。

**盡徵其材士五萬人爲屯衛**〔一・三四一〕　「徵」缺筆。

**轉輸菽粟芻稾**〔一・三四一〕　百衲、舊刻、毛本「稾」作「稾」，王、南雍、秦、李、程、殿本作「藁」，凌本作「藳」。

**遣諸將徇地山東**〔一・三四一〕　游、正德、程本「徇」作「狥」，下「以徇百姓」同，程本「以徇咸陽」亦作「狥」。

**戲弘農湖西界也**〔一・三四二〕　中統、游、正德、王、柯、南雍、秦、李、凌、程、殿本無「也」字。中統本「弘」誤「引」，下同。程本「農」誤「辰」。

**在新豐東南三十里**〔一・三四二〕　舊刻、毛本「豐」誤「豊」，「三」誤「二」。

**掌山澤陂池之税**〔一・三四二〕　中統、舊刻、游「陂」誤「阪」，中統本「税」誤「說」。

**而關中卒發東擊盜者無已**〔一・三四三〕　各本「無」作「毋」。

**吕静曰**〔一・三四四〕　正德、毛本「曰」作「云」。

**不穀於此**〔一・三四三〕　《索隱》「於」作「于」。

**身自持築臿**〔一・三四三〕　正德本「臿」作「鍤」。

**脛無毛**〔一・三四三〕　各本「無」作「毋」，案「毋」「無」雖通用，而以「無」爲正，此本「無已」「無毛」兩「無」字，各本並作「毋」，足見宋刻之善，非他本所及。

**以安邊境**〔一・三四四〕　「境」缺筆。

**二年**〔一・三四四〕　各本「二」作「三」，此誤。

**二世使人讓邯**〔一・三四五〕　「讓」缺筆，下「使係責讓高以盜賊事」同。

**項羽急擊秦軍**〔一・三四五〕　舊刻「擊」誤「救」。

**乃先設驗**〔一・三四五〕　《書鈔》五十引「驗」作「計」。

**丞相誤邪**〔一・三四五〕　《治要》「邪」作「耶」，《書鈔》引同。

**左右或默或言馬**〔一・三四五〕　《治要》無「或默」二字。

**或言鹿者**〔一・三四五〕　《書鈔》引無「或」字，《雜志》云：「《群書治要》、《後漢書・文苑傳》注、《太平御覽・職官部》《獸部》引此並無『者』字。」

**卜書請益助**〔一・三四六〕　本「上」誤「卜」。

**大氐盡畔秦吏**〔一・三四六〕　《治要》「畔」作「叛」，下並同。

**二世乃齋於望夷宫**〔一・三四六〕　中統、正德本「齋」作「齊」，下「子嬰遂刺殺高於齋宫」同，《治要》作「二世乃齊望夷宫」。

**欲祠涇**〔一・三四六〕　《御覽》八十六引「涇」下有「水」字。

**縛衛令僕射**〔一・〕　中統、游、正德本「縛」誤「縳」。

**士傅宫外向爲廬舍**〔一・三四七〕　中統、舊刻、游、正德本「傅」誤「傳」。

**射上幄坐幃**〔一・三四六〕　中統、游、正德本「幃」作「帷」。

**公何不蚤告我**〔一・三四六〕　《御覽》引「蚤」作「早」，下「使臣蚤言」同。

**閻下**〔一・三四七〕　百衲、中統、舊刻、游、正德本同，各本「閻」作「閣」。

**乃詳以義立我**〔一・三四七〕　舊刻、游、正德本「詳」作「佯」。

**我稱病不行**〔一・三四八〕　《御覽》引「病」作「疾」。

**三族趙高**〔一・三四八〕　《御覽》引作「夷三族」。

**子嬰爲秦王四十六日**〔一・三四八〕　《御覽》引「日」誤「年」。

**古者滋水**〔一・三四八〕　殿本「者」作「名」。

**秦穆公更名霸水**〔一·三四八〕 游、正德本「水」誤「上」。

**使人約降子嬰**〔一·三四八〕 《御覽》引「約」作「納」。

**組者天子韍也**〔一·三四八〕 中統本「韍」誤「蔽」。

**徐應曰**〔一·三四八〕 本「廣」誤「應」。

**太史公曰**〔一·三四八〕 舊刻不提行。

**秦之先栢翳**〔一·三四八〕 中統、游、正德、王、柯、南雍、秦、李、凌、程、殿本「栢」作「伯」。

**嘗有勳於唐虞之際**〔一·三四八〕 李本「勳」作「勛」。

**自繆公以來**〔一·三四九〕 《治要》「繆」作「穆」。

**善哉乎賈生推言之也**〔一·三四九〕 舊刻無「哉」字。《御覽》引無「也」字。

**秦并兼諸侯**〔一·三四九〕 程本「并」作「併」。

**修甲兵而守之**〔一·三四九〕 百衲、舊刻本「修」作「脩」，《御覽》引同。

**鉏櫌白梃**〔一·三四九〕 舊刻、毛本「櫌」作「耰」，中統、游、正德、王、柯、秦、凌本誤「擾」，注同。中統、游、正德本「梃」誤「挺」。《志疑》云：「《史詮》曰：『櫌』字從木，湖本作『擾』，誤，《新書》作『耰』，亦非。」

**强弩不射**〔一·三四九〕 王、柯、南雍、秦、李、凌、程、殿本「强」作「彊」。

**豪傑相立**〔一·三四九〕 《索隱》及各本「傑」作「俊」，觀注「德萬人者謂之俊」，而不釋「傑」字，則此「傑」字當誤矣。

**鶡冠子曰**〔一・三四九〕 舊刻上有「騶案」二字，殿本同。

**藉使子嬰有庸主之材**〔一・三四九〕 王、柯、凌本「藉」誤「籍」。

**其勢居然也**〔一・三五〇〕 毛本「勢」作「埶」，下「勢不便也」「審權勢之宜」「攻守之勢異也」並同。

**當此之世**〔一・三五〇〕 凌本旁注「一本『世』作『時』」。

**拑口而不言**〔一・三五一〕 《治要》「拑」作「鉗」。

**姧不上聞**〔一・三五一〕 《治要》「姧」作「姦」，下並同。

**以飾法設刑**〔一・三五一〕 《治要》「飾」作「飭」。

**故周五序得其道**〔一・三五一〕 《治要》無「五序」二字。

**變化應時**〔一・三五一〕 百衲、舊刻、中統、游本同，《治要》同，各本「應時」作「有時」，《雜志》云：「《群書治要》引《史記》正作『變化應時』，宋淳祐本作『應時』，與《群書治要》合。」

**商君佐之**〔一・三五一〕 中統、游本「商」誤「啇」。

**皆明知而忠信**〔一・三五二〕 程本「知」作「智」，《治要》同。

**尊賢重士**〔一・三五二〕 《治要》「重」上有「而」字，與《文選》同。

**一作經**〔一・三五三〕 中統、游、正德、王、柯、南雍、秦、李、凌、程、毛、殿本「一」上有「越」字。

**召滑**〔一・三五二〕　《索隱》及各本「召」作「昭」，《志疑》云：「《涉世家》作『邵』，《國策》《新書》《漢書》《文選》並作『召』，則此作『昭』字譌也。《甘茂傳》亦作『召滑』。」案此本作「召」，與《國策》《新書》《漢書》《文選》合，《治要》陳軫上無齊明，周最二人，下無召滑、翟景二人，又下句無帶佗、兒良、王廖、趙奢四人。

**趙奢之明**〔一・三五二〕　本「朋」誤「明」。

**嘗以十倍之地**〔一・三五二〕　中統、游、正德、王、柯、南雍、秦、李、凌、程、殿本「嘗」作「常」，《治要》同。

**逡巡遁逃而不敢進**〔一・三五二〕　《治要》無「遁逃」二字，《志疑》云：「《世家》《文選》無『逡巡』字，《新書》作『逡巡』，《漢書》作『遁巡』，皆無作四字連文者。」案《文選・過秦論》注引《史記》曰「逡巡遁逃」，是唐初人所見本有此四字。《治要》亦唐初人書，其所據本則與《新書》同。

**秦無亡矢遺鏃之費**〔一・三五二〕　毛本「矢」誤「失」。

**秦有餘力而制其敝**〔一・三五二〕　毛本「敝」誤「敵」，《治要》作「弊」。

**執棰拊以鞭笞天下**〔一・三五三〕　王、秦、殿本「棰」作「捶」。

**一作槁朴**〔一・三五三〕　王本「槁朴」作「搞扑」，殿本作「搞朴」。

**士不敢彎弓而報怨**〔一・三五三〕　李本「士」上有「義」字，當衍。

**以愚黔首**〔一・三五三〕　《治要》「黔首」誤「百姓」。

**墮名城**〔一・三五三〕　《治要》「墮」作「隳」。

**殺豪俊**〔一・三五四〕　殿本「俊」作「傑」。

**瓦罋爲窗也**〔一·三五五〕 毛本「罋」作「甕」。

**甿古垊字垊民也**〔一·三五四〕 各本二「垊」字作「氓」。

**而倔起什伯之中**〔一·三五五〕 《治要》「而」誤「出」。

**在十百之中**〔一·三五五〕 游、正德本「十」作「什」。

**率罷散之卒**〔一·三五五〕 《治要》「罷」作「疲」。

**鉏櫌棘矜**〔一·三五五〕❶ 中統、游、正德本「櫌」作「擾」，注同，《治要》作「耰」。

**以鉏柄及棘作矛槿也**〔一·三五五〕 《治要》「槿」作「穫」。

**非錟於句戟長鎩也**〔一·三五五〕 《治要》作「長鎩矛戟」，無「也」字。

**非及鄉時之士也**〔一·三五五〕 《治要》「鄉」作「向」，下「斐然鄉風」「鄉使二世有庸主之行」並同。

**功業相反也**〔一·三五五〕 毛本「也」上衍「何」字。

**然后以六合爲家**〔一·三五五〕 百衲、舊刻本同，各本「后」作「後」。

**山東三十餘郡**〔一·三五六〕 中統、游本「餘」誤「余」。

**五霸既殁**〔一·三五六〕 中統、舊刻、游、正德、王本「殁」作「没」。下「始皇既殁」，舊刻亦作「没」。

---

❶「鉏」，原作「粗」，據嘉業堂本改。下條「鉏」字同此。

行自奮之智〔一・三五六〕　程本「智」作「志」。

夫寒者利裋褐〔一・三五七〕　《治要》「裋」作「短」，與徐氏所引一本同。

而飢者甘糟糠〔一・三五七〕　凌、程、殿本「飢」作「饑」。

裂地分民〔一・三五七〕　凌本「裂」作「表」，旁注「一本作『裂』」。

虛囹圄而免刑戮〔一・三五七〕　中統、游、正德本「圄」作「圉」。

除去收帑汙穢之罪〔一・三五七〕　毛本「帑」作「孥」，「汙」作「污」。

更節修行〔一・三五七〕　舊刻「修」作「脩」。

塞萬民之望〔一・三五七〕　中統本「萬」作「万」。

一無此上五字〔一・三五八〕　凌本作「一無『壞宗廟與民』五字」。

更始作阿房宮〔一・三五七〕　《治要》「宮」上有「之」字。

賦斂無度〔一・三五七〕　百衲、殿本「斂」作「斂」，各本作「歛」。

至于衆庶〔一・三五七〕　南雍、李、程本「于」作「於」，舊刻誤「干」。

親處窮苦之實〔一・三五七〕　正德本「窮苦」作「困窮」。

是以陳涉不用湯武之賢〔一・三五七〕　凌本旁注「一本作『實』」。

不藉公侯之尊〔一・三五七〕　毛本「藉」作「籍」。

**襄公立**〔一·三五八〕 中統、游、正德、南雍、李、凌、程、毛、殿本提行，《志疑》云：「《史詮》及《丹鉛録》並云：『古本自「襄公立」以下低兩字别于正文，今本平頭刻，殊失其舊矣。』」《札記》云：「此《秦記》，係後人附益，宋本連上，王、柯並同。」

**饗國十二年**〔一·三五八〕 《索隱》及王、柯、南雍、秦、李、凌、程、殿本「饗」作「享」。

**静公不享國而死**〔一·三五八〕 王、柯、南雍、秦、李、凌、程本「享」作「饗」，下「武公享國二十年」同。

**憲公饗國十二年**〔一·三五八〕 《索隱》及中統、舊刻、游、正德、王、柯、南雍、秦、李、程、殿本「饗」作「享」，下「出子饗國六年」，《索隱》及中統、舊刻、游、正德、殿本亦作「享」。案《索隱》「饗」皆作「享」，此本及各本「饗」「享」錯出，當從《索隱》本。

**地理志馮翊有衙縣**〔一·三五八〕 程本「理」作「里」。凌本「志」下有「云」字。

**居雍太寢**〔一·三六〇〕 正德本「太」字空格。

**春秋哀公**〔一·三六〇〕 王、柯、南雍、秦、李、凌、程、殿本「哀」上有「作」字。

**畢公享國三十六年**〔一·三六〇〕 王、柯、南雍、秦、李、凌、程本「享」作「饗」。

**葬車里□□**〔一·三六〇〕 《索隱》及各本空格作「康景」二字，凌云：「按『康景』二字疑衍，或下有闕文。」《札記》云：「疑『車里』在康、景二墓間，脱『間』字。」

**其卜年**〔一·三六一〕 本「十」誤「卜」。

**惠文王享國二十七年**〔一·三六二〕 王、柯、南雍、秦、李、凌、程本「享」作「饗」。

**時桃李冬華**〔一・三六三〕　中統、游本「桃」作「桃」。

**悼武王生十九年而立立三年渭水赤三日**〔一・三六三〕　《漢書・五行志》中之下引《史記》曰：「秦武王三年，渭水赤三日。昭王三十四年，渭水又赤三日。」《水經注》十九《渭水》注引《史記・秦本紀》同，《御覽》五十九、六十三引《史》並同，《志疑》云：「《始皇紀》末附《秦記》惟武王時渭水赤有之。」

**脩先王功臣**〔一・三六四〕　《索隱》及毛、殿本「脩」作「修」。

**始皇饗國三十七年**〔一・三六四〕　《索隱》及中統、游、正德、毛、殿本「饗」作「享」。

**本紀云二十一**〔一・三六四〕　正德本脱「一」字。

**右秦襄公至二世六百一十歲**〔一・三六四〕　《索隱》及舊刻、凌、殿本連上不提行。程本「襄公」誤「襄王」。

**孝明皇帝十七年**〔一・三六四〕　凌、殿本低一格，《考證》云：「按此班固《典引》之文，後人書於《本紀》之後，裴駰等亦作注解，遂混入《史記》中，今低一格以別之。」

**十月十五日乙丑日**〔一・三六四〕❶　《索隱》及百衲、中統、毛本「日」作「曰」。

**制作政令**〔一・三六五〕　百衲、毛本「政」作「改」。

**據狼狐**〔一・三六五〕　程本「狐」作「弧」。

**蹈參伐**〔一・三六五〕　王、秦本「蹈」誤「啗」。

---

❶ 上「日」字，原脱，據嘉業堂本補。

**佐攻驅除**〔一·三六五〕 《索隱》及毛本「攻」誤「政」。

**大臣至欲罷先君所爲**〔一·三六六〕 舊刻無「至欲」二字。

**莫不怳忽失守**〔一·三六七〕 百衲「忽」誤「失」。

**餐未及汴咽**〔一·三六七〕 本「下」誤「汴」，此末葉係羼入，多錯字。舊刻作「餐未及濡唇」，則誤連下句爲一，而脱去「下咽酒未及」五字也。

**楚兵已脣關中**〔一·三六七〕 「脣」本作「屠」，此涉上「酒未及濡脣」「脣」字而誤。

**冥人翔霸上**〔一·三六七〕 本「真」誤「冥」。

**鄭伯茅旌鸞刀**〔一·三六七〕 中統、游本脱「刀」字。

**鄭伯肉袒**〔一·三六八〕 本「袒」誤「祖」。

**祭祀宗廟崩用也**〔一·三六八〕 本「所」誤「崩」。

**所謂不通時變者也**〔一·三六七〕 中統本「不」誤「小」。

**紀季以鄬**〔一·三六七〕 游、正德本「季」誤「李」。

**請後王廟**〔一·三六八〕 百衲作「請設五庿」，毛本作「請設五廟」，中統、游、正德、王、柯、秦、凌、殿本作「謂設五廟」，南雍、李、程本作「请後五廟」。案此本與南雍本作「請後」，與《公羊》莊三年傳合，「五」誤作「王」，當改正。

**至於子嬰車裂趙高**〔一・三六七〕　中統、游、正德本「於」作「于」。

**太史遷贊語中**〔一・三六八〕　王本「太」作「大」。

**言對賈誼言子嬰得中佐**〔一・三六八〕　各本上「言」字作「臣」，此涉下「言」字而誤。

# 卷七　項羽本紀第七

**項羽本紀第七**〔一·三七九〕　程本「羽」作「籍」，非。

**地理志臨淮有下相縣**〔一·三七九〕　百衲本上有「駰案」二字，下引《始皇本紀》，兩引《楚漢春秋》，五引《漢書音義》，並同，殿本同。

**劍一人敵不足學學萬人敵**〔一·三八〇〕　《書鈔》一百十五引作「劍，匹夫之用，請學萬人敵」。

**於是項梁乃教籍兵法**〔一·三八〇〕　《書鈔》引作「梁用異之」。

**又不肯竟學**〔一·三八〇〕　「竟」缺筆，餘不缺。

**項梁嘗有櫟陽逮捕**〔一·三八〇〕　南雍、程、殿本同，百衲、中統、舊刻、游、正德、王、柯、秦、李、凌本「逮」下無「捕」字，《班馬異同》第一卷同。《索隱》出「櫟陽逮」三字云「捕逮訓及也」。《字類》五「櫟」下引「嘗有櫟陽逮」五字。《考證》云：「諸本皆無『捕』字，惟北監本有之。」錢氏泰吉校本云：「葉校『逮』下亦增『捕』。」

**每吳中有大繇役**〔一·三八〇〕　凌本「繇」下有「音遥」二字，各本無。

**項梁常爲主辦**〔一·三八〇〕　毛本同，《字類》四引同，舊刻、南雍、李、程、殿本「常」作「嘗」。各本「辦」作「辨」，《班馬異同》同，「辦」正字，「辨」俗字。

**梁掩其口**〔一・三八〇〕　舊刻、毛本同，各本「口」下有「曰」字，《類聚》十七引同，《班馬異同》評云：「一本無『曰』字。」

**毋妄言族矣**〔一・三八〇〕　《類聚》引「毋」作「無」，「族」上有「誅」字。

**會稽守通謂梁曰**〔一・三八一〕　《御覽》八十七引「通」上有「商」字，《札記》云：「蓋本作『殷通』，宋人諱改，後并删之。」

**爾時未言太守**〔一・三八一〕　中統、游本「爾」作「尔」。

**會稽假守殷通**〔一・三八一〕　「殷」缺筆，下「立卬爲殷王」「大司馬周殷」，並同。《御覽》引「殷通」作「商通」，「通」下有「也」字。

**使公及桓楚將**〔一・三八一〕　「桓」缺筆，下並同。

**梁部署吴中豪傑**〔一・三八一〕　「署」避宋英宗嫌名缺筆。

**使公主某事不能辨**〔一・三八一〕　各本「辨」作「辦」，《班馬異同》同。

**徇下縣**〔一・三八一〕　李、程本「徇」作「狥」，注同，下「於是爲陳王徇廣陵」「今不恤士卒而徇其私」「漢使張良徇韓信」「徇齊至北海」，並同。

**徇其人民**〔一・三八二〕　正德本下有「也」字。

**使使欲與連和俱西**〔一・三八二〕　舊刻、王、柯、秦、凌本無「欲」字，凌本旁注「一本『使』下有『欲』字」，錢云：「柯本校云金板『使使』作『使候』。」

**晉灼曰**〔一・三八三〕　殿本上有「駰案」二字，下《陳涉世家》曰」「凡言司馬門者」云云，又兩引「《皇覽》曰」，又「樅音七從反」，又「《尸子》曰」，又「此時山東六國」云云，並同。

**漢儀注曰**〔一・三八三〕　王、柯、凌本「注」作「註」。凌本「曰」作「云」。

**令吏曰令史**〔一・三八三〕　舊刻上「令」字誤「今」。

**丞吏曰丞史**〔一・三八三〕　中統本「丞史」誤「丞吏」，毛本誤「史人」。

**遂彊立嬰爲長**〔一・三八二〕　《班馬異同》「彊」作「强」。

**異軍蒼頭特起**〔一・三八二〕　《索隱》「蒼」作「倉」。

**謂士卒皁巾**〔一・三八三〕　百衲「皁」誤「帛」，中統本誤「早」，正德、凌本作「皂」。

**如淳曰**〔一・三八三〕　正德本「曰」作「謂」。

**魏君兵卒之號也**〔一・三八三〕　殿本「君」作「軍」，無「也」字。中統、游本「號」作「号」。

**陳嬰毋**〔一・三八三〕　「毋」當依正文作「母」，下「即歸漢王父母妻子」同，此與各本「母」「毋」多互誤，不悉出。

**未嘗聞汝先古之有貴者**〔一・三八二〕　《班馬異同》「嘗」作「常」。

**以兵屬項梁**〔三・三八三〕　《班馬異同》同，「以」上有「迺」字。

**皆屬項羽**〔一・三八四〕　中統、游本「屬」作「属」，下「築甬道屬之河」，又注「縣屬上郡」「京，縣名，屬河南」「縣名，屬臨淮」，並同。游、正德本下注「碭，屬梁國」，亦作「属」。

**秦嘉廣陵人**〔一・三八四〕　百衲「嘉」誤「家」。

**文穎曰**〔一・三八四〕　舊刻「文穎」作「如淳」。王、秦本「文」誤「丈」。百衲、中統、游、正德、王、柯、南雍、秦、李、凌、程、殿本「穎」誤「潁」，下凡引「文穎」者十二，後兩引亦誤「潁」。

**逆無道**〔一・三八四〕　凌本旁注「宋本『逆』上有『大』字」，《志疑》云：「『逆』上脱『大』字，他本及《漢書》有。」

**乃進兵擊秦嘉**〔一・三八四〕　《班馬異同》「乃」作「迺」。

**今胡陸屬山陽**〔一・三八五〕　百衲、舊刻、毛、殿本「陸」作「陵」，南雍、李、程本作「胡陵，縣名，屬山陽」。

**漢章帝改曰胡陸**〔一・三八五〕　殿本同，南雍、李、程本無「漢」字。各本「陸」作「陵」。

**將引軍而西**〔一・三八四〕　毛本「軍」作「兵」。

**雖三户猶足以亡秦也**〔一・三八六〕　南雍、李、程本無「也」字。

**楚蠭起之將**〔一・三八五〕　《索隱》「蠭起」作「蠭午」，《御覽》二百七十九引「蠭」作「蜂」，《雜志》云：「『蠭起』本作『蠭午』，《集解》引如淳《漢書注》，本作『蠭午，猶言蠭起也』。小司馬本正作『蠭午』，故詳釋『午』字之義，乃後人又據《漢書》以改《史記》，且改如注爲『蠭起，猶言蠭午』以就之，其失甚矣。」

**交横若午**〔一・三八六〕　中統本「若」誤「者」。

**從民所望也**〔一・三八五〕　《御覽》引作「以從民欲也」。

**應劭曰**〔一・三八六〕❶ 凌本「劭」誤「邵」。

**順民望**〔一・三八六〕 百衲、正德本「望」下有「也」字。

**都盱台**〔一・三八五〕 正德本「盱」作「旴」，柯本誤「肝」，秦本「台」作「眙」。

**鄭玄曰**〔一・三八六〕 「玄」缺筆，下「玄武侯」同。

**救東阿**〔一・三八六〕 《班馬異同》「救」作「捄」，下「救趙」同。

**不忍殺也**〔一・三八六〕 舊刻、毛本同，各本「也」作「之」，《班馬異同》同。

**梁救榮難**〔一・三八七〕 中統、游、正德本「難」誤「雖」。

**待以禮也**〔一・三八七〕 正德本「待」誤「持」，「禮」作「礼」。

**又可以貿易他利**〔一・三八七〕 游、正德本「他」誤「地」，王、秦本誤「也」。

**以除己害**〔一・三八七〕 正德本「害」誤「官」。

**可輔假以伐齊**〔一・三八七〕 正德本「輔」誤「甫」。

**西北至定陶**〔一・三八八〕 《文選・王命論》注引「北」上無「西」字。

**今卒少隋矣**〔一・三八八〕 李本同，各本「隋」作「惰」，「隋」字誤。

---

❶ 此條原被删去，管氏畫圈符保留並於其上批「存」字，據存。「劭」，原作「邵」，據嘉業堂本改。

**碭音歷**〔一·三八九〕　各本「歷」作「唐」，此誤。正德本「音」誤「旨」。

**章邯令王離涉間圍鉅鹿**〔一·三八九〕　《班馬異同》「令」下有「秦將」二字，案《漢書》無「章邯令」三字而有「秦將」二字，此二字本細書，今作大字，誤。

**恐敵抄輜重**〔一·三八九〕　正德本「輜」誤「輸」。

**時云六國尚近**〔一·三九〇〕　本「去」誤「云」。

**初宋義所遇齊使者高陵君顯**〔一·三九〇〕　正德本「所遇」誤「所過」。

**兵未戰而先見敗徵**〔一·三九〇〕　「徵」缺筆，下「徵兵九江王布」同。

**王召宋義與計事而大説之**〔一·三九〇〕　殿本「説」作「悦」。

**范增爲末將**〔一·三九〇〕　正德本「末」誤「來」。

**諸别將皆屬宋義**〔一·三九〇〕　「属」爲「屬」之俗省字。此第八葉係别本羼入，兼列《索隱》文五條，今删去。

**一作慶**〔一·三九一〕　凌本「一」上有「卿」字。

**文穎曰**〔一·三九一〕❶　正德本「穎」誤「議」。

**因封爲冠軍侯**〔一·三九一〕　正德本「軍」誤「寧」。

---

❶ 此條原在「一作慶」條上，據嘉業堂本移。

**留四十六日不進**〔一・三九〇〕　李本脱六字。

**吾聞秦軍**〔一・三九〇〕　《班馬異同》「秦」上有「今」字。

**夫搏牛之蝱**〔一・三九〇〕　毛本「搏」誤「搏」。

**猶言欲以大力伐秦**〔一・三九二〕　正德本「伐」誤「我」。

**故不如先鬬秦趙**〔一・三九〇〕　「鬬」當從「鬥」。

**狼如羊**〔一・三九〇〕　舊刻同，百衲、中統、游、正德、王、柯、南雍、殿本「狼」作「很」，秦、李、凌、程、毛本作「狠」，《班馬異同》同，《類聚》九十四引同，《字類》三引作「佷」，此本「狼」字涉下文「貪如狼」而誤。

**韋昭曰**〔一・三九二〕　正德本「昭」誤「臣」。

**皆召尊爵故云高**〔一・三九二〕　舊刻無「皆召」二字，錢云：「『云』，柯本校改『曰』。」

**項羽曰**〔一・三九〇〕　正德本「項」誤「煩」。

**將戮力而攻秦**〔一・三九〇〕　中統、舊刻、毛本「戮」作「勠」。

**今歲饑民貧**〔一・三九〇〕　中統、游、正德、李本「饑」作「飢」。

**士率食芋菽**〔一・三九〇〕　各本「率」作「卒」。

**駰案瓚曰**〔一・三九二〕　正德本「駰」誤「閑」。毛本「案」作「按」。

**士卒食蔬菜**〔一・三九二〕　游、正德本「蔬」作「疏」。

軍無見糧〔一·三九〇〕《班馬異同》「糧」作「粮」，下「持三日糧」「糧少」「絶楚糧食」「絶楚糧」並同。

夫以秦之彊〔一·三九〇〕舊刻「彊」作「强」。

其埶必舉趙〔一·三九〇〕各本「埶」作「勢」，《班馬異同》同，舊校云：「埶，古『勢』字，《説》文無『勢』。」

埽境内而專屬於將軍〔一·三九〇〕正德本「埽」誤「婦」。

國家安危〔一·三九〇〕正德本「危」誤「尣」。

宋義與齊謀反楚〔一·三九一〕游本「齊」誤「齋」。

莫敢枝梧〔一·三九一〕正德、王、秦本「梧」誤「捂」，《御覽》八十七引作「吾」。

梧音悟〔一·三九二〕中統、游、正德本「梧」誤「悟」，中統、游本「悟」誤「梧」。

枝梧猶枝㮚也〔一·三九二〕中統、游本同，秦本「枝」誤「技」，下同。各本「㮚」作「捍」。

小柱爲枝〔一·三九二〕游、正德本「枝」誤「之」。

使人追宋義子〔一·三九一〕正德本「追」誤「差」。

二世三年十一月〔一·三九三〕中統本「十一月」作「十二月」，錢引柯本校云：「金板作『十二月』。」

項羽乃悉引兵渡河〔一·三九三〕正德本「項」上衍「時」字。

諸侯軍救鉅鹿下者十餘壁〔一·三九三〕正德本「十」誤「一」。

無不一以當十〔一·三九三〕《班馬異同》「一以」二字倒。

**漢書音義曰**〔一・三九三〕　中統、舊刻、游、正德本上有「駰案」二字，殿本同。中統、游、正德本無「曰」字。

**惴音章瑞反**〔一・三九三〕　舊刻無「惴」字，中統本「惴」誤「瑞」。

**項羽召見諸侯將諸侯將入轅門**〔一・三九三〕　毛、殿本同，各本不重「諸侯將」三字，《考證》云：「一本無下『諸侯將』三字。」

**項羽由是始爲諸侯上將軍**〔一・三九三〕　毛本「由」誤「猶」。

**諸侯皆屬焉**〔一・三九三〕　舊刻「屬」作「属」，下注「縣屬上郡」，又「瑕丘縣屬山陽」，又「縣名屬江夏」，並同。

**晉灼曰**〔一・三九四〕　正德本「灼」誤「勺」。

**凡言司馬門者**〔一・三九五〕　百衲、中統、舊刻、游、正德本上有「裴駰曰」三字，衍。又「者」作「在」。

**揔言之**〔一・三九五〕　正德、南雍、李、凌、程、毛、殿本「揔」作「總」。

**高必疾妒吾功**〔一・三九四〕　中統、游、正德、秦、程本「妒」作「妬」，《班馬異同》同，《字類》四引作「嫉妒吾功」。

**願將軍孰計之**〔一・三九四〕　正德本「孰」作「熟」，案《漢書》作「熟」，《班馬異同》已細書于下。

**孟康曰**〔一・三九五〕　中統、游本「曰」誤「三」。

**縣屬上郡**〔一・三九五〕　南雍、李、程本作「縣名，地屬上郡」。舊刻「郡」誤「郎」。

**今將軍爲將三歲矣**〔一・三九四〕　毛本「歲」作「年」。

**而諸侯並起滋益多**〔一・三九四〕　正德本「滋」作「玆」，案《漢書》作「玆」。

**且天之亡秦**〔一・三九四〕　中統、游本「且」作「耳」，則當屬上句矣。

**今將軍內不能直諫**〔一・三九四〕　中統、游本「內」誤「外」。

**項羽使蒲將軍日夜引兵度三戶**〔一・三九四〕　李本「度」作「渡」。

**張晏曰三戶地名在梁淇西南**〔一・三九五〕　《水經注》十《濁漳水》注引張晏說，「名」下有「也」字，「梁淇」作「梁期」。

**孟康曰津狹名也**〔一・三九五〕　百衲、正德、毛本同，中統、游本「狹」誤「挾」，各本「狹」作「峽」，《水經注・濁漳水》注引張説亦作「峽」。

**在鄴西三十里**〔一・三九五〕　《水經注》引「三十里」作「四十里」。

**欲聽其約**〔一・三九六〕　正德本「聽」誤「听」，下「故聽之」，又注「不聽事必危」同。

**駰案應劭曰**〔一・三九六〕　南雍、李、程、殿本「案」作「按」。李本「劭」誤「邵」。

**殷故墟殷都也**〔一・三九六〕　各本「墟」在「故」上，南雍、李、程、殿本「墟」作「虛」，王、秦本誤「⿰王虛」。

**去朝歌殷都一百五十里**〔一・三九六〕　「殷」缺筆，下「《汲家》曰殷虛」「是舊殷乎」，又「雍翟塞殷韓也」「塞翟殷韓雍」，並同。正德本「歌」誤「哥」，下同。

**盤庚遷于此**〔一・三九六〕　百衲、中統、王、柯、秦、凌、毛本「于」作「于」，游、正德、南雍、李、程、殿本作「於」。中統、游本「遷」作「迁」，俗省字，下「然則朝歌非盤庚所遷者」同。

**汲冢曰**〔一・三九六〕　南雍、李、程、毛本「冢」作「冢」，《索隱》云：「《汲冢古文》云『盤庚自奄遷于北冢曰殷虚』，則此『汲』字當衍。」錢云：「柯本校改此『汲冢』爲『北蒙』。」

**是舊殷乎**〔一・三九六〕　中統、舊刻、游、正德本「乎」作「墟」，南雍、李、程、殿本作「虚」。

**使之輕折辱秦吏卒**〔一・三九六〕　《班馬異同》「輕」下有「重」字，衍。

**至關中**〔一・三九六〕　中統、游、正德本「關」作「関」，下「有兵守關」「及羽背關懷楚」二「關」字，中統作「關」，餘作「関」，游本並作「関」，正德本「關」「関」雜出。

**而獨與章邯長史欣都尉翳入秦**〔一・三九七〕　正德本「翳」誤「象」。

**時關在弘農縣衡山領**〔一・三九七〕　「弘」缺筆，中統本誤「引」。百衲、中統、舊刻、游、正德、南雍、李、凌、程、毛、殿本「領」作「嶺」。

**今移在河南穀城縣**〔一・三九七〕　「穀」爲「穀」之駁文，下「相隨入穀泗水」「睢陽以北至穀城」「葬項王穀城」並同。

**至于戲西**〔一・三九七〕　《班馬異同》「于」作「於」。

**旦日**〔一・三九七〕　毛本「旦」誤「且」。

**在新豐東十七里**〔一・三九八〕　中統、游、正德本「豐」誤「豊」。

**舊大道北下阪口名**〔一・三九八〕　殿本同，各本「名」下有「也」字。

**沛公兵十萬**〔一・三九八〕　中統、游、正德本「十」下有「餘」字。正德本「兵」誤「守」。

**此其志不在小**〔一·三九八〕《初學記》九引作「其志不小」。

**急擊勿失**〔一·三九八〕《初學記》引「擊」下有「之」字。

**鯫音士垢反**〔一·三九九〕殿本同，百衲、中統、舊刻、游、正德、柯、凌本「士垢」作「七垢」，王、南雍、秦、李、凌本作「土垢」，毛本作「士后」。

**駰案服虔曰**〔一·三九九〕毛本「案」作「按」。

**鯫小人皃也**〔一·三九九〕百衲、中統、游本同，各本「皃」作「貌」。

**且爲之柰何**〔一·三九八〕百衲、凌、毛、殿本「柰」作「奈」，下同。

**吾入關秋豪不敢有所近**〔一·三九八〕舊刻、正德、南雍、秦、李、程、殿本「豪」作「毫」，《班馬異同》同，下「豪毛不敢有所近」同。《字類》二引《史記·項羽紀》云「沛公入關，秋豪不敢有所犯近」，案《史》文「近」上無「犯」字，下「今沛公先破秦入咸陽，豪毛不敢有所近」亦無「犯」字。

**籍吏民**〔一·三九八〕中統、游本無「吏」字，錢云：「柯本校引金板亦無，皆脱失。」

**臣與將軍勠力而攻秦**〔一·三九九〕中統、游、正德、毛本同，各本「勠」作「戮」，《班馬異同》《史》文作「戮」，細書作「勠」。

**籍何以生此**〔一·三九九〕百衲、中統、舊刻、毛本同，與《高祖紀》合，游、正德、王、柯、南雍、秦、李、凌、程、殿本「生」作「至」，《班馬異同》同。瞿氏《藏書目録》據宋本：「《項羽本紀》『籍何以生此』，不作『至此』。」按此本作「生」，後挖補改作「至」，今據潘本校正。

**項王即日因留沛公與飲**〔一·三九九〕 柯本「與」誤「舉」。

**尊敬之次父**〔一·四〇〇〕 「敬」缺筆。

**若屬皆且爲所虜**〔一·三九九〕 毛本「且」作「具」。

**今者項莊拔劍舞**〔一·三九九〕 百衲、中統、舊刻、游、正德、南雍、秦、李、程、毛、殿本同，王、柯、秦本「者」作「日」，《班馬異同》同，錢云：「金板作『者』。」

**沛公之參乘樊噲者也**〔一·三九九〕 王、柯、南雍、秦、李、程本「參」作「叅」，毛本作「驂」。

**豪毛不敢有所近**〔一·四〇〇〕 各本「豪」作「毫」。

**以待大王來**〔一·四〇〇〕 舊刻「待」誤「侍」。《班馬異同》「來」作「来」。

**今者出未辭也**〔一·四〇一〕 中統、游本「辭」作「辤」，案「辤」爲「辭」之籀文。

**大禮不辭小讓**〔一·四〇一〕 「讓」缺筆。

**如今人方爲刀俎**〔一·四〇一〕 王、柯、秦本「刀」作「刃」，非，《班馬異同》同。

**靳强**〔一·四〇一〕 百衲、中統、舊刻、游、毛本同，各本「强」作「彊」，《班馬異同》同。

**沛公不勝桮杓**〔一·四〇一〕 《字類》五引「勝」作「禁」。

**豎子不足與謀**〔一·四〇一〕 「豎」避宋英宗嫌名缺筆，中統、游、正德本誤「竪」，《班馬異同》同。

**收其貨寶婦女而東**〔一·四〇二〕 中統、游、正德本「收」作「取」，《班馬異同》「取」大字，「收」細書，則所據

《史》文正作「取」，與中統本同。

**北蕭關**〔一·四〇二〕　舊刻「蕭」誤「肖」。

**如衣繡夜行**〔一·四〇二〕　毛本「衣繡」作「繡衣」。

**沐猴獮猴也**〔一·四〇二〕　百衲、正德、南雍、李、程、殿本「獮」作「獼」，《御覽》八十七引同，中統、游本作「猕」。

**楚漢春秋**〔一·四〇二〕　中統、游、正德本上有「駰案」二字，殿本同。

**揚子法言云**〔一·四〇二〕　中統、游、正德、王、柯、秦、凌毛本「揚」作「楊」。

**皆將相諸君與籍之力也**〔一·四〇二〕　中統、游、正德本「君」作「軍」。

**業已講解**〔一·四〇二〕　「講」避宋高宗諱偏旁字缺筆，注同。舊校云：「潘本缺筆，此本不缺。《集解》『講和也』，兩本皆缺筆。」案此本與潘同，正文「講」本缺筆，後人於中妄加一畫，墨色可辨，非原本如此。

**王咸陽以西**〔一·四〇三〕　舊刻脱「王」字。

**故爲櫟陽獄掾**〔一·四〇三〕　中統、游、正德本「掾」誤「椽」。

**上郡秦所□**〔一·四〇三〕　空格「置」字。

**都平□瑕丘**〔一·四〇三〕　空格「陽」字。

**鄱君吴芮**〔一·四〇三〕　《字類》二「番」下引作「番君」，此文下「番君將梅鋗」作「番」。

**初吴芮爲鄱令**〔一·四〇五〕　正德本「鄱」誤「都」。

**故號曰鄱君**〔一·四〇五〕　中統、舊刻本「號」作「号」。

**漢書音義曰**〔一·四〇六〕　中統、游、正德本上有「駰案」二字，下「《漢書音義》曰『繞南皮三縣以封之』」「《漢書音義》曰『齊與濟北遼東』」「《漢書音義》曰『昧音末』」「《漢書音義》曰『縣名臨淮』」，並同。

**陳餘弃將印去**〔一·四〇三〕　潘本同，各本「弃」作「棄」，《班馬異同》同，下「奈何弃之」同。❶

**游或作流**〔一·四〇七〕　李本無「游」字。

**乃亡至膠東**〔一·四〇七〕　游、正德本「亡」誤「立」。

**齊與濟北膠東**〔一·四〇八〕　舊刻「北」誤「比」。

**趙王乃北居代**〔一·四〇八〕　舊刻「代」誤「伐」。

**是時漢還定三秦**〔一·四〇八〕　《班馬異同》「漢」下有「王」字，案《漢書》有「王」字，無「是」字，倪氏並未標出。

**官号也**〔一·四〇八〕　中統、舊刻、游本同，各本「号」作「號」。

**又以齊梁反書遺項羽**〔一·四〇八〕　百衲、中統、舊刻、游、正德、毛本同，各本「羽」作「王」，《班馬異同》同。

**係虜其老弱婦女**〔一·四〇九〕　各本「老」作「考」。《班馬異同》「婦」作「媍」。

**塞翟魏殷河南**〔一·四〇九〕　秦本「塞」誤「寒」。

---

❶ 此條原被删去，管氏畫圈符保留，並於其上批「存」字，據存。

**駰案應劭曰**〔一・四〇九〕　南雍、李、凌、程、殿本「案」作「按」。

**收其貨寶美人**〔一・四〇九〕　《御覽》八十七引作「收其寶貨」。

**至日中大破**〔一・四一一〕　各本「日」作「日」。正德本「破」下有「之」字。

**楚又追擊至靈璧東**〔一・四〇九〕　《索隱》及百衲、中統、游、正德、王、柯、南雍、秦、李、凌、程、殿本「璧」作「壁」，《御覽》引同。《班馬異同》同。　秦本「又」誤「文」。

**擠音濟民之濟**〔一・四一一〕　秦本「民」誤「氏」。

**折木發屋**〔一・四〇九〕　《書鈔》一百六十引作「至發屋」。

**於是遂得脱**〔一・四〇九〕　《書鈔》一百三十九引作「于是乎遂得脱」。

**至滎陽**〔一・四一一〕　舊刻、游本「滎」誤「榮」，下及注並同。

**古者二十而傅**〔一・四一二〕　中統、游、正德本「傅」誤「傳」。

**漢儀注**〔一・四一二〕　王、柯、南雍、秦、李、凌、殿本「注」作「註」。

**一歲爲材官**〔一・四一二〕　游、正德本「材」誤「林」。

**食貨志日**〔一・四一二〕　各本「日」作「曰」。

**一歲力役三十倍於古者**〔一・四一二〕　《索隱》「於」作「于」，中統本「三」字中畫泐。

**與漢戰滎陽京索間**〔一・四一二〕　《字類》五引作「京素間」，疑有誤。

**索音柵**〔一・四一二〕　游、正德本「柵」誤「棡」。

**臨河有大倉**〔一・四一三〕　凌本「大」作「太」。

**詳驚愕曰**〔一・四一三〕　游、正德、南雍、李、程本「詳」作「佯」，《班馬異同》同。

**居巢廷中有亞父井**〔一・四一四〕　中統、舊刻、游、正德本「廷」作「亭」，卜「吏民皆祭亞父於居巢廷上」同。正德本「井」誤「并」。

**紀信乘黄屋車**〔一・四一四〕　《書鈔》一百三十九引「黄」誤「王」。

**李斐曰**〔一・四一四〕　百衲「斐」作「裴」。

**在乘輿車衡左方上柱之**〔一・四一四〕　錢云：「『柱』，游作『注』。」案游本此字漫漶難辨，中統、正德二本並作「柱」，據《漢書・高帝紀》李斐注，作「注」是。

**楚軍皆呼萬歲**〔一・四一四〕　《書鈔》引「軍」上有「三」字。

**漢王亦與數十騎**〔一・四一四〕　《班馬異同》「亦」下有「得」字。案《漢書》作「故漢王得與數十騎」，是《史》作「亦」，《漢》作「得」也。今於「得」字豎抹其旁，而「亦」字則否，疑刊本有誤。《書鈔》引「亦」作「乃」。

**裴駰曰**　百衲、中統、游、正德本同，殿本作「駰案」，各本無此三字。舊校云：「案注例，凡引衆家而下加己説者，稱『駰案』以别之，亦不云『裴駰曰』，此注既上未引衆家，不容有所識别，當是校者所加。」

**樅音七從反**〔一・四一五〕　毛本「從」作「容」，錢云：「從柯本校改『容』。」

**乃共殺魏豹**〔一・四一四〕　毛本「共」誤「其」。

**漢王逃**〔一・四一五〕《異同》「逃」作「迯」。

**北門名王門**〔一・四一五〕　各本「王」作「玉」。

**渡河走脩武**〔一・四一五〕　凌、程、毛本「脩」作「修」。

**酈公説漢王**〔一・四一五〕　各本「公」作「忠」。錢云：「葉校『忠』作『公』。」舊校云：「《高祖紀》『郎中鄭忠乃説止漢王』，此本亦作『忠』，按《漢書・高帝紀》『樅公』，應劭注曰『樅公，亦不知其名，故曰公』，此既知其名忠，當如《高紀》直稱鄭忠，不必云公。」

**於滎陽築雨城相對爲廣武**〔一・四一五〕❶　各本「雨」作「兩」，此誤，程本誤「西」。

**絶楚糧食**〔一・四一六〕　中統、游、正德本「糧」作「粮」，《御覽》八十七引「食」作「道」。

**高俎几之上**〔一・四一六〕　游本「俎」誤「祖」。

**吾翁即若翁**〔一・四一六〕《御覽》三百十引「若」作「迺」。

**則幸分我一桮羹**〔一・四一六〕　王本「桮」作「杯」，《御覽》引同，又「則」作「即」，《異同》正文作「桮」，細書作「杯」。

**欲殺之**〔一・四一六〕《御覽》引「殺」作「烹」。

**秖益禍耳**〔一・四一六〕　毛本「秖」作「祇」，《御覽》引同，舊校云：「『秖』爲『祇』之駁文。」

---

❶「築」，原作「作」，據嘉業堂本改。

**挑戰擿嬈敵求戰**〔一·四一七〕 游、正德本「擿」誤「適」。

**古謂之致師**〔一·四一七〕 正德本「師」下有「也」字。

**吾寧鬭智**〔一·四一六〕 毛本「寧」作「能」。各本「鬭」俱從門，惟程、凌、毛、殿本不誤，毛本下「不能鬭力」亦誤從門。舊校云：「寧，局本作『能』，《項羽傳》亦作『寧』，『能』字涉下文『不能』而誤。」

**乃自被甲持戟挑戰**〔一·四一六〕 正德本「被」作「披」。

**相與臨廣武間而語**〔一·四一六〕 《藝文類聚》九引「間」作「澗」。《札記》云：「案《正義》及《續漢志》注引《西征記》、《水經·濟水》注作『澗』，是也。今本《史記》《漢書》並作『閒』，誤。」

**項王怒**〔一·四一六〕 《御覽》八十七引「怒」下有「甚」字，《札記》引《御覽》誤作「三百十」。

**韋昭曰音子閻反**〔一·四一七〕 正德本脱此條。

**使盱台人武涉**〔一·四一七〕 舊刻、游、正德本「盱」作「盰」。

**必誅彭越定誅彭越定梁地**〔一·四一七〕 各本作「必誅彭越定梁地」，此文衍「誅彭越定」四字。

**彭越彊劫外黄**〔一·四一七〕 《御覽》三百七十九、又三百八十四引「彊」作「强」。

**百姓豈有歸心**〔一·四一八〕 《御覽》二百七十九引作「百姓豈有所歸心哉」，又三百八十四引「百姓豈有所歸心」，與《漢書》合。

**高祖攻曹咎成皋**〔一·四一八〕 游、正德本「攻」誤「功」。

**今成皋城東汜水是也**〔一·四一八〕 正德本「成」誤「城」。

**大司馬咎長史塞王欣**〔一・四一八〕 毛本同，各本「史」下有「翳」字，《班馬異同》同。《志疑》云：「《高紀》及《漢書》紀、傳皆無『翳塞王』三字，此後人妄增之。盧學士云『翳塞王』三字必非《史記》原文，觀下但舉咎、欣兩人可知。」案此本無「翳」字，是也。「長史塞王欣」乃一人，與「翳」無涉，足見蜀刻之善。

**鄭氏曰**〔一・四一九〕 毛本「氏」作「德」，各本作「玄」。舊校云：「顔師古《漢書敘例》云：『鄭氏，晉灼《音義序》云不知其名，而臣瓚《集解》輒云鄭德，既無所據，今依晉灼，但稱鄭氏。』按此本，《高紀》集解引鄭氏注亦作『鄭德』，中散與臣瓚必有所據，晉灼特未之考耳。此作『鄭氏』，或亦傳寫失之。」

**以刀割頭爲剄**〔一・四一九〕 舊刻同，各本「頭」作「頸」。

**漢書音義曰**〔一・四一九〕 王、秦本「音」誤「言」。

**眛音末**〔一・四一九〕 游、正德、王、柯、秦本「末」誤「未」。舊校云：「眛無末音，蓋《漢書・高帝紀》《項羽傳》本作『眛』，故音末。裴本《史記》亦必作『眛』，故引以爲注。此本《高紀》作『眛』，《羽紀》作『眛』，傳寫之失也。」

**是時漢軍盛食多**〔一・四一九〕 各本「軍」作「兵」。

**以通宋鄭陳蔡曹衛**〔一・四一九〕❶ 程本「陳」誤「東」。

**三分有二爲太半**〔一・四二〇〕 游、正德本「太」作「大」。

---

❶ 「陳」，原脱，據嘉業堂本補。

**楚兵罷食盡**〔一·四一九〕 《御覽》二百九十引「罷」作「疲」。

**不如因其饑而遂取之**〔一·四一九〕 百衲、中統、舊刻、游、正德、南雍、程本同，王、柯、秦、李、凌、殿本「饑」作「機」，《班馬異同》同，毛本作「飢」。《御覽》二百九十引作「不因其飢，共伐之」。《札記》云：「《漢書·高紀》及《漢紀》作『幾』，古通。」

**在陽賈**〔一·四二〇〕 毛、殿本「賈」作「夏」，舊校云：「此涉上文『陽夏』如注『夏音賈』而誤，《地理志》淮陽國陽夏，應劭注『夏音賈』，❶無『陽賈』。」

**騆案晉灼曰**〔一·四二〇〕 正德本脱「騆案」二字。南雍、李、程、殿本「案」作「按」。

**未爲所畫經界**〔一·四二一〕 游、正德、王、南雍、李、程、殿本「爲」作「有」。

**劉賈軍從壽春**〔一·四二〇〕 《班馬異同》「壽」上「圍」字本細書，誤作大字。「圍」字見《漢書》，非《史》文所有。

**下交切**〔一·四二一〕 各本此文上有「洨」字，在「縣」字下。舊校云：「雙行注，在注中『洨』下。按《紀》文無『洨』字，注中不應作音，此『下交切』三字小注，當是校者所記。」

**楚歌者謂雞鳴歌也**〔一·四二三〕 游、正德、殿本「雞」作「鷄」，下「多鷄鳴時歌也」同。

**力拔山兮氣蓋世**〔一·四二三〕 舊刻、游、正德本「蓋」作「盖」，《班馬異同》同。

---

❶ 「夏」，原作「赤」，今改。

**田父紿曰左**〔一·四二三〕　本「紿」誤「給」。

**以故漢追及之**〔一·四二三〕　《班馬異同》「之」字細書。

**然今卒困於此**〔一·四二三〕　《御覽》八十七引「於」作「如」，下「此天之亡我」無「此」字。

**未嘗敗北**〔一·四二三〕　中統、游、正德本「嘗」作「常」。

**願爲諸君快戰**〔一·四二三〕　百衲、中統、舊刻、游、王、毛本同，各本「快」作「決」，《班馬異同》同。《札記》云：「凌作『決戰』，誤。」案正德、柯、南雍、李、程、殿本及《異同》並作「決」，不獨凌本。

**斬將刈旗**〔一·四二三〕　《班馬異同》「刈」作「割」，誤。

**項王瞋目叱之**〔一·四二三〕　百衲、中統、舊刻、游、正德、王、柯、秦、凌、毛、殿本「叱」上有「而」字，《班馬異同》同。

**烏江亭長檥船待**〔一·四二四〕　《書鈔》七十九、《初學記》九、《御覽》八十七引「檥」作「艤」，注同。

**騶案應劭曰**〔一·四二五〕　王、柯、秦本「劭」誤「邵」。

**衆數十萬人**〔一·四二四〕　《初學記》引「萬」作「万」，無「人」字。

**項王笑曰**〔一·四二四〕　《班馬異同》「笑」作「咲」。

**且籍與江東子弟八千人**〔一·四二四〕　《初學記》引無「且」字，「與」作「与」。

**我何面目見江**〔一·四二四〕　本「之」誤「江」。

**難視斫之**〔一・四二五〕　中統、游、正德本「斫」誤「所」，錢校據金板同。《御覽》八十七引作「親」，《四庫考證》云：「『親』誤『視』，據《漢書》注改。」

**指示王翳**〔一・四二五〕　中統、游、正德本「示」作「視」。

**吾聞漢購我頭千金**〔一・四二五〕　「購」避高宗諱缺筆。

**吾爲若德**〔一・四二五〕　王、柯本「若」作「汝」，《御覽》引同，錢云：「柯校云：汝，金板作『若』。」

**亦可是功德之德**〔一・四二六〕　《御覽》引作「亦可取是功德之德也」。

**故分其地爲五**〔一・四二五〕　百衲、中統、舊刻、游、正德、毛本同，各本無「故」字，《班馬異同》同，凌本旁注「宋本『分』字上有『故』字」。《志疑》云：「《史詮》以爲今本缺，然宋倪思《班馬異同》無『故』字，倪所見必宋本也。」

**封王翳爲杜衍侯**〔一・四二五〕　李本「杜」誤「社」。

**乃持項王頭示魯**〔一・四二六〕　百衲、中統、游、正德、王、柯、秦、凌本「示」作「視」，《班馬異同》同。

**項羽冢在東郡穀城東**〔一・四二七〕　毛本「冢」誤「家」。

**諸項氏枝屬**〔一・四二七〕　王、秦本「枝」作「技」。❶

**其子舍爲丞相**〔一・四二七〕　李本無「其」字，毛本「舍」作「含」。

---

❶ 「作」，原作「屬」，今改。

**徐廣曰項伯名纏字伯**〔一・四二七〕❶　王、柯、秦、凌本脱此條，錢云：「合刻者以《索隱》『名纏字伯』已見前，故删之耳。」

**賜姓劉氏**〔一・四二七〕　中統、游、正德本無「氏」字，錢云：「中統、游及校柯本所引之金板，俱無『氏』字。」《札記》云：「『皆項氏』，中統、游本無『氏』字。」案中統、游本「皆項氏」有「氏」字，「賜姓劉氏」無「氏」字，《札記》誤以此句爲上句也。

**太史公曰**〔一・四二八〕　各本提行，惟舊刻與此本不提。

**何其興之暴也**〔一・四二八〕　舊刻、正德、凌、毛、殿本同，《御覽》八十七引同，各本無「其」字，《班馬異同》此字亦細書。

**豪傑蠭起**〔一・四二八〕　正德本「傑」作「桀」。《御覽》引「蠭」作「蜂」。

**三年**〔一・四二八〕　中統本「三」作「五」，錢引金板同。

**難矣**〔一・四二八〕　游本「矣」誤「以」。

**爲霸王之業**〔一・四二八〕　各本「爲」作「謂」，此誤。

**非用兵之罪也**〔一・四二八〕　毛本無「也」字。

---

❶ 此條原在「其子舍爲丞相」條上，據嘉業堂本移。

# 卷八　高祖本紀第八

**高祖本紀第八**〔二・四三五〕　正德本作「漢本紀第八」，下「吕后」至「孝武」題「漢本紀第九」至「第十二」，均非。

**漢書音義曰**〔二・四三五〕　百衲、中統、游、正德、殿本上有「駰案」二字，下引《漢書音義》，又引《周禮》，四引《地理志》，又「惡后反」，又引《關中記》，兩引《漢書》，一引《漢書・百官表》，一引《風俗通義》同。百衲本「《漢書音義》曰『單音善，父音斧』」一條，無「駰案」二字。游、正德本「《漢書音義》曰『《春秋傳》曰「輕行無鐘鼓曰襲」』」，及「《地理志》『河南有平陸縣』」，又「南陽有犨縣」三條無此二字。殿本「《漢書音義》曰『二縣名』」，連上「《漢書音義》曰『道由碭也』」爲一條，不再引，又「惡后反」條誤作正義。

**高祖**〔二・四三五〕　《藝文類聚》十二引《史記》「高祖」下有「諱邦」二字，此《漢書音義》文，非《史》文所有。

**而爲漢之太祖**〔二・四三五〕　舊刻「太」作「大」。

**故特起名焉**〔二・四三五〕　秦本「特」誤「時」。

**移在豐**〔二・四三五〕　舊刻「豐」誤「豊」，下注「豐爲縣」同。

**母曰劉媪**〔二・四三五〕　《索隱》出「母媪」二字，《御覽》八十七引《史記》作「母媪」，《札記》云：「疑『曰劉』二字衍。」案當涉下文「其先劉媪」「劉」字而衍。

**文穎曰**〔二・四三六〕毛、殿本同，各本「穎」誤「潁」。

**嘗息大澤之陂**〔二・四三五〕舊刻「大」誤「太」。《北堂書鈔》一百五十二引「嘗」作「常」，又引無「嘗」字。

**是時雷電晦冥**〔二・四三五〕《類聚》二引作「時雷電冥晦」，又十引「時雷電晦冥」，《御覽》引「冥」作「暝」。

**則見蛟龍於上**〔二・四三五〕《類聚》引作「見交龍於上」，《漢書》亦作「交」。

**已而有身**〔二・四三五〕《書鈔》《類聚》《御覽》引「身」作「娠」。

**遂産高祖**〔二・四三五〕《書鈔》及《類聚》十引「産」作「生」，《札記》引《類聚》「十」誤「十二」。

**准音拙**〔二・四三七〕各本「准」作「準」，下「准，頰權准也」同。

**准頰權准也**〔二・四三七〕秦本「頰」誤「煩」。

**顔頟顙也**〔二・四三七〕中統、舊刻、游、正德本「頟」作「額」。南雍、程本「顙」作「顡」，李本作「頰」，下同。

**文穎曰準鼻也**〔二・四三七〕《索隱》引「文穎」作「李斐」，《漢書・高帝紀》注同。

**美須髯**〔二・四三七〕《類聚》十二及《御覽》引「須」作「鬚」。

**仁而愛人**〔二・四三七〕《類聚》引作「寬仁愛人」。

**爲泗水亭長**〔二・四三七〕《類聚》《御覽》引「泗水」作「泗上」，《元龜》五同，《雜志》云：「泗水，當依《漢書》作『泗上』，此涉《正義》『泗水』而誤也。」案百衲、中統、舊刻、游、正德、毛本皆無正義，而正文並作「泗水」，則《索隱》本已作「泗水」矣。

**醉臥**〔二・四三七〕《類聚》引「醉」上有「飲」字，《御覽》引作「時飲醉臥」。

**讎數倍**〔二・四三七〕《御覽》引「倍」作「陪」。

**讎亦售也**〔二・四三八〕舊刻同，各本無「也」字。

**歲竟**〔二・四三七〕「竟」缺筆，下「竟酒後」不缺。

**此兩家常折券棄責**〔二・四三七〕凌本「棄」作「弃」。

**高祖常繇咸陽**〔二・四三八〕《御覽》引「常」作「嘗」。

**喟然大息曰**〔二・四三八〕各本「大」作「太」。

**大丈夫當如此也**〔二・四三八〕《御覽》引無「大」字。

**父音斧**〔二・四三九〕程本「斧」誤「一」。

**沛中豪傑吏**〔二・四三九〕舊刻、游、正德、南雍、秦、李、程、殿本「桀」作「傑」，《班馬異同》同，《類聚》六十六引同，《字類》五引作「桀」。

**文潁曰**〔二・四四〇〕百衲、凌、毛、殿本「潁」作「穎」，不誤。此本下七葉注「文潁曰『梁惠王孫假』」云云，十葉「文潁曰『聚邑名也』」，十一葉「文穎曰『河南新鄭』」云云，並誤「潁」，二十二葉「文潁曰『今中山蒲陰是』」，又誤「潁」。

**爲之帥**〔二・四四〇〕游、李本「帥」誤「師」。

**乃紿爲謁曰賀錢萬實不持一錢**〔二・四三九〕《類聚》六十六引「紿」誤「始」，「實」誤「貫」。

**劉季固多大言**〔二·四三九〕《類聚》引「言」下衍「者矣」二字。

**願爲季箕帚妾**〔二·四三九〕游、正德本「帚」作「箒」，《班馬異同》同，《類聚》十引同，無「季」字。

**吕公女乃吕后也**〔二·四三九〕《類聚》引作「女即吕后也」。

**生孝惠魯元公主**〔二·四三九〕中統、游、正德本「惠」下有「帝」字，《類聚》引同，《志疑》云：「《史詮》謂宋本『惠』下有『帝』字，《班馬異同》本亦有，則今本脱也。下文『見孝惠』句亦脱『帝』字。《漢書》皆作『孝惠帝』。」

**告又言譽**〔二·四四一〕百衲「譽」誤「譽」。

**有予告賜告者**〔二·四四一〕游、正德本「予」誤「子」。各本「告」下無「者」字。

**予告**〔二·四四一〕各本「告」下有「者」字，此文「者」字誤移上「賜告」下。

**將官屬**〔二·四四一〕中統、游本「屬」作「属」，下注「屬陳留圉縣」同，游本下「雍齒雅不欲屬沛公」「諸將黥布皆屬」「乃以秦王屬吏」，注「屬任城郡」「屬陳留圉縣」「屬右扶風」，並作「属」，正德本下「民能齊言者皆屬齊」，及注「屬陳留圉縣」「屬右扶風」，王、秦本注「屬山陽郡」「屬任城郡」「屬右扶風」，並同。

**夫人天下貴人**〔二·四四一〕《類聚》引「人」下有「也」字，下「乃此男也」無「也」字。

**見孝惠**〔二·四四一〕《班馬異同》「惠」下有「帝」字，《類聚》引同。

**相魯元**〔二·四四一〕《類聚》引下有「公主」二字。

**鄉者夫人嬰兒皆似君**〔二·四四一〕《類聚》引作「向見者夫人兒子皆似君」，凌云：「《漢書》『似』作『以』字，最是。」《志疑》云：「《宋書·符瑞志》亦作『以』字，《論衡·骨相篇》誤，仍作『似』字。」

**高祖適從旁舍來**〔二・四四一〕 中統、舊刻本「來」作「来」，下並同。

**遂不知老父處**〔二・四四一〕 《類聚》引「處」上有「去」字。

**爲縣送徒驪山**〔二・四四二〕 《類聚》引「徒」下有「於」字。

**到豐西澤中**〔二・四四二〕 游本「豐」作「豊」，下「將兵圍豐二日」「命雍齒守豐」「豐故梁徙也」「守豐」「不下，且屠豐」「即反爲魏守豐」「沛公引兵攻豐」「沛公怨雍齒與豐子弟叛之」「欲請兵以攻豐」「還軍豐」「沛公還引兵攻豐」「更名酈邑曰新豐」「豐未復」「豐我所生長」「乃并復豐比沛」及注，並同。《類聚》引「中」下有「亭」字，《志疑》云：「案《漢書》作『澤中亭』，則此似脱『亭』字。」

**夜乃解縱所送徒**〔二・四四二〕 中統、舊刻、游、正德本「夜乃」作「乃夜」，《班馬異同》同，《類聚》《御覽》引「乃」作「皆」，《元龜》同，案《漢書》作「皆」。

**夜徑澤中**〔二・四四二〕 《類聚》十引作「夜徑酆西澤中」，又十二引「徑」作「經」，《御覽》八十七同，又三百四十二引作「徑」。

**前有大蛇當徑**〔二・四四二〕 《類聚》十二引「大」下有「白」字。《御覽》八十七引「蛇」作「虵」，下並同，「虵」爲「蛇」隸省字。

**拔劍擊斬蛇**〔二・四四二〕 《索隱》無「擊」字，「蛇」作「虵」，《類聚》引並無「擊」字。《類聚》十二引「蛇」作「之」，《御覽》引同。

**徑開**〔二・四四二〕 《書鈔》一百二十二、《類聚》十及《御覽》引「徑」作「道」。

**嫗吾子白帝子**〔二一·四四二〕　各本「嫗」下有「曰」字，《御覽》引同，此脱。

**至獻公時**〔二一·四四三〕　各本「猷」作「獻」，「猷」爲「獻」之俗省，下「皆之邑西獻」，注「獻牛酒」，游本亦作「猷」。

**櫟陽雨金**〔二一·四四三〕　本「雨」誤「兩」。

**欲筈之**〔二一·四四三〕　《索隱》出「欲告之」三字，云「一本或作『筈』」，是小司馬所據本作「告」，其作「筈」者，别一本也。

**至光武乃改定**〔二一·四四三〕　《索隱》出注「至光武乃改」，無「定」字。

**於是因東游以厭之**〔二一·四四四〕　《御覽》引「厭」下有「當」字，《字類》五「猒」下引作「以猒當之」，又《補遺》《史記》别本或書作『厭』，音同」，案《漢書》有「當」字。

**隱於芒碭山澤巖石之間**〔二一·四四四〕　毛本「碭」誤「碭」，下並同，百衲此下「碭」字亦誤作「碭」。

**騶案應劭曰**〔二一·四四四〕　南雍、李、程、殿本「案」作「按」，下並同。

**故隱於其間也**〔二一·四四四〕　毛本無「也」字。

**高祖恠問之**〔二一·四四四〕　各本「恠」作「怪」，「恠」爲「怪」之俗體，《類聚》引作「高祖怪問吕后」，《班馬異同》下「平生所聞劉季諸珍怪」，亦作「恠」。

**季所居上常有雲氣**〔二一·四四四〕　《類聚》引作「季所在山居常有雲氣」。

**高祖心喜**〔二·四四四〕 《御覽》「心喜」作「又喜」。❶

**沛中子弟聞之**〔二·四四四〕 各本「聞」上有「或」字，《班馬異同》同，《御覽》引同。

**欲以沛應涉**〔二·四四五〕 《御覽》引「應涉」作「應勝」。

**掾主吏**〔二·四四五〕 百衲、王、柯、秦本「掾」誤「椽」。

**則家室完**〔二·四四五〕 「完」缺筆，下「不能完父兄子弟」同。

**壹敗塗地**〔二·四四六〕 舊刻「壹」作「一」，《元龜》同，案《漢書》作「一」。

**盡讓劉季**〔二·四四六〕 「讓」缺筆，下「沛公又讓不受」同。舊刻「讓」作「護」，非。

**平生所聞劉季諸珍怪**〔二·四四六〕 《御覽》引「諸珍怪」作「奇怪」，《元龜》同。

**祭蚩尤於沛庭而釁鼓**〔二·四四六〕 游、王、柯、南雍、秦、李本「鼓」作「皷」，俗。《元龜》五「庭」作「廷」，「鼓」亦作「皷」。

**案禮記及大戴禮有釁廟之禮**〔二·四四七〕 中統、游本三「禮」字並作「礼」，下注「周禮有銜枚氏」「祖亦如禮祖踊」「鄉飲酒禮器也」「野少禮節也」，並同。

**故上赤**〔二·四四六〕 游、正德本「上」作「尚」，《札記》「上赤」誤「上亦」。

**秦二世二年**〔二·四四七〕 此本「秦」上空二格，各本不空。

---

❶ 三「喜」字，原均作「善」，據嘉業本、《四部叢刊三編》影宋刻本《太平御覽》改。

**西至戲而還**〔二·四四七〕《班馬異同》「至」誤「王」。

**如淳曰**〔二·四四九〕　王、秦本脱「曰」字。

**父音甫**〔二·四四九〕　舊刻「音」誤「者」。

**豐故梁徙也**〔二·四四七〕　中統本「豐」誤「豊」，注及下並同，游本同。

**雍齒不欲屬沛公**〔二·四四八〕　各本「不」上有「雅」字，《班馬異同》同，舊校云：「《集解》引服虔、蘇林兩注，並釋『雅』字，此脱。」

**号曰大司馬**〔二·四四九〕　中統、游本同，各本「号」作「號」。

**東陽寧縣君自一人**〔二·四四八〕　各本「寧」下無「縣」字。

**從陳别將司馬𡰥**〔二·四四八〕　百衲、正德本同，注同，《班馬異同》同，《字類》一引同，中統、舊刻、游、毛本「𡰥」作「𡰥」，王、柯、南雍、秦、李、凌、程、殿本作「尼」，《拾遺》云：「耿本『尼』作『𡰥』，《曹參世家》同，案《漢書》小顔注云『𡰥，古夷字』，則耿本是也。」《志疑》云：「『尼』乃『𡰥』之訛。」

**别在地許**〔二·四四九〕　各本「地」作「他」。

**徐廣曰三月**〔二·四五〇〕　程本「三」誤「二」。

**治盱台**〔二·四五〇〕　游、正德本「盱」作「盱」，下「徙盱台」同，《班馬異同》同。秦本「台」誤「眙」。

**自振迅而復起也**〔二·四五一〕　中統、毛本「迅」誤「退」。

**靳李由**〔二·四五一〕　元龜「由」作「繇」。

**夜銜枚擊項梁**〔二・四五一〕　正德本「銜」作「啣」，俗，注同。

**鄭玄曰**〔二・四五二〕　「玄」缺筆，下注「北有玄武闕」「玄武所謂北闕」並同。

**枚狀如箸**〔二・四五二〕　毛本「枚」誤「銜」。

**沛公與項羽**〔二・四五一〕　游本「與」作「与」，下「與諸將約至成陽」「與杠里」「與南陽守齮戰犨東」「與之西」「與偕降析酈」並同。❶

**北救趙**〔二・四五二〕　《班馬異同》「救」作「捄」，下「初項羽與宋義北救趙」「而北救趙」並同。

**令沛公西略地入關**〔二・四五三〕　游本「關」作「関」，下「先入定關中者」「願與沛公西入關」同。

**徐廣曰**〔二・四五三〕　游、正德本「廣」誤「度」。

**類無復有活而噍食者也**〔二・四五三〕　游本「無」作「无」，下「青州俗言無孑餘爲無噍類」同。

**青州俗言無孑遺爲無噍類**〔二・四五四〕　正德、秦本「孑」誤「子」。

**母侵暴**〔二・四五三〕　各本「母」作「毋」。

**無此字**〔二・四五四〕　殿本同，各本「無」上有「一」字，舊刻作「亦」。游本「無」作「无」。

**騆案漢書音義曰**〔二・四五四〕　百衲、中統、游、正德、殿本與此同，各本無「騆案」二字，下「騆案《漢書》曰麗商」同，舊校云：「按裴氏以徐爲本，凡上用徐義，而下列他説者，每加『騆案』以别之，此注既無徐説，不

❶「至成」至「並同」，原作「同」字，爲管氏改補。

當云『騆案』，蓋是衍文。」

**至成陽與杠里**〔二·四五三〕《索隱》「杠」作「扛」，《元龜》同，中統、舊刻本「杠」誤「杜」，舊刻「成」誤「咸」，正德本「成」字空格。

**二縣名**〔二·四五四〕南雍、李、凌、程、殿本上有「成陽杠里」四字，不再引《漢書音義》。

**秦軍夾壁**〔二·四五三〕中統、舊刻、正德、王、柯、秦、毛本「夾」作「來」，游本作「来」，《札記》云：「南宋本、舊刻、王本『夾』作『來』，疑誤。」

**及王離軍於成武南**〔二·四五四〕中統、游、正德本「成武」二字倒。

**屬陳留圉縣**〔二·四五五〕中統、舊刻、游、正德本「陳」誤「東」。

**沛公方踞床**〔二·四五四〕各本「床」作「牀」。

**春秋傳**〔二·四五五〕中統、舊刻、游、正德、王、柯、南雍、秦、李、凌、程、毛、殿本「傳」下有「曰」字。

**輕行無鍾鼓曰襲**〔二·四五五〕中統、舊刻、游、正德、李、凌本「鍾」作「鐘」。南雍、殿本「鼓」作「皷」。

**酈商爲將**〔二·四五四〕中統、游、正德本「商」誤「啇」。

**韋昭曰河南縣**〔二·四五五〕百衲、王、柯諸本此文並作索隱，下「韋昭曰『東郡縣』」同。疑此本誤以索隱爲集解，蓋第十葉板式與舊本頗異，非真宋刻也。

**楊熊走之滎陽**〔二·四五五〕游、正德本「滎」誤「榮」，《元龜》同。

**二世使使者斬以徇**〔二·四五五〕舊刻、游、正德、凌、程本「徇」作「狥」，《元龜》同。

**南攻潁陽**〔二・四五五〕 百衲、中統、舊刻、游、正德、凌、程、殿本同，毛本「潁」作「穎」，各本作「頴」，均非。

**南至潁川**〔二・四五六〕 凌、程、毛、殿本「潁」作「穎」，各本誤「頴」，此作「穎」亦非。

**趙别將司馬卬**〔二・四五六〕 舊刻、游、正德本「卬」誤「邛」，中統本誤「卭」。

**方欲渡河入關**〔二・四五六〕 中統、游、正德本「關」作「関」，下「關」「関」錯出，王、秦本下注「時山東人謂關中爲秦中」作「関」。

**河南有平陰縣**〔二・四五七〕 中統、游本「有」誤「自」。

**沛公引兵過而西**〔二・四五六〕 《札記》云：「《御覽》作『引軍』，與《漢書》合。」

**彊秦在前**〔二・四五六〕 游、正德本「彊」作「强」，下「地形彊」，又「彊殺秦降王子嬰」，並同。

**於是沛公乃夜引兵**〔二・四五六〕 中統、游本脱「夜」字。

**更旗幟**〔二・四五六〕 《御覽》引「更」下有「張」字。

**黎明**〔二・四五六〕 《漢書・高帝紀》「遲明」注：「《史記》『遲』字作『邌』，亦徐緩之意也，音黎。」《讀書叢録》云：「《廣雅・釋詁》『邌，遲也』，此正據《漢書》爲義，所見《史記》本亦當作『邌』。」

**圍宛城三帀**〔二・四五六〕 舊刻同，各本「帀」作「匝」。

**乃以宛守爲殷侯**〔二・四五七〕 「殷」缺筆，下「趙將司馬卬爲殷王」「虜殷王」「乃使使者召大司馬周殷」並同。

**漢封王陵爲安國侯**〔二・四五八〕 中統、游本「國」作「国」，俗省，下「反國之王」同。

**疑襄當爲穰而無禾**〔二·四五八〕　游本「襄」作「⿱太衣」，「穰」作「⿰禾⿱太衣」，俗省字，又「無」作「无」。

**時韓成封穰侯**〔二·四五八〕　中統、游、正德本無「穰侯」二字。

**是所封**〔二·四五八〕　百衲「是」下有「凌」字。

**毋得掠鹵**〔二·四五九〕　《班馬異同》「掠鹵」二字倒。

**因大破之**〔二·四五九〕　《班馬異同》「因」誤「困」。

**漢元年十月**〔二·四五九〕　舊刻、王、柯、南雍、秦、李、凌、程、殿本提行，百衲、中統、游、正德本不提，毛本空格。《御覽》八十七引「十」上有「冬」字，下有「五星聚於東井」六字，❶此當是《漢書》文，誤列在此。

**以高相十月至霸上**〔二·四五九〕　本「祖」誤「相」。《初學記》九引「霸」作「灞」。

**且人已服降**〔二·四五九〕　中統本「已」作「以」。

**召諸縣父老豪桀曰**〔二·四五九〕　百衲、中統、游、正德、王、南雍、秦、李、凌、程、殿本「桀」作「傑」，《班馬異同》同。

**偶語者弃市**〔二·四五九〕　中統、游、凌本同，注同，《字類》三引同，《索隱》及各本「弃」作「棄」，《班馬異同》同。

**抵至也**〔二·四六一〕　各本「抵」作「柢」，《說文》「抵，擊也」「柢，擠也」，二字訓異，正文及下注兩「抵」字，

❶「六」，原作「五」，今改。

並不誤。

**舉家及鄰伍坐之**〔二・四六一〕　中統、游本「舉」作「㪯」，俗。百衲、中統、游、正德、王、柯、秦、凌、殿本「鄰」作「隣」。

**諸吏人皆案堵如故**〔二・四五九〕　百衲「案」作「桉」，中統、游、正德本作「按」，注同。

**稍徵關中兵以自益**〔二・四六一〕　「徵」缺筆。

**項羽果率諸侯兵四**〔二・四六一〕　本「西」誤「四」。

**號一十萬**〔二・四六二〕　本「二」誤「一」。

**夜往見良**〔二・四六二〕　毛本無「往」字，《札記》引南宋本同。

**籍何以生此**〔二・四六二〕　百衲、中統、毛本同，與《項羽本紀》及《漢書》合，各本「生」作「至」，《班馬異同》同，王、秦本誤「玉」。

**三十一縣**〔二・四六四〕　中統本「三」作「四」，與《漢書》合，舊刻作「四十二縣」，各本作「三十二縣」。

**都洛陽**〔二・四六三〕　百衲、中統、游、正德本「洛」作「雒」。

**可以有大功**〔二・四六五〕　《御覽》二百八十三引「有」作「成」。

**不如決策東鄉**〔二・四六五〕　《御覽》引「鄉」作「嚮」。

**項羽怨田榮**〔二・四六六〕　舊刻「榮」誤「滎」，下同。

**予彭越將軍印**〔二・四六六〕　秦本「印」誤「卬」。

**楚令蕭公角擊彭越**〔二・四六六〕　游、正德本「越」誤「城」。

**彭越大破之**〔二・四六六〕　中統、游本「大」誤「太」。

**音惡后反**〔二・四六七〕　舊刻「后」作「右」，殿本此文誤題正義。

**二年**〔二・四六七〕　百衲、中統、舊刻、游、正德、毛本不提行，各本提，此本空二格，下並同。

**朝錯傳**〔二・四六八〕　各本「朝」作「晁」。

**秦時北攻胡**〔二・四六八〕　中統、游、正德本「胡」誤「何」。

**今項羽放殺義帝於江南**〔二・四六八〕　《御覽》二百七十九引作「今項王放弒義帝江南」。

**收三河士南浮江漢以下**〔二・四六八〕　《御覽》引「士」作「已」。

**願從諸侯王擊楚之殺義帝者**〔二・四六八〕　《御覽》引「殺」作「弒」。

**是以兵大振滎陽**〔二・四七〇〕　游本「滎」作「榮」，下「漢王軍滎陽」「周苛、魏豹、摐公守滎陽」，並同。

**三年**〔二・四七〇〕　舊刻、毛本空一格，下同，惟舊刻「六年」提行。

**漢王使酈生說豹**〔二・四七〇〕　舊刻「王」誤「三」。

**乃用陳平之計**〔二・四七一〕　中統、游、正德本無「之」字。

**漢軍絶食**〔二・四七一〕　中統、舊刻、游、正德本「絶」作「乏」。

**摐公**〔二・四七一〕　毛本同，各本「摐」作「樅」，從木，下同，《班馬異同》同。

**而又云□年三月**〔二・四七一〕　空格「四」字。

**二者不同**〔二・四七二〕　本「二」字，脱一畫。

**項羽殺紀信周苛樅公**〔二・四七二〕　中統本「信」誤「言」。

**漢常困**〔二・四七二〕　《御覽》二百八十三引「困」上有「中」字。

**王深壁**〔二・四七二〕　游、正德本「壁」誤「璧」。

**且得休**〔二・四七二〕　《御覽》引下有「息」字，下「漢得休」同。案《漢書》有「息」字。

**使韓信等輯河北**〔二・四七二〕　《御覽》引「使」作「而」，「輯」作「平」。

**出軍宛葉間**〔二・四七二〕　凌本旁注「一本『軍』作『兵』」。

**漢王堅壁不與戰**〔二・四七二〕　百衲、中統、游、正德、王、柯、秦、凌、毛本「漢」下無「王」字，《志疑》云：「《史詮》曰：『湖本缺也。』」《御覽》引「堅壁」作「深壁」。

**拔滎陽**〔二・四七二〕　中統本「拔」誤「按」。

**音逃**〔二・四七三〕　舊刻「逃」作「迯」，《書鈔》一百三十九引注「逃」誤「兆」。

**出成皋玉門**〔二・四七二〕　《書鈔》一百三十九引無「玉」字，案《書鈔》引《史記》曰「項王聞漢王復軍成皋」云云，此《高紀》之文也。孔氏廣陶校注誤以爲《項羽本紀》，遂謂「近本《項羽本紀》脱『共車』二字，『門北』作『北門』，此隋以前《史記》古本，司馬貞未見」者，不知《高紀》本有「共車」二字，「北」字本連下「渡河」爲句，不連「門」字，特「門」上脱一「玉」字耳，奈何遽誇爲隋以前《史記》古本乎？

**馳宿脩武**〔二·四七二〕　凌、程、毛、殿本「脩」作「修」，李本誤「收」。

**饗軍小修武南**〔二·四七二〕　凌本旁注「饗，一作『鄉』」。凌、程、毛、殿本「修」作「脩」，注同。

**一作簡**〔二·四七三〕　凌本「一」上有「蘭」字。百衲「簡」誤「蘭」。

**騎將灌嬰擊大破楚軍**〔二·四七三〕　凌本旁注「一本無『擊』字」，《義門讀書記》同。

**齊王廣犇彭越**〔二·四七三〕　程本「犇」作「奔」。

**慎勿與戰**〔二·四七三〕　「慎」缺筆，下注兩引「許慎曰」同。

**渡兵汜水**〔二·四七四〕　百衲、中統、游、正德、王、柯、秦、凌、毛本「渡」作「度」，下「士卒半渡」，各本並作「渡」。《御覽》二百八十三引作「咎度汜水」。

**漢軍方圍鍾離眛於滎陽東**〔二·四七四〕　中統、游、正德本「鍾」誤「鐘」。各本「眛」作「昧」，此「眛」字從目，甚是，惟右旁從末不從未。

**恐不能安齊**〔二·四七四〕　舊刻「安」作「治」。

**橾印綬**〔二·四七四〕　「橾」當從手，不從木。

**楚漢久相持未決**〔二·四七四〕　毛本「楚漢」作「漢楚」。

**老弱罷轉饟**〔二·四七四〕　《班馬異同》「饟」作「餉」。

**始與項羽俱受命懷王**〔二·四七四〕　中統、游、正德本「羽」作「王」，非。

**而徙逐故主**〔二·四七五〕　中統、游、正德本「主」作「王」，《班馬異同》同。

**罪十也**〔二·四七五〕　《班馬異同》無「十」字，《漢書》有。

**漢王傷匈**〔二·四七五〕　各本「匈」作「胷」，《類聚》六十引同，毛本作「胸」，《字類》一「匈」下引此文作「匈」，則「匈」字爲真宋刻矣。

**張良彊請漢王起行勞軍**〔二·四七五〕　舊刻「彊」作「强」。

**絶其糧食**〔二·四七六〕　《班馬異同》「糧」作「粮」。

**大破之**〔二·四七六〕　舊刻無「大」字。

**高祖與諸侯兵**〔二·四七七〕　《御覽》二百八十三引「高祖」作「漢王」。

**淮陰侯將三十萬**〔二·四七七〕　《御覽》引「淮陰侯」作「韓信」。

**在皇帝後**〔二·四七七〕❶　舊刻「在」作「居」。《御覽》引「皇帝」作「漢王」，下同。

**淮陰先合不利**〔二·四七七〕　舊刻「淮陰」作「餘人」，連上「項羽之衆可十萬」爲句，《御覽》引「淮陰」作「韓信」。

**楚兵不利**〔二·四七七〕　《御覽》引作「楚兵退」。

**淮陰侯復乘之**〔二·四七七〕　《御覽》引作「信復乘之」。

---

❶「在」字，原在「帝」下，據嘉業堂本改。

**項羽卒聞漢軍楚歌**〔二·四七七〕 百衲、舊刻、南雍、李、程、殿本同，中統、游、正德、王、柯、秦、凌、毛本「軍」下有「之」字，凌本旁注「一本無『之』字」，《志疑》云：「案『之』字當衍。」

**月甲午**〔二·四七八〕 毛本「月」上有「二」字，凌本作「二月」，無「甲午」二字。

**秦承三王之末**〔二·四七八〕 游本「承」作「丞」。

**故德番君**〔二·四七九〕 舊刻「德」作「封」。

**天下大定**〔二·四七九〕 舊刻「大」作「悉」。

**項羽妒賢嫉能**〔二·四七九〕 各本「妒」作「妬」，《字類》四引作「妒」。

**戰勝而不予人功得地而不予人利**〔二·四八〇〕 中統、游、正德本二「予」字作「與」，案《漢書》作「與」。

**夫運籌策帷帳之中**〔二·四八〇〕 游本「籌」誤「壽」，《御覽》八十七引「策」下有「於」字。

**鎮國家**〔二·四八〇〕 《北堂書鈔》四十九引「鎮」作「填」。

**齊人劉敬説及留侯勸上入都關中**〔二·四八〇〕 「敬」缺筆，《御覽》八十七引作：「戍卒婁敬説高祖曰：『都雒陽不便，不如入關，據秦之固。』上以問張良，因勸上，即曰：『車駕西都長安。』」案此文大略據《漢書》，非《史記》文。

**高祖侯之潁川**〔二·四八〇〕 中統、舊刻、游、正德本「潁」誤「穎」。

**田肯賀因説高祖曰甚善**〔二·四八一〕 舊刻、正德、南雍、李、程、殿本同，百衲、中統、游、王、柯、秦、凌、毛本無「甚善」二字，凌本旁注「一本『曰』下有『甚善』二字」，《志疑》云：「倪本下有『甚善』二字，以《漢書》及荀

《紀》校之，今本缺也。」

**縣隔千里**〔二・四八二〕　「縣」缺筆，注二「懸」字同，下「縣隔千里之外」不缺。

**所以能禽諸侯者**〔二・四八二〕　中統、游、正德本「禽」作「擒」。

**内地勢高**〔二・四八二〕　舊刻同，各本「内」作「由」。

**持戟百萬**〔二・四八二〕　中統、游本「萬」作「万」，下並同。

**居高屋之上而幡瓴水**〔二・四八三〕　南雍、李、程、殿本「幡」作「翻」。

**夫齊東有琅邪即墨之饒**〔二・四八二〕　《班馬異同》「琅」作「瑯」。

**南有太山之固**〔二・四八二〕　舊刻、毛本同，各本「太」作「泰」。

**孟津號黄河**〔二・四八三〕　中統、游本「號」作「号」。

**北有勃海之利**〔二・四八二〕　《班馬異同》「勃」作「渤」，案《漢書》作「勃」。《異同》「渤」大書，「勃」細書，所據《史》文作「渤」不作「勃」。

**是爲天下懸隔也**〔二・四八三〕　中統、游、正德本同，各本「爲」作「與」。

**設有持戟百里之衆**〔二・四八三〕　本「萬」誤「里」，中統、游本作「万」。

**不如秦二萬乃當百萬也**〔二・四八三〕　各本無「也」字。

**後十餘日**〔二・四八三〕　游本「餘」作「余」。

**數有功**〔二・四八三〕《班馬異同》「功」上有「大」字，案《漢書》有「大」字。

**與諸列侯剖符行封**〔二・四八三〕程本「剖」誤「部」。

**信因與同謀反太原白土**〔二・四八四〕舊刻、王、柯、南雍、秦、李、凌、程、毛、殿本同，各本「謀」上無「同」字，《班馬異同》同。

**八年**〔二・四八五〕上空一格，與舊刻、毛本同，與前後空三格不一例。

**地理志云**〔二・四八五〕南雍、李、程、殿本「云」作「曰」。

**立東闕北闕**〔二・四八五〕舊刻下「闕」字誤「關」，注「東有蒼龍闕」「北有玄武闕」二「闕」字同。

**過柏人**〔二・四八五〕百衲、中統、游、正德、王、柯、南雍、秦、李、凌、程、殿本「柏」作「栢」，《班馬異同》同。

**代王劉仲弃國亡**〔二・四八五〕各本「弃」作「棄」，《班馬異同》同。

**始大人常以臣无賴**〔二・四八六〕各本「无」作「無」。

**謂小児多詐狡獪爲無賴**〔二・四八六〕各本「児」作「兒」，此俗字。下「發沛中児」「高祖所教歌児百二十人」，並同。

**孰與仲多**〔二・四八六〕《御覽》引作「與仲力孰多」。

**殿上群臣皆呼萬歲**〔二・四八六〕《御覽》引作「群臣皆稱萬歲」，案《漢書》作「稱」。

**趙相國陳豨**〔二・四八七〕毛本「豨」作「狶」，注及下「豨嘗爲吾使」同。

**代曰**〔二・四八七〕　各本「代」作「上」，此涉上句「反代地」「代」字而誤。

**豨攻定臧荼有功**〔二・四八七〕　秦本「荼」誤「蔡」。

**今中山蒲陰是**〔二・四八八〕　中統本同，各本「蒲」作「蒲」。

**立子恒以爲代王**〔二・四八八〕　百衲、舊刻、王、柯、南雍、秦、李本「恒」並缺筆，下「次代王恒」同，此本不缺。《拾遺》云：「文帝名再見於《高祖紀》，一見於《吕后紀》，此必後人所加。」案《札記》引此文，誤作《考異》。

**以迁都於中都也**〔二・四八八〕　各本「以」作「似」，此誤。又「迁」爲「遷」之俗省，中統、游本與此同。

**北渡淮**〔二・四八九〕　舊刻「北」誤「此」。

**高祖自往擊之**〔二・四八九〕　中統本「往」誤「住」。

**十二年**〔二・四八九〕　此不空格，與上不一例。

**會甀**〔二・四八九〕　《索隱》「甀」作「缻」，案《黥布列傳》，《索隱》出「會甀」二字，則此「缻」字當係傳寫之誤，《字類》四《補遺》引作「甀」，《續漢書・郡國志》注引「甀」誤「甄」。《考異》云：「案《漢志》沛郡鄲縣有鄱鄉，高祖破黥布，師古音『鄱』爲直恚反，即此會甀也。隸書『垂』似『缶』，故《漢書・高紀》訛爲『缶』字。」

**在鄼縣西**〔二・四八九〕　各本「鄼」作「蘄」。

**會音儈保**〔二・四八九〕　中統、舊刻本「保」誤「時」。

**甀音直僞切**〔二・四八九〕　各本「切」作「反」。

**置酒沛官**〔二・四八九〕　本「宫」誤「官」。

**一曰酒洽也**〔二·四九〇〕　各本「酒」作「酣」。

**高祖擊筑自爲歌詩曰**〔二·四八九〕　《書鈔》一百六又一百十並引「擊缶自歌」，又十六、八十二並引「高祖自擊筑」。

**筑古樂有絃**〔二·四九〇〕　各本「絃」作「弦」。

**大風起兮雲飛楊**〔二·四八九〕　本「揚」誤「楊」。

**威加海内兮歸故鄉**〔二·四八九〕　《北堂書鈔》一百六引《高祖紀》「海内」作「四海」。

**萬歲後吾魂魄猶樂思沛**〔二·四八九〕　《類聚》七十九引作「吾魂魄樂思沛也」。

**漢舊注**〔二·四九〇〕　百衲、中統、游、毛本同，舊刻、王、柯、南雍、秦、李、凌、程、殿本「舊」作「書」。正德、柯、南雍、秦、李、凌、程、殿本「注」作「註」。

**□人語初發聲**〔二·四九〇〕　空格「沛」字。

**皆言其其者楚言也**〔二·四九〇〕　舊刻、凌本脱下「其」字。

**其後以爲常耳**〔二·四九〇〕　南雍、李、程、殿本「耳」作「爾」。

**爲笑樂**〔二·四八九〕　《異同》「笑」作「咲」。

**張飲三日**〔二·四八九〕　《書鈔》八十二引作「帳飲三日以樂也」。

**吾特爲其以雍齒故**〔二·四八九〕　中統本「特」誤「時」。

**齊湣王**〔二・四九一〕《索隱》本「湣」誤「緡」。

**爲陳豨趙利所劫掠者**〔二・四九一〕中統本「利」誤「地」。

**吾以布衣提三尺劍**〔二・四九一〕柯、凌本「提」作「持」，凌本旁注「一本『持』作『提』」，《書鈔》一百二十二引作「提」。

**此非天命乎**〔二・四九一〕《書鈔》引無「天」字。

**雖扁鵲何益**〔二・四九一〕《御覽》引「何」上有「亦」字。

**已而呂后問曰**〔二・四九一〕百衲、中統、舊刻、游、正德、凌本無「曰」字，凌本旁注「一本『問』下有『曰』字」。

**然陵少戇**〔二・四九一〕舊刻、毛本同，各本「戇」作「戅」。

**高祖崩長樂宮**〔二・四九二〕《御覽》引作「崩於長樂宮」。

**皇甫謐曰**〔二・四九二〕本「謐」誤「諡」。

**盧綰與數千騎居寨下候伺**〔二・四九二〕各本「寨」作「塞」，此誤。

**年六十三**〔二・四九二〕游、正德本「三」作「二」，《御覽》引《史》作「年六十二」，則以集解爲正文矣。

**此常怏怏**〔二・四九二〕游本「怏怏」誤「快快」。

**酈商**〔二・四九二〕中統、正德、南雍、李本同，各本「商」作「商」。

**此聞帝崩**〔二・四九二〕程本「此」作「比」，《札記》引南宋本同，《班馬異同》同。

**爲漢大祖**〔二・四九二〕　各本「大」作「太」。

**上幸豐**〔二・四九三〕　秦本「上」誤「二」。

**薄太后子**〔二・四九三〕　中統本「太」作「大」。

**吕太后時徙爲趙幽王**〔二・四九三〕　舊刻無「徙」字。

**殷人承之以敬**〔二・四九三〕　各本「殷」上有「故」字，《班馬異同》同。此末葉係羼入，「殷」字、「敬」字並不缺筆，「恒」「玄」等字亦然。

**徐庶曰**〔二・四九四〕　各本「庶」作「廣」，此誤。

**駰按史記音隱曰**〔二・四九四〕　南雍、李、程、殿本同，各本「按」作「案」。毛本「音隱」誤「索隱」。

**豈不謬乎**〔二・四九四〕　毛本同，各本「謬」作「繆」。

**車服黄屋左纛**〔二・四九四〕　《考證》云：「左，監本訛作『志』，今改正。」案南雍本作「左」。

**皇甫謐曰**〔二・四九四〕　本「謐」誤「諡」。

**在渭水北**〔二・四九四〕　游本「北」誤「此」，正德本誤「比」。

**去長安城二十五里**〔二・四九四〕　各本「二」作「三」，此誤。

# 卷九　吕后本紀第九

**吕后本紀第九**〔二・五〇三〕　《索隱》本「吕后」作「吕太后」。

**漢書音義曰諱雉**〔二・五〇三〕　百衲、中統、游、正德、凌、殿本上有「駰案」二字，下「諱盈」，又「《漢書》云『葬安陵』」「《漢書》云『秋星晝見』」，又「《漢書・百官表》曰」，並同。凌本「案」俱作「按」，下注「駰案如淳曰」「駰案韋昭曰」，南雍、李、程本亦同。

**諱盈**〔二・五〇四〕　百衲「諱」誤「韓」。

**衆妾之總稱也**〔二・五〇四〕　游本「總」作「捴」。

**而題門作姬**〔二・五〇四〕　舊刻脱「姬」字。王、秦本「作」誤「家」。

**瓚曰**〔二・五〇四〕　王、柯、秦本「瓚」誤「贊」。

**漢秩禄令及茂陵書**〔二・五〇四〕　王、秦本「禄」誤「緑」。

**秩比二千石**〔二・五〇四〕　王、秦本「比」誤「其」。

**位次倢仔下**〔二・五〇四〕　本「伃」誤「仔」。

**高祖以爲不類我**〔二·五〇三〕[1]　舊刻「類」作「類」，下同，不成字。

**常從上之關東**〔二·五〇三〕　「東」字碎缺，依潘本補。游本「關」作「関」，下同。

**及留侯策**〔二·五〇三〕　《札記》云：「《御覽》八十七引『及』下有『用』字。」案《御覽》八十七《皇王部》孝惠帝下未見此文。

**太子得毋廢**〔二·五〇三〕　「毋」當作「毋」，下「帝毋壯子」「毋爲人所利」「毋入相國産殿門」並同。

**台弟也**〔二·五〇四〕　王、秦本「台」誤「治」。

**謚康王**〔二·五〇五〕　舊刻「王」誤「玉」，王、秦本誤「主」。

**太子襲號爲帝**〔二·五〇五〕　《御覽》八十七引「帝」上有「皇」字。

**異毋**〔二·五〇五〕　「毋」當作「母」，下「或聞其毋死」同。

**薄夫人子恒爲代王**〔二·五〇五〕　「恒」缺筆。

**迺令永巷**〔二·五〇五〕　舊刻、正德本「迺令」作「迺作」，南雍、李、程、殿本「迺」作「乃」。

**高帝屬臣趙王**〔二·五〇五〕　游、正德本「屬」作「属」，下並同。

**趙相徵至長安**〔二·五〇五〕　「徵」缺筆。

---

[1] 「不」，原脱，據嘉業堂本補。

**王來未到**〔二·五〇五〕　舊刻、游本「來」作「来」，下並同。

**帝晨出射**〔二·五〇五〕　《御覽》引「射」下有「雉」字。

**不能蚤起**〔二·五〇五〕　毛本「蚤」作「早」，《御覽》引同。

**使人持酖飲之**〔二·五〇五〕　《御覽》引「酖」作「鴆」，「飲之」作「而殺之」。

　　**徐廣曰**〔二·五〇六〕　「曰」字中畫泐。

**去眼煇耳**〔二·五〇五〕　《御覽》引「煇」作「燻」。

**迺召孝惠帝觀人彘**〔二·五〇五〕　正德本「迺」作「乃」，《御覽》引作「乃召孝惠帝來觀人彘」。

**孝惠見問**〔二·五〇五〕　舊刻「見」作「帝」。

**知其戚夫人**〔二·五〇五〕　各本「知」上有「迺」字，游、正德本作「乃」，《御覽》引作「迺」。

**迺大哭**〔二·五〇五〕　《御覽》引無「大」字。

**此非人所爲**〔二·五〇六〕　《御覽》引「人」下有「之」字。

**故有病也**〔二·五〇六〕　《御覽》引作「故有疾」。

**齊悼惠王**〔二·五〇六〕　本「悼」誤「悼」。

**燕飲太后前**〔二·五〇六〕　舊刻「飲」誤「於」。

**迺令酌兩卮酖置前**〔二·五〇六〕　王、柯、秦、凌本無「令」字，凌本旁注「一本『迺』下有『令』字」，《考證》云：

「『酖』，監本訛作『酌』，今改正。」案南雍本作「酖」。

**齊王恠之**〔二·五〇六〕　凌本同，各本「恠」作「怪」。

**詳醉去**〔二·五〇六〕　游、正德、程本「詳」作「佯」。

**一作出**〔二·五〇七〕　凌本「一」上有「士」字。

**諸侯王女曰翁主**〔二·五〇七〕　中統、舊刻本「王」誤「三」。各本「翁」作「公」，涉上文「公主」而誤，此本是。

**時年二十三**〔二·五〇八〕　毛、程本「三」誤「二」。

**留侯子張辟彊爲侍中**〔二·五〇七〕　舊刻、程本「彊」作「疆」，下「辟彊曰」「丞相迺如辟彊計」並同。

**如此則太后心安**〔二·五〇七〕　中統、舊刻、游、正德本「心」作「必」。

**漢書云**〔二·五〇八〕　舊刻上有「駰案」二字，與百衲、游、正德、殿本同。

**去長安北三十五里**〔二·五〇八〕　中統、游、正德本下有「云云」二字。王本「北」誤「比」。

**高帝刑白馬**〔二·五〇八〕　游本「白」誤「曰」。

**王陵讓陳平絳侯**〔二·五〇八〕　「讓」缺筆。

**諸君縱欲阿意背約**〔二·五〇八〕　百衲「縱」作「從」，《札記》云：「南宋本『從』，各本作『縱』。」

**於今面折廷争**〔二·五〇八〕　中統、舊刻、游、正德本「廷」作「庭」。

**乃拜爲帝太傅**〔二·五〇八〕　舊刻「太」作「大」，下「食其故得幸太后」「太后欲侯諸吕」並同。

**應劭曰**〔二・五〇九〕　百衲「邵」誤「邵」。

**大戴禮曰**〔二・五〇九〕　游、正德本「大」誤「太」。柯本「禮」作「礼」。

**傅之德義**〔二・五〇九〕　正德本「傅」誤「傳」。

**迺以左丞相平爲右丞相**〔二・五〇九〕　正德本「迺」作「乃」。

**迺追尊酈侯父爲悼武王**〔二・五〇九〕　舊刻「迺」作「乃」。

**迺先封高祖之攻臣**〔二・五〇九〕　各本「攻」作「功」，此誤。

**封齊悼惠王子章爲朱虚侯**〔二・五〇九〕　舊刻「子」誤「大」。

**□后姊子也**〔二・五一〇〕　空格「太」字，各本「姊」作「姉」，與「姉」同。

**先立孝惠後宫子强爲淮陽王**〔二・五一〇〕❶　王、柯、南雍、秦、李、凌、程、殿本「强」作「彊」。

**子山爲襄成侯**〔二・五一〇〕　《索隱》及百衲、中統、游、正德、南雍、李、程、殿本「成」作「城」，下「立其弟襄成侯山爲常山王」同。

**子武爲壺關侯**〔二・五一〇〕　游、正德、李、凌本「壺」誤「壼」，下「以弟壺關侯武爲淮陽王」同。

**太后風大臣**〔二・五一〇〕　毛本「風」誤「封」。

---

❶「陽」，原脱，據嘉業堂本補。

**釋之小子**〔二・五一一〕　各本「小」作「少」。殿本「釋」上有「禄」字。

**吕他爲俞侯**〔二・五一〇〕　《字類》一《補遺》「俞」下引「他」作「它」，又二「他」下引作「吕他」。

**吕忿爲吕成侯**〔二・五一〇〕　南雍、李、程、殿本「成」作「城」，《札記》云：「各本譌『成』，今正。」豈未見南雍諸本耶？

**松兹侯徐鴈**〔二・五一一〕　本「厲」誤「鴈」，此本《景惠間侯年表》亦作「厲」。

**時無子**〔二・五一一〕　舊刻無「時」字。

**詳爲有身**〔二・五一二〕　游、正德、王、柯、秦、殿本「詳」作「佯」，《御覽》引作「佯有娠」。

**立所名子爲太子**〔二・五一二〕　《御覽》引作「立所名子以爲太子也」。

**非真皇后子**〔二・五一二〕　《御覽》引「子」上有「之」字。

**迺出言曰**〔二・五一二〕　《御覽》引「迺」作「乃」。

**壯即爲變**〔二・五一二〕　《札記》云：「元板『即』作『則』。」

**恐其爲亂**〔二・五一二〕　《御覽》引「爲」上有「後」字。

**迺幽之永巷中**〔二・五一二〕　《御覽》引作「於是乃幽之於永巷中」。

**一無此字**〔二・五一二〕　凌本「此」作「命」。

**蓋之如天**〔二・五一二〕　舊刻、游、正德、南雍、李本「蓋」作「盖」。

**群臣頓首奉詔帝廢位**〔二·五一二〕《御覽》引作「群臣奉旨廢帝」。

**更名曰弘**〔二·五一二〕「弘」缺筆。

**以太后制天下事也**〔二·五一二〕王、柯、秦本「制」誤「稱」，蓋涉上「不稱元年者」「稱」字而誤。

**强授我妃**〔二·五一二〕王、柯、南雍、秦、李、凌、程、毛、殿本「强」作「彊」。

**何故弃國**〔二·五一二〕百衲、中統、游、王、柯、秦、凌本同，各本「弃」作「棄」。

**自決中野兮**〔二·五一二〕凌本「野」作「壄」。

**寧蚤自財**〔二·五一二〕毛本「蚤」作「早」。

**託天報仇**〔二·五一三〕毛本「仇」作「讎」。

**恐郎崩後**〔二·五一三〕本「即」誤「郎」。

**迺以劉澤爲琅琊王**〔二·五一三〕游、正德、南雍、李、程、殿本「迺」作「乃」，下「迺陰令人告其兄齊王」「相召平迺反」「齊王迺遺諸侯王書」「迺遺潁陰侯灌嬰」並同。游、正德本「琊」字與此同，各本作「邪」，舊校云：

「《説文》『琅邪』字作『邪』，漢碑或加玉旁，俗字。」

**太后以吕産女趙王后**〔二·五一三〕各本「女」下有「爲」字，此脱。

**棄宗廟禮**〔二·五一三〕百衲、中統、游、王、柯、秦、凌本「棄」作「弃」。

**太傅産丞相平等言侯吕禄**〔二·五一三〕各本「侯」上有「武信」二字，此脱。

**蓋號曰武信**〔二·五一四〕「盖」爲「蓋」俗省字，中統、舊刻、游、正德、王、柯、南雍、秦本並同，毛本誤作「益」。

**有第一第二之次也**〔二·五一四〕中統本二「第」字作「苐」。

**據高后掖**〔二·五一四〕游、正德本「據」作「處」，李本下「必據兵衛宫」同。《考證》云：「『后』，監本訛作『氏』，今改正。」案南雍本作「后」。

**音戟**〔二·五一四〕南雍、李、凌、程、殿本「音」上有「據」字。

**趙王如意爲祟**〔二·五一四〕中統本「祟」誤「祡」。

**爲外孫魯王偃年少**〔二·五一四〕中統、游、正德本「年少」二字倒。

**食細陽之池陽鄉**〔二·五一四〕百衲、毛本同，各本「食」作「今」，舊校云：「徐廣時無細陽縣，『今』字非。」

**駰案如淳曰**〔二·五一四〕南雍、李、凌、程、殿本「案」作「按」，下「駰案韋昭曰」同。

**諸中官者令丞**〔二·五一四〕舊刻同，各本「官」作「宦」。

**列侯出關就國**〔二·五一五〕中統、游、正德本「關」作「関」，下同，中統本「諸吕權兵關中」以下二「關」字仍作「關」。

**將帥皆家關中**〔二·五一五〕中統、游、正德本「將帥」作「將相」。正德本「家」下有「於」字。

**故稱關内侯**〔二·五一五〕王、柯、南雍、李、程、殿本無「故」字。

**高后已葬**〔二·五一五〕程本「已」作「以」。

**皆齊哀王弟**〔二・五一五〕　秦本「哀」誤「衰」。

**詐奪琅邪王兵**〔二・五一六〕　中統本「邪」誤「耶」，游、正德本作「琊」。

**齊王迺遺諸侯王書**〔二・五一六〕　百衲、中統、游本「侯」下無「王」字。

**王諸子弟**〔二・五一六〕　王、秦本「子」誤「二」。

**迺遺潁陰侯灌嬰**〔二・五一六〕　百衲、舊刻、游、正德本「潁」誤「頴」。瞿氏《藏書目録》據宋本：「『迺陰遺潁陰侯灌嬰將兵擊之』，『遺』上不脱『陰』字。」案各本無「陰」字。

**灌嬰至滎陽**〔二・五一六〕　中統本「滎」誤「榮」，游本誤「荣」，下「迺留屯滎陽」同。

**迺謀曰**〔二・五一六〕　南雍、李、程、毛、殿本「迺」作「乃」，下「迺留屯滎陽」「迺還兵西界待約」「迺與丞相陳平謀」，南雍、李、程、殿本並同。

**齊王聞之**〔二・五一六〕　游、正德本「齊王」作「齊人」，非。

**内憚絳侯朱虚等**〔二・五一六〕　中統、游、正德本「虚」下有「侯」字。

**猶豫未決**〔二・五一六〕　《索隱》及南雍、李、程、殿本「豫」作「與」。

**曲周侯酈商老病**〔二・五一七〕　百衲、正德本「商」誤「啇」，下同。中統本「病」誤「有」。

**吕氏立三王**〔二・五一七〕　《索隱》本「立」上有「所」字。

**迺爲上將**〔二・五一七〕　游、正德、南雍、李、程、殿本「迺」作「乃」，下「迺趣産志入宫」「迺馳告丞相太尉」「迺令持節矯内太尉北軍」並同。

**足下何不帰將印**〔二・五一七〕　各本「帰」作「歸」，下「請梁王帰相國印」「欲帰將印」並同。舊校云：「帰，『歸』之籀文。」

**足下高枕而王千里**〔二・五一七〕　王本「枕」誤「杺」。

**及諸召老人**〔二・五一七〕　本「吕」誤「召」。

**時與出游獵**〔二・五一七〕　中統、游、正德本「游」作「遊」，「遊」俗字。

**若爲將而弃軍**〔二・五一七〕　舊刻、正德、南雍、李、程、毛、殿本「弃」作「棄」。

**迺悉出珠玉寶器散堂下**〔二・五一七〕　游、正德、南雍、李、程、殿本「迺」作「乃」。

**郎中令賈壽使從齊夾**〔二・五一八〕　本「來」誤「夾」。

**具以灌嬰與齊楚合縱欲誅諸吕告産**〔二・五一八〕　游、正德本「具」作「且」。

**迺令特節**〔二・五一八〕　各本「特」作「持」，此誤。

**與典客劉揭**〔二・五一八〕　游本「與」作「与」，又「劉」作「刘」，俗省字，下同。

**漢書百官表曰**〔二・五一八〕　毛本上有「駰案」二字，與百衲、中統、游、正德、殿本同。

**丞相平迺召朱虚侯佐太尉**〔二・五一八〕❶　游、正德、毛本「迺」作「乃」，下「迺入未央宫」「迺遣朱虚侯謂曰」「迺曰」「迺相與共陰使人召代王」並同。

---

❶「迺」，原作「乃」，據嘉業堂本改。

**不知吕禄已去北軍**〔二・五一九〕《札記》云：「吴云元板下有『之趙』二字。」

**日餔時**〔二・五一九〕毛本「餔」作「晡」，舊校云：「餔，正字『晡』或字。」

**殺殺之中府吏厠中**〔二・五一九〕❶「殺」下衍「殺」字，「中」上脱「郎」字。此本十四葉係宋刻，十五葉則别本羼入，十五葉首行首字與十四葉末行末字均是「殺」字，不相檢照，遂致複衍，上多一「殺」字，故下脱一「郎」字也。

**後轉爲光禄勳也**〔二・五一九〕游、正德本「後」作「后」。中統、游、正德本「也」上有「者」字。

**朱虚侯已殺産**〔二・五一九〕《札記》云：「吴云元板『已殺吕産』。」

**朱虚侯則從與載**〔二・五一九〕游本「載」誤「戰」。

**今已誅**〔二・五一九〕《札記》云：「吴云元板『今』上重『産』字。」

**灌嬰兵亦罷滎陽而歸**〔二・五一九〕各本「滎」作「榮」。

**今其適子爲齊王**〔二・五二〇〕「王」字中畫泐。

**大臣皆曰**〔二・五二〇〕「曰」字中畫泐。

**今齊王母家駟**〔二・五二〇〕百衲、中統、舊刻本同，游本「王母家駟」四字空格。各本「駟」下有「鈞」字，《札記》云：「『鈞』字涉下文而衍，南宋本、中統本並無。」

❶ 上「中」字，原脱，據嘉業堂本補。

**欲立淮南王**〔二·五二〇〕《札記》云：「吴云元板『南』作『陽』。」

**然后乘六乘傳**〔二·五二〇〕各本「后」作「後」。

**文潁曰**〔二·五二〇〕凌、毛本同，中統、李、殿本「潁」作「穎」，名本作「頴」，均非。

**迺與太僕汝陰侯滕公入宫**〔二·五二〇〕游、正德本「迺」作「乃」，下「滕公迺召乘輿車」「迺奉天子法駕」並同。程、毛本「太」作「大」。

**乃顧麾左右執戟者**〔二·五二〇〕程本「乃」作「迺」。

**故託於乘輿也**〔二·五二一〕本「託」誤「詑」。

**與猶車也**〔二·五二一〕本「輿」誤「與」。中統本「車」誤「甲」。

**故或謂之車駕**〔二·五二一〕中統、游、正德本無「之」字。

**屬車三十六乘**〔二·五二一〕毛本「三」誤「二」。

**政不出房户**〔二·五二一〕《御覽》引「房户」作「闈房」。

**刑罰罕用**〔二·五二一〕百衲同，各本「罕」作「罕」，舊校云：「『罕』之隸變。」

**衣食滋殖**〔二·五二一〕《御覽》引「殖」下有「矣」字。

# 卷一〇　孝文本紀第十

**漢書音義曰**〔二·五二五〕　凌、殿本上有「駰案」二字，殿本「按」作「案」，下兩引《漢書·百官表》，兩引《漢書音義》，又引《漢書》，並同。

**諱恒**〔二·五二五〕　《御覽》八十八引此二字作《史》文，小注云：「諱『恒』之字爲『常』，《謚法》『慈惠愛民曰文』。」此本「恒」不缺筆，《御覽》及百衲、中統、正德、王、柯、南雍、秦、李、程、毛本並缺。

**漢大臣皆故高帝臣大將**〔二·五二五〕　各本下「臣」字作「時」，此涉上「大臣」「臣」字而誤。

**此其屬意非止此也**〔二·五二五〕　游本「屬」作「属」，下並同。

**新喋血京師**〔二·五二五〕　《札記》云：「《字類》引《史》文云『喋，古歃字』，疑是《集解》文。」案《字類》五引《史記·孝文紀》下云「古歃字」，即用《索隱》盟歃之義，全書中此類甚多，非引《史》文，亦非引《集解》文也。

**公羊傳曰**〔二·五二六〕　殿本上有「駰案」二字。

**願大王稱疾毋往以觀其變**〔二·五二五〕　《類聚》十二引作「願大王稱疾以無往，觀其變」，《御覽》引「毋」亦作「無」。

**郡臣之議皆非也**〔二·五二五〕　本「群」誤「郡」。《類聚》引無「之」字。

**諸侯豪傑並起**〔二·五二五〕　中統、游、正德、秦、程本同，《御覽》引同，各本「傑」作「桀」。

**此所謂盤石之宗也**〔二·五二六〕　《索隱》及毛本同，《漢書》《漢紀》並同，各本「盤」作「磐」。

**天下服其彊二矣**〔二·五二六〕　《御覽》引「彊」作「强」。

**難動摇三矣**〔二·五二六〕　《御覽》引「矣」作「也」。

**然而太尉以一節入北軍**〔二·五二六〕　《御覽》引「節」上無「一」字。

**大横庚庚**〔二·五二六〕　百衲「横」作「撗」。

**服虔曰庚横貌也李奇曰庚其繇文也**〔二·五二七〕　《札記》云：「兩『庚庚』，北宋本與《漢書》合，各本皆不重。」

**乃能光治先君之基業**〔二·五二七〕　殿本「治」作「洽」。

**乃天子**〔二·五二六〕　《御覽》引下有「也」字。

**乃命宋昌參乘**〔二·五二六〕　《類聚》引「乃」作「迺」。

**丞相以下皆迎**〔二·五二七〕　《御覽》引「以」作「已」。

**太尉乃跪上天子璽符**〔二·五二八〕　《御覽》引「璽」上有「之」字。

**彤伯入爲宗正**〔二·五二九〕　各本「彤」作「彤」。

**子弘等皆非孝惠帝子**〔二一·五二八〕 「弘」缺筆。

**高帝兄伯妻羹頡侯終母丘媪也**〔二一·五二九〕 各本「媪」作「嫂」，此誤。

**駰案蘇林曰**〔二一·五二九〕 南雍、李、凌、程、殿本「案」作「按」，下「駰案張晏曰」「駰案如淳曰」「駰案孟康曰」「駰案《漢書·百官表》曰」並同。

**時呂嬃爲林光侯**〔二一·五二九〕 南雍、李、凌、程、殿本「林」作「臨」。

**與琅邪王**〔二一·五二八〕 游、正德本「邪」作「琊」。

**代王西鄉讓者三南鄉讓者再**〔二一·五二八〕 兩「讓」字缺筆，注同，下「謙讓未成於今」同。《御覽》引兩「鄉」字作「向」。《類聚》引作「代王西鄉讓者再」，脱「三南鄉讓者」五字。

**乃更迴坐示變**〔二一·五二九〕 中統、游、正德本「迴」作「回」。

**群臣以禮次侍**〔二一·五二九〕 《考證》云：「侍，監本訛作『待』，今改正。」案南雍本不誤。

**文穎曰**〔二一·五三〇〕 王、秦、凌、毛本同，百衲、程本「穎」誤「潁」，各本誤「頴」。舊刻「曰」字缺中畫。

**無故群飲**〔二一·五三〇〕 游本「無」作「无」。

**孝文皇帝元年**〔二一·五三〇〕 王、柯、南雍、秦、李、凌、程、殿本，以下每年提行。

**十月庚戌**〔二一·五三〇〕 「戌」缺筆。

**徙立故琅邪王澤爲燕王**〔二一·五三〇〕 舊刻「邪」作「琊」。

**壬子**〔二・五三一〕　中統本「子」誤「午」。

**太尉身率襄平侯通**〔二・五三一〕　中統、游、正德本「率」作「奪」，蓋涉下文「奪」字而誤。

**邑各二千户**〔二・五三一〕　中統本「二」誤「一」。

**賜金千斤**〔二・五三一〕　中統本「千」作「十」。

**及爲收帑**〔二・五三一〕　南雍、李、程、殿本「帑」作「孥」，注同，凌本注亦作「孥」。

**所從來遠矣**〔二・五三一〕　舊刻、游本「來」作「来」，下「來」「来」錯出。

**上帝神明未歆享**〔二・五三二〕　《札記》云：「吴校宋板『弗』，各本作『未』。」

**文顓曰**〔二・五三二〕　百衲、正德、王、秦、凌、毛、殿本「顓」作「穎」，不誤，下「文顓曰『景帝采高祖武德舞作昭德舞』」，此本亦誤「顓」。

**古者殷周有國**〔二・五三二〕　「殷」缺筆。

**莫不長焉**〔二・五三二〕　《索隱》本無「不」字，與《漢書》合。

**世世弗絶**〔二・五三三〕　舊刻「弗」作「不」。

**塡撫諸侯**〔二・五三三〕　中統、游、正德本「塡」作「鎮」。

**乃循從代來功臣**〔二・五三三〕　《義門讀書記》云：「循，《漢書》作『修』，是也，『功』下無『臣』字。」《志疑》云：「古『脩』字或作『脩』，而『循』字或作『循』，故訛。《功臣表》『深澤侯趙脩』，《歷書》『未能脩明』，亦訛爲『循』字。」

**景帝中四年**〔二·五三三〕 中統、游、正德本「四」作「元」，非。

**皆益封各三百户**〔二·五三四〕 百衲、舊刻本「三」作「二」，非。

**潁川守尊等十人**〔二·五三四〕 中統、舊刻、游、正德本「潁」作「潁」，下「以太尉潁陰侯嬰爲丞相」「其以太尉潁陰侯爲丞相」並同。

**淮陽守申徒嘉等十人**〔二·五三四〕 百衲、中統、舊刻、游、正德、柯、毛本同，各本「徒」作「屠」。《雜志》云：「『屠』字，宋本、游本皆作『徒』。此本初刻作『徒』，後改爲『屠』，『屠』字獨小於衆字，剜改之迹顯然。」瞿氏《藏書目録》據宋本「淮陰守申徒嘉等十人」，不作「屠嘉」。

**六國時齊有清郭君**〔二·五三四〕 中統、游本「國」作「国」，下注「國家諱之」同，游本下「郡國諸侯」，注「孔安國曰」，並作「国」，俗省字。

**二年**〔二·五三五〕 百衲、中統、正德、王、柯、南雍、秦、李、凌、程、殿本提行，毛本空一格，下三年至十七年並同。

**天生蒸民**〔二·五三五〕 正德本「蒸」作「烝」。

**白以告朕**〔二·五三五〕 《考證》云：「徐孚遠曰：『白』宜作『丐』，疑字訛也。」案《漢書·文帝紀》作「匄曰啓告朕」。

**以匡朕之不逮**〔二·五三五〕 「匡」缺筆。

**因各飭其任職**〔二·五三五〕 百衲「飭」作「飭」，中統本誤「飾」。下「而又飭兵厚衛」，中統本作「飭」，游、正德本作「飭」，非。

**非奸非也**〔二·五三六〕 凌本「奸」作「姦」，毛本作「奸」。

**餘皆以給置傳**〔二・五三五〕《索隱》「置傳」作「傳置」。

**其開藉田**〔二・五三六〕正德、王、柯、南雍、秦、李、凌、程、殿本「藉」作「籍」，注並同。

**藉者帝王典籍之常**〔二・五三六〕百衲、中統、舊刻、游、毛本下「籍」字亦作「藉」，舊校云：「下『籍』字從竹，藉、籍以同音爲訓，『典籍』正申明藉田命名之義，宜作『籍』，此本不誤。」

**遂弟辟彊**〔二・五三六〕程本「彊」作「疆」，下「乃立趙幽王少子辟彊爲河間王」同。

**不畢祝詛也**〔二・五三七〕百衲、中統、舊刻、游、正德本「畢」作「必」。

**此細民之愚無知抵死**〔二・五三七〕毛本「抵」誤「拒」。

**三年**〔二・五三八〕舊刻至此年始提行，舊校云：「以下每年提行，後二年下不提行。局本二年以下，每年空一格，後二年下不空格。按周、秦《紀》等例，每年皆不提行，此本《孝文紀》元年、二年亦不提行，尚存其舊，局本空一格，非古也。」

**前日計遣列侯之國**〔二・五三八〕舊刻、正德本「計」作「詔」，《志疑》云：「《史詮》曰：湖本『詔』作『計』，誤。」《札記》云：「中統、游本作『諸』，蓋『詔』字之誤。」案中統、游本作「計」不作「諸」，疑涉下「諸侯」「諸」字而誤記也。

**其爲朕率列侯之國**〔二・五三八〕中統、游、正德本「列侯」作「諸侯」。

**淮南王長與從者魏敬**〔二・五三八〕「敬」缺筆，下「其令祠官致敬」及注「謚曰敬」並同。

**至見令長二老官屬**〔二・五三八〕本「三」字缺上畫。中統、游本「屬」作「属」。

**毋使害邊境**〔二・五三八〕「境」缺筆。

**聞帝之代欲往擊胡**〔二・五三九〕　瞿氏據宋本「聞帝之代欲擊胡」,「擊」上無「往」字。

**赦濟北諸吏民與王反者**〔二・五三九〕　舊刻「諸」下衍「侯」字。

**六年**〔二・五四〇〕　中統、舊刻、游、正德本不提行。

**居處毋度**〔二・五四〇〕　游、正德本「毋」作「無」。

**遣人使閩越及匈奴**〔二・五四〇〕　中統、游本「閩」誤「閨」。游本「匈」誤「凶」。

**欲以危宗廟社稷**〔二・五四〇〕　游、正德本「以」作「謀」,《札記》云:「欲以,游本『爲』。」蓋誤記。

**長當弃市**〔二・五四〇〕　中統、舊刻、游、正德、南雍、李、程、毛、殿本「弃」作「棄」。

**漢書本或作却字**〔二・五四〇〕　殿本「却」作「郄」。

**蓋聞天道**〔二・五四一〕　游、正德本「蓋」作「盖」,下「蓋聞有虞之時」同。

**而福繇德興**〔二・五四一〕　百衲、舊刻、毛本「德」作「悳」,《字類》二「繇」下,又五「悳」下,引並同。

**是爲本末者毋以異**〔二・五四二〕　南雍、李、程、毛、殿本「毋」作「無」。

**言農與賈俱出租無異也**〔二・五四二〕　中統、游本「與」作「与」,「無」作「无」。

**北地**〔二・五四二〕　舊刻「北」誤「比」。

**姓董也**〔二・五四三〕　南雍、李、程、凌、殿本作「赤姓董」。

**内史欒布爲將軍**〔二・五四二〕　各本「内」上有「爲」字,《志疑》云:「《史詮》謂上『爲』字衍。内史,欒布官。」

案《漢書·文帝紀》「建成侯董赫、内史欒布，皆爲將軍」，則此文不當有「爲」字。蜀刻之精，自非他本所及也。

**朕甚自媿**〔二·五四三〕　百衲、中統、舊刻本同，《字類》四引同，各本「媿」作「愧」。

**其廣增諸祀墰場珪幣**〔二·五四三〕　百衲、中統、舊刻、游、正德、柯、南雍、秦、李、凌、程、殿本「壇」作「墠」，《字類》一引同，王本誤「墠」。

**十五年**〔二·五四四〕　舊刻不提行。

**成紀縣屬天水**〔二·五四四〕　中統本「屬」作「属」，下「屬將軍武」同，游本同。

**瑞應圖云**〔二·五四四〕　中統、游、正德、殿本上有「駰案」二字。

**玉英五常並修則見**〔二·五四四〕　中統、舊刻、游、正德、秦、毛本「常」作「帝」。舊刻、殿本「修」作「脩」。

**得玉杯**〔二·五四四〕　百衲、舊刻、王、柯、南雍、秦、李、凌、程、毛、殿本同，中統、游、正德本「杯」作「杯」，《志疑》云：「湖本『杯』誤『杯』。」

**冠蓋相望**〔二·五四五〕　中統、游、正德本「蓋」作「盖」，游、正德本下並同。

**音轍**　中統、游、正德、凌、毛本無此二字，《札記》云：「疑校者所增。」案單本《索隱》「結軼」下云：「鄒氏音逸，又音轍。《漢書》作『轍』。」是「音轍」二字本出《索隱》，合刻本因「音轍」二字已見上而删此句，中統、游、正德本引《索隱》尚有之。

**親與朕俱弃細過**〔二・五四五〕❶　中統、舊刻、游、正德、王、柯、南雍、秦、李、毛、殿本「弃」作「棄」。

**騶案漢書百官表**〔二・五四六〕　南雍、李、程本「案」作「按」，凌本脱此二字。

**景帝初改衛尉爲中大夫今**〔二・五四六〕　各本「今」作「令」，此誤。《索隱》云：「裴駰案：表景帝改衛尉爲中大夫令，則中大夫令是官號，勉其名。」據此則「令」當作「令」明矣。

**在鴈門陰館**〔二・五四六〕　百衲、舊刻本無「館」字。中統、游、正德本無「在」字，「陰」作「陰」，各本均無「在」字。

**近石徼**〔二・五四六〕　毛本「石」誤「右」。

**張揖曰**〔二・五四六〕　李、程本「揖」誤「楫」。

**姓徐名悍**〔二・五四六〕　中統、游、正德本「悍」誤「稈」。

**棘門在横門外**〔二・五四六〕　游、正德本「門」誤「明」。

**嘗欲作露臺**〔二・五四七〕　《類聚》引「嘗」作「常」，非。

**身衣皁綈**〔二・五四八〕　游、正德、殿本「皁」作「皂」，俗，南雍本誤「早」。

**所幸慎夫人**〔二・五四七〕　「慎」缺筆。

**令衣不得曳地**〔二・五四七〕　《類聚》引無「令」字、「得」字。

---

❶「過」，原作「故」，據嘉業堂本改。

**然上召貴尉佗兄弟**〔二·五四七〕　正德本「貴」誤「責」。

**與匈奴和親**〔二·五四七〕　《類聚》引「與」上有「先」字。

**不發兵深入**〔二·五四七〕　《類聚》引「不」下有「得」字。

**假音休假借音以物借人**〔二·五四八〕　舊刻兩「音」字並作「者」，殿本上作「音」，下作「者」。

**群臣如張武等**〔二·五四七〕　中統本「如」誤「知」。《類聚》引無「等」字。

**上乃發御府金錢賜之**〔二·五四七〕《類聚》引「乃」作「常」。

**是以海内殷富**〔二·五四八〕　「殷」缺筆。

**吾甚不取**〔二·五四八〕　游本「取」作「敢」，非。

**毋禁取婦嫁女**〔二·五四八〕《字類》四引「毋」作「無」。

**毋發民男女**〔二·五四八〕　中統、舊刻、游、正德本同，《御覽》引同，各本「民」作「人」，避唐諱改。

**服大紅十五日小紅十四日**〔二·五四八〕　御覽引二「紅」字作「功」，誤。

**纖細布衣也**〔二·五四九〕　毛本「衣」作「服」。

**重絶人類也**〔二·五五〇〕　中統、游、正德本「也」上有「者」字。

**霸陵去長安七十里**〔二·五五〇〕　游、正德本「七」作「五」，非。

**孝景皇帝元年**〔二·五五〇〕　中統、游、正德、凌、毛本提行，《札記》云：「疑此亦後人所增。」

**張晏曰**〔二一·五五一〕 凌本「晏」誤「宴」，下注「張晏曰王及列侯」云云同。

**罪人不孥**〔二一·五五一〕 中統、王、柯、南雍、秦、李、凌、程、殿本「孥」作「帑」。

**見禮樂志**〔二一·五五一〕 中統、游本「禮」作「礼」。

**然后祖宗之功德**〔二一·五五一〕 百衲同，各本「后」作「後」。

**施于萬世**〔二一·五五一〕 中統、游、正德、王、柯、南雍、秦、李、凌、程、毛、殿本「于」作「於」。

**皆臣嘉等愚所不及**〔二一·五五一〕 中統本「臣」下衍「吕」字，游本「吕」字空格。

**臣謹議世**〔二一·五五一〕 南雍、李、凌、程、殿本「世」作「曰」，凌本旁注「宋本作『臣謹議世』」，《札記》云：「『世』字各本皆同，惟凌本作『曰』，蓋校者所改。」案南雍諸本並作「曰」，不始凌本。

**不使王侯祭者**〔二一·五五二〕 百衲、舊刻、王、柯、南雍、秦、李、凌、程、毛、殿本「王侯」作「侯王」，中統、游、正德本作「侯主」。

**孔子言必世然後仁**〔二一·五五二〕 《類聚》引「然」作「而」。

**善人之治國百年**〔二一·五五二〕 《類聚》引「之治國」作「爲邦」。

**亦可以勝殘去殺**〔二一·五五二〕 《類聚》引「殺」下有「矣」字。

**誠哉是言**〔二一·五五二〕 《御覽》引下有「也」字。

**廪廪鄉改正朕封禪矣**〔二一·五五二〕 各本「朕」作「服」，此誤。

# 卷一一　孝景本紀第十一

**漢書音義曰諱啓**〔二・五五九〕　中統、游、正德、凌、殿本上有「駰案」二字，下引《地理志》《三輔黄圖》，又五引《漢書・百官表》，一引《漢書》，並同，凌本「案」並作「按」，惟引《漢書》無「駰按」二字，殿本「按《三輔黄圖》」上無「駰」字。

**孝文之中子也**〔二・五五九〕　《御覽》八十八引「文」下有「帝」字。

**孝文在代時**〔二・五五九〕❶　《御覽》引「在」上有「初」字。

**前后有三男**〔二・五五九〕　游本「后」誤「後」。

**故孝景得立**〔二・五五九〕　《御覽》引「孝景」作「景帝」。

**元年**〔二・五五九〕　百衲、中統、舊刻、游、正德、毛本不提行，百衲、舊刻「二年」以下始提，毛本「二年」以下空一格，舊校云：「以下每年提行，惟中二年、中六年不提行。」

**鄒説本作傒音奚**〔二・五六〇〕　百衲、舊刻本同，各本「鄒説」作「鄒誕生」，《札記》云：「案鄒誕生南齊

❶ 「孝文」，原作「文帝」，據嘉業堂本改。

人，裴氏無由引，且其本全同《索隱》，此俗本兼采二注而誤入者。」案《索隱》云「鄒誕本作傒」，無「生」字，中統、游、正德、王、柯、南雍、秦、李、凌、程本並云「《索隱》注同」，殿本删此句，後人無由知此文之即《索隱》語矣。

**又案漢書功臣表**〔二·五六〇〕 正德、南雍、李、凌、程、殿本「案」作「按」，下並同。案此亦《索隱》文，各本俱連引。

**吕御史大夫開封侯陶青爲丞相**〔二·五五九〕 百衲、中統、舊刻、游、正德、王、柯、秦、毛本並作「𠀤」，此古字之僅存者，各本作「以」。

**深者二尺**〔二·五六〇〕 《初學記》二、《御覽》十四引並無「者」字。

**皆景帝二年**〔二·五六〇〕 舊刻「皆」誤「昔」。

**徐廣曰漢書無**〔二·五六一〕 各本「書」作「志」，殿本脱此條。

**徐廣曰雒一作淮**〔二·五六一〕 南雍、李、程本連上「《漢志》無」爲一條，不別出「徐廣曰」三字。

**楚王戊**〔二·五六〇〕 中統、游、正德本「戊」誤「成」。

**膠西王卬**〔二·五六〇〕 中統、游本「卬」誤「西」。

**天子爲誅鼂錯**〔二·五六〇〕 百衲、舊刻、毛本作「鼂」，《字類》二引同，各本作「晁」，下「而鼂錯刻削諸侯」同。

**遣袁盎諭告**〔二·五六〇〕 中統、游本「遣」誤「遺」。

**立楚元王子平陸侯劉禮爲楚王**〔二·五六一〕 《索隱》本作「平陸侯禮」，無「劉」字。

**六月甲戌**〔二·五六二〕「戌」缺筆，下「中二年九月甲戌」「中三年九月戊戌」「後元年五月丙戌」並同，百衲、王、柯、秦本同。

**復置津關**〔二·五六三〕游本「關」作「関」。

**除關無用傳**〔二·五六三〕中統、游、王、柯、秦本「關」作「関」，下「出入關合之乃得過」同。

**傳音檄傳而傳**〔二·五六三〕南雍、李、程、殿本「而」作「之」。

**地理志趙國景帝以爲邯鄲郡**〔二·五六三〕凌本「志」下有「云」字。

**予錢二十萬**〔二·五六三〕舊刻、游本「予」誤「子」。

**江都大暴風從西方來**〔二·五六三〕游本「來」作「来」。

**封長公主子蟜爲隆慮侯**〔二·五六三〕百衲、舊刻、毛本脱「主」字，游、正德本「蟜」誤「橋」。

**一作應**〔二·五六五〕南雍、李、程、殿本「應」上有「平」字。

**大者尺八寸**〔二·五六四〕中統、游本「尺」作「赤」，《札記》云：「中統、游、柯『尺』作『赤』，古通。」案游本作「赤」，正德翻中統本仍作「尺」，柯本則作「尺」不作「赤」也。

**中二年**〔二·五六五〕百衲、舊刻、南雍、李、程、殿本提行，下「中六年」同。

**文穎曰**〔二·五六五〕百衲、王、凌、毛、殿本同，各本「穎」誤「潁」。

**皆封爲列侯**〔二·五六五〕舊刻「皆」誤「背」。

**立皇子乘爲清河王**〔二·五六五〕 各本「乘」上有「方」字，案《漢興以來諸侯年表》「清河哀王乘元年，景帝子」，無「方」字，《漢書·景帝紀》《諸侯年表》並同，此本無「方」字，勝於諸本矣。

**案三輔黄圖東出北弟一門曰宣平門**〔二·五六五〕 中統、游、正德本「案」上有「駰」字。游、正德本「黄」誤「皇」。各本「弟」作「第」。

**赦徒作陽陵者**〔二·五六六〕 游本「作」誤「徐」。

**詹事秩二千石**〔二·五六七〕 南雍、李、程本「石」下有「也」字。

**以太后所居官爲名**〔二·五六七〕 各本「官」作「宫」，此誤。

**禮有大行小行**〔二·五六七〕 中統本「禮」作「礼」，游、正德本誤「杜」。

**掌九儀之制**〔二·五六七〕 中統本「九」誤「凡」。

**掌宗廟禮儀**〔二·五六八〕 中統、游本「禮」作「礼」。

**屬大内**〔二·五六七〕 游本「屬」作「属」。

**以御史大夫綰爲丞相**〔二·五六八〕 各本此下有「封爲建陵侯」五字，舊校云：「按《惠景間侯者年表》及《漢書·景武昭宣元成功臣表》，建陵侯衛綰於孝景六年以中尉封，即此紀六年春封中尉趙綰爲建陵侯者是，特其姓紀、表不同，當是疑以傳疑耳。又《將相名臣表》孝景後元年『御史大夫建陵侯綰爲丞相』，與《侯者年表》合，是則綰之封侯在先，『丞相』之下不當有封侯之文，局本誤衍。」

**一作雷字又作圖字實所未詳**〔二·五七〇〕 中統、游、正德、秦、殿本「雷」作「書」，《札記》云：「北宋、中統、游本『雷』作『書』。」案「書」乃「雷」之譌，「圖」乃「畾」之譌也，作「書」、作「圖」，則義不可通，故徐云未詳。

**蚡音鼢鼠**〔二・五七〇〕王、柯、南雍、秦、李、凌、程、殿本「鼢」下無「鼠」字。

**置陽陵**〔二・五六九〕程本「置」作「葬」，凌本旁注「一本『置』作『葬』」，《志疑》云：「《史詮》云：湖本『葬』作『置』，誤。」

**豈不以謀哉**〔二・五七〇〕王、柯、秦本脱「謀」字，瞿據宋本有「謀」字。

# 卷一二　孝武本紀第十二

**太史公自序曰**〔一二·五七五〕　中統、游、正德、李、殿本上有「駰案」二字。

**又其述事皆云今上今天子**〔一二·五七五〕　秦本「述」誤「迷」。

**武紀褚先生補作也**〔一二·五七五〕　「褚」當作「褚」，從衣。

**漢博士也**〔一二·五七五〕　南雍、李、程、本無「也」字，李本上有「潁川人」三字，據《索隱》增。

**孝武皇帝者**〔一二·五七五〕　殿本低一格。

**漢書音義曰諱徹**〔一二·五七五〕　中統、游、正德、殿本上有「駰案」二字，下八引《漢書音義》、六引《封禪書》並同，惟《漢書音義》曰『蓬萊庭』」、又「執期，地名也」無此二字。

**栗太子廢爲臨江王**〔一二·五七五〕　游、正德本「栗」誤「立」。

**孝武皇帝初即位尤敬鬼神之祀**〔一二·五七五〕　「敬」缺筆，下並同，凌云：「按此以下全引《封禪》文，注釋並入原書，此不□。」❶案凌本此卷《集解》移入《封禪書》者，有徐廣、孟康、李奇、如淳、服虔、韋昭、晉灼、蘇林、應劭、張晏、文穎、鄧展、伏儼、臣瓚及《地理志》《漢書音義》諸條，至如「上有所幸王夫人」「徐廣曰：『齊懷王閎之母也。』駰案：桓譚《新論》云武帝有所愛幸姬王夫人，窈窕好容，質性嫕倿」，又「侵尋於泰山矣」「晉灼曰『遂往之意也』」，又「爲泰一鋒」「駰案：晉灼曰『畫一星在後，三星在前爲泰一鋒也』」，又「澤兵須如」「李奇曰『地名也』」，又「皇帝敬拜泰一」「徐廣曰『一無此字』」，又如「緱氏城」「韋昭曰『如猶比也』」，此數條，此《紀》及《封禪書》並失載，中惟「晉灼曰『遂往之意也』」八字混入索隱中，乃引索隱，非集解也，他如此。《紀》「始立后土祠汾陰脽上」「徐廣曰『元鼎四年時也』」，《封禪書》「徐廣曰『元鼎四年』」，無「時也」二字，今有《封禪》注，而删此《紀》注，不知其文本兩見，互有詳略也。凌既變亂舊次，則亦無庸深辨矣。

**薦紳之屬**〔二·五七六〕　游本「屬」作「属」，下並同。

**使人微得趙綰等姦利事**〔二·五七六〕　南雍、李、程、殿本「微」下有「伺」字，案《封禪書》及《漢書·郊祀志》均有「伺」字。

**上徵文學之士公孫弘等**〔二·五七七〕　「徵」「弘」並缺筆，下同，中統本「弘」誤引。

**舍之上林中蹏氏觀**〔二·五七七〕　《字類》一引作「舍之上林中磃氏觀」，又《補遺》「磃」下引「磃氏觀」。《札記》云：「《字類·補遺》引『蹏』作『磃』，與《漢書·郊祀志》合。今本作『蹏』，蓋後人依《封禪書》改。」案《字

---

❶「□」，國圖藏凌本下無文字，提行有「茅坤曰」云云。

類》此文見十二齊「虒」字下，又見五支、六脂、七之《補遺》「磃」字下，當并引。

**虒音啼**〔二·五七八〕　舊刻本「啼」作「蹄」。

**以子死**〔二·五七七〕　各本下有「悲哀」二字，案《郊祀志》「子」作「乳」，亦無「悲哀」二字，此本與之合，甚是。

**駰案蔡邕曰**〔二·五七八〕　南雍、李、凌、程、殿本「案」作「按」，下並同。

**異姓婦人以恩澤封者曰君**〔二·五七八〕　毛本「曰」誤「爲」。

**儀比長公主**〔二·五七八〕　秦本「儀」誤「義」。

**是時而李少君**〔二·五七八〕　百衲、舊刻、王、南雍、秦、李、程、毛、殿本同，中統、游、正德、柯、凌本「而」作「有」，凌本旁注「一本『有』作『而』字」，案《封禪書》及《郊祀志》無「而」字。

**能使物卻老**〔二·五七八〕　游本「卻」作「郤」。

**常餘金錢衣食**〔二·五七八〕　百衲、舊刻本同，各本「錢」上有「帛」字，案《封禪書》無「帛」字，舊校云：「《郊祀志》亦無『帛』，『衣』字足以晐之，局本衍。」

**一坐盡驚**〔二·五七八〕　「驚」缺「敬」末筆。

**此器齊桓公十年陳於栢寢**〔二·五七八〕　「桓」缺筆，下並同。舊刻、游、正德、王、柯、南雍、秦、李、凌、程、毛、殿本「栢」作「柏」，注同，下「栢梁」同。❶

---

❶「栢」，原作「柏」，據嘉業堂本改。

**栢寢臺名也**〔二・五七九〕　程本無「也」字。

**致物而丹砂可化爲黄金**〔二・五七九〕　毛本無「致物」二字，案《封禪書》重「致物」二字，舊校云：「《郊祀志》亦重兩字，局本誤奪。」

**益壽而海中蓬萊僊者可見**〔二・五七九〕　游、正德、李本「僊」作「仙」，以下各本「僊」「仙」錯出，不備舉。

**食臣棗**〔二・五七九〕　百衲、舊刻、游、正德、毛本同，各本「臣」作「巨」，案《封禪書》作「巨」，《郊祀志》作「臣」。

**亳人薄誘忌**〔二・五八〇〕　李本「亳」誤「亳」。

**古者天子以春秋祭太一東南郊**〔二・五八〇〕　中統、游、正德、王、柯、南雍、李、凌、程、殿本「太」作「泰」。

**一云日一太牢具七日**〔二・五八一〕　百衲、中統、舊刻、游、正德、毛本「七」作「十」。

**三年一用太牢**〔二・五八〇〕　程本「牢」誤「宰」。

**忌泰一壇上**〔二・五八一〕　南雍、李、程、殿本「忌」上有「於」字，案《封禪書》《郊祀志》並有。

**冥羊用羊祠**〔二・五八一〕　毛本「用」誤「宜」。

**神名也**〔二・五八一〕　中統本「名」誤「明」。

**若麃然**〔二・五八二〕　舊刻「麃」作「鹿」，而所列集解仍作「麃」，知正文有誤。

**蓋麟云**〔二・五八二〕　游、正德本「蓋」作「盖」，下並同。

**以續先王祀**〔二・五八三〕　舊刻「王」作「世」。

**然后五嶽皆在天子之郡**〔二一·五八三〕❶　百衲、舊刻本同，各本「后」作「後」。

**天子自惟中望見焉**〔二一·五八三〕　本「帷」誤「惟」。

**乃作畫雲氣車**〔二一·五八三〕　《書鈔》一百三十九引「氣」作「象」。

**畫天地泰一諸神**〔二一·五八三〕　毛本「地」字空格。

**詳弗知也**〔二一·五八三〕　正德、柯本「詳」作「佯」。

**得書言甚怪**〔二一·五八四〕　各本「書」下重「書」字，與《封禪書》及《郊祀志》合，《札記》云：「葉校宋本無『書』字。」

**問之人果爲書**〔二一·五八四〕　凌、殿本「爲」作「僞」，案《封禪書》作「問其人，果是僞書」，《郊祀志》作「問之，果爲書」。

**其後則又作栢梁銅柱承露仙人掌之屬矣**〔二一·五八四〕❷　《字類》一《補遺》「桐」字下云：「《史記·武帝紀》作『栢梁桐柱承露仙人掌之屬』，《封禪書》及《漢書·郊祀志》皆作『銅』。」案「銅柱」「銅」字，各本無作「桐」者，此特舉之，與《封禪》《郊祀》書互證，則宋本有作「桐」者矣。瞿氏《藏書目録》：「《班馬字類·補

❶ 「郡」，原作「郊」，據嘉業堂本改。

❷ 「栢」，原作「柏」，據嘉業堂本改。

遺》，云：『證以《封禪書》《郊祀志》，「桐」皆作「銅」，知其假「桐」爲「銅」。』」❶

**仙人以手掌擎盤**〔二・五八四〕　毛本「擎」誤「檠」。

**在臨淮淮浦也**〔二・五八五〕　百衲、舊刻本同，各本不重「淮」字，案《郊祀志》注亦重「淮」字。

**良已善已謂愈也**〔二・五八五〕　百衲、舊刻本同，各本作「良已，蓋已愈也」，案《郊祀志》注作「良已，善已，謂瘉也」。

**時去時來**〔二・五八五〕　游本「來」作「来」，下並同，舊刻、正德本下「其來年冬」亦作「来」。

**居室帷中**〔二・五八五〕　李本「帷」作「幄」。

**天子祓然后入**〔二・五八五〕　正文「后」，注文「後」，百衲、舊刻本同，各本並作「後」。

**祟潔自祓除**〔二・五八六〕　舊刻、南、李、程本同，各本「潔」作「絜」，殿本作「潔」，凌本《封禪書》注同。

**關飲食**〔二・五八五〕　游本「關」作「関」。

**上輒爲下之**〔二・五八六〕　舊刻「輒」誤「神」。

**又置壽宫北宫**〔二・五八五〕　舊刻「北宫」作「北闕」。

**毋絶殊者**〔二・五八五〕　舊刻「毋」作「無」，與《封禪書》及《郊祀志》合。

**得諸瑞以名年**〔二・五八六〕　毛本同，與《郊祀志》注合，各本「得諸瑞」作「得黄龍、鳳皇諸瑞」。

---

❶ 按此爲摘録瞿氏解題，非《班馬字類・補遺》原文。

**元朔後得元狩**〔二一·五八六〕　中統、游、正德本「狩」誤「符」。

**説者以談爲太史公**〔二一·五八七〕　中統、游、正德本上有「談，司馬遷之父也」七字，游、正德本「説者」作「説之」，李本上有「談，司馬遷父也」六字。

**是外孫楊惲所稱**〔二一·五八七〕　正德本「稱」下有「也」字。

**長四五里**〔二一·五八七〕　百衲、舊刻本「里」作「堂」。

**汾陰縣在脽之上后土祠在縣西**〔二一·五八七〕　中統、游、正德本「脽」誤「睢」，下「汾在脽之北」同。舊刻「脽」上無「之」字，「后」上有「而」字。

**西流與河合也**〔二一·五八七〕❶　中統、游、正德、王、柯、南雍、秦、李、程本「河」誤「和」。

**以奉先王祀焉**〔二一·五八七〕　《札記》云：「吴云元板『祀』上有『祠』字。」

**侵尋於泰山矣**〔二一·五八七〕　《索隱》本「泰」作「太」。

**晉灼曰遂往之意也**〔二一·五八七〕　王、柯、秦、凌、殿本無此文，蓋以《索隱》已引晉説而删之。

**後與欒大俱誅也**〔二一·五八八〕　游本「與」作「与」。

**母子**〔二一·五八八〕　「母」當作「毋」，《封禪書》《郊祀志》「毋子」作「無子」，南雍、李、程本因「毋」誤爲「母」，遂以注「孟康曰『膠東王后也』」八字移入「母」字下，疏甚。

---

❶「西」，原作「而」，據嘉業堂本改。

**又以爲康王諸侯耳**〔二·五八八〕　游、正德本無「耳」字，南雍、李、程、殿本「耳」作「爾」，下文「成食馬肝死耳」同。

**子誠能脩其方**〔二·五八八〕　南雍、李、程本「脩」作「修」，舊校云：「脩，『修』之叚字，『脩』本義訓脯也。」

**我何愛乎**〔二·五八八〕　中統、游、正德、柯本「愛」作「憂」，凌本旁注「一本『愛』作『憂』」。

**人者求之**〔二·五八八〕　殿本「者」作「主」，《札記》云：「吴云元板『者』作『自』。」案《封禪書》《郊祀志》並作「者」。

**令有親屬**〔二·五八八〕　殿本「有」作「爲」，案《封禪書》作「有」，《郊祀志》作「爲」。

**然后可致也**〔二·五八八〕　百衲同，各本「后」作「後」。

**大通將軍印**〔二·五八九〕　各本「大通將軍」上有「天道將軍」四字，惟此本無之，與《封禪書》及《郊祀志》合。舊校云：「按上云『乃拜大爲五利將軍，居月餘，得四金印，佩天士將軍、地士將軍、大通將軍印』，所謂四印者，即天士、地士、大通并五利，非五利之外，又有四將軍印，不言佩五利印者，蒙上消文也。下云『於是天子又刻玉印曰「天道將軍印」』，天道者，且爲天子道天神，則此時未有『天道將軍印』明甚，若已有此印，武帝又何爲重刻乎？《郊祀志》亦無『天道將軍』四字，局本蓋因上云四印，而此但有三，遂致誤衍，實與前後不合，得此本可以正之。」

**漸進也**〔二·五九〇〕　王、秦本「漸」誤「蔪」。

**衛太子妹**〔二·五九〇〕　中統本「太」作「大」。

**騆案此帝女也**〔二一·五九〇〕 舊刻「此」誤「比」。

**地理志云東萊有當利縣**〔二一·五九〇〕 中統、游、正德本上有「騆案」二字，殿本無，南雍、李、程本此注接上「騆案此帝女也，而云長公主，未詳」，下孟康、如淳、蔡邕等注，並移「當利公主」下。

**相連屬於道**〔二一·五八九〕 中統、游、正德本同，各本無「相」字，案《封禪書》及《郊祀志》作「相屬於道」，瞿氏據宋本「相連屬於道」，不脱「相」字。

**自大主將相以下**〔二一·五八九〕 程本「大」作「太」，注同，南雍、李、殿本注亦同。

**武帝姑也**〔二一·五九〇〕 南雍、李、程、殿本「武」上有「大主」二字。

**於是天子又刻玉印曰**〔二一·五八九〕 舊刻「玉」作「以」。

**於是五利常夜祠其家**〔二一·五八九〕 正德本「家」作「宫」。

**莫不搤腕**〔二一·五八九〕 李、程、毛、殿本同，各本「腕」作「捥」。

**上至甘泉**〔二一·五九二〕 中統本「上」誤「王」。

**晏而温也**〔二一·五九二〕 中統、游、正德本作「晏而温，故曰晏温也」，案中統本與《索隱》所載如淳説合。

**上言從行薦之**〔二一·五九二〕 毛本「薦」字空格。

**或曰祭鼎乎**〔二一·五九二〕 殿本「乎」作「也」。

**祈爲百姓育穀**〔二・五九一〕❶　《字類》三《補遺》引「祈」作「仰」。

**今年豐廡未報**〔二・五九一〕　各本「報」上有「有」字。游本「豐」誤「豊」。案《封禪書》無「有」字，《郊祀志》作「今年豐楙未報」，亦無「有」字。《字類》三《補遺》引此文云：「今歲豐廡美也。」瞿氏據宋本「今年豐未有報」，「豐」下無「廡」字。

**聞昔大帝興神鼎一**〔二・五九一〕　百衲、舊刻本同，《索隱》無「興」字。各本「大」作「太」，案《封禪書》及《郊祀志》並作「泰」。

**遷于夏商**〔二・五九一〕　中統、南雍本同，各本「商」作「啇」。

**爾雅曰**〔二・五九三〕　中統、游本「爾」作「尔」。正德、程本「曰」作「云」。

**蓋若獸爲符**〔二・五九一〕　瞿云：「『蓋若獸爲符』下，王本衍『是甘泉更』四字。」案此四字雜入晉灼注，不全語。

**雲若獸在車蓋也**〔二・五九三〕　中統、游、正德本「蓋」作「盖」，下「蓋，辭也」同。

**晉灼曰蓋辭也或曰符謂瑞應也**〔二・五九三〕　毛本「或曰」作「或云」。王、秦本「蓋」下缺，下行有「是甘泉更」四大字，在「路車乘矢」句上，錯誤不可讀。

**一云大報享祠也**〔二・五九三〕　南雍、李、程、殿本「享」作「饗」。程本脱「祠」字。

---

❶「育」，原作「畜」，據嘉業堂本改。

**宜見鼎於其廟**〔二・五九三〕 王、秦本「宜」誤「且」。正德本「廟」誤「朝」。

**鼎宜見於祖禰**〔二・五九一〕 舊刻、游、正德本「鼎」誤「則」。

**藏於帝廷**〔二・五九一〕 中統、游、正德本「廷」作「庭」。

**制曰可**〔二・五九一〕 中統、游、正德本「制」作「詔」。

**其秋上幸雍**〔二・五九三〕 中統本「幸」作「上」，《索隱》本出「上雍」二字而釋之云：「以雍地形高，故云上。」案小司馬所據本無「幸」字，故有此釋。《漢書・郊祀志》「其秋上幸雍且郊」，師古注「雍地形高，故云上也」，正與此合。若如今本，豈不知「上」爲天子之稱，而有雍地形高之説乎？ 中統本重「上」字，足爲《史》文無「幸」字之一證也。

**卿有札書曰**〔二・五九三〕 中統本「札」作「礼」。

**問於鬼臾區**〔二・五九四〕 王、柯、南雍、秦、李本「臾」作「臾」，程、毛、殿本作「臾」，下「鬼臾區號大鴻」同，案「臾」「臾」爲「臾」之隸省，見《漢隸字原》上平聲十虞。

**上大説**〔二・五九四〕 殿本「説」作「悦」。

**封禪書功字作公**〔二・五九五〕 秦本上有「騶案」二字，與中統、游、正德、殿本同。

**申功已死上曰申功何人也卿曰申功齊人也**〔二・五九四〕 中統、游本「申功齊人也」，「功」作「公」；正德本「申功已死」「申功齊人也」，二「功」字並作「公」；王、秦本「申功已死」作「公」，餘作「功」。

**唯黄帝得上泰山封**〔二・五九四〕 游本「唯」誤「進」。

**申功曰**〔二・五九四〕　游、正德本「功」作「公」。

**説仙道得封者七千國**〔二・五九五〕　王、秦本「千」誤「十」。中統、游、正德本「國」作「国」。

**中國華山首山太室泰山東萊**〔二・五九四〕　南雍、李、程本「泰」作「太」。

**黄帝之所常游**〔二・五九四〕　中統、游、正德、王、柯、南雍、秦、李、凌、程、殿本「游」作「遊」。

**乃斷斬非鬼神者**〔二・五九四〕　中統、游本「斷」作「断」，俗省字。

**明廷者甘泉也**〔二・五九四〕　毛本無「者」字，案《封禪書》及《郊祀志》並有「者」字。

**一作塞**〔二・五九五〕　中統、游、正德、王、柯、南雍、秦、李、程本「一」上有「寒」字。

**黄帝仙於塞門也**〔二・五九五〕　游、正德本「仙」誤「先」，「塞門」作「寒門」，王、柯、南雍、秦、李、程、殿本亦作「寒門」。

**首山屬河東蒲阪**〔二・五九五〕　中統、游、正德本「屬」作「属」，下注「無犛牛醴之屬」「潛縣屬廬山南嶽」並同。殿本「阪」作「坂」。

**群臣後宫從上龍七十餘人**〔二・五九四〕　王、柯、南雍、秦、李、凌、程、殿本「十」誤「千」，《封禪書》及《郊祀志》亦作「十」。

**乃抱其弓與龍胡顮號**〔二・五九四〕　游本「號」作「号」。

**西登空桐**〔二・五九六〕　百衲、舊刻、游、正德本「空桐」作「崆峒」，案《封禪書》作「崆峒」，《郊祀志》作「空桐」。

**令祠官寬舒等**〔二・〕　中統本「令」誤「今」。

**五帝壇環居其下**〔二一・五九六〕　舊刻無「壇」字。

**各如其方**〔二一・五九六〕　舊刻「方」下有「也」字。

**坤位在末**〔二一・五九六〕　南雍、李、程本「坤」誤「神」。

**而加醴棗脯之屬**〔二一・五九六〕　毛本「脯」誤「酺」。

**肉升也**〔二一・五九七〕　各本「升」作「汁」，此誤。

**拜泰一**〔二一・五九七〕　南雍、李、程本「泰」作「太」。

**天子春朝日**〔二一・五九七〕　王、秦本「春」誤「泰」。

**郊泰時**〔二一・五九七〕　百衲、中統、舊刻、游、正德、柯、毛本「泰」下有「一」字，王、殿本作「郊泰一時」，南雍、李、程本作「郊太一時」。

**出竹宫**〔二一・五九七〕　毛本「竹」誤「行」，凌本《封禪書》注同。

**其祠列火滿壇**〔二一・五九七〕　百衲、舊刻本同，各本「壇」下有「旁」字，蓋涉上句「壇旁」而誤。

**祐福兆祥**〔二一・五九七〕　中統、游、正德本「福」上衍「也」字。

**地一作夜**〔二一・五九八〕　中統本「夜」誤「文」。

**令太祝領祀**〔二一・五九七〕　中統、游、正德本「太」作「大」。王、秦本「祀」誤「秋」。

**其秋爲伐南越**〔二一・五九八〕　南雍、李、殿本「越」作「粤」。

**告禱泰一**〔二・五九八〕　中統本「告禱」誤「以儔」，《札記》引「儔」誤「疇」。

**一作牝**〔二・五九八〕　中統本「牝」誤「北」。

**皆以潔齋之道也**〔二・五九八〕　百衲、舊刻、毛本同，中統、正德本作「潔齊」，游本作「潔齐」，殿本作「潔齊」，王、柯、秦本作「絜齊」，凌本《封釋書》注同。

**斗口三星曰天一**〔二・五九八〕　中統本「曰」誤「四」。

**爲太一鋒也**〔二・五九八〕　正德本「太」作「泰」。

**問卿得毋效文成五利乎**〔二・五九九〕　南雍、李、程、殿本「毋」作「無」。

**民間祠尚有鼓舞之樂**〔二・五九九〕　游本「尚」誤「上」。

**而神祇可得而禮**〔二・五九九〕　舊刻、游、正德、南雍、李、程、殿本「祇」誤「祗」。

**鼓五十弦瑟**〔二・五九九〕　「弦」缺筆，下二「弦」字同，注「鄭玄曰」「玄」字不缺。

**瑟也**〔二・五九九〕　秦本無「也」字，凌本移入《封禪書》，「瑟」上有「即」字。

**及箜篌瑟自此起**〔二・五九九〕　中統、游、正德本「瑟」下云：「監本作『琴』。」王、秦本「箜篌」作「空侯」。秦本「瑟」上有「琴」字，雖與《封禪書》合，然《封禪書》説亦難通，當因「監本作『琴』」，於「瑟」旁注一「琴」字，展轉傳寫，遂移至「瑟」上耳。

**應劭云武帝令樂人侯調始造箜篌**〔二・五九九〕　中統、游、正德本「始造箜篌」作「始作，聲均均然，命曰箜篌。侯，其姓也」，與《索隱》所引應劭説同。

**古釋字作澤**〔二·六〇〇〕　中統、游、正德本作「古澤字作釋」，非。

**先類祠泰一**〔二·六〇〇〕　南雍、李、程本「泰」作「太」。

**而群儒采封禪**〔二·六〇〇〕　毛本「儒」作「臣」，非。

**尚書周官王制之望祀射牛事**〔二·六〇〇〕　游本「射」誤「謝」。

**當祭廟**〔二·六〇一〕　中統、游本「廟」作「庿」。

**射牛示親殺也**〔二·六〇一〕　中統本「示」作「視」，《札記》云：「中統本末有『事見《國語》』四字，蓋兼采索隱文。它本無。」案中統本引《索隱》曰「天子射牛，視親殺也，事見《國語》」，既明標索隱語，未嘗以此文混入集解也，可謂兼采索隱文乎？

**比悳於九皇**〔二·六〇〇〕　百衲、毛本作「悳」，各本作「德」。毛本「比」誤「此」。

**上古人皇者九人也**〔二·六〇一〕　王、南雍、李、程本「九」誤「大」。

**群儒既以不能辯明封禪事**〔二·六〇〇〕❶　游本「以不」二字誤倒。

**又牽拘於詩書古文而不敢騁**〔二·六〇〇〕　游本「騁」誤「聘」。

**文穎曰**〔二·六〇一〕　王、柯、秦、毛本同，百衲「穎」作「潁」，中統、游本作「頛」，各本作「頴」，均非。此本下「文頴曰『武帝祭泰山』」云云，亦誤作「頴」。

---

❶「事」，原作「書」，據嘉業堂本改。

**崧高山也**〔二·六〇一〕　南雍、李、程本「崧」作「嵩」。

**在潁川陽城縣**〔二·六〇一〕　「潁」當作「潁」，中統、南雍、李、程、毛、殿本不誤，百衲、王、秦本誤「穎」，各本誤「潁」。

**山之草木葉未生**〔二·六〇一〕　王、柯、秦、凌本「葉」作「䓗」，下注「其葉相連」，中統及王、柯、秦、凌本並同。

**立之泰山顛**〔二·六〇一〕　殿本「顛」作「巔」，案《封禪書》作「巔」，《郊祀志》作「顛」。

**祭大一**〔二·六〇二〕　舊刻作「泰一」，各本「太一」。

**并祭名山於泰壇西南**〔二·六〇二〕　王、秦本「并」誤「井」。

**漢書音義曰巨公謂武帝**〔二·六〇二〕　殿本上有「駰案」二字，下「《漢書·百官表》曰」云云，「《漢書音義》曰『天子初封泰山』」云云，又「周萬八千里也」，又「持雞骨卜，如鼠卜」，又「蓬萊廷」，又「執期，地名也」，又「《地理志》廬江有樅陽縣」，並同。

**奉專都尉**〔二·六〇三〕　各本「專」作「車」，此誤。

**江淮間一茅三脊**〔二·六〇三〕　游本「茅」誤「第」。

**然后去**〔二·六〇三〕　百衲、舊刻本同，各本「后」作「後」，《札記》云：「《封禪書》作『祠后土』，《郊祀志》與此同。」

**兢兢焉懼弗任**〔二·六〇三〕　毛本「兢兢」誤「競競」。

**不明于禮樂**〔二·六〇三〕　毛本「于」作「於」。

**脩祀泰一**〔二·六〇三〕　毛本「脩」作「修」，「泰」作「太」，下「至奉高脩封焉」及「五年脩封」，注「常五年一脩耳」，並作「修」。

**依依震於怪物**〔二·六〇三〕　游、正德本「於」誤「如」。

**而后禪肅然**〔二·六〇三〕❶　秦、凌、毛本「后」作「後」，《字類》四《補遺》「禪」下云「《史記·孝武紀》『升禪肅然』」，案《封禪書》上「禪泰山下阯東北肅然山」與此文皆不作「禪」，亦無「升禪肅然」之文，恐有誤。

**布帛二匹**〔二·六〇三〕　中統本「二」誤「三」。

**復博奉高蛇丘**〔二·六〇三〕　《字類》一「虵」下引《史記·孝武紀》云：「虵丘，地名，音移。」

**毋出今年租稅**〔二·六〇三〕　中統、游、正德本「毋」作「無」，與《封禪書》合。

**其赦天下**〔二·六〇三〕　毛本「其」作「大」。

**無風雨菑**〔二·六〇四〕　各本「無」上有「既」字，涉上句「既已封禪泰山」而誤，《封禪書》無「既」字，《郊祀志》作「無風雨」，亦無「既」字。

**北至碣石**〔二·六〇四〕　中統、游、王、柯、凌本「碣」誤「竭」，毛本誤「偈」。

**巡自遼西**〔二·六〇四〕　舊刻無「自」字。

**漢書曰周萬八千里也**〔二·六〇四〕　各本「漢書」下有「音義」兩字，舊校云：「按此文見《郊祀志》集解

❶ 「禪」，原作「然」，據嘉業堂本改。

引《漢書》正文，非音義，局本誤衍。」

**韋昭曰秦分野也後衛太子兵亂**〔二一・六〇四〕　殿本此下有「茀音佩」三字，百衲、舊刻、游、正德、毛本無之，王、柯、南雍、秦、李、凌本有此三字，隔一圈以別之，凌本《封禪書》注同，則非集解本文矣。

**獨見其星出如瓠**〔二一・六〇四〕　中統、舊刻、王、柯、南雍、秦、李、凌、程、毛、殿本同，《索隱》出「見星出如瓠」五字，下引《郊祀志》云「填星出如瓠」，百衲、游、正德本「其」作「填」，《札記》云：「《索隱》本無『其』字，據注，似所見本本無。北宋本作『填星』，疑依《郊祀志》增。」

**拜祝祀泰一**〔二一・六〇五〕　舊刻同，各本「祀」作「祠」。

**皇帝敬拜泰況之饗**〔二一・六〇五〕　中統、王、柯、秦、毛本同，各本「況」作「祝」，與《封禪書》《郊祀》注合，《札記》云：「中統、游、王、柯、毛本作『況』。」案游本作「祝」，不作「況」。

**萬里沙神祠也**〔二一・六〇五〕　中統、游本「萬」作「万」。

**沙徑三百餘里**〔二一・六〇五〕　游、正德本「徑」誤「經」。

**泰山東自復有小泰山**〔二一・六〇五〕　舊刻同，各本「東自」作「自東」，案《郊祀志》注亦作「東自」，與此本同。

**濮陽以北**〔二一・六〇五〕　游本「濮」誤「僕」。王、秦本「北」誤「此」。

**深五丈所**〔二一・六〇五〕　舊刻「所」誤「臣」，凌本《封禪書》注同。南雍、李、程、毛、殿本「所」作「許」。

**自臨塞決河**〔二一・六〇五〕　王、秦本「塞」誤「寒」。

**越地人名也**〔二・六〇六〕 凌本《封禪書》注「越」上有「按」字。

**故衰耗**〔二・六〇六〕 各本並作「耗」，俗。案《郊祀志》作「秏」。舊校云：「『耗』爲『秏』之駁文。」

**乃令越巫立越祝祠安臺**〔二・六〇六〕 瞿氏據宋本「乃令越巫立越祀祠安臺」，不作「祝祠」，《類聚》九十一引「武帝得越巫，立越祀」。

**持雞骨卜如鼠卜**〔二・六〇六〕 各本「骨」作「用」，案《郊祀志》注與此本同。

**而上往常遽**〔二・六〇六〕 游本「往」字上隔一圈，正德本空一格。

**則作蜚廉桂觀**〔二・六〇六〕 舊刻「桂」作「柱」。

**有芝生殿防内中**〔二・六〇六〕 《索隱》及程本「防」作「房」。下「甘泉防生芝九莖」，程本亦作「房」。案《封禪書》及《郊祀志》作「房」。

**元封二年也**〔二・六〇七〕 中統、游本「封」誤「豊」。

**若有光云**〔二・六〇六〕 毛本「光」空格，案《封禪書》「若」下有「則」字。

**從西河歸**〔二・六〇八〕 凌本「西河」誤「河西」。

**元封五年**〔二・六〇八〕 南雍、李、程、殿本下有「也」字，凌本《封禪書》注亦有。

**文穎曰**〔二・六〇八〕 「頴」爲「穎」之駁文，王、秦、毛本不誤，百衲、正德本誤「潁」，各本誤「頴」。

**地理志廬江有樅陽縣**〔二・六〇八〕 正德本「志」下有「云」字。

**禮其名山川**〔二·六〇八〕　各本「禮」作「祀」，此本獨與《封禪書》及《郊祀志》合。

**濟南人公玉帶**〔二·六〇八〕　舊刻、李本「玉」作「王」，此本下「公王帶曰」亦作「王」，南雍本同，舊校云：「按古金玉字作『王』，朽玉字作『玉』，後人改朽玉字爲金玉字，遂高其點作『王』，爲朽玉。《索隱》引『《三輔決録》云杜陵有王氏，音肅，《説文》以爲从王，音畜牧之畜』。則此玉字即朽玉字，非金玉字，局本作『王』是。説詳段氏《説文注》。」

**命曰昆侖**〔二·六〇八〕　《索隱》及游、正德本「昆侖」作「崑崙」，此本下「天子從崑崙道入」亦作「崑崙」。

**以二十太牢**〔二·六〇八〕　毛本「太」作「大」。

**推歷者以本統**〔二·六〇九〕　瞿氏據宋本「推歷者以本紀」，不作「本統」。

**徐廣曰常五年一脩耳今適二年故但祀明堂**〔二·六〇九〕　殿本脱此條。

**毋脩封禪**〔二·六〇九〕　各本「毋」作「每」，此誤。毛殿本「脩」作「修」。案《郊祀志》「後每修封」，作「每」是。

**考入海及方士求神者**〔二·六〇九〕　程本「考」誤「者」。

**黄帝就青靈臺**〔二·六一〇〕　游本「靈」作「灵」，俗省字。

**度爲千門萬户**〔二·六一〇〕　中統、游、正德本「爲」下衍「作」字。

**其西則唐中數十里虎圈**〔二·六一〇〕　百衲「唐中」作「商中」，《索隱》及各本作「唐中」，《札記》云：「案《郊祀志》亦作『商中』，注云『如淳曰商中，商庭也』。然與《索隱》皆引如淳而不同，不可解。」

**名曰泰液**〔二·六一〇〕　游、正德本「泰」作「太」。

**其南有玉門璧門大鳥之屬**〔二·六一〇〕　百衲、舊刻、柯、李、凌、程本「璧」作「壁」。

**土數五**〔二·六一二〕　游本「土」誤「上」。

**是歲西伐大宛**〔二·六一一〕　游本「伐」誤「戎」。

**芬芳不備**〔二·六一二〕　舊刻「備」作「偹」，俗。

**而以木耦馬代駒馬**〔二·六一二〕　百衲「耦」作「禺」，下同，《索隱》及各本作「耦」，《字類》三引同。

**行親郊用駒**〔二·六一二〕　中統本脱「親」字。游、正德本無「行」字。

**應劭曰**〔二·六一二〕　殿本「劭」誤「地」。

**崑崙縣圃**〔二·六一二〕　百衲、舊刻本「縣」作「玄」。

**仙人之所常居也**〔二·六一二〕　百衲、舊刻本「仙」上有「此」字，《札記》云：「北宋本有『此』字。」

**明年**〔二·六一二〕　百衲本上有「名曰」二字，《札記》云：「北宋本有『名曰』二字，與《郊祀志》合，它本並脱，《封禪書》作『命曰』。」

**然風后封鉅岐伯**〔二·六一三〕　舊刻「歧」作「技」，誤，此「歧」字亦當作「岐」，百衲、中統、游、王、秦本誤與此同。

**應劭曰**〔二·六一三〕　王本「劭」誤「邵」。

**封鉅黄帝師**〔二·六一三〕　凌本此注移入《封禪書》，「封鉅」誤作「封臣」。

**然後不死焉**〔二・六一三〕　中統、游本「焉」作「然」。

**在琅邪朱虚縣**〔二・六一三〕　中統本「琅」作「瑯」。

**汶水所出**〔二・六一三〕　王、秦本「汶」誤「文」。

**足山亦在朱虚**〔二・六一三〕　各本「足」作「凡」。

**天子既令設祠具至東泰山**〔二・六一三〕　百衲、舊刻、正德、毛本同，王、秦本「令」誤「今」。柯本「祠」誤「詞」。各本「具」作「其」，瞿氏據宋本「天子既令設祠具，至東泰山」，不作「其至」。

**脩五年之禮**〔二・六一三〕　王、柯、南雍、秦、李、程、毛、殿本「脩」作「修」，下並同，凌本下「復至泰山脩封」同。

**天漢三年**〔二・六一三〕　中統本「三」字止存一畫。

**泰一后土**〔二・六一三〕　中統本「一」誤「山」。

**五寬舒之祠官**〔二・六一三〕　百衲、舊刻本「五」下有「牀」字，《札記》云：「北宋本『五』下嵌補『牀』字，疑依《郊祀志》增，《索隱》本與今本同。」

**皆太祝領之**〔二・六一三〕　程本「太」作「大」。

**至如八神諸神**〔二・六一三〕　王、秦本「至」作「致」。

**祠官弗主**〔二・六一四〕　中統本「主」誤「王」。

**其後十二歲而還**〔二・六一四〕　舊刻「二」作「一」。

**其事已可知矣**〔二·六一四〕　百衲「已」作「中」，舊刻作「終」，中統、游、正德、王、柯、秦本作「也」。

**皆不信之耳**〔二·六一四〕　中統、游、正德本「之」誤「知」。

**又數本皆無可字**〔二·六一四〕　王、秦本「無」作「无」。殿本無此句。

**入壽宫**〔二·六一四〕　中統、舊刻、游本「入」誤「八」。

**至若俎豆珪幣之詳**〔二·六一四〕　中統本「幣」誤「弊」，游本「弊」改「幣」，塗抹之迹顯然。

**獻酬之禮**〔二·六一四〕　游、正德本「酬」作「酧」。

# 卷一三　三代世表第一

**三代世表第一**〔二・六二三〕《索隱》「世」作「系」，避太宗諱。正德本「三代世表」低三格，前一行低二格，題「年表一」，以下《十二諸侯年表》至《漢興以來將相名臣表》題「年表二」至「年表十」，與各本異。此本每葉上數格有缺壞，十二葉鈔配，今依潘本。

**蓋其詳哉**〔二・六二三〕舊刻、游、正德、南雍、李本「蓋」作「盖」，俗省字。下「蓋其慎也」同。中統本此卷缺第一葉及四葉、七葉。

**余讀諜記**〔二・六二四〕《字類》五《補遺》引「記」作「紀」。

**集世紀**〔二・六二四〕毛本無「集」字，《讀書記》云：「諸本《尚書》下有『集』字。」

**訖共和**〔二・六二四〕游本脱「和」字。

**帝王世國號**〔二・六二四〕「帝王世」一行，「國號」一行，百衲、舊刻、游、毛本作一行直書。正德本「世」下衍「代」字，誤低三格。

**顓頊屬**〔二・六二四〕以下七格大書，程、毛本作小字。

**黄帝號有熊**〔二・六二四〕兩行大書，百衲、舊刻、游、正德、毛本下三字雙行小字。正德本「熊」下有「氏」字。

**黄帝生昌意**〔二一·六二四〕❶　「黄帝」一行，「生昌意」别一行，王、柯、南雍、秦、李、凌、程、毛、殿本并爲一行，下「生玄囂」等同。

**帝顓頊**〔二一·六二五〕　本「頊」誤「項」，以下帝號居中大書，世系、國號分書兩旁，百衲、舊刻、游、正德本同，各本帝號在右，大書，世系、國號在左，小字。

**起黄帝至顓頊三世**〔二一·六二五〕　正德本「三」上有「凡」字。

**顓頊生窮蟬**〔二一·六二五〕　本「蟬」誤「嬋」。

**玄囂生蟜極蟜極生高辛**〔二一·六二五〕　《索隱》「高辛」作「帝嚳」。

**帝佶**〔二一·六二五〕　正德本「佶」作「嚳」，下並同。百衲、舊刻、游、正德、毛本此下第三格有「蟜極生高辛，爲帝佶」八字，此本無，王、柯、南雍、秦、李、凌、程、殿本作「蟜極生高辛，高辛生帝佶」，凌云「按高辛即佶，此文誤」，《志疑》云：「案高辛即佶，《史詮》以『生』乃『爲』字之誤，是也。」

**號高辛**〔二一·六二五〕　正德本「辛」誤「幸」，下有「氏」字。

**叔康生句望**〔二一·六二五〕　各本「叔」作「敬」，此誤。

**高辛生卨**〔二一·六二五〕　兩字爲一行，下並同，正德、毛本一行直書。

**放勳爲堯**〔二一·六二五〕　各本「勳」作「勛」。

---

❶ 此條原在「黄帝號有熊」條上，據嘉業堂本移。

**蟜牛生瞽叟**〔二・六二五〕　正德、凌本「叟」作「瞍」。

**黄帝玄孫之玄孫**〔二・六二六〕　游本上「玄」字誤「立」，正德本上「玄孫」作「九世」。

**瞽叟生重華**〔二・六二六〕　百衲「瞽」誤「鼓」。凌本「叟」作「瞍」。

**顓頊生鯀鯀生文命**〔二・六二六〕　《索隱》作「顓頊生鮌，鮌生禹」。

**不窋生窋**〔二・六二六〕　各本「窋」作「鞠」，此誤。

**黄帝耳孫**〔二・六二六〕　游本「耳」誤「百」，正德本「耳孫」作「六世孫」。

**太康弟**〔二・六二七〕　正德本「弟」下有「也」字。

**高圉生亞**〔二・六二七〕　各本「亞」下有「圉」字，此脱。

**帝予**〔二・六二七〕　《索隱》及百衲、南雍、秦、李、毛、殿本同，中統、舊刻、游、正德、柯、李、凌、程本「予」作「杼」。案《索隱》云「亦作『宁』」，不云作「杼」，當以作「予」爲正。

**公祖類生太王亶父**〔二・六二七〕　毛本「太」作「大」。

**主癸生天乙**〔二・六二八〕　王、秦本「生」誤「主」。

**是爲殷湯**〔二・六二八〕　「殷」缺筆，下或缺或否，正德本無「殷」字。

**益易卦**〔二・六二八〕　正德本作「纂修易卦」。

**帝芒**〔二・六二八〕　王本「芒」空格。

**文王昌生武王發**〔二・六二八〕　王、秦本脱「生」字。

**二龍去**〔二・六二九〕　正德本「去」上有「潛」字，衍。

**是爲桀**〔二・六三〇〕　正德本作「履癸，一名桀」。

**殷湯伐夏氏殷湯**〔二・六三〇〕　百衲同，中統、舊刻、游、王、柯、秦、毛本「伐」作「代」。正德本止有「殷湯王」三字，南雍、凌、殿本無下「殷湯」二字，李、程本下「殷湯」二字作小注，在「從黄帝至湯十七世」句上，《札記》云：「各本此下複衍『殷湯』二字，舊刻、凌本無。」案舊刻亦衍此二字。

**太丁蚤卒**〔二・六三〇〕　游、正德、毛本「蚤」作「早」。

**故立次弟外丙**〔二・六三〇〕　正德本下有「尋卒」二字。

**外丙弟**〔二・六三一〕　正德本「弟」下有「也」字。

**三年悔過自責伊尹乃迎之復位**〔二・六三一〕　正德本作「乃悔過，伊尹迎之以復位」。

**伊尹卒**〔二・六三一〕　正德本上有「太甲子是年」五字。

**帝太康**〔二・六三一〕　百衲、游、正德、毛本同，各本「康」作「庚」。

**沃丁弟**〔二・六三一〕　正德本「弟」上有「之」字。

**太康弟**〔二・六三二〕　《索隱》「太康」作「大庚」，中統、舊刻、王、柯、南雍、秦、李、凌、程、殿本作「太庚」。

**諸侯或不至**〔二・六三二〕　正德本脱此五字。

**帝雍己**〔二·六三二〕　正德本脱此三字。

**小甲弟**〔二·六三二〕　正德本作「小甲，雍己弟也」。案正德本六葉誤作四葉，「帝小甲」下複載「帝小甲」，又誤移「帝太戊」下「雍己弟」三字於此，疏舛極矣。

**帝中丁**〔二·六三二〕　游、王、柯、南雍、秦、李、凌、程本此下有「俗本作仲丁」五字，正德本作「俗作仲丁」，《考證》云：「監本注云『俗本作仲丁』。按此注既非集解，亦非索隱、正義，不知爲誰氏之語，今删。」

**中丁弟**〔二·六三三〕　正德本「弟」下有「也」字，下「外壬弟」同。

**帝祖乙**〔二·六三三〕　正德本旁注「河亶甲子，自相遷耿，秦本同」，案正德本沿游本之舊，游誤亦誤，若此篇則任意增改，非别有所據也。秦藩舍王本而從之，斯誠大惑不解矣。

**帝祖辛**〔二·六三三〕　正德本旁注「祖乙子也」，秦本同，各本無。

**祖辛子**〔二·六三三〕　正德本「子」下有「也」字，下「沃甲子」「祖丁子」「盤庚弟」「小辛弟」並同。

**稱高宗**〔二·六三四〕　正德本「宗」下有「也」字。

**帝祖庚**〔二·六三五〕　正德本旁注「武丁子也」，秦本有「武丁子」三字，各本無。

**一云淫德殷衰**〔二·六三五〕　正德本無「一云」二字，「衰」下有「也」字。

**殷徒河北**〔二·六三五〕　本「徙」誤「徒」。正德、秦本「河北」上有「於」字。

**慢神震死**〔二·六三五〕　正德、秦本「慢神」上有「庚丁子」三字，「震」上有「雷」字。

**帝太丁**〔二·六三六〕　正德本旁注「武乙子也」。

**殷益衰**〔二·六三六〕　正德本上有「太丁子」三字，「殷」下有「道」字。毛本「殷」字誤連上「帝乙」，作大書。

**是爲紂弑**〔二·六三六〕　正德本上有「帝乙子」三字，「紂」下無「弑」字。凌本「弑」作「死」。

**周武王伐殷**〔二·六三六〕　正德本「周武王」三字大書，旁注「名發，代殷」，《考證》云：「按上文云『殷湯代夏氏』，則此亦應云『周武王代殷』。」

**從黄帝至武王十九世**〔二·六三六〕　正德本作「自黄帝至是十九世」。

**魯周公旦**〔二·六三七〕　本「旦」誤「且」。

**父蜚廉有力**〔二·六三七〕　各本「蜚」作「飛」。王、李本脱「有」字。

**衞康叔**〔二·六三七〕　正德本「叔」下有「封」字。

**曹叔振鐸**〔二·六三七〕　王、秦、毛本「鐸」誤「繹」。

**初封**〔二·六三七〕　百衲、舊刻、游、正德、毛本無「初封」二字，《札記》云：「秦至非子始封，各本《表》首亦衍『初封』二字，今依毛本。」案百衲、舊刻、游、正德本並無此二字，不始於毛也。

**成王弟**〔二·六三七〕　各本「成」作「武」，此誤。

**文王武王師**〔二·六三七〕　毛本無「文王」二字。

**刑錯四十餘年**〔二·六三七〕　本「錯」誤「錯」，舊刻「錯」作「措」。游本「餘」作「余」。

**九世至惠侯**〔二·六三七〕　王、秦本「惠」誤「東」，又「昭王瑕」末格，游、正德、秦本有「杜伯作」三字，各本無。

**南巡不返不赴諱之**〔二·六三七〕　正德本作「南巡於漢江，楚人載以膠舟，溺而不返也」。

**衛孝伯**〔二·六三七〕　《札記》云：「毛本『孝』作『考』。」案毛本作「孝」不作「考」。

**陳相公**〔二·六三七〕　萬曆南雍本「相」作「桓」，《志疑》云：「《人表》『相』作『栢』，未知孰是，《謚法》亦不聞有『相』與『栢』者。」《札記》云：「案《世家》亦作『相』，《詩·陳風·譜》疏引同。」舊校云：「『相』爲『桓』之駁文，局本『桓』。」案春秋初有陳桓公，此文「相」作「桓」，則前後同謚矣。

**熊煬**〔二·六三八〕　舊刻「熊」誤「能」。

**湣公丁公弟**〔二·六三八〕❶　正德本「弟」下有「也」字。

**慎公**〔二·六三八〕　「慎」缺筆。

**周道衰**〔二·六三八〕　正德本無「道」字。

**詩作**〔二·六三八〕　百衲、舊刻、毛本同，各本作「詩人作刺」，王本「刺」誤「列」。

**非子**〔二·六三八〕　殿本下有「初封」二字。

**懿王弟**〔二·六三九〕　正德本「弟」下有「也」字，下「懿王子」「厲公弟」「真公弟」並同。

**貞伯**〔二·六三九〕　「貞」缺筆。

**遂死于彘**〔二·六三九〕　正德本作「身死于彘邑」。

---

❶　此條原在「熊煬」條上，據嘉業堂本移。

**真公**〔二一・六三九〕　正德本「真」作「貞」。

**武公真公弟**〔二一・六四〇〕　游、正德本「真」作「貞」。正德本「弟」下有「也」字。

**熊勇**〔二一・六四〇〕　舊刻脱「勇」字。

**張夫子問褚先生曰**〔二一・六四〇〕　《索隱》及百衲、凌、毛、殿本「褚」作「禇」，下同。李、凌、程、殿本此文低一格。

**今案諸傳記**〔二一・六四〇〕　舊刻、正德、南雍、李、程、殿本「案」作「按」。

**詩言契生於卯**〔二一・六四一〕　「卯」當作「卵」，下同。

**其后且千歲**〔二一・六四一〕　各本「后」作「後」。

**契母與姊妹**〔二一・六四一〕　毛本「姊」誤「妹」。

**有燕銜卯墯之**〔二一・六四一〕　李本「銜」誤「御」，程本作「啣」。各本「墯」作「墮」，舊刻、凌本作「堕」，李本作「墮」。

**天命玄鳥**〔二一・六四一〕　李本「鳥」誤「烏」。

**降而生商**〔二一・六四一〕　正德、王、柯、南雍、秦、李本「商」誤「啇」，下同。

**出見大人蹟而履踐之**〔二一・六四一〕　游、正德本「蹟」作「跡」，《字類》五引作「蹟」，云「亦『跡』字」。

**羊牛避不踐也**〔二一・六四一〕　舊刻、南雍、李、程、殿本「羊牛」作「牛羊」。

**抱之山中**〔二・六四一〕《索隱》無「中」字。

**普茅反**〔二・六四二〕中統、游、正德、王、柯、南雍、秦、李、凌、殿本「普」上有「抱音」二字。

**深修益成**〔二・六四一〕舊刻、游、正德、殿本「修」作「脩」。

**太王命季歷**〔二・六四一〕毛本「太」作「大」。

**舜禹契后稷**〔二・六四一〕秦本「后」誤「右」。

**以爲汜從布衣匹夫起耳**〔二・六四一〕凌本「汜」作「氾」，舊校云：「汜，局本作『氾』，从巳，此從巳，非。」

**天下之君王爲萬夫之黔首**〔二・六四二〕南雍、李、程本「黔」誤「黚」，殿本誤「黔」。補鈔本作「天下君王，乃爲萬夫之黔首」，今據潘本改正。

**五政明則脩禮義**〔二・六四二〕南雍、李、凌、程、毛本「脩」作「修」。柯本「禮」作「礼」。

**常來朝降**〔二・六四二〕游、正德本「朝」誤「廟」。

**豈可以忽乎哉**〔二・六四二〕第十二葉「哉」字起至末，係補鈔。

**以三代世傳言之**〔二・六四二〕舊刻「三」誤「二」。

**出自燕之鄉**〔二・六四三〕游本「自」作「有」，南雍、程、殿本作「白」。《志疑》云：「白燕，湖本作『自燕』，然當作『白龘』爲是。」《札記》云：「自，當作『白』。」而不引南雍、殿本，疏矣。

**時有嬰兒主**〔二・六四三〕游本「主」誤「圭」。

**郤行車**〔二一·六四三〕《索隱》「郤」作「郄」。

**本居平陽自燕**〔二一·六四三〕南雍、程、殿本「自」作「白」。

**旗亭市樓也**〔二一·六四三〕正德本「市樓」作「樓市」，非。

**立旗於上**〔二一·六四三〕「上」字下畫泐。柯、凌本「立」誤「亦」。

## 卷一四　十二諸侯年表第二

**鄭玄曰**〔二・六四八〕　「玄」缺筆。

**太師之名**〔二・六四八〕　中統本「太」作「大」。

**周道衰微**〔二・六四八〕　舊刻「衰」誤「衺」。

**正樂廢而失莭**〔二・六四八〕　各本「莭」作「節」。

**紂爲象箸而箕子唏**〔二・六四七〕　游本「箸」作「著」。

**詩人本之衽席**〔二・六四七〕　百衲同，王、南雍、秦、程、毛本「衽」作「衽」。

**關雎作**〔二・六四七〕　中統、游本「關」作「関」，俗字。

**仁義陵遲**〔二・六四七〕❶　百衲、中統、舊刻、游、王、柯、秦、毛本同，各本「遲」作「遟」。

**彊乘弱**〔二・六四七〕　程本「彊」誤「疆」。

---

❶「陵」，原作「凌」，據嘉業堂本改。

**政由五伯**〔二·六四七〕 南雍、李本「伯」作「霸」。

**四國迭興**〔二·六四七〕 中統、柯、秦本「迭」誤「佚」。

**終其辭文**〔二·六四八〕 各本「終」作「約」，此誤。

**鐸椒爲楚威王傅**〔二·六四八〕 百衲、舊刻、李、凌本「傅」誤「傳」。

**下觀近世**〔二·六四八〕 南雍、李、凌、程本同，各本「世」作「勢」。

**六論**〔二·六四八〕 中統本「六」誤「三」。

**各往往捃摭春秋之文**〔二·六四八〕 本「摭」誤「樜」。

**漢相張蒼**〔二·六四八〕 毛本「蒼」誤「君」。

**太史公曰**〔二·六四九〕 各本提行，此與毛本不提。

**馳說者騁其辭**〔二·六四九〕 各本「騁」作「騁」，此誤。

**一云治國聞者也**〔二·六五〇〕 百衲、中統、舊刻、游本「聞」作「間」。

**凡二百六十五年**〔二·六五一〕 各本「二」作「三」，此誤。

**共和在春秋前一百一十九年**〔二·六五一〕 王、秦本「共」誤「莊」。毛本脱「前」字。正德本無兩「一」字。

**以宣王少**〔二・六五一〕❶　舊刻無「以」字，《札記》云：「各本『王』上衍『以宣』二字，今依舊刻本。」案舊刻無「以」字，有「宣」字。

**真公濞十五年一云十四年**〔二・六五〇〕　正德本「十」下衍「十」字。

**靖侯宜臼**〔二・六五〇〕　毛本「宜」誤「官」。王本「臼」誤「曰」。

**宋釐公**〔二・六五〇〕　殿本「公」下有「舉」字。

**共和二**〔二・六五三〕《表》中凡紀大事，皆年數居中，事則分書於兩旁，百衲、中統、舊刻、游、正德本皆然，王、柯、南雍、秦、李、凌、程、毛、殿本則年數在左，事書於右，非舊式也。

**是爲宣王**〔二・六五二〕　毛本「王」誤「公」。

**晉釐侯司徒元年**〔二・六五三〕　南雍、李、程、殿本無「晉」字。

**蔡武公二十四**〔二・六五三〕　正德本脱「二」字。

**楚熊嚴元年**〔二・六五三〕　南雍、李、凌、程、殿本無「楚」字。

**蔡夷侯元年**〔二・六五三〕　南雍、李、凌、程、殿本無「蔡」字。

**曹幽伯强元年**〔二・六五三〕　南雍、李、凌、程、殿本無「曹」字。各本「强」作「彊」，毛本誤「疆」。

**魯真公二十三**〔二・六五四〕　各本「三」作「五」，上年「二十四」，此「三」字誤。

---

❶ 此條原在「凡二百六十五年」條上，據嘉業堂本移。

**宋惠公覸元年**〔二·六五四〕　南雍、李、凌、程、殿本無「宋」字。

**楚熊霜元年**〔二·六五五〕　南雍、李、程、殿本無「楚」字。

**燕惠侯三十八**〔二·六五五〕　王、秦本「三」誤「五」。

**典釐侯莊元年**〔二·六五五〕　百衲、中統、舊刻、游、王、柯、秦、凌、毛本「典」作「燕」，此誤，正德本誤「蔡」，南雍、李、程、殿本無此字。正德本「釐」作「厘」，程本誤「厲」。

**魯武公敖元年**〔二·六五六〕　南雍、李、程、殿本無「魯」字。

**曹戴伯鮮元年**〔二·六五六〕　南雍、李、程、殿本無「曹」字。

**齊厲公無忌元年**〔二·六五七〕　中統、王、柯、秦本「無」作「无」，《札記》引游作「无」，案游本作「無」。

**晉獻侯籍元年**〔二·六五七〕　百衲、舊刻、毛、殿本同，游、正德、王、柯、南雍、秦、李、凌、程本「侯」作「公」。

**齊厲公一**〔二·六五七〕　「一」本作「二」，脱上畫。

游、王、柯、秦本「獻」作「献」，俗，下同。

**秦莊公元年**〔二·六五七〕　南雍、李、程、殿本無「秦」字。正德本「莊」誤「共」。

**楚熊徇元年**〔二·六五七〕　南雍、李、程、殿本無「楚」字。游、正德本「徇」作「恂」，舊刻、南雍、程、殿本作「狥」。

**魯懿公戲元年**〔二·六五八〕　南雍、李、程、殿本無「魯」字。中統本「魯」誤「僧」。

**齊文公赤元年**〔二·六五八〕　南雍、李、程、殿本無「齊」字，中統本「齊」作「斉」，不成字，下「齊」「斉」錯出，亦或作「齐」，俗。

**衛武公和九年**〔二・六五九〕　南雍、李、程、殿本無「衛」字。各本「九」作「元」，此誤。正德本「和」上衍「元」字。

**穆侯弗生元年**〔二・六五九〕　《索隱》出「晉穆公生」四字，云「生是穆公名」。毛本「穆侯」誤作「秦穆公」，金陵翻毛本改作「晉穆侯」。

**蔡釐侯所事元年**〔二・六六〇〕　南雍、李、程、殿本無「蔡」字。《索隱》出「蔡釐侯所」四字，下云「《系家》釐侯名所事」，則「所」下本無「事」字，後人據《世家》增之也。

**晉穆侯四取齊女爲夫人**〔二・六六〇〕　毛本「取」作「娶」。舊刻脱此六字。

**宋惠公二十四**〔二・六六一〕　「二」上畫泐。

**魯孝公稱元年**〔二・六六一〕　南雍、李、程、殿本無「魯」字。

**鄭桓公友元年**〔二・六六一〕　「桓」缺筆，下「曹桓公終生」不缺，以下或缺或否。中統本「桓」誤「相」。

**燕釐侯一十三**〔二・六六二〕　本「二十三」，「二」上畫泐。

**齊成公説元年**〔二・六六二〕　南雍、李、程本無「齊」字，凌本脱「齊成」二字。

**晉穆侯十以千畝戰生仇弟成師**〔二・六六三〕❶　王、秦本「千」誤「于」。

❶「十」下，原衍「二」字，據嘉業堂本删。

**二子名反**〔二一·六六三〕 中統、游本作「一子各反」，正德本作「後各反」，王、柯、秦、程、毛本作「二子各反」，均非。

**君子譏之**〔二一·六六三〕 凌本「譏」作「訊」，下魯表「易許田，君子譏之」同。

**後亂**〔二一·六六三〕 中統、游本「亂」作「乱」，俗，下「國亂再赴」「俱避毋知亂」「救周亂」「國怨惠公亂」「齊率戎伐晉亂」「子孔作亂」「弟招作亂」「棄疾作亂自立」「見亂之鄭」「周室亂」「公平亂」「楚建作亂」「王子朝之徒作亂」並同。

**楚熊鄂元年**〔二一·六六四〕 南雍、李、程、殿本無「楚」字。毛本「熊」誤「雄」。

**宋戴公立元年**〔二一·六六四〕 南雍、李、程本無「宋」字。

**宣王二十**〔二一·六六四〕 「二」本作「三」，中畫泐。

**宋戴公一**〔二一·六六四〕 本「二」字，上畫泐。

**三十**〔二一·六六四〕 「三十」下本有「一」字，泐。

**曹惠伯雉元年**〔二一·六六五〕 殿本同，各本「惠」下有「公」字，《索隱》出「曹惠公伯雉」五字，《志疑》云：「《世家》作『惠伯雉』，『公』字衍。」

**齊莊□贖元年**〔二一·六六五〕 空格「公」字。

**楚若敖元年**〔二一·六六六〕 「元」字脱一筆。

**燕頃侯五**〔二一·六六八〕 「五」字止存上一畫。

**晉穆侯二十七穆侯卒**〔二・六六七〕　毛本「穆」上有「晉」字。

**弟殤叔自立**〔二・六六七〕　中統本「自」誤「同」。正德本脱「自」字。此本「自立」以下七字，跨入後表殤叔元年。

**鄭桓公二十二**〔二・六六七〕　本「三」誤「二」，上年已作「二十二」。

**齊莊公十二**〔二・六六八〕　本「十三」，「三」上畫泐。

**幽王元年**〔二・六六九〕　毛本「幽」上有「周」字，舊校云：「表於周天子紀元，皆不書國號，所以示一統，別之於諸侯也，此本猶存其舊，下『簡王元年』『靈王元年』『景王元年』『敬王元年』，局本並衍『周』字，此本無。」

**晉殤叔四立爲文侯**〔二・六六九〕　正德本「立」上衍「自」字。

**魯孝公一十八**〔二・六六九〕　本「二十八」，「二」上畫泐。

**鄭桓公二十一**〔二・六六九〕　本「三十一」，「三」缺上畫。

**以幽王故犬戎所殺**〔二・六七〇〕　舊刻「幽」誤「安」，游本作「幽」，又「犬」誤「大」。殿本「故」下有「爲」字，案各本無「爲」字。

**燕頃侯一十**〔二・六七〇〕　本「二十」，「二」上畫泐。

**秦襄公八初立西時祠白帝**〔二・六七〇〕　游、正德、王、柯、秦、凌本「白」誤「皇」。凌本「時」誤「疇」。

**鄭武公元年**〔二・六七〇〕　《索隱》出「鄭武公滑突」五字，《字類》五《補遺》「滑」下引「鄭武滑突」，則宋時人所見本有「滑突」二字矣，《志疑》云：「今本傳寫失名。」

**魯惠公弗湟元年**〔二・六七一〕　中統、游、正德、王、柯、南雍、秦、李、凌、程、毛、殿本同，百衲、舊刻本「湟」作「涅」。案《索隱》出「魯惠公弗生」五字，下云「《系家》作『弗湟』，《系本》作『弗皇』」，則此本作「弗湟」者，後人據《世家》改也。

**齊莊公二十七**〔二・六七一〕　凌本無「二十七」三字，下晉十三、秦十、楚二十三、宋三十二、衛四十五、陳十、蔡四十二、曹二十八、鄭三、燕二十三均失刻。

**魯惠公二**〔二・六七二〕　凌本「二」誤「一」，下年「三」又誤「二」。

**秦襄公十二伐戎至岐而死**〔二・六七二〕　百衲、舊刻本「而」作「乃」。王、秦、毛本「岐」作「歧」，非。

**燕鄭侯元年**〔二・六七二〕　各本「鄭」作「鄚」，案《世家》作「鄭侯」，「鄚」字誤。

**楚霄敖元年**〔二・六七三〕　《索隱》及殿本「霄」作「甯」，《索隱》出「楚甯敖」三字云：「《系家》『若敖子熊坎立，是爲霄敖』，此作『甯敖』，恐是『霄』字誤變爲『甯』也。」是小司馬所據本正作「甯」，今本《年表》與《世家》並作「霄」，蓋後人以《世家》改《年表》也，説詳《志疑》。

**鄭武公十取申侯女武姜**〔二・六七四〕　王、柯、秦、凌本「申」誤「田」。

**衛武公五十二**〔二・六七四〕　本「五十三」，此「二」字誤。

**鄭武公十四生莊公悟生**〔二・六七五〕　中統、游、正德、王、柯、秦、凌本同，百衲、舊刻、南雍、李、程、毛、殿本「悟」作「寤」。

**秦文公十作時**〔二・六七五〕　毛本同，各本「時」上有「鄜」字，王本「時」誤「[illegible]」。

**陳文公圉元年**〔二・六七六〕　舊刻「元」誤「生」。

**鄭武公十七生大叔叚**〔二・六七六〕　百衲、南雍、李、程、毛、殿本「大」作「太」。毛本「叚」作「段」，不誤，下並同，殿本下「母欲立叚」，亦作「段」。

**平王□十二**〔二・六七七〕　本「二十二」，上「二」字缺。

**魯惠公三十**〔二・六七七〕　本「三」誤「三」。

**齊莊公四□六**〔二・六七七〕　本「四十六」，「十」字泐。

**蔡宣侯積父元年**〔二・六七七〕　百衲、舊刻本「積父」作「偕倫」，中統、游、正德、柯、凌本作「楷論」，王、秦、李、毛本作「揩論」，南雍、程、殿本作「楷父」。案《世家》「宣侯名措父」，《春秋》則云「考父」，與各本皆不合。

**□昭侯元年**〔二・六七七〕　空格「晉」字。

**封季弟成師于曲沃**〔二・六七八〕　王、柯、秦、凌本「封」下有「其」字。南雍、李、程、殿本「于」作「於」。《志疑》云：「『弟』乃『父』字之誤，成師者，文侯季弟，昭公之季父也。」

**晉人亂自曲沃始矣**〔二・六七八〕　中統、游、正德、秦本「矣」誤「矦」，程本作「也」，亦非。

**栢公元年**〔二・六七九〕　南雍、李、程、毛、殿本上有「陳」字。「栢」本作「桓」，蓋「桓」缺筆似「栢」因而致譌也。

**鄭莊公悟生元年**〔二・六七九〕　百衲、中統、舊刻、中統、游、正德、南雍、李、凌、程、毛、殿本「悟」作「寤」。舊刻「生」誤「王」。

**祭仲生**〔二・六七九〕　舊刻「仲」作「中」。《考證》云「『生』疑是『諫』」，《志疑》云「『生』乃『相』之誤」。

**平王二卜九**〔二·六七九〕　本「十」誤「卜」。下「三十」，「十」字中畫泐。

**衛莊公十七愛妾子州吁**〔二·六七九〕❶　毛本「子」作「生」。李本「愛」誤「受」。

**楚武王立**〔二·六八〇〕　百衲、舊刻本「王」作「公」，案楚僭王自此始，史公特變其例，不書名與元年，所以異乎諸國也。

**晉孝侯元年潘父殺昭侯**〔二·六八〇〕　舊刻「父」誤「乂」。

**納成師不克**〔二·六八〇〕　毛本「師」誤「帥」。

**是爲孝侯**〔二·六八〇〕　案此下當有「元年」二字，各本俱脱。

**平王三十二**〔二·六八一〕　本「三十三」，下「三」字上畫泐。

**宋宣公十四**〔二·六八二〕　「十」字空格，依潘本補。

**夫人無子桓公立**〔二·六八二〕　「無」下缺「子桓公」三字，依潘本補。王、柯、秦本「無」作「无」。秦本「桓」誤「栢」，下「衛栢公完元年」同。

**衛桓公完元年**〔二·六八二〕　「完」缺筆，下同，楚表「使屈完盟」不缺。游本「完」誤「宗」。

**衛桓公二弟州吁驕完黜之出奔**〔二·六八二〕　游本「吁」誤「呼」。中統、游本「奔」誤「弃」。南雍、李、淩、程、殿本「完」作「桓」。《札記》云：「淩本『桓』下有『公』字，各本遂改『桓』爲『完』，非。」案此本與百衲、舊刻、

❶「七」，原作「二」，據嘉業堂本改。

中統、游、正德、王、柯、秦本並作「完」，非因凌本有「公」字，因改「桓」爲「完」也，且「桓」下有「公」字，亦豈始於凌乎？

**齊釐公二同母弟夷仲生公孫毋知也**〔二・六八四〕　毛本無「弟」字。李本「孫」誤「係」。

**燕鄭侯二十六**〔二・六八四〕　本「三十六」，「三」字脱一畫。

**平王四十四**〔二・六八五〕　各本上有「甲寅」二字，此本及百衲本脱。

**曹孝侯十六晉人立孝侯子郤爲鄂**〔二・六八五〕　中統、王、柯、秦本同，游、正德本「鄂」作「侯」。百衲、舊刻、南雍、李、凌、程、毛、殿本「鄂」下有「侯」字。

**曹桓公三十三**〔二・六八五〕　「三」字上二畫泐。

**晉鄂侯郤元年曲沃强於晉**〔二・六八六〕　凌本同，各本「强」作「彊」。王、柯、秦本「晉鄂侯郤」四字誤入前年。凌本前年有「郤元年，曲沃彊於晉」八字，與此文複出。

**魯隱公息姑元年**〔二・六八七〕　《索隱》本出「魯隱公息」四字，云：「《系家》名息，《系本》名息姑也。」是其所據本「息」下無「姑」字。

**宋穆公九公屬孔父立殤公**〔二・六八八〕　百衲、中統、舊刻、游、正德、凌本「屬」作「属」。

**憑奔鄭**〔二・六八八〕　各本「憑」作「馮」。

**宋殤公與夷兀年**〔二・六八八〕　本「元」字，上畫泐。毛本脱「公」字。

**楚武王二十二**〔二・六八九〕　本「二十三」，「三」中畫泐。

**衛桓公十六州吁弒公自立**〔二一·六八九〕　程本「弒」作「殺」。南雍、李、程本「公」作「君」。王本脱「立」字。

**陳桓公二十六衛石碏來告故**〔二一·六八九〕　南雍、李、凌、程、殿本「石」誤「右」。

**衛宣公元年討州吁**〔二一·六八九〕　凌本此三字誤入上宋表。

**魯隱公六鄭人來渝平**〔二一·六九〇〕　南雍、李本「渝」作「輸」。

**鄭莊公二十七始朝王王不禮**〔二一·六九〇〕　中統、游、王、柯、秦本「禮」作「礼」，下「天王求車，非禮」「蔡不禮」並同。

**秦寧公元年**〔二一·六九〇〕　南雍、李、凌、程、毛、殿本同，百衲、舊刻、中統、游、正德、王、柯、秦本「寧」作「靈」，《札記》云：「凌本『寧』，與《秦紀》合，他本並作『靈』。」

**魯隱公八易許田**〔二一·六九〇〕❶　秦本「易」上有「求」字。

**鄭莊公二十九與魯璧**〔二一·六九〇〕　中統、游本同，各本「璧」作「壁」，殿本作「祊」，《考證》云：「《世家》云『與魯祊易許田』，據此『璧』當是『祊』。」《志疑》云：「案『璧』當作『祊』，因後有以璧假田之事而誤也。」

**魯隱公九大雨震電**〔二一·六九一〕　南雍、李、程、殿本同，百衲、舊刻本「震」作「雹」；中統、游、正德、王、柯、秦、凌本作「大雨雹」，無「震」字；毛本作「震雹」，無「大雨」二字。

**蔡桓侯封人元年**〔二一·六九一〕　正德本「封人」二字誤在「元年」下。

❶ 此條原在「秦寧公元年」條上，據嘉業堂本移。

**宋殤公七與衛人伐鄭**〔二・六九一〕　王、柯、秦本「與」作「与」，下並同。程本「伐」誤「代」。

**魯栢公允元年**〔二・六九二〕　「栢」本作「桓」，與上「陳栢公」同誤。

**生手文爲魯夫人**〔二・六九三〕　舊刻「文」誤「又」。

**楚武王二十**〔二・六九三〕　本「三十」，「三」誤「二」。

**鄭莊公三十三以壁如魯**〔二・六九三〕　游本同，各本「壁」作「璧」。正德本「易」上衍「尤」字。凌、殿本「如」作「加」。《札記》云：「案《魯世家》集解麋信曰『鄭以祊不足當許田，故復加璧』，『加』字是。」

**魯桓公二**〔二・六九三〕　舊刻「二」誤「三」。

**宋路以鼎**〔二・六九三〕　百衲、中統、舊刻、南雍、李、程、毛、殿本「路」作「賂」，游、正德、王、柯、秦、凌本作「略」，蓋本作「賂」，傳寫譌「路」，又變爲「略」也。

**宋公馮元年華督爲相**〔二・六九四〕　正德本脱「華」字。

**魯桓公三君子譏之**〔二・六九五〕　各本「譏」作「譏」，此誤。

**晉小子元年**〔二・六九四〕　王、柯、秦、凌本「小」作「少」，《札記》云：「舊刻、王、柯、凌本『小』作『少』。」案舊刻作「小」，不作「少」。

**鄭莊公三十七代周傷王**〔二・六九五〕　本「伐」誤「代」。

**晉侯湣元年因伐曲沃**〔二・六九六〕　殿本「因」作「周」。

**立晉哀侯弟湣爲晉侯**〔二・六九六〕　《索隱》出「哀侯弟緡」四字，則所據本作「緡」，與《世家》合，《字類》一

《補遺》引作「滑」。

**楚武王三十九侵隋隋爲善政得止**〔二・六九六〕　中統、游、正德、王、柯、秦、毛本同，各本「隋」作「隨」，《志疑》云：「『隨』字訛刻『隋』。」

**陳表國亂再赴**〔二・六九六〕　游、正德本「赴」誤「起」。

**陳厲公佗元年**〔二・六九六〕　中統、游、正德、王、柯、南雍、秦、李、凌、程、殿本「佗」作「他」。

**鄭莊公二十八**〔二・六九六〕　本「三十八」，「三」缺一畫。下「二十九」本「三十九」，誤與此同。

**太子忽救齊**〔二・六九六〕　正德本「齊」下有「侯」字。

**齊將妻之**〔二・六九六〕　正德本脱「之」字。

**楚武王三十七伐隋弗拔**〔二・六九七〕　中統、游、正德、李、凌、程、毛本同，各本「隋」作「隨」。

**陳厲公三周史卜完後世王齊**〔二・六九七〕　百衲、南雍、李本同，舊刻作「周史完後世王齊」，脱「卜」字，而表中「三」字作「十三」，「十」即「卜」之誤也，游本「卜」亦誤「十」，正德、秦本誤「仲」。程本「王」誤「三」，各本「王齊」二字並倒。

**鄭莊公三十**〔二・六九七〕　本作「四十」，古「三」「四」字皆積畫，此誤脱一畫也。下「三十一」本作「四十一」，「三十二」本作「四十二」，「三十三」本作「四十三」，均誤。

**宋公馮十執蔡仲**〔二・六九八〕　南雍、李、凌、程本「蔡」作「祭」。

**鄭𠩺公突元年**〔二・六九八〕　各本「𠩺」作「厲」，此誤。

**齊釐公三十二毋知釐公令袟服如太子**〔二・六九九〕　百衲、舊刻本作「釐公令毋知秩服如太子」，此「袟」字誤，毛本作「袟」，亦誤。

**陳莊公林元立**〔二・六九九〕　各本「立」作「年」，此誤。

**桓公子**〔二・六九九〕　正德本「子」下有「也」字。

**秦出公六三父殺出公**〔二・六九九〕　百衲、中統、舊刻、南雍、李、凌、程、殿本同，游、正德、王、柯、秦、毛本「父」誤「公」。

**鄭厲公二**〔二・六九九〕　本「三」字，中畫泐。

**燕宣侯十二**〔二・六九九〕　本「十三」，「三」中畫泐。

**齊襄公元年貶毋知秩服毋知怨**〔二・七〇〇〕　各本「秩」作「秩」，毛本誤「袟」，秦本「怨」下有「之」字。

**秦武公元年伐彭**〔二・七〇〇〕　王、秦本脱「伐」字。

**鄭厲公四蔡仲立忽**〔二・七〇〇〕　中統、游、正德、南雍、李、凌、程、殿本「蔡」作「祭」。

**魯桓公十六公會晉**〔二・七〇〇〕　中統本「晉」誤「宋」。

**莊王元年**〔二・七〇〇〕❶　舊刻「王」誤「公」。

**衛黔牟元年**〔二・七〇〇〕　游、正德本「黔」誤「黠」。

---

❶　此條原在「鄭昭公元年祭仲取之」條下，據嘉業堂本移。

**鄭昭公元年祭仲取之**〔二一・七〇一〕　百衲、舊刻、王、柯、秦、毛本「祭」作「蔡」。正德本「取」作「娶」，《考證》云：「『取』當是『娶』。」

**莊王二有九弟**〔二一・七〇一〕　各本「九」作「兄」，《志疑》云：「當作『有弟克』，傳寫誤倒，又誤『克』爲『兄』，蓋指莊王弟王子克也。」

**魯桓公十一日蝕不書日官失之**〔二一・七〇一〕　南雍、李、凌、程、殿本「蝕」作「食」，毛本脱此八字。

**鄭昭公二渠彌殺昭公**〔二一・七〇一〕　正德本「殺」上有「謀」字。王、柯、秦本「彌」作「弥」。

**齊襄公四殺魯桓**〔二一・七〇一〕　正德本「桓」下有「公」字。

**莊王四周公欲殺三而立子克**〔二一・七〇二〕　本「王」誤「三」。

**王詘周公**〔二一・七〇二〕　王、秦本「詘」誤「訥」，南雍、李、凌、程、殿本作「誅」。

**陳宣公一**〔二一・七〇三〕　本「二」字，上脱一畫。

**齊莊公八伐紀**〔二一・七〇三〕❶　舊刻「紀」誤「杞」。

**楚武王五十一王伐隋夫人心動**〔二一・七〇三〕　百衲、舊刻、殿本「隋」作「隨」。毛本「夫人」上有「告」字。

**燕莊王元年**〔二一・七〇三〕　各本「王」作「公」，此誤。

**曹莊公十二**〔二一・七〇四〕　本「十三」，脱一畫。

---

❶ 此條原在「陳宣公一」條上，據嘉業堂本移。

**楚文王二**〔二・七〇四〕　本「二」字，上畫泐。

**楚文王二鄧人曰**〔二・七〇四〕　百衲、舊刻本「人」作「甥」。

**魯莊公七與雨偕**〔二・七〇五〕❶　正德本「偕」下有「下」字。

**衛黔牟十齊立思公**〔二・七〇五〕　「十」字一畫泐。各本「思」作「惠」，此誤。

**黔牟奔周**〔二・七〇五〕　本「奔」誤「夻」。

**魯莊公八子糾來奔**〔二・七〇五〕　中統、舊刻、游、正德、程本「糾」作「糾」，非。中統、游本「來」作「来」，下並同。中統本「奔」作「犇」。

**與管仲俱避毋知亂**〔二・七〇五〕　游本「管」誤「官」。

**齊襄公十二無知弑君自立**〔二・七〇五〕　凌本「弑」作「殺」。游本「自」誤「目」。

**魯莊公九齊距魯**〔二・七〇六〕　游、正德本「距」作「拒」。

**使生致管仲**〔二・七〇六〕　正德本「致」誤「攻」。

**楚文王五蔡不禮**〔二・七〇七〕　中統、游本「禮」作「礼」，王、柯、秦本同。

**惡之楚**〔二・七〇七〕　正德、秦本作「惡之，乃至楚」。

---

❶「雨」，原作「兩」，據嘉業堂本改。

**魯莊公十爲斜故**〔二一・七〇六〕　舊校云：「『斜』爲『糾』之駁文。」

**楚文王六獲哀侯以歸**〔二一・七〇七〕　王、柯、秦本「歸」作「帰」。

**宋湣公九宋大水**〔二一・七〇七〕　秦本「大水」誤「火氷」。

**魯使臧文仲来弔**〔二一・七〇七〕　中統、游本同，各本「来」作「來」，「来」本「來」字，漢隸作「来」，下「王使衛来求金」「晉来救」「晉使郤克来」「巫臣来，謀伐楚」「楚来救齊」「景公来請伐」「燕、楚来定我」「蔡侯来朝」並同。中統、游本「來」「来」錯出。

**宋湣公十萬殺君**〔二一・七〇八〕　中統、游、王、柯、秦本「萬」作「万」。

**仇牧有義**〔二一・七〇八〕　游、正德、王、秦本「牧」誤「收」。

**齊桓公五與魯人會柯**〔二一・七〇八〕　正德本「柯」上有「于」字。

**定桓公御説元年**〔二一・七〇八〕　本「宋」誤「定」。

**齊桓公七會諸侯於鄄**〔二一・七〇九〕　殿本「於」作「于」。

**晉侯湣二十八曲沃武公滅晉侯緡**〔二一・七〇九〕　各本「緡」作「湣」。

**以宝獻周**〔二一・七〇九〕　「宝」「献」皆俗字，中統本「寳」誤「實」，王、柯、秦本作「宝」，中統、游、王、柯、秦本並作「献」，下「子詭諸立爲獻公」同。

**鄭厲公元年厲公亡後七歲復入**〔二一・七〇九〕　百衲、南雍、李、凌、程、毛、殿本同，舊刻、游、正德、王、柯、秦本「七」作「十」，中統本作「十七」。案厲公於甲申出居櫟，中更昭公二年、子亹一年、子嬰十四年，則十七歲矣，中統本是也。《志疑》云：「厲公亡後十七歲復入，此本脱『十』字，他本或脱『七』字，並是傳刻之譌。」

**晉武公稱并晉已立三十八年**〔二·七〇九〕　各本作「二十八年」，案《晉世家》，曲沃武公已即位三十七年矣，更號曰晉武公，晉武公始都晉國，前即位曲沃，通年三十八年。此表自桓王四年武公初立，數至釐王四年，適三十八年。其作「二十八年」者，涉上晉侯湣二十八年之文而誤也，得此本以正之，自覺涣然矣。

**秦武公二十葬雍**〔二·七〇九〕　正德本脱「雍」字。

**晉武公二十九**〔二·七一〇〕　案當作「三十九」，各本均誤。

**楚堵敖轞元年**〔二·七一一〕　百衲、舊刻本同，各本「轞」作「囏」。南雍、李、凌、程、殿本無「楚」字，《索隱》出「楚杜敖囏」四字云：「此本作『杜敖』，劉氏云亦作『堵』。」則小司馬所據本是「杜」字，其作「堵」者，劉氏所引别一本也。《左傳》莊十四年釋文亦引《史記》作「杜敖」。

**一作勭**〔二·七一一〕　百衲、舊刻本「勭」作「勛」，《雜志》云：「『勭』當爲『勤』，字之誤也。《説文》『囏，籀文艱字』，艱古讀若根，『根』『勤』聲相似，故『艱』通作『勤』。若『勭』與『囏』則聲遠而不可通矣。」案王氏未見作「勛」本，故疑爲聲遠而不可通，若作「勛」，則與「囏」聲近，不必改「勭」爲「勤」矣。

**惠王二王奔温**〔二·七一二〕　王、秦本「王」誤「三」，凌本「王奔温」作「奔王温」，非。

**蔡穆侯肸元年**〔二·七一二〕　百衲、舊刻、殿本同，中統、游、正德、柯、南雍、李、凌、程、毛本「肸」作「肹」，王、秦本作「盻」，非。

**惠王四誅積入惠王**〔二·七一三〕　百衲、舊刻、王、柯、秦本無「入」字，正德本「入」作「立」，毛本作「惠王入」，瞿氏據宋本無「誅積入惠王」五字。

**惠王五太子母早死惠后生叔帶**〔二・七一三〕　舊刻「母」誤「匹」，中統、游、正德、王、柯、秦、毛本脱此十字。

**陳宣公二十一厲公子完奔齊**〔二・七一三〕　舊刻「完」誤「元」。

**厲文公捷元年**〔二・七一三〕　南雍、李、凌、程、殿本「厲」作「鄭」。

**魯莊公二十三公如齊觀社**〔二・七一四〕　正德本「社」上衍「周」字。

**曹釐公夷元年**〔二・七一四〕　毛本脱「夷」字。

**晉獻公八盡殺故晉侯群公子**〔二・七一五〕　王、柯、秦本「盡」作「尽」，俗字。

**晉獻公九始城絳都之**〔二・七一五〕　毛本「城」作「成」，《水經注》六《澮水》注《史記・年表》稱「獻公九年始成絳都」，《志疑》云：「是年城絳非始都絳也，『之』字當衍，《水經注》引《表》作『始成絳都』，可證。」

**晉獻公十二驪姬故**〔二・七一六〕　正德本「故」下有「也」字。

**齊桓公二十三伐山戎**〔二・七一六〕　秦本「伐」誤「代」。

**魯莊公三十二莊公弟叔牙鴆死子般**〔二・七一七〕　正德本「子」下衍「于」字。

**晉獻公十六伐魏取霍**〔二・七一八〕　殿本「取」作「耿」，《志疑》云：「案『伐』字當依《秦本紀》及《晉世家》作『滅』，『取』字又『耿』之譌。」

**畢萬魏**〔二・七一八〕　中統、游、王、柯、秦本「萬」作「万」。

**衛懿公八公好鶴**〔二·七一八〕　凌本「鶴」作「隺」。

**滅我國**〔二·七一九〕　中統、舊刻、游本「國」作「国」，俗字，中統、游本下「國怨，惠公亂」「陳靈公平國元年」「高國奔衛」「齊高國來奔」「惠王復國」並同。

**宋桓公二十三**〔二·七一九〕　凌本「二十三」誤「三十三」。

**齊桓公二十八救戎狄伐**〔二·七二〇〕　百衲、舊刻本「戎」作「我」，毛本「狄伐」作「伐狄」，殿本「戎狄」作「狄戎」。

**晉獻公十九年滅下陽**〔二·七二〇〕　舊刻「滅」誤「城」。

**齊桓公二十九歸蔡姬**〔二·七二一〕　柯本「歸」作「帰」。

**燕衷公元年**〔二·七二一〕　舊刻「燕」誤「齊」，各本作「燕襄公」。「衷」不成字。

**楚成王十六使屈完盟**〔二·七二一〕　王、秦本脱「盟」字。

**晉獻公二十二**〔二·七二一〕　凌本「二十二」誤「三十二」。

**滅虞虢**〔二·七二二〕　本「虢」誤「虢」。中統、王、秦本誤「虢」。中統、游本「滅」作「減」，正德本作「咸」，均非。

**齊桓公三十二率諸侯伐鄭**〔二·七二二〕　正德本脱「侯」字。

**楚成王十八許公肉袒謝**〔二·七二二〕　殿本「公」作「君」。王、秦本「袒」誤「祖」。

**惠王二十五畏太叔**〔二·七二三〕　王本「太」作「大」。

**皇甫謐云**〔二・七二三〕　本「謐」誤「諡」，游本誤同。程本「皇」誤「黄」。

**魯釐公九齊率戎伐晉亂**〔二・七二三〕　殿本「戎」作「我」，各本並誤「戎」。

**齊桓公三十五會諸侯子葵丘**〔二・七二三〕　本「于」誤「子」。

**命無拜**〔二・七二四〕　中統、游本「無」作「无」。

**宋桓公三十一齊葵會葵丘**〔二・七二三〕❶　上「葵」字本作「桓」，涉下「葵丘」而誤，王、秦、毛本誤「蔡」。

**襄王二**〔二・七二四〕　中統本「二」誤「一」。

**晉惠公夷吾元年**〔二・七二四〕　瞿氏據宋本無「元年」二字。

**丕鄭子豹亡來**〔二・七二四〕❷　毛本「丕」作「不」，下秦表「丕豹欲無與」同。舊刻「來」作「来」。

**宋襄公兹父元年**〔二・七二四〕　舊刻中格有「三十二」三字，衍。

**自夷相**〔二・七二四〕　本「目」誤「自」，舊刻脱此三字。

**襄王三太叔帶召之**〔二・七二五〕　柯本「太」作「大」。

**鄭厲文公二十四有妾夢天與之蘭**〔二・七二五〕　中統、游本「與」作「与」，下「丕豹欲無與」「晉以衛與宋」「與潘崇殺王」「與秦戰河曲」「與我大戰河曲」「與我平」「與宋伐鄭」「與晉伐齊」「竊與楚盟」「與曹敗齊」「與

---

❶ 「一」，原脱，據嘉業堂本補。

❷ 此條原在「晉惠公夷吾元年」條上，據嘉業堂本移。

諸侯敗齊」「光與崔杼」並同，中統本下「與秦園鄭」「吳與我伐楚郢」，游本下「我與盟」「與趙鞅戰於鐵」「陳與吳故」以下凡七「與」字，亦同。王、秦本「天」誤「夫」。

**齊桓公三十八使管仲平戎于周**〔二・七二五〕　王、柯、秦、凌本「于」誤「子」。

**欲以上卿禮**〔二・七二五〕　秦本「欲」誤「錫」。中統、游本「禮」作「礼」，下秦表「厚禮之」，魯表「入魯問禮」，並同。

**讓受下卿**〔二・七二六〕　中統、游本無「卿」字。正德本作「讓不受」。毛本「下」誤「丁」。

**齊桓公三十九王愍**〔二・七二六〕　各本「愍」作「怒」，此誤。

**晉惠公四飢請粟**〔二・七二六〕　正德、程本「飢」作「饑」。

**秦穆公十三丕豹欲無與**〔二・七二六〕　正德本「丕」誤「不」。中統、游本「無」作「无」。

**公不聽**〔二・七二六〕　中統本「聽」誤「片」。

**起雍至絳**〔二・七二六〕　游本「雍」字泐，正德本無此字。

**晉惠公五秦飢請粟**〔二・七二七〕　程本「飢」作「饑」。中統本「請」誤「饋」。

**魯釐公十五日有蝕之**〔二・七二七〕　王、柯、南雍、秦、李、凌、程、殿本「蝕」作「食」。百衲、舊刻脱「之」字。

**秦穆公十五以盜食善馬士得破晉**〔二・七二七〕　正德本作「以盜食善馬得士破晉」。

**蔡莊公甲午元年**〔二・七二七〕　王本「莊」誤「庄」。

**齊桓公四十二王以戎寇告齊**〔二・七二七〕　柯本「王」誤「三」。王、秦、程本「戎」誤「戍」。

**宋襄公七隕五石**〔二一·七二七〕　本「隕」字誤爲「隕」，又脱一畫一點。

**六鷁退飛**〔二一·七二八〕　百衲、舊刻、王本同，南雍、李、凌、程、毛、殿本「鷁」作「鶂」，中統本「鷁」字左旁不明，游、正德本「六鷁」誤「大鵬」，秦本誤「六鵬」。

**秦穆公十九梁好城不居**〔二一·七二八〕　《索隱》及百衲、舊刻、南雍、李、程、毛、殿本同，中統、游、正德、王、柯、秦、凌本「城」誤「成」。

**民罷相敬**〔二一·七二九〕　各本「敬」作「驚」，此誤。

**故亡**〔二一·七二九〕　舊刻「故」誤「欲」。游、正德本「亡」誤「云」。

**楚成王三十二執宋襄公**〔二一·七二九〕　凌本「執」誤「埶」，下晉表「執解楊」，曹表「晉執我公以歸」，並同。

**宋襄公十三泓之戰楚敗公**〔二一·七三〇〕　毛本同，瞿氏據宋本同，百衲、舊刻本作「楚公敗之」，中統、游、正德、王、柯、南雍、秦、李、凌、程、殿本作「楚敗之」。

**鄭厲文公三十五君如楚宋伐我**〔二一·七三〇〕　毛本脱此六字。

**齊孝公六伐宋以其不同盟**〔二一·七三一〕　程本「伐」誤「代」，下「鄭成公七伐秦」同。

**晉惠公十四圉立爲懷公**〔二一·七三一〕　正德本「爲」上有「是」字。

**秦穆公二十三妻之女**〔二一·七三一〕　正德本「之」上有「以」字。

**死泓戰**〔二一·七三一〕　正德本「死」下有「於」字。

**衛文公二十三重耳從齊過無禮**〔二一·七三一〕　中統、游本「無」作「无」，「禮」作「礼」，下曹、鄭表並同。正

**求霸莫如内王**〔二·七三一〕　游、正德本「求」誤「水」。南雍、李、程、殿本「霸」作「伯」。中統、游、正德本「莫」誤「莔人」。

**晉文公元年趙衰爲原大夫**〔二·七三二〕　游、正德、柯、凌本「衰」誤「襄」。

**襄王十六汜鄭地也**〔二·七三一〕　中統、游、正德本無「也」字。

**曹共公十六僖負羈私善**〔二·七三一〕　舊刻「善」作「言」。德本「從」下脱「齊」字。

**秦穆公二十四以兵送重耳**〔二·七三一〕　中統、游本「耳」下有「晉」字，正德本下有「歸晉國」三字。

**襄王十七晉納王**〔二·七三二〕　正德本「納」上衍「欲」字。

**秦穆公二十五軍河上**〔二·七三二〕　王本「河」誤「何」。

**宋成公四我告急于晉**〔二·七三三〕　中統、游、正德、王、柯、南雍、秦、李、凌、程、殿本「于」作「於」。

**襄王二十王狩河陽**〔二·七三四〕　秦本「王」誤「玉」。

**齊昭公潘元年會晉敗楚朝周王**〔二·七三四〕　正德本「王」下衍「于京師」三字。

**晉文公五侵曹伐衛**〔二·七三四〕　王、秦本「伐」誤「代」。

**問命賜公土地**〔二·七三四〕　各本「問」作「周」，此誤。

**宋成公五**〔二·七三四〕　舊刻「五」字泐。

**晉救我**〔二·七三四〕　舊刻「晉」字、「我」字空格。

**衛成公三立公子瑕**〔二·七三四〕　王、秦本「子」誤「扌」。

**蔡莊公十四**〔二·七三四〕　百衲、舊刻、南雍、李、凌、程本有「會晉伐楚朝周王」七字，中統、游、正德、王、柯、秦、毛、殿本有「晉伐我，執公復歸之」八字，此本皆無之。《札記》云：「『會晉伐楚朝周王』，中統、游、王、毛本脱此七字，而衍下曹表八字，北宋、凌本不缺。」案「會晉伐楚朝周王」亦涉上衛表而誤，當以此本爲長。

**衛成公四晉以衛與宋**〔二·七三五〕　舊刻「宋」誤「來」。正德本「衛」下有「地」字。

**晉文公七聽周歸衛**〔二·七三五〕　各本「衛」下有「成公」二字，此脱。毛本「聽」作「德」。中統、游本「歸」作「忉」，下「敗長翟于鹹而歸」「亡歸」「克怒歸」「齊歸我汶陽」並同，俗字。

**秦穆公三十有奇言即去**〔二·七三五〕　百衲無「奇」字。正德本「去」下有「之」字。

**衛成公五周入成公**〔二·七三五〕　舊刻「成」誤「城」。程本「入」誤「人」。

**魯釐公三十一**〔二·七三六〕　本「三十二」，「二」誤「一」。

**魯釐公三十二**〔二·七三六〕　本「三十三」，「三」誤「二」。

**齊昭公六狄侵我**〔二·七三六〕　王、柯、秦本脱「我」字。

**晉襄公驩元年破秦於崤**〔二·七三六〕　南雍、李、凌、程、殿本「於」作「于」，「崤」作「殽」，下「崤」字並同。

**鄭穆公蘭元年**〔二·七三六〕　舊刻「穆」作「繆」。正德本「蘭」誤「簡」。

**秦襲我**〔二·七三六〕　正德本「秦」誤「蔡」。

**襄王二十六**〔二·七三七〕　第三十六葉自此至燕襄公三十六缺，今依潘本補。

**晉襄公二伐衛衛伐我**〔二·七三七〕　百衲、中統、游、正德、王、柯、秦、毛本，此五字誤入齊表，舊刻、南雍、李、凌、程、殿本與此本同。

**秦穆公三十四敗崤三將歸**〔二·七三七〕　南雍、李、凌、程、殿本同，百衲、中統、游、正德、王、柯、秦本作「敗崤將亡歸」，舊刻作「敗崤將亡」，毛本作「敗崤亡將歸」。

**楚成王四十六王欲殺太子立職**〔二·七三七〕　舊刻無「立職」二字。

**與傅潘崇殺王**〔二·七三七〕　舊刻作「與御殺王」。李本「傅」誤「傳」。王、柯、秦本「潘」誤「番」。

**王欲食熊蹯死**〔二·七三七〕　舊刻無「死」字。秦本「熊」誤「能」。

**自立爲王**〔二·七三七〕　舊刻無此四字。

**秦穆公三十五敗我于汪**〔二·七三八〕　舊刻「汪」誤「紅」。

**楚穆王商臣元年**〔二·七三八〕　中統、游、正德、王、柯、南雍、秦、李本「商」誤「啇」。

**以其太子宅賜崇爲相**〔二·七三八〕　舊刻脱「賜崇爲」三字。游、正德本「相」下有「于紅」二字，蓋涉上秦表而衍。秦表「敗我于汪」，舊刻「汪」誤「紅」，故此亦作「于紅」也。

**燕襄公三十三**〔二·七三八〕　下「三」字上畫泐。

**晉襄公四取王官**〔二·七三八〕　中統本「官」誤「宫」。

**秦穆公三十六以孟盟等伐晉**〔二·七三八〕　中統、王、柯、秦、毛本同，各本「盟」作「明」。

**楚穆王三**〔二一·七三九〕❶ 「三」字上畫泐。

**晉襄公六欒貞子**〔二一·七三九〕 「貞」缺筆。

**鄭穆公六**〔二一·七三九〕 凌本脱「六」字，下燕表「三十六」同。

**晉襄公七趙盾爲太子少**〔二一·七四一〕 正德本「少」上有「年」字。

**秦穆公三十九從死百七十人**〔二一·七四一〕 各本「死」下有「者」字。

**故不宫卒**〔二一·七四一〕 本「言」誤「宫」。

**襄王三十一**〔二一·七四一〕 本「三十二」，「二」字上畫泐。

**晉靈公夷皋元年**〔二一·七四一〕 毛本「皋」作「皐」，《索隱》出「晉靈公蝪」四字云：「音亦，《系家》及《左傳》名夷皋，此蓋誤也。」案小司馬所據本作「蝪」，故引《世家》《左傳》名夷皋以正之，各本《史》文作「夷皋」非。

**趙盾惠攻**〔二一·七四二〕 各本「惠攻」作「專政」，此誤。

**魯文公八王使衛来求金以葬非禮**〔二一·七四二〕 各本「来」作「來」。柯、凌本「禮」作「礼」。

**晉靈公二報令狐之戰**〔二一·七四二〕 游、正德本「狐」作「孤」，非。

**宋昭公許臼元年**〔二一·七四二〕 各本「許」作「杵」，此誤。

---

❶ 此條原在「鄭穆公六」條下，據嘉業堂本移。

**襄公之子**〔二・七四二〕　《索隱》「之子」作「少子」。

**徐廣曰一云成公少子**〔二・七四三〕　《索隱》引徐廣作「成公大子」，《札記》云：「據《索隱》云『襄公少子，❶非也，案徐廣云一曰成公大子』，然則表文『之』字當作『少』，《集解》『少』字當作『大』，今本兩誤。」

**蔡莊公二十十**〔二・七四二〕　本「二十七」，「七」誤「十」。

**□王元年**〔二・七四四〕　百衲、中統、舊刻、游、正德、王、柯、秦、毛本作「傾」，南雍、李、凌、程、殿本作「頃」，下「項王崩」同。

**晉靈公三率諸侯救鄭**〔二・七四四〕　正德本「救」上衍「來」字。

**楚穆王八伐鄭以其服晉**〔二・七四四〕　百衲、中統、舊刻、游、正德、王、柯、秦本「鄭」誤「陳」。

**鄭穆公十楚伐我**〔二・七四四〕　正德本「我」下衍「公」字。

**秦康公四我伐晉**〔二・七四四〕　中統、游本「伐」誤「取」。

**曹文公壽元年**〔二・七四四〕　凌本「壽」字誤在「公」字上。

**魯文公十一敗長翟于鹹而歸得長翟**〔二・七四五〕　毛本「翟」作「狄」，下「敗長翟長丘」仍作「翟」。

**宋昭公四敗長翟長丘**〔二・七四五〕　正德本「翟」下衍「及」字。

**蔡莊侯一十一**〔二・七四五〕　本「三十一」，「三」脱上二畫。

---

❶「襄」，原作「成」，據中華局點校本《札記》及國圖藏汲古閣單刻本《史記索隱》改。

**傾王五項王崩**〔二一·七四六〕 「項」當爲「頃」之譌，「頃」亦作「傾」。

**故不赴**〔二一·七四六〕 王本「不」誤「下」。

**魯文公十四彗星入北斗**〔二一·七四六〕 程本「彗」誤「慧」。

**齊君晉君死**〔二一·七四六〕 百衲、中統、舊刻、游、正德、王、柯、南雍、秦、李、程、毛本同，凌本脱「死」字，殿本作「齊晉君死」。《札記》云：「舊刻不誤，與官本合。」案舊刻與殿本顯然不同，不知何以言合也。

**齊昭王二十商人殺太子自立**〔二一·七四六〕 各本「商」上有「弟」字，正德、王、柯、南雍、秦、李本「商」作「商」，各本作「商」，下同。王本「太」作「大」。

**是爲懿公**〔二一·七四六〕 凌本脱「公」字。

**匡王元年**〔二一·七四七〕 「匡」缺筆，下同。

**蔡莊公三十四齊伐我**〔二一·七四七〕 百衲「伐」誤「代」。

**宋文公鮑元年**〔二一·七四八〕 秦本「元」誤「尢」。

**魯文公十八商仲殺嫡**〔二一·七四八〕 各本「商」作「襄」，此誤。

**齊懿公四公刖邴歜父**〔二一·七四八〕 程本「刖」誤「則」。中統本「父」誤「乂」。

**立悼公子惠**〔二一·七四九〕 各本「惠」下有「公」字，此脱。凌、殿本「悼」作「桓」。《札記》云：「北宋、中統、游、王、柯、毛作『悼公』，誤。」

**魯宣公倭元年**〔二一·七四九〕 各本「倭」作「俀」，此誤。

**楚莊王六以倍我服晉故**〔二・七四九〕　毛本「故」誤「地」。

**鄭穆公二十與楚侵陳**〔二・七四九〕　正德本「楚」誤「朱」。

**晉使趙盾伐我**〔二・七四九〕　毛本無「使」字。

**晉靈公十四趙盾使穿迎公子黑臀丁周立之**〔二・七五〇〕　本「于」誤「丁」，正德本誤「子」。秦本「臀」誤「醫」。

**宋文公四華元以羊羹陷於鄭**〔二・七五〇〕　百衲、舊刻、毛本同，中統、游、正德、王、柯、秦、凌本無「於」字，南雍、李、程、殿本「於」作「于」。殿本「羹」下有「故」字。

**鄭穆公二十一復華元**〔二・七五〇〕　各本「復」作「獲」，此誤。

**楚莊王八伐陸渾至維**〔二・七五一〕　本「雒」誤「維」。

**宋文公五贖華元亡歸**〔二・七五一〕　毛本脱「亡」字，中統、游本「亡」誤「士」，正德本誤「不」。

**圍曹**〔二・七五一〕　正德本「圍」上衍「乃」字。

**楚莊王九伐鄭**〔二・七五一〕　正德本「伐」上衍「遂」字。

**晉成公三仲行桓子**〔二・七五二〕　各本「仲」作「中」。

**衛成公三十一楚伐鄭**〔二・七五二〕　正德本「伐」誤「代」，下晉表「伐鄭」、秦表「伐晉」並同。

**晉中行桓子距楚救鄭**〔二・七五二〕　舊刻「中」誤「求」，中統、游、正德本誤「來」。百衲、舊刻本「救」誤「故」。

**晉成公四與鄭侵陳**〔二·七五三〕　中統、王、柯、秦、凌本同，百衲、舊刻、游、正德、南雍、李、程、殿本「鄭」作「衛」。

**晉成公六獲秦諜**〔二·七五三〕　游本「諜」字泐，正德本誤「將」。

**晉成公七以諸侯師伐陳救鄭**〔二·七五四〕　中統、游、正德本「伐」作「戍」。

**成公薨**〔二·七五四〕　王、柯、秦、毛、殿本「薨」作「殺」。游本作「戍公殺」，正德本作「戍殺公」，均非。

**鄭襄公六**〔二·七五四〕　本「五」誤「六」。

**齊惠公十高國奔衛**〔二·七五四〕　百衲、舊刻本「奔」上有「逐之」二字。游、正德本「奔」誤「夸」。

**衛穆公遫元年**〔二·七五四〕　中統、游、毛本「遫」作「遬」，《志疑》云：「遬音敕，與欠旁者别。」

**陳靈公十五**〔二·七五四〕　各本有「夏徵舒以其母辱殺靈公」十字，正德本作「夏徵舒以其母之辱，遂殺靈公」，此本全脱。

**鄭襄公六晉宋楚伐我**〔二·七五四〕　王、秦本「宋」誤「沭」。

**齊頃公無野元年**〔二·七五五〕　毛本「頃」誤「景」。

**楚莊王十六立陳靈公子午**〔二·七五五〕　正德本「立」上衍「乃」字。

**楚莊王十七鄭伯肉袒謝釋之**〔二·七五六〕　王、秦本「肉」誤「内」。正德本「釋」上衍「遂」字。

**鄭襄公八**〔二·七五六〕　中統本此下有「楚莊圍我」四字，《札記》引吴校金板同。

**燕宣公五楚圍我我卑辭以解**〔二・七五六〕　《考證》云「《世家》不載，疑是鄭襄八年誤入於燕者」，又「平公六公如晉請内王，疑是鄭定十二年誤入於燕者」，「簡公十一敗宋師，疑是鄭聲十九年誤入於燕者」。《札記》云：「鄭襄公八『楚圍我，卑辭以解』，各本誤入下格，中統本在此格，而作『楚莊圍我』四字，脱下二字。」

**魯宣公十二**〔二・七五六〕　本「十三」，「三」上畫泐。

**陳成公二**〔二・七五六〕　本「三」誤「二」。

**楚莊王十九圍宋爲殺使者**〔二・七五六〕　柯、凌本「宋」誤「朱」，下鄭表「與楚伐宋」同。

**晉景公六執解楊**〔二・七五七〕　中統、游、正德、王、柯、南雍、秦、李、凌、程、毛本作「楊」，百衲、舊刻、殿本作

「揚」，下鄭表「執解楊」，百衲、舊刻亦作「揚」。

**有使節**〔二・七五七〕　中統、游、正德本「節」誤「即」。

**楚莊王二十楚罷**〔二・七五七〕　秦本作「楚遂罷兵」，案秦本依正德本改，今正德本「楚」下空一格，「罷」下亦空格，蓋本有「遂」字、「兵」字，後剷去，其迹尚可見也。

**宋文公十七華元告楚楚去**〔二・七五七〕　毛本脱下「楚」字。

**曹宣公廬元年**〔二・七五七〕　百衲、舊刻本「盧」作「廬」。

**鄭襄公十一佐楚伐宋**〔二・七五七〕　中統、游、正德、王、柯、秦、凌、殿本「佐」作「左」。

**晉景公七隨會滅赤翟**〔二・七五七〕　中統、舊刻本「隨」作「隋」。

**齊頃公七晉使郤克來**〔二・七五七〕　正德本「來」誤「使」。

**克怒歸**〔二・七五八〕　各本「歸」下有「去」字，正德本作「克怒去」。

**晉景公九質子强**〔二・七五八〕　各本「强」作「彊」，毛本誤「疆」。游、正德本「質」下脱「子」字，南雍、李、凌、程、殿本「質」作「執」。

**魯成公黑胈元年**〔二・七五八〕　「胈」本作「肱」，此誤。

**春齊取我隆**〔二・七五九〕　程本「隆」誤「降」。

**魯成公二齊歸我汝陽**〔二・七五九〕　各本「汝」作「汶」，此誤，百衲本誤「改」。

**齊頃公十晉郤克敗公於安革**〔二・七五九〕　本一「鞌」字，跨二格，百衲、舊刻、游本亦然，正德本誤作「安華」二字，王本誤「鞌」。

**虜逢丑父**〔二・七五九〕　柯本同，南雍、李、程本「逄」作「逄」，各本作「逢」。

**齊景公十一與曹敗齊**〔二・七五九〕　百衲、舊刻本「曹」上有「魯」字，殿本「曹」作「魯」。

**楚共王二中公巫臣**〔二・七五九〕　本「申」誤「中」。

**齊頃公十一須公如晉**〔二・七六〇〕　各本「須」作「頃」，毛本誤「項」。

**晉景公十三魯公來不敬**〔二・七六〇〕　中統本脱「來」字。

**鄭襄公十八晉欒書取我范**〔二・七六〇〕　《索隱》出「取氾」二字，云「音凡」，「范」本作「氾」，各本誤。

**定王薨**〔二・七六一〕　殿本「薨」作「崩」，王本脱此三字。

**楚共王五鄭悼公來訟**〔二・七六一〕　中統本「悼」誤「穆」，柯本作「倬」。中統本「來」作「来」，毛本誤「求」。

**簡王元年**〔二・七六一〕　毛本「簡」上衍「周」字。王本脱「年」字。

**晉景公十五使欒書救鄭**〔二・七六一〕　中統、游本「欒」作「栾」，俗，下「晉使欒書來救」「欲遣欒逞入曲沃」並同。

**鄭悼公二晉使欒書來救**〔二・七六二〕　百衲「來」作「来」，下宋表「楚太子建來奔」同。

**吴壽夢元年**〔二・七六一〕　游、正德本「夢」誤「薨」。

**秦桓公一十**〔二・七六二〕❶　本「二十」，「二」誤「一」。

**鄭成公淪元年**〔二・七六二〕　各本「淪」作「睔」。

**悼公弟也**〔二・七六二〕　柯、凌本「悼」誤「倬」。

**晉景公十二復趙武田色**〔二・七六三〕　本「邑」誤「色」。

**鄭成公三與楚盟公如晉晉執公伐我**〔二・七六三〕　毛本脱此十字。

**燕昭侯五**〔二・七六三〕　凌本脱「五」字。

**吴壽夢四**〔二・七六三〕　凌本脱「四」字，《志疑》云：「吴壽夢三，湖本『三』字訛『二』，後年又失刻『四』字。」案凌本上「三」字不誤，此「四」字則失刻也。

---

❶「秦桓」，原作「齊頃」，據嘉業堂本改。

**秦桓公二十四與晉来河盟**〔二一·七六四〕　本「夾」誤「来」，中統、游本作「夹」。

**齊靈公四**〔二一·七六四〕　各本有「伐秦」二字，此脱。

**晉厲公三至浧敗之**〔二一·七六四〕　「浧」爲「涇」俗省字，舊刻、柯本同，游、正德本誤「沿」。

**復其將成差**〔二一·七六五〕　各本「復」作「獲」，此誤。中統本「差」作「茬」，游本誤「羌」，正德、秦本誤「羗」。

**秦桓公二十六**〔二一·七六四〕❶　南雍、李、凌、程、殿本有「晉率諸侯伐我」六字。

**鄭成公七**　各本有「伐秦」二字，此脱。

**衛定公十一**〔二一·七六四〕　右旁有「二」字，衍。

**陳成公一十一**〔二一·七六四〕　本「二十一」，「二」字上畫泐。

**鄭成公七**〔二一·七六四〕　各本有「伐秦」二字，此脱。

**晉厲公五三郤讒伯宗**〔二一·七六五〕　王、柯、秦本「三」誤「王」。舊刻「讒」誤「説」。

**魯成公十六文子得以義脱**〔二一·七六六〕　中統、游、正德本「脱」作「免」。

**燕昭公十三昭公薨**〔二一·七六六〕　百衲、舊刻、南雍、李、凌、程、殿本與此同，中統、游、正德、王、柯、秦本此三字誤入上鄭表。

---

❶「秦」，原作「齊」，據嘉業堂本改。

**宋平公三楚伐彭成**〔二・七六七〕　各本「成」作「城」，此脱土旁。

**鄭成公十二與楚伐宋**〔二・七六七〕　毛本「宋」誤「我」。

**宋平公四取犬丘**〔二・七六七〕　舊刻、游本「犬」誤「大」，正德本誤「太」。

**鄭成公十三晉伐取我**〔二・七六七〕　毛本「取」作「敗」。

**兵次洧上**〔二・七六七〕　王本「洧」誤「泑」，柯本誤「泫」。

**楚共王二十一使何忌侵陳**〔二・七六七〕　程本「陳」字空格。

**楚共王二十四**〔二・七六七〕　本「二十四」，「二」下畫泐。

**鄭厲公五誑以病卒赴諸侯**〔二・七七〇〕　各本「誑」作「詐」，百衲誤「許」。

**魯襄公九會河上**〔二・七七一〕　百衲、舊刻本無「上」字。王、秦本「河」誤「何」。

**問公年十一可冠於衛**〔二・七七一〕　南雍、李、凌、程、毛、殿本同，舊刻、王、秦本「問」誤「間」。百衲、中統、舊刻、游、正德、柯、秦本「十一」作「十二」。百衲、舊刻本「冠」下重「冠」字，各本不重。

**宋平公十二晉率我伐鄭**〔二・七七一〕　王、柯、南雍、秦、李、凌、程、殿本「鄭」下衍「帥」字。

**鄭獻公十三晉率我伐鄭**〔二・七七一〕　柯本「率」作「帥」，王、秦本誤「師」。《札記》云：「曹成公十四『晉率我伐鄭』五字，各本誤入上格。」

**鄭簡公二興鄭盟**〔二・七七一〕　本「與」誤「興」。百衲、舊刻本作「與盟」，無「鄭」字，中統、游、正德、王、柯、南雍、秦、李、凌、程、殿本作「我與盟」，❶毛本作「與鄭」，無「盟」字。

**齊靈公十九今太子光高厚**〔二・七七一〕　各本「今」作「令」，此誤。

**會諸侯鍾離**〔二・七七二〕　中統本「鍾」誤「鐘」。

**楚共王二十八**〔二・七七一〕　舊刻「二」誤「三」。

**使子囊救鄭**〔二・七七一〕　游、正德、柯、秦本「囊」誤「楚」。秦本「救」誤「來」。

**宋平公十三鄭伐我**〔二・七七一〕　王、秦本「我」誤「伐」。

**衛獻公十四救宋**〔二・七七一〕　王本「宋」誤「末」。

**鄭簡公三晉率諸侯伐我**〔二・七七一〕　程本「我」字空格。

**子礼作亂**〔二・七七二〕　各本「礼」作「孔」，此誤。

**子産攻之**〔二・七七二〕　毛本「攻」作「救」。

**魯襄公十一三栢分爲三軍**〔二・七七二〕　本「桓」誤「栢」。

**晉悼公十一公曰吾用魏絳九合諸侯賜之樂**〔二・七七三〕　百衲、舊刻、南雍、李、程、殿本同，游、正德、柯本「吾」誤「吴」。中統、王、柯、秦、毛本脱「公曰」二字。中統、游、正德、王、柯、秦、凌、毛本無「賜之樂」三字。

**秦景公十五我使庶長鮑伐晉救鄭**〔二・七七二〕　中統、游、正德、王、柯、南雍、李、凌、程本「鄭」誤「魏」。

---

❶「雍」，原無，據國圖藏南雍本校補。

**宋平公十四楚伐我**〔二·七七二〕　殿本「楚」下有「鄭」字。

**魯襄公十四日蝕**〔二·七七四〕　中統、游、正德、南雍、李、程本「蝕」作「食」。

**楚康王招元年**〔二·七七四〕　中統、游、正德本「招」作「昭」，《索隱》出「楚康王略」四字云「《系家》名『招』」，《札記》云「疑亦『昭』之譌」。

**齊立定公弟狄**〔二·七七四〕　殿本「狄」作「秋」，下「衛殤公狄元年」仍作「狄」，《考異》云：「《世家》作『秋』，『秋』『狄』皆『猋』之譌，《漢書·古今人表》作『猋』，《春秋》作『剽』，『剽』『猋』音相近。」

**魯襄公十五日蝕**〔二·七七四〕　中統、游、正德本「蝕」作「食」。

**晉平公彪元年伐敗楚子湛坂**〔二·七七五〕　王、柯、秦、凌、毛、殿本同，各本「子」作「于」。《索隱》出「敗楚于湛阪」五字，「坂」當作「阪」，《志疑》云：「湖本『于』作『子』，誤，洞本『伐』作『我』。」

**齊靈公二十七晉圍臨淄**〔二·七七六〕　游、正德本「淄」誤「緇」。

**晏嬰大破之**〔二·七七六〕　正德本「大」下衍「夫」字，《考異》云：「按《齊世家》『靈公走入臨菑，晏嬰止靈公，靈公弗從』，此文當有脱誤。」《雜志》云：「此文『晉圍臨淄』下，傳寫殘缺，僅餘『晏嬰』二字，其『大破之』三字，則因下一行晉表内『圍齊，大破之』而衍。」

**晉平公三率魯衛宋鄭圍齊大破之**〔二·七七六〕　正德本「大」下衍「夫」字。毛本「魯」誤「齊」，又「宋鄭」作「鄭宋」。

**宋平公二十一晉率我伐齊**〔二·七七六〕　王、柯、秦本「率」作「帥」。

**燕武公十九武公薨**〔二·七七六〕　王本「武」誤「氏」。

**齊靈公二十八光與崔杼殺牙自立**❶〔二·七七七〕　毛本「自」誤「目」。

**魯襄公二十五以報孝伯之師**〔二·七八〇〕　毛本「以」誤「出」。

**吴諸樊十三迫巢□□□□□**〔二·七八〇〕　「巢」下各本有「門傷射以薨」五字，此渤。

**齊景公杵臼元年如晉請歸衛獻公**〔二·七八〇〕　王、秦本「晉」誤「音」。百衲「歸」作「歸」。中統、游本「獻」作「献」，下「燕獻公元年」，中統亦作「献」，「復入獻公」「獻鴈」，游本同。

**衛殤公十二齊楚殺殤公復内獻公**〔二·七八〇〕　百衲、舊刻本同，南雍、李、凌、程、殿本「齊楚」作「齊晉」。中統、游、正德、王、柯、秦、毛本無此九字。

**吴餘祭元平**〔二·七八〇〕　本「年」誤「平」。

**晉平公十二**〔二·七八一〕　本「十三」，「三」誤「二」。

**楚康王十五康王葬**〔二·七八一〕　游、正德、王、柯、秦本「康」誤「慶」。

**燕懿公□**〔二·七八一〕　空格「四」字。

**吴餘祭二**〔二·七八一〕　本「三」字，誤作小字「二」，在右旁，舊刻亦誤「二」。

**景王元年**〔二·七八二〕　毛本「景」上衍「周」字。

---

❶ 「崔」，原作「雀」，據嘉業堂本改。

**魯襄公二十九吳季子來觀周樂**〔二・七八二〕　凌、毛本同，各本「季」作「札」。中統本「來」作「来」，正德本作「耒」，非。

**盡知樂所爲**〔二・七八二〕　王、秦本「盡」誤「所」，中統、游本作「尽」，俗。

**齊景公四吳季扎來使**〔二・七八二〕　百衲、舊刻、游、正德、毛本無「使」字。各本「扎」作「札」，下晉表「吳季扎來」同。

**鄭簡公二十二謂子□曰**〔二・七八二〕　「産」字泐，猶可認。

**子以禮**〔二・七八二〕　舊刻、游、正德、凌本「禮」作「礼」。

**幸脱於戹矣**〔二・七八三〕　毛本「戹」作「厄」。

**燕惠王元年**〔二・七八二〕　各本「王」作「公」，此誤。

**吳餘祭四**〔二・七八二〕　「四」字右旁泐。

**季札使諸侯**〔二・七八二〕　游本「札」誤「礼」。

**蔡景侯四十九爲太子娶楚女**〔二・七八三〕　中統、游、正德、王、柯、南雍、秦、李、凌、程、殿本「娶」作「取」。

**公通焉**〔二・七八三〕　王、秦本「焉」誤「馬」。

**鄭簡公二十三子産子成止之**〔二・七八三〕　游、正德本「子」誤「于」。

**蔡靈侯班元年**〔二・七八三〕　❶凌本「靈」作「灵」，俗。程本脱「元年」二字。

**魯昭公稠元年**〔二・七八四〕　南雍、李、凌、程、殿本同，各本「魯」誤「晉」。

**晉平公十七公弟后子奔晉**〔二・七八四〕　百衲、中統、舊刻、殿本同，瞿氏據宋本同，游、正德、王、柯、秦、李、程、殿本作「秦后子來奔晉」，毛本作「秦后子奔晉」，《札記》云：「皆涉上格而誤也。」

**燕熊夾敖四自立爲靈王**〔二・七八四〕　百衲、舊刻、南雍、李、凌、程、殿本同，中統、游、正德、王、柯、秦、毛本無「爲」字。

**齊景公八齊田無宇送女**〔二・七八五〕　百衲、中統、南雍、秦、李、程本同，舊刻、游、正德、王、柯、毛本「送」下有「來」字，蓋涉上晉表而衍，凌本作「田無宇送女來」，亦衍「來」字。

**楚靈王圍元年**〔二・七八四〕　中統、王、柯、秦本「圍」誤「圉」。

**肘王**〔二・七八五〕　中統、游、王、柯、秦、凌本同，百衲、舊刻、李、程、毛、殿本「王」作「玉」，正德本誤「立」。

**齊景公九晏嬰使晉云云**〔二・七八五〕　此二十字，王、秦本誤入上格魯表。

**齊政歸田氏**〔二・七八五〕　王、柯、秦本「歸」作「帰」。

**楚靈王三伐吴朱方**〔二・七八六〕　王、柯、秦、凌本「朱」誤「宋」。

**衛襄公六稱病不會楚**〔二・七八六〕　殿本無「楚」字，與魯表、曹表不一例。

---

❶ 此條原在「鄭簡公二十三子産子成止之」條上，據嘉業堂本移。

**吴餘祭十楚誅慶封**〔二·七八六〕　舊刻「封」誤「對」。

**晉平公二十一秦后子歸秦**〔二·七八七〕　本「后」字，脱一畫，百衲、舊刻本「后子」作「厚」，則合二字爲一字矣。

**秦景公四十公卒后子自晉歸**〔二·七八七〕　王、秦本「卒」誤「率」。

**吴餘祭十一楚率諸侯伐我**〔二·七八七〕　中統、游、正德、柯本「率」作「帥」，《札記》引王本同，案王本作「率」不作「帥」。

**秦哀公元年**〔二·七八七〕　中統、游、正德、王、柯、秦本「哀」誤「襄」。

**燕惠公九齊伐我**〔二·七八七〕　毛本脱此三字。

**吴餘祭十二次乾谿**〔二·七八七〕　毛本脱「次」字。

**魯昭公七日蝕**〔二·七八七〕　南雍、李、程本「蝕」作「食」。

**楚靈王六執芊尹**〔二·七八七〕　百衲、舊刻、南雍、李、凌、殿本同，中統、游、正德本「芊」作「芋」，王、柯、秦、程、毛本誤「羊」。

**吴餘祭十三**〔二·七八七〕　「十」下右旁有「二」字，衍。

**魯昭公八楚召之**〔二·七八八〕　南雍、李、凌、程本「召」作「留」。

**楚靈王七就章華臺滅陳**〔二·七八八〕　中統、游、正德本「就」誤「執」。正德本「滅」下衍「遂」字。

**陳哀公三十五弟招作亂**〔二·七八八〕　游、正德、柯、秦本「招」誤「拓」。

**襄公自殺**〔二·七八八〕 中統、殿本「襄」作「哀」，各本均誤。

**鄭簡公三十一**〔二·七八八〕 本「二」誤「一」，下「二十三」則「三十三」之誤，❶「二十五」則「三十五」之誤也。

**楚靈王八弟棄疾將兵定陳**〔二·七八八〕❷ 中統本「棄」作「弃」。

**魯昭公十四月日蝕**〔二·七八九〕 正德本脱「日」字。

**宋平公四十四平公薨**〔二·七八九〕 王、秦本「平」誤「十」。

**楚靈王十使棄疾圍之**〔二·七八九〕 中統、游本「棄」作「弃」，下「棄疾居之」「棄疾作亂自立」及蔡表並同。

**楚靈王十一王伐舒**〔二·七九〇〕 舊刻「王」誤「三」。中統、殿本「舒」作「徐」，《札記》引吴校金本同，與《世家》合。

**民罷於役**〔二·七九〇〕 游、正德本「於」誤「楚」。

**蔡侯廬二立景侯子廬**〔二·七九一〕 凌本「廬」作「庐」，俗省字。

**楚平王居元年共王子**〔二·七九一〕 中統本「平」誤「子」。凌本「王」誤「玉」，下「抱王」當作「玉」，則又誤「王」。

**抱王**〔二·七九二〕 中統、游、正德、王、柯、南雍、秦、李、凌、程本同，百衲、舊刻、毛、殿本「王」作「玉」。

**曹平公頃元年**〔二·七九二〕 各本「頃」作「須」，《考證》云：「《世家》『須』作『頃』，《春秋》與《表》同。」

---

❶ 「三十三」，原作「三十二」，今改。

❷ 此條原在「鄭簡公三十一」條上，據嘉業堂本移。

**景王十九**〔二·七九二〕　王、秦本脱「十九」二字。

**晉昭公六公室卑矣**〔二·七九三〕　正德本無「矣」字。

**蔡侯廬五**〔二·七九二〕　王、秦本脱「五」字。

**鄭定公四火欲禳之**〔二·七九三〕　百衲「禳」誤「穰」，中統、王、秦本誤「攘」。

**不如修德**〔二·七九三〕　舊刻、正德、柯本「修」作「脩」。

**魯昭公十七正月朔日食**〔二·七九三〕　百衲、舊刻本「正」作「五」。各本「食」作「蝕」。

**晉頃公棄疾元年**〔二·七九三〕　中統、游本「棄」作「弃」，《志疑》云：「案『棄』字誤，當作『去』，《世家》與《春秋》合。」

**宋元公八火**〔二·七九三〕❶　秦本「火」下有「災」字，衍。下陳表、曹表「火」下，秦本並衍「災」字，惟衛表與各本同。

**燕平公元年**〔二·七九四〕　王本脱「公」字。

**齊景公與晏子狩**〔二·七九四〕　王、秦本「狩」誤「狂」。

**楚平王七誅五奢尚**〔二·七九四〕　各本「五」作「伍」。

**伍胥奔吴**〔二·七九四〕　王本脱「奔」字。

---

❶ 「八」，原作「七」，據嘉業堂本改。

**宋元公十公毋信詐殺公子**〔二・七九四〕　王、秦本「信」誤「元」，「殺」誤「穆」。

**鄭定公八楚太子建從宋來奔**〔二・七九四〕　毛本脱此八字。

**魯昭公二十一日蝕**〔二・七九五〕　正德本「蝕」作「食」。王、秦本「日」誤「月」。

**敬王元年**〔二・七九六〕　毛本「敬」上衍「周」字。

**陳惠公十五取胡沈**〔二・七九六〕　柯本「沈」誤「浣」。

**吴僚八公子光敗楚**〔二・七九六〕　毛本脱「光」字。

**楚平王十一伐取我鍾離**〔二・七九六〕　中統本「鍾」作「鐘」。

**魯昭公二十五公欲誅季氏**〔二・七九七〕　毛本「季」誤「李」。

**齊景公三十□**〔二・七九七〕　「三十」下有「一」字，此脱，王、秦本亦脱。

**魯昭公二十六以處公**〔二・七九七〕　中統本「公」作「之」。

**齊景公三十二田氏有德於齊可畏**〔二・七九八〕　正德本「齊」下衍「女」字，「畏」下衍「也」字。

**晉頃公十知擽趙鞅内王於王城**〔二・七九七〕　王、秦本「王」誤「三」。

**楚平王十三欲子西**〔二・七九七〕　各本「欲」下有「立」字，此脱。

**秦女子爲昭王**〔二・七九八〕　游、正德、凌本「女」作「太」，毛本「子」下有「立」字，《志疑》云：「『太』字乃『女』之訛，《史詮》曰『立秦女子，今本缺「立」字』。」

**宋景公頭曼元年**〔二·七九七〕《索隱》「曼」作「㬅」。

**曹悼公八**〔二·七九七〕王、秦本脱「八」字。

**楚昭王珍元年誅無忌以説衆**〔二·七九八〕正德、秦本「説」作「悦」。

**吴僚十二公子光使專諸殺僚**〔二·七九八〕王、秦本「僚」誤「潦」。

**光立**〔二·七九八〕毛本「光」作「自」。

**晉頃公十二各使其子爲大**〔二·七九九〕各本「大」下有「夫」字，此脱。

**秦哀公一十三**〔二·七九九〕本「二十三」，「二」上畫泐。

**徐廣曰作聲**〔二·七九九〕各本「作」上有「一」字，此脱。

**魯昭公二十九公自乾侯如鄆**〔二·七九九〕舊刻「鄆」誤「鄆」。

**齊侯曰主君**〔二·七九九〕舊刻「侯」誤「民」，「曰」誤「日」。

**公取之**〔二·八〇〇〕各本「取」作「恥」，此誤，王本空格。

**鄭獻公蠆元年**〔二·七九九〕正德、秦本「蠆」誤「萬」。王本脱「元年」二字。

**楚昭王四吴三公子奔**〔二·八〇〇〕百衲、毛、殿本「奔」上有「來」字，瞿氏據宋本同，舊刻作「吴王子來奔」，中統、游、正德、王、柯、南雍、秦、李、凌、程本作「吴王公子來奔」，並有「來」字。《考證》云：「《世家》同，《左》昭三十年『吴子使徐人執掩餘，使鍾吾人執燭庸，二公子奔楚』，據此則『三』字誤。」

**封以扞吳**〔二·八〇〇〕　游、正德、柯、南雍、李本「扞」誤「莊」，程本誤「杆」。

**吳闔閭三三公子奔楚**〔二·八〇〇〕　南雍、李、凌、程本「三」作「二」。

**曹襄公五平公弟通殺襄公自立**〔二·八〇一〕　程本「通」誤「道」。毛本「殺」誤「曹」。

**蔡昭侯十以喪故留**〔二·八〇一〕　百衲、中統、舊刻、游、正德、王、柯、南雍、秦、李、凌、程、殿本同，毛本「喪」作「裘」。案此表下「與子常裘，得歸」，又楚表「蔡昭侯留三歲，得裘，故歸」，則此當作「裘」明矣，「裘」與「喪」形似，故致誤。《志疑》云：「『喪』當作『裘』，訛刻也。」

**甲午**〔二·八〇二〕　毛本脱此二字。

**蔡昭侯十二與子常裘**〔二·八〇二〕　游、正德本「裘」作「求」。

**晉定公六周與我率諸侯侵楚**〔二·八〇三〕　毛本「楚」誤「我」。

**吳闔閭九與蔡伐楚**〔二·八〇三〕　「伐」字泐其半。

**魯定公五陽虎執季桓子**〔二·八〇三〕　百衲、舊刻、殿本同，各本「陽」作「楊」。

**衛靈公三一**〔二·八〇四〕　各本「三」下有「十」字，此脱。

**楚昭王十二楚恐徙都**〔二·八〇四〕　百衲、舊刻、毛本同，《索隱》「徙都」作「都都」，中統、游、正德、王、柯、秦、凌本作「徙郡」，南雍、李本作「徙都都」，程本「都」誤「郡」。《札記》云：「舊刻本『徙』作『都』，與《索隱》合。」案舊刻作「徙都」，與《索隱》「都都」稍異。

**燕簡公三**〔二·八〇四〕　本「二」字，多一畫。

**魯定公八陽虎欲伐三桓**〔二·八〇五〕　王本「虎」誤「冗」。

**虎奔陽關**〔二·八〇五〕　中統、舊刻、游本同，各本「關」作「関」，王、柯、秦本脱此字。

**秦哀公二十五**〔二·八〇五〕　本「三十五」，「三」脱上畫。

**衛靈公三十三晉侵伐我**〔二·八〇五〕　百衲、舊刻本同，各本「晉」下有「魯」字。

**陳懷公四困死吳**〔二·八〇五〕❶　各本「困」作「因」，此誤。

**吳闔閭十二陳懷公來**〔二·八〇五〕　王、秦本「懷」字空格。

**魯定公九伐陽虎**〔二·八〇五〕　毛本「伐」誤「代」。

**陽虎來奔**〔二·八〇五〕　王、秦本「來」誤「夾」。

**秦哀公二十六**〔二·八〇五〕　「二」本「三」，上畫泐。

**秦哀公三十六哀公薨**〔二·八〇五〕　中統、游、正德、王、柯、南雍、秦、李、凌、程、毛本「哀」誤「襄」。

**魯定公十公會齊侯於夾谷**〔二·八〇六〕　毛本「夾」誤「來」。

**陳湣公二**〔二·八〇七〕　本「三」字，上畫泐。

**曹伯陽三國人有夢衆君子立社宫謀亡曹**〔二·八〇七〕　中統本「人」誤「入」。凌本「夢」誤「慶」。游本

---

❶ 「吳」，原作「吴」，據嘉業堂本改。

「衆」作「众」。

**振鐸請待公孫强許之**〔二・八〇七〕　百衲同，凌、毛本「振鐸」下衍「止之」二字。中統、舊刻、游、正德、南雍、李、程、殿本「强」作「彊」，下「公孫强好射」同。中統、舊刻、游、正德、王、柯、秦、凌本「請」字誤在「孫」字下。毛本「孫」下衍「立」字，又「强」誤「疆」。

**魯定公十二齊來歸女樂**〔二・八〇七〕　柯、秦本「來」作「来」，下「孔子來」「鄭來救」「乞遷于州來」「州來近吴」「楚來救」並同。毛本「女」誤「艾」，下齊表同。《札記》云：「凌脱『女』字。」案凌本不脱。

**季桓子受之**〔二・八〇八〕　王、秦本「桓」誤「栢」。

**齊景公五十歸魯女樂**〔二・八〇七〕　殿本同，各本「歸」作「遺」。

**衛靈公三十七伐魯**〔二・八〇七〕　凌本無此二字，《考證》云：「《世家》不載，《春秋》定十二年『衛公孟彄帥師伐曹』，『魯』當是『曹』。」

**衛靈公三十九**〔二・八〇八〕　凌本「三」誤「二」。

**曹伯陽六君使爲司城**〔二・八〇九〕　此下有「夢者之子亡去」六字，「之子亡去」四字隱約可辨，南雍、李、程、殿本有此六字，百衲作「夢者子行」，舊刻「者」誤「首」，游、正德、柯本止有「子行」二字，中統、王、秦、毛本止「夢者」二字。

**楚昭王二十一滅胡**〔二・八〇九〕　王、柯、秦本「胡」誤「相」。

**衛靈公四十一伐宋**〔二・八〇九〕　毛本脱此二字。

**吴王夫差元年**〔二・八〇九〕　中統本「差」誤「羌」。

**魯哀公將元年**〔二・八〇九〕　南雍、李、程、殿本「將」作「蔣」。

**齊景公五十四伐晉**〔二・八〇九〕　游、正德本脱此二字。

**吴夫差二伐越**　凌本「越」誤「趙」。

**晉定公十九趙鞅圍范中行**〔二・八一〇〕　毛本「中」誤「申」。

**鄭來救敗我**〔二・八一〇〕　百衲、舊刻、王、秦、毛本同，中統、游、正德、南雍、李、程、殿本作「鄭來救我，敗之」，柯、凌本作「鄭來救我，我敗之」。

**衛靈公四十二晉納太子蒯聵于戚**〔二・八一〇〕　柯本「于」誤「子」。

**鄭聲公八與趙鞅戰於鐵敗我師**〔二・八一〇〕　中統、游、正德本同，各本「鐵」作「鐵」。游本「與」作「与」。王、秦本「我師」誤「伐間」。

**宋景公二十五桓魋惡之**〔二・八一一〕　各本作「惡」，此不成字。

**衛出公輒元年**〔二・八一一〕　王、柯、秦本脱「出」字，毛本「出公輒」誤作「衛公出」。

**齊景公五十七乞救范氏**〔二・八一一〕　凌、程、殿本「乞」上有「田」字。

**晉定公二十一趙戰救邯鄲栢人有之**〔二・八一一〕　各本「戰」作「鞅」，此誤。百衲、舊刻、南雍、李、程、毛、殿本「救」作「拔」，瞿氏據宋本同。正德本「有」誤「存」。程本脱「鄲栢人有之」五字。

**晉定公二十九**〔二・八一一〕　各本「二十九」作「二十二」，此誤。

**晉定公二十二**〔二一·八一一〕　舊刻脱下「二」字。

**趙鞅敗范中行**〔二一·八一一〕　本「范」誤「苑」。

**衛出公三救范氏故**〔二一·八一一〕　正德本脱「故」字。

**齊晏孺子元年田乞詐立陽生**〔二一·八一二〕　本「田」字脱一畫。❶百衲、舊刻本「詐」作「許」。

**楚昭王二十七**〔二一·八一二〕　舊刻「七」誤「八」。

**王死城攵**〔二一·八一二〕　本「父」誤「攵」。王、秦本脱「城父」二字。

**宋景公二十八伐曹**〔二一·八一二〕　南雍、李、凌、程、殿本同，百衲、中統、舊刻、毛本「曹」作「魯」，《札記》引吴校金板、瞿氏據宋本並同，游、正德、王、柯、秦本作「晉」。

**魯哀公七公會吴王子繒**〔二一·八一三〕　本「于」誤「子」，舊刻亦誤。

**齊悼公陽生兀年**〔二一·八一三〕　本「元」字，脱上畫。

**齊悼公二伐魯**〔二一·八一三〕　游、正德、王、柯、秦本脱此二字，《札記》云：「中統、游、王、柯、凌並脱。」案中統、凌本不脱。

**曹伯陽十五宋滅曹**〔二一·八一三〕❷　舊刻「滅」作「威」。毛本「宋」誤「鄭」。

---

❶ 按：寶禮堂本不脱。

❷ 此條原在「齊悼公二伐魯」條上，據嘉業堂本移。

**齊悼公四吳伯伐我**〔二·八一四〕　各本「伯」作「魯」，此誤。

**齊人立其子壬爲簡公**〔二·八一五〕　百衲、中統、舊刻、游、正德、殿本同，各本「壬」作「任」。

**衛出公八孔子自陳來**〔二·八一四〕　秦本「子」誤「予」。

**吳夫差十一誅伍員**〔二·八一四〕　百衲、舊刻本「伍」作「五」。

**魯哀公十一**〔二·八一五〕　舊刻「十一」誤作「二」。

**冉有言故迎孔子**〔二·八一五〕　游、正德本「冉」誤「冉」，王、秦本誤「再」。

**衛出公十公如晉**〔二·八一六〕　毛本「晉」誤「魯」。

**晉定公二十**〔二·八一七〕❶　本「三十」、「三」誤「二」。

**宋景公三十五鄭敗我師**〔二·八一七〕　正德本「敗」誤「攻」。

**魯哀公十四西狩獲麟**〔二·八一七〕　毛本「狩」作「守」。

**齊簡公四立其弟爲平公**〔二·八一七〕　《索隱》出「弟驚」二字，「弟」下本有「驚」字，當據補。

**齊平公驚元年齊自是稱田氏**〔二·八一七〕　中統、游本「是」下有「氏」字。

**衛莊公蒯聵元年**〔二·八一八〕　本「聵」誤「瞶」。

---

❶ 此條原在「齊簡公四立其弟爲平公」條下，據嘉業堂本移。

**秦悼公十二**〔二・八一九〕　本「十三」，「三」誤「二」。

**衛莊公三莊公辱戎州人**〔二・八一九〕　毛本脱「戎」字。

**吴夫差十八楚敗我**〔二・八一九〕　毛本「敗我」作「敗楚」，《考證》云：「《世家》『越敗吴于笠澤』，《左傳》哀十七年『三月，越子伐吴，吴師大亂，遂敗之』，據此『楚』當是『越』。」

**敬王崩**〔二・八二〇〕　《索隱》出「敬王四十三年卒」七字，疑「卒」字誤。

**皇甫敬云敬王四十四年元己卯崩壬戌**〔二・八二〇〕　上「敬」字本作「謐」，涉下「敬王」而誤。各本作「歲在甲子」，無「皇甫」以下十六字，惟百衲、舊刻本與此文同。舊校云：「按此表上格已標明甲子，徐廣又何必注云『歲在甲子』，其爲譌字無疑。廣撰音義，兼校異同，此表云『敬王四十三』，而皇甫氏則云『四十四』，故引以備一説，以資參考也。局本失載，疏矣。」

**齊平公二十五卒**〔二・八二〇〕　毛本「二」誤「三」。

**晉定公二十七卒**〔二・八二〇〕　據《索隱》本作「三十七年卒」，各本「三」誤「二」，南雍、李、凌、程本不誤。

**衛君起元年石專逐起出**〔二・八二〇〕　《索隱》及凌本「專」作「傅」，案《索隱》出「石傅逐君起」五字，云「傅音補，亦作『㫤』，音敷」，則其字本作「傅」，亦作「㫤」，「㫤」「專」形似，傳寫訛爲「專」也。

**燕獻公二十八卒**〔二・八二〇〕　百衲、舊刻本「八」作「七」。

**吴夫差二十三卒**〔二・八二〇〕　百衲、舊刻本同，各本「三」作「二」，據《索隱》云「吴王夫差十九年，二十三年滅」，此本作「三」，是也。

# 卷一五　六國表第三

**六國表第三**〔二・八三五〕《索隱》「表」上有「年」字。李本脱「第三」二字。此本自此表至《建元以來侯者年表》均鈔配，今並依潘本，舊校此六篇，但以鈔本與金陵局本互勘，不復采。

**太史公讀秦記**〔二・八三五〕王、柯、秦本脱「公」字。

**今秦雜戎翟之俗**〔二・八三五〕中統、王、柯、秦本「雜」作「雜」。

**營雍岐之間**〔二・八三五〕百衲、中統、游、正德本「岐」作「歧」。

**而穆公脩政**〔二・八三五〕毛本「脩」作「修」。

**東竟至河**〔二・八三五〕「竟」缺筆。

**則與齊桓晉文**〔二・八三五〕「桓」缺筆。

**海内争於戰攻矣**〔二・八三五〕百衲、舊刻、正德、毛本同，各本「攻」作「功」。

**務在强兵并敵**〔二・八三五〕各本「强」作「彊」，下「不如三晉之强也」同。

**形執利也**〔二・八三六〕百衲、中統、舊刻、游、正德、王、柯、秦本同，《字類》四引同，各本「執」作「勢」。

**蓋若天所助焉**〔二一·八三六〕　舊刻、正德本「蓋」作「盖」，俗。

**或曰東方物所始生**〔二一·八三六〕　毛本「方」誤「萬」，《讀書記》云：「『萬』疑作『方』。」

**西方物之成孰**〔二一·八三六〕　游、正德本「孰」作「熟」。

**孟子稱禹生石紐**〔二一·八三六〕　正德、秦本「紐」誤「細」。

**京兆杜縣有亳亭**〔二一·八三六〕　百衲「亳」誤「毫」。

**以豐鎬伐殷**〔二一·八三六〕　「殷」缺筆。舊刻「豐」作「豊」。

**學者牽於聞見**〔二一·八三六〕　中統本「牽」誤「帝」。

**因舉而笑之**〔二一·八三六〕　《索隱》及凌、程、毛、殿本作「笑」，各本作「笑」。

**著諸所聞興壞之端**〔二一·八三七〕　中統本「著」作「者」。

**二十八年庚子崩**〔二一·八三七〕　游、正德本「二」誤「一」。

**厲共公元年**〔二一·八三七〕　《索隱》本「厲」上有「秦」字，毛本此五字脱。《志疑》云：「案『厲共王』失書『秦』字。」

**魏獻子**〔二一·八三七〕　《考異》云：「《表》始于周元王元年，即魯定公三十六年也。魏獻子舒以魯定公元年卒，韓宣子起之卒，❶當更在其前，安得此時尚存乎？三家分晉，唯趙氏最强，世次分明，故于《表》首著簡子四

---

❶「韓宣子起之卒」，原脱，據國圖藏清乾隆四十五年刻《考異》本校補。

十二年，而韓、魏闕之。後人妄益『獻子』『宣子』字於魏、韓下，失史公之旨矣。」《札記》云：「單本《索隱》此表止出趙簡子，無『魏獻』『韓宣』，蓋所見本尚未增入。」

**楚惠王章十三年**〔二·八三七〕　毛本「十三年」三字大書，在「楚惠王章」之前，下「燕獻公十七年」「齊平公驁五年」並同。

**吴伐我**〔二·八三七〕　凌本「伐」誤「代」，《志疑》云：「案『代』乃『伐』之譌，盧學士云疑『越伐我』之誤。」

**徐廣曰**〔二·八三七〕　毛本「曰」下重「曰」字，非。

**燕獻公十七年**〔二·八三七〕　《札記》云：「《索隱》本作『侯』。」案單本《索隱》亦作「公」。

**楚惠王十四越圍吴吴怒**〔二·八三八〕　南雍、李、凌、程、毛、殿本同，各本「怒」作「怨」。

**齊平公九晉知伯瑶來伐我**〔二·八三九〕　舊刻「知」作「智」，下韓表「知伯伐鄭」同。

**秦厲共公六義朱來賂**〔二·八三九〕　各本「朱」作「渠」，此誤。游本「來」作「来」，下同。

**音義曰一作爰**〔二·八四〇〕　凌本「音義」誤「正義」，「一」上有「援」字。程本「義」誤「意」。殿本脱「音義」二字。

**秦厲共公七彗星見**〔二·八四〇〕　王、柯、秦本「彗」誤「慧」。

**趙簡子四十八衛莊公飲大夫云云**〔二·八四〇〕　秦本「飲」誤「恨」，《志疑》云：「案衛事坿魏，此十七字當書於上三格魏表中，錯在趙表也。」

**左傳盡此**〔二·八四一〕　中統、舊刻、游、正德本「盡」誤「書」。

**皇甫謐曰**〔二·八四一〕 游、正德本「謐」誤「謚」。

**貞定王元年**〔二·八四一〕 舊刻「貞」作「真」，中統、游、正德本誤「具」。

**音義拔一作捕**〔二·八四一〕 殿本脱「音義」二字。

**楚惠王二十三魯悼公元年三桓勝魯如小侯**〔二·八四一〕 「桓」缺筆，下同，惟齊表「桓公午立」、韓表「桓惠王元年」不缺。中統、游、王、柯、秦、程、毛本此文誤入下二十四年。

**趙簡子五十四知伯謂簡子**〔二·八四二〕 百衲、舊刻本「知」作「智」，下同。游本「簡」誤「間」，正德本誤「蕳」。

**欲廢太子襄子**〔二·八四二〕 百衲「太」作「大」。

**襄子怒知伯**〔二·八四二〕 百衲、中統、舊刻、游、正德、柯、毛本作「怒」，王、南雍、秦、李、凌、程、殿本作「怨」。

**齊平公十七中行文子謂田常**〔二·八四二〕 游、正德本「謂」譌「爲」。

**乃今知以亡**〔二·八四二〕 舊刻「乃今」誤「子令」，柯、凌本譌「乃令」，《志疑》云：「《史詮》曰：『湖本『今』作『令』，誤，又缺『所』字。』」

**秦厲共公十四晉人楚人來賂**〔二·八四二〕 王、柯、程本脱此六字。

**秦厲共公十六塹河旁**〔二·八四三〕 各本「河」作「阿」。游、正德本「塹」誤「漸」。《志疑》云：「『阿』乃『河』之譌，《秦紀》作『河旁』。」

**補龐戲城**〔二·八四三〕 百衲、南雍、李、凌、程本同，中統、舊刻本脱「補」字。游、柯本「龐」作「龍」，正德本作

「浦龍戲城」，王、秦、毛本作「捕龍戲城」。《札記》云：「王、柯、毛譌『捕龍』，中統、游本脱『補』字。」案游已補「補」字，柯亦剜改作「補」。

**秦厲共公二十公將師**〔二·八四三〕　游、正德、秦本「師」誤「帥」。

**與緜諸戰**〔二·八四三〕　李本「戰」誤「代」。

**趙襄子元年未除服**〔二·八四四〕　王本「服」誤「眼」。

**以金斗殺代王**〔二·八四四〕　李本「代」誤「大」。

**魏表晉哀公□元年**〔二·八四四〕　「公」下各本有「忌」字，此空格。

**楚惠王三十三蔡元侯元年**〔二·八四四〕　游本「元侯」誤「元年」。

**魏表衛悼公黚兀年**〔二·八四六〕　本「元」字，脱上畫。

**齊宣公就匠元年**〔二·八四六〕　百衲、舊刻本同，各本「匠」作「匝」。《索隱》出「齊宣公就匝」五字，蓋所據本作「匝」也。

**趙襄子四與知伯分范中行地**〔二·八四六〕　百衲、游、正德、南雍、李、程、毛、殿本作「知」，舊刻、王、柯、秦、凌本作「智」，王、柯、秦本此文作「智」，下作「知」。

**韓表韓康子敗知伯晉陽**〔二·八四六〕　南雍、李、凌、程、殿本「晉陽」上有「于」字。

**秦厲共公二十五晉大夫知開率其邑人來奔**〔二·八四七〕　中統、游本「來」作「来」，下並同。正德本自楚悼王二「三晉來伐」以下亦作「来」。

**燕孝公十四**〔二一·八四七〕　毛本脱「十四」二字，下「十五」亦脱。

**齊宣王五斉景公卒**〔二一·八四七〕　「斉」爲「齊」俗省字，各本作「宋」，此誤。

**案左傳**〔二一·八四七〕　南雍、李、凌、程本「案」作「按」。

**至此九十九年**〔二一·八四七〕　程本「至」誤「於」。

**楚惠王三十九蔡侯齊九年**〔二一·八四八〕　各本「九」作「元」，此涉表文「三十九」「九」字而誤。

**燕成公一**〔二一·八四九〕　各本「一」作「二」，此脱上畫。

**秦厲共公三十三伐義渠虜基**〔二一·八五〇〕　各本作「虜其王」，此誤析一字爲二，又少一畫。

**蔡躁公元年**〔二一·八五〇〕　各本「蔡」作「秦」，此誤。

**秦躁公二南鄭反**〔二一·八五〇〕　毛本「反」誤「友」。

**楚簡王仲元年滅言**〔二一·八五二〕　各本「言」作「莒」，此誤。

**秦懷公三**〔二一·八五二〕　本「三」字，上畫泐。

**秦懷公四庶長鼂殺懷公**〔二一·八五三〕　南雍、李、凌、程、殿本同，百衲、舊刻本「鼂」作「晁」，中統、游、正德本誤「龜」，王、柯、秦、毛本誤「𪛆」。

**太子蚤死**〔二一·八五三〕　游、正德本「太子」誤作「李字」，游本「蚤」誤「丞」。

**大臣立太子之子爲靈公**〔二一·八五三〕　王、秦本「大臣」誤「太臣」。

**魏表衛悼公亹元年**〔二・八五三〕　百衲同，各本「亹」作「亹」。

**秦靈公三作上下時**〔二・八五四〕　百衲、舊刻本此四字誤入下魏表。

**韓武子三鄭立幽公子爲繻公**〔二・八五四〕　中統本「繻」作「德」。

**魏文侯五立其弟止**〔二・八五四〕　正德本脱「止」字。

**魏文侯六晉烈公止元年**〔二・八五四〕　毛本脱「止」字。

**魏城少梁**〔二・八五五〕　王、柯、秦本「城」誤「滅」。

**魏文侯十**〔二・八五五〕　本「七」誤「十」。

**威烈王六**〔二・八五五〕　本「九」誤「六」。❶

**秦靈公八城塹河瀕**〔二・八五五〕　百衲、舊刻、游、正德、柯、南雍、程本同，王、秦、李、毛、殿本「瀕」作「瀕」，凌本作「頻」，《志疑》云：「『頻』乃『瀕』之省。有本作『瀨』者，非。」

**初以君甥妻河**〔二・八五五〕　百衲同，各本「甥」作「主」。

**秦靈公十補龐城城籍姑**〔二・八五六〕　舊刻「補」誤「捕」。百衲、正德、毛本「籍」作「藉」。《索隱》出「補龐城籍姑」五字，《志疑》云：「『補龐城』『城』字衍，《索隱》本無。」

**立其季父悼了**〔二・八五六〕　本「子」誤「了」。

❶「六」，原作「十」，據寶禮堂本改。

**周定王之孫**〔二一·八五七〕 百衲、舊刻本同，南雍、李、程、殿本無「周」字。中統、游、正德、王、柯、李、凌、毛本無「王」字。

**西周桓公之子**〔二一·八五七〕 游、正德本脱「西」字。

**齊平公四十三圍陽狐**〔二一·八五七〕 百衲、中統、舊刻、游、正德、王、柯、秦、李本「狐」作「孤」。

**魏文侯十三公子擊圍繁鹿**〔二一·八五七〕 各本「鹿」作「龐」。

**出其民人**〔二一·八五七〕 《札記》云：「各本『民』下衍『人』字，中統無。」

**齊平公四十五伐魯□□**〔二一·八五七〕 各本「伐魯」下有「取都」二字，此渺。王、秦本「都」誤「鄭」，《志疑》云：「他本『都』字或誤作『鄭』字。」

**徐廣田**〔二一·八五七〕 本「曰」誤「田」。中統「徐」誤「除」。

**魏文侯十六**〔二一·八五八〕 百衲、舊刻、游、王、柯、秦、毛本有「伐秦築臨晉九里」七字，正德本「晉」下有「城」字，南雍、李、凌、程、殿本「九」作「元」，此本脱。

**秦簡公七初租禾**〔二一·八五八〕 舊刻「租」作「税」。

**魏文侯十七擊守中山伐秦**〔二一·八五八〕 李本「擊」誤「繫」，「伐」誤「我」，注同。

**韓景侯虔元年代鄭**〔二一·八五八〕 本「伐」誤「代」。

**鄭城京**〔二一·八五八〕 正德本「京」下有「也」字。

**趙烈侯籍元年**〔二一·八五八〕 《索隱》出「趙烈侯」三字，云：「名籍。」殿本「列」作「烈」，下同。

**魏文侯十八過段千木之閭**〔二・八五九〕　百衲、中統、舊刻、游、正德、凌、殿本「段」誤「叚」。各本「千」作「干」，李本誤「十」。正德本「閭」誤「問」，王本誤「間」，秦本誤「門」。

**韓景侯二鄭敗韓子負黍**〔二・八五九〕　百衲、王、柯、南雍、秦、李、程本同，各本「子」作「于」，是。

**楚聲王當元年**〔二・八五九〕　中統本「聲」誤「斉」，下「盜殺聲王」同。

**齊平公四十九與鄭會于西城**〔二・八五九〕　正德本「鄭」下有「人」字，「于」誤「十」。

**伐衛取母丘**〔二・八五九〕❶　南雍、殿本同，百衲、舊刻本無「母」字。中統、游、王、秦、毛本無「丘」字。游本「母」作「毋」，似「丹」字。正德、柯、凌本「母丘」作「丹陽」。案《索隱》本出「取毌」二字，云「音館」，是小司馬所據本無「丘」字，游、王、秦、毛是也。《志疑》云：「丹陽乃楚地，非衛所有，齊何從取之。他本多作『母邱』，與《世家》同，亦譌。《索隱》本作『取毌』者是。『毌』即古『貫』字，衛之邑。」

**齊宣公五六**〔二・八五九〕　本「五十」，「十」誤「六」。

**魏文侯二十十相**〔二・八五九〕　各本「十」作「卜」，此誤。

**李克翟黄争**〔二・八五九〕　百衲、王、柯、南雍、李、程本同，舊刻、中統、游、正德、秦、凌、毛、殿本「黄」作「璜」。

**齊平公五十一田會弘廩丘反**〔二・八五九〕　各本「弘」作「以」，此誤。

**韓景侯六初爲侯**〔二・八五九〕　舊刻脱此三字。

---

❶「衛」，原作「鄭」，據寶禮堂本改。

**楚聲王五魏韓趙始列爲諸侯**〔二・八五九〕 凌本「魏韓趙」作「韓趙魏」。

**韓景侯十**〔二・八五九〕 本「七」誤「十」。

**趙列侯七列侯好音**〔二・八六一〕 毛、殿本「列」作「烈」。

**徐越侍以仁義**〔二・八六一〕 正德本「侍」誤「待」，「仁」誤「行」。

**乃止**〔二・八六一〕 王、秦本「止」誤「山」。

**秦簡公十四伐魏至陽孤**〔二・八六一〕 南雍、秦、李、程、殿本「孤」作「狐」。正德本「陽孤」作「陽人孤」，下魏表同。

**魏文侯二十四伐秦**〔二・八六一〕 凌本「伐」誤「代」，毛本作「秦伐我」，《札記》云：「各本作『伐秦』，北宋、毛本不誤。」

**楚悼王類元年**〔二・八六一〕 舊刻、凌本同，各本「類」作「類」，從犬不從女。

**魏文侯二十五太子罃生**〔二・八六一〕 南雍、李、凌、程、殿本「罃」作「罃」。

**魏文侯二十六雍河**〔二・八六一〕 各本「雍」作「壅」，《水經注》四《河水》注：「蓋《史記》所云『魏文侯二十六年，虢山崩，壅河所致耳』。」案「壅」「雍」古字通用。

**韓列侯元年**〔二・八六一〕 中統、游、正德本「列」作「烈」。

**韓列侯三鄭人殺君**〔二・八六一〕 毛本無此四字，《志疑》云：「案『鄭人殺君』是羡文，即後年弑繻公事，誤重於前一年。」

**二月**〔二·八六一〕　各本「二」作「三」。

**盗殺韓相俠累**〔二·八六一〕　百衲「俠」作「侠」。

**一作法其**〔二·八六一〕　正德本「一」誤「二」。

**韓列侯四鄭相子陽之徒**〔二·八六一〕　中統本「相」誤「桓」，《札記》引吴校金板同，毛本誤「伯」。凌本「徒」誤「徙」。

**殺其君繻公**〔二·八六一〕　正德本「繻」誤「濡」。

**秦惠公五伐緜諸**〔二·八六一〕　中統、游、正德、王、柯、秦、毛本脱「諸」字，南雍、李、凌、程、殿本「緜諸」誤「諸緜」。

**趙武公□**〔二·八六一〕　空格「五」字。

**楚悼王九伐韓取負黍**〔二·八六二〕　百衲、舊刻、南雍、李、凌、程、殿本同，中統、游、正德、王、柯、秦本作「韓伐我負黍」，毛本脱此五字。

**魏文侯三十三晉孝公頎元年**〔二·八六二〕　各本「頎」作「傾」，惟此本與《世家》合。

**秦惠公十一太子生**〔二·八六三〕　舊刻作「生太子」。

**魏文侯三十六秦侵陰晉**〔二·八六三〕　百衲、舊刻本「陰晉」二字倒，各本無「陰」字。《考證》云：「《世家》作『秦侵我陰晉』，《表》蓋脱『我陰』二字。」《志疑》云：「《史詮》謂今本《年表》缺『我陰』二字，是也。至《索隱》於《世家》引《表》作『齊侵陰晉』，誤，而所引《世家》文作『三十五年秦復侵我陰晉』，亦誤。」

**秦出公元年**〔二・八六三〕　殿本「公」作「子」。

**齊康公十九田當曾孫田和始列爲諸侯**〔二・八六三〕　本「常」誤「當」，《索隱》出「田和始立爲諸侯」云：「田常曾孫，『立』當是『列』之譌。」李本「始」誤「如」。

**遷康公海上**〔二・八六三〕　毛本脱「康」字。游本「遷」作「迁」，俗。

**秦出公二誅出公**〔二・八六四〕　殿本「誅」作「殺」，「公」作「子」。

**魏武侯二城安邑王垣**〔二・八六四〕　王、秦本「邑」誤「色」。舊刻「王」作「五」。《志疑》云：「《水經注》四引《史記》『魏武侯二年，城安邑至垣』，似誤。」案《水經注》四《河水》注未見此文。

**趙敬侯四魏敗我免臺**〔二・八六四〕　《索隱》「免」作「兔」，各本作「兎」。

**秦獻公三日蝕晝晦**〔二・八六五〕　毛本「晝」誤「畫」，下魏表「星晝隕有聲」同。

**秦獻公四孝公生**〔二・八六五〕　毛本「生」誤「主」。

**燕釐公一十二**〔二・八六五〕　本「二十二」，「二」上畫脱。

**楚肅王莊元年**〔二・八六五〕　「王」字上半體泐。

**韓文侯七伐齊至桑丘**〔二・八六五〕　百衲「伐」誤「代」。

**齊康公二十五伐燕取桑丘**〔二・八六五〕　程本「燕」誤「齊」。

**秦獻公六初縣蒲藍田善明氏**〔二・八六五〕　舊刻「蒲」作「莆」，游、正德本作「浦」。百衲「善」作「華」。

**趙敬侯八襲衛不克**〔二・八六五〕　毛本脱此四字。

**齊威王田齊元年**〔二・八六五〕　南雍、李、程本同，百衲、舊刻、游、正德、王、柯、秦、凌、毛、殿本「田」作「因」。

**威王始以齊强天下**〔二・八六六〕　百衲、舊刻、游、正德、毛本同，各本「强」作「彊」。

**魏武侯十晉静公俱酒元年**〔二・八六六〕　毛本脱「晉」字。

**楚肅王四蜀伐我兹方**〔二・八六六〕　凌本「方」作「芳」，李本「兹方」二字誤并「蒡」字。

**趙敬侯十一分晉国**〔二・八六六〕　「国」爲「國」俗省字，游本與此同，百衲、舊刻本無「國」字。

**韓哀侯二滅鄭康公二十年滅無後**〔二・八六六〕　游、正德本「二十」下有「一」字，毛本「康公」下有「康公以」三字。

**楚肅王七魯共公元年**〔二・八六六〕　百衲、舊刻、游、正德、王、柯、秦、凌、毛本此五字在六年，南雍、李、凌、程、殿本在五年，《札記》云：「吴校元板在七。」案此本在七年，與吴校元板正合。

**秦獻公十一縣櫟陽**〔二・八六七〕　各本「擽」作「櫟」。

**燕釐公三十敗齊林狐**〔二・八六七〕　百衲、中統、舊刻、游、正德、王、柯、秦、毛本「狐」作「孤」，瞿氏據宋本同，南雍、李、程、殿本「林狐」作「林營」，凌本作「林孤營」。

**齊威王六魯伐入陽関**〔二・八六七〕　「関」爲「關」俗省字，游本與此同。

**晉伐至鱄陵**〔二・八六七〕　本「鱄」誤「鱄」，《索隱》出「晉伐到鱄陵」五字，百衲「至鱄陵」作「到摶陵」，舊刻作「到桂林」，游、正德本作「到鱄陸」，王、柯、南雍、秦、李、程、毛本作「到鱄陵」，惟殿本作「至」，與此本合。《志疑》云：「案『鱄陵』誤，當依《世家》作『博陵』。」

**魏武侯十五敗趙北藺**〔二・八六七〕　李本「北」誤「比」。

**趙成侯三伐衛取都鄙**〔二・八六七〕　毛本「衛」作「鄭」。游、正德本「鄙」作「郡」。

**魏敗我藺**〔二・八六六〕　王、秦本「魏」誤「塊」。

**魏武侯十六伐楚取魯陽**〔二・八六八〕　南雍、李、凌、程、殿本同，各本「魯」作「魚」，下楚表「魏取我魯陽」同。

**懿侯元年**〔二・八六八〕　百衲、舊刻、南雍、李、凌、程本同，《索隱》及毛、殿本「懿」作「莊」，中統、游、正德、王、柯、秦本作「壯」，《札記》云：「蓋漢諱改字。」

**趙成侯五伐齊于甄**〔二・八六八〕　凌本「于」誤「干」。

**趙成侯六敗魏涿澤**〔二・八六八〕　百衲、舊刻、南雍、李、程、殿本同，游、正德、王、柯、秦、凌、毛本「敗魏」作「魏敗」，❶《志疑》云：「《史詮》曰：『湖本「敗魏」作「魏敗」，誤。』」

**秦獻公十七**〔二・八六八〕　「七」字泐。

**徐廣曰癸丑**〔二・八六八〕　王、秦本脱「丑」字。

**齊威王十一伐魏取觀**〔二・八六八〕　百衲、舊刻、游、正德、王、南雍、秦、程、殿本同，李本「伐」誤「我」，柯本誤「代」，又「觀」下衍「澤」字，凌本「觀」下衍「津」字。《札記》云：「各本作『觀津』。」案今所見本，惟凌本作

---

❶「秦」下，原衍「李」字，據日本國立公文書館藏李本删。

「觀津」，他本無此字。《志疑》云：「《魏世家》徐廣引此表無『津』字，各本亦無，湖本譌刻也，當衍之。」

**趙歸我長城**〔二・八六八〕　殿本同，各本「歸」作「取」，游、正德本脱此五字。

**秦獻公十九敗韓魏洛陽**〔二・八六九〕　《魏世家》徐廣引《表》作「洛陰」，是也，傳訛爲「陽」耳，洛陰在雍州上洛。

**魏惠王六伐宋取儀臺**〔二・八六九〕　百衲、中統、舊刻、游、正德、王、柯、秦本「取」作「敗」。各本「臺」作「臺」，游本此字泐，正德本誤「橐」。《志疑》云：「《世家》徐廣作『義臺』，《索隱》云：『《表》亦作「義臺」，見《莊子》。』然今本《年表》皆作『儀』，古通。」

**秦獻公二十一章蟜**〔二・八六九〕　正德本「蟜」誤「驕」，毛本「驕」下衍「曰」字。

**徐廣曰一云車騎**〔二・八六九〕　毛本「云」下衍「以」字。

**與晉戰石門天子賀**〔二・八六九〕　各本以此文直接「徐廣曰『一云車騎』」下《史》文，與《集解》混而無别，觀「天子賀」下有「徐廣曰『一作阿』」之文，則此八字爲《史》文明矣。殿本此文亦接上，而《史》文作大書，《集解》則小字以别之，視他本爲勝。

**徐廣曰一作阿**〔二・八六九〕　王、柯、南雍、秦、李、凌、程、殿本同，百衲、舊刻、游、正德本「阿」作「河」，毛本脱此六字。

**斬首六萬**〔二・八六九〕　中統本「六」作「七」。中統、游本「萬」做「万」。毛本此四字在「與晉戰石門」上，「天子賀」下，《札記》云：「中統『六』作『七』。」又云：「『天子賀』三字，各本錯在『斬首』上，惟毛本不誤。」

**秦獻公二十三與魏戰少梁**〔二·八七〇〕 游本「魏」誤「媿」，下並同。

**虜其太子**〔二·八七〇〕 舊刻、毛本「子」下有「也」字。

**魏惠王九與秦戰少梁**〔二·八七〇〕 游本「與」作「与」，下「與」「与」錯見，不悉出。

**韓懿侯九大雨三月**〔二·八七〇〕 游、正德、王、柯、秦本「三」作「一」，李本作「二」。

**魏惠王十取趙皮牢**〔二·八七〇〕 王、柯、南雍、李、凌、程、殿本同，百衲、舊刻、游、正德、秦、毛本「皮」誤「虎」。

**魏惠王十二星晝墮有聲**〔二·八七一〕 百衲「墮」作「墯」，各本作「墮」，中統、游、正德本與此同。

**齊威王二十一鄒忌以鼓琴見威王**〔二·八七一〕 游本「鄒」作「邹」，俗。王、柯、秦、程本「鼓」作「皷」。

**韓昭侯二宋取我黄池**〔二·八七一〕 正德本「池」誤「地」。

**魏取我宋**〔二·八七一〕 各本「宋」作「朱」。

**齊威王二十二封鄒忌爲成侯**〔二·八七一〕 游、正德本「成」作「城」。

**魏惠王十五魯衛宋□侯來**〔二·八七一〕 空格「鄭」字。程本「宋」誤「水」。中統、游、正德本「來」作「来」。

**紀年一曰**〔二·八七一〕 正德本「紀」誤「犯」。

**魯共侯来朝**〔二·八七一〕 游本同，各本「来」作「來」。

**徐廣曰與秦孝公會杜平侵宋黄池宋復取之**〔二·八七一〕 正德本「黄池」誤「黄也」。殿本無「徐廣曰」三字，《考證》云：「監本訛有『十六年』，『年』下有『徐廣曰』三字衍文，今去。」

**齊威王二十四與魏會留於郊**〔二·八七二〕　各本「留」作「田」。

**秦孝公八斬首七千**〔二·八七二〕　秦本「首」誤「者」。

**楚成侯二十一魏圍我邯戰**〔二·八七二〕　本「鄲」誤「戰」。

**魏惠王十八齊敗桂凌**〔二·八七二〕　中統、游、正德本「敗」上有「四」字，衍，王、柯、秦本衍「日」字。凌本「敗」上有「我」字。

**韓昭侯六取陵觀□丘**〔二·八七二〕　空格「廩」字。

**魏成侯二十二魏拔邯鄲**〔二·八七二〕　王、柯本「拔」誤「敗」。

**齊威王二十六敗魏桂陵**〔二·八七二〕　游、正德本脱此四字。

**秦孝公十伐安邑降之**〔二·八七二〕　毛本脱「伐」字。

**魏惠王十九諸侯圍我襄陵**〔二·八七二〕　毛本「陵」誤「陽」。

**秦孝公十一城商塞**〔二·八七三〕　中統、游、正德、王、柯、南雍、秦、李本「商」作「啇」，下並同。

**秦孝公十二爲三十一縣**〔二·八七三〕　程本「三」誤「一」。

**開□陌**〔二·八七三〕　空格「阡」字。

**魏惠王二十一與秦遇彤**〔二·八七三〕　《索隱》作「與秦過彤」，各本並作「彤」。

**秦孝公十三初爲縣有秩史**〔二・八七三〕　百衲、中統、舊刻、游、正德、王、柯、秦本無「縣」字，《札記》云：「凌、毛有『縣』字，他本脱。」案南雍、李、程、殿本並有「縣」字。

**韓昭侯十一昭侯如□**〔二・八七四〕　空格「秦」字。

**齊威王三十五**〔二・八七四〕　本「三」誤「五」。

**齊威王三十三殺其大夫牟辛**〔二・八七四〕　百衲、中統、舊刻、游、正德本無「辛」字，李本「辛」誤「卒」，案《索隱》、《田敬仲系家》「殺其大夫牟辛」下引徐廣曰：「一作『夫人』，按《年表》亦作『夫人』字。」

**魏惠王二十七魏大臣**〔二・八七四〕　殿本「臣」下有「也」字。

**秦孝公十九從東方壯丘來歸**〔二・八七五〕　百衲、舊刻、王、柯、南雍、秦、程、殿本同，游、正德「壯」誤「肚」。李本「丘」誤「立」。中統、凌、毛本「壯」作「牡」。正德本「歸」誤「婦」。

**天子致胙**〔二・八七五〕　游本「天」字泐，正德本誤「大」。舊刻「子」誤「二」。

**楚宣王二十七魯景公偃元年**〔二・八七五〕　游、正德本「魯」誤「會」。

**秦孝公二十**〔二・八七五〕　舊刻「二」誤「一」。

**諸侯異賀**〔二・八七五〕　各本「異」作「畢」，此誤。

**紀年作逢澤**〔二・八七五〕　正德、南雍、李、程本「逄」作「逢」。

**魏惠王二十九中山君爲相**〔二・八七五〕　游、正德本「君」作「尹」。

**齊宣王辟彊元年**〔二・八七五〕　程、毛本「彊」作「疆」。

**齊宣王二田忌田嬰田盼將**〔二・八七五〕　百衲、王、柯、南雍、秦、李、程、殿本同，舊刻、毛本「盼」作「肦」，中統、游本正文作「盼」，注作「肦」，正德本作「朌」。《志疑》云：「『盼』當作『肦』，即《世家》肦子，《國策》《紀年》亦多譌作『盼』。《索隱》於魏、田完兩《世家》引《紀年》作『肦』。」

**孫子爲師**〔二・八七五〕　百衲、舊刻、游、正德、南雍、秦、李、凌、毛本同，各本「師」作「帥」。

**或者爾時三人皆出征乎**〔二・八七六〕　舊刻「爾」作「耳」，中統、游、毛本作「尒」，正德、柯、凌本作「是」。王、柯、秦本無「乎」字。

**秦孝公二十二封大良造商鞅**〔二・八七六〕　游、正德本「大」作「太」。

**魏惠王三十一虜我公子卬**〔二・〕　百衲、中統本同，各本「卬」作「印」，程本誤「卯」。

**秦孝公二十四**〔二・八七六〕　舊刻「二」誤「一」。

**秦大荔圍合陽**〔二・八七六〕　中統、游本「大」作「太」。

**商君反死彤地**〔二・八七六〕　柯、南雍、李、凌、程本「彤」作「肜」，秦本誤「彫」。

**魏惠王三十三我恐弗内**〔二・八七六〕　王本「弗」誤「昇」。

**秦惠文王二宋太丘杜亡**〔二・八七七〕　舊刻、游、正德本「太」作「大」。百衲、中統、正德、南雍、李、凌、程、毛、殿本「杜」作「社」，王、秦本誤「柱」。百衲、舊刻本「亡」作「云」。

**魏惠王三十五王問利國**〔二・八七七〕　中統本「問」誤「間」。

**齊宣王七與魏會平阿南**〔二・八七七〕　百衲同，各本「阿」誤「河」，舊刻脱此六字。《志疑》云：「『河』當作

『阿』，沛郡平阿縣也，二字每以形近互譌。」

**秦惠王三拔韓城宜陽**〔二一・八七七〕 各本無「城」字，此衍。游本「拔」誤「扳」，下韓表「秦拔我宜陽」同，舊刻韓表亦誤「扳」。

**魏襄王元年**〔二一・八七七〕 正德本「襄」誤「相」。

**與諸侯會徐州以相王**〔二一・八七七〕 王、秦本「王」誤「土」。

**韓昭侯二十五屈宜臼曰**〔二一・八七七〕 王本「臼」誤「日」。

**魏襄王二秦敗我雕陰**〔二一・八七八〕 中統、游、王、柯、秦、凌本「雕」作「彫」。

**韓昭侯二十六昭侯卒不出此門**〔二一・八七八〕 中統、游本「卒」誤「辛」。

**楚威王七圍齊於徐州**〔二一・八七八〕 中統、游本「圍」誤「圓」。

**徐廣曰**〔二一・八七八〕 中統本脱「曰」字。

**趙肅侯十八齊衛伐我**〔二一・八七八〕 各本「衛」作「魏」，游本誤「魏」。

**我決河水浸之**〔二一・八七八〕 中統本「決」誤「使」。王、秦本脱「之」字。

**魏襄王五秦圍我焦曲沃**〔二一・八七九〕 中統本「焦」誤「燕」。

**秦惠文王尤**〔二一・八七九〕 本「九」誤「尤」。

**秦惠文王十公子桑圍蒲陽**〔二一・八七九〕 游本「桑」上半體泐，正德本誤「多」。

**楚懷王槐元年**〔二・八七九〕　中統本「槐」誤「魏」。

**齊宣王十五**〔二・八七九〕　各本有「宋君偃元年」五字，王、秦本「宋」誤「朮」，此本脱。

**秦惠文王十一歸焦曲沃**〔二・八七九〕　王、柯、南雍、秦、李、凌、程、殿本「焦」上有「魏」字。

**秦惠文王十二初獵**〔二・八八〇〕　各本「獵」作「臘」，此誤。

**韓宣惠王八魏伐我韓舉**〔二・八八〇〕　毛本「魏」誤「韓」。各本「伐」作「敗」。《札記》云：「舊刻『敗』上有『伐』字。」案今所見舊刻本無「伐」字。

**趙武靈王二城鄗**〔二・八八〇〕　程本「城」誤「趙」。

**齊湣王地元年**〔二・八八〇〕　王、柯、秦本脱「地」字。

**秦惠文王初更三張儀免相**〔二・八八〇〕　舊刻「免」誤「兔」。

**趙武靈王四與韓會區鼠**〔二・八八〇〕　南雍、凌、程、毛、殿本同，各本無「與」字。

**齊湣王三封田嬰於薛**〔二・八八一〕　毛本「薛」誤「蔡」。

**徐廣曰辛丑**〔二・八八一〕　秦本「丑」下衍「歲也」二字。

**秦惠文王初更五王北遊戎池**〔二・八八一〕　王、柯、南雍、秦、李、凌、程本同，各本「池」作「地」。游本「北」誤「比」。《志疑》云：「『池』乃『地』之訛刻，他本作『地』。」

**燕噲王元年**〔二・八八一〕　柯、南雍、李、凌、程、毛、殿「噲」在「王」下。毛本「王」誤「工」。

**秦惠文王初更七五國共擊秦**〔二一·八八一〕　舊刻「五」作「六」，《札記》云：「柯、凌本『五』，各本『六』。」案舊刻而外無作「六」者，據《表》「擊秦無齊」，亦止五國耳。

**齊湣王六宋自立爲王**〔二一·八八一〕　游、正德、王、柯、秦、毛本脱此五字。案此文中統本泐，游、王諸本仍之。

**魏哀王二齊敗我觀津**〔二一·八八二〕　百衲、舊刻、游、正德、王、南雍、秦、李、凌、殿本同，毛本「齊」誤「徐」。柯、程本「津」作「澤」，《志疑》云：「當依趙、齊兩《世家》作『觀澤』。《韓世家》正義引《年表》雖脱失不全，而實作『觀澤』，取以證『濁澤』之譌，不言是『觀津』，則今本《年表》作『觀津』，乃傳刻之誤矣。」

**韓宣惠王十六秦敗我脩魚**〔二一·八八二〕　程、殿本「脩」作「修」。

**待韓將軍申差**〔二一·八八二〕　游、正德、秦本「差」誤「羗」。殿本「軍」作「鯁」。《札記》云：「《韓世家》正義引《表》無『韓』字，《秦紀》正義引有。」

**趙武靈王九齊敗我觀澤**〔二一·八八二〕　舊刻「澤」作「津」，《志疑》云：「觀津，並『觀澤』之訛。」

**齊湣王七敗魏趙觀澤**〔二一·八八二〕　舊刻「澤」作「津」。殿本「趙」作「於」。

**秦惠文王初更九擊蜀滅之**〔二一·八八二〕　舊刻「滅」作「威」。

**燕噲王五君讓其臣子之國**〔二一·八八二〕　「讓」缺筆。

**顧爲臣**〔二一·八八二〕　舊刻「顧」作「顧」，王、柯、凌本作「顧」，「顧」之俗省字也。《志疑》云：「《世家》作『顧爲臣』，《索隱》云『顧，猶反也，有本作「願」者，非』，則此『願』字誤矣。」

**周赧王元年**〔二·八八二〕《索隱》出「王赧」二字，則此文「赧」字當在「王」字下。

**魏哀王五走犀首岸門**〔二·八八二〕各本「犀」作「犀」。

**燕噲王七君噲及相子之皆死**〔二·八八二〕舊刻、南雍、凌、程、殿本同，百衲「相」誤「噲」，各本作「君及太子噲、子之皆死」。據《燕世家》集解、索隱並引《年表》云「君噲及太子相、子之皆死」，則此文「及」下當有「太子」二字。

**秦惠文王初更十二虜趙將**〔二·八八三〕中統本「虜」誤「蜀」。

**魏哀王六秦來**〔二·八八三〕程本「秦」誤「爲」，《考證》云：「《世家》『來』作『求』。」

**秦武王元年**〔二·八八四〕本「秦」誤「奏」。

**誅蜀相壯**〔二·八八四〕中統本「壯」誤「牡」。

**皆死於魏**〔二·八八四〕凌本「於」作「于」，《志疑》云：「《史詮》曰：『「出之」作「死于」，誤。』」

**魏哀王九與秦會臨晉**〔二·八八四〕程本「晉」誤「盟」。

**趙武靈王十六生子阿**〔二·八八四〕中統、正德本「阿」作「何」，游本作「河」。

**在潁川大城**〔二·八八四〕中統、游、王、柯、秦、凌、程、毛、殿本同，百衲、正德本「潁」誤「穎」，舊刻、南雍、李本誤「頴」。

**秦武王四拔宜陽城斬首六萬**〔二·八八五〕中統、游本「萬」作「万」，下並同。

**韓襄王五秦拔我宜陽斬首六萬**〔二一·八八五〕　毛本「陽」誤「萬」，「六」下無「萬」字，蓋脱一「陽」字，而「六萬」「萬」字又錯在「斬首」之上也。

**齊湣王十一**〔二一·八八四〕　本「十七」，此誤。

**韓襄王十二秦復與我武遂**〔二一·八八五〕　中統本「與」作「与」。

**秦懷王二十五與秦王會黄棘**〔二一·八八五〕　王、秦本「王」誤「主」。

**秦昭王五魏王來朝**〔二一·八八六〕　游、正德、王、柯、秦、毛本脱此四字。

**韓襄王十因至咸陽而歸**〔二一·八八六〕　百衲「歸」作「歸」，下齊表「孟常歸相齊」，趙表「太子從質秦歸」，燕表「太子丹質於秦亡來歸」，並同。

**齊湣王二十三使公子將**〔二一·八八六〕　百衲、舊刻、游、正德、毛、殿本同，王、柯、秦、凌、程本無「使」字。南雍、李本無「公」字，《志疑》云：「《世家》徐廣引《表》『公子』上有『使』字，是也，湖本失之。」

**秦昭王七斬首三萬**〔二一·八八六〕　百衲「萬」作「万」，下始皇帝十三「斬首十萬」同。

**楚懷王二十九殺景缺**〔二一·八八六〕　王、秦本「缺」作「缺」。

**齊湣王二十四秦使涇陽君來爲質**〔二一·八八六〕　游、正德、王、柯、秦本「質」誤「賓」。毛本脱「來」字。

**魏哀王二十與齊王會於韓**〔二一·八八七〕　南雍、李、凌、程、殿本「於」作「于」，下「與齊韓共擊秦於函谷」同。

**魏哀王二十一與齊韓共擊秦於函谷**〔二一·八八七〕　百衲、舊刻、南雍、凌、程、殿本同，各本「韓」誤「魏」。

**河渭絶□日**〔二一·八八七〕　「日」上「一」字渺。

**韓襄王十四與齊韓共擊秦**〔二一·八八七〕　各本「韓」作「魏」，此涉上魏表而誤。

**趙惠文王元年封平原君**〔二一·八八七〕　百衲「君」誤「侯」。毛本脱「君」字。

**楚傾襄王元年**〔二一·八八七〕　南雍、李、凌、程、毛、殿本「傾」作「頃」。

**秦敗我十六城**〔二一·八八七〕　南雍、李、凌、程、殿本「敗」作「取」。

**齊湣王二十六孟常歸相齊**〔二一·八八七〕　中統、游、正德、王、柯、南雍、秦、李、凌、程、殿本「常」作「嘗」。南雍、李、凌、程、殿本「嘗」下有「君」字。

**趙惠文王二楚懷王亡來**〔二一·八八七〕　本「懷」誤「懷」。李本「來」作「来」。

**秦昭王十楚懷王亡之趙趙弗内**〔二一·八八七〕　凌本「内」作「納」，毛本誤「用」。

**弗内**〔二一·八八七〕　李本「弗」誤「茀」。

**魏昭王元年**〔二一·八八八〕　《志疑》云：「《索隱》引《世本》名遬，而南唐徐鍇《説文繫傳》『遬』字注云『《史記》有魏遬』。其名此，必是今本脱失耳。」

**秦尉錯來擊我襄城**〔二一·八八八〕　毛本「來」誤「卒」。秦本「城」下衍「地」字。

**趙惠文王□**〔二一·八八八〕　本「三」字，脱。

**趙惠文四圍殺主父**〔二一·八八八〕　王、秦本「主父」誤「主公」。程本「圍」誤「剈」。

**與齊燕共滅中山**〔二一·八八八〕　王本「中」誤「由」。秦本「共」誤「其」，「山」下衍「固」字。

**楚傾襄王四魯文公元年**〔二・八八八〕 各本「公」作「侯」。

**徐廣曰一作湣**〔二・八八八〕 「作」上「一」字泐。

**齊湣王三十𠕋申劫王**〔二・八八八〕 各本「𠕋申」作「田甲」，毛本誤「甲申」。王、柯、秦本「王」作「主」，游本誤「承」，正德本誤「丞」。

**赧王一十二**〔二・八八八〕 本「二十二」，「二」上畫泐。

**秦昭王十四斬首二十四萬**〔二・八八八〕 毛本脱「十」字。王、秦本「萬」作「万」。

**韓釐王三漢將喜**〔二・八八九〕 各本「漢」作「虜」，此誤。

**趙惠文王□**〔二・八八八〕 「六」字爛脱。

**魏昭王六芒卯以詐見重**〔二・八八九〕 游、正德本「卯」誤「卬」。

**韓釐王六與秦我遂地方二百里**〔二・八八九〕 各本「我」作「武」，此誤。

**齊湣王三十四**〔二・八八九〕 凌本「三」誤「二」。

**秦昭王十八取城大小六十一**〔二・八八九〕 正德本「一」下衍「座」字。

**魏昭王七秦擊我取城大小六十**〔二・八八九〕 各本「十」下有「一」字，此脱。秦本「一」下衍「座」字。

**秦昭王十九十二月復爲王**〔二・八八九〕 游、正德本「十二」誤「王」。

**在鄙卒**〔二・八九〇〕 各本「在」作「任」，此誤。

**趙惠文王十一秦拔我杜陽**〔二·八八九〕　百衲、中統、毛本同，游、正德本「杜」作「桂」。

**徐廣曰□作梗**〔二·八八九〕　「作」上脱「一」字，游、正德本同。

**齊湣王三十六後爲主**〔二·八八九〕　各本「後」作「復」，「主」作「王」。游、正德本「復」誤「複」。游本「王」誤「玉」。

**齊湣王三十一**〔二·八九〇〕　本「七」誤「一」。

**魏昭王十宋王死我温**〔二·八九〇〕　游、正德本「死」字誤在「我」字下。

**秦昭王二十三尉斯離與韓魏燕趙兵擊齊**〔二·八九〇〕　各本「兵」作「共」。

**魏昭王十二與秦擊齊齊西**〔二·八九〇〕　各本「齊西」作「濟西」，此誤，下韓表同。

**趙惠文王十五取齊淮北**〔二·八九〇〕　南雍、凌、程、殿本「淮北」作「昔陽」。李本「北」誤「比」。此與各本疑涉下楚表而誤。

**燕昭王二十八與秦二晉擊齊**〔二·八九〇〕　本「三」字，脱一畫。

**燕獨入至臨淄**〔二·八九〇〕　中統、游、正德、王、柯、南雍、秦、李、凌、程、殿本「淄」作「菑」。

**齊湣王四十五國共擊湣王升莒**〔二·八九〇〕　各本「王」下重「王」字，「升」作「走」，此脱誤。

**秦昭王二十四與楚會穰**〔二·八九一〕　百衲、舊刻、南雍、凌、程、殿本同，各本脱此四字，下趙表「與秦王會穰」當移入楚表，與此文相應，各本均誤。

**魏文王十六與秦王會穰**〔二·八九一〕　中統、游、正德本無「王」字，游本「王」誤「玉」，《志疑》云：「會穰乃下格楚表中事，誤刻入趙表也。」

**秦昭王二十七斬首二萬**〔二一・八九一〕 百衲、舊刻、王、柯、秦、毛、殿本同，中統、游、正德本「二」作「七」，南雍、李、程本作「一」，凌本作「三」。

**地動壞城**〔二一・八九二〕 毛本「壞」誤「懷」。

**楚頃襄王十九與秦漢及上庸地**〔二一・八九一〕 南雍、凌、程、殿本「漢」上有「北」字。

**趙惠文王二十與秦會澠池**〔二一・八九二〕 百衲、舊刻、秦、毛本同，各本「澠」作「黽」，殿本作「黾」。

**楚頃襄王二十秦拔隱西陵**〔二一・八九二〕 舊刻、南雍、李、凌、程、毛、殿本「隱」作「鄢」。

**齊襄王五殺燕騎劫**〔二一・八九二〕 正德本「劫」誤「㓞」。

**秦昭王二十九更東至竟陵**〔二一・八九二〕 凌本「至」作「攻」。毛本「竟」誤「亡」，《志疑》云：「《史詮》曰：湖本『至』作『攻』，誤。」

**楚頃襄王二十二秦拔我巫黔中**〔二一・八九二〕 毛本「中」下有「郡」字，衍。凌本此六字誤入下燕表。

**魏安釐王元年秦拔我南城**〔二一・八九三〕 殿本「南」作「兩」。

**封弟公子無忌爲信陵君**〔二一・八九三〕 中統、游、正德本「無」作「无」。

**楚頃襄王二十三秦所拔我江旁及秦**〔二一・八九三〕 各本「及」作「反」，此誤。毛本作「復取秦所拔我江旁十五邑爲郡距秦」，蓋依《世家》增入。

**燕惠王二**〔二一・八九二〕 本「三」誤「二」。

**魏安釐王二軍大梁城**〔二・八九三〕　殿本「城」作「下」。

**韓來投**〔二・八九三〕　王、柯、秦、凌本同，各本「投」作「救」。

**秦昭王三十四得三晉將**〔二・八九四〕　舊刻「三」誤「二」。

**魏安釐王四與秦南陽以和**〔二・八九三〕　毛本「和」誤「私」。

**趙惠文王二十八藺相如攻齊**〔二・八九四〕　各本「藺」作「蔺」，此誤。

**趙惠文王二十九賜號曰馬服**〔二・八九五〕　中統、游本「號」作「号」。

**燕武成王**〔二・八九四〕　正德本「成」誤「城」。

**趙惠文王三十秦擊我閼與城**〔二・八九四〕　游本「閼」誤「閟」。

**趙孝成王元年平原君相**〔二・八九六〕　程本「原」誤「元」。秦本「相」下衍「趙」字。

**韓桓惠王九秦拔我陘城汾旁**〔二・八九六〕　殿本同，毛本「城」下重「城」字。各本無「陘」字。

**徐廣曰一竹郡**〔二・八九六〕　本「作」字，右旁兩點泐。

**楚考烈王元年秦取我州黄歇爲相**〔二・八九六〕　正德本作「秦取我黔中，以黄歇爲相」，非。

**燕武成王十**〔二・八九六〕　「十」下本有「一」字，此脱。

**秦昭王四十七白起破趙長平**〔二・八九七〕　南雍、凌、程、殿本同，百衲、游、正德、王、柯、秦、李、毛、殿本「破」作「殺」，舊刻作「拔」。

**設卒四十五萬**〔二一·八九七〕　百衲、中統、舊刻、游、正德、王、南雍、秦、李、凌、程、殿本「設」作「殺」，柯本作「降」，毛本無「設」字。

**趙孝成王六白起破括四十五萬**〔二一·八九七〕　秦本「萬」下衍「兵」字。

**秦昭王五十王齕鄭安平圍邯鄲**〔二一·八九七〕　王本「王」誤「正」。

**拔新中**〔二一·八九七〕　正德本「中」誤「平」。

**魏安釐王二十秦兵解去**〔二一·八九七〕　正德、秦本「解」上有「遂」字。

**楚孝烈王六春甲君救趙**〔二一·八九七〕　本「申」字，濫脱。

**秦昭王五十一赧王卒**〔二一·八九八〕　南雍、李、凌、程、殿本此文在「赧王五十九」下，此與各本誤入秦表。《札記》云：「各本此三字誤入《集解》『乙巳』下，北宋、中統、游、王、柯、毛并誤入秦表，今正。」

**韓桓惠王十七秦擊我陽城救趙新中**〔二一·八九七〕　游、正德、王、柯、秦、凌、毛本脱此九字。

**秦昭王五十二攻西周王**〔二一·八九八〕　各本「攻」作「取」。

**王稽棄市**〔二一·八九八〕　中統、游本「棄」作「弃」。殿本此文别爲一行，蓋本《史》文，混入《集解》也，各本在「徐廣曰丙午」下。

**楚考烈王八取魯魯君封於莒**〔二一·八九八〕　舊刻不重「魯」字。《志疑》云：「《春申傳》索隱引《表》云『封魯君於莒』，則今本『封』字誤倒。」

**楚考烈王十徙於鉅陽**〔二一·八九八〕　各本「徒」作「徙」。游、正德本「鉅」作「鉏」。

**燕王喜四趙破我軍**〔二一·八九九〕　百衲「軍」誤「君」。

**殺栗腹**〔二一·八九九〕　柯本「栗」誤「粟」。

**秦孝文王元年**〔二一·八九九〕《札記》云：「中統、游本以後皆占二格。」

**母曰夏太后**〔二一·八九九〕　毛本無「曰」字。《札記》云：「《集解》『文王后』云云，此十八字疑亦正文誤混。」

**秦莊襄王楚元年**〔二一·八九九〕　毛本「元」下重「元」字，非。

**徐廣曰王子**〔二一·八九九〕　凌、程本「王子」作「壬子」。

**蒙驁取城皐滎陽**〔二一·八九九〕　中統、游本同，百衲、王、柯、秦本亦作「城」，下韓表同，各本作「成」，南雍、李、程本此文作「成」，下韓表作「城」。毛本「皐」作「皋」。舊刻「滎」作「榮」，韓表并同，各本作「滎」。殿本此文另行不接上，蓋本《史》文，非《集解》也。

**取東西周**〔二一·九〇〇〕　殿本無「西」字，《志疑》云：「滎陽下有『元年』二字，『東周』中有『西』字，皆衍文也。」《札記》云：「『蒙驁取成皐』至『取東周』十九字，各本亦混入《集解》。」

**韓桓惠王二十四秦拔我成皐滎陽**〔二一·八九九〕　游、正德本「城」下脱「皐」字。

**楚考烈王十四頃公遷下邑**〔二一·八九九〕　百衲、舊刻本「下」作「卞」，無「邑」字。

**蒙驁擊趙榆次新城狼孟得三十七城**〔二一·九〇〇〕　「三」字上畫泐。秦本「榆」誤「偷」。《志疑》云：「此乃秦莊襄王二年也，襄王二年、三年，表内皆不書『二』字、『三』字，各本皆然，蓋失刻耳。」

**楚考烈王十五春申君徒封於史**〔二一·九〇〇〕　各本「徒」作「徙」，「史」作「吴」，此誤。

**徐廣曰一作齕**〔二·九〇〇〕　南雍、凌、程、殿本「一」上有「齕」字，正德本「一」作「二」字，空格。案此係王齕注文，南雍、凌、程、殿本移至「蒙驁解去」後，甚是。李本仍舊誤，又「王齮擊上黨」倒作「擊王齮上黨」。

**却我軍河外**〔二·九〇〇〕　王、秦本「却」誤「怨」，❶柯本作「敗」。毛本「外」誤「水」。

**魏安釐三十敗秦軍河外**〔二·九〇〇〕　游、柯、南雍、凌、程、殿本同，百衲、舊刻、毛本「軍」下有「於」字。正德本「軍」下有「于」字，「河外」作「河内」。秦本亦有「于」字，下二字泐。李本「敗」誤「攻」，「外」誤「牟」。

**始皇帝元年**〔二·九〇一〕　《札記》云：「各本删一格，升并在前格，凌仍依前，至二十八年乃升并。」案南雍、李、程、殿本與凌本同，特南雍二十八年至二世三年俱仍前，不稍異耳。

**擊取晉陽作鄭國渠**〔二·九〇一〕　殿本「取」作「定」。案此與百衲、舊刻、游、正德本同，在第二格，各本并爲一格，《史》文與注易致混淆。南雍、李、凌、程、毛本誤以此文直接「徐廣曰乙卯」下，王、柯、秦殿本别爲一行，蓋恐與《集解》無别也，則此本更爲豁目矣。

**趙孝成王二十秦拔我晉陽**〔二·九〇一〕　南雍、李、凌、程、殿本同，各本「拔」作「敗」。

**秦始皇帝三蒙驁擊韓取十二城**〔二·九〇一〕　毛、殿本「十二」作「十三」。《志疑》云：「案《始皇紀》《韓世家》《蒙恬傳》皆是十三城，此誤作『十二』。」

**趙孝成王二十九秦拔我十二城**〔二·九〇一〕　毛本「二」作「三」。

❶ 「却」，原作「卻」，據寶禮堂本改。

秦始皇帝四蝗[illegible]天下〔二・九〇一〕　本「蔽」誤「[illegible]」，不成字。

趙悼襄王二太子從質蔡歸〔二・九〇一〕　各本「蔡」作「秦」，此誤。

燕王喜十三劇辛死於趙〔二・九〇一〕　百衲「死」誤「列」。程本「於」作「于」。

魏景湣王二秦拔我朝歌〔二・九〇二〕　毛本「拔」作「攻」。

衛徙濮陽徙野王〔二・九〇二〕　殿本上「徙」字作「從」，毛本下「徙」字微泐，《札記》遂以爲誤「徒」矣。

秦始皇帝八嫪毒封長信侯〔二・九〇二〕　各本「毒」作「毐」，舊刻、正德、秦本誤與此同，此本下「復嫪毐舍人遷蜀者」不誤，各本誤。

秦始皇帝九彗星見意夫〔二・九〇二〕　本「竟天」，譌「意夫」。

魏景湣王五秦拔我垣衍蒲陽〔二・九〇二〕　游、正德、柯本「蒲」誤「浦」。柯本無「垣」字。南雍、李、凌、程、殿本「衍」字在「陽」字下。毛本「垣」誤「坦」。王、秦本脱此七字。

秦始皇帝十大索〔二・九〇三〕　王、柯、秦本「大」誤「太」。凌本「索」下有「十日」二字，徐孚遠《測議》與之同，蓋徐即據凌本也，後不復出。《志疑》云：「『十日』二字，湖本誤增，他本皆無之。」

趙悼襄王九取九城〔二・九〇三〕　舊刻「城」作「成」。

秦始皇帝十二發四郡兵〔二・九〇三〕　毛本「郡」作「部」。

復嫪毐舍人遷蜀者〔二・九〇三〕　毛本「復」誤「後」。

**趙王遷二秦拔我平陽**〔二一・九〇三〕　百衲、毛本「我」誤「伐」。

**秦始皇帝十四桓齮定平陽武城宜安韓使非來**〔二一・九〇四〕　中統本「定」誤「安」。王、柯、秦本「宜」誤「宣」，「來」作「来」。

**韓王請爲臣**〔二一・九〇四〕　游、正德本「王」誤「陽」。凌本脱「爲」字。

**秦始皇帝十五興軍至鄴軍至太原**〔二一・九〇四〕　王、秦本「興」誤「與」。毛本「興軍」作「大興兵」，下作「一軍至鄴，一軍至太原」，《札記》云：「蓋依《本紀》增。」

**燕王燕二十三太子丹質於秦**〔二一・九〇四〕　毛本脱「質」字。

**亡來歸**〔二一・九〇四〕　柯本「亡」誤「壬」。

**齊王建三十二**〔二一・九〇四〕　本「三十三」，「三」誤作「二」。

**秦始皇帝十六置麗色**〔二一・九〇四〕　本「邑」誤「色」。

**魏景湣王十二獻城秦**〔二一・九〇四〕　正德本「城」下有「于」字。

**秦始皇帝十七内史勝擊得韓王安**〔二一・九〇四〕　正德本「史」誤「使」。

**盡取其地**〔二一・九〇五〕　王、柯、秦本「盡」作「尽」，下二十二「盡取其地」同。

**置潁川郡**〔二一・九〇五〕　「穎」當作「潁」，中統、王、柯、凌、程、毛、殿本不誤。

**趙王遷八公子嘉自丘爲代王**〔二一・九〇五〕　本「立」誤「丘」。

**王翦將擊燕**〔二・九〇五〕　毛本「翦」誤「翥」。

**楚幽王十幽王率□郝立**〔二・九〇五〕　本「卒」誤「率」。空格「弟」字。

**燕王喜二十八太子丹使荆軻刺秦王**〔二・九〇五〕❶　王、秦本「秦」誤「奉」。

**燕王喜二十八秦伐我**〔二・九〇六〕　百衲「秦」誤「奏」。

**燕王喜二十九徙王遼東**〔二・九〇六〕　毛本「徙」誤「徒」，《志疑》云：「《史詮》曰：『王徙』，今本作『徙王』，誤。」

**秦始皇帝二十一王賁擊楚**〔二・九〇六〕　王本脱此四字。

**秦始皇帝二十二盡取其地**〔二・九〇六〕　王、秦本「地」誤「也」。

**魏王假三秦虜王假**〔二・九〇六〕　《志疑》云：「表内後格失書『秦滅魏』三字，各表皆有之，不應魏獨缺也。明陳仁錫本有，疑是增入也。」

**秦始皇帝二十五王賁擊燕虜王滅**〔二・九〇七〕　各本「滅」作「喜」，此誤。

**又擊得代王嘉**〔二・九〇七〕　柯、南雍、凌、程、殿本作「又擊代，虜王嘉」。

**天下大酺**〔二・九〇七〕　舊刻、正德本「酺」誤「脯」。

**代王嘉六秦將王賁虜王嘉秦滅趙**〔二・九〇七〕　毛本脱此十字。

---

❶ 此條原在「楚幽王十幽王率□郝立」條上，據嘉業堂本移。

**楚王負芻五秦□楚**〔二·九〇七〕　「楚」上脱「滅」字。

**秦始皇帝二十七更命河爲德水爲金□十二命民曰黔首固天下書分爲三十六郡**〔二·九〇七〕　空格「人」字。各本「固」作「同」。❶ 毛本「分」下無「爲」字。正德本無此二十六字，别載「帝作信宫及甘泉前殿，治馳道於天下」，不知何所據也，自此至二世三年，並與各本不合。

**秦始皇二十八**〔二·九〇七〕　《志疑》云：「案《史詮》謂『秦表在第二横行，湖本自二十八年以後，用從行直書，與古本不合也』。」案改横行爲直書，此本與百衲、舊刻、游、正德、王、柯、南雍、秦、李本皆然，不始於凌氏也。

**爲阿房宫**〔二·九〇七〕　百衲、舊刻本「房」作「旁」，毛本「阿房」作「何房」，《拾遺》云：「耿本『房』作『旁』，二世元年『就阿房宫』同。」

**道南郡**〔二·九〇七〕　毛本「道南」二字倒，正德本是年載「帝東巡封泰山，遣使入海求神仙」十三字。

**始皇帝二十九**〔二·九〇七〕　正德本是年載「帝至陽武，張良狙擊中副車，令大索十日，不得，遂登之罘，刻石而還」二十六字，又三十一載「使黔首自實田」六字。

**始皇帝三十二**〔二·九〇七〕　正德本載「帝巡北邊，遣蒙恬伐匈奴」十字。

**始皇帝三十三西北取戎爲四十四郡**〔二·九〇七〕　王、柯、秦本無「取」字。殿本「四十四」作「三十四」，案徐廣曰「一云『四十四縣』」，則《史》文當作「三十四縣」，古「三」「四」字皆積畫，因而致譌也。

---

❶ 「固」，原作「因」，蓋形近致訛，今改。

**築長城河上蒙恬將三十萬**〔二·九〇八〕　王、柯、秦、凌本此文直接徐廣注下，《史》文與注並作大書，遂混而無別矣，下「拜爵一級」十字亦同。正德本是年載「略取南越地，置桂林象郡，徙民戍之，又收河南地，築長城」凡二十四字，又三十五載「作前殿阿房，坑諸生四百餘人，使長子扶蘇爲監軍」二十字。

**始皇帝三十六耐徙三處**〔二·九〇八〕　李本「徙」誤「徒」。程本「耐」作「犲」，不成字。

**石晝下東郡**〔二·九〇八〕　殿本「下」作「隕」，《志疑》云：「『下』字亦『隕』之譌，《本紀》徐廣引表云『石晝隕』也。」案正德本是年載「石郥東郡」四字。

**始皇帝三十七**〔二·九〇八〕　正德本是年載「帝崩沙丘，李斯趙高矯詔殺扶蘇，立胡亥」十六字。

**二世元年**〔二·九〇八〕　毛本作「三十八」，非。正德本是年載「楚人陳涉吳廣起兵，天下郡縣皆反，劉邦起於沛，項羽起於吳」二十四字。

**就阿房宫**〔二·九〇八〕　王、柯本「房」作「旁」，《拾遺》引耿本同。

**二世二**〔二·九〇八〕　正德本「二」下有「年」字，是年載「楚遣沛公伐秦」六字。

**誅丞相斯去疾將軍爲劫**〔二·九〇八〕　各本「爲」作「馮」，此誤。

**趙高反二世自殺云云**〔二·九〇八〕　各本上格有「三」字，正德本作「三年」，惟此本無之，蓋舊有此字而泐也。舊校云：「此本秦亡二世自殺，或本無『三』字，未可竟定爲脱文。」案正德本是年載「趙高弒二世，立子嬰爲王，子嬰討殺高，夷三族。沛公至沛上，子嬰奉璽符降」凡二十二字，與此表事同而文則異，蓋以意改竄，非復龍門之舊。校刻古書乃有此種怪事，先聖所謂不知而作者，其是之謂歟？

# 卷一六　秦楚之際月表第四

**卒踐帝阼**〔三·九二一〕　毛本同，各本「阼」作「祚」。

**謂舜受禪**〔三·九二二〕　中統本「謂」誤「在」。

**在琁璣玉衡**〔三·九二二〕　正德、王、柯、南雍、秦、李、凌、毛、殿本「琁」作「璇」。

**然后在位**〔三·九二一〕　各本「后」作「後」，毛本誤「虐」，《讀書記》云：「『虐』作『後』。」

**修仁行義**〔三·九二一〕　舊刻「修」作「脩」。

**其後乃放弒**〔三·九二一〕　《索隱》出「後乃放殺」四字，云「殺音弒，謂湯放桀，武王討紂也」，是其所據本作「殺」不作「弒」。《志疑》云：「案『弒』字當依《漢表》作『殺』爲是。」

**鉏豪桀**〔三·九二三〕　舊刻、秦本「桀」作「傑」。

**一作鍉**〔三·九二三〕　殿本「一」作「鏑」。

**然王跡之興**〔三·九二三〕　舊刻「跡」誤「迹」。

**鄉秦之禁**〔三·九二三〕　瞿氏《藏書目録》云：「宋本『鄉秦之楚』，不作『之禁』。」

**白虎通曰聖人無土不王使舜不遭堯當如夫子老於闕里也**〔三・九二三〕　舊刻「曰」作「謂」，「里」下無「也」字。

**非大聖孰能當此受命而帝者乎**〔三・九二三〕　毛本脱「非」字。

**楚陳涉二葛嬰爲涉徇九江**〔三・九二六〕　游本「徇」誤「狗」。

**立襄强爲楚王**〔三・九二六〕　舊刻、游、正德、毛本同，各本「强」作「彊」，下同，柯本此文作「彊」，下「即殺强」作「强」。正德本脱「王」字。

**秦二世元年九月楚兵至戲**〔三・九二六〕　游、正德、柯本「楚」誤「齊」，《札記》云：「游、王、柯『楚』誤『齊』。」案王本不誤。

**楚陳涉三周文兵至戲敗而陳嬰聞涉王即殺强**〔三・九二六〕　南雍、李、凌、殿本作「周文兵至戲，敗走，葛嬰聞涉王，即殺彊」。《志疑》云：「《史詮》謂湖本『走』作『而』，『葛』作『陳』，皆誤。」案南雍諸本「而」作「走」，「陳」作「葛」，《札記》不引，似未之見也。

**齊王田儋始諸田宗强**〔三・九二六〕　舊刻、游、正德、柯、毛本同，各本「强」作「彊」。

**從弟榮弟横**〔三・九二六〕　百衲、王、秦本「榮」作「滎」。

**燕韓廣爲趙略地自立爲燕王始**〔三・九二六〕　毛本脱「始」字。

**字皆作咎音舊**〔三・九二六〕　南雍、李、程、殿本同，各本「舊」作「臼」，正德本脱此字，秦本誤「曰」。

**漢沛公三殺泗水守**〔三・九二七〕　柯本「泗」誤「四」，注同。

徐廣曰泗水屬東海〔三・九二七〕　中統、游本同，各本「屬」作「屬」，此注八字，南雍、李、程、殿本移至「周市東略地豐沛閒」下。

拔薛西周市東略地豐沛閒〔三・九二七〕　中統、舊刻、游、正德、柯本「豐」作「豊」，下並同。《志疑》云：「『拔薛西』以下皆表正文，湖本因『泗水守』下有徐注，遂誤將『拔薛西』十一字刻作小注，而加圈以隔之也。」

沛公四雍齒疾沛公〔三・九二八〕　各本「疾」作「叛」，此誤。

陳涉死〔三・九二八〕❶　南雍、李、程本無此三字，以已見於楚表而删之也。

不能下〔三・九二八〕　李本「下」誤「不」。

魏咎四咎自陳閒立〔三・九二八〕　各本「閒」作「歸」，此誤。

項梁五涉將召平橋拜項梁爲楚柱國〔三・九二八〕　各本「橋」作「矯」，此誤。

沛公五沛公聞景駒王留〔三・九二八〕　各本「留」上有「在」字。

與擊秦軍碭西〔三・九二八〕　程本「軍」誤「王」。百衲、殿本「碭」誤「碭」，下同。

沛公六與故几九千人〔三・九二九〕　本「凡」字，缺一點。

沛公七聞湏梁兵衆〔三・九二九〕　本「項」誤「湏」。

楚景駒四梁擊救景駒秦嘉〔三・九二九〕　王、柯、秦、凌本同，各本「救」作「殺」。百衲、舊刻、游、正德、毛本

❶ 此條原在「魏咎四咎自陳閒立」條下，據寶禮堂本移。

此文在項梁八，今誤入楚表。

**往請擊豐**〔三・九二九〕❶　南雍、李、程、殿本「豐」作「之」。

**項梁八兵十餘萬衆**〔三・九二九〕　中統、游本「萬」作「万」，下並同。

**魏咎八臨濟急**〔三・九二九〕　中統本「濟」誤「菑」，《札記》引吴校金板同。中統、游、正德本「急」誤「擊」。

**楚壞王始**〔三・九二九〕　本「懷」誤「壞」。

**都助台**〔三・九二九〕　《索隱》及百衲、王、柯、南雍、李、凌、程、殿本作「盱台」，舊刻、中統、游、毛本作「盱台」，正德本作「盱眙」，秦本作「盱眙」，此本「助」字乃「盱」字之誤。

**項梁十得之民聞**〔三・九二九〕　本「間」誤「聞」。

**立爲楚王**〔三・九三〇〕　王、秦本「王」誤「工」。

**齊田儋十榮走東阿**〔三・九二九〕　正德本「東阿」誤「阿東」。程本「榮」誤「滎」。

**項梁十一天大雨**〔三・九三〇〕　中統本「雨」誤「兩」。

**齊立田假爲王**〔三・九三〇〕　毛本「立」誤「王」。

**魏咎十一咎弟豹走東阿**〔三・九三〇〕　游、正德本「弟」誤「第」。

**沛公十二沛公與項羽西略地**〔三・九三〇〕　游本「與」作「与」。

---

❶ 此條原在「魏咎八臨濟急」條下，據寶禮堂本移。

**斬二川守李田於雍丘**〔三·九三〇〕　本「三」誤「二」，本「由」誤「田」，程本「由」亦誤「田」，殿本「三」亦誤「二」。

**齊田市二曰假走楚**〔三·九三一〕　本「田」誤「曰」。

**楚趨齊救趙**〔三·九三一〕　舊刻「趨」誤「趙」。

**楚懷王五拜宋義爲上將軍**〔三·九三一〕　中統、游、正德本無「爲」字。

**趙歇十秦軍圍歇鉅鹿**〔三·九三一〕　南雍、李、程本「軍」作「兵」。

**陳餘出救兵**〔三·九三一〕　正德本「救兵」二字倒，《考證》云：「『出』上增『不』字，非。」

**田市三齊殺假乃出兵**〔三·九三一〕　殿本同，各本「殺」誤「救」。毛本「齊」字作「謂楚」二字。案此本連前表爲一，文氣相屬，傳寫者强析之也，殿本《考證》定正本，遂删此六字，妄矣。

**沛公十四約先至咸陽王之**〔三·九三一〕　南雍本「王」誤「五」。

**趙歇十一章邯失邯鄲**〔三·九三一〕　李本「失」誤「夫」，《考證》改作「入」，《志疑》云：「『失』乃『入』字之譌。」

**沛公十五攻破東郡尉及王離軍於武城南**〔三·九三一〕❶　程本「王」誤「工」。毛本「武城」作「成武」，《志疑》云：「《高紀》徐廣引表，此文作『成武南』，是今本訛『武成』也。」

**韓成六從項羽略入関**　「関」爲「關」俗省字，下《漢表》「王入関」、又「帝入関」並同，餘作「關」。《志疑》云：

---

❶「軍」，原無，據寶禮堂本補。

「《史詮》曰：『六字今本誤刻，削之。』」

**楚懷七拜籍爲上將軍**〔三・九三二〕　毛本同，各本無「爲」字，游本「籍」作「藉」。

**項羽四諸侯將皆屬項目**〔三・九三二〕　本「羽」誤「目」。

**田市六下齊北**〔三・九三二〕　王、柯、南雍、秦、李、凌、程、毛、殿本「齊」作「濟」。

**沛公十七得皇訢武滿軍**〔三・九三二〕　程本「皇」誤「王」。百衲、王、柯、秦、毛本「訢」誤「訴」。各本「滿」作「蒲」。

**韓成八**〔三・九三二〕　百衲、王、柯、秦、李、凌、程本此下有「分魏爲殷國」五字，游、正德本無「爲」字，毛本「魏」作「趙」，惟舊刻、南雍本與此本無之。《志疑》云：「《史詮》曰：『五字，湖本譌刻，削之。』」

**趙歇十四陳餘弃將印去**〔三・九三二〕　百衲、王、柯、秦本同，各本「弃」作「棄」。游本「印」誤「卬」。

**田市七項羽田榮分齊爲三國**　各本「三」作「二」，《志疑》云：「《史詮》曰：『今本誤刻九字，削之。』」又魏王豹八「分韓爲河南國」説同。

**沛公十九得彭越**〔三・九三三〕　中統本「越」作「城」。

**用酈食其策**〔三・九三三〕　中統、游本「酈」誤「鄽」。

**沛公二十秦斬熊以狗**〔三・九三三〕　本「徇」誤「狗」，舊刻同。

**項羽八使長史欣歸秦請兵**〔三・九三三〕　游、正德本「史」誤「吏」。游本「歸」作「帰」。

**沛公二十一攻穎陽**〔三・九三三〕　舊刻、游、正德、南雍、李本同，百衲、中統、王、柯、秦、程、毛、殿本「穎」作

「潁」，是。

**北絶河津**〔三·九三三〕　中統、游本「北」誤「比」。

**楚懷二年一月**〔三·九三四〕　中統、游、正德本「二月」作「五月」，毛本作「正月」，《札記》云：「中統、游本、吳校金板並作『五月』，『五』與『正』形近，又因秦格『五月』而誤。」

**項羽九謀叛秦**〔三·九三四〕　舊刻「叛」作「反」。

**項羽十許而擊之**〔三·九三四〕　中統、舊刻、游、正德本「許」作「詐」。毛本脱「之」字。

**陽城在南陽**〔三·九三四〕　毛本「陽」誤「陵」。

**項羽十一以邯爲雍王**〔三·九三四〕　王、柯、秦本脱五字。

**韓成十五南陽下**〔三·九三四〕　游、正德本同，各本「南」作「申」。

**河南降楚**〔三·九三四〕　正德本「降」下有「於」字。

**徐廣曰歲在乙未**　《索隱》此注在「十月」下，南雍、李、程、殿本從之。

**項羽十四西至於河南**〔三·九三五〕　李本「河」誤「何」。

**趙歇二十三張耳從楚西入秦**〔三·九三五〕　毛本「楚」誤「秦」。

**魏豹十五從項羽略地**〔三·九三五〕　李本「從」作「从」。

**沛公二十八沛公出令三軍**〔三·九三六〕　南雍、李、凌、程、殿本「軍」作「章」。

**趙歇二十五分趙爲代國**〔三・九三七〕❶　程本無「代」字，《索隱》出「趙爲二」三字。

**田市十八分齊爲三國**〔三・九三七〕　《索隱》出「齊爲三」三字。

**沛公二十九與項羽有郄**〔三・九三七〕　舊刻「郄」作「郤」。

**見之戲下購解**〔三・九三七〕　「購」缺筆，避宋高宗諱。南雍、李、程、殿本「購」作「講」，毛本誤「謝」。

**分關中爲四國**〔三・九三七〕　《索隱》出「關中爲四」四字。

**韓廣二十九臧荼從入分燕爲二國**〔三・九三七〕　中統、游、正德本「從」作「之」，「分」作「并」。正德本「荼」誤「茶」。《索隱》出「燕爲二」三字，《考證》作「臧荼從入關」。

**魏豹十七分魏爲殷國**〔三・九三七〕　「殷」缺筆，下並同。《索隱》出「魏爲二」三字。

**韓成二十分韓爲河南國**〔三・九三七〕　《索隱》出「韓爲二」三字，《札記》云：「《索隱》本作『韓爲三』，『三』乃「二」之誤也。」案單本《索隱》作「二」。

**義帝元年**〔三・九三七〕　李、程、殿本「元年」下有「一月」二字，南雍本有「月」字，蓋「一」字已脱也。《志疑》云：「『元年』下各本有『一月』兩字，湖本失刻。」案此本及百衲、舊刻、游、正德、王、柯、秦、凌本均無此兩字，當是後人據《漢表》增入。

**分楚爲四**〔三・九三七〕　《索隱》出「十八國，楚分爲四」七字。

---

❶「趙」，原作「魏」，據寶禮堂本改。

**趙歇二十六**〔三・九三七〕 舊刻「六」誤「七」。

**分爲代**〔三・九三七〕 程本「分」誤「更」。

**更名爲臨菑**〔三・九三七〕 游、正德、程、殿本「菑」作「淄」，下「都臨菑」同。

**分關中爲漢**〔三・九三九〕 百衲「關」下誤重「關」字。中統、游本「分」上衍「爲」字，亦重「關」字。正德本脱「漢」字。

**韓成二十一**〔三・九三七〕 游、正德本「二十一」誤作「王」字。程本脱「一」字。

**義帝二徙都江南郴**〔三・九三九〕 毛本脱「徙」字，中統、游本「徙」誤「從」，李本誤「徒」。游本「郴」誤「梆」。正德本「郴」下衍「州」字。南雍、李、程、殿本「徙都」上有「二月」二字，各本無。

**西楚伯王項籍**〔三・九三九〕 正德本同，百衲、王、柯、凌本「伯王」作「主伯」，中統、游、秦本作「王伯」。毛本作「西楚伯項王籍」。舊刻、南雍、李、程、殿本「伯」作「霸」。

**田市二十王田市始**〔三・九三九〕 中統、游、正德本「市」誤「氏」。

**翟王董翳始**〔三・九三九〕 李本「翳」誤「醫」。

**義帝三**〔三・九四一〕 凌本脱「三」字。

**趙歇二十八都代**〔三・九四一〕 程本「代」誤「伐」。

**齊田都二都臨菑**〔三・九四一〕 中統、游、正德、南雍、李、程、殿本「菑」作「淄」。

**韓廣三十二**〔三・九四一〕 凌本誤作「二十三」，《志疑》云：「《史詮》曰：『三十二，湖本作「二十三」，誤。』」案

《志疑》又誤「三十二」爲「三十一」。

**西楚三諸侯罷戲下**〔三・九四三〕　南雍、李、凌、程、殿本「戲」下有「兵」字。

**塞司馬欣三**〔三・九四三〕　凌本「三」誤「二」。

**趙歇三十一**〔三・九四四〕　南雍、李本「三十一」作「卅一」，下三十二至三十九同，又韓廣三十五至三十七，魏豹三十一至三十八，臨江王共敖三十一，並同。

**田市二十四**〔三・九四四〕　南雍、李本「二十」作「廿」，下魏豹二十三至二十九，又田廣二十一，並同，後凡此等字不悉出。

**韓成二十七項羽誅成**〔三・九四四〕　毛本脱此四字。

**濟北屬齊**〔三・九四五〕　此本與舊刻表無此七字，百衲、游、正德、王、柯、秦、李、凌、毛本並有。南雍、程本「屬齊」二字在前表六「田榮擊殺安」下，此表無七字；殿本此二字亦在前表，而此表仍衍七字。

**韓廣三十七臧荼擊殺廣無終**〔三・九四五〕❶　游本「臧」誤「藏」，「無終」誤「无絳」，正德本誤「無絳」。

**韓王鄭昌始**〔三・九四五〕　百衲、中統、舊刻、游、正德、柯、秦、凌、毛本衍「二十八」三字。

**屬燕**〔三・九四五〕　南雍、李、程、殿本此二字在前表三十七「滅之」下。

**屬漢爲河南上郡**〔三・九四五〕　南雍、李、程、殿本無「上」字。

---

❶ 此條原在「趙歇三十六代王歇還王趙」條下，據寶禮堂本移。

**趙歇三十五歇復王趙**〔三・九四五〕 中統、舊刻、游、正德、南雍、李、凌、程、殿本同，百衲、王、柯、秦、毛本「復」作「後」。

**徐廣曰弘農陜縣**〔三・九四五〕 「弘」缺筆。正德本「縣」下有「也」字。

**趙歇三十六代王歇還王趙**〔三・九四五〕 游、正德本「代」誤「伐」。

**韓王鄭昌三**〔三・九四五〕 中統、游、正德本「三」誤「十二」。

**雍章邯十一漢拔我隴西**〔三・九四六〕 中統、游、正德本「拔」作「伐」。

**韓王信始**〔三・九四六〕 正德本「始」誤「姑」。

**章邯十二漢拔我北地**〔三・九四七〕 南雍、李、程、殿本同，各本「地」誤「城」。《札記》云：「『地』譌『城』，依《漢表》改。」案此則未見作「地」本矣。

**齊田假二田榮弟横反城陽**〔三・九四八〕 游、正德本「城」作「成」。正德本「陽」誤「湯」。

**殷司馬卬十四降漢卬廢**〔三・九四八〕 百衲、游、王、柯、秦本「卬」誤「印」。《考證》「卬」字在「降漢」上。

**田假三齊王田廣始**〔三・九四九〕 中統、游、正德本「三」作「一」。正德本「廣」誤「横」。《志疑》云：「假於前月被殺，安得以廣之一月爲假三月。『三』字衍。」

**漢四月至彭城懷走**〔三・九四九〕 百衲、王、柯、南雍、秦、李、凌、程、毛、殿本「走」作「定」。舊刻「懷走」作「懷王走」，中統、游本及吴校金板作「壞走」，正德本作「敗走」。《志疑》云：「《史詮》曰：今本『敗走』作『懷走』，悮。」

**漢五月王走滎陽**〔三・九四九〕 百衲、中統、舊刻、游、正德、王、柯、秦、李、凌本「滎」作「榮」，下同。

**屬漢爲隴西北地中地郡**〔三・九五〇〕❶ 百衲、舊刻、中統、南雍、李、程、毛、殿本同，游、正德、王、柯、秦、凌本作「爲隴西北屯戍地郡」。《志疑》云：「《史詮》謂湖本『地』作『屯』，『中』作『戎』，具誤。」案凌本「戎」作「戍」，似剜改。

**項羽二年□**〔三・九五〇〕 各本有「八」字，此泐。

**魏豹三十九漢將韓信虜豹**〔三・九五〇〕 正德本脱「漢將」二字。

**臨江共敖二十一**〔三・九五〇〕 凌本誤低一格，下四格並同。

**趙歇四十八漢滅歇**〔三・九五一〕 《札記》云：「各本下衍『立張耳』三字，凌本又衍『屬漢爲郡』四字，乃後表誤入也。」

**漢三年十月**〔三・九五一〕 百衲、中統、游、正德、王、柯、秦、毛本「三」誤「二」。舊刻「三年」二字泐。

**代陳餘十三**〔三・九五一〕 南雍、李、程本無「十三」二字，《志疑》云：「當衍『十三』兩字，毛本無。」案毛本有此二字。

**屬漢爲郡**〔三・九五一〕 正德本「郡」上有「代」字。南雍、凌、程、殿本入前表「立張耳」下，李本脱此四字。

**地屬項籍**〔三・九五一〕 南雍、李、凌、程本此四字入前表「布身降漢」下，殿本接前表，併爲一格。

---

❶ 此條原在「項羽二年□」下，據寶禮堂本移。

**漢四月楚圍王滎陽**〔三·九五二〕　中統、游、正德本無「王」字。《考證》「圍」作「困」。

**王出滎陽**〔三·九五三〕　南雍、李、凌、程、殿本「王」上有「六月」二字，《志疑》云：「此漢三年七月也，湖本失刻『七月』二字。」

**徐廣曰項羽高紀七月出滎陽**〔三·九五三〕　南雍、李、程本無「項」字。

**漢八月周苛從公殺魏豹**〔三·九五三〕　百衲、游、王、柯、秦、凌本「從」作「摐」，舊刻、南雍、李、殿本作「樅」，正德、毛本作「縱」，程本作「樅」。游本「殺」作「杀」，俗。

**項羽三年十一漢將韓信□□□□**〔三·九五四〕　「破殺龍且」四字泐。南雍、李、凌、程、殿本「破」作「擊」。游本「且」誤「目」。

**趙王張耳始漢立之**〔三·九五四〕　正德本「漢」上衍「歸」字。

**田廣二十一漢將韓信擊殺廣**〔三·九五四〕❶　《札記》云：「凌本下有『屬漢爲郡』四字，蓋即後表誤衍，舊刻則并後表脱去。」案舊刻與此本同，後表不脱。凌本第九格，此表有「屬漢爲郡」四字，後表第八格又有此四字，不知第八格乃代陳餘表也，時餘之滅已久矣。

**屬漢爲郡**〔三·九五五〕　殿本「屬」字接前表二十一，併爲一格。

**漢四年十二月**〔三·九五五〕　《札記》云：「中統、游、王、柯、凌本此格及下滅荼『十二』，韓王信『三』皆誤上一

---

❶ 「廣」，原作「楚」，據寶禮堂本改。

格。蔡、毛本不誤。」案此獨淩本「十二月」誤高一格耳，游、王、柯本不誤也，百衲、舊刻、南雍、秦、李、凌、殿本與此本同。

**二月立信王齊**〔三・九五五〕　毛本「王齊」二字倒。

**四月王出滎陽豹死**〔三・九五六〕　正德本脱「豹死」二字。

**徐廣曰項羽紀曰王出成皋**〔三・九五六〕　游本「徐」誤「除」。正德本無「徐廣曰」九字，「成皋」上止有「或云」二字，則混作《史》文矣。

**淮南王英布始漢立之**〔三・九五七〕　毛本脱「漢」字。

**七月立布爲淮南王**〔三・九五七〕　毛本脱「布」字。

**韓王信四年□**〔三・九五七〕　各本《表》有「三」字，此脱。

**趙王張耳二年一月**〔三・九五八〕　中統本「一」作「七」。

**臨江共驩十七漢虜驩**〔三・九五八〕　殿本此下連「屬漢爲南郡」五字爲一格，此與各本入後空格，《考證》無此五字。

**衡山吴芮十三徙王長沙**〔三・九五八〕　毛本「徙」誤「徒」。

**齊韓信十二屬漢爲四郡**〔三・九五八〕　舊刻、游、正德本同，各本「爲」作「南」。

**漢正月殺項籍**〔三・九五九〕　柯本「項」誤「頃」。

**分臨江爲長沙王**〔三・九五八〕　毛本同，各本「王」作「國」。

**韓王信四韓王信**〔三・九五八〕　正德本「韓」上有「立」字。

**韓王信五徙王代都馬邑**〔三・九五八〕　毛本「徙」誤「徒」。南雍、李、凌、程本「韓王信徙王代都馬邑」九字並在前四月。《札記》云：「六字各本誤入後月，凌本不誤。」案此本前表但有「韓王信」三字，似乎贅設，其實此三字連「徙王代」六字爲一句，傳寫者分入四、五兩月也，惟殿本不誤，《考證》又改其文曰「徙韓王信王代都馬邑」。《札記》「韓王信四」，「四」下衍「四」字。

**衡山王吴芮爲長沙王**〔三・九五九〕　正德本「芮」誤「萌」。

**長沙吴芮六薨謚文王**〔三・九六〇〕　中統、游、正德本脱「薨」字。殿本「薨」上有「芮」字。

**趙王張敖立耳子**〔三・九六一〕　《考證》無「立」字，《志疑》云：「《史詮》曰：『「始」作「立」，誤。』」

**長沙王成臣始**〔三・九六一〕　毛本同，各本作「長沙成王臣始」。《札記》云：「『成王』二字，毛誤倒。」

**丙子**〔三・九六一〕　各本作「芮子」，此「丙」字誤。

**楚韓信九王得故項羽將鍾離眛**〔三・九六一〕　游本脱「眛」字。

**斬之以聞**〔三・九六一〕　南雍、李、程、殿本同，百衲、中統、王、柯本無「斬之」二字，游本無「以」字，正德、秦、凌本無「以聞」二字，毛本「斬」作「殺」。

**燕王盧維始**〔三・九六二〕　「盧維」本作「盧綰」，因形似而致譌也。

**韓王信十二五年一月**〔三・九六二〕❶　毛本同，各本無此四字，《札記》云：「蓋涉後月而誤衍。」

**秦楚之際月表第四**　百衲此後有「建安蔡夢弼傅卿，謹案京蜀諸本校理，置梓於東塾」二十字，案此即諸城劉氏所藏集殘本之四，《札記》所稱蔡本也。

---

❶ 此條原在「丙子」條下，據寶禮堂本移。

# 卷一七　漢興以來諸侯年表第五

**漢興以來諸侯年表第五**〔三・九六七〕　《索隱》「以」作「已」，「侯」下有「王」字。中統本「來」作「来」。

**殷以前尚矣**〔三・九六七〕❶　「殷」缺筆。

**武王成康所封數百**〔三・九六七〕　《書鈔》四十六兩引「百」下有「國」字，又引作「數百之國」。

**而同姓五十五**〔三・九六七〕　《書鈔》引「五十五」作「等」。

**天下共誅之**〔三・九六七〕　李本「共」誤「其」。

**而功臣侯者百有餘人**〔三・九六八〕　王、南雍、李、程、殿本「百」下無「有」字。

**遼東陽縣**〔三・九六八〕　正德本「縣」下有「也」字，《札記》云：「『遼陽縣』『陽』字，《考證》據《漢志》增。」

**大行左轉**〔三・九六八〕　舊刻、南雍、李、程、毛、殿本「大」作「太」。

**轂水在沛**〔三・九六八〕　正德本「轂」誤「江」。

---

❶「矣」，原作「已」，據寶禮堂本改。

**潁川**〔三・九六八〕　百衲、中統、游、王、柯、南雍、秦、凌、程、毛、殿本「潁」作「潁」，舊刻、正德、李本誤「穎」。

**怵邪臣計謀爲淫亂**〔三・九六八〕　百衲、中統、殿本同，毛本作「怵」，《索隱》及各本誤「怵」，《考異》云：「『怵』當作『怵』，傳寫之譌。」《札記》云：「蔡本、中統誤『怵』，《索隱》本亦作『怵』，然音誓，訓習，則本作『怵』可知，辨見《漢書雜志》。」

**小者不軌于法**〔三・九六九〕　毛本「于」誤「千」，《讀書記》云：「『千』作『于』。」

**然后加惠**〔三・九六九〕　各本「后」作「後」。

**是分爲七**〔三・九六九〕　正德本「七」下有「也」字。

**河間廣川中山常山清河**〔三・九六九〕　王、南雍、秦、李本「廣川」上衍「及」字。

**濟陰**〔三・九六九〕　中統、舊刻、游、正德、南雍、李、殿本同，各本「陰」作「陽」，《札記》云：「舊刻『陰』，與《梁孝王世家》及《漢表》師古注合，各本作『陽』，誤。」案此本與游、正德、南雍諸本並作「陰」，則不獨一舊刻矣。

**其所有饒利**〔三・九六九〕　李本「利」誤「使」。

**上足以奉貢職**〔三・九六九〕　《書鈔》引「職」作「賦」。

**以蕃輔京師**〔三・九六九〕　中統本「蕃」作「藩」，《札記》引游本、吴校金板同。案游本作「蕃」，豈後剷去水旁歟？

**秉其阸塞地利**〔三・九六九〕　舊刻、正德本「秉」作「乘」。

**臣遷謹紀高祖以來至太初以來諸侯**〔三・九七〇〕　各本「紀」作「記」。

**高祖二都臨菑**〔三・九七一〕　程本「菑」作「淄」。

**都睢陽**〔三・九七一〕　舊刻同，各本「睢」作「淮」。

**初韓王信元年**〔三・九七一〕　中統本無「初」字。

**高祖起元年始徙**〔三・九七二〕　中統本「始」誤「治」。

**信故韓王孫**〔三・九七二〕　王、秦本脱「信」字。

**高祖四趙初王張耳元年**〔三・九七二〕　舊刻、南雍、李、凌、程、殿本同，毛本「元年」下有「薨」字，凌本有「薨於四年」四字。百衲、游、正德、王、柯、秦本此文入下五年，蓋誤以耳子敖之元年爲耳之元年也。

**高祖五**〔三・九七三〕　王、秦本「五」誤「九」。

**齊王信徙爲楚王**〔三・九七三〕　中統本「徙」誤「反」。

**齊二徙楚**〔三・九七三〕　正德本無「二」字，「徙楚」二字移前表「故相國」下。

**趙王敖元年**〔三・九七三〕　舊刻、南雍、李、程、殿本同，凌本「王」下無「敖」字。毛本「敖」上有「趙」字，各本誤作「初」。

**王張耳元年**〔三・九七三〕　凌、毛本「元年」下有「敖耳子」三字。

**高祖六正月丙午**〔三・九七四〕　舊刻「丙」誤「内」。

**楚初三交元年**〔三·九七四〕　本「王」誤「三」。

**交是高祖弟**〔三·九七五〕　南雍、李、程本同，百衲、舊刻、游、王、柯、秦、毛本作「交高祖弟也」，凌本作「交是高祖弟也」，正德本誤作「高祖弟帝」。

**正月丙午**〔三·九七四〕　本「丙午」二字，上體泐。

**代初王喜元年**　舊刻、南雍、李、凌、毛、殿本同，程本「喜」誤「嘉」。百衲、中統、游、正德、王、柯、秦本脱此文。凌本次下隔一圈有「按喜高祖凡」五字，《札記》云：「蔡本、中統、舊刻、游、王、柯本皆無之，蓋喜不久亡歸，故《史》不入《表》。其有者，後人依《漢表》增入。」案舊刻有「初王喜元年」五字，不得云無，封國大典，安有不書之理。各本無此五字者，後人脱寫耳，《漢表》有之，即據《史記》也。

**高祖七趙王敖三廢**〔三·九七五〕　中統、游、正德本無「廢」字，王、柯、南雍、秦、李、凌、程、毛、殿本「廢」字在下八年「四」字下，是。

**代空格**〔三·九七五〕　南雍、李、凌、程、毛、殿本表有「二」字。

**高祖八燕四**〔三·九七五〕　百衲、王、柯、南雍、秦、李、凌、程、毛、殿本有「廢」字，此與中統、舊刻、游、正德本無。

**代空格**〔三·九七五〕　南雍、李、凌、毛、殿本表有「二」字。

**長沙三**〔三·九七五〕　毛本「三」誤「二」。

**高祖九淮南六來朝**〔三·九七五〕　中統、游、正德本「來」作「来」，下同，亦間有作「來」者。

**趙初隱王如意元年**〔三·九七五〕 舊刻同，各本「初」下有「王」字。

**意高祖子**〔三·九七六〕 百衲、舊刻、游、正德本同，王、南雍、秦、李、毛、殿本「意」上有「如」字。柯本脱「意」字，程本脱「如」字，凌本此四字全脱。《札記》云：「王、柯脱『如意』二字，蔡本、中統、游本脱『如』字。」案王本不脱。

**梁五來朝**〔三·九七五〕 王、秦本此文誤入下第二十一格。

**匈奴攻代王棄其國亡歸漢** 舊刻同，凌本「棄」作「弃」。南雍、李、凌、程、毛、殿本上有「四」字，此文連下「後置代都中都」六字爲一格。百衲、中統、游、正德、王、柯、秦本無此文。

**高祖十後置代都中都**〔三·九七六〕 百衲、中統、舊刻、游、正德、王、柯、秦本同，各本併入前表。

**高祖十一荆六爲英布所殺**〔三·九七七〕 凌本脱「所」字。

**徐廣曰一云十月**〔三·九七七〕 中統、游本「一」字空格。正德本「一云」二字誤作「去」字。

**梁三月丙午**〔三·九七七〕 百衲、王、柯、南雍、秦、李、毛本「三」作「二」，《札記》云：「與《通鑑考異》引《史表》合。」凌本依《漢表》及《高紀》改『三月』。」

**初王恢元年**〔三·九七七〕 舊刻「王」誤「三」。

**淮陽三月丙寅**〔三·九七七〕 舊刻、南雍、李、凌、程、殿本同，各本「三」作「二」，《札記》云：「二月無丙寅。」

**初王友元年**〔三·九七七〕 舊刻、正德本「友」作「犮」，程本誤「反」。舊刻下「友高祖子」亦誤「反」。

**趙一月丙子**〔三·九七七〕　中統、凌本「一」作「二」，各本作「三」，《志疑》云：「案三月乃正月之誤，❶《漢書》紀、表可證。」

**初王元年**〔三·九七七〕　百衲、舊刻、游、正德本同，各本作「初王恒元年」。恒高帝子，《札記》云：「蓋後人妄增。」

**高祖十二荆更爲吴國濞高祖兄仲子**〔三·九七八〕　正德本「祖」下衍「帝」字。

**趙初王靈王建元年建高祖子**〔三·九七八〕　王、秦本下建「字」誤「漢」。

**孝惠元年吴二故沛侯**〔三·九七九〕　百衲、中統、舊刻、游、正德、王、柯、秦本同，南雍、李、凌、程、毛、殿本此三字併入前表「濞高祖兄仲子」下。

**代初王二**〔三·九七九〕　本「三」誤「二」。

**孝惠六**〔三·九八一〕　「六」字下半體泐。

**楚十二**〔三·九八一〕　本「十三」，「三」中畫泐。

**孝惠七齊哀王襄元年**〔三·九八一〕　柯、凌本「襄」誤「褭」。

**復置淮陽國**〔三·九八一〕　中統、游、正德本脱此五字。

---

❶「誤」，原作「證」，據《史記志疑》改。

**高后元年梁王恢**辛〔三・九八二〕❶　本「十」誤「辛」。

**高后二常山皇子**　游、正德本「皇子」誤作「曰壬子」，案中統本「皇子」作「呈子」，游、正德本遂分爲三字。

**哀王弟**〔三・九八三〕　舊刻「王」誤「與」。

**立爲帝**〔三・九八四〕　中統、游、正德本無此三字。王本「立」誤「亡」。

**長沙共王右元年**〔三・九八三〕　凌本「右」誤「若」，毛本誤「石」。

**高后四齊五**〔三・九八五〕　凌本「五」字誤高一格。

**常山五月丙辰**〔三・九八五〕　凌本「辰」作「午」。

**高后六齊□**〔三・九八七〕❷　本「七」字，泐。百衲、舊刻無此字。

**初置琅邪國**〔三・九八七〕　毛本「邪」作「琊」，王本誤「邾」。

**吕七月丙辰**〔三・九八七〕　游本脱「七」字。正德本「七」誤「二」。

**故効侯**〔三・九八八〕　各本「効」作「洨」，此誤，舊刻誤「玟」。王、柯、秦、凌本此表誤入上格。

**高后七齊八**〔三・九八九〕　百衲、游、正德、王、柯、秦本無「八」字。

**燕十五絶**〔三・九八九〕　游本「絶」誤「紀」，正德本脱此字。

---

❶「梁」，原作「趙」，據寶禮堂本改。

❷「齊」，原作「魯」，據寶禮堂本改。下「高后七齊八」條「齊」字同此。

**趙十四幽死**〔三·九八九〕　舊刻、南雍、殿本同，各本無此二字，而有「楚呂産徙梁元年」七字。

**梁十六徙王趙自殺**〔三·九八九〕　南雍、李、凌、程、殿本同，各本此五字作「趙徙」二字。舊刻「徙王」二字在上常山格，「趙自殺」三字在此格，蓋傳寫之譌。

**呂二呂産徙王梁**〔三·九八九〕　游本「徙王」二字泐。正德本脱「梁」字。

**七月丁巳**〔三·九八九〕　柯、凌本「巳」作「卯」。游本「月」字、「丁」字泐，正德本脱「丁巳」二字。

**王太元年惠帝子**〔三·九八九〕　游本「太」作「大」。正德本「子」誤「予」。

**淮陽孝惠帝子故壺關侯武**〔三·九八七〕　此表當有「二」字，各本脱。南雍、程、毛、殿本「武」字在「孝」字之上，接前表「初王武元年」下。李本脱此九字。

**高后八齊九**〔三·九九〇〕❶　百衲、游、正德、王、柯、秦本無「九」字。

**燕初王呂通元年故平侯**〔三·九九一〕　各本「平」上有「東」字。舊刻「故」誤「侯」。

**趙初王呂禄元年呂后兄子**〔三·九九一〕　舊刻「后」誤「後」。

**梁二爲郡**〔三·九九一〕　舊刻「郡」下有「皆」字，衍。

**孝文前元年魯九廢爲侯**〔三·九九二〕❷　百衲、游、正德、王、柯、秦本脱此文。

---

❶「齊」，原作「魯」，據寶禮堂本改。

❷「九」，原作「十」，據寶禮堂本改。

**初置成陽郡**〔三·九九二〕 《志疑》云：「『國』誤作『郡』，又《齊悼惠王世家》正義引表云『都莒』，而今本無之，蓋傳寫脱耳。」

**燕十月庚戌**〔三·九九二〕 「戌」缺筆，下並同。

**分爲河間都樂城**〔三·九九二〕 舊刻同，毛、殿本「樂城」作「樂成」，各本誤「洛城」。《考異》云：「『洛城』當爲『樂城』，監本作『洛陽』，尤誤。」

**淮陽三武誅國除**〔三·九九〇〕 《志疑》云：「淮陽王武於三年被誅，《表》誤以前歲武之三年爲二年，故以此年爲三年。其實此是空格，當衍『三』字。『武誅國除』當移在前歲，而書之曰『非子，誅，國除爲郡』，依表例也。」

**代十八爲文帝**〔三·九九二〕 程本「帝」誤「侯」。

**孝文二燕二是爲敬王**〔三·九九三〕 「敬」缺筆，下同。

**趙二幽王子**〔三·九九二〕 南雍、李、凌、程、毛本此三字接前表「趙王遂元年」下，并爲一格。

**河間初王文王辟强元年**〔三·九九三〕 毛、殿本「强」作「疆」，下同。

**濟北王興居元年悼惠王子**〔三·九九三〕 南雍、李、凌、程、毛、殿本「悼」字上有「與居」二字，「子」下有「故東平侯」四字。

**孝文三成陽二章悼惠子故朱虚侯**〔三·九九四〕 舊刻、南雍、李、程、毛、殿本「惠」下有「王」字，此文在前表「景王章元年」下。凌本前表已載「章悼惠王子故朱虚侯」九字，此文又複見。

**濟北二**〔三・九九三〕　百衲、王、柯、秦本有「興居故東牟侯」六字，《志疑》云：「六字，湖本誤刻也，當書曰『反，誅，國除爲郡』，各本缺『反誅國除』，而誤刻『爲郡』二字於後空格中。」

**代二徙淮陽**〔三・九九五〕　本「徙」誤「徒」。

**孝文四楚夷王郢三**〔三・九九五〕　本「三」字，中畫泐。

**成陽二**〔三・九九五〕　本「三」字，中畫泐。

**代王武徙淮陽二年**〔三・九九五〕　本「三」誤「二」。

**太原二**〔三・九九五〕　本「三」誤「二」。《札記》云：「『太原王參』云云十二字，舊刻誤入上淮陽表，凌本誤入下長沙表。」案舊刻不誤。

**實居太原**〔三・九九六〕　中統、舊刻、游、正德本「實」誤「徙」，《札記》引吴校金板同。

**孝文五長沙靖王三**〔三・九九六〕　中統本「三」誤「二」。

**孝文七淮南空格爲郡**〔三・九九七〕　南雍、李、凌、程、殿本此二字在前表「遷蜀死雍」下。

**孝文十一淮陽十徙梁爲郡**〔三・九九八〕　游、正德本無「爲郡」二字。

**孝文十二燕十**〔三・九九九〕　《志疑》云：「湖本燕表缺『十』字。」

**太原十一淮陽王武徙梁年**〔三・九九九〕　毛、殿本「年」上有「元」字。《札記》云：「案：勝紀年止於十，上年已書『薨』，此十一年即武自淮陽來徙，承上年不改元，故云『徙梁年』。蔡、王、凌本不誤。毛本『年』上有

『元』字，❶舊刻作『十一』兩字，中統『年』作『王』，皆以意增改。《志疑》謂缺『元』字，非也。」案張説甚是，惟以舊刻「十一」兩字爲以意增改，未免重誣古人。舊刻此兩字居中，乃表中紀年之字，各本皆然，何獨至是而疑之？即中統「王」字，當亦「十一」之譌也。

**齊文王十二**〔三・一〇〇〇〕❷ 本「三」誤「二」。

**孝文十四燕十二來朝**〔三・一〇〇〇〕 游、正德本脱此二字。

**孝文十五分爲膠西都宛**〔三・一〇〇〇〕 《悼惠王世家》正義引年表云「都高宛」，《水經注》二十四《睢水》注引《史記》亦有「高」字。《志疑》云：「據此則《史》表舊文是『高宛』，傳寫脱一『高』字耳。」《札記》引《世家》下脱「正義」二字。

**徐廣曰樂安有宛縣**〔三・一〇〇一〕 《水經注》二十四引徐廣《音義》曰：「樂安有高宛城，故俗謂之東苑也。」《札記》引「東宛」誤「東高苑」。

**分爲膠東都即墨**〔三・一〇〇〇〕 中統、游、正德本此七字誤入下吴表三十一。

**哀王福元年無後國除**〔三・一〇〇〇〕❸ 中統、游本「無」作「无」。

---

❶「字」，原作「年」，據《札記》改。

❷此條原在「孝文十四燕十二來朝」條下，上有管氏批云「此條移前」。

❸「哀王福元年」，原作「太原五」，據寶禮堂本改。

**孝文十六濟南初王辟光元年**〔三·一〇〇一〕　舊刻「光」誤「元」。

**膠西初王卬元年**〔三·一〇〇一〕　百衲、中統、舊刻、游、正德、王、柯、秦本「卬」誤「卯」。

**膠東初王雄渠元年**〔三·一〇〇一〕　正德本脱「渠」字。

**後元年衡山淮南厲王子故安陽侯**〔三·一〇〇二〕　南雍、李、凌、程、毛、殿本「淮南」九字在前表「王勃元年」下，齊濟南、濟北、菑川、膠西、膠東、淮南、廬江各表放此，不别出。

**城陽故安都侯**〔三·一〇〇二〕　正德本「都」誤「東」。

**濟北故初侯**〔三·一〇〇二〕　正德本「初」下有「安」字。毛、殿本「初」作「扐」。

**菑川故武城侯**〔三·一〇〇二〕　中統、游本「城」作「成」。

**後元五濟南六來朝**〔三·一〇〇三〕　《札記》云「中統、游本在下格」，案游本並不在下格。又「膠西六來朝」，《札記》亦云「中統、游本在下格」，誤同。

**後元六梁二十一來朝**〔三·一〇〇四〕　游、正德本脱此二字。

**後元七長沙二十一無後國除**〔三·一〇〇四〕❶　中統本「無」作「无」。

**孝景前元年城陽二十一**〔三·一〇〇四〕　中統本「二」字、「一」字泐。游本「二十一」誤作「十」。

**初置臨江都江都**〔三·一〇〇四〕　凌本「臨」下脱「江」字。

---

❶「七」，原作「六」，據寶禮堂本改。

**初置汝南**〔三·一〇〇四〕　王、柯、秦本「南」下有「國」字。

**孝景二分楚復置魯國**〔三·一〇〇五〕　程本此六字脱。

**廣川王彭祖元年**〔三·一〇〇五〕　中統、游、王、柯、秦本「王」字誤在「彭」下。

**臨江初王閼元年**〔三·一〇〇五〕　《索隱》出「臨江王閼于」五字，蓋所據本「閼」下有「于」字。

**汝南初王元元年**〔三·一〇〇五〕　凌、殿本「初王元」作「初王非」，此與各本均誤。

**淮南初王非元年**〔三·一〇〇五〕　凌、殿本「非」作「餘」，此與各本均誤。

**孝景□**〔三·一〇〇六〕　各本有「三」字，此泐。

**楚一十一**〔三·一〇〇六〕　本「二十一」，「二」上畫泐。

**反誅**〔三·一〇〇六〕❶　《札記》云：「舊刻脱『反』字。」案舊刻不脱。

**魯六月乙亥**〔三·一〇〇六〕　中統、游、正德本「乙」作「丁」。

**淮陽王徙魯元年是爲恭王**〔三·一〇〇六〕　毛本「年」誤「手」，「恭」誤「共」。中統本「恭」誤「安」。

**城陽二十□**〔三·一〇〇六〕　本「二十三」，「三」字泐。

**菑川十一賢反誅**〔三·一〇〇六〕　殿本無「賢」字。正德本「誅」上有「伏」字，衍。

---

❶ 「誅」，原作「脱」，據寶禮堂本改。

**濟北王志徙菑川十一年**〔三・一〇〇六〕　游本脱「川」字。正德本「濟」誤「齊」，「菑川」誤「臨菑」。

**膠西十一子端元年**〔三・一〇〇七〕　各本「子」下有「王」字，此脱。

**景帝子**〔三・一〇〇七〕　正德本作「景帝之子也」。

**趙二十六反誅**〔三・一〇〇六〕　舊刻、南雍、李、程、殿本同，各本無此二字。《札記》云：「舊刻脱『反』字。」案舊刻不脱，脱者百衲、游、正德、王、柯、秦、凌、毛本也。

**梁二十五來朝**〔三・一〇〇六〕❶　正德本脱「來朝」二字。

**臨江一**〔三・一〇〇六〕　本「二」字，上畫泐。

**孝景四楚文王禮元年元王故平陸侯**〔三・一〇〇八〕　舊刻同，各本「元王」作「王子」。案當作「元王子」，補鈔本「元王」下有「子」字。

**衡山十二徙濟北**〔三・一〇〇八〕　游本「北」作「女」，正德本作「安」。

**廬江王賜徙衡山王元年**〔三・一〇〇八〕　百衲下「王」字誤「三」。

**濟北十二**〔三・一〇〇八〕　南雍、凌、程、殿本作「衡山王勃徙濟北十二年」，各本止有「十二」兩字。

**濟南空格爲郡**〔三・一〇〇八〕　中統、游、正德本衍「十二」二字。

**是爲孝武帝**〔三・一〇〇八〕　中統本誤「王」。

---

❶「梁」，原作「太原」，據寶禮堂本改。

**淮南王非爲江都王元年**〔三・一〇〇八〕 殿本「淮南」作「汝南」。程本「淮」誤「誰」。

**廬江十二徙衡山國除爲郡**〔三・一〇〇八〕 百衲、中統、游、正德、王、柯、秦本「衡」誤「魯」。程本脱「郡」字。

**孝景五城齊陽二來朝**〔三・一〇一〇〕 游、正德本無「來朝」二字。

**濟北十三薨是爲貞王**〔三・一〇一〇〕 「貞」缺筆。

**廣川王彭祖徙趙四年是爲敬肅王**〔三・一〇一〇〕 「敬」缺筆。程本「敬」誤「散」。

**孝景六楚文王三來朝薨**〔三・一〇一一〕 正德本「薨」上有「病」字。

**復置臨江國**〔三・一〇一一〕 凌本此五字誤入上格。

**孝景七膠東四復置膠東國**〔三・一〇一二〕 毛本無此五字，各本均衍。

**臨江十一月乙丑**〔三・一〇一一〕 本「乙丑」，「乙」字僅存二畫。

**中元**〔三・一〇一二〕 百衲、舊刻、游、正德、王、柯、秦、凌本同，各本「元」下有「年」字。

**膠西六來朝**〔三・一〇一二〕 凌本脱「來朝」二字。

**中元二膠東初王康王寄元**〔三・一〇一三〕 各本「元」下有「年」字，此脱。王、秦本「寄」誤「守」。

**廣川惠王越元年**〔三・一〇一三〕 游本「惠」字泐。程本脱「王」字。

**中元三清河三月丁巳**〔三・一〇一三〕 毛本「三月」誤「五月」。

「垣」缺筆，舊刻作「侵」，各本誤「寢」，程本「垣」誤「坦」。

**臨江四坐侵廟壖垣爲官**〔三·一〇一三〕

**中元五菑川一十**〔三·一〇一五〕❶　本「二十」，「二」上畫泐。

**中元六城陽三十三薨**〔三·一〇一六〕　舊刻、南雍、李、凌、程、毛、殿本同，各本脱「薨」字。

**濟東初王彭離元年**〔三·一〇一七〕　中統本「彭」誤「封」。

**後元**〔三·一〇一七〕　南雍、李、凌、程、毛、殿本下有「元年」二字。

**城陽頃王延元年**〔三·一〇一七〕　中統、游本「頃」作「明」。

**河間十一**〔三·一〇一七〕　本「十三」，「三」上二畫泐。

**太原恭王買元年**〔三·一〇一七〕　游、正德本「買」誤「賈」。

**長沙十二**〔三·一〇一七〕　本「十三」，中畫泐。

**後元二齊十二來朝**〔三·一〇一八〕　凌本脱「來朝」二字。

**後元二**〔三·一〇一八〕　本「三」字，中畫泐。

**孝武建元元年**〔三·一〇一九〕　南雍、李、凌、程、毛、殿本同，百衲、舊刻、游、正德、王、柯、秦本無下「元」字。

**建元二膠西十一**〔三·一〇一九〕　本「十六」，「六」誤「一」。

---

❶「菑川」，原作「城陽」，據寶禮堂本改。

**建元三濟川七坐射殺中傅**〔三·一〇一九〕 南雍、李、凌、程、殿本同，百衲、中統、王、柯、秦本作「明殺中傅」，舊刻作「明殺中侍」，游本作「射殺中傳」，正德本作「謝殺侍中」，皆無「坐」字。百衲、中統、游、正德、王、柯、秦本此文誤入山陽表，毛本誤入濟東表。

**廢遷房陵**〔三·一〇二〇〕 舊刻無「廢」字。游、正德本「房」誤「旁」。

**徐廣曰一作太傅**〔三·一〇二〇〕 中統脱「一」字。舊刻、游、正德本「一」下衍「云」字。百衲、中統、游、正德、王、柯、秦、毛本此注在「坐射殺中傅」下，此與各本在「廢遷房陵」下，正文與注文始不相混矣。

**山陽七**〔三·一〇一九〕 游、正德本脱「七」字，誤列濟川表「射殺」十六字。

**建元五膠東十三**〔三·一〇二一〕 程本「三」誤「二」。

**廣川繆王元年**〔三·一〇二一〕 程本脱「繆王元年」四字，别作「十十」兩字，不可解。

**徐廣曰齊立四十五年**〔三·一〇二一〕 舊刻、南雍、李、凌、程、殿本同，各本作「齊立此五年」。

**有罪病死**〔三·一〇二一〕 中統本「罪」誤「地」。

**謚口銘**〔三·一〇二一〕 本「曰」誤「口」。本「懿」誤「銘」。

**建元六長沙二十一**〔三·一〇二二〕 王、秦本「一」誤「七」。

**元光二長沙二十三来朝**〔三·一〇二三〕 「来」爲「來」隸省字，下濟東十四、河間二十六、趙二十七又三十四、魯八、代十二又十六、長沙八又二十八、廣川二十一、代十八、淮南十八、中山九、梁三十六並同。

**元光三**〔三·一〇二三〕 王、秦本脱「三」字。

**代王義元年**〔三・一〇二五〕　王、秦本「王」誤「正」。

**代四**〔三・一〇二四〕　王、秦本脱「四」字。

**元朔元年燕王定國二十四坐禽獸行自殺**〔三・一〇二四〕　中統本「坐」誤「星」，「獸」誤「猷」。

**長沙康王庸一**〔三・一〇二四〕　本「二」誤「一」。

**元朔三膠西二十九**〔三・一〇二六〕　「二十九」三字磨滅。

**元符元年**〔三・一〇二七〕　各本「符」作「狩」，此誤。

**淮南三十三爲六安郡**〔三・一〇二七〕　凌本此四字移後表，作「置六安郡國」，在「以故陳爲都」句上。

**元狩二江都七國除爲廣陵郡**〔三・一〇二八〕　李本「陵」誤「陸」。

**六安初王恭王慶元平**〔三・一〇二九〕❶　本「年」誤「平」。

**四月乙巳**〔三・一〇三一〕　毛本「巳」作「未」。

**元狩六齊初王懷王閎元年**〔三・一〇三一〕　舊刻「閎」誤「閑」。

**廣陵初王胥元年**〔三・一〇三一〕　百衲、南雍、李、凌、程、毛、殿本同，各本「胥」誤「育」。游本「元」誤「王」。正德本「元」上衍「王」字。

---

❶「六安」，原作「淮南」，且此條原在「四月乙巳」條下，據寶禮堂本改。

**燕初王剌王旦元年**〔三・一〇三一〕　百衲、中統、游、正德、王、柯、秦本「旦」誤「胥」。

**元鼎元年山陽二十九剽攻殺人**〔三・一〇三二〕　百衲、王、柯、秦本「剽」誤「剛」，中統、游、正德本「剽攻」誤「剛次」。

**迁上庸**〔三・一〇三二〕　「迁」爲「遷」俗省字。

**國爲太河郡**〔三・一〇三二〕　王、柯、秦本同，各本「太」作「大」，舊刻誤「天」。

**元鼎三初置泗水都郯**〔三・一〇三三〕　游、正德本「置」作「建」。中統、游、正德本脱「郯」字。

**泗水屬東海**〔三・一〇三三〕　正德本「屬」誤「在」。

**復置清河國**〔三・一〇三三〕　南雍、李、凌、程、毛、殿本同，各本「國」作「郡」，《札記》云：「各本並作『郡』，凌、毛不誤。」

**常山三十二薨不爲王**〔三・一〇三三〕　各本「不」作「子」。程本脱此四字。正德本「三十二」作「卅二」。

**空格十九徙清河爲太原郡**〔三・一〇三三〕　此與下二十六格代表複出，蓋涉下文而誤衍，各本均無此文。

**代十九徙清河爲太原郡**〔三・一〇三三〕　中統、游、正德本脱「郡」字。

**元鼎四泗水初王商元年**〔三・一〇三四〕　百衲、中統、游、正德、南雍、李本「商」作「啇」，下同。

**一云勤王商元年**〔三・一〇三四〕　舊刻脱「云」字。

**商常山憲王子**〔三・一〇三四〕　王、柯、南雍、秦、李、凌、程、毛、殿本「常」作「恒」。

**河間頃王授元年**〔三・一〇三四〕　柯本「頃」誤「須」，秦本誤「項」。

**清河二十代王義徙清河年**〔三・一〇三四〕　毛本「年」誤「郡」。正德本「年」上有「是」字，蓋下句「是爲剛王」「是」字誤倒在此也。南雍、李、凌、程、殿本「二十」字在「年」字上。《札記》云：「此與孝文十二年梁表淮陽王徙梁年一例，王、柯、凌本乃移表首『二十』兩字於『年』上，謬甚。」案凌本與南雍諸本同，若王、柯則「二十」兩字明在表首，未嘗移至「年」上也，可與凌同譏乎？

**常山更爲真定國頃王平元年**〔三・一〇三四〕　柯本「頃」誤「須」。

**梁一十四**〔三・一〇三四〕　本「二」誤「一」。

**元鼎五中山哀王昌元年即年薨**〔三・一〇三五〕　正德本作「王即薨」。

**元鼎六中山康王昆侈元年**〔三・一〇三六〕　秦本「侈」誤「移」。

**元封元年齊八薨無後**〔三・一〇三七〕　正德本「薨」上衍「王」字。舊刻「無」作「无」。

**元封二菑川項王遺元年**〔三・一〇三七〕　舊刻、王、柯、秦本同，各本「項」作「頃」，「項」字誤。

**元封三城陽惠王武元年**〔三・一〇三八〕　南雍、李、凌、程、毛、殿本同，百衲、中統、王、柯、秦本「惠」誤「彗」，凌本作「慧」，舊刻、游、正德本作「思」。

**菑川一**〔三・一〇三八〕　本「二」誤「一」。

**元封五濟北四十六朝泰山**〔三・一〇三九〕　正德本「朝」下衍「于」字。

**太初元年楚十一**〔三・一〇三九〕　王、秦本脱「一」字。

**六安十八來**〔三・一〇三九〕❶ 各本「來」下有「朝」字，此脱。

**太初一**〔三・一〇三九〕 本「二」字，上畫泐。

**泗水薨子哀王安世元年**〔三・一〇三九〕 中統、舊刻本「子」作「年」。

**即載王賀元年**〔三・一〇四〇〕 中統「元」誤「无」。

**太初三**〔三・一〇四一〕 「三」字泐。

**楚十一**〔三・一〇四一〕 本「三」字，上下畫泐。

**魯二十七**〔三・一〇四一〕 下空格，此本衍「一」字，王、柯、秦本衍「二」字。

**中山十**〔三・一〇四一〕❷ 王、柯、秦本「十」下衍「一」字。

**太初四中山十一**〔三・一〇四一〕 王、柯、秦本「一」誤「二」。

**徐廣曰云云**〔三・一〇四一〕 百衲、舊刻、游、正德、王、柯、秦本此注作大字。

**廣陵中山真定王來朝**〔三・一〇四一〕 王、柯、秦本「王來」二字作「五年」。

**孝宣木始元年**〔三・一〇四一〕 本「本」誤「木」。

**二年廣川來朝**〔三・一〇四一〕 各本「二」作「一」。

---

❶ 「六安」，原作「淮南」，據寶禮堂本改。

❷ 「中山」，原作「真定」，據寶禮堂本改。下條「中山」同此。

# 卷一八　高祖功臣侯年表第六

**高祖功臣侯年表第六**〔三・一〇四九〕　《索隱》「侯」下有「者」字，《水經注》引同，柯、凌本脱「侯」字，正德本題「漢高功臣年表」。

**古者人臣**〔三・一〇四九〕　《類聚》五十一引「者」作「之」。

**以德立宗廟定以言曰勳**〔三・一〇四九〕　各本「以言」作「社稷」，此涉下句「以言曰勞」而誤。

**泰山如厲**〔三・一〇四九〕　百衲、中統、舊刻、游、正德、王、柯、秦本同，《字類》四《補遺》引同，南雍、李、凌、程、殿本「如」作「若」，凌本旁注「一本作『若』」。

**應劭曰云云**〔三・一〇四九〕　此注四十七字，王、柯、凌本脱。

**厲砥石也**〔三・一〇四九〕　百衲同，各本「砥」作「砥」，下同。

**山當何時如厲石**〔三・一〇四九〕　毛本「何」誤「河」。南雍本「石」誤「山」。

**言如帶砥**〔三・一〇四九〕　毛本「砥」誤「厲」。

**爰及苗裔**〔三・一〇四九〕　舊刻、王、柯本同，百衲「裔」作「裔」，《字類》四引作「裔」，各本作「裔」。《札記》云：「《集韻》亦載此字，蓋相承俗字也。」

**而枝葉稍陵夷衰微也**〔三·一〇四九〕　秦本「枝」誤「故」。

**異哉所聞**〔三·一〇四九〕　柯本「哉」作「𢦏」，秦本誤「成」。

**遷于夏商**〔三·一〇四九〕　百衲、中統、游、正德、南雍、秦本「商」作「商」。

**蓋周封八百**〔三·一〇四九〕❶　正德、南雍、李本「蓋」作「盖」，俗。

**見於春秋尚有唐虞之侯伯**〔三·一〇四九〕　各本「尚有」作「尚書」，春秋時國名，不得謂見《尚書》，「書」字誤，此本無之，視他本爲勝。

**功臣受封者**〔三·一〇四九〕　《索隱》出正文無「者」字。

**可得而數者十二三**〔三·一〇五〇〕　《索隱》「十」作「什」。

**𦊱亦少密焉**〔三·一〇五〇〕　百衲、中統、舊刻、王、柯、秦本同，《字類》三引「𦊱亦少密」，無「焉」字。南雍、李、凌、程、毛、殿本「𦊱」作「罔」，游、正德「本」誤「罣」。

**所以自鏡也**〔三·一〇五〇〕　《索隱》無「也」字。

**頗有所不盡本末**〔三·一〇五〇〕　游本「末」誤「未」。

**平陽　漢書音義曰云云**〔三·一〇五三〕　殿本無此文十八字，蓋沿南雍之舊，以《索隱》已引之也。不知南

❶ 「封」，原作「紂」，據寶禮堂本改。

雍本固多删節，今既全載三家注，豈應有所脱遺乎？

**侯功格以中涓從起沛**〔三・一〇五三〕　柯本「涓」誤「消」。

**以右丞相爲平陽侯**〔三・一〇五三〕　王、秦本「右」誤「古」。

**萬六百户**〔三・一〇五三〕　秦本「户」誤「尸」。

**謁主通書謂出納君命石奮爲謁中涓受陳平謁是也**〔三・一〇五三〕　游、正德、王、柯、秦、李、程本「主」誤「王」，南雍本誤「三」。柯本「奮」誤「舊」。正德本「陳」誤「東」。凌本此二十一字脱。

**漢儀注**〔三・一〇五三〕　中統「儀」作「義」，柯本誤「議」。百衲、王、柯、南雍、秦、李、程、殿本「注」作「註」，俗。

**皆中官者**〔三・一〇五三〕　百衲、王、柯、秦、李、毛、殿本同，中統、游、正德、南雍、程本「官」誤「宫」。舊刻、游、正德、程本「者」作「也」。凌本脱此四字，而有「師古曰」云云二十五字，《札記》云：「蓋依《漢表》妄增。」案《札記》「二十五字」誤「二十九字」。

**高祖格懿侯曹參元年**〔三・一〇五三〕　《索隱》「參」作「条」。

**孝惠格其二年五爲相國**〔三・一〇五三〕　各本「五」字居中，乃參在孝惠時爲侯年數也，此誤列左旁。

**建元格十**〔三・一〇五三〕　正德本脱「十」字。南雍、凌、程、殿本此格中行「十六」下書「廿四」二字，左右分書

「征和二年，侯宗坐太子死國除」十二字。李本無「廿四」二字，亦有「征和」十二字。❶《志疑》云：「《史》訖太初，故上文稱『今侯宗』，天漢以下《史》皆不及，安得載征和間事，此十四字當削，乃後人妄續。」《札記》云：「凌本中行有『廿四』二字及『征和二年，侯宗坐太子死國除』十二字，各本皆無，蓋又明人妄增。」案《札記》從《志疑》説，以此十四字爲明人妄增，是也，但嘉靖、南雍本已有之，不當單舉凌本耳。

**信武侯功格攻黥布陳豨**〔三·一〇五五〕 各本「豨」作「狶」。

**高祖格肅侯靳歙元年**〔三·一〇五五〕 舊刻「肅」誤「蕭」。

**清陽侯功格以中涓從起豐**〔三·一〇五五〕 中統、舊刻、游、正德、李本「豐」作「豊」，下並同。

**三千一百户**〔三·一〇五五〕 游、正德本「三」作「二」。

**孝文格哀侯彊元年**〔三·一〇五五〕 舊刻、毛、殿本「彊」作「疆」。

**孝侯統元年**〔三·一〇五五〕 舊刻「孝」誤「表」，「統」作「亢」。

**汝陰侯功格竟定天下**〔三·一〇五六〕 「竟」缺筆，下並同。

**全孝惠魯元**〔三·一〇五六〕 王、柯、南雍、秦、李、凌、程、殿本「全」作「至」，《志疑》云：「『至』乃『全』之誤文。」

**高祖格文侯夏侯嬰元年**〔三·一〇五六〕 《水經注》二十二《潁水》注：「潁水又東逕女陰縣故城北，《史記·高祖功臣侯者年表》曰：高祖六年，封夏侯嬰爲侯國。」此隱括《史記》之文，酈注大率如此也。

---

❶ 「廿四」，原作「十四」；「十二」，原作「十四」，據日本國立公文書館藏李本改。

**孝文格共侯賜元年**〔三·一〇五六〕　舊刻同，各本「共」作「恭」。

**建元格頗坐尚公主**〔三·一〇五六〕　南雍、李、凌、程、殿本「頗」上有「侯」字。舊刻「頗」誤「須」。程本「尚」誤「何」。

**陽陵侯功格爲騎將**〔三·一〇五六〕　各本「騎」誤「魏」，《志疑》云：「《漢表》作『騎將』，是。」案此本獨與《漢表》合，足見宋刻之精。

**高祖格景侯傅寛元年**〔三·一〇五六〕　正德本「傅」誤「傳」。

**孝惠格隨頃侯靖元年**〔三·一〇五六〕　舊刻、柯、秦本「頃」誤「項」，案《漢書·高惠高后文功臣表》作「頃侯清嗣」。

**建元格侯偃以與淮南王謀反**〔三·一〇五六〕　王、柯、南雍、秦、李、凌、程、毛、殿本「以」作「坐」。

**廣嚴高祖格十二月中中**〔三·一〇五七〕　各本「中中」作「甲申」，此誤。

**壯侯吕歐元**〔三·一〇五七〕　《索隱》同，舊刻「吕歐」作「召歐」，與《漢表》合，凌本作「召毆」，各本作「吕毆」。

**孝文格十二**〔三·一〇五七〕　各本「二」作「三」。各本「元」下有「年」字，此脱。

**十二年**〔三·一〇五七〕　各本「二」作「一」，秦本此字空格。

**廣平侯功格擊項羽鍾離眛**〔三·一〇五八〕　舊刻「羽」下有「將」字。中統、游本「鍾」作「鐘」。《志疑》云：「案《漢表》『項籍』下有『將』字，是。」

**高祖格敬侯薛歐元年**〔三・一〇五八〕　游、李本「歐」作「毆」。

**孝景格中二年**〔三・一〇五七〕　舊刻「二」作「三」。

**平棘**〔三・一〇五七〕　毛本此二字入上孝文格，此格書「中二年，平棘有罪絶」，不知平棘爲節侯澤復封國名。

澤福封在孝景中五年，至後元三年，適合五字年數，孝文時澤初嗣封廣平，何嘗有平棘之名乎？

**建元格穰受淮南王財物称臣**〔三・一〇五八〕　中統、游本同，各本「称」作「稱」。

**博陽侯功格以都尉擊項籍榮陽**〔三・一〇五八〕　游本「榮」作「榮」。

**絶甬道**〔三・一〇五八〕　游、正德本「甬」誤「角」。

**高祖格壯侯陳濞六年**〔三・一〇五八〕　各本「六」作「元」，此誤。案《漢表》「壯」作「嚴」，《索隱》「涅陽壯侯吕勝」下云：「按五侯斬項籍，皆謚『壯』。」《漢表》以爲「莊」，皆避諱作「嚴」，誤也。然則此表「壯」作「嚴」，亦猶是也。

**孝景格復封始**〔三・一〇五八〕　王、柯、秦本脱「復」字。

**曲逆侯功格初起脩武**〔三・一〇五九〕　舊刻同，各本「起」作「從」。凌、毛、殿本「脩」作「修」。

**五千户**〔三・一〇五九〕　舊刻「五」作「三」。

**孝文格二〇十九**〔三・一〇五九〕　毛本「十」字連上「二」字爲「二十」。《志疑》云：「《史詮》曰：上二者何？孝文時獻侯在國二年也。下二者何？孝文時恭侯在國二年也。」《札記》於「二」下補「二」字，云：「上『二』者，陳平之末二年，即孝文之元、二兩年也。下『二』者，恭侯買在位之年，即孝文之三、四兩年也。『十九』

者，簡侯悝即位後之年，自孝文五年盡後七年也。各本並少一『二』字，毛本以『二』『十』相連，尤謬。」

**建元格侯何坐詈人妻弃市**〔三・一〇五九〕　中統本同，各本「弃」作「棄」。

**堂邑侯功格定豫章浙江都漸自立爲王壯息**〔三・一〇五九〕　凌本同，《索隱》及百衲、舊刻、王、柯、南雍、秦、李本「都漸」，「漸」字作「浙」；百衲、王、柯、南雍、秦、李本「浙江」作「折江」；中統、程、殿本「都漸」作「都折」。百衲、中統、游、正德、王、柯、秦、毛本「息」誤「思」。案《漢表》作「定豫章浙江都漸定自爲王壯息」，顔注「時又有壯息者僭稱王，嬰復討平也」。

**□六百户**〔三・一〇六〇〕　空格「千」字，舊刻脱。百衲、王、柯、南雍、秦、李、凌、程、毛本「六」作「八」。

**復相楚元年王十二年**〔三・一〇六〇〕　各本「二」作「一」。凌本「元」下無「年」字，案《漢表》亦無「年」字。

**建元格元鼎二年**〔三・一〇六〇〕　各本「二」作「元」。

**未除服姦兄弟争財**〔三・一〇六〇〕　正德、毛本「姦」作「奸」，舊刻作「與」。

**侯第格八十六**〔三・一〇五九〕　百衲、游、正德、王、柯、秦本此三字改直書爲横書，以下不悉舉。

**周吕高祖格武合侯吕澤元年**〔三・一〇六一〕　舊刻同，《索隱》及各本「武合」作「令武」。游本「澤」作「睪」，正德本誤「臯」。

**建成侯封格奉衛吕宣王太上皇**〔三・一〇六二〕　百衲、王、柯、南雍、秦、李、程本「奉」誤「秦」。

**天下以平**〔三・一〇六二〕　王、柯、南雍、秦、李、凌、程、毛本「以」作「已」。程本「天」誤「大」。

**高祖格正月丙戌**〔三・一〇六一〕　「戌」缺筆，下並同。

**康侯釋之元年**〔三・一〇六二〕　《索隱》出「建成康侯吕釋之」七字，「釋」之上當有「吕」字，今本失書其姓。

**高后格封則弟太中大夫吕禄元年**〔三・一〇六二〕　南雍、李、凌本「太」作「大」。

**追尊康侯爲昭王**〔三・一〇六二〕　游、正德本「昭」誤「耶」。

**留侯功格以韓申徒下韓國**〔三・一〇六三〕　舊刻「申徒」作「司徒」，《札記》引蔡本、中統同。游本「申」誤「由」。正德本「申」誤「田」，「徒」作「徙」。

**高祖格正月丙午**〔三・一〇六三〕　中統、游、正德本「丙午」作「丙戌」。

**侯第格六十二**〔三・一〇六三〕　舊刻「二」作「一」。

**射陽侯功格兵初起**〔三・一〇六三〕　毛本作「初起兵」。

**漢王與項羽有郄於洪門**〔三・一〇六三〕　百衲、舊刻本同，中統本「郄」作「隙」。各本「洪」作「鴻」。

**項伯纏解難以破子羽**〔三・一〇六三〕　各本「纏」作「纏」，下高祖格、孝惠格並同。

**封射陽侯**〔三・一〇六三〕　毛本「封」下衍「爵」字。

**高祖格項侯纏元年**〔三・一〇六三〕　《索隱》出「射陽頃侯劉纏」六字，「頃」其謚也，各本以「纏」爲項伯名，遂改「頃」爲「項」，移至「侯」字上。賴有《索隱》之文未改，得以訂其誤也。《功臣表》直書「射陽侯劉纏」，無「項」字，然亦不言謚「頃」，纏既善終，且有大功於漢，豈應無謚乎？

**賜姓劉氏**〔三・一〇六三〕　舊刻「劉」下無「氏」字，而有「國除」二字，蓋涉下孝惠格誤衍。

**酇侯功格爲法令**〔三・一〇六四〕　各本無「爲」字，此獨與《漢表》合。《志疑》云：「《史詮》曰：『爲法令，缺

「爲」字。』」

**高后格一**〔三・一〇六四〕　凌本脱「一」字，毛本此格與孝惠格誤併。《志疑》云：「案哀侯禄在位六年，其五年在孝惠時，其一年在高后時，湖本失刻『一』字。」

**孝文格筑陽**〔三・一〇六四〕　舊刻「筑」誤「巩」。

**煬侯遺元年**〔三・一〇六四〕　游、柯、李、程本「遺」誤「逌」，王、秦本誤「逌」。

**孝景格前二年**〔三・一〇六四〕　游、正德、王、柯、秦本同，各本「二」作「一」。

**中二年**〔三・一〇六四〕　王、柯、秦本「二」作「一」。

**建元格元朔二年**〔三・一〇六四〕　「元」字脱一畫，下「元朔四年」同，後不悉出。

**坐不敬絶**〔三・一〇六四〕　「敬」缺筆，下同，惟「敬市」及陽都高祖格「敬侯丁復元年」、祁建元格「不敬國除」、東茅高祖格「敬侯劉釗元年」、安平高祖格「敬侯諤千秋元年」不缺。游、正德本「坐」誤「生」。

**元狩三年**〔三・一〇六四〕　中統、游、正德本「三」作「二」。

**壽成爲太常**〔三・一〇六四〕　王、秦本「太」作「大」。毛本「成」誤「城」。正德本「太常」誤「大侯」。

**犧牲不如令**〔三・一〇六四〕　各本「令」作「令」，此誤。游本「牲」誤「性」。正德本作「以嘗犧牲不如令」，非。

**侯第格一**〔三・一〇六四〕　百衲、游、正德、王、柯、秦本脱「一」字。

**曲周侯功格以將軍從起岐**〔三・一〇六五〕　百衲、中統、王、秦本同，游、正德本「岐」誤「岥」，各本作「岐」。

**高祖格六年云云**〔三・一〇六五〕　舊刻誤入下孝惠格，《水經注》十「濁漳水」注：「余按《史記》『大將軍酈商以高祖六年封曲周縣，爲侯國』，又考《漢書》同，❶是知曲周舊縣，非始孝武。」《考異》云：「蓋景帝之世，酈寄以罪免，國除爲鄉，至孝武復置爲縣也。」

**景侯酈商元年**〔三·一〇六五〕 百衲、中統、游、正德、南雍、李本「商」作「啇」，下同。

**孝惠格七**〔三·一〇六五〕 中統、游、正德、毛本「七」誤「八」。

**高后格八**〔三·一〇六五〕 中統、游、正德本脱「八」字。

**孝文格二十三**〔三·一〇六五〕 游、正德本「二」上衍「十」字，又旁有「有罪」二字，涉下孝景格「有罪，絶」而衍，蓋孝文終二十三年，而侯寄未嘗有罪也。

**孝景格中二年**〔三·一〇六五〕 舊刻、毛本同，各本「二」作「三」。

**封商他子靖侯堅元年**〔三·一〇六五〕 王、柯、秦本「他」誤「地」。

**建元格十一 ○ 廿一八**〔三·一〇六五〕 舊刻、南雍、李、凌、程本同，惟改「廿一」爲「廿」，殿本「廿一八」作「二十八」，以爲「廿」即「二十」也。各本「二」字連「二十一」爲「十三」，列元朔格；「十」字連下「八」字作「十八」，列元鼎格，非。

**侯終根元年**〔三·一〇六五〕 毛本「元」誤「五」。

**坐呪詛誅**〔三·一〇六五〕 南雍、李、程、殿本「呪」作「祝」。游、王、柯、秦本「詛」誤「詡」。正德本「呪詛」誤「說

---

❶ 「漢書」，原作「史記」，今改。

訕」。

**絳高祖格正月丙午**〔三・一〇六六〕　程本「午」誤「年」。

**武侯周敎元年**〔三・一〇六六〕　各本「敎」作「勃」，下孝文格、孝景格同。

**孝文格復爲丞相**〔三・一〇六六〕　游、正德本「復」誤「服」。

**侯勝元年**〔三・一〇六六〕　中統本「侯」作「子」，南雍、李、凌、程、殿本「勝」下有「之」字，與《漢表》合，《札記》云：「蔡、游、王、柯、毛無『之』字。」

**條後元二年封勃子亞夫元年**〔三・一〇六六〕　《水經注》九《淇水》注「又東北逕修國故城東，漢文帝封周亞夫爲侯國」，以「條」爲「修」。案《漢表》作「脩」，顔注「修，讀曰條」。

**孝景格其三爲太尉**〔三・一〇六六〕　南雍、李、凌、程、殿本「三」下有「年」字。

**建元格侯建德坐酎金國除**〔三・一〇六六〕　程本「酎」誤「酙」。

**舞陽高祖格其七爲將軍相國三月**〔三・一〇六七〕　舊刻、游、正德、毛本同，各本「七」下有「年」字。

**高祖格六年正月丙午武侯樊噲元年**〔三・一〇六七〕　《水經注》三十一《潕水》注：「潕水又東北歷舞陽縣故城南，漢高祖元年封樊噲爲侯國也。」以噲之侯爲在高祖元年，誤。

**孝文格元年封樊噲子荒侯市人元年**〔三・一〇六七〕　正德本此文分列高后、孝文二格，大誤。

**潁陰**〔三・一〇六七〕　舊刻、正德本「潁」誤「頴」。

**侯功格爲昌文君**〔三・一〇六七〕　游本「文」誤「又」。

**定齊淮南**〔三・一〇六七〕 舊刻、凌本同，與《漢表》合，各本「齊」誤「濟」。

**及八邑**〔三・一〇六八〕 各本「八」作「下」。

**殺項籍**〔三・一〇六八〕 毛本「籍」上衍「羽」字，《札記》引蔡本同。

**孝文格其一爲太尉**〔三・一〇六七〕 殿本「其一」作「一年」。

**孝景格侯強元年**〔三・一〇六七〕 舊刻、游、正德本同，百衲、王、柯、南雍、秦、李、凌、程本「強」作「彊」，毛、殿本誤「疆」。

**建元格元光三年**〔三・一〇六七〕 柯本同，各本「三」作「二」，《漢表》同。

**封嬰孫賢爲臨汝侯侯賢元年**〔三・一〇六七〕 百衲、游、正德、王、柯、秦本無「賢爲」二字。毛本脱下「侯」字。百衲「賢爲臨汝侯」誤作「臨賢爲汝侯」。

**侯賢行賕罪**〔三・一〇六七〕 百衲、中統、舊刻、游、正德、王、柯、秦本「賕」作「財」，《考異》云：「一本作『財』。」

**汾陰侯功格二千八百户**〔三・一〇六九〕 李本「户」誤「戹」。

**孝惠格四年**〔三・一〇六八〕 游本「年」誤「十」。

**哀侯開方元年**〔三・一〇六八〕 正德本「方」誤「万」。

**建平四有罪絶**〔三・一〇六八〕 正德本「絶」下衍「嗣」字。《志疑》云：「案三字衍，昌之子開方嗣侯在位十六年，不聞以有罪絶也。」《札記》云：「蓋因下侯意而衍。」

**孝文格有罪絶**〔三・一〇六八〕 正德本「絶」下衍「後」字。

**孝景格建元元年有罪國除**〔三·一〇六八〕　游本「建」誤「逮」。王、柯、秦本「建元」作「後元」。《札記》云：「建元格『建元』云云八字，凌本誤入上格。」案各本此八字均在孝景格，不獨凌本也。惟此格明標八字，孝景中二年至孝武建元元年，除國除之年不數，正合八年之數。若後元元年國除，則止五年矣，當移入下建元格爲是。

**建元格中二年**〔三·一〇六八〕　秦本「中」誤「牛」。

**國除**〔三·一〇六八〕　王本「除」誤「徐」。

**梁鄒侯功格以擊定諸侯功**〔三·一〇六九〕　本「侯」誤「侯」。

**孝惠格三年**〔三·一〇六九〕　各本「三」作「五」，《漢表》同，此誤。毛本「三年」誤作「元年」。

**侯最元年**〔三·一〇六九〕　毛本「侯」上衍「康」字，《漢表》亦無「康」字。

**孝文格二十二**〔三·一〇六九〕　舊刻「二」作「三」。

**建元格元光三年**〔三·一〇六九〕　各本「三」作「元」，此獨與《漢表》合。

**頃侯學齊元年**〔三·一〇六九〕　各本「學」作「嬰」，《漢表》同，此誤。正德、毛本「頃」誤「項」。

**侯山村元年**〔三·一〇六九〕　「村」本「柎」字，下「侯山柎坐酎金國除」，正作「柎」。凌、殿本同各本作「柎」。

**建元格元鼎五年**〔三·一〇六九〕　正德本「五」誤「三」。

**侯山柎坐酎金國除**〔三·一〇七〇〕　游、正德本「酎」誤「酧」。

**成侯功格二千八百户**〔三·一〇七〇〕　中統、游、正德本「二千」作「一千」，《札記》引蔡本同，「百」作「五百」。

**孝景格節氏**〔三·一〇七〇〕 正德本此二字在左旁「絶」字上，非。

**建元格元光二年**〔三·一〇七〇〕 各本「二」作「三」，此中畫泐。

**元狩三年**〔三·一〇七〇〕 柯本「狩」誤「符」。李、凌、程、毛本「三」作「二」，《志疑》云：「案『三』當作『二』。」

**侯朝爲濟南太守**〔三·一〇七〇〕 王、柯、秦本「濟」誤「齊」。

**與城陽王女通**〔三·一〇七一〕 舊刻同，各本「城」誤「成」。百衲「與」作「与」。王、秦、李本「通」上衍「不」字，蓋涉下「不敬」而誤。

**蓼侯功格從起碭**〔三·一〇七一〕 舊刻、南雍、程本「碭」作「碭」，毛、殿本作「𥕢」，下同。

**高祖格侯孔聚元年**〔三·一〇七一〕 《索隱》及南雍、李、凌、程、殿本「聚」作「藂」，《水經注》三十二《決水》注「漢高帝六年，封孔藂爲侯國也」，亦作「藂」。

**孝文格九年侯臧元年**〔三·一〇七一〕 中統、游、正德本脱此六字。

**建文格侯臧坐爲太常**〔三·一〇七一〕 柯本「太」作「大」。《索隱》出「侯臧嗣爲太常」六字，「嗣」字或當作「坐」，《漢表》亦作「坐」。

**費侯功格以舍人**〔三·一〇七三〕 本「舍」字，下半字泐。

**從起碭**〔三·一〇七三〕 南雍、李、凌、程、殿本脱「從」字，《札記》云：「蔡本、中統、舊刻、吴校金板有『從』字，它本脱。」

**定會稽浙江湖陽侯**〔三·一〇七三〕 中統、游、正德本「湖」作「胡」。《考異》云：「湖陽，《漢表》作『湖陵』。」

**孝文格二十三**〔三・一〇七三〕　舊刻「三」作「二」。

**孝景格封賀子侯最元年**〔三・一〇七三〕　毛本「年」字誤高一格。

**後元三年**〔三・一〇七三〕　凌本「三」誤「五」，《志疑》云：「案孝景安得有後五年，『五』字衍。」

**陽夏侯功格以特將將卒五百人**〔三・一〇七四〕　中統本「特」誤「時」。

**已破臧荼**〔三・一〇七四〕　舊刻、游、正德本「荼」誤「茶」。

**封狶爲陽夏侯**〔三・一〇七四〕　《索隱》、毛本「狶」誤「豨」，各本作「豨」。

**高祖格以其兵與王黄等略代**〔三・一〇七五〕　游本「與」作「与」。

**自立爲燕**〔三・一〇七五〕　正德本「燕」下有「王」字，《札記》云：「案《韓信盧綰傳》作『自立爲代王』。」

**漢殺狶靈丘**〔三・一〇七五〕　正德本「靈」上有「於」字，蓋與前「王」字皆以意增也。李本「靈」作「灵」，俗。

**隆慮**〔三・一〇七五〕　舊刻、正德本同，各本「隆」作「隆」。

**侯功格以蓮教入漢**〔三・一〇七五〕　各本「蓮」作「連」，此誤。

**陽都侯功格爲樓煩將**〔三・一〇七六〕　正德本脱「煩」字。

**破羽軍葉**〔三・一〇七六〕　王、秦本「羽」誤「井」。

**七千八百户**〔三・一〇七七〕　正德本「千」誤「十」。

**高祖格六年正月戊申**〔三・一〇七六〕　王、秦本「申」誤「甲」。

**高后格六年**〔三・一〇七六〕　李本「六」字泐。

**孝文格侯安成元年**〔三・一〇七六〕　中統、游、正德本作「哀侯成元年」，下孝景格「侯安成有罪」與此本同。案侯安成有罪國除，不當有謚，《漢表》作「侯安城嗣」。

**新陽侯功格千戶**〔三・一〇七七〕　本「户」字，脱一點。

**高祖格胡侯吕清元年**〔三・一〇七七〕　《索隱》「清」作「青」，與《漢表》合。中統、舊刻、游、正德本「清」作「靖」，《札記》引吴校金板同。

**孝惠格頃侯世元年**〔三・一〇七七〕　游、正德、李本「頃」誤「項」。案《漢表》「世」作「臣」。

**孝文格懷侯義元年**〔三・一〇七七〕　正德本「義」下衍「之」字。

**惠侯它元年**〔三・一〇七七〕　正德本「它」作「佗」。

**孝景格五年恭侯善元年**〔三・一〇七七〕　游、正德、南雍、李、凌、程、毛、殿本「五」作「三」，程本誤「二」。王、柯、秦本脱此七字。案《漢表》「恭」作「共」。

**侯譚元年**〔三・一〇七七〕　王、秦本脱「侯」字，《志疑》云：「《漢表》作『談』，雖二字通用，史公蓋亦避其父諱改書，與同字兼用耳。」

**建元格侯譚坐酎金國除**〔三・一〇七七〕　游、正德本「酎」誤「酧」。

**東武徐○曰一云從**〔三・一〇七七〕　各本「徐」下有「廣」字，此脱。舊刻無「曰」字、「一」字。凌本「徐曰」作「徐廣云」。

**侯功格屬悼武王**〔三·一〇七七〕　殿本同，各本「屬」作「爲」，《志疑》云：「爲悼武王，當云『屬悼武王』。」案《漢表》作「屬周呂侯」。

**破秦軍杠里**〔三·一〇七七〕　南雍、李、程、殿本「杠」作「扛」。

**陽熊軍曲遇**〔三·一〇七七〕　殿本「陽」作「楊」，案《漢表》作「楊」。

**徐廣曰一云城**〔三·一〇七八〕　凌本「曰」作「云」。

**以都尉堅守敖倉**〔三·一〇七七〕　游、正德本「堅」誤「竪」。

**高祖格貞侯郭蒙元年**〔三·一〇七七〕　「貞」缺筆，下並同。游、正德本「蒙」作「朦」，《水經注》二十六《汶水》注：「漢高帝六年，封郭蒙爲侯國。」案舊本《水經注》作「郭嘉」。

**高后格侯他元年**〔三·一〇七七〕　百衲、王、柯、秦、毛本同，舊刻、游、正德本「他」作「佗」，南雍、李、凌、程、殿本作「它」。

**孝景格侯它弃市**〔三·一〇七七〕　南雍、李、凌、程、殿本同，舊刻、游、正德本「它」作「佗」，百衲、王、柯、秦、毛本作「他」。舊刻、游、正德、毛、殿本「弃」作「棄」，王、柯、秦本誤「井」。

**汁邡**〔三·一〇七八〕　《索隱》本「汁」作「什」，《字類》二引作「汁」。邡，《志疑》云：「《漢表》作『汁防』，《志》作『什方』，《留侯世家》作『什方』，古字通用。」

**如淳田**〔三·一〇七八〕　本「曰」誤「田」。

**侯功格從定諸侯侯二千五百户**〔三·一〇七八〕　中統、舊刻、游、正德、毛、殿本同，各本不重「侯」字，《漢表》同。

**乃北平定侯**〔三·一〇七八〕　各本「乃」作「功」，「北」作「比」，《漢表》同，此本誤。

**孝惠格三年**〔三·一〇七八〕　游、正德本「三」作「二」。

**荒侯臣元年**〔三·一〇七八〕　各本「臣」作「巨」，此誤，《漢表》作「鉅鹿」。

**建元格二十七**〔三·一〇七八〕　南雍、李、程、毛、殿本「七」作「八」，案「八」字是。建元元年至元鼎四年已二十八年矣，《志疑》云：「湖本『八』字誤作『七』。」

**元鼎七年**〔三·一〇七八〕　各本「七」作「五」，案元鼎盡六年，「七」字誤。

**終侯桓坐酎金國除**〔三·一〇七八〕　南雍、李、程本「國除」二字誤作「免」字。

**棘蒲侯功格別敕東阿**〔三·一〇七九〕　各本「敕」作「救」，《漢表》同，此誤。

**高祖格三月丙申**〔三·一〇七九〕　殿本「申」作「午」。程本「丙」誤「内」。

**孝文格子奇反**〔三·一〇七九〕　正德本「反」上有「謀」字，衍。

**都昌侯功格從起**蒲〔三·一〇七九〕　各本「蒲」作「沛」，《漢表》同，此誤。

**高后格元年剛侯率元年**〔三·一〇七九〕　舊刻「元年」誤「元始」，「剛侯」誤「則侯」。正德本脱「元年」二字。

**孝景格侯辟彊元年**〔三·一〇七九〕　毛、殿本「彊」作「疆」，下「辟疆薨」同。

**武彊**〔三·一〇八〇〕　《索隱》「彊」作「疆」，《水經注》二十二《湝水》注：「一水東北逕武强城北，漢高帝六年，封騎將莊不識爲侯國。」則其字本作「强」矣，《漢表》亦作「彊」。

**侯功格屬丞相寧功侯**〔三·一〇八〇〕　「属」爲「屬」之隸省，李本同。

**用將軍擊點布侯**〔三·一〇八〇〕　本「黔」誤「點」，王本亦誤。

**高祖格三月庚子莊侯莊不識元年**〔三·一〇八〇〕　正德本「子」字誤入「莊侯」「莊」字下。《漢表》兩「莊」字皆作「嚴」，「不識」作「不職」。

**建元格逯御史大夫湯**〔三·一〇八〇〕　王、秦本「湯」誤「易」。《漢表》「逯」作「建」。

**貰高祖格齊侯吕元年**〔三·一〇八一〕　《索隱》出「齊侯吕博國」五字，當是《史表》原文，《水經注》十《濁漳水》注：「又東南逕育城西，高祖六年，封吕博爲侯國。」酈氏所見「吕」下尚有「博」字，《漢表》作「合傅胡害」，《考異》云：「『博』近『傅』，『國』近『害』，未審誰是。」

**孝文格煬侯赤元年**〔三·一〇八一〕　中統本「侯」字空格。

**建元格侯倩坐殺人弃市**〔三·一〇八一〕　程本脱「坐」字。舊刻、正德、南雍、李、程、毛、殿本「弃」作「棄」，下同。《漢表》「倩」作「猜」，後「倩」字並作「猜」。

**海陽孝惠格哀侯昭襄元年**〔三·一〇八二〕　游、正德本「襄」誤「衰」，《索隱》云：「又侯昭攘，《漢表》作『昭襄』也。」是小司馬所據本作「昭攘」，後人據《漢表》改作「昭襄」耳。

**孝景格無後**〔三·一〇八二〕　王本「無」作「无」，柯本「無」字空格。

**南安孝文格共侯戎元年**〔三·一〇八二〕　百衲、游、王、柯、秦、毛、殿本同，與《漢表》合，南雍、李、程本「共」作「恭」，中統本作「安」。中統、舊刻本「戎」作「成」，程本誤「戊」。正德本「戎」下衍「之」字。

**侯千秋元年**〔三·一〇八二〕　正德本「秋」誤「之」。

**侯第格六十三**〔三·一〇八二〕　舊刻「三」作「五」，柯、凌本誤「二」。

**肥如侯功格以魏大僕**〔三·一〇八三〕　各本「大」作「太」。

**高祖格敬侯蔡宣元年**〔三·一〇八三〕　王、秦本「侯」誤「候」。

**孝文格一**〔三·一〇八三〕　南雍、程本同，各本「一」作「二」。案「二」者，敬侯孝文時在位二年也，「一」字誤。

**莊侯成元年**〔三·一〇八三〕　正德本「成」下衍「之」字。

**孝景格侯奴元年**〔三·一〇八三〕　正德本「奴」下衍「之」字。

**曲城**〔三·一〇八三〕　正德、凌本「城」作「成」，下同，與《漢表》合。

**侯功格爲執珪**〔三·一〇八三〕　毛本「珪」作「圭」。

**高祖格圉侯蟲逢元年**〔三·一〇八三〕　游、正德本「逢」誤「蓬」，《索隱》「逢」作「達」，《漢表》有「曲成圉侯蟲達」。《雜志》云：「《索隱》本作『蟲達』，汲古閣新刻《索隱》單行本，初刻作『蟲』，後依今本改爲『蟲』，并注内兩『蟲』字亦改爲『蟲』，而字體較大，筆畫較粗，剜改之迹顯然。」

**孝文格後元三年**〔三·一〇八三〕　毛本「三」誤「五」。

**孝景格五**〔三·一〇八三〕　百衲、舊刻、王、柯、秦、毛本同，各本「五」作「三」，案恭侯捷於中五年復封，作「五」是。

**中五年**〔三·一〇八三〕　王、南雍、秦、李、程本無「中」字，殿本「中五年」誤作「後元年」。

**建元格建元二年**〔三・一〇八三〕　游本「二」誤「一」。

**侯皐柔元年**〔三・一〇八三〕　毛本「皐」作「皋」，下同。

**元鼎二年**〔三・一〇八三〕　百衲、中統、游、正德、王、南雍、秦、李、凌、程、毛、殿本「二」作「三」。王、秦本「鼎」字空格。

**不用赤側錢爲賦**〔三・一〇八四〕　《索隱》無「錢」字。

**河陽侯功格身得郎將處功侯**〔三・一〇八五〕　游本「處」作「処」。

**孝文格二**〔三・一〇八五〕　各本「二」作「三」，此誤。

**侯信坐不償人責**〔三・一〇八五〕　舊刻「責」作「債」，游、正德「本」誤「青」。

**芒高帝格六年侯昭元年**〔三・一〇八六〕　《索隱》出「芒侯耏跖」四字，云：「耏跖音而隻二音，又音人才反。耏，姓也，《左傳》宋有耏班也。」是侯姓耏名跖，此脱其姓也。《漢功臣表》以昭與跖爲二人，昭嗣侯在孝景九年，與此不同。跖於高祖六年侯，至孝景三年已四十八年，以三十封侯計之，亦年近八十，恐不能復擊吴楚矣。總緣跖、昭兩字形相似，而嗣侯者適名昭，遂誤合二人爲一人，當以《索隱》之文正之。《水經注》二十四《睢水》注：「睢水又東逕芒縣故城北，漢高帝六年，封耏跖爲侯國。」蓋《史》《漢》表同作「耏跖」，酈在小司馬前，尚得見未譌之本也。徐廣注「昭，一作『起』」，「昭」字亦「跖」字之誤，「跖」左旁似「走」，右旁似「巳」，故云「跖，一作『起』」，若「昭」字則稍遠矣。「《漢書・年表》云」九字，各本均連徐注，惟此本列在左旁，明是校者所記。校者見「跖」誤爲「昭」，與《漢表》異，因記此九字於《表》後，蜀本猶存其舊，令人可以辨認也。

**孝景格張**〔三·一〇八六〕　百衲、王、柯、秦本「張」字誤書左旁，與下「太尉亞夫」連文。

**孝景三年**〔三·一〇八六〕　凌本「三」作「二」，《志疑》云：「案『二』字當作『三』，湖本訛刻也。」

**十三**〔三·一〇八六〕　舊刻同，各本「三」作「二」。南雍、李、凌、程、殿本「二」下横書「後元元年三月」，張侯中元年又書「二」字，居中，蓋侯申孝景時在位之年也，此與百衲、舊刻、游、正德、王、柯、秦、毛本並脱。

**建元格十七**〔三·一〇八六〕　王、柯、秦本「七」誤「一」，南雍、凌、程本脱「七」字。

**敬市**〔三·一〇八七〕　南雍、李、程本同，《索隱》及各本「敬」作「故」，《水經注》七《濟水》注：「又東北逕故市縣故城南谿，高帝六年，封閭澤赤爲侯國，屬縣也。」《志疑》云：「《漢表》誤作『敬市』。」

**高祖格夷侯毋害元年**〔三·一〇八七〕　中統本「毋」作「無」，「害」誤「書」。

**高后格八**〔三·一〇八七〕　百衲、中統、舊刻、游、正德、王、柯、秦、毛本脱「八」字。

**孝景格侯穀嗣**〔三·一〇八七〕　正德本「嗣」下衍「之」字。

**建元格一十八**〔三·一〇八七〕　各本「一」作「二」，此脱一畫。

**柳丘高后格定侯安國元年**〔三·一〇八七〕　正德本「安」下誤重「安」字，案《漢表》「安國無謚」當脱。

**侯第格三十九**〔三·一〇八七〕　游、正德本「三」誤「二」。

**魏其侯功格遷爲郎中騎將**〔三·一〇八八〕　舊刻「郎」誤「節」。

**孝景格二**〔三·一〇八八〕　舊刻「二」誤「一」。

**祁**〔三・一〇八八〕《索隱》本作「祈」。

**侯功格以連敖擊頃籍**〔三・一〇八八〕　本「項」誤「頃」。

**子留彭城軍執圭**〔三・一〇八八〕　舊刻「圭」作「珪」。

**急絶其近壁**〔三・一〇八九〕　舊刻「壁」誤「璧」。

**又云漢王顧歎賀祁戰彭城斬將**〔三・一〇八九〕　正德本「祁」誤「初」。舊刻、游本「斬」誤「所」。

**孝文格項侯湖元年**〔三・一〇八八〕　本「項」誤「頃」，游、正德本誤同。

**建元格作從射檀罷**〔三・一〇八八〕　各本「檀」作「擅」，此誤。

**平侯功格千二百户**〔三・一〇八九〕　各本「二」作「三」，此誤。

**高祖格六年六月**〔三・一〇八九〕　中統、游、正德本脱「六年」二字。

**十二年**〔三・一〇八九〕　王、柯、秦本「十」誤「上」。

**孝景格侯執元年**〔三・一〇八九〕　正德本「年」下衍「中」字。

**建元格侯執有罪**〔三・一〇八九〕　王、秦本「執」作「执」，俗。

**魯侯功格死事無代侯**〔三・一〇九〇〕　《志疑》云：「案『無』字誤，因『母』譌『毋』，因『毋』譌『無』耳。『母代侯』者，魯侯奚涓死事，無子，故封其母，代子爲侯也。」

**高祖格六年中母侯疵元年**〔三・一〇九〇〕　《索隱》出「魯侯奚涓」四字，云：「涓無子，封中母侯疵也。」今

《表》中不見奚涓姓名，當於「母」上書「奚涓」二字，以別於他人之母，不然，《史》無奚涓，所封者果誰氏之母乎？史筆不若是疏略矣。《漢・功臣表》云：「六年，侯涓亡子，封母底爲侯。」其文較備，「疵」「底」形近，未知孰是。

**高后格國除**〔三・一〇九〇〕 正德本「除」上衍「之」字。

**故城孝惠格二**〔三・一〇九〇〕 南雍、李、凌、程、毛、殿本同，各本「二」誤「一」。

**侯開方元年**〔三・一〇九〇〕 正德本「元」上衍「之」字。

**高后格爲閔内侯**〔三・一〇九〇〕 游、柯、秦、李本同，王本作「開」，「閔」「開」並「關」之俗省。

**侯第格二十六**〔三・一〇九〇〕 南雍、李、凌、程本同，各本無此三字。《札記》云：「各本皆缺，惟凌本有疑，依《漢表》增。」案此本及南雍諸本有此三字，不得謂各本皆缺矣，又何疑凌依《漢表》增乎？

**任侯**〔三・一〇九一〕 《索隱》出「任侯張成」四字，與前後「某侯某」一例，國名止一「任」字，小司馬所據本如此。《漢表》有「任侯張越」，「侯」爲衍字明矣。

**侯功格擊燕代**〔三・一〇九一〕 游、正德、王、秦本「代」誤「伐」。

**高祖格侯張越元年**〔三・一〇九一〕 《索隱》「越」作「成」，云：「《漢志》作『張越』。」是所據本作「成」，其作「越」者，後人以《漢書》改《史記》也。《雜志》云：「《史記》作『成』者，『戉』之誤也，『戉』與『越』同音，故《漢表》作『越』，『戉』與『成』相似，故《史記》誤作『成』。」案此可備一説。

**棘丘侯功格以上郡守擊定西魏地功侯**〔三・一〇九一〕 正德本「侯」下衍「中」字。

**高后格爲仕伍**〔三・一〇九一〕　舊刻、毛、殿本「仕」作「士」，《札記》云：「舊刻『士』，各本作『仕』，古通。」

**國除**〔三・一〇九一〕　毛本「國」誤「相」。正德本「除」下衍「之」字。

**阿陵侯功格從單父**〔三・一〇九一〕　《索隱》「從」作「起」，案《漢表》作「從其單父」。

**以塞路入漢**〔三・一〇九一〕　各本「路」作「疏」，《索隱》出正文「塞路入漢」而釋之云：「一云『塞疏』，一云『以衆疏入漢』。按『塞路』『路』字誤爲『疏』。小顔云：『主遮塞要路。』」據此，則作「疏」者，乃別一本也。然徐廣曰「一云『塞路』」，是徐所見本已作「疏」。

**還走三秦**〔三・一〇九一〕　南雍本「三」誤「二」。

**高祖格項侯郭亭元年**〔三・一〇九一〕　百衲、中統、舊刻、游、正德本同，柯、南雍、李、凌、程、毛本「項」作「頃」，秦本作「須」，亦「頃」之誤，《漢表》有「河陵頃侯郭亭」。

**孝文格惠侯歐元年**〔三・一〇九一〕　正德本「元」上衍「之」字。

**孝景格一八**〔三・一〇九一〕　舊刻此二字并爲「六」字，誤。蓋「一」者惠侯歐孝文時在位年數，「八」則侯勝客之年也。

**建元格元鼎四年**〔三・一〇九二〕　舊刻「四」作「五」，《札記》云：「各本誤『四年』，依《志疑》改，與《漢表》合。」

**昌武孝文格二十三**〔三・一〇九二〕　游、正德本脱「二」字。

**建元格元朔三年**〔三・一〇九二〕　中統、舊刻、游、正德、南雍、李、程本同，與《漢表》合，各本「三」作「元」，毛本以此與元光誤分爲二格。《志疑》云：「『元年』乃『三年』之誤。」

**侯得坐傷人二旬内死**〔三·一〇九二〕　正德本「人」字誤在「内」字下，又「旬」誤「句」。

**高苑高祖格七月戊戌**〔三·一〇九三〕　中統、游本「戌」誤「戊」。

**制侯丙倩元年**〔三·一〇九三〕　《索隱》本「制」作「利」，《漢表》有「高宛制侯吕猜」。

**高惠格七**〔三·一〇九三〕　王、秦本脱「七」字。

**宣曲侯功格以卒從起留**〔三·一〇九三〕　柯本「留」誤「甾」。

**破籍軍滎陽**〔三·一〇九三〕　舊刻、李本「滎」作「榮」。

**高祖格七月戊戌**〔三·一〇九三〕　王、秦本「戌」誤「戊」。

**孝文格侯通元年**〔三·一〇九三〕　正德本「通」下衍「之」字。

**建元格有罪除**〔三·一〇九三〕　正德本「除」上有「罪」字，南雍、李、程本此三字作「罪絶」二字。《志疑》云：

「案『除』當作『絶』，表例也。」

**侯第格四十三**〔三·一〇九三〕　舊刻「三」誤「一」。

**絳陽**〔三·一〇九四〕　《水經注》六《澮水》注：「又謂之絳，即絳陽也，蓋在絳澮之陽。漢高帝六年，封越騎將軍

華無害爲侯國。」此據《史表》，《漢表》有「終陵齊侯華無害」。

**侯功格十百四十户**〔三·一〇九四〕　上「十」字本作「七」，下半畫泐。

**高祖格齊侯華无害元年**〔三·一〇九四〕　《索隱》及各本「无」作「無」。

**孝文格恭侯教齊元年**〔三・一〇九四〕　各本「教」作「勃」，《漢表》同。

**東茅**〔三・一〇九五〕　《索隱》「茅」作「第」，誤。

**以一隊入漢**〔三・一〇九五〕　舊刻同，各本「一」作「二」，《漢表》同，毛本誤「三」。

**破臧荼功**〔三・一〇九五〕　舊刻「荼」誤「茶」。

**益邑千户**〔三・一〇九五〕　柯本「千」誤「十」。

**高祖格八月丙辰**〔三・一〇九五〕　毛本「辰」誤「申」。

**孝文格二年**〔三・一〇九五〕　舊刻同，各本「二」作「三」，《漢表》同。

**十六羊**〔三・一〇九五〕　本「年」誤「羊」。

**斥丘侯功格以舍從起豐**〔三・一〇九五〕　各本「舍」下有「人」字，此脱。

**尌敵**〔三・一〇九五〕　王、秦本「尌」誤「到」。

**擊破籍武城**〔三・一〇九五〕　王、秦本「破」誤「被」。

**爲斥立侯千户**〔三・一〇九五〕　本「丘」誤「立」。李本「千」誤「十」。

**一云城武**〔三・一〇九五〕　正德本「武」下衍「侯」字。毛本「城武」二字倒。

**高祖格懿侯唐厲元年**〔三・一〇九五〕　《水經注》九《洹水》注：「漢高帝六年，封唐廣爲侯國。」「廣」當是「厲」之譌，《漢表》「斥丘懿侯唐厲」，與此同。

**高后格八**〔三·一〇九五〕　毛本脱「八」字。

**孝文格**〔三·一〇九五〕　南雍、李、凌、程、殿本此格先書「八」，又書「十三」，又書「二」，此與百衲、舊刻、游、正德、王、柯、秦、毛本並入下孝景格。

**孝景格八○十三○二**〔三·一〇九五〕　舊刻同，百衲、游、正德、王、柯、秦、毛本「十三」作「十二」，南雍、李、凌、程、殿本此四字在上孝文格，此格有「十六」二字。《札記》云：「蔡本、中統、游、王、柯、毛並脱『十六』二字，以孝文格填此格，而孝文格反空，又譌『十三』爲『十二』，謬甚。惟凌本不誤。」

**孝景格恭侯鼂元年**〔三·一〇九五〕　王、秦本「鼂」作「鼂」，李本誤「黿」，案《漢表》作「共侯朝」。

**建元格二十五**〔三·一〇九五〕　百衲、舊刻、游、正德、王、秦、程、殿本同，南雍、李本「二十五」作「廿五」，柯、凌本「二」誤「一」，毛本分作「二十」「十五」，尤非。

**元鼎二年**〔三·一〇九五〕　游、正德本「二」作「三」。

**臺侯功格以將軍擊燕**〔三·一〇九六〕　王、柯、秦本「燕」誤「漢」，案《漢表》「臺」作「壹」，「燕」下有「代」字。

**孝文格侯才元年**〔三·一〇九六〕　《志疑》云：「案一本有作『年』者，譌也。然《漢表》作『午』，字形相近，未知孰是。」

**安國侯功格豐于雍侯**〔三·一〇九七〕　毛本「于」誤「干」。

**高祖格武侯王陵元年**〔三·一〇九六〕　舊刻、南雍、李、程本同，各本此下有「定侯安國」四字。《札記》云：「案《陳丞相世家》集解徐廣曰：『王陵以客將從起豐，以廄將别守豐，上東，因從戰不利，奉孝惠、魯元出睢定國水中，封爲雍侯，定食安國。』雖語有詳略，其爲引此表無疑。定侯、定食音義亦同，蓋始封雍侯，後改安國也。各本皆有此四字，《志疑》以爲衍，非也。」

**建元格建元元年二月**〔三・一〇九六〕　本「二」字，中畫泐。

**侯第格十二**〔三・一〇九六〕　正德本「二」誤「八」。

**欒成孝文格一**〔三・一〇九七〕　毛本「一」誤「二」。

**武侯容元年**〔三・一〇九七〕　各本「容」作「客」。《志疑》云：「案《漢表》作『式侯吾客』，此缺『吾』字，而『式』與『武』形近，必有一訛。」

**建元格二十五**〔三・一〇九七〕　南雍、李、程本「二十」作「廿」。

**侯義□年**〔三・一〇九七〕　空格「元」字。

**弃市**〔三・一〇九七〕　正德、程、毛、殿本「弃」作「棄」。

**辟陽侯功格一歲侯**〔三・一〇九八〕　游、正德本脱「一」字。

**高祖格幽侯審食其元年**〔三・一〇九八〕　舊刻「幽」誤「豳」。

**高后格八**〔三・一〇九八〕　百衲、中統、游、正德、王、柯、秦本脱「八」字。

**孝文格二**〔三・一〇九八〕　各本「二」作「三」。

**孝景格二年**〔三・一〇九八〕　各本「二」作「三」，《志疑》云：「孝景三年，《漢表》譌『二年』。」

**平坐反國除**〔三・一〇九八〕　南雍、李、程本「平」作「侯」。

**安平侯功格秋舉蕭何功**〔三・一〇九八〕 《志疑》云：「孫侍御云『秋』，一本作『秩』，屬上讀。」案《漢表》「鄂千秋」作「鄂秋」，故此文單舉其名，不當作「秩」也。

**高祖格六年**〔三・一〇九八〕 王、秦本脱「六」字。

**高后格七**〔三・一〇九八〕 舊刻「七」誤「一」。

**孝文格十三〇十**〔三・一〇九八〕 游、正德本作「七二十」，非，蓋「三」字上畫缺左旁，傳寫者誤連上「十」字，即變爲「七」矣。

**建元格弃市**〔三・一〇九八〕 正德、南雍、李、程本「弃」作「棄」。

**國除**〔三・一〇九八〕 游本「除」誤「余」，毛本左旁亦泐。

**蒯成**〔三・一〇九九〕 《志疑》云：「案『蒯』乃『蒯』之誤，此字之譌已久，而《説文繫傳》引《史》作『蒯成』，豈徐鍇獨見《史記》善本乎？」案《漢表》作「蒯成」。

**侯功格楚漢約分洪溝**〔三・一〇九九〕 南雍、李、程、毛、殿本「洪」作「鴻」，本書《傅靳蒯成列傳》，徐廣引《表》同。

**以緤爲信**〔三・一〇九九〕 《蒯成列傳》徐廣引《表》云「以緤爲信武侯」，「信」下脱「武侯」二字。

**侯三千三百户**〔三・一〇九九〕 南雍、程本下「三」字上畫泐。

**高祖格十一月乙未**〔三・一〇九九〕 舊刻「乙」作「丁」。

**孝文格有罪國絶除**〔三・一〇九九〕 舊刻、南雍、李、凌、程本同，百衲、王、柯、秦本作「有罪絶國除」，中統、游、正德本作「有罪國除，絶」，毛、殿本作「有罪國除」，《札記》云：「蔡本、毛本無『絶』字。」

**孝景格鄲**〔三·一〇九九〕《蒯成列傳》徐廣曰：「《表》云『孝景中二年，封緤子應爲鄲侯，謚康』，沛郡有鄲縣。鄲，一作『鄲』。」

**一**〔三·一〇九九〕游、正德本脱「一」字。

**封緤子康應侯元年**〔三·一〇九九〕《索隱》出「鄲康應侯」四字，各本「康應侯」作「應侯康」，《漢表》「康侯應，以昌弟紹封」，《水經注》三十《淮水》注：「又東逕鄲縣故城南，漢景帝中元年，封周應爲侯國。」則當以作「應侯康」爲是。

**中二年侯中居元年**〔三·一〇九九〕《蒯成列傳》徐廣引《表》云「中二年，侯居立」，「居」上無「中」字，《漢表》作「侯仲居嗣」。

**居坐爲太常**〔三·一〇九九〕殿本「居」上有「中」字。

**北平侯功格爲代相徙趙相侯**〔三·一一〇〇〕舊刻同，各本「徙」作「從」，《漢表》「爲代相，徙趙相，以代相侯」。

**高祖格文侯張倉元年**〔三·一一〇〇〕《索隱》及南雍、李、凌、程、殿本「倉」作「蒼」，《漢表》同。

**孝景格六年**〔三·一一〇〇〕中統、游、正德本「六」作「八」。

**侯類元年**〔三·一一〇〇〕南雍、程、殿本同，與《漢表》合，各本「類」作「預」，下建元格同。《志疑》云：「此侯名類，《漢》表、傳與《史》本傳同，則作『預』譌也。」

**侯第格六十五**〔三・一一〇〇〕 舊刻「五」誤「一」。

**高胡侯功格起杠里**〔三・一一〇〇〕 南雍、李、程、殿本「杠」作「扛」。

**高祖格侯陳夫乞元年**〔三・一一〇〇〕 舊刻「夫」下無「乞」字。

**孝景格殤侯程嗣**〔三・一一〇〇〕 中統本「殤」誤「蕩」。

**厭次侯功格以慎將**〔三・一一〇〇〕 「慎」缺筆，下同。

**高祖格侯元項元年**〔三・一一〇〇〕 《索隱》及百衲、舊刻、游、正德、南雍、李、程本同，各本「項」作「頃」，《水經注》五《漯水》注「按《史記・高祖功臣侯者年表》，高祖六年，封元頃爲侯國」，亦作「頃」，《漢表》有「厭次侯爰類」。

**徐廣曰漢書作爰類**〔三・一一〇一〕 舊刻、南雍、李、凌、程、殿本同，各本「爰」作「袁」，《水經注》五引徐廣《音義》曰：「《漢書》作『侯爰類』。」

**侯第格二十四**〔三・一一〇〇〕 王、秦本「二」誤「一」。

**平皐**〔三・一一〇一〕 毛本「皐」作「皋」。

**侯功格以碭郡長初從**〔三・一一〇一〕 中統本「初」誤「幼」。

**高祖格煬侯劉它元年**〔三・一一〇一〕 《索隱》「它」作「他」，《水經注》七《濟水》注「漢高帝六年，封煬郡長項伯爲侯國」，蓋誤以項它爲項伯也。

**孝惠格恭侯遠元年**〔三・一一〇一〕 正德本「元」上衍「之」字。《漢表》「共」作「恭」。

**孝文格二十三**〔三・一一〇一〕　王、柯、秦本改直書爲横書，非舊式也，下復楊、陽河、栢至、土軍、高陵、煮棗表並同。

**孝景格元年節侯光元年**〔三・一一〇一〕　正德本脱此七字。

**建元格二十八**〔三・一一〇一〕　百衲、王、柯、秦、毛本「二」下空一格，非。侯勝於建元元年嗣位，至元鼎四年，凡二十八年。

**侯第格百二十一**〔三・一一〇一〕　南雍、李、程本「二十」作「廿」，後凡「二十」字仿此。

**復陽**〔三・一一〇一〕　毛本左旁有「應劭曰在相桓山下復水之陽」十二字，百衲、游、正德、王、柯、南雍、秦、李、凌、殿本俱入《索隱》，凌本則隔一圈，單本有此文，其非《集解》文明矣。

**侯功格以右司馬擊項籍**〔三・一一〇一〕　游、正德本「籍」作「羽」。

**侯千戸**〔三・一一〇一〕　本「戸」字，上一點泐。

**高祖格七年一月甲子**〔三・一一〇一〕　本「十月」，「十」字脱一筆。

**㕷侯陳胥元年**〔三・一一〇二〕　本「剛」誤「㕷」。

**孝文格十。十三**〔三・一一〇二〕　南雍本「十三」「三」字中畫泐，凌本誤「二」。

**孝景格恭侯嘉元年**〔三・一一〇二〕　中統、游本「侯」誤「元」，正德本「侯」下衍「元」字。

**建元格侯強元年**〔三・一一〇二〕　百衲、王、柯、秦、李、凌、程本「強」作「彊」，毛、殿本作「疆」，程本作「拾」，則又涉上孝文格而誤。

**坐父拾非嘉子**〔三·一一〇二〕　中統本「父」誤「反」。

**陽河侯功格以郎中騎從定諸侯**〔三·一一〇二〕　凌本「騎」誤「起」。

**高祖格七年十月甲子齊哀侯元年**〔三·一一〇二〕　《索隱》出「陽河齊侯卞沂」六字，「侯」下當有「卞沂」二字，❶各本脱。《水經注》九《沁水》注：「其水東逕陽陵城南，即陽阿縣之故城也，漢高帝七年，封下沂爲侯國。」一本「下」作「卞」，與《索隱》合。又五《漯水》注：「河水又東北逕陽阿縣故城西，漢高帝六年，封郎中萬沂爲侯國。」案此以七年爲六年，「卞沂」爲「萬沂」，同一書而前後歧出矣。《志疑》云：「王孝廉曰：『卞』乃『丌』之誤，『丌』即古『其』字。』『丌』譌爲『万』，故又作『萬』。」

**漢表云齊侯其石**〔三·一一〇二〕　此七字是後人校語，各本誤入正文，《索隱》云：「《漢表》作『其石』，與此文大致相同。」

**建元格卄○七三○卄**〔三·一一〇二〕　南雍、殿本同，李本下「卄」字作「二十」，程本「卄七」「七」字誤「十」，各本「卄七」作「二十七」，「卄」作「二十」。

**元鼎四年埤山恭侯章元年**〔三·一一〇二〕　舊刻、南雍、程本同，李本「埤山」二字泐，毛、殿本此二字分書「二十七」下，百衲、中統、游、正德、王、柯、秦、凌本在「元封三年，侯仁元年」「侯」字上。案《索隱》云「哀侯章改封埤山」，則埤爲章始封，此本及舊刻、南雍本是也。

---

❶「二」，原作「四」，今改。

**征和三年**〔三・一一〇二〕　南雍、李、殿本同，與《漢表》合，各本「三」作「二」。

**朝陽教文格十二**〔三・一一〇三〕　舊刻同，各本「二」作「三」。

**棘陽侯功格以卒從起湖陵**〔三・一一〇四〕　百衲、中統、舊刻、游、正德、毛、殿本並有「起」字，與《漢表》合，他本無。中統、游、正德「湖」作「胡」。

**高祖格七年**〔三・一一〇四〕　毛本「七」誤「六」。

**七月丙申**〔三・一一〇四〕　舊刻同，與《漢表》合，各本「丙申」誤「丙辰」。

**莊侯杜得臣元年**〔三・一一〇四〕　《索隱》作「棘陽壯侯得臣」，無「杜」字，《漢表》作「棘陽嚴侯杜得臣」，《水經注》三十一《淯水》注「漢高帝七年，封莊得臣爲侯國」，則誤「杜」爲「莊」矣。

**建元格懷侯武元年**〔三・一一〇四〕　「元」字缺一筆。中統本「懷」字泐。

**涅陽侯功格漢王三年**〔三・一一〇四〕　殿本同，各本「三」作「二」。

**以郎中擊斬項羽**〔三・一一〇四〕　各本「中」作「將」。

**高祖格莊侯吕勝元年**〔三・一一〇四〕　《索隱》「莊」作「壯」，《漢表》有「涅陽嚴侯吕騰」。

**平棘侯功格以客從起亢父**〔三・一一〇五〕　游、正德本「亢」誤「元」。

**千戸**〔三・一一〇五〕　本「户」誤「尸」，中統本誤「口」。

**徐廣曰漢書作林摯**〔三・一一〇五〕　《索隱》引「書」作「表」，《志疑》云：「師古於《地理志》引《功臣表》作『杜摯』，何歟？疑誤。」

**高后格侯辟彊元年**〔三・一一〇五〕　毛、殿本「彊」作「疆」，下孝文格同。

**孝文格鬼薪**〔三・一一〇五〕　游、正德本「薪」誤「新」。

**虆頡侯功格太上憐之**〔三・一一〇五〕　毛本「憐」作「怜」，俗省字。

**深澤侯功格漢王三年**〔三・一一〇五〕　程本「漢」誤「韓」。

**高祖格十月癸丑**〔三・一一〇五〕　游本「丑」誤「正」。

**高后格二年復封**〔三・一一〇五〕　百衲、舊刻、南雍、李、程、毛、殿本同，與《漢表》合，中統、游、正德、王、柯、秦、凌本「二」作「三」。

**封二年薨**〔三・一一〇六〕　毛本同，與《漢表》合，南雍、李、凌、程本「薨」作「絶」。各本「二年」作「一年」。

**孝文格戴侯頭元年**〔三・一一〇五〕　游、正德本「戴」作「載」。

**孝景格二年**〔三・一一〇五〕　各本「二」作「三」。

**罪絶**〔三・一一〇六〕　百衲、王、秦本脱。

**臾**〔三・一一〇五〕　南雍、李本同，與《漢表》合，各本「臾」誤「更」。舊刻此字誤列右旁。《志疑》云：「《漢表》作『臾』，則此作『更』訛也。」

**侯第九十八**〔三・一一〇五〕　舊刻脱「八」字。

**怕至**〔三・一一〇六〕　本「柏」誤「怕」，此四十葉係别本羼入，《索隱》及毛、殿本作「栢至」，正德本誤「桕」。

**侯功格以駢憐從走昌邑**〔三・一一〇六〕　舊刻同，各本「走」作「起」。殿本「憐」作「隣」，據《漢表》改，下同。

**漢表師古曰二馬曰駢憐謂並兩騎爲軍翼也説讀曰税説衛謂軍行上舍主爲衛也**〔三・一一〇六〕　各本「上」作「止」。游、正德本「主」誤「王」。案此全録小顔《漢表》注語，非《集解》文，亦非《索隱》文，乃校者所記也。後宣平建元格《漢表》師古曰『祠事有闕乏也』，正與此同。《札記》謂「此蓋後人引《漢書》注，非《集解》文」，是，已而所刊《史記》仍列此文，且以「集解」二字冠之《漢表》之首，真不可解矣。

**高后格三年**〔三・一一〇六〕　柯、凌本「三」誤「二」，《札記》「高后格」誤作「孝惠格」。

**孝文格閒侯禄元年**〔三・一一〇六〕　各本「閒」作「簡」，《漢表》同，此誤。

**建元格共侯安如元年**〔三・一一〇六〕　舊刻同，與《漢表》合，各本「安如」作「如安」，《志疑》云：「《漢表》作『安如』，《史詮》以『如安』爲誤也。」

**元狩三年**〔三・一一〇六〕❶　本「狩」字，此不成字。

**中水侯封格以司馬擊龍昌**〔三・一一〇七〕❷　本「且」誤「昌」。

**高祖格莊侯吕馬童元年**〔三・一一〇七〕　《索隱》「莊」作「壯」，《漢表》作「嚴」。

**建元格靖侯德元年**〔三・一一〇七〕　中統本「德」作「悳」。

---

❶ 「三」，原作「元」，據寶禮堂本改。

❷ 「水」，原作「山」，據寶禮堂本改。

**元光元年**〔三·一一〇七〕　毛本「元」誤「五」。

**廿三**〔三·一一〇七〕　舊刻、南雍、李、凌、程、殿本同，各本作「二十三」，游、正德本「二」字誤連上「一」字，作「三十三」，又誤「七二」。

**宜成光酎金國除**〔三·一一〇八〕　各本「光」作「坐」，此誤。

**杜衍侯功格漢王二年**〔三·一一〇八〕　各本「二」作「三」，此獨與《漢表》合。

**孝文格有罪絶**〔三·一一〇八〕　中統本「絶」誤「續」。

**侯市臣元年**〔三·一一〇八〕　正德本「元」上衍「之」字。

**孝文格復封翳子彊侯郢人元年**〔三·一一〇八〕　毛、殿本「彊」作「疆」，注同。案《漢表》「郢人以翳子紹封」，則「彊」字當衍。

**赤泉高祖格莊侯楊喜元年**〔三·一一〇九〕　南雍、李、凌、程、殿本同，《索隱》及各本「喜」作「嘉」，《漢表》有「赤泉嚴侯楊喜」。

**高后格一**〔三·一一〇九〕　游、正德本無「一」字，《志疑》云：「案『一』字衍，楊喜於高后元年奪絶矣，安得書其年乎？」

**孝文格定侯殷元年**〔三·一一〇九〕　「殷」缺筆，下並同，《漢表》「殷」作「敷」。

**孝景格有罪絶**〔三·一一〇九〕　南雍、李、程本無「有」字，游、正德本此三字脱。

**𢫬**〔三·一一〇九〕　舊刻、毛、殿本同，《索隱》及中統本「𢫬」作「栒」，各本作「恂」，案《漢表》作「⿱𢫬子」。

**高祖格頃侯温疥元年**〔三·一一〇九〕　舊刻、南雍、李、凌本同，《索隱》及各本「頃」誤「項」。

**武原侯功格漢七年**〔三·一一一〇〕　南雍、李、程、殿本「七」作「四」，《志疑》云：「《史詮》曰：『七』當作『四』。」案《漢表》亦作「七」。

**初從擊韓信陳豨黥布功**〔三·一一一〇〕　游、正德本同，各本「豨」作「狶」，下稾表同。

**高祖格靖侯衛胠元年**〔三·一一一〇〕　正德本「胠」誤「胠」。

**孝惠格共侯寄元年**〔三·一一一〇〕　正德本「寄」下衍「之」字。

**侯第格九十三**〔三·一一一〇〕　王、柯、南雍、秦、李、凌、程、殿本「三」作「二」，誤。

**磨**〔三·一一一〇〕　《志疑》云：「《漢表》作『歷』，《史》誤爲『磨』，當作『磨』，音歷。」案《漢表》作「磨」。

**侯功格漢王三年從起盧敖**〔三·一一一〇〕　游、正德本「王」下衍「從」字。正德本「從起」誤「徙起」。

**爲將軍**〔三·一一一〇〕　游、正德本「軍」誤「車」。

**攻臧荼有功**〔三·一一一〇〕　凌本「臧」誤「藏」。

**高祖格十月癸酉**〔三·一一一〇〕　舊刻、南雍、李、程、殿本同，與《漢表》合，百衲、游、正德、王、柯、秦、凌本作「七月癸丑」，毛本作「七月癸酉」，《志疑》云：「案封侯月日當依《漢表》作『十月癸酉』，此誤。」

**簡侯程黑元年**〔三·一一一〇〕　正德本「程」誤「桯」。

**高后格孝侯釐元年**〔三·一一一〇〕　正德本「元」上衍「之」字。《漢表》「釐」作「氂」。

槀高祖格八年十二月丁未祇侯陳鍇元年〔三·一一一一〕　正德本「祇」誤「抵」。《索隱》及各本「鍇」作「錯」。《水經注》二十五《泗水》注「高祖八年，封將軍陳錯爲槀侯」，《志疑》云：「《漢表》作『祖侯陳鍇』，《水經注》依《史》名錯。」案舊本《水經注》亦作「槀侯」。

孝惠格懷侯嬰元年〔三·一一一一〕　正德本「嬰」下衍「之」字。

孝文格七年〔三·一一一一〕　凌本「七」誤「三」。

徐廣曰千秋父以元朔元年立〔三·一一一一〕　游本「年立」誤「午位」，正德本誤「故字」。

建元格元狩二年〔三·一一一一〕　游、正德本「二」誤「三」。

宋子高祖格惠侯許瘛元年〔三·一一一二〕　凌本「瘛」作「瘈」，注同。《水經注》十《濁漳水》注：「又東逕宋子縣故城北，漢高帝八年，封許瘈爲侯國。」

瘛音充制反〔三·一一一二〕　各本「制」作「志」，毛本脱此文。

十二年〔三·一一一二〕　正德本「二」誤「一」。

共侯不疑元年〔三·一一一二〕　正德本作「共一侯不爲亦年元年」，錯繆至不可讀。《漢志》作「共侯留嗣」。

孝文格侯九元年〔三·一一一二〕　正德本「九」誤「几」，下孝景格同。

猗氏高祖格三月丙戌〔三·一一一三〕　毛本「三」誤「二」。

敬侯陳遬元年〔三·一一一三〕　百衲、王、柯、南雍、秦本同，《索隱》及各本「遬」作「遫」，《漢表》同。

孝景格頃侯羞元年〔三·一一一三〕　王、秦本「頃」誤「須」。各本「羞」作「差」，《水經注》十《濁漳水》注引同，案《漢表》作「羌」，與此合。

**清侯功格以都尉擊項羽代侯**〔三・一一一三〕　凌本「都尉」上衍「漢」字。

**高祖格簡侯空中元年**〔三・一一一四〕　《索隱》出「清簡侯空中同」，三字，「中」下當有「同」字，《水經注》五《河水》注「漢高帝八年，封空中於清」，此「空」字當依徐引一本作「窒」，蓋窒中其姓，同其名也。《漢表》作「室中同」，各本與《水經注》俱失書其名。

**孝惠格頃侯聖元年**〔三・一一一三〕　正德本「頃」誤「項」。

**空一作窒**〔三・一一一四〕　正德本「空一」下間以「《索隱》曰」三字，大誤。

**建元格廿**〔三・一一一三〕　舊刻、南雍、李、程、殿本同，各本作「二十」。

**恭侯右元年**〔三・一一一四〕　舊刻「右」作「石」，《漢表》作「古」。

**一**〔三・一一一三〕　游、正德本脱「一」字。

**彊**〔三・一一一四〕　毛、殿本「彊」作「疆」，誤。

**高祖格三月丙辰**〔三・一一一四〕　南雍、李、程、殿本「丙辰」作「丙戌」，與《漢表》合，《志疑》云：「案『丙辰』乃『丙戌』之誤，無論《漢表》是『丙戌』，而此侯前後皆以三月丙戌封，則三月安得有丙辰乎？」

**簡侯留肹元年**〔三・一一一四〕　舊刻同，《索隱》及各本「肹」作「勝」。《志疑》云：「《漢表》作『圉侯留肹』，謚、名並異，未知孰是。」《札記》云：「案字書無『肹』字。」

**戴侯章元年**〔三・一一一四〕　正德本「戴」誤「載」，《漢表》作「代侯章復嗣」。

**彭高祖格三月丙戌**〔三・一一一五〕 游本「三」誤「一」，正德本誤「二」。

**孝景格武有罪**〔三・一一一五〕 南雍、李、凌、程、殿本「武」上有「侯」字。

**吴房高祖格三月辛巳**〔三・一一一五〕 百衲、舊刻、毛本同，與《漢表》合，各本「三月」作「二月」。

**莊侯楊武元年**〔三・一一一五〕 游、正德本「楊」作「揚」。《漢表》「莊」作「嚴」。

**孝文格十二年**〔三・一一一五〕 南雍、李、凌、程、殿本「二」作「三」，與《漢表》合，《札記》云：「凌本『三』，各本譌『二』。」案當作「各本誤『二』」。

**寧高祖格莊侯魏選元年**〔三・一一一六〕 《漢表》「莊」作「嚴」，「選」作「遬」。《水經注》九《清水》注：「更名寧曰修武矣，漢高帝八年，封都尉魏遬爲侯國。」《志疑》云：「『選』又『遬』之誤，《將相表》《漢表》《水經注》並作『遬』。」

**昌侯功格擊籍及韓王信於代**〔三・一一一六〕 游、正德本「籍」誤「藉」。

**高祖格圍侯盧卿元年**〔三・一一一六〕 《索隱》「圍」作「圉」，各本誤，《漢表》有「昌圉侯旅卿」。

**孝景格一**〔三・一一一六〕 各本「一」作「二」，中統、游本「二」下又衍「一」字，正德本合作「三」字。

**三年**〔三・一一一六〕 各本作「二年」，《札記》云：「各本『三』誤『二』，依《漢表》改。」惜其未見此本也。

**共侯功格從淮陰起臨菑**〔三・一一一六〕 中統本「從」誤「徙」。南雍、李、凌、程、殿本「菑」作「淄」。

**千一百户**〔三・一一一六〕 各本「一」作「二」，此誤。

**高祖格莊侯盧罷師元年**〔三・一一一七〕 《水經注》九《清水》注「漢高帝八年，封旅罷師爲莊嚴侯國」，案

「旅」當作「旅」，即「盧」字，「嚴」避明帝諱改，與《漢表》同。

**闕氏侯功格以特將平代反寇**〔三・一一一七〕　游、正德本「特」誤「持」。

**高祖格節侯馮解敢元年**〔三・一一一七〕　游、正德本「馮」誤「爲」。《漢表》「敢」作「散」，《水經注》十《清漳水》注「漢高帝八年，封馮解散爲闕氏侯國」。宋本作「敢」。《志疑》云：「考《水經注》云『梁榆城即闕與故城，漢高帝封馮解散爲侯國』，據酈所説，是『闕氏』乃『闕與』之誤。」案酈氏明言封馮解散爲闕氏侯國，何得改「闕氏」爲「闕與」？蓋「闕與」乃其舊名，《漢表》亦作「闕氏」，非誤也。

**孝惠格無後絶**〔三・一一一七〕　毛本「無」誤「絶」，《札記》引蔡本同。

**孝文格一年**〔三・一一一七〕　本「二」字，上畫泐，中統本脱此二字，《札記》云：「中統、游本脱。」案游本不脱。

**共侯勝之元年**〔三・一一一七〕　南雍、李、凌、程、毛、殿本「共」作「恭」，《漢表》作「共侯它嗣」。

**侯第格百**〔三・一一一七〕　南雍、李、凌、程、殿本同，各本無「百」字，《札記》云：「凌本有『百』字，它本脱。」蓋未見此本及南雍諸本也。

**安丘侯功格一歲五月**〔三・一一一八〕　舊刻同，與《漢表》合，各本「一歲」作「二歲」。

**孝文格共奴元年**〔三・一一一八〕　舊刻同，與《漢表》合，各本「共」作「恭」。南雍、李、凌、程、毛、殿本「奴」上有「侯」字。

**孝景格二一**〔三・一一一八〕　南雍、李、程本同，《札記》云：「各本誤『二』作『三』，今正。」

**三年敬侯執元年**〔三・一一一八〕　舊刻、南雍、李、程、殿本同，與《漢表》合，各本「三」誤「四」，《札記》云：「官本與《漢表》合，各本與下四年互誤。」案舊刻、南雍諸本俱不誤，不始於凌本也。

**四年康侯訢元年**〔三·一一一八〕 舊刻、南雍、李、程、殿本同，各本「四」誤「三」，《漢表》作「康侯新嗣」。

**建元格元狩元年**〔三·一一一八〕 游、正德本「狩」誤「符」。

**侯第格六十四**〔三·一一一八〕 舊刻、南雍、李、凌、程、殿本同，各本無此三字，《札記》云：「凌本有，它皆脱。」是何所見之不廣乎？

**合陽侯功格高祖八年匈奴攻代王弃國亡**〔三·一一一八〕 舊刻、正德、南雍、李、凌、程、毛、殿本「弃」作「棄」。

**廢爲合陽侯**〔三·一一一八〕 《水經注》四《河水》注：「逕劉仲城北，是漢祖兄劉仲之封邑也，故徐廣《史記音義》曰『郃陽，國名也，高祖八年侯劉仲是也』。」案此「郡」字是「郃」字之譌，《漢書·諸侯王表》作「郃陽」。

**高祖格**〔三·一一一八〕 正德本誤入下孝惠格，孝惠格誤入此格。

**九月丙午**〔三·一一一八〕 舊刻、南雍、李、凌、程、毛、殿本同，各本「丙午」作「丙子」。《札記》云：「案《漢書·王子侯表》作『八年九月丙午』，則與下二侯同日。」

**一名嘉**〔三·一一一九〕 游本「一」字空格，正德本脱「一」字。

**孝惠格以子吴王故尊仲謚爲代頃侯**〔三·一一一八〕 游、正德本脱「尊」字。正德本「故」上有「之」字。中統、正德本「頃」誤「須」。

**襄平孝景格康侯相夫元年**〔三·一一一九〕 「康」字泐。

**建元格夷吴元年**〔三·一一一九〕　「吴」字泐，尚可辨，下「夷吴蔑」同，瞿氏據宋本同，各本「吴」作「吾」，正德本此文作「吾」，下文作「吴」，❶案《漢表》作「夷吾」。

**無後**〔三·一一一九〕　元統本「無」作「无」。

**龍侯功格千户**〔三·一一一九〕　游、正德本「侯」誤「族」。王、秦本脱「户」字。

**高祖格八年**〔三·一一一九〕　凌本「年」誤「月」。

**敬侯陳署元年**〔三·一一一九〕　凌本「署」誤「暑」。《志疑》云：「案『八月』是『八年』，『暑』是『署』，湖本訛也。」

**高后格一年**〔三·一一一九〕　各本「一年」作「七年」，此脱一筆。

**二**〔三·一一一九〕　舊刻、王、南雍、秦、李本「二」誤「一」，此侯堅高后時在位年數，高后盡八年，堅嗣侯在七年，則二年矣。

**繁侯功格從擊諸侯侯**〔三·一一二〇〕　南雍、李、凌、程本同，百衲、游、正德、王、柯、秦本下「侯」字誤「族」，中統、舊刻、毛本「侯」作「功」，《札記》引吴校金板同。

**比吴房侯**〔三·一一二〇〕　毛本「房」誤「戾」。

**千五百户**〔三·一一二〇〕　正德本「千」上衍「一」字。

---

❶ 「作吴」，原作「作吾」，據正德本改。

**高祖格莊侯强瞻元年**〔三・一一二〇〕　《索隱》出「繁莊侯瞻」四字云：「《漢表》作『平嚴侯張瞻』，此作『强瞻』。」中統、舊刻、游、正德本作「强瞻」，百衲、王、柯、南雍、秦、李、凌、程本作「彊瞻」，毛、殿本作「疆瞻」，案《漢表》有「平嚴侯張瞻師」，《索隱》引脱「師」字。

**孝惠格康侯朐獨元年**〔三・一一二〇〕　舊刻同，各本「朐」作「昫」，《漢表》作「悙」。

**一云侯惸**〔三・一一二〇〕　舊刻「惸」作「恟」。

**陸量**〔三・一一二〇〕　《索隱》及中統、舊刻本同，瞿氏據宋本同，與《漢表》合，各本「量」作「梁」，《札記》云：「中統本作『量』，與《索隱》合，《漢表》亦作『量』。」

**侯功格自置吏**〔三・一一二〇〕　中統本「自」誤「首」。

**高京侯功格周苛**〔三・一一二〇〕　王、秦本「苛」誤「奇」。

**以内史從**〔三・一一二一〕　舊刻同，與《漢表》合，各本「從」上衍「入」字。

**堅守榮陽**〔三・一一二一〕　中統、游、正德本「滎」作「榮」。

**孝文格國除**〔三・一一二一〕　各本「除」下有「絶」字。

**孝景格封成孫應元年**〔三・一一二一〕　中統本「孫」誤「强」。

**侯第格百三十七**〔三・一一二一〕　南雍、李本「三十」作「卅」，後凡「三十」字放此。

**離侯功格九年四月戊寅鄧弱元年**〔三・一一二一〕　各本「九年」作「元年」，誤。《志疑》云：「《史詮》曰：『此當書高祖横行，今本升侯功格横行，誤也。』」

**高祖格失此侯始所超及所絶**〔三・一一二一〕　各本「超」作「起」，此誤。《志疑》云：「案此九字當書於侯功格内，今本誤在高祖横行。」

**義陵○徐廣曰一作陽**〔三・一一二三〕　游本「一」字空格。正德本「陵」作「陽」，《索隱》引徐廣云：「一作『義陽』」。

**侯功格以長沙柱國侯**〔三・一一二二〕　王、秦本「柱」誤「杜」，程本誤「往」。

**侯第格百二十四**〔三・一一二三〕　南雍、李本「二十四」作「卅四」，各本作「三十四」。

**孝惠格三**〔三・一一二三〕　游、正德本「三」作「二」。

**高后格無後**〔三・一一二二〕　游本「無」作「无」。

**宣平侯功格弃國與大臣歸漢**〔三・一一二二〕　舊刻、正德、南雍、李、凌、程、毛、殿本「弃」作「棄」。正德本「與」作「与」。

**廢爲侯**〔三・一一二三〕　王、秦本脱「侯」字。

**改封信平**〔三・一一二三〕　正德本「平」下衍「侯」字。

**建元格睢陽**〔三・一一二二〕　中統本「睢」誤「雎」，游、正德本誤「雌」，《漢表》「睢陽」作「睢陵」。

**封偃孫廣元年**〔三・一一二三〕　舊刻「孫」誤「使」。中統、游本「偃」作「匽」。

**侯昌元年**〔三・一一二三〕　舊刻「昌」誤「乞」。

**侯昌爲太常乏祠國除**〔三・一一二三〕　百衲、舊刻、游、正德、王、柯、秦本「乏」誤「之」。正德本「太」作「大」，

「除」誤「徐」。《漢表》作「坐爲太常乏祠，免」。百衲、舊刻、游、王、柯、秦、凌、毛本此下有「《漢表》師古曰『祠事有闕乏也』」十一字。正德本「乏」字空格，《札記》云：「蓋亦後人妄增，官本無。」

**東陽高祖格十二月癸巳**〔三・一一二四〕　正德本脱「癸巳」二字。

**孝景格哀侯强元年**〔三・一一二四〕　百衲、王、柯、南雍、秦、李、凌、程、毛、殿本「强」作「彊」，下建元格「侯强薨」同，游、正德本建元格亦作「彊」，《漢表》作「彊」。

**開封高祖格閔侯陶舍元年**〔三・一一二五〕　中統本「舍」誤「合」。

**建元格侯睢坐酎金國除**〔三・一一二五〕　游本「酎」字空格，「金」下半字泐。

**沛高祖格十一年**〔三・一一二五〕　中統、游本「一」作「二」，正德本誤「三」。

**侯濞爲吴王**〔三・一一二五〕　百衲「王」誤「三」。

**慎陽高祖格十三年**〔三・一一二五〕　百衲、舊刻、王、柯、秦、毛本同，中統、游、正德本「十三」作「十二」，南雍、李、凌、程、殿本作「十一」，與《漢表》合。《漢表》蒙前東陽表之文，不復出十一年。

**侯欒說元年**〔三・一一二五〕　中統本「欒」誤「信」。

**孝文格二十三**〔三・一一二五〕　游、正德本脱「二」字。

**孝景格中六年**〔三・一一二五〕　各本「中」下有「元」字。

**建元格侯買從鑄白金弃市**〔三・一一二六〕　正德本「白」誤「曰」。舊刻、正德、程、毛、殿本「弃」作「棄」。

**禾成**〔三・一一二六〕　《水經注》十《濁漳水》注：「又東南逕和城北，漢高帝十一年，封郎中公孫耳爲侯國。」案此以和成爲和城，《漢表》有「禾成孝侯公孫昔」，酈引作「公孫耳」，當據《史表》也。《志疑》云：「其地蓋在鉅鹿之下曲陽，而《表》於『和』字脱其半耳。城、成，《史》《漢》通寫。」

**侯功格漢五年**〔三・一一二六〕　舊刻同，各本「五」作「二」，《志疑》云：「案『二年』當依《漢表》作『五年』。」

**高祖格十一年**〔三・一一二六〕　舊刻、游、正德、南雍、李、程、殿本同，與《漢表》合，各本「二」作「一」，《志疑》云：「湖本訛『一』爲『二』。」《札記》云：「蔡、王、柯、凌『一』譌『二』。」

**孝侯公孫耳元年**〔三・一一二六〕　毛本「公孫耳」誤「高邑」，案後祝阿表「高邑」又誤「公孫耳」，蓋同謚孝侯，故前後互誤也。

**堂陽侯功格坐守滎陽降楚免**〔三・一一二七〕　正德本「滎」作「榮」。

**後復來**〔三・一一二七〕　舊刻、正德本「來」作「来」。

**孝景格中六年**〔三・一一二七〕　柯本「中」誤「年」。

**祝阿**〔三・一一二七〕　中統本「阿」誤「柯」。

**侯功格以客從起齧乘**〔三・一一二七〕　舊刻「乘」作「桑」，《志疑》云：「齧桑地名，此訛作『乘』，而《漢表》作『齒桑』，又誤『齧』爲『齒』也。」

**以上隊將入漢**〔三・一一二七〕　百衲、中統、游、正德、王、柯、秦、毛本「上」作「十」，非。

**高祖格正月己卯**〔三・一一二七〕　舊刻同，與《漢表》合，各本「己卯」作「己未」。

**孝侯高邑元年**〔三・一一二七〕　毛本「高邑」誤「公孫耳」，《志疑》云：「至『高邑』作『高色』，乃《漢表》之譌，

《水經注》八亦作『邑』。」

**孝文格侯成坐事國人過律**〔三・一一二七〕 百衲、中統本「成」誤「式」。

**長脩**〔三・一一二八〕 《索隱》及毛本「脩」作「修」，《水經注》六《汾水》注同。

**侯功格初從出關**〔三・一一二八〕 中統、游本「關」作「開」，下建元格「闌出函谷關」同。

**功比須昌侯**〔三・一一二八〕 游本「比」誤「北」。

**千九百户**〔三・一一二八〕 毛本「九」誤「五」。

**高祖格正月丙戌**〔三・一一二八〕 此與《漢表》合，各本「丙戌」作「丙辰」。

**平侯杜恬元年**〔三・一一二八〕 《水經注》六《汾水》注「漢高帝十一年，以爲侯國，封莊恬也」」，案《史》《漢》表並作「杜恬」，「莊」「杜」形似，故致訛也。

**建元格卅三**〔三・一一二八〕 「三」字中畫泐，百衲、舊刻、游、正德、王、柯、秦、凌、程、毛、殿本作「三十三」。

**元封四年**〔三・一一二八〕 《札記》云：「中統『四』誤『五』。」案中統本不誤。

**侯相夫坐爲太常**〔三・一一二八〕 游、正德本「夫」誤「天」。

**與樂令中可**〔三・一一二八〕 舊刻同，與《漢表》合，各本「中可」作「無可」，中統、游本作「无可」。

**擅繇不如令**〔三・一一二八〕 正德本「擅」誤「檀」。

**闌出函谷關**〔三・一一二八〕 程本「出」誤「入」。舊刻、游本「關」誤「開」。

**江邑侯功格徙御史大夫周昌爲趙相而伐陳豨功侯**〔三·一一二九〕　各本「徙」誤「從」，《札記》云：「依《漢表》改，彼文云『徙御史大夫周昌爲趙相，代昌爲御史大夫，從擊陳豨』。疑此文『伐』即『代』字之譌，『代』下缺『之從擊』三字。」案如《札記》説，必改「伐」爲「代」，又添「之從擊」三字始可通。古書無錯誤若此之多者也，堯既從擊陳豨，何不可曰「伐陳豨」乎？　徙御史大夫周昌爲趙相一事也，伐陳豨又一事也，豨之封，固從擊陳豨，其事則在代昌爲御史大夫後矣。

**十一年正月辛未**〔三·一一二九〕　王、秦本「正」誤「五」。

**營陵高后格六年侯澤爲琅琊王**〔三·一一二九〕　舊刻「琅」作「瑯」。百衲、中統、游、正德、王、柯、秦本「琊」作「邪」，南雍、李、凌、程、殿本作「邪」，毛本作「琊」。毛本此八字誤入上孝惠格，《札記》引蔡本同。

**侯第格八十八**〔三·一一二九〕　游、正德本「八十」下脱「八」字，《札記》云：「中統、游本脱。」案游本特脱下「八」字耳，非全脱也，不得以一「脱」字概之。

**土軍**〔三·一一三〇〕　《索隱》「土」誤「士」。

**侯功格以廷尉擊陳豨**〔三·一一三〇〕　王、秦本「陳」誤「龍」。

**十二百户**〔三·一一三〇〕　本「千」字，上畫泐，正德本作「一千二百户」。

**就國**〔三·一一三〇〕　百衲、游本「國」作「国」，以後此等字不悉出。

**孝文格二十三**〔三·一一三〇〕　南雍、李本「二」誤「一」。

**孝景格三年**〔三·一一三〇〕　王、柯、秦、毛本「二」誤「三」。

**建元格生坐與人妻姦罪**〔三・一一三〇〕　正德本「罪」字空格。

**侯第格百二十二**〔三・一一三〇〕　下「二」字上畫泐，南雍、李、程本「二十」作「廿」。

**廣阿**〔三・一一三〇〕　游、正德、柯、凌本「阿」作「河」，《志疑》云：「此鉅鹿廣阿縣也，湖本訛爲『河』字。」

**侯功格二歲擊籍**〔三・一一三〇〕　王、秦本「籍」誤「藉」。

**陳狶反**〔三・一一三〇〕　柯本「狶」誤「稀」。

**孝惠格七**〔三・一一三〇〕　王、秦本脱此格并「七」字。

**孝文格二一**〔三・一一三〇〕　南雍、李、程、殿本同，各本誤合作「三」字，《志疑》云：「各本皆誤『三』字，乃『二』字、『一』字，孝文時懿侯在國二年薨，夷侯一年薨也。」

**一年**〔三・一一三〇〕　本「三」字，脱上二畫。

**二十**〔三・一一三〇〕　南雍、李、程本作「廿」，王本「二」誤「三」。

**建元格二十一**〔三・一一三〇〕　南雍、李、程本「二十」作「廿」。

**須昌高祖格二月乙酉**〔三・一一三一〕　王本「二」誤「一」。

**貞侯趙衍元年**〔三・一一三一〕　王、秦本「貞」誤「功」，「趙」誤「守」。

**孝景格五年侯不害有罪國除**〔三・一一三一〕　王、秦本脱此九字，《札記》云：「孝文格『後四年，侯不害元年』，王本脱。」案王本所脱者，乃孝景格「五年，侯不害有罪國除」九字，若孝文格「後元四年，侯不害元年」九字，固未嘗脱也，張誤記耳。

**侯第格百七**〔三·一一三一〕　百衲、柯本上空格，有「一」字，王、秦本「百」上有「一」字，均衍。

**臨轅侯功格初起從**〔三·一一三一〕　毛本「初」誤「以」。

**高祖格堅侯戚鰓元年**〔三·一一三一〕　中統本「鰓」字空格。

**孝景格三**〔三·一一三一〕　王、柯、秦、毛本「三」誤「二」。

**汲侯**〔三·一一三二〕　毛本無「侯」字，《索隱》出「汲終侯公上不害」七字，《漢表》有「汲終侯公上不害」，汲爲國名，則「侯」字當衍矣。《水經注》七《濟水》注「又東北逕波縣故城北，漢高帝封公上不害爲侯國」，《考異》以「汲」爲「波」之譌。

**爲趙太傅**〔三·一一三二〕　百衲、舊刻、王、柯、秦本「太」作「大」。

**孝惠格十**〔三·一一三二〕　各本「十」作「一」，此誤，蓋二年爲夷侯武元年，則終侯在孝惠時止一年矣。

**高后格**〔三·一一三二〕　此與舊刻本並空格，南雍、李、程、殿本有「八」字，是也。各本誤以孝文格上侵此格，孝景建元二格遂因之遞升，《札記》云：「各本皆脱，今依《志疑》移此，而補『八』字，不知南雍諸本其舊第本如此也。」

**建元格弃市**〔三·一一三二〕　舊刻、正德、程、毛、殿本「弃」作「棄」。

**寧陵侯功格以舍人從起留**〔三·一一三三〕　各本「起」作「陳」，誤，此獨與《漢表》合。

**千户**〔三·一一三三〕　正德本「千」上衍「一」字。

**高祖格二**〔三·一一三三〕　王、秦本脱「二」字。

**建元格侯始薨**〔三・一一三三〕　正德本「侯」誤「危」。

**無後**〔三・一一三三〕　百衲「無」作「无」。

**汾陽高祖格十一年**〔三・一一三三〕　「一」字泐。

**侯靳强元年**〔三・一一三三〕　舊刻同，《索隱》出「汾陽壯侯靳强」六字，「侯」上當有「壯」字，此失書其謚。百衲、游、正德、王、柯、南雍、秦、李、凌、程本「强」作「彊」，毛、殿本誤「疆」，《漢表》有「汾陽嚴侯靳彊」，《水經注》六《汾水》注「漢高帝十一年，封靳彊爲侯國」，亦作「彊」。

**建元格太始四年**〔三・一一三三〕　正德本「太」作「大」。

**坐爲太常行太僕事治嗇夫可年益縱年國除**〔三・一一三三〕　正德本無「坐」字，「治嗇夫」十字作「以坐罪國除」，蓋以其文繁而妄加删改也。

**戴**〔三・一一三四〕　正德本「戴」下有「章」字，蓋《索隱》「章帝改曰考成」「章」字誤作大書在「戴」字下，非《史》文本有也。

**侯功格以中令擊豨**〔三・一一三四〕　百衲「令」誤「今」。

**千一百户**〔三・一一三四〕　此與《漢表》合，各本「一」作「二」。

**高祖格敬侯彭祖元年**〔三・一一三四〕　《索隱》出「戴敬侯秋彭祖」六字，下參檢《史記》諸本，並作「秋」，今見有姓秋氏，是秋爲彭祖姓，小司馬所據本有「秋」字，各本脱。《水經注》二十二《汳水》注「漢高帝十一年，秋，封彭祖爲侯國」，「秋」字本在「封」下，誤以爲十一年秋，蓋由不知秋爲彭祖姓故也。《漢表》有戴「敬侯秘彭祖」，又以「秋」爲「秘」。

**高祖格三月癸酉**〔三・一一三四〕　殿本「三」作「二」。

**高后格共侯悼元年**〔三・一一三四〕　游、正德本「悼」作「倬」，《漢表》作「憚」。

**建元格廿五**〔三・一一三四〕　舊刻、南雍、李、凌、程、殿本同，各本誤作「二十八」，正德本誤「三八」。

**坐祝詛無道國除**〔三・一一三五〕　游本「無」作「无」。程本「道」誤「年」。

**衍**〔三・一一三五〕　《水經注》七《濟水》注：「濟瀆又東逕封邱縣南，燕縣之延鄉也，漢高帝封翟盱。」案《索隱》云「《漢志》闕」，而酈注以延鄉當之，蓋「衍」「延」音近，得以通假也。

**高祖格七月己丑**〔三・一一三五〕　舊刻、南雍、凌、程、殿本同，與《漢表》合，各本「己丑」作「乙巳」，正德本誤「巳巳」。

**蔄侯翟盱元年**〔三・一一三五〕　《索隱》出「衍簡侯翟盱」五字，《漢表》同。各本「蔄」作「簡」。中統本「盱」作「盱」。《札記》云：「蔡本『盱』，與《索隱》合，它本並作『盱』。」

**高后格秖侯山元年**〔三・一一三五〕　各本「秖」作「祗」，「祗」從示不從禾，《漢表》作「祗」。

**建元格侯不疑元年**〔三・一一三五〕　游、正德本「疑」作「宜」。

**平州高祖格共侯昭涉掉尾元年**〔三・一一三六〕　《索隱》「共」作「恭」，《漢表》作「共」。

**孝文格戴侯福元年**〔三・一一三六〕　中統、游本「戴」誤「載」。

**孝侯馬童元年**〔三・一一三六〕　毛本脱「馬」字。《札記》云：「首脱『吕』字。」案此侯爲昭涉掉尾之後，不得云首脱「吕」字，蓋此侯與中水壯侯吕馬童同名，《札記》誤以爲「馬童」上當有「吕」字也。《漢表》作「戴侯種嗣」。

**建元格坐行馳道中更呵馳去罪**〔三・一一三六〕 舊刻「呵」誤「阿」。

**国除**〔三・一一三六〕 「国」爲「國」之俗，百衲、游本同。

**中牟侯功格二千二百户**〔三・一一三六〕 舊刻同，各本「二百」作「三百」，《志疑》云：「案《漢表》『三』作『二』。」

**給高祖一馬**〔三・一一三六〕 游、正德本脱「一」字。

**高祖格十二年十月乙未共侯單父聖元年**〔三・一一三六〕 《索隱》「共」作「恭」，《水經注》二十二《潧水》注：「漢高帝十一年，封單父聖爲侯國。」以十二年爲十一年，與前平州後邵表一例。《漢表》有「中牟共侯單右車，十二年十月乙未封」。

**孝文格敬侯繒元年**〔三・一一三六〕 舊刻「繒」誤「繪」。

**邵**〔三・一一三七〕 舊刻作「印」，非，《水經注》二十八《沔水》注「邵」誤「邸」。

**侯功格已而爲漢**〔三・一一三七〕 正德本「爲」誤「尋」。

**高祖格十二年**〔三・一一三七〕 舊刻、南雍、李、凌、程、殿本同，與《漢表》合，各本「二」作「一」。

**十月戊戌**〔三・一一三七〕 程本「戌」誤「戊」。

**侯第格百十三**〔三·一一三七〕　王、柯、南雍、秦、李、凌、程、殿本「三」誤「一」，《志疑》云：「案邵侯位次，❶《漢表》是百十三。」

**博陽侯功格以卒從起豐**〔三·一一三八〕　舊刻、王、柯、秦本「豐」作「豊」，下煮棗、張、鄢陵表並同。

**以隊率入漢**〔三·一一三八〕　各本「率」作「卒」，此獨與《漢表》合。

**孝文格侯遬元年**〔三·一一三八〕　百衲、舊刻、王、秦本同，與《漢表》合，各本「遬」作「遫」，下孝景格同。

**孝景格侯遬奪爵一級**〔三·一一三八〕　舊刻脱「一」字。

**陽義侯功格徙爲漢中大夫**〔三·一一三八〕　各本「漢」下無「中」字。游、柯本「徙」誤「從」，李本誤「徒」。《志疑》云：「案《漢表》作『中大夫』，此脱『中』字。」是此本爲勝矣。

**從至陳**〔三·一一三八〕　舊刻、南雍、李、凌、程、毛、殿本同，《札記》引蔡本同，與《漢表》合，各本「從」誤「坐」。

**遷爲中尉**〔三·一一三八〕　舊刻、游、正德本同，各本「遷」作「還」，《漢表》作「遷中尉」。

**建元格無後**〔三·一一三八〕　百衲「無」作「无」。

**下相侯功格以客從起沛用侯**〔三·一一三九〕　南雍、李、凌、程、殿本「侯」作「兵」。各本「用侯」作「周侯」，非，《漢表》作「以客從起沛，入漢，用兵」。

**距布軍**〔三·一一三九〕　南雍、李、凌、程、殿本「距」作「擊」。

❶「侯」，原脱，據《史記志疑》補。

**高祖格十月己酉**〔三·一一三九〕 此與《漢表》合，各本「己酉」作「乙酉」。

**莊侯泠耳元年**〔三·一一三九〕 《水經注》二十四《睢水》注「睢水又東南流逕下相縣故城南，高祖十二年，封莊侯泠耳爲侯國」，案《漢表》有「下相嚴侯泠耳」，此作「莊侯泠耳」，當據《史記》，是《史》本作「泠」，傳寫者誤爲「泠」也。

**孝文格二年**〔三·一一三九〕 百衲、王、柯、南雍、秦、李、凌、程、毛、殿本「二」作「三」。

**侯慎元年**〔三·一一三九〕 此「慎」字本缺筆，下孝景格同，後人誤加墨點尚可辨也。程本「慎」誤「滇」，下同，《漢表》作「順」。

**建元格二年**〔三·一一三九〕 程本「二」作「三」，此「二」字本「三」字，上畫泐。

**高陵侯功格追籍至東城**〔三·一一四〇〕 百衲、游、正德本「籍」誤「藉」。

**高祖格圉侯王周元年**〔三·一一四〇〕 游、正德、王、柯、秦本「圉」誤「圄」。《漢表》作「高陵圉侯王虞人」。

**高后格惠侯并弓元年**〔三·一一三九〕 秦本「并」誤「井」。《漢表》「侯弄弓嗣」，「侯」上脱「惠」字。

**漢表並作弄** 舊刻亦有此文，各本無。案此是校者語，與柏至表引《漢表》師古注一例，非本書所當有。

**孝景格三年**〔三·一一三九〕 此與《漢表》合，各本「三」作「二」，柯本誤「一」，《志疑》云：「案『二年』乃『三年』之譌。」

**期思侯功格一千户**〔三·一一四〇〕 各本「一」作「二」，此「二」字上畫泐。游、正德、王、柯、秦本「户」誤「石」。

**孝文格無後**〔三・一一四〇〕　中統、游本「無」作「无」。

**穀陵**〔三・一一四〇〕　百衲、王、柯、秦本「穀」作「穀」，毛本作「穀」，此與各本脱一畫。《漢表》作「穀陽」。

**高祖格定侯馮谿元年**〔三・一一四〇〕　游本「谿」作「谿」，王、秦本作「谿」，均不成字。

**孝景格一三**〔三・一一四〇〕　南雍、李、凌、程、殿本作「二三」，此與各本俱誤。

**三年**〔三・一一四〇〕　毛本「三」誤「五」。

**隱侯卬元年**〔三・一一四〇〕　舊刻、游、正德本「卬」誤「邛」，《志疑》云：「《漢表》以隱侯嗣於孝景二年，而『卬』又作『卯』，未知孰是。」

**戚高祖格圉侯季必元年**〔三・一一四一〕　凌本「圉」誤「圍」。中統、舊刻、毛本「季」作「李」，《水經注》五《河水》注「漢高帝十二年，封將軍李必爲侯國矣」，字亦作「李」。《志疑》云：「此侯姓李，故《灌嬰傳》云『重泉人李必』，又《百官表》云『戚侯李信成爲太常』，《索隱》引《漢紀》『桓帝追録李必後黄門丞李遂爲晉陽關内侯』，《水經注》亦云李必，則《史》《漢》表作姓季，並誤。」案單本《索隱》云「作『李』誤也」，合刻本「李」作「季」。

**孝文格一十**〔三・一一四一〕　各本「一」作「二」，此脱上畫。

**建元格縱丞相侵神道儒**〔三・一一四一〕　本「壖」誤「懦」，游本誤「儒」。中統本「神」誤「柱」。

**壯侯功格漢三年**〔三・一一四二〕　南雍、李、凌、程、毛、殿本「漢」下有「王」字。

**以郎中擊籍**〔三・一一四二〕　游、王、柯、秦本「籍」誤「藉」。

**高祖格敬侯許猜元年**〔三・一一四二〕　舊刻同，各本「猜」作「倩」，《漢表》有「嚴敬侯許猜」。

**孝景格一年**〔三·一一四二〕　本「二」字，上畫泐。

**侯第格百十二**〔三·一一四二〕　毛本「二」誤「一」。

**建元格一五**〔三·一一四二〕　各本「一」作「十」。

**成陽侯功格屬魏豹豹反**〔三·一一四三〕　百衲、舊刻、游、正德、柯本不重「豹」字，王、秦本「豹豹反」三字誤作「称尸」二字，《漢表》「屬魏王豹豹反」，亦重「豹」字。

**以太原尉**〔三·一一四三〕　百衲、游、正德、王、柯、秦本無「以」字。

**高祖格正月乙酉**〔三·一一四二〕　毛本「乙酉」作「己酉」，《志疑》云：「案是年正月辛亥朔，無乙酉，疑是『癸酉』之誤。」

**定侯意元年**〔三·一一四三〕　中統、游本「意」字空格，正德本脱，《索隱》出「成陽定侯奚意」六字，「侯」下當有「奚」字，定侯意之姓也。《漢表》有「成陽定侯奚意」，《水經注》三十《淮水》注「淮水又東北逕城陽縣故城南，漢高帝十二年，封定侯奚意爲侯國」，並有「奚」字。

**桃**〔三·一一四三〕　王、秦本誤「枕」。

**侯功格爲淮陰守**〔三·一一四三〕　柯本「守」誤「字」。《志疑》云：「案《漢表》作『淮南』，是也。淮陰縣名，有何太守乎？」

**高祖格十二年三月丁巳**〔三·一一四三〕　各本「三」作「二」。

**孝文格十四**〔三·一一四三〕　百衲、毛本脱「十四」二字。

**建元格厲侯由元年**〔三・一一四三〕 此與《漢表》合，各本「由」作「申」。

**高梁高祖格共侯酈疥元年**〔三・一一四四〕 《索隱》「共」作「恭」。《水經注》六《汾水》注：「又南逕高梁故城西，漢高帝十二年，以爲侯國，封恭侯酈介於斯邑也。」是「疥」別作「介」矣。《漢表》與《史》同。

**建元格侯勃元年**〔三・一一四四〕 本書《酈生傳》正義引《年表》云：「卒子敒嗣。」《札記》云：「蓋張所見本作『教』，《史》《漢》『勃』『教』通用，因誤爲『敒』。」

**元狩元年坐詐詔衡山王取金**〔三・一一四四〕 中統本「詔」作「詣」，《正義》引《年表》云：「卒，子平嗣，元年有罪，國除。」《志疑》云：「勃在位十年，失國，缺侯平一代。故以詐金爲勃事，與本傳及《漢》表、傳大乖。《正義》引《表》云云，然則唐初《史記》尚未誤耳。」

**紀信高祖格六月壬戸**〔三・一一四四〕 本「辰」誤「戸」，百衲、舊刻、凌、毛、殿本作「壬辰」，游、正德、王、柯、南雍、秦、李、程本誤作「丙辰」。

**匡侯陳倉元年**〔三・一一四四〕 「匡」缺筆。

**甘泉侯功格以軍司馬**〔三・一一四五〕 百衲、王、柯、南雍、秦、李、凌、程、毛、殿本同，舊刻、游、正德本「軍」作「車」。

**高祖格六月王辰**〔三・一一四五〕 本「壬」誤「王」。

**侯王竟元年**〔三・一一四五〕 《索隱》出「甘泉壯侯王競」六字，下云「《漢表》作『景侯』也」，是「竟」本作「競」，「侯」上有「壯」字。合刻本「《漢表》作『王競』」，後人所改也。凌本「竟」作「敬」，亦誤。毛本「王竟」誤「玉竟」。《志疑》云「毛本作『辰侯王竟』」，案上文「十二月壬辰」，各本皆然，不得以毛本「辰」字連下作侯謚。

**煮棗**〔三·一一四五〕 《索隱》此表在張表後，毛本此表與張表誤列鄢陵、菌二表前。

**高祖格靖侯赤元年**〔三·一一四五〕 《索隱》出「煮棗端侯棘朱」六字，棘其姓，朱其名也，此「靖侯赤」本作「端侯棘朱」，「端」「靖」、「朱」「赤」字形相近，而傳寫者又脱其姓耳。《水經注》八《濟水》注「東北逕煮棗城南，漢高祖十二年，封革朱爲侯國」，「革朱」即「棘朱」，「革」「棘」古通，《漢表》作「端侯革朱」，與《索隱》可互證。

**孝惠格**〔三·一一四五〕 各本此格止有七字，今此本誤以孝文格升入此格，而孝景格升入孝文格。

**高后格**〔三·一一四五〕 百衲、中統、舊刻、游、正德、王、柯、秦、毛本以孝文格升入此格，而孝景格升入孝文格，亦誤爲一格。南雍、李、凌、程、殿本，此格上書「八」字。《志疑》云：「《漢表》云朱以孝惠七年薨，嗣子有罪不得代，至文帝二年始以它子紹封，中間曠絶十年。當衍去『八』字、『一』字，而高后格内補書曰『嗣子有罪，不得代』，表例也。」

**孝文格**〔三·一一四五〕 此本孝惠格二年，赤子康侯武元年，當移入此格，南雍、李、凌、程、殿本不誤。表首「廿二」兩字，舊刻同，百衲、游、正德、王、柯、秦、毛本作「二十二」，南雍、李、凌、程、殿本「廿二」上有「一」字，當依《志疑》删，毛本誤書「二十三」三字。《漢表》作「康侯式，以朱子紹封，二十一年，薨」。

**孝景格**〔三·一一四五〕 此本高后格「中元年」「侯昌元年」「中四年，有罪國除」當移入此格，南雍、李、凌、程、殿本不誤。表首「八二」，各本同。《漢表》「孝景中二年，侯昌嗣，二年，有罪，免」，與此異。

**張高祖格節侯毛澤元年**〔三・一一四五〕《索隱》出「張節侯毛澤之」六字，「澤」下本有「之」字，《志疑》云：「《漢表》名『釋之』，『澤』『釋』古通，今本脱『之』字。」

**孝文格夷侯慶元年**〔三・一一四五〕　毛本無「侯」字。

**□三年**〔三・一一四五〕　本「十三」，「十」字泐。

**鄢陵高祖格莊侯朱濞元年**〔三・一一四七〕《水經注》二十二《洧水》注：「洧水又東逕隱陵故城南，漢高帝十二年，封都尉諸濞爲侯國。」「朱」「諸」同音假借字。隱陵，《史》作「鄢陵」，《漢表》作「隔陵」。

**高后格共侯慶元年**〔三・一一四七〕　舊刻同，各本「共」作「恭」，下孝文格同。

**無後**〔三・一一四七〕　百衲「無」作「无」。

**侯第格五十一**〔三・一一四七〕　各本「一」作「二」。

**菌**〔三・一一四七〕　殿本作「菌」，非，《漢表》作「藏鹵」，《札記》云：「此表『菌』亦『鹵』字之譌。」

**高祖格莊侯張平元年**〔三・一一四七〕《索隱》出「菌壯侯張平」五字，「莊」本作「壯」，《史表》此二字多互用。《漢表》「藏鹵侯張平」，平當有謚，《漢表》脱。

# 卷一九　惠景間侯者年表第七

**惠景間侯者年表第七**〔三・一一六九〕　正德本「表」上無「年」字。

**如芮毛故著令使特王**〔三・一一六九〕　各本「毛」作「王」，此誤。中統、游本「著」誤「者」。游本「特」誤「將」。

**靖王薨**〔三・一一七〇〕　中統本「靖」誤「翊」。

**無嗣**〔三・一一七〇〕　中統、游本「無」作「无」，下《史》文「竟無過」及《建平表》「無後」並同。

**追脩高祖時遺功臣**〔三・一一六九〕❶　中統、游、正德、凌、毛、殿本「脩」作「修」。

**及從代來**〔三・一一六九〕　舊刻「來」作「来」。

**九十有餘**〔三・一一六九〕　中統本「餘」作「余」。

**異姓八王者吴芮英□□□□□韓王信彭越盧綰韓信也**〔三・一一六九〕　空格「布張耳臧荼」五字。《索隱》及南雍、程、殿本「臧荼」作「共敖」。毛本「韓王信」，「信」字誤作「侯」。

---

❶　「追」，原作「進」，據寶禮堂本改。

**孝文二十三**〔三·一一七〇〕　柯本「三」誤「五」。

**便國名格　漢志縣名屬桂陽便音鞭**〔三·一一七〇〕　百衲、舊刻、毛本無，各本以爲《索隱》文，此誤入。

**侯功格二千户**〔三·一一七〇〕　游、正德、王、柯、秦、毛本「户」誤「石」。

**孝惠格頃王吴淺元年**〔三·一一七〇〕　《索隱》出「便頃侯吴淺」五字，此文「王」字是「侯」字之誤。《索隱》及百衲、中統、舊刻、游、正德、王、柯、秦本「頃」誤「項」。游、正德本「王」作「主」，亦非。

**建元格一十九**〔三·一一七〇〕　各本「一」作「二」。

**軑**〔三·一一七〇〕　《索隱》及舊刻、游、正德、王、秦、毛本「軑」作「軚」，《漢·高惠高后文功臣表》同。

**音大**〔三·一一七一〕　百衲「大」誤「太」。

**孝惠格侯利倉元年**〔三·一一七一〕　游、正德、王、柯、秦本「倉」作「君」。毛本「利」誤「秩」，《漢表》作「黎朱蒼」。

**高后格三年**〔三·一一七一〕　嘉靖、南雍本「三」字中畫泐。萬曆本作「二」，凌本「三」誤「二」。

**侯豨元年**〔三·一一七一〕　游、正德、王、南雍、秦、凌、程、毛、殿本「豨」作「狶」。

**建元格三十**〔三·一一七〇〕　盧氏文弨《群書拾補》云：「第七格先書『十』，下書『元光元年』『侯秩元年』，又書『二十』，下書『元封元年』云云。今本誤以『十』與『二十』合作『三十』，脱去『元光』以下八字。」

**元封元年云云**〔三·一一七一〕　中統、游、正德、王、柯、秦本此文誤入上孝景格。

**擅發卒兵爲衛**〔三·一一七一〕　游、正德本「擅」誤「檀」。游本「兵」誤「共」。

**平都侯功格高祖三年降定齊**〔三·一一七一〕　正德本「降」誤「隆」。

**孝惠格孝侯劉到元年**〔三·一一七一〕　游本「劉」作「刘」，正德本誤「列」。

**右孝惠時三**〔三·一一七一〕　正德本「三」下衍「人」字。

**扶柳高后格元年四月庚寅侯昌平元年**〔三·一一七二〕　《索隱》出「扶柳侯吕平」五字，「昌」當作「吕」，《漢書·外戚恩澤侯表》有「扶柳侯吕平」可證也。《水經注》二十六《膠水》注：「又逕扶縣故城西，漢文帝元年，封吕平爲侯國。」扶即郟縣也，《水經注》亦稱「吕平」，則「昌」字誤，明矣。《札記》云：「中統、游、王、柯、凌本表文錯入上格。」案此文惟凌本錯入上孝惠格，游、王、柯本均不錯。

**郊○作汶**　百衲、舊刻本「作」上有「一」字。毛本無「作汶」二字。案《索隱》云：「一作『汶』。」此「汶」字當是「汶」字，各本並誤。中統、游、正德、王、柯、南雍、秦、李、凌、程、殿本，此文在《索隱》「縣名屬沛郡下」，疑本《索隱》文而誤入也。殿本《考證》云：「按《地理志》，沛郡有洨縣，無郊縣，則唐以前本作『洨』不誤也。《吕后本紀》作『交』，《漢表》作『汶』，皆係傳寫之失。」

**高后格産爲吕王**〔三·一一七二〕　正德本「産」上衍「以吕」二字。

**大臣誅産**〔三·一一七三〕　中統本「臣」誤「巨」。

**南宫侯功格爲高祖騎將**〔三·一一七三〕　正德本「爲」上有「初」字，衍。

**以大中大夫侯**〔三·一一七三〕　百衲、舊刻、正德、王、柯、秦、程本「大」作「太」。正德本「以」上有「功爲」二字，衍。

**高后格元年四月丙寅云云**〔三・一一七三〕　柯本此格全脱。王、秦、李本亦脱，而以下梧表「六，元年四月乙酉」「齊侯陽成延元年」，又「二，七年，敬侯去疾元年」，凡二十三字錯入此格，彼表仍載之，謬甚。

**侯張買元年**〔三・一一七三〕　《水經注》十《濁漳水》注：「又逕南宫縣故城西，漢惠帝元年，以封張越人子買爲侯國。」此作「高后元年封」，或酈氏所見本異。

**侯買坐吕成事誅**〔三・一一七三〕　各本「成」作「氏」，此誤。

**梧侯功格以軍匠從起郟**〔三・一一七三〕　中統本「郟」誤「郊」。

**高后格二**〔三・一一七三〕　凌本「二」誤「一」。

**敬侯去疾元年**〔三・一一七三〕　「敬」缺筆，下並同，惟沈猶表不缺。百衲、舊刻、凌本脱「敬」字。

**建元格元光三年**〔三・一一七三〕　舊刻「三」作「二」。

**侯戎奴元年**〔三・一一七三〕　百衲、舊刻本「戎」誤「式」，下同。中統本誤「戌」。

**侯戎奴坐謀殺孝父弃市**〔三・一一七四〕　正德、凌、殿本「孝」作「季」。正德、毛、殿本「弃」作「棄」。

**平定侯功格以家車吏入漢**〔三・一一七四〕　程本「車」誤「庫」，「入」誤「人」。

**以梟騎尉擊項籍**〔三・一一七四〕　百衲「籍」作「藉」。

**用齊丞相侯**〔三・一一七四〕　游本「丞」作「承」。

**高后格元年四月乙酉**〔三・一一七四〕　中統、游本「乙」字空格，正德本「乙」誤「丁」。

**建元格康侯延居元年**〔三・一一七四〕 百衲、王、柯、秦、毛本「元」誤「二」。

**侯昌有罪**〔三・一一七四〕 中統、游、王、柯本無「侯」字。

**博成侯功格從高祖起豐**〔三・一一七五〕 舊刻、游、正德、王、柯、秦本「豐」作「豊」。

**奉衛悼惠王**〔三・一一七五〕 舊刻「奉」誤「秦」。

**出滎陽功侯**〔三・一一七五〕 李本「滎」作「榮」。

**高后格敬侯馮無擇元年**〔三・一一七五〕 《索隱》「無」作「毋」。正德本脱「馮」字。

**高后八年**〔三・一一七五〕 南雍、凌、殿本無「高后」二字，蓋此高后格，可不必書「高后」也，且上元年不書「高后」，此何爲書之乎？

**國除**〔三・一一七五〕 王、秦本「除」誤「徐」。

**沛高后格侯呂種元年**〔三・一一七五〕 正德本「種」誤「禄」。

**爲不其侯**〔三・一一七五〕 正德本「爲」上衍「初封」二字，《志疑》云：「沛侯呂種以高后七年改封不其，則當中書『六』字，不得作『七』，而『爲』上亦缺『七年更』三字。」《拾補》云：「今本中間誤連書『七一』二字，又『七年更』三字脱。」

**高后八年**〔三・一一七五〕 百衲、毛本「八年」誤「元年」。南雍、凌、程、殿本「八年」上無「高后」二字。

**襄成高后格元年四月辛卯**〔三・一一七六〕 百衲「辛」誤「三」。

**高后二年**〔三・一一七六〕 王、柯、秦、李、程本「二」作「四」。南雍、凌、程、殿本無「高后」二字。《漢表》作「三年」。

**軑高后格高后四年**〔三・一一七六〕　南雍、凌、程、殿本無「高后」二字。

**壺關高后格高后五年**〔三・一一七六〕　南雍、凌、程、殿本無「高后」二字。《漢表》作「六年」。

**沅陵高后格元年十一壬申**〔三・一一七七〕　正德、毛、殿本「一」作「二」，《札記》引宋本同，《漢表》作「七月丙申封」。

**頃侯吳陽元年**〔三・一一七七〕　《索隱》及游、正德本「頃」誤「項」。

**孝文格頃侯福元年**〔三・一一七七〕　百衲「頃」誤「湏」，游、正德本誤「項」。《志疑》云：「《史詮》曰：『父子同謚，必有一誤。福之謚頃，疑當作「順」。』」

**孝景格後二年**〔三・一一七七〕　舊刻「二」作「三」，游、正德本作「一」。《札記》云：「舊刻『三』，與表首『四』字數合，各本譌『二』。」

**侯周甕**〔三・一一七七〕　中統本「甕」誤「是」，王本誤「覡」。

**上邳考惠格七**〔三・一一七七〕　游、正德、王、柯、秦、李本脱「七」字。

**高后格侯劉郢客元年**〔三・一一七七〕　《水經注》二十五《泗水》注：「徐廣《史記音義》曰：『楚元王子郢，以吕后二年封上邳侯也。』」案以「郢客」爲「郢」，恐有脱字。

**孝文格**〔三・一一七七〕　毛、殿本有「一」字。《拾補》云：「第五格先書『一』，下書『二年，侯郢客爲楚王，國除』，今本『一』字反寫在後，又『二年』誤作『元年』。」

**孝文元年郢客爲楚王國除**〔三·一一七七〕　程本此文全脱。《漢書·王子侯表》「七年，爲楚王」。《志疑》云：「案郢客爲王，在孝文二年。《史》《漢》紀、表、世家、列傳甚明。惟此誤爲『元年』，當改爲『二年』，衍去『孝文』二字，格内再中書『一』字以補其缺。」

**朱虚孝文格一**〔三·一一七七〕　游、正德本脱「一」字。

**昌平高后格四年二月癸未**〔三·一一七八〕　中統本脱「四年」二字。

**侯太元年**〔三·一一七八〕　中統、游、正德本「太」作「大」，下「太爲吕王」仍作「太」，《漢表》有「昌平侯大」。

**高后七年**〔三·一一七八〕　中統本脱此四字。南雍、凌、殿本無「高后」二字。

**太爲吕王**〔三·一一七八〕　秦本「太」作「大」。

**贅其侯功格吕后昆弟子**〔三·一一七八〕　正德本「子」上衍「之」字。

**高后格四年四月丙申**〔三·一一七八〕　正德本「申」誤「中」。

**中邑侯功格以執矛從高祖入漢**〔三·一一七九〕　凌本「執」誤「執」。

**以中尉破曹咎**〔三·一一七九〕　游、正德、王、秦本「咎」誤「各」。

**高祖格真侯朱通元年**〔三·一一七九〕　《索隱》出「中邑貞侯朱通」六字，則「真」當作「貞」矣，《漢表》亦作「貞」，中統本誤「宣」。《札記》云：「『真』字宋諱改，《索隱》本作『貞』。《漢表》作『貞侯朱進』。中統本作『宣侯』，誤。」案中統本作「宜」，非「宣」也。

**孝文格侯悼有罪**〔三·一一七九〕　游本「悼」誤「悍」，正德本誤「悍」。

**樂平**〔三·一一七九〕　游、正德、王、秦本「平」作「成」，與《漢表》同。

**侯功格以隊卒從**〔三·一一七九〕　中統、游、正德本「隊」誤「降」。

**屬皇訢**〔三·一一七九〕　中統本「皇」誤「王」。

**以郎擊陳餘**〔三·一一七九〕　王本「陳」誤「東」。

**高后格簡侯衛無澤元年**〔三·一一七九〕　王、柯、秦本「澤」作「擇」，《漢表》有「樂成簡侯衛毋擇」。《札記》云：「凌、毛『澤』。」案百衲、舊刻、游、正德、王、柯、南雍、李、程、殿本並作「澤」，與此本同。

**建元格又請求吏罪**〔三·一一七九〕　柯、凌本「求」作「賕」，《漢表》作「有請賕吏死」。《志疑》云：「『求』當作『賕』。」

**山都侯封格以衛將軍擊陳豨**〔三·一一七九〕　百衲同，各本「豨」作「狶」。

**高后格貞后王恬開元年**〔三·一一七九〕　「貞」缺筆，《索隱》及百衲、舊刻、南雍、李、凌、程、毛、殿本作「貞」，中統、游、正德、王、柯、秦本作「真」。《漢表》有「山都貞侯王恬啓」。

**建元格侯當坐與奴闌入上林苑**〔三·一一七九〕　中統、游本「與」作「与」。凌本「闌」誤「蘭」。

**松兹高后格夷侯徐厲元年**〔三·一一八〇〕　游本「徐厲」誤「徐属」，正德本誤「徐屬」。《札記》云：「吕后格『徐厲』，中統、游本『徐』作『徐』。」案「吕后」當作「高后」，下滕表，《札記》亦誤「吕」。

**成陶高后格夷侯周信元年**〔三·一一八〇〕　游、正德本「侯」誤「它」，《漢表》有「成陰夷侯周信」。

**俞侯功格以連敖從高祖**〔三·一一八一〕　王、秦本「敖」作「敖」，下同。

**子它襲功**〔三・一一八一〕　游、正德本「襲」字分作「龍以」二字。《水經注》五《河水》注：「又東逕鄃縣故城東，呂后四年，以父嬰功封子佗龍爲侯國。」亦以「佗龍」二字連文。

**用太中大夫侯**〔三・一一八一〕　南雍、李本「太」作「大」，「大」作「太」，毛、殿本「太」亦作「大」。

**高后格侯呂它元年**〔三・一一八一〕　《索隱》出「俞侯呂他」四字，所據本作「他」也。「它」「他」古通用。

**滕**〔三・一一八二〕　《索隱》出「勝侯呂更始」五字，云：「一作『滕』。」則小司馬所據本作「勝」，此作「滕」者，別一本也，《漢表》作「滕」。

**高后格四四年四月丙申侯呂更始元年八年侯更始坐呂氏事誅國除**〔三・一一八二〕　中統、游、正德本此文全脱。

**醴陵侯功格漢王二年**〔三・一一八二〕　百衲、凌本同，與《漢表》合，各本「二」作「三」。

**爲河内都尉**〔三・一一八二〕　南雍、凌、毛、殿本「河内」作「河南」，《志疑》云：「案『河南』，《漢表》及他本《史記》皆作『河内』，此誤。」

**呂成侯功格呂氏昆弟子侯**〔三・一一八三〕　百衲、舊刻、游、正德、王、柯、秦、李、毛本同，南雍、凌、程、殿本「氏」作「后」。

**高后格四年四月丙申侯呂忿元年**〔三・一一八三〕　《水經注》三十一《淯水》注：「徐廣《史記音義》曰：『呂在宛縣，高后四年，封昆弟子呂怒爲呂城侯。』疑即此也。」《考異》云：「今本『怒』作『忿』，或傳寫之誤。」案《索隱》及各本俱作「忿」，《呂后本紀》云「呂忿爲呂成侯」，《漢表》亦作「忿」。

**東牟孝文二年**❶〔三·一一八三〕　南雍、凌、殿本無「孝文」二字。

**錘○一作鉅**〔三·一一八三〕　百衲脱「一」字。

**高后格高后八年**〔三·一一八三〕　游本「八」字空格，正德本「八」誤「三」。南雍、凌、殿本無「高后」二字。

**信都高后格侯侈元年**〔三·一一八四〕　《索隱》出「信都侯張侈」五字，則「侈」上當有「張」字。

**孝文格孝文元年**〔三·一一八四〕　南雍、凌、程、殿本無「孝文」二字。

**樂昌侯功格以張敖魯元太后子侯**〔三·一一八四〕　王、柯、秦本「后」上衍「子」字。王本「太」作「大」。

**高后格八年四月丁酉**〔三·一一八四〕　王、秦本「丁」誤「一」。

**侯受元年**〔三·一一八四〕　《索隱》出「樂昌侯張受」五字，「受」上當有「張」字。

**孝文格孝文元年**〔三·一一八四〕　南雍、凌、程、殿本無「孝文」二字。

**祝茲高后格侯吕榮元年**〔三·一一八五〕　殿本「榮」作「瑩」，《漢表》作「瑩」。

**建陵侯功格宦者**〔三·一一八五〕　百衲、游、正德本「宦」誤「官」，中統本誤「宫」。

**多奇計**〔三·一一八五〕　王、秦本脱「計」字。

**高后格侯張澤元年**〔三·一一八五〕　王本「澤」誤「峯」，《漢表》作「釋」。

---

❶ 「孝文」，原重出，據嘉業堂本删。

**高后八年九月**〔三・一一八五〕 南雍、凌、程、毛、殿本「九月」上無「高后八年」四字。

**東平高后格侯吕莊元年**〔三・一一八五〕 凌本「莊」誤「壯」，《志疑》云：「案『壯』當作『庀』。」

**孝文二十三** 正德本「文」下衍「時」字。

**孝景十六** 正德本「景」下衍「時」字，「十」上衍「一」字。

**陽信侯功格二千户**〔三・一一八六〕 李本「二」誤「三」。

**孝文格元年二月辛丑**〔三・一一八六〕 凌本「二」作「三」。《志疑》云：「案『三月』，有本作『十一月』，是也。」

《拾補》云：「今本『十一月』誤作『二月』，又本誤作『三月』。」

**侯劉揭元年**〔三・一一八六〕 《索隱》出「陽信夷侯劉揭」六字，❶「侯」上當有「夷」字。舊刻「揭」作「楬」，誤。

《漢表》有「陽信夷侯劉揭」。

**十五年侯中意元年**〔三・一一八六〕 程本「五」誤「三」。

**孝景格景帝六年**〔三・一一八六〕 南雍、凌、程、毛、殿本無「景帝」二字。

**軹侯功格爲太中大夫**〔三・一一八六〕 南雍、李、毛本「太」作「大」。

**迎太后**〔三・一一八七〕 舊刻「太」作「大」。

**萬户**〔三・一一八七〕 中統、游本「萬」作「万」。

---

❶ 「六」，原作「五」，今改。

**孝文格四月乙巳**〔三·一一八六〕　《志疑》云：「《漢表》作『正月』，是有本亦作『正月』。」《拾補》云：「軑侯之年，『正月』誤作『四月』。」

**壯武侯功格以都尉從之滎陽**〔三·一一八七〕　正德本「滎」作「榮」。

**以代中尉勸代王入**〔三·一一八七〕　中統、游、王、柯、秦、李本下「代」字誤「伐」。

**孝文格二十三**〔三·一一八七〕　王、柯、秦本「二」字下以「元年四月辛亥，侯宋景元年」十一字橫行居中隔之，與下「十三」不相連屬，非是。

**孝景格十二**〔三·一一八七〕　各本「十二」作「十一」，《志疑》云：「『二』字衍。案自景帝前元年至中四年，連奪侯之年數之，亦止十一年耳，『二』當爲衍字。」

**清都**〔三·一一八七〕　《索隱》出「清都侯駟鈞」五字，毛本「都」作「郭」，云：「清讀若靖，即《戰國策》之靖郭也。王氏本作『清都』，監本作『清源』，皆誤。」

**一作鄵**〔三·一一八八〕　李、凌本「鄵」作「鄡」，殿本作「梟」，各本作「鄡」，《漢表》作「鄔」。

**音苦堯切**〔三·一一八八〕　百衲、舊刻本同，各本「切」作「反」。

**孝文格侯駟鈞元年**〔三·一一八八〕　游、正德、李本「鈞」誤「鈞」。游、李本下「鈞有罪」亦作「鈞」，不誤。

**孝文前六年**〔三·一一八七〕　南雍、李、凌、程、殿本無「孝文」二字。

**周陽孝文格孝文前六年**〔三·一一八八〕　南雍、李、凌、程、殿本無「孝文」二字。

**樊侯功格千二百户**〔三·一一八九〕　正德本「二」誤「一」，柯本誤「三」。

**孝文格○客一作容**〔三・一一八九〕　中統本「客」誤「各」。

**孝景格恭侯平元年**〔三・一一八九〕　凌本「平」作「干」，缺一點，《漢表》作「共侯平嗣」。

**管**〔三・一一八九〕　《考異》云：「按《地理志》，濟南郡有菅縣，字從艸，當是罷軍所封，非河南管城也。」《志疑》云：「《水經注》卷八《濟水》『又東北過菅縣南』，道元注引此侯爲據，是知『管』當作『菅』，縣屬濟南，古艸、竹通寫，故誤。」

**孝文格十八**〔三・一一八九〕　正德本「十」字誤連上「二」字作「二十」，此文止有「八」字，與各本俱不合。

**恭侯戎奴元年**〔三・一一八九〕　毛本無「恭」字，案戎奴不應與父罷軍同謚，且既因反而國除，更不應有謚。《漢表》稱「侯戎奴嗣」，無「恭」字，此文「恭」字涉上「恭侯劉罷軍」而衍。王、秦本此六字脱，别有「侯戎奴反國除」六字，即下孝景格之文也，而下格仍載之，何疏草至是耶？

**瓜丘**〔三・一一九〇〕　《索隱》出「斥丘侯劉寧國」六字，❶毛本「瓜」作「斥」。《考異》云：「《漢表》作『氏丘』，《史記》本或作『瓜邱』，小司馬以魏郡之斥丘當之。予謂斥邱侯唐厲，高帝所封，傳三世，至元鼎初尚無恙，不應更封它人。」

**孝文格四年五月甲寅**〔三・一一九〇〕　舊刻「五」誤「三」。

**孝景格三年**〔三・一一九〇〕　南雍、凌、程本同，與《漢表》合，各本「三」作「二」。

---

❶「六」，原作「五」，今改。

**營侯功格齊悼惠王子侯**〔三・一一九〇〕　南雍本「王」誤「三」。

**孝景格孝景三年**〔三・一一九〇〕　南雍、凌、毛、殿本無「孝景」二字。

**楊虚侯功格齊悼惠王子侯**〔三・一一九〇〕　南雍本「王」誤「三」。

**孝文格恭侯劉將廬元年**〔三・一一九一〕　《索隱》出「楊虚共侯劉將廬」七字，游、正德本「將廬」誤「辟廬」，中統、王、柯、秦本「廬」作「盧」，《漢表》作「將閭」。

**侯將廬爲齊王**〔三・一一九一〕　中統、游、正德、王、柯、秦本「廬」作「盧」，《索隱》「楊虚共侯劉將廬」下有「楊虚共侯劉平」，云：「《漢志》闕，齊悼惠王子也。」盧氏《拾補》有《史記・惠景侯者》楊虚、楊丘二表，其楊虚表第五格改「恭侯」爲「孝侯」，删去「有罪」四字，謂「今本《史記》以恭侯爲將廬之謚，又於爲齊王下云：有罪，國除。此乃以楊丘之文誤入者」。其楊丘表第一格云「齊悼惠王子，侯」，第五格云「四年五月甲寅，恭侯劉平元年」，又書「十二」下云「十六年，侯偃元年」，又書「八」，第六格「三」下云「四年，侯偃有罪，國除」。《拾遺》云：「盧氏文弨『田恭侯乃楊邱侯劉平之謚』云云。大昕案，《索隱》單行本楊盧之下本有楊邱侯劉平一人，轉寫漏脱，文又不完耳。」案《索隱》「楊虚恭侯劉將廬」，「共」字當本作「孝」；「楊虚共侯劉平」，「虚」字當本作「丘」，皆後人傳寫錯誤，非《索隱》原文如此也。盧氏爲之補正，錢氏復申其説，當矣。《志疑》説亦略同。《漢表》有「楊丘共侯安」，在楊虚表前，《水經注》八《濟水》注：「其水西北流逕楊丘縣故城中，漢孝景帝四年，以封齊悼惠王子劉安爲楊丘侯。」劉安即劉平，《水經注》從《漢表》，故與《索隱》異也。

**朸**〔三・一一九一〕　《索隱》作「扐」。《水經注》五《河水》注：「商河又東逕初鄉縣故城南，高后八年，封悼惠王子劉辟克爲侯國也。」案酈氏以朸爲初鄉，「初」與「朸」形近，必有一誤。

**安都孝文格侯志爲濟北王**〔三・一一九二〕　游本「濟」誤「齊」。

**平昌孝文格侯劉印元年**〔三・一一九二〕　游、正德本「印」誤「功」，下「印爲膠西王」同。《水經注》二十六《濰水》注：「逕平昌縣故城東，漢文帝封齊悼惠王肥子永爲侯國。」「永」則「印」之誤也。

**印爲膠西王**〔三・一一九二〕　百衲、中統、舊刻本同，王、柯、秦本無「印」字。南雍、李、凌、程、毛、殿本「印」上有「侯」字。

**武城孝文格侯賢爲菑川王**〔三・一一九三〕　正德本「菑」誤「甾」。

**波陵侯功格以陽陵君侯**〔三・一一九四〕　正德本「侯」上衍「爲」字，《志疑》云：「一本作『陵陽君』，疑是也。」

**孝文格三月甲寅**〔三・一一九四〕　中統本「三」誤「二」。

**孝文十二年**〔三・一一九四〕　南雍、凌、程、殿本無「孝文」二字。

**康侯魏駟死**〔三・一一九四〕　中統、游、正德、李本「駟」上無「魏」字。各本「死」作「薨」。

**南鄖**〔三・一一九四〕　「鄖」缺「貞」字末筆。

**侯封格以信平君侯**〔三・一一九四〕　正德本「侯」上衍「爲」字。

**孝文格一**〔三・一一九四〕　中統、游、正德、王、柯、秦本無「一」字。《志疑》云：「案此侯不得其奪侯之年，則『一』字當衍。」

**坐復父故**〔三・一一九四〕　百衲、舊刻、游、正德、王、柯、秦、毛本同，南雍、李、程、殿本「復」作「後」，《漢表》同。

**阜陵孝文格孝文十六年**〔三・一一九五〕　南雍、李、淩、程、毛、殿本無「孝文」二字。

**安陽**〔三・一一九五〕　《索隱》出「安陵侯劉勃」五字，云：「恐別有安陵。」各本均作「安陽」，《考異》云：「按馮翊之安陵，惠帝所葬，不應建爲侯國，故小司馬疑其別有一安陵，不知其爲『安陽』之譌也。《漢志》汝南郡有安陽縣，《水經注》以爲劉勃所封也。」

**孝文格侯勃元年**〔三・一一九五〕　《索隱》「勃」上有「劉」字，以淮南厲王子劉安、劉賜、劉良例之，此文當有「劉」字矣。

**孝文格孝文十六年**〔三・一一九五〕　南雍、李、淩、程、毛、殿本無「孝文」二字，下陽周、東城表並同。

**陽周孝文格五月丙寅**〔三・一一九六〕　南雍、淩、程、毛、殿本「丙寅」作「丙午」，以阜陽、安陽二表例之，作「午」是。《漢表》作「丙午」。

**劉賜元年**〔三・一一九六〕　中統本「賜」誤「陽」，南雍、李、淩、程、毛、殿本「劉」上有「侯」字，《水經注》三十《淮水》注：「水出東城縣北，流逕東城縣故城南，《史記》孝惠八年，封淮南厲王子爲侯國。」案賜之封在孝文八年，酈誤以爲孝惠，又誤以陽周爲東城。東城，劉良侯國也。

**侯賜爲廬江王**〔三・一一九六〕　百衲、中統本「廬」誤「盧」。

**東城侯功格以淮南厲王子侯**〔三・一一九六〕　李本「王」誤「平」。

**孝文格五月丙寅**〔三・一一九六〕　南雍、淩、程、毛、殿本「寅」作「午」，與《漢表》合。

**犂孝文格頃侯召奴元年**〔三・一一九七〕　秦、李本「頃」誤「項」。游本「奴」誤「双」，正德本誤「雙」。

**侯延坐不出持馬**〔三・一一九七〕 《志疑》云：「《史詮》曰今本『特』作『持』，誤。」案《漢表》亦作「持」。

**𥑮**〔三・一一九七〕 「𥑮」本作「缾」，此涉前表而誤。《索隱》出「缾侯孫單」四字，百衲亦作「缾」，各本作「缾」。《集韻》「缾」下注云：「漢侯國。」《考證》云：「按《漢表》作『缾』，以《地理志》證之，字應從缶。」

**侯功格以北地都尉孫卬**〔三・一一九七〕 正德本「北」誤「比」，下同。

**匈奴入北地**〔三・一一九七〕 各本「匈」作「匈」，此誤。

**孝文格侯孫鄲元年**〔三・一一九七〕 《索隱》及百衲、中統、游、正德、王、柯、秦、李本「鄲」作「單」，本書《匈奴傳》集解引同。《志疑》云：「案《漢表》作『單』，《匈奴傳》徐廣亦作『單』，則加邑者非。」《札記》云：「柯本此作『單』，下格作『鄲』。」案百衲諸本皆然，不獨一柯本也。

**孝景格前三年**〔三・一一九七〕 游、正德、王、柯、秦本「三」作「二」。

**侯鄲謀反**〔三・一一九七〕 正德本「鄲」誤「鄲」，李本作「單」。

**國除**〔三・一一九七〕 中統、游本脱「除」字。

**弓高孝文格莊侯韓穨當元年**〔三・一一九七〕 百衲、王、南雍、毛本「穨」作「積」，李本作「隤」。《漢表》有「弓高壯侯韓隤當」。《水經注》十《濁漳水》注：「衡漳又東逕弓高縣故城北，漢景帝封韓信兄子韓隤當爲侯國。」「穨」亦作「隤」，而稱隤當爲韓信兄子，且以爲景帝時封，與此不合。

**襄成**〔三・一一九八〕 《索隱》出「襄城侯韓嬰」五字，中統、游、正德本亦作「城」，與《漢表》合。

**侯封格故韓王信太子之子**〔三・一一九八〕 百衲脱下「子」字。正德本脱「太子」二字。

**千四百三十二户**〔三・一一九八〕　凌本「二」誤「一」。

**孝文格哀侯韓嬰元年**〔三・一一九八〕　正德本脱「侯」字。

**建元格侯澤之坐詐病**〔三・一一九八〕　李本「坐」誤「生」。《漢表》「澤之」作「釋之」。

**故安侯功格一千七百一十二户**〔三・一一九八〕　百衲、舊刻、中統、毛本「一千」作「二千」。案《漢表》作「食邑五百户」。

**孝景格恭侯元年**〔三・一一九八〕　毛本「侯」下有「蔑」字，《札記》引吴校元板同。《漢表》作「侯共嗣」，不云「恭侯」。《志疑》云：「侯蔑見本傳，此缺。」

**建元格清安侯臾元年**〔三・一一九八〕　游、正德本「臾」誤「史」。《志疑》云：「案『清安』未詳其地，《張丞相傳》徐廣引作『靖安』。」

**章武建元格元光□年**〔三・一一九八〕　空格「三」字。王、秦本脱「元」字。

**侯常生謀殺人未殺罪**〔三・一一九九〕　各本「生」作「坐」。案《漢書・外戚恩澤侯表》「元光三年，侯常生嗣」，則「常生」是侯名。此文「生」字不誤，惟「生」下當脱一「坐」字耳。

**南皮建元格坐酎金罪**〔三・一一九九〕　游、正德本「酎」誤「酧」。正德本脱「罪」字。

**右孝文時二十九**〔三・一一九九〕　王、柯、秦本脱「九」字，毛本「九」作「八」。《志疑》云：「《表》中止二十八，脱楊丘一侯也。」《札記》云：「毛本徑改爲『二十八』，誤。」

**孝景十六**　《索隱》無此四字。《志疑》云：「孝景年數，前已重刻，此又誤重，當衍。」

**平陸孝景格侯劉禮元年**〔三・一二〇〇〕 中統、游、正德本「禮」作「礼」，下同。

**云乙卯**〔三・一二〇〇〕 各本「云」上有「一」字，此脱。

**孝景三年**〔三・一二〇〇〕 游、正德本「三」作「二」。

**侯禮爲楚王**〔三・一二〇〇〕 中統本「禮」誤「景」。

**休孝景格富與家屬□長安北闕**〔三・一二〇〇〕 空格「至」字。舊刻「闕」誤「開」，中統、游本誤「開」，正德本誤「聞」。

**更封富爲紅侯**〔三・一二〇一〕 南雍、李、凌、程、毛、殿本同，舊刻無「富」字。百衲作「更定封爲紅侯」，游、正德、王、柯、秦本作「更富封爲紅侯」。

**沈猶侯功格千二百八十户**〔三・一二〇一〕 各本「二」作「三」，此上畫泐。

**建元格元狩五年**〔三・一二〇一〕 百衲、舊刻、南雍、李、凌、程、殿本同，各本「五」作「三」。

**紅侯功格于七百五十户**〔三・一二〇二〕 本「千」誤「于」。

**孝景格三年**〔三・一二〇二〕 凌本「三」誤「元」。《志疑》云：「蓋涉前後諸表而誤。」《水經注》二十三《汳水》注：「高后三年，封楚元王子富爲侯國。」誤以孝景之三年爲高后之三年。

**莊侯富元年**〔三・一二〇二〕 《索隱》出「紅雅侯劉富」五字，疑「雅」即「莊」也。《志疑》云：「富之謚，《漢表》作『懿』，豈有二謚歟？」

**一云禮侯**〔三・一二〇二〕 中統、游本「禮」作「礼」。

**悼侯澄元年**〔三・一二〇二〕百衲「悼」誤「掉」，《漢表》作「懷侯登嗣」。

**宛朐**〔三・一二〇三〕《索隱》「宛」作「冤」，《水經注》七《濟水》注「濟水又東北逕冤朐縣故城南，吕后元年，封楚元王子劉執爲侯國」，亦作「冤」字。

**孝景格元年四月侯劉執元年**〔三・一二〇三〕凌、殿本「執」作「埶」，下「侯執反」同，《索隱》引「蕭該執音藝」，凌、殿本是也。《漢表》有「宛朐侯埶」，顔注「音蓺」。《水經注》七以劉執爲吕后元年封，誤。

**侯執反**〔三・一二〇三〕正德本「反」下衍「伏誅」二字。

**魏其侯功格扞吴楚**〔三・一二〇四〕舊刻、凌本「扞」誤「扦」。

**三千三百五十户**〔三・一二〇四〕王、秦本「三千」誤「三十」。柯本「三百」誤「二百」。《札記》云：「三百，王、柯『三』作『二』。」不知王本「三百」之「三」固未嘗作「二」也。

**孝景格一歲免**〔三・一二〇四〕舊刻、中統本同，各本「一」作「二」。

**上書稱爲先帝詔**〔三・一二〇四〕正德本脱「先」字。

**矯制害**〔三・一二〇四〕百衲、南雍、秦、程本同，中統、舊刻、游、正德、李、凌本「害」作「書」，毛、殿本作「罪」，《札記》引宋本同。《志疑》云：「《漢傳》作『矯先帝詔害』，鄭氏曰：『矯制有害不害也。』」案此則作「害」是，作「書」、作「罪」均非。

**棄市**〔三・一二〇四〕舊刻、中統本「棄」作「弃」。

**棘樂侯功格户千二百一十三**〔三・一二〇五〕王、秦本「十」誤「千」。

**建元格二十**〔三・一二〇五〕 南雍、凌、程、毛、殿本作「二十一」，此與各本並作「二十」，非。

**俞侯功格當亨**〔三・一二〇五〕 舊刻、正德本「亨」作「亯」。

**高祖赦之**〔三・一二〇六〕 正德本「赦」誤「故」。

**點布反**〔三・一二〇六〕 本「黔」誤「點」。

**户千八百**〔三・一二〇六〕 正德本作「千八百户」。

**孝景格**〔三・一二〇五〕 南雍、李、程本表首有「十三」兩字，凌、殿本作「十一」，毛作「十二」，此與各本無之。

**建元格元狩六年**〔三・一二〇五〕 南雍、李、凌、程本此表中書「十」字，各本無。《札記》云：「據一本，賁以元朔二年嗣，則至元狩六年國除，與表首『十』字合。」

**國除**〔三・一二〇五〕 游、正德本「國除」作「除國」。

**一云元朔二年侯賁元年**〔三・一二〇五〕 百衲、舊刻、游、正德、王、柯、秦本同，南雍、李、凌、程、殿本此文在元狩六年上横行，無「一云」二字。毛本「二年」作「三年」，誤入上格。《札記》云：「疑後人因表首『十』字而逆推得之，非《集解》文。凌本據此，遂去『一云』兩字，增入元狩六年之上，大書『十二』兩字於中。毛本又改作『元朔三年』，而大書『十一』兩字。年數皆不合，蓋以意爲之。」案南雍本、李本在凌本之前，非凌始增入也。

**建陵**〔三・一二〇六〕 《索隱》本此表缺，《考異》云：「按東海郡有建陵縣，《水經注》以爲衛綰所封。」

**孝景格六年四月丁卯敬侯衛綰元年**〔三・一二〇六〕 《水經注》二十六《沭水》注：「一瀆南逕建陵縣故城

東，漢景帝八年，封石綰爲侯國。」「六年」誤「八年」，「衛綰」誤「石綰」。《漢表》有「建陵哀侯衛綰，六年四月丁卯封」，與《史》同，惟謚哀異耳。

**建平孝景格哀侯程嘉元年**〔三・一二〇六〕　中統本「程」誤「陳」。《漢表》「哀」作「敬」。

**平曲侯功格户三千二百二十**〔三・一二〇七〕　中統、游、正德本「二百」作「三百」。

**江陽侯功格户二千五四十一**〔三・一二〇七〕　中統本「一」作「四」，南雍、凌、程、殿本作「七」。《札記》云：「王、柯、凌作『七』。」案王、柯本並作「一」，與此本同。

**孝景格中元三年**〔三・一二〇七〕　舊刻、南雍、凌本同，與表首「七」字合，各本「三」作「二」，程本誤「一」。

**建元格十六**〔三・一二〇七〕　百衲、舊刻、李、程、毛本同，與《漢表》合，中統、游、正德、王、柯、秦本「十」字連上作「二十」，南雍、凌、殿本「十六」作「十五」，均非。

**遽侯功格户千九百七十**〔三・一二〇八〕　王、秦本「户」誤「尸」。中統本「七」作「八」。

**孝景格四月己巳**〔三・一二〇八〕　殿本「己巳」作「乙巳」，據《漢表》改。

**侯横元年**〔三・一二〇八〕　正德本「侯」誤「縱」。

**後元二年**〔三・一二〇八〕　中統、毛本「二」誤「三」。

**新市侯功格以趙内史王慎**〔三・一二〇九〕　「慎」缺筆，下同。《考證》云：「按《楚元王世家》作『内史王悍』，《漢表》亦然，則此表作『王慎』，又云『慎不聽』，二『慎』字皆『悍』字之訛。」

**户一千十四**〔三・一二〇九〕　正德本「四」下衍「户」字。

**孝景格侯康元年**〔三·一二〇九〕《索隱》出「新市侯王康」五字，「康」上當有「王」字，此無「王」字，豈以侯功格已有「趙内史王慎」之文而省乎？下襄陽、山陽二表亦然。正德、王、柯、秦本「侯康」作「康侯」。《漢表》有「新市侯王棄之」，王名棄之，疑康是其謚也。《札記》云：「案此疑傳寫失其名，後人誤以謚屬王下耳。」

**建元格殤侯侯始昌元年**〔三·一二〇九〕游、王、柯、南雍、秦、李、凌、程、毛、殿本不重「侯」字，正德本「侯」誤「疾」，亦無下「侯」字。《漢表》作「殤侯始昌嗣」。

**商陵**〔三·一二〇九〕游、南雍本「商」作「啇」。

**侯功格以楚太傅趙夷吾**〔三·一二〇九〕舊刻、游、正德「傅」誤「傳」。正德本「太」作「大」。南雍、李、凌本「吾」誤「吴」。

**孝景格侯周元年**〔三·一二〇九〕《索隱》出「商陵侯趙周」五字，「周」上當有「趙」字。《漢表》有「商陵侯趙周」。

**山陽侯功格户千一百一十四**〔三·一二一〇〕南雍、凌本「十」下脱「四」字。

**孝景格侯當居元年**〔三·一二一〇〕《索隱》出「山陽侯張當居」六字，「當」上當有「張」字。正德本「當」誤「由」。游本「居」上衍「一」字。《漢表》有「山陽侯張當居」。

**建元格故不以實罪**〔三·一二一〇〕毛本「實」作「寔」。

**安陵孝景格侯子軍元年**〔三·一二一〇〕殿本「子」作「于」，下「侯子軍薨」同，據《漢表》改。

**垣**〔三·一二一一〕游、正德本「垣」誤「坦」，《漢表》作「桓」。

**孝景格賜死不得及嗣**〔三・一二一一〕《志疑》云：「《史詮》曰：『侯賜薨，不得其嗣。』今本缺誤。」《拾補》云：「今本作『賜死，不得及嗣』，大誤。賜乃其名，後人誤與有罪賜死之文相涉，遂妄改之。『不得及嗣』，史公常有此文法。」

**遒**〔三・一二一一〕正德本誤「逎」。《札記》云：「《漢表》作『迺水經巨馬水』，注同。」

**孝景格侯隆彊元年**〔三・一二一一〕《索隱》出「遒侯李隆彊」五字，「隆」上當有「李」字。凌本「彊」作「疆」，《水經注》十二《巨馬水》注：「漢景帝中元三年，以封匈奴降王隆疆爲侯國。」亦作「疆」。《漢表》「迺侯隆彊」，無「李」字。

**建元格後元年四月甲辰侯則坐使巫齊少君**〔三・一二一一〕凌本「甲辰」作「甲申」。正德本「侯」誤「列」。《志疑》云：「《史》迄太初，何得書武帝後元時事？《史詮》曰：『此二十五字乃褚生所續者，在太初横行，今本誤升建元横行，當削之。』」

**容成孝文格侯攜徐盧元年**〔三・一二一二〕舊刻、南雍、凌、程、殿本同，《索隱》及王、柯、秦、李、毛本「攜」作「唯」，中統、游、正德本作「惟」，百衲作「准」，亦「唯」之誤。《水經注》十一《易水》注：「景帝中元三年，以封匈奴降王攜徐盧於容城。」「攜」本作「唯」，吴珝依《漢書》改「攜」，《漢表》有「容城攜侯徐盧」。

**建元格建元二年**〔三・一二一二〕百衲、中統、舊刻、游、正德、王、柯、秦、李、程本同，與《漢表》合。南雍、凌、毛本「二」作「元」。

**二十二**〔三・一二一二〕王、柯、秦本脱此表三字。

**太初格後二年**〔三・一二一二〕 王、柯、秦、李、程本作「後三年」，《漢表》作「後元二年」。

**三月壬辰**〔三・一二一二〕 百衲、舊刻、王、柯、秦、李、程本「三」作「五」。

**易孝景格中元二年**〔三・一二一二〕 南雍、李、凌、程、殿本「二」作「三」。

**侯僕黥薨無後**〔三・一二一二〕 各本「後」作「嗣」。

**范陽侯功格户千一百九十七**〔三・一二一二〕 百衲、舊刻、游、正德、王、柯、秦、李、程本「百」上無「一」字。

**孝景格端侯代元年**〔三・一二一二〕 《索隱》出「范陽靖侯代」五字，與《漢表》合。《志疑》云：「『端』字今本訛刻。」

**亞谷侯功格千五百户**〔三・一二一三〕 正德本「千」誤「十」。

**孝景格簡侯佗父元年**〔三・一二一三〕 《索隱》出「簡侯盧他父」五字，「佗」上當有「盧」字。「他」「佗」古通用。《志疑》云：「本傳及《漢表》作『它之』，則此作『父』與《漢》本傳作『人』俱誤也。考《景紀》正義引此表作『它之』，知傳寫訛。」

**建元格二十四**〔三・一二一三〕 南雍、李、凌、程本「四」作「五」。

**太初格征和三年**〔三・一二一三〕 百衲、舊刻、毛本「三」作「二」。《日知録》云：「此表書『征和』者一，『後元』者三，皆後人所加也。」

**賀坐太子事**〔三・一二一三〕 百衲、中統、舊刻、游、正德、王、柯、秦、毛本同，各本「賀」上有「侯」字。

**隆慮**〔三・一二一四〕 《索隱》作「隆盧」，《志疑》云：「古通。」

**孝景格侯蟜元年**〔三・一二一四〕《索隱》「蟜」作「蟜」。

**建元格侯蟜坐母長公主薨**〔三・一二一四〕　游、王、秦本「主」誤「王」。

**桓邑**〔三・一二一五〕「桓」缺筆。

**孝景格國除**〔三・一二一五〕　正德本「國除」上衍「無後」二字。

**蓋中元五年**〔三・一二一五〕　游、正德、王、柯、秦、李本「五」作「三」，《漢表》作「中五年」。《水經注》二十五《沂水》注：「洙水自山西北逕蓋縣，漢景帝中元五年，封后兄信爲侯國。」亦作「五年」。

**五月甲戌**〔三・一二一五〕「戌」缺筆。

**塞孝景格三**〔三・一二一五〕　游、正德本「三」作「二」。

**建元格三**〔三・一二一五〕　凌本「三」誤「二」。

**十二**〔三・一二一五〕　正德本脱「十」字，《拾補》云：「第七格先書『三』，次『十二』，次『十三』。今本連書『三十二』，誤。」

**元朔四年**〔三・一二一五〕　正德本「朔」誤「洧」。

**國除**〔三・一二一六〕　正德本「除」誤「險」。

**武安建元格坐以襜褕入宫廷中**〔三・一二一六〕　南雍、凌、程、殿本同，各本「以」作「衣」。游本「褕」誤「揄」。正德本「襜褕」誤「擔榆」，王、秦本誤「襜榆」。《志疑》云：「《史詮》曰『衣』作『以』。」案《漢表》作「坐衣襜褕入宫」。

**周陽侯功格户六千二十六**〔三·一二一六〕 百衲、舊刻、南雍、凌、毛、殿本同，游本「二十六」作「二十一」，正德本作「一十一」，王、柯、秦、李、程本作「五十一」。

**右孝景時三十一**〔三·一二一七〕 李、程本無此七字。

# 卷二〇　建元以來侯者年表第八

**建元以來侯者年表第八**〔三・一二二五〕　游本「建」誤「越」。中統、游本「第」作「弟」。正德本「表」上無「年」字。

**閩越擅伐**〔三・一二二五〕　游、正德本「擅」誤「檀」。

**駰案毛詩傳曰**〔三・一二二五〕　各本無「駰案」二字。殿本無「毛」字、「曰」字。

**北討强胡**〔三・一二二五〕　王、柯、南雍、秦、李、程、殿本「强」作「彊」。

**翕元光格三**〔三・一二二六〕　南雍、凌本「三」誤「五」。

**元朔格五**〔三・一二二六〕　毛本脱「五」字。

**持裝元鼎格元鼎元年**〔三・一二二六〕　南雍、李、凌、程、殿本無「元鼎」二字。

**無後**〔三・一二二六〕　中統、游本「無」作「无」。

**親陽元光格二**〔三・一二二六〕　百衲、舊刻、游、正德、王、柯、秦、毛本「二」作「三」。南雍、李、凌、程、殿本此格空。

**四年十月癸巳侯月氏元年**〔三・一二二六〕　正德本「月」誤「目」。舊刻「氏」誤「氐」。南雍、李、凌、程、殿本此文在下元朔格，「四年」作「二年」。《札記》云：「此十一字，各本亦誤入元光格，惟凌本不誤。若陽表放此。」

**元朔格五**〔三·一二二六〕 《志疑》云：「《史詮》曰：『侯月氏以元朔二年封，至五年國除，在國實三年也。「三」作「五」，誤。』」《札記》云：「元朔格『三』，各本誤入元光格，惟凌本不誤，而譌爲『五』，今正。後若陽表放此。」

**元朔五年**〔三·一二二六〕 南雍、李、凌、程、殿本無「元朔」二字。

**侯月氏坐亡斬**〔三·一二二六〕 正德本「氏」誤「民」。

**若陽元光格三**〔三·一二二七〕 南雍、李、凌、程、殿本此格空。

**四年十月癸巳侯猛元年**〔三·一二二七〕 南雍、李、凌、程、殿本此十字在下元朔格。南雍、凌、程、殿本「四年」作「二年」，李本仍作「四年」。案，當移入元朔格，與親陽表同。

**元朔格五**〔三·一二二七〕 《志疑》云：「案『五』亦『三』之誤，與親陽侯同。」

**元朔五年**〔三·一二二七〕 南雍、李、凌、程、殿本無「元朔」二字。

**長平**〔三·一二二七〕 王本「平」誤「乎」。王、柯、秦本若陽表後有南奅、合騎、樂安、龍頟、隨成、從平六表，此本則南奅、合騎、樂安、龍頟、隨成五表，在從平表後，與《索隱》次第合，蓋合刻本從正義本也。

**侯功格以元朔二年**〔三·一二二七〕 百衲、舊刻、南雍、李、凌、程、殿本同，各本「二」誤「三」。

**元朔格二年二月丙辰**〔三·一二二七〕 南雍、李、凌、程、殿本同，各本「二」作「三」。王本「丙」誤「内」。

**元狩格六**〔三·一二二七〕　毛本脱「六」字。

**太初已後格今侯伉元年**〔三·一二二七〕　游、正德本「今」誤「令」。

**平陵侯功格以都尉從車騎將軍青擊匈奴功侯**〔三·一二二八〕　毛本「青」字誤在「匈奴」下。

**元鼎格元鼎六年**〔三·一二二八〕　南雍、李、凌、程、殿本無「元鼎」二字。

**獨身脱涞歸**〔三·一二二八〕　本「來」誤「涞」，舊刻、正德本作「来」。王、柯、秦本「歸」作「𡚁」。

**當斬贖**〔三·一二二八〕　毛本脱「斬」字。

**岸頭侯功格以都尉從車騎將軍青**〔三·一二二八〕　百衲、中統、舊刻、游、正德、王、柯、秦、毛本同，各本無「青」字。

**元朔格**〔三·一二二八〕　中統、游、正德、王、柯、秦本「元朔」「元狩」皆誤高一格。

**元狩格次公坐與淮南王女陵奸**〔三·一二二八〕　正德本「奸」上衍「有」字。正德、南雍、李、凌、程、殿本「奸」作「姦」。

**平津元朔格獻侯公孫弘元年**〔三·一二二八〕　「弘」缺筆，下同。惟宜春表「代桑弘羊」不缺。

**元狩格元狩三年**〔三·一二二八〕　南雍、李、凌、程、殿本無「元狩」二字。

**侯慶元年**〔三·一二二八〕　《索隱》云：「子度，山陽太守，失侯。」與《本傳》及《漢表》合。「慶」，當作「度」，形之誤也。

**元封格元封四年**〔三·一二二八〕　毛本「封」誤「狩」。南雍、李、凌、殿本無「元封」二字。

**侯慶坐爲山陽太守**〔三·一二二八〕　正德本「慶」作「度」，獨與《索隱》合，甚是。

**涉安元朔格三**〔三·一二二八〕　百衲「三」作「一」。《札記》云：「宋本『一』，各本譌『三』。」

**昌武元封格侯充國元年**〔三·一二二九〕　《札記》云：「侯充元年。」案「充」下脱「國」字。

**襄城元朔格一云乘龍**〔三·一二三〇〕　《志疑》云：「《漢表》作『桀龍』，而此《集解》『一云乘龍』，《索隱》引《漢表》亦作『乘』。」案此四字殿本未標明《集解》，各本皆混入正文。

**太初格太初二年**〔三·一二三〇〕　凌本「二」作「三」，《漢表》同。

**無龍從浞野侯戰死**〔三·一二三〇〕　中統、游、毛本「無」作「无」，正德本誤「元」。舊刻「浞」誤「泥」。

**疾病已元年**〔三·一二三〇〕　各本「疾」作「侯」，此誤。

**南奅元鼎格元鼎五年**〔三·一二三〇〕　南雍、李、凌、程、殿本無「元鼎」二字。

**賀坐酎金國絶**〔三·一二三〇〕　毛本「酎」誤「酧」。

**太初格太初□年**〔三·一二三〇〕　空格「二」字。

**三月丁卯**〔三·一二三〇〕　百衲、正德本「三」作「二」。中統、游、正德本「丁卯」誤「辛卯」。

**征和二年**〔三·一二三〇〕　凌本「二」誤「三」。

**賀子敬声有罪**〔三·一二三〇〕　「声」爲「聲」俗省字。中統本「聲」誤「支」，無「有」字。游本「有」字亦脱。

**合騎侯封格至右賢王庭**〔三·一二三二〕　正德本「右」誤「石」。

**元朔六年增封**〔三·一一三二〕　百衲、中統、舊刻、游、正德、毛本同，南雍、李、凌、程、殿本「增」作「益」，王、柯、秦本誤「贈」。

**元狩格元狩二年**〔三·一一三二〕　南雍、李、凌、程、殿本無「元狩」二字，下樂安表同。

**侯敖將兵擊匈奴**〔三·一一三二〕　毛本無「侯」字。

**樂安元朔格五年**〔三·一一三二〕　凌本脱「五」字。

**龍頟元鼎格元鼎五年**〔三·一一三二〕　南雍、李、凌、程、殿本無「元鼎」二字。

**侯説坐酎金**〔三·一一三二〕　正德本「侯説」二字倒。

**元封格案道侯説元年**〔三·一一三二〕　王、柯、秦本「案」作「按」。正德本「元」誤「正」。

**太初格征和二年**〔三·一一三二〕　中統、游、正德、王、柯、南雍、秦、李、凌、程本「二」作「三」，與《漢表》合；毛本誤「元年」。

**子會復封爲龍頟侯**〔三·一一三三〕　各本「會」作「曾」。

**隨成侯功格攻□吾**〔三·一一三三〕　空格「農」字。凌本「攻」誤「功」。《漢表》作「辰吾」。

**先登石累得王功侯**〔三·一一三三〕　王、柯、秦本「功侯」二字倒，《漢表》作「先登石壘，侯」。

**元狩格元狩三年**〔三·一一三三〕　本「元狩」誤「元符」，南雍、李、凌、程、殿本無此二字。

**坐謾國除**〔三·一一三三〕　百衲「謾」作「慢」。

**從平**〔三·一一二三四〕 王本「平」誤「乎」。

**侯功格從大將軍青擊匈奴**〔三·一一二三四〕 毛本脱「青」字。

**上石山先登功侯**〔三·一一二三四〕 王、秦本「侯」誤「使」。

**元狩格元狩二年**〔三·一一二三四〕 南雍、李、凌、程、殿本無「元狩」二字，下涉軹表同。游本「二」作「三」。

**宜春侯功格破右賢王功侯**〔三·一一二三五〕 凌本「功」誤「攻」。

**元鼎格元鼎元年**〔三·一一二三五〕 南雍、李、凌、程、殿本無「元鼎」二字，下陰安、發干二表同。

**陰安元朔格五月丁未**〔三·一一二三五〕 南雍、李、凌、程、毛、殿本「五月」作「四月」，《札記》云：「『陰安四月』，宋本、中統、游、王、柯誤『五月』。」案「陰安」下漏書「元朔格」三字。

**發干元朔格二**〔三·一一二三五〕 中統、游、正德、王、柯、秦本「二」誤「一」。

**博望侯功格及前使絶國大夏功侯**〔三·一一二三五〕 南雍、李、凌、程、殿本「國」作「域」。

**元狩格元狩二年**〔三·一一二三五〕 南雍、李、凌、程、殿本無「元狩」二字。

**畏懦當斬**〔三·一一二三六〕 王、秦本「畏懦」誤「魯儒」。

**冠軍侯功格擊左賢王**〔三·一一二三六〕 各本「左」下有「右」字。

**元鼎格元鼎元年**〔三·一一二三六〕 南雍、李、凌、程、殿本無「元鼎」二字。

**元封格元封元年**〔三·一一二三六〕 南雍、李、凌、程、殿本無「元封」二字。

**衆利元狩格元狩二年**〔三·一二三七〕　南雍、李、凌、程、殿本無「元狩」二字，下潦、宜冠表並同。

**上計謾罪**〔三·一二三七〕　游、王、秦本「計」誤「討」。

**宜冠侯功格出再擊匈奴功侯**〔三·一二三七〕　毛本「出再」作「再出」。

**故匈奴歸義**〔三·一二三八〕　正德本「義」下衍「焉」字。

**煇渠**〔三·一二三八〕　《志疑》云：「《廣韻》引《風俗通》稱『渾梁侯僕多』，見二沃『僕』字注，則《史》《漢》作『煇渠』誤。」

**侯功格故匈奴歸義**〔三·一二三八〕　百衲、中統、舊刻、游、正德、王、柯、秦本無「故」字。正德本「義」下衍「焉」字。《札記》云：「凌本有『故』字。」案南雍、李、程、毛、殿本並有「故」字。

**元鼎格三**〔三·一二三八〕　舊刻「三」作「二」。

**元鼎四年**〔三·一二三八〕　南雍、李、凌、程、殿本無「元鼎」二字，下從驃、下麾、潔陰、河綦、壯、湘成表並同。

**從驃侯功格數深入匈奴**〔三·一二三八〕　南雍、李、凌、程、殿本同，百衲、舊刻、中統、游、正德、王、柯、秦本無「匈奴」二字。毛本「匈奴」誤「匈如」。

**以匈河將軍**〔三·一二三九〕　王、秦本「匈河」誤「匈何」，柯本作「匈奴何」，《漢表》同。《札記》云：「王本『河』誤『何』，『何』下衍『奴』字。」案王本「何」下無「奴」字，柯本有「奴」字，亦在「何」字之上。

**元封三年**〔三·一二三九〕　各本「三」作「二」。

**太初格侯破奴以浚稽將軍**〔三·一二三九〕　游本「浚」誤「浚」。毛本脱「浚稽」二字。

**大軍**〔三・一二三九〕 各本「大」作「失」，此誤。

**爲虜得**〔三・一二三九〕 各本「得」上有「所」字，《漢表》作「爲虜所獲」。

**漯陰元朔格定侯渾邪元年**〔三・一二三九〕 游本脱「元年」二字。

**元封格**〔三・一二三九〕 南雍、李、凌、程、殿本無「元封」二字。

**煇渠**〔三・一二三九〕 《索隱》及游、正德、王、柯、南雍、秦、李、程、殿本同，❶與《漢表》合，百衲、中統、舊刻、凌、毛本作「順渠」，毛本右旁有「一作煇渠」四小字。案《索隱》出「煇渠」二字，下云：「韋昭云：『僕多所封，則作「煇渠」；應庀所封，則作「渾渠」。二者皆鄉名，在魯陽。今並作「煇」，誤也。』案：《漢表》及《傳》亦作『煇』，孔文祥云：『同是元狩中封，則一邑分封二人也。』其義爲得。」據此則韋昭及小司馬所見本並作「煇渠」，不作「順梁」也，「順梁」二字當是傳寫之誤。《志疑》云：「余取《廣韻》『渾梁侯僕多』參而校之，知封僕多者是渾梁，封扁訾者是煇渠，二鄉皆在魯陽。扁訾謚慎。『煇』既近『渾』，『渠』又似『梁』，故傳譌耳。」

**元鼎格二**〔三・一二三九〕 各本「二」作「一」。

**河綦元狩格庚侯烏犁元年**〔三・一二四一〕 「庚」本「庚」字，少一畫。《漢表》作「康侯烏黎」。《志疑》云：「《傳》又作『禽犁』，《漢》則《表》作『烏黎』，❷《傳》作『禽黎』，『黎』『犂』『犁』通用。」

---

❶ 「雍」，原脱，據國圖藏南雍本補。

❷ 「漢則表」，原作「漢表則」，據《志疑》改。

**常樂太初格二**〔三·一二四一〕《札記》云：「凌脱。」案凌本「二」字不脱。

**太初三年**〔三·一二四一〕游、正德、王、柯、秦本「太」作「大」。游、正德本「三年」作「二年」。

**今侯廣漢元年**〔三·一二四一〕中統、游、正德本「今」誤「令」。

**符離侯功格擊右王將重會斯**〔三·一二四一〕正德本「右」誤「石」。各本「斯」作「期」，此誤。《漢表》作「擊左王，得重會期」。

**元狩格四年六月丁卯侯路博德元年**〔三·一二四一〕《水經注》二十四《睢水注》：「又東逕符離縣故城北，漢武帝元光四年封路博德爲侯國。」案「元光」當作「元狩」，酈氏注每誤引；《漢表》「符離」作「邳離」，亦元狩四年封。

**壯元狩格侯復陸支元年**〔三·一二四二〕游、正德本「陸」作「陵」。正德、王、柯、秦、凌本「支」作「攴」。

**元鼎格今侯偃元年**〔三·一二四二〕游、正德本「今」誤「令」。

**衆利侯功格從驃騎將軍**〔三·一二四二〕正德本「騎」誤「騏」。

**手自劍合功侯**〔三·一二四二〕百衲、舊刻本「手」作「身」。

**元封格今侯當時元年**〔三·一二四二〕游、正德本「今」誤「入」。

**湘成元鼎格坐酎金**〔三·一二四三〕王、柯、秦本脱「金」字。

**義陽侯功格從驃騎將軍**〔三·一二四三〕正德本「騎」誤「騏」。

**元狩格侯衛元年**〔三·一二四三〕《索隱》及各本「衛」下有「山」字，《漢功臣表》有「義陽侯衛山」。《水經注》

三十《淮水》注：「義陽郡治也，漢武帝元光四年，封北地都尉衛山爲侯國也。」亦有「山」字，此脱。《考證》云：「《傳》作『邢山』。」

**散侯功格以匈奴都尉降侯**〔三・一二四三〕 正德本「降」上衍「爲」字。

**太初格今侯安漢元年**〔三・一二四三〕 正德本「今」誤「令」。

**周子南君侯功格以周後紹封**〔三・一二四四〕 正德本「封」下衍「也」字。

**元鼎格三**〔三・一二四四〕 中統、游、正德本「三」作「二」。

**元封格三**〔三・一二四四〕 舊刻「三」作「二」，案元封共六年，「三」字作「二」，誤。

**太初格四**〔三・一二四四〕 正德本「四」字泐，王、柯、秦本脱。

**瞭**〔三・一二四五〕 《索隱》及百衲、中統、舊刻、游、正德本同，各本作「暸」。《志疑》云：「『暸』字誤刻，《漢表》又作『瞭』。」

**國除**〔三・一二四五〕 中統、游本「除」誤「徐」。

**術陽**〔三・一二四五〕 《索隱》「術」作「述」。

**龍亢**〔三・一二四六〕 游、正德本「亢」誤「元」。《漢表》「龍侯摎廣德」，「龍」下無「亢」字，本書《南越傳》有。

**侯功格以校尉摎世樂**〔三・一二四六〕 百衲同，瞿氏據宋本同，與《漢表》合。《索隱》出「蟉」字，云：「居虯反。」疑即「摎」之誤也。各本「摎」作「樛」。《志疑》「樂」誤「榮」。

**成安元鼎格二**〔三・一二四六〕 毛本「二」誤「三」。

**元封格元封六年**〔三・一二四六〕　南雍、李、凌、程、殿本無「元封」二字，下將梁表同。中統本「元」誤「户」。

**昆侯功格以屬國大且渠**〔三・一二四六〕　「属」爲「屬」隸省字，下騏、梁期二表同，王、柯、秦本同，游本下二表亦同。

**元鼎格三月戊戌**〔三・一二四六〕　各本「三」作「五」。

**昆𡿺渠復累元年**〔三・一二四七〕　各本「𡿺」作「侯」，《漢表》有「昆侯渠復絫」。

**騏元封格一云騎幾**〔三・一二四七〕　正德本「幾」下衍「扤」字。

**梁期元鼎格侯任破胡元年**〔三・一二四七〕　正德本「任」誤「在」。

**牧丘太初格三年**〔三・一二四七〕　毛本「三」誤「二」。

**瞭**〔三・一二四八〕　百衲、舊刻、毛本同，游、正德、南雍、李本作「暸」。《索隱》及中統、王、柯、秦、凌、殿本作「暸」，《志疑》云：「《漢表》作『瞭』。」

**將梁侯功格推鋒**〔三・一二四八〕　百衲「推」作「椎」，舊刻、毛本作「摧」。《札記》云：「宋本『椎』字，與《漢表》合，蓋『椎』誤爲『推』，因改『摧』耳。」

**元封格元封四年**〔三・一二四八〕　南雍、李、凌、程、殿本無「元封」二字，毛本「四」下脱「年」字。

**安道侯功格以南越揭陽令**〔三・一二四八〕　本「令」誤「今」。

**自定降侯**〔三・一二四八〕　正德本「自」誤「目」。

**元鼎格六年三月**〔三・一二四八〕　正德本「三」作「二」。

**隨桃太初格四**〔三·一二四八〕 毛本脱「四」字。

**湘成侯功格聞漢兵破番禺**〔三·一二四九〕 中統、游、正德、王、柯、秦本「禺」作「隅」。

**元鼎格侯監居公元年**〔三·一二四九〕 百衲、舊刻本同，中統、游、正德、王、柯、南雍、秦、李、凌、程、毛、殿本「公」作「翁」，《漢表》及《水經注》二十四《睢水》注同。《札記》云：「宋本、中統、舊刻、游本作『公』。」案游本作「翁」，不作「公」。

**太初格**〔三·一二四九〕 各本有「四」字，此脱。

**海常侯功格捕得南越王建德功侯**〔三·一二四九〕 毛本「捕」誤「補」。

**太初格侯弘死**〔三·一二四九〕 游、正德本「弘」誤「引」。

**北石元封格元年**〔三·一二四九〕 毛本「元」誤「九」，元封止六年，無九年。《漢表》「北石」作「外石」。

**太初格今侯首元年**〔三·一二四九〕 正德本脱「今」字。

**下酈元封格侯左將軍黄同元年**〔三·一二五〇〕 《索隱》出「下酈侯左將軍黄同」八字，❶南雍、李、凌、程、殿本無「軍」字，又「元」下重「元」字。

**繚嫈元封格一年**〔三·一二五〇〕 本「二」字，下畫泐。

**蘽兒元封格莊侯轅終古元年**〔三·一二五一〕 舊刻「轅」作「軫」，游本誤「轃」，正德本誤「轄」。毛本「古」誤

---

❶ 「將」，原脱，據國圖藏汲古閣本補。

「吉」，下太初格「終古死」同。《漢表》有「薊兒嚴侯轅終古」。

**臨蔡侯功格以故南越郎**〔三・一二五一〕　正德本「侯」誤「即」。

**東成**〔三・一二五一〕　南雍、李、凌、程、殿本「成」作「城」，《漢表》同，百衲「蘘兒」下脱東成至瀡清六表。

**元封格侯居服六年**〔三・一二五二〕　《索隱》及百衲、舊刻、游、正德、王、柯、秦本同，南雍、李、凌、程本「服」作「股」，《漢表》同。

**無錫侯功格弃軍降侯**〔三・一二五二〕　游、王、柯、秦本同，各本「弃」作「棄」。

**涉都侯功格以父弃故南海守**〔三・一二五二〕　舊刻、正德、南雍、李、凌、程、毛、殿本「弃」作「棄」。

**太初格太初一年**〔三・一二五二〕　南雍、殿本「一」作「三」，各本作「二」，《漢表》同。

**荻苴**〔三・一二五三〕　舊刻「荻」作「萩」，《字類》二「萩」下云：「《史記・建元年表》『萩苴』，音秋。」《班馬異同》引亦作「萩」，《漢表》作「狄」。

**侯功格漢兵至圍之**〔三・一二五三〕　正德本「圍」誤「國」。

**元封格三月四月**〔三・一二五三〕　各本「三月」作「三年」，此涉下「四月」「月」字而誤。

**瀡清**〔三・一二五三〕　《索隱》出「瀡侯参」三字，疑所據本無「清」字。

**侯功格以朝鮮尼谿相**〔三・一二五三〕　正德本「尼」誤「元」。

**使人殺其王右渠來降侯**〔三・一二五三〕　正德本「右」誤「后」。

**元封格三年**〔三・一二五三〕　中統、游、正德本「三」作「二」。

**六月丙辰侯朝鮮尼谿相侯粲元年**〔三・一二五三〕 中統、游、正德本「粲」誤「工」。正德本「鮮」誤「解」。毛本脱「月丙寅……」十三字。《考證》云：「按《漢表》作『參』。」

**騠兹侯功格以小月氏若苴王將衆降侯**〔三・一二五三〕 游、正德本「王」下衍「侯」字。《漢表》「若」作「右」。

**元封格侯稽谷姑元年**〔三・一二五三〕 《索隱》出騠兹侯「稽滑姑」三字，是所據本「谷」作「滑」。

**太初格無後**〔三・一二五三〕 中統、游本「無」作「无」。游本「後」作「后」。

**浩侯功格將兵捕得車師王功侯**〔三・一二五四〕 游、正德本「師」誤「帥」。

**元封格矯制書**〔三・一二五四〕 百衲、中統、王、柯、秦、程、毛、殿本「書」作「害」，與《漢表》合。《札記》云：「凌譌『書』。」案舊刻、游、正德、李本並作「書」，不獨凌本。

**国除**〔三・一二五四〕 「国」爲「國」俗省字，中統、游本同。

**瓡讘**〔三・一二五四〕 毛本「瓡」作「瓠」，各本有「徐廣曰『在河東』，瓡音胡；讘，之涉反」十四字，❶此脱。

**元封格二月乙酉**〔三・一二五四〕 各本「二月」作「正月」，《漢表》同。

**侯扞者元年**〔三・一二五四〕 《索隱》及百衲、南雍、秦、凌、程本「扞」作「抒」，毛本作「杅」，《漢表》同。

**九年**〔三・一二五四〕 各本「九」作「六」，元封無九年。此表凌本首書「云」，次書「一」，各本無「一」字。

---

❶ 「十四」，實爲十三字。

**幾侯功格以朝鮮王于**〔三・一二五五〕　本「子」誤「于」。

**元封格四年二月癸未**〔三・一二五五〕　各本「二」作「三」，《漢表》作「三年癸未」，「三年」當是「三月」。

**侯張路歸義元年**〔三・一二五五〕　《索隱》及游、王、柯、南雍、秦、李、凌、程、毛、殿本同，百衲「張路」作「長路」，舊刻「路」作「恪」，下同。正德本「路」誤「降」，下「張路使朝鮮」不誤。

**元封六年**〔三・一二五五〕　南雍、李、凌、程、殿本無「元封」二字。

**涅陽侯功格其子**〔三・一二五五〕　各本「子」下有「侯」字，此脱。

**元封格四年三月壬寅庚侯子最元年**〔三・一二五五〕　百衲、舊刻、游、正德、王、柯、秦、毛本同，南雍、李、凌、程、殿本「庚」作「康」，《漢表》作「庚侯最」。《札記》云：「宋本、中統、游、毛『康』誤『庚』。」案《水經注》二十九《湍水》注「漢武帝元朔四年封路最爲侯國」，誤以「元封」爲「元朔」。

**太初格無後**〔三・一二五五〕　游本「無後」作「无后」。

**右太史公年表**〔三・一二五六〕　各本「年」作「本」，此誤。

**當塗**〔三・一二五六〕　以下補表。《札記》云：「此下横綫各本並脱，今依宋本。」

**蒲以園尉史**〔三・一二五六〕　百衲、中統本同，各本「園」作「圉」，《漢表》作「以圉守」。

**潦陽**〔三・一二五六〕　凌本「陽」誤「陳」。《字類》二「暸」下云：「《史記・建元年表》『暸陽』，音遼。」

**江德以園厩嗇夫共捕淮陽反者公孫勇等侯**〔三・一二五六〕　《水經注》九《淇水》注：「淇水又東北逕榆陽城，漢昭帝封太常江德爲侯國。」案江德封潦陽，此作「榆陽」，異。《漢表》有「轑陽侯江喜」，其名又不同。

**富民征和四年**〔三·一二五六〕 百衲「征和」誤「延和」。

**漢書音義曰**〔三·一二五六〕 殿本無「漢書」二字，案「音義」上「漢書」二字不可省。殿本初亦有之，後因脱「集解」二字，遂將此二字剜改，其迹尚可見也。下又引《漢書音義》及《漢書·百官表》《漢書·東方朔傳》，並同。

**後進好事儒者褚先生曰**〔三·一二五七〕 百衲與此俱頂格，各本低二格。

**故復修記孝昭以來功臣侯者**〔三·一二五七〕 程本「修」作「脩」。

**以三得之者**〔三·一二五七〕 中統本「三」誤「二」。

**希世用事也**〔三·一二五七〕 正德本無「也」字。

**退讓愛人**〔三·一二五七〕 「讓」缺筆，下都成表「謹善退讓以自持」、建成表「耕者讓畔」並同。

**以至于今**〔三·一二五七〕 舊刻「于」誤「干」。

**凡八百餘歲**〔三·一二五七〕 游本無「八」字，《札記》云：「各本『百』上衍『八』字，今依舊刻。」案舊刻亦有「八」字，《札記》蓋誤以游本爲舊刻本也。

**博陸　文穎曰**〔三·一二五七〕 百衲、毛本「穎」作「潁」，各本作「頴」。

**无此縣也**〔三·一二五七〕 百衲、游本同，各本「无」作「無」。

**漁陽有博陸城也**〔三·一二五七〕 毛本「陸」誤「陵」。

**秺　漢書音義曰**〔三·一二五七〕 殿本脱「漢書」二字。

**在濟陰成武**〔三・一二五八〕　游、正德本「成武」作「武成」。

**安陽覺捕斬侍中謀反者馬何羅弟重合侯通功**〔三・一二五八〕　游、正德本「弟」作「等」，涉上秺表「等」字而誤也。

**桑樂爲大將軍霍光争權**〔三・一二五八〕　各本「爲」作「與」，此誤。

**義陽傅介子**〔三・一二五八〕❶　《字類》四「尒」下云：「《史記・建元年表》『傅尒』，音介。」

**平樂監傅介子**〔三・一二五八〕　游、正德本「傅」誤「傳」。

**商利**〔三・一二五九〕　王、南雍、秦本「商」作「商」。

**建平杜延年**〔三・一二五九〕　《水經注》三十《淮水》注：「渙水又東逕沛縣之建平縣故城南，漢武帝元年封杜延年爲侯國。」以延年爲武帝元年封，誤，《漢表》作「元鳳元年」。

**覺謀反者**〔三・一二五九〕　各本「覺」下有「發」字，此脱。

**宜城**〔三・一二五九〕　凌本「宜」誤「宣」。

**燕倉**〔三・一二五九〕　百衲、舊刻、毛本「倉」作「蒼」，《漢表》有「宜城戴侯燕倉」。

**發謀反者騎將軍上官安罪有功**〔三・一二五九〕　游、正德、王、柯、南雍、秦、李、凌、程本「罪」字在「有」字下。

**宜春**〔三・一二六〇〕　《札記》云：「凌本誤『宣』。」案凌本「宜春」不誤，特「宜城」誤爲「宣城」耳，張誤記。

---

❶ 此條及下「平樂監傅介子」條，原在「覺謀反者」條下，據寶禮堂本移。

**訢共置辨**〔三·一二六〇〕　南雍、李、凌、程、殿本「辨」作「辦」。

**代桑弘羊爲御史大夫**〔三·一二六〇〕　游本「代」誤「伐」。

**元鳳三年**〔三·一二六〇〕　中統本「三」作「二」。案《漢表》在四年。

**自殺不誅**〔三·一二六〇〕　各本「誅」作「殊」，此誤。

**子代立**〔三·一二六〇〕　中統本「子」誤「予」。

**安平子賁代立十三年病死**〔三·一二六〇〕　凌本脱此九字。

**陽平爲北城門候**〔三·一二六〇〕　王、柯、秦本「北」誤「杜」。凌本「候」誤「侯」。

**以爲爲人主師**〔三·一二六〇〕　正德本下「爲」字空格。

**扶陽爲博士**〔三·一二六〇〕　王、柯本「博」誤「將」。中統、游本脱「爲」字。正德本「爲」字在上句「尚書」之上。

**授魯大儒**〔三·一二六〇〕　中統、游、正德本「魯」下誤重「魯」字。

**子玄成代立爲太常**〔三·一二六〇〕　正德本「太」作「大」。

**平陵擊烏桓功**〔三·一二六一〕　本「烏」誤「鳥」。

**營平爲護軍都尉中事昭帝**〔三·一二六一〕　舊刻、中統、游、正德、王、柯、南雍、秦、李、凌、毛、殿本同，百衲「中」上有「侍」字。《札記》云：「毛脱『侍』字。」案此文「中事昭帝」與秺、安陽諸表所謂「中事昭帝」文法正同，「侍」爲衍字，非脱也。乃云「毛脱侍字」，豈舊刻、游、王諸本均未之見乎？

**陽成事後留遲不得封**〔三・一二六一〕　百衲、中統、游本「遲」作「遟」。

**立千七百户**〔三・一二六一〕　各本「立」作「二」，此誤。

**漢書百官表曰**〔三・一二六一〕　殿本無「漢書」二字。

**平丘爲光禄大夫**〔三・一二六二〕　中統、王、柯本「光」誤「功」。

**坐受諸侯王金錢財**〔三・一二六二〕　毛本「王」作「玉」。

**樂成**〔三・一二六二〕　《水經注》十《濁漳水》注「又東北至樂成陵縣，别出北」下引褚先生曰：「漢宣帝地節三年，封霍光兄子山爲侯國也。」此當據補表之文，今補表未詳封年。

**願以所封東武陽邑三千五百户**〔三・一二六二〕　百衲「三」作「二」。

**天子許之**〔三・一二六二〕　王本「子許」二字泐。

**冠軍封爲冠軍侯薨卒**〔三・一二六二〕　舊刻無「卒」字，正德本「卒」字空格。案「薨」下當衍「卒」字，舊刻是。

**後坐謀反**〔三・一二六二〕　毛本「坐」誤「生」。

**高平爲揚州刺史**〔三・一二六三〕　百衲、中統、舊刻、游、正德、王、柯、秦、毛本「揚」作「楊」。

**樂平更拜爲大司馬**〔三・一二六三〕　正德本「大」誤「太」。

**將陵盜斷婦人初産子臂膝以爲媚道**〔三・一二六三〕　中統、游、正德本「臂」誤「辟」。《字類》二「髤」下引此作「盜斷婦人初産子臂髤，以爲媚道」，下云：「音休，俗本作『漆』。」則宋本此文作「臂髤」，其作「膝」者，俗本也。

**弃市**〔三・一二六三〕 舊刻、正德、南雍、李、凌、程、毛、殿本「弃」作「棄」。

**都成有功封侯**〔三・一二六三〕 毛本脱「封」字,《水經注》二十四《睢水》注:「瓠河之北又有郕都城。」褚先生曰:「漢封金安上爲侯國。」《漢表》有「都成敬侯金安上」。

**平臺　名玄**〔三・一二六四〕 「玄」缺筆,下鄭表同。

**以宣帝太母家**〔三・一二六四〕 各本「太」作「大」。

**博成父故潁川人**〔三・一二六四〕 百衲、中統、王、柯、南雍、秦、李、凌、程、毛、殿本同,各本「潁」誤「穎」。下高昌表,王、柯、秦本亦誤「穎」。

**平通家在華陰**〔三・一二六四〕 毛本「陰」誤「陽」,《札記》引宋本同。

**要斬**〔三・一二六四〕 百衲、中統、游、正德、王、柯、秦、毛本「要」作「署」。舊刻、南雍、李、凌、程、殿本作「腰」。《字類》二「要」下云:「《史記・建元年表》『要斬』,音署。」

**高昌用短兵**〔三・一二六五〕 中統「短」誤「將」,《札記》引吴校元板同。

**給事期門**〔三・一二六五〕 毛本「期」誤「黄」。

**漢書東方朔傳曰**〔三・一二六五〕 殿本脱「漢書」二字。

**爰戚**〔三・一二六五〕 南雍本「戚」誤「賊」,李本誤「臧」。

**平昌**〔三・一二六五〕 《索隱》本「爰戚」下有「樂昌王椎君」,無「平昌」,疑脱寫。

**爲太子男史皇孫爲配**〔三・一二六五〕 正德本「太」作「大」。

**詔徵立以爲侯**〔三・一二六五〕「徵」缺筆。

**樂昌**〔三・一二六五〕《水經注》五《河水》注：「故瀆又東北逕昌樂縣故城東，漢宣帝封王稚君爲侯國。」此以「樂昌」爲「昌樂」，《漢表》有「樂昌共侯王武」。

**安遠田渠梨**〔三・一二六六〕舊刻、正德本「梨」作「犂」，李、凌、毛本作「黎」。

**建成**〔三・一二六六〕柯本「建」誤「廷」。

**大不敬罪**〔三・一二六六〕「敬」缺筆。

**會赦**〔三・一二六六〕中統、舊刻、游、正德、毛本同，各本「赦」誤「故」。

**以賢良舉爲楊州刺史**〔三・一二六六〕凌、程、毛、殿本「楊」作「揚」。

**潁川太守**〔三・一二六六〕百衲、舊刻、南雍、秦、李、凌、程、殿本同，毛本「潁」誤「穎」，下「居潁川」不誤。

**五鳳三年代邴吉爲丞相封千八百户**〔三・一二六六〕《水經注》十《濁漳水》注：「衡漳又東逕建成縣故城南，褚先生曰：『漢昭帝元鳳三年封丞相黄霸爲侯國也。』」案黄霸爲丞相在宣帝五鳳三年，非昭帝元鳳三年也，酈注誤。

**陽平　名禁**〔三・一二六七〕百衲「禁」作「㐌」，中統、舊刻、游、王、柯、南雍、秦、李、程、殿本作「傑」，正德、毛本作「桀」。

**女爲□□妃**〔三・一二六七〕空格「太子」二字。

**故侯千二百户**〔三・一二六七〕中統、游、正德本「二」作「三」。

宋蜀大字本

# 史記校勘記

（中）

〔清〕管世駿　王舟瑶　撰
張　彧　酆子翔　校點

北京大学出版社
PEKING UNIVERSITY PRESS

# 卷二一　建元已來王子侯者年表第九

**史記建元已來王子侯者年表第九**〔三・一二七五〕　此與百衲、舊刻本「建元」上有「史記」二字，各本無，正德本題「建元侯者表」。舊刻「來」作「来」。南雍、李、程、殿本「已」作「以」，舊校云：「按此本標題之例，每篇之首皆小題在上、大題在下，此『史記』二字當在下『卷二十一』之上，傳寫者誤移於首。」

**卷二十一**〔三・一二七五〕　百衲同，各本「二十一」上有「史記」二字，無「卷」字。

**太史公曰**〔三・一二七五〕　毛本連上不提行，各本提。

**茲王子號格河間獻王子**〔三・一二七五〕　正德本「子」上衍「之」字。

**元光格五年正月壬子侯劉明元年**〔三・一二七五〕　中統、游、正德、王、柯、秦本此文誤入下元朔格，《札記》云：「《索隱》出各侯名，皆無『劉』字，蓋後人所增。」

**二**〔三・一二七五〕　毛本此字誤在格首，中統、游、正德、王、柯、秦本誤入元朔格首。

**元朔格元朔三年侯明坐謀反殺人弃市國除**〔三・一二七五〕　南雍、凌、程、殿本「三年」上無「元朔」二字。毛本「謀反」下無「殺人」二字。舊刻、正德、南雍、李、凌、程、毛、殿本「弃」作「棄」，下並同。游、正德、王、柯、秦本此文誤入下元狩格。舊校云：「下『弃市』凡六見，局本作『棄』，而此本皆作『弃』，是其勝今本處。」

**安成元光格一**〔三・一二七六〕　中統、游、正德、王、柯、秦本「一」字誤在格首下。宜春至浮丘並同。又元朔格廣戚至利昌、博陽至終弋，元狩格麥至甘井，又虞至祝兹亦同，不悉出。

**句容元朔格元朔元年**〔三・一二七六〕　南雍、李、程、殿本無「元朔」二字。

**徐廣曰一作容陵**〔三・一二七六〕　毛本脱此七字。

**杏山王子號格楚安王子**〔三・一二七七〕　程本「安王」二字倒，下浮丘表同。

**元光格六年後九月壬戌**〔三・一二七七〕　「戌」缺筆，下浮丘表同。游、程本「戌」誤「戊」。

**元鼎格五年**〔三・一二七七〕　程本「五」誤「三」。

**浮丘元狩格今侯霸元年**〔三・一二七七〕　正德本脱「今」字。又「元年」下年數「二」字居中，游、正德本脱。

**廣戚王子號格魯共王子**〔三・一二七七〕　毛本「共」作「恭」。

**元朔格節侯劉擇元年**〔三・一二七七〕　《水經注》二十五《泗水》注：「泗水又東南流逕廣戚縣故城南，漢武帝元朔元年封劉澤爲侯國。」擇、澤古通用，《漢王子侯表》作「將」。

**元鼎格侯始坐酎金國除**〔三・一二七七〕　游、正德本「坐」誤「生」。

**丹楊**〔三・一二七八〕　程本「楊」作「陽」。

**元狩格元狩元年**〔三・一二七八〕　南雍、凌、程、殿本無「元狩」二字。

**盱台**〔三・一二七八〕　正德本「盱」作「盰」。

**元鼎格元年侯象之坐酎金國除**〔三・一二七八〕　各本「元」作「五」，此誤。《漢表》「象之」作「蒙之」。

**湖孰元朔格正月丁亥**〔三・一二七八〕　中統本「正月」作「十二月」。《漢表》「正月丁卯封」。

**頃侯劉胥元年**〔三・一二七八〕　舊刻「頃」誤「項」，《漢表》有「湖孰頃侯胥行」。

**睢陵元朔格侯劉定國元年**〔三・一二七九〕　《水經注》二十四《睢水》注：「睢水又東逕睢陵縣故城北，漢武帝元朔元年封江都易王子劉楚爲侯國。」酈以劉定國爲劉楚，與《史》《漢表》異，豈別有據乎？

**龍丘元朔格二年**〔三・一二七九〕　中統本「二」誤「元」。

**侯劉代元年**〔三・一二七九〕　游本「元」誤「九」，正德誤「几」。

**張梁元朔格二年五月乙巳哀侯劉仁元年**〔三・一二七九〕　舊刻「仁」作「辰」。又此表至雷表，此格「元年」下五字，舊刻、游、正德本俱移在二年上表首，非。《札記》云：「游脱『侯』字。」案游本「侯」字不脱。

**元鼎格今侯順元年**〔三・一二七九〕　南雍、淩、程、殿本同，各本「順」作「須」，《漢表》元鼎三年「侯順嗣」，作「順」是也。

**劇元鼎格孝昌侯廣昌元年**〔三・一二八〇〕　南雍、淩、程、殿本「孝」下無「昌」字，與《漢表》合。此當涉下「昌」字而衍。

**壤**〔三・一二八〇〕　程本誤「襄」，《考證》云：「《漢表》作『懷昌』。」

**元鼎格今侯延元元年**〔三・一二八〇〕　各本不重「元」字。《漢表》「胡侯延年嗣」。此下「元」字，或當作「六」。❶《札記》云：「宋本、毛本作『延元六年』，誤。」案百衲、毛本並作「今侯延元年」，毛本「六」字適在「元」字之下，乃元鼎年號全數，各本皆有之，不得以爲延元六年也。校勘不審，反斥宋、毛本爲誤，其可乎？

**平望王子號格菑川懿王子**〔三・一二八〇〕　毛本「懿」誤「易」。

**元狩格三年**〔三・一二八〇〕　凌本「三」誤「二」。

**臨原元朔格敬侯劉始昌元年**〔三・一二八〇〕　「敬」缺筆，下並同。正德本誤重「侯」字。

**葛魁元鼎格元鼎元年**〔三・一二八一〕　南雍、凌、程、殿本無「元鼎」二字。

**益都元朔格二年五月**〔三・一二八一〕　《水經注》二十六《巨洋》水注：「漢武帝元朔三年，封菑川懿王子劉胡爲侯國。」「二年」誤作「三年」。

**平酌元朔格戴侯劉彊元年**〔三・一二八一〕　舊刻、毛、殿本「彊」作「疆」，《漢表》有「平的戴侯强」。

**元鼎格思侯中時元年**〔三・一二八一〕　百衲、南雍、凌、程、殿本同，各本「思」作「忠」，《漢表》作「思」，與此本合。

**劇魁元封格侯招元年**〔三・一二八二〕　百衲同，各本「招」作「昭」。案《漢表》「元封元年思侯招嗣，三年薨」，此本作「招」是也，但「侯」上當有「思」字耳。

---

❶「六」，原作「年」，據下文校語改。「六」字大書，爲元鼎年份。

**三**〔三・一二八二〕 南雍、李、凌、程、殿本「三」字下書「四年」，「侯德元年」下又書「三」字，則侯德元封時在位年數也，此與各本脱。

**宜成**〔三・一二八二〕 毛本「成」作「城」，誤。

**元朔格二年**〔三・一二八二〕 舊刻「二」誤「三」。

**康侯劉偃元年**〔三・一二八二〕 百衲、南雍、凌、程、毛、殿本同，與《漢表》合，各本「偃」誤「衍」。

**太初格太初元年**〔三・一二八二〕 游本「太」作「大」。

**雷王子號格城陽共王子**〔三・一二八三〕 《水經注》二十五《沂水》注：「逕城陽之盧縣，漢武帝元朔二年封城陽共王弟劉狶爲侯國。」案《漢王子侯表》「雷侯狶，城陽共王子」，此引作「狶」，從《史表》也，而以「雷」爲「盧」，又誤「子」爲「弟」，下東莞亦誤。

**元朔格二年五月甲戌**〔三・一二八三〕 「戌」缺筆，下東莞、辟表並同。

**劉稀元年**〔三・一二八三〕 南雍、李、凌、程、殿本「劉」上有「侯」字。

**東莞**〔三・一二八三〕 《水經注》二十五《沂水》注：「漢武帝元朔二年封，城陽共王弟吉爲東苑侯。」

**元朔格三年**〔三・一二八三〕 南雍、李、程、殿本「三」作「二」。《志疑》云：「案『二年』非『三年』。」舊校云：「上下諸國皆是二年封，《王子侯表》亦系二年，此誤。」

**元朔格元朔五年**〔三・一二八三〕 南雍、凌、程、殿本無「元朔」二字。

**辟元朔格一年**〔三・一二八三〕 各本「一」作「二」，此脱一畫。

**節侯劉壯元年**〔三・一一二八四〕《水經注》二十六《沭水》注引《史記・建元以來王子侯者年表》曰：「漢武帝元朔二年，封城陽共王子劉侯劉壯爲侯國也。」案「劉侯」「侯」字是「節」字之誤。

**侯明元年**〔三・一一二八四〕各本「明」作「朋」，下元鼎格，此本亦作「朋」。

**元鼎格侯明坐酎金□□**〔三・一一二八三〕「國除」二字泐。

**尉文**〔三・一一二八四〕王、秦本「文」誤「丈」。

**元朔格節侯劉而元年**〔三・一一二八四〕百衲、中統、舊刻本同，各本「而」作「丙」，《漢表》作「丙」。

**元鼎格元鼎五年**〔三・一一二八四〕南雍、凌、程、毛、殿本無「元鼎」二字。毛本「五年」誤「元年」。《札記》云：「宋本誤『元年』，下又衍『五月敬』三字。」

**侯犢坐酎金**〔三・一一二八四〕中統本「犢」誤「損」。

**封斯太初格二**〔三・一一二八四〕百衲、舊刻、毛本同，中統、游、正德本「二」作「六」，王、柯、秦本作「一」，殿本「二」作「三」。南雍、李、凌、程本亦作「二」，「二」下横書「四年，今侯如意元年」，又書「三」字，此與各本無下「三」字。《札記》云：「凌本下『二』爲『三』，依《志疑》改。」

**榆丘元鼎格元鼎五年**〔三・一一二八四〕「元」字上畫泐，下「陘成元鼎五年」「羽侯劉成元年」「建成元狩六年」「運平元鼎五年」「廣陵元鼎五年」「執侯劉息元年」並同。南雍、李、凌、程、殿本無「元鼎」二字，下襄嚵表同。

**襄嚵**〔三・一一二八四〕正德本「嚵」誤「毚」。

**元鼎格元鼎五年**〔三・一一二八五〕凌本「五年」誤「三年」。

**邯會元朔格六月甲子**〔三・一二八五〕　百衲、毛本同，各本「甲子」作「甲午」，與《漢表》合。《札記》云：「各本譌『子』，依前後表改。」

**陰成王子號格趙敬肅王子**

**廣望**〔三・一二八六〕　程本作「中山靖王子」，涉下廣望表而誤。

《索隱》及百衲、中統、舊刻、毛本同，各本作「望廣」。《水經注》十一《滱水》注：「又東逕廣望城北，漢武帝元朔二年封中山靖王子劉忠爲侯國。」《志疑》云：「《索隱》本作『廣望』，是與《漢書》《水經注》合。」

**元朔格侯劉安中元年**〔三・一二八六〕　《索隱》出「廣望侯安」四字，《志疑》云：「案《漢表》及《水經注》十一，侯名『忠』，雖古字『中』『忠』通用，然無『安』字，疑衍。」《札記》引《志疑》，「漢表」誤「洪表」。

**將梁元光格六月甲午**〔三・一二八六〕　「月」字缺中二點。

**元鼎格元鼎五年**〔三・一二八六〕　南㢊、凌、程、殿本無「元鼎」二字，下新館、新處、陘城、距陽、陪、蔞、胡母、博陽表並同。

**新處元朔格六月甲申**〔三・一二八六〕　百衲同，各本「申」作「午」，與前後表一例。《漢表》作「甲午」。

**陘城元朔格侯劉貞元年**〔三・一二八七〕　「貞」缺筆，下並同。《水經注》十一《滱水》注：「又逕博陵縣故城南，即古陸城，漢武帝元朔二年，封中山靖王子劉貞爲侯國者也。」案《漢表》亦作「陸城侯貞」，下有「陘城爲中山靖王子劉義所封」，則此當作「陸城」矣。

**蒲領**〔三・一二八七〕　《水經注》十《濁漳水》注：「東逕扶領縣故城南，漢武帝元朔三年，封廣川王子劉嘉爲侯國。」案《漢表》亦作「蒲領」，此作「扶領」，同音假借也。

**畢梁元朔格十月癸酉**〔三·一二八八〕　正德本「癸酉」二字空格。

**元封格元封四年**〔三·一二八八〕　南雍、凌、程、殿本無「元封」二字。

**房光王子號格河間獻王子**〔三·一二八八〕　王、柯、秦本「獻」作「献」，下同，俗字。

**元朔格侯劉殷元年**〔三·一二八八〕　「殷」缺筆，下並同。

**元鼎格殷有罪**〔三·一二八八〕　百衲、中統、舊刻、游、王、柯、秦、毛本同，正德、南雍、李、凌、程、殿本「殷」上有「侯」字。

**距陽元朔格侯劉白元年**〔三·一二八八〕　王、秦本「劉」作「刘」，俗省字。下南城、廣陵表同。潘本「白」字中畫上有一點，似「匄」字。《志疑》云：「案《漢表》作『蹇侯匄』，『白』乃『匄』之譌。」

**元狩格侯渡元年**〔三·一二八八〕　舊刻、毛本「渡」作「度」，下同。百衲、中統、游、正德本此文作「渡」，下元鼎格「侯渡有罪」作「度」。《漢表》「渡」作「凄」，然以爲「元鼎五年嗣」，則誤以國除之年爲即嗣位之年矣，當從《史》表。

**蔞安元封格六**〔三·一二八八〕　游、正德本「六」字在「元年，今侯嬰元年」下，非。

**阿武太初格二**〔三·一二八九〕　毛本脱「二」字，南雍、李、凌、殿本「二」下横書「三年，今侯寬元年」七字，又書「二」字，程本作「一」。

**三年**〔三·一二八九〕　中統本「三」誤「元」，李本誤「二」。

**今侯寬元年**〔三・一二八九〕 王、柯、秦本「今」誤「金」。

**成平**〔三・一二八九〕 正德本「成」誤「咸」，《漢表》作「平城」。

**元朔格侯劉禮元年**〔三・一二八九〕 王、柯、秦本「禮」作「礼」，下元狩格同，中統本元狩格亦作「礼」。

**元狩格元狩三年**〔三・一二八九〕 南雍、凌、程、殿本無「元狩」二字。

**廣元鼎格元鼎三年**〔三・一二九〇〕 南雍、凌、程、殿本無「元鼎」二字，下蓋胥、陪安、周堅、五據、陪、莀、胡母表並同。

**蓋胥元朔格侯劉讓元年**〔三・一二九〇〕 「讓」缺筆，下並同。

**陪安元鼎格一**〔三・一二九〇〕 此本於「哀侯秦客元年」下書「一」字。秦客以元鼎二年立，三年薨，故止一年也，毛本「一」誤「二」。

**榮簡**〔三・一二九〇〕 舊刻「榮」作「滎」。《漢表》「榮簡」作「榮關」。

**徐廣曰一作營簡**〔三・一二九〇〕 舊刻「營」作「滎」。

**五據**〔三・一二九一〕 《索隱》出「五欂侯臒立」五字，王、柯、秦本亦作「欂」，程本作「劇」，各本作「據」，毛本右旁有「一本作欂」四字，蓋校者所記，非《集解》本文。

**王子號格濟北貞王子**〔三・一二九一〕 《漢書・王子侯表》自此至胡母侯楚，皆書「濟北式王子」。

**元朔格侯劉臒丘元年**〔三・一二九一〕 《索隱》及百衲、舊刻本同，游、正德、王、柯、南雍、秦、李、凌、程、殿本作「膢」，毛本作「臒」。《札記》云：「古從丹之字作『月』，本一字也，毛誤從舟。」案《漢表》「臒丘」作「臞丘」。

**陪元朔格一**〔三·一二九二〕　百衲、舊刻、中統、游、正德、南雍、凌、程、毛、殿本上書「二」，下書「二」，王、柯、秦本上書「二」，下書「二」，並與此本不同。舊校云：「侯邑以元鼎三年立，五年國除，當爲二年。」

**蒩**〔三·一二九二〕　舊刻同，各本作「叢」，《字類》二引同。《漢表》有「前侯信」，顔注：「字或作『蒩』，音側立反。」案「蒩」與「叢」，音義各殊，此當因徐注作「散」而誤。

**徐廣曰一作散**〔三·一二九二〕　《字類》二「叢」下：「《史記·建元王子侯年表》『叢』音陬。」《札記》云：「『散』乃『蒩』之誤，中統、游、王本作『前』，蓋依《漢表》改，詳《讀書雜志》。」案游、王本《集解》與此本同，並未作「前」；《雜志》於此表無説，《漢書雜志》雖有「其作『散』者，亦『蒩』之誤」文，然與中統、游、王作「前」亦不相涉也。《漢表》作「前」，乃游、王本引《索隱》之文，南雍、凌、程、殿本改「前」作「蒩」，單本及游、正德、王、柯、秦本仍作「前」。

**元朔格侯劉信元年**〔三·一二九三〕　游、正德本「信」作「遂」，涉後平表而誤，下元鼎格不誤。

**元鼎格侯信坐酎金**〔三·一二九三〕　王、柯、秦本「侯信」二字倒。

**平元朔格三年**〔三·一二九三〕　毛本「三」誤「二」。

**元狩格元狩元年**〔三·一二九三〕　南雍、凌、程、殿本無「元狩」二字。

**元鼎格**〔三·一二九三〕　毛本此格衍「六」字，下元封格亦衍「六」字，太初格衍「四」字。《札記》云：「皆因後羽表而誤。」

**離石元朔格正月壬戌**〔三·一二九四〕　「戌」缺筆，下邵、利昌、藺、臨河、隰成、土軍、皋狼、千章表並同。

**邵元朔格劉慎元年**〔三・一二九四〕「慎」缺筆。

**利昌**〔三・一二九四〕《索隱》及王、柯、秦本「利昌」作「昌利」，《漢表》作「利昌」。

**藺元朔格**〔三・一二九四〕《札記》云：「凌本次格有『四』字，下元朔、元鼎、元封三格有『六』字，太初有『四』字，自此至千章六侯並同。案各本皆誤，《漢表》亦不詳其年世，蓋明人妄加。」案《札記》謂「自此至千章六侯並同」，檢六侯中「土軍」元鼎格書「侯郢客坐與人妻姦弃市」，凌本無「六」字，下元封、太初格並空，則不當與餘五侯同舉矣。

**侯劉憙元年**〔三・一二九五〕正德本「憙」誤「熹」。

**臨河元朔格三年五月壬戌**〔三・一二九五〕本「年」誤「午」，「戌」不缺筆，當是後人所改。下隰成、土軍、皋狼表同，惟于章表未改。

**隰成元朔格正月壬戌**〔三・一二九五〕舊刻、南雍、李、凌、程、殿本同，各本「壬戌」作「壬子」。《札記》云：「案《漢表》與前後八侯同日封，凌本不誤。」

**土軍元鼎格坐與人妻姦**〔三・一二九五〕正德本作「坐與人妻有姦」，凌、程本「姦」亦作「姦」。

**皋狼元朔格三年**〔三・一二九五〕百衲「三」誤「二」。

**侯劉遷元年**〔三・一二九五〕殿本「遷」誤「選」。

**于章**〔三・一二九五〕柯本同，《索隱》作「千章」，與《漢表》合，各本作「于章」。《志疑》云：「此西河縣也，各本皆誤『千』爲『于』字。」

**徐廣曰一作斥**〔三・一二九六〕　凌本「斥」誤「斤」。

**元朔格侯劉遇元年**〔三・一二九六〕　《札記》云：「吴校金板誤『遷』。」

**博陽**〔三・一二九六〕　《水經注》二十六《沭水》注：「偪陽，妘姓也。漢以爲縣。漢武帝元朔三年，封齊孝王子劉就爲侯國。」以偪陽爲博陽，酈氏所據本與今本異，《考證》及《考異》《志疑》俱以《功臣侯年表》周聚所封之博陽爲即偪陽，今得此注證之更確。蓋劉就所封之博陽即周聚之舊封，孝景中五年，侯遬奪爵，故孝武以之封就也。

**元朔格三年**〔三・一二九六〕　中統、游、正德本「三」誤「二」。

**瑕丘元朔格劉貞元年**〔三・一二九七〕　《水經注》二十四《睢水》注：「漢武帝元朔三年，封魯共王子節侯劉政爲侯國。」「政」即「貞」也，《漢表》亦作「政」。惟酈以「瑕丘」爲「敬丘」，《志疑》據其説謂《史》《漢表》作「瑕丘」誤，不知《地理志》瑕丘屬山陽郡，而敬丘即太丘，屬沛郡，酈注未免誤引。

**郁狼元鼎格元鼎五年**〔三・一二九七〕　南雍、凌、程、殿本無「元鼎」二字，下西昌、陘城、邯平、葉表並同。

**西昌元鼎格侯敬坐酎金國除**〔三・一二九七〕　程本「侯敬」二字倒。

**象氏元朔格節侯劉賀元年**〔三・一二九九〕　游、正德本「節」作「安」，蓋涉後葉表而誤。

**元封格元封三年**〔三・一二九九〕　南雍、李、程、殿本無「元封」二字。游、正德本「三」作「二」。

**易元封格今侯種元年**〔三・一二九九〕　百衲「今」誤「令」。

**洛陵元狩格元狩二年**〔三・一二九九〕　游、正德、王、柯、秦本「元狩」誤「元鼎」，南雍、凌、程、殿本無「元狩」

二字。

**攸輿太初格太初元年**〔三·一二九九〕 南雍、凌、程、殿本無「太初」二字，下茶陵表同。

**建成元朔格四年三月乙丑**〔三·一三〇〇〕 李本「三」誤「二」。《水經注》三十九《贛水》注：「漢武帝元光四年，封長沙定王子劉成爲侯國。」「元光」乃「元朔」之誤也。

**元狩格元狩六年**〔三·一三〇〇〕 南雍、凌、程、殿本無「元狩」二字，下和鄉、有利、東平表並同。

**拾坐不朝**〔三·一三〇〇〕 南雍、李、凌、程、殿本「拾」上有「侯」字。

**安衆元封格五**〔三·一三〇〇〕 王、柯、秦本「五」誤「二」。

**一**〔三·一三〇〇〕 中統、游、正德、殿本脱此字。

**葉元狩格**〔三·一三〇一〕 南雍、凌、程、殿本有「六」字，《札記》云：「凌本有『六』字，各本脱。」

**有利元朔格四年三月乙丑侯劉釘元年**〔三·一三〇一〕 中統、游、正德本此格與下元狩格並誤高一格，下東平表同。

**元狩格坐遺淮南書**〔三·一三〇一〕 游、正德本「淮」誤「准」。

**東平元狩格元狩三年**〔三·一三〇一〕 南雍、凌、程、殿本無「元狩」二字。《札記》云：「元狩格『三年』，『三』譌『二』，依《志疑》改。」案《志疑》云「『三』，案『三』當作『二』」，此謂元狩格表首「三」字當作「二」，非謂「三年」「三」字也。「三年」「三」字，各本無作「二」者，何云「三」誤「二」耶？且如《志疑》説，是「三」當作「二」，非「三」譌爲「二」也。斯誠郢書燕説矣。

**侯慶坐與姊妹姦**〔三·一三〇一〕　中統、游本「與」作「与」。正德本「姊」誤「姊」。《志疑》云：「案《漢表》無『妹』字。」

**運平元鼎格元鼎五年**〔三·一三〇二〕　南雍、凌、程、殿本無「元鼎」二字，下山州、海常、廣陵、莊原、高平、廣川表並同。王、秦本「五」誤「二」。

**侯訢坐酎金國除**〔三·一三〇二〕　王、秦本「訢」字空格。

**山州元鼎格元鼎五年**〔三·一三〇二〕　王、秦本「五」誤「十」。

**廣陵元朔格常侯劉表元年**〔三·一三〇三〕　《索隱》出「廣陵虒侯表」五字，下引晉灼曰：「虒，音斯。」則「常」當爲「虒」字之誤。《考異》云：「《漢表》『常』作『虒』，晉灼音斯，《索隱》本亦是『虒』字。」

**莊原元朔格三月乙丑**〔三·一三〇三〕　游本「乙」字泐。

**臨樂元朔格敬侯劉光元年**〔三·一三〇三〕　舊刻同，百衲「敬」作「敖」。《索隱》出「臨樂敦侯光」五字，中統、游、正德、王、柯、南雍、秦、李、凌、程、毛、殿本並作「敦」。《漢表》有「臨樂敦侯光」，《志疑》云：「《索隱》『《謚法》「善行不怠曰敦」』，《漢表》作『敦』，非。古文『敦』作『敳』，故譌爲『敳』耳。師古妄音弋灼反，復云『又作敫，古穆字』，尤誤。《説文·放部》謂『敫，讀若龠』，非穆也。」

**元封格一**〔三·一三〇三〕　中統、游、正德本脱「一」字。

**東野元朔格侯劉章元年**〔三·一三〇四〕　《索隱》出「東野戴侯章」五字，「侯」上當有「戴」字。

**千鍾**〔三·一三〇四〕　中統本「鍾」作「鐘」。《水經》九《淇水》注：「又東南逕千童縣故城東，《史記·建元以來王子侯者年表》曰：故重也，一作千鍾。」據此似《史》文作「重」。今「一作重」三字入徐廣注，《漢表》作「重」。

**元朔格侯劉揺元年**〔三・一三〇四〕《索隱》及百衲、中統、王、柯、南雍、秦、李、凌、程、毛、殿本同，舊刻「揺」誤「拙」，游本誤「種」，正德本誤「重」。《水經注》九《淇水》注引此作「漢武帝元朔四年，封河間獻王子劉陰爲侯國」，此文下元狩格「侯陰不使人爲秋請」字亦作「陰」。《志疑》云：「此言『揺』，與《漢表》作『擔』同誤。《水經注》引《史表》是『陰』，下文政作『侯陰』，且《集解》固曰『一云劉陰』矣。」《札記》云：「《漢表》作『擔』，又『揺』之譌。『拙』乃『揺』之爛文。」

**一云劉陰**〔三・一三〇四〕中統、游、正德本無「一」字。

**元狩格一**〔三・一三〇四〕毛本脱「一」字。

**元狩二年**〔三・一三〇四〕南雍、凌、程、殿本無「元狩」二字。

**披陽**〔三・一三〇五〕《字類》一《補遺》引此作「披楊」，《漢表》「披」作「被」，《水經注》八《濟水》注：「城即被陽縣之故城也，《史記・建元以來王子侯者年表》曰：漢武帝元朔四年，封齊孝王子敬侯劉燕之國也。」《志疑》云：「縣屬千乘，《漢表》注及《水經注》八並作『被陽』，音皮彼反，則此之作『披』，亦猶如淳作『疲』矣，傳寫訛耳。」

**元朔格四月乙丑**〔三・一三〇五〕百衲、舊刻、中統、游、正德、王、柯、秦、毛本同，南雍、李、凌、程、殿本「丑」作「卯」。

**定元朔格敬侯劉越元年**〔三・一三〇五〕《索隱》出「定敷侯越」四字，云：「敷，謚也。《説文》云：『敷讀如躍。」《考異》云：「《索隱》本『敬』作『敫』，注中『敷』字皆『敫』之誤。『《漢表》作敫侯』五字，《索隱》本無之。」《志疑》云：「《水經注》五作『劉成』，與《史》《漢表》異，又《漢表》謚『敷』，《謚法》無之，必『敬』字之誤。各本《史記》所刻索隱又誤『敫』爲『敷』字，『敷』安得讀躍？」

**元鼎三**〔三・一三〇五〕　中統、游、正德本脱「三」字。

**稻元朔格四月乙丑**〔三・一三〇六〕　百衲、中統、舊刻、游、正德、王、柯、秦本同，各本「丑」作「卯」，與批陽表同。

**元鼎格二年**〔三・一三〇六〕　南雍、李、凌、程、殿本「二」作「三」。

**繁安元朔格侯劉忠元年**〔三・一三〇六〕　《索隱》出「繁安夷侯忠」五字，「侯」上當有「夷」字。《漢表》有「繁夷侯忠」。

**太初格三**〔三・一三〇六〕　南雍、凌、程本「三」作「一」，殿本脱。《札記》云：「凌本『一』，各本譌『二』。」

**柳元封格侯自爲元年**〔三・一三〇六〕　南雍、李、凌、程、殿本「侯」上有「今」字。

**牛平**〔三・一三〇七〕　百衲、舊刻、游、正德本同，《索隱》及各本作「牟平」，《漢表》同。

**元朔格恭侯劉渫元年**〔三・一三〇七〕　百衲、舊刻本同，《索隱》作「共侯渫」，《漢表》亦作「共」。各本「渫」誤「[illegible]」。

**栢陽**〔三・一三〇七〕　凌、殿本「栢」作「柏」，《漢表》同。

**元朔格二**〔三・一三〇七〕　百衲、南雍、李、程、毛、殿本同，各本「二」作「三」。《札記》云：「中統、游、王、柯譌

『三』。」

**鄗元朔格劉延年元年**〔三·一三〇八〕 《索隱》作「安侯延年」，中統、游、正德、王、柯、南雍、秦、李、凌、程、毛、殿本「劉」上有「侯」字，此本當脱「安侯」二字。《漢表》「鄗安侯延年」，亦有此二字。

**元鼎格元鼎五年**〔三·一三〇八〕 南雍、凌、程、殿本無「元鼎」二字，下高丘、柳宿、戎丘、曲城、安險、安遥表並同。

**高丘元鼎格無後國除**〔三·一三〇八〕 王、柯、秦本「無」作「无」，又「國」作「国」，俗，後不悉出。

**柳宿元朔格夷侯劉盖元年**〔三·一三〇九〕 游、正德、南雍、秦、李本同，各本「盖」作「蓋」，「盖」爲「蓋」俗省字。

**曲成元朔格侯劉萬歲元年**〔三·一三〇九〕 王、秦本「萬」作「万」，下元鼎格同。

**元鼎格國除**〔三·一三〇九〕 王、秦本脱「除」字。

**戎丘元鼎格侯讓坐酎金國除**〔三·一三〇九〕 「金」下半字泐。

**夫夷**〔三·一三一〇〕 《水經注》三十八《資水》注：「經扶易縣南，本零陵之夫夸縣也。漢武帝元朔五年，以封長沙定王子敬侯義之邑也。」「夸」即「夷」字。

**元鼎格二**〔三·一三一〇〕 中統、游、正德本脱「二」字。

**春陵**〔三·一三一〇〕 游、正德、陵本「舂」誤「春」，《志疑》云：「『春』當作『舂』，湖本譌刻也。」

**元狩格侯劉買元年**〔三·一三一〇〕 《索隱》出「舂陵節侯買」五字，「侯」上當有「節」字。《漢表》「舂陵節侯買」，《水經注》三十八《湘水》注「武帝元朔五年，封王中子買爲春陵節侯」，「侯」上並有「節」字。

**都梁元朔格五年六月壬子**〔三・一三一一〕「六」字、「子」字俱僅存下半體。

**洮陽元朔格靖侯劉狗彘元年**〔三・一三一一〕《水經注》三十八《湘水》注：「漢武帝元朔五年，封長沙定王子靖侯狗彘爲侯國。」舊本作「洮陽侯拘」，案《漢表》作「狩燕」，《索隱》引作「將燕」。「狗」之與「拘」、「狩」之與「將」、「彘」之與「燕」，皆因形近而譌。

**元狩格元狩六年**〔三・一三一一〕「狩」字泐。南雍、凌、程、殿本無「元狩」二字。

**泉陵元朔格五年**〔三・一三一一〕王、柯、秦本「五」作「三」。《水經注》三十八《湘水》注「營水又西北逕泉陵縣西，漢武帝元朔五年，以封長沙定王子節侯賢之邑也」，亦作「五年」。《漢表》：「泉陵節侯賢，五年六月壬子封。」

**元朔格莭侯賢元年**〔三・一三一一〕游本同，各本「莭」作「節」。南雍、李、凌、程、毛、殿本「賢」上有「劉」字。《札記》云：「宋本、中統、游、王、柯無『劉』字，蓋妄加之偶遺者。」案丹陽表「哀侯敢」在前，已無「劉」字，不獨此表也。

**終弋元朔一**〔三・一三一一〕百衲、舊刻、南雍、李、凌、程、殿本同，中統、游、正德、王、柯、秦、毛本「一」誤「二」。

**元鼎格元鼎五年**〔三・一三一一〕南雍、凌、程、殿本無「元鼎」二字，下麥、鉅合、昌、蕢表並同。

**侯廣置坐酎金國除**〔三・一三一一〕游、正德本脱「廣」字。

**麥元狩格**〔三・一三一二〕　正德本此表與鉅合、昌表，此格誤入上元朔格，下元鼎格亦誤高一格。

**昌**〔三・一三一二〕　《水經注》十《濁漳水》注：「衡水又北逕昌成縣故城西，《地理志》曰信都有昌城縣，❶漢武帝以封城陽頃王子劉差爲侯國。」則「昌」下當有「成」字，《漢表》亦作「昌」。

**元狩格侯劉差元年**〔三・一三一二〕　舊刻「差」作「茬」，下元鼎格同。

**賁**〔三・一三一二〕　《索隱》出「費侯萬」三字，云：「音秘，又扶謂反。」《札記》云：「案據《索隱》，則所見《史表》本作『費』，而後人依誤本《漢表》改爲『賁』也。」

**元狩格六年**〔三・一三一二〕　各本「六」作「元」，案前後表載元年四月戊寅者凡十七見，此表不應獨異，「六」爲「元」字之誤，可推而知也。

**侯劉方元年**〔三・一三一二〕　《索隱》「方」作「萬」，蓋「萬」一作「万」，傳寫者誤加一點，遂成「方」字矣。

**雩殷**〔三・一三一三〕　「殷」缺筆，《索隱》出「雩康侯澤」四字。《志疑》云：「《漢表》作『虖葭』，《志》作『雩叚』同，此『殷』字誤。」《札記》云：「案《索隱》本出正文『雩』，下脱一字，而音爲呼加，則《史》本作『叚』。然宋本『殷』字避諱缺末筆，則承訛久矣。」

**石洛**〔三・一三一三〕　秦本「石」誤「右」，《漢表》作「原洛」。

**元朔格□□□元年**〔三・一三一三〕　「元年」上三字泐，據潘本，是「侯劉讓」三字，「讓」不缺筆，亦後人補入

---

❶ 「信」，原作「佳」，據《水經注》改。

也。《索隱》出「石洛侯敢」四字，舊刻亦作「敢」，各本作「敬」。《志疑》云：「侯劉敬，《漢表》名敢，恐非。」

**扶溝王子號格城陽頃王子**〔三・一三一三〕　程本「王」誤「三」。

**校太初格四**〔三・一三一三〕　王、柯、秦本脱「四」字。《札記》云：「宋本、王、柯、毛並脱。」案毛本不脱。

**元鼎格侯劉敢元年**〔三・一三一四〕　「敢」字僅存下半體，據潘本補，各本作「讓」。《漢表》有「杤節侯讓」。

**杤**〔三・一三一四〕　舊刻作「初」。

**父城王子號格城陽頃王子**〔三・一三一四〕　柯本脱「子」字。

**元狩格侯劉光元年**〔三・一三一四〕　程本「光」誤「元」。

**元鼎格元鼎五年**〔三・一三一四〕　南雍、凌、程、殿本無「元鼎」二字，下翟、鱣、彭、東淮、栒、涓、祝兹表並同。

**庸元狩格侯劉譚元年**〔三・一三一五〕　《索隱》「譚」作「談」，當是史遷避父諱所改。《漢表》作「餘」。

**彭元狩格侯劉偃元年**〔三・一三一六〕　《索隱》出「彭侯彊」三字，《漢表》作「彭侯强」，疑此「偃」字誤。

**元鼎格元鼎五年**〔三・一三一六〕　游、王、秦本「五」誤「三」。

**瓡**〔三・一三一六〕　《索隱》出「報侯息」三字，下云：「報，縣名，《志》屬東海，《漢》作『瓡』。」是《史表》作「報」，《漢表》作「瓡」，小司馬所見本如此。今作「瓡」者，後人以《漢書》改《史記》也。

**栒**〔三・一三一七〕　《索隱》作「袧」，云「音茍」。《志疑》云：「《漢表》作『抲』，謂在千乘，與此作『栒』，皆今本傳刻之譌也。《索隱》本作『袧』，引《漢表》作『東海』，則必東海郡朐縣，『袧』字雖小異，而以爲在東海，固可信也。」《札記》云：「案字書無『袧』字，且字从句則不得音茍，疑當作『栒』，音茍。」

**元狩格侯劉買元年**〔三・一三一七〕 《索隱》「買」作「賢」，與《漢表》合，毛本誤「賈」，下元鼎格同。

**湞**〔三・一三一八〕 《索隱》同，與《漢表》合，各本「湞」作「涓」。《志疑》云：「『湞』乃『涓』字之誤。」《札記》云：「宋本作『湞』，蓋因誤本《漢書》改。」然小司馬所據本已誤矣。

**陸王子號格菑川靖王子**〔三・一三一八〕 程本「王子」二字空格。

**元狩格侯劉何元年**〔三・一三一八〕 游、正德本「何」誤「向」。

**廣饒元狩格元年十月辛卯康侯劉國元年**〔三・一三一八〕 《水經注》二十六《淄水》注：「淄水又東北逕廣饒縣故城南，漢武帝元鼎中，封菑川靖王子劉國爲侯國。」此誤以「元狩」爲「元鼎」。

**缾**〔三・一三二〇〕 游、正德、毛本作「鉼」。

**元狩格侯劉成元年**〔三・一三一九〕 《索隱》出「敬侯成」，「侯」上當有「敬」字，《漢表》有「缾敬侯成」。

**俞閭元狩格侯劉不害元年**〔三・一三一九〕 《索隱》出「俞閭侯無害」五字，是所據本「不害」作「無害」。《漢表》有「俞閭煬侯毋害」，「無」「毋」古通用。游本「元」下脱「年」字。

**皋虞元鼎格五月丙午**〔三・一三二〇〕 王、秦本「午」誤「年」。

**元封格六**〔三・一三二〇〕 毛本脱「六」字。

**太初格四**〔三・一三二〇〕 毛本脱「四」字。

**祝茲王子號格膠東康王子**〔三・一三二〇〕 柯本脱「王」字。

**元鼎格元鼎五年**〔三・一三二〇〕 毛本「五」誤「三」。舊校云：「按侯延以元年立，共四年，則此是五年也。」

**延坐弃印綬出國**〔三・一三二〇〕　舊刻、正德、南雍、李、凌、程、毛、殿本「弃」作「棄」。

**史記年表卷第九　卷二十一**〔三・一三二〇〕　百衲、舊刻本同，各本作「建元已來王子侯者年表第九」，無下「卷二十一」四字，王、秦本下有「史記二十一」五字，❶與此亦小異。舊校云：「按卷末當紀小題云『建元已來王子侯者年表第九』，不當但云『年表』而冠以『史記』，蓋是傳寫者失之。下紀全書卷數，各篇皆無，惟此表及下《漢興以來將相名臣年表》有之，亦不一律。」

---

❶「一」，原作「二」，據國圖藏王本、秦本改。

# 卷二二　漢興以來將相名臣年表第十

**漢興以來將相名臣年表第十**〔三・一三二九〕　正德本「表」上無「年」字，此篇舊校從潘本，今亦以潘本參校。

**將位**〔三・一三二九〕　凌本誤「將相」，《志疑》云：「『相』乃『位』字，湖本譌刻『相』。」

**高皇帝元年**〔三・一三二九〕　舊校云：「元年橫書，下惟太始元年直書。又建元元年、元狩元年、本始元年、神爵元年、初元元年、永光元年、竟寧元年、建始元年、鴻嘉元年，並兩字一行，餘均同局本，並直書。表中『紀』字直書、橫書，各不一律，又四字或一行，或兩行，亦各不同。」

**高皇帝二立太子**〔三・一三二九〕　正德、秦本「子」下有「盈」字。王本「太」作「大」。

**大事格定塞翟魏河南韓殷國**〔三・一三二九〕　「殷」缺筆，潘本同。

**高皇帝三大事格伐趙**〔三・一三二九〕　程本「趙」誤「韓」。

**相位格三**〔三・一三二九〕　毛本「三」誤「二」。

**高皇帝四大事格使韓信□定齊及燕**〔三・一三三〇〕　「定」上「別」字泐。

**與楚界洪渠**〔三・一三三〇〕　中統、游本「與」作「与」，下同。

**御史大夫格汾陰侯周昌**〔三·一三三〇〕　《索隱》及舊刻本同，各本「陰」作「陽」。《志疑》云：「案『汾陰』誤作『汾陽』。」

**高皇帝五大事格殺項籍**〔三·一三三〇〕　程本「項」誤「頃」。

**高皇帝六**〔三·一三三〇〕　程本脱「六」字。

**更命咸陽曰長安**〔三·一三三〇〕　毛本「命」作「名」。

**相位格張蒼爲計相**〔三·一三三〇〕　《索隱》「蒼」作「倉」，下同，中統本「蒼」誤「上」。

**高皇帝七相位格七**〔三·一三三一〕　凌本脱「七」字。《志疑》云：「相位格中失刻『七』字，蕭何爲丞相之七年也。」

**高皇帝八大事格明年覺誅之**〔三·一三三一〕　中統、游、正德本脱「之」字。

**代王弃國亡**〔三·一三三一〕　潘本同，各本「弃」作「棄」。游、正德本「亡」誤「王」。

**廢爲郃陽侯**〔三·一三三一〕　潘本同，各本「郃」作「部」。

**高皇帝九大事格□□皇輦上坐**〔三·一三三一〕　「太上」二字泐。

**帝奉玉巵**〔三·一三三一〕　游、正德本「玉」作「王」，南雍、李、殿本「巵」作「盃」，程、毛本作「杯」。

**始常以臣不如仲力**〔三·一三三一〕　游、正德本「常」誤「帝」。

**殿上稱萬歲**〔三·一三三一〕　中統、游本「萬」作「万」。程本「上」誤「前」。

**相位格遷爲國相**〔三·一三三一〕　百衲、中統、舊刻、游本同，潘本同，各本「國相」作「相國」。

**高皇帝十大事格陳豨反代地**〔三·一三三一〕　毛本同，各本「豨」作「狶」。

**御史大夫格御史大夫江邑侯趙堯**〔三·一三三一〕　《索隱》作「江邑食侯趙堯」，疑衍「食」字。

**高皇帝十一將位格攻代**〔三·一三三二〕　百衲、舊刻本同，各本「代」誤「伐」，殿本「伐」改「代」。《志疑》云：「《史詮》曰：今本『代』作『伐』，誤。」

**高皇帝十二大事格冬擊布還過沛**〔三·一三三二〕❶　南雍、凌、殿本無「過」字。李本無「還」字。程本「還過」二字作「反」字。

**孝惠元年大事始作長安城西北方**〔三·一三三二〕　中統、游、正德本「西北方」作「西方北」。

**孝惠二大事格楚元王齊悼惠王來朝**〔三·一三三二〕　王本「悼」誤「倬」，秦本誤「傳」。舊刻「來」作「来」。

**孝惠三大事格蜀湔氐反**〔三·一三三二〕　《索隱》及舊刻、毛本同，各本「蜀」誤「濁」。《志疑》云：「『濁』乃『蜀』之訛。」

**孝惠五大事格八月乙丑參卒**〔三·一三三三〕　程本脱此六字。

**孝惠六大事格八月赦齊**〔三·一三三三〕　游、正德本「月」作「日」。

**相位格十月己巳**〔三·一三三三〕　舊刻、游、正德本「己巳」作「乙巳」。

---

❶「冬」，原作「東」，據嘉業堂本改。

**孝惠七大事格大臣用張辟彊計**〔三・一三三三〕　凌、毛、殿本「彊」作「疆」。《札記》云：「張辟彊，《漢》本「彊」。」案如此則二字無别，《札記》下「彊」字乃「疆」字譌也。《志疑》云：「《史》《漢》各處皆作『辟彊』，故《匡謬正俗》云：『辟彊，前賢無釋，當音爲開闢之闢，疆埸之疆。』湖本此表作『疆』字，雖與顔説相合，而似非元文。不然，顔監何弗取以爲據乎？」

**以吕台爲吕王**〔三・一三三三〕　南雍、凌本「台」作「郃」，《志疑》云：「『郃』又『台』之譌。」

**相位格二**〔三・一三三三〕　凌本脱「二」字。《志疑》云：「相位有『二』字，乃王陵、陳平爲丞相之二年也，湖本失刻。」

**高后元年相位格三**〔三・一三三三〕　凌本「三」誤「二」。《志疑》云：「『二』當作『三』，湖本譌刻，陳平爲丞相之三年也。格内下方當有『二』字，各本失刻，乃審食其爲丞相之一年也。」

**高后二大事格行八銖錢**〔三・一三三四〕　游、正德本「銖」誤「誅」，程本誤「珠」。

**御史大夫格平陽侯曹窋一本爲御史大夫**〔三・一三三四〕　「陽侯曹」及「爲御史」六字及「大」字，並泐。潘本「夫」誤「大」。《志疑》云：「案『一本在六年』五字是集解，今譌刻『一本』兩字於『曹窋』之下。」

**高后三**〔三・一三三四〕　程本脱「三」字。

**高后四大事格更立常山王弘爲帝**〔三・一三三四〕　「弘」缺筆，下同，惟元朔三「御史大夫弘」不缺，潘本下元狩二「弘卒」、永光二「扶風鄭弘」不缺。

**高后五大事格以其弟壺關侯武爲淮陽王**〔三・一三三四〕　游、正德本「弟」誤「第」。

**高后八大事格**〔三·一三三五〕 各本有「後九月食其免相」七字，倒書，此與程、毛本並脱，潘本同。

**相位格爲帝大傅**〔三·一三三五〕 中統、柯本同，各本「大」作「太」。

**九月丙戍**〔三·一三三五〕 「戍」缺筆，潘本同，舊校云：「『戍』爲『戌』之駁文。局本『戌』，此缺筆。下『甲戌』『庚戌』『戊戌』，並同。」

**將位格隆慮侯竈爲將軍**〔三·一三三五〕 程本「竈」誤「黿」，下孝文十四將位格同。

**徐廣曰姓周**〔三·一三三五〕 正德本「周」下衍「也」字。

**孝文元年大事格除收孥相坐律**〔三·一三三五〕 王、柯、秦本「孥」誤「拏」。

**相位格十一月辛巳**〔三·一三三五〕 凌本「辛巳」作「辛卯」。

**將位格潁陰侯灌嬰爲太尉**〔三·一三三五〕 百衲、王、柯、南雍、秦、李、凌、程、毛、殿本同，舊刻、中統、游、正德本「潁」誤「穎」，下同。

**孝文二大事格參爲太原王**〔三·一三三五〕 游、正德本「王」誤「勝」。游本「太」作「大」。

**十月丞相平薨**〔三·一三三五〕 程本脱。

**將位格二**〔三·一三三五〕 舊刻、柯本同，潘本同，百衲、王、南雍、秦、李、毛、殿本「二」作「一」，❶中統、游、正

---

❶ 「李」下，原有「凌」字，下又云凌本有脱，前後矛盾。今覆核凌本，其孝文二年將位格爲空格，當有脱文，據删上「凌」字。

德、凌、程本脱。《志疑》云：「將位有『二』字，此失刻。」舊校云：「『二』，局本誤『一』，灌嬰以上年爲太尉，此是二年。」

**孝文三大事格勃免相之國**〔三・一三三六〕　毛本「勃」作「敦」。

**相位格一**〔三・一三三六〕　毛本脱「一」字。

**將位格三**〔三・一三三六〕　舊刻同，各本「三」作「二」。

**棘蒲侯陳武**〔三・一三三六〕　毛、殿本同，各本「蒲」作「薄」。

**昌侯盧卿**〔三・一三三六〕❶　游本「盧」誤「芦」，正德本誤「蘆」。

**共侯盧罷師**〔三・一三三六〕　程本「師」誤「帥」。

**甯侯遬**〔三・一三三六〕　百衲、游、王、柯、秦、凌、毛本同，潘本同，各本「遬」作「遫」。

**遬姓魏**〔三・一三三六〕　此本與潘本及秦、毛本正文作「遬」，注文作「遫」。中統、南雍、李本正文作「遫」，注文作「遬」。百衲、游、王、柯、凌本皆作「遬」，正德、程、殿本皆作「遫」。作「遬」是。

**孝文四相位格五月甲午**〔三・一三三六〕　毛本「五」作「三」，各本作「正」。

**御史大夫北平侯張蒼**〔三・一三三六〕　王、秦本「北」誤「比」。

**御史大夫格關中侯申屠嘉**〔三・一三三六〕　游本「申」誤「中」。

---

❶「昌」，原作「吕」，據嘉業堂本改。

**孝文八大事格**〔三・一三三七〕　各本有「太僕汝陰侯滕公卒」八字倒書。中統、游、正德本「卒」誤「紅」，此脱，潘本同。

**孝文九大事格温室鍾自鳴**〔三・一三三七〕　毛本「室」誤「陵」。游、正德、程本「鍾」作「鐘」。

**御史大夫格御史大夫敬**〔三・一三三七〕　潘本「敬」缺筆，此本不缺。

**孝文十三大事格戍卒令**〔三・一三三七〕　游、正德「戍」誤「成」。毛本作「令卒戍」，非。

**孝文十四大事格匈奴大入蕭關**〔三・一三三八〕　各本「簫」作「蕭」，此誤，潘本同。

**將位格成侯董赤**〔三・一三三八〕　程本「成」誤「城」。

**爲大將軍**〔三・一三三八〕　正德本「大」誤「太」。

**擊匈奴**〔三・一三三八〕　潘本同，各本「擊」上有「皆」字。

**孝文十五大事格上始郊**〔三・一三三八〕　潘本「始」誤「姶」。

**孝文十六大事格上郊見渭陽五帝**〔三・一三三八〕　游、正德、王、柯、南雍、秦、李、凌、程本「郊」作「始」。《札記》云：「『始』字，蔡本、中統、舊刻、毛本、吴校金板並作『郊』。」

**後元元年大事格新垣平詐言方士**〔三・一三三八〕　萬曆南雍本「垣」誤「桓」。

**後元二大事格八月戊辰**〔三・一三三八〕　百衲、中統、游、正德、王、柯、秦本「戊辰」作「戊戌」。《札記》云：「蔡、王、柯作『戊』，蓋誤依《漢表》改。八月無戊戌。」

**後元六大事格三萬人入雲中**〔三・一三三九〕　百衲、中統、舊刻、游、正德、毛本同，各本「三」作「二」。《札記》云：「中統、游本『三』，與《漢紀》合，各本譌『二』。」

**將位格以中大夫令免**〔三・一三三九〕　柯本「令」誤「今」。

**後元七**〔三・一三三九〕　程本脱「七」字。

**大事格其年丁未**〔三・一三三九〕　王、秦本「丁」誤「一」。

**葬霸陵**〔三・一三三九〕　毛本「陵」誤「上」。

**將位格郎中令張武爲復土將軍**〔三・一三三九〕　中統、舊刻本「土」誤「上」。

**屬國捍爲將屯將軍**〔三・一三三九〕　《索隱》「捍」作「桿」。《志疑》云：「《文紀》作『悍』，古通。」

**孝景元年大事格立文皇帝廟**〔三・一三四〇〕　舊刻、毛本同，潘本同，各本「文」上有「孝」字。

**相位格**〔三・一三四〇〕　各本有「置司徒官」四字倒書，❶此與潘本無之。《志疑》云：「《史詮》以爲錯簡衍文。《考異》云：『漢初無司徒、司空之官，此必「太尉」之譌。表於三年已書「置太尉官」，此重出，又舛誤。』」

**孝景二大事格餘爲淮陽王**〔三・一三四〇〕　柯本「淮陽」作「閦南」，蓋涉上「閦爲臨江王」而誤。各本作「淮南」，亦非。南雍本「王」誤「三」，《志疑》云：「案『南』乃『陽』字之誤，餘封於淮陽，復徙魯，所謂魯共王也。」

**御史大夫格御史大夫錯**〔三・一三四〇〕　殿本「錯」作「鬬」，非。

**孝景三將位格中尉條侯周亞夫爲太尉**〔三・一三四〇〕　《索隱》出「脩侯周亞夫」五字，云：「脩音條，勃海

---

❶ 「司」，原脱，據各本補。

有脩市縣，一作『修』。」是小司馬所據本「絛」作「脩」，今合刻本改其文曰『絛』一作『修』，渤海有修市縣」，後之人遂不復知有作「脩」本矣。

**屯滎陽**〔三·一三四一〕 游、正德、王、秦本「滎」作「榮」。

**孝景四將位格太尉亞夫**〔三·一三四一〕 舊刻「太」作「大」。

**中元三大事格亞夫免相**〔三·一三四二〕 程本脱。

**中元四大事格臨江王徵自殺**〔三·一三四二〕 「徵」缺筆，潘本同。

**燕數萬爲銜土置冢上**〔三·一三四二〕 中統、游本「萬」作「万」，下同。程本「銜」作「啣」，俗。

**後元三二月丙子**〔三·一三四三〕 王本「丙」誤「內」。

**孝武建元元年大事格綰免相**〔三·一三四三〕 程本脱。

**相位格置太尉**〔三·一三四三〕 程本脱。

**御史大夫格御史大夫抵**〔三·一三四三〕 柯本脱「抵」字。

**建元二相位格太常相至侯許昌爲丞相**〔三·一三四三〕 各本「相至」「相」字作「柏」，潘本同，此誤。舊刻、游本「太」作「大」。

**建元三大事格東甌王廣武侯望**〔三·一三四四〕 舊刻「甌」誤「歐」。

**率其衆四萬餘人來降**〔三·一三四四〕 舊刻、南雍、凌、程、殿本同，各本「衆」誤「冢」。

**處廬江郡**〔三·一三四四〕 中統、游本「處」作「処」，正德本「處」下衍「於」字。舊刻、中統、游本「廬」作「盧」。

**建元六大事格孝景太后崩**〔三·一三四四〕　秦本「太」作「大」。

**將位格青翟爲太子太傅**〔三·一三四四〕　秦本「傅」誤「傅」。

**元光元年相位格二**〔三·一三四四〕　中統、游、正德本「二」誤「一」。

**元光二大事格帝初之雍郊見五時**〔三·一三四四〕　游、正德本「時」誤「疇」。

**將位格太僕公孫賀**〔三·一三四四〕　柯本「太」作「大」。

**大行王恢爲將屯將軍**〔三·一三四五〕　中統本「屯」誤「師」。

**太中大夫李息**〔三·一三四五〕　毛、殿本「太」作「大」，下六年將位格「太中大夫衛青」「太中大夫公孫敖」並同。

**篡單于馬邑**〔三·一三四五〕　百衲、舊刻、王、南雍、秦、凌、程、毛、殿本同，中統、游、正德、柯、李本「篡」作「誘」。

**不合誅恢**〔三·一三四五〕　正德本「恢」上衍「王」字。

**元光三大事格決河於瓠子**〔三·一三四五〕　南雍、李、凌、殿本「於」作「于」。

**相位格四**〔三·一三四五〕　程本脱「四」字。

**元光四御史大夫格御史大夫敺**〔三·一三四五〕　南雍、毛、殿本同，潘本同，李本「敺」作「毆」，各本作「歐」。

**元光五大事格弃魏其侯市**〔三·一三四五〕　百衲、中統、游、王、柯、秦本同，潘本同，各本「弃」作「棄」。

**元光六將位格太僕公孫賀爲輕車將軍**〔三·一三四五〕 中統本「輕車」下衍「匈奴」二字。
**出雲中**〔三·一三四六〕 中統本「雲」作「云」，下同。
**皆擊匈奴**〔三·一三四六〕 中統本「匈奴」二字錯入上「輕車」下，當移正。
**元朔元年將位格軍代**〔三·一三四六〕 柯、李本「軍」誤「車」。
**元朔二將位格至高闕**〔三·一三四六〕 萬曆南雍及殿本「闕」作「闞」，舊校云：「『闕』，局本作『闞』，《衛將軍
傳》同，此誤。」
**元朔三大事格匈奴敗代太守友**〔三·一三四六〕 舊刻「友」誤「反」，注同。
**元朔四大事格匈奴入定襄代上郡**〔三·一三四六〕 舊刻同，各本「定」誤「寇」，潘本亦誤。程本「郡」誤
「都」。《志疑》云：「《史詮》曰：『「定襄」，「定」作「寇」，誤。』」
**元朔五相位格御史大夫公孫弘爲丞相**〔三·一三四六〕❶ 「弘」缺筆，下並同。
**將位格左内史李沮爲强弩將軍**〔三·一三四七〕❷ 百衲「强」作「彊」。
**元朔六將位格大將軍青再出定襄擊胡**〔三·一三四七〕 王本「青」空格。
**太僕賀爲左將軍**〔三·一三四七〕 潘本「太」作「大」。中統本「左」作「右」。

---

❶ 此條超出上欄綫三字，天頭處有王批云「頂格，與『將』字平」。
❷ 「弩」，原作「虜」，據嘉業堂本改。

**郎中令李廣爲後將軍**〔三・一三四七〕　毛本脱「郎」字。

**翕侯趙信爲前將軍**〔三・一三四七〕　舊刻同，各本無「前」字，潘本同。《志疑》云：「案信爲前將軍，缺一『前』字。」

**衛尉蘇建爲右將軍**〔三・一三四七〕　舊刻「右」作「左」，各本無此字，潘本同。《志疑》云：「案建爲右將軍，缺『右』字。」

**内史沮爲强弩將軍**〔三・一三四七〕　百衲、王、柯、南雍、秦、李、凌、程、殿本「强」作「彊」。

**皆屬青**〔三・一三四七〕　百衲、中統、游、正德、王、柯、秦、毛本此三字在上「敗身脱」下，此與舊刻、李、凌、程、殿本在表末，潘本同。

**元狩二**〔三・一三四八〕　凌本脱「二」字，《志疑》云：「湖本失刻『二』字。」

**大事格爲六安王**〔三・一三四八〕　游、正德本脱「六」字。

**將位格冠軍侯霍去病爲驃騎將軍**〔三・一三四八〕　正德本「騎」誤「騏」。

**博望侯張騫**〔三・一三四八〕　游本「騫」作「騫」。

**郎中令李廣**〔三・一三四八〕　潘本「廣」誤「庫」。

**御史大夫格御史大夫湯**〔三・一三四八〕　程本脱。

**元狩四將位格主爵趙食其爲右將軍**〔三・一三四八〕　中統本「主」誤「三」，游本誤「王」。

**元狩五大事格蔡坐侵園堧自殺**〔三・一三四九〕　百衲、游、正德、王、秦本「園」誤「圈」。中統本「堧」誤

「埃」。

相位格太子少傅武彊侯莊青翟爲丞相〔三・一三四九〕游、正德本「彊」作「强」。

元狩六大事格皇子閎爲齊王〔三・一三四九〕游本「閎」誤「閑」。

胥爲廣陵王〔三・一三四九〕中統本「胥」誤「延」。

元鼎元年大事格青翟有罪自殺〔三・一三四九〕正德本改倒書爲順書，與舊式不合。

元鼎二大事格四〔三・一三四九〕百衲、王、柯、南雍、秦、李、凌、程、毛、殿本「四」字在相位格，此與潘本及舊刻均錯。

相位格太子太傅高陵侯趙周爲丞相〔三・一三四九〕舊刻「太傅」作「大傅」。

元鼎四大事格商爲泗水王〔三・一三四九〕百衲、游本「商」作「啇」。游本「泗」誤「四」。

元鼎五大事格三月中〔三・一三五〇〕游、正德本「三」作「二」。

八月周坐酎金自殺〔三・一三五〇〕中統本脱此八字。

將位格衛尉路博德〔三・一三五〇〕舊刻「衛」誤「御」。

主爵楊僕爲樓舡將軍〔三・一三五〇〕舊刻同，潘本同，柯本「主」誤「王」。百衲、中統、游、正德、王、柯、南雍、秦、李、凌、程、殿本「舡」作「船」，程、毛本作「船」，下同。正德本下「舡」字亦作「船」。

元鼎六將位格故龍額侯韓説〔三・一三五〇〕毛、殿本「額」作「頟」。

御史大夫格〔三・一三五〇〕《索隱》出「御史大夫式」五字，各本無此文。《雜志》云：「此年缺御史大夫位，

《漢書·百官表》《漢紀·武帝紀》並曰元鼎六年『齊相卜式爲御史大夫』，《索隱》本出『御史大夫式』五字，注曰：『卜式也。』當據補。」

**太初二大事格正月戊申**〔三·一三五一〕　潘本「申」誤「甲」。

**相位格封葛繹侯**〔三·一三五一〕　游、正德本「繹」誤「驛」。

**天漢四將位格春貳師將軍李廣利出朔方云云**〔三·一三五二〕　中統本「貳」作「二」。凌本此文誤入下御史大夫格。

**因杅將軍公孫賀**〔三·一三五二〕　舊刻「杅」誤「杼」，柯、程本誤「杆」。

**太始元年**〔三·一三五二〕　《索隱》及百衲、舊刻、游、王、柯、秦本「太」作「大」。

**騆案班固云**〔三·一三五二〕　舊刻同，潘本同，各本無「騆案」二字。

**自此已後**〔三·一三五二〕　南雍、李、程、殿本「已」作「以」。

**征和二相位格涿郡太守劉屈氂爲丞相**〔三·一三五三〕　舊刻「氂」作「釐」，非，下同。

**征和三將位格御史大夫商丘成**〔三·一三五四〕　百衲、中統、游本「商」作「商」，下同。

**征和四相位格大鴻臚田千狄爲丞相**〔三·一三五四〕　本「秋」誤「狄」。

**後元二將位格都尉金日磾**〔三·一三五四〕　正德本「磾」誤「殚」。

**秺侯太僕楊安侯上官桀**〔三·一三五四〕　潘本同，各本「楊安」作「安陽」。游本「太」作「大」。舊校云：「『揚安』，局本作『安陽』，《漢書·外戚恩澤侯表》同，此誤。」

**孝昭元鳳三將位格擊烏丸**〔三·一三五五〕 南雍、李、程、殿本「丸」作「桓」。

**元鳳四**〔三·一三五六〕 舊刻脱「四」字。

**大事格三月甲戌** 「戌」缺筆，下五大事格，又元平元年相位格並同，潘本同。

**相位格十二月乙丑**〔三·一三五六〕 各本「十二月」作「三月」，潘本同。

**封宜春侯**〔三·一三五六〕 舊刻、中統、柯、凌、毛本同，各本「宜」作「富」。

**御史大夫格御史大夫楊敞**〔三·一三五六〕 毛本「楊」誤「揚」，下六相位格同。

**元鳳六將位格擊烏丸**〔三·一三五六〕 游本脱「丸」字。正德本「烏」誤「鳥」。程本「丸」作「桓」，李本誤「九」。

**元平元年相位格御史大夫蔡義**〔三·一三五六〕 程本「義」誤「議」。

**將位格光禄大夫龍額侯韓增**〔三·一三五六〕 舊刻「增」誤「魯」，中統、游、毛本作「曾」，正德本誤「會」。舊校云：「『增』，局本誤『曾』，凡四見，《漢書·宣帝紀》與此同。」

**右將軍張安世爲車騎將軍**〔三·一三五六〕 游本「爲」誤「兮」，正德本誤「號」。案中統本「爲」作「为」，游本誤認爲「兮」，「兮」形似「号」，正德本又誤爲「號」也。

**孝宣本始元年相位格二**〔三·一三五六〕 毛本「二」誤「三」，「三」字與前元平二相位格當互易。

**本始二**〔三·一三五七〕 舊刻「二」誤「一」。毛本脱「二」字一行，此年事誤入元平二，是元平無二年而有二年，本始有二年而反無二年矣。蓋錯簡也，當移正。

**相位格三**〔三・一三五七〕　毛本「三」作「二」，誤入元年二相位格。

**將位格七月庚寅御史大夫田廣明云云**〔三・一三五七〕　毛本此格誤入前元平二將位格，不知元平無二年也。

**龍額侯韓增**〔三・一三五七〕　百衲、王、柯、秦、殿本「額」作「頟」。百衲、南雍、李、凌、程、殿本「增」作「曾」，舊刻、中統、游、正德、王、柯、秦、毛本誤「會」。

**富民侯田順**〔三・一三五七〕　王、柯、秦、李本「田」誤「曰」。

**本始三**〔三・一三五七〕　李本「三」誤「二」。

**大事格二月戊子**〔三・一三五七〕　各本「二」作「三」，潘本同。

**相位格還皆自殺**〔三・一三五七〕　凌本「還皆」誤「遷延」。

**本始四大事格二月乙卯**〔三・一三五七〕　毛本同，各本「二」作「十」。舊校云：「《漢書・宣帝紀》『三月乙卯立皇后霍氏』，與此又異。」

**地節二將位格待中中郎將**〔三・一三五八〕　本「侍」誤「待」，毛本誤「時」。

**地節四相位格禹要斬**〔三・一三五八〕　南雍、李、凌、毛、殿本「要」作「腰」。

**神爵元年大事格上郊甘泉太畤汾陰后土**〔三・一三五九〕　游、正德本「太」作「大」，潘本同。

**將位格樂成侯許延壽爲强弩將軍**〔三・一三五九〕　百衲、南雍、李、程、殿本「强」作「彊」。

**酒泉太守辛武賢**〔三・一三五九〕　正德本「辛」誤「桒」。

**韓增爲大司馬車騎將軍**〔三・一三五九〕 舊刻同，潘本同，各本「增」作「曾」，正德本誤「會」。

**神爵二大事格殺栩**〔三・一三五九〕 舊刻「殺栩」作「殺栩」，與《漢書・郊祀志》合。

**出寶璧玉器**〔三・一三五九〕❶ 中統、游本「玉」作「王」。

**神爵三四月戊戌**〔三・一三五九〕 「戊」缺筆，潘本不缺，下永光二「三月壬戌」、陽朔四「閏月壬戌」並同。❷

**五鳳二相位格五月己丑增卒**〔三・一三六〇〕 各本「增」作「曾」。

**五鳳三相位格正月吉卒**〔三・一三六〇〕 王、柯、凌本脱「吉」字。

**甘露元年相位格二月丁未**〔三・一三六〇〕 程本「二」作「三」。

**甘露三大事格三月己丑**〔三・一三六〇〕 毛本「三」誤「二」。舊校云：「《漢書・宣帝紀》『三月己丑，丞相霸薨』，與此同。」❸

**御史大夫格太僕陳萬年**〔三・一三六〇〕 游、正德本「太」作「大」。

**孝元初元二**〔三・一三六一〕 秦本脱「二」字。《札記》云：「毛本自此年至永光五，當爲二十一葉。自建昭元至孝成建始三，當爲二十二葉，板心互誤。」

---

❶ 「璧」，原作「鼎」，據嘉業堂本改。

❷ 「永」，原作「元」，據嘉業堂本改。

❸ 二「己」字，原作「乙」，據嘉業堂本及《漢書》改。

**相位格五**〔三・一三六一〕　中統、游、正德本脱「五」字。

**初元五將位格平恩侯許嘉爲左將軍**〔三・一三六一〕　中統、游、正德本「左」作「右」。

**永元元年**〔三・一三六一〕　各本「永元」作「永光」，此涉下「元年」「元」字而誤。

**相位格免就第七月子長**〔三・一三六一〕　中統、游、正德、王、秦本「第」作「弟」，潘本同。各本「七月子長」倒書，在左，「免就第」在右，此互易。

**御史大夫格太子太傅韋玄成**〔三・一三六一〕　「玄」缺筆，下並同。潘本「太傅」「太」字作「大」，「玄」不缺筆，惟下「建昭三玄成薨」缺。

**永光二御史大夫格右扶風鄭弘**〔三・一三六二〕❶　游、正德本「弘」誤「引」。游本「右」誤「石」。

**永光三將位格侍中光禄大夫樂昌侯王商**〔三・一三六二〕　百衲、游、王、柯、南雍、秦本「商」作「商」，下同，潘本誤「南」。

**建昭二御史大夫格光禄勳匡衡**〔三・一三六二〕　「匡」缺筆，下同，潘本同。

**竟寧元年御史大夫格太子少傅張譚**〔三・一三六三〕　舊刻、毛本「太」作「大」。舊刻「傅」字空格。秦本「傅」誤「傳」。

**孝成建始元年**〔三・一三六三〕　毛本「始」誤「元」。

---

❶「光」，原作「元」，今改。

**建始三相位格賜金二百斤**〔三・一三六四〕　中統、舊刻本「百」作「伯」。

**將位格爲光禄大夫右將軍**〔三・一三六三〕　萬曆南雍本及殿本「右」作「左」。《札記》云：「《漢表》『右』作『左』，蓋從右轉左也，此誤。」舊校云：「王商以右將軍遷左將軍，任千秋以執金吾遷左將軍，表文甚明。」

**御史大夫格廷尉尹忠爲御史大夫**〔三・〕　毛本「廷」誤「延」。

**建始四相位格二月甲申**〔三・一三六四〕　各本「二」作「三」，潘本同。

**將位格任千秋爲左將軍**〔三・一三六四〕　舊刻、南雍、李、程、殿本同，各本「左」誤「右」。《札記》云：「官本『左』，與《漢表》合。各本誤『右』，蓋未見此本及舊刻、南雍諸本也。」

**十月己亥**〔三・一三六四〕　毛本「十月」誤「十一月」，舊校云：「《漢書・成帝紀》『冬十月，御史大夫尹忠以河決不憂職，自殺』，與此同。」

**尹忠自刺殺**〔三・一三六四〕　王、秦本脱「殺」字。

**陽朔二將位格張忠卒**〔三・一三六五〕　程、毛本脱。

**御史大夫格太僕王音爲御史大夫**〔三・一三六五〕　毛本「音」作「章」，潘本作「永」。《札記》云：「毛本『音』誤『章』，下年將位格同。」案此文無作「永」者，潘本「永」字當涉下年御史大夫格「于永」「永」字而誤，下三年將位格同。舊校云：「按兩『永』字皆涉下格『閏月壬戌，永卒』而誤。不知此『永卒』謂御史大夫于永，初無王永。」

**陽朔三光禄勳于永**〔三・一三六五〕　王本「于」誤「本」。

**陽朔四相位格右將軍光禄勳平安侯王章卒**〔三・一三六五〕　百衲、中統、舊刻、游、正德、王、南雍、秦、李、凌、毛、殿本同，正德本改倒書爲順書。柯本「章」作「音」，潘本作「永」。案爲右將軍者，王章也；爲車騎將軍者，王音也。此則是「章」非「音」，柯本誤。若潘本之誤「永」，更不待辨矣。

**將位格閏月壬戌**〔三・一三六五〕　舊刻「戌」誤「戊」。

# 卷二三　禮書第一

**禮書第一**〔四・一三七一〕　此篇補板，有《索隱》五十七條及贊，今依潘本。

**禄重者寵榮**〔四・一三七一〕　中統本「寵榮」二字倒。

**束縛以刑罰**〔四・一三七一〕　中統、游、正德本「縛」誤「縛」。

**所以揔一海内**〔四・一三七一〕　百衲、中統、舊刻、柯本同，毛本「揔」作「揔」，游、正德、南雍、秦、李、程本作「緫」，凌、殿本作「總」。

**爲之金輿錯衡以繁其飾**〔四・一三七一〕　百衲同，瞿氏據宋本同，毛本「錯」作「錯」，《索隱》及各本作「錯」。

**周禮王之五路有金路**〔四・一三七一〕　殿本「周禮」上有「駟案」二字，下兩引《周禮》，又引《論語》《山海經》《毛詩敘》，兩引《禮記》，又引《穀梁傳》《儀禮・士喪禮》並同。

**鄭玄曰**〔四・一三七一〕　「玄」缺筆，下並同。

**以金飾諸末**〔四・一三七一〕　各本「末」誤「木」，《札記》云：「『飾諸末』，吴校改，與《周禮注》合。」案此本正作「末」，蜀刻之可貴如此。

**耳樂鐘磬**〔四・一三七一〕　南雍、李、程、殿本「鐘」作「鍾」。

**周禮曰**〔四・一三七一〕 王、秦本「禮」作「礼」，下注「禘祫之禮」「周禮曰交龍爲旂」「禮記曰庶人祭於寢」「禮記曰乘素車」「周禮曰王祀昊天上帝」「麻冕禮也」，又引《儀禮・士喪禮》《禮記》並同。

**爲之琢磨圭璧以通其意**〔四・一三七二〕 毛本「璧」誤「辟」。

**王肅曰**〔四・一三七二〕 王、秦本「曰」誤「田」。

**朱絃洞越**〔四・一三七二〕 「絃」缺「玄」旁末點，注及下「鍾鼓管絃」「朱絃而通越」並同。

**大羹肉湆**〔四・一三七二〕 正德本「肉」誤「内」。

**救其雕敝**〔四・一三七二〕 《索隱》「敝」作「弊」。

**周衰禮廢樂壞**〔四・一三七三〕 本「壞」誤「壤」。

**自子夏門人之高第也**〔四・一三七三〕 《索隱》及南雍、李、程本同，各本「第」作「弟」。

**正百事之名**〔四・一三七四〕 正德本「正」上有「謂」字。

**至於高祖**〔四・一三七四〕 百衲、舊刻、程、毛本同，各本「於」作「于」。

**叔孫通頗有所增益減損**〔四・一三七四〕 中統、游本脱「孫」字。

**瓚曰**〔四・一三七四〕 正德、殿本「瓚」上有「臣」字。

**抵歸也**〔四・一三七四〕 毛本「歸」作「歸」。

**數千諫孝景曰**〔四・一三七四〕 游、王、毛本同，各本「千」作「干」，李本誤「于」。

**不稟京師**〔四・一三七四〕　百衲、王、毛本「稟」作「稾」，《甕牖閒評》云：「《班馬字類・上聲》『稾』字下從禾，又有『稟』字下從示，于從禾『稾』字下云《史記・禮書》『不稾京師』，于從示『稟』下云《漢書・西域傳》『須諸國稟食』，余疑『不稾京師』當從示作『稟』字，『須諸國稟食』卻當從禾作『稾』字，恐是其錯誤也。」案今所見《字類》二「稾」字均從禾，不當分「稟」「稾」爲二字。

**天子誅錯以解難**〔四・一三七四〕　王本「錯」誤「鍺」。

**瑞應辨至**〔四・一三七五〕　正德本「辨」作「辯」，下並同。

**蓋受命而王**〔四・一三七五〕　王、南雍、秦、李、程本「蓋」作「盖」，俗。

**議者咸稱太古**〔四・一三七五〕　王、秦本「太」作「大」。

**改年爲太初**〔四・一三七五〕　補板「年」作「元」。

**封太山**〔四・一三七五〕　正德、王、南雍、秦、李、程、殿本「太」作「泰」。

**禮由人起**〔四・一三七五〕　殿本此下低一格。

**故制禮義以分之**〔四・一三七六〕　南雍、程、殿本同，各本無「分之」二字，補板空二格，凌本旁注「一本『養人』上有『分之』二字」，《考證》云：「秦藩本、凌本皆無『分之』二字。」

**稻粱五味**〔四・一三七六〕　中統、舊刻、游、柯、南雍、秦、李、凌本同，各本「粱」作「梁」。

**鐘鼓管弦**〔四・一三七六〕　游、正德、南雍、李、殿本「鐘」作「鍾」。柯、李、凌本「鼓」作「皷」。中統、游、正德、王、南雍、秦、李、程、殿本「弦」作「絃」。

**疏房牀第几席**〔四·一三七六〕　百衲、中統、舊刻、游、正德、柯、秦、李、凌、毛、殿本同，游本「牀第」誤「牀第」。王、南雍、殿本無「几席」二字，《考證》云：「别本無『几席』二字，凌本以爲二字疑衍，臣照按《禮論》『疏房檖類牀第几筵，所以養體也』，此特删撮之耳，未必衍也。」瞿氏據宋本不脱「几席」二字。

**簀謂之第**〔四·一三七六〕　游、正德本「第」誤「第」，補板「簀」誤「簣」。

**前有錯衡**〔四·一三七六〕　中統、游本「衡」誤「行」。

**詩曰約軝錯衡毛傳云錯衡文衡也**〔四·一三七七〕❶　王、柯、南雍、秦、李、程、殿本並云「注見前」，以前「爲之金輿錯衡以繁其節」，《索隱》已引《詩傳》之文也，然彼《索隱》，此則《集解》，可以小司馬之注爲即裴注乎？甚矣明人之陋也。

**鄭玄曰**〔四·一三七七〕　毛本「曰」作「云」。

**和在軾前升車則馬動**〔四·一三七七〕　百衲「前升」二字倒，中統、游、正德本「升」誤「外」。

**鸞雀立衡也**〔四·一三七七〕　舊刻「立」作「在」。

**騵中韶護**〔四·一三七六〕　百衲、中統、游、王、柯、秦、毛本同，《字類》四《補遺》引同，各本「護」作「濩」，正德本注「護，湯樂也」，仍作「護」。

**騶者當馬掖之革**〔四·一三七七〕　毛本「掖」作「腋」。

---

❶「約」，原作「納」，據寶禮堂本改。

**音乎見反**〔四·一三七七〕　各本「乎」作「呼」，此脱口旁。

**金簿繆龍**〔四·一三七七〕　中統、游、正德本「薄」作「箔」。《索隱》及各本「繆」作「璆」，殿本《考證》云：「徐廣所云蓋本《續漢書·輿服志》文，劉昭注又引徐廣曰『繆，交錯之形也』，則字作『繆』不作『璆』明矣。」

**龍首衡軛**〔四·一三七七〕　殿本「衡」作「衜」。

**然后乘之**〔四·一三七六〕　百衲同，各本「后」作「後」。

**情勝之爲安**〔四·一三七八〕　《索隱》及百衲、中統、舊刻、游、正德、柯、凌、毛、殿本同，瞿氏據宋本同，王、南雍、秦、李、程本「勝」作「性」，凌本旁注「一本『勝』作『性』」。

**若者必滅**〔四·一三七八〕　正德本「滅」作「威」。

**彊固之本也**〔四·一三七九〕　《索隱》本「彊」作「强」，《考證》云：「《荀子·議兵篇》作『彊國』。」

**功名之揔也**〔四·一三七九〕　王、秦本「揔」作「總」，南雍、李、程、毛、殿本作「緫」。

**宛之鉅鐵**〔四·一三七九〕　舊刻、正德本「之」作「若」。中統、舊刻本「鐵」作「鐵」，注同。案《議兵篇》無「之」字。

**輕利剽遬**〔四·一三七九〕　百衲、舊刻、程、毛本同，各本「遬」作「遬」。

**然而兵殆於垂涉**〔四·一三七九〕　程本「殆」誤「怠」，《考證》云：「《議兵篇》作『垂沙』。」

**許慎曰**〔四·一三八〇〕　補板「慎」缺筆，舊校云：「補本於宋諱多不缺筆，惟此『慎』字獨缺筆，蓋亦宋刻本。」

**垂涉地名也**〔四·一三八〇〕　正德本無「也」字。

**參是豈無堅甲利兵哉**〔四·一三七九〕　《考證》云：❶「案《議兵篇》云『莊蹻起楚，分而爲四參』，蓋『參』即『三』字，原屬上句，《索隱》《正義》蓋仍傳襲之訛，而强爲之解。」《札記》云：「案『參』當作『叁』，在上句『四』字上，『是豈』連文屬下，與下文兩『是豈』句法一例。」

**汝潁以爲險**〔四·一三七九〕　舊刻、游、正德本「潁」誤「穎」。

**山海經白**〔四·一三八一〕　本「曰」誤「白」。

**飲於渭河**〔四·一三八一〕　王、南雍、秦、李本「河」誤「水」，殿本「渭河」作「河渭」。

**棄其杖**〔四·一三八一〕　中統、游本「棄」作「弃」。

**是豈無固塞險阻哉**〔四·一三七九〕　中統、游、正德本「險阻」作「阻險」，《札記》引吴校金板同。

**囚箕子**〔四·一三七九〕　秦本「囚」誤「因」。

**是豈令不嚴刑不陖哉**〔四·一三七九〕　百衲、中統、游、正德、毛本及補板同，《字類》四引同，各本「陖」作「峻」，《札記》云：「宋本、游、毛、吴校金板並作『陖』，《説文》『陖，峭高也』，他本作『峻』，義頗别。」

**試一作誡也**〔四·一三八二〕　正德本無「也」字。

**固塞不樹**〔四·一三八二〕　「樹」缺筆。

---

❶ 「考證」，原誤作「志疑」，《史記志疑》無此文，據國圖藏武英殿本附《考證》改。

**機變不張**〔四・一三八二〕　毛本「機」作「幾」。

**則下畏之如景響**〔四・一三八二〕　中統、游、正德本「景」作「影」。

**蓋殺一人刑二人而天下治**〔四・一三八二〕　程本「二」誤「一」。

**刑錯而不用**〔四・一三八二〕　百衲、中統、舊刻、游、正德、毛本同，各本「錯」作「措」。

**三者偏亡**〔四・一三八二〕　《索隱》出「偏亡」二字云「鄒音遍」，《字類》四「偏」下云：「《史記・禮書》『三者偏亡』，音遍。」

**禮記曰別子爲祖云云**〔四・一三八三〕　游本「禮」作「礼」，下注「麻冕禮也」，又引《儀禮・士喪禮》，兩引《禮記》，並同。

**函及士大夫**〔四・一三八三〕　《索隱》「函」作「啗」，云：「啗音含，鄒誕生音啗谷念反。今按《大戴禮》作『導及士大夫』，導亦通也。今此爲『啗』者，當以導與蹈同，其字『足』失『止』，唯有『口』存，故使解者穿鑿也。」案《荀子・禮論》楊倞注引司馬貞曰：「啗音含，苞也，言士大夫皆得包立社。」與此文又小異。《字類》二《補遺》引此作「函及士夫」。

**音含**〔四・一三八三〕　中統、游、正德、王、柯、南雍、秦、李、凌、程、殿本「音」上有「函」字，此句移「及士大夫」下。

**此兵法之賦**〔四・一三八四〕　正德本「法」下有「也」字。

**始封之者必爲其太祖**〔四・一三八四〕　正德本「祖」下有「也」字。

**庶人祭於寢**〔四·一三八四〕　程本「於」作「于」。

**不臑孰之也**〔四·一三八四〕　舊刻、游、正德、王、南雍、秦、李、殿本「孰」作「熟」，舊刻「臑」誤「嚅」。

**食先黍稷而飯稻粱**〔四·一三八四〕　各本「粱」作「梁」。

**嚌至齒**〔四·一三八五〕　本「嚌」誤「齊」。正德本「齒」下有「也」字。

**是謂大隆**〔四·一三八四〕　《索隱》及百衲、中統、舊刻、毛本同，各本「大」作「太」。

**豆之上大羹一也**〔四·一三八四〕　《索隱》「上」作「先」。

**辛入口也**〔四·一三八五〕　本「啐」誤「辛」。

**三宥之弗食也**〔四·一三八四〕　《索隱》「宥」作「侑」。

**大昏之未廢齊也**〔四·一三八四〕　《索隱》「昏」作「婚」，「廢」作「發」，《考證》云：「《禮論》作『發齊』。」

**太廟之未内尸也**〔四·一三八四〕　中統、游、正德本同，各本「太」作「大」。

**始絶之未小斂**〔四·一三八四〕　百衲、中統、游本同，毛本「未」作「末」。各本「斂」作「歛」。

**貴其質也**〔四·一三八五〕　王本「貴」誤「責」。

**素車殷輅也**〔四·一三八五〕　「殷」缺筆。

**郊之麻冕**〔四·一三八四〕　百衲、中統、舊刻、游、正德、毛本同，《札記》引吴校金板同，各本「冕」作「絻」，凌本旁注「一本『絻』作『冕』」。

**服大絿而冕**〔四・一三八五〕　本「裘」誤「絿」。

**大功已上散帶也**〔四・一三八五〕　毛本「已」作「以」。

**一倡而三歎**〔四・一三八四〕　舊刻、王、南雍、秦、李、凌、程本「倡」作「唱」，注仍作「倡」。王、南雍、秦、李、程、殿本「歎」作「嘆」。

**三人從歎**〔四・一三八五〕　正德本「歎」下有「也」字。

**縣一鐘**〔四・一三八四〕　「縣」缺筆，下「衡誠縣」及注同。中統、舊刻、游、正德、王、南雍、秦、李、殿本「鐘」作「鍾」。

**尚拊膈**〔四・一三八四〕　《索隱》本「膈」作「隔」。中統、游本「拊」誤「柎」。

**一作搏膝**〔四・一三八六〕　本「膈」誤「膝」。中統本「搏」誤「摶」。

**朱絃而通越**〔四・一三八四〕　中統、舊刻、游、正德、柯、凌本「絃」作「弦」。《考證》云：「按楊倞注《禮論》引《史記》作『洞越』，今本作『通』，轉與《荀子》不異，倞唐人，所見本必不誤。」

**終乎稅**〔四・一三八六〕　游、王、秦本「稅」誤「銳」。

**故至備請文俱盡**〔四・一三八六〕　各本「請」作「情」，《字類》二《補遺》「請」下云：「《史記・禮書》『禮至備，請文俱盡』，古『情』字。」案《集解》徐廣曰：「古『情』字或假借作『請』，諸子中多有此語。」是徐所據本是「請」字，若作「情」，不當言諸子中多有此比矣。此本作「請」，與《字類》補遺所引合，較他本爲勝。下「其次請文代勝」「其下復請以歸太一」，此本並作「請」，各本作「情」。

**古情字或假借作請**〔四・一三八七〕　毛本「假」作「叚」。

**太史公曰**〔四・一三八七〕　中統、舊刻、游、正德、凌、殿本不提行。楊慎云：「慎按《荀子・禮論》『以爲上則明』，之下繼曰『萬變而勿亂，貳之以喪也，禮豈不至矣哉』云云，褚少孫乃除此二句，並『禮豈不』三字，而加之以『太史公曰』，殊爲無謂。」

**而天下莫之能益損也**〔四・一三八七〕　正德本「益損」作「損益」。

**本末相順**〔四・一三八七〕　柯本「末」誤「未」。

**入焉而望**〔四・一三八八〕　《索隱》及百衲、中統、舊刻、游、正德、柯、李、凌、毛本同，王、南雍、秦、程、殿本「望」作「嗛」，凌本旁注「一本『望』作『嗛』」。

**入焉而墜**〔四・一三八八〕　《索隱》「墜」作「隊」。

**恣睢**〔四・一三八八〕　《札記》云：「恣睢，宋本誤『睢』，毛同。」

**則不可欺以曲直衡誠縣**〔四・一三八八〕　王、秦本脱此十字。

**鄭玄曰衡稱也縣謂鍾也**〔四・一三八九〕　中統、游、正德本「錘」誤「鍾」。王、秦本脱此條。

**則不可欺以方員**〔四・一三八八〕　正德本「員」作「圓」，下「方員之至也」同，中統、游本此句作「員」，下句作「圓」。

**然而不法禮者**〔四・一三八八〕　中統、游本「法」誤「發」。

**方猶道也**〔四・一三八九〕　正德本脱「猶」字。

**以隆殺爲要**〔四·一三九〇〕《索隱》出「隆文煞用」四字，云「隆猶厚也，煞猶薄也」，各本以爲此句注，但「隆文煞用」四字，《史》文及《集解》均無之，豈有缺文乎？

**文貌情用**〔四·一三九〇〕❶ 百衲、毛本同，各本「用」作「欲」。

**步驟馳騁廣𪆫不外是以君子之性守宫庭也**〔四·一三九〇〕❷ 「𪆫」爲「鶩」之駁文，《禮論》「步驟馳騁厲鶩不外是矣，是君子之壇宇宫廷也」即此文之所本，「廣鶩」當作「厲鶩」，「是以」當作「是矣」，「性守」當作「壇宇」，皆因形近而譌。《志疑》謂：「『性守』當爲『壥宇』，隸書『壥』字或作『㙻』，形與『性』相近，『壥』與『壇』古字通。」此更輾轉以求通其説，失之迂曲矣。

**外是民也**〔四·一三九〇〕《索隱》「民」作「人」，避太宗諱。

---

❶ 此條原在「以隆殺爲要」條上，據寶禮堂本移。

❷ 「以」，原脱，據寶禮堂本補。「性」，原作「惟」，據寶禮堂本改。

# 卷二四　樂書第二

**至於君臣相敕**〔四·一三九七〕　王、南雍、秦、李、程、毛、殿本同，百衲、中統、舊刻、游本「敕」作「勅」，正德、柯、凌本作「勑」。

**萬事墮壞**〔四·一三九七〕　程、毛本同，各本「墮」作「憧」。

**推己懲艾**〔四·一三九七〕　「懲」缺「徵」末筆。

**善守善終哉**〔四·一三九七〕　王、柯、秦本脱「哉」字。

**君子不爲約則修德**〔四·一三九七〕　百衲、中統、游、正德、南雍、李、殿本同，各本「修」作「脩」。

**安能維始**〔四·一三九七〕　百衲、毛本同，各本「維」作「惟」。

**君子以謙退爲禮**〔四·一三八九〕　《字類》二「嗛」下云：「《史記·樂書》『君子以嗛退爲禮』，音謙。」又四「退」下云：「《史記·樂書》『君子以嗛退爲禮』，與退同。」則宋人所見本「謙退」作「嗛退」，亦作「嗛退」。

**噭噭之聲興而士奮**〔四·一三八九〕　百衲、中統、舊刻、游、南雍、李、凌、毛、殿本同，《索隱》及各本「噭」作「嘄」，《字類》四及五引並同，正德本誤「嘄」。王、秦本「士」誤「自」。

**封君世辟**〔四·一三八九〕　游、正德、王、秦本「世」誤「是」。

**猶莫之化**〔四・一三八九〕　王、秦本「化」下有「也」字。

**陵遲以至六國**〔四・一三八九〕　百衲、中統本同，各本「遲」作「遟」，下「敢問遲之」「遲而又久」，注「歌遲之也」「遲之遲謂久立於綴」「一作遲」「言武遲久」，❶並同。

**朝廷下至人民**〔四・一三九九〕　正德、凌、程本「朝廷」上有「上自」二字，凌本旁注「『上自』二字，舊本缺」。

**今殷勤**〔四・一三九九〕　「殷」缺筆，下並同。

**而后行遠乎**〔四・一三九九〕　舊刻、毛、殿本「后」作「後」，各本與此同。

**令沛得以四時歌儛宗廟**〔四・一三九九〕　舊刻「儛」作「舞」，《字類》三引作「憮」。

**習常隸舊而已**〔四・一三九九〕　程本「隸舊」誤「舊隸」，游、正德本「隸」作「𨽻」，不成字。《札記》云：「『肄』誤『隸』，《考證》改，注同。」案《正義》「隸音異」，則其字當作「肄」矣。

**令侍郎中李延年**〔四・一四〇〇〕　中統、舊刻本「中」誤「郎」。

**漢家常以正月上辛**〔四・一四〇〇〕　《御覽》十九引「家」作「世」，又三十及三百七十引作「漢家」。

**以昏時夜祠到明而終**〔四・一四〇〇〕　《御覽》十九引作「以昏祠到明而終」，又三十引「以昏時祠到明」，又三百七十引「夜到明」。

**常有流星經於祠壇**〔四・一四〇〇〕　《御覽》五百七十引作「忽有流星至於祠壇」。

---

❶ 「遲謂」，原作「又」，據寶禮堂本改。

**上使僮男僮女七十人**〔四·一四〇〇〕　《北堂書鈔》一百六引作「使童男女七十餘人」，《御覽》十九引「僮男僮女」作「童子童女」，又五百七十引作「童男女」。

**秋歌西暤**〔四·一四〇〇〕　百衲同，各本「暤」作「皡」，注同，《御覽》十九引作「皓」。《書鈔》引「西暤」作「四皓」，非。

**西方少皥也**〔四·一四〇〇〕　《御覽》引作「西方少昊」。

**冬歌玄冥**〔四·一四〇〇〕　「玄」缺筆。中統、舊刻、游、正德本「冥」作「明」，蓋涉上「朱明」而誤。正德本此下有注云「韋昭曰『北方玄明也』」，各本無，誤衍。

**南陽新野有暴利長**〔四·一四〇一〕　王、秦本「長」誤「常」。

**屯田焞煌界**〔四·一四〇一〕　百衲同，各本「焞」作「燉」。

**云從水中出**〔四·一四〇一〕　正德本「出」下有「也」字。

**太一貢兮天馬下**〔四·一四〇〇〕　《索隱》「兮」作「弓」，傳寫之誤。《類聚》九十三引漢《天馬歌》作「太一貺天馬下」，《御覽》五百七十引亦作「貺」。

**霑赤汗兮沫流赭**〔四·一四〇〇〕　《類聚》《御覽》引「霑」作「沾」，《御覽》重「沾」字。

**汗血沾濡也**〔四·一四〇一〕　正德本「濡」作「霈」。

**騁容與兮跇萬里**〔四·一四〇一〕　《御覽》漏引此句。《類聚》作「體容與迣萬里」，上有「志俶儻，精權奇，籋浮雲，晻上馳」十三字。

**跐謂超踰也**〔四·一四〇一〕　正德本「超」誤「越」。

**今安匹兮龍爲友**〔四·一四〇一〕　游、正德、王、南雍、秦、李、程、殿本「爲」作「與」。《御覽》引「匹」作「疋」。

**馬名蒲梢**〔四·一四〇一〕　《御覽》引「稍」誤「桃」。

**天馬來兮從西極**〔四·一四〇一〕　《類聚》此下無「經萬里兮歸有德」二句，「涉流沙兮四夷服」作「涉流沙九夷服」，下有「天馬來歷無草」云云三十六字。

**承靈威兮降外國**〔四·一四〇一〕　《御覽》引「靈威」作「威靈」。

**上默然不說**〔四·一四〇一〕　中統、舊刻、游、正德、殿本「說」作「悦」。

**丞相公孫弘曰**〔四·一四〇一〕　「弘」缺筆，下並同。

**凡音之起由人心生也**〔四·一四〇二〕　此與各本連上不提行，殿本另行，低一格。

**鄭玄曰**〔四·一四〇二〕　「玄」缺筆，下同，惟六葉九「玄」字，十三葉十一「玄」字，十五葉八「玄」字，十九葉十一「玄」字，二十葉「端玄衣也」不缺。

**宫商角徵羽**〔四·一四〇二〕　中統、游、正德、李本「商」誤「商」，下並同。

**謂哀樂喜怒和敬之事**〔四·一四〇二〕　「敬」缺筆，下並同，惟「莊誠之音作而民肅敬」「足行恭敬之容」兩「敬」字不缺。

**見於聲**〔四·一四〇二〕　正德本「聲」下有「也」字。

**其聲噍以殺**〔四·一四〇二〕　《索隱》本出「焦以殺」三字云：「焦音如字，鄒云作『噍』，音將妙反。」則此作「噍」

者，鄒氏所改，非小司馬所據本。

**嘽寬綽之皃**〔四·一四〇三〕百衲、毛本同，各本「皃」作「貌」。

**感於物而后動**〔四·一四〇二〕百衲同，各本「后」作「後」。

**非有常**〔四·一四〇四〕正德本「常」下有「也」字。

**是故先王慎所以感之**〔四·一四〇二〕「慎」缺筆。

**政以壹其行**〔四·一四〇二〕王、南雍、秦、李、程、殿本「壹」作「一」。

**其政和**〔四·一四〇四〕柯本「政」作「正」，下「其政乖」「與政通矣」並同。《札記》云：「警云：『正文作「正」，故《正義》有「正政同也」四字。』案錢説是也。他本作『正』，後人所改。」

**一作煩**〔四·一四〇五〕中統本「煩」誤「頌」。正德本「一」上有「乖」字。

**居中揔四方**〔四·一四〇五〕正德、凌、毛、殿本「揔」作「總」。

**徵爲事**〔四·一四〇四〕「徵」缺筆，下同，惟三十葉「徵動心而和正」「禮聞徵音，使人樂善而好施」二「徵」字不缺。

**則無沾懘之音矣**〔四·一四〇四〕百衲、毛本同，《字類》四《補遺》引同，《索隱》本出「苫滯」二字，云：「又本作『沾懘』。」則小司馬所據本作「苫滯」，此作「沾懘」，乃別一本也。中統、舊刻、游、王、柯、南雍、秦、李、凌、程、殿本「沾懘」作「沾滯」。

**沾懘弊敗不和之皃也**〔四·一四〇六〕百衲同，南雍、李、程、殿本「懘」作「滯」，王、秦本誤「帶」。各本

「皃」作「貌」。

**荒猶散**〔四·一四〇六〕　正德本「散」下有「也」字。

**商亂則搥**〔四·一四〇四〕　《索隱》及王、南雍、秦、程、殿本「搥」作「槌」。

**槌今禮作陂也**〔四·一四〇六〕　游本「禮」作「礼」，下並同。

**則能平君臣民事物之禮**〔四·一四〇八〕　各本「平」作「正」。

**清廟謂作樂歌清廟**〔四·一四〇九〕　正德本「廟」下有「也」字。

**於清廟中所鼓之瑟**〔四·一四〇九〕　正德本「瑟」下有「也」字。

**朱絃而疏越**〔四·一四〇七〕　毛本脱此句並《集解》。

**越瑟底孔盡**〔四·一四〇九〕　殿本「盡」作「畫」。

**疏之使聲達**〔四·一四〇九〕　各本「達」作「遲」，正德本下有「也」字。

**一倡而三歎**〔四·一四〇七〕　舊刻、正德本「倡」作「唱」。王、南雍、秦、李、程、殿本「歎」作「嘆」。

**遺猶在也**〔四·一四〇九〕　各本「在」作「餘」，正德本下有「也」字。

**未盡音之極**〔四·一四〇九〕　正德本「未」上有「言」字，「極」下有「也」字。

**有餘味者矣**〔四·一四〇七〕　各本「餘」作「遺」。

**教之使知好惡**〔四·一四〇九〕　正德本「惡」下有「也」字。

**欲音容**〔四·一四一〇〕　各本「欲」作「頌」，此誤。

**今礼作欲**〔四·一四一〇〕　游本同，各本「礼」作「禮」。

**物至知知**〔四·一四一〇〕　秦本「物」上衍「一」字。

**然後情之好惡見**〔四·一四一〇〕　正德本「見」下有「也」字，又「隨物變化」，又「無所不爲」下並有「也」字。

**於是有悖逆詐僞之心**〔四·一四一〇〕　柯本「僞」作「爲」。

**是故强者脅弱**〔四·一四一〇〕　舊刻同，各本「强」作「彊」。

**衆者暴寡**〔四·一四一〇〕　「寡」字泐，依潘本補，下「老幼孤寡」補「老幼孤」三字，「是故先王制禮樂」補「王制」二字。案此七葉潘本「玄」「敬」等字並不缺筆，蓋後人羼入，今仍據原本，用潘本參校。❶

**老幼孤寡**〔四·一四一〇〕　中統「幼」作「弱」。

**鐘鼓干戚**〔四·一四一〇〕　中統、舊刻、游、正德、柯本「鐘」作「鍾」。王、南雍、秦、李殿本「鼓」作「皷」。潘本「干」誤「千」。

**鄉飲酒**〔四·一四一一〕　毛本「酒」誤「禮」。正德本「酒」下有「也」字。

**禮節民心**〔四·一四一〇〕　程本「節」誤「接」。

---

❶ 整條校語原作「空格寡字」，爲管氏改補。

**異謂別貴賤**〔四·一四一一〕 正德本「賤」下有「也」字。

**流遁不能自還**〔四·一四一一〕 正德本「還」下有「也」字。

**離析而不親**〔四·一四一一〕 正德本「親」下有「也」字。

**合情飾皃者**〔四·一四一一〕 百衲同，各本「皃」作「貌」，下注「敬在皃」同，潘本同。

**欲其並行彬彬然**〔四·一四一二〕 中統、游、正德本「彬彬」誤「林林」。正德本「然」下有「也」字。

**禮義有則貴賤等矣**〔四·一四一一〕 各本「有」作「立」，此誤，潘本亦作「立」。

**等階級**〔四·一四一二〕 正德本「級」下有「也」字。

**文猶動**〔四·一四一三〕 正德本「動」下有「也」字。

**大禮必簡**〔四·一四一二〕 正德本「大」誤「太」。

**易簡若於清廟大饗然**〔四·一四一三〕 正德本「然」下有「也」字。

**揖讓而治天下者**〔四·一四一二〕 「讓」缺筆，下並同。

**然則聖人精氣謂之神**〔四·一四一四〕 正德本「人」下衍「之」字。

**周因於殷**〔四·一四一五〕 凌本「於」誤「與」。正德本「殷」下有「是也」二字。

**有其時然後得立其事**〔四·一四一五〕 正德本「事」下有「也」字，下「有功然後得受其名」同。

**故鐘鼓管磬**〔四·一四一四〕 中統、舊刻、游、正德本「鐘」作「鍾」。李本「鼓」作「皷」，俗。

**級今禮作綴**〔四·一四一五〕　南雍、李、程本無「今」字。

**騶案鄭玄曰**〔四·一四一五〕　正德本「騶案」作「裴駰曰」，下云「按鄭玄曰」；王、柯、秦本無「騶案」二字，「鄭」上空一格。

**兆其外營域**〔四·一四一五〕　正德本「域」下有「也」字。

**周旋裼襲**〔四·一四一四〕　凌、程、殿本「裼」誤「褟」。

**識禮樂之文者能術**〔四·一四一四〕　百衲、毛本同，各本「術」作「述」，下「術者之謂明」「明聖者術作之謂也」並同。《字類》五「述」下云：「《史記·樂書》『識禮樂之文能術』，又『術者之謂明』『術作之謂也』，《禮記》作『述』。❶今《史記》别本有作『述』者，後人改也。」

**述謂訓其義**〔四·一四一六〕　正德本「義」下有「也」字，下「别謂形體異」，又「言法天地」，又「質猶本」，並同。

**事于山川鬼神**〔四·一四一六〕　毛本「于」作「於」，王、秦本誤「干」。

**自天子至民人**〔四·一四一七〕　正德本「民人」作「庶人」。

**功主于王業治主于教民**〔四·一四一八〕　正德本上「主」字誤「王」。王、南雍、秦、程、殿本下「于」字作「乎」。毛本二「于」字並作「於」。

---

❶「禮記」，原作「禮」，據《四部叢刊三編》汲古閣影宋鈔本《班馬字類》補。

**駰案鄭玄曰**〔四・一四一八〕　正德本「駰」上衍「裴」字,「案」作「按」。

**辨偏也**〔四・一四一八〕　中統、正德、毛本同,各本「偏」作「徧」,是。

**干戚之儛**〔四・一四一七〕　百衲、中統、舊刻、游、正德、毛本同,各本「儛」作「舞」。

**至敬不饗味而貴氣臭**〔四・一四一八〕　南雍、李本「饗」作「享」,程本誤「亨」。中統本「貴氣臭」作「氣貴息」,誤。正德本「臭」下有「矣」字。

**言其有損益**〔四・一四一八〕　正德本「益」下有「也」字。

**害在淫夸**〔四・一四一八〕　百衲、毛本同,各本「夸」作「侉」。

**禮人之所勤**〔四・一四一八〕　正德本「勤」下有「也」字。

**害在倦略**〔四・一四一八〕　百衲「倦」誤「偏」。

**敦厚也**〔四・一四一八〕　柯本「厚」誤「湢」。

**禮爲異**〔四・一四一九〕　正德本「異」下有「也」字,下「樂爲同」同。

**秋歛冬藏**〔四・一四一七〕　百衲、毛、殿本同,各本「歛」作「斂」。

**敦和樂貴同**〔四・一四一九〕　王本「敦」誤「孰」。正德本「同」下有「也」字。

**禮者辨宜**〔四・一四一七〕　王、秦本「辨」作「辯」。

**居鬼品處人鬼之志**〔四・一四一九〕　正德、王、南雍、秦、李、程、殿本「志」下有「也」字。案凡游本無

「也」字而正德本有者均衍，此條則王、秦、南雍諸本亦然，下有同此者，並沿正德本之譌。

**象山澤**〔四・一四二〇〕　正德本「澤」下有「也」字。

**小者隨陰陽出入**〔四・一四二〇〕　正德、王、南雍、李、程、殿本「入」下有「也」字。

**命生之長短**〔四・一四二〇〕　正德本「短」下有「也」字。

**象光耀**〔四・一四二〇〕　柯本「耀」誤「糴」。

**形體皃**〔四・一四二〇〕　百衲同，各本「皃」作「貌」。

**地氣上隮**〔四・一四二〇〕　王、秦本「隮」誤「濟」，注「隮升也」同。

**鼓之以靁霆**〔四・一四二〇〕　百衲、王、南雍、秦、李、凌、程、殿本同，《字類》一引同，毛本「靁」作「雷」，各本作「雷」。

**而百化興焉**〔四・一四二一〕　各本「百」下有「物」字，《札記》云：「『物』字衍。」

**百物化生**〔四・一四二一〕　正德本「生」下有「也」字。

**及夫禮樂之極乎天而蟠乎地**〔四・一四二一〕　舊刻「極」下無「乎」字。

**高遠三辰也**〔四・一四二二〕　王、秦本「也」誤「如」。

**則其間無所不之**〔四・一四二二〕　中統、游、正德、秦本「之」誤「知」。正德、秦、殿本下有「矣」字。

**昔者舜作五弦之琴**〔四・一四二三〕　「弦」缺筆，下「故北面而弦」「弦匏笙簧」「故舜彈五弦之琴」及注並同，餘不缺。中統、舊刻、游、正德、王、柯、凌本「弦」作「絃」。《字類》二《補遺》引「舜作五弦琴」。

**其辭未聞之也**〔四·一四二三〕　各本無「之」字。

**南風之熏兮**〔四·一四二三〕　百衲、毛本同，《索隱》及各本「熏」作「薰」。

**夔欲舜與天下之君共此樂**〔四·一四二四〕　南雍本「與」作「𠬪」。正德本「樂」下有「也」字。

**五**穀**時孰**〔四·一四二三〕　百衲作「穀」，各本作「穀」。百衲、中統、舊刻、游、正德本「孰」作「熟」。

**其舞行級短**〔四·一四二三〕　柯、凌本脱「行」字。

**謚者行之迹**〔四·一四二四〕　正德本「迹」下有「也」字。

**言堯德章明**〔四·一四二四〕　正德本「明」下有「也」字。

**堯增修而用之**〔四·一四二五〕　游、柯、凌、程本「修」作「脩」。

**言能繼堯之德**〔四·一四二五〕　正德本「德」下有「也」字，下「言禹能大堯舜之德」同。

**殷曰大護**〔四·一四二五〕　南雍、李、凌、程、殿本「護」作「濩」。

**皆象君之德**〔四·一四二六〕　正德本「德」下有「也」字。

**善酗以致獄訟**〔四·一四二六〕　正德本「訟」下有「也」字。

**是故先王因爲酒禮**〔四·一四二五〕　柯本「禮」作「礼」，下「一獻之禮」「禮者所以閉淫也」「必有禮以哀之」「必有禮以樂之」「皆以禮終」「禮也者報也」「而禮反其所自始」「淫樂廢禮」及注並同。

**以喻多也**〔四·一四二六〕　毛本「喻」誤「到」。

**大事謂死喪**〔四·一四二七〕　正德本「喪」下有「也」字。

**而禮有往來**〔四·一四二七〕　毛本「有」誤「者」。正德本「來」下有「也」字。

**周之民樂其伐紂而作韶武也**〔四·一四二八〕　殿本無「韶」字。

**龍旂九旒**〔四·一四二八〕　《字類》二《補遺》引「旒」作「斿」，與《禮書》同。此十三葉自此句至「陳樽俎」係補板，多脱誤，今依潘本。潘本此葉「玄」字不缺筆，補板同。

**公羊傳曰云云**〔四·一四二八〕　殿本上有「騆案」二字，各本無。此注凡二十五字，補板脱。

**統同和合也**〔四·一四二九〕　殿本「同」，下重「同」字。

**辨異異尊卑之位**〔四·一四二九〕　正德本「位」下有「也」字。

**禮樂見天地之誠**〔四·一四二八〕　殿本同，各本「見」作「順」，補板同。《考證》云：「監本作『順天地之誠』，按《樂記》作『禮樂見天地之誠』，《正義》云『見，胡練反』，又云『見地之情，見天之情』，可知古本亦作『見天地之情』也，今依《樂記》改正。」

**興猶出也**〔四·一四二九〕　王、秦本「出」誤「也」。

**而凝是精粗之體**〔四·一四二九〕　補板「凝」誤「疑」，注同。

**鄭玄曰凝猶成也**〔四·一四三〇〕　補板脱「鄭玄曰」三字。

**精粗謂萬物大小也**〔四·一四三〇〕　中統諸本「萬」作「万」，補板同。

**則天地將爲昭焉**〔四·一四三〇〕　百衲、毛本「昭」誤「紹」。

**天地欣合**〔四・一四三〇〕　游本「欣」誤「所」。

**氣曰煦體曰嫗**〔四・一四三〇〕　補板「氣」作「气」，「體」作「体」，又下「故歸此也」，「歸」作「帰」，皆俗省字。

**然后草木茂**〔四・一四三〇〕　百衲同，各本「后」作「後」，補板同。

**蟄蟲昭蘇**〔四・一四三〇〕　王、秦、李、殿本「蟲」作「虫」，中統、游、毛本注同。百衲、毛本「蘇」作「穌」，《字類》一「穌」下云：「《史記・樂書》『蟄蟲昭穌』，與『蘇』同。」

**肉敗曰殰**〔四・一四三一〕　凌本「肉」作「内」，《札記》云：「與《記》注合。」

**故歸此也**〔四・一四三一〕　毛本「歸」作「帰」，下注「明以整歸德也」同。

**樂者非謂黄鐘大吕弦歌干揚也**〔四・一四三一〕　舊刻、王、柯、南雍、秦、李、凌、毛、殿本「鐘」作「鍾」。《索隱》「揚」作「楊」。《字類》二《補遺》引作「樂者，非謂黄鍾大吕干揚也」。

**揚越也**〔四・一四三一〕　殿本「越」作「鉞」，與《索隱》所引鄭注合。

**樂師辨乎聲詩**〔四・一四三一〕　百衲、中統、舊刻、游、正德、毛本同，王、柯、南雍、秦、李、凌、程、殿本「辨」作「辯」，注同，下宗祝、商祝並同。

**弦謂鼓琴瑟**〔四・一四三二〕　正德本「瑟」下有「也」字。

**商祝辨乎喪禮**〔四・一四三二〕　百衲「商」誤「商」，注同。

**商人教以敬於接神**〔四・一四三二〕　正德本「神」下有「也」字。

**乃可制作以爲治**〔四·一四三三〕　正德本「治」下有「也」字。

**然后心術形焉**〔四·一四三三〕　百衲同，各本「后」作「後」。

**是故志微焦衰之音作**〔四·一四三三〕　王、柯本脱「志」字。

**吴公子札曰**〔四·一四三四〕　王本「札」誤「禮」。

**其細已甚**〔四·一四三四〕　正德本作「謂其細已甚是也」，秦本亦有「是也」二字。

**而民剛毅**〔四·一四三三〕　「民」字泐，潘本完好。《字類》二「剄」下引《史記·樂書》「而民剄毅」。

**肉好言音之洪美**〔四·一四三五〕　《索隱》引王肅説，「美」作「潤」。正德本「美」下有「也」字。

**剛氣不怒**〔四·一四三五〕　王、柯、秦、凌本「剛」作「剄」。

**然後立之學等**〔四·一四三五〕　百衲「後」作「后」。

**各用其材之差學之也**〔四·一四三六〕　百衲作「各用其材之學差也」。毛本「材」下脱「之」字。

**文采謂節奏合也**〔四·一四三六〕　正德本「合」上衍「翕」字。

**法其德厚薄也**〔四·一四三六〕　百衲無「薄」字，《札記》云：「《集解》『法其德厚也』，宋本與《記》注合。」

**孫炎曰**〔四·一四三七〕　舊刻「孫炎」誤「鄭玄」。

**作□器**〔四·一四三七〕　空格「樂」字。

**大小稱十二律**〔四·一四三七〕　《索隱》引孫炎説，「大小」作「小大」，「律」下有「也」字，正德本亦有。

**始於宫**〔四·一四三七〕　王、秦本「宫」誤「官」。

**商爲臣**〔四·一四三七〕　中統、游、正德本同，各本「商」作「商」。

**使親疏貴賤長幼男女之理**〔四·一四三五〕　百衲、凌本同，各本「疏」作「踈」。

**水煩則魚鱉不大**〔四·一四三七〕　中統、舊刻、正德本「鱉」作「鼈」。

**慢易以犯節**〔四·一四三七〕　游、正德本「慢」作「謾」。

**流湎以忘本**〔四·一四三七〕　百衲、中統、舊刻、游、正德、毛本同，《札記》引吴校金板同，各本「湎」作「湎」。

**不流聽明**〔四·一四三九〕　百衲、中統、游、王、柯、秦、毛本同，毛本「流」下有「於」字。各本「流」作「留」。凌本旁注「留，一本作『流』」，《札記》云：「凌本『留』字，與《記》合。」案舊刻、正德、南雍、李本並作「留」，在凌氏前。

**使耳目鼻口心知百體**〔四·一四三九〕　正德本「知」誤「智」。

**然后發以聲音**〔四·一四三九〕　百衲同，各本「后」作「後」。

**言日月晝夜**〔四·一四四一〕　王、秦本「晝」誤「畫」。

**清謂蕤賓至應鐘也**〔四·一四四一〕　中統、游、王、柯、南雍、秦、李、毛、殿本「鐘」作「鍾」，下「濁謂黄鐘至仲吕也」同，程本此文作「鐘」，下文作「鍾」。

**然后樂氣從之**〔四·一四四三〕　百衲同，各本「后」作「後」，下「然后治其飾」同。

**三步爲一節者**〔四·一四四五〕　毛本「一」字空格。

**以見伐之道也**〔四·一四四五〕　各本無「之」字。

**復亂以飭歸**〔四·一四四四〕　百衲、毛本同，舊刻「飭」作「飭」，中統、游、正德、柯、凌本作「飭」，王、南雍、秦、李、程、殿本作「飾」，凌云：「按陳灝云：『飾』作『飭』。」《札記》云：「『飭』即『飭』字之隸變，王本誤『飾』，注同。」

**謂鳴鐃而退**〔四·一四四五〕　本「鐃」誤「鐃」。

**奮疾而不拔**〔四·一四四四〕　各本「拔」下有「也」字，舊刻本「拔」作「南北」，非。《札記》云：「《記》無『也』字，疑衍。」案此本無「也」字，正與《記》合。

**若樹木得疾風而不拔**〔四·一四四五〕　「樹」缺筆，正德本「拔」下有「也」字。

**樂能使仁獨樂其志**〔四·一四四六〕　各本「仁」下有「人」字，此脱。

**故治心也**〔四·一四四七〕　程本「治心」誤「心治」。

**油新生好皃**〔四·一四四七〕　百衲同，各本「皃」作「貌」。

**德煇動乎内**〔四·一四四六〕　程本「煇」作「輝」，注同。

**舉而錯之天下無難矣**〔四·一四四七〕　百衲、王、柯、南雍、秦、李、凌、程、毛、殿本同，中統、舊刻、游、正德本「錯」作「措」。

**自謙損也**〔四·一四四八〕　《索隱》引王肅説，「損」作「慎」。

**樂主其盈**〔四·一四四八〕　中統本「主」誤「王」。

**人所懽也**〔四·一四四八〕　游、正德、王、秦本「懽」誤「攉」，南雍、李、程、殿本作「歡」。

**文猶美也**〔四·一四四八〕　秦本「美」誤「荑」。

**所以進德修業也**〔四·一四四八〕　正德、程本「修」作「脩」。秦本「業」誤「樂」。

**樂充氣志而反正也**〔四·一四四八〕　毛本「志」誤「至」。

**三肅曰**〔四·一四四八〕　本「王」誤「三」。

**而樂有反**〔四·一四四八〕　《索隱》出「樂主其反」四字，疑即此文。

**反謂曲終還更始**〔四·一四四九〕　《索隱》引孫炎説，「始」下有「也」字，正德本亦有。

**不銷不放**〔四·一四四九〕　正德本「放」下有「也」字。

**不可過**〔四·一四五〇〕　正德本「過」下有「也」字。

**比物謂雜金革土匏之屬也**〔四·一四五〇〕　各本無「也」字。

**所以表行列**〔四·一四五〇〕　正德、王、柯、南雍、秦、李、凌、程、殿本「列」下有「也」字。

**紀揔要之名**〔四·一四五〇〕　百衲、王、柯、南雍、秦、李、毛本同，中統、游、正德本「揔」作「緫」，凌、程、殿本作「總」。

**軍旅鈇鉞者**〔四·一四五〇〕　李本「鈇」誤「鉄」。

**古樂先王之正樂**〔四·一四五〇〕　正德本「樂」下有「也」字。

**弦匏笙簧**〔四·一四五〇〕　「弦」缺筆，中統、舊刻、游、正德本作「絃」。

**合守拊鼓**〔四·一四五一〕　程本「拊」作「柎」，注同。王、南雍、秦、李殿本「鼓」作「皷」。

**言衆皆待擊鼓乃作也**〔四·一四五二〕　中統、游、正德本「待」誤「侍」。

**狀如漆**筩**中有椎**〔四·一四五二〕　各本「筩」作「筩」，此誤。王、秦本「椎」誤「推」。正德本「椎」下有「是也」二字。

**修身及家**〔四·一四五一〕　舊刻、正德、程本「修」作「脩」。

**俳優短人也**〔四·一四五二〕　中統、游、正德本「俳」誤「徘」。

**不可以語**〔四·一四五一〕　秦本「語」下衍「金」字。

**鏗鎗之類**〔四·一四五三〕　程本「鎗」作「鏘」。

**敢問何如**〔四·一四五三〕　百衲、中統、舊刻、游、正德、毛本同，各本「何如」作「如何」，《札記》云：「宋本、中統、游、毛、吴校金板作『何如』，與《記》合。」

**疾疢不作**〔四·一四五三〕　王、柯、秦、凌本「疢」作「疚」，《字類》二引同。

**當謂不失其所也**〔四·一四五三〕　秦本「失」誤「夫」。

**然后聖人作爲父子君臣**〔四·一四五三〕　百衲同，各本「后」作「後」。

**天下大定**〔四·一四五三〕　此二十二葉，自「下」字起至「然後聖人作，爲鞉鼓控揭壎篪」「篪」字，係補板，今依潘本。

**然后正六律**〔四・一四五三〕 百衲同，各本及補板「后」作「後」。

**弦歌詩頌**〔四・一四五三〕 中統、舊刻、游、正德本「弦」作「絃」，補板同。

**克順克俾**〔四・一四五三〕 舊刻「俾」誤「比」，下「俾於文王」同。

**鄭玄曰云云**〔四・一四五三〕 此五十一字，補板脱。

**皆能如此**〔四・一四五三〕 補板脱「能」字。

**延及後世**〔四・一四五三〕 中統、游、正德、南雍、李、程、殿本「世」下有「也」字。

**燕歡悦**〔四・一四五四〕 正德本「歡」作「懽」，「悦」下有「也」字。《字類》四《補遺》：「《史記・樂書》『宋音燕女溺志』注『歡也』。」

**趣數音促數而數變也**〔四・一四五四〕 百衲無「促」字。

**言四國出此溺音**〔四・一四五五〕 正德本「音」下有「也」字。

**齊音驁辟驕志**〔四・一四五四〕 程本「驁」誤「鶩」。

**溺音無所施**〔四・一四五五〕 正德本「施」下有「也」字。

**然後聖人作爲鞉鼓椌楬壎篪**〔四・一四五四〕 中統、舊刻、游、正德本「椌楬」作「控揭」，補板同，注同。《索隱》及百衲、程、殿本「篪」作「箎」。

**椌楬謂祝敔**〔四·一四五五〕　正德本「敔」下有「也」字，❶此下連引「壎以土爲之」云云，蓋《索隱》之文，混入於此。

**以其聲質**〔四·一四五五〕　正德本「質」下有「也」字。

**然后鐘磬竽瑟以和之**〔四·一四五四〕　百衲同，各本「后」作「後」。舊刻、王、南雍、秦、殿本「鐘」作「鍾」。游、正德本「竽」誤「竿」。

**列數有差**〔四·一四五五〕　游、正德本「列數」作「數列」。正德本「差」下有「也」字。

**鐘聲鏗**〔四·一四五四〕　舊刻、王、秦本「鐘」作「鍾」，注同，下「君子聽鍾聲」同。

**號令所以警衆也**〔四·一四五五〕　「警」缺「敬」末筆，下注「備戒擊鼓警衆也」同。中統本「令」誤「今」。

**號以立橫**〔四·一四五四〕　中統、舊刻本「橫」作「擴」，注及下同。

**謂氣作充滿**〔四·一四五五〕　正德本「滿」下有「也」字，下「聲果勁」，又「謂分明於節義」，又「廉，廉隅」，又「濫，會諸音」，又「聲合己志」，並同。

**則思死封疆之臣**〔四·一四五四〕　王、秦本「疆」誤「彊」。

**君子聽竽笙簫管之聲**〔四·一四五四〕　王、秦本「竽」誤「竿」。

**非聽其鏗鎗而已也**〔四·一四五四〕　舊刻「鎗」作「鏘」。

---

❶「敔」，原作「誤」，音近而誤，今改。

**武謂周武也**〔四·一四五六〕 殿本下「武」字作「舞」。

**憂其難**〔四·一四五六〕 正德本「難」下有「也」字。

**永歎之**〔四·一四五六〕 王、南雍、秦、李、程、殿本「歎」作「嘆」。

**歌遲之也**〔四·一四五六〕 百衲「之」字在「歌」上。

**欲令之事各及時**〔四·一四五七〕 中統、游、正德本「令」誤「今」。正德本「時」下有「也」字。

**武坐致右憲左何也**〔四·一四五七〕 王、秦本「右」誤「石」。

**聲深淫貪商**〔四·一四五七〕 正德本「商」下有「也」字。

**非貪商**〔四·一四五八〕 正德、王、南雍、秦、李、凌、程、殿本「商」下有「也」字。

**有司失其傳也**〔四·一四五八〕 百衲無「也」字。

**有司興樂者**〔四·一四五八〕 各本「興」作「典」，此誤。

**時人妄說也**〔四·一四五八〕 中統本「妄」誤「妾」。

**唯丘之聞諸萇弘**〔四·一四五八〕 「弘」缺筆，下及注同。《索隱》「丘」下無「之」字。

**免席而請曰**〔四·一四五八〕 凌本旁注「一本『請』作『言』」。

**聞命謂言是**〔四·一四五九〕 正德本「是」下有「也」字。

**吾語女**〔四·一四五九〕 中統、舊刻、游、正德、王、柯、南雍、秦、李、凌、殿本「女」作「汝」。

**謂久立於綴**〔四·一四五九〕　正德本「綴」下有「也」字。

**象功成而爲樂**〔四·一四六〇〕　正德本「樂」下有「也」字。

**揔干而山立**〔四·一四五九〕　百衲、中統、舊刻、柯本同，毛本作「摠」，游、正德、王、柯、南雍、秦、李本作「總」，程、凌、殿本作「緫」，注同。

**山立不動**〔四·一四六〇〕　正德本「動」下有「也」字，下「再奏象克殷時」，又「誅紂已而南」，又「有南國以爲彊界」，又「分陝東西而治」，並同。

**始奏象觀兵盟津時也**〔四·一四六〇〕　秦本「觀」誤「福」。

**盛威於中國也**〔四·一四五九〕　南雍、程、殿本同，各本「盛」下有「振」字，《札記》云：「官本無，與《記》合。」

**與紂同惡者**〔四·一四六一〕　舊刻「同」下衍「一」字。

**欲事早成**〔四·一四六一〕　游本「早」作「蚤」。正德本「成」下有「也」字。

**未及下車**〔四·一四五九〕　《索隱》出「未給下車」四字，云：「『給』，《禮》文作『及』，蓋聲相近而字誤耳。」是其所據本作「給」不作「及」。

**倍禄復其紂時薄者**〔四·一四六二〕　游、正德、柯本無「其」字，王、秦本無「時」字。

**散猶放**〔四·一四六二〕　正德、程本「放」下有「也」字。

**音韜**〔四·一四六三〕　正德、程本「音」上有「弢」字。

**苞干戈以虎皮**〔四·一四六三〕　百衲、中統、舊刻、游、正德、毛本同，各本「苞」作「包」。

**名之曰建櫜**〔四・一四五九〕　中統、游、正德本「櫜」誤「橐」，注不誤。

**然后天下知武王之不復用兵也**〔四・一四五九〕　百衲同，各本「后」作「後」，下「朝覲然后諸侯知所以臣，耕藉然后諸侯知所以敬」同。

**郊有學宫**〔四・一四六三〕　柯本「學」作「斈」，俗省字，下「左東學右西學也」「周名太學曰東膠」並同。

**耕藉然后諸侯知所以敬**〔四・一四五九〕　游、正德、王、南雍、秦、李、程、殿本「藉」作「籍」。

**食三老五更於太學**〔四・一四六〇〕　李本「太」作「大」。

**冕而揔干**〔四・一四六〇〕　百衲、中統、舊刻、游、王、柯、南雍、秦、李、程本同，毛本「揔」作「摠」，正德本作「總」，凌、殿本作「緫」，注同。

**𤣥言之耳**〔四・一四六三〕　中統本同，各本「𤣥」作「互」。

**周名太學曰東膠**〔四・一四六三〕　游、正德本「太」作「大」。正德本「曰」上衍「又」字。

**在舞位**〔四・一四六三〕　正德本「位」下有「也」字。

**則夫武之遲久**〔四・一四六〇〕　百衲、中統本「遲」作「遟」，此本注亦作「遟」。

**氣順性**〔四・一四六四〕　游、正德本「性」誤「牲」，程本誤「生」。正德本「性」下有「也」字。

**各因其德歌所宜**〔四・一四六四〕　正德本「宜」下有「也」字，下「以其肆直」同。

**如有此事**〔四・一四六五〕　百衲、中統、游、正德、凌、毛本「如」作「而」。正德本「事」下有「也」字，又「長言引其聲」同。

**故嗟歎之**〔四・一四六四〕　王、南雍、秦、李、凌、殿本「歎」作「嘆」。

**歡之至**〔四・一四六五〕　殿本「歡」作「懽」，中統本誤「歎」。王、秦本「至」誤「志」。正德本「至」下有「也」字。

**如景之象形**〔四・一四六五〕　中統、舊刻、游、正德本「景」作「影」。

**天報之以福**〔四・一四六五〕　凌本旁注「一本『報』作『与』」。

**故舜彈五弦之琴**〔四・一四六五〕　中統、游、正德本「弦」作「絃」。

**今者來聞新聲**〔四・一四六六〕　中統、舊刻、游、正德本「者」作「日」。中統、舊刻、游本「來」作「来」。

**不可遂**〔四・一四六六〕　百衲、毛本同，各本「遂」作「聽」，《讀書記》云：「『遂』，小字宋本作『聽』。」

**何道出**〔四・一四六六〕　《御覽》六十引「何」上有「是」字。

**有玄鶴二八**〔四・一四六六〕　中統、游、正德本「鶴」作「鸖」。

**飛廊瓦**〔四・一四六七〕　中統本「廊」誤「廓」，舊刻誤「廟」，下「伏於廊屋之間」並同。

**太史公曰**〔四・一四六七〕　殿本連上，不提行。

**通流精神**〔四・一四六七〕　舊刻「通流」作「流通」。

**徵動心而和正禮羽動腎而和正智**〔四・一四六七〕　百衲「禮」作「智」，「智」作「禮」，瞿氏據宋本同。

**聽鐘磬未嘗離於庭**〔四・一四六七〕　舊刻、柯、凌本「鐘」作「鍾」。

# 卷二五　律書第三

**律書第三**〔四・一四七九〕　此篇係鈔配，今依潘本。

**壹稟於六律**〔四・一四七九〕　《索隱》「壹」作「一」。

**其余兵械**〔四・一四七九〕　《札記》云：「吴校本旁注『戒』字。」《字類》四「械」下云：「《史記・律書》『兵械尤所重』，本從木，今從衣。」

**尤所重**〔四・一四七九〕　《索隱》無「所」字。

**聞聲効勝負**〔四・一四七九〕　《索隱》及南雍、殿本「効」作「效」。《説文》無「効」字，當以作「效」爲正。

**推孟春以至于季冬**〔四・一四八〇〕　舊刻、毛本「于」作「於」。

**聖人所以討彊暴**〔四・一四八〇〕　舊刻「彊」作「强」。

**文顓曰**〔四・一四八一〕　百衲、王、柯、秦、毛本「顓」作「穎」，是，中統本誤「潁」。下注「文顓曰，共工水官也」，百衲亦作「穎」，王、秦本誤「潁」。

**以定水災**〔四・一四八一〕　柯、南雍、李、凌、程本「災」作「灾」，注同。

**顓頊有共工之陳**〔四・一四八一〕　「頊」缺筆。

**遞興遞廢**〔四・一四八一〕　中統、游、正德本「遞」作「逓」，毛本作「递」，俱俗省。

**晉用咎犯**〔四・一四八一〕　游、正德本「咎」作「舅」。

**兼列邦土**〔四・一四八一〕　百衲、毛、殿本同，各本「土」作「士」，凌本旁注「『士』，一作『土』」。

**大至窘辱失守**〔四・一四八一〕　《索隱》出「大至君辱」四字，百衲「窘」亦作「君」，瞿氏據宋本「大至君辱失守」，不作「窘辱」。案此第二葉係羼入，非真蜀刻，故與宋本不同。

**遂執不移等哉**〔四・一四八一〕　「等」字俗，當作「等」。凌本「執」誤「執」。

**誅伐不可偃於天下**〔四・一四八一〕　王、柯、秦本「伐」作「罰」，蓋涉上句「刑罰」而誤，凌本旁注「一本『伐』作『罰』」。

**手搏豺狼**〔四・一四八二〕　中統、舊刻、游本「搏」誤「摶」。王、秦本「豺」作「犲」。

**宜及士民樂用**〔四・一四八二〕　王、秦本「樂」下小注云「音洛」，各本無。

**阸音戹買反選音思兗反蠕音而兗反**〔四・一四八三〕　正德本上衍「徐廣曰」三字，百衲、毛本「音戹買反」「音思兗反」「音而兗反」分注「阸」「選」「蠕」三字下。

**今未能消距**〔四・一四八三〕　百衲、毛本同，各本「消」作「銷」。

**天下殷富**〔四・一四八三〕　「殷」缺筆。

**鳴雞吠狗**〔四・一四八三〕　中統、舊刻、游、正德、程本「雞」作「鷄」。

**煙火萬里**〔四・一四八三〕　舊刻「煙」作「烟」。

**自年六七十翁**〔四・一四八三〕　百衲無「翁」字，瞿氏據宋本同。

**書曰**〔四・一四八三〕　「書」上空一格，百衲、毛本同，各本連上不空。

**七正二十八舍**〔四・一四八四〕　《書鈔》一百十二引「七」誤「平」。

**天所以成孰萬物也**〔四・一四八四〕　中統、舊刻、游、正德、李、凌本「孰」作「熟」，《書鈔》引同。

**東壁居不周風東**〔四・一四八四〕　游本「壁」誤「璧」。

**一作含**〔四・一四八四〕　游、正德本「含」作「舍」。正德本「一」上有「胎」字。

**東至于危**〔四・一四八四〕　舊刻、毛本「于」作「於」。

**律中應鐘**〔四・一四八四〕　舊刻、程本「鐘」作「鍾」，下「應鐘者」，又「律中黄鐘者」並同。

**亥者該也**〔四・一四八四〕　《索隱》無「者」字，與上「危，垝也」一例。

**故該該也**〔四・一四八四〕　百衲同，各本不重「該」字。

**東至于須女**〔四・一四八五〕　毛本「于」作「於」。

**言陽氣踵黄泉而出也**〔四・一四八五〕　毛本同，各本無「言」字。

**牛者耕殖種萬物也**〔四・一四八五〕　中統、舊刻、游、正德、王、柯、南雍、秦、李、凌、程、殿本「殖」作「植」。

**十二月**〔四・一四八五〕　毛本「月」下有「也」字，《志疑》云：「缺『也』字。」《札記》云：「『也』字吴校增，各本脱。」案毛本明有「也」字，張豈未之見乎？

**徐廣曰此中闕不説大吕**〔四・一四八五〕　毛本同，百衲、中統、舊刻、游、正德、殿本並脱，王、柯、南雍、秦、李、凌、程本此注混入《正義》，在「其於十二月爲丑」句下。

**丑者紐也云云**〔四・一四八五〕　《札記》云：「各本此下有『丑者紐也』云云十九字，蓋依《正義》增入。」案《正義》云：「按此下闕文。或一本云：丑者，紐也。言陽氣在上未降，萬物厄紐未敢出也。」所舉一本與此本合，蓋張氏所據本闕而別本有之，未可遽以爲後人增入也。此本係蜀刻，與百衲、中統諸本俱有「丑者紐也」至「未敢出」共十八字，《札記》以爲十九字，蓋《正義》「出」下有「也」字，并數之，則爲十九也。

**言陽氣在上未條**〔四・一四八五〕　百衲、中統、舊刻、毛本同，游、正德、王、柯、南雍、秦、李、凌、程、殿本「條」作「降」，與《正義》所引或本合，《讀書記》云：「『條』作『降』。」

**萬物厄紐未敢出**〔四・一四八六〕　百衲脱「厄」字。據《正義》所引，「出」下尚有「也」字，《志疑》云：「缺『也』字。」

**作横也**〔四・一四八六〕　百衲、中統、游、柯、凌、毛本「作」上有「一」字，正德本上有「棋一」二字。王、南雍、秦、李、程、殿本作「一作『横』」，無「也」字。

**律中泰蔟**〔四・一四八六〕　百衲、毛本同，舊刻「泰蔟」作「太簇」，各本作「泰簇」，下並同。舊刻下「故曰泰蔟」亦作「泰」，《字類》四《補遺》引作「泰簇」。

**言萬物始生螾然也**〔四・一四八六〕　「螾」缺末點，避宋孝宗嫌名。

**一作莖**〔四・一四八六〕　正德本「莖」上有「華」字。

**至于門則出矣**〔四・一四八六〕　毛本「于」作「於」。

**律中夾鐘**〔四・一四八六〕　舊刻、毛本「鐘」作「鍾」，下同。

**其於十母爲甲也**〔四・一四八六〕　各本「也」作「乙」，此誤。

**音孚**〔四・一四八七〕　毛本同，各本「音」上有「符」字，在「言萬物剖符甲而出也」「也」字下。

**南至于氏**〔四・一四八六〕　舊刻、毛本「于」作「於」。下「南至于角」，毛本亦作「於」。

**音之慎反**〔四・一四八七〕　「慎」缺筆，百衲、毛本與此文同，各本「音」上有「蜄」字，在「言萬物之蜄也」「也」字下。

**律中仲吕**〔四・一四八七〕　南雍、殿本「仲」作「中」，下同。柯、秦、凌本《正義》曰「中音仲」，則《正義》本作「中」矣，王本脱《正義》此條。

**西至于七星**〔四・一四八七〕　舊刻、毛本「于」作「於」，下「西至于張」「西至于注」「西至于弧」「西至于狼」「北至于參」「北至于濁」「北至于留」「北至于胃」「北至于婁」「北至于奎」，毛本亦並作「於」。

**景風居南方云云**〔四・一四八七〕　殿本《考證》載，一本「景風居南方」至「故曰景風」十六字，在「故曰丁」下，「六月也」上。

**景者言陽氣道竟**〔四・一四八七〕　「竟」缺筆。

**西至于弧云云**〔四・一四八八〕　《考證》載，一本「西至于弧」至「地者，沈奪萬物氣也」五十字，在「有滋味也」下，「北至於罰」上。

**律中林鍾**〔四·一四八八〕　舊刻、毛本同，各本「鍾」作「鐘」，下同。

**參言萬物可參也**〔四·一四八八〕　毛本「言」上有「者」字。

**北至于濁**〔四·一四八八〕　凌本「于」作「於」，毛本同。

**北至于奎**〔四·一四八九〕　《索隱》「于」作「於」，毛本同。

**一作晝**〔四·一四八九〕　百衲「晝」誤「畫」。

**其於十二子爲戌**〔四·一四八九〕❶　「戌」缺筆，下並同。

**九九八十一以爲宫**〔四·一四九〇〕　中統、舊刻、游、正德本低一格。

**三分去一五十四以爲徵**〔四·一四九〇〕　「徵」缺筆。正德本此文另行，低一格，王、柯、南雍、秦、李、凌、

程、殿本俱頂格。

**黄鍾長八寸七分一宫**〔四·一四九〇〕　正德本自此至「應鍾」，俱低一格。中統、游、正德、王、柯、南雍、秦、李、凌、殿本「鍾」作「鐘」，下並同。凌本旁注「一本『七』作『十』」。《志疑》云：「案《夢溪筆談》謂餘分下分數目，凡『七』字皆當作『十』，字誤屈其中畫耳。黄鐘八寸十分一，太簇七寸十分二，姑洗六寸十分四，林鐘五寸十分四，南吕四寸十分八，宋蔡元定謂《律吕新書》因之，皆改『七分』爲『十分』。然《索隱》已先言『七分』爲誤矣。」

---

❶ 「子」，原作「月」，據寶禮堂本改。

**大吕長七寸五分三分一**〔四・一四九〇〕 《索隱》本「大」作「太」。

**太蔟長七寸七分二商**〔四・一四九〇〕 王、秦本「太」作「大」。中統、舊刻、游、正德、王、柯、南雍、秦、李、凌、程、殿本「蔟」作「簇」。百衲、中統、舊刻、游、正德、王、柯、秦、李、凌、程、毛、殿本「商」作「角」。《考異》云：「『七分』當作『十分』。『角』當作『商』。《晉書・律曆志》云：司馬遷言五音相生，以宫生角，角生商，商生徵，徵生羽，羽生宫。求其理用，罔見通途。依《晉志》次之，林鍾爲角，南吕爲徵，姑洗爲羽，則太蔟必爲商可知也。」《志疑》云：「蔡據宋本作『商』，今本作『角』字。」據此，則此本作「商」，勝於諸本矣。

**仲吕長五寸九分三分二**〔四・一四九〇〕 各本「二」下有「徵」字。

**夷則長五寸四分三分二**〔四・一四九〇〕 各本「二」下有「商」字。

**應鍾長四尺二分三分二**〔四・一四九〇〕 各本「二」下有「羽」字。

**生黄鐘**〔四・一四九二〕 《索隱》及百衲、舊刻、毛本「鐘」作「鍾」，「鍾」上無「黄」字。王、秦本「黄」作「萬」，非。

**術曰**〔四・一四九二〕 《索隱》此二字連上，作「黄鍾術曰」，「術」字不提行。

**實如法得長一寸**〔四・一四九二〕 《索隱》出「實如法得一」五字。

**命曰黄鐘之宫**〔四・一四九二〕 百衲、舊刻、毛本「鐘」作「鍾」。

**神生於無形**〔四・一四九四〕 百衲「無」作「无」。

**雖妙必効**〔四・一四九四〕 百衲、中統、舊刻、游、正德、王本「効」作「效」。

**非其聖心**〔四・一四九四〕 南雍、程、殿本「其」作「有」，凌本旁注「一本『其』作『有』」，《志疑》云：「『其』字當依明監本作『有』，《正義》引此亦作『有』。一本作『具』，非。」

**孰能在天地之神**〔四・一四九四〕　南雍、李、凌、程、殿本「在」作「存」，《札記》云：「凌本『存』，與上《正義》引合。」

**太史公曰**〔四・一四九五〕　舊刻不提行。

**鍾律調**〔四・一四九五〕　中統、游、正德、王、柯、南雍、秦、李、凌、程、殿本「鍾」作「鐘」。

**造曰度**〔四・一四九五〕　《書鈔》一百五十三引「曰」作「日」，《志疑》云：「『曰』即『日』字，非誤也。開口爲曰，合口爲日，不以廣狹字形論也。《史詮》以『曰』爲『日』之誤，蓋未考古書法。」

**可據而度也**〔四・一四九五〕　《書鈔》引「據」作「据」。

# 卷二六　曆書第四

**秭鴂先滜**〔四・一四九九〕《索隱》及百衲、舊刻、王、柯、南雍、秦、李、凌、程本「鴂」作「鳺」，各本作「鴂」。《字類》一引此作「秭鳺」，又五引作「秭鳺」。

**秭音姊**〔四・一四九九〕游本誤作「姊音秭」。

**鴂音規**〔四・一四九九〕百衲、王、柯、南雍、秦、李本「鴂」作「鳺」，舊刻、游、正德、凌、程、毛、殿本作「鳺」。

**子規鳥也一名鷤鴂**〔四・一四九九〕《索隱》出注「秭規鳥，一名鷤鳺」七字。❶百衲、凌本「規」作「鳺」，舊刻、毛、殿本作「雉」，游、正德本作「鳺」，王、柯、南雍、李、程本作「鳺」，舊刻「鷤鴂」誤「鷤鳩」。

**卒于冬分**〔四・一四九九〕《索隱》及毛本「于」作「於」。

**卒于丑**〔四・一四九九〕毛本「于」作「於」，下「月歸于西」同。

**起明於東**〔四・一四九九〕殿本「於」作「于」。

**月歸於東起明于西**〔四・一四九九〕中統、游、正德本「於東」作「于東」，「于西」作「於西」，毛本並作「於」。

---

❶「七」，原作「八」，今改。

**又不由人**〔四・一四九九〕《索隱》「又」作「亦」。

**必慎始初**〔四・一五〇〇〕「慎」缺筆。

**蓋黄帝考定星曆**〔四・一五〇〇〕《索隱》及百衲、中統、舊刻、游、正德、南雍、李、毛、殿本同，各本「黄」作「皇」。正德本「蓋」作「盖」，俗，下並同。

**故曰閏餘**〔四・一五〇一〕中統、游本「餘」誤「余」，下注「閏餘乖錯」「又音餘」「餘，餘分也」並同，正德本「餘，餘分也」亦同。

**於是有天地神祇物類之官**〔四・一五〇〇〕百衲、柯、李本同，各本「祇」誤「祗」。

**敬而不瀆**〔四・一五〇一〕「敬」缺筆。

**災禍不生**〔四・一五〇一〕南雍、柯、李本「災」作「灾」。

**少皞氏之衰也**〔四・一五〇一〕百衲同，各本「皞」作「皡」，注同。

**漢書音義曰**〔四・一五〇一〕殿本上有「駰案」二字，下四引《漢書音義》並同。

**攝提無紀**〔四・一五〇二〕《索隱》出「攝提失方」四字，與《漢書・律曆志》同。

**顓頊受之**〔四・一五〇二〕潘本「頊」缺筆。

**謂之殄滅**〔四・一五〇二〕中統、游本「謂」誤「胃」，下注「是謂失序」「謂列次也」「有祭謂之朝享」「謂正曆必先稱端始也」並同，中統本注「謂分部二十八宿爲距度」亦作「胃」。

**使復興之**〔四・一五〇二〕中統、舊刻、游、正德本同，《札記》引吴校金板同。各本「興」作「典」。

**徐廣曰**〔四・一五〇三〕　中統、游本「曰」作「云」。

**孔安國曰**〔四・一五〇三〕　中統、游本「國」作「国」，俗。

**舜亦以命禹**〔四・一五〇二〕　王本「舜」誤「受」。

**殷正以十二月**〔四・一五〇三〕　「殷」缺筆。

**盡三王之正**〔四・一五〇三〕　各本「盡」作「蓋」，此誤。

**鄭玄曰**〔四・一五〇三〕　「玄」缺筆。

**禮人君每月告朔於廟**〔四・一五〇三〕　中統、游本「禮」作「礼」。

**傳之疇官**〔四・一五〇四〕　百衲、中統本「傳」作「傅」。

**各從其父學**〔四・一五〇四〕　中統、游本「學」作「斈」，俗。

**吕氏春秋**〔四・一五〇四〕　本「吕」誤「巨」，潘本不誤。

**璣音珠璣之璣**〔四・一五〇四〕　凌本上「璣」字誤「幾」。

**音餘**〔四・一五〇四〕　凌、程本「音」上有「邪」字。

**餘餘分也**〔四・一五〇四〕　南雍、李、殿本上「餘」字作「邪」，《札記》云：「官本『邪』，各本誤『餘』。」不知殿本實據南雍本。

**則後月閏在望**〔四・一五〇四〕　中統本「閏」誤「余」。

**音餘**〔四・一五〇四〕　百衲、王、柯、南雍、秦、李、毛、殿本同，中統、游、正德本「餘」誤「余」。舊刻、凌、程本無此二字，《札記》云：「宋本、中統、游、王、柯、毛並注『音餘』二字，複衍。」

**言漢得土得**〔四・一五〇五〕　南雍、李、凌、程、殿本同，各本「得」作「德」，非。《札記》云：「凌本『得』，宋本、游、王、柯、毛並譌『德』。」案此本爲南雍各本所出，張氏單據凌本。

**而新垣羊以望氣見**〔四・一五〇五〕　舊刻「垣」誤「坦」。

**宜更元改正朔**〔四・一五〇五〕　舊刻作「宜更改元正朔」。

**分天部**〔四・一五〇五〕　各本「分」下衍「其」字，案潘本亦無「其」字。

**而巴落下閎運筭轉曆**〔四・一五〇五〕　凌、程、毛、殿本「筭」作「算」，《字類》五《補遺》引作「筭」。案筭爲筭籌，算爲算數，今俗混而無别。

**徵士巴郡落下閎也**〔四・一五〇六〕　「徵」缺筆，下同。

**致啓閉分至**〔四・一五〇六〕　王、秦本「閉」誤「閑」。

**天有四時**〔四・一五〇六〕　柯本「四」誤「酉」。

**分爲五行也**〔四・一五〇六〕　毛本同，與《漢志》注合，各本無「分」字。

**紬績日分**〔四・一五〇五〕　百衲、南雍、凌、程、毛、殿本同，注同，各本「績」作「續」，《字類》二《補遺》，又四《補遺》引並同。

**土勝水**〔四・一五〇六〕　游、正德本作「勝水德」。

**黃鍾爲宮**〔四・一五〇五〕　中統、游、王、柯、南雍、秦、李、凌、程、殿本「鍾」作「鐘」，下同，正德本下「林鍾爲徵」亦作「鐘」。

**太蔟爲商**〔四・一五〇五〕　百衲、毛、殿本同，各本「蔟」作「簇」。中統、游、正德本「商」誤「啇」。

**沽洗爲角**〔四・一五〇五〕　百衲同，潘本亦作「沽」，各本作「姑」。

**名復正變**〔四・一五〇五〕　百衲無「復正」二字。

**年名焉逢攝提格**〔四・一五〇五〕　正德本「逢」誤「逄」，下並同。

**日得甲子**〔四・一五〇五〕　王、秦本「日」誤「曰」。

**文穎曰**〔四・一五〇七〕　百衲同，毛、殿本「穎」作「潁」，各本作「頴」。

**曆術甲子篇**〔四・一五〇七〕　王、秦本連上不提行，正德本低一格。

**正北**〔四・一五〇八〕　《札記》云：「此文屬上『冬至』，毛本提行低二格，非。」

**十二**〔四・一五〇八〕　《札記》云：「王、柯、凌並屬上，毛本又於『正北』下空二格書之，亦非。」

**無大餘**〔四・一五〇九〕　中統、游、正德本連上空一格，毛本提行，低一格。舊刻「大」誤「太」，下「大餘五十四」同。

**焉逢攝提格太初元年**〔四・一五〇九〕　各本「太」作「大」。

**大餘五十四**〔四・一五〇九〕　中統、游本連上，空五格，正德本空一格，王、柯、南雍、秦、李、凌、程、殿本提行，低三格，毛本低一格，下並同。

**小餘六百九十六**〔四·一五一一〕　中統、舊刻本「六百」作「三百」，《札記》引吴校金板同。案《札記》作「小餘六百九十九」，「九」字，當改作「六」。

**彊梧大芒駱四年**〔四·一五一二〕　《索隱》與此同，《字類》五《補遺》引同，百衲、毛本「大芒駱」作「大芒落」，各本作「大荒落」。

**徒維敦牂天漢元年**〔四·一五一二〕　《索隱》及中統、舊刻、游、正德本「牂」作「牂」，下並同。

**祝犂汁洽二年**〔四·一五一三〕　《索隱》「汁」作「計」，各本作「協」，《漢隸字原》「汁」下云：「《曆書》亦作『協洽』，又作『汁洽』。」

**商横赤奮若三年**〔四·一五一三〕　毛本同，與《索隱》合，各本「赤奮若」作「涒灘」，《雜志》云：「『商横涒灘』，《索隱》本『商横赤奮若』，下文『尚章大淵獻』作『尚章困敦』，『焉逢困敦』作『焉逢大淵獻』，『端蒙赤奮若』作『端蒙汭漢』，引之曰：此殷曆也，故與《爾雅》歲名不同。」案此本與《索隱》合，今中統及合刻本《索隱》云：「一本作『赤奮若』，非也。」單行本無此文，或後人所增。

**昭陽作鄂四年**〔四·一五一四〕　《索隱》及百衲、毛本同，各本「鄂」作「噩」。

**横艾閹茂太始元年**〔四·一五一四〕　百衲、毛本同，《索隱》及各本「閹」作「淹」，中統、舊刻本「太」作「大」。

**尚章困敦二年**〔四·一五一四〕　毛本同，各本「困敦」作「大淵獻」，中統及合刻本《索隱》云：「一本作『困敦』，非也。」單行本無此文。

**焉逢大淵獻三年**〔四·一五一五〕　毛本同，各本「大淵獻」作「赤奮若」，中統及合刻本《索隱》云：「一本作『大淵獻』，非也。」單行本無。

**端蒙汭漢四年**〔四·一五一五〕 毛本同，各本「汭漢」作「赤奮若」，中統及合刻本《索隱》云：「一本作『涒灘』，非也。」並不言作「汭漢」，則當爲後人所增，至誤以「汭漢」爲「涒灘」，其非《索隱》原文益明。

**一作游桃**〔四·一五一六〕 各本無「一」字。游本「桃」作「祧」。正德本「游兆」誤「遊祧」。《札記》云：「『作』上疑脱『一』字。」不知此本本有「一」字也。

**彊梧單閼三年**〔四·一五一六〕 舊刻「彊」誤「疆」。

**祝犁大荒落四年**〔四·一五一七〕 百衲、中統、舊刻、游、正德、王、柯、南雍、秦、李、凌、程、毛、殿本「荒」作「芒」，中統、舊刻、游、正德、王、柯、南雍、秦、李、凌、程、殿本此下有注云：「『芒』一作『荒』。」《札記》云：「疑後人旁增，後放此。」

**昭陽汁洽二年**〔四·一五一七〕 百衲、毛本「汁」作「協」，中統及各本此下注云：「『汁』一作『協』。」

**橫艾涒灘始元元年**〔四·一五一八〕 百衲、毛本同，中統及各本此下注云：「『涒灘』一作『芮漢』。」

**正西**〔四·一五一八〕 游、正德本「正」誤「止」，《札記》云：「二字，各本誤入上年。」

**尚章作噩二年**〔四·一五一八〕 百衲、毛本同，中統及各本此下注云：「『噩』作『鄂』。」

**焉逢閹茂三年**〔四·一五一九〕 百衲、毛本同，中統、舊刻、王、柯、南雍、秦、李、凌、程、殿本此下注云：「淹，一作『閹』。」游、正德本「閹」誤「閻」。

**端蒙困敦四年**〔四·一五一九〕 南雍、李、凌、程、殿本「困敦」作「大淵獻」，《札記》云：「宋本、中統、游、王、毛各本『大淵獻』三字並與下年『困敦』互易，蓋改之未盡者。凌本不誤。」

**小餘七百一十六**〔四・一五二〇〕　游、正德本「七」誤「一」。

**閏十三**〔四・一五二〇〕　中統、游本「三」誤「二」。

**尚章汁洽六年**〔四・一五二一〕　百衲、毛本「汁」作「協」。

**游兆淹茂二年**〔四・一五二三〕　百衲同，各本「淹」作「閹」。

**大餘五十三**〔四・一五二三〕　中統本「三」誤「二」。

**小餘三百八**〔四・一五二三〕　中統本「三」誤「二」。

**端蒙汁洽三年**〔四・一五二五〕　舊刻同，各本「汁」作「協」。

**小餘四百八十**〔四・一五二五〕　各本「十」下有「一」字，此脱，潘本同。

**徒維閹茂二年**〔四・一五二五〕　百衲同，各本「閹」作「淹」。

**彊梧汁洽三年**〔四・一五二八〕　各本「汁」作「協」，下「祝犂汁洽五年」同。

**十二**〔四・一五三〇〕　中統本「二」誤「一」。

**端蒙單閼永光元年**〔四・一五三〇〕　游本缺「年」字。

**端蒙赤奮若竟寧元年**〔四・一五三三〕　「竟」缺筆。

**右曆書大餘者日也**〔四・一五三四〕　王、柯、南雍、秦、李、凌、程、殿本低一格。

**端旃蒙者年名也**〔四·一五三四〕　舊刻「旃」作「之」，《雜志》云：「《爾雅》之『旃蒙』，《史記》作『端蒙』。此作『端旃蒙』者，後人旁記『旃』字，因誤入正文耳。」

**干丙名游兆**〔四·一五三四〕　王、柯、南雍、秦、李本「干」誤「于」。

# 卷二七　天官書第五

**環之匡衛十二星**〔四·一五三九〕　「匡」缺筆，下並同。

**音𣝣打之𣝣**〔四·一五四一〕　王、秦本「𣝣」作「𢱧」，《字類》三引同。毛本「打」作「朾」，非。中統本下「𣝣」字作「𢱧」，正德本誤「榴」。

**所謂璇璣玉衡以齊七政**〔四·一五四二〕　《索隱》出「璇璣玉衡」四字，下云：「機渾天儀，可轉旋，故曰機。又以璿爲機，以玉爲衡，蓋貴天象也。」是其所據本當作「機」，《字類》二引與今本同，《札記》云：「今單本亦作『璣』，蓋後人所改。」

**衡殷南斗**〔四·一五四二〕　「殷」缺筆，注及下並同，潘本不缺。

**傳曰**〔四·一五四三〕　凌、程本「曰」作「云」，下兩引「《傳》曰」並同。

**第五星**〔四·一五四三〕　游本「第」作「弟」。

**魁海岱以東北也**〔四·一五四二〕　王、秦本「東」誤「惠」。

**魁斗之首首陽也**〔四·一五四二〕　百衲不重「首」字，非。

**運于中央**〔四·一五四二〕　毛本「于」作「於」。

**在斗魁中貴人之牢**〔四·一五四四〕　《索隱》「魁」上無「斗」字，與《漢書·天文志》合。

**魁下六星**〔四·一五四四〕　《書鈔》一百五十引「魁」下衍「斗」字，下有注曰「三能，三台也」。

**名曰三能**〔四·一五四四〕　《索隱》作「曰三台」，無「名」字，《雜志》云：「《太平御覽·天部》引此亦無『名』字，《漢書·天文志》同。」

**音三台**〔四·一五四五〕　程本作「能音台」，蓋依《漢志》注改。

**輔臣親强**〔四·一五四四〕　王、柯、南雍、秦、李、凌、程、殿本「强」作「彊」，下並同。

**更河三星**〔四·一五四五〕　殿本「更」作「梗」，《考證》云：「查《晉書》『更』作『梗』，今依《晉書》改正。」

**天矛鋒**〔四·一五四五〕　程本「鋒」上有「天」字，非。

**一外爲盾天鋒**〔四·一五四五〕　舊刻「一」作「壹」。

**一名天鋒**〔四·一五四六〕　各本「天鋒」作「玄戈」，此本蓋涉正文而誤，潘本同。

**東宫蒼龍**〔四·一五四六〕　南雍、李、凌、程、殿本提行，下「南宫朱鳥」「西宫咸池」「北方玄武」並同。

**大星天王**〔四·一五四六〕　舊刻「大」誤「太」。

**房爲府曰天駟**〔四·一五四六〕　《索隱》「府」上有「天」字。

**旁有兩星曰衿**〔四·一五四六〕　殿本「衿」作「鈐」，《字類》二《補遺》「鈐」下引《史記·天官書》「有兩星曰鉤鈐」，《考證》云：「監本誤作『衿』，今改正。」《拾遺》云：「《漢志》亦作『衿』，或據小司馬引《元命包》《鉤鈐》兩星語，輒改爲『鈐』，非也。」

**北一星曰䍃**〔四·一五四六〕　游本「䍃」誤「牽」。

**匡衛十二星藩臣**〔四·一五五〇〕　《索隱》「藩」作「蕃」。

**南四星執法**〔四·一五五〇〕　凌、程本「執」誤「埶」，下「執徐歲」同。

**音他果反**〔四·一五五三〕　中統、游、正德、王、柯、南雍、秦、李、凌、程、殿本「音」上有「隋」字。

**敗傷之占**〔四·一五五五〕　各本「敗」作「賊」，此誤，潘本同。

**火入**〔四·一五五五〕　殿本「入」下有「之」字，《考證》云：「火入之，監本脱『之』字，今添。」案各本無「之」字，《漢志》注同。

**五帝車舍**〔四·一五五五〕　王、秦本「車」誤「東」。

**柳爲鳥注**〔四·一五五五〕　《索隱》及各本「鳥」作「烏」，此誤。《字類》四「咮」下引此作「柳爲鳥咮」。

**頸爲員官**〔四·一五五五〕　《索隱》「官」作「宫」，《志疑》云：「『宫』字譌『官』，《索隱》本作『宫』，漢以後《志》皆然。」

**張素爲廚主觴客**〔四·一五五五〕　《字類》四《補遺》引「觴」作「觴」，誤。

**翼爲羽翮**〔四·一五五五〕　《考證》云：「『翮』，監本誤作『融』，今改正。」案南雍本作「翮」，其誤作「融」者，北監也。

**若五星入軫星中兵大起**〔四·一五五六〕　《索隱》無「星」字。

**水中有三柱**〔四·一五五七〕　舊刻「水」作「火」，非。

**如淳曰芻稾積爲廥也**〔四・一五五八〕　殿本「芻稾」作「蒭藁」，各本「稾」誤「蒿」，獨此本與《漢書・志》注合。凌本脱此條。《考證》云：「『藁』，監本俱譌作『蒿』，今改正。」《札記》云：「各本『芻』作『蒭』。」案各本「芻」字並不誤，惟殿本作「蒭」耳。

**昴曰旄頭**〔四・一五五八〕　百衲、中統、舊刻、游、正德、毛本同，與《漢志》合，各本「旄」作「髦」。

**其大星旁小星爲附耳**〔四・一五五八〕　王、秦本重「爲」字，非。

**陰西南坤爲河山已北國**〔四・一五五九〕　各本「爲」作「維」。中統本「國」作「国」，俗，下同。

**三星直者是爲衡石**〔四・一五五九〕　百衲、南雍、李、凌、程、毛本同，與《漢志》合，王、秦本「直」誤「真」。中統、舊刻、游、王、柯、秦本「者是」作「是也」，正德本作「是者」。

**參三星者**〔四・一五五九〕　毛本「三」誤「二」。

**白虎宿中東西直**〔四・一五五九〕　各本無「東」字，此本與《漢志》注合。

**關中俗謂桑榆孽生爲葆**〔四・一五六〇〕　百衲、舊刻本「孽」作「蘖」。中統、游本「關」作「関」，俗。

**葆菜也**〔四・一五六〇〕　毛本無「葆」字。舊刻「菜」作「采」。

**野生曰旅**〔四・一五六〇〕　《札記》云：「官本有『禾』字，與《漢志》注合。」案殿本無「禾」字。

**今之飢民**〔四・一五六〇〕　正德、凌、程、殿本「飢」作「饑」。

**下有四星曰弧**〔四・一五五九〕　柯本「四」誤「曰」。毛本「弧」作「狐」，《讀書記》云：「『狐』作『弧』。」

**危爲蓋屋**〔四・一五六一〕　正德本「蓋」誤「盖」。《考證》云：「『屋』，監本誤作『室』，今改。」案南雍本不誤。

**漢書音義曰**〔四・一五六二〕　殿本上有「駰案」二字。

**旁一星曰王良**〔四・一五六二〕❶　游本「良」誤「艮」。

**婺女**〔四・一五六四〕　《索隱》出「務女」二字，云「一作『婺』」，是所據本「婺」作「務」。

**織女天女孫也**〔四・一五六四〕　《索隱》「天」下無「女」字。

**察日月之行**〔四・一五六五〕　南雍、李、淩、程、殿本提行。

**主春日甲乙**〔四・一五六五〕　毛本「日」誤「曰」，《讀書記》云：「下『曰』字作『日』字。」

**歲星贏縮**〔四・一五六五〕　《索隱》及百衲、舊刻、殿本「贏」作「嬴」，下並同。毛本此文與下「其趨舍而前曰贏」「贏其國有兵不復」「贏爲王不寧」「上二三宿曰贏」「蚤出者爲贏」「贏者爲客」並誤作「嬴」。

**其趨舍而前曰贏**〔四・一五六五〕　《讀書記》云：「『嬴』作『贏』。」下同。

**可以伐人**〔四・一五六五〕　各本「伐」作「罰」，《札記》云：「『罰』當作『伐』。」案此本正作「伐」，與《漢志》合，其作「罰」者，蓋涉上「罰出歲星」而誤也。

**日降入**〔四・一五六七〕　《索隱》及各本「日」作「曰」。

**以三月居**〔四・一五六七〕　柯本「三」誤「二」。

**星居戌**〔四・一五六七〕　「戌」缺筆，下並同。

---

❶ 此條原在「下有四星曰弧」條上，據嘉業堂本移。

**一曰路嶂**〔四・一五六八〕　百衲、舊刻脱「一」字，《志疑》云：「跰踵，據《集解》《索隱》《史》《漢》舊並作『路踵』，各本《集解》譌『踵』爲『嶂』。」案《漢志》引《石氏》曰：「名『路踵』。」

**敦牂歲**〔四・一五六八〕　《索隱》及中統、游、正德本同，各本「牂」作「牂」。

**見房**〔四・一五六八〕　中統、游、正德、柯本「房」誤「旁」。

**利行兵**〔四・一五六八〕　王、秦本「兵」下誤空一格。

**涒灘歲**〔四・一五六八〕　《索隱》「灘」作「漖」，❶《札記》云：「字書、韻書無『漖』字，韓勑造《孔廟禮器碑》作『涒歎』，疑此因上『涒』字而誤增水旁。」

**曰大晉**〔四・一五六八〕　各本「晉」作「音」。殿本「大」誤「天」。《讀書記》云：「『音』字，小字宋本作『晉』。」《志疑》云：「案『大音』，《漢志》作『天晉』，蓋『音』字今本之誤。」

**曰天睢**〔四・一五六九〕　《索隱》及舊刻、毛本「睢」作「雎」。

**一曰大星**〔四・一五七〇〕　《索隱》引徐廣云：「一作『大皇』。」殿本作「天皇」。

**玄色甚明**〔四・一五七〇〕　「玄」缺筆，潘本不缺。

**長四尺**〔四・一五七〇〕　程本「尺」作「丈」，《札記》云：「『長四丈』，北宋本與《晉志》及上《正義》合，各本誤『尺』。」

---

❶ 「漖」，原作「漢」，據國圖藏明汲古閣刻本《史記索隱》改。

**長二丈類彗星**〔四·一五七一〕　殿本無「星」字,《考證》云:「監本譌作『類彗星』,今改正。」

**韋昭曰**〔四·一五七一〕　程本「昭」誤「召」。

**一作御**〔四·一五七二〕　南雍、李本「一」上有「迎」字,凌、程本「一作『迎』」。

**星相擊爲鬭**〔四·一五七二〕　程本此「鬭」字誤作大書,入下正文。

**察剛氣以處熒惑**〔四·一五七二〕　南雍、李、凌、程、殿本提行,下填星、太白辰星並同。

**一作罰**〔四·一五七二〕　南雍、李、凌、程本「一」上有「剛」字。

**主夏日丙丁**〔四·一五七二〕　毛本「日」誤「曰」,《讀書記》云:「下『曰』字作『日』字。」

**熒惑廟也**〔四·一五七四〕　毛本「熒」誤「營」,《讀書記》云:「『營』作『熒』。」

**謹候此**〔四·一五七四〕　南雍、李本提行,《考證》云:「此三字應在熒惑章下,舊本刊於填星章首,今改正。下太白章『謹候此』三字亦同。」

**曆斗之會**〔四·一五七四〕　凌、程、殿本提行。

**以定填星之位**〔四·一五七四〕　《索隱》本「填」作「鎮」,各本惟下「四鎮」作「鎮」,餘皆作「填」,《字類》四引作「填星」。

**光芒者**〔四·一五七五〕　毛本同,殿本「者」作「音」。各本「光」作「九」,「者」作「音」。凌本旁注「一本『九芒』作『光芒』」,《讀書記》云:「小字宋本『光』作『九』,『者』作『音』。」

**曰黄鍾宫**〔四·一五七五〕　中統、游、正德、王、柯、南雍、秦、李、凌、程、殿本「鍾」作「鐘」。

**火爲旱**〔四·一五七五〕　王、秦本「火」誤「水」。

**若水金在南曰牝牡**〔四·一五七五〕　殿本「水」誤「木」。《索隱》出「曰牝牡」三字，百衲、中統、舊刻、游、正德、王、柯、秦、凌本無「曰」字，凌本旁注「一本無『曰』字」，潘本亦無「曰」字，「牡」下空一格。

**火與水合爲焠**〔四·一五七五〕　《索隱》「爲」作「曰」。

**主孽卿**〔四·一五七五〕　《索隱》及南雍、李、程、毛、殿本同，與《漢志》合，各本「主」作「生」，凌本旁注「一本『生』作『主』」，《志疑》云：「他本『生』作『主』，是。」

**是謂驚位絶行**〔四·一五七六〕　「驚」字缺「敬」字末筆，下同，潘本不缺。殿本「位」作「立」。

**掩有四方**〔四·一五七五〕　百衲、中統、游、王、柯、秦、凌、程本同，與《漢志》合，各本「掩」作「奄」。

**蚤出者爲贏贏者爲客**〔四·一五七六〕　毛本「蚤」作「早」，下「蚤爲月蝕」同。

**察日行以處位**〔四·一五七七〕　南雍、李、凌、程、殿本提行。

**主殺**〔四·一五七七〕　中統本「主」誤「王」。

**爲八歲二百二十日**〔四·一五七八〕　百衲、凌、程、毛、殿本同，《札記》引吴校元板同，瞿氏據宋本同，中統、舊刻、游、正德、王、柯、南雍、秦、李本「八」作「百」。程本「二」作「三」。凌本旁注「一本『八歲』作『百歲』，『二十』作『三十』」。《考證》云：「『八』，監本譌作『百』，今改正。」

**行遲**〔四·一五七八〕　百衲、中統、游本同，下「上極而行遲」「遲遲行」及注「行遲而下也」並同。

**其庳近日曰太白柔**〔四·一五七八〕　王、柯本「太」作「大」。

**高遠日曰四大相剛**〔四・一五七八〕　百衲、正德、南雍、李、凌、程、毛本同，各本脱「曰」字。

**疾過也**〔四・一五七九〕　程本「過」誤「通」，百衲、毛本無「也」字。

**圜以靜靜**〔四・一五七九〕　毛本同，各本「圜」作「國」，凌云：「按《漢記》『國』作『圜』，是。」《讀書記》云：「『圜』作『國』。」《志疑》云：「『國』當作『圜』，各本譌刻。」

**其已出三日而復有微入三日乃復盛出**〔四・一五八〇〕　百衲同，與《漢志》合，各本「入」下重「入」字。正德本「復」下空一格。

**是謂烎**〔四・一五八〇〕　《索隱》出「是謂需」三字云：「又作『烎』，音奴亂反。」此即其所見又一本也。各本「烎」作「耎」，注同，《字類》四引同。

**其下國有軍敗將北**〔四・一五八〇〕　中統、游本「軍」誤「亡」。

**其色大圜黄滜**〔四・一五八〇〕　中統、游、正德本「滜」作「滜」。

**雖有色**〔四・一五八一〕　各本「雖」作「唯」。

**太白行得度者勝色也**〔四・一五八一〕　毛本「太」作「大」，「者勝」作「勝者」，《札記》云：「毛本『者勝』誤而。」案《札記》「而」字當作「倒」。

**正出舉目平正出桑榆上者**〔四・一五八二〕　百衲、舊刻本同，與《漢志》注合，毛本「榆」下有「而」字。各本「平正」作「氣言」。殿本作「凡望雲氣，平望在桑榆上者」，《考證》云：「監本訛作『正出氣平正，出桑榆上者』，今改正。」

**上而疾未盡其曰過參天**〔四・一五八一〕　毛本「天」誤「矣」。《讀書記》云：「『曰』作『日』，『矣』作『天』。」

**三分天過之其一**〔四・一五八二〕　南雍、李、殿本無「之」字。程本無「其」字。《札記》云：「各本連上衍『其』字，官本無。」案殿本據南雍本。

**雞鳴出**〔四・一五八一〕　百衲、舊刻、王、柯、南雍、秦、凌、程、毛、殿本「鷄」作「雞」，下並同。李本下「狀如雄鷄」亦作「雞」。

**出卯北**〔四・一五八一〕　百衲「卯」作「𩇨」。

**晚爲天矢**〔四・一五八二〕　《雜志》云：「案『天矢』當從宋本作『天夭』，字之誤也。『夭』與『祅』同字，亦作『祆』。《漢書・天文志》作『天祆』。又下『辰星出蚤爲月蝕，晚爲彗星及天矢』，《天文志》作『天祆』，則『矢』字亦是『夭』字之誤。宋本亦誤作『矢』。」

**主冬日壬癸**〔四・一五八二〕　毛本「日」誤「曰」，《讀書記》云：「『曰』作『日』。」

**察日辰之會**〔四・一五八二〕　凌、程、殿本提行。

**及天矢**〔四・一五八三〕　中統、游、正德本「矢」誤「失」。

**天下大飢**〔四・一五八三〕　正德、凌、程本「飢」作「饑」。

**積于東方中國利積于西方外國用者利**〔四・一五八三〕　毛本二「于」字作「於」，下「入于東方」「入于西方」「未有可考于今者」「尾没于勃碣」「五星聚于東井」「星茀于河戒」，注「一云入于大角」「適見災于天」並同。

**出而與太白不相從**〔四・一五八四〕　游本「與」作「与」。

**是謂繫卒**〔四・一五八四〕　中統、王、南雍、秦、毛本同，各本「繫」作「擊」。《考證》云：「『擊』，監本訛作『繫』，今改正。」《讀書記》云：「『繫』作『擊』。」

**正旗上出**〔四・一五八四〕　《索隱》無「上」字。

**免過太白**〔四・一五八四〕　《索隱》「免」作「兔」。《札記》云：「疑『免』、『兔』皆『毚』之譌，『毚』又『攙』之省。」

**間可械劍**〔四・一五八四〕　百衲、中統、舊刻、游、正德、王、柯、南雍、秦、李、毛、殿本同，《字類》二引同，《索隱》及程本正文與注並作「械」，凌本正文作「械」，注文作「㮚」。

**免居太白前**〔四・一五八四〕　百衲、正德本「免」誤「危」，下「免五色」同。程本「居」誤「俱」。

**摩太白右數萬人戰**〔四・一五八四〕　毛本同，與《漢志》合，各本「右」誤「有」。《讀書記》云：「『右』作『有』。」《志疑》云：「此誤『右』爲『有』，湖本即以『有』連下讀，謬矣。」

**天攙**〔四・一五八五〕　百衲、毛本「攙」作「欃」，瞿氏據宋本同，《字類》二《補遺》引作「攙」。

**角亢氐兗州**〔四・一五八六〕　南雍、李、凌、程、殿本提行。

**牽牛婺女楊州**〔四・一五八六〕　中統、游、正德、南雍、李、程、毛、殿本「楊」作「揚」。

**兩軍相當日暈**〔四・一五八六〕　凌本「軍」誤「車」。毛本「日」誤「曰」。

**暈等力鈞**〔四・一五八六〕　中統、舊刻、游本「鈞」誤「鈎」，王、秦本誤「鈞」。

**重抱大破**〔四・一五八六〕　程本「抱」誤「枹」，「大」誤「犬」。

**指暈若曰殺將**〔四・一五八六〕《札記》云：「舊刻『指』作『背』，疑『指』字非。」案今所見舊刻本作「指」。

**圍在中**〔四・一五八六〕程本「圍」作「圜」，凌本旁注「一本『圍』作『圜』」。

**居暈不勝**〔四・一五八六〕南雍、凌、程、殿本「暈」作「軍」，《考證》云：「『軍』，監本訛作『暈』，今改正。」《讀書記》云：「『暈』作『軍』。」

**見半日以上功大**〔四・一五八六〕王、柯、南雍、秦、李、毛本「大」誤「太」。《考證》云：「『大』，監本作『太』，連下『白』字爲『太白』，遂不可解，今改正。」

**月行中道**〔四・一五八七〕南雍、李、凌、程、殿本提行。

**太陰大小兵**〔四・一五八七〕《索隱》及各本「小」作「水」，此誤，潘本同。

**角天門**〔四・一五八七〕《索隱》「角」下有「間」字。

**六月者一而五月者凡五百一十三月而復始**〔四・一五八八〕殿本同，各本「凡五」二字互倒。

**日食爲不臧也**〔四・一五八八〕游、正德本「臧」誤「藏」。

**恒山以北**〔四・一五八八〕「恒」缺筆，下同。

**國皇星**〔四・一五八九〕南雍、李、凌、程、殿本提行。

**老人星也**〔四・一五八九〕南雍、李、程、殿本作「南極老人星」。

**昭明星大而白**〔四・一五八九〕毛本連上，空一格，下「五殘星」等並同。

**机上有九彗**〔四・一五八九〕　游、正德本「机」誤「相」。

**大一作六**〔四・一五八九〕　毛本無「大」字。

**形如彗九尺**〔四・一五九〇〕　毛本「九」誤「丸」。

**星大而有毛兩角**〔四・一五九〇〕　中統、游、正德、凌、毛本同，各本「毛」作「尾」。

**下有三彗縱横**〔四・一五九〇〕　殿本同，與《漢志》注合，各本「三」作「二」。中統本「下」誤「王」。

**出正北北方之野**〔四・一五九〇〕　百衲不重「北」字。

**四填星**〔四・一五九〇〕　百衲、中統、舊刻、游、正德、王、柯、秦本不提行。

**如星非星**〔四・一五九〇〕　殿本提行。

**邪音虵**〔四・一五九一〕　王、柯、南雍、秦、李、程本「虵」作「蛇」。

**星者金之散氣**〔四・一五九一〕　百衲、中統、舊刻、游、正德、毛本不提行，下「漢者亦金之散氣」同。

**星名也**〔四・一五九一〕　各本「名」下無「也」字。殿本作「星石也」。《考證》云：「監本訛作『星名也』，今改正。」

**多少謂漢中星**〔四・一五九一〕　中統、游、正德本「少」誤「水」。

**天鼓有音如雷非雷**〔四・一五九一〕　南雍、李、凌、程、殿本提行，毛本空一格。各本「鼓」作「鼓」。

**其所住者兵發其下**〔四・一五九一〕　各本「住」作「往」，《札記》云：「『往』字，吴校元板作『住』，與《漢志》合。」

案此本正作「住」，足見蜀刻之精。潘本亦同。

**天狗狀如大奔星**〔四・一五九一〕 瞿氏據宋本「奔」上無「大」字。

**類狗所墮及望之如火光**〔四・一五九一〕 毛本同，與《漢志》合，各本「及」下有「炎火」二字，《讀書記》云：「『及』上脱『炎火』二字。按《漢書》亦無『炎火』二字，今從柯氏本增。」《志疑》云：「《漢志》無『炎火』二字，晉、隋《志》無『及炎火』三字，《御覽》七卷引此并無『所墮及炎火』五字。」

**不種而獲**〔四・一五九一〕 舊刻、毛本同，各本「獲」作「穫」。

**必有大客**〔四・一五九一〕 各本「客」作「害」，惟此本與《漢志》合。楊慎云：「『害』，《星經》作『客』，與『穫』合韻。」

**晉灼曰**〔四・一五九二〕 中統本「灼」誤「灼」。

**其色黄上白下**〔四・一五九二〕 百衲、舊刻本同，各本「白下」二字倒。

**旬始出於北斗旁**〔四・一五九二〕 百衲、舊刻連上，空三格，毛空一格，各本提行。《字類》一《補遺》引無「於」字。

**怒當音帑**〔四・一五九二〕 毛本「音」作「作」。

**怒則色青**〔四・一五九二〕 毛本同，各本無「則」字。

**虵行而倉黑**〔四・一五九二〕 正德、毛本「倉」作「蒼」。

**望之如有毛羽然**〔四・一五九二〕 《雜志》云：「『毛羽』本作『毛目』，後人以意改之耳。《漢書》《晉書》並作

『毛目』，《太平御覽・咎徵部》二引《史記》正作『毛目』。」

**長庚如一匹布著天**〔四・一五九二〕　南雍、李、凌、程、殿本提行。程本「匹」作「疋」，《字類》五引同。

**星墜至地則石也**〔四・一五九二〕　凌、殿本提行。

**時有墜星**〔四・一五九二〕　南雍、程本無「有」字，凌本旁注「一本無『有』字」。

**天精而見景星**〔四・一五九二〕　南雍、李、凌、程、殿本提行。《藝文類聚》一引作「天曜而景星見」。

**合爲景星也**〔四・一五九二〕　各本無「也」字。

**景星者德星也**〔四・一五九二〕　百衲、中統、舊刻、游、正德、王、柯、秦、李、程、殿本不提行，毛空一格。

**其狀無常常出於有道之國**〔四・一五九二〕　百衲、南雍、李、程、毛、殿本同，瞿氏據宋本同，與《漢志》合，各本不重「常」字，凌本旁注「一本『常』下又有『常』字」。《類聚》一引作「其狀無常，常出有道之國」。

**凡望雲氣**〔四・一五九三〕　南雍、李、凌、程、殿本提行。

**平望在桒榆上千餘二千里**〔四・一五九三〕　毛本同，各本「桒」作「桑」。百衲「餘」下有「里」字，與《漢志》合。各本「餘」上無「千」字，《類聚》八十八引同，《讀書記》云：「上『千』字衍。」

**卒氣摶**〔四・一五九三〕　百衲、舊刻、毛本同，各本「摶」誤「搏」，注及下「雲摶兩端兑」並同。

**前方而高後兑而卑者卻**〔四・一五九三〕　南雍、李、凌、程、殿本「卻」作「郄」。百衲作「前方而後高者兑，後兑而卑者卻」，與《漢志》合。中統、舊刻、游、正德、王、柯、秦本作「前方而後高，兑而卑者郄」，毛本作「前方而後高，兑而卑者卻」，《字類》五引作「雲氣兑而卑者卻」。《雜志》云：「武進顧子明曰：『下文云「氣相遇者，卑勝高，兑勝方」，卑與高對，兑與方對，當依《晉志》作「前方而高，後兑而卑者郤」。』今本《史記》『高』『後』二字互易，《漢書》則『高』上衍『後』字，『高』下又衍『者兑』二字。」案此本與《晉志》合，則《史記》「高」「後」二字未嘗互易，蜀刻之精如此，惜不令王氏見之也。

**十餘二十餘里**〔四・一五九三〕　南雍、李、程、殿本同，與《漢志》合，各本無「二十餘」三字，凌本旁注「一本『十餘』下有『二十餘』三字」。

**其前低者**〔四・一五九四〕　百衲、李、程、毛、殿本同，各本「低」作「抵」，凌本旁注「一本『抵』作『低』」，《志疑》云：「『抵』字誤，一本作『低』是，與《漢志》合。」

**陣雲如立垣**〔四・一五九四〕　殿本提行。

**其蜺者**〔四・一五九四〕　《索隱》出「天蜺」二字云：「亦作『蜺』，音同。」案《索隱》此二字在「天精」之後，「月離畢」之前，疑本有「天蜺」一條而今闕，若此條則在「月離畢」後矣。

**而澤摶密**〔四・一五九四〕　百衲、舊刻、毛本同，南雍、殿本「摶密」作「摶宓」，各本作「摶密」。《考證》云：「按『宓』字不可解，蓋『密』字也，缺其下半，傳寫至今。」案《考證》專據監本，不旁採他書，故有此說。李、程並據南雍本，已改作「密」，豈當時在館諸臣尚未見作「密」之本乎？

**乃有占**〔四・一五九四〕　南雍、程、殿本同，各本「乃」作「及」，凌本旁注「一本『及』作『乃』字」，《志疑》云：「『及』，一本作『乃』，是。案《漢書》『乃』作『迺』。」

**類舟船幡旗**〔四・一五九五〕　百衲、舊刻、正德、毛本「船」作「船」。

**各象其山川人民所聚積**〔四·一五九五〕　毛本「聚積」作「積聚」，《札記》兼引舊刻，案今所見舊刻本作「聚積」。

**視封壃田疇之正治**〔四·一五九五〕　各本「壃」作「疆」，舊刻「田」誤「由」。

**蕭索綸囷**〔四·一五九五〕　毛本「綸」作「輪」，《類聚》一《天部九十八·祥瑞部上》引並同，《志疑》云：「『綸』乃『輪』之譌，漢以下諸《志》及《御覽》八引此，並作『輪』。」

**是謂卿雲**〔四·一五九五〕　《類聚》九十八引「卿」作「慶」。

**卿雲見喜氣也**〔四·一五九五〕　《類聚》引作「慶雲見嘉氣也」。

**卿雲見**〔四·一五九五〕　《雜志》云：「案『卿雲』下本無『見』字，此涉下文『見』字而誤衍也。《藝文類聚·祥瑞部》引此有『見』字，《漢書·天文志》有『見』字，皆後人因誤本《史記》加之。《初學記·天部》、《太平御覽·天部》、《人事部》、《休徵部》引《史記》皆無『見』字。」

**天雷電蝦虹辟歷夜明者陽氣之動者也**〔四·一五九六〕　《御覽》十三引「電者，陰陽之動也」，《書鈔》一百五十二引「霹靂者，陽氣之動也」。

**天開縣物**〔四·一五九六〕　潘本「縣」缺筆，注同，此本不缺。

**天開示縣象**〔四·一五九六〕　凌本「天」誤「夫」。

**地動坼絕**〔四·一五九六〕　游、正德本同，潘本「坼」作「垿」，各本同。

**坱伏流也**〔四·一五九六〕　各本脱「伏」字，此本與《漢志》注合。

**城郭門閭閨臬枯槀**〔四·一五九六〕 各本「枯」作「桔」，此誤，潘本同。《字類》三《補遺》引「槀」作「稾」。

**觀其所屬**〔四·一五九六〕 中統、舊刻、游本「屬」作「属」。

**與人逢俉**〔四·一五九六〕 毛本「與」作「共」，各本作「其」，《字類》四《補遺》引同。中統、游、正德本「逢」誤「逄」。

**俉迎也**〔四·一五九六〕 各本此下有「伯莊曰音五故反」七字，此本無之，益見蜀刻之善，殿本則此注三字誤入《索隱》矣。

**化言**〔四·一五九六〕 百衲、舊刻、游、正德本「化」作「訛」。《索隱》出「逢俉化言」四字，云：「『化』當作『訛』，字之誤耳。」是其所據本已作「化」也。

**凡候歲美惡**〔四·一五九六〕 南雍、李、凌、程、殿本提行。

**謹候歲始**〔四·一五九六〕 游本「始」誤「如」。

**臘明日**〔四·一五九六〕 《書鈔》一百五十五引無「臘」字。

**四始者候之日**〔四·一五九七〕 毛本同，各本「曰」作「日」，《讀書記》云：「『曰』作『日』。」

**而漢魏鮮集臘明正月旦**〔四·一五九七〕 本「旦」誤「且」。中統、舊刻、游、正德、王、柯、秦本「臘」作「臈」。

**爲成者**〔四·一五九七〕 百衲、毛本同，各本「者」作「也」，《讀書記》云：「按『者』當作『也』。」

**一無此上兩字**〔四·一五九七〕 中統、游、正德本「一」誤「古」。

**趣兵**〔四·一五九七〕 《字類》五《補遺》引作「趨兵」。

**歲大穰**〔四・一五九八〕　中統本「穰」作「懹」，左旁有缺壞，游、正德本誤「攘」，毛本誤「穰」。

**旦至食爲麦**〔四・一五九七〕　百衲「麦」誤「叐」，各本作「麥」。

**欲終日有雲有風有日**〔四・一五九七〕　各本「有雲」上有「有雨」二字，此本與《漢志》合，《志疑》云：「《漢書》無『有雨』二字，此宜衍。」則此本實勝於他本矣。

**當其時者**〔四・一五九七〕　各本「當」上有「日」字，《志疑》云：「『有日』下誤複一『日』字。」

**徵旱**〔四・一五九八〕　「徵」缺筆，潘本不缺。

**月一日雨**〔四・一五九八〕　鄂局重刻王本「月」上有「正」字，各本無。

**日直其月**〔四・一五九八〕　百衲、舊刻本無「日」字。

**正月水**〔四・一五九八〕　百衲「正」誤「四」。

**竟正月**〔四・一五九八〕　「竟」缺筆，下「長或竟天」同，潘本不缺。

**歷二十八宿**〔四・一五九八〕　中統、游、正德本「二」誤「三」，「八」誤「六」。

**月所離列宿**〔四・一五九八〕　《索隱》出「月離于畢」四字，云：「按韋昭云『離，麗』。」《札記》云：「疑本《集解》文。」

**候鍾律**〔四・一五九九〕　中統、游、正德、王、柯、南雍、秦、李、殿本「鍾」作「鐘」，下同。

**土炭輕而衡仰**〔四・一五九九〕　中統、游、正德本「土」誤「上」。

**鹿解角**〔四·一五九八〕《雜志》云：「案『鹿』當從《天文志》作『麋』，字之誤也，《太平御覽·時序部》引《史記》亦作『麋解角』。」《札記》云：「今《漢志》作『麋鹿解角』，蓋校者旁注《史》作『鹿』，因誤入正文。」

**泉水躍**〔四·一五九八〕百衲、毛、殿本同，各本「水」作「出」，《志疑》云：「他本作『水』字，是。《漢志》『泉水踊』。」

**略以知日至**〔四·一五九八〕程本「日」誤「田」。

**要決晷景**〔四·一五九八〕中統、舊刻、游、正德、王、柯、秦、李本「要決」作「決要」。

**記異而説不書**〔四·一六〇〇〕百衲、舊刻、毛本同，各本「記」作「紀」。

**周室史佚萇弘**〔四·一六〇〇〕「弘」缺筆。

**然后天人之際續備**〔四·一六〇一〕百衲同，各本「后」作「後」。

**因以飢饉**〔四·一六〇一〕游、正德、凌、程、殿本「飢」作「饑」。

**凌雜米鹽**〔四·一六〇一〕中統、游本「鹽」作「塩」，正德本作「壒」，均俗寫。

**吴楚之疆**〔四·一六〇二〕舊刻此下即接以「候在歲星」，脱「候在熒惑」至「宋鄭之疆」二十四字。

**熒惑爲孛**〔四·一六〇四〕南雍、李、凌、程、殿本同，各本「孛」作「勃」。

**秦始皇之時**〔四·一六〇六〕南雍、李、凌、程、毛、殿本不提行。

**兵相駘藉**〔四·一六〇六〕中統、舊刻、游、正德本「藉」作「籍」。

**西坑秦人**〔四・一六〇六〕　各本「坑」作「坑」。

**星茀于河戒**〔四・一六〇六〕　王、秦本「戒」字空格，瞿氏據宋本云「王本脱『戒』字」，《札記》云：「舊刻、王本『兵征』上空一格。」案今所見舊刻本不空，「戒」當作「戍」，説詳《雜志》。

**或曰不交而蝕曰薄**〔四・一六〇七〕　中統本「交」誤「德」。

**余觀史記**〔四・一六〇七〕　舊刻無「記」字。

**大小有差**〔四・一六〇八〕　游本「差」誤「羌」。

**闊狹若三台星相去遠近**〔四・一六〇八〕　中統本「三」誤「二」。正德本「台」誤「合」。

**月變省刑**〔四・一六〇八〕　毛本「省」作「修」，《讀書記》云：「『修』作『省』。」

**日變脩德**〔四・一六〇八〕　凌、程、毛本「脩」作「修」。

**太上脩德其次脩政其次脩救次脩禳**〔四・一六〇八〕　中統、游、正德、王、柯、秦本「太」作「大」。凌、程、毛本「脩」作「修」，中統、游本「脩政」「脩禳」作「修」，餘作「脩」。游、正德、凌、殿本「禳」作「禳」。南雍、李、凌、程、殿本「次脩禳」「次」上有「其」字。

**而三光之占亟用**〔四・一六〇八〕　中統、游、正德本「亟」誤「極」。

**適者災變咎徵也**〔四・一六〇九〕　中統、游、正德、王、柯、秦、李本「災」作「灾」，下同。

**適見災于天**〔四・一六〇九〕　南雍本「災」誤「其」，程本作「異」。

**劉向以爲日月蝕及星逆行**〔四・一六〇九〕　中統、游、正德、柯本「蝕」作「食」。

**人事多亂**〔四·一六〇九〕　中統、游、正德、王、柯、南雍、秦、李、凌、程、毛、殿本無「多」字。

**變日之將食**〔四·一六〇九〕　中統、游、正德、王、柯、南雍、秦、李、凌、程、毛、殿本「變」作「適」。

**蒼帝行德**〔四·一六〇九〕　中統、游、正德、王、柯、南雍、秦、李、凌、程、毛、殿本提行。

**赤帝行德**〔四·一六〇九〕　百衲、舊刻、毛本空一格，凌本不提亦不空，下並同。

**天矢爲之起**〔四·一六〇九〕　百衲、舊刻、正德、柯、南雍、李、凌、程、殿本同，各本「矢」作「夭」。

**一曰白帝行德**〔四·一六〇九〕　百衲、舊刻、毛本空一格，中統、游、正德、王、柯、南雍、秦、李、凌、程、殿本不空。

**天庭有奇令**〔四·一六〇九〕　各本「庭」作「廷」。

# 卷二八　封禪書第六

**封禪書第六**〔四·一六三一〕　自此至《平準書》第八均補鈔，今依潘本。

**蓋有無其應而用事者矣**〔四·一六三一〕　舊刻、正德、柯本「蓋」作「盖」，下同，俗省字。

**至梁父矣而德不洽**〔四·一六三一〕　殿本無「梁父」二字，《考證》云：「監本訛作『至梁父矣』，衍『梁父』二字，今改正。」案各本並有此二字，不獨監本，不知何所據而以爲衍也。

**故其儀闕然堙滅**〔四·一六三一〕　百衲、舊刻本「堙」作「湮」。

**舜在琁璣玉衡**〔四·一六三二〕　中統、游、王、南雍、秦、李、毛、殿本同，各本「琁」作「璇」。

**禋于六宗**〔四·一六三二〕　王、秦本「于」誤「干」。

**見四岳**〔四·一六三二〕　正德、柯、凌本「岳」作「嶽」，下「南岳」「西岳」「北岳」「中岳」及「岳視三公」「号曰南岳」並同，程本此文作「岳」，餘作「嶽」。

**脩五禮**〔四·一六三二〕　凌、毛程本「脩」作「修」，下「太戊脩德」「祖己曰脩德」並同。

**北岳恒山也**〔四·一六三二〕　「恒」缺筆，下並同。

**其後三世**〔四·一六三二〕　毛本「三」誤「二」。

**至帝太戊**〔四・一六三三〕 中統、毛本「太」作「大」，毛本下「太戊脩德」同。

**夏日至祭地祇**〔四・一六三三〕 游、正德、王、柯、南雍、秦、李、凌、程、毛、殿本「祇」作「祗」。

**員如辟雍**〔四・〕 百衲、柯、凌、程、殿本「員」作「圓」。

**以莭觀**〔四・一六三四〕 各本「莭」作「節」。百衲、舊刻、正德、秦本「觀」下有「者」字。王本「節」下脱「觀」字。柯、南雍、李、凌、程、殿本作「蓋以節觀者也」。

**自禹興而修社祀**〔四・一六三四〕 百衲、中統、游、程、毛本同，各本「修」作「脩」。

**郊社所從來尚矣**〔四・一六三四〕 舊刻、游、正德本「來」作「来」，下「來」「来」錯出。

**而幽王爲犬戎所敗**〔四・一六三四〕 毛本「敗」作「害」，《讀書記》云：「『害』作『敗』。」

**於旁有吴陽地**〔四・一六三五〕 游、正德、王、柯、秦、凌本「地」作「也」。

**紳大帶**〔四・一六三五〕 正德本「帶」下有「也」字。

**服度曰**〔四・一六三六〕 本「虔」誤「度」。

**或曰在陳倉北也**〔四・一六三六〕 王、南雍、秦、李、程、殿本無「也」字。

**則若雄雞**〔四・一六三六〕 舊刻、程本「雞」作「鷄」，下「野雞夜呴」及注同。

**云足句之辭**〔四・一六三六〕 凌本作「云者足句之詞也」。

**與葉君合**〔四・一六三六〕 中統、游本「葉」誤「業」。

**作鄜時後七十八年**〔四·一六三六〕　柯本此文提行，下「作伏祠」亦提，非。毛本「時」誤「時」，《讀書記》云：「『時』作『時』。」

**而後世皆曰秦繆公上天**〔四·一六三六〕　舊刻「繆」作「穆」，下「秦繆公即位九年」「是歲秦繆公内晉君夷吾」並同。

**秦繆公即位九年**〔四·一六三六〕　游本「秦」誤「泰」。

**齊桓公既霸**〔四·一六三六〕　「桓」缺筆，下並同。《北堂書鈔》九十一凡五引此文，「霸」並作「伯」。

**而夷吾所記者十有二焉**〔四·一六三六〕　《書鈔》五引此文，四作「記」，一作「紀」。

**古者封泰山**〔四·一六三六〕　《書鈔》九十一又一百三十九、《類聚》三十九、《御覽》五百三十六引「泰」作「太」，《書鈔》《御覽》下並同。

**在伏羲前**〔四·一六三九〕　舊刻「伏」作「宓」。

**云云山在梁父東**〔四·一六三九〕　《書鈔》九十一引「東」下有「也」字。

**虙羲封泰山**〔四·一六三八〕　《書鈔》引「虙羲」作「宓戲」，《初學記》引作「伏犧」。

**亭亭山在牟陰**〔四·一六三八〕　《書鈔》引脱「牟」字。

**顓頊封泰山**〔四·一六三八〕　「頊」缺筆。

**帝佶封泰山**〔四·一六三八〕　《初學記》《御覽》引「佶」作「嚳」。

**舜封泰山**〔四·一六三八〕　《初學記》引「舜」下有「帝」字。

**在鉅平南十三里**〔四・一六三九〕 《書鈔》引「三」作「二」，《御覽》引下有「也」字。

**東馬懸車**〔四・一六三八〕 「懸」缺「縣」末筆，注不缺，《書鈔》一百三十九引「懸」作「縣」。

**南伐至召陵**〔四・一六三八〕 御覽引「召」作「邵」。

**九合諸侯**〔四・一六三八〕 《書鈔》引「九」作「糾」。

**一匡天下**〔四・一六三八〕 「匡」缺筆。

**鄗上之黍**〔四・一六三八〕 《類聚》八十五引誤作「鄗王黍」。

**鄗音臛**〔四・一六四〇〕 中統、游、王、柯、秦、凌本「臛」作「霍」，《御覽》引同，李本誤「擢」，程本誤「矐」。

**所以爲藉也**〔四・一六三八〕 正德本「藉」作「籍」，《書鈔》九十一及《類聚》引同。《書鈔》「也」上有「者」字，下「江淮間一茅三脊爲神藉」亦引作「籍」，《類聚》無「也」字。

**西海致比翼之鳥**〔四・一六三八〕 游本「鳥」誤「烏」。

**然后物有不召而自至者**〔四・一六三八〕 百衲同，各本「后」作「後」。

**今鳳皇麒麟不來**〔四・一六三八〕 舊刻、正德、王、柯、南雍、秦、李、凌、程、殿本「皇」作「凰」，《書鈔》引作「今鳳凰麒麟不集」。

**而蓬蒿藜莠茂**〔四・一六三八〕 《御覽》引「莠」作「秀」。

**鴟梟數至**〔四・一六三八〕 各本「梟」作「梟」，《書鈔》引「數至」作「來至」。

**而欲封禪**〔四·一六三八〕　《書鈔》引「而」誤「自」。

**毋乃不可乎**〔四·一六三八〕　《書鈔》《御覽》引「毋」作「無」。

**而孔子論述六蓺傳**〔四·一六三九〕　中統、舊刻、柯、凌本「蓺」作「藝」，《字類》四《補遺》引作「蓺」。

**爲魯諱也**〔四·一六四〇〕　舊刻無「也」字。

**如指示以掌中之物**〔四·一六四〇〕　中統、舊刻「如」下衍「何」字，游本空一格。

**言其易了**〔四·一六四〇〕　舊刻無「了」字。

**武王克殷二年**〔四·一六四〇〕　「殷」缺筆，上下「殷」字不缺。中統、舊刻、游、正德本「二年」作「三年」。

**今陪臣祭泰山**〔四·一六四〇〕　舊刻無「泰山」二字。

**非禮**〔四·一六四〇〕　柯本「禮」作「礼」，正德、柯、凌、殿本「禮」下有「也」字。

**是時萇弘以方事周靈王**〔四·一六四一〕　「弘」缺筆，下同，惟「徵文學之士公孫弘等」不缺。

**皇覽曰**〔四·一六四一〕　殿本上有「駰案」二字，下一引《爾雅》，兩引《漢書音義》，又「自此以後武帝事」云云，並同。

**萇弘冢在河南洛陽東北山上也**〔四·一六四一〕　百衲「上」誤「二」。南雍、李、程、殿本「弘」上無「萇」字，「上」下無「也」字。

**凡去作密時**〔四·一六四二〕　南雍、李、凌、程、殿本「去」作「距」。南雍、李、程本無「凡」字。

**二至五十年**〔四·一六四二〕　各本「至」作「百」，此誤。

**合十七年而霸王出焉**〔四·一六四二〕　《索隱》出「合十七年伯王出」七字。

**故作畦時櫟陽而祀白帝**〔四·一六四二〕　《類聚》八十三引作「故作畦時於櫟陽祀白帝」。

**漢注**〔四·一六四二〕　凌本「注」誤「註」。

**形如種韭畦**〔四·一六四二〕　各本「韭」作「韮」，俗字。

**駰案爾雅曰**〔四·一六四三〕　各本無「駰案」二字，惟殿本與此同。

**右陵太丘**〔四·一六四三〕　百衲、中統、毛本同，《索隱》「右」作「左」，游、正德、王、柯、南雍、秦、李、凌、程、殿本誤作「古」。《札記》云：「各本『右』譌『左』，下《索隱》同。」案自《索隱》外各本無作「左」者，不得謂各本「右」譌「左」，而《索隱》與之同也。

**螾亦地物**〔四·一六四三〕　正德本「物」誤「勿」。

**蘇林曰流出也**〔四·一六四三〕　中統本「流」作「溢」。柯、凌本脱此條。

**有赤烏之符**〔四·一六四三〕　正德本「烏」誤「鳥」。

**祠騶嶧山**〔四·一六四四〕　《御覽》五百三十六引「騶」作「鄒」。

**於是徵從齊魯之儒生博士七十人**〔四·一六四四〕　「徵」缺筆，下不缺。《書鈔》引作「從魯齊儒生博士七十人」，又引「從齊魯儒生博士七十人」，又引「從齊魯儒生博士七十二人」，《類聚》三十九引「徵齊魯儒士博士七十人」。

**至乎泰山下**〔四・一六四四〕《書鈔》引作「至於泰山下」，又兩引作「至太山下」，《御覽》引作「至于泰山下」。

**稭禾稾也**〔四・一六四四〕正德、柯、凌本「稾」作「藁」，毛本作「稾」。

**菹藉也**〔四・一六四四〕王、秦本「藉」作「籍」。

**言其易遵也**〔四・一六四四〕《書鈔》兩引，一無「言」字，一作「皆易遵也」。

**上自太山陽**〔四・一六四四〕舊刻、正德、柯、李、凌、殿本「太」作「泰」。

**禪於梁父**〔四・一六四四〕《初學記》引作「禪梁甫」。

**世不得而記也**〔四・一六四四〕《類聚》「世」作「代」，避太宗諱。

**始皇之上太山中阪**〔四・一六四四〕舊刻、正德、李、凌、殿本「太」作「泰」，《類聚》《初學記》引同，柯本作「大」。

**遇暴風雨**〔四・一六四四〕《初學記》引作「遇風雨」。《御覽》引「雨」下有「至」字。

**休於大樹下**〔四・一六四四〕「樹」缺末點，《類聚》《御覽》引下並有「因封其樹爲五大夫」八字。

**求僊人羨門之屬**〔四・一六四四〕舊刻「僊」作「仙」，下「爲方僊道」「諸僊人」及「不死之藥皆在焉」並同。

**莫知起時**〔四・一六四五〕柯本「時」誤「身」。

**蘇林曰當天中中齊**〔四・一六四五〕《漢書・郊祀志》注作「當天中央齊也」，此文蓋涉上「中」字而誤。

**居臨菑南郊山下者**《索隱》出「下下者」三字，《札記》云：「《索隱》本重『下』字，與《郊祀志》合，各本脱。」

**祠太山梁父**〔四·一六四五〕 正德、柯、李本「太」作「泰」。

**蚩尤在東平陸監鄉**〔四·一六四五〕 舊刻脱「尤」字。

**祠萊山**〔四·一六四五〕 各本「祠」下有「之」字。

**成山斗入海**〔四·一六四五〕 秦本「斗」誤「升」，注同。

**最居齊東北隅**〔四·一六四五〕 百衲、中統、舊刻、游、正德、王、柯、秦本「隅」作「陽」。

**皆各用一牢具祠**〔四·一六四五〕 百衲、舊刻、南雍、李、凌、程、毛、殿本同，中統、王、柯、秦本「各」誤「言」。

**而宋毋忌正伯僑充尚羡門子高最後**〔四·一六四六〕 《索隱》「羡門高」，無「子」字，《雜志》云：「《郊祀志》亦無『子』字。」

**故骨則變化也**〔四·一六四七〕 舊刻無「則」字。

**世人爲之龍解骨化之也**〔四·一六四七〕 百衲、毛本同，舊刻、游、正德、柯、南雍、李、凌、程、殿本「爲」作「謂」。中統、舊刻、游、正德、王、柯、南雍、秦、李、凌、程、殿本「之」作「去」。

**求蓬萊方丈瀛洲**〔四·一六四七〕 王、秦、殿本「洲」作「州」。

**其傅在渤海中**〔四·一六四七〕 舊刻、毛本同，各本「傅」作「傳」。百衲「渤」作「浡」，《字類》五引同，中統、游、正德、殿本作「勃」。

**傅音附**〔四·一六四八〕 中統、游、正德、王、柯、南雍、秦、凌、程、殿本「傅」誤「傳」。

**或曰其傅書云爾**〔四·一六四八〕 正德本「曰」誤「四」。

**瓚云世人相傳云**〔四·一六四八〕　中統、舊刻、游、正德本下「云」字作「也」，王、柯、南雍、秦、李、凌、程、毛、殿本作「之」。

**諸僊人及不死之藥皆在焉**〔四·一六四七〕　中統本「僊」作「仙」。

**而黄金銀爲宫闕**〔四·一六四八〕　《雜志》云：「『銀』上本有『白』字，《世説·言語篇》注，《文選·思玄賦》注、《結客少年場行》注、《石闕銘》注，《藝文類聚·居處部》《靈異部》，《初學記·地部》《釋道部》《寶器部》，《太平御覽·地部》《珍寶部》引此皆有『白』字。」

**後三年游碣石**〔四·一六四八〕　中統、游、正德本「三」作「二」，《札記》引吴校金板同。

**歷太山**〔四·一六四八〕　正德、柯、李、凌、殿本「太」作「泰」，下「始皇上太山」「恒山太山」並同。此本惟下「侵尋於泰山矣」，又「上泰山，自有秘祠其巔」作「泰山」，餘皆作「太山」。

**百姓怨其法**〔四·一六四九〕　《字類》四「怨」下引此作「百姓怨其法」。

**始皇上太山爲暴風雨所擊**〔四·一六四九〕　《字類》二引「太」作「泰」，無「雨」字。

**昔三代之居**〔四·一六四九〕　王、秦、殿本同，各本「居」作「君」。

**故嵩高爲中嶽**〔四·一六四九〕　王、南雍、秦、李、程、殿本「嶽」作「岳」，下「而四岳各如其方」「則五岳四瀆皆并在東方」並同，舊刻「下則五嶽四瀆」亦作「岳」。

**至奏稱帝**〔四·一六四九〕　本「秦」誤「奏」。

**則五嶽四瀆**〔四·一六四九〕　王本「五」誤「天」。

**會稽湘山**〔四・一六四九〕 《索隱》「湘」作「相」，疑傳寫之誤。

**冬賽禱祠**〔四・一六四九〕 《索隱》「賽」作「塞」，《雜志》云：「古無『賽』字，借『塞』爲之。《漢書・郊祀志》亦作『塞』。」

**薄山者襄山也**〔四・一六五〇〕 毛本無「者」字。百衲正文作「衺」，注文作「衺」，蓋即「衰」字也。《水經注》四《河水》注：「太史公《封禪書》稱『華山以西名山七』，薄山其一焉。薄山即襄山也。」《讀書記》云：「『山』下脱一『者』字，『襄』作『衰』，注同。從汲古後人得小字宋本校正，獨與揚雄《河東賦》合也。」

**蒲阪縣有襄山**〔四・一六五〇〕 百衲「阪」誤「陂」，「襄」作「衺」，宋本《水經注》四引作「衺」。

**或字誤也**〔四・一六五〇〕 柯、凌本無「也」字。毛本此下衍「伯莊曰」三字。

**瀆山蜀之汶山也**〔四・一六五〇〕 中統、游、正德本無「也」字。

**湫淵在安定朝那縣**〔四・一六五二〕 正德本「湫」誤「秋」。

**而牲牛犢牢具珪幣異**〔四・一六五〇〕 舊刻、毛本同，中統、游、正德本「犢」誤「瀆」。百衲「異」作「各」，游、正德、王、柯、南雍、秦、李、凌、程、殿本「異」上有「各」字。

**寶神應節來**〔四・一六五二〕 各本「寶」上有「陳」字，此脱。南雍、李、程、殿本「來」下有「也」字。

**霸産**〔四・一六五二〕 南雍、李、凌、程、殿本「霸」作「灞」。

**長水**〔四・一六五二〕 百衲「水」誤「木」。

**灃澇**〔四・一六五二〕 《索隱》及中統、游、正德、南雍、李、程、毛本作「灃」，百衲、舊刻、王、柯、秦、凌、殿本作

「澧」。

**汧洛二淵**〔四・一六五三〕　中統本「二」誤「三」。

**岳壻山**〔四・一六五三〕　各本「壻」作「壻」，《字類》三《補遺》「壻」下云：「《漢書・郊祀志》『壻山之屬』，音胥，《史記・封禪書》作『壻』，先許反。」

**音先計反**〔四・一六五三〕　正德、凌、殿本「音」上有「胥」字。各本「計」作「許」，此誤。

**自此以下至天淵玉女**〔四・一六五四〕　王、秦本「至」誤「星」。

**凡二十六小神**〔四・一六五四〕　中統本「二」誤「一」。

**十四神**〔四・一六五四〕　各本「神」作「臣」。

**灃滈有昭明**〔四・一六五四〕　中統、游、正德、南雍、李、程本「灃」誤「澧」，《字類》三《補遺》引作「灃」。

**於社亳有三社主之祠**〔四・一六五四〕　各本「亳」作「亳」，此誤，注同。

**而雍菅廟亦有杜主**〔四・一六五四〕　百衲、中統本「杜」作「社」。

**菅茅也**〔四・一六五五〕　正德本「茅」上有「亦」字。柯、秦本「菅」誤「管」。

**駰案漢書音義曰**〔四・一六五六〕　本「駰」誤「駟」，百衲同。各本無「駰案」二字，惟百衲及殿本有，下「駰案《漢書音義》曰『在東郡界』」同。

**皆生瘞埋**〔四・一六五五〕　王、秦本「瘞」作「瘗」，《字類》四《補遺》「瘞」下引同。

**宿猶齋戒也**〔四・一六五六〕　中統、游、正德本「齋」作「齊」。

**狀若井絜皋矣**〔四·一六五六〕 百衲「絜」作「挈」，各本誤「潔」。南雍、李、程、殿本「矣」作「也」。《字類》五「絜皋」下云：「《史記·封禪書》注『狀如井絜皋』，《漢書·郊祀志》『井桔槔』。」

**欲今光明遠照**〔四·一六五六〕 各本「今」作「令」，此誤。

**以歲時奉祠之**〔四·一六五六〕 舊刻「祠」作「祀」。

**禱豐枌榆社**〔四·一六五七〕 中統、游、正德本「豐」誤「豊」，注同，下「詔御史令豐謹治枌榆社」注，「後徙豐，豐屬荆」並同。

**社在豐東北十五里**〔四·一六五七〕 柯本「在」誤「則」，「豐」誤「豊」。

**或曰枌榆鄉名高祖里社**〔四·一六五七〕 柯、凌本作「或曰高祖里社也」。

**徇沛爲沛公**〔四·一六五七〕 程本「徇」作「狥」。

**釁鼓旗**〔四·一六五七〕 舊刻「鼓」作「皷」。

**遂以十月至灞上**〔四·一六五七〕 程本「灞」作「霸」，《讀書記》云：「『灞』作『霸』。」

**入關**〔四·一六五七〕 舊刻「關」作「関」，俗，下「關飲食」，中統、游本同。

**乃待我而具五也**〔四·一六五七〕 中統、游、正德、秦本「五」下有「帝」字，《札記》引吴校金板同。

**悉召故秦祝官**〔四·一六五七〕 柯本脱「故」字。

**復置太祝太宰**〔四·一六五七〕 毛本「宰」誤「牢」。

**猶官社**〔四・一六五七〕　王、秦本「官」誤「宫」。

**今上之祭**〔四・一六五七〕　各本「上」下有「帝」字，此脱，舊刻「今」誤「令」。

**今祠官祀天地四方**〔四・一六五七〕　各本「今」作「令」，此誤。

**詔御史令豐謹治枌榆社**〔四・一六五八〕　舊刻「豐」誤「豊」。

**天社**〔四・一六五八〕　中統、游、王、柯、秦、李、凌、程、毛、殿本同，南雍本「天」誤「夭」，各本作「大」。

**巫族人**〔四・一六五八〕　百衲「巫」下有「祠」字。

**施糜之屬**〔四・一六五八〕　百衲、毛本同，瞿氏據宋本同，中統、游、正德本「糜」作「麋」，《字類》一《補遺》引同，《索隱》及舊刻、南雍、李、凌、程、殿本作「糜」。

**博求神靈之意**〔四・一六五八〕　毛本「博」誤「傳」，《札記》云：「毛本『博』誤『傳』。」案毛本作「傅」不作「傳」。

**文潁曰**〔四・一六五八〕　百衲、凌、毛本同，王、柯、秦本「潁」誤「頴」，各本誤「潁」。

**故同祝**〔四・一六五八〕　各本「同」作「祠」，此誤。

**立后稷之祠**〔四・一六五九〕　中統本脱「立」字。

**張晏曰**〔四・一六五九〕　舊刻脱「曰」字。

**龍星左角曰天田**〔四・一六五九〕　舊刻脱「龍星左」三字。

**則農祥也**〔四・一六五九〕　舊刻「祥」誤「祚」。

**晨見而祭**〔四・一六五九〕　正德本「祭」下有「之」字。

**及時臘**〔四・一六五九〕　中統本「臘」誤「臈」。

**祠社稷以羊豕**〔四・一六五九〕　柯、凌本「祠」作「祀」。

**令太祝盡以歲時致禮如故**〔四・一六六〇〕　中統本「太」作「大」。游、王、柯、秦本「令」誤「今」。

**歲制曰**〔四・一六六〇〕　各本「歲」上有「是」字，此脱。

**方内乂安**〔四・一六六〇〕　各本「乂」作「艾」。

**加玉各二**〔四・一六六〇〕　舊刻「玉」作「王」。游本「玉」下空一格。

**色外黑内黑**〔四・一六六一〕　各本「内黑」作「内赤」，此誤。

**十月陰氣在外黑**〔四・一六六一〕　《考證》云：「按《漢書・郊祀志》注引服虔云『十月陰氣在外，故外黑』，此脱『故外』二字。」

**禮官議無諱以勞朕**〔四・一六六一〕　游本「禮」作「礼」，下「以時致禮則禮不荅也」「他禮如故」「以歲時致禮」，注「禮所謂複廟重屋也」，並同。

**神明之墓也**〔四・一六六一〕　《札記》：「『明』誤『民』。」

**舍謂陽谷**〔四・一六六二〕　舊刻殿本「陽」作「暘」，百衲誤「腸」。

**以日没於西也**〔四·一六六二〕　中統、游、正德、王、柯、秦、凌本無「以」字，南雍、李、程、殿本無「以」字、「也」字。

**墓北谷也**〔四·一六六二〕　南雍、李、程、殿本「北」上有「謂」字。《札記》云：「墓謂濛谷也，官本『濛』字，與《郊祀志》合，各本誤作『北』。」案殿本作「北」不作「濛」，《考證》亦無説，不知張氏何據。

**禮所謂複廟重屋也**〔四·一六六二〕　舊刻、正德本「複」作「復」。游本「禮」作「礼」。

**文帝親拜霸渭之會**　柯、李、凌本「霸」作「灞」。

**二水之會**〔四·一六六二〕　游、正德本「二」誤「三」；百衲無「二」字，「二」誤作「一」，大書，連下《史》文「以郊見渭陽五帝」句。

**刺六經中作王制**〔四·一六六二〕　中統、王、柯、秦、凌本「刺」作「剌」，《字類》四《補遺》引同。柯、凌本「經」下無「中」字。

**文帝出長安門**〔四·一六六二〕　《索隱》作「長門」，無「安」字。

**值其立處以作壇**〔四·一六六三〕　王、柯、秦、凌本無「以」字。

**是後三十七年**〔四·一六六三〕　柯、凌本無「是」字。

**注解已在第一衮**〔四·一六六四〕　毛本同，百衲「一」作「十」。各本「第一衮」作「第十二卷」。凌本「注」誤「註」。

**今直載徐義**〔四·一六六四〕　王、秦本「載」誤「歲」。程本「徐」誤「餘」。案裴云「今直載徐義」，而凌本盡移《武紀》集解入此，與裴説乖剌矣。

**尤敬鬼神之祀**〔四·一六六四〕　毛本「祀」作「事」，《讀書記》云：「『事』作『祀』。」

**漢興已六十餘歲矣**〔四·一六六四〕　《御覽》三百三十六引「已」作「以」。

**天下艾安**〔四·一六六四〕　南雍、李、程、殿本「艾」作「乂」，《御覽》引同，《字類》四引作「艾」。

**搢紳之屬**〔四·一六六四〕　《御覽》引「搢」作「縉」。

**草巡狩封禪改曆服色事**〔四·一六六四〕　《御覽》引「草」誤「革」。

**召案綰臧**〔四·一六六四〕　正德本「案」作「按」。

**上有故銅器**〔四·一六六五〕　毛本「故」作「古」，《讀書記》云：「『古』作『故』。」

**陳於柏寢**〔四·一六六五〕　百衲、舊刻本「柏」作「栢」。

**致物而丹沙可化爲黄金**〔四·一六六五〕　中統、游、正德、柯、凌、程、毛本「沙」作「砂」，下同，《讀書記》云：「『砂』作『沙』。」《札記》云：「官本、北宋本『沙』，《御覽》引同，它本作『砂』，俗。」案舊刻、王、南雍、秦、李本並作「沙」。

**益壽而蓬萊僊者乃可見**〔四·一六六五〕　《御覽》五百三十六引「僊」作「仙」。

**安期生食巨棗**〔四·一六六五〕　《索隱》出「食巨棗」三字，云：「包愷云『巨』或作『臣』。」百衲、舊刻本作「臣」，各本作「巨」。

**受其方**〔四·一六六五〕　凌本此下有「《漢書音義》曰『二人皆方士』」，由《武紀》移入，後不悉出。

**壹用太牢**〔四·一六六六〕　舊刻「壹」作「一」。《字類》五《補遺》引「太」作「大」。

**令太祝領祠之於忌太一壇上**〔四·一六六六〕　舊刻上「太」字作「大」。

**徐廣曰澤一作皋**〔四·一六六七〕　凌本脱「徐廣曰」三字。

**令祠官領之**〔四·一六六六〕　百衲「官」誤「宫」。

**武帝立七十九年**〔四·一六六七〕　百衲、毛本作「武帝立已十九歲」，中統、舊刻、游、正德、王、南雍、秦、凌、程、殿本作「武帝立已十九年」，此「七」字乃「已」字之誤，柯本脱此條。

**若麟然**〔四·一六六七〕　百衲「麟」作「麃」，與《武紀》及《郊祀志》合。柯本「麟」上脱「若」字。《札記》云：「北宋本『麃』，各本誤『麟』。」

**陛下肅祇郊祀**〔四·一六六七〕　中統、游本「祇」作「祗」。

**錫一角獸**〔四·一六六七〕　凌本旁注「一本『一』作『以』」。

**乃上書獻太山及其旁邑**〔四·一六六七〕　正德、殿本「太」作「泰」，下並同。

**然后五岳皆在天子之邦**〔四·一六六七〕　百衲同，各本「后」作「後」。正德本「岳」作「嶽」。

**外戚傳封禪書曰**〔四·一六六八〕　殿本無「封禪書」三字，案《外戚傳》不引《封禪書》，此三字衍。

**乃爲帛書以飯牛**〔四·一六六八〕　本「飯」誤「飲」。

**佯不知**〔四·一六六八〕　百衲、中統、游、王、柯、秦、凌、毛、殿本「佯」作「詳」。

**天子識其手書**〔四·一六六八〕　中統本「識」誤「誠」。

**强與我會甘泉**〔四·一六六八〕　王、柯、南雍、秦、李、凌、程、殿本「强」作「彊」。

**置壽宫神君**〔四·一六六八〕　百衲、舊刻本同，各本「置」下有「酒」字，瞿氏據宋本同。

**壽宫神君**〔四·一六六八〕　《讀書記》云：「小字宋本無重四字。」瞿氏據宋本「神君」下不複衍「壽宫神君」四字。

**最貴者大夫**〔四·一六六八〕　中統本同，瞿氏據宋本同，百衲、舊刻、游、正德、王、柯、南雍、秦、李、凌、程、殿本「大夫」作「太一」，毛本作「大一」。

**司命之屬**〔四·一六六八〕　中統、游本「屬」作「属」，舊刻下「見安期羨門之属」「令有親屬」「相屬於道」並同，柯本「見安期羨門之屬」亦同。

**非可得見**〔四·一六六八〕　南雍、李、程本「非」作「弗」，凌本旁注「一本『非』作『弗』」。

**居室帷中**〔四·一六六九〕　秦本「帷」誤「惟」。

**天子祓**〔四·一六六九〕　百衲「祓」作「袚」，《讀書記》云：「『祓』小字，宋本作『袚』。」

**然后入**〔四·一六六九〕　百衲作「后」，各本作「後」。

**始立后土祠汾陰脽丘**〔四·一六六九〕　凌、毛、殿本同，各本「脽」作「睢」，非。

**天子遂至滎陽而還**〔四·一六六九〕　游本同，各本「滎」作「滎」。

**侵尋於泰山矣**〔四·一六六九〕　中統、游、正德、王、柯、南雍、秦、李、凌、程、殿本「侵」作「浸」。案《郊祀志》作

「寖」，師古注「寖，漸也」。

**則方士皆奄口**〔四·一六七〇〕　舊刻、秦本「奄」作「掩」，凌本旁注「一作『掩』」。

**子誠能脩其方**〔四·一六七〇〕　百衲、凌、程、毛本「脩」作「修」。

**人者求之**〔四·一六七〇〕　凌本旁注「者，一作『自』」。

**令有親屬**〔四·一六七〇〕　王、秦本「令」誤「今」。凌本旁注「有，一作『爲』」。

**然后可致也**〔四·一六七〇〕　百衲同，各本「后」作「後」。

**而黄金不就**〔四·一六七一〕　中統、舊刻本「而」誤「有」。

**隄繇不息**〔四·一六七一〕　毛本「息」誤「思」，《讀書記》云：「『思』作『息』。」

**鴻漸于般**〔四·一六七一〕　舊刻「于」誤「干」。

**封地士將軍大爲樂通侯**〔四·一六七一〕　王、秦本「士」誤「七」。

**乘轝斥車馬惟帳器物**〔四·一六七一〕　舊刻「轝」作「䡴」，俗省字。各本「惟」作「帷」。王、柯、南雍、秦、李、凌、程、殿本「帳」作「幄」，凌本旁注「一本作『帳』」。

**莫不搤掔**〔四·一六七一〕　舊刻、正德本「掔」作「腕」，《字類》四引作「掔」。

**其夏六月中**〔四·一六七二〕　舊刻無「中」字。

**爲民祠魏脽后土營旁**〔四·一六七二〕　中統、游本「脽」誤「睢」，正德、王、柯、南雍、秦、李、程、毛本誤「脽」，凌本注引應劭亦誤。

**文鏤無款識**〔四・一六七二〕　凌本「鏤」誤「縷」,《札記》云:「文鏤,北宋、舊刻、毛本與《武紀》《郊祀志》合,各本作『縷』。」案百衲、王、柯、南雍、秦、李、程、殿本並作「鏤」,惟凌本誤「縷」,非各本皆作「縷」也。

**至中山曣温有黄雲蓋焉**〔四・一六七二〕　百衲「蓋」作「盖」,俗省字。《水經注》十六《沮水》注引《封禪書》「鼎至中山,氤氲有黄雲蓋焉」,案「曣温」,《武紀》作「晏温」,此引作「氤氲」,並聲近字得以假借也。

**今歲豐蕪未報**〔四・一六七二〕　各本「蕪」作「廡」,游本「豐」誤「豊」。

**聞昔泰帝興神鼎□**〔四・一六七二〕　「鼎」下缺「一」字。《郊祀志》「興」作「與」。

**一者壹統天地**〔四・一六七二〕　舊刻、王、南雍、秦、李、程、毛、殿本同,《字類》五《補遺》引同,各本「壹」作「一」,《郊祀志》亦作「一」。

**皆嘗亨鬺**〔四・一六七二〕　百衲「亨鬺」作「鬺亨」。舊刻「亨」作「烹」,注同。

**音偒**〔四・一六七三〕　「偒」不成字,各本作「殤」,舊刻誤「場」。

**皆嘗以亨牲牢而祭祀**〔四・一六七三〕　百衲、中統、游、正德、柯、凌本「亨」作「烹」。百衲「祀」下有「也」字。毛本「皆」誤「日」。

**鼎遷于夏商**〔四・一六七二〕　中統、游、正德、柯本同,各本「商」作「商」。

**鼐鼎及鼒**〔四・一六七三〕　「鼐」當作「鼒」,游本誤「鼏」。

**不吴不驁**〔四・一六七三〕　中統、游本「吴」作「吳」,王、柯、南雍、秦、李、凌、程、毛、殿本作「吴」,《字類》一《補遺》引同。百衲、中統、舊刻、游、正德、柯、凌、殿本「驁」作「鶩」,《讀書記》云:「『驁』作『鶩』。」

**光閏龍變**〔四·一六七三〕　王、南雍、秦、程本同，各本「閏」作「潤」。

**閞中亦復有中山也**〔四·一六七三〕　本「關」誤「閞」，中統本作「閞」，游、柯本作「関」，蓋「關」省作「閞」，因誤爲「閞」也。舊刻脱「亦」字、「有」字。《水經注》十六《沮水》注引徐廣《史記音義》曰：❶「關中有中山，非冀州者也。」

**卿有札書曰**〔四·一六七三〕　百衲同，各本「札」作「札」，《讀書記》云：「札，小字宋本作『禮』。」瞿氏據宋本「卿有禮書曰」，不作「札書」。

**黄帝得寶鼎宛侯**〔四·一六七三〕　各本「侯」作「朐」。

**問於鬼臾區**〔四·一六七三〕　毛本「臾」作「史」，殿本作「臾」，下並同。「臾」正字，「臾」「臾」隸省字也，《漢書·古今人表》「鬼臾區」顔注：「即鬼容區，臾、容聲相近。」

**即因所忠欲奏之**〔四·一六七四〕　各本「即」作「卿」。

**唯黄帝得上太山封**〔四·一六七四〕　百衲、正德、李、殿本「太」作「泰」。

**漢主亦當上封**〔四·一六七四〕　中統本「主」誤「王」。

**而神靈之封居七十**〔四·一六七四〕　各本「十」作「千」。

**所謂寒門者**〔四·一六七四〕　毛本「謂」誤「請」。

---

❶「音」，原誤作「正」，今改。

**黄帝採首山銅**〔四・一六七四〕 中統、游、正德、王、柯、南雍、秦、李、凌、程、毛、殿本「採」作「采」。

**有龍垂胡髯**〔四・一六七四〕 《索隱》「胡髯」作「胡頓」。百衲「胡」誤「湖」。

**其弓曰烏號**〔四・一六七四〕 游、正德本「烏」誤「鳥」。

**東使候神於太室**〔四・一六七四〕 中統、游本「神」誤「成」。

**令祠官寬舒等**〔四・一六七五〕 毛本「祠」誤「祀」。

**具太一祠壇**〔四・一六七五〕 毛本「祠」誤「祀」。

**祠壇放薄忌太一壇**〔四・一六七五〕 百衲、舊刻、毛本「太」作「大」。

**壇三垓**〔四・一六七五〕 毛本「垓」誤「陔」。

**垓次也**〔四・一六七五〕 中統、游、正德、王、柯、南雍、秦、李、程、毛本「垓」作「階」。

**群神從者**〔四・一六七五〕 百衲、舊刻、凌、毛本同，各本「神」作「臣」，凌云：「按『神』，新本作『臣』，今依宋本改正。」

**太一祝宰**〔四・一六七五〕 正德本「太」作「大」。

**皇帝敬拜見焉**〔四・一六七六〕 「敬」缺筆，餘不缺。

**壇旁亨炊具**〔四・一六七六〕 中統本「亨」作「烹」。

**斗口三星曰天一**〔四・一六七六〕 南雍、李、程本「天」作「太」，非。

則太史奉以指所伐國〔四・一六七六〕《讀書記》云：「大，小字宋本作『夭』。」

之太山祠〔四・一六七六〕正德、李、凌、殿本「太」作「泰」。

言見僊人跡緱氏城上〔四・一六七六〕中統、游、正德、毛本「僊」作「仙」。

僊者非有求人主〔四・一六七六〕毛本「僊」作「仙」，下並同。

民間尚有鼓舞樂〔四・一六七七〕舊刻同，各本「鼓」作「鼓」，下「鼓五十弦瑟」同。

今郊祀而無樂〔四・一六七七〕百衲、中統、游、正德、王、南雍、秦、李、程本「祀」作「祠」。

古者祠天地皆有樂〔四・一六七七〕舊刻「祠」作「祀」。

而神祇可得而禮〔四・一六七七〕百衲、中統、游、柯、凌、殿本「祇」作「祇」。

太帝使素女〔四・一六七七〕百衲、舊刻本「太」作「大」。

鼓五十弦瑟悲〔四・一六七七〕中統、游、正德、柯、凌本「弦」作「絃」，下「破其瑟爲二十五弦」「作二十五弦」並同。《字類》一《補遺》引作「二十五弦及空侯瑟」，亦作「弦」。中統本「瑟」上衍「琴」字，下脱「悲」字。

武帝令樂人候調〔四・一六七七〕「候」當作「侯」。

古釋字作澤〔四・一六七七〕中統本「古」誤「[illegible]」。

然后封禪〔四・一六七七〕百衲同，各本「后」作「後」。

須一作凉〔四・一六七七〕舊刻無「一」字。

**黄帝已僊上天**〔四·一六七七〕 柯、凌本「僊」作「仙」，毛本同。

**爲且用事太山**〔四·一六七七〕 正德、殿本「太」作「泰」，下並同。

**先類祠太一**〔四·一六七七〕 南雍、李、程本「一」作「乙」。

**上與公卿諸生議封禪**〔四·一六七七〕 中統、游、正德本「諸生」誤「諸侯」。

**高比比德於九皇**〔四·一六七八〕 上「比」字，各本作「世」，此涉下「比」字而誤。百衲本「德」作「悳」。

**群儒既已不能辨明封禪事**〔四·一六七八〕 正德本「辨」作「辯」，《御覽》引同，《郊祀志》亦作「辯」。《御覽》「既」下無「已」字。

**太常諸生行禮**〔四·一六七八〕 舊刻「太」作「大」，下「禮登中岳太室」「封太室奉祠」並同。

**禮登中岳太室**〔四·一六七八〕 《御覽》引「岳」作「嶽」。

**封太室奉祠**〔四·一六七八〕 南雍、李、程本「祠」作「祀」。

**東上太山**〔四·一六七八〕 舊刻「太」作「大」，下「太山之草木葉未生」「乃令人上石，立之太山巔」並同。

**上遂東巡海上**〔四·一六七八〕 柯本「巡」作「逊」。

**令言海中神山者數千人**〔四·一六七八〕 舊刻「令」誤「今」。中統、游、正德本「山」誤「仙」。

**求僊人以千數**〔四·一六七八〕 本「千」誤「于」。

**不經難施行**〔四·一六七八〕 《書鈔》凡四引此文，三作「行」，一作「用」。

**禮祠地主**〔四・一六七八〕　《書鈔》五引此文，兩作「祠」，三作「祀」。

**如郊祠太一之禮**〔四・一六七八〕　正德本「祠」作「祀」，《書鈔》凡五引，「祠」並作「祀」，其一引「禮」下有「也」字，一引「太一」作「太乙」。

**封太山下東方**〔四・一六七八〕　舊刻「太」作「泰」，下「天子親至太山」同。

**禪太山下阯東北肅然山**〔四・一六七九〕　《書鈔》兩引「肅」誤「蕭」。

**縱遠方奇獸蜚禽及白雉諸物**〔四・一六七九〕　毛本脱「獸」字。《類聚》三十九引「蜚」作「飛」。

**頗以加禮**〔四・一六七九〕　百衲「禮」作「祠」，《御覽》引作「禮」，《志疑》云：「『禮』乃『祠』之譌。」《札記》云：「《武紀》《郊祀志》並作『祠』。」

**晝有白雲起封中**〔四・一六七九〕　《書鈔》引「晝」誤「著」。

**郡臣更上壽**〔四・一六七九〕　本「群」誤「郡」。

**兢兢焉懼不任**〔四・一六七九〕　舊刻「兢兢」誤「競競」。

**脩祠太一**〔四・一六七九〕　中統、凌、毛本「脩」作「修」，下同。

**至于梁父**〔四・一六七九〕　舊刻、毛本「于」作「於」，《初學記》引「漢武帝封泰山，禪梁甫，肅然」。

**而後禪肅然**〔四・一六七九〕　百衲「後」作「后」。

**布帛二匹**〔四・一六七九〕　舊刻「匹」作「疋」。

**各治邸大山下**〔四・一六七九〕　各本「大」作「太」，正德、殿本作「泰」。

**北至碣石**〔四・一六七九〕　凌本「碣」誤「竭」。

**以今年爲元封元年**〔四・一六七九〕　正德本「以」上空一格，下「采芝藥」「芝」下亦空格。

**有星茀于東井**〔四・一六八〇〕　毛本「于」作「於」，下「有星茀于三能」同。

**有星茀干三能**〔四・一六八〇〕　本「于」誤「干」。

**言候獨見其星出如瓜**〔四・一六八〇〕　百衲「其」作「填」，各本作「旗」。《讀書記》云：「『旗』當從《漢書》作『填星』，故下云『信星昭見』也。」《志疑》云：「當依《補紀》作『其星出如瓠』爲是，蓋即指上文茀於東井、三能之星也。」案梁説是也，此本作「其」，獨與《武紀》合，蜀刻之勝於他本如此。

**一信星昭見**〔四・一六八〇〕　各本無「一」字，此衍。

**天子於是幸緱氏城**〔四・一六八〇〕　游、正德、王、柯、秦本「氏」作「山」，非。

**於天子既出**〔四・一六八〇〕　各本「於」下有「是」字，此脱。

**而以雞卜**〔四・一六八〇〕　柯、凌本「雞」作「鷄」，下同。

**乃作通天**莝**臺**〔四・一六八一〕　各本「莝」作「莖」，此誤。

**黄帝時封則大旱**〔四・一六八一〕　各本「大」作「天」，案《孝武紀》作「天」，《郊祀志》同。

**春至鳴澤**〔四・一六八一〕　百衲、舊刻本「鳴」作「明」，《讀書記》云：「鳴，小字宋本作『明』。」

**至奉高脩封焉**〔四·一六八一〕　程、毛本「脩」作「修」，下並同。

**初天子封太山**〔四·一六八二〕　中統、游本「太」作「泰」，下「天子親至太山」同。

**濟南人公玉帶**〔四·一六八二〕　中統、舊刻、柯本「玉」作「王」。

**命曰昆侖**〔四·一六八二〕　中統、游、正德、秦本「昆侖」作「崑崙」。

**大子從之入**〔四·一六八二〕　本「天」誤「大」。

**天子從昆侖道入**〔四·一六八二〕　正德本「昆侖」作「崐崘」，秦本作「崑崙」。

**又上泰山**〔四·一六八二〕　柯、淩、毛本「泰」作「太」，下「天子親至太山」同。❶

**常五年一脩耳**〔四·一六八二〕　正德本「常」作「嘗」。

**故但祠於明堂**〔四·一六八二〕　舊刻無「於」字。

**柏梁烖**〔四·一六八三〕　正德本「柏」誤「拍」。

**朝受計甘泉**〔四·一六八三〕　舊刻「朝」下有「以」字。

**前殿度高朱央**〔四·一六八三〕　本「未」譌「朱」。

**其西則唐中**〔四·一六八三〕　百衲「唐」作「商」，《札記》云：「北宋本『商中』，説見《武紀》。」

---

❶「山同」，原無，據寶禮堂本校補。

**中蓬萊**〔四・一六八三〕　各本「中」下有「有」字，此脱。

**瀛洲**〔四・一六八三〕　中統、游本「洲」作「州」，與《郊祀志》合。

**象海中神山龜魚之屬**〔四・一六八三〕　中統、游本「山」作「仙」，正德本作「僊」，並誤。

**其南有玉堂壁門大鳥之屬**〔四・一六八三〕　百衲、中統、游、正德本「壁」作「壁」。

**爲太初元年**〔四・一六八三〕　中統、游、正德本「太」作「大」。

**雍五時無牢熟其**〔四・一六八三〕　各本「其」作「具」，案《孝武紀》及《郊祀志》並作「具」。

**獨五月嘗駒**〔四・一六八三〕　凌云：「《武紀》作『五帝用駒』，爲當。」《志疑》云：「《漢志》無此語，是，既以木禺馬代駒，尚何五月嘗駒之有。其爲後人誤增無疑。而《補紀》作『五帝嘗駒』，尤謬。」

**考神僊之屬**〔四・一六八三〕　中統、游、正德本「僊」作「仙」，毛本同。

**命曰明年**〔四・一六八四〕　凌本旁注「一本作『祈』」。

**公王帶曰**〔四・一六八四〕　中統、舊刻、正德、柯本「王」作「玊」，各本作「玉」。

**然風后封巨岐伯**〔四・一六八四〕　百衲同，各本「巨」作「臣」，《書鈔》九十一引同。中統、舊刻、正德、毛本「岐」作「歧」。案《武紀》及《郊祀志》作「封鉅」，此本作「巨」，是。

**一作丸**〔四・一六八四〕　中統、毛本「丸」誤「九」，《書鈔》引「凡山」作「丸」。

**然后不死焉**〔四・一六八四〕　百衲、舊刻本作「后」，各本作「後」。

其後令帶奉祠候神物〔四・一六八四〕　游、正德、王、柯、秦本「奉」誤「春」。

五寬舒之祠官〔四・一六八四〕　百衲、舊刻、游、正德本「五」下有「牀」字，《郊祀志》作「五牀寬舒之祠宮」。

祠官不主〔四・一六八四〕　游、王、柯本「官」誤「宮」。

其後十一歲而還〔四・一六八四〕　各本「一」作「二」，此誤。

而方士之候伺神人〔四・一六八四〕　中統、游、正德、凌本「伺」作「祠」。

無其効〔四・一六八四〕　百衲、中統、舊刻本作「無其效」，游、正德本作「無有效」。

天子益怠厭方士之怪迂語矣〔四・一六八四〕　中統本「迂」誤「迁」。

異遇其真〔四・一六八四〕　本「冀」誤「異」。

方士言神祠者彌衆〔四・一六八四〕　王、秦本「士」誤「上」。

大史公曰〔四・一六八五〕　各本「大」作「太」。

## 卷二九　河渠書第七

**禹抑鴻水**〔四・一六九五〕　《索隱》及百衲、中統、舊刻、游、正德、南雍、秦、李、毛、殿本同，《字類》一引同，柯、凌、程本「鴻」作「洪」，《書・益稷》疏引作「禹堙洪水」。

**過家不入門**〔四・一六九五〕　《益稷》疏引「過」上有「三」字。

**陸行載車**〔四・一六九五〕　百衲、中統、舊刻、游、正德、王、南雍、秦、毛、殿本同，《益稷》疏引同，柯、李、凌、程本「載」作「乘」。

**泥行蹈毳**〔四・一六九五〕　《索隱》「蹈」作「乘」。《益稷》疏引「毳」作「撬」。

**橋音近遙**〔四・一六九五〕　百衲、舊刻本「遙」下有「反」字，中統、游、正德、王、柯、南雍、秦、李、凌、程、毛、殿本「橋」下無「音」字，「遙」下有「反」字，《益稷》疏及《釋文》引作「丘遙反」。

**一作檋檋直轅車也音己足反**〔四・一六九五〕　中統、舊刻、游、正德、毛、殿本「檋」作「樺」，《益稷》疏引作「橋，一作輂，几玉反。輂，直轅車也」。《讀書記》云：「注『一作檋』，『檋』改作『輂』。」

**行險以撮**〔四・一六九六〕　百衲、凌、程本「撮」作「樶」。

**音去喬反**〔四・一六九六〕　舊刻「去」誤「夫」，毛本誤「力」。

**至于大邳**〔四・一六九五〕　毛本「于」作「於」，下「功施于三代」「與濟汝淮泗會于楚」「至于所過」「遂至于會稽太湟」並同。

**悍强也**〔四・一六九六〕　王、南雍、秦、李殿本「强」作「彊」，秦本「悍」誤「捍」。

**漢書音義曰廝分也**〔四・一六九六〕　殿本上有「駰案」二字，下「《漢書》曰」同。

**其一出貝丘西南南折者也**〔四・一六九六〕　各本「南折」作「二折」，王、秦本「貝」誤「具」。

**入于勃海**〔四・一六九五〕　百衲「勃」作「敎」，《字類》五引同。

**夾右碣石**〔四・一六九七〕　柯、李、凌、程本「夾右」誤「夾石」。

**蜀守冰鑿離碓**〔四・一六九七〕　《字類》一引「離」作「離」，案《正義・論字例》以「離」邊作「禹」爲訛字。

**古堆字**〔四・一六九八〕　凌、程本下有「也」字。

**至于所過**〔四・一六九七〕　舊刻「于」作「於」，毛本同。

**益用溉田疇之渠**〔四・一六九七〕　程本「疇」誤「濤」。

**故曰水土**〔四・一六九九〕　各本「土」作「工」，此誤。

**自中山西邸瓠口爲渠**〔四・一六九八〕　舊刻「邸」作「抵」，《類聚》九引同，《志疑》云：「《史詮》曰：『邸』當作『抵』。」

**收皆畝一鍾**〔四・一六九九〕　程本同，《類聚》引同，各本「鍾」作「鐘」。

**於是關中爲沃野**〔四·一六九九〕 中統本「關」作「関」，下「異時關東漕票」「而益肥關東之地」「與關中無異」「而關中輔渠靈軹」，中統、游本並作「閞」，均俗字。

**秦以富彊**〔四·一六九九〕 中統、游、正德本「彊」誤「疆」，《類聚》引作「强」。

**東潰金堤**〔四·一六九九〕 各本「堤」作「隄」。

**令齊人水工徐伯表**〔四·一七〇〇〕 游本「工」誤「土」。

**溉皮氏汾陰下**〔四·一七〇〇〕 舊刻「氏」誤「氐」。

**引河溉平陰蒲坂下**〔四·一七〇〇〕 毛本「坂」作「阪」。

**音而緣反**〔四·一七〇一〕 百衲、毛本同，各本「音」上有「壖」字。柯本「緣」誤「緑」。

**謂緣河邊地**〔四·一七〇一〕 柯、凌、程本「地」下有「也」字。

**今溉田之**〔四·一七〇一〕 秦本「今」誤「令」。

**則田者不能償種**〔四·一七〇一〕 百衲「田」誤「曰」。

**湯問其事**〔四·一七〇一〕 殿本「問」作「阿」，《札記》云：「北宋、毛本與《溝洫志》合，各本『問』誤『阿』。」案各本惟殿本「問」作「阿」，餘皆作「問」，無一作「阿」者，不知《札記》更何所見也。

**皆可以行船漕**〔四·一七〇一〕 百衲、中統、舊刻、游、毛本同，王、南雍、秦本「船」作「舡」，各本作「船」。

**湍一作溲**〔四·一七〇二〕 柯、凌、程本作「湍字，一本作『溲』」。

**故鹵地**〔四・一七〇二〕　百衲、中統、舊刻、南雍、李、程、毛本同，各本「故」誤「攻」，凌本旁注「『攻』一作『故』」，《志疑》云：「《史詮》曰：湖本『故』作『攻』，誤。」

**自徵引洛水至商顔下**〔四・一七〇二〕　中統、游、正德、柯本「商」作「商」，注及下同。

**商商顔山名**〔四・一七〇三〕　百衲、中統本同，游、正德、王、秦本上「商」字作「按」，不重「商」字。柯、凌、程本作「按商顔是山名也」，南雍、李、毛、殿本作「商顔山名」。

**如淳曰洛水岸**〔四・一七〇三〕　殿本脱此條，沿南雍本之舊也。

**乃鑿井深者四十餘丈**〔四・一七〇二〕　舊刻「丈」誤「又」。

**下流曰頽**〔四・一七〇三〕　本「頽」誤「頺」。

**天子乃使汲仁郭昌**〔四・一七〇三〕　舊刻「汲」誤「没」。

**皆負薪窴決河**〔四・一七〇三〕　游、正德、王、柯、南雍、秦、李、凌、程、殿本「窴」誤「寘」，《字類》二引作「窴」，云「與『填』同」，《類聚》八引「窴」作「填」，案《説文・穴部》「窴，塞也」，《土部》「填，塞也」，「窴」「填」同音同義，與「寘」字有別。柯、凌、程本此下有注「令，平聲，從，去聲」六字，《札記》云：「蓋後人旁注誤混，它本皆無。」

**是時東郡燒卓**〔四・一七〇三〕　本「草」誤「卓」。百衲、毛本作「東郡」，與此同。各本「東」下有「流」字，衍。

**而下淇園之竹以爲揵**〔四・一七〇三〕　毛本同，《索隱》及各本「揵」作「楗」，注同。《類聚》引「下」作「取」，「揵」誤「捷」。

**樹竹塞水決之口**〔四·一七〇四〕　王、柯、游、秦本「水」誤「之」。柯本「口」誤「曰」。

**乃以土填之**〔四·一七〇四〕　本「土」誤「士」。

**有石以石爲之**〔四·一七〇四〕　凌、程本此下有「音建」二字，各本無。

**皓皓洋洋兮**〔四·一七〇四〕　百衲同，各本「洋洋」作「盰盰」，《字類》三《補遺》「盰」下引同，殿本「盰」誤「旴」。

**駰謂州閭盡爲河**〔四·一七〇四〕　柯、凌、程本「駰」上有「裴」字，衍。又「河」下衍「是也」二字。

**東郡東阿有魚山**〔四·一七〇四〕　秦本「阿」誤「呵」，「魚」誤「焦」。

**或者是平**〔四·一七〇四〕　百衲、中統、游、正德、柯、南雍、李、凌、程、毛、殿本「平」作「乎」。

**駰案如淳曰**〔四·一七〇四〕　正德、柯、凌、程本「案」作「按」，下「駰案《漢書音義》曰」「駰案晉灼曰」並同。

**鑿山以填河也**〔四·一七〇四〕　《讀書記》云：「填，小字宋本作『通』。」

**則衆魚沸鬱而滋長也**〔四·一七〇五〕　柯、凌、程本無「而」字。

**駰案晉灼曰**〔四·一七〇五〕　王、秦本無「曰」字。

**言河道皆弛壞**〔四·一七〇五〕　南雍、李本「河」上無「言」字。舊刻「壞」下有「也」字。柯、凌、程本「河」上無「言」字，「壞」下有「也」字。

**水還舊道**〔四·一七〇五〕　秦本「水」誤「氷」。

神祐滂沛〔四·一七〇五〕　正德本「祐」誤「社」。王本「滂」作「旁」。李本作「而神祐滂沛矣」。

爲我謂河泊兮何不仁〔四·一七〇四〕　本「伯」誤「泊」。

齧桑浮兮淮泗滿〔四·一七〇四〕　王、秦本「泗」誤「洒」。

音効〔四·一七〇五〕　各本「効」作「郊」。

一曰茭竿也〔四·一七〇五〕　百衲、中統、舊刻、游、南雍、李、毛本同，正德、王、凌、程本「竿」作「芊」，柯、秦、殿本作「芓」。

取長竿樹之〔四·一七〇五〕　游、正德、柯、秦本「竿」作「芓」，王、程本作「芊」。

竹篳組謂之茭〔四·一七〇五〕　百衲同，各本「組」作「絙」。《索隱》及百衲、舊刻本作「篳」，中統、游、正德、柯、凌、程、毛、殿本作「葦」，王、南雍、秦、李本作「韋」。中統、舊刻本「謂」作「雜」。

故言菑〔四·一七〇五〕　殿本「菑」作「甾」。

宣房塞兮万福來〔四·一七〇四〕　舊刻「万」作「其」，各本作「萬」。

而關中輔渠靈軹〔四·一七〇四〕　游、正德本「軹」誤「軹」，注同。

復禹舊迹〔四·一七〇四〕　中統、游、正德本「迹」作「跡」。

無水灾〔四·一七〇四〕　柯、南雍、殿本「灾」作「災」。

地理志〔四·一七〇五〕　舊刻「志」作「誌」。

**盩厔有靈軹縣**〔四・一七〇五〕　王本「厔」誤「至」，柯、李本誤「屋」。

**一作諸水**〔四・一七〇六〕　百衲、中統、舊刻、游、正德、王、柯、秦、毛本「水」作「川」。

**太山下引汶水**〔四・一七〇五〕　正德本「太」作「泰」。

**一作濕**〔四・一七〇六〕　柯本「濕」作「溼」，毛本作「溼」。

**而作河渠書**〔四・一七〇六〕　中統本「渠」誤「與」。

**徐廣曰溝洫志云云**〔四・一七〇六〕　殿本脱此條。

**分賦田**〔四・一七〇六〕　「田」字中一筆濫缺。

# 卷三〇　平準書第八

**駰按漢書百官表曰**〔四・一七一一〕　殿本「按」作「案」，各本無「駰案」二字。此本下引《漢書・食貨志》，又五引《漢書音義》曰，又引《漢書音隱》，又引《漢書・百官表》，並同，惟「《漢書音義》曰『皆乘父馬』」云云、「《漢書音義》曰『蹀，停也』」云云無此二字，殿本此二條並有《史記音隱》，誤《史記音義》，上無「駰案」二字。

**大司農屬官**〔四・一七一一〕　各本「屬」作「屬」，下「而珠玉龜貝銀錫之屬」及注、「弘羊孔僅之屬」「屬官有上林、均輸、鐘官、辨銅令」「求盜之屬也」並同。

**老弱轉糧饟**〔四・一七一二〕　舊刻「糧」作「粮」。

**中國被教之民也**〔四・一七一一〕　王、秦本「被」誤「彼」。

**齊民無藏蓋**〔四・一七一二〕　舊刻、正德、李本「蓋」作「盖」，下同，柯本下「遣使冠蓋相屬於道」亦同。

**無物可蓋藏**〔四・一七一二〕　中統、游、正德本「蓋」作「盖」。正德、柯、凌、程本「藏」下有「也」字。

**駰按漢書食貨志**〔四・一七一二〕　各本無「駰按」二字，「志」下有「曰」字，殿本「按」作「案」，亦有「曰」字。

**黃金一斤**〔四・一七一一〕《索隱》及百衲、正德、毛本同，瞿氏據宋本同，各本「黃」上有「一」字，《札記》云：「《索隱》本、北宋本、毛本無上『一』字，與《漢書・食貨志》合。」

**約法省禁**〔四・一七一一〕舊刻「約」誤「鈞」。

**稽滿貯也**〔四・一七一二〕游、正德本「貯」下有「者」字。殿本「滿貯」作「貯滯」。

**考其市物**〔四・一七一二〕各本「其」作「校」。

**而豫益稸之也**〔四・一七一二〕游、正德、秦本「稸」誤「稽」。

**馬一匹則百金**〔四・一七一一〕南雍、李、殿本「匹」作「疋」。

**秦以一鎰爲一斤**〔四・一七一二〕百衲、王、秦、毛本「鎰」作「溢」，《字類》五《補遺》「溢」下引同。

**重租以困辱之**〔四・一七一二〕各本「租」下有「稅」字，此脱。

**孝惠高后時**〔四・一七一二〕中統本「后」誤「祖」。

**復弛商賈之律**〔四・一七一二〕中統、正德、柯本「商」誤「啇」，下並同。

**自天子以至於封君湯沐邑**〔四・一七一二〕毛本同，各本「於」作「于」。

**筴錢益多輕**〔四・一七一三〕各本「筴」作「莢」，此誤。

**如榆莢也**〔四・一七一三〕秦本「榆」誤「揄」。

**令民縱得自鑄錢**〔四・一七一三〕中統、舊刻、游本「得」誤「山」，《札記》引吴校金板同。

**富與天子等而微滅也**〔四·一七一三〕　中統、秦本「滅」誤「滅」。

**亦復脩賣爵令**〔四·一七一四〕　百衲、中統、舊刻、游、正德、王、柯、南雍、秦、李、殿本作「脩」，凌、程、毛本作「修」，下並同。《索隱》下「乃大脩昆明也」作「修」，殿本同。

**益造苑馬以廣用**〔四·一七一四〕　中統、游本「苑」作「宛」，非。

**而宫室列觀輿馬**〔四·一七一四〕　百衲「輿」作「與」，非。

**非遇水旱之災**〔四·一七一四〕　王、南雍、秦、李本「災」作「灾」。

**京師之錢累巨萬**〔四·一七一四〕　《類聚》六十六引「巨」上有「百」字。

**巨萬今萬萬**〔四·一七一四〕　正德本下有「也」字。

**太倉之粟**〔四·一七一四〕　中統、游、正德、王、柯、秦本「太」作「大」。

**故斥不得出會同**〔四·一七一四〕　中統本「斥」誤「斤」。

**守閭者食粱肉**〔四·一七一四〕　各本「閭」下有「閻」字，此脱。百衲、中統、舊刻、游本「粱」作「梁」。

**至于子孫長大**〔四·一七一四〕　王、秦本「于」誤「千」，毛本作「於」。

**而不轉職任**〔四·一七一四〕　正德本「任」下有「也」字。

**當是時**〔四·一七一四〕　各本作「當此之時」。

**以武斷於鄉曲**〔四·一七一四〕　游本同，「断」爲「斷」俗省字。

**無限度**〔四·一七一四〕　柯本脱「度」字。

**招來東甌**〔四·一七一五〕　舊刻「來」作「来」，下並同。

**及唐蒙司馬相如**〔四·一七一五〕　各本「及」作「矣」，連上「蕭然煩費」爲一句。此第三葉係羼入，故誤，且多俗字。

**中外騷擾而相奉**〔四·一七一五〕　中統本「騷」作「搔」。

**選舉陵遲**〔四·一七一五〕　中統、凌本「遲」作「遟」。下「而稍陵遲衰微」，中統本同。

**弘羊孔僅之屬**〔四·一七一五〕　柯、凌本「弘」上有「桑」字。

**千里負檐饋糧**〔四·一七一六〕　中統、正德、王、柯、凌、程、殿本「檐」作「擔」。王、南雍、秦、程本「糧」作「粮」。

**率十餘鐘致一石**〔四·一七一六〕　游、正德、柯、李、凌、程、殿本「鐘」作「鍾」，注同。

**鐘六石四斗**〔四·一七一六〕　毛本「石」作「斗」，「斗」作「升」。

**散幣於邛僰以集之**〔四·一七一六〕　百衲、舊刻本「幣」誤「弊」。

**更發兵誅之**〔四·一七一六〕　各本「更」作「吏」，凌本旁注「一本『吏』作『更』」，案此涉「下不足以更之」而誤。

**而内受錢於都内**〔四·一七一六〕　游、正德、柯本「都」誤「郡」。

**東至滄浪之郡**〔四·一七一六〕　百衲、舊刻、毛本「至」作「置」，瞿氏據宋本同。各本「浪」作「海」，此「浪」字誤。

**又興十餘萬人**〔四·一七一六〕　百衲、舊刻、毛本同，各本「十餘萬」作「十萬餘」。

**轉遭甚遼遠**〔四·一七一六〕　各本「遭」作「漕」，此誤。

**元朔五年**〔四·一七一七〕　柯、凌本「年」下有「也」字。

**仍再出擊胡**〔四·一七一六〕　中統本「擊」誤「繫」。

**斬首虜萬九十級**〔四·一七一七〕　各本「十」作「千」，此誤。

**議令民得買爵及贖禁固免減罪**〔四·一七一七〕　柯、李、凌、殿本「固」作「錮」。

**一級曰造士**〔四·一七一七〕　王、秦本「造」誤「述」。

**二級曰閑輿衛**〔四·一七一七〕　程本「閑」誤「閒」。毛本「輿」誤「與」。

**三級曰良士**〔四·一七一七〕　百衲「士」誤「十」。

**七級曰千大**〔四·一七一七〕　各本「大」作「夫」。

**以寬軍功**〔四·一七一七〕　各本「寬」作「寵」，此誤。正德本「功」下有「也」字。

**凡直三十餘萬金**〔四·一七一七〕　游、正德、王、柯、秦本「三」作「八」，非。

**爵至樂卿**〔四·一七一七〕　各本「至」上有「得」字，此脱。

**左庶長以上**〔四·一七一八〕　中統、游、正德本「左」作「右」，「以」作「已」。

**又十九爵爲樂公**〔四·一七一八〕　中統本「爵」誤「爲」。

**食公卿禄而無職**〔四·一七一八〕　中統、游本「無」作「无」。正德、柯、凌本「職」下有「也」字。

**小者郎吏**〔四·一七一七〕　秦本「郎」誤「即」。

**㔨爲故縱**〔四·一七一八〕　中統、正德、王、柯、秦本「㔨」誤「效」。正德本「縱」下有「也」字。

**公孫弘以漢相布被**〔四·一七一九〕　「弘」缺筆，下「桑弘羊以計算用幸侍中」「弘羊雒陽賈人子」並同，餘不缺。

**稍騖於功利矣**〔四·一七一九〕　游本「騖」誤「鶩」。

**於是漢發車一萬乘迎之**〔四·一七一九〕　各本「一」作「二」，《志疑》云：「案《漢志》作『三萬兩』。」

**河決觀**〔四·一七一九〕　游本「決」字空格。

**輒決壞費不可勝計**〔四·一七一九〕　中統、游、正德本「壞」誤「壤」，「費」誤「廢」。

**其後番係欲省底柱之漕**〔四·一七一九〕　百衲、中統、王、秦本作「底」，《字類》三引同，舊刻作「氐」，南雍、李、凌、程、殿本作「砥」。

**費亦各巨萬十數**〔四·一七一九〕　中統本「十」誤「千」，《札記》引金板同。

**民多飢乏**〔四·一七一九〕　正德、李本「飢」作「饑」。

**音膾**〔四·一七二〇〕　李本「音」上有「廥」字。

**以賑貧民**〔四·一七一九〕　百衲、舊刻、王、南雍、秦、李、毛、殿本「賑」作「振」。

**以收河南地**〔四・一七二〇〕　舊刻脱「河」字，又「地」誤「也」。

**七十餘萬口**〔四・一七二〇〕　舊刻無「口」字。

**假子産業**〔四・一七二〇〕　各本「子」作「予」，此誤。

**於是縣官太空**〔四・一七二〇〕　各本「太」作「大」。

**轉穀百數**〔四・一七二〇〕　游、正德、王、秦本同，各本「穀」作「轂」，《札記》云：「北宋本、王本『轂』誤『穀』。」

**駰案服虔曰**〔四・一七二一〕　游、正德本「駰」誤「駟」。

**居轂於邑也**〔四・一七二一〕　百衲「轂」作「穀」，《讀書記》云：「轂，小字宋本作『穀』。」

**居賤物於邑中以待貴**〔四・一七二一〕　正德、柯、凌、程本「貴」下有「也」字。

**低音抵拒**〔四・一七二一〕　南雍、李、殿本「拒」下有「也」字。

**仰給於商賈**〔四・一七二一〕　舊刻無「於」字。

**縣官往往即銅山而鑄錢**〔四・一七二〇〕　各本「即」下有「多」字。

**磨錢取鎔故也**〔四・一七二一〕　中統本「鎔」誤「錢」。

**諸侯以聘享**〔四・一七二〇〕　舊刻無「以」字。

**赤金丹陽銅**〔四・一七二一〕　正德、柯、凌、程本「銅」下有「也」字。

**而姦或盜摩錢裏取鎔**〔四・一七二〇〕　毛本同，《字類》一「鎔」下，又二「摩」下引並同，與《漢書・食貨志》

合，各本「鉛」作「鎔」，注同，凌云：「按『鎔』本作『鉛』，音裕，作『鎔』非。」

**治器法謂之鎔**〔四・一七二一〕 正德、王、秦本同，各本「治」作「冶」，舊刻作「治」，無「器」字。

**藻一作紫也**〔四・一七二一〕 柯、凌、程本「也」作「字」，南雍、李、殿本無「也」字。

**爲皮幣直四十萬**〔四・一七二〇〕 中統、游、正德本「直」誤「百」。

**然後得行**〔四・一七二〇〕 百衲「後」作「后」。

**又造銀錫爲白金**〔四・一七二一〕 游、正德本「又」誤「久」。

**以爲天用莫如龍地用莫如馬**〔四・一七二一〕 《後漢書・馬援傳》注引《史記・平準書》曰：「以爲在天莫如龍，在地莫如馬。」

**名曰白選**〔四・一七二二〕 百衲、舊刻本「選」作「撰」。

**二曰重差小方之**〔四・一七二二〕 《索隱》「重」上有「以」字。中統、王、柯、南雍、秦、李、凌、程本「差」作「差」，毛本作「差」，《讀書記》云：「『曰』下脱一『以』字，宋本無『以』字。」

**三曰復小撱之**〔四・一七二二〕 《索隱》「撱」作「隋」，各本作「撱」，《讀書記》云：「『三曰復小撱』之『撱』作『隨』。」

**領鹽鐵事**〔四・一七二三〕 中統、游本「鐵」作「鐵」，下同，惟「自而縣官有鹽鐵緡錢之故」以下仍作「鐵」。

**桑弘羊以計筭用幸侍中**〔四・一七二三〕 各本「幸」作「事」。凌、程、毛、殿本「筭」作「算」，下並同。

**孔僅咸陽大冶**〔四・一七二三〕 舊刻、游、正德、王、秦本「冶」誤「治」。

**故三人言利事析秋豪矣**〔四·一七二三〕　百衲、中統、王、秦、毛本同，《索隱》及各本「豪」作「毫」。

**徵發之士益鮮**〔四·一七二三〕　「徵」缺筆。

**不欲者出馬**〔四·一七二三〕　毛本「馬」誤「焉」。

**故吏皆通適**〔四·一七二三〕　《雜志》云：「《索隱》本無『通』字，《食貨志》亦無。」

**韋昭曰欲令出馬云云**〔四·一七二三〕　舊刻無「韋昭曰」三字。

**無馬者令伐棘**〔四·一七二三〕　中統本「伐」誤「出」。

**元狩四年**〔四·一七二三〕　柯、凌、程本「年」下有「也」字。王本「狩」誤「犳」。

**賞賜五十萬金**〔四·一七二三〕　毛本「十」誤「千」。

**周郭其下**〔四·一七二四〕　舊刻無「下」字，凌本旁注「下，一作『質』」，《志疑》云：「《漢志》『下』作『質』，義得並通。」

**令不可磨取鋊馬**〔四·一七二四〕　毛本同，各本「鋊」作「鎔」。

**皆宜屬少府**〔四·一七二四〕　舊刻「屬」作「属」，下「便屬在所縣」「以屬大農」並同。

**古者名廩爲牢也**〔四·一七二四〕　舊刻無「者」字、「也」字。

**盆者煮鹽盆**〔四·一七二四〕　柯、凌、程本作「盆者，煮鹽之盆也」。

**浮食奇民**〔四·一七二四〕　《索隱》及百衲、毛本同，《字類》一引同，各本「民」作「名」。

**欲擅管山海之貨**〔四・一七二四〕 《索隱》「管」作「筦」，《札記》云：「案後文皆作『莞』，此傳寫偶歧。」案《札記》誤「筦」作「莞」。

**釱左趾**〔四・一七二四〕 《索隱》本作「釱」，各本作「釱」字」，《志疑》云：「『釱』字從大，不從犬。」

**駰案史記音隱曰**〔四・一七二四〕 各本無「駰案」二字。百衲「音隱」誤「索隱」，無「曰」字，各本誤「音義」，惟中統、毛本不誤。

**釱音徒計反**〔四・一七二四〕 百衲無「釱」字，毛本無「釱」字、「音」字。

**以代刖也**〔四・一七二四〕 百衲「代」誤「伐」，秦本「刖」誤「則」。

**便屬在所縣**〔四・一七二四〕 舊刻、柯本「屬」作「属」。

**商賈以幣之變**〔四・一七二五〕 舊刻「幣」誤「弊」。

**郡國頗被菑害**〔四・一七二五〕 舊刻「害」作「傷」。

**異時筭軺車賈人緡錢**〔四・一七二五〕 舊刻「緡」作「緍」。

**皆有差**〔四・一七二五〕 百衲、王、南雍、秦本「差」作「著」，毛本作「著」。

**李斐曰**〔四・一七二六〕 毛本「李」誤「季」。正德、凌、程本「斐」誤「裴」。

**出二十𦍩也**〔四・一七二六〕 各本「𦍩」作「筭」，此誤，下注「其𦍩亦多」同。

**胡公名錢爲緡者**〔四・一七二六〕 中統、游、正德、王、柯、南雍、秦、李本「名錢」誤「緡錢」。

**諸賈人未作貰貸賣居邑稽諸物**〔四・一七二五〕　百衲「買」上有「賣」字，中統、舊刻本「買」作「賣」。

**雖無市籍**〔四・一七二五〕　舊刻「籍」誤「藉」。

**率緡錢二千而一算**〔四・一七二五〕　舊刻「而」作「爲」。

**三老北邊騎士**〔四・一七二五〕　舊刻「老」作「者」。

**謂三老北邊騎士也**〔四・一七二六〕　王、秦本「老」誤「者」。舊刻作「三邊騎士也」，無「謂」「老北」三字。

**樓船令邊郡選富者爲車騎士**〔四・一七二六〕　游本「樓」誤「僂」，「船」空格，正德本「樓船」誤「僂者」。

**重其賤也**〔四・一七二六〕　本「賦」誤「賤」，舊刻作「緡」。

**没入緡錢**〔四・一七二五〕　舊刻脱「緡」字。

**卜式者河南人也**〔四・一七二六〕　《類聚》九十四引「河南」誤「河西」。

**是時漢方數使將擊匈奴**〔四・一七二七〕　舊刻無「數使將」三字。

**不習仕宦**〔四・一七二七〕　舊刻「宦」誤「官」。

**一説在在縣役之外**〔四・一七二七〕　百衲、舊刻無二「在」字，各本不重「在」字，此文下「在」字衍。

**式又盡復予縣官**〔四・一七二七〕　舊刻「予」作「與」。

**吾有羊上林中**〔四・一七二七〕　《雜志》云：「『羊』下脱去『在』字，當依《漢書・卜式傳》補，《藝文類聚》《太平御覽・獸部》引《史記》並有『在』字。」

**布衣屬而牧羊**〔四・一七二七〕 《類聚》引作「布衣草蹻而牧」。

**屬草屝**〔四・一七二八〕 百衲同，中統、毛本「屝」誤「扉」，舊刻「草屝」誤「音扉」。游、正德、王、柯、秦、殿本作「履，草也」，凌、程本作「屩，草也」，均非。

**上過見其羊善之**〔四・一七二八〕 《類聚》引作「上過其羊問之」。

**拜爲齊王大傳**〔四・一七二八〕 各本「大」作「太」，「傳」作「傅」。

**時丙寅歲**〔四・一七二八〕 柯、凌、程本「歲」下有「也」字。

**筦諸會計事**〔四・一七二八〕 舊刻秦本「筦」作「管」。

**謂諸當所輸於官者**〔四・一七二八〕 中統、游、正德本「輸」誤「戍」。

**皆令輸其土地所饒**〔四・一七二八〕 游、正德、王、柯、秦、毛本「土」誤「上」。

**平其所在時價**〔四・一七二八〕 正德本「在」誤「茬」。

**官更於他處賣之**〔四・一七二八〕 百衲、中統、舊刻、王、南雍、秦、李、毛、殿本「他」作「佗」，游本作「侘」。

**大司農屬官**〔四・一七二八〕 中統、游、正德本「屬」誤「履」。

**及人有告異以它議**〔四・一七二九〕 正德本「它」作「他」。

**異與客語**〔四・一七二九〕 本「與」誤「興」，中統本作「与」。

**湯奏異當九卿**〔四・一七二九〕　百衲「異當」作「當異」，舊刻無「異」字，《志疑》云：「《漢志》作『當異』，是也。」

**於是楊可告緡錢縱矣**〔四・一七二九〕　正德本「楊」作「揚」。

**郡國多姦鑄錢**〔四・一七二九〕　《索隱》出「人多姦鑄錢」五字，《雜志》云：「『郡國』下脱『民』字，《索隱》本出『人多姦鑄錢』五字，『人』即『民』字也，《食貨志》作『郡國鑄錢，民多姦鑄』，是《史記》《漢書》皆有『民』字。」

**鑄鐘官赤側**〔四・一七二九〕　百衲、毛本「鐘」作「鍾」，《志疑》云：「《漢志》脱『鐘』字。考《百官表》水衡都尉之屬，有鍾官，古『鍾』『鐘』通用。」

**一當五**〔四・一七二九〕　百衲「五」誤「王」。

**屬官有上林均輸鐘官辦銅令**〔四・一七三〇〕　百衲、王、南雍、秦、毛、殿「鐘」作「鍾」，百衲、正德本作「銅」。各本「辦」作「辨」。

**及技巧之家**〔四・一七三一〕　各本「技」作「伎」。

**乃分遣御史廷尉正監分曹**〔四・一七三一〕　《索隱》出「分曹」二字，舊刻無「曹」字。

**益廣增置左右輔**〔四・一七三一〕　各本「增」作「闢」。

**徙函谷關於新安東界**〔四・一七三一〕　中統、游本「關」作「関」，下「賜爵關内侯」同。

**乃楊可告緡錢**〔四・一七三一〕　各本「乃」作「及」，此誤。

**乃作栢梁臺**〔四・一七三一〕　柯、凌、程本同，各本「栢」作「柏」。

**宫□室之脩**〔四·一七三一〕　各本「宫」下不空格。

**而水衡少府大農大僕**〔四·一七三二〕　百衲、程、毛本同，各本「大僕」作「太僕」。

**諸官益新置多**〔四·一七三二〕　百衲「新」作「雜」，《札記》云：「北宋本與《食貨志》合，各本誤『新』。」

**大僕司農**〔四·一七三二〕　中統、游本同，各本「大」作「太」。

**徒奴婢衆**〔四·一七三二〕　百衲、游、正德、毛本同，各本「徒」作「徙」，凌本旁注「徙，一作『徒』」，《志疑》云：「他本多作『徙』，與《漢志》同，此譌。」

**或鬬雞走狗馬**〔四·一七三二〕　舊刻、正德本「雞」作「鷄」。

**亂齊民**〔四·一七三二〕　《索隱》「民」作「人」，避諱改；凌本旁注「民，一作『人』」。

**株根蔕也**〔四·一七三三〕　各本「蔕」作「蔕」。

**或曰先至者爲根**〔四·一七三三〕　中統、舊刻本「或」誤「劯」，「根」誤「惡」。

**所謂火耨水耨也**〔四·一七三三〕　各本「火耨」作「火耕」，此涉下「水耨」「耨」字而誤。

**令飢民得流就食江淮閒**〔四·一七三三〕　舊刻、正德、李、程本「飢」作「饑」。

**欲留留處**〔四·一七三三〕　百衲、程本同，與《食貨志》合，各本下「留」字作「之」，《讀書記》云：「《漢書》作『欲留留處』，『之』字乃寫作二點，傳誤作『之』。」

**下巴蜀粟以振之**〔四·一七三三〕　本「粟」誤「栗」。

**東渡河**〔四・一七三三〕　程、殿本同，各本「渡」作「度」。

**不辨**〔四・一七三三〕　百衲、舊刻本同，各本「辨」作「辧」，案《食貨志》作「辯」。

**卒倉卒**〔四・一七三四〕　柯、凌、程本「卒」下有「也」字。

**求盜之屬也**〔四・一七三四〕　舊刻「求盜」誤「來逆」。

**既無亭候**〔四・一七三四〕　正德本「候」誤「侯」。

**令民得畜牧於邊縣也**〔四・一七三四〕　舊刻無「縣」字。

**先是新秦中千里無民**〔四・一七三四〕　中統、游本「無」作「无」。

**今設亭徼**〔四・一七三四〕　百衲、中統、游、正德、南雍、李、凌、程、毛、殿本「今」作「令」。

**以除占緡**〔四・一七三四〕　百衲、南雍、凌、程、殿本「占」作「告」，案《集解》「瓚曰『以除告緡』」，則作「告」是也，《食貨志》正作「告」。

**故設告緡之令**〔四・一七三四〕　本「令」誤「今」。

**設亭儌**〔四・一七三四〕　本「徼」誤「儌」。

**邊民取無諐**〔四・一七三四〕　各本無「取」字。舊刻「邊」上有「令」字，「民」下無「取無諐」三字。

**秦中以充**〔四・一七三四〕　各本「以」作「已」。

**不復取於民**〔四・一七三四〕　柯、凌、程本「民」下有「也」字。

**五年立太時**〔四・一七三四〕　百衲、舊刻本「太」作「泰」，程本作「大」。

**赦天下因南方樓船卒二十餘萬人擊南越**〔四・一七三五〕　凌本旁注「一本『因』作『囚』」，案《食貨志》云「赦天下囚，因南方樓船士二十餘萬人擊粤」，上句作「囚」，下句作「因」，二字連用，其形相似，傳寫者誤奪上一字耳。

**又數萬人渡河**〔四・一七三五〕　百衲、中統、舊刻、游、正德、王、柯、毛本「渡」作「度」。

**築令居**〔四・一七三五〕　游、正德、王、秦本「居」作「民」，凌本旁注「一本『居』作『民』」，《字類》二引作「居」。

**遠者二千**〔四・一七三五〕　百衲、舊刻、南雍、凌、程、殿本「二」作「三」。

**卜式雖躬耕牧**〔四・一七三五〕　正德本「牧」作「收」。

**不爲以利**〔四・一七三五〕　各本「爲以」作「以爲」。

**有餘輒助縣官之用**〔四・一七三五〕　柯本脱「助」字。

**或曰至嘗酎飲宗廟時**〔四・一七三六〕　舊刻「酎」誤「酧」，中統、游本「廟」作「庿」。

**漢儀注**〔四・一七三六〕　凌、程本「注」作「註」，俗。

**皇帝臨受献金以助祭**〔四・一七三六〕　「献」爲「獻」俗省字，中統、游、柯本與此同。

**鐵器苦惡**〔四・一七三六〕　《索隱》無「鐵」字，《字類》四《補遺》引「苦」誤「若」。

**駰按晉灼曰**〔四・一七三六〕　各本「按」作「案」。

**以爲南海蒼梧鬱林合浦交趾九趾九真日南珠崖儋耳郡**〔四·一七三六〕 中統、游、正德、王、柯、秦本「蒼梧」作「滄梧」，毛本作「倉梧」。各本無「九趾」二字，當涉上「交趾」、下「九真」而衍。正德本「郡」誤「群」。

**定西南夷**〔四·一七三六〕 中統、游、正德本「定」誤「走」。

**以爲武都牂牁越巂沈犂汶山郡**〔四·一七三六〕 中統、游、正德本「汶」誤「坟」。

**不暇顧經當法則矣**〔四·一七三七〕 王、秦本「暇」作「用」。柯、凌、程本「矣」作「也」。

**卜式貶秩爲太子大傅**〔四·一七三七〕 各本「大」作「太」。中統、游本「傅」誤「傳」。

**大農以均輸調塩鐵助賦**〔四·一七三七〕 「塩」爲「鹽」俗省字，中統、游本上「初大農筦鹽鐵官布多」「欲以主鹽鐵」並作「塩」，舊刻作「鹽」。

**盡代僅筦天下鹽鐵**〔四·一七三七〕 毛本「代」誤「伐」，《讀書記》云：「『伐』作『代』。」

**名工官**〔四·一七三七〕 百衲、中統、舊刻、游、正德、王、柯、南雍、秦、李、毛、殿本同，凌、程本「名」作「召」，凌本旁注「召，一作『名』」。

**置平準于京師**〔四·一七三七〕 毛本「于」作「於」。

**名曰乎準**〔四·一七三七〕 本「平」誤「乎」。

**東到太山**〔四·一七三七〕 正德本「太」作「泰」。

**用帛百餘萬匹**〔四·一七三七〕 中統、游、正德本「匹」作「疋」，凌本旁注「一本作『疋』」。

**令民能入粟甘泉各有差**〔四·一七三七〕 王、柯、南雍本「差」作「荖」。

**他郡國各輸急處**〔四·一七三八〕 《索隱》「郡」下無「國」字。中統本「他」誤「地」。

**諸物均輸帛五百萬匹**〔四·一七三八〕 中統本「匹」誤「四」。

**黄金再百金馬**〔四·一七三八〕 各本「馬」作「焉」，此誤。

**是歲小旱**〔四·一七三八〕 本「旱」誤「旲」。

**縣官當食租衣税而已**〔四·一七三八〕 「租」缺一筆。

**今弘羊令吏坐市列肆**〔四·一七三八〕 《索隱》無「肆」字。

**亨弘羊**〔四·一七三八〕 舊刻、正德本「亨」作「烹」。

**農工商交易之路通**〔四·一七三八〕 舊刻「工」誤「王」。

**各兢兢所以爲治**〔四·一七三八〕 程本「兢兢」誤「競競」。

**有國强者**〔四·一七三八〕 正德、王、柯、南雍、秦、李、凌、程、殿本「强」作「彊」。

**一國之幣爲三等**〔四·一七三九〕 毛本「三」作「二」，《讀書記》云：「小字宋本作『三等』。」《札記》云：「吴校改『三』爲『二』，與《食貨志》合。」

**名錢爲刀者**〔四·一七三九〕 王、秦本「刀」誤「刃」。

**以其利於民**〔四·一七三九〕 柯、凌、程本「民」下有「也」字。

**黃金以溢名**〔四・一七三九〕　舊刻、南雍、凌、程、殿本「溢」作「鎰」，注同，《字類》五《補遺》引作「溢」。

**而珠玉龜貝銀錫之屬**〔四・一七三九〕　中統、舊刻本「玉」作「王」。

**曷足恠焉**〔四・一七三九〕　各本「恠」作「怪」。

# 卷三一　吴太伯世家第一

**吴太伯世家第一**〔五·一七四七〕　《索隱》「世」作「系」，避太宗諱改，下凡《世家》同。

**吴太伯**〔五·一七四七〕　百衲「太」作「大」，下並同。

**故曰吴大伯**〔五·一七四七〕　各本「大」作「太」，百衲、游、王、柯、秦本下「大王欲立季歷以及昌」，王、柯、秦本注「吴爲大伯後」亦作「大」。❶

**乃犇荆蠻**〔五·一七四七〕　《索隱》「犇」作「奔」，《藝文類聚》二十一引作「乃亡如荆蠻」。

**文身斷髪**〔五·一七四七〕　各本「髪」作「髮」。

**以避季歷**〔五·一七四七〕　《類聚》引「避」作「讓」。

**宋忠曰**〔五·一七四八〕　百衲、毛、殿本同，各本「忠」作「衷」。

**皇覽曰大伯冢在吴縣北梅里聚去城十里**〔五·一七四九〕　柯、凌本脱此條。

**求太伯仲雍之後得周章周君已君吴因而封之乃封周章弟虞仲于周之北故夏虚**〔五·一七四九〕

❶ 「爲」，原被管删，據國圖藏王、柯、秦本補。

王、秦本脱「伯」至「乃」字，凡十八字，一行。

**在河乘太陽縣**〔五・一七四九〕　各本「乘」作「東」，此誤。

**子彊鳩夷立**〔五・一七四九〕　李本「彊」誤「疆」，下「彊鳩夷卒」同。

**子句卑定**〔五・一七四九〕　《索隱》無「句」字。

**句卑卒**〔五・一七四九〕　中統、舊刻本無「句」字，游本「句」字空格。

**而武王克殷**〔五・一七五〇〕　「殷」缺筆，下注「頌有殷魯」「韶護，殷成湯樂大護也」並同，案上「至是周武王克殷」不缺，餘同。

**大凡從大伯至壽夢十九世**〔五・一七五〇〕　《索隱》「世」作「代」，避諱改。下注「太伯至夫差二十六世」不避。

**行人掌國賓客之禮籍**〔五・一七五一〕　游本「禮」作「礼」，下注「得禮之宜」「故有天子禮樂」「諸侯相臨之禮」，舊刻亦作「礼」，王、秦本「諸侯」句同。

**賓大客受小客之幣辭**〔五・一七五一〕　百衲「辭」作「辝」，「辝」爲「辤」之籀文。

**杜預曰吴興烏程縣南也**〔五・一七五一〕　舊刻、游本「興」作「兴」，俗省字，下注同，游本下「商之以興」同。南雍、李、程本無「也」字。凌本脱此條。

**次曰季札**〔五・一七五一〕　《索隱》「札」作「扎」。

**季札讓不可**〔五・一七五一〕　「讓」缺筆，下同，惟「季札讓逃去」不缺。

**世本曰**〔五・一七五三〕　王、柯、南雍、秦、李、凌、程、殿本「世」作「系」。殿本上有「駰案」二字，下引《吴地記》，又「在春秋襄公二十九年」，又四引《左傳》，三引《越絶書》，又引《皇覽》，並同。

**宣公曹伯廬也**〔五・一七五三〕　殿本同，《札記》引吴校元板同，各本「廬」作「盧」。

**以魚成公十三年**〔五・一七五三〕　本「魯」誤「魚」。

**負芻在國**〔五・一七五三〕　舊刻、游本「國」作「国」，俗，下注「欲取國」，王、柯、秦本亦同。

**誰敢于君**〔五・一七五三〕　本「干」誤「于」。

**十三年王諸樊卒**〔五・一七五四〕　《索隱》脱「王諸」二字。

**自齊來犇吴**〔五・一七五四〕　舊刻「來」作「来」，下並同。正德本「犇」作「奔」。

**駰案吴地記曰**〔五・一七五五〕　各本無「駰案」二字，惟殿本與此同，下「駰案在《春秋》魯襄公二十九年」同。

**周樂魯所受皿代之樂也**〔五・一七五六〕　本「四」誤「皿」。

**猶有商紂**〔五・一七五六〕　中統、舊刻、游、柯本同，各本「商」作「商」，下「商之以興」，注「宫商角徵羽」，又「商之以興」「商之興」，中統、舊刻、游本並誤「商」，柯本注「商之以興」「商之興」亦同。

**歌邶鄘衛**〔五・一七五五〕　毛本「鄘」作「庸」。

**分其地爲三**監〔五・一七五六〕　「監」本作「監」，此不成字，下「三監叛」「并三監之地」並同。

**亡國之音哀以思**〔五・一七五七〕　舊刻「哀」上有「則」字。

**故三國盡被康叔之化**〔五·一七五六〕　正德本「化」下有「也」字。

**不至於困**〔五·一七五七〕　正德本「困」下有「也」字。

**武公罹幽王褒姒之變**〔五·一七五七〕　南雍、李、程、殿本同，各本「變」作「憂」。

**聽聲以爲别**〔五·一七五七〕　舊刻「聲」作「声」，俗省字，下注「熙熙和樂聲」同，柯本注「故謂之夏聲」，亦作「声」。

**宗周涓滅**〔五·一七五七〕　各本「涓」作「殞」。

**故憂思**〔五·一七五七〕　百衲、毛本無「故」字。

**無遠慮特久之風**〔五·一七五七〕　毛本「無」作「亡」。各本「特」作「持」。

**舒緩深達**〔五·一七五七〕　各本「達」作「遠」，此誤。

**有大和之意**〔五·一七五七〕　舊刻「大」作「太」。

**世數長短**〔五·一七五七〕　百衲作「世長數短」，非。

**杜預曰**〔五·一七五七〕　本「杜預」，誤「社預」。

**其周之舊乎**〔五·一七五五〕　毛本「舊」誤「東」。

**大而婉**〔五·一七五五〕《索隱》「婉」作「寬」，云「《左傳》作『大而婉』，寬字宜讀爲婉也」。《志疑》云：「《索隱》云云，則今本《史》皆作『婉』，必後人依《傳》追改耳。」

**淫聲放蕩**〔五・一七五八〕　柯、凌本「放」誤「故」。

**故曰國無主**〔五・一七五八〕　舊刻「主」下有「也」字。

**無所刺譏章**〔五・一七五八〕　各本無「章」字。

**無貳叛之心也**〔五・一七五八〕　舊刻「貳」作「二」。

**士肅曰**〔五・一七五八〕　本「王」字，缺上畫。

**故未大**〔五・一七五八〕　正德本「大」下有「也」字。

**攜貳也**〔五・一七五九〕　舊刻「貳」作「二」，毛本誤「弍」。

**殷虔曰**〔五・一七五九〕　本「服」誤「殷」，此第五葉羼入，上注「謂有殷干餘俗」，下注「德弘大」，「殷」「弘」二字並未缺筆。

**文王徙酆**〔五・一七五九〕❶　百衲、舊刻、游、柯、秦、凌、程、毛本「酆」作「鄷」，非。

**杜預白**〔五・一七五九〕　本「曰」誤「白」。

**德弘大**〔五・一七五九〕　正德本「大」下有「也」字。

**不自顯也**〔五・一七五九〕　舊刻無「也」字。

---

❶ 此條原在「殷虔曰」條上，據嘉業堂本移。

**杜預曰**〔五・一七六〇〕　舊刻「曰」誤「日」，下「曰」字亦閒有作「日」者，不悉出。

**猶有憾**〔五・一七五六〕　《索隱》本「憾」作「感」，云「感，讀爲憾，字省耳」，《雜志》云：「古無『憾』字，借『感』爲之，襄二十九年《左傳》『美哉，猶憾』，《釋文》正作『感』。」

**聖人之弘也**〔五・一七五六〕　「弘」缺筆，注同。

**見舞招箾**〔五・一七五六〕　《索隱》出「招箾」二字，又出「象莿」二字，云「音朔，又素交反」，案前後當互易，各本均作「箾」。

**無邑無政**〔五・一七六一〕　凌本「無政」誤「與政」。

**故晏子因陳桓子以納政與邑**〔五・一七六一〕　「桓」缺筆。

**難在魯昭公八年**〔五・一七六一〕　正德本上衍「杜預曰」三字，王、柯、秦、凌殿本脱此條。

**未有患也**〔五・一七六一〕　游、正德、王、柯、秦、凌本「未」上衍「子」字，凌本旁注「一本無下『子』字」，《志疑》云：「一本無『子』字，是。」

**聞鍾聲**〔五・一七六二〕　中統、游、正德、王、柯、秦、李、凌、程、毛本「鍾」作「鐘」，注同。

**孫文子鼓鍾作樂也**〔五・一七六二〕　毛本「孫」誤「繇」。

**直不能曲撓以從衆**〔五・一七六三〕　王、秦、凌、殿本「撓」作「橈」。

**尚誰予乎**〔五・一七六三〕　舊刻「予」作「與」，《御覽》七百七十七引作「當誰與乎」。

**楚公子圍弒其王夾敖而代立**〔五・一七六三〕　《索隱》「弒」作「殺」，下「弒其君靈王代立焉」同。

**至雩婁**〔五・一七六三〕《索隱》「雩」作「雩」。

**楚師敗走**〔五・一七六三〕中統本「師」誤「國」。

**楚公子弃疾**〔五・一七六四〕《索隱》及中統、游、正德、毛本「弃」作「棄」。

**季札讓逃去**〔五・一七六五〕各本「逃」作「逃」。

**舟各餘皇**〔五・一七六五〕本「名」誤「各」。

**楚之亡臣伍子胥來奔**〔五・一七六五〕毛本「奔」作「犇」。

**拔居巢鍾離**〔五・一七六五〕中統、游、正德本「鍾」作「鐘」，注同。

**鐘離州來西邑也**〔五・一七六六〕舊刻「來」誤「夾」，「邑」誤「是」。

**初楚邊邑卑梁氏之處女**〔五・一七六六〕《類聚》八十八引「卑梁氏」作「畢氏」。

**與吳邊邑之女爭桑**　《類聚》引「爭」作「採」。

**二女家怒相滅**〔五・一七六六〕《類聚》引作「二女家相怒喧」。

**兩國邊邑長聞之**〔五・一七六六〕《類聚》引重「邊邑」二字。

**伍子胥之初犇吳**〔五・一七六六〕舊刻「伍」作「五」，下「於是伍員知王有他志」同。百衲「胥」作「胥」，下「胥之父兄」同。《索隱》及正德本「犇」作「奔」。

**胥之父兄爲僇於楚**〔五・一七六六〕《考證》云：「之，一作『以』。」

**見之光光喜**〔五·一七六六〕　中統、舊刻、游、正德、王、柯、秦本不重「光」字。

**吴欲因楚喪而伐之**〔五·一七六七〕　毛、殿本「喪」作「喪」，正德、秦、程本誤「器」，《字類》二引《吴世家》「吴欲因楚喪而伐之」，與「喪」同。

**使公子蓋餘燭庸**〔五·一七六七〕　舊刻「蓋」作「盖」，下同，李本亦作「盖」。

**察彊弱**〔五·一七六八〕　中統、舊刻、游、正德本「彊」作「强」。正德本「弱」下有「也」字。

**言我身猶爾身也**〔五·一七六八〕　中統、游、王、柯、秦本「爾」作「尔」。

**自王宫至光之家**〔五·一七六七〕　舊刻無「王」字。

**音被**〔五·一七六九〕　《索隱》及各本「被」作「披」。

**素避之也**〔五·一七六九〕　舊刻、南雍、李、程本「素」作「故」。

**入于窟室**〔五·一七六七〕　舊刻「于」作「於」。

**公子光竟伐立爲王**〔五·一七六七〕　本「代」誤「伐」，王、柯、秦、凌、殿本脱此字。

**吴自諸樊已下**〔五·一七七〇〕　程本「吴」誤「兵」。

**其孫伯嚭**〔五·一七七〇〕　中統本「嚭」誤「嚭」。

**披美反**〔五·一七七〇〕　游、正德本「披」作「彼」，中統、游、正德、王、柯、南雍、秦、李、凌、程、殿本上有「嚭音」二字，此句在徐廣注「《史記》與《吴越春秋》同」句下。

**王已屬臣兵**〔五・一七七一〕　舊刻「屬」作「属」，下「子胥屬其子於齊鮑氏」，又注「使罪人三行，屬劍於頸」同，柯本「屬劍於頸」亦作「属」。

**今果何如**〔五・一七七一〕　王、秦本「今」誤「令」。

**比至郢**〔五・一七七一〕　毛本「比」誤「北」。

**隨楚與國也**〔五・一七七二〕　王、秦本「隨」誤「遀」。

**而吴兵遂入郢**〔五・一七七一〕　舊刻「兵」作「王」。

**汝南吴房有堂谿亭**〔五・一七七二〕　王本「汝」作「女」。

**越王句踐迎擊之檇李**〔五・一七七三〕　舊刻無「王」字。

**音醉**〔五・一七七三〕　百衲、毛本同，中統、游、正德、王、柯、南雍、秦、李、凌、程、殿本「音」上有「檇」字，此句在杜預注下，是誤以此文爲杜語矣。

**吴郡嘉興縣南有醉李城也**〔五・一七七三〕　南雍、李、程、殿本「醉」作「檇」。

**越絶書口**〔五・一七七三〕　本「曰」字，缺中畫。

**三年聚材**〔五・一七七三〕　王、秦本「材」誤「林」。

**闔廬使立太子夫差**〔五・一七七三〕　舊刻「夫」誤「失」。

**越絶曰**〔五・一七七三〕　百衲同，下再引「《越絶》曰」同，各本「絶」下有「書」字。

**闔閭冢在吴縣閶門外**〔五・一七七三〕　本「昌」誤「冐」，毛本作「閶」。此十三葉係羼入。

**五鼂之流**〔五・一七七三〕　舊刻同，各本「五」作「玉」，正德、程本誤「王」。

**方員之口**〔五・一七七三〕　正德本「員」作「圓」。

**槃郢魚腸之劍在爲**〔五・一七七三〕　舊刻同，各本「爲」作「焉」。

**卒十餘萬人治之**〔五・一七七三〕　游本「萬」作「万」。

**取土臨湖**〔五・一七七四〕　游、正德本「土」誤「上」，王、柯、秦、凌本誤「士」。

**故號曰虎丘**〔五・一七七四〕　中統、游本「號」作「号」。

**太伯到夫差二十六代**〔五・一七七四〕　《索隱》「到」作「至」，「代」作「世」。

**太湖中椒山也**〔五・一七七五〕　中統、游、正德本「太」作「大」。

**有虞帝舜之後**〔五・一七七六〕　游、正德本「後」作「后」。

**撫修夏之故官憲典**〔五・一七七六〕　柯、殿本「修」作「脩」。

**以鮌配天也**〔五・一七七六〕　舊刻「鮌」作「鯀」，游本誤「鮁」。

**今吴不如有過之彊**〔五・一七七四〕　王、柯、秦、李、凌本「彊」作「疆」，非。

**且欲有所用其衆**〔五・一七七六〕　正德本「且」誤「日」。

**琅邪繒縣**〔五・一七七七〕　舊刻「琅」作「郎」。百衲「邪」作「琊」。

**召魯哀公而徵百牢**〔五・一七七七〕　「徵」缺筆，案上注「宫商角徵羽」「徵」字不缺。

**至與魯盟乃去**〔五・一七七七〕　游本「與」作「与」。

**是弃吴也**〔五・一七七七〕　百衲、舊刻、殿本同，《索隱》及各本「弃」作「棄」。

**一本作盘庚之誥有顛之越之**〔五・一七七八〕　舊刻「顛之」作「之顛」，無下「之」字。

**還報吴王**〔五・一七七七〕　毛本「報」誤「執」。

**樹吾墓上以梓**〔五・一七七七〕　「樹」缺末點。

**抉吾眼置之吴東門以觀越之滅吴也**〔五・一七七七〕　殿本此下有《集解》「王愠曰『孤不使大夫得有見，乃盛以鴟夷，投之江也』」凡二十字，案此係《索隱》文，不知何以誤作《集解》，豈以王愠爲人姓名乎？　當時校刻諸臣疏謬至此，可怪也。

**齊鮑氏試齊悼公**〔五・一七七九〕　《索隱》無下「齊」字。

**一作中**〔五・一七七九〕　凌本「一」上有「上」字，殿本「一」作「上」。

**會於槖皋**〔五・一七七九〕　舊刻「於」作「于」。

**杜預曰**〔五・一七七九〕　本「杜」誤「社」，下同。

**欲霸中國**〔五・一七七九〕　此第十六葉補鈔，今依潘本。

**虜吴太子友**〔五・一七七九〕　舊刻、正德、王、柯、南雍、秦、李、程、殿本「友」誤「犮」。

**於周室我爲長**〔五·一七八〇〕　毛本「我爲」二字誤倒。

**吴太伯後**〔五·一七八〇〕　各本「吴」下有「爲」字。

**先敘晉晉有言**〔五·一七八〇〕　各本「言」作「信」，此誤。

**於是乃使厚幣以與越平**〔五·一七八〇〕　王、秦本「幣」誤「弊」。

**齊田常殺簡公**〔五·一七八一〕　補鈔本「殺」作「弑」。

**越益彊**〔五·一七八一〕　柯本作「彊」作「疆」，凌本作「疆」，非。

**二十年越王句踐復伐吴**〔五·一七八一〕　《索隱》無「伐」字。

**句章東浹口外州也**〔五·一七八一〕　百衲、舊刻本同，補鈔本亦同，各本「浹」作「海」。中統、游、正德本「州」作「洲」。

**予百家居之**〔五·一七八一〕　毛本「予」誤「子」。

**夫差冢在猶亭西卑猶之位**〔五·一七八一〕　毛本「位」上有「越」字，下「越王」無「越」字。《索隱》及殿本無「之」字。正德本「冢」誤「家」。《札記》云：「『位』上衍『之』字，舊刻無。」案今所見本，舊刻有「之」字，豈誤以殿本爲舊刻本乎？

**近太湖**〔五·一七八一〕　殿本「太」作「大」。

**太伯弟季歷賢**〔五·一七八二〕　正德本「弟」誤「第」。

**故太伯以天下三讓於王季**〔五·一七八二〕　舊刻「太」作「大」，無「三」字、「於」字。

**延陵季子冢在毗陵縣暨陽鄉**〔五·一七八二〕 正德本「毗」上衍「是」字。南雍、李、程本「毗」作「昆」，王、秦本誤「毗」。

# 卷三二　齊太公世家第二

**吕氏春秋曰**〔五·一七八九〕　殿本上有「駰案」二字，下引劉向《别録》、《禮記》，兩引《公羊傳》，又引《國語》，三引《左傳》，又引《穀梁傳》，兩引《皇覽》，並同。

**其先祖嘗爲四嶽**〔五·一七八九〕　中統、舊刻、游、正德本「嘗」作「常」，非。

**夏商之時**〔五·一七八九〕　中統、舊刻本「商」誤「啇」，下並同，王、柯、秦本下「伐商紂」及「於是武王已平商」亦作「啇」。

**吕尚蓋嘗窮困**〔五·一七九〇〕　舊刻、游、正德本「蓋」作「盖」，下同。

**以漁釣**〔五·一七九〇〕　游、正德本「漁釣」作「釣漁」，《札記》云：「吴校宋板二字倒，游本同，又『釣』譌作『鉤』。」案游本作「鈞」，不知所謂譌作「鉤」者何指。

**奸周西伯**〔五·一七九〇〕　《詩·大雅·文王》疏引「奸」作「干」，《元龜》三百八《宰輔部》同。

**西伯將出獵**〔五·一七九〇〕　李本脱「伯」字。

**所獲非龍非彲**〔五・一七九〇〕《後漢書・崔駰傳》注、《初學記》六，❶並引「彲」作「螭」。

**勑知反**〔五・一七九〇〕正德本「勑」誤「力」，又上有「彲音」二字。

**非虎非熊**〔五・一七九〇〕《後漢書・崔駰傳》注、《文選・班固答賓戲》注、《初學記》六、《御覽》八百三十一並引作「非熊非羆」。

**果遇太公於渭之陽**〔五・一七九〇〕《書鈔》五十二引作「周文王得吕尚於磻溪」。

**與語大説**〔五・一七九〇〕《初學記》引「説」作「悦」。

**立爲師**〔五・一七九〇〕《書鈔》引作「以爲師」，又下云「成王即政，尊爲太師」，《詩・齊譜》疏引作「而立爲太師」，《大雅・大明》疏引作「立爲太師」，《札記》云：「疑今本脱『太』字。」

**以贖西伯**〔五・一七九一〕第二葉「伯」字起至第八葉「魯莊公請獻遂邑以平」「獻」字止均係補鈔，今依潘本。

**與吕尚陰謀脩德**〔五・一七九一〕凌、程、毛、殿本「脩」作「修」，下「欲脩文王業」「脩齊國政」「命燕君復脩召公之政」「桓公之盛脩善政」並同；中統、游本「惟命燕君復脩召公之政」作「修」；又下「脩周政」「至國修政」，凌本作「脩」，程、毛、殿本作「修」。

**大作豐邑**〔五・一七九一〕舊刻「豐」誤「豊」，下「豐丘人執子我以告」，注「豐丘陳氏邑也」同。

**總爾衆庶**〔五・一七九二〕百衲、中統、舊刻、游、正德、王、柯、南雍、秦、李、程本「總」作「揔」。

---

❶「崔」，原作「裴」，據《後漢書》改。下一「崔駰」同此。

**與太公作此太誓**〔五·一七九二〕　毛本「太」作「泰」。

**唯太公强之**〔五·一七九二〕　王、柯、南雍、秦、李、凌、程、殿本「强」作「彊」。

**一作三年**〔五·一七九二〕　南雍、李本無「一」字。

**行遲**〔五·一七九二〕　百衲、中統、王、柯、秦本、毛本同，各本「遲」作「遅」。

**客寢甚安非就國者也**〔五·一七九三〕　《水經注》三十六《淄水》注引作「客寢安，殆非就封者也」，《御覽》百九十五引作「客處甚安，殆非就封者也」。

**萊侯來伐**〔五·一七九三〕　舊刻「來」作「来」，下並同，正德本下「及桓公來」亦同。

**齊爲大國**〔五·一七九三〕　正德本「大」誤「太」。

**淮夷畔周**〔五·一七九三〕　《類聚》五十一引「畔」作「叛」。

**土地疆境所至也**〔五·一七九三〕　毛本無「地」字。游本「疆」誤「彊」。

**齊由此得征伐爲大國**〔五·一七九三〕　《類聚》引作「齊由此征伐，大於諸國」。

**禮記曰**〔五·一七九四〕　王、秦本「禮」作「礼」。

**鄭玄曰**〔五·一七九四〕　「玄」缺筆。游、正德本「曰」作「云」。

**吕尚冢在臨菑縣城南**〔五·一七九四〕　游、正德本「菑」作「淄」。

**子癸公慈母立**〔五·一七九四〕　《索隱》「癸」作「祭」，誤。

**哀公時**〔五・一七九四〕　百衲無「時」字。

**子成公脱立**〔五・一七九五〕　舊刻「脱」作「悦」，《索隱》及各本作「脱」，《詩・齊譜》疏引《世家》作「説」，《志疑》云：「是則今本譌『説』爲『脱』耳。」

**子莊公購立**〔五・一七九五〕　各本「購」作「購」，此避高宗諱缺筆。

**魯桓公與夫人如齊**〔五・一七九六〕　「桓」缺筆，案此第五葉上「魯桓公弑其君隱公」，下「嫁爲魯桓公婦」及「桓公來」「魯桓公知之」「因拉殺魯桓公」「桓公下車」，六「桓」字並不缺，自第六葉「魯桓公元年春」以下始缺，第十一葉三「桓」字不缺。

**嫁爲魯桓公婦**〔五・一七九六〕　毛本「爲」誤「與」。

**因拉殺桓公**〔五・一七九六〕　《左傳・桓十八年》疏引「拉殺」作「搚殺」，案《魯世家》「因命彭生搚其脅」用「搚」字。

**搚折聲也**〔五・一七九六〕　中統、游本「聲」作「声」，俗省字。

**樂安博昌縣南**〔五・一七九八〕　毛本「樂安」誤倒。正德本「博」誤「傳」。

**瓜時而往**〔五・一七九六〕　毛本「瓜」誤「爪」，下同。

**及八而代**〔五・一七九六〕　本「瓜」誤「八」。

**逢主屨茀**〔五・一七九七〕　中統本「逢」誤「遲」，李本「逢」作「逄」，下「逢丑父」同。

**遂弑之**〔五・一七九七〕　毛本「弑」作「殺」。

**無知弒襄公自立**〔五・一七九八〕　李本「弒」作「殺」。

**大夫高傒**〔五・一七九八〕　正德本「傒」作「徯」，下並同，王、柯、秦、凌本下亦作「徯」。

**齊正卿高敬仲也**〔五・一七九九〕　中統本「齊」作「齐」，俗，下「乾時，齊地也」「公孫，齊大夫也」「服虔曰齊大夫」並同，游本作「齐」。

**魯送糾者行益遲**〔五・一七九九〕　舊刻、游、正德、南雍、李、程、殿本「遲」作「遅」，補鈔本同。

**發兵距魯**〔五・一七九九〕　正德本「距」作「拒」。

**與魯戰于乾時**〔五・一七九九〕　程本「于」作「於」，補鈔本同。

**歧流**〔五・一七九九〕　南雍、李、凌、殿本「歧」誤「岐」，凌本誤「故」。

**君竟以立**〔五・一七九九〕　「竟」缺筆，下「竟頃公卒」同，「竟迎季姬」不缺。

**即高傒與叔牙足也**〔五・一七九九〕　《治要》十一「即」作「則」，「也」作「矣」。

**君且欲霸王**〔五・一七九九〕　正德本「君且」二字倒。

**乃詳爲召管仲**〔五・一七九九〕　正德、程本「詳」作「佯」。

**堂阜魯北境**〔五・一七九九〕　「境」缺筆，下「燕莊公遂送桓公入齊境」「諸侯相送不出境」並同。

**鮑叔解夷吾縛於此**〔五・一七九九〕　舊刻、正德、王、柯、南雍、秦、殿本「縛」誤「縛」。

**齋祓而見桓公**〔五・一七九九〕　舊刻、游、正德、毛本「齋」作「齊」。王、秦本「祓」誤「祆」。

**桓公厚禮**〔五・一七九九〕 《治要》上有「於是」二字。

**管□制國**〔五・一八〇〇〕 「子」字缺。中統、舊刻、游本「國」作「国」，俗，下注「叛者九國」「惠子國夏也」及「國三軍之謀」「陳常方欲謀有齊國」並同，王、秦本「陳常方欲謀有齊國」亦同。

**齊人皆説**〔五・一八〇〇〕 《治要》「説」作「悦」。

**郯子奔莒**〔五・一八〇〇〕 補鈔本「奔」作「犇」。

**此柯今濟北東阿**〔五・一八〇〇〕 王、秦本「此」誤「北」。

**爲升降揖讓**〔五・一八〇一〕 「讓」缺筆，上「魯人以爲讓」及下「三讓以禮」「讓景公」並不缺，「齊桓公欲以爲卿讓」「齊人讓魯」缺。

**今東郡鄄城也**〔五・一八〇一〕 游、正德、王、柯、南雍、秦、李、凌、程、毛、殿本「鄄」作「甄」。

**陳厲公子完**〔五・一八〇一〕 「完」缺筆。

**於是分溝**〔五・一八〇一〕 「溝」缺筆，避高宗嫌名。

**納貢于周**〔五・一八〇一〕 舊刻「于」作「事」，程本作「於」。

**史記僖字皆作釐**〔五・一八〇一〕 百衲「字」作「公」。

**公與夫人蔡姬戲舩中**〔五・一八〇二〕 南雍、李、凌、程、殿本「舩」作「船」，中統、游、王、柯、秦本作「舡」。

**民逃其上曰潰也**〔五・一八〇三〕 舊刻「逃」作「迯」。正德本無「也」字，《考證》云：「『上』，監本訛作『土』，今改正。」案南雍本不誤，誤者北監本。

**王祭不具**〔五・一八〇二〕　南雍、李、程、殿本「具」作「共」，凌本旁注「一本『具』作『共』」。❶《志疑》云：「《史詮》謂湖本誤『共』爲『具』。」案此本及百衲、中統、舊刻、游、正德、王、柯、秦、李本並作「具」，不始自凌氏也。

**潁川召陵縣南有陘亭**〔五・一八〇三〕　王、柯、秦、毛、殿本「潁」作「頴」，下同。

**方城山在南陽葉縣南是也**〔五・一八〇三〕　毛本「葉」誤「華」。

**君安能進乎**〔五・一八〇二〕　毛本「安」誤「女」。

**駰案左傳曰**〔五・一八〇三〕　各本無「駰案」二字，下「《公羊傳》曰」同，惟殿本與此同。

**謂之金路**〔五・一八〇四〕　中統本「謂」誤「胃」。中統、游、正德本「路」作「輅」，《札記》云：「『大路』，中統、游本作『輅』。」案中統、游本惟此注「謂之金路」「路」作「輅」，若正文及注「大路」，則固作「路」也。

**叛者九國也**〔五・一八〇四〕　中統、游、正德本無「也」字。

**弟無行**〔五・一八〇四〕　百衲、中統、舊刻、王、柯、秦、毛本同，各本「弟」作「第」。

**在平陽西南**〔五・一八〇四〕　本「陽」誤「𨸏」，此葉羼入，多誤字。

**令少縣在孤竹城**〔五・一八〇五〕　本「支」誤「少」。

**凝離枝即令支也**〔五・一八〇五〕　本「疑」誤「凝」。中統、游本「離」作「离」，下並同。

**令離聲相近**〔五・一八〇五〕　王、秦本「令」誤「令」。舊刻「聲」作「声」，俗，下「鈴離聲亦相近」同。

---

❶「具」，原作「是」，據凌本改。

**應劭曰**〔五·一八〇五〕 柯本「劭」誤「邵」。

**管子亦作離字**〔五·一八〇五〕 正德本「管子」誤「管字」。毛本「離字」誤「離子」。

**一匡天下**〔五·一八〇五〕 「匡」缺筆。

**恒公乃止**〔五·一八〇五〕 本「桓」誤「恒」。

**臣陪臣安敢**〔五·一八〇五〕 中統、舊刻、游、正德、王、秦本「陪」作「倍」。中統本「敢」誤「取」。

**殺子以適君**〔五·一八〇六〕 《治要》「子」上有「其」字。

**非人情**〔五·一八〇六〕 《治要》「情」下有「也」字，下兩「非人情」並同。

**倍親以適君**〔五·一八〇六〕 《治要》「倍」作「背」。

**管子曰云云**〔五·一八〇六〕 王、柯、南雍、秦、李、凌、程、殿本此條並誤作正義。

**豎刁何如**〔五·一八〇六〕 正德本「刁」作「刀」。

**周告急齊**〔五·一八〇七〕 百衲、中統、舊刻、王、秦本同，各本「齊」上有「於」字。

**宋華氏之女**〔五·一八〇八〕 毛本「氏」誤「子」。

**内官之有權寵者**〔五·一八〇八〕 毛本作「内宫人之權寵者」。

**五公子各樹黨人争立**〔五·一八〇八〕 「樹」缺末點，下「樹黨於逆臣」不缺。

**桓公尸在牀下六十七日尸蟲出于户**〔五·一八〇八〕 《治要》二「尸」字作「屍」。

**夜斂殯**〔五·一八〇八〕　百衲、舊刻、毛本同，各本「斂」作「歛」，注同，下「薄賦斂」「賦斂如弗得」並同。

**桓公家在臨菑城南七里所菑水南**〔五·一八〇九〕　百衲、中統、王、柯、秦、凌、殿本同，舊刻「七」作「十」。正德本「南」上有「之」字。毛本「城南」作「南城」，「七」上有「十」字。

**賈逵曰**〔五·一八〇九〕　「曰」字缺中畫。

**惟此門左右有池**〔五·一八一〇〕　中統本「右」誤「古」。

**左思齊都賦注曰**〔五·一八一〇〕　王、柯、南雍、秦、李、凌、程、殿本「注」作「註」。

**申池海濱齊藪也**〔五·一八一〇〕　中統本「齊」作「池」。

**謀與公遊竹中**〔五·一八一〇〕　各本「遊」作「游」。

**楚莊王强**〔五·一八一一〕　王、柯、南雍、秦、李、凌、程、殿本「强」作「彊」，下「齊以公子强質晉」同；李本「齊以公子强質晉」，「强」誤「疆」，又「崔杼生子成及彊」，「彊」亦誤「疆」。

**中變將上軍**〔五·一八一一〕　本「士」誤「中」。

**一作摩**〔五·一八一二〕　中統本作「靡笄作摩」，游、正德、王、柯、南雍、秦、李、凌、程、殿本「一」上有「靡」字，此文並在《史》文「下」字下。

**戰齊急**〔五·一八一二〕　毛本無「戰」字。

**車絓於木而止**〔五·一八一二〕　中統、游、正德本「車」誤「軍」，凌本旁注「車，一作『軍』」。

**騆案賈逵曰**〔五·一八一二〕　正德本「騆」上有「裴」字。

**賂以紀甗王磬也**〔五・一八一三〕　柯本同，正德本「賂」誤「駱」。各本「王」作「玉」。

**於是乃許令反魯衛之侵地**〔五・一八一三〕　各本「今」作「令」，此誤。

**晉初置六卿**〔五・一八一三〕　《左傳・成三年》疏引「六卿」作「六軍」，《志疑》云：「唐初《史記》本元是『軍』字。」

**晉景公不敢受**〔五・一八一三〕　《志疑》云：「《左傳》疏及《困學紀聞》十一引作『不敢當』，疑今本誤。」

**高厚傅之**〔五・一八一四〕　毛本「傅」誤「傳」。

**盟於鍾離**〔五・一八一四〕　游本「鍾」作「鐘」。

**徙之東垂也**〔五・一八一四〕　殿本無「也」字。

**齊莊公使欒盈閒入晉曲沃**〔五・一八一四〕　毛本「閒」誤「門」。

**伺公閒隙**〔五・一八一六〕　舊刻「伺」誤「同」。

**遮公從宮**〔五・一八一五〕　百衲、舊刻、游、正德本「宮」作「官」，《志疑》云：「《左傳》作『止衆從者而入閉門』，則此當作『從官』，『宮』字訛。」

**争一作扞**〔五・一八一六〕　正德本「扞」誤「扜」。

**遂弑之**〔五・一八一五〕　百衲「弑」作「殺」。

**非其私暱**〔五・一八一五〕　毛本「私」誤「祇」。

史記多作箸臼〔五・一八一七〕　游、正德、柯、凌、殿本「箸」作「著」。

二相弗聽〔五・一八一七〕　舊刻無「二」字。

濟陽東朝陽縣西北〔五・一八一七〕　游、正德本「濟」誤「齊」。

崔杼無歸〔五・一八一七〕　南雍、李、程、殿本同，《索隱》「無」作「毋」，云「毋音無也」，各本無此字，凌本旁注「一本『歸』字上有『無』字」。《雜志》云：「宋本『毋』作『無』，而删去《索隱》『毋音無』之注，今本又脱『無』字。」

田鮑高欒氏〔五・一八一八〕　游本、舊刻「欒」作「栾」，俗省字。

慶封還〔五・一八一八〕　舊刻「還」作「还」，俗。

千社二萬五千家也〔五・一八一八〕❶　中統本「萬」作「万」。

景公坐柏寢〔五・一八一八〕　王、柯、南雍、秦、凌、程、殿本「柏」作「栢」。

堂堂誰有此乎〔五・一八一九〕　《御覽》七引「堂堂」作「堂乎堂乎」。

犂鉏曰〔五・一八一九〕　《索隱》「鉏」作「且」。

齊所滅萊夷〔五・一八二〇〕　舊刻「夷」下有「也」字。

萊齊東鄙邑〔五・一八二一〕　舊刻「東」誤「惠」。

---

❶ 此條原在「田鮑高欒氏」條上，據嘉業堂本移。

**公子壽騶黔奔衛**〔五・一八二〇〕　殿本「黔」作「黔」，注同。

**公子駔陽生奔魯**〔五・一八二〇〕　毛本「駔」作「鉏」。

**乞㕘乘**〔五・一八二一〕　百衲同，各本「㕘」作「驂」。

**召公子陽生**〔五・一八二二〕　毛本「召」誤「昭」。

**私匿田乞家**〔五・一八二二〕　毛本「匿」誤「匿」。

**示薄陋**〔五・一八二二〕　本「陋」誤「陋」。

**無所有也**〔五・一八二二〕　中統本「無」作「无」。

**齊邑**〔五・一八二三〕　正德本「齊」上有「駘」字。

**赴于吴**〔五・一八二三〕　中統、正德本「于」作「於」。

**吴於軍門外**〔五・一八二三〕　本「吳」誤「吴」。此二十六葉羼入。

**吴師乃去**〔五・一八二三〕　南雍本「乃」誤「齊」，《考證》云：「『吴師乃去晉』，監本誤作『吴師齊去晉』，今改正。」案此以「去」字連下讀，非。

**闞止有寵焉**〔五・一八二三〕　《索隱》「闞」作「監」，云「『監』，《左傳》作『闞』，音苦濫反」。《考異》云：「《田齊世家》作『監止』，此史公本文也，此篇作『闞』，乃後人妄改。」《札記》云：「官本『監』，與《索隱》合。」案殿本作「闞」，《考證》無説，張氏誤記，以爲作「監」也。

**逢之**〔五・一八二三〕　舊刻「逢」作「逄」，注同。

**彼謂闞止也**〔五・一八二五〕　舊刻無「也」字。

**遂宊入**〔五・一八二六〕　本「突」誤「宊」。此二十七葉羼入。

**欲徒公令居寢也**〔五・一八二六〕　各本「徒」作「徙」，此誤，毛本誤「從」。

**太史子餘曰**〔五・一八二五〕　殿本「太」作「大」。

**言儒疑則害事**〔五・一八二六〕　中統、正德、王、柯、秦、凌本「事」作「也」。

**齊閔也**〔五・一八二七〕　「閔」爲「闞」俗省字，中統本作「閞」。各本「也」作「名」，舊刻、南雍、李、程、毛本與此同。

**子方子我之黨**〔五・一八二七〕　舊刻、毛本同，各本無「之」字。

**田逆請而免之**〔五・一八二五〕　舊刻「免」誤「兑」。

**田常執簡公于徐州**〔五・一八二八〕　《索隱》云：「音舒，其字從人。」《志疑》云：「《索隱》于齊、魯兩《世家》云徐『音舒，其字從人』，而一部《史記》，凡『徐州』無作『俆』者，蓋古字亻、彳偏旁通寫也。」

**乃立簡公弟驁**　《索隱》出「公驁」二字。

**齊自是稱田氏**〔五・一八二七〕　南雍、李、程、殿本同，各本「齊」作「抑」，「是」作「出」。

**自泰山屬之琅邪**〔五・一八二八〕　舊刻「邪」作「琊」。

卷三三　魯周公世家第三

**以大王所居周地**〔五・一八三三〕　百衲、中統、舊刻、游本「大」作「太」。

**破殷**〔五・一八三三〕　「殷」缺筆，下並同。

**入商宫**〔五・一八三三〕　中統本「商」誤「啇」。

**孔安國曰**〔五・一八三四〕　舊刻「國」作「国」，俗，下八引「孔安國」，「鄭瞞長翟國名」，並同；中統本「孔安國曰璧以禮神」「孔安國曰就受三王之命於元龜」「孔安國曰我新受三王命」，又「長翟國名」「非中國之禽也」，亦作「国」；游本惟「長翟國名」作「国」。

**鄭玄曰**〔五・一八三四〕　「玄」缺筆，下同，注「鄭玄曰步行也」不缺。

**周公於是乃自以爲質**〔五・一八三四〕　中統、舊刻、游、正德本「質」作「賓」。

**告于大王王季文王**〔五・一八三四〕　舊刻、游、正德、凌本「大」作「太」，下「周公已令史策告大王王季文王」「無以告我先王大王王季文王」並同，中統本「告大王王季文王」作「太」，餘作「大」。

**太子之責**〔五・一八三五〕　《札記》云：「舊刻『大』，與《書傳》合。」案今所見舊刻本，此文無集解。

**旦巧能多材多藝**〔五・一八三四〕　百衲、南雍、李、程、殿本同，下同，各本「藝」作「藝」。

**武王受命於天帝之庭**〔五・一八三五〕　中統、游本「帝」誤「𠀤」，正德本誤「武」。

**罔不敬畏**〔五・一八三四〕　「敬」缺筆，注及下並同。

**言不救則墜天寶命也**〔五・一八三五〕　中統本「天」誤「大」。

**寶猶神也**〔五・一八三五〕　百衲、中統、游、正德、凌本同，各本「神」作「主」。

**就受三王之命於元龜**〔五・一八三五〕　程本「三」誤「孝」。

**在强葆之中**〔五・一八三六〕　《索隱》及各本同，毛本「葆」誤「褓」，《字類》三「葆」下引「强」作「襁」，又「强」下引與此本同。

**而使其子伯禽代就封於魯**〔五・一八三六〕　毛本「代」誤「伐」。

**然我一沐三捉髮**〔五・一八三六〕　秦、殿本「捉」作「握」，《後漢書・陳元傳》注、《御覽》三百九十五，又四百二，又四百七十四，引「捉髮」作「握髮」。

**一飯三吐哺起以待士**〔五・一八三六〕　《後漢書・陳元傳》注引作「一飯三吐哺𠀤待士」，《御覽》三百九十五、又四百二、又四百七十四並引作「一飯三起以待士」。

**慎無以國驕人**〔五・一八三六〕　「慎」缺筆，下「可不慎乎」同，「慎器與名」不缺。

**收殷餘民**〔五・一八三七〕　「殷」缺筆，下並同。毛本「收」誤「放」。

**異畝同穎**〔五・一八三七〕　《索隱》及各本「畝」作「母」，潘本亦作「畝」。

**嘉天子命**〔五・一八三七〕　《索隱》「命」上有「之」字。

**東土以集**〔五・一八三七〕　中統本「土」誤「上」。

**毛詩序曰**〔五・一八三七〕　殿本上有「駰案」二字，下一引《公羊傳》，三引《禮記》，一引《尚書》，一引《世本》，兩引《穀梁傳》，六引《左傳》，一引《年表》，兩引《春秋》，一引《周禮》，並同。

**鴟鴞顛鳩也**〔五・一八三七〕　中統、游、正德本「鳩」作「鵴」，毛本誤「鳩」。

**王亦未敢訓周公**〔五・一八三七〕　《索隱》出「不敢訓周公」五字。

**豐文王廟所在**〔五・一八三八〕　中統、游、正德、王、柯、秦本「豐」誤「豊」，下同。中統、游本「廟」作「庿」，下「故告文王武王廟」「告武王廟」並同。

**不以遠爲父恭也**〔五・一八三八〕　王、南雍、秦、李、程、殿本「遠」上有「爲」字。

**卜居焉曰吉**〔五・一八三八〕　毛本「吉」誤「告」。

**南向而立**〔五・一八三八〕　游、正德本「向」作「面」。

**銅銅謹敬皃也**〔五・一八三八〕　百衲、中統、游本作「皃」，各本作「貌」。

**一本作夔夔也**〔五・一八三八〕　南雍、李、程、毛本同，百衲、中統、舊刻、游、正德、王、秦本「夔」作「蘷」，柯、凌、殿本作「蘷」。

**奸神命者乃旦也**〔五・一八三八〕　《御覽》三百七十引「奸」作「干」。

**成王病有瘳**〔五・一八三九〕　游、正德本「瘳」誤「廖」。

**周公奔楚**〔五・一八三九〕　《索隱》「奔」作「犇」。

**有所勞役於外**〔五・一八四〇〕　百衲本「役」作「役」，上注「小乙使行役」，下注「役於外也」，並作「役」。

**闇謂廬也**〔五・一八四〇〕　中統、游本無「也」字。

**則民臣望其言久矣**〔五・一八四〇〕　百衲、舊刻、柯、凌、毛本「民臣」作「臣民」。

**寧安也**〔五・一八四〇〕　百衲「寧」作「密」，《札記》云：「『密』，宋本與《詩・公劉》傳合，各本誤『甯』。」

**其在祖甲**〔五・一八三九〕　《索隱》出「其祖甲」三字。

**孔安國曰王肅曰**〔五・一八四〇〕　王、柯、南雍、秦、李、凌、程、殿本「王肅曰」作「王肅云」，《札記》云：「『孔安國』下衍『曰』字，今删，『孔融』下放此。」案「孔融」二字費解，當有誤。

**馬融曰鄭玄曰**〔五・一八四〇〕　凌本「鄭玄曰」作「鄭玄云」。

**久爲小人之行**〔五・一八四〇〕　毛本「小」誤「之」。

**祖甲有兄祖庚**〔五・一八四〇〕　毛本「兄」誤「凡」。

**武丁死**〔五・一八四〇〕　毛本「武」誤「政」。

**誕淫厥佚**〔五・一八三九〕　百衲「誕」作「信」。

**駰案馬融曰**〔五・一八四一〕　正德本「駰」上有「裴」字，下注「駰案馬融曰」同。

**文王曰中昃**〔五・一八三九〕　百衲、中統、游、正德、毛本同，各本「昃」作「昃」。

**以明吾不敢離成王**〔五・一八四一〕　《元龜》七十六《帝王部》作「以明吾不敢離王」。

**成王亦讓**〔五·一八四一〕　「讓」缺筆，下「至其揖讓之禮」同，注「與幼者相讓」不缺。

**暴風雷雨**〔五·一八四一〕　毛本「雷」作「靁」。

**二公倡王啓之**〔五·一八四一〕　中統、游本「倡」誤「得」。

**故止**〔五·一八四二〕　中統本「止」誤「也」。

**郊以玉幣謝天也**〔五·一八四二〕　中統、王、秦本「玉」作「王」。毛本「也」誤「地」。

**乃無所失亡**〔五·一八四二〕　百衲同，各本「亡」下有「也」字。

**歲則大孰**〔五·一八四二〕　百衲、毛本同，各本「孰」作「熟」。

**何遲也**〔五·一八四三〕　毛本同，各本「遲」作「遟」，下並同。

**太公亦封於齊**〔五·一八四三〕　南雍、程本「太」作「大」。

**駰案尚書作費**〔五·一八四四〕　正德本「駰」上有「裴」字，百衲、王、柯、凌本「費」作「粊」，中統、游、正德、秦、殿本作「柴」，毛本誤「柴」。

**一作振**〔五·一八四四〕　凌本「振」上有「敬」字。

**勿敢弃越壘伍而求逐也**〔五·一八四四〕　游、正德、毛本「弃」作「棄」。游、正德本「求」誤「來」。

**峙爾芻茭糗糧楨榦**〔五·一八四四〕　「楨」避宋仁宗嫌名缺筆，舊刻「楨」作「槙」。中統、舊刻、游、正德、王、柯、秦、李、凌本「榦」作「幹」，注同。

**供車牛馬**〔五・一八四五〕　各本「車」作「軍」，此誤。

**是謂煬公**〔五・一八四五〕　舊刻同，各本「謂」作「爲」。

**煬公築茅**〔五・一八四五〕　秦本「茅」作「茀」，《讀書叢録》云：「『茅』當作『茀』，因字形相近而譌，『茀門』即《春秋》所謂『雉門』。古文『雉』『弟』『夷』三字通用，《韓非子・外儲説》篇『荊王有茅門之法』，《太平御覽》卷三百五十三引《韓子》作『茀門』，足與此互相證。」

**一作第**〔五・一八四五〕　凌本「一」上有「茅」字。

**煬公徙魯**〔五・一八四五〕　毛本「煬」誤「楊」。

**世本作微公**〔五・一八四六〕　舊刻「微」誤「徽」。

**劉歆云五十年**〔五・一八四五〕　舊刻「五」誤「二」。

**欲立戲爲魯太子**〔五・一八四五〕　《治要》十一「太」作「大」。

**民將弃上**〔五・一八四五〕　中統、游、正德、毛本「弃」作「棄」，注同，下「弃周公之業」「不知天弃魯乎」並同。

**諸侯効之**〔五・一八四五〕　王、柯、南雍、秦、李、凌、程、殿本「効」作「效」，《治要》作「劾」。

**是自誅王命**〔五・一八四五〕　南雍、李、程、殿本「命」下有「也」字。

**殺其君伯御**〔五・一八四七〕　中統、游、正德本「殺」誤「弑」。

**一作訓**〔五・一八四八〕　凌本「一」上有「順」字。

**穆仲仲山父之謚也**〔五・一八四八〕　舊刻無「也」字。

**謂之穆叔也**〔五・一八四八〕　舊刻無「也」字。

**自是後諸侯多畔王命**〔五・一八四七〕　中統、游、正德本「畔」作「叛」，《治要》同。

**惠公適夫人無子**〔五・一八四八〕　程本「人」誤「子」。

**長庶子息**〔五・一八四八〕　《索隱》及各本同，《志疑》云：「缺『姑』字，《魯頌》疏、文十六年《左傳》疏及《釋文》、《穀梁》首篇疏並引《世家》作『息姑』。」

**觀漁於棠**〔五・一八四九〕　舊刻「漁」作「魚」，注同。

**與鄭易天子之太山之邑祊及許田**〔五・一八四九〕　舊刻「太」作「大」。

**許田魯之田宿之邑**〔五・一八四九〕　各本「田宿」作「朝宿」，此誤。中統、游、正德、王、柯、南雍、秦、李、凌、程、毛、殿本「許田」下有「乃」字。舊刻「邑」下有「也」字，此句在「諸侯不得以地相與」句下。

**天子在上**〔五・一八四九〕　百衲「天子在上」作「許上」，而「天子在」三字錯在「魯之朝宿之邑」下，又「許田」誤「之田」。

**羽父請殺桓公桓缺**〔五・一八四九〕　「桓」缺筆，下並同。

**今允長矣**〔五・一八四九〕　毛本「今」誤「令」。

**以居之以終老也**〔五・一八四九〕　舊刻同，各本「以居之」作「欲居之」。

**菟裘在泰山梁父縣南**〔五・一八四九〕　「縣」缺末點。

**館于蔿氏**〔五・一八四九〕　毛本「蔿」作「簒」，下及注同。

**申繻諫止公**〔五・一八五〇〕　南雍、李、程、殿本同，各本無「公」字，凌本旁注「一本『止』下有『公』字」。

**賈逵曰**〔五・一八五一〕　舊刻脱「曰」字。

**來脩好禮**〔五・一八五〇〕　凌、程、毛、殿本「脩」作「修」。

**蒐軍實以示軍容**〔五・一八五一〕　游、正德本「蒐」誤「菟」。

**季友以莊公命命叔牙於鍼巫氏**〔五・一八五二〕　各本「於」上有「待」字。中統、游、正德、王、柯、南雍、秦、李、凌、程、毛本無「叔」字。殿本不重「命」字，而有「叔」字。舊刻下「命」字作「令」。

**杜預曰鍼巫氏魯大夫也**〔五・一八五三〕　凌本此文誤標「正義」，脱「杜預曰」三字。

**季友竟立子斑爲君**〔五・一八五二〕　「竟」缺筆，下「慶父竟立莊公子開」同。

**慶父聞奚斯音**〔五・一八五三〕　舊刻「音」字誤作「立曰」二字。

**以其屍歸**〔五・一八五四〕　《索隱》出「以屍與之」四字，云「本亦作『死』字也」，中統及三家合刻本並不載《索隱》此文，《札記》亦無説。

**父魯桓公**〔五・一八五四〕　舊刻「父魯」二字作「其父」。

**季友亡則魯不昌**〔五・一八五四〕　殿本「友」誤「文」。

**汶陽鄪魯二邑**〔五・一八五四〕　中統、游本「鄪」誤「鄒」，正德本誤「鄴」。

**楚太子商臣**〔五·一八五五〕　中統、王、柯、秦本同，各本「商」作「商」。

**獲長翟喬如**〔五·一八五五〕　王、柯、秦、凌本「喬」作「橋」。

**富父終甥春其喉**〔五·一八五五〕　舊刻「喉」誤「吼」。

**鄋瞞長翟國名**〔五·一八五五〕❶　毛本「瞞」誤「滿」。

**在魯宣公十七年**〔五·一八五六〕　各本「七」作「五」，此誤。

**案年表**〔五·一八五六〕　中統、游、正德、王、柯、秦、凌本「案」作「按」，殿本「案」上有「騆」字。

**魯宣公之一年**〔五·一八五六〕　各本「一」作「二」，此誤。

**長妃齊女哀姜**〔五·一八五六〕　《索隱》出「齊女爲哀姜」五字，《雜志》云：「案《索隱》本『哀姜』上有『爲』字，於義爲長。」

**生子俀**〔五·一八五六〕　《索隱》「俀」作「倭」。

**襄仲殺子惡及視而立倭**〔五·一八五六〕　各本「倭」作「俀」。

**三桓彊**〔五·一八五六〕　秦本「桓」誤「栢」。中統、游、正德本「彊」作「强」。

**宣公倭十二年**〔五·一八五七〕　凌、程、殿本「倭」作「俀」。

---

❶ 此條原在「魯宣公之一年」條下，據嘉業堂本移。

左傳作龍〔五・一八五八〕　舊刻上有「騆案」二字，下引「《左傳》曰」同。

魯欲背晉合於楚〔五・一八五七〕　舊刻「魯」作「公」，「背」作「倍」。

三家各征其一〔五・一八五九〕　舊刻「一」下有「也」字。

魯人立齊歸之子裯爲君〔五・一八五九〕　《索隱》「裯」作「稠」，云「《系本》作『稠』」，毛、殿本作「裯」。

義鈞謂賢等〔五・一八六〇〕　游本「鈞」誤「釣」，南雍、李、程本作「均」。

殆所謂大曲之弓〔五・一八六〇〕　王、柯、秦本「曲」作「屈」，非。南雍、李、程、殿本「弓」下有「也」字。

二十一年朝晉〔五・一八六〇〕　舊刻脱「一」字。

文成魯文公成公〔五・一八六一〕　王、秦本下「文」字誤「丈」。

季氏與郈氏鬭雞〔五・一八六一〕　程本「雞」作「鷄」，下及注同。

爲介雞〔五・一八六一〕　百衲、王、柯、秦、毛本同，各本「介」作「芥」。

老臧氏家之大臣〔五・一八六二〕　毛本「大」誤「太」。

衆將合謀〔五・一八六一〕　《札記》云：「宋本無『衆』字。」

左傳曰豰戾〔五・一八六三〕　游、正德、南雍、李、程、殿本「豰」誤「駿」。

申豐汝賈魯大夫〔五・一八六三〕　中統本「汝」作「女」。

抑魯君有罪于鬼神也〔五・一八六三〕　舊刻「鬼」作「天」。

**晉竟内邑**〔五・一八六四〕　「竟」缺筆，舊刻「竟」作「境」，「邑」作「也」，南雍本亦作「境」。

**至于文子武子**〔五・一八六四〕　百衲、毛本同，各本「文子」「武子」倒，凌本旁注「一本作『文子武子』」。

**廢朝禮三日**〔五・一八六五〕　中統、游、王、柯本「禮」作「礼」。

**徵百牢**〔五・一八六六〕　「徵」缺筆。

**説吴王及太宰嚭**〔五・一八六六〕　舊刻「太」作「大」。

**十一年齊伐魯**〔五・一八六六〕　百衲、毛本同，各本「一」作「二」，《志疑》云：「毛本作『十一年』，是。」

**齊田常弑其君簡公於徐州**〔五・一八六六〕　《札記》云：「各本『俆』誤『徐』，依《齊世家》索隱改。」

**遇孟武伯于衢**〔五・一八六七〕　《索隱》「衢」作「街」，下云：「有本作『衢』者，非也。《左傳》：『於孟氏之衢。』」《雜志》云：「『衢』，本作『街』，此後人依《左傳》改之也。」

**問己可得以壽死不**〔五・一八六七〕　游本「可」誤「外」。

**畀於三桓之家**〔五・一八六七〕　柯、李、毛、凌、毛本「畀」作「卑」。

**子匽立**〔五・一八六七〕　《索隱》「匽」作「偃」。

**是爲傾公**〔五・一八六八〕　殿本「傾」作「頃」，下「傾公二年」「楚傾王東徙於陳」「魯傾公亡」「傾公卒於柯」並同。

**遷於卞邑**〔五・一八六九〕　百衲、中統、舊刻、游、柯、南雍、李、凌、程、毛本同，《索隱》及各本「卞」作「下」。《志疑》云：「各本《世家》皆訛作『下』，惟毛本作『卞』。」案《索隱》出「遷于下邑」四字，云「下邑，謂國外之小邑，或有本作「卞邑」，是其所據本正作「下邑」，作「卞邑」者别一本。

**卞一作下**〔五・一八六九〕　正德本上「卞」字誤作「下」，王、秦本作「下一作干」，殿本作「下一作卞」。

**傾公卒於柯**〔五・一八六九〕　《索隱》本「傾」作「頃」。

**魯起周公至傾公凡三十四世**〔五・一八六九〕　《索隱》「傾」作「頃」。

**觀慶公及叔牙閔公之際**〔五・一八六九〕　舊刻無「觀」字。

# 卷三四　燕召公世家第四

**世本曰**〔五・一八七五〕　殿本上有「駰案」二字，下「《系本》曰」「《孫子兵法》曰」，又「章子齊人，見《孟子》」，並同。

**自陜以西**〔五・一八七五〕　毛本「陜」作「陝」，下及注同，《志疑》云：「各本《史記》多作『陝』。從兩人，音甲。或作『陜』字，此從兩入。《公羊釋文》曰『陜，一云當作「郟」，王城郟鄏』。余謂作『陜』爲允。」

**陜者蓋今弘農陜縣是也**〔五・一八七六〕　「弘」缺筆，中統本誤引。中統、舊刻、游、正德本「蓋」作「盖」。

**當國踐阼**〔五・一八七六〕　南雍、程、殿本同，各本「阼」作「祚」。

**孔安國曰**〔五・一八七六〕　舊刻「國」作「国」，游本下「王召昌國君樂閒問之」「圍其國」並同。

**功至大**〔五・一八七六〕　南雍、李、凌、程、殿本「至大」二字倒。

**鄭玄曰**〔五・一八七六〕　「玄」缺筆，下同。游本「曰」誤「白」。

**其所統也**〔五・一八七六〕　毛本「統」誤「疏」。

**率維兹有陳**〔五・一八七六〕　百衲、中統、舊刻、游、正德、王、柯、秦、殿本「率」作「卒」。

**保乂有殷**〔五・一八七六〕「殷」缺筆，注及下同。

**有棠樹**〔五・一八七六〕「樹」缺末點，下同。

**而民人思召公之政**〔五・一八七六〕程本「公」誤「人」。

**歌詠之**〔五・一八七六〕百衲、中統、王、秦本「歌」作「哥」。毛本「詠」誤「誅」。案《説文・可部》「哥，聲也，古文以爲『謌』字」。《書》「歌永言」，《漢・藝文志》作「哥」，此古以「哥」爲「謌」字之證。

**鄭桓公初封於鄭**〔五・一八七七〕「桓」缺筆，下並同。

**□桓侯立**〔五・一八七七〕空格「子」字，毛本無此字。

**爲犬戎所弑**〔五・一八七七〕中統本「犬」誤「大」。舊刻「弑」作「殺」。

**不説其屬**〔五・一八七八〕中統、游本「屬」作「属」，下注「屬魏郡」同，舊刻注「屬河閒」「屬涿」並同。游本「其」誤「甚」。

**世本曰**〔五・一八七八〕王、柯、南雍、秦、李、凌、程、殿本「世」作「系」。

**□莊公立**〔五・一八七八〕空格「子」字。

**案春秋傳**〔五・一八七八〕王、柯、南雍、秦、李、凌、程、殿本「案」作「按」。李本「秋」作「烁」。

**乃南燕姞姓也**〔五・一八七八〕正德本「姞」誤「始」。

**世家以爲北燕**〔五・一八七八〕游、正德、王、柯、南雍、秦、李、凌、程、殿本「世」作「系」。

**山戎來侵我**〔五・一八七八〕　舊刻「來」作「来」，下並同。

**燕君送齊桓公出境**〔五・一八七八〕　「境」缺筆。

**桓公因割燕所至地予燕**〔五・一八七八〕　第三葉至第八葉均補鈔，今依潘本。

**使燕其貢天子**〔五・一八七八〕　各本「其」作「具」，補鈔本同，此誤。

**使燕復修召公之法**〔五・一八七八〕　凌、程、毛、殿本同，各本「修」作「脩」，補鈔本同。

**子惠公立惠公元年**〔五・一八七九〕　舊刻脱「立惠公」三字。《索隱》出「惠侯」二字，云「燕四十二代有二惠侯」。案《年表》「惠侯」後不復見「惠侯」，此「惠公」非即「惠侯」也，《索隱》此文在「桓公十六年」上，與此「惠公」相隔遠矣。

**六卿始彊大**〔五・一八八〇〕　正德本「大」誤「太」。

**獻公卒**〔五・一八八〇〕　中統、游本「獻」作「猷」，俗。

**韓魏趙滅知伯**〔五・一八八〇〕　《索隱》無「趙」字，「知」作「智」。

**三晉彊**〔五・一八八〇〕　舊刻「彊」作「强」。

**釐公三十年**〔五・一八八一〕　《索隱》「釐」作「僖」。

**伐敗齊于林營**〔五・一八八一〕　《索隱》「敗」上無「伐」字，各本「敗」字誤在「齊」下，惟此本與《索隱》合，《志疑》云：「『敗』字誤倒，當作『伐敗齊于林營』，湖本以『伐齊』爲句，非。」

**門者舍人之姓名**〔五・一八八一〕❶　王、柯、秦本「門」誤「閒」。

**令吾間**〔五・一八八一〕　王、南雍、秦、李、程、殿本「間」上有「之」字。

**謂燕王不如以國讓桓子之**〔五・一八八二〕　本「相」誤「桓」。

**今王以國讓於子之**〔五・一八八二〕　秦本「今」誤「令」。

**及老而以啓爲不足任乎天下**〔五・一八八二〕　舊刻、南雍、李、程、毛、殿本同，百衲、中統、游、正德、王、柯、秦本「啓」下有「人」字，瞿氏據宋本「及老而以啓人爲不足任天下」，不作「任乎天下」。

**而吏無非太子人者**〔五・一八八二〕　《索隱》「太子」作「天子」，當誤。

**自三百石吏已上而效之子之**〔五・一八八二〕　《索隱》「效」作「効」。

**而噲老不聽政**〔五・一八八二〕　《考證》云：「『不』，監本訛作『大』，今改正。」案此係北監本，下「齊悉復得其故城」句同。

**百姓恫恐**〔五・一八八三〕❷　《索隱》及百衲、舊刻、南雍、李、凌、程、毛、殿本同，中統、游、正德、王、柯、秦本「恐」作「怨」，《札記》引蔡本同，瞿氏據宋本亦同，《雜志》云：「案作『恫恐』者是也，作『恫怨』者，後人不曉恫恐之義，因據《大雅・思齊》篇改之耳。」

---

❶ 此條及下「令吾間」條，原在「三晉彊」條下，據嘉業堂本移。

❷ 此條上有管氏批語「下」字。

**因搆難數月**〔五・一八八三〕❶ 「搆」缺筆，避高宗諱。

**齊人禽子之而醢其身**〔五・一八八四〕 百衲、中統、游、正德、柯、秦、凌、殿本「身」下有「也」字，王本「也」誤「乜」。❷

**卑身厚弊**〔五・一八八五〕 本「幣」誤「弊」。

**然誠得賢士以共圖**〔五・一八八五〕 南雍、李、程本同，各本「圖」作「國」，《治要》十一作「然得賢士與共國」，《御覽》四百二引同。

**士争趨燕**〔五・一八八五〕 《治要》「趨」作「趍」。

**入至臨菑**〔五・一八八五〕 舊刻、毛本同，各本「菑」作「淄」，《治要》同。

**獨唯聊莒即墨**〔五・一八八五〕 《索隱》本「獨唯」作「唯獨」，《治要》同，《後漢書・李通傳論》注引作「下齊七十餘城，其不下者唯獨莒、即墨」。

**齊悉復得其故城**〔五・一八八五〕 《李通傳》注引作「悉復所亡城」，《考證》云：「『故』，監本作『敗』，今依宋本作『故』。」

**十三年秦敗趙於長平四十餘萬**〔五・一八八六〕 毛本「三」作「二」。舊刻「萬」作「万」。

---

❶ 此條上有管氏批語「上」字。

❷ 此條原頂格，上有王氏批語云「低一格」，并有圈符修改。

**與人通關約交**〔五・一八八六〕　舊刻「關」作「関」。

**燕軍至宋子**〔五・一八八六〕　中統本「宋」誤「末」。

**必今將渠處和**〔五・一八八六〕　各本「今」作「令」，此誤。

**置潁川郡**〔五・一八八八〕　中統、舊刻、游、正德、李本「潁」作「穎」，非。

**使荆軻獻督亢地圖於秦**〔五・一八八八〕　秦本「亢」誤「元」。

**燕北迫蠻貉**〔五・一八八九〕　李本「蠻」作「蛮」，俗。

**然社稷血食八九百歲**〔五・一八八九〕　本「歲」誤「戚」。

**於姬姓獨後亡**〔五・一八八九〕　李本「獨」作「独」，俗。

## 卷三五　管蔡世家第五

**母曰大姒**〔五·一八九一〕　各本「大」作「太」。

**次曰冉季戴**〔五·一八九一〕　《詩·大雅·思齊》疏引「冉」作「聃」，案「冉」當作「冄」，各本並誤。

**故文王舍百邑考**〔五·一八九一〕　各本「百」作「伯」。

**武王已克殷紂**〔五·一八九二〕　「殷」缺筆，下同，惟「武王已克殷紂」不缺。

**管在滎陽京縣東北**〔五·一八九三〕　各本「滎」作「榮」。

**世本曰**〔五·一八九三〕　殿本上有「駰案」二字，下引《世本》亦同。毛本「世本」作「杜預」，涉上注「杜預曰」而誤。

**與車十乘**〔五·一八九三〕　毛本「十」誤「予」，《御覽》百五十九引作「七」，與東晉古文《蔡仲之命》同。

**周幽王爲犬戎所殺**〔五·一八九四〕　本「戎」誤「戒」。

**秦始得列爲諸侯**〔五·一八九四〕　舊刻、南雍、李、程、毛、殿本同，各本「列」作「封」，「諸」作「列」，非，凌本旁注「一作『列爲諸侯』」，《志疑》云：「『封』字當作『列』，而『列』字當作『諸』，湖本誤也。」

**請楚文王來伐我**〔五·一八九六〕　游、正德本「來」誤「求」，舊刻作「来」，下同。

**齊桓公與蔡女戲船中**〔五・一八九六〕　百衲、中統、游、正德、王、柯、南雍、秦、李、凌、程、殿本「舩」作「船」。

案此第三葉羼入，「桓」字、「敬」字並不缺。

**嫁其妹**〔五・一八九六〕　毛本同，《索隱》及各本「妹」作「弟」。

**楚太子商臣**〔五・一八九六〕　百衲、中統、舊刻本「商」誤「啇」。

**殺夏徵舒**〔五・一八九六〕　「徵」缺筆。

**楚復醳之**〔五・一八九六〕　舊刻、正德本「醳」作「釋」。

**四十九年**〔五・一八九六〕　各本「四」作「二」，此誤。

**太子般弑景侯而自立**〔五・一八九六〕　各本無「般」字，此衍。

**楚使公子棄疾滅陳而有之**〔五・一八九六〕　凌本「棄」作「弃」，下並同。

**父曰隱太子友隱太子友者**〔五・一八九六〕　毛、殿本同，各本不重「隱太子友」四字，舊刻、正德、毛本「友」誤「戉」，《考證》云：「監本少『隱太子友』四字，今添。」

**弟昭侯申立**〔五・一八九七〕　中統、舊刻、游、正德、南雍、秦、李、程、毛、殿本同，各本「申」作「甲」，《札記》云：「中統、游、毛並作『申』，《表》亦作『申』，與《春秋》哀四年經合。」

**蔡侯私於周萇弘**〔五・一八九七〕　「弘」缺筆。

**服虔曰**〔五・一八九七〕　中統本「虔」誤「度」。

**汝南平輿縣有郰亭**〔五・一八九七〕　中統本「郰」誤「邩」，程本誤「郄」，毛本誤「鄹」，《札記》云：「汝南平輿縣北有邞亭，『北』字吴增，與《春秋》文三年經注合。」

**以共伐楚**〔五·一八九七〕 《御覽》四百十八引作「謀共伐楚」。

**昭侯私許**〔五·一八九七〕 凌本「昭」誤「招」。

**是爲成侯**〔五·一八九七〕 百衲、中統、游、正德、王、柯、南雍、秦、李、凌、程、毛、殿本此下有「徐廣曰或作景」六字，此脱。

**伯邑考其後不知所封**〔五·一八九九〕 毛本提行。

**曹叔世家**〔五·一八九九〕 百衲、中統、舊刻、游、正德、王、柯、南雍、秦、李、程、毛、殿本並提行；凌本提行，低一格，注一「附」字。《索隱》「曹叔」下有「振鐸」二字，「世家」作「系家」。《札記》云：「《索隱》云『附管蔡之末而不出題』，則《史》本無題矣。乃單本《索隱》雖不别題，卻中出『曹叔振鐸系家』六字，❶而系注於下，則自相矛盾矣。吴校删去，甚是。」

**曹曹叔振鐸者**〔五·一八九九〕 凌、毛本提行，各本不提，「曹」下並不重「曹」字。此六葉羼入，末行末格多一「曹」字，與諸本異，恐非宋刻之舊。

**濟陽定陶縣**〔五·一八九九〕 殿本「陽」作「陰」。

**子太伯脾立**〔五·一八九九〕 正德、毛本「脾」作「脾」，《詩·曹譜》疏引作「子大伯脾立」，中統本下「太伯卒」亦

❶ 「系」，原作「世」，據《札記》改。

作「大」。

**周厲王奔子彘**〔五・一八九九〕　本「于」誤「子」。

**弟幽伯强立**〔五・一八九九〕　中統、舊刻、游、正德、毛本同，《曹譜》疏引「幽」誤「豳」。各本「强」作「彊」。

**于惠伯兕立**〔五・一八九九〕　本「子」誤「于」。

**子石甫立**〔五・一九〇〇〕　《曹譜》疏引「石甫」作「碩甫」。

**子莊公夕姑立**〔五・一九〇〇〕　《曹譜》疏引「夕」作「射」，《志疑》云：「《春秋》及《史表》並作『射姑』。」

**齊桓公始霸**〔五・一九〇〇〕　毛本「齊」誤「晉」。

**子昭公斑立**〔五・一九〇〇〕　百衲、舊刻、毛本同，各本「斑」作「班」，《曹譜》疏引同。

**齊桓公敗蔡**〔五・一九〇〇〕　「桓」缺筆，下同，案上三葉、六葉、七葉「桓」字不缺。

**釐負羈諫**〔五・一九〇〇〕　毛本「羈」誤「驕」。

**私善於重耳**〔五・一九〇〇〕　毛本「於」誤「與」。

**子平公頃立**〔五・一九〇二〕　秦本「頃」誤「項」，《志疑》云：「平公名須，此誤『頃』。」

**無罹曹禍**〔五・一九〇二〕　《索隱》及南雍、李、程、殿本「罹」作「離」，《志疑》云：「《史詮》曰湖本『離』作『罹』。」

**乃背晉干宋**〔五・一九〇二〕　百衲、秦本「干」誤「于」。

**太史公曰**〔五・一九〇三〕 《索隱》云：「『太史公曰』已下，檢諸本或無此論。」

**及振鐸之夢**〔五・一九〇三〕 凌本「及」誤「乃」，《史詮》曰：「『乃』，一本作『及』。」

**如公孫彊不脩厥政**〔五・一九〇三〕 中統、游、正德、李、凌、毛本「脩」作「修」。

# 卷三六　陳杞世家第六

**陳杞世家第六**〔五·一九〇五〕　自《陳杞世家第六》至《晉世家第九》均鈔配，今依潘本。

**而舜子商均爲封國**〔五·一九〇五〕　百衲、中統、舊刻本「商」作「啇」，下「楚太子商臣」同。

**乃復求舜後**〔五·一九〇五〕　《索隱》出「遏父爲周陶正」六字，下云「遏父遂之後，陶正官名，生滿」，今《史》無此文，豈誤奪歟？抑單本誤以注文爲《史》文也？

**弟平公燮立**〔五·一九〇六〕　《詩·陳譜》疏引「燮」作「燓」。

**生子佗**〔五·一九〇六〕　舊刻「佗」作「陀」，下並同。

**甲戌己丑陳桓公鮑卒**〔五·一九〇六〕　《索隱》無「陳」字，王本「戌」缺末筆。

**桓公弟佗**〔五·一九〇六〕　《索隱》「佗」作「他」。

**爲佗殺五父及桓公太子免而立佗**〔五·一九〇六〕　舊刻「免」誤「兑」，下「桓公太子免之三弟」同。

**世家□傳運**〔五·一九〇六〕　空格「與」字。各本「運」作「違」，此誤。

**此周易觀卦六四爻辭也**〔五·一九〇七〕　中統本「此」誤「些」。

**爲堯四嶽**〔五・一九〇七〕　王、秦本「爲」誤「厲」。王、柯、南雍、秦、李、凌、程、殿本「嶽」下有「也」字。

**公羊傳曰**〔五・一九〇八〕　殿本上有「駰案」二字，下兩引《左傳》、一引《春秋》，並同。

**周惠王要陳女爲后**〔五・一九〇八〕　本「娶」誤「要」。

**齊桓公欲使陳完爲卿**〔五・一九〇八〕　「桓」缺筆，下並同，案上「桓」字不缺。

**幸得免負檐**〔五・一九〇八〕　中統、舊刻、游、正德、殿本「檐」作「擔」。

**是謂鳳皇于飛**〔五・一九〇八〕　舊刻、正德本「皇」作「凰」。

**雄雌俱飛**〔五・一九〇八〕　中統、游、正德本「雄雌」二字倒。

**猶敬仲夫妻有聲譽**〔五・一九〇八〕　正德本「譽」下有「也」字。

**杜預曰**〔五・一九〇八〕　百衲、王、秦本「杜預」二字誤作「于」字，入上正文「姜」字下。

**姜齊姓**〔五・一九〇八〕　柯、凌本「姓」下有「也」字。

**還過陳**〔五・一九〇九〕　百衲、王、柯、秦本「還」誤「遠」。

**東其祖服**〔五・一九一〇〕　舊刻、游、正德本「祖」誤「祖」，王、柯、秦本誤「袒」，李、凌、程本誤「祖」。

**泄治諫曰**〔五・一九〇九〕　舊刻、王、秦、李本「治」誤「治」，舊刻、李本下「治」字並同，王本下二「治」字不誤；秦本「遂殺泄治」、「治」字不誤。

**十五年**〔五・一九〇九〕　中統本「五」誤「二」。

**蓋以夏姬淫放**〔五・一九一〇〕　中統、舊刻、游本「蓋」作「盖」，下注「蓋殷之興」。

**故謂其子多似以爲戲也**〔五・一九一〇〕　王、秦本「戲」誤「喜」，無「也」字，南雍、李、程、殿本亦無「也」字。

**成公元年**〔五・一九一〇〕　王、秦本「元」誤「九」，《札記》云：「王、柯本『元』譌『九』。」案柯本並不譌。

**率諸侯伐陳**〔五・一九一〇〕　王、秦本「率」作「卒」。

**申叔時使於齊來還**〔五・一九一〇〕❶　中統、舊刻本「來」作「来」，下並同。

**立留爲太子**〔五・一九一一〕　柯本「立」誤「亡」。

**三十五年時**〔五・一九一一〕　毛本「五」作「三」。

**楚靈聞陳亂**〔五・一九一一〕　各本「靈」下有「王」字，此脱。

**使公子弃疾發兵伐陳**〔五・一九一一〕　毛本「弃」作「棄」，下並同。

**自幕至于瞽叟**〔五・一九一二〕　舊刻、毛本同，《索隱》及各本「叟」作「瞍」，注同，《字類》三《補遺》引同。

**幕舜之先也**〔五・一九一二〕　程本「先」誤「元」。

**杞東樓公者**〔五・一九一四〕　各本提行。

---

❶ 此條原在「率諸侯伐陳」條上，據嘉業堂本移。

**殷時或封或絶**〔五・一九一四〕 「殷」缺筆，下並同。案上「殷」字不缺。

**封之於杞**〔五・一九一四〕 游本「杞」誤「祀」。

**以奉夏后氏祀**〔五・一九一四〕 游、正德本「祀」誤「杞」，《考證》云：「『祀』，監本譌作『杞』，今改正。」

**謀一作謨**〔五・一九一五〕 《索隱》出注「一作『謀』」，下云「音牒」。《札記》云：「疑『謨』乃『諜』之譌，『諜』與『謨』形近相亂。」

**孝公十七年卒**〔五・一九一五〕 毛本脱「卒」字。

**隱公弟遂弑隱公自立**〔五・一九一五〕 《春秋》哀八年「杞伯過卒」，疏引《杞世家》云「僖公過是悼公之子」，則「遂」字當是「過」字，與經同。

**湣公子敕立**〔五・一九一五〕 王、柯、南雍、秦、李、程、毛本同，《字類》五引同，各本「敕」作「敇」，注同。

**敕一作遬**〔五・一九一六〕 南雍、李、程、毛本「遬」作「遬」，百衲、游、正德本作「敇，一作遬」，舊刻作「敇，一作速」，王、柯、秦、凌、殿本作「敇，一作速」。

**或封英六**〔五・一九一六〕 《索隱》本出「或封蓼六」四字，下云「本或作『英六』，皆通」，是其所據本作「蓼六」也。

**伯翳之後**〔五・一九一六〕 舊刻「伯」作「栢」。

**右十一人者**〔五・一九一六〕 各本不空格。

**及幽厲之後**〔五・一九一七〕 舊刻脱「幽」字。

**齊湣王滅之**〔五·一九一七〕　毛本「王」誤「公」。

**諸侯力政相并**〔五·一九一七〕　各本「政」作「攻」。中統本「并」誤「非」。

**著于傳上**〔五·一九一八〕　《考證》云：「按『上』當是『云』字之譌。」《札記》引吳校同。

# 卷三七　衛康叔世家第七

**恐其有賊心**〔五・一九二三〕　《書・大誥序》疏引作「恐有側心」。

**傅相武庚禄父**〔五・一九二三〕　王、秦本「傅」誤「傳」，下「而令右公子傅之」「令左公子傅之」並同。

**故河淇間故商墟**〔五・一九二三〕　百衲、中統、舊刻本「商」誤「啇」。

**左傳曰**〔五・一九二四〕　殿本上有「駰案」二字，下引《史記音義》、賈誼《書》，又兩引《世本》，兩引《左傳》，並同。

**綪茷**〔五・一九二四〕　毛本「綪」誤「精」。凌、程本「茷」誤「筏」。

**通帛爲旃**〔五・一九二四〕　凌本「旃」誤「旂」。

**考伯卒**〔五・一九二四〕　《詩・邶鄘衛譜》引作「孝伯」。《志疑》云：「《世表》《人表》作『孝伯』，《詩》疏引《史》亦作『孝』，則今本誤爲『考伯』也。」

**子庢伯立**〔五・一九二四〕　《索隱》及中統、舊刻、游、正德、毛、殿本同，《字類》五引同，百衲、王、柯、南雍、秦、李、凌、程本「庢」作「㢟」。《志疑》云：「『庢』乃『疌』字之譌，《世表》作『疌』，《類篇》又作『𨓆』。《人表》及《衛詩譜》疏引《史》作『建』，誤。」《札記》云：「段注《説文》謂『庢』即『㢟』字，蓋本張揖《字詁》。蔡、王、柯、凌並謁作『廛』。《類篇》又作『𨗲』，則不成字矣。」

**史記音隱曰**〔五・一九二五〕　百衲、中統、舊刻、毛本同，各本「音隱」誤「音義」。

**子貞伯立**〔五・一九二四〕　「貞」缺筆，下同。

**周厲王出犇于彘**〔五・一九二五〕　毛本「犇」作「奔」。

**共伯入釐侯羨自殺**〔五・一九二五〕　《索隱》「共」作「恭」。

**脩康叔之政**〔五・一九二六〕　中統、舊刻、游、正德、王、柯、秦、凌、毛、殿本「脩」作「修」。《詩譜》疏引「修康叔政」。

**五十五年卒**〔五・一九二六〕　《札記》云：「與《表》合，《詩譜》疏引作『五十年』，誤。」

**子莊公楊立**〔五・一九二六〕　殿本同，《鄘衛譜》引同，各本「楊」作「揚」。《志疑》云：「《表》作『揚』，《詩譜》疏引《世家》亦作『揚』，而今本作『楊』，古通。」

**石碏衛上卿**〔五・一九二六〕　毛本「衛」誤「爲」。

**是爲桓公**〔五・一九二六〕　「桓」缺筆，下同。惟「齊桓公卒」不缺。

**詳爲善州吁**〔五・一九二六〕　程本「詳」作「佯」。

**州吁出犇**〔五・一九二六〕　百衲、中統、舊刻、游、正德、殿本「犇」作「奔」。

**鄭伯弟段**〔五・一九二六〕　南雍、凌、程、毛本同，下同，各本「段」作「叚」，非。《字類》四《補遺》「段」下云：「《史記・鄭世家》少子叔段，『段』即『叚』字。」是「段」與「叚」無别，宋人已然矣。

**因殺州吁于濮**〔五·一九二七〕 《索隱》「于」作「於」，《記》云《邶鄘衛詩譜》疏引作「九月殺州吁于濮」。

**右宰醜衛大夫**〔五·一九二七〕 秦本「右」誤「古」。

**而迎桓公弟晉於邢而立之**〔五·一九二七〕 《詩譜》疏引作「桓公子晉」。《志疑》云：「案以晉爲桓弟，未的。而《詩》疏引《世家》及《人表》，又皆以宣公爲桓公子，尤誤。」

**共讒惡太子欲廢伋**❶〔五·一九二七〕 各本無「欲廢」二字，此本蓋涉下文「心惡太子欲廢之」而誤衍也。

**乃盜其句施而先馳**〔五·一九二八〕 各本「句施」作「白旄」，此誤。

**盜并殺太子伋**〔五·一九二八〕 李本「并」誤「奔」。

**惠公犇齊**〔五·一九二八〕 中統、游、正德本「犇」作「奔」。

**惠公怨周之容舍黔牟**〔五·一九二八〕 舊刻無「舍」字。

**三十一年惠公卒**〔五·一九二八〕 《詩譜》疏引作「三十三年卒」。

**與前通年凡十一年矣**〔五·一九二八〕 舊刻同，各本「一」作「三」。

**好鶴**〔五·一九二八〕 中統、舊刻、游、正德、秦、毛本同，各本「鶴」作「鸖」。秦本此文作「鶴」，下二「鶴」字亦作「鸖」。《札記》云：「蔡、王、柯作『鸖』。案：諸家無音釋，則『鸖』非古本。」

**鶴可令擊翟**〔五·一九二八〕 舊刻無「鶴」字。

---

❶ 「共」上，原有「夫人與朔」四字，爲管刪，並於此條上批「頂格」二字。

**翟於是遂入**〔五·一九二八〕　舊刻、南雍、李、程、殿本同，各本無「翟」字，凌本旁注「一本『翟』下有『翟』字」。《志疑》云：「『擊翟』句下，❶一本重『翟』字，是。」《札記》云：「官本有『翟』字，與凌引一本合。」案：舊刻、南雍諸本並有「翟」字，何以不引？

**立戴公弟燬爲衛君**〔五·一九二九〕　舊刻「立」上有「而」字，「弟」上有「之」字。

**衛侯朝於周**〔五·一九二九〕　舊刻「於」作「子」。

**衛侯辟彊**〔五·一九二九〕　舊刻、毛、殿本「彊」作「疆」，下二「彊」字同。

**南河濟南之東南流河也**〔五·一九三〇〕　百衲「濟」誤「齊」。

**從汲郡南度出衛南**〔五·一九三〇〕　舊刻「汲」作「西」，百衲、王、南雍、秦、李、程本誤「伋」。

**成公出犇**〔五·一九三〇〕　《索隱》及中統、游、正德、毛本「犇」作「奔」，下「衛成公遂出犇陳」「莊公出犇」，《索隱》同。中統、游、正德本「遂出犇陳」及「衛君瑕出犇」「獻公犇齊」「太子蒯聵犇宋」「起犇齊」，注「將出犇」，並作「奔」，舊刻「獻公犇齊」同，李本「衛君瑕出犇」同。

**成公私於周主鴆**〔五·一九三〇〕　《索隱》「主」誤「王」，凌本旁注「一本『周主』作『晉主』」。

**得不死**〔五·一九三〇〕　中統、游本「得不」二字倒。

**齊邴歜弑其君懿公**〔五·一九三〇〕　舊刻「弑」作「殺」。

---

❶ 「下」，原作「上」，據《史記志疑》改。

**子穆公遬立**〔五·一九三〇〕　舊刻、毛本「遬」作「遫」，非。

**欲共宴食**〔五·一九三一〕　各本「宴」作「晏」。

**其卒章曰**〔五·一九三一〕　秦本「章」誤「音」，「曰」誤「白」。

**職爲亂階**〔五·一九三一〕　中統、游本「亂」作「乱」，俗，下注「居河上而爲亂」同。

**是爲殤公**〔五·一九三一〕　中統、游、正德本「是」作「遂」。

**獻公弟𦍑**〔五·一九三一〕　中統、游本「獻」作「献」，俗，下「是年獻公卒」同。

**甯喜與孫林父争寵**〔五·一九三二〕　中統、游、正德本「林父」作「文子」。

**吴延陵季子使過衛**〔五·一九三二〕　《北堂書鈔》一百八引作「延陵季子使道衛」。

**過宿**〔五·一九三二〕　《書鈔》引「宿」作「戚」。

**使衛亂乃此矣**〔五·一九三二〕　《書鈔》引作「爲亂乃此矣」。

**楚公子棄疾弑靈王**〔五·一九三三〕　百衲、王、柯、南雍、秦、凌、殿本「棄」作「弃」。

**與其徒戲陽遬謀**〔五·一九三三〕　各本「遬」作「遫」，注同。

**孔氏之豎渾良夫**〔五·一九三四〕　各本「豎」作「竪」，俗。

**太子在宿**〔五·一九三四〕　舊刻「太」作「大」。

**以巾蒙其頭而共乘也**〔五·一九三五〕　毛本脱「以」字。

**欲以盟**〔五・一九三五〕　王、南雍、秦、李、程、殿本「盟」下有「故也」二字。

**强盟之**〔五・一九三五〕　中統、舊刻、游、正德、毛本同，各本「强」作「彊」。

**行爵食炙**〔五・一九三六〕❶　舊刻「炙」下有「也」字。

**吾姑至矣**〔五・一九三六〕　毛本「姑」誤「始」。

**言家臣憂不及國**〔五・一九三六〕　百衲、舊刻本「國」作「国」，俗。百衲下注「以爲季路欲死國也」「此明其不死國也」同。

**是時輒已出**〔五・一九三六〕　百衲、王、柯、秦、凌、毛本「已」作「以」。

**大子焉用孔悝**〔五・一九三六〕　各本「大」作「太」，下「大子無勇」「大子聞之」及注並同。

**必有繼續其後攻太子**〔五・一九三七〕　秦本「續」誤「績」。

**石乞盂黶敵子路**〔五・一九三六〕　殿本「盂」作「孟」。

**冠不免**〔五・一九三六〕　舊刻「免」誤「兑」。

**由也其死矣**〔五・一九三六〕　中統、游本「由」誤「田」。

**駰案左傳曰**〔五・一九三八〕　各本無「駰案」二字，惟殿本與此同，下「駰案《世本》云」「駰案《年表》云」並同。

---

❶「炙」下，原衍「也」字，據寶禮堂本删。

**衞石曼專逐其君起**〔五·一九三八〕《索隱》「曼專」作「專曼」，《字類》三引作「石曼專」，云「音圃，即《春秋左氏傳》石圃」。《考異》云：「按『專』當作『尃』，『尃』與『圃』音相近。」

**子成侯速立**〔五·一九三九〕《索隱》及南雍、李、程、殿本「速」作「遬」，案：《索隱》云「音速」，則其字不當作「速」矣。

**年表云**〔五·一九四〇〕游本「表」誤「君」。

# 卷三八　宋微子世家第八

**而紂之庶兄也**〔五・一九四三〕　《索隱》「紂」上有「帝」字。

**及祖伊以周西伯昌之修德滅阢阢國**〔五・一九四三〕　南雍、李、程本「修」作「脩」。《索隱》出「滅阢國」三字，疑此文衍一「阢」字，《字類》一引「西伯之修德滅阢」。

**孔安國曰**〔五・一九四四〕　百衲、中統、游本「國」作「国」，俗，下注「國」字大半作「国」，舊刻此注作「國」，下三十二引「孔安國」及「梁國蒙縣有箕子冢」「宋地，梁國有蒙縣」作「国」，中統下「國以不寧者十世」亦作「国」，王、柯、秦本注「騆謂典，國典也」同。

**將必亡也**〔五・一九四四〕　毛本「將」作「終」。

**好草竊姦軌**〔五・一九四三〕　舊刻、毛本同，各本「軌」作「宄」。

**又爲姦宄於外內**〔五・一九四四〕　舊刻「宄」誤「究」，下同。

**轉相師効**〔五・一九四四〕　中統、舊刻、游、正德本同，各本「効」作「效」。

**言屢相攻奪**〔五・一九四四〕　毛本「屢」誤「屨」。

**卿士既亂**〔五・一九四四〕　百衲、中統、游、正德「亂」作「乱」，俗，以下此等字不悉出。

**今女无故告**〔五·一九四三〕　各本「无」作「無」，下「臣无有作福作威玉食」同。

**無意告我也**〔五·一九四五〕　中統、游本「無」作「无」。

**鄭玄曰**〔五·一九四五〕　中統本「玄」誤「云」。

**其語肋也**〔五·一九四五〕　本「助」誤「肋」。

**齊魯之間聲如姖**〔五·一九四五〕　舊刻「聲」作「声」，俗。

**不用其教**〔五·一九四五〕　舊刻「教」下有「令也」二字。

**今殷民乃陋淫神祇之祀**〔五·一九四三〕　「殷」缺筆，注同，下「周武王伐紂克殷」「武王既克殷」並同。案上「殷」字不缺，下「以續殷祀」，又九葉、十葉、十九葉「殷」字亦不缺。李、程、殿本「祇」作「祗」。

**今誠得治國**〔五·一九四三〕　毛本「今」誤「令」。

**彼爲象箸**〔五·一九四五〕　游本「箸」誤「著」。

**爲桮**〔五·一九四五〕　《治要》十一作「爲玉桮」。

**乃被髮佯狂而爲奴**〔五·一九四六〕　《治要》「佯」作「詳」，與《殷本紀》合。

**故傳之曰箕子操**〔五·一九四六〕　《書鈔》一百九引《殷本紀》「箕子諫紂不聽」至「故傳之曰箕子之操也」，即此篇文，誤作《殷本紀》。

**風俗通義曰**〔五·一九四六〕　殿本上有「駰案」二字，下「而比干已死」云云，又「《尚書》作『圛』」，又引《世本》及《禮記》，三引《左傳》，三引《公羊傳》，又《魯世家》、《穀梁傳》、《皇覽》、《年表》、《韓詩·商頌》章句，

「禮記」曰」「殷禮也」同，王、柯、秦本「殷禮也」亦作「礼」。

並同。

**猶守禮義**〔五・一九四六〕　百衲、中統、游本「禮」作「礼」，下注「教以禮義」同，中統、游本下注「《禮記》曰」「殷禮也」同，王、柯、秦本「殷禮也」亦作「礼」。

**不懼不懾**〔五・一九四六〕　百衲、中統、游、正德、王、秦本「懾」作「攝」，非。

**王子比干者**〔五・一九四六〕　凌、殿本「干」誤「于」。

**時比干已死**〔五・一九四七〕　王、秦本「干」誤「于」。

**陻塞**〔五・一九四七〕　本「陻」誤「陘」，游本誤「煙」。

**汩亂也**〔五・一九四七〕　王、柯、秦本「汩」誤「汨」。

**不與天道大注九類**〔五・一九四八〕　本「法」誤「注」。

**其舉也興禹**〔五・一九四八〕　百衲、游本「舉」作「𦦙」，俗。

**駰案鄭玄曰**〔五・一九四八〕　王、秦本「駰」誤「騆」。

**斂之曰穡**〔五・一九四九〕　舊刻「斂」作「收」。

**焦氣之朱**〔五・一九四九〕　本「味」誤「朱」。

**金氣之未**〔五・一九四九〕　本「味」誤「未」。此卷四葉以前係羼入，多錯字。

**發言當使可從**〔五・一九四九〕　秦本「使」誤「便」。

**思曰睿**〔五·一九四九〕　百衲、中統、王、柯、秦、凌本「睿」作「容」，注同。

**鄭玄曰**〔五·一九四九〕　「玄」缺筆，下六葉六引，七葉四引，九葉三引，十葉一引同。案此本上「玄」字不缺，下八葉、十九葉亦不缺。

**敬授民時**〔五·一九五〇〕　「敬」缺筆，餘不缺。

**人立其有中**〔五·一九五一〕　各本「人」作「大」，此脱一畫。

**斂時五福**〔五·一九五〇〕　舊刻、毛本「斂」作「歛」，各本作「歛」。

**用傅錫其庶民**〔五·一九五〇〕　程本「傅」作「敷」。

**用布與庶民**〔五·一九五一〕　百衲「與」作「与」，下並同。

**惟天下皆大爲中止也**〔五·一九五一〕　各本「止」作「正」，此脱一畫。

**而不罹於咎惡**〔五·一九五一〕　毛本「罹」作「離」。

**皆可進用大法受之**〔五·一九五一〕　王、秦本「大」誤「太」。

**而安而色**〔五·一九五〇〕　舊刻「而」上衍「人」字。

**則是人此其惟大之中**〔五·一九五一〕　王、柯、秦、凌本「此」誤「比」。

**雖賜之以爵禄**〔五·一九五二〕　南雍、李、程、毛、殿本同，各本「賜」作「錫」。

**毋無毋頗**〔五·一九五〇〕　各本「無」作「偏」，此誤。

**言當修先王正義以治民**〔五・一九五二〕　南雍、程本「修」作「脩」，《札記》云：「當作『循』，各本譌『修』，依《書傳》改。」

**言辨治也**〔五・一九五二〕　百衲、王、秦、殿本「辨」誤「下」，柯本誤「卞」，凌本作「平」。

**以爲臣也**〔五・一九五二〕　中統、游、正德本「臣」作「子」。

**王者當盡極行之**〔五・一九五二〕　百衲「盡」作「尺」，蓋「盡」省爲「尽」，又誤爲「尺」也，下注「盡」字並作「尽」，俗。

**王極之傅言**〔五・一九五一〕　中統、游、正德本「傅」誤「傳」。

**於天爲順也**〔五・一九五二〕　程本「天」誤「大」。

**所以益天子之光**〔五・一九五二〕　中統、游、正德本無「所」字。

**天子爲民父母**〔五・一九五一〕　百衲「天」誤「夫」。

**而爲天下所歸往**〔五・一九五二〕　百衲「歸」作「帰」，下注「而其歸一揆也」同。

**彊不友剛克**〔五・一九五二〕　舊刻、王、柯、秦本「友」作「犮」，非。

**將而誅焉**〔五・一九五三〕　南雍、李、程、殿本同，各本無「焉」字。

**玉食義食**〔五・一九五三〕　本「美」誤「義」。

**言王者關諸侯也**〔五・一九五三〕　百衲「關」作「閞」，舊刻、游本作「関」，均俗。

**玉食備珍美也**〔五·一九五三〕　中統、舊刻、游本「備」作「偹」，俗。

**臣无有作福作威玉食**〔五·一九五三〕　各本「无」作「無」。

**孔安國曰在位不端平則下民僭差**〔五·一九五三〕　凌本脱此條。

**蓍曰筮**〔五·一九五四〕　百衲「蓍」誤「著」。

**尚書作圛**〔五·一九五四〕　南雍、李、程本「圛」作「驛」。

**曰貞**〔五·一九五三〕　「貞」缺筆，注同。

**卜五占之用**〔五·一九五四〕　「卜」字缺一點。

**卦爻之名凡七**〔五·一九五四〕　舊刻、王、柯、秦本「七」誤「士」。王、秦本「凡」誤「几」。

**雨者兆之體氣如雨然也**〔五·一九五四〕　百衲「體」作「躰」，舊刻作「休」，俗。

**内卦也貞**〔五·一九五四〕　本「曰」誤「也」。

**悔之言晦曰**〔五·一九五四〕　本「也」誤「曰」，此「曰」字與前行「也」字隔行而誤易。

**卦象多變**〔五·一九五四〕　百衲、舊刻、游本「變」作「变」，俗。

**幽微難明**〔五·一九五五〕　柯、凌本「難」誤「悔」。

**而身其康强**〔五·一九五四〕　百衲、王、柯、南雍、秦、李、凌、程、殿本「强」作「彊」。

**而子孫其逢吉**〔五·一九五四〕　舊刻「逢」作「逄」。

**故後世遇吉也**〔五・一九五五〕　秦本「遇」誤「浬」。

**此三者皆從多**〔五・一九五五〕　舊刻「多」誤「玄」。

**猶不可以舉事**〔五・一九五五〕　舊刻「事」下有「也」字。

**曰陽**〔五・一九五五〕　百衲、王、柯、南雍、秦、李、凌、程本同，各本「陽」作「暘」。

**煖以長物**〔五・一九五六〕　舊刻「煖」作「暖」。

**所以爲衆驗**〔五・一九五六〕　舊刻「驗」作「騐」，下並同。

**五者來備**〔五・一九五五〕　《困學紀聞》二引《洪範》「五者來備」，《史記》云「五是來備」，荀爽謂之「五韙」，李雲謂之「五氏」。《志疑》云：「考今本《史記》皆作『五者』，李賢於《後漢書》荀、李兩《傳》皆引《史記》，一作『五者』，一作『五是』，蓋傳寫之訛，《續漢書・律曆志》中有『五是以備』語。」

**則衆草木繁廡滋豐也**〔五・一九五六〕　中統、舊刻、游本「豐」誤「豊」。

**君政治則時陽順之**〔五・一九五六〕　各本「陽」作「暘」。

**君昭哲則時煖順之**〔五・一九五六〕　舊刻「煖」作「奥」。

**若行狂妄**〔五・一九五六〕　各本「若」作「君」，此誤。

**君行霧闇**〔五・一九五六〕　游、正德本「闇」誤「闈」。

**歲月無易**〔五・一九五七〕　中統、游本「無」作「无」，舊刻作「毋」，下「君臣無易」同。

**則正治明**〔五・一九五七〕　百衲、王、柯、秦、凌、毛本同，各本「正」作「政」。

**星民象**〔五・一九五七〕　百衲「象」誤「家」。

**畢星好雨**〔五・一九五七〕　舊刻「星」誤「風」。

　**愚儒不壯毅曰弱**〔五・一九五八〕　各本「儒」作「懦」，此誤。

**感宮室毁壞生禾黍**〔五・一九五八〕　《類聚》八十五引作「見禾黍」，《御覽》五百七十引作「咸生禾黍」。

**乃作麥秀之詩**〔五・一九五八〕　毛本「麥」誤「黍」。

**禾黍油油**〔五・一九五八〕　《類聚》引「禾黍」二字倒。

**不與我好兮**〔五・一九五八〕　《御覽》引作「不我好仇」。

**所謂狡僮者紂也**〔五・一九五八〕　《御覽》引脱「謂」字。

**奉其先祀作微子之命以申之國于宋**〔五・一九五八〕　《治要》作「奉其先祀曰宋」。

**弟煬公熙立**〔五・一九五九〕　百衲「立」誤「公」。

**弑煬公而自立**〔五・一九五九〕　毛本「弑」作「殺」。

　**吕忱曰**〔五・一九五九〕　中統本「忱」誤「悦」。

　**覸音古莧反**〔五・一九五九〕　王、秦本「古」誤「右」。

**道遇大宰華督**〔五・一九六〇〕　百衲同，各本「大」作「太」，下「因殺大宰華督」同。

**七戰魯敗宋師于菅**〔五·一九六一〕　舊刻「菅」誤「营」，游、正德本誤「管」。

**齊桓公即位**〔五·一九六一〕　「桓」缺筆，案上「生魯桓公」不缺，下十三葉「是爲桓公」至「齊桓公卒」，七「桓」字不缺，十六葉「與武繆戴莊桓之族爲亂」，❶十七葉宋「司馬桓魋惡之」缺。

**政不脩**〔五·一九六一〕　李、毛、殿本「脩」作「修」。

**乘一作媵**〔五·一九六二〕　百衲、正德、王、柯、秦、殿本「媵」作「腰」，中統、游本作「膢」，蓋「媵」與「膢」形相似，因誤作「膢」，又誤作「腰」也。

**始吾欿若**〔五·一九六二〕　本「欿」字誤從「欠」。

**萬搏牧**〔五·一九六二〕　殿本「搏」誤「博」。

**陳人使婦人飲之淳酒**〔五·一九六二〕　毛本同，各本「淳」作「醇」。

**以革裹之**〔五·一九六二〕　中統、舊刻、游、正德本「裹」作「褁」。

**以犀革裹之**〔五·一九六二〕　中統、游本「裹」誤「裏」。

**天之棄商久矣**〔五·一九六四〕　百衲、王、柯、南雍、秦、李、凌、程、殿本「棄」作「弃」。百衲、中統、舊刻本「商」誤「商」。下「楚太子商」，中統、舊刻本同。

**一云後何言與**〔五·一九六四〕　各本「後」作「尚」，此誤。

---

❶「莊桓」，原作「桓莊」，據寶禮堂本乙正。

**是年晉公子重耳過宋襄公以傷於楚**〔五·一九六五〕《索隱》無「宋」字，「傷於楚」作「傷泓」。

**叔瞻曰**〔五·一九六四〕游、正德本「瞻」誤「贍」。

**襄公病傷於泓而竟卒**〔五·一九六五〕「竟」缺筆，案上「竟立突」「竟不聽」不缺。

**晉太公卒**〔五·一九六五〕本「文」誤「太」。

**宋人共殺君禦**〔五·一九六五〕舊刻「殺」作「弑」。

**夫人王姬使衛伯攻殺昭公杵臼**〔五·一九六六〕毛本「使」誤「便」。

**文馬四百疋**〔五·一九六七〕毛本「疋」作「匹」。

何伏曰〔五·一九六八〕本「休」誤「伏」。

**我軍亦有三日糧**〔五·一九六七〕百衲、中統、游、正德、王、柯、秦、凌本「三」作「二」，非。

**共公九年**〔五·一九六八〕各本「九」作「元」，此誤。

**楚共王伐宋之彭城**〔五·一九六八〕舊刻同，瞿氏據宋本同，各本「伐」作「拔」。

**楚平王太子建來犇**〔五·一九六八〕舊刻「來」作「来」。

**熒惑守心**〔五·一九六九〕中統本「守」誤「宋」。

**歲飢民困**〔五·一九六九〕中統、舊刻、游、正德、毛本同，各本「飢」作「饑」。

**宋公子特攻殺太子而自立**〔五·一九六九〕《索隱》出「公子特」三字，下云「《左傳》作『德』」，則小司馬所據本作「特」，與《左傳》不同。《左傳》哀二十六年疏引《宋世家》云「公子得殺大子而自立」，疑所見本異。

**昭公者**〔五・一九六九〕　中統、游、正德本脱「者」字。

**景公殺昭公父糾**〔五・一九六九〕　《索隱》脱「殺」字，「糾」作「糺」。

**褍秦即元公少子也**〔五・一九六九〕　《左傳》疏引「少子」誤「小子」。

**子悼公購由立**〔五・一九七〇〕　「購」缺筆，避高宗諱。

**年表云四十九年**〔五・一九七〇〕　王本脱此條。

**悼公八年卒至子辟公辟兵立**〔五・一九七〇〕　王本脱此文凡二十四字。

**剔成敗奔齊**〔五・一九七〇〕　百衲、正德、王、柯、秦、凌本「犇」作「奔」。

**命曰射天**〔五・一九七〇〕　瞿氏據宋本「縣而射之，命曰射氏」，不作「射天」。

**宋其復爲紂所爲**〔五・一九七〇〕　中統本「紂」誤「縛」。

**駰案年表云偃立四十三年**〔五・一九七〇〕　中統、游、正德、殿本同，各本無「駰案」二字，下兩引《公羊傳》，一引《韓詩・商頌》章句，並同。

**仁者愛人**〔五・一九七一〕　王本「仁」上有「桉謂」二字。

**三人行異**〔五・一九七一〕　王本「異」上有「本」字。

**以其俱在憂亂寧民**〔五・一九七一〕　南雍、李、程本「寧民」作「而寧民也」。百衲、舊刻、王、柯、南雍、秦、李、凌、程、毛、殿本「民」下並有「也」字。

**微子仁之窮也**〔五·一九七一〕 中統、游、正德、南雍、李、程本同，各本「仁」作「仕」，非。

**而其歸一揆也**〔五·一九七一〕 百衲「其歸」二字倒。

**國以不寧者十世**〔五·一九七一〕 《索隱》「世」作「代」，避諱改。

**修仁行義**〔五·一九七一〕 舊刻、游、正德、毛本同，百衲、王、柯、秦、李、殿本作「修行仁義」，南雍、程本「修」作「脩」，「仁」字亦在「行」下。

**作商頌**〔五·一九七一〕 百衲、游、王本同，各本「商」作「商」，注同。

**君子大其不鼓不成列**〔五·一九七二〕 舊刻同，各本「鼓」作「鼓」。

**臨大事而不忘大禮**〔五·一九七二〕 游、王本「禮」作「礼」。

**亦不過此**〔五·一九七二〕 游、正德本同，各本「此」下有「也」字。

# 卷三九　晉世家第九

**唐叔虞者**〔五・一九七七〕《索隱》「唐」上有「晉」字，《御覽》一百九十九引作「晉叔虞者」，《雜志》云：「《索隱》本出『晉唐叔虞』四字，注曰『晉初封於唐，故稱晉唐叔虞』，則有『晉』字明矣。」

**周武王子而成王弟**〔五・一九七七〕《治要》十一作「周成王弟也」。

**駰案左傳曰**〔五・一九七七〕殿本同，下「駰案《世本》曰」「駰案得臣即子玉」並同，各本無「駰案」二字。

**齊太公女**〔五・一九七七〕百衲「太」作「大」，柯、李、凌本「女」下有「也」字。

**及生子文在其手曰虞**〔五・一九七七〕《雜志》云：「案『文』上脱『有』字，《初學記》《太平御覽・天部》引《晉世家》皆有『有』字。」

**以此封若**〔五・一九七七〕舊刻「封」誤「對」。

**宋衷曰**〔五・一九七八〕百衲、舊刻、游、正德、南雍、李、程、毛、殿本「衷」作「忠」。

**字子于**〔五・一九七八〕百衲、毛本「于」作「干」。

**厲侯子宜臼**〔五・一九七八〕柯、凌本「子」上有「之」字。

**靖侯已來**〔五・一九七八〕舊刻「來」作「来」。

**大臣行政**〔五·一九七九〕　舊刻「大」誤「太」。

**子穆侯費王立**〔五·一九七九〕　《索隱》「費」作「弗」。

**伐千畝有功**〔五·一九七九〕　毛本「伐」誤「代」。

**西河介休縣南**〔五·一九八〇〕　各本「介」作「界」。

**成師大號成之者也**〔五·一九七九〕　舊刻「大」誤「太」。

**率其徒**〔五·一九八〇〕　李本「徒」誤「徙」。

**大戎殺幽王**〔五·一九八〇〕　本「犬」誤「大」。

**曲沃邑大於翼**〔五·一九八〇〕　舊刻無「邑」字。

**翼晉君都邑也**〔五·一九八〇〕　舊刻無「邑也」二字。

**號爲桓叔**〔五·一九八〇〕　「桓」缺筆，下同，惟「而迎曲沃桓叔」「桓叔欲入晉」「子鱣代桓叔」「夫齊桓公好善」「而惠立桓叔之後」不缺。

**弒其君昭侯**〔五·一九八〇〕　舊刻「弒」作「殺」。

**晉人復立孝侯子郄爲君**〔五·一九八一〕　《索隱》出「子都」二字，云「《系本》作『郄』，而他本亦有作『都』」，則其所據本作「都」不作「郄」。

**曲沃莊伯聞晉鄂侯卒**〔五·一九八一〕　王、秦本脱「鄂」字。

**哀侯二年**〔五·一九八一〕　舊刻「二」誤「立」。

**子稱代莊伯立**〔五·一九八一〕　秦本「代」誤「伐」。

**禮記曰**〔五·一九八二〕　殿本上有「駰案」二字，下七引《左傳》，一引《皇覽》，兩引《公羊傳》，一引《列女傳》，並同。

**鄭立曰**〔五·一九八二〕　本「玄」誤「立」。

**是取之天子**〔五·一九八二〕　王、柯、南雍、秦、李、凌、程、毛、殿本「子」下有「也」字。

**盡以其寶器賂獻於周釐王**〔五·一九八二〕　中統本脱「以」字。

**通年三十八年**〔五·一九八二〕　中統本「三」誤「二」。

**自桓叔初封曲沃**〔五·一九八三〕　凌本旁注「一本『初』作『始』」。

**周惠王弟穨**〔五·一九八三〕　中統、游、正德、王、柯、南雍、秦、李、凌、程、殿本「穨」作「頹」，俗。

**屈北屈**〔五·一九八四〕　游、正德本下「屈」字作「縣」，非。王、秦本「北」誤「比」。

**今平陽蒲子縣是也**〔五·一九八三〕　百衲、中統本無「也」字。

**今始爲一軍**〔五·一九八五〕　各本「一」作「二」，此誤。

**先爲之極**〔五·一九八四〕　舊刻「爲之」二字倒。毛本「爲」誤「謂」。

**言其禄位極盡於此**〔五·一九八五〕　柯、凌本「此」下有「也」字。

**不如逃之**〔五·一九八四〕　程本「逃」作「迯」。

**卜偃晉掌卜大夫郭偃**〔五·一九八五〕　舊刻下「卜」字誤「上」。

**數從一至萬爲滿**〔五·一九八五〕　程本「一」字空格。

**天開之矣**〔五·一九八四〕　《類聚》五十一引作「天啓之也」。

**今命之大**〔五·一九八四〕　毛本「今命」誤「令名」。

**遇屯之比**〔五·一九八四〕　游、正德本「遇」誤「逼」。

**東山赤狄別種**〔五·一九八六〕　游、正德本「種」下衍「無」字。

**里□晉卿里季也**〔五·一九八六〕　「克」字泐。

**太子奉冢嗣社稷之粢盛**〔五·一九八六〕　「冢」當作「冡」，「冡」即「蒙」字，與「冢」有別。

**是爲師必不威也**〔五·一九八七〕　舊刻「師」誤「帥」。

**不得立己**〔五·一九八七〕　游、正德本「己」誤「似」。柯、凌本「己」下有「也」字。

**脩己而不責人**〔五·一九八六〕　李、凌、毛、殿本「脩」作「修」。

**則免於難**〔五·一九八六〕　舊刻「免」誤「兑」。

**偏裻之衣**〔五·一九八七〕　舊刻脱「偏」字。

**偏衣左右異色**〔五·一九八七〕　游、正德、王、柯、秦本「左」作「湼」，非。

**不從太子太子遂伐東山**〔五·一九八六〕　毛本不重「太子」二字，《札記》引宋本同。

**□夏陽虢邑**〔五·一九八八〕　百衲、中統、游、正德、王、柯、秦、凌、毛本「夏」上有「下」字，舊刻、南雍、李、程、殿本有「下」字，無「夏」字。

**在太陽東北三十里**〔五·一九八八〕　游、正德、殿本「太」作「大」。

**驪姬詳譽太子**〔五·一九八八〕　程本「詳」作「佯」。

**而陰令人譖惡太子**〔五·一九八八〕　舊刻無「惡」字。

**齊姜廟所在**〔五·一九八九〕　舊刻「廟」作「庿」。

**示有先也**〔五·一九八九〕　舊刻「示」上有「所以」二字。

**小臣官名**〔五·一九八九〕　毛本「官」誤「宦」。

**今閹士也**〔五·一九八九〕　本「士」誤「土」。

**人誰內我**〔五·一九八九〕　凌本旁注「一本『內』作『入』」。

**因譖二公子**〔五·一九八九〕　游本「因」字空格，正德本作「復」。

**蒲人之宦者勃鞮**〔五·一九九〇〕　殿本此下有《集解》「韋昭曰『伯楚，寺人勃之字也』」云云十九字，合刻本《正義》有此文，殿本蓋沿南雍之舊而誤標《集解》也。

**藏於盟府**〔五·一九九〇〕　中統、游、正德本「盟」作「明」，非。

**宫之奇以其族去虞**〔五・一九九〇〕　中統、游、正德本「以」作「與」。

**及其大夫井伯百里奚**〔五・一九九〇〕　毛本「及」作「并」。

**而修虞祀**〔五・一九九〇〕　柯、程本「修」作「脩」。

**□□笑曰**〔五・一九九〇〕　空格「獻公」二字。

**蓋□□□**〔五・一九九一〕　空格「戲之也」三字，中統、舊刻、游、正德、王、柯、南雍、秦、李本「蓋」作「盖」，俗省字。

**以馬□□□荀息之年老也**〔五・一九九一〕　空格「齒戲謂」三字。「荀息」則「荀息」之譌。柯、凌本「老」下無「也」字。

**賈華晉右行大夫**〔五・一九九一〕　王、秦本「右」誤「古」。

**夷吾將奔狄**〔五・一九九一〕　凌本旁注「一本『將』作『欲』」。

**冀芮曰**〔五・一九九二〕　百衲、中統、舊刻、游、王、柯、南雍、秦、李、程本同，《索隱》及正德、毛、殿本「冀」作「冀」，注及下同。

**逢周之宰孔**〔五・一九九二〕　舊刻「逢」誤「逄」。

**諸侯弗平**〔五・一九九二〕　百衲「平」作「苹」。

**君第毋會**〔五・一九九二〕　《索隱》及百衲、中統、舊刻、游、正德、柯本「第」作「弟」。

**三君子申生重耳夷吾**〔五・一九九三〕　柯、凌本「吾」下有「也」字。

**爲之驗**〔五·一九九二〕　柯、李、凌本「爲」誤「謂」。舊刻「驗」作「騐」。

**里克殺悼子于朝**〔五·一九九二〕　各本「殺」作「弑」。

**言此言之缺難治**〔五·一九九三〕　柯本「缺」誤「玷」，凌本誤「怗」。

**謂兆端左右釁坼**〔五·一九九三〕　舊刻、柯、秦、李、凌本「坼」誤「折」，游、正德本誤「圻」。

**以象讒言爲害也**〔五·一九九三〕　各本「言」下有「之」字。

**竟以亂晉**〔五·一九九二〕　「竟」缺筆，下「秦竟滅之」不缺。

**不得脩人子之禮侍喪**〔五·一九九三〕　凌、毛、殿本「脩」作「修」。程本「侍」誤「待」。

**秦繆公乃發兵**〔五·一九九三〕　中統、游、正德、王、柯、南雍、秦、李、凌、程、殿本「繆」作「穆」，下「秦繆公將兵代晉」「秦繆公晉惠公合戰韓原」「是歲秦繆公亦卒」並同。

**於是丕鄭使謝秦未還**〔五·一九九四〕　百衲、舊刻本同，各本「丕」作「邳」。

**申生葬不如禮**〔五·一九九五〕　游本「禮」作「礼」，下注「《曲禮》曰」「非禮也」並同。

**狐突本爲申生御**〔五·一九九五〕　王、秦本「申」誤「甲」。

**故復使登車**〔五·一九九五〕　柯、凌本「車」下有「也」字。

**恭太子更葬矣**〔五·一九九五〕　《索隱》出「太子更喪矣」五字，云「更，作也。更喪謂改喪」，是所據本「葬」作「喪」，後人因上有改葬之文而改「更喪」爲「更葬」，不知「喪」字與下「昌」「兄」爲韻也。

**不從不與秦路也**〔五・一九九六〕　各本「路」作「賂」，此誤。

**幣厚言甘**〔五・一九九五〕　游、正德本「幣」誤「弊」。

**深入境**〔五・一九九八〕　「境」缺筆，餘不缺。

**一曰深猶重**〔五・一九九八〕　百衲、舊刻本同，各本「猶」作「尤」。

**鄭不孫**〔五・一九九七〕　毛本「不」誤「丕」。柯、凌本「孫」作「遜」。

**惠公馬鷙不行**〔五・一九九七〕　《索隱》及中統、游、王、秦本「鷙」作「騺」，舊刻、正德、毛本作「縶」。

**遂失秦繆公**〔五・一九九七〕　百衲脱「繆」字。

**不用卜**〔五・一九九七〕　秦本「卜」誤「十」，下「卜日」同。

**卜日立子圉**〔五・一九九七〕　百衲、中統、舊刻、游、正德、王、柯、秦本「日」作「曰」。

**晉人聞之**〔五・一九九七〕　中統本「聞」誤「閒」。

**修政教**〔五・一九九八〕　柯本「修」作「脩」。

**諸侯多利内之**〔五・一九九八〕　中統本「多」作「皆」。

**溝壍也**〔五・一九九九〕　百衲、舊刻、游、正德、毛本同，各本「壍」作「塹」。

**而内無援於國**〔五・一九九九〕　舊刻「援」誤「㥳」。

**婢子婦人之卑稱**〔五・一九九九〕　柯、凌本「稱」下有「也」字。

**子圉之亡**〔五·一九九九〕　百衲「亡」誤「三」。

**獻公使宦者履鞮**〔五·二〇〇〇〕　中統本「宦」誤「官」。《文選·報任少卿書》注引此作「履貂」，又《宦者傳論》注引「《史記》以『勃提』爲『履貂』」❶，《考異》云：「前云『勃鞮』，後云『履鞮』，《史》駁文。」

**重耳踰垣**〔五·二〇〇〇〕　毛本「踰」誤「喻」。

**宦者逐斬其衣袪**〔五·二〇〇〇〕　毛本「逐」誤「遂」。

**居狄五歲而晉獻卒**〔五·二〇〇〇〕　各本「獻」下有「公」字，此脱。

**非以爲可用與**〔五·二〇〇〇〕　《索隱》出「可用與」三字，云「音余，諸本或爲『興』」，《札記》云：「各本正文『與』作『興』，又删去《索隱》首八字，蓋徑依或本改也。今從單本。」

**飢而從野人乞食**〔五·二〇〇一〕　程本「飢」作「饑」。

**會豎刁等爲内亂**〔五·二〇〇二〕　百衲、舊刻、毛、殿本「豎」作「竪」。正德本「刁」作「刀」。

**故殺之以滅口**〔五·二〇〇二〕　柯、李、凌本「口」下有「也」字。

**引戈欲殺咎犯**〔五·二〇〇二〕　「戈」字泐，下「重耳」「重」字，「事不成」「不」字，「曹共公不禮」「共公」二字，並同。

**置璧其下**〔五·二〇〇二〕　「璧」字脱一畫。

---

❶ 「引」，原無，以義補。

**傷於泓**〔五·二〇〇二〕 「泓」缺筆。

**且後爲國患**〔五·二〇〇三〕 舊刻「且」誤「目」。

**胥臣臼季也**〔五·二〇〇四〕 中統、舊刻、游、正德、王、秦本「臼」誤「白」。

**且受以結秦親**〔五·二〇〇四〕 中統、游、正德本「且」上空一格。

**忘大醜乎**〔五·二〇〇四〕 舊刻「忘」誤「亡」。

**使人讓曰**〔五·二〇〇五〕 「讓」缺筆，下「使呂相讓秦」「讓子反」同，餘不缺。

**文公修政**〔五·二〇〇六〕 正德、柯本「修」作「脩」。

**内外弃之**〔五·二〇〇六〕 正德、柯、毛本「弃」作「棄」，下「是弃宋也」「而弃之若何」「使婦人持其屍出弃之」「弃君命」「弃人用狗」並同。殿本此文作「弃」，下文作「棄」。

**以爲己力乎**〔五·二〇〇六〕 游本「乎」誤「平」。

**服虔□**〔五·二〇〇六〕 「曰」字空格。

**從者憐之**〔五·二〇〇六〕 百衲、舊刻、毛本「憐」作「怜」。

**五蛇爲輔**〔五·二〇〇六〕 《索隱》及中統本「蛇」作「虵」。

**輔我以行卒以成立**〔五·二〇〇七〕 《御覽》六百三十三引作「輔我以行事，卒我以成立」。

**此受次賞**〔五·二〇〇七〕 《御覽》引「受」上有「復」字。

**晉人聞之**〔五・二〇〇七〕　毛本「之」誤「人」。

**故曰陽樊**〔五・二〇〇七〕　柯、凌本「樊」下有「也」字。

**於今在矣**〔五・二〇〇七〕　秦本「今」誤「令」。

**楚成王□諸侯圍宋**〔五・二〇〇七〕　「及」字空格。

**報宋贈馬之施**〔五・二〇〇八〕　柯、凌本「施」下有「也」字。

**王肅□**〔五・二〇〇八〕　「曰」字空格，下「始復成國之禮」「禮」字同。

**欒枝欒賓之孫**〔五・二〇〇八〕　柯、凌本「孫」下有「也」字。

**使狐偃將上軍**〔五・二〇〇八〕　凌本「偃」誤「匽」。

**河内沁水縣西北有原城**〔五・二〇〇八〕　毛本「沁」誤「泌」。

**晉□□侯盟于斂盂**〔五・二〇〇八〕❶　「侯齊」二字空格，下「晉人不許」「許」字，❷「故出其君以説晉」「説晉」二字，並同。游、正德、王、柯、南雍、秦、李、凌、程、殿本「斂」作「歛」，❸下「厚斂以彫墻」同。

**諸侯欲與楚**〔五・二〇〇八〕　各本「諸侯」作「衛侯」，此誤。

---

❶「侯」字，原無，據寶禮堂本補。

❷「許」字，當爲「不許二字」。

❸「南」字，原無，據體例補。

**服虔曰衛地也**〔五·二〇〇九〕　程本無「也」字。

**先軫曰**〔五·二〇〇八〕　百衲「先」誤「生」。

**謂子玉過三百乘**〔五·二〇一〇〕　中統本「玉」作「王」，舊刻「三」字止存一畫。

**楚玉怒**〔五·二〇〇九〕　本「王」誤「玉」。

**宛春楚大夫**〔五·二〇一〇〕　柯、凌本「楚大夫」作「楚之大夫也」。

**一謂釋宋圍**〔五·二〇一〇〕　王、秦本「一」誤「二」。

**二謂復曹衛**〔五·二〇一〇〕　柯、凌本「衛」下有「也」字。

**此宛人以怒楚**〔五·二〇〇九〕　各本「此」作「執」，「人」作「春」，此誤。

**須勝負決乃定計**〔五·二〇一〇〕　柯、凌本「計」下有「也」字。

**得臣即子玉**〔五·二〇一〇〕　柯本「玉」下有「也」字，凌本有「字也」二字。

**今滎陽卷縣也**〔五·二〇一〇〕　百衲、正德、王、柯、南雍、秦、凌、程、毛、殿本「滎」作「滎」。柯、凌本「也」上有「是」字。

**徒兵步兵也**〔五·二〇一一〕　各本下「兵」字作「卒」。

**王子虎周大夫也**〔五·二〇一一〕　柯本同，各本無「也」字。

**玈弓矢千**〔五·二〇一一〕　秦本「玈」誤「旅」。

**彤弓赤兹弓黑也**〔五·二〇一一〕　游本「彤」誤「形」。游、正德本「兹」誤「茲」。

**虎賁三百人**〔五·二〇一一〕　凌本「百」誤「千」。

**然後稽首受之**〔五·二〇一一〕　百衲「後」作「后」。

**顯用明德**〔五·二〇一二〕　柯、凌本「德」下有「也」字。

**下謂人**〔五·二〇一二〕　毛本「人」誤「地」。

**德流子孫**〔五·二〇一二〕　柯、凌本「孫」下有「也」字。

**孔安國曰**〔五·二〇一二〕　毛本「孔」誤「張」。

**則我一人長安王位**〔五·二〇一二〕❶　王、柯、南雍、秦、李、凌、程、殿本「王」作「在」。柯、凌本「位」下有「也」字。

**内外相應**〔五·二〇一二〕　百衲無此四字。

**晉侯渡河**〔五·二〇一三〕　舊刻、毛本同，各本無「侯」字。游、正德、王、柯、李、凌、程、毛、殿本「渡」作「度」。

**王狩河陽著春秋諱之也**〔五·二〇一三〕　百衲、中統、舊刻、游、正德、王、秦、毛本同，各本「著」作「者」。

**故謂之三行**〔五·二〇一三〕　柯、凌本「行」下有「也」字。

---

❶ 此條原在「孔安國曰」條上，據寶禮堂本移。

**西乞秫**〔五·二〇一五〕 各本「秫」作「秫」。

**渡河取王官**〔五·二〇一五〕 百衲、舊刻本「渡」作「度」。

**□國數有患難**〔五·二〇一六〕 空格「晉」字。

**賤也**〔五·二〇一六〕 百衲同，各本「賤」作「僻」。

**案左傳曰**〔五·二〇一七〕 各本無「案」字。殿本「案」上有「駰」字。

**此時賈他爲太帥**〔五·二〇一七〕 本「師」誤「帥」。中統本「太」作「大」。

**陽處父爲太傅**〔五·二〇一七〕 程本「太」作「大」，「傅」誤「傳」。

**先君奉此子而屬之子**〔五·二〇一七〕 游、柯本「屬」作「属」。

**吾怨子**〔五·二〇一七〕 程本「子」誤「乎」。

**怨其教導不至**〔五·二〇一七〕 柯、南雍、李、凌、程、殿本「至」下有「也」字。

**先蔑隨會亡奔秦**〔五·二〇一七〕 百衲脱「先」字。

**滎陽卷縣西北**〔五·二〇一七〕 舊刻、游、王、秦、李本「滎」作「榮」。舊刻「北」誤「比」。

**年表曰北徵也**〔五·二〇一八〕 游、正德、王、柯、秦、凌、殿本「曰」作「云」，「北」誤「比」。

**平周亂而立匡王**〔五·二〇一八〕 「匡」缺筆。

**厚斂以彫墻**〔五·二〇一八〕 毛本「彫」作「雕」。

**彫畫也**〔五・二〇一八〕　毛本「畫」作「画」。

**觀其逃九也**〔五・二〇一八〕　游、正德、王、柯、南雍、秦、李、凌、程、殿本「逃」作「避」。各本「九」作「丸」，此誤。

**膰熊掌**〔五・二〇一九〕　李本「熊」誤「態」。

**鉏麑退歎曰**〔五・二〇一八〕　柯、凌本無「退」字，凌本旁注「一本有『退』字」。

**遂觸樹而死**〔五・二〇一八〕　「樹」缺末點，注同。

**宧三年**〔五・二〇一九〕　舊刻「宧」作「官」。

**初盾甞田首山**〔五・二〇一九〕　中統、舊刻、游、正德、王、柯、南雍、秦、李、凌、程、殿本「甞」作「常」。

**餓人示眯明也**〔五・二〇一九〕　《續漢書・郡國志》注「河東郡蒲坂有雷首山」下引《史記》作「有餓人祇彌明」。

**宧官學事也**〔五・二〇二〇〕　百衲、中統、游、毛本「官」作「宧」。毛本「事」作「仕」，中統、游、正德、王、柯、秦、凌、殿本作「士」。

**先縱齧狗名敖**〔五・二〇一九〕　柯本脱「狗」字。《札記》云：「王脱『狗』字。」案王本不脱，蓋誤以柯爲王也。

**犬四尺曰敖**〔五・二〇二〇〕　中統、游、正德本「犬」誤「大」。

**盾遂奔**〔五・二〇二〇〕　舊刻脱「盾」字。

**虞翻曰**〔五・二〇二〇〕　百衲「翻」作「飜」，下同。

**故爲弑易**〔五・二〇二〇〕　《索隱》「弑」作「殺」。

**太史曰**〔五・二〇二〇〕　程本「太」作「大」。

**出疆乃免**〔五・二〇二〇〕　百衲「疆」作「壃」，《字類》二引同，云「與『疆』同」，李本誤「彊」。

**朝干武宫**〔五・二〇二一〕　本「干」誤「干」。

**附晉而棄楚**〔五・二〇二一〕　王、秦、南雍、李、凌、程本「棄」作「弃」。

**成公與楚莊王爭彊**〔五・二〇二一〕　舊刻、南雍、程本「彊」誤「疆」。下「見彊辟之」，舊刻亦誤「疆」。

**卒度河**〔五・二〇二二〕　凌本「度」作「渡」。

**乃使解揚紿爲救宋**〔五・二〇二二〕　百衲、中統、舊刻、游、正德、柯、凌、毛本「揚」作「楊」，注及下同。游、正德本「紿」誤「給」。

**卒致晉君言**〔五・二〇二二〕　百衲、舊刻、毛本同，各本「致」作「至」，《志疑》云：「案『至』當作『致』。」

**晉乃使郤克欒書韓厥**〔五・二〇二三〕　游、正德本「晉」字空格。

**與頃公戰于鞌**〔五・二〇二三〕　南雍、李、程本此下有注云「地名」二字，此後人旁記，三家注均無之，殿本以爲《索隱》文，案《索隱》亦無此文。

**騶案公羊傳曰**〔五・二〇二四〕　殿本同，各本無「騶案」二字，下「騶案《左傳》曰」同。

**梁山河上山**〔五・二〇二四〕　舊刻脱下「山」字，秦本「河」誤「何」。

**在馮翊夏陽縣北也**〔五・二〇二四〕　毛本脱「縣」字。

**年表曰**〔五・二〇二四〕　百衲、舊刻、毛本同，各本「曰」作「云」。

**怨巫臣**〔五・二〇二四〕　舊刻「怨」作「怒」。

**誅趙同趙括**〔五・二〇二四〕　舊刻「括」誤「栝」。

**敗秦于麻隧**〔五・二〇二五〕　程本「隧」誤「隊」。

**三郤讒伯宗**〔五・二〇二五〕　舊刻「三」誤「二」。

**三郤郤錡郤犨郤至**〔五・二〇二五〕　柯、李、凌本「至」下有「也」字。

**拊循欲復戰**〔五・二〇二五〕　舊刻「拊」作「附」，王、秦本誤「柎」。

**其侍者竪陽穀進酒**〔五・二〇二五〕　「竪」避宋英宗嫌名缺筆，百衲、中統、舊刻、游本作「竪」，正德、王、柯、南雍、秦、李、凌、程、毛、殿本作「豎」。

**楚有六間**〔五・二〇二六〕　程本「六」誤「三」。

**會與國不具**〔五・二〇二六〕　毛本「具」作「俱」。

**欒書曰**〔五・二〇二六〕　程本「欒書」二字誤作小字，又重此二字，脱「曰」字。

**人謂書偃**〔五・二〇二七〕　柯、李、凌本「偃」下有「也」字。

**一作糾**〔五・二〇二七〕　凌本「一」上有「上周」二字。

**葬之於翼東門之外**〔五·二〇二七〕　柯、凌本「外」下有「也」字。

**刑鷄與大夫盟而立之**〔五·二〇二七〕　百衲、舊刻、中統、游、正德本同，各本「鷄」作「雞」。

**大父父皆不得立**〔五·二〇二七〕　程本「大」誤「太」，下「今大夫不忘文襄之意」「賴宗廟大夫之靈」「大夫其亦佐寡人」「大敗秦軍」「哀公大父雍」並誤「太」。

**大夫其亦佐寡人**〔五·二〇二七〕　毛本「佐」作「助」。

**脩舊功**〔五·二〇二七〕　凌、毛、殿本「脩」作「修」。

**悼公問群臣可用者**〔五·二〇二八〕　毛本「可」誤「何」。

**舉其子祁午**〔五·二〇二八〕　毛本「午」誤「牛」。

**外舉不隱仇**〔五·二〇二八〕　毛本「隱」作「避」。

**悼公弟楊干亂行**〔五·二〇二八〕　中統、舊刻、程本「干」誤「于」。

**行陳也**〔五·二〇二八〕　柯、凌本「陳」作「陣」。

**二會城棣救陳**〔五·二〇二八〕　游、正德本「陳」作「成」。

**六會于祖**〔五·二〇二八〕　中統、舊刻、毛本同。百衲、游本「祖」作「柤」，當從之。正德、王、柯、南雍、秦、李、凌、程、殿本並誤「相」。

**秦取櫟**〔五·二〇二八〕　各本「櫟」上有「我」字，此脱。

**絳不戒**〔五·二〇二九〕　中統、游、正德本脱「絳」字。

**駟案左傳逞作盈**〔五·二〇二九〕　舊刻、殿本同，各本無「駟案」二字。

**報太行之役也**〔五·二〇二九〕　舊刻「太」作「大」。

**六卿彊**〔五·二〇三〇〕　《索隱》及毛本「彊」作「强」。

**吴公先歃**〔五·二〇三一〕　凌本「歃」下衍「血」字。

**三十一年**〔五·二〇三一〕　凌本脱「三」字。

**或云二十年**〔五·二〇三一〕　柯、凌本「年」下有「也」字。

**知伯與趙韓魏**〔五·二〇三一〕　舊刻、毛本「知」作「智」，下並作「知」。

**出公奔齊**〔五·二〇三一〕　王、秦本「齊」誤「哀」。

**注云戴子**〔五·二〇三二〕　游、正德、王、柯本「子」誤「予」。

**最彊**〔五·二〇三二〕　游本「彊」誤「疆」。

**共殺知伯**〔五·二〇三二〕　《索隱》「知」作「智」。

**盡并其地**〔五·二〇三二〕　《索隱》無「盡」字。

**魏文侯立**〔五·二〇三二〕　《索隱》及各本「立」上有「初」字，此脱。

**周烈王賜趙韓魏**〔五·二〇三三〕　百衲同，各本「烈」上有「威」字。

**魏武侯韓哀侯趙敬侯**〔五・二〇三三〕　毛本「敬」下空一格。

**至厲大刻**〔五・二〇三三〕　正德、程、殿本「大」作「太」。

# 卷四〇　楚世家第十

**出自帝顓頊高陽**〔五·二〇三九〕　「頊」缺筆。

**坼剖而產焉**〔五·二〇三九〕　《雜志》云：「『剖』本作『副』，《説文》：『副，判也，籀文作副。』《太平御覽·人事部》引《史記》作『坼副而生』，是其明證矣。」

**干寶曰**〔五·二〇四〇〕　游、正德、王、柯、南雍、秦、李、凌、程本「干」作「于」。

**作占史考**〔五·二〇四〇〕　本「古」誤「占」，舊刻同。

**然案六子之世**〔五·二〇四〇〕　中統、游、正德、柯、李、凌本「案」作「按」。

**脩己背坼而生禹**〔五·二〇四〇〕　王、柯、南雍、秦、李、殿本「修」作「脩」。

**斯蓋近事之信也**〔五·二〇四〇〕　中統、舊刻、游、正德、王、柯、南雍、秦、程本「蓋」作「盖」，俗。

**其長一曰昆吾**〔五·二〇四〇〕　《索隱》出「長曰昆吾」四字，《志疑》云：「《索隱》本作『長曰』，《左》昭十二疏引作『一曰』，蓋所見本有此異文，後人妄合寫之。」

**世本曰**〔五·二〇四〇〕　殿本上有「駰案」二字，下兩引《世本》，又引《九州記》《皇覽》《史記音隱》，又三引《地理志》，又「隱謂隱藏其意」，又三引《左傳》，又「潘尪楚大夫」云云，又引《穀梁傳》，又「昭二十七年」云云，又《春秋》云云，又引李熊説並同。

**芊姓**〔五・二〇四〇〕 《索隱》「芊」作「羋」，當從之，下並同。

**殷之末世**〔五・二〇四〇〕 秦本「末」誤「永」。

**孫撿曰**〔五・二〇四二〕 中統本同，各本「撿」作「檢」。

**一作祖**〔五・二〇四二〕 秦本「祖」誤「袓」。

**齊太公子吕伋**〔五・二〇四二〕 王、秦本「伋」誤「仍」。

**熊澤生熊艾**〔五・二〇四二〕 百衲同，各本「艾」作「艾」，下同。

**王室**徽〔五・二〇四三〕 各本「徽」作「微」。

**乃興兵伐庸楊粤**〔五・二〇四三〕 毛本「楊」作「揚」。

**建寧郡南有卜夷**〔五・二〇四五〕 中統本「卜」誤「十」，南雍、李、程、殿本作「濮」。

**鄭桓公初封於鄭**〔五・二〇四四〕 「桓」缺筆，下同，惟「齊桓有召陵之師」「用桓公」不缺。

**周幽王爲犬戎所弑**〔五・二〇四五〕 柯本「犬」誤「大」。

**子熊眴立**〔五・二〇四五〕 《志疑》云：「宣十二年《左傳》疏引此作『煦』，疑是譌刻。」

**蚡冒弟熊通**〔五・二〇四五〕 《志疑》云：「武王之名，各本《史記》皆作『熊通』，而杜《世族譜》、《左》文十六、宣十二、昭廿二疏及釋文引《世家》並是『熊達』，蓋今本誤。《困學紀聞》十一引《史》作『達』，宋本尚不誤。」

**我蠻夷也**〔五·二〇四六〕　舊刻「蠻」誤「変」，案上「熊渠我蠻夷也」不誤。

**還報楚**〔五·二〇四六〕　游本「楚」字空格，王、秦、殿本無「楚」字，《考證》云：「監本作『還報楚』，宋本無『楚』字，今依宋本删。」

**楚武王冢在汝南郡鮦陽縣葛陵城東北**〔五·二〇四六〕　正德、王、柯本「鮦」誤「鮰」。殿本「陵」作「陂」。

**得銅鼎而名曰楚武王**〔五·二〇四六〕　柯、凌本「名」作「銘」。

**輒積壞墳壓**〔五·二〇四六〕　本「墳」誤「墳」。舊刻、游、正德、王、柯、南雍、秦、李、凌、程、毛、殿本「積」作「穨」。中統、游、正德本「壓」作「厭」。

**文王二年**〔五·二〇四七〕　中統、游、正德本「二」誤「三」。

**楚彊陵江漢閒小國**〔五·二〇四七〕　舊刻「彊」誤「疆」。

**駰案史記音隱云**〔五·二〇四七〕　殿本同，各本無「駰案」二字，下「駰案《地理志》曰」云云，「駰案姬當作妹」，「駰案隱謂隱藏其意」，「駰案《左傳》曰子越椒」，「駰案子良鄭伯弟」云云，「駰案荀卿曰」云云，「駰案《左傳》曰右尹子革」，「駰案昭三十一年云」，「駰案《春秋》云十一月庚辰」，「駰案李熊説」云云，「駰案《地理志》」云云，「駰案商於之地」云云，並同。舊刻「音隱」誤「索隱」。凌本無「史記」二字，「云」作「曰」。

**鷏古鶈字**〔五·二〇四七〕　殿本無「鷏」字。

**是爲杜敖**〔五·二〇四七〕　《札記》云：「案《年表》索隱引《系家》作『莊敖』，此注音側狀反，是小司馬所見本作『莊』，而讀如壯。今各本作『杜』，單本出正文亦作『杜』，蓋皆後人所改。」

**奔隨**〔五・二〇四七〕　各本「奔」上有「惲」字，此脱。

**至陘水**〔五・二〇四八〕　中統、游、正德本「陘」誤「涇」。

**潁川許昌縣**〔五・二〇四八〕　百衲、舊刻、王、柯、秦、李、凌、程、毛、殿本「潁」作「穎」，是，此與各本誤「潁」，下同。

**年表及他本皆作英**〔五・二〇四八〕　柯、凌本「他」作「它」。

**襄公遂病創死**〔五・二〇四九〕　柯、凌、程本「創」誤「瘡」。

**晉公子重耳過**〔五・二〇四九〕　凌本「過」下有「楚」字。

**楚楚申侯將兵伐齊**〔五・二〇四九〕　各本不重「楚」字，此誤衍。

**𨸏歸鄉是也**〔五・二〇四九〕　各本「𨸏」作「稀」，舊刻、正德、秦本誤「稀」。

**初成王將以商臣爲太子**〔五・二〇四九〕　舊刻、柯本同，各本「商」作「商」，下同。

**言尚少**〔五・二〇五〇〕　柯、李、凌本「少」下有「也」字。

**不可立也**〔五・二〇四九〕　中統、舊刻、游、正德、王、柯、秦本「也」作「之」。

**駰案姬當作妹**〔五・二〇五〇〕　本「妹」誤「姝」。正德本「駰案」誤作「徐廣曰」。

**宜乎王之欲殺若而立職也**〔五・二〇五〇〕　舊刻「若」誤「君」。

**成請食熊蹯而死**〔五・二〇五〇〕　各本「成」下有「王」字，此脱。

**冀久將有外救之也**〔五·二〇五〇〕 舊刻「之」作「至」。殿本「之」下有「援」字。

**江國在汝南陽安**〔五·二〇五一〕 各本「陽安」作「安陽」，下有「縣」字。

**以其太子宫予潘崇**〔五·二〇五〇〕 柯、凌本「予」作「與」。

**掌國事**〔五·二〇五〇〕 舊刻「掌」誤「堂」。

**子莊王侶立**〔五·二〇五一〕 《字類》三《補遺》「侶」下引此文云：「案《春秋左氏傳》楚莊王名旅，此『侶』字假借，或書作『侶』，誤。」瞿氏《藏書目録》云「各注家皆未之及」。

**坐鍾鼓之間**〔五·二〇五一〕 柯、凌本「鍾」作「鐘」。

**駰案隱謂隱藏其意**〔五·二〇五一〕 正德本「駰案」誤作「徐廣曰」。

**蜚將冲天**〔五·二〇五一〕 毛本「將」作「則」，下「鳴將驚人」同。

**所任伍舉云云**〔五·二〇五一〕 各本「所」下有「進者數百人」五字，此脱。

**觀兵陳兵示周也**〔五·二〇五二〕 毛本「示」誤「于」。

**以郊勞禮迎之也**〔五·二〇五二〕 王、柯、秦本「禮」作「礼」，下同。

**示欲偪周取天下**〔五·二〇五二〕 游、正德、王、柯、南雍、秦、李、凌、程、殿本「偪」作「逼」。

**楚國折鉤之喙**〔五·二〇五一〕 程本「折」誤「拆」。

**鳴呼**〔五·二〇五一〕 本「鳴」誤「鳴」。

**載祀六百**〔五・二〇五二〕　百衲「載」誤「戴」。

**縣西有郟鄏陌**〔五・二〇五三〕　舊刻同，各本「縣」上有「河南」二字。

**騶案左傳曰**〔五・二〇五三〕　舊刻及殿本同，各本無「騶案」二字，舊刻下「騶案子良鄭伯弟」云云，「騶案《春秋》」云云，並同。

**子越椒**〔五・二〇五三〕　毛本脱「椒」字。

**弑其君**〔五・二〇五三〕　各本「弑」上有「徵舒」二字，此脱。

**莊王乃復國陳後**〔五・二〇五三〕　南雍、李、凌、程、殿本「國陳」二字倒，《札記》云：「王、柯、凌『國陳』倒。」案王、柯本不倒。

**若君不忘厲宣相武**〔五・二〇五三〕　本「桓」誤「相」。

**非所敢望也**〔五・二〇五三〕　中統、游、正德本「所敢」二字倒。

**騶案子良鄭伯弟潘尫楚大夫**〔五・二〇五四〕　正德本「騶案」誤作「《索隱》曰」。舊刻「大夫」下有「也」字。各本作「潘尫楚大夫子良鄭伯弟」。

**從者豎陽穀**〔五・二〇五五〕　百衲「豎」作「竪」。

**子晳**〔五・二〇五五〕　百衲「晳」作「晢」，中統、舊刻、游、正德、程、毛本作「晳」。

**棄疾**〔五・二〇五五〕　凌本「棄」作「弃」，下並同。

**謂之郟敖**〔五・二〇五五〕　柯、凌本「敖」下有「也」字。

**伍舉更赴辭**〔五・二〇五五〕　中統本「伍」誤「任」。

**重從禮告終稱嗣**〔五・二〇五五〕　南雍、李、程、毛、殿本「重」作「使」。

**不以篡弑赴諸侯**〔五・二〇五五〕　王、秦本「篡」誤「纂」。

**河南陽翟縣南當鈞臺陂**〔五・二〇五六〕　中統本「南」作「啓」。各本「當」作「有」。中統、游、正德本「陂」誤「坡」。

**商湯有景亳之命**〔五・二〇五五〕　本「亳」誤「毫」。

**成王有岐陽之蒐**〔五・二〇五五〕　舊刻「王」誤「玉」。王、秦本「岐」作「歧」，注同。

**岐山之陽**〔五・二〇五六〕　秦本「陽」下衍「日」字。

**康王有豐宫之朝**〔五・二〇五五〕　舊刻「豐」誤「豊」，注同。

**齊桓有召陵之師**〔五・二〇五五〕　舊刻「桓」下有「公」字。

**用會召陵之禮也**〔五・二〇五六〕　中統本「用」誤「門」，游、正德本誤「周」。

**楚以諸侯伐吴**〔五・二〇五六〕　中統本「吴」誤「侯」。

**弑其君兄之子員而代之立**〔五・二〇五六〕　《札記》云：「君兄之子，中統、游本無『之』字。」案中統、游本有「之」字，此誤引。

**南郡華容縣**〔五・二〇五七〕　凌本「郡」誤「近」。

**有臺在城内**〔五·二〇五七〕　舊刻無「内」字。

**其封皆受寶器**〔五·二〇五七〕　中統、游、正德本「受」作「及」。

**其予我乎**〔五·二〇五七〕　舊刻「予」誤「子」。

**析父對曰**〔五·二〇五七〕　正德、秦本「析」誤「祈」，注同。

**故曰舊許是宅**〔五·二〇五八〕　柯、凌本「宅」下有「也」字。

**三國楚別都也**〔五·二〇五八〕　毛本「三」作「二」。

**襄城有西不羹也**〔五·二〇五八〕　各本無「也」字。

**析父喜言古事焉**〔五·二〇五七〕　各本「喜」作「善」。

**聽國人欲爲誰**〔五·二〇六〇〕　中統、游、正德本「欲」作「以」。

**將欲入鄢**〔五·二〇五九〕　毛本作「將入于鄢」。

**靈王於是獨傍偟山中**〔五·二〇六〇〕　正德本「傍偟」作「彷徨」，《字類》二引作「仿偟」。

**王乃遇其故鋗人**〔五·二〇六〇〕　各本「乃」作「行」。

**今之中涓**〔五·二〇六〇〕　百衲、中統、舊刻、游、正德、南雍、李、程、毛、殿本同，各本「涓」作「鋗」。柯、凌本下有「也」字。

**鋗人曰**〔五·二〇六〇〕　《札記》云：「中統、游本『鋗』作『涓』，下同。」案中統、游本作「鋗」，不作「涓」，疑因《集解》作「涓」而誤。

**鋗人又以土自代**〔五・二〇六〇〕　正德本「土」誤「工」。

**遂飢不能起**〔五・二〇六〇〕　程本「飢」作「饑」，下「遇王飢於釐澤」同。

**芊尹申無宇之子申亥曰**〔五・二〇六〇〕　舊刻「芊」作「芋」，是。

**断王旌**〔五・二〇六〇〕　中統、游本「斷」作「断」，與此本同，俗省字。游、正德本「旌」誤「於」。

**修政教**〔五・二〇六一〕　柯、殿本「修」作「脩」。

**亦尹午**〔五・二〇六一〕　各本「亦」作「囂」，此誤。

**卜師大夫官**〔五・二〇六一〕　中統本「大」誤「夫」。

**而陰與巴姬**〔五・二〇六一〕　凌本「巴」誤「巳」。

**兩足各跨璧一邊**〔五・二〇六二〕　中統、毛本「璧」誤「壁」。

**召五子**〔五・二〇六一〕　百衲、中統、舊刻、游、正德、王、南雍、秦、李、程、毛、殿本同，柯、凌本「子」上有「公」字。

**抱而入再拜**〔五・二〇六二〕　百衲作「抱其上而拜」。

**壓紐**〔五・二〇六二〕　正德本「紐」誤「細」。

**謂國人共惡靈下者**〔五・二〇六三〕　本「王」誤「下」。

**當史誰共同如惡**〔五・二〇六三〕　本「與」誤「史」。本「好」誤「如」。

**寵須賢人而固**〔五・二〇六三〕　正德本「賢」誤「質」，「固」誤「同」。

**當須内王爲應**〔五・二〇六三〕　本「主」誤「王」。程本「須」誤「預」。

**晉楚之士**〔五・二〇六三〕　正德本「士」誤「亡」。

**言靈士尚在石安動取國**〔五・二〇六三〕❶　本「王」誤「士」。本「而」誤「石」。

**故謂無謀**〔五・二〇六三〕❷　正德本「謀」下有「矣」字，柯、凌本有「也」字。

**是無民**〔五・二〇六四〕❸　柯、凌本「民」下有「也」字。

**楚人無愛念者**〔五・二〇六四〕　中統、游、正德本「愛」作「一」。

**靈王暴建**〔五・二〇六四〕　本「虐」誤「建」。

**無所畏忌**〔五・二〇六四〕　中統、游本「無」作「无」，毛本脱「無」字。

**將自亡**〔五・二〇六四〕　正德本「亡」誤「立」。

**私欲不違**〔五・二〇六二〕　毛本「違」誤「逞」。

---

❶ 此條上有管氏批語「照次序互易」及序號「一」，與下條原在「是無民」條下，今一併移至其上。

❷ 此條上有管氏所書序號「二」。

❸ 此條上有管氏所書序號「三」。

**則右君也**〔五・二〇六二〕　本「尹」誤「君」。

**自莒先入**〔五・二〇六四〕　王、柯、秦本「先」誤「北」。

**言其疾**〔五・二〇六四〕　柯、凌本「疾」下有「也」字。

**服虔曰城父楚北境邑杜預曰襄城城父縣**〔五・二〇六五〕　「境」缺筆。王、柯、秦、殿本脱此注十七字。

**乃令司馬奮揚**〔五・二〇六五〕　王、秦本「乃」誤「功」。舊刻「揚」作「楊」。

**盍以免其父召之**〔五・二〇六六〕　王、柯、秦本「盍」誤「蓋」。

**度能任事智也**〔五・二〇六六〕　柯、凌本「智」作「知」。

**使者還走**〔五・二〇六六〕　王、秦本「還」誤「遂」。

**初吴之邊邑卑梁**〔五・二〇六六〕　《雜志》云：「《太平御覽・州郡部》引此『卑梁』下有『女』字，是也。《吴世家》曰『楚邊邑卑梁氏之處女與吴邊邑之女争桑』，《伍子胥傳》『六月，兩女子争桑』，《吕氏春秋・察微篇》亦曰『楚邊邑卑梁處女』。」

**與楚邊邑鍾離**〔五・二〇六六〕　舊刻「鍾」作「鐘」，下同，柯、凌本下「鍾」字亦作「鐘」。

**亦發兵**〔五・二〇六六〕　毛本「亦」作「乃」。

**楚乃恐而城郢**〔五・二〇六六〕❶　李本「城郢」二字倒。

---

❶ 此條原在「亦發兵」條上，據嘉業堂本移。

**殺伍奢子父與郤宛**〔五・二〇六七〕　游、正德、王、柯、秦、李、殿本「父」誤「尚」。

**宛之宗姓伯氏子嚭**〔五・二〇六七〕　百衲同，各本「嚭」作「嚭」，毛本下「伯嚭」亦作「嚭」。

**駰案昭三十一年**〔五・二〇六七〕　百衲、中統、游、正德、王、柯、南雍、秦、李、凌、程本「三十一年」作「三十年」，舊刻、毛本誤作「昭王十年」，殿本作「昭二十七年」。

**楚封之以扞吴**〔五・二〇六七〕　各本「扞」作「扞」，此誤。

**楚兵走**〔五・二〇六八〕　王、柯、南雍、秦、李、凌、程、殿本「走」作「奔」。

**乎王殺吾父**〔五・二〇六八〕　本「平」誤「乎」。

**使申鮑胥請救於秦**〔五・二〇六九〕　百衲、舊刻、正德本同，各本「鮑」作「包」，《札記》云：「宋本、舊刻並作『鮑』，與《集韵》引合。」

**地理志曰**〔五・二〇七〇〕　王、南雍、秦、李、程本「曰」上衍「云」字，殿本無「曰」字。

**汝陰縣西北胡城**〔五・二〇七〇〕　舊刻、南雍本同，各本「陰」作「南」。毛本「北」誤「比」。

**惟楚見之**〔五・二〇七〇〕　柯、凌本「之」下有「也」字。

**卜而河爲祟**〔五・二〇七〇〕　李本「卜」誤「十」。

**服虔曰**〔五・二〇七一〕　李本「虔」誤「惠」。

**謂所受王命**〔五・二〇七〇〕　程本「王」誤「三」。

今乃得以夭壽終〔五・二〇七〇〕　本「夭」誤「天」。

伍子胥傳曰〔五・二〇七一〕　舊刻「伍」作「五」。

乃遂與勇力死士石乞等〔五・二〇七一〕　中統、舊刻、游、正德本「與」作「以」。

楚别府〔五・二〇七二〕　柯、凌本「府」下有「也」字，程本「府」誤「將」。

歸榆関于鄭也〔五・二〇七三〕　各本「関」作「關」，無「也」字。

周天子賀秦獻公〔五・二〇七四〕　游、正德、王、柯、南雍、秦、李、凌、程本「公」誤「王」。

齊説越今攻楚〔五・二〇七四〕　本「令」誤「今」。

秦始復强〔五・二〇七四〕　中統、游、正德、王、柯、南雍、秦、李、凌、程、殿本「强」作「彊」。

魏惠王齊威王尤彊〔五・二〇七四〕　毛本「彊」作「强」。

故云齊欺楚〔五・二〇七四〕　柯、凌本「楚」下有「也」字。

復摶其士卒〔五・二〇七四〕　百衲、舊刻本同，《索隱》及各本「摶」誤「搏」。

請今罷之〔五・二〇七五〕　本「令」誤「今」。

冠之上不可以加矣〔五・二〇七五〕　舊刻脱「上」字。

攻齊勝之〔五・二〇七五〕　王、秦本脱「齊」字。

南鄉丹水二縣〔五・二〇七七〕　中統本「丹」作「𠂁」，不成字。

**與楚齊魏相會**〔五・二〇七六〕　舊刻「魏」誤「衛」。

**盟齧桑**〔五・二〇七六〕　柯本脱「盟」字。

**蘇秦約縱山東六國共攻秦**〔五・二〇七六〕　王、秦、程本「共」誤「兵」。

**西受地封**〔五・二七七七〕　各本「地封」作「封地」，此誤倒。

**詳醉**〔五・二七七七〕　正德本「詳」作「佯」。

**即以歸報懷王**〔五・二七七七〕　游、正德、王、柯、秦、凌本「歸」作「命」，凌本旁注「一本『命』下有『歸』字」。

**臣善其左右靳尚**〔五・二七七八〕　中統本「臣」誤「巨」。

**楚不宜敢取儀**〔五・二七七八〕　柯本「儀」誤「秦」。

**夫樗里疾善乎韓**〔五・二七七九〕　程本「乎」作「夫」。

**則楚之彊百萬也**〔五・二七七九〕　王、柯、南雍、秦、李、凌、程、殿本「强」作「彊」。

**願大王孰計之**〔五・二七七九〕　正德、毛本「孰」作「熟」。

**而後足以刷恥於諸侯**〔五・二七八〇〕　百衲、毛本「後」作「后」。

**二十年**〔五・二〇八一〕　《索隱》作「二十六年」，《雜志》云：「據此則正文本作『二十六年』，而小司馬以爲當作『二十年』，今本依小司馬改爲『二十年』，則與注内所云『二十六年』之語不合。」

**乃使太子爲質於齊以求平**〔五・二〇八一〕　本「平」誤「乎」。

**今聞君王乃今太子質於齊以求平**〔五・二〇八一〕　本「令」誤「今」，下「則無以今諸侯」同。

**面相約**〔五・二〇八一〕　毛本「面」誤「而」。

**昭王詐令一將軍**〔五・二〇八一〕　中統、游、正德本「昭」上有「秦」字。

**子我下東國**〔五・二〇八二〕　本「予」誤「子」。

**然則東國必可得矣**〔五・二〇八二〕　百衲無「必」字。

**乃告于秦曰**〔五・二〇八二〕　王、柯、秦、凌本「秦」誤「齊」。

**其子惠王初立**〔五・二〇八二〕　秦本「立」誤「宜」。

**取析十五城而去**〔五・二〇八二〕　《水經注》二十《丹水》注引作「取淅十五城」。

**遂與秦使復之秦**〔五・二〇八三〕　王、柯、秦本「與」誤「使」。

**秦使白起伐韓於伊闕**〔五・二〇八三〕　王、柯、秦、凌本「闕」誤「關」。

**共代齊取淮北**〔五・二〇八三〕　本「伐」誤「代」。

**鄒費郯邳者**〔五・二〇八四〕　索隱「鄒」作「騶」，下「塞鄒魯之心」同。

**其樂非特朝夕之樂也**〔五・二〇八四〕　《索隱》「夕」作「昔」。

**還射圉之東**〔五・二〇八四〕　百衲「圉」作「國」。

**以石傅弋繳曰碆**〔五・二〇八六〕　舊刻、正德本「傅」誤「傳」。毛本「弋」誤「戈」。

**還音宧**〔五・二〇八六〕 中統、正德本「宧」誤「官」，游本誤「宫」。

**有長安東至海**〔五・二〇八六〕 中統「有」誤「百」。❶ 各本「安」作「城」，「海」下有「也」字。

**一作屬**〔五・二〇八七〕 毛本「作」作「音」。

**擊趙顧病**〔五・二〇八四〕 《索隱》「顧」上有「而」字。舊刻「顧」誤「䪼」。

**或以爲冥**〔五・二〇八七〕 舊刻「冥」誤「宜」。

**可得而一也**〔五・二〇八四〕 百衲脱「一」字。

**負海内而處**〔五・二〇八四〕 柯本脱「而處」二字。

**奮翼鼓䟴**〔五・二〇八四〕 舊刻「鼓」作「皷」。

**定王之魯孫**〔五・二〇八八〕 本「曾」誤「魯」。舊刻「定」上有「公」字，凌本有「武公」二字。

**殺共主**〔五・二〇八八〕 《索隱》「殺」作「煞」。

**臣世君**〔五・二〇八八〕 毛本「世」誤「其」。

**小國不附**〔五・二〇八八〕 中統、游本「附」作「輔」。

**不附不可以致名實**〔五・二〇八八〕 各本無「不附」二字。

---

❶ 「有」，原作「游」，國圖藏中統本「有」誤「百」，游本不誤，此涉音近而訛，據改。

名爲天下共主〔五・二〇八八〕　舊刻「主」誤「王」。

喜攻之臣〔五・二〇八八〕　毛本「攻」誤「政」。

而忘弑君之亂〔五・二〇八八〕　毛本「忘」誤「亡」。

必萬之於虎〔五・二〇八八〕　《索隱》出「必萬於虎矣」五字，《雜志》云「於義爲長」。

詘楚之名〔五・二〇八八〕　柯本「楚」誤「子」。

二十七年〔五・二〇九〇〕　中統本「七」誤「一」。

徙於距陽〔五・二〇九一〕　王、秦、殿本同，各本「距」作「鉅」。

子幽王悍立〔五・二〇九一〕　中統、游、正德本「悍」誤「悼」。

李園殺春申〔五・二〇九一〕　各本「申」下有「君」字，此脱。

大破楚軍〔五・二〇九一〕　毛本「大」誤「太」。

亡十餘城〔五・二〇九一〕　中統、舊刻、游、正德本「亡」誤「二」。

滅去楚名〔五・二〇九一〕　南雍本「去」誤「云」。

以楚地爲秦郡〔五・二〇九一〕　王、柯、秦、凌、殿本「秦郡」作「三郡」。

太史公曰〔五・二〇九二〕　各本提行。

## 卷四一　越王句踐世家第十一

**與吳王闔閭戰而相怨伐**〔五·二〇九九〕　《文選·鵩鳥賦》注引無「伐」字。❶

**太湖中椒山是也**〔五·二一〇〇〕　舊刻「太」作「大」。

**大道盈而不溢**〔五·二一〇一〕　本「天」誤「大」。

**虞翻曰**〔五·二一〇一〕　百衲同，各本「飜」作「翻」。

**時不至不可彊生事不究不可强成**〔五·二一〇一〕　舊刻二「彊」字作「强」。

**謂委管籥**〔五·二一〇一〕　中統、游、正德「籥」作「龠」。

**悉五十人觸戰**〔五·二一〇一〕　各本「十」作「千」。王、柯、秦、凌本脱「悉」字。

**重耳犇翟**〔五·二一〇二〕　中統、游、正德、程本「犇」作「奔」，正德、程本下「小白犇莒」亦作「奔」。

**由是觀之**〔五·二一〇二〕　凌本「是」作「此」。

---

❶「鵩」，原作「鵬」，據《四部叢刊初編》影宋刻本《六臣注文選》改。

**徐廣曰弔一作葬**〔五·二一〇三〕　南雍、李、程本脱「徐廣曰」三字。

**與大夫柘稽行成**〔五·二一〇三〕　舊刻「柘」作「拓」。

**鎮撫國家**〔五·二一〇三〕　《索隱》「鎮」作「填」。

**拊循其士民士民欲用以報吴**〔五·二一〇三〕　百衲「循」作「偱」。百衲、中統、舊刻、游、正德、柯、南雍、秦、李、凌、程、毛、殿本並重「士民」二字，王本下「士民」二字空格。《札記》云：「凌本下重『士民』二字，衍。」

**大夫逢同諫曰**〔五·二一〇三〕　《百衲》同，《索隱》及各本「逢」作「逄」。

**今乃復殷給**〔五·二一〇三〕　「殷」缺筆。舊刻「乃」作「方」。

**越乘其弊**〔五·二一〇三〕　舊刻「弊」作「敝」。

**員彊諫**〔五·二一〇四〕　各本「彊」作「彊」，此誤。

**欲反**〔五·二一〇四〕　殿本「欲」作「役」。

**若初欲分吴國半予我**〔五·二一〇四〕　中統本「予」誤「子」。❶

**於是吴任嚭政**〔五·二一〇四〕　各本「嚭」作「嚭」，此本前後亦皆作「嚭」。

**吴王北會諸侯於黄池**〔五·二一〇五〕　舊刻「黄」誤「潢」。

---

❶「誤」，原作「我」，疑涉出文「予我」而誤，國圖藏中統本「予」誤「子」，據改。

**乃發習流二千**〔五·二一〇五〕 《索隱》「千」下有「人」字，各本脱。

**齊所謂士也**〔五·二一〇五〕 游本「齊」誤「齋」。

**王方會諸侯於黄池**〔五·二一〇五〕 中統、游、正德、王、柯、南雍、秦、李、凌、程、殿本「於」作「于」。

**以請成越**〔五·二一〇五〕 《文選·答蘇武書》注引作「請成於越」。

**一旦而弃之可乎**〔五·二一〇六〕 舊刻、游、正德、李、毛本「弃」作「棄」，下「虚弃莊生」「故重弃財」「固爲其能弃財故也」並同，殿本「虚弃莊生」亦作「棄」。

**執事蠡自謂也**〔五·二一〇六〕 游本「自」誤「目」。

**不者且得罪**〔五·二一〇六〕 《索隱》無「者」字。

**甬東會稽句章縣東**〔五·二一〇六〕 中統本「稽」誤「藉」。

**海中洲也**〔五·二一〇六〕 中統、舊刻、游、王、柯、南雍、秦、李、凌、程本「洲」作「州」。

**楚世家曰**〔五·二一〇七〕 殿本上有「駰案」二字，下「或曰王且赦」云云同。

**廣地至泗上**〔五·二一〇七〕 游、正德本「地」誤「也」。

**歸吴所侵宋地於宋**〔五·二一〇七〕 毛本「於」作「與」。

**長頸鳥喙**〔五·二一〇七〕 正德、毛本「鳥」作「烏」。

**子王無彊立**〔五·二一〇八〕 《索隱》「彊」作「疆」，下「殺王無彊」同。

**魏亦覆其軍**〔五・二一〇八〕　程本「軍」誤「君」。

**商於析酈宋胡之地**〔五・二一〇九〕　《索隱》「析」作「柝」，「宋」作「宗」。游本「商」作「啇」，下同。

**蓋謂江夏之夏**〔五・二一一一〕　中統、舊刻、游、正德、程本「蓋」作「盖」，下「蓋有禹之遺烈焉」同。

**吾不貴其用智之如目見毫毛而不見其睫也**〔五・二一〇九〕　王、柯、南雍、秦、李、凌、程、毛、殿本「毫」作「豪」，《御覽》三百六十六引作「吾不貴其用智，如目之見毫毛，而不自見睫也」。

**今王知晉之失計**〔五・二一〇九〕　舊刻「今」誤「令」。

**而不自知越之過**❶〔五・二一〇九〕　《御覽》引無「而」字、「自」字。

**非其馬汗之力也**〔五・二一〇九〕　毛本「其」作「有」，《札記》引宋本同，舊刻、游、正德、柯、李、凌、程本「馬汗」作「汗馬」。

**竟澤陵楚之材也**〔五・二一〇九〕　「竟」缺筆，餘不缺。

**圖王不王**〔五・二一〇九〕　中統本上「王」字誤「工」。

**太史公素王妙論曰**〔五・二一一三〕　舊刻、游、正德、柯、南雍、李、凌、程、殿本「公」下有「曰」字。游本「素」誤「索」，王、秦本無「素」字，有「曰」字。

**列仙傳云**〔五・二一一三〕　程本「仙」作「僊」。

---

❶「自」，原脱，據嘉業堂本補。

**蠡徐人**〔五·二一一三〕　正德本作「范蠡，徐人也」。

**既苦身戮力**〔五·二一一三〕　百衲「戮」作「勠」。

**可與同患**〔五·二一一三〕　毛本「患」下有「難」字，《札記》引宋本同。

**於是句踐表會稽山以爲范蠡奉邑**〔五·二一一三〕　《索隱》出「表會稽山以奉邑」七字。

**苦身戮力**〔五·二一一四〕　《御覽》四百七十一引「戮」作「務」。

**父子治産**〔五·二一一四〕　《御覽》引「産」作「生」。

**致産數千萬**〔五·二一一四〕　百衲「千」作「十」，《御覽》引作「致錢數千萬」。

**盡散其財**〔五·二一一四〕　舊刻「財」誤「則」。

**以分與知友鄉黨**〔五·二一一四〕　《御覽》引「與」作「予」，「友」作「交」。《札記》云：「疑古本作『反』，形近誤爲『友』。」案「反」字乃「交」字之譌。

**復約要父子耕畜廢居**〔五·二一一四〕　《御覽》引作「復約身又耕畜勞居」，誤。

**天下稱陶朱公**〔五·二一一四〕　殿本「稱」誤「獨」。

**置褐器中**〔五·二一一五〕　中統、舊刻、游、正德本「褐」作「楬」，《御覽》六百五十二引作「以置揭器中」。

**披藜藋**〔五·二一一五〕　中統、舊刻、游、正德、柯、凌本「藋」誤「藿」。

**居甚貧**〔五·二一一五〕　程本「居」誤「所」。

**即弟出**〔五・二二一五〕　正德本「弟」誤「第」。

**某星宿某**〔五・二二一六〕　《類聚》五十二引作「某星犯某宿」，《御覽》引同。

**將鑄大錢**〔五・二二一六〕　凌本「大」誤「文」。中統本「鑄」誤「鏄」。

**買達説云**〔五・二二一六〕　本「達」誤「逵」。

**銅錢爲下幣**〔五・二二一六〕　《札記》云：「舊刻『鐵』，與《國語》合，各本譌『錢』。」案舊刻亦作「錢」。

**所以貿買物**〔五・二二一六〕　百衲同，名本「貿」作「貿」，游本誤「賀」。

**古而然矣**〔五・二二一六〕　南雍、李、程本作「古亦然矣」。

**買韋之説近之**〔五・二二一六〕　毛本作「賈説近之」。

**昨暮王使使封之**〔五・二二一六〕　舊刻「暮」作「夜」。

**七日赦出**〔五・二二一六〕　毛本「赦」作「放」。

**莊生羞爲兒子所賣**〔五・二二一六〕　《御覽》引「羞」作「恥」。

**王言欲以脩德報之**〔五・二二一六〕❶　凌、程、毛本「脩」作「修」。

**多持金錢賂王左右**〔五・二二一六〕　秦本「錢」作「銀」。《御覽》引「持」作「將」，無「錢」字，「賂王」作「賄王」。

---

❶ 此條，原在「多持金錢賂王左右」條下，據嘉業堂本移。

《類聚》引作「陶朱公子多賂王左右」，下云「今赦，恐失望。王遂殺之，載喪而歸」，與此文稍異。

**故重弃財**〔五·二二一七〕 游本「弃」字空格，下「固爲其能弃財故也」同。

**故輕去之**〔五·二二一七〕 中統、王、柯、南雍、秦、李、凌、程、殿本同，百衲「去」作「弃」，舊刻、游、正德、毛本作「棄」。

**吾日夜固望其喪之來也**〔五·二二一七〕 舊刻「來」作「来」。《札記》云：「《御覽》引『固』字在『日夜』上。」

**陶朱公家在南郡華容縣西**〔五·二二一七〕 游、程本同，各本「家」作「冢」。

**樹碑云是越之范蠡也**〔五·二二一七〕 舊刻無「也」字。

**字或宜然**〔五·二二一八〕 毛本「或」作「亦」。

**欲毋顯得乎**〔五·二二一八〕 中統本「乎」誤「平」。

# 卷四二　鄭世家第十二

**宣王立二十二年**〔五·二一二一〕　《札記》云：「與《表》合，吴校金板下『二』字誤『三』。」

**封二十三歲**〔五·二一二一〕　中統、舊刻本「封」作「立」，凌本旁注「一本『封』作『立』」。百衲、游、正德、王、柯、南雍、秦、李、程、毛、殿本「二」作「三」。

**周民皆説**〔五·二一二一〕　舊刻「説」作「悦」。

**河雒之間**〔五·二一二一〕　毛本「雒」作「洛」。

**諸侯或畔之**〔五·二一二一〕　毛本「畔」作「叛」。

**予安逃死乎**〔五·二一二一〕　舊刻「予」誤「子」。

**鄶姑姓**〔五·二一二二〕　各本「姞」作「妘」，此誤。舊刻「姓」下有「也」字。

**伯夷佐堯典禮**〔五·二一二二〕　中統本「典」誤「興」。

**伯翳之後也**〔五·二一二二〕　舊刻、李本「伯」作「柏」。王、柯、南雍、秦、凌、程、殿本「翳」作「繄」，下同，《字類》四《補遺》引同。

**皆嘗有功於天下**〔五·二一二二〕　舊刻「嘗」作「常」。

**成王封叔虞于唐**〔五・二一二二〕　舊刻「叔虞」誤「康叔」。

**字子干**〔五・二一二三〕　舊刻、李本「干」作「于」。

**桓公曰善**〔五・二一二二〕　「桓」缺筆，以下或缺或不缺。

**十邑謂虢鄶鄢蔽補丹依睬歷華也**〔五・二一二三〕　殿本「華」作「莘」，《考證》云：「監本誤『丹』爲『舟』，誤『莘』爲『華』，今俱改正。」

**并殺相公**〔五・二一二三〕　本「桓」誤「相」。

**十四年生□生**〔五・二一二四〕　空格「寤」字。

**十七年生太叔段**〔五・二一二四〕　毛本「太」作「大」。

**今滎陽京縣**〔五・二一二四〕　正德本「陽」誤「防」。

**號大叔**〔五・二一二四〕　百衲、舊刻本同，各本「大」作「太」。

**我弗敢奪也**〔五・二一二四〕　百衲「奪」作「奞」。

**段出走鄢**〔五・二一二四〕　《志疑》云：「《正義》曰『鄢音烏古反，舊作「鄔」，音偃』。然則唐時《史記》有作『鄔』者矣。」《讀書叢録》云：「案《正義》本『鄢』作『鄔』，《淮南・人間訓》『楚共王與晉人戰於鄢陵』，《左傳》作『鄢陵』，鄔、鄢字形相近，故經典常相亂。」

**於是莊公遷其母武姜於城潁**〔五・二一二四〕　百衲、中統、游、正德、王、柯、南雍、秦、李、凌、毛、殿本同，舊刻、程本「潁」誤「潁」。下「潁谷之考叔」，舊刻、程本亦作「潁」，注同。

**潁谷鄭地**〔五・二一二五〕　中統本「潁」誤「頂」。

**夜令祭仲問王疾**〔五・二一二五〕　舊刻脱「王」字。

**太子無大援**〔五・二一二六〕　王、秦本「大」誤「太」。

**父一而已**〔五・二一二七〕　毛本「一」字空格。

**故母以所生爲本解之**〔五・二一二七〕　舊刻「本」誤「大」，游、正德「本」誤「夫」。

**死固宜哉**〔五・二一二七〕　舊刻脱「固」字。

**宋惠曰**〔五・二一二七〕　百衲、中統、舊刻、游、正德、毛本「惠」作「忠」，王、柯、南雍、秦、李、凌、程、殿本作「衷」，此本誤。

**今預川陽翟縣**〔五・二一二七〕　本「潁」誤「預」，舊刻、游、正德、程本作「穎」。

**殺其大夫單伯**〔五・二一二七〕　《索隱》「殺」作「煞」。

**宋頗予厲公兵**〔五・二一二七〕　中統本「予」誤「子」。

**父莊公欲以高渠彌爲卿**〔五・二一二八〕　游、王、柯、秦本「欲」誤「秋」。

**首止近鄭之地**〔五・二一二八〕　舊刻「地」誤「也」。

**使人誘劫鄭大夫甫瑕**〔五・二一二九〕　《索隱》「瑕」作「假」，云：「《左傳》作『傅瑕』。此本多假借，亦依字讀。」《札記》云：「各本作『瑕』，蓋後人依《左》改。」

**内蛇與外蛇**〔五·二一二九〕　百衲、毛本「蛇」作「虵」，下同。

**厲公果復入**〔五·二一二九〕　《札記》云：「中統本、吴校金板『果』作『突』。」案中統本此字不明，惟下半體似作「犬」不作「木」耳。

**於是與周惠王歸**〔五·二一二九〕　毛本「周」誤「惠」。

**子文公踕立**❶〔五·二一二九〕　《考證》云：「監本譌作『踺』，今改正。」案此謂監本者，北監本也，下並同。

**香草也**〔五·二一三〇〕　舊刻「香」上有「蘭」字。王、柯、南雍、秦、李、凌、程、殿本「草」誤「名」。

**伯儵南燕祖**〔五·二一三〇〕　程本「祖」誤「姓」。

**爲汝子之名**〔五·二一三〇〕　百衲、游、正德、南雍、李、程本「汝」作「女」。

**周襄公使伯犕請滑**〔五·二一三〇〕　毛本脱「使」字。舊刻「犕」誤「犕」，下同。

**而惠王不賜厲公爵禄**〔五·二一三〇〕　舊刻「賜」下衍「與」字。

**又怨襄王之與衛滑**〔五·二一三一〕　凌本「怨」誤「恐」。

**而囚伯犕**〔五·二一三一〕　毛本「犕」誤「犢」。

**故背晉助楚**〔五·二一三一〕　毛本「背」作「倍」。

---

❶「文」，原作「父」，據嘉業堂本改。

**皆以罪蚤死**〔五・二一三一〕　毛本「蚤」作「早」。

**一作例**〔五・二一三二〕　百衲、舊刻本同，各本「例」作「瑕」。

**逄鄭賈人弦高**〔五・二一三二〕　舊刻「逄」誤「逢」。

**晉敗之於崤**〔五・二一三二〕　毛本「崤」作「殽」。

**以鄭情賣之**〔五・二一三二〕　舊刻「之」誤「乏」。

**繆公之二年**〔五・二一三二〕　舊刻「二」作「元」。

**左傳曰**〔五・二一三三〕　殿本上有「駰案」二字，下兩引《年表》並同。

**殺靈公子公之族家也**〔五・二一三三〕　游本「殺」誤「𣪠」。

**鄭襄公肉袒掔羊以迎**〔五・二一三三〕　毛本「掔」作「牽」。

**孤之罪也**〔五・二一三三〕　《考證》云：「之，監本誤作『乏』，今改正。」

**墝确不生五穀曰不毛**〔五・二一三四〕　正德、王、柯、秦本「确」誤「埆」。

**謙不敢求肥饒**〔五・二一三四〕　中統本「肥」誤「服」。

**自郢至比**〔五・二一三四〕　本「此」誤「比」。

**故遲**〔五・二一三四〕　百衲「遲」作「遅」，舊刻作「遟」。

**比至河**〔五・二一三四〕　程本「比」誤「北」。

**或欲還**〔五·二一三四〕　游、正德、王、柯、秦本「欲」誤「從」。

**伯宗諫晉君曰**〔五·二一三四〕　毛本「諫」誤「見」。

**得霍人解揚**〔五·二一三四〕　舊刻、游、正德、王、柯、秦、李本「揚」作「楊」。

**誑楚**〔五·二一三四〕　各本「誑」作「誆」，《字類》四引同。

**顧謂楚君曰**〔五·二一三四〕　各本「君」作「軍」。

**二年楚伐鄭**〔五·二一三五〕　毛本「伐」誤「反」。

**有水名**〔五·二一三六〕　各本「有」作「洧」，此脱水旁。

**鄭城守**〔五·二一三六〕　游本「城」誤「成」。

**子駟使賊夜弒僖公**〔五·二一三六〕　毛本「僖」作「釐」。

**公子子孔使尉止殺相子駟而代之**〔五·二一三六〕　百衲「公子」下不重「子」字。

**子産讓受其三邑**〔五·二一三七〕　「讓」缺筆。

**遷閼伯於商丘**〔五·二一三七〕　舊刻「商」作「啇」。

**湯之始祖**〔五·二一三八〕　毛本「湯」誤「殷」。

**子孫服事夏商也**〔五·二一三八〕　王、柯、南雍、秦、李、凌、程本「服」下有「以」字，「商」上脱「夏」字。

**方娠大叔**〔五·二一三七〕　《雜志》云：「案上文成王封叔虞於唐，《索隱》引此『娠大叔』作『動大叔』，是《史記》

舊本作『動』，而今作『娠』者，後人不解『動』字之義，又以《左傳》作『震』，『震』與『娠』通，故改爲『娠』也。」

**屬之參**〔五·二二三七〕　游本「屬」作「属」。

**而國大叔焉**〔五·二二三七〕　《考證》云：「焉，監本誤作『爲』，今改正。」

**爲玄冥師**〔五·二二三七〕　「玄」缺筆，注同。

**脩昧之職**〔五·二二三九〕　舊刻、程、毛本「脩」作「修」。

**障大澤**〔五·二二三七〕　李本「大」誤「太」。

**以處太原**〔五·二二三七〕　舊刻「太」作「大」。

**臺駘之所居者**〔五·二二三九〕　百衲、中統、舊刻、游、正德本同，毛本「者」下有「也」字，各本「者」作「也」。

**帝顓頊也**〔五·二二三九〕　「頊」缺筆。

**滅四國**〔五·二二三九〕　游本「國」字空格。

**禜爲營攢用弊也**〔五·二二三九〕　舊刻「營」誤「榮」。各本「弊」作「幣」。

**畏楚靈王之彊**〔五·二二三九〕　毛本「彊」作「强」。

**公欲襛之**〔五·二二四〇〕　凌本「襛」誤「穠」。

**不如修德**〔五·二二四〇〕　百衲、王、柯、南雍、秦、李、殿本「修」作「脩」。

**有古人遺風也**〔五・二一四一〕　此下正文空四格，各本作「兄事子産」，《志疑》云：「《滹南集・辨惑》曰：『既云「如兄弟」，何必復言「兄」字？❶兼已死之後及此，其次第亦不應爾。』」《札記》云：「此蓋後人旁注誤混，葉校宋大字本空，今刪。」

**二十六年晋知伯伐鄭**〔五・二一四一〕　《札記》云：「『三』誤『二』，吴校改，與《六國表》合。」

**共公二年**〔五・二一四一〕　各本「二」作「三」。

**三晋滅知伯**〔五・二一四一〕　各本脱「三」字，《札記》云：「『三』字，謍引葉石君校增。」案此本有「三」字，蜀刻之可寶如是，惜錢氏未之見也。

**年表曰**〔五・二一四一〕　毛本「曰」作「云」。

❶ 「兄字」，《志疑》作「兄事」。

## 卷四三　趙世家第十三

與秦共祖〔六・二一四七〕　《書鈔》四十七引「與」上有「乃」字。

至中衍爲帝大戊御〔六・二一四七〕　毛本「戊」誤「戍」。

而命其一子曰惡來〔六・二一四七〕　舊刻「來」作「来」，下同。

造父幸於周繆王〔六・二一四七〕　《書鈔》引作「造父事周穆王」。

與桃林盜驪驊騮綠耳❶〔六・二一四七〕　凌本「綠」作「騄」。

及千畝戰〔六・二一四八〕　毛本「戰」誤「載」。

五世而生趙夙〔六・二一四九〕　《御覽》三百引「生」作「至」，《雜志》云：「『生』當爲『至』，『至』與『生』草書相似，又涉上文『奄父生叔帶』而誤。」

十之〔六・二一四九〕　本「ト」誤「十」。

晉復穰〔六・二一四九〕　李本「穰」誤「穰」。

---

❶「綠」，原作「緑」，據嘉業堂本改。

**夙生共孟**〔六・二一四九〕《索隱》作「朔生共，共生孟」。

**翟以其少女妻重耳**〔六・二一四九〕 中統、游、正德本無「其」字。

**及食熊蹯胹不熟**〔六・二一五〇〕《字類》一「臑」下引此作「食熊蹯臑不熟」，下云「音胹」。

**趙朔晉景公之三年**〔六・二一五一〕《志疑》云：「案毛本作『二年』，然是史公之誤，故徐廣正之曰『案年表，救鄭及誅滅，皆景公三年』。若依各本改作三年，則複下文而徐説贅矣。」《札記》云：「今毛本亦作『三』。」

**偏告諸將曰**〔六・二一五一〕 舊刻「徧」誤「偏」。

**乃君之子**〔六・二一五一〕 中統本「乃」作「及」，非。

**而今妄誅**〔六・二一五一〕 百衲「今」作「后」，瞿氏據宋本同，毛本作「後」。「后」「後」古通用。

**稱疾不出**〔六・二一五一〕「稱」缺筆，下「子奚不稱疾毋出」同。

**誰能與我千金**〔六・二一五二〕《御覽》四百二十引作「予我千金」。

**杵臼謬曰**〔六・二一五二〕 舊刻「謬」上有「乃」字。

**與我謀立趙氏孤兒**〔六・二一五二〕 毛本同，《札記》引吳校本同，各本「立」作「匿」。

**中衍人面鳥噣**〔六・二一五三〕 舊刻、游、正德本「噣」作「喙」。

**世有立功**〔六・二一五三〕《御覽》引「立功」作「功德」。

**復與趙武田邑如故**〔六・二一五三〕 程本「復」誤「後」。

**而乃是春秋成公八年**〔六・二一五三〕　正德本無「是」字。

**注云終説之耳**〔六・二一五三〕　王、柯、南雍、秦、李、凌、程、殿本「注」誤「註」。中統、游、正德本「説」作「就」。

**我將下報趙宣孟與公孫杵臼**〔六・二一五三〕　游、正德本「下」誤「不」。

**新序曰**〔六・二一五三〕　殿本上有「駰案」二字，下引《左傳》，引《韓詩外傳》，五引《地理志》，又引《燕世家》《戰國策》，又「出猶成也」「胥猶須也」，又《漢書・馮奉世傳》曰」云云，並同。

**而晉厲公殺其大夫三郤**〔六・二一五四〕　本「厲」誤「屬」。

**而何恠**〔六・二一五六〕　各本「恠」作「怪」。

**在秦繆公嘗如此**〔六・二一五六〕　各本「在」下有「昔」字，此脱。

**有一熊欲來援我**〔六・二一五六〕　游本「熊」誤「能」。

**帝令主君滅二卿**〔六・二一五六〕　王、柯、秦本「滅」誤「減」。

**簡子偏召諸子相之**〔六・二一五七〕　程本「偏」誤「編」。

**簡子乃告諸子曰**〔六・二一五七〕　中統、游、正德本「乃」誤「盡」。

**我藏寶符於常山上**〔六・二一五七〕　《御覽》七百二十九及八百二引「山」下有「之」字。

**簡子曰奏之**〔六・二一五七〕　《考證》云：「簡，監本誤作『節』，今改正。」案此北監本也，南雍本不誤。

**歸我衛士五百家**〔六・二一五八〕　凌本「士」誤「氏」。

**又欲更徙於晉陽**〔六・二一五九〕　王、秦本「徙」誤「徒」。

**諸君欲誰立**〔六・二一五八〕　游本「諸」誤「誰」。

**稷午子**〔六・二一五九〕　正德本「子」下有「也」字。

**爲上軍司馬**〔六・二一五九〕　王本「上」誤「卜」。

**牛荀寅之甥**〔六・二一五九〕　舊刻「午」誤「吁」。

**服虔曰**〔六・二一五九〕　王、秦本「虔」誤「處」。

**荀躒言於晉侯曰**〔六・二一五八〕　《索隱》「躒」作「櫟」。

**荀躒知文子**〔六・二一五九〕　王本「子」下衍「士」字。

**今三臣始亂**〔六・二一五八〕　柯本「今」誤「令」。

**安子發之**〔六・二一五八〕　本「于」誤「子」。

**故書春秋巨**〔六・二一六〇〕　本「曰」誤「巨」。

**好且諫**〔六・二一六〇〕　本「直」誤「且」。

**吾聞于羊之皮**〔六・二一六〇〕　本「千」誤「于」。

**不如一孤之腋**〔六・二一六〇〕　本「狐」誤「孤」。

**諸大夫朝**〔六・二一六〇〕　《雜志》云：「《文選・辯亡論》注引此『朝』上有『在』字，於義爲長。」

**簡子使問之曰**〔六・二一六〇〕　舊刻「使」下有「人」字。

**子欲見寡人何事**〔六・二一六〇〕　舊刻「子」下有「之」字，「事」下有「邪」字。

**對曰**〔六・二一六〇〕　舊刻「對」上有「周舍」二字。

**廟爲鄂鄂之臣**〔六・二一六〇〕　本「顧」誤「廟」。

**而日有記月有成歲有效也**〔六・二一六〇〕　舊刻「記」上、「成」上、「效」上並有「所」字。秦本「歲有效」「有」字誤作「自」。

**送衛太子蒯聵子衛**〔六・二一六〇〕　本「于」誤「子」。

**知伯伐鄭**〔六・二一六一〕　《索隱》前文出「智瑶」二字，當即此文之「知伯」也，「智伯」下當有「瑶」字，後人傳寫誤脱，又妄移其文於「荀櫟」上。

**奉邑侔於諸侯**〔六・二一六一〕　毛本「侔」誤「俟」。

**爲能忍詢**〔六・二一六一〕　各本「詢」作「訽」，此誤。

**二家併上**〔六・二一六一〕　殿本「併」誤「並」。

**北登夏屋請代王使廚人操銅枓以食代王及從者行斟陰令宰人各以枓擊殺代王及從官**〔六・二一六二〕　《續漢書・郡國志》注鴈門郡下引《史記》曰：「趙襄子北登夏屋山，以銅斗殺代王。」

**一作雒**〔六・二一六二〕　凌本「一」上有「各」字。

**遂以代封伯魯子周**〔六・二一六二〕　凌本「伯魯」二字倒。

**襄子齊三日**〔六・二一六三〕　正德本「齊」作「齋」。

**余霍泰山山陽侯天使也**〔六・二一六三〕　《續漢書・郡國志》注河東郡下引《史記》曰：「原過受神人書，稱『余霍大山山陽侯天吏也』。」

**且有伉王亦黑**〔六・二一六三〕　百衲、舊刻、毛本「亦」作「赤」，《字類》一引作「亦」。

**修下而馮**〔六・二一六三〕　百衲、中統、游、正德、王、柯、南雍、秦、李、凌、殿本「修」作「脩」，注同。

**界一作介**〔六・二一六四〕　舊刻「介」作「在」。

**城不浸者三版**〔六・二一六四〕　《雜志》云：「案『浸』當爲『没』，字之誤也，《文選・辯亡論》注、《大平御覽・治道部》引此並作『没』。」

**駰案地理志曰**〔六・二一六五〕　舊刻同，各本無「駰案」二字，下「駰案《地理志》曰『代郡有平邑縣』」同。殿本「曰」作「云」，下三引「《地理志》曰」並同。

**趙獻侯自耿徙此**〔六・二一六五〕　王、柯、秦本「獻」作「献」，俗。

**是鄭之疆内也**〔六・二一六五〕　中統本「疆」作「彊」，游、正德、李本誤「彊」。

**及三卿分晉**〔六・二一六五〕　毛本「卿」誤「鄉」。

**比中牟不在趙之東也**〔六・二一六五〕　舊刻同，各本「比」作「此」。

**子烈侯籍立**〔六・二一六六〕　中統、游本「烈」誤「列」。

**烈侯追然**〔六・二一六六〕　各本「追」作「逌」，此誤。

**今公仲相趙**〔六・二二六六〕　柯本「今」誤「令」。

**住官使能**〔六・二二六六〕　各本「住」作「任」，此誤。

**君説**〔六・二二六七〕　《治要》十一「説」作「悦」。

**單複具爲一襲**〔六・二二六七〕　百衲、南雍、李、毛、殿本同，《治要》作「單複具爲一襲也」，各本「複」作「復」。正德本此文上誤衍「《索隱》曰」三字。

**地理志曰**〔六・二二六八〕　正德本「曰」作「云」，殿本同。

**杜陌曰**〔六・二二六八〕　各本「陌」作「預」，此誤。

**大戊午爲相**〔六・二二六八〕　毛本「大」誤「太」。

**取鄉邑七十三**〔六・二二六八〕　中統、游、正德本「取」作「與」，《札記》云：「《表》作『都鄙』，前『范魁』下《正義》引同，此疑誤。」

**魏敗我藺**〔六・二二六八〕　凌本「魏」誤「衛」。

**以與韓韓與我長子**〔六・二二六八〕　王、柯、秦本無「韓韓與」三字。

**止黨有長子縣**〔六・二二六九〕　本「上」誤「止」。

**敗滲澤**〔六・二二六八〕　柯、南雍、李、凌、程本「滲」作「涿」。

**戰亦作會也**〔六・二二六九〕　各本「亦」作「一」。

**攻衛取甄**〔六·二一六八〕　王、秦本「攻」下誤重「攻」字。

**虜其太子痤**〔六·二一六九〕　舊刻、正德、王、柯、秦本「痤」作「座」，《志疑》云：「此乃『公叔痤』之誤。」

**二十年魏獻榮椽因以爲檀臺**〔六·二一七〇〕　《水經注》七《濟水》注：「又北逕京縣故城西，城北有壇山罡，《趙世家》『成侯二十年，魏獻榮陽，因以爲檀臺罡也』。」案「榮陽」當係「榮椽」之誤。

**公子緤與太子肅侯爭立**〔六·二一七〇〕　王、柯、南雍、秦、李、凌、程、殿本「緤」下有注云：「音薛。」《札記》云：「宋本、中統、游、毛、《集解》皆無，蓋後人旁注誤混，今删。」

**公子刻攻魏首垣**〔六·二一七一〕　「垣」缺筆。

**虜其將公子卬**〔六·二一七一〕　舊刻「卬」誤「印」，中統本誤「卭」，游、正德、王、柯、南雍、秦、李、凌、程、殿本誤「邛」。

**太原有太陵縣**〔六·二一七二〕　舊刻、南雍、李、凌、殿本下「太」字誤「人」。

**亦曰陸**〔六·二一七二〕❶　正德本「陸」字誤作「大陵」二字。

**扣牽馬**〔六·二一七二〕　正德本「馬」下有「也」字。

**地理志曰山陽有黄縣**〔六·二一七二〕　李本「理」作「里」，下「《地理志》常山有元氏縣」同。

---

❶ 此條原在「太原有太陵縣」條上，上有管氏批語「下」字，「太原有太陵縣」條上有管氏批語「上」字，並畫綫乙正。

**韓將**〔六・二一七二〕　正德本「將」下有「也」字。

**地理志云泰山有桑丘縣**〔六・二一七二〕　毛本「云」作「曰」。

**年表云**〔六・二一七四〕　舊刻「云」作「曰」。

**太原有中都縣**〔六・二一七四〕　正德本上衍「《索隱》曰」三字。

**西河有中陽縣**〔六・二一七四〕　舊刻脱「縣」字。

**紀年亦云尔**〔六・二一七四〕　百衲、舊刻同，各本「尔」作「爾」。

**按燕世家**〔六・二一七四〕　百衲、毛本同，各本無「按」字，殿本「按」作「案」，上有「駰」字。

**遥立職□燕王**〔六・二一七四〕　「爲」字泐，下「雖使樂池送之」「送」字同。游、正德本「遥」誤「選」。

**竟不能就**〔六・二一七四〕　「竟」缺筆。

**虜將軍趙莊**〔六・二一七三〕　「莊」上半字泐。

**十六年**〔六・二一七四〕　「六」字泐。

**顔若苕之榮**〔六・二一七四〕　《書鈔》一百六引「榮」作「生」。

**盈端也**〔六・二一七四〕　舊刻「端」作「滿」。

**異日王飲酒樂**〔六・二一七四〕　《雜志》云：「『異日』本作『旦日』，字之誤也，舊本《北堂書鈔・樂部二》引此正作『旦日』，《太平御覽・樂部八》同。」

**數言所夢**〔六・二一七四〕　《書鈔》引「言」誤「信」。

**音亡千反**〔六・二一七五〕　各本「千」作「丁」，百衲誤「干」。

**爲野臺**〔六・二一七五〕　《續漢書・郡國志》注常山國下引「爲」作「如」。

**至房子**〔六・二一七五〕　各本「至」下有「于」字，此脱。

**屬阻漳滏之險**〔六・二一七六〕　游、正德、王、柯、南雍、凌、程本「漳」誤「障」。

**簡襄王之烈**〔六・二一七六〕　舊刻、游、正德本同，各本「王」作「主」。

**寵有孝悌長幼順明之節**〔六・二一七六〕　舊刻、游、正德本「寵」作「窮」。舊刻「悌」作「弟」，《志疑》云：「案《國策》作『窮有弟長辭讓之節』，疑此『寵』字誤。」《札記》云：「《正義》據本已誤。」

**今吾欲繼襄王之跡**〔六・二一七七〕　舊刻、游、正德、殿本同，各本「王」作「主」。秦本「今」誤「令」。

**用力少而功多**〔六・二一七七〕　舊刻「功」上有「成」字。

**而序往古之勳**〔六・二一七七〕　《正義》云：「厚，重也。」《雜志》云：「張所見本作『厚往古之勳』，故訓厚爲重。」

**狂夫之樂**〔六・二一七七〕　游、正德本「夫」誤「天」。

**雖驅世以笑我**〔六・二一七七〕　中統、游本「驅」作「駈」。

**今寡人作教易服**〔六・二一七八〕　秦本「今」誤「令」。

**然后善也**〔六・二一七八〕　百衲同，各本「后」作「後」。

使緤謁之叔〔六・二一七八〕《索隱》「緤」作「紲」。

蓋聰明洵智之所居也〔六・二一七八〕游、正德、程本「徇」誤「狗」。

幼而徇齊〔六・二一七九〕秦、李本「幼」誤「初」。

用自作黑〔六・二一八〇〕本「白」誤「自」。

絀亦縫紩之別名也〔六・二一八〇〕中統、游、正德本「紩」誤「紋」。

鉥者綦鍼也〔六・二一八〇〕中統本「鉥」誤「録」，游、正德本誤「鉢」。中統本「鍼」誤「銅」。

此蓋言其女功鍼縷之麤拙也〔六・二一八〇〕中統、游、正德本「蓋」作「盖」，「麤」作「麄」。

又一本作鮭冠黎緤也〔六・二一八〇〕中統本「本」誤「失」。

賢聖不能用〔六・二一七九〕凌本「賢聖」作「聖賢」。

異於己而不非者〔六・二一七九〕毛本「不」誤「小」。

吾國東有河薄洛之水〔六・二一七九〕《續漢書・郡國志》注引「洛」作「落」。

且昔者簡主不塞晉陽〔六・二一七九〕毛本「主」誤「王」。

而襄主并戎取代〔六・二一七九〕舊刻「襄」上衍「燕」字。

戰國策作紹〔六・二一八一〕舊刻「作」上有「祒」字。

祒音紹〔六・二一八一〕程本「祒」誤「紹」。舊刻「紹」誤「韶」。

**夏殷之衰也**〔六·二一八一〕　「殷」缺筆。

**遂胡服招騎射**〔六·二一八一〕　游、正德本「騎」誤「馳」。

**西略胡地至榆中**〔六·二一八一〕　中統、王、柯、秦本「榆」誤「揄」。

**許鈞爲左軍**〔六·二一八二〕　南雍、李、凌、程、毛、殿本同，各本「鈞」誤「鈞」。

**下曲陽在鉅鹿**〔六·二一八二〕　中統本「鉅」誤「車」。

**攻取丹丘華陽鴟之塞**〔六·二一八二〕　舊刻「鴟」誤「鳴」，注同。

**徐廣曰華一作爽鴟一作鴻**〔六·二一八二〕　王、柯、秦、凌、殿本脱此條，以《正義》有「徐廣曰『鴟一作鴻』」而删之。

**中山獻四邑和**〔六·二一八二〕　殿本「和」上有「請」字。

**大夫悉爲臣**〔六·二一八三〕　游本「臣」誤「巨」。

**一出身徼幸**〔六·二一八四〕　舊刻「出身」二字倒。

**累至而行明**〔六·二一八五〕　游本「累」誤「絫」。

**子别有賜而忠我矣**〔六·二一八五〕　各本「别」作「則」，此誤。

**子勉之矣**〔六·二一八五〕　中統、游、正德本無「之」字。

**不子不臣**〔六·二一八五〕　游本「子」誤「予」。

**飢而忘食**〔六·二一八五〕　程本「飢」作「饑」。

**主父開之**〔六·二一八六〕　中統、舊刻、游、王、秦本「開」誤「聞」，《索隱》作「開」，云「俗本亦作『聞』字者，非也。譙周及孔衍皆作『閉之』」。《類聚》九十二引作「主父開受之」。《雜志》云：「《正義》作『閉之』，此『閉』誤爲『開』，又誤爲『聞』也，當從《正義》本作『閉』爲是。《列女傳·孽嬖傳》亦作『閉之』。」

**公子成李兑謀曰**〔六·二一八六〕　正德本「李」誤「季」。

**探爵鷇而食之**〔六·二一八六〕　《索隱》「鷇」作「鷇」，《字類》五引同。

**三月餘而餓死沙丘宫**〔六·二一八六〕　毛本無「宫」字。

**在當山**〔六·二一八七〕　本「常」誤「當」。

**公主死**〔六·二一八七〕　百衲「公主」誤「主父」。

**趨與韓魏秦共擊齊**〔六·二一八七〕　各本「趨」作「趙」，此誤。

**齊人患之**〔六·二一八八〕　王、秦本脱「齊」字。

**甘露將**〔六·二一八八〕　各本「將」作「降」，此誤。

**將雨至**〔六·二一八八〕　各本「將」作「時」，此誤。

**年穀豐孰**〔六·二一八八〕　舊刻、游本「豐」誤「豊」。中統、舊刻、游、正德、王、柯、南雍、秦、李、凌、毛、殿本

「孰」作「熟」。❶

**今足下之賢行攻力**〔六・二一八八〕　各本「攻」作「功」。

**收二周**〔六・二一八八〕　王、秦本「收」誤「攸」。

**去沙立鉅鹿斂三百里**〔六・二一八九〕　本「丘」誤「立」。百衲、中統、毛本同，各本「斂」作「歛」。

**近梃關**〔六・二一八九〕❷　各本「梃」作「挺」。

**代馬胡犬不東下**〔六・二一八九〕　正德本「犬」誤「大」。

**從彊秦攻韓**〔六・二一八九〕　中統、舊刻、游、正德本「彊」作「强」。

**願王孰慮之**〔六・二一八九〕　舊刻、殿本「孰」作「熟」，下「願王孰計之也」同。

**五國三分王之地**〔六・二一九〇〕　舊刻無「王」字。

**秦廢帝請服反高平根柔於魏**〔六・二一九〇〕　游本「服」作「復」。

**根柔作棍柔**〔六・二一九一〕❸　各本「作」上有「一」字。柯本「棍」誤「棍」。

**一作王公**〔六・二一九一〕　舊刻「一」字空格。

---

❶「中統舊刻」，原作「舊刻中統」，據管氏引據各本順序改。

❷「近」，原作「返」，據嘉業堂本改。

❸「根」，原作「杞」，據嘉業堂本改。

**而今乃抵辠**〔六·二一九〇〕　李、毛本「辠」作「罪」。

**臣恐天下後事王者之不敢自必也**〔六·二一九〇〕　中統、舊刻、游、正德本「王」誤「下」。

**樂平治縣**〔六·二一九二〕　《札記》云：「沾，各本譌『治』，王譌『治』，依杜注改。」案王本亦作「治」。

**地理志云右北平有石城縣**〔六·二一九二〕　舊刻「北」誤「比」，王、柯、秦、凌、殿本此文混入《正義》。

**屬常山**〔六·二一九三〕　各本「屬」作「屬」，下注「屬齊郡」「武遂屬安平」「饒屬北海」「安屬平原」並同，游、柯本下亦作「屬」。

**取東胡歐代地**〔六·二一九三〕　正德本「歐」作「甌」。

**徙漳水武平南**〔六·二一九三〕　游、正德本「徙」作「取」。

**燕將成安君公孫操弒其王**〔六·二一九三〕　《志疑》云：「《燕世家》索隱引之，『將』作『相』。」

**是燕武成王元年**〔六·二一九四〕　正德本「成」誤「城」。

**穀梁傳曰**〔六·二一九六〕　舊刻「穀」作「谷」。

**太后明謂左右曰**〔六·二一九四〕　百衲「太」作「大」。

**徐趨而坐**〔六·二一九四〕　舊刻、毛本「趨」作「趍」。

**老婦恃輦而行**〔六·二一九五〕　《索隱》「行」下有「耳」字，《志疑》云：「《索隱》本句末有『耳』字，是也。」

**乃强步日三四里**〔六·二一九五〕　百衲、中統、舊刻、游、正德、毛本同，各本「强」作「彊」。

**而不及今令有功於國**〔六・二一九五〕　王、秦本「令」誤「今」。

**太后曰敬諾**〔六・二一九五〕　「敬」缺筆。

**至於趙主之子孫爲侯者**〔六・二一九五〕　舊刻「主」作「王」，《志疑》云：「《史詮》曰：『今本「王」作「主」，誤。』」

**而況於予乎**〔六・二一九六〕　凌本旁注：「一本『予』字作『子』，王維禎曰：『況於子，言他人之子也，「予」字非。』」

**聽王所以賜吏民**〔六・二一九七〕　南雍、李、凌、程本同，各本「聽」作「財」，《讀書記》云：「『財』作『聽』。」

**雖彊大不能得之於小弱**〔六・二一九七〕　舊刻「彊」作「强」，下同。

**王召平原君與趙禹而告之**〔六・二一九八〕　王、柯、秦本「原」誤「陵」。

**廉頗免而趙括代將**〔六・二一九九〕　舊刻「免」誤「兑」。

**徐廣曰**〔六・二一九九〕　「曰」字缺中畫。王本「徐」誤「淮」。

**一作社**〔六・二二〇〇〕　「一」字泐。中統、正德本「社」作「杜」。

**或者大子云天子乎**〔六・二二〇〇〕　各本「大」作「太」。

**而秦攻西周**〔六・二二〇〇〕　凌本「周」誤「州」，《志疑》云：「『州』當作『周』，他本作『周』。」

**庫厩之名**〔六・二二〇一〕　舊刻、南雍、李、程本「庫」作「廥」。

**卿秦將而攻代**〔六・二二〇一〕　毛本「代」誤「伐」。

**趙與燕易上**〔六・二二〇一〕　本「土」誤「上」。

**秦王政初立**〔六・二二〇二〕　王、秦本「政」誤「攻」。

**廉頗將攻繁陽**〔六・二二〇三〕　王、秦本「攻」誤「政」。

**一作脩**〔六・二二〇三〕　舊刻「一」作「備」，「脩」作「修」，李、毛本亦作「脩」。

**秦召春申君**〔六・二二〇三〕　各本「申」作「平」，下四「申」字並同，此誤。

**泄鈞爲之謂文信侯曰**〔六・二二〇三〕❶　游、正德本「鈞」誤「釣」。

**太子從質秦帰**〔六・二二〇四〕　各本「帰」作「歸」。

**在新豊**〔六・二二〇四〕　舊刻、游、柯、程本同，各本「豊」作「豐」。

**在勃海**〔六・二二〇四〕　百衲、舊刻、游、正德、王、柯、秦、凌、殿本「勃」作「渤」。

**偃生今王遷**〔六・二二〇五〕　李本「遷」誤「先」。

**秦敗我平陽**〔六・二二〇五〕　毛本「敗」作「拔」，《札記》引宋本同。游、正德、王、柯、秦本「我」誤「武」。

**一作除**〔六・二二〇六〕　中統本「除」誤「徐」。

---

❶ 此條原在「秦召春申君」條上，上有管氏批語「下」字，「秦召春申君」條上有管氏批語「上」字，並畫綫乙正。

**六年大飢**〔六·二二〇五〕　程、毛本「飢」作「饑」。

**將軍司馬尚將擊之**〔六·二二〇六〕　游本「尚」作「上」。

**趙怱及齊將顏聚代之**〔六·二二〇六〕　百衲同，各本「怱」誤「忽」，下同。《志疑》云：「案《國策》及《李牧傳》作『趙葱』，『怱』字誤。」

**淮南子曰云云**〔六·二二〇六〕　柯、凌本此條混入《正義》。

**八年十月**〔六·二二〇六〕　柯本提行，非。

**太史公曰**〔六·二二〇六〕　程本不提行。

# 卷四四　魏世家第十四

**武王之伐紂**〔六·二二一九〕　舊刻「王」誤「正」。

**今命之大**〔六·二二一九〕　秦本「今」誤「令」。

**從其國名爲魏氏**〔六·二二二〇〕　中統本「從」誤「徙」。

**生武子**〔六·二二二〇〕　《索隱》「武」上有「魏」字。

**武子以魏諸子**〔六·二二二〇〕　各本「武」上有「魏」字，《札記》云：「吴校元板無『魏』字，是。」

**昭公卒而六卿强**〔六·二二二一〕　百衲、舊刻、游、正德、毛本同，王、柯、南雍、秦、李、凌、程、殿本「强」作「彊」，下「不强於宋衛」「以魏之强」「今時韓魏與始孰强」「不如始强」「率强韓魏以攻秦」「知氏最强」「今秦兵雖强」並同。案所據王本自《魏世家十四》至《荆燕世家二十一》原缺，以柯本羼入，今用鄂局重刻本校。

**共伐滅知伯**〔六·二二二二〕　《索隱》「知」作「智」。

**桓子之孫曰文侯都**〔六·二二二二〕　「桓」缺筆，下同，案以上不缺。

**十六年**〔六·二二二三〕　「十」字脱一畫。

**子擊逢文侯之師田子方於朝歌**〔六·二二二三〕　舊刻「逢」誤「逄」。

**行不合言不用**〔六·二二二三〕❶　中統本「言」誤「事」，「不」誤「下」。

**若脱躧然**〔六·二二二三〕　《札記》云：「吴校元板作『屣』。」

**二十二年魏趙韓列爲諸侯**〔六·二二二三〕　毛本下「二」字誤「一」。

**文侯苐名成**〔六·二二二五〕　本「弟」誤「苐」。

**李克趨而出**〔六·二二二五〕　舊刻「趨」作「趍」。

**中山已拔**〔六·二二二五〕　中統本「已」作「巳」，游、正德本誤「臣」，《札記》云：「中統、游本『巳』。」案游本作「臣」不作「巳」，涉上下文「臣」字而誤。

**君之子無傳**〔六·二二二五〕　游、正德、秦本「傅」誤「傳」。

**魏成子以食禄千鍾**〔六·二二二五〕　秦本「千」誤「于」，下「段干木」，「干」亦誤「于」。

**臣何以負於魏成子**〔六·二二二五〕　凌本旁注「一本無『以』字」。

**願卒爲弟子**〔六·二二二五〕　《治要》十一「子」下有「矣」字。

**地理志曰**〔六·二二二五〕　各本上有「駰案」二字，此脱。

**北號在太陽**〔六·二二二五〕　中統本「太」作「大」。

---

❶ 「不合言」，原無，據嘉業堂本補。

**東虢在滎陽**〔六·二二二五〕　百衲、舊刻、毛、殿本「滎」作「榮」。

**敗秦于注**〔六·二二二六〕　毛本「于」作「於」，下「翟敗我于澮」「魏敗韓于馬陵，敗趙于懷」「伐敗韓于澮」「趙請救于齊」「秦敗我龍賈軍四萬五千于雕陰」「魏盡入上郡于秦」「張儀魏章皆歸于魏」並同。

**三十六年秦侵我陰晉**〔六·二二二六〕　《索隱》出「三十五年秦復侵我陰晉」十字，云：「按《年表》作『齊侵陰晉』。」《續漢書·郡國志》弘農郡華陰下引《史記》曰：「魏文侯三十六年，齊侵陰晉。」

**元年**〔六·二二二六〕　《索隱》出「武侯元年」四字，各本「元」上有「魏武侯」三字，此脱。

**除一作倍**〔六·二二二九〕　中統、舊刻、游、正德、王、柯、秦、凌本「倍」作「陪」。

**戰于濁澤**〔六·二二二八〕　《續漢書·郡國志》潁川郡長社「有蜀城，有蜀津」注引《史記》曰：「魏惠王元年，韓、趙合軍伐魏蜀澤。」

**長杜有濁澤**〔六·二二二九〕　各本「杜」作「社」。

**魏君圍**〔六·二二二八〕　百衲、南雍、程、毛本同，各本「圍」作「爲」，凌云：「按『爲趙』，一本作『圍』。皆不解，疑有誤。」

**齊敗我觀**〔六·二二二九〕　《索隱》「觀」下有「津」字。

**今之衛縣也**〔六·二二二九〕　中統、舊刻、游、正德本「衛」作「魏」。南雍、李、程、殿本「今」下無「之」字。

**一作義臺**〔六·二二三〇〕　「一」字泐。

**虜我將公孫座**〔六·二二二九〕　百衲、中統、舊刻、游、正德、王、柯、秦、毛本同，南雍、李、凌、程、殿本「座」作

「痤」，《考證》云：「《商君傳》作『公叔座』。」

**敗魏桂陵**〔六・二二三〇〕　凌本「陵」誤「林」。

**二十一年與秦會彤**〔六・二二三〇〕　游本「一」誤「二」。中統、游、正德、王、柯、南雍、秦、李、凌、程、殿本「彤」作「彤」。

**劉向别録曰**〔六・二二三一〕　凌、殿本上有「駰案」二字，下引《地理志》同，殿本下引《列女傳》亦同。

**可得□□**〔六・二二三一〕　空格「聞乎」二字。

**固顧効之**〔六・二二三一〕　中統、游、正德、王、柯、南雍、秦、李、凌、程、殿本「効」作「效」。

**曰太子自將攻齊**〔六・二二三一〕　舊刻無「曰」字，正德本此字空格。

**此臣之百戰百勝之術也**〔六・二二三一〕　中統本「臣」作「目」。

**在无城**〔六・二二三一〕　各本「无」作「元」，此誤。

**軍遂大破**〔六・二二三一〕　中統、舊刻、游、正德本無「軍」字，「破」下有「之」字，百衲亦有「之」字。

**詐我將軍公子卬**〔六・二二三二〕　各本「卬」作「卬」，此誤，中統本誤「卬」。

**於是徙治大梁**〔六・二二三二〕　《索隱》無「治」字。

**駰案汲家紀年曰**〔六・二二三二〕　本「冡」誤「家」。

**沛郡有平阿縣也**〔六・二二三二〕　秦本「阿」誤「河」。

**惠王數被於軍旅**〔六·二二三三〕　百衲、中統、舊刻、毛本同，游、正德、王、柯、南雍、秦、李、凌、程、殿本「被」作「敗」。

**畀禮厚幣**〔六·二二三三〕　百衲同，各本「畀」作「卑」，是。

**叟不遠千里**〔六·二二三三〕　舊刻「里」下有「而來」二字，《札記》云：「蓋依《孟子》增。」

**辱幸至弊邑之廷**〔六·二二三三〕　舊刻、正德本「弊」作「敝」。

**上下争利**〔六·二二三三〕　中統、舊刻本「争」作「欲」。❶

**今𦵔縣**〔六·二二三四〕　百衲同，各本「𦵔」作「薛」。

**三年伐趙**〔六·二二三四〕　各本「三」作「二」。

**秦敗我龍賈軍四萬五千于雕陰**〔六·二二三四〕　毛本「雕」作「彫」，《札記》云：「宋本、王、毛『雕』作『彫』。」案百衲及鄂局重刻王本亦作「雕」。

**圍我焦曲沃**〔六·二二三四〕　百衲「沃」誤「泼」。

**潁川父城**〔六·二二三四〕　舊刻、游、正德、王、柯、南雍、秦、李、程本「潁」誤「頴」。

**在梁與彭城之閒**〔六·二二三五〕　王、柯本「與」作「与」。

**荀勗曰**〔六·二二三五〕　中統本「荀」誤「苘」。

---

❶「争」，原作「增」，當屬因聲致訛，據文義改。

**今案古文**〔六·二二三五〕　王、柯、凌本「案」作「按」，秦本誤「安」。

**世本惠王生襄王**〔六·二二三五〕　正德本「世本」下衍「云」字。

**潁陰有岸亭**〔六·二二三六〕　百衲、游、正德、柯、南雍、秦、李、凌、毛、殿本「潁」作「穎」。

**虜贅子於濮也**〔六·二二三六〕　柯、秦本「虜」誤「魯」，鄂刻王本已改「虜」。

**請罷魏君**〔六·二二三七〕　各本「君」作「兵」，此誤。❶

**魏爲從主也**〔六·二二三七〕　毛本「爲」誤「無」。百衲「主」誤「王」。

**與其以秦醳衛**〔六·二二三七〕　舊刻「醳」作「釋」，下三「醳」字同。

**魏相田需死**〔六·二二三七〕　《字類》一引「需」作「𠑨」。

**秦拔我蒲反陽晉封陵**〔六·二二三八〕　舊刻「反」作「坂」，殿本作「阪」，下同，凌本旁注「一本『反』作『阪』」。

**秦予我蒲反**〔六·二二三八〕　本「蒲」誤「蒲」。中統本「予」誤「子」。

**與秦伐楚**〔六·二二三八〕　舊刻「伐」上有「共」字。

**與齊王會于韓**〔六·二二三九〕　毛本「于」作「於」。《札記》云：「吴校元板『齊』誤『秦』。」

**河渭絶一日**〔六·二二三九〕　中統、毛本作「一曰河渭絶」，非。

---

❶「君」，原作「軍」，據嘉業堂本改。

**秦拔我襄城**〔六・二二三九〕　《字類》五「抚」下云：「《史記・魏世家》『秦抚我襄城』，讀作拔。」

**二年佐韓攻秦**〔六・二二三九〕　各本「二」作「三」，此誤。

**秦祓我新垣曲陽之城**〔六・二二三九〕　本「拔」誤「祓」。

**又拔我二城**〔六・二二四〇〕　舊刻、殿本「二」作「三」，《考證》云：「《六國年表》作『秦拔我兩城』。」

**在脩武**〔六・二二四一〕　舊刻、李、凌本「脩」作「修」。

**鄭一作廪丘**〔六・二二四一〕　毛本「鄭」下有「丘」字。

**鄭丘今爲宋公縣**〔六・二二四一〕　毛本「縣」誤「孫」。

**中旗馮琴而對曰**〔六・二二四一〕　百衲、舊刻、南雍、李、程、殿本同，《字類》二引同，各本無「而」字，《書鈔》一百三十九引同。

**不湛者三版**〔六・二二四二〕　游、正德本「湛」作「浸」，《札記》引吴校元板同，《考證》云：「『湛』，一作『浸』。」《書鈔》引作「下者三板」。

**尚賢其在晉陽之下也**〔六・二二四一〕　《書鈔》引「陽」作「城」，無「也」字。

**願王之必勿易也**〔六・二二四二〕　《索隱》無「必」字，《書鈔》引作「願王之勿輕易也」。

**冠蓋相望也**〔六・二二四二〕　中統、舊刻、游、正德、王、柯、秦、李本「蓋」作「盖」，俗省。

**遂約車而遣之**〔六・二二四二〕　中統、游、正德本「車」作「乘」。

**稱東藩**〔六·二二四二〕 毛本「藩」作「籓」，下同。

**以奏之彊足以爲與也**〔六·二二四二〕 本「秦」誤「奏」。

**使之大急**〔六·二二四三〕 李、凌、程本「大」作「太」。

**秦與戎翟同俗**〔六·二二四三〕 凌本旁注「一作『族』」。

**无忌謂魏王曰**〔六·二二四三〕 百衲同，各本「无」作「無」，《雜志》云：「楊倞注《荀子·彊國篇》引此『无忌』作『朱忌』，《魏策》作『朱己謂魏王曰』，己、忌古同聲，則《史記》之本作『忌』甚明。楊倞引作『朱忌』，則唐時本尚未誤。」

**兩弟無罪**〔六·二二四四〕 毛本「弟」誤「地」。

**與大梁鄰**〔六·二二四四〕 《索隱》「鄰」作「鄰」，云「《戰國策》『鄰』作『鄰』字，爲得」，是其所據本正作「鄰」也。

**今負彊秦之親**〔六·二二四四〕 舊刻「彊」作「强」。

**絶漳滏水**〔六·二二四四〕 中統、游、正德、王、柯、秦、凌本「滏」作「釜」，《字類》三《補遺》引同。

**道涉山谷**〔六·二二四四〕 《索隱》無「山」字。

**而改冥阨之塞**〔六·二二四四〕 《續漢書·郡國志》注江夏郡下引《史記》「阨」作「阸」。

**孫檢曰云云**〔六·二二四五〕 凌本此條混入《正義》。

**徐廣曰或以爲今江夏鄳縣**〔六·二二四五〕 中統、舊刻本「鄳」誤「鄂」，《郡國志》注江夏郡「鄳」下引「徐廣云即此縣也」，作「鄳」是。

**一無此字**〔六・二二四五〕　王、柯、南雍、秦、李、凌、程、殿本「此」作「左」。

**夫秦固有懷茅**〔六・二二四五〕　舊刻「茅」誤「矛」。

**在脩武**〔六・二二四六〕　舊刻、程本「脩」作「修」。

**徐廣曰在平皐**〔六・二二四六〕　中統本「曰」誤「内」。舊刻「在」誤「有」。凌本脱此條，所列《正義》有「邢丘在平皐」五字，不引徐廣説。

**成皐滎陽**〔六・二二四六〕　百衲、中統、舊刻、王、柯、南雍、秦、李、凌、程、毛、殿本「滎」作「滎」。

**卷縣屬魏地**〔六・二二四六〕　各本「地」作「也」。

**決熒澤水灌大梁**〔六・二二四五〕　舊刻、毛本「熒」作「滎」，正德本誤「縈」。

**召陵有安陵郡**〔六・二二四六〕　殿本「郡」作「鄉」。

**秦萊陽昆陽**〔六・二二四五〕　百衲、中統本「萊」作「蓁」，各本作「葉」。凌本上「陽」字誤「縣」。

**與舞陽鄰**〔六・二二四五〕　百衲、毛本同，各本「舞」作「武」。

**又云河南梁縣有注城**〔六・二二四八〕　游、正德、柯、秦、凌本「梁」誤「縣」，鄂刻王本已改「梁」。游、正德本「城」誤「成」。殿本脱此條。

**一作城也**〔六・二二四八〕　舊刻脱「一」字。

**文臺墮**〔六・二二四七〕　《索隱》「墮」作「隳」，《郡國志》注濟陰郡下引《史記》同，正德本作「隋」。

**名都數百**〔六・二二四七〕 毛本「都」誤「郡」。

**禍必由此矣**〔六・二二四八〕 《札記》云：「《國策》『由』作『百』，案《元龜》七百三十五、七百三十六引並作『繇』，則所見《史》文不作『百』。」

**異日者**〔六・二二四九〕 《索隱》無「者」字。

**秦橈之以講**〔六・二二四九〕 中統、舊刻、游、正德、王、柯、秦、凌、程、殿本「橈」作「撓」。

**韓必効之**〔六・二二四九〕 王、柯、南雍、秦、李、凌、程、殿本「効」作「效」。

**而乂與彊秦鄰之禍也**〔六・二二四九〕 本「又」誤「乂」，《札記》云：「案《元龜》七百三十六引『又』下有『免』字。」

**魏齊甚畏**〔六・二二五〇〕 中統本「甚」誤「其」。

**矯奪將軍晉鄙兵**〔六・二二五〇〕 各本「奪」作「奪」。李本「矯」誤「驕」。

**敗之河外**〔六・二二五〇〕 南雍、李、凌、程本「外」作「内」，瞿氏據宋本《魏世家》「無忌歸魏，率五國兵攻秦，敗之河外」，不作「河内」。

**走蒙驁**〔六・二二五〇〕 程本「驁」誤「鷔」。

**公孫喜固謂魏相曰**〔六・二二五〇〕 中統、游、正德本「固」作「因」。舊刻「謂」作「爲」。

**請以魏疾擊秦**〔六・二二五〇〕 正德本「疾」字空格。

**太子增立**〔六・二二五一〕 毛本作「立太子增」。

**衛從濮陽徙野王**〔六・二二五一〕　舊刻、游、正德、王、程、毛本同，各本「從」誤「徙」。游本「濮」誤「僕」。

**十二年獻城秦**〔六・二二五一〕　殿本「秦」上有「於」字，正德本空一格。

**子王假立**〔六・二二五一〕　舊刻「子王」誤「王下」。

**秦殺假**〔六・二二五二〕　中統本「殺」誤「投」。

**説者皆曰**〔六・二二五二〕　中統本「曰」誤「日」。

**雖得阿衡之佐**〔六・二二五二〕　《索隱》「佐」作「徒」。

# 卷四五　韓世家第十五

**晉司寇屠岸賈將作亂**〔六・二二六〇〕　中統本「亂」作「乱」，俗。

**獲逢丑父**〔六・二二六〇〕　舊刻「逢」作「逄」。

**號爲獻子**〔六・二二六〇〕　中統、游本「獻」作「献」，俗，下並同。

**卜大業之不遂者爲祟**〔六・二二六〇〕　中統本「祟」誤「祟」。

**宣子徙居州**〔六・二二六〇〕　單本《索隱》「徙」誤「徒」。

**卒歸於韓魏趙矣**〔六・二二六〇〕　游本「歸」誤「居」。

**子貞子代立**〔六・二二六〇〕　「貞」缺筆，下並同。

**斑氏亦同**〔六・二二六一〕　百衲、舊刻本同，各本「斑」作「班」。

**簡子卒子莊子代**〔六・二二六一〕　《札記》云：「據徐廣説，《史》云『貞子生康子』，則今本《史》文簡、莊二代後人所增。」

**康子與趙襄子魏桓子**〔六・二二六一〕　「桓」缺筆，下並同。

**□□文侯二年**〔六・二二六二〕　文上空二格，各本不空，惟百衲與此同。

**因徙都鄭**〔六・二二六二〕　柯本「徙」誤「徒」。

**宋取我黄池**〔六・二二六三〕　舊刻「黄」誤「潢」。

**魏取朱**〔六・二二六三〕　柯、秦、凌本「朱」誤「宋」，鄂刻王本已改「朱」。《志疑》云：「《表》云『魏取我朱』，則『宋』字湖本誤刻也，他本並作『朱』。」

**脩術行道**〔六・二二六三〕　李、凌、毛本「脩」作「修」。

**諸侯不來侵伐**〔六・二二六三〕　舊刻「來」作「来」，下同。

**□時**〔六・二二六四〕　空格「不」字。

**時衰耗而作奢侈**〔六・二二六四〕　毛本「衰」誤「襄」。

**魏敗我韓舉**〔六・二二六四〕　百衲、毛本同，瞿氏據宋本同，《索隱》及各本「韓」上有「將」字。

**潁川郟陵縣**〔六・二二六四〕　百衲、中統、凌、毛、殿本作「潁」，游本誤「穎」，此與各本誤「頴」。

**秦敗我脩魚**〔六・二二六五〕　李本「脩」作「修」。

**虜得韓將鯁申差於濁澤**〔六・二二六五〕　舊刻「鯁」誤「鯾」。

**一云鰒申差**〔六・二二六五〕　游、正德本「鰒」誤「鯁」。

**韓必德王也**〔六・二二六五〕　《索隱》「必」作「之」。

**必不爲鴈行以來**〔六·二二二六五〕 《索隱》無「爲」字。

**不穀將以楚徇韓**〔六·二二二六五〕 《索隱》「徇」作「殉」，李、程本作「狥」。

**夫輕欺彊秦**〔六·二二二六五〕 百衲、中統、舊刻、游、正德、毛本「彊」作「强」。

**潁陰有岸亭**〔六·二二二六五〕 百衲、中統、王、柯、南雍、秦、凌、程、毛、殿本同，❶舊刻、游、正德、李本「潁」誤「穎」。

**周出赧之三年也**〔六·二二二六七〕 南雍、李、程本「出郝」作「赧王」，各本作「王赧」，中統本誤作「王報」，下注「赧王九年」同。

**圍景痤也**〔六·二二二六七〕 柯、南雍、秦、李、凌、程、殿本「痤」作「座」，鄂刻王本已改「痤」。

**張儀死**〔六·二二二六七〕 中統本「儀」誤「義」。

**與秦會臨晉**〔六·二二二六七〕 中統本「與」作「𠀋」。

**公子咎公子幾虱**〔六·二二二六八〕 百衲同，毛本「虱」作「蝨」，各本作「虱」，下並同。《志疑》云：「『虱』乃俗字，當作『蝨』，《策》作『幾瑟』。」

**蘇伐謂韓咎曰**〔六·二二二六八〕 本「代」誤「伐」。

---

❶「秦」下，原有「李」字，日本國立公文書館藏李本作「潁」，據刪。

**秦本紀**〔六·二二六九〕　中統、游、正德本「秦」作「案」，舊刻作「按」。

**然則此卷所云湣王十二年**〔六·二二六九〕　舊刻「湣」誤「襄」。

**殆不合矣**〔六·二二六八〕　「合」字泐。

**公仲四**〔六·二二六八〕　本「曰」誤「四」。

**是秦孤也**〔六·二二六八〕　百衲、中統、舊刻、游、正德本同，《雜志》引宋本同，與《韓策》合，王、柯、南雍、秦、李、凌、程、殿本「秦孤」作「孤秦」。

**今其狀陽言與韓**〔六·二二六八〕　游、正德本「今」誤「令」。

**公戰而勝楚楚遂與公乘楚**〔六·二二六八〕　各本不重「楚」字，此下「楚」字衍。

**虒三川而歸**〔六·二二六八〕　王、柯、南雍、秦、李、凌、程、殿本「虒」作「施」。

**司馬庚三反於郢**〔六·二二六九〕　中統、舊刻、游、正德、柯本「反」作「及」。

**一作唐**〔六·二二七〇〕　凌本「唐」作「康」，《考證》云：「《戰國策》作『司馬康』。」

**斬首二萬**〔六·二二七〇〕　中統、舊刻、游、正德本「二」作「一」。中統本「萬」作「万」。

**然爾時張儀已死十年矣**〔六·二二七〇〕　百衲、舊刻、毛本同，中統、游、正德本「爾」作「耳」，王、柯、南雍、秦、李、凌、程、殿本作「其」。

**蘇代又謂秦太后弟芉戎曰**〔六·二二七一〕　百衲、毛本「芉」作「羋」，是，舊刻誤「芋」，各本誤「芊」。

**公何不爲韓求質於楚**〔六・二二七一〕　《索隱》「質」下有「子」字，《札記》云：「與下『爲秦求質子』句法一例，《國策》亦有，各本並脱。」

**與秦會兩周間**〔六・二二七二〕　柯、凌本「兩」誤「西」，《札記》云：「涉上而誤。」

**一作筌**〔六・二二七三〕　舊刻「筌」誤「巫」，中統本誤「筮」。

**夫冠蓋相望**〔六・二二七二〕　舊刻「蓋」作「盖」，俗。

**則將變而佗從**〔六・二二七二〕　游、正德本「佗」作「他」。

**請令發兵救韓**〔六・二二七二〕　百衲、中統、舊刻、游、王、秦、毛本「令」作「今」，《志疑》云：「毛本『令』作『今』，是。」

**秦拔我城皐榮陽**〔六・二二七三〕　百衲、中統、正德、王、柯、南雍、秦、李、凌、程、毛、殿本「榮」作「滎」。

**秦悉故我上黨**〔六・二二七三〕　各本「故」作「拔」，此誤。

**爲穎川郡**〔六・二二七三〕　舊刻、李本「潁」誤「穎」，游、正德本誤「潁」。

**太史公曰**〔六・二二七四〕　百衲不提行。

**然與趙魏終爲諸侯十餘世**〔六・二二七四〕　中統、舊刻、游、正德本「爲」作「於」。

# 卷四六　齊田敬仲完世家第十六

**陳厲公佗之子也**〔六・二二七九〕　《索隱》「佗」作「他」，《札記》云：「凌本『佗』。」案各本並作「佗」，不獨一凌本也。

**姜姓四嶽之後**〔六・二二七九〕　殿本此下有《集解》「杜預云『姜姓之先爲堯四嶽也』」十二字，王、柯、秦、凌本「杜預」上有「《正義》曰」三字，則非《集解》文也。南雍本有之，不標《正義》，殿本遂誤作《集解》。

**是爲桓公**〔六・二二七九〕　「桓」缺筆，下同，惟二葉四「桓」字、七葉四「桓」字不缺。

**故陳完不得立**〔六・二二八〇〕　毛本「完」誤「桓」。

**宣公十一年**〔六・二二八〇〕　各本不提行，百衲空一格。

**幸得免負檐**〔六・二二八〇〕　百衲、中統、舊刻、游、程本「檐」作「擔」。

**是謂鳳皇于蜚**〔六・二二八〇〕　毛本「蜚」作「飛」，《類聚》五十一引同。

**仲生穉孟夷**〔六・二二八〇〕　《索隱》「仲」上有「敬」字，各本脱。凌本「穉」作「稺」。

**以陳字爲田氏**〔六・二二八〇〕　《札記》云：「陳字，毛本『氏』。」案毛本亦作「字」。

**應劭云**〔六・二二八〇〕　游本「劭」誤「邵」。

**始食菜邑**〔六·二二八〇〕　殿本「菜」作「采」。

**田釐子乞**〔六·二二八一〕　百衲「田」上空一格。

**其粟予民以大斗**〔六·二二八一〕　《雜志》云：「『粟』當爲『稟』，《太平御覽·器物部》引《史記》作『廩』，是其證。」案鮑刻《御覽》七百六十五《器物部》引此文亦作「粟」，疑所據本異。

**宗族益彊**〔六·二二八一〕　《御覽》七百六十五引「彊」作「强」。

**作粥子**〔六·二二八二〕　各本「作」上有「一」字，此脱。

**景公卒**〔六·二二八二〕　李本「公」誤「物」。

**始諸大夫不欲立⿰子焉子**〔六·二二八二〕　百衲同，各本「⿰子焉」作「孺」，下「⿰子焉子既立」同。

**又紿大夫曰**〔六·二二八二〕　中統本「紿」誤「給」。

**遂返殺高昭子**〔六·二二八二〕　百衲、毛本同，各本「返」作「反」。

**置坐中央**〔六·二二八二〕　舊刻、游、正德本「坐」作「座」。

**乃使人遷晏孺子於駘**〔六·二二八二〕　中統、游、正德本「駘」誤「駘」。

**鮑牧與齊悼公有郤**〔六·二二八三〕　各本「郤」作「郄」。

**田常成子與監止**〔六·二二八三〕　毛本「止」誤「正」。

**一作闞**〔六·二二八三〕　凌、殿本上有「駰案監」三字，正德、王、柯、南雍、秦、李、程本並有「監」字。中統本「闞」誤「闌」。

**於是田常復脩釐子之政**〔六・二二八三〕　李、淩、程、毛本「脩」作「修」，下「脩功行賞」同。

**田常兄弟四人乘如公宫**〔六・二二八三〕　《齊太公世家》索隱引此無「乘」字。

**追執簡公于徐州**〔六・二二八四〕　毛本「于」作「於」。

**南通吴越之使**〔六・二二八四〕　百衲「通」作「之」。

**田常乃選齊國中女長子七尺以上爲後宫**〔六・二二八六〕　百衲、中統、舊刻、游、秦、毛本同，各本「長」字在「子」下，《讀書記》云「『長子』作『子長』」。

**一作塈**〔六・二二八六〕　中統、游、正德、王、柯、南雍、秦、李、淩、程、殿本「一」上有「盤」字。

**田莊子相齊宣公**〔六・二二八六〕　李本「田」誤「曰」。

**伐晉**〔六・二二八六〕　李本「伐」誤「代」。

**伐衛取毌丘**〔六・二二八六〕　《索隱》出「伐衛取毌」四字，云「毌音貫，古國名，衛之邑。今作『毋』者，字殘缺耳」。《考異》云：「予謂『毌』古『貫』字，與『毋』音義俱别，《史記》多古字，故以『毌』爲『貫』，非字之缺也。」《志疑》云：「『母』當作『毌』，衍『邱』字。」

**桓公午五年**〔六・二二八七〕　百衲「五」作「元」。

**伐魯破之**〔六・二二八八〕　正德本「伐」誤「代」。

**晉伐我至博陵**〔六・二二八九〕　《札記》云：「《御覽》百六十三引『齊威王伐晉至博陵』，徐廣注『東郡之博陵也』，以晉伐齊爲齊伐晉，傳寫誤。其徐注則今本脱落矣。」

**毀言曰至**〔六・二二八九〕　此與下文「譽言曰聞」二「言」字，皆後人所加。《雜志》引舊本《北堂書鈔・封爵部下》《刑法部下》、《藝文類聚・治政部上》、《太平御覽・封建部一》《職官部六十四》《治道部四》《刑部十一》，引此皆無兩「言」字，《通典・職官十五》同。

**封之萬家**〔六・二二八九〕　《書鈔》四十八下有「之邑」。

**召阿大夫語曰**〔六・二二八九〕　《類聚》五十二引「語」下有「之」字。

**譽言日聞**〔六・二二八九〕　《類聚》引無「言」字，「聞」下有「矣」字。

**是子以幣厚吾左右以求譽也**〔六・二二八九〕　《類聚》引「厚」作「享」。

**騶忌子以鼓琴見威王**〔六・二二九〇〕　《書鈔》一百九引「騶」作「鄒」。

**夫大絃濁以春温者君也**〔六・二二九〇〕　《索隱》及各本「絃」作「弦」。《索隱》「温」上無「春」字，《御覽》五百七十七引同，《志疑》云：「蓋後人附注異本，傳寫連爲『春温』耳。」《雜志》云：「今本作『春温』者，一本作『温』，一本作『春』，而後人誤合之耳。《太平御覽・人事部》引此作『春』，從别本也。陳祥道《禮書》引作『春温』，則所見本已誤。」

**小絃廉折以清者相也**〔六・二二九〇〕　各本「絃」作「弦」，注及下並同。

**以叉持也**〔六・二二九〇〕　百衲、王、秦、凌、李、毛本「叉」作「爪」。百衲「持」下有「弦」字。

**王曰善語音**〔六・二二九〇〕　程本「音」誤「者」。

擭之深而醳之愉者〔六·二三九〇〕　南雍、李、程、殿本同，各本「醳」作「舍」。

狶膏棘軸〔六·二三九〇〕　中統、舊刻、游本「狶」誤「稀」。

一作乾〔六·二三九一〕　凌本「一」上有「幹」字。

然而不能傅合疏罅〔六·二三九一〕　中統、游、正德、程本「傅」誤「傳」，「罅」誤「罇」。

狐裘雖弊〔六·二三九一〕　毛本「弊」作「敝」。

請謹脩法律〔六·二三九一〕　李、凌、毛本「脩」作「修」。

趨出〔六·二三九一〕　舊刻「趨」作「趍」。

新序曰〔六·二三九二〕　凌、殿本上有「駰案」二字，下引左思《齊都賦》注同，殿本下劉向《别録》、《宋世家》、《地理志》並同。

淳于髡之徒禮倨〔六·二三九二〕　柯本「禮」作「礼」，下並同。

騶忌荅之如應響〔六·二三九二〕　各本「荅」誤「紅」。

騶忌之禮踞〔六·二三九二〕　游本「禮」作「礼」，下同。

淳于髡之禮卑〔六·二三九二〕　李本脱「髡」字。

故所以尚于將莫邪者〔六·二三九二〕　本「干」誤「于」。

所以尚騏驥者〔六·二三九二〕　正德本「騏」誤「其」。

**則系氂能挈石**〔六・二二九二〕 殿本「系」誤「孫」。毛本「氂」作「犛」。

**駑馬亦能至遠**〔六・二二九二〕 各本「至」作「致」。

**號曰成侯**〔六・二二九一〕 本「成」誤「戍」。

**若寡人小國也**〔六・二二九二〕 《後漢書・黨錮李膺傳》引此文作「寡人之國雖小」。

**吾臣有盼子者**〔六・二二九二〕 百衲、舊刻、秦本同，各本「盼」作「肦」，是，毛本作「昐」。

**將以照千里**〔六・二二九三〕 《後漢書》引上有「以此爲寶」四字，疑脱。

**故不如南攻襄陵以弊魏**〔六・二二九三〕 舊刻「弊」作「敝」，下「邯鄲拔而乘魏之獘」「夫韓魏之兵未敝」「而晚承魏之敝」「乘屈丐之弊」並同。

**田忌必將**〔六・二二九三〕 百衲「田」誤「侯」。

**一作夫**〔六・二二九四〕 各本「夫」下有「人」字。

**因遂率其徒**〔六・二二九四〕 《索隱》無「遂」字。

**秦用商鞅**〔六・二二九五〕 各本「商」作「啇」。

**吾因深結韓之親**〔六・二二九五〕 毛本「深」誤「親」。

**宣王田善**〔六・二二九五〕 本「曰」誤「田」。

**徐廣田**〔六・二二九六〕 本「曰」誤「田」。

嬰一作盼〔六・二二九六〕　毛本同，各本「盼」作「肦」。

孫子爲師〔六・二二九五〕　舊刻同，各本「師」作「帥」，《考證》云：「帥，一作『師』。」《志疑》云：「『帥』乃『師』之誤，在軍中爲軍師也，《表》《傳》可據。」

救韓趙自擊魏〔六・二二九五〕　百衲、中統、舊刻、游、正德本「自」作「目」，王、柯、南雍、秦、李、凌、程、殿本作「以」，毛本誤作「臣」，《札記》云：「葉校作『自』，蓋亦本作『目』也。」

表曰〔六・二二九六〕　王、柯、南雍、秦、李、凌、程、殿本「曰」作「云」。正德本「表」上有「按年」二字，衍。

宣王喜文學游説之士〔六・二二九六〕　舊刻「游」作「遊」。

環淵之徙〔六・二二九六〕　各本「徙」作「徒」，此誤。

皆賜列第〔六・二二九六〕　百衲、王、秦本「第」作「弟」。

是以齊稷下學士復盛〔六・二二九六〕　中統、游本「學」作「斈」，俗。

湣王元年〔六・二二九七〕　百衲提行。

迎婦于秦〔六・二二九七〕　毛本「于」作「於」，下「歸涇陽君于秦」同。

在濟陰寃朐〔六・二二九八〕　舊刻、游、正德、王、柯、南雍、秦、李、凌、程、殿本「寃」作「宛」。

馮因摶三國之兵〔六・二二九八〕　游、正德、毛本「摶」誤「搏」。下「儀將摶三國之兵」，此本亦誤「搏」。

猶并合制領之謂也〔六・二二九九〕　各本「猶」上有「專」字。

**實伐三川而歸**〔六・二二九八〕　游、正德、王、柯、南雍、秦、李、凌、程本「伐」誤「代」。

**而不欲與齊地也**〔六・二二九九〕　各本「齊」作「韓」。

**而東兵以徇服魏**〔六・二二九八〕　柯、秦、程本「徇」作「狥」。

**表曰**〔六・二三〇〇〕　正德本「表」上衍「按年」二字。

**大有功**〔六・二三〇〇〕　正德本「功」下衍「也」字。秦本「大」誤「犬」。

**孟嘗君爲相**〔六・二三〇〇〕　凌本「孟」上衍「時」字。

**左思齊都賦注曰**〔六・二三〇一〕　王、柯、南雍、秦、李、凌、程、殿本「注」作「註」，非。

**不知爲是一門非耶**〔六・二三〇一〕　舊刻、凌本「耶」作「邪」。

**且讓争帝名**〔六・二三〇〇〕　「讓」缺筆。

**宋世家云**〔六・二三〇一〕　游本「宋」誤「朱」。

**陽地濮陽之地**〔六・二三〇一〕　正德本上衍「徐廣曰」三字。

**願王孰慮之**〔六・二三〇〇〕　舊刻「孰」作「熟」。

**伏式結軼東馳者**〔六・二三〇一〕　王、南雍、李、凌、程、毛、殿本同，各本無「結軼」二字。

**案其餘諸傳**〔六・二三〇二〕　正德本「案」作「按」。

**爲莒太史敫家庸**〔六・二三〇三〕　各本「敫」作「敫」，此文下「太史敫女」「太史敫曰」亦皆作「敫」，當改正。

**而與私通焉**〔六・二三〇三〕　中統、游、正德本「與」下有「之」字。

**入臨淄**〔六・二三〇三〕　毛本同，各本「淄」作「菑」，下同。

**子建立**〔六・二三〇三〕　柯本「建」誤「楚」。

**威郤彊秦之兵**〔六・二三〇四〕　中統、舊刻、正德本「彊」作「强」。

**地里志**〔六・二三〇五〕　各本「里」作「理」。

**天下壹并於秦**〔六・二三〇四〕　程本「壹」作「一」。

**秦又□予金**〔六・二三〇四〕　空格「多」字。

**不脩□戰之備**〔六・二三〇四〕　空格「攻」字。凌、毛本「脩」作「修」。

**戰國策曰**〔六・二三〇五〕　凌本「曰」作「云」。

**蓋孔子晚而喜易**〔六・二三〇五〕　舊刻「蓋」作「盖」。

**非通人達才**〔六・二三〇五〕　李本「人」誤「大」。

**田敬仲完**〔六・二三〇五〕　「敬」「完」並缺筆，下「及完奔齊」同。案以上不缺。

**及完奔齊**〔六・二三〇五〕　李本「及」誤「又」。

# 卷四七　孔子世家第十七

**與顔氏女**〔六・二三〇九〕　各本「與」上有「紇」字，此脱。

**蓋其慎也**〔六・二三一一〕　舊刻「蓋」作「盖」，俗省字，下「蓋見老子云」「而孔子蓋年三十矣」「蓋周文武蓋優哉游哉」「師蓋云文王操也」「夫子蓋少貶焉」「蓋三千焉」，注「蓋今鉅野是也」，並同。

**聊人輓父之母**〔六・二三一一〕　毛本「聊」作「陬」。

**孔子腰經**〔六・二三一二〕❶　各本「腰」作「要」。

**誠其嗣懿子曰**〔六・二三一二〕　柯本「誡」誤「誠」。

**聖人謂商湯**〔六・二三一三〕　游本同，各本「商」作「商」，下同。

**始有宋而嗣讓厲公**〔六・二三一二〕　百衲無「讓」字，《札記》云：「案《左傳》作『以有宋而授厲公』，《史》蓋以『讓』字代『授』字，聲轉爲『嗣』，而後人或又兩存之也。」

**敬鼎銘云**〔六・二三一二〕　各本「敬」作「故」，此誤。

---

❶「經」，原作「經」，據嘉業堂本改。

**考父廟之鼎**〔六・二三一三〕　舊刻「廟」作「庙」，下注「而魯事非禮之廟」同。

**皆恭敬之皃也**〔六・二三一三〕　舊刻、游本同，百衲「之皃」作「以皃」。各本「皃」作「貌」。

**以糊余口**〔六・二三一三〕　舊刻同，各本「糊」作「餬」。

**饘粥餬屬**〔六・二三一三〕　中統、舊刻、游本「屬」作「属」，下注「今屬吴興郡」同，又「烏獲舉千鈞之屬也」，中統、游本亦作「属」。

**嘗爲氏史**〔六・二三一四〕　《孟子・萬章》疏引此作「嘗爲委氏吏」，《札記》云：「『季氏史』，宋本、王本作『史』，它本並作『吏』。」案《索隱》及各本並作「史」，無作「吏」者，不知所謂它本何指也？

**嘗爲司職吏**〔六・二三一四〕　舊刻「吏」作「史」。

**斥乎齊**〔六・二三一四〕　舊刻「斥」誤「斤」。

**一竪子**〔六・二三一四〕　各本「竪」作「豎」。

**魯君予之一乘車**〔六・二三一四〕　中統、游、正德、王、柯、南雍、秦、李、凌、程、殿本「予」作「與」。

**辭去**〔六・二三一四〕　凌本「辭」作「辤」，下「孔子辭謝」「仲尼辭不知」並同。

**蓋見老子云**〔六・二三一四〕　王、柯、秦本「蓋」作「盖」。

**仁人者送人以言**〔六・二三一四〕　《札記》云：「吴校删『人』字。」

**好議人者也**〔六・二三一四〕　《御覽》三百九十引「人」下有「之非」二字，無「者」字。

**博辨廣大**〔六・二三一四〕　毛本同，各本「辨」作「辯」。百衲「大」誤「太」。《御覽》引「廣」作「宏」。

**而危其身者**〔六・二三一四〕　各本無「而」字，《御覽》引有。

**爲人臣者毋以有己**〔六・二三一四〕　《御覽》引「有」誤「無」，「己」下有「也」字。

**孔子自周反于魯**〔六・二三一四〕　毛本「于」作「於」，下「陽虎不信，奔于齊」「齊人必至于北門」「蔡遷于吴」「有隼集于陳廷而死」「去葉反于蔡」「軍于城父」「至于漢二百餘年不絶」「至于賢人衆矣」並同。

**楚靈王兵彊**〔六・二三一五〕　程本「彊」誤「疆」。

**附於晉則楚來伐**〔六・二三一五〕　舊刻「來」作「求」，下並同。

**而孔子蓋年三丁矣**〔六・二三一五〕　本「十」誤「丁」。

**起纍紲之中**〔六・二三一五〕　舊刻「纍」作「縲」。

**陳恒制齊**〔六・二三一六〕　「恒」缺筆，避宋真宗諱。

**滑稽而不可軌法**〔六・二三一六〕　舊刻「軌」誤「執」。

**趨詳之節**〔六・二三一六〕　舊刻「趨」作「趍」，下「齊有司趨而進曰」「孔子趨而進」，又「齊司趨而進曰」，又「孔子趨而進」「子貢趨而進曰」「趨而去」「趨進翼如也」，並同。

**孟氏爲一卿**〔六・二三一七〕　各本「一」作「下」，此誤。

**定公五年**〔六・二三一七〕　百衲提行。各本「五」上有「立」字，此脱。

**桓子嗣立**〔六・二三一七〕「桓」缺筆，下同，惟四葉二「桓」字不缺，十葉四「桓」字二缺二不缺。

**以孔子博物測之**〔六・二三一七〕正德、秦本「測」誤「側」。

**木石之怪夔罔閬**〔六・二三一七〕《字類》三引作「土石之怪夔罔閬」。

**好學人聲而迷惑人也**〔六・二三一七〕各本「惑」作「惑」，此誤。

**墮會稽**〔六・二三一八〕《索隱》「墮」作「隳」。

**群神謂主山川之君**〔六・二三一八〕舊刻「群」誤「郡」。毛本「主」誤「王」。

**陳尸爲戮**〔六・二三一八〕中統本「戮」誤「滅」。

**其守爲神**〔六・二三一八〕游本「守」誤「首」。

**吴郡永安縣**〔六・二三一九〕各本「吴」上有「在」字，此脱。

**晉太康元年**〔六・二三一九〕各本「晉」上有「駰案」二字，此脱。

**僬僥西南蠻之别名也**〔六・二三一九〕秦本「别」誤「列」。

**案括地志在大秦國北也**〔六・二三一九〕百衲「國」作「国」，「北」作「地」。陵、毛本「案」作「按」。《札記》云：「案裴駰無引《括地志》之理。尋《大宛傳》正義引《括地志》固有『小人國』一條，云在大秦南，即僬僥國。蓋後人撮注其文於旁，遂混入《集解》，又誤『南』爲『北』也。」

**陽虎報懷**〔六・二三一九〕各本「報」作「執」，此誤。

**與盟而醳之**〔六・二三一九〕 游、正德本「醳」作「釋」。

**退而脩詩書禮樂**〔六・二三一九〕 凌毛本「脩」作「修」。

**奔于齊**〔六・二三二〇〕 殿本「奔」作「犇」，下「二子奔齊」同。

**孔子循道彌久**〔六・二三二〇〕 本「久」誤「夕」。

**莫能己用**〔六・二三二〇〕 本「用」誤「周」。

**蓋周文武起豐鎬而王**〔六・二三二〇〕 舊刻「豐」誤「豊」。

**齊乃使使告魯**〔六・二三二〇〕 中統本「告」誤「吉」。

**司馬彪曰**〔六・二三二一〕 王、柯、南雍、秦、李、凌、程、殿本「曰」作「云」。

**古者諸侯出疆**〔六・二三二一〕 中統、游、正德本「疆」誤「彊」。

**匹夫而熒惑諸侯者**〔六・二三二一〕 《索隱》出「熒惑」二字，云：「謂經營而惑亂也。」《札記》云：「《索隱》本『營』，各本『熒』。」案《索隱》以「熒」「營」同音字，故以「營」釋「熒」，未嘗改正文「熒」字作「營」也，游、正德、王、秦本《索隱》均已誤「熒」爲「營」，柯、凌本仍作「熒」，與單本同。

**則謝以實**〔六・二三二一〕 舊刻「實」作「質」。

**將墮成**〔六・二三二二〕 毛本「成」誤「城」。

**太山博縣北有龜山**〔六・二三二三〕 正德本「博」誤「傅」。

**三肅曰**〔六・二三二三〕　本「王」誤「三」。

**三都三家之邑也**〔六・二三二三〕　中統本下「三」字誤「二」。

**魯國卞縣南有姑蔑城**〔六・二三二三〕　舊刻「卞」誤「下」。

**公歛處父謂孟孫曰**〔六・二三二三〕　百衲、毛本「歛」作「斂」。

**泰山鉅平縣東南有成城也**〔六・二三二三〕　游、正德本「鉅」誤「鏵」。

**服虔曰成宰也**〔六・二三二三〕　舊刻「服虔」作「張晏」，非。

**有司常供其職**〔六・二三二四〕　程本「常」作「嘗」。毛本「其」誤「具」。

**客永而有在也**〔六・二三二四〕　本「求」誤「永」。

**庸遲乎**〔六・二三二四〕　李、殿本同，各本「遲」作「遟」，舊刻作「遲」。

**於是旍旄羽袚**〔六・二三二四〕　《字類》五《補遺》引作「旍旄羽袚」。

**陳女樂文馬於魯城南高門外**〔六・二三二四〕　百衲無「文」字。

**屯在魯之南也**〔六・二三二四〕　殿本上有「騶案」二字，下引「《左傳》曰太叔名疾」，又兩引《皇覽》，並同。

**桓子喟然歎曰**〔六・二三二四〕　凌、程、殿本「歎」作「嘆」。

**過匡**〔六・二三二五〕　「匡」缺筆，下並同。

**孔安國曰言與孔子相失故在後也**〔六·二三二六〕　殿本脱此條，蓋沿南雍之舊。

**言不能違天以害己**〔六·二三二六〕　程本「己」誤「也」。

**主籧伯玉家**〔六·二三二七〕　百衲、舊刻本同，各本「籧」作「蘧」。

**孔子辭謝**〔六·二三二七〕　毛本「謝」誤「誰」。

**夫人自帷中再拜環珮玉聲璆然**〔六·二三二七〕　《書鈔》一百三十二引「夫人在絺帷中而拜，環珮之聲鏘然」。

**猶文王之拘羑里也**〔六·二三二七〕　本「羑」誤「姜」。

**則弃邪而反正矣**〔六·二三二七〕　舊刻、游、正德、毛、殿本「弃」作「棄」。

**故纍然不得志之皃也**〔六·二三二八〕　百衲、舊刻本同，各本「皃」作「貌」。

**既斂而槨**〔六·二三二八〕　百衲、中統、毛本同，各本「斂」作「歛」。

**形狀未也**〔六·二三二八〕　百衲、舊刻本同，各本「未」作「末」，《志疑》云：「《白虎通》《論衡》《家語》『末』皆作『未』，《史詮》謂字之誤。」

**而似喪家之狗**〔六·二三二八〕　舊刻「似」上有「謂」字。

**主於司城貞子家**〔六·二三二八〕　「貞」缺筆，下注「女貞」同。

**楚圍蔡**〔六·二三二八〕　舊刻「楚」下有「兵」字。

**楛矢貫之**〔六·二三三九〕　南雍、李本「楛」誤「楉」，下同。

**隼摯鳥**〔六·二三三九〕　南雍、李、凌、程、毛、殿本「摯」作「鷙」。

**此肅慎之矢也**〔六·二三三九〕　「慎」缺筆，下同，惟「所慎齊戰疾」不缺。

**於是肅慎貢楛矢**〔六·二三三九〕　本「楛」誤「楉」。

**分異姓以遠方職**〔六·二三三九〕　中統、舊刻、游、正德本「以」作「而」。

**會晉楚爭彊**〔六·二三三〇〕　百衲、程本「彊」誤「疆」。

**陳常被寇**〔六·二三三〇〕　舊刻「常」作「嘗」。

**公叔氏欲以蒲□他國**〔六·二三三一〕　「適」字泐。

**不樂適他**〔六·二三三一〕　正德本「他」誤「也」。

**孔子喟然歎曰**〔六·二三三一〕　舊刻「歎」作「嘆」。

**朞月而已**〔六·二三三一〕　《志疑》云：「一本有『可也』二字。」

**必三年乃有成也**〔六·二三三一〕　舊刻「三」誤「二」。

**不能汙也**〔六·二三三一〕　舊刻「汙」作「污」。

**我豈匏瓜也哉**〔六·二三三一〕　王、柯、秦本「匏」誤「瓠」，注同。

**吾□食物**〔六·二三三二〕　空格「自」字。

**黮然而黑**〔六·一三三一〕　各本「黮」作「黯」。

**黯黑皃**〔六·一三三一〕　百衲、舊刻本同，各本「皃」作「貌」。

**望羊望羊視也**〔六·一三三三〕　正德本不重「望羊」二字。

**心如王四國**〔六·一三三一〕　南雍、程、殿本同，《索隱》及各本無「心」字，凌本旁注「一本『如』字上有『心』字」。

**而聞竇鳴犢舜華之死也**〔六·一三三三〕❶　《索隱》云：「『慶華』或作『舜華』。」則小司馬所據本「舜」作「慶」。

**臨河而嘆曰**〔六·一三三三〕　李、凌本「嘆」作「歎」。

**晉國之賢大夫也**〔六·一三三三〕　毛本脱「晉」字。

**而后從政**〔六·一三三·三三〕　中統、游、正德、王、柯、南雍、秦、李、凌、程、殿本「后」作「後」。

**則騏驎不至郊**〔六·一三三三〕　中統、游、正德、王、柯、南雍、秦、李、凌、程、殿本「騏驎」作「麒麟」。

**覆巢毁卵**〔六·一三三三〕　各本「卯」作「卵」。

**則鳳皇不翔**〔六·一三三三〕　中統、游、正德、程本「皇」作「凰」。

**入主籧伯玉家**〔六·一三三三〕　舊刻、毛本同，各本「籧」作「蘧」。

---

❶ 「舜」，原作「舞」，據嘉業堂本改。

**南宫敬仲救火**〔六・二三三四〕「敬」缺筆。

**桓釐當毀**〔六・二三三四〕殿本「釐」作「僖」。

**故孔子聞有火災**〔六・二三三四〕百衲「災」作「灾」。

**知其加桓僖也**〔六・二三三四〕殿本「加」作「必」。

**喟然歎曰**〔六・二三三四〕中統、舊刻、游、正德、王、柯、南雍、秦、程、殿本「歎」作「嘆」。

**子贛知孔子思歸**〔六・二三三五〕百衲、王、南雍、李、毛本同，各本「贛」作「貢」。

**孔子自陳遷于蔡**〔六・二三三五〕舊刻「于」作「於」，毛本同。

**秋齊景公卒**〔六・二三三五〕各本「此」下有「徐廣曰哀公五年也」八字，此脱。

**食菜於葉**〔六・二三三五〕殿本「菜」作「采」。

**悠悠者周流之皃也**〔六・二三三六〕百衲、舊刻、中統本同，各本「皃」作「貌」。

**從辟人之法者□**〔六・二三三六〕「也」字泐。

**不以津告者**〔六・二三三六〕百衲、中統、游、正德、柯、秦、凌、毛、殿本同，各本「者」作「也」。

**蓧草器名**〔六・二三三七〕柯、凌本「名」下有「也」字。

**植倚□**〔六・二三三七〕「也」字空格。

**丈人出行不在**〔六・二三三七〕中統本「丈」誤「夫」。正德本「在」下有「也」字。

**衰公四年**〔六·二三三七〕 王、柯、南雍、秦、李、凌、毛、殿本「年」下有「也」字。

**皆非仲尼之意**〔六·二三三七〕 百衲無「皆」字。

**弦歌不衰**〔六·二三三七〕 舊刻「弦」作「絃」。

**然謂多學而識之**〔六·二三三八〕 舊刻「謂」字脱言旁。

**問今不然耶**〔六·二三三八〕 舊刻「耶」作「邪」。

**天下殊塗而同歸**〔六·二三三八〕 舊刻「塗」作「途」。

**故不待學**〔六·二三三八〕 中統、游本「待」誤「符」。

**吾道非耶**〔六·二三三八〕 舊刻「耶」作「邪」，下並同。

**豈以未□故乎**〔六·二三三八〕 空格「仁」字。秦本「故」誤「智」。

**言人不使□行而困窮者**〔六·二三三八〕 「通」字泐。

**使智者而必行**〔六·二三三八〕 舊刻「智」作「知」。

**子貢曰**〔六·二三三九〕 「曰」字中畫泐。

**放之爲穡**〔六·二三三九〕 百衲、中統、毛本「放」作「斂」，各本作「歛」，此誤，下「未必能斂獲之」不誤。

**不能每順人之意**〔六·二三三九〕 「能」字泐。

**君子能脩其過**〔六·二三三九〕 凌、程、毛本「脩」作「修」，下並同。

**且楚之祖□於周**〔六・二三四〇〕　空格「封」字。

**今孔丘述三王之法**〔六・二三四〇〕　百衲「王」作「五」，《志疑》云：「《文選》班固《東都賦》『事勤乎三五』，劉琨《勸進表》『三五以降』，王融《曲水詩序》『邁三五而不追』，袁宏《三國名臣序贊》『三五迭隆』，及李康《運命論》『仲尼見忌於子西』，李善注並引《史》作『三五之法』，則今本譌也。」

**夫文王在豐**〔六・二三四〇〕　游本「豐」誤「豊」。

**佯狂而來歌**〔六・二三四〇〕　中統本「佯」誤「律」，游、正德本誤「徉」。

**孔安國曰**〔六・二三四〇〕　中統本「國」作「国」，俗，下八引「孔安國」同。

**自止避亂隱居**〔六・二三四一〕　舊刻「止」作「此」。中統、游本「亂」作「乱」，俗。正德本「居」下有「也」字。

**而魯哀□六年也**〔六・二三四一〕　「公」字泐。下「太宰嚭召季康子」，「太宰」二字泐。「然後得已」，「已」字泐。「孔子曰」，「孔」字泐。

**徵百牢**〔六・二三四一〕　「徵」缺筆，下同。

**太宰嚭召季康子**〔六・二三四一〕　舊刻、南雍本「太」作「大」。

**何其正也**〔六・二三四一〕　中統、游、正德本「也」作「哉」。

**迂猶遠也**〔六・二三四二〕　本「迂」誤「迁」。

**夫名不正則言不順**〔六・二三四一〕　「夫」上半字泐。

**則有淫刑濫罰也**〔六・二三四二〕　柯、秦、凌本「濫」誤「於」，鄂刻王本已改「濫」。

**則民無所錯手足矣**〔六・二三四一〕　舊刻、游、正德本「錯」作「措」。

**必可得明言**〔六・二三四二〕　殿本「明」作「名」。

**必可得遵行者**〔六・二三四二〕　毛本「者」作「也」。

**孔子自衛至陳也**〔六・二三四二〕　鄂刻王本作「自陳至衛」，《札記》云：「『自陳至衛』，官本與《年表》《衛世家》同，各本『陳』『衛』互誤。」案殿本亦作「自衛至陳」，與此本同。

**會季康子逐公華公賓公林**〔六・二三四二〕　《志疑》云：「《左》哀十一年疏引《史》『逐』作『使』。江氏永謂『《世家》誤「使」爲「逐」，康子豈能遽逐小人哉』。」

**殷禮吾能言之**〔六・二三四四〕　「殷」缺筆，注及下同，惟二十九葉「故殷」不缺。

**當從之也**〔六・二三四四〕　殿本同，各本「也」作「周」。

**孔子語魯太師**〔六・二三四四〕　百衲、舊刻本「太」作「大」。

**而成於三者**〔六・二三四四〕　百衲同，各本「者」下有「也」字。

**孔子皆弦歌之**〔六・二三四五〕　凌、程本「弦」作「絃」。

**以備王道**〔六・二三四五〕　中統本「備」作「唯」，《札記》云：「疑『維』之譌。」

**説封**〔六・二三四五〕　本「卦」誤「封」。

**蓋三千焉**〔六・二三四六〕　游本「蓋」作「盖」，俗。

**无意无必无固无我**〔六・二三四六〕　百衲同，舊刻四「无」字作「無」，游、正德、王、柯、秦、李、凌、程、毛、殿本作「毋」。

**舍之則藏**〔六・二三四六〕　中統、游、正德本「舍」作「捨」。

**無可無不可故無固行也**〔六・二三四六〕　中統、游本三「無」字作「无」。

**故不有其身**〔六・二三四六〕　柯、凌、殿本「身」下有「也」字。

**所慎齋戰疾**〔六・二三四六〕　百衲、舊刻、毛、殿本「齋」作「齊」。

**子罕言**〔六・二三四六〕　百衲「罕」作「罕」。

**故希言之**〔六・二三四六〕　柯、凌本「之」下有「也」字。

**恂恂溫恭貌也**〔六・二三四八〕　中統本「貌」作「皃」，下「中正之貌也」同。

**其於宗廟朝庭**〔六・二三四八〕　各本「庭」作「廷」。

**唯辯而謹敬也**〔六・二三四八〕　舊刻「唯」作「雖」，「謹」作「能」。

**朝與上大夫言**〔六・二三四八〕　毛本「上」誤「土」。

**必變色**〔六・二三四八〕　中統、舊刻本「變」作「变」，俗。正德本「色」下有「也」字。

**行出而車既駕隨之**〔六・二三四八〕　各本「既」字在「行」字上。

**魚餒肉敗**〔六·二三四八〕　舊刻、游、正德、南雍、李、凌、程、殿本「餒」作「餧」，注同。

**無常師**〔六·二三四九〕　南雍、李、殿本「師」下有「也」字。

**德之不脩**〔六·二三四九〕　凌、程、毛本「脩」作「修」。

**然後如之**〔六·二三四九〕　百衲、舊刻本「後」作「后」。

**故使重歌而自和之**〔六·二三四九〕　各本「之」作「也」。

**烏獲舉千鈞之屬也**〔六·二三四九〕　中統、游本「舉」作「挙」，俗。中統本「鈞」誤「鈎」。正德本「烏獲」誤「烏護」。

**亂謂臣弒君**〔六·二三四九〕　中統本「亂」作「乱」，下「斯亂神也」同。游本「亂」誤「餧」。

**神謂鬼神之事**〔六·二三四九〕　中統本「謂」誤「胃」。

**弒所不忍言也**〔六·二三四九〕　各本「弒」作「或」，此誤。

**無益於教**〔六·二三四九〕　中統、游本「無」作「无」。

**可以耳目循也**〔六·二三五〇〕　舊刻、游、正德本同，鄂刻王本同，中統本「循」作「偱」，百衲、柯、秦作「脩」，凌、毛、殿本作「修」，《札記》云：「舊刻、游本與《論語集解》合，各本誤『修』。」

**无亨日新之道**〔六·二三五〇〕　舊刻「日新」作「利貞」，非。

**顏淵喟然歎曰**〔六·二三四九〕　中統、游、正德、王、柯、南雍、秦、毛、殿本「歎」作「嘆」。

**言忽怳不可爲形象**〔六・二三五〇〕　游、正德本「怳」誤「侊」。

**既竭我才**〔六・二三四九〕　凌本「我」作「吾」，《札記》云：「游、王、柯、凌『我』作『吾』。」案游、柯本並作「我」，鄂刻王本亦作「我」。

**又以禮節節約我**〔六・二三五〇〕　中統、游本「禮」作「礼」。正德「禮節」下空一格，「約我」作「節我」。

**鄭玄曰**〔六・二三五〇〕　「玄」缺筆，下同，惟二十九葉注「玄」字不缺。

**弟子子罕也**〔六・二三五〇〕　舊刻不重「子」字。

**故多伎藝也**〔六・二三五〇〕　游、正德本「伎」作「技」。

**服虔曰車車士微者子姓**〔六・二三五一〕　各本作「車子微者也」，無「子姓」二字。案《索隱》云「服虔以子爲姓，非也」，則服虔本有「子姓」二字，惟此本與《索隱》合，足見蜀刻之精。

**今無此瑞**〔六・二三五一〕　中統本「無」作「无」。

**天生顏淵**〔六・二三五一〕　殿本「生」誤「出」。

**麟者太平之狩**〔六・二三五一〕　百衲同，舊刻「狩」作「符」，各本作「獸」。

**喟然歎曰**〔六・二三五一〕　舊刻、游、正德、毛、殿本「歎」作「嘆」。

**何爲莫知子**〔六・二三五一〕　游、正德本「爲」誤「如」，注「子貢怪夫子言何爲莫知己」同。

**下學人事**〔六・二三五二〕　中、納、游本「學」作「斈」，俗。

**清純潔也**〔六・二三五二〕　百衲「潔」作「絜」。

**自廢弃以免患**〔六・二三五二〕　百衲、凌本同，各本「弃」作「棄」。

**君子病没世而名不稱焉**〔六・二三五二〕　殿本「没」作「歿」。

**至爲春秋**〔六・二三五二〕　各本「爲」上有「於」字，此脱。

**筆則筆**〔六・二三五二〕　各本「筆」作「筆」。

**子夏之徒**〔六・二三五二〕　《困學紀聞》六：「曹子建《與楊德祖書》：『昔尼父之文辭，與人通流，至於制《春秋》，游、夏之徒乃不能措一辭。』李善注引《史記》曰：『子游、子夏之徒，不能贊一辭。』今本無『子游』二字。」《志疑》云：「余考薛據《集語》引《史》亦無『子游』，而《文選》楊《答臨淄侯牋》注引《史》，又作『子夏之徒』。」

**劉熙曰**〔六・二三五三〕　程本「熙」誤「應」。

**梁柱推乎**〔六・二三五三〕　毛本脱此四字。

**予殆殷人也**〔六・二三五三〕　舊刻「殆」作「始」。

**明聖人之知命也**〔六・二三五三〕　毛本「明」作「謂」。

**孔子年七十三**〔六・二三五四〕　中統、游、正德本「三」作「二」。

**失志爲昏失所爲愆**〔六・二三五四〕　《索隱》作「失禮爲昏，失所爲愆」，云：「《左傳》及《家語》皆云『失志爲昏，失禮爲愆』，與此不同也。」

**冢塋百畝**〔六・二三五四〕　正德本「塋」誤「瑩」。

**冢塋中樹以百數**〔六・二三五四〕　「樹」缺筆，下五「樹」字同。

**其樹柞枌雒離**〔六・二三五四〕　舊刻「柞」誤「於」。《字類》一「離」下引《史記・孔子世家》「雒離，音離」，案張守節《論字例》以「離」邊作「禹」爲訛字，婁氏所見本作「離」，蓋已訛之本也。

**女貞五味**〔六・二三五四〕　《索隱》「女貞」作「安貴」，云：「安貴，香名，出西域。」

**惟子貢廬於冢上**〔六・二三五四〕　《索隱》「貢」作「贛」。

**從冢而家者**〔六・二三五四〕　舊刻「冢」誤「家」。

**孔子冢一大頃**〔六・二三五五〕　《書鈔》一百三十九引「冢」誤「家」。

**至於漢二百餘年不絶**〔六・二三五五〕　毛本同，各本「於」作「于」。

**景行行之**〔六・二三五六〕　各本「之」作「止」，《志疑》云：「王應麟《詩考》引《史》作『景行行之』，而今《史記》本與《詩》同，惟《禮・表記》釋文云『行止，《詩》作「行之」』，與《詩》又不合。」案此本作「行之」，與《詩考》所引正合，蓋宋人所見本自不同於俗本也，可以釋梁氏之疑矣。

**余低回留之不能去云**〔六・二三五六〕　《索隱》「低回」作「祇迴」，云：「有本亦作『低回』，義亦通。」凌本「低」作「祇」，鄂刻王本亦作「祇」，《字類》二引此作「伭」。

# 卷四八　陳涉世家第十八

**嘗與人庸耕**〔六・一二三六五〕　百衲、毛本同，《字類》一二冬、三鍾《補遺》引同，《索隱》及各本「庸」作「傭」，下並同，中統、舊刻、游、正德、王、柯、秦本下二「傭」字亦作「庸」，《類聚》二十六引作「傭」。

**輟耕之壟上**〔六・一二三六五〕　《類聚》二十六引「之」作「於」。

**傭者笑而應曰**〔六・一二三六五〕　《類聚》引「應」下有「之」字。

**何富貴也**〔六・一二三六五〕　《類聚》引「也」作「乎」。

**陳涉太息曰**〔六・一二三六五〕　《類聚》九十引「太息曰」作「嘆曰」。

**燕雀安知鴻鵠之志哉**〔六・一二三六五〕　《類聚》引「燕」作「鷰」。

**乃行卜**〔六・一二三六六〕　柯本「卜」誤「上」。

**假訖鬼神**〔六・一二三六七〕　本「記」誤「訖」。

**此教我先威衆耳**〔六・一二三六七〕　舊刻「耳」作「爾」，下「死即舉大名耳」同。

**漢書音義曰**〔六・一二三六七〕　凌、殿本上有「騶案」二字，下兩引《漢書音義》，又「鄱音番」云云並同。

**文潁曰**〔六・二三六七〕　百衲、凌、毛、殿本「潁」作「穎」，是，中統、游、正德本誤「穎」，此與舊刻、王、柯、秦本誤「潁」。

**卒買魚亨食**〔六・二三六六〕　南雍、程本「亨」作「亨」。

**固以恠之矣**〔六・二三六六〕　各本「恠」作「怪」。

**又間令吳廣之次近所旁叢祠中**〔六・二三六六〕　《索隱》「次」下無「近」字。

**音溝**〔六・二三六八〕　中統、游、正德本「溝」誤「冓」。

**廣故數言欲亡**〔六・二三六八〕　百衲「亡」誤「忘」。

**藉弟令毋斬**〔六・二三六八〕　百衲、舊刻、游、正德本同，中統本「藉」作「籍」。《索隱》及各本「弟」作「第」，注同。

**藉吏士名藉也**〔六・二三六九〕　毛本下「藉」字作「籍」。

**苦柘屬陳**〔六・二三六九〕　毛本「陳」誤「東」。

**行收兵比至陳**〔六・二三六八〕　游、正德、秦、程、殿本「比」誤「北」。

**陳守令皆不在**〔六・二三六八〕　《索隱》「陳」作「郡」。

**召三老豪傑**〔六・二三六八〕　南雍、殿本「傑」作「桀」，下「三老豪傑皆曰」同。

**皆來會計事**〔六・二三六八〕　各本「皆」上有「與」字。

**以西擊滎陽**〔六・二三七〇〕　舊刻「滎」作「榮」，下同。

**令陳人武臣張耳陳餘徇趙地**〔六・二三七〇〕　程本「徇」作「狥」，下並同。

**陳王徵國之豪傑與計**〔六・二三七〇〕　「徵」缺筆。

**房君官号也**〔六・二三七〇〕　中統、游本同，各本「号」作「號」。

**姓蔡**〔六・二三七〇〕　秦本「姓」誤「始」。

**周文陳之賢人也**〔六・二三七一〕　中統、游本「陳」誤「秦」。

**司馬季主爲日者**〔六・二三七一〕　毛本「日」誤「目」。

**西擊**〔六・二三七一〕　百衲、秦本「擊」下有「秦」字，瞿氏據宋本同，《札記》云：「『秦』字，吴校增，與《漢傳》合。」

**人奴產子**〔六・二三七一〕　索隱「子」下有「生」字，云：「按《漢書》無『生』字。」

**而封其子張敖爲成都君**〔六・二三七二〕　《札記》云：「『耳』譌『其』，汪校改，與《漢傳》合。」

**而遣故上谷卒史韓廣**〔六・二三七二〕　游、柯、秦本「遣」誤「還」，鄂刻王本已改「遣」。

**且以楚之彊**〔六・二三七三〕　正德本「彊」作「强」。

**諸將之徇地者**〔六・二三七三〕　中統、游本「之」誤「又」。

**今之臨齊**〔六・二三七三〕　各本「齊」作「濟」，此誤。

**魏諸公子名咎**〔六・二三七三〕　柯、秦本「名」誤「咎」，鄂刻王本已改「名」，而「諸」上衍一「之」字。

**我圍滎陽城**〔六・二三七三〕　各本「滎」作「滎」，下同。

**不如少遺兵**〔六・二三七三〕《索隱》「遺」作「遺」，《志疑》云：「『遺』乃『遺』之誤，留也。《索隱》本是『遺』字，與《漢書》合。」

**足以守滎陽**〔六・二三七三〕　百衲「滎」作「熒」，各本作「滎」。

**以自精兵**〔六・二三七三〕　各本「以自」作「自以」。

**銍人伍徐**〔六・二三七四〕　單本《索隱》「徐」誤「除」。

**一作逢**〔六・二三七四〕　凌本「一」上有「徐」字。

**陵人秦嘉**〔六・二三七四〕《項羽本紀》集解引《陳涉世家》曰：「秦嘉廣陵人。」此文「陵」上脱「廣」字。

**駰案地理志**〔六・二三七五〕　殿本同，各本無「駰案」二字。凌本「志」下有「云」字。

**泗水國有陵縣也**〔六・二三七五〕　毛本脱「國」字。凌本無「也」字。

**符離人朱雞石**〔六・二三七四〕　中統、舊刻、游、正德本「雞」誤「離」。

**惡属武平君**〔六・二三七四〕　舊刻同，各本「属」作「屬」。

**古軍吏曰**〔六・二三七四〕　本「告」誤「古」。

**臈月**〔六・二三七五〕《索隱》及百衲、毛本「臈」作「臘」，注同。

**其御莊賈**〔六・二三七五〕　中統、游、正德本「莊賈」誤「賈莊」。

**將軍姓吕名臣也**❶〔六・二三七六〕　凌本無「也」字。

**晉均曰**〔六・二三七六〕　本「灼」誤「均」。

**令涓人取冠**〔六・二三七六〕　毛本「冠」誤「寇」。

**爲蒼頭軍**〔六・二三七六〕　凌、毛本同，《索隱》及各本「蒼」作「倉」，《字類》二引同。

**起新陽**〔六・二三七六〕　各本此下有「徐廣曰在汝南也」七字，此脱。

**乃立景駒爲楚王**〔六・二三七六〕　各本此下有「徐廣曰正月嘉爲上將軍」十字，此脱。

**擊秦軍定陶下**〔六・二三七六〕　各本「擊」上有「欲」字，此脱。

**楚安得不請而立王**〔六・二三七六〕　《札記》云：「王、凌本作『而自立』。」案王、凌本與各本同。

**當今於天下**〔六・二三七七〕　各本「今」作「令」，此誤。

**駟案鄱音婆**〔六・二三七七〕　凌、殿本同，各本無「駟案」二字，下「駟案《地理志》曰地名也」同。

**布歸鄱君吴芮**〔六・二三七七〕　各本「鄱」作「番」。

**會項梁立懷王孫心爲楚王**〔六・二三七七〕　秦本「立」誤「王」，鄂刻王本已改「立」。

**其故人嘗與庸耕者聞之**〔六・二三七七〕　殿本「庸」作「傭」。

---

❶「姓」，原作「始」，嘉業堂本作「姓」，據改。

**宫門令縛之**〔六・二三七七〕　游本「縛」誤「縛」。

**自辨數**〔六・二三七七〕　《索隱》「辨」作「辯」。

**夥頤涉之爲王沈沈者**〔六・二三七七〕　《志疑》云：「《説文繫傳》『緜』字注引《史》曰『緜乎，涉之爲王耽耽者也』。《繫傳》多誤字，不足據。」

**爲陳涉置守冢三十家碭**〔六・二三七八〕　中統、游本「冢」誤「家」。

**褚先生曰**〔六・二三七九〕　中統、游、正德、王、柯、南雍、秦、程本提行，李、凌、殿本低一格。毛本「生」誤「王」。

**大史遷取賈誼過秦二十篇**〔六・二三七九〕　各本「大」作「太」，又「二十」作「上下」，此誤。

**以爲秦始皇本紀陳涉世家十贊文**〔六・二三七九〕　各本「十」作「下」，此誤。

**兵革刑法**〔六・二三七九〕　柯本「刑」作「形」，《札記》引宋本同。

**殽謂二殽**〔六・二三七九〕　中統、游、正德本下「殽」字作「崤」。

**商君佐之**〔六・二三七九〕　舊刻、游本「商」誤「啇」，下同。

**脩守戰之備**〔六・二三七九〕　凌、程、毛本「脩」作「修」。

**於是秦人拱手而取西河之外**〔六・二三七九〕　毛本「手」誤「首」。中統、舊刻、游、正德本「西河」作「河西」。

**兼韓魏燕趙宋衛中山之衆**〔六・二三八〇〕　《札記》云：「燕趙，宋本倒。」

**王廖**〔六・二三八〇〕　毛本「王」誤「玉」。

**執敲扑以鞭笞天下**〔六·二三八一〕《索隱》及中統、游、正德、王、柯、南雍、秦、李、凌、程、殿本「扑」作「朴」。

**俛首係頸**〔六·二三八一〕凌、殿本「係」作「繫」。

**而守藩籬**〔六·二三八一〕中統、游本「藩」作「籓」，正德、王、柯、南雍、秦、李、凌、程、毛、殿本作「藩」。

**士不敢貫弓而報怨**〔六·二三八一〕各本「不敢」上有「亦」字，《字類》一《補遺》「貫」下引無。

**燔百家之言**〔六·二三八一〕舊刻「燔」誤「藩」。

**一作鏑**〔六·二三八一〕毛本「一」字空格。

**陳利兵而誰何**〔六·二三八一〕《索隱》「何」作「呵」，云「音何，亦『何』字，猶今巡更問何誰」。

**然而陳涉瓮牖繩樞之子**〔六·二三八一〕凌、毛本「瓮」作「甕」。

**俛仰阡陌之中**〔六·二三八一〕《索隱》及南雍、李、程、殿本「阡陌」作「仟伯」，《字類》二引同，《甕牖閒評》云：「《漢書·項籍傳贊》載賈生《過秦論》云『免起阡陌之中』，『陌』字讀者往往皆作『錢陌』之『陌』，然顔師古不音。又《史記》或作『千百』，以是知本是『千百』字，《漢書》借爲『阡陌』，止合作如字讀也。」《札記》云：「仟伯，依《索隱》本。它本並作『仟伯』。」案如《札記》説，則它本與《索隱》無異矣，當改云「它本並作『阡陌』」。

**斬木爲兵揭竿爲旗**〔六·二三八一〕王、柯、秦本脱「爲兵揭竿」四字。

**且夫天下非小弱也**〔六·二三八二〕百衲、中統、舊刻、游、正德、毛本同，各本無「夫」字，凌本旁注「一本『且』下有『夫』字」。

**適戍之衆**〔六・二三八二〕毛本「適」誤「這」。

**仁義不施**〔六・二三八二〕《索隱》「義」作「心」。

# 卷四九　外戚世家第十九

**非獨内德茂也**〔六・二三八七〕　毛本「德」作「悳」。

**蓋亦有外戚之助焉**〔六・二三八七〕　舊刻「蓋」作「盖」，下並同。

**而桀之放也以末喜**〔六・二三八七〕　中統本「末」誤「氶」，秦本作「妺」。

**殷之興也以有娀**〔六・二三八七〕　「殷」缺筆。

**詩始關雎**〔六・二三八七〕　中統、游、正德、王、柯、南雍、秦、李、凌、程、毛、殿本此下有「《書》美釐降，《春秋》譏不親迎」十字，《索隱》亦出「譏不親迎」四字，此與百衲、舊刻本並脱，瞿據宋本同。

**可不慎與**〔六・二三八七〕　「慎」缺筆，下「慎夫人」同。

**人能弘道**〔六・二三八七〕　中統、游本「弘」誤「引」。

**或不能要其終**〔六・二三八七〕　《索隱》無「其」字。

**孔子罕稱命**〔六・二三八七〕　百衲「罕」作「䍐」。

**漢興**〔六・二三八九〕　舊刻、南雍、李、程、殿本不提行。正德本「漢」上誤衍「治夫」二字。

**字長姁也**〔六·二三八九〕　凌、殿本無「也」字。

**吕氏夷戚氏**〔六·二三八九〕　百衲、中統、舊刻、游、正德、毛本同，各本「吕氏」作「吕后」。

**王諸吕以爲輔**〔六·二三九〇〕　中統本「輔」誤「補」。

**關中記曰**〔六·二三九〇〕　殿本上有「駰案」二字。中統本「關」作「開」。

**漢帝后同塋**〔六·二三九〇〕　中統本「塋」誤「瑩」。

**不合陵也**〔六·二三九〇〕　毛本無「也」字。

**薄太后父吴人**〔六·二三九〇〕　各本提行，毛本空一格，下「竇太后」「王太后」「衛皇后」「鉤弋夫人」並同。

**此貴徵也**〔六·二三九一〕　「徵」缺筆，下同。

**各以親疏受之**〔六·二三九二〕　舊刻「疏」作「疎」。

**竇太后趙之清河觀津人也**〔六·二三九三〕　舊刻不提行。

**相强乃肯行**〔六·二三九三〕　王、柯、南雍、秦、李、凌、程、殿本「强」作「彊」，下「强飯」同。

**及代王立爲帝**〔六·二三九三〕　凌本旁注「一本『及』作『後』」，《札記》云：「中統、游、王、柯本『及』作『後』。」

案中統、游、王、柯本並作「及」，不作「後」。

**寒卧岸下百餘人**〔六·〕　《雜志》云：「『寒』當從《漢書》作『暮』，字之誤也。《太平御覽·火部》引《史記》亦作『暮』。」

**盡壓殺臥者**〔六・〕　毛本「壓」作「厭」。

**自卜數日當爲侯**〔六・〕　百衲、舊刻本「日」誤「曰」。

**徙其家之長安**〔六・〕　百衲、舊刻、毛本同，瞿據宋本同，中統、游、正德、王、柯、南雍、秦、李、凌、程、殿本「徙」作「從」。

**識其縣名及姓**〔六・〕　「縣」缺末筆，下「命乃且縣此兩人」同。

**丐沐沐我**〔六・〕　中統、游本上「沐」字誤「沭」，凌本下「沐」字誤「沭」，王、柯、南雍、秦、李、程本二「沐」字均誤。《札記》云：「《索隱》以『米潘』訓『沐』，疑上『沐』字乃『汏』字之譌，或『淅』字壞文。」

**由此爲退讓君子**〔六・〕　「讓」缺筆，下同。

**建元六年崩**〔六・〕　《札記》云：「《索隱》本出『後景帝六歲』，而注之云『是當景帝建元六年』，是《史》文本無此四字，後人所增。」

**王太后槐里人**〔六・〕　正德本不提行，百衲「太」作「大」。

**乃奪金氏**〔六・〕　百衲「奪」作「奪」。

**皇后母子**〔六・〕　舊刻、游、柯、凌本「母子」作「毋子」。案《漢書・外戚傳》，是時薄皇后無子，「毋」「無」古通用，《義門讀書記》云：「『皇后母子，母寵』，下『母』字作『毋』。」如何說，則上「母」字不誤，不知薄皇后既無子矣，安得稱母子乎？此文上「母」字亦當作「毋」，惟無子，故無寵也。《札記》云：「皇后毋子，毛本『毋』譌『母』。」

**母寵**〔六·二三九六〕「母」當作「毋」，游、凌、毛、殿本不誤。

**長公主欲予王夫人**〔六·二三九七〕毛本「予」誤「子」。

**心嗛之而夫發也**〔六·二三九七〕本「未」誤「夫」。

**景帝嘗禮不安**〔六·二三九七〕中統、王、柯、南雍、秦、李、凌、程本「嘗」誤「常」，《札記》云「游本『嘗』誤『常』」，案游本不誤。

**遂案誅大行**〔六·二三九七〕毛本「案」作「按」。

**武帝祓**〔六·二三九九〕舊刻「祓」誤「禊」，《札記》云：「《集解》『蓋與「游」字相似』，疑徐所見《史》本『祓』字誤『游』。」

**蓋與游字相似**〔六·二三九九〕中統、游、正德本「蓋」作「盖」，「游」作「遊」。

**竟不復幸**〔六·二三九九〕「竟」缺筆，下不缺。

**召而立衛長若弟青爲侍中**〔六·二三九九〕❶各本「而立」作「其兄」，「若」作「君」，此並誤。

**已而棄捐吾女**〔六·二四〇〇〕凌本「棄」作「弃」。

**以軍功爲冠軍侯**〔六·二四〇一〕百衲、舊刻、游、正德、毛本同，各本「爲」作「封」。

**王夫人早卒**〔六·二四〇一〕凌本「早」作「蚤」，下「李夫人早卒」同。

---

❶ 此條原在「已而棄捐吾女」條下，據嘉業堂本移。

**李夭人早卒**〔六・二四〇一〕　本「夫」誤「夭」。

**他姬子二人**〔六・二四〇二〕　百衲上空三格。舊刻、毛、殿本不提行。

**衞子夫立爲皇后**〔六・二四〇二〕　舊刻、毛本不提行。李本此文與下「武帝時幸夫人尹婕妤」及「鉤弋夫人」並頂格，而兩「褚先生曰」則低一格，凌、殿本俱低一格。

**褚先生曰**〔六・二四〇二〕　百衲上空三格，凌、殿本低一格，《考證》云：「按《正義》文，則是張守節時尚無『褚先生曰』四字，故有此注，此四字後人所加。」

**所生子女者**〔六・二四〇二〕　《御覽》五百三十九引「子」作「一」，《札記》云：「正與上《史》文『生一女矣』相應。」

**名俗**〔六・二四〇三〕　中統、游、正德本「俗」作「谷」。

**名嫣**〔六・二四〇二〕　各本此二字並大書作正文，此誤。

**當小市西入里**〔六・二四〇二〕　秦本「小市」誤「少帝」，鄂刻王本已改「小市」。

**家人驚恐**〔六・二四〇三〕　「驚」缺「敬」末筆。

**獲大姊何藏之深也**〔六・二四〇三〕　各本「獲」作「嚄」，此誤。

**迴車馳還**〔六・二四〇三〕　《書鈔》一百三十九引無「還」字。

**甲第**〔六・二四〇三〕　百衲「第」作「弟」。

**因號曰脩成君**〔六・二四〇三〕　程、殿本「脩」作「修」，下「男號爲脩成子仲」「脩成子仲驕恣」並同，《索隱》「脩成子仲」亦作「修」。

**衛子夫立爲皇后**〔六・二四〇四〕　舊刻、毛本不提行。

**當用列侯尚主**〔六・二四〇四〕　毛本「當」誤「嘗」，《札記》云：「毛本『當』誤『常』。」案「王本」係「毛本」之誤。

**邢夫人号娙娥**〔六・二四〇五〕　各本「号」作「號」。

**娙何秩比中二千石**〔六・二四〇五〕　百衲「秩」作「祑」，下二「秩」字同。

**容華秩北二千石**〔六・二四〇五〕　本「比」誤「北」。

**視其身貌形狀**〔六・二四〇六〕　《類聚》十八引作「覩其體形狀」，《雜志》云：「『身』當爲『體』，《藝文類聚・人部》、《初學記・中宫部》、《太平御覽・皇親部》《人事部》引此並作『體貌』。」

**於是帝乃詔使邢夫人**〔六・二四〇六〕　《類聚》及《初學記》十「乃詔」作「有詔」。

**此真是也**〔六・二四〇六〕　《類聚》《初學記》引作「真是矣」。

**惡女之仇**〔六・二四〇六〕　《類聚》「仇」下有「也」字，《初學記》「之仇」二字倒。

**褚先生曰**〔六・二四〇五〕　游、王、柯、南雍、秦、毛本提行，李、凌、殿本提行，低一格。

**要之貞好**〔六・二四〇六〕　「貞」缺筆，舊刻作「真」。

**昭帝年八歲耳**〔六・二四〇七〕　南雍、李、程本「八」誤「五」。中統、游、正德本「耳」作「矣」，殿本作「爾」。

**召畫工圖畫周公負成王也**〔六・二四〇七〕　毛本「圖畫」「畫」字作「画」。

**其後帝閑居**〔六・二四〇八〕 殿本「閑」作「閒」。

**何去其母乎**〔六・二四〇八〕 毛本「去」誤「棄」。

**由主少母壯也**〔六・二四〇八〕 中統本「由」誤「田」。

**固非淺聞愚懦之所及也**〔六・二四〇八〕 各本「懦」作「儒」。

# 卷五〇　楚元王世家第二十

**嘗辟事**〔六·二四一三〕　中統、游、正德本「嘗」誤「常」。

**時時與賓客過巨嫂食**〔六·二四一三〕　《書鈔》一百四十四引作「高祖與賓客至丘嫂食」。

**叔與客來**〔六·二四一三〕　舊刻「來」作「来」。

**嫂詳爲羹盡櫟釜**〔六·二四一三〕　正德本「詳」作「佯」，《字類》五《補遺》引同，《書鈔》引同。

**爲關内侯**〔六·二四一四〕❶　舊刻、柯本「關」作「関」，俗。

**謚頃王**〔六·二四一四〕　百衲、秦、毛本「頃」誤「項」。

**坐爲薄太后服私姦**〔六·二四一四〕　《索隱》「坐」上有「戊」字，百衲、中統、游、正德、王、柯、南雍、秦、李、凌、程、毛、殿本「姦」作「姦」。

**戊則殺尚夷吾**〔六·二四一四〕　正德本「吾」誤「吴」。

**士卒飢**〔六·二四一四〕　舊刻「飢」作「饑」。

---

❶ 此條及下條原頂格，上有管氏批語「並低一格」，並有空格圈符乙正。

**子襄王注立**〔六·二四一五〕　毛本同，各本「注」誤「經」，《志疑》云：「案襄王名注，疑『經』誤。」《札記》云：「毛本『注』，與《年表》及《漢書》表傳合。」

**謚節王**〔六·二四一五〕　柯、秦、程、殿本「王」誤「三」，鄂刻王本已改「土」。

**名友**〔六·二四一五〕　中統、舊刻、游、柯本「友」作「犮」，非。

**趙王劉遂者**〔六·二四一五〕　百衲上空三格，毛本空一格，各本提行。

**遂弟辟彊**〔六·二四一六〕　《索隱》「彊」作「疆」。

**坐鼂錯以適削趙王常山之郡**〔六·二四一六〕　百衲、舊刻、毛本同，各本「鼂」作「晁」，《字類》二《補遺》引同。

**必有禎祥**〔六·二四一七〕　「禎」缺筆。

**使楚王戊毋刑申公**〔六·二四一七〕　《索隱》「毋」作「無」。

**趙堯傳曰**〔六·二四一七〕　殿本上有「駰案」二字。

# 卷五一　荆燕世家第二十一

**荆王劉賈諸劉者不知其何屬**〔六·二四一九〕　《索隱》無「者」字，舊刻「者」字在「賈」字下。各本「屬」作「屬」。

**漢書賈高帝從父兄**〔六·二四一九〕　殿本《漢書》上有「駰案《年表》云都吴也」八字，此《正義》文誤入，又誤加「駰案」二字。

**軍脩武**〔六·二四一九〕　凌、程、殿本「脩」作「修」，下「親脩具」，程、毛、殿本亦作「修」。

**無以給項王軍食而已**〔六·二四一九〕　王、柯、南雍、秦、李、凌、程、殿本「而已」作「已而」，屬下句。

**漢王追項籍至固陵**〔六·二四二〇〕　秦本「項」作「逐」，鄂刻王本改「項」。

**劉賈爲荆王**〔六·二四二〇〕　各本「劉」上有「立」字。

**淮南王黥劾反**〔六·二四二一〕　各本「劾」作「布」，此誤。

**燕王劉澤者**〔六·二四二一〕　毛本空一格。

**漢書澤高祖從祖昆弟**〔六·二四二一〕　百衲、舊刻「書」下有「曰」字。殿本「漢」上有「駰案」二字，下兩引《漢書音義》同。

**澤以將軍擊陳豨**〔六・二四二一〕　百衲、舊刻、毛本「豨」作「狶」，毛本誤重「陳」字。

**楚漢春秋曰子春**〔六・二四二二〕　各本「曰」作「田」。

**以畫干營陵侯澤**〔六・二四二二〕　秦本「干」誤「于」，注同。

**文頴曰**〔六・二四二二〕　百衲、舊刻、毛本「頴」作「穎」，秦、凌本誤「潁」，此與各本誤「頴」，下「文頴曰不得與汝相知」同。

**不見□□假大宅**〔六・二四二二〕　空格「澤而」二字。

**令其子求事吕后所幸大謁者張子卿**〔六・二四二二〕　毛本「幸」誤「辛」。

**如淳曰**〔六・二四二三〕　各本上有「騶案」二字，毛本脱「案」字。

**臣觀諸侯王邸苐百餘**〔六・二四二三〕　舊刻同，百衲「苐」作「弟」，各本作「第」。

**太后欲立吕産爲吕王**〔六・二四二三〕　毛本「太后」誤「吕后」。

**文穎曰**〔六・二四二三〕　百衲、殿本同，秦本「穎」誤「潁」，各本誤「頴」。

**大臣所敬**〔六・二四二三〕　「敬」缺筆，下同。

**獨此尚觖望**〔六・二四二三〕　舊刻、游、正德本「觖」誤「觖」。

**乃以營陵侯劉澤爲琅邪王**〔六・二四二三〕　舊刻「琅」作「瑯」，下並同。

**遂跳驅至長安**〔六・二四二三〕　《索隱》「驅」作「駈」。

**與父康王姬姦**〔六・二四二三〕　凌本「姦」作「姦」，下「與子女三人姦」同。

**定國有所欲誅殺臣肥如令郢人**〔六・二四二四〕　百衲同，各本「肥」作「肥」，注同，「肥」爲「肥」俗省字。百衲上「因立子肥爲齊王」亦作「肥」。

**定國自欲有所殺餘臣肥如令郢人以告之**〔六・二四二四〕　中統、游、正德本「臣」誤「吕」。

**以他法刻捕**〔六・二四二四〕　中統、游、正德、王、柯、南雍、秦、李、凌、程、殿本「刻」作「劾」，毛本誤「劫」。

**然以策爲王**〔六・二四二四〕　舊刻、游、正德本「策」作「義」。

**權激吕氏**〔六・二四二四〕　舊刻「激」誤「擊」。

**豈不爲偉乎**〔六・二四二四〕　正德本「爲」下衍「之」字。

**澤以金與周生**〔六・二四二五〕　中統本「生」誤「主」。

# 卷五二　齊悼惠王世家第二十二

**齊悼惠王劉肥者**〔六・二四二七〕　百衲、毛本同，各本「肥」作「肥」，下同。

**惠帝與齊王燕飲**〔六・二四二七〕　中統、游、正德本「燕飲」作「飲燕」。

**一作鄘**〔六・二四二八〕　南雍、李、程、殿本「一」上有「鄘」字。

**太后左右皆大驚**〔六・二四二九〕　「驚」缺「敬」末筆。

**劉氏爲益強**〔六・二四二九〕　王、柯、南雍、秦、李、凌、程、毛、殿本「强」作「彊」。

**因齊王爲帝**〔六・二四二九〕　各本「因」下有「立」字，此脱。

**遂舉兵西攻呂國之濟南**〔六・二四三〇〕　王、秦本「濟」誤「齋」。

**灌嬰至滎陽**〔六・二四三一〕　中統、游、程本「滎」作「榮」，程本下「乃留兵屯滎陽」「灌嬰在滎陽」並作「榮」。

**使使喻齊王及諸侯**〔六・二四三一〕　中統、游、正德本「喻」誤「踰」。

**朱虛侯與太尉勃丞相嬰等誅之**〔六・二四三一〕　毛本「誅」誤「諸」，下「而遣朱虛以誅呂氏事告齊王」同。

**言鈞惡戾**〔六・二四三二〕　王本「鈞」誤「釣」。

如虎而著冠〔六・二四三二〕　百衲「著」作「箸」。

相舍人恠之〔六・二四三四〕　舊刻、殿本同，各本「恠」作「怪」。

齊文王立十四年卒〔六・二四三四〕　中統本「王」誤「侯」。

地入于漢〔六・二四三四〕　中統本「漢」誤「王」。

以悼惠子楊虛侯爲齊王〔六・二四三四〕　游、正德、殿本「楊」作「揚」。

將誅漢賊臣鼂錯〔六・二四三四〕　中統、游、正德、殿本「鼂」作「晁」。

膠西菑川齊南已〔六・二四三四〕　本「濟」誤「齊」。本「也」誤「已」。

告於天子天子復使路中大夫〔六・二四三四〕　毛本二「天」字並誤「太」。

齊趣下三國〔六・二四三四〕　毛本「齊」誤「楚」。

使太尉周亞夫〔六・二四三四〕　毛本「太」作「大」。

漢將欒布〔六・二四三五〕　本「欒」誤「欒」。

正其後宫〔六・二四三五〕　舊刻、正德本「正」作「止」。

王因與其姊翁主姧〔六・二四三五〕　柯本「姧」作「姦」。

齊有宦者徐甲〔六・二四三六〕　秦本「宦」誤「官」。

曰脩成君〔六・二四三六〕　程、殿本「脩」作「修」，下並同。

**王太后前嫁金氏所生**〔六・二四三六〕　毛本「王」誤「皇」。正德本「生」下有「者」字。

**必令主上書請娥**〔六・二四三六〕　本「王」誤「主」，程本誤「上」。舊刻「令」誤「今」。

**一作反**〔六・二四三六〕　百衲、舊刻、王、柯、南雍、秦、李、凌、程、殿本「反」作「及」，此與毛本誤「反」。

**今齊王於親屬益疎**〔六・二四三六〕　各本「属」作「屬」。

**今聞齊王與其姊亂**〔六・二四三六〕　冬本「娣」作「姊」，此誤。舊刻「今」誤「令」。

**菑川地北齊**〔六・二四三七〕　各本「北」作「比」。

**甘露二年**〔六・二四三八〕　游、正德本「二」誤「一」。

**請與大僕嬰入清宫**〔六・二四三八〕　百衲、舊刻、毛本同，各本「大」作「太」。

**以勒侯**〔六・二四三九〕　正德本「勒」誤「勃」，《志疑》云：「『勒』乃『朸』之譌文，《五王傳》作『扐』。」

**志亦齊悼惠王子**〔六・二四三九〕　百衲、中統、舊刻、游、正德、毛本同，瞿氏據宋本同，王、柯、南雍、秦、李、凌、程本「亦」作「以」，《志疑》云：「《史詮》曰：『「亦」作「以」，非也。』」

**以白石侯**〔六・二四四〇〕　《索隱》「侯」下有「封」字。

# 卷五三　蕭相國世家第二十三

蕭相國何者〔六・二四四五〕　毛本脱「何」字。

沛豐人也〔六・二四四五〕　舊刻「豐」誤「豊」。

漢書音義曰〔六・二四四五〕　凌、殿本上有「駰案」二字，下引《東觀漢記》同。

爲沛主吏掾〔六・二四四五〕　《索隱》及王、秦本「掾」誤「椽」。

秦御史監郡者〔六・二四四六〕　毛本「郡」誤「都」。

常辨之〔六・二四四六〕　《索隱》及毛本「辨」作「辯」。

何與共争脩辨〔六・二四四六〕　凌、程、毛本「脩」作「修」。

以御史監郡〔六・二四四六〕　程本「史」誤「人」。

何乃給泗水卒史〔六・二四四六〕　《索隱》「史」作「吏」。

沛縣有泗水亭〔六・二四四六〕　秦本「水」誤「少」。

文秦以沛爲泗水郡〔六・二四四六〕　本「又」誤「文」，秦本誤「之」，殿本無此字。

**駰案文潁曰**〔六・二四四六〕　王、柯、南雍、秦、李、凌、程、殿本「案」作「按」。百衲、毛本「潁」作「穎」，王、秦、李本誤「潁」，此與各本誤「潁」，下同。

**何常爲丞督事**〔六・二四四六〕　《索隱》「常」作「嘗」。

**何獨先入**〔六・二四四六〕　殿本「入」作「人」，《考證》云：「人，一本作『入』。」

**漢王數失軍遁去**〔六・二四四七〕　《班馬異同》三「遁」作「遯」。

**何常興關中卒輒補缺**〔六・二四四七〕　舊刻「常」作「嘗」。

**王暴衣露蓋**〔六・二四四七〕　中統、游、正德本「蓋」作「盖」，俗。

**今南陽贊縣也**〔六・二四四八〕　各本「贊」作「酇」，此脱阝旁。

**孫撿曰**〔六・二四四八〕　百衲、毛、李本同，各本「撿」作「檢」。

**案茂陵書**〔六・二四四八〕　中統、游、正德、王、柯、南雍、秦、李、凌、程、殿本「案」作「按」。

**嵯舊字作鄌**〔六・二四四八〕　毛本同，百衲「鄌」作「鄌」，舊刻作「鄌」，游、正德、王、柯、南雍、秦、李、凌、程本作「鄌」，殿本作「鄌」，《札記》云：「毛本譌『鄌』，汪校改『鄌』，❶亦非也，今依《説文》正。」

**上已撓功臣**〔六・二四四八〕　《索隱》及百衲、中統、游、正德、王、柯、秦、毛本「撓」作「橈」，《異同》作「撓」。

**常失軍亡衆**〔六・二四四八〕　中統、游、正德本「常」作「嘗」。

---

❶「校」，原作「效」，據《札記》改。

**逃身遁者數矣**〔六・二四四八〕　凌本旁注「一本『逃』作『跳』」，李本引須溪云：「舊本是『跳』字。」案《漢書》作「跳」；《異同》「逃」大書，「跳」細書，所據本是「逃」字，非「跳」字。

**然蕭相常從關中遣軍補其處**〔六・二四四八〕　各本「相」作「何」。正德本「常」作「嘗」。

**夫漢與楚相守滎陽數年**〔六・二四四八〕　舊刻「滎」作「榮」。

**於是乃令蕭何**〔六・二四四九〕　《雜志》云：「案『蕭何』下脱去『第一』二字，當依《漢書》《漢紀》補，《太平御覽・治道部》引《史記》正作『乃令蕭何第一』。」

**故因侯二千户封**〔六・二四四九〕　百衲「二」字空格。

**棄市國除**〔六・二四四九〕　凌本「棄」作「弃」，下「上林中多地空棄」同。

**何送我獨贏奉錢二也**〔六・二四四九〕　《類聚》六十六引作「以獨贏二錢」。

**陳豨反**〔六・二四四九〕　百衲、毛本「豨」作「狶」。

**賤貰貸以月汙**〔六・二四五〇〕　舊刻「汙」作「污」，《異同》同，王本誤「汗」。

**於是相國從其計**〔六・二四五〇〕　秦本「計」誤「討」。

**毋收稾爲禽獸食**〔六・二四五〇〕　《索隱》「毋」作「亡」。

**今相國多受賈豎金**〔六・二四五一〕　正德本「豎」誤「竪」，《異同》同。

**陛下奈何乃疑相國**〔六・二四五一〕　中統「乃」作「自」。

**受賈人錢乎**〔六・二四五一〕　中統、游、正德本「錢」作「金」。

**相國守關中**〔六・二四五一〕　凌本旁注「一本『中』下再有『關中』字」，案《漢書》重此二字。

**相國不以此時爲利**〔六・二四五一〕　秦本「此」誤「比」。

**入徒跣謝**〔六・二四五一〕　王、柯、南雍、秦、李本「入」誤「又」。

**肅何墓在長陵東司馬門道北百步**〔六・二四五二〕　本「蕭」誤「肅」。

**功臣莫得比焉**〔六・二四五二〕　秦本「比」誤「北」。

**奉法順流**〔六・二四五二〕　《異同》「奉」作「秦」，《志疑》云：「《漢書》『奉』作『秦』，《班馬異同》本《史》亦作『秦』，則『奉』爲誤字，當以『法』字爲句。」

**而何之勳爛焉**〔六・二四五二〕　《異同》「勳」作「勛」。

# 卷五四　曹參世家第二十四《索隱》「曹參」作「曹相國」。

**平陽侯曹參者**〔六·二四五五〕　《索隱》「參」作「叅」。

**秦時爲沛獄掾**〔六·二四五五〕　中統本「掾」誤「椽」。

**漢書音義曰**〔六·二四五六〕　凌、殿本上有「駰案」二字，下三引《漢書音義》並同。

**豐反爲魏**〔六·二四五五〕　舊刻「豐」誤「豊」。

**賜爵七大夫**〔六·二四五五〕　舊刻「七」誤「士」。

**擊秦司馬尼軍碭東**〔六·二四五五〕　王、柯、南雍、秦、李、程、殿本同，百衲「尼」作「尸」，《班馬異同》四同，舊刻、游、正德、凌、毛本作「尼」，中統本誤「屖」，《志疑》云：「『尼』乃『尸』之誤。」

**文穎曰**〔六·二四五六〕　百衲、王、毛、殿本「頴」作「穎」，秦本誤「頴」，各本誤「潁」，下同。此本下「文穎曰或以爲高密」，「穎」字不誤。

**祁音秖**〔六·二四五六〕　王、秦本「秖」誤「扺」。

**北救東阿**〔六·二四五六〕　《索隱》無「東」字，《雜志》云：「案『阿』上本無『東』字，此後人依《漢書》加之也。《絳侯世家》『擊秦軍阿下』亦不稱『東阿』。」

**秦將章邯**〔六・二四五六〕　中統、游、正德本「將」下衍「軍」字。

**孤卿也**〔六・二四五七〕　游、正德本「孤」誤「狐」。

**復攻之杠里**〔六・二四五七〕　《異同》「復」下有「又」字。

**西擊秦將楊熊軍於曲遇**〔六・二四五七〕　百衲、舊刻本「楊」作「揚」。

**應劭云今赭陽**〔六・二四五九〕　殿本「赭」作「堵」。南雍、李、程本此下有「赭陽是南陽之縣」七字。案單本《索隱》「應劭云『山陽，今潁陽』，潁陽是南陽之縣」，蓋下句乃《索隱》申釋語。中統、游、正德、王、柯、秦、凌本「潁」俱作「赭」。

**取壤鄉**〔六・二四五九〕　《索隱》「壤」誤「攘」。

**更命曰新城**〔六・二四五九〕　《索隱》「命」作「名」。

**參將兵守景陵**〔六・二四五九〕　各本此下有「《漢書音義》曰縣名也」八字，凌、殿本上有「駰案曰」三字。此本脱此條。

**今華陽**〔六・二四六〇〕　凌本同，各本「陽」作「陰」。

**下脩武**〔六・二四五九〕　程、殿本「脩」作「修」。

**參以中尉圍取雍丘**〔六・二四六〇〕　《異同》「丘」誤「兵」。

**天柱侯反於衍氏**〔六・二四六〇〕　《索隱》及毛本同，各本「天柱」作「柱天」，《異同》同。《考異》云：「小司馬本作『天柱侯』，故引廬江潛縣之天柱以實之。」《志疑》云：「陽湖洪編修亮吉云：『此夸大之詞，猶《後書・

齊武王傳》柱天都尉，柱天大將軍，《賈綜傳》柱天將軍也。』」

**還至武彊**〔六・二四六〇〕　各本「至」作「攻」，此涉上下句「至」字而誤。殿本「疆」作「彊」，注同。

**拜爲假左丞相**〔六・二四六一〕　百衲「左」誤「在」，「丞」作「承」。

**與韓信東攻魏將軍孫遬軍東張**〔六・二四六一〕　《索隱》出「鄔孫遬」三字，舊刻、王、柯、南雍、秦、李、凌、程、毛、殿本「遬」誤「遨」，《異同》同，百衲誤「遨」。

**蘇林曰**〔六・二四六二〕　各本「蘇」上有「駰案」二字。王、柯、南雍、秦、李、凌、程本「案」作「按」。

**屬河東**〔六・二四六二〕　游本同，各本「屬」作「屬」。

**擊趙相國夏説軍於鄔東**〔六・二四六二〕　毛本「鄔東」作「東鄔」，非，《異同》「鄔」誤「鄥」。

**鄔縣在太原**〔六・二四六二〕　中統本「太」誤「大」。

**乃令兵詣敖倉**〔六・二四六二〕　《異同》「乃」作「迺」，下「乃請參游園中」「乃謂窋曰」並同。

**參以左丞相屬韓信**〔六・二四六二〕　各本「屬」作「屬」。

**世世不絶**〔六・二四六三〕　各本「不」作「弗」，《異同》同。

**擊陳豨將張春軍**〔六・二四六三〕　百衲、毛本「豨」作「狶」。

**南至蘄**〔六・二四六三〕　各本「蘄」作「蘄」。

**御史各一人**〔六・二四六三〕　《異同》脱「各」字。

**聞膠西有蓋公**〔六・二〇二四六四〕 中統、游、正德本「蓋」作「盖」，俗，下並同。

**參見蓋公**〔六・二〇二四六四〕 各本「參」作「既」，《異同》同，此誤。

**參於是避正堂**〔六・二〇二四六四〕 《異同》「於」上有「爲」字，衍。

**此其効也**〔六・二〇二四六四〕 中統、游、正德、王、柯、南雍、秦、李、凌、程、毛、殿本「効」作「效」。

**及爲將相**〔六・二〇二四六四〕 《異同》「相」上有「宰」字。

**日夜飲醇酒**〔六・二〇二四六五〕 《字類》一引作「日飲淳酒」。

**無如之何**〔六・二〇二四六五〕 中統本「無」作「无」。

**乃請參游園中**〔六・二〇二四六五〕 《異同》「游」作「遊」。

**從吏幸相國召按之**〔六・二〇二四六五〕 百衲、舊刻本「按」作「案」。

**惠帝恠相國不治事**〔六・二〇二四六五〕 殿本同，各本「恠」作「怪」，《異同》同。

**高帝新棄群臣**〔六・二〇二四六五〕 凌本「棄」作「弃」。

**參怒而笞窋三百**〔六・二〇二四六五〕 各本「三」作「二」，《異同》同。

**顜若畫一**〔六・二〇二四六六〕 《索隱》「顜」作「覯」，云：「《漢書》作『講』，故文穎云『講，一作較』。覯音講，亦作

『顜』。❶ 小顔云：『講，和也。』」《類聚》十九引《史記》「顜」作「講」，《雜志》云：「《集韻》上聲三講：『講，古項切。明也，和也，直也。《史記》「顜若畫一」，或作「覯」，通作「講」。』又入聲四覺：『顜，訖岳切。明也，和也。《史記》「顜若畫一」，或作「覯」。通作「較」。』《集韻》兩引《史記》，並云『或作「覯」』，與小司馬本同。而《説文》《玉篇》《廣韻》皆無『顜』字，則『顜』即『覯』之譌也。」

**曹參代之**〔六・二四六六〕 毛本「曹」作「當」，非。

---

❶「顜」，原作「講」，據《索隱》改。

# 卷五五　留侯世家第二十五

**大父開地**〔六・二四七一〕　《班馬異同》五「大」作「太」。

**悼惠王二十三年**〔六・二四七一〕　百衲無「悼惠王」三字。

**爲鐵椎**〔六・二四七二〕　《書鈔》一百五十九引《史》云：「張良以鐵鎚擊秦始皇於博浪沙。」

**良與客狙擊秦皇帝博浪沙中**〔六・二四七二〕　毛本「狙」誤「徂」，注不誤。

**狙士預反**〔六・二四七二〕　舊刻同，各本「士」作「七」。

**良嘗閒從容步游下邳圯上**〔六・二四七三〕　《字類》一《補遺》「圯」下引《史記》此文云：「案佖校定，即舊本作『汜』。」《雜志》云：「今本《漢書・張良傳》『汜』字皆作『圯』，乃後人所改。劉攽、宋祁已辯其誤。」《札記》云：「圯，本作『汜』。《説文》一曰『窮瀆也』，段注引此爲證，甚確。」

**欲毆之**〔六・二四七三〕　《索隱》及中統、游、王、柯、南雍、秦、李、程本「毆」作「歐」，《異同》同，凌本旁注「一本『毆』作『歐』」。

**良因怪之**〔六・二四七三〕　舊刻本、殿本「怪」作「恠」，下同，凌本下「亦可怪矣」亦作「恠」。

**五日雞鳴**〔六・二四七三〕　凌、程本「雞」作「鷄」，《異同》同。

**讀此則爲王者師矣**〔六·二四七三〕《類聚》六引「此」作「是」，無「矣」字。

**十三年**〔六·二四七三〕《類聚》引作「後十二年」。

**儒子見我濟北穀城山下**〔六·二四七三〕　秦本「北」誤「此」。中統、游、正德本「穀」作「穀」，下同。

**即我也**〔六·二四七三〕《類聚》引「也」作「矣」。

**在留**〔六·二四七四〕　程本「在」上衍「良」字。

　**漢書音義曰**〔六·二四七五〕　凌、殿本上有「駰案」二字，下三引《漢書音義》並同。

**往來爲游兵潁川**〔六·二四七五〕　正德本「潁」作「潁」，程本作「穎」，均非。

**擊破楊熊軍**〔六·二四七五〕　百衲、毛本「楊」作「揚」。

**賈豎易動以利**〔六·二四七五〕　舊刻、正德、毛、殿本「豎」作「豎」，是。

　**一作百**〔六·二四七六〕　各本「一」上有「五」字。

**益爲張旗幟諸山上**〔六·二四七五〕《索隱》「幟」誤「幟」。

**此獨其將欲叛耳**〔六·二四七五〕　中統、游、正德本「叛」作「畔」。

**沛公乃引兵擊秦軍**〔六·二四七六〕《異同》「乃」作「迺」，下「沛公乃還軍霸上」「乃具以語沛公」「上乃憂曰」「乃説建成侯曰」「乃令太子將此屬上」「乃大驚曰」並同。

**沛公欲有天下耶**〔六·二四七六〕　中統、舊刻、游、正德、程本「耶」作「邪」。

**將欲爲富家翁邪**〔六・二四七六〕　凌、毛本「邪」作「耶」。

**鍾鼓之飾**〔六・二四七六〕　王、柯、南雍、秦、李、凌、程、殿本「鍾」作「鐘」。

**此皆秦所以亡天下也**〔六・二四七六〕　正德本「此」誤「比」。

**願沛公急還灞上**〔六・二四七六〕　各本「灞」作「霸」。

**欲沛公返秦奢秦**〔六・二四七六〕　各本下「秦」字作「泰」，此涉上文而誤。

**以爲籍也**〔六・二四七六〕　正德、殿本「籍」作「藉」。

**此所謂助桀爲虐**〔六・二四七六〕　百衲「桀」誤「桀」，《類聚》二十四引作「此所以助桀爲虐也」。

**毒藥苦口利於病**〔六・二四七六〕　《類聚》引「毒」作「良」。

**沛公太驚曰**〔六・二四七七〕　本「大」誤「太」。

**鯫生**〔六・二四七七〕　凌本「鯫」誤「鯫」，注同。

**徐廣曰云云**〔六・二四七七〕　殿本無此條，《考證》云：「一本此下有《集解》『徐廣曰呂靜曰鯫魚也音此垢反』共十三字。」

**音此垢反**〔六・二四七七〕　《索隱》及毛本「此」作「比」，百衲作「士」，舊刻作「七」，《札記》云：「宋本作『士苟反』。」案「苟」字乃「垢」字之誤。

**沛公自度能却項羽乎**〔六・二四七七〕　《異同》「却」作「郤」。

良乃固要項羽〔六・二四七七〕　程本「良」誤「梁」。

令項伯具言沛公不敢倍項羽〔六・二四七七〕　秦本「令」誤「合」。

漢王賜良金百溢〔六・二四七七〕　百衲、中統、舊刻、游、正德、毛本同，《異同》同，各本「溢」作「鎰」。

故請漢中地〔六・二四七七〕　游本「地」字誤作大書，連下句。

項王竟不肯遣漢王〔六・二四七八〕　「竟」缺筆，下「竟不易太子者」同。

吾欲捐關以東等弃之〔六・二四七八〕　舊刻、游、正德、毛本「弃」作「棄」，下同，《異同》同。

九江王布〔六・二四七八〕　各本「布」上有「黥」字，此脱。

與項王有郄〔六・二四七八〕　舊刻「郄」作「郤」。

常爲畫策臣〔六・二四七八〕　游、正德本「常」作「嘗」。

與酈食其謀橈楚權〔六・二四七八〕　舊刻、李、凌、毛本「橈」作「撓」，下同，《異同》同，《字類》四引作「橈」。

今秦失德弃義〔六・二四七九〕　舊刻、游、正德、王、柯、南雍、秦、李、程、毛、殿本「弃」作「棄」，下同。

侵伐諸侯〔六・二四七九〕　毛本「伐」誤「我」。

莫不鄉風慕義〔六・二四七九〕　《異同》「鄉」作「嚮」。

楚必斂衽而朝〔六・二四七九〕　百衲、王、南雍、秦、李、毛、殿本同，各本「斂」作「歛」。《異同》「衽」作「袵」。

趣刻印〔六・二四七九〕　中統、游、正德本「趣」誤「趍」。

**具以酈生語告曰於子房何如**〔六・二四七九〕　各本「曰」字在「子房」下，《異同》同。《雜志》云：「此當從宋本作『具以酈生語告句曰句於子房何如句』，『於子房何如』者，猶言子房以爲何如也。」案所引宋本正與此本同。

**臣請藉前箸**〔六・二四七九〕　百衲、中統、游、正德、王、柯、秦、毛本「藉」作「籍」，《字類》四引作「藉」。秦本「箸」誤「著」。

**前此湯武箸明之事**〔六・二四八〇〕　百衲、中統、游、正德本同，各本「箸」作「著」。

**以籌度今時之不若也**〔六・二四八〇〕　南雍、李、程本「若」作「然」。

**度能制桀之死命也**〔六・二四七九〕　凌本「能」誤「其」。

**今陛下能制項籍之死命乎**〔六・二四七九〕　《異同》「籍」誤「藉」，下同。

**武王伐紂**〔六・二四七九〕　毛本「伐」誤「代」。

**表商容之閭**〔六・二四七九〕　王、柯、南雍、秦本「商」誤「啇」，《異同》同。

**釋箕子之拘**〔六・二四七九〕　中統、游、正德本「拘」作「抅」，《雜志》云：「本作『式箕子之門』，今本『式』作『釋』、『門』作『拘』者，後人據《禮記》《逸周書》《荀子》及東晉古文《尚書》改之也。下文『式智者之門』即『式箕子之門』，《漢書・張良傳》《新序・善謀篇》並作『式箕子之門』。」

**今陛下能封聖人之墓**〔六・二四七九〕　舊刻無「之」字。

**表賢者之閭**〔六・二四七九〕　《異同》「者」作「人」。

式智者之門乎〔六・二四七九〕　舊刻「智」作「知」。

發巨橋之粟〔六・二四七九〕　中統、游、正德、王、柯、南雍、秦、李、凌、程、殿本「巨」作「鉅」，《異同》同。

軒者赤對乘軒也〔六・二四八〇〕　各本「對」作「轍」，此誤。

偃武備而治禮樂也〔六・二四八〇〕　中統本「禮」作「礼」。

其不可六矣〔六・二四八〇〕　毛本「矣」誤「也」。

立韓魏燕趙齊楚之後〔六・二四八〇〕　舊刻「魏」誤「衛」。

且夫楚唯無彊〔六・二四八〇〕　《索隱》「彊」作「强」。《異同》「無」作「毋」。

豎儒幾敗而公事〔六・二四八〇〕　「豎」缺筆，避宋英宗嫌名。

運籌策惟帳中〔六・二四八一〕　中統、游、正德、毛本「帳」作「幄」。

從復道〔六・二四八一〕　程、殿本「復」誤「複」。

如淳曰〔六・二四八二〕　「曰」字脱中書。

復音復〔六・二四八二〕　秦本同，各本下「復」字作「複」，是；舊刻誤「顔」，程、殿本作「複音復」，非。

故謂之復道〔六・二四八二〕　程本「復」誤「複」。

以天下不足徧封〔六・二四八一〕　柯、秦本「徧」誤「偏」。

多作生平〔六・二四八二〕　舊刻「多」作「一」。

**封雍齒爲什方侯**〔六・二四八二〕　百衲「什」作「汁」。

**而急趣丞相御史**〔六・二四八二〕　柯本「丞」作「承」。

**雒陽雖有此固**〔六・二四八二〕　秦本「雒」誤「維」。

**北有胡苑之利**〔六・二四八二〕　中統、游、正德本「苑」作「宛」。

**留侯善畫計筴**〔六・二四八三〕　毛本「筴」作「策」，《御覽》一百四十七引同。

**君常爲上謀臣**〔六・二四八四〕　中統、游、正德本「常」作「甞」，下「趙王如意常抱居前」同。

**幸用臣筴**〔六・二四八四〕　中統、游、正德本「筴」作「計」，毛本作「策」，《御覽》引同，柯本誤「莢」。

**骨肉之間**〔六・二四八四〕　《御覽》引作「此骨肉間」。

**吕澤强要曰**〔六・二四八四〕　王、柯、南雍、秦、李、凌、程、殿本「强」作「彊」，《異同》同。

**顧上有不能致者**〔六・二四八四〕　《異同》「顧」作「頋」。

**皆以爲上慢侮人**〔六・二四八四〕　《異同》「慢」作「嫚」。

**故逃匿山中**〔六・二四八四〕　《異同》「逃」作「迯」，下「公辟逃我」同。

**早辭厚禮**〔六・二四八四〕　本「皁」誤「早」。

**且太子所與俱諸將**〔六・二四八四〕　《御覽》引「與」作「以」。

**梟將也**〔六・二四八四〕　《御覽》引「梟」作「驍」。

**今戚夫人日夜侍御**〔六・二四八四〕　柯本「今」誤「令」。

**上曰**〔六・二四八五〕　百衲脱「曰」字。

**夷猶儕也**〔六・二四八五〕　秦本「儕」誤「濟」。

**强載輜車**〔六・二四八五〕　百衲「輜」誤「輜」。《異同》「强」作「彊」，下「乃强食之」「强聽而食」並同。

**爲妻子自彊**〔六・二四八五〕　《御覽》引「彊」作「强」，下「自彊起」「彊臥而傅太子」並同。

**吾惟竪子固不足遣**〔六・二四八五〕　中統、游、正德、王、柯、南雍、秦、李、凌、程、毛、殿本「竪」作「豎」。

**是時叔孫通爲太傅留侯行少傅事**〔六・二四八五〕　中統本二「傅」字誤「傳」。

**上詳許之**〔六・二四八六〕　舊刻、正德本「詳」作「佯」，《御覽》引同。

**及燕**〔六・二四八六〕　《御覽》引「燕」作「讌」。

**四人從太子**〔六・二四八六〕　《御覽》引「人」下有「者」字。

**角里先生**〔六・二四八六〕　南雍、李、凌、程、毛、殿本「角」作「甪」。

**趨去**〔六・二四八六〕　百衲「趨」作「起」，《御覽》引同，《異同》作「趍」，又似「趨」字之省。

**吕后真而主矣**〔六・二四八六〕　《異同》「后」作「氏」，與《漢書》合。《御覽》引「后」下有「子」字。《志疑》引《御覽》「而」作「貳」。

**横絶四海**〔六・二四八六〕　各本「横」作「横」，下同。

**韋昭曰**〔六·二四八六〕　凌本「韋昭」誤「徐廣」。

**矰弋射也**〔六·二四八六〕　舊刻「弋」誤「戈」。

**竟不易太子者**〔六·二四八六〕　「竟」缺筆。

**勸高祖立之**〔六·二四八七〕　毛本脱「勸」字，《札記》云：「《集解》『良勸高帝立之』，各本脱『良』字，《考證》據《漢書注》增。」

**天下振動**〔六·二四八七〕　《異同》「振」作「震」，「震」大字，「振」細書。案各本俱作「振」，而《漢書》則作「震」不作「振」，疑上下誤易。

**爲帝者師**〔六·二四八七〕　《類聚》十七引「師」上有「之」字。

**從赤松子游耳**〔六·二四八七〕　舊刻「游」作「遊」，《異同》同。

**乃强食之**〔六·二四八七〕　王、柯、南雍、秦、李、凌、程、殿本「强」作「彊」，下「强聽而食」同，毛本「彊聽而食」亦作「彊」。

**從高帝過濟北**〔六·二四八八〕　毛本「帝」作「祖」，《札記》引宋本同。

**果見穀城山下黄石取而葆祠之**〔六·二四八八〕　《類聚》六引作「良後果得黄石，寶而祠之」。

**并葬黄石冢**〔六·二四八八〕　《雜志》云：「『并葬黄石』下不當有『冢』字，《漢書》作『并葬黄石』，《藝文類聚·地部》、《太平御覽·時序部·臘類》及《地部》引《史記》，亦作『并葬黄石』，《初學記·歲時部》引作『并黄石葬』，《御覽·時序部·伏類》引作『并黄石葬之』，皆無『冢』字。」

**大史公曰**〔六·二四八八〕　各本提行。

**至如留侯所見老父予書**〔六·二四八八〕　《異同》「如」作「於」。

**夫運籌筴帷帳之中**〔六·二四八八〕　程本「筴」作「策」，《異同》同。

**決勝千里之外**〔六·二四八八〕　百衲無「之」字，《異同》同。

**魁梧丘虚狀大之意**〔六·二四八八〕　本「壯」誤「狀」。正德本「丘」誤「立」。

**蓋孔子曰**〔六·二四八八〕　中統、游、正德本「蓋」作「盖」，俗，《異同》同。

## 卷五六　陳丞相世家第二十六

**陽武户牖鄉人也**〔六・二四九三〕　李本「牖」誤「牖」，下同，舊刻下「户牖富人張負」亦作「牖」。

**長美色**〔六・二四九三〕　《雜志》云：「當從《漢書》作『長大美色』，《太平御覽・飲食部》引《史記》正作『長大美色』。」

**其嫂嫉平之不視家生産**〔六・二四九三〕　百衲、毛本「嫂」誤「㛐」，下「事嫂如母」及注同。

**京師爲籠屑爲紇頭**〔六・二四九三〕　中統、游、正德、王、柯、南雍、秦、李、凌、程、殿本上「爲」字作「謂」，是。

**麥糠中不破者也**〔六・二四九三〕　中統「麥」作「麦」，俗省字。

**不如無有**〔六・二四九三〕　百衲「無」作「无」。

**逐其婦而棄之**〔六・二四九三〕　凌本「棄」作「弃」。

**邑中有喪**〔六・二四九四〕　《班馬異同》六「喪」上有「大」字。

**以弊席爲門**〔六・二四九四〕　舊刻「弊」作「敝」。

**然門外多有長者車轍**〔六・二四九四〕　《書鈔》一百三十九引作「外有長者車軌」。

**事娅如母**〔六·二四九四〕　各本「娅」作「嫂」，惟毛本與此同。

**兄伯已逐其婦**〔六·二四九四〕　殿本上有「駟案」二字，下六引《漢書音義》，又引桓譚《新論》、《地理志》並同，百衲、中統、游、正德、王、柯、南雍、秦、李本「已」作「以」。

**久之**〔六·二四九五〕　正德本「久」誤「入」。

**禮秩如卿**〔六·二四九五〕　本「秩」誤「秧」。王、柯、秦本「禮」作「礼」。

**項羽乃以平爲信武君**〔六·二四九五〕　游本「君」誤「軍」。

**項羽使項得**〔六·二四九五〕　南雍本同，各本「得」作「悍」，《異同》同。

**賜金二十鎰**〔六·二四九五〕　百衲、中統、游、王、南雍、秦、李、毛本「鎰」作「溢」，《字類》五引作「賜金三十溢」，《拾遺》云：「溢，古『鎰』字，《説文》無『鎰』。」

**漢王攻下殷王**〔六·二四九五〕　《雜志》云：「『殷』下『王』字，涉上文『殷王』而誤衍也。《太平御覽·珍寶部》引此無『王』字，《漢書》亦無。」

**而平身閒行杖劒亡**〔六·二四九五〕　各本「閒」作「間」，此誤。

**渡河**〔六·二四九五〕　《書鈔》一百三十七引「河」作「水」。

**乃解衣躶而佐刺舩**〔六·二四九六〕　中統、游、正德本「躶」作「裸」，《異同》同，《字類》五引同，《書鈔》引同。

**平遂至修武**〔六·二四九六〕　殿本同，《異同》同，各本「修」作「脩」。

**臣爲事来**〔六·二四九六〕　各本「来」作「來」。

**光□外見**〔六・二四九七〕　空格「好」字。

**盗其嫂**〔六・二四九六〕　百衲、中統、游本「嫂」誤「嫂」，下「且盗嫂受金」，百衲同。

**平反覆亂臣也**〔六・二四九六〕　中統「覆」作「復」。

**顧其計誠足以利國家事耳**〔六・二四九六〕　各本「事」作「不」，此誤。

**誠臣計畫有有可采者**〔六・二四九七〕　各本不重「有」字，此衍。

**顧大王用之**〔六・二四九七〕　《書鈔》六十四引「顧」作「願」。

**金具在**〔六・二四九七〕　《書鈔》引「金」上有「大王賜」三字。

**請割滎陽以西以和**〔六・二四九七〕　李本「滎」誤「榮」。

**至於行功爵邑**〔六・二四九七〕　凌本旁注「『功』或作『賞』」。

**今大王慢而少禮**〔六・二四九七〕　《異同》「慢」作「嫚」。

**亦多歸漢**〔六・二四九七〕　毛本「歸」誤「過」。

**誠各去其兩短**〔六・二四九七〕　秦本「各」誤「名」。

**然大王恣侮人**〔六・二四九七〕　中統、王、南雍、秦本「恣」作「資」，凌本旁注「『恣』或作『資』」，《札記》云：「中統、游本『恣』作『資』，與《漢書》同。」案游本作「恣」不作「資」。

**彼項王骨鯁之臣**〔六・二四九七〕　《異同》「鯁」誤「鞕」。

**鍾離眛**〔六・二四九八〕《異同》「鍾」作「鐘」，下同。

**功多矣**〔六・二四九八〕中統本「功」作「攻」。

**漢王爲太牢具**〔六・二四九八〕《異同》「太」作「大」。

**即詳驚曰**〔六・二四九八〕舊刻、正德、程本「詳」作「佯」。

**陳平乃夜出女子二千人滎陽城東門**〔六・二四九八〕中統本「女子」作「子女」，《札記》云：「中統、游倒誤。」案游本不誤。

**陛下弟出僞游雲夢**〔六・二四九九〕《索隱》及百衲同，各本「弟」作「第」，《異同》同。

**謁而陛下因禽之**〔六・二四九九〕中統「因」誤「囚」。

**高帝豫具武士**〔六・二四九九〕毛本「豫」作「預」。

**即執縛之**〔六・二四九九〕舊刻、殿本「縛」誤「縛」，下注「反縛兩手」，游、正德、殿本亦誤。

**戰勝剋敵**〔六・二五〇〇〕正德本「剋」作「克」。

**桓譚新論**〔六・二五〇〇〕「桓」缺筆，下同。

**吾應之曰**〔六・二五〇〇〕中統本「應」作「聞」。

**閼氏言於單于而出之**〔六・二五〇〇〕殿本「於」作「于」。

**天下無有**〔六・二五〇〇〕中統本「無」作「无」，下「似本無説」同。

**令漢得脱去**〔六・二五〇〇〕 中統本「去」作「而」。

**必憎惡而事去之**〔六・二五〇〇〕 中統、游、正德、王、柯、南雍、秦、李、程本「憎」作「增」。殿本「事」作「傳」。

**劉子駿聞吾言**〔六・二五〇〇〕 游、正德本「駿」誤「馳」。

**始秦時三萬餘户**〔六・二五〇〇〕 舊刻脱「始」字。

**從攻陳豨及黥布**〔六・二五〇一〕 百衲、毛本同，各本「豨」作「狶」。

**凡出六奇計**〔六・二五〇一〕 游、正德、王、柯、南雍、秦、李、凌、程、殿本「出六」作「六出」。

**世莫得聞也**〔六・二五〇一〕 百衲、舊刻、毛本同，各本「得」作「能」，《異同》同。

**寧囚而致上**〔六・二五〇一〕 中統本「囚」誤「因」。

**即反接載檻車**〔六・二五〇一〕 凌本旁注「一本『即』作『因』」。

**王陵以客從起豐**〔六・二五〇二〕 中統、舊刻、游本「豐」誤「豊」，下同。

**陵乃以兵屬漢**〔六・二五〇二〕 中統、游本同，《異同》同。各本「属」作「屬」。

**而陵本無意從高帝**〔六・二五〇二〕 百衲「無」作「无」。

**安國侯既爲右丞相二歲**〔六・二五〇二〕 舊刻「二」作「一」。

**乃詳遷陵爲帝太傅**〔六・二五〇二〕 舊刻、正德、李本「詳」作「佯」。

**不在治處**〔六·二五〇三〕　毛本「處」字空格。

**便止宫中也**〔六·二五〇三〕　正德本「便」作「使」。程本「止」誤「上」。

**文帝令冥子平嗣侯**〔六·二五〇三〕　本「其」誤「冥」。

**乃謝病**〔六·二五〇三〕　百衲、中統、舊刻、游、正德、毛本同，瞿氏據宋本同，柯、南雍、秦、李、凌、程、殿本「謝病」作「病謝」，鄂刻王本已改「謝病」。

**恠平病**〔六·二五〇四〕　殿本同，《異同》同，各本「恠」作「怪」。

**主者謂誰**〔六·二五〇四〕　《異同》「誰」下有「乎」字，各本無，案《漢書》有「乎」字，《異同》此字當作細書。

**勇怯見此**〔六·二五〇四〕　各本「此」作「之」。

**使卿太夫各任其職焉**〔六·二五〇四〕　本「大」誤「太」。

**在丞相大慙**〔六·二五〇四〕　毛本「慙」作「慚」。

**君欲强對邪**〔六·二五〇四〕　王、柯、南雍、秦、李、凌、程、殿本「强」作「彊」，《異同》同。

**不知其住邪**〔六·二五〇四〕❶　本「任」誤「住」。《異同》「邪」作「耶」，下同。

**二十六年卒**〔六·二五〇五〕　各本「六」作「三」，此誤。

---

❶ 此條原在「君欲强對邪」條上，據寶禮堂本移。

**二十三年**〔六·二五〇五〕 百衲作「三十一年」，毛本作「二十一年」，中統、舊刻、游、正德、王、柯、南雍、秦、李、程、殿本作「三十三年」，❶《異同》同，《志疑》云：「何爲侯二十三年，傳寫譌也。」

**何坐略人妻弃市**〔六·二五〇五〕 舊刻、正德、王、柯、南雍、秦、李、凌、程、毛、殿本「弃」作「棄」，《異同》同。

**以吾多陰禍也**〔六·二五〇五〕 《異同》「禍」誤「禍」。

**然終不得**〔六·二五〇五〕 《異同》「得」下有「也」字，案《漢書》有「也」字，此當豎抹其旁。

**非知謀孰能當此者乎**〔六·二五〇五〕 《異同》「知」作「智」。

---

❶ 「中統舊刻」，原作「舊刻中統」，據管氏引據各本順序改。

# 卷五七　絳侯周勃世家第二十七

**卷縣在滎陽**〔六・二五〇九〕　游、正德本「滎」作「榮」。

**若俳優**〔六・二五〇九〕　王、秦本「俳」誤「排」。

**材官引强**〔六・二五〇九〕　王、柯、南雍、秦、李、凌、程、殿本「强」作「彊」，注同，下「勃爲人木强敦厚」同，《班馬異同》七同。

**漢書音義曰**〔六・二五一〇〕　殿本上有「駰案」二字，下「適，《漢書》作『敵』」，又引《漢書音義》，並同。

**從攻湖陵**〔六・二五一〇〕　百衲同，各本「湖」作「胡」，《異同》同，案《漢書》作「胡陵」。

**又云攻槐里好時最是也**〔六・二五一〇〕　王、秦本「時」誤「時」。

**屬山陽**〔六・二五一一〕　中統、游本「屬」作「属」，下注「属虞中」同。

**前至卷**〔六・二五一〇〕　各本「前」上有「以」字，《異同》同，《漢書》有。

**文潁曰**〔六・二五一一〕　百衲、殿本「潁」作「穎」，是。王、秦本「文」誤「及」。中統、游本「潁」誤「類」。

**號武安侯**〔六・二五一〇〕　百衲作「安號武侯」，各本「武安」作「安武」，凌本旁注「一本作『武安』」，《志疑》云：「一本作『武安』，是。」

**攻長社**〔六・二五一〇〕 毛本「社」誤「杜」。

**攻潁陽緱氏**〔六・二五一〇〕 正德、李本「潁」誤「頴」，程本誤「穎」。

**破武關嶢關**〔六・二五一〇〕 中統上「關」字作「関」，俗省字。

**於將率之中**〔六・二五一二〕 中統、游、正德本「率」作「卒」。

**北攻漆**〔六・二五一二〕 王本「北」誤「比」。

**還下郿頻陽**〔六・二五一二〕 正德本「頻」誤「頴」。

**泗川東海郡**〔六・二五一二〕 凌本旁注「一本『川』作『水』」，案《漢書》作「水」，《志疑》云：「『川』當作『水』。」

**賜與潁陽侯共食鍾離**〔六・二五一二〕 中統、舊刻、游、正德本「潁」誤「頴」。南雍、李、程本「陽」作「陰」，凌本旁注「一本『陽』作『陰』」，《札記》云：「案《正義》作『潁陰』，不誤。」

**屬虞中**〔六・二五一四〕 各本「虞」作「雲」，此誤。

**應邵曰**〔六・二五一四〕 各本「邵」作「劭」，此誤。

**轉攻韓信軍銅鞮**〔六・二五一四〕 《異同》「鞮」誤「鍉」。

**擊陳豨**〔六・二五一四〕 百衲、毛本同，各本「豨」作「狶」，下同。

**得雲中守遬**〔六・二五一四〕 百衲、中統、游、正德、王、柯、秦、凌、毛本同，各本「遬」誤「遫」，《異同》同。

**張晏曰**〔六・二五一五〕 本「曰」誤「日」，下「韋昭日」同。

**服虔曰**〔六・二五一六〕　各本上有「駰案」二字，此脱。

**擊下薊**〔六・二五一五〕　毛本「下」誤「卞」。

**定上谷十一縣**〔六・二五一五〕　南雍、凌、程、殿本同，各本「一」作「二」，《異同》同，凌本旁注「一本作『十二縣』」，《志疑》云：「一本作『十二縣』，是，與《漢傳》合。」

**瓚曰**〔六・二五一六〕　南雍、李本「瓚」誤「讚」。

**責諸生説士**〔六・二五一六〕　秦本「士」誤「十」。

**不以賓主之禮**〔六・二五一六〕　舊刻「禮」作「礼」。

**椎不曉曲直至如錐**〔六・二五一六〕　百衲、王、南雍、秦、李、程本「曉」作「橈」，各本作「撓」，「曉」字誤。

**皆高四年**〔六・二五一七〕　各本「高」下有「后」字，此脱。

**乃謝請歸相印**〔六・二五一七〕　《異同》「乃」作「迺」。

**韋昭曰牘版**〔六・二五一八〕　殿本脱此五字，蓋沿南雍之舊，不知南雍本固多删節也。

**應劭曰**〔六・二五一八〕　中統、游、正德、王、柯、南雍、秦、李、程、殿本上有「駰案」二字，此注在「徐廣曰提音第」下。

**謂頭上巾爲冐絮**〔六・二五一八〕　本「冐」誤「胃」。

**今居一小縣**〔六・二五一七〕　王、柯、秦本「今」誤「令」。

**顧欲反邪**〔六・二五一七〕《異同》「顧」作「顧」。

**猶言不相合**〔六・二五一八〕各本「合」下有「當」字，此脱。南雍、李、程、殿本「當」下有「也」字。

**表皆作脩字**〔六・二五一八〕王、柯、南雍、秦、李、凌、程、殿本「脩」誤「蓨」，下同。

**脩音條**〔六・二五一八〕毛本「音」誤「作」。

**續絳氏後**〔六・二五一八〕百衲、舊刻、毛本同，各本「氏」作「侯」，《異同》同，《讀書記》云：「『氏』作『侯』。」《札記》云：「下文此句兩見皆然，疑誤。」

**持國秉貴重矣**〔六・二五一九〕《御覽》四百八十六引「秉」作「柄」，無「重」字。

**許負指其口有從理入口曰**〔六・二五一九〕百衲同，瞿氏據宋本同，《御覽》引同，各本「曰」字在「指其口」下。

**文帝之後六年**〔六・二五一九〕百衲、中統、舊刻、游、正德、王、柯、秦、毛本「年」作「歲」，《異同》同，凌本旁注「一本『年』作『歲』」。案《史》作「歲」，《漢》作「年」，《異同》所列甚明，此與南雍本作「年」，恐非。

**軍霸上**〔六・二五一九〕《類聚》五十九引「霸」作「灞」，下同。

**祝茲侯徐厲爲將軍軍棘門**〔六・二五一九〕《類聚》引作「祝茲侯徐悍子棘門」。

**彀弓弩持滿**〔六・二五一九〕「彀」缺筆，避宋高宗諱同音字。《類聚》引無「弩」字。

**軍中聞將軍令**〔六・二五一九〕《類聚》引「聞」上有「但」字。

**亞夫乃傳言開壁門**〔六・二五二〇〕本「壁」誤「璧」，舊刻下「壁門士吏」亦誤「璧」。

**壁門士吏謂從屬車騎曰**〔六・二五二〇〕　《類聚》作「壁開士曰」。

**於是天子乃案轡徐行**〔六・二五二〇〕　中統、游、正德、王、柯、南雍、秦、李、凌、程、殿本「案」作「按」，《異同》同，《類聚》引同。

**持兵揖曰**〔六・二五二〇〕　《類聚》引「持」誤「將」。

**天子爲動改容式車**〔六・二五二〇〕　《類聚》引作「天子爲動色改容」。

**皇帝敬勞將軍**〔六・二五二〇〕　「敬」缺筆。

**群臣皆驚**〔六・二五二〇〕　「驚」缺「敬」末筆，下「夜軍中驚」不缺。

**可得而犯邪**〔六・二五二〇〕　《異同》「邪」作「耶」，下「君侯欲反邪」「何謂反邪」並同。

**絶其粮道**〔六・二五二一〕　正德、凌、毛、殿本「粮」作「糧」，下同，《異同》同。

**吴兵乏粮飢**〔六・二五二一〕　凌、程本「飢」作「饑」。

**吴王濞弃其軍**〔六・二五二二〕　舊刻、游、毛、殿本「弃」作「棄」，《異同》同，正德本誤「去」。

**購吴王千金**〔六・二五二二〕　「購」避高宗諱缺筆。

**常與太后言條侯之短**〔六・二五二二〕　程本「常」誤「嘗」。

**人主各以時行耳**〔六・二五二三〕　百衲「主」作「生」，案《正義》「人主」作「人生」，與《漢書》合。

**此非不足君所乎**〔六・二五二四〕　百衲、中統、游、正德、王、柯、秦、凌本無「非」字，凌本旁注「一本此下有

『非』字」，《志疑》云：「《漢傳》亦有。」案《異同》「非」字細書，所據《史》文無此字。

**偶失之**〔六・二五二四〕　中統本「之」下衍「日」字。

**駟案如淳曰**〔六・二五二四〕　本「駟」誤「駟」。

**連汗條侯**〔六・二五二四〕　本「汙」誤「汗」。

**吏簿責條侯**〔六・二五二四〕　《異同》「簿」誤「薄」。

**不用汝對**〔六・二五二五〕　中統、游、正德、王、柯、秦、凌本「汝」作「女」。

**不敢折辱**〔六・二五二五〕　毛本「辱」誤「衷」。

**吏侵之益急**〔六・二五二五〕　《異同》「益」誤「盇」。

**續絳侯後**〔六・二五二五〕　百衲、舊刻、毛本「侯」作「氏」。

**爲太子大傅**〔六・二五二五〕　各本「大」作「太」。

**諸列侯坐酎金失侯者**〔六・二五二五〕　本「失侯」誤「失候」。

**鄙樸人也**〔六・二五二六〕　王、柯、南雍、秦、李、凌、程、殿本「樸」作「朴」。

**及從高祖定天下**〔六・二五二六〕　《異同》「祖」作「帝」。

**勃匡國家難**〔六・二五二六〕　「匡」缺筆，《異同》「匡」誤「亂」。

**執堅刃**〔六・二五二六〕　殿本「刃」作「忍」，李本誤「刅」，《異同》同，凌本旁注「『刃』疑當作『忍』」，《札記》云：「《集韻》

云：『「忍」通作「刃」。』

**穰苴曷有加焉**〔六・二五二六〕《異同》「穰」誤「攘」。

# 卷五八　梁孝王世家第二十八

**是爲孝景帝**〔六・二五三二〕　王、秦本「景」誤「惠」。

**徙代王爲淮陽王**〔六・二五三二〕　舊刻「淮」誤「睢」。

**十九年**〔六・二五三二〕　百衲脱「九」字。

**傳於□□辭謝**〔六・二五三二〕　空格二「王」字。

**文潁曰**〔六・二五三三〕　舊刻、柯、凌本同，百衲、殿本「潁」作「穎」，是；中統、舊刻、游、正德、王、秦、毛本誤「潁」。

**漢書音義曰**〔六・二五三三〕　殿本上有「駰案」二字，下引《漢書音義》同。

**居天下膏腴地**〔六・二五三三〕　百衲「膏」誤「高」。

**於是梁孝王築東苑方三百餘里**〔六・二五三三〕　《御覽》一百五十九引此作「梁孝王築東苑三百里，是曰兔園」，《志疑》云：「今本無『兔園』句。」

**爲複道**〔六・二五三三〕　中統、游、正德本「複」作「復」。

**入言警**〔六・二五三三〕　「警」缺「敬」末筆。

**招延四方豪桀**〔六·二五三三〕　百衲、中統、舊刻、游、正德、王、南雍本同，各本「桀」作「傑」。

**鄒陽之屬**〔六·二五三三〕　中統、游本同，各本「属」作「屬」，下同。

**珠玉寶器**〔六·二五三三〕　王、秦本「玉」作「王」。

**迎梁王於闕下**〔六·二五三四〕　南雍、李、凌、程、殿本同，各本「闕」作「關」。

**著籍引出入天子殿門**〔六·二五三五〕　游本「著」作「箸」。毛本「天」誤「大」。

**與漢宦官無異**〔六·二五三五〕　王、柯、秦本「宦官」二字倒。

**竇太后義格**〔六·二五三五〕　凌本旁注「一作『議』」。

**跂格不得下**〔六·二五三五〕　各本「跂」作「豉」，《字類》三「豉」下引同，程本誤「枝」。

**陰使人刺殺袁盎**〔六·二五三五〕　《書鈔》一百三十九引「殺」作「煞」。

**冠蓋相望於道**〔六·二五三五〕　中統、游、正德、程本「蓋」作「盖」。下「盖聞梁王西入朝」，此本及李、程本同，游、正德本注「上盖刻爲雲雷象」同。

**覆案梁**〔六·二五三五〕　中統、游、正德、王、柯、南雍、李、程、殿本「案」作「按」。

**梁王恐**〔六·二五三五〕　游、正德、王、柯、秦本「恐」作「怨」，涉上「怨望」而誤。

**茅蘭説王**〔六·二五三六〕　各本「茅」作「茅」，此誤，注作「茅」不誤，《書鈔》一百三十九引誤「芀」。

**三十五年冬復朝**〔六·二五三六〕　游、正德、王、柯、秦本「冬」誤「又」。

**梁共王三年**〔六·二五三七〕 百衲空一格，各本連上不空格。

**梁平王襄十四年**〔六·二五三七〕 舊刻、毛本不提行。《志疑》云：「此句當與上文連接，各本誤提行寫。」

**李太后親平王之太母也**〔六·二五三七〕 各本「太」作「大」，下「平王太母李太后曰」「具告知王與太母爭樽狀」並同。

**許愼指置措以爲笮**〔六·二五三八〕 各本「指」作「措」，此脱一筆，毛、秦本誤「惜」。《札記》云：「《集解》『許愼云「措，置」，字借以爲「笮」』，舊刻本與《漢書注》合。各本脱『云』字，『借』譌『措』。」案今所見舊刻本與各本同。

**李太后亦私與食官長**〔六·二五三八〕 殿本「宮」作「官」，《札記》云：「舊刻『官』，與《漢書》合，各本譌『宮』。」案今所見舊刻本亦作「宮」。《札記》又云：「《正義》『食官』，各本譌『候宮』，舊刻不誤。」案舊刻全書無引《正義》者，惟殿本「候宮」作「食官」，❶《札記》此條「舊刻」當爲「殿本」之誤。

**而王與任王后**〔六·二五三八〕 中統、游、正德、王、柯、秦本「王」誤「太」。

**病時任后未嘗請病**〔六·二五三八〕 毛本「后」上衍「皇」字，《札記》云：「疑『王』之誤。」

**睢陽人類犴反者**〔六·二五三八〕 《索隱》出「犴反」二字，《札記》云：「與《漢書》合，而注有『類』字。」

**時丞相以下見知之**〔六·二五三八〕 南雍、凌、程、殿本「見」作「具」，《札記》云：「中統、游、凌本『見』作

---

❶ 「候宮」「食官」，原互倒，今乙正。

『具』。」案中統、游本作「見」不作「具」，《札記》誤。

**李太后有淫行**〔六・二五三八〕　舊刻「李太后」作「太子太后」，誤。南雍、李本「太」作「大」。

**襄立三十九卒**〔六・二五三九〕　中統、游、正德本「九」作「餘」。

**濟川王明者**〔六・二五三九〕　毛本空一格，下「濟東」「山陽」「濟陰」並同。

**以桓邑侯**〔六・二五三九〕　「桓」缺筆。

**海東王彭離者**〔六・二五三九〕　各本提行。

**山陽哀王定者**〔六・二五三九〕　中統、游本空一格。

**百姓殷富**〔六・二五四〇〕　「殷」缺筆。

**褚先生曰**〔六・二五四〇〕　百衲、中統、舊刻、游、正德、王、柯、秦本連上不提行，毛本空一格，南雍、程本提行頂格，李、凌、殿本低一格。

**竊以爲令梁孝王怨望**〔六・二五四〇〕　王、柯、南雍、秦、李、凌、程本「令」誤「今」。

**立樹下**〔六・二五四〇〕　「樹」缺筆。

**於是乃封小弱弟以唐縣**〔六・二五四一〕　舊刻、毛本同，《索隱》及百衲、中統、游、正德、王、柯、南雍、李、凌、程、殿本「唐」作「應」，案據《索隱》則作「應」是也。

**非法不言**〔六・二五四一〕　舊刻「法」誤「禮」。

**到正月朔日奉皮薦璧玉**〔六・二五四一〕　各本「日」作「旦」，中統、游、正德本誤「是」，又「奉」誤「今」，「玉」

作「王」。

**法見後三日**〔六・二五四一〕　毛本「日」誤「月」。

**周道尊尊立子**〔六・二五四二〕　南雍、李、凌、程、殿本「尊」下有「者」字。

**以故國亂**〔六・二五四二〕　中統、王、秦本「以」誤「爲」。

**而梁王聞其議出於袁盎諸大臣所**〔六・二五四二〕　本「盎」誤「蚕」。百衲、舊刻、南雍、李、程、毛、殿本與此作「議」，各本作「義」，凌本旁注「一作『議』」。

**於是遣田叔吕季主往治之**〔六・二五四三〕　舊刻「主」誤「生」。

**立起坐湌**〔六・二五四三〕　中統、游、正德本「湌」作「飡」。

# 卷五九　五宗世家第二十九

**栗姬子曰榮德閼于**〔六・二五四七〕　舊刻「榮」誤「滎」。

**河間獻王德**〔六・二五四七〕　正德本不提行。

**以孝景帝前二年**〔六・二五四七〕　正德本「二」誤「一」。

**漢名臣奏杜業奏曰**〔六・二五四八〕　殿本上有「駰案」二字。

**孝武帝�е然難之**〔六・二五四八〕　毛本同，百衲、中統、舊刻、游、正德本「恖」作「色」，王、柯、南雍、秦、李、凌、程、殿本作「艴」。

**歸即縱酒聽樂**〔六・二五四八〕　正德本「聽」作「听」，俗省字。

**臨江哀王閼于**〔六・二五四八〕　毛本空一格，下並同。

**坐侵廟壖垣爲宫**〔六・二五四八〕　《書鈔》九十二引「廟」作「庿」，「壖」誤「堧」。

**燕數萬銜土置冢上**〔六・二五四九〕　《書鈔》引「燕」作「鷰」，「土」作「泥」，無「置」字。

**右三國**〔六・二五四九〕　百衲連上不空格，下「右三國本王，皆程姬之子也」同，「右二國」「右一國」空一格；舊刻、毛本並空一格；王、柯、李、凌本另行，低二格；南雍、程、殿本低三格，下並同。

**魯共王餘**〔六·二五五〇〕　各本提行。

**不喜辭辯**〔六·二五五〇〕　程本「辯」作「辨」。

**江都易王非**〔六·二五五〇〕　舊刻不提行。

**有材力**〔六·二五五〇〕　秦本「材」誤「林」。

**招四方豪傑**〔六·二五五〇〕　百衲、中統、舊刻、游、正德、王、南雍、毛本「傑」作「桀」。

**建又盡與其姊弟姦**〔六·二五五〇〕　百衲、中統、游、正德、王、柯、南雍、秦、李、凌、程、毛、殿本「姦」作「姦」。

**端禽滅之**〔六·二五五一〕　程本「禽」作「擒」，下「王因禽其宗族」同。

**乃殺其子母**〔六·二五五一〕　各本「乃」作「及」，《漢書·景十三王傳》同，此誤。

**去太半**〔六·二五五一〕　正德本「太」作「大」。

**遂爲無訾省**〔六·二五五一〕　各本「訾」作「訾」。王、秦本「遂」誤「逐」。

**蘇林曰**〔六·二五五一〕　程本「林」誤「利」。

**爲無所訾録無所省録也**〔六·二五五一〕　《漢書》蘇林注「爲無所省録也」，此文衍「無所訾録」四字，《札記》引錢警石説已正之。《札記》又出「言不能視録資財」，此《正義》文。《札記》連上《集解》，不別標《正義》。

**封具宫門**〔六·二五五一〕　各本「具」作「其」，此誤。

**爲膠西郡**〔六・二五五二〕　中統、游、正德本「郡」下有「云」字。

**以故二千石莫敢治**〔六・二五五二〕　毛本脱「石」字。

**而趙王擅權**〔六・二五五二〕　游、正德本「權」誤「権」。

**爲賈人摧會**〔六・二五五二〕　百衲、舊刻、毛本同，注同，《索隱》及各本「摧」作「榷」，與《漢書》合。

**好爲吏事**〔六・二五五三〕　中統、游、正德、王、柯、南雍、秦本「吏」誤「史」。案《漢書》作「好爲吏」，無「事」字。

**常夜從走卒行徼邯鄲中**〔六・二五五三〕　《索隱》「徼」作「儌」。

**與其客江充有郤**〔六・二五五三〕　毛本脱「其」字。

**應劭曰**〔六・二五五五〕　《御覽》五百七十四引《史》注脱「應劭曰」三字，《志疑》遂謂《御覽》誤以劭説爲《史》本文。案《御覽》此下小注，非正文，豈真以劭説爲《史》本文乎？

**諸王来朝**〔六・二五五五〕　各本「来」作「來」。

**有詔虔前稱壽歌舞**〔六・二五五五〕　本「更」誤「虔」。

**定王但張袖**〔六・二五五五〕　游、正德本「袖」誤「神」。

**上輒問之**〔六・二五五五〕　本「怪」誤「輒」。

**不足迴旋**〔六・二五五五〕　程本「迴」作「回」，《漢書注》亦作「回」。

**帝以武陵零陵桂陽属焉**〔六・二五五五〕　中統、游本同，各本「属」作「屬」。

**朐音怐**〔六・二五五五〕　各本「怐」作「拘」。

**相承之誤**〔六・二五五六〕　正德本「誤」下有「也」字。

**王后脩生太子勃**〔六・二五五七〕　凌本「脩」作「修」，下並同。

**生子平子商**〔六・二五五七〕　游本同，各本「商」作「商」，下並同。

**王后希得幸**〔六・二五五七〕　毛本同，各本「王」下重「王」字。

**諸幸姬常侍病**〔六・二五五七〕　程本「常」作「甞」。

**故王后示以妬媢**〔六・二五五七〕　《索隱》及毛、殿本「妬」作「妒」，與《漢書》合。

**環城過市**〔六・二五五七〕　正德本「市」誤「侍」。

**吏求捕勃大急**〔六・二五五七〕　凌、程本「大」作「太」。

**勃無良師傅**〔六・二五五七〕　正德本「傅」誤「傳」。

**后妾不和**〔六・二五五八〕　舊刻「妾」誤「妄」。

**用常山憲王子爲泗水王**〔六・二五五八〕　百衲、舊刻、毛、殿本同，中統、游、正德、王、柯、南雍、秦、李、凌、程本「常山」下衍「王」字。

**十年卒**〔六・二五五八〕　各本「十」下有「一」字，案《漢書》「泗水思王商立十年薨」，與此本合。《志疑》云：「案上『十一年』衍『一』字，下『十一年』衍『十』字。安世父十年卒，安世一年卒也。」

**國所出有皆入於王也**〔六·二五五九〕毛本「皆」誤「背」，《札記》云：「王本『皆』誤『背』。」案王本不誤，張蓋誤毛爲王也。

**漢獨爲置丞相**〔六·二五五九〕百衲「丞」作「承」。

# 卷六〇　三王世家第三十

**陛下過聽**〔六・二五六二〕　舊刻「陛」上空一格。

**以干用事者**〔六・二五六二〕　舊刻「干」誤「千」。

**乃道天子卑讓自貶**〔六・二五六二〕　中統本「讓」誤「議」。

**宜奉義遵職**〔六・二五六二〕　游、正德本「義」作「議」，凌本旁注「一本『義』作『議』」。

**一作闗**〔六・二五六二〕　中統、游、正德本「闗」作「関」，毛本作「閞」。《札記》云：「『閞』與『関』形近而誤，『閞』乃俗『闗』字也，各本遂又誤爲『闗』。」

**蓋聞周封八百**〔六・二五六三〕　舊刻、程本「蓋」作「盖」，下同。

**海内未洽**〔六・二五六三〕　舊刻、正德本「洽」誤「治」。

**强君連城**〔六・二五六三〕　王、柯、南雍、秦、李、凌、程、殿本「强」作「彊」，下「外討强暴」同。

**中二千石臣賀**〔六・二五六三〕　各本「中二千石」下有「二千石」三字，此脱。

**以相傅爲輔**〔六・二五六三〕　舊刻、游、正德、南雍、李、程、殿本「傅」誤「傳」。

**褒厲盛臣平津侯等**〔六・二五六三〕　各本「盛」作「群」，此誤。

**明天施之屬**〔六・二五六三〕　凌本旁注「一本『施』作『地』」。中統、游本「屬」作「属」，下同。

**分子弟户邑錫號**〔六・二五六三〕　百衲「錫」作「賜」。

**公羊傳曰**〔六・二五六四〕　殿本上有「駰案」二字，下「《詩》云」同。

**魯祭周公牲用白牲**〔六・二五六四〕　各本「牲」作「牡」，此誤。

**白牡殷牲也**〔六・二五六四〕　百衲、中統、舊刻、游、正德、王、南雍、李、程、殿本同，凌本「牡」誤「牝」，柯、毛本誤「牲」。

**以列侯可**〔六・二五六四〕　毛本「以」誤「此」。

**所以抑未成**〔六・二五六五〕　凌本「抑」誤「仰」。

**武王繼體**〔六・二五六五〕　中統、游本「體」作「躰」，下同。

**西湊月氏**〔六・二五六五〕　毛本「氏」作「氐」，誤。《字類》一「溱」下引此文作「西溱月氏」，《雜志》云：「『湊』當爲『溱』，故《正義》音臻而訓爲至。《班馬字類》十九臻韻有『湊』字，引《史記》『西湊月氏』，音臻，則所見本已誤。」案别下齊本《字類・補遺》已改「湊」作「溱」。瞿氏《藏書目録》云：「按『西溱月氏』之『溱』，婁氏作『湊』，李氏作『溱』，蓋其所見又是一本，然《正義》曰『溱音臻』，與《王褒傳》顔注『溱與臻同』合，似以李氏爲勝。」

**元戎大戎**〔六・二五六六〕　秦本「大」誤「犬」，下「車有大戎十乘」同。

**衡扼之上**〔六・二五六六〕　舊刻「扼」作「軛」。

**開禁倉以賑貧窮**〔六・二五六五〕 舊刻「賑」作「振」。

**故珍獸至**〔六・二五六五〕 中統、游、正德本「獸」作「怪」。

**而家皇子爲列侯**〔六・二五六五〕 王、柯、秦、凌本脱此七字，凌本旁注「一本『王』字下有『而家皇子爲列侯』句」。

**竊伏熟計之**〔六・二五六五〕 中統、游本「熟」作「孰」。

**大僕臣賀**〔六・二五六六〕 游、正德、王、秦本同，各本「大」作「太」。

**行御史大夫事大常臣充**〔六・二五六六〕 舊刻同，各本「大」作「太」。

**太子少傅臣安行**〔六・二五六六〕 凌本「少」誤「太」。

**上疏言皇子未有號位**〔六・二五六六〕 百衲無「上」字。

**臣謹與御史大夫臣湯**〔六・二五六六〕 中統、游本「與」誤「爲」。

**諫大夫博士臣慶等**〔六・二五六六〕 百衲「諫」下衍「議」字。

**昧死請立皇子臣閎等爲諸侯王**〔六・二五六六〕 百衲「皇」下衍「太」字。柯本「閎」誤「閡」。

**蕭何之玄孫**〔六・二五六七〕 百衲「何」誤「河」。

**十八四月二十八日乙巳**〔六・二五六七〕 各本「十」作「卜」，此誤。

**臣昧死請**〔六・二五六七〕 正德本「昧」上衍「事」字。

**一云元狩**〔六・二五六七〕 中統、游、正德、毛本脱「一」字。

**維六年四月乙巳**〔六・二五六七〕　舊刻不提行。

**王者以五色土爲太社**〔六・二五六七〕　百衲、舊刻、游、正德本「太」作「大」。

**允執其中**〔六・二五六七〕　凌本「執」誤「埶」，下「信執其中」同。

**建尔國家**〔六・二五六八〕　各本「尔」作「爾」。

**俾君子怠**〔六・二五六八〕　毛本「俾」誤「裨」。

**右齊王策**〔六・二五六八〕　百衲、游本提行；王、柯、秦、凌本提行，低二格；正德、南雍、李、程本提行，低三格；舊刻、毛本不提，空一格。此本下「右燕王策」空二格，「右廣陵王策」空三格。

**受茲玄社**〔六・二五六八〕　「玄」缺筆，餘不缺。

**加以姦巧邊萌**〔六・二五六八〕　《索隱》「萌」作「甿」。

**時所獲三十二師也**〔六・二五六九〕　南雍、李、程、殿本「師」作「帥」。

**降旗奔師**〔六・二五六八〕　《索隱》「旗」作「期」，云：「《漢書》『降期』作『降旗』。」則所據《史》文作「期」矣。

**偃其旗鼓而来降**〔六・二五六九〕　各本「皷」作「鼓」，「来」作「來」，凌本「皷」字與此同。

**綏安也**〔六・二五六九〕　百衲「綏」誤「綏」。

**毋俷德**〔六・二五六八〕　《索隱》「俷」作「菲」。《雜志》云：「《索隱》出『無菲德』三字，注曰：『蘇林云：「菲，廢也。」本亦作『俷』，俷，敗也。』孔文祥云：「《漢書》作『棐』。」』今改正文作『俷』，則與《索隱》『亦作俷』之語不合。又下文褚先生曰『誡燕王以無俷德』，《索隱》曰『案上策云「作菲德」，下云「勿使王背德也」，則俷當音扶味反。』據此，則下文自作『佴』，此文自作『菲』，不得據彼以改此明矣。」案《索隱》單本無「案上策」云云之文，疑傳寫脱佚。

**佴一作菲**〔六·二五六九〕 中統、游、正德本「菲」誤「非」。

**非教士不得從徵**〔六·二五六八〕 《索隱》「非」作「匪」。

**朕承祖考**〔六·二五七〇〕 中統本「朕」字空格。

**古人有言**〔六·二五七〇〕 各本「言」下有「曰」字，此脱。

**楊州保疆**〔六·二五七〇〕 南雍、李、程、毛、殿本「楊」作「揚」。游、正德、殿本「疆」作「彊」，下同，程本下「彊」字亦作「疆」。

**一作彊**〔六·二五七〇〕 百衲、中統、游、正德本「彊」作「壃」，殿本作「疆」。

**保特也**〔六·二五七〇〕 各本「特」作「恃」，此誤。

**戰戰兢兢**〔六·二五七〇〕 殿本「兢兢」誤「競競」。

**毋侗好佚**〔六·二五七〇〕 《索隱》「佚」作「軼」。

**侗音同**〔六·二五七〇〕 游、正德本「侗」誤「洞」。

**故王者彊土建國**〔六·二五七一〕 柯、凌本同，百衲、中統、游、王、南雍、秦、李、程、毛本「彊」作「壃」，舊刻作「彊」，正德、殿本作「疆」。

**是以形勢彊而王室安**〔六·二五七一〕 南雍、李、程、殿本「勢」作「埶」。百衲、中統、毛本「彊」作「强」，舊刻作「疆」。

**故弗論著也**〔六・二五七一〕　百衲「著」作「箸」。

**褚先生曰**〔六・二五七一〕　李、凌、殿本低一格。

**列傳中稱三王世家**〔六・二五七一〕　百衲、中統、游、正德、王、柯、南雍、秦、李、凌、程、殿本同，舊刻無「列傳」二字，毛本無「列」字。

**非博聞彊記君子者**〔六・二五七一〕　中統、游、正德本「聞」作「學」。百衲、中統、游、正德、毛本「彊」作「强」，舊刻作「疆」。

**閎且立爲王**〔六・二五七一〕　中統、游本脱「閎」字。

**雒陽有武庫敖武**〔六・二五七二〕　下「武」字，各本作「倉」，此涉上而誤。

**天下膏腴之地**〔六・二五七二〕　各本無「之」字。

**奉璧一**〔六・二五七二〕　舊刻、游、正德、王、秦、毛本「璧」誤「壁」。

**各取其色物**〔六・二五七二〕　毛本「色物」二字倒。

**裹以白茅**〔六・二五七二〕　本「裹」誤「褁」，正德、柯、凌本作「褁」，中統本誤「裏」，游本誤「褁」，王、秦、殿本誤「裹」。

**馳騁弋獵**〔六・二五七三〕　百衲、舊刻本「獵」誤「臘」。

**孝昭帝初立**〔六・二五七三〕　程本「初」誤「所」。

**最愛少子弘**〔六・二五七三〕　「弘」缺筆，中統本誤引。

**云立廣陵王爲上**〔六・二五七四〕　百衲、中統、舊刻、游、正德、毛本「云」下重「云」字。王、柯、南雍、秦、李、凌、程、殿本有「云」字，無「立」字，札記云：「響云『云』即『立』字之誤」。」

**勿使上比德也**〔六・二五七五〕　各本「比」作「背」。《札記》云：「『上』乃『王』字誤，前文『倜德』下，《索隱》引此作『王背德』，宋本作『比』，蓋『北』字之譌，『北』即『背』字。」

**會孝武帝崩**〔六・二五七五〕　百衲、舊刻本同，各本無「孝」字。

**公卿大臣請遣宗正**〔六・二五七五〕　舊刻「卿」下空三格，「請」上有「上」字。

**無令自身死國滅**〔六・二五七五〕　各本「令自」作「自令」。

**於是脩法直斷**〔六・二五七六〕　程、毛、殿本「脩」作「修」。

**漸之滫中**〔六・二五七六〕　凌本「滫」作「滲」，下同。

**徐廣曰云云**〔六・二五七七〕　毛本脱此條十三字。

**滫者浙来汁也**〔六・二五七七〕　南雍、李、程、殿「浙」作「淅」，是。

**庶人不服者**〔六・二五七七〕　毛本脱「者」字。

# 卷六一　伯夷列傳第一

**伯夷列傳第一**〔七・二五八一〕　王、柯、秦本題「老子伯夷列傳第一」，云：「《索隱》本伯夷傳第一，老子、莊子、韓非同傳第三。❶《正義》本老子、莊子、伯夷居列傳之首，今依《正義》本。」又云：「監本老子與伯夷同傳第一，莊子與韓非同傳第三。」案今嘉靖、南雍本依太史公之舊，仍以伯夷居首，而《老莊申韓列傳》在第三，非王、柯等之所謂監本矣。南雍本者，首卷有一條云「按唐崇老教，謬取老子居列傳首」云云，凌本以爲楊慎説。案此文雖見《題評》，而《題評》刊於嘉靖十六年，南雍本則刊於嘉靖九年，實在《題評》之先，乃《題評》採監本，非監本襲《題評》也。殿本《考證》謂「不著改之者之名，不知語出何人」，深得闕疑之旨。此本自此篇至《仲尼弟子列傳第七》均鈔配，今依潘本。

**猶考信於六藝**〔七・二五八一〕　百衲、中統、王、柯、南雍、秦、李、凌、程、殿本「藝」作「蓺」。

**而説者曰**〔七・二五八一〕　《索隱》作「説曰」。

**太史公曰**〔七・二五八一〕　凌、程、毛、殿本不提。

---

❶ 按，王、秦本「同傳第三」，「三」誤「二」，柯本不誤。

**余以所聞曰光義至高**〔七・二一二五八一〕　本「由」誤「曰」。《索隱》「光」上有「務」字，疑衍。

**其傳曰**〔七・二一二五八三〕　李本提行，非。

**遂逃去**〔七・二一二五八三〕　李本「逃」作「逊」。

**左右欲兵之**〔七・二一二五八三〕　《類聚》八十五引「兵」作「刃」。

**此義人也**〔七・二一二五八三〕　毛本「義」誤「異」。

**武王已平殷亂**〔七・二一二五八三〕❶　「殷」缺筆。

**馬融曰**〔七・二一二五八四〕　舊刻「曰」上脱「馬融」二字。

**怨耶非耶**〔七・二一二五八三〕　南雍、李、程、殿本二「耶」字作「邪」。

**登彼西山兮采其薇矣以暴易暴兮不知其非矣**〔七・二一二五八三〕　《北堂書鈔》一百八兩引，無兩「兮」字及兩「矣」字，「采其薇矣」作「言采其薇」。❷

**若伯夷叔齊**〔七・二一二五八五〕　《困學紀聞》十一引《伯夷傳》作「若伯夷者」。

**可謂善人者非耶**〔七・二一二五八五〕　南雍、李、程、本「耶」作「邪」，《索隱》作「可謂善人者耶，抑非也」，《困學紀聞》引作「可謂善人非邪」。

---

❶ 「已」，原作「既」，據寶禮堂本改。

❷ 按，「《北堂書鈔》一百八」當作「一百六」。此條當在「馬融曰」條下，管氏誤植。

**積仁絜行如此**〔七·二五八五〕　凌本「絜」作「潔」。

**盜跖日殺不辜**〔七·二五八五〕　《索隱》「跖」作「蹠」，云：「『蹠』及注作『跖』，並音之石反。」

**暴戾恣睢**〔七·二五八五〕　凌本同，百衲、毛、殿本「睢」作「雎」，各本作雎。《考異》云：「按睢、雎二字形聲皆別。從劉音，字當从目。從鄒音，當从且。小司馬兼存二音而不辯正，何也？」

**竟以壽終**〔七·二五八五〕　「竟」缺筆。

**皇覽曰**〔七·二五八六〕　殿本上有「駰案」二字。

**□臨河曲**〔七·二五八六〕　各本「臨」上不空格。

**直弘農華陰山潼鄉**〔七·二五八六〕　「弘」缺筆。《札記》云：「舊刻『縣』，各本誤『山』。」案今所見舊刻本亦作「山」。

**盜跖即柳下惠弟也**〔七·二五八六〕　殿本「盜」上有「按」字。

**此其尤大彰明較著者也**〔七·二五八五〕　《索隱》無「明」字、「著」字。

**專犯忌諱而終身逸樂**〔七·二五八五〕　《索隱》出「犯忌諱而身逸樂」七字。

**而遇禍災者**〔七·二五八五〕　《索隱》「禍災」二字倒。

**不可稱數也**〔七·二五八五〕　毛本同，各本「稱」作「勝」。

**儻所謂天道是耶非邪**〔七·二五八五〕　百衲同，南雍、李、程、毛、殿本上「耶」字作「邪」，各本下「邪」字作「耶」，《索隱》作「豈所謂天道，非耶是耶」。

**當脩德以得之**〔七·二五八七〕　凌、程、毛、殿本「脩」作「修」。

**歲寒然後知松柏之後凋**〔七·二五八七〕　毛、殿本同，各本「柏」作「栢」。

**喻凡人處治世**〔七·二五八八〕　「凡」缺一點。

**亦能自修整**〔七·二五八八〕　舊刻、正德本「修」作「脩」。

**貪夫徇財**〔七·二五八八〕　舊刻、王、南雍、秦、李、凌、程本「徇」作「狥」。南雍、李、凌、程本下「烈士徇名」亦作「狥」。

**王肅曰**〔七·二五八九〕　中統本「肅」誤「蕭」。

**龍舉而景雲屬**〔七·二五八九〕　舊刻、游本「屬」作「属」。

**張璠曰**〔七·二五八九〕　毛本「璠」誤「蟠」。

**附驥尾而行益顯**〔七·二五八八〕　《索隱》「驥」下有「之」字。

**趨舍有時**〔七·二五八八〕　《札記》云：「案《正義》音趨，則正文作『趣』明矣，各本作『趨』，非。」

**惡能施於後世哉**〔七·二五八八〕　凌本「於」作「于」。

## 卷六二　管晏列傳第二

**少時常與鮑叔牙游**〔七・二五九三〕　《治要》十二「游」作「遊」。

**及小白立爲桓公**〔七・二五九三〕　「桓」缺筆。下「齊桓公以霸」「桓公既賢」同，餘不缺。

**一匡天下**〔七・二五九三〕　「匡」缺筆，下「匡救其惡」同。《治要》「一」作「壹」。

**子孫世禄於齊有封邑者十餘世**〔七・二五九四〕　《索隱》出「子孫世禄於齊十餘世」九字。

**天下不多管仲之賢**〔七・二五九四〕　《治要》「天下」作「世」。

**管仲既住政相齊**〔七・二五九五〕　本「任」誤「住」。

**四維一曰禮二曰義三曰廉四曰恥**〔七・二五九五〕　南雍、李、程、殿本作「四維者禮義廉恥也」。

**下令如流水之原**〔七・二五九五〕　游、正德、南雍、李、程本「原」作「源」。

**桓公實怒少姬**〔七・二五九五〕　《索隱》脱「公」字。

**而管仲因而令燕脩召公之政**〔七・二五九五〕　凌、毛本「脩」作「修」。

**柯之會**〔七・二五九六〕　各本「柯」上有「於」字，此脱。

**萊之夷維人也**〔七・二五九七〕　《治要》作「萊人也」。

**劉向别録曰**〔七・二五九七〕　殿本上有「駰案」二字，下再引劉向《别録》同。

**萊者今東萊也**〔七・二五九七〕　各本「東萊」下有「地」字。

**國有道即順國**〔七・二五九七〕　各本下「國」字作「命」，此涉上「國」字而誤。

**皇覽曰晏子冢在臨菑城南淄水南桓公冢西北**〔七・二五九八〕　正德本「城南」下有「東北三里」四字，「淄水」下有「之」字，「冢」下有「之」字。毛本「冢」誤「家」。王、柯、秦、凌、殿本脱此條，蓋以此注已見前「晏子懼然」下正義，而删之也。南雍、李、程本則前後並脱「矣」。《札記》云：「《正義》『注皇覽』云云，此『注』字本指《集解》，删之則贅矣。」

**晏子怪而問之**〔七・二五九八〕　凌本「怪」作「恠」，俗。

**牧民**〔七・二五九九〕　《索隱》「民」作「人」，避太宗諱改。

# 卷六三　老子韓非列傳第三

**老子韓非列傳第三**〔七·二六〇三〕　南雍、李、凌、程、殿本作《老莊申韓列傳第三》。王、柯、秦本作《申不害韓非列傳第三》，云："「開元二十三年，敕升老子、莊子爲《列傳》首，故申、韓爲此傳。」《札記》云："「此亦合刻者所記。」案史公自序稱「老子韓非列傳」，不及莊、申，此本是也。王、柯等從《正義》本，單題申、韓，殊覺割裂無理。

**地理志曰**〔七·二六〇四〕　殿本上有「駰案」二字，下引《列仙傳》，又「此云封於段干」云云，又引《地理志》、劉向《别録》《新序》《戰國策》，又「自勉厲之意也」，又「胡革反」云云，並同。

**名耳字伯陽謚曰聃**〔七·二六〇三〕　《索隱》出「名耳字聃」四字，云："「按許慎云『聃，耳曼也』，故名耳字聃。有本字伯陽，非正也。」是小司馬本無「字伯陽謚曰」五字明矣。《雜志》云："「《經典釋文·序録》『《史記》云字聃』，《文選·征西官屬送於涉陽候詩》注引《史記》曰『老子字聃』，《遊天台山賦》注及《後漢書·桓帝紀》注並引《史記》曰『老子名耳，字聃，姓李氏』。又案《文選·反招隱詩》注引《史記》曰『老子名耳，字聃』，又引《列仙傳》曰『李耳字伯陽』。然則『字伯陽』乃《列仙傳》文，非《史記》文也。」

**老子脩道德**〔七·二六〇五〕　程、毛本「脩」作「修」，下「以其脩道而養壽也」「内脩政教」「不務脩明其法制」

並同。

**迺遂去至關**〔七・二六〇五〕　中統、游本「關」作「関」，下同。下注作「閞」，柯本注作「関」。《類聚》「迺」作「乃」，脱「至」字。

**强爲我著書**〔七・二六〇六〕　王、柯、南雍、秦、李、凌、程、殿本「强」作「彊」，下並同。《類聚》此下有「喜與老子俱之流沙之西」十字，案《集解》引《列仙傳》之文，不當連引。

**隱德行仁**〔七・二六〇六〕　王本「隱」字空格。

**物色而迹之**〔七・二六〇六〕　舊刻脱「之」字。

**與老子俱之流沙之西**〔七・二六〇六〕　百衲「老」誤「者」。

**服巨勝實**〔七・二六〇六〕　中統、游、正德、王、柯、南雍、秦、李、凌、程、殿本「巨」誤「具」，《考異》云：「『具勝』疑即『巨勝』也。」

**莫知其所終**〔七・二六〇六〕　王、秦本脱「莫」字。

**蓋老子百有六十餘歲**〔七・二六〇七〕　《索隱》「有」字在「六十」下。舊刻、游、正德本「蓋」作「盖」。下注「本蓋因邑爲姓」，此本亦與舊刻、游、正德本同。

**實百一十九年**〔七・二六〇七〕　百衲、舊刻本同，各本脱「百」字。

**始秦與周合而離離五百歲而復合合七十歲而霸王者出焉**〔七・二六〇七〕　《索隱》出「始秦與周合五百歲而離」十字，云：「按周、秦二《本紀》，並云『始周與秦國合而别，别五百載又合，合七十歲而霸王者出』，然與此傳離合反正，尋其意義，亦並不相違也。」《雜志》云：「案此當從宋本作『始秦與周合，五百歲而離，離七十歲而霸王者出焉』，蓋周、秦二《本紀》皆言『離五百歲而復合』，此言『合五百歲而離』，故云『離合正反』。若此文與秦、周《本紀》同則何相反之有？」瞿氏《鐵琴銅劍藏書目録》：「《史記集解》宋刊本云：『《老莊申韓列傳》「始秦與周合，合五百歲而離，離七十歲而霸王者出焉」，不同今本，作「始秦與周合而離，離五百歲而復合，合七十歲而霸王者出焉」。』」

**而魏世家有段干木段干子**〔七・二六〇八〕　舊刻脱「木」字，下行「疑此二人是姓段干也」，「干」下衍「木」字，蓋錯寫。

**則絀儒學亦絀老子**〔七・二六〇八〕❶　各本「儒學」下重「儒學」二字，此脱。

**地理志**〔七・二六〇九〕　毛本「志」下有「云」字。

**故其著書本萬餘言**〔七・二六〇八〕　各本「本」作「十」，此誤。

**大抵率寓言也**〔七・二六〇八〕　《索隱》云：「故言『偶言』，❷又音寓，寓寄也。」《札記》云：「依《索隱》則所據史文作『偶』，今單本亦作『寓』，蓋後人改之。」

**京人也**〔七・二六一一〕　百衲、舊刻本「京」作「荆」。

❶ 上「絀」字，原作「詘」，據寶禮堂本改。
❷ 按，「故言」當作「故云」，涉下而誤。

**學術以干韓昭侯**〔七·二六一一〕 本「干」誤「于」。

**本於黄老而主刑名**〔七·二六一一〕 《讀書記》云：「《申不害》篇『本于黄老而主刑名』，『刑』作『形』；又《韓非》篇『喜刑名法術之學』，『刑』亦作『形』。」案毛本二「刑」字並不誤，何氏云作「形」，未審其旨。

**故號曰術**〔七·二六一二〕 中統本「號」作「号」，下「號曰法」「故號曰刑名法術之書」並同，游本「號曰法」亦作「号」。

**商鞅所爲書**〔七·二六一二〕 本「鞅」誤「軮」。

**皆曰利名**〔七·二六一二〕 本「刑」誤「利」。

**執勢以御其臣下**〔七·二六一三〕 百衲、舊刻本「勢」作「契」。

**五蠹**〔七·二六一三〕 《治要》十二「蠹」作「蝨」。

**而以泄敗**〔七·二六一五〕 中統、毛本同，各本「而」作「語」。

**則以爲鬻權**〔七·二六一六〕 《索隱》「鬻」作「粥」。

**徑省其辭**〔七·二六一六〕 各本「徑」作「俓」。

**凡説之務在知飾所説之所敬**〔七·二六一八〕 「敬」缺筆。

**則毋以其失窮之**〔七·二六一八〕 中統、游、正德本作「毋」，下「則毋以其敵怒之」同，各本「毋」作「無」。

**則毋以其難概之**〔七·二六一八〕 百衲、中統、游、毛本作「毋」，各本作「無」。

得曠日弥久〔七·二六一八〕　各本「弥」作「彌」，下並同。

弥子嬌駕君車而出〔七·二六二一〕　本「矯」誤「嬌」。

忘其口而念我〔七·二六二一〕　凌本旁注：「一本念作啗。」

又嘗食我以其餘桃〔七·二六二一〕　中統、游本「嘗」作「常」，凌本旁注：「一本作『桃餘』。」

則知當而知親〔七·二六二一〕　各本下「知」字作「加」，此涉上「知」字而誤。

今王欲并諸侯〔七·二六二一〕　中統、游、正德本「王」作「主」。

臣於趙而逐〔七·二六二二〕　中統、游、正德本「逐」誤「遂」。

傳干後世〔七·二六二二〕　本「于」誤「干」。

虚无因應〔七·二六二三〕　各本「无」作「無」。

胡革反〔七·二六二三〕　正德本上衍「徐廣曰」三字。

# 卷六四　司馬穰苴列傳第四

**晉伐阿甄**〔七・二二六二五〕　《御覽》二百九十六引「甄」作「鄄」，注云：「阿，今濟陽郡東阿縣。鄄音絹，今濮陽郡鄄城縣。」《札記》云：「疑是《集解》文。」案《札記》引「音絹」，「絹」誤「綃」。

**將兵扞燕晉之師**〔七・二二六二五〕　各本「捍」作「扞」，《御覽》引同。

**百姓不信**〔七・二二六二五〕　《御覽》引「不」作「弗」。

**國之所尊**〔七・二二六二五〕　《御覽》引「尊」下有「者」字。

**以監軍**〔七・二二六二五〕　《類聚》五十九引「監」作「臨」。

**夕時**〔七・二二六二五〕　《類聚》引「夕」作「暮」。

**則志其家**〔七・二二六二五〕　本「忘」誤「志」。

**援枹鼓之急**〔七・二二六二五〕　游本「枹」誤「抱」。

**今敵國深侵**〔七・二二六二六〕　《治要》十二無「國」字。

**食不皆味**〔七・二二六二六〕　各本「皆」作「甘」，此誤。

**軍法期而後至者云何**〔七・二二六二六〕　《御覽》引作「軍法後期者云何」。

**以徇三軍**〔七·二六二六〕　程本「徇」作「狥」，下同。

**三軍之士皆振慄**〔七·二六二六〕　《類聚》《御覽》引「振」作「震」。

**軍中不馳今使者馳云何**〔七·二六二六〕　百衲作「馳三軍法何」，下小注云：「一本『問軍正曰，軍中不馳，今使者馳云何』。」毛本「今」誤「令」。

**身自拊循之**〔七·二六二六〕　《字類》三引「拊」作「捬」。

**悉取將軍之資糧享士卒**〔七·二六二六〕　王、柯、南雍、秦、李、凌本「糧」作「粮」。

**平分粮食**〔七·二六二六〕　百衲、舊刻、王、柯、南雍、秦、李、凌本同，各本「粮」作「糧」。

**病者皆求行**〔七·二六二六〕　舊刻脱「皆」字。

**度水而解**〔七·二六二六〕　《治要》「度」作「渡」，「水」上有「易」字。

**遂取所亡封内故境**〔七·二六二六〕　中統、游、正德本「封」誤「邦」，《御覽》引作「皆復所侵之地」，蓋約舉其文，不必與原書相合也。

**尊爲大司馬**〔七·二六二六〕　《治要》「尊」作「立」。

**太史公曰**〔七·二六二八〕　舊刻「太」作「大」，不提行。

**閎廓深遠**〔七·二六二八〕　程本「廓」誤「郭」。

# 卷六五　孫子吳起列傳第五

**以兵法見於吳王闔廬**〔七・二六三一〕❶　《御覽》二百九十六引「廬」作「閭」，下同。

**左視左手右視右手**〔七・二六三一〕　《治要》十二「左」「右」下並有「則」字。

**後即視背**〔七・二六三一〕　《治要》「即」作「則」。

**約束既布**〔七・二六三一〕　《御覽》引「布」作「畢」。

**復三令五申而鼓之左**〔七・二六三一〕　《治要》「而」字在「令」字下。

**無敢出聲**〔七・二六三二〕　《治要》「聲」下有「者」字。

**於是孫子使使報王曰**〔七・二六三二〕　《御覽》引「孫子」作「武」，下「孫子曰王徒好其言」同。

**於是闔廬知孫子能用兵**〔七・二六三二〕　《治要》「能」下有「也」字，無「用兵」二字。

**北威齊晉**〔七・二六三二〕　《治要》無「齊」字。

---

❶「於」，原脱，據寶禮堂本補。

**越絶書曰**〔七·二六三二〕　殿本有「騶案」二字，下引「楊子《法言》」同。

**孫臏嘗與龎涓俱學兵法**〔七·二六三二〕　中統、游本「嘗」誤「常」，《索隱》出「孫臏與龎涓」五字。

**君弟重射**〔七·二六三三〕　凌、程本「弟」作「第」。

**其後魏伐趙**〔七·二六三三〕　《書鈔》一百三十九引「後」作「后」。

**坐爲計謀**〔七·二六三三〕　《文選·報任少卿書》注引「坐」作「主」，《書鈔》引作「爲其計謀」。

**夫解雜亂紛糾者**〔七·二六三三〕　《索隱》「糾」作「紏」。

**批亢擣虚**〔七·二六三三〕　《札記》云：「《御覽》三百六十八引此文，有注云『亢音剛，又音亢，人喉也』，疑是《集解》文，今本缺。」案《御覽》「又音亢」，「亢」作「抗」。

**後十五年**〔七·二六三四〕　《索隱》「十五年」作「十三歲」，《攷異》云：「『五』當作『三』。」《志疑》云：「威王二十六年戰桂陵，宣王二年戰馬陵，相去政十三年，小司馬引《紀年》謂無十三歲，非也。」

**入魏地**〔七·二六三五〕　《書鈔》一百十六引作「入魏退焉」。

**又明日爲二萬竈**〔七·二六三五〕　百衲、中統、舊刻、游、正德、毛本同，各本「二」作「三」，《御覽》四百四十八引作「二」，又百八十六引作「三」。

**入吾地三日士卒亡者過半矣**〔七·二六三五〕　《書鈔》引「地」作「境」，「過半」作「大半」，無「矣」字。

**乃棄其步軍與其輕鋭**〔七·二六三五〕　《御覽》四百四十八引「棄」作「弃」，「鋭」作「輓」，注云：「亡辨反。」

**孫子度其行**〔七·二六三五〕　《書鈔》一百十六引此文作「孫臏量至暮」，《類聚》八十引作「臏量其行」，《御覽》

二百九十引同，又三百四十八引無「行」字，《札記》：「兩引『度』作『量』。」案《御覽》三百四十八作「度」不作「量」。

**馬陵道陝**〔七・二六三五〕 百衲同，各本「陝」作「狹」，《書鈔》引同。

**而旁多阻隘**〔七・二六三五〕 《書鈔》及《御覽》四百四十八引「隘」作「險」。

**乃斫大樹**〔七・二六三五〕 「樹」缺末點，下同。《御覽》引「斫大」二字倒。

**期曰暮見火舉而俱發**〔七・二六三五〕 舊刻「曰」作「日」，《書鈔》引同。

**乃鑽火燭之讀其書**〔七・二六三五〕 《類聚》引作「乃舉火燭之」。

**齊軍萬弩俱發**〔七・二六三五〕 《御覽》引「萬」作「万」，「俱」作「共」。

**涓自知智窮兵敗**〔七・二六三五〕 《御覽》引「智」作「計」。

**遂成豎子之名**〔七・二六三五〕 「豎」缺末筆。

**與其母訣**〔七・二六三六〕 《御覽》三百六十九引「訣」作「決」。

**不復入衛**〔七・二六三六〕 《御覽》引「衛」下有「門」字。

**卒士卒最下者同衣食**〔七・二六三六〕 各本上「卒」字作「與」，此涉下「士卒」而誤。

**行不騎乘**〔七・二六三六〕 毛本「騎乘」二字倒，《御覽》二百八十引「暑不張蓋」，無此四字。

**親裹贏糧**〔七・二六三六〕 《治要》無「贏」字，《類聚》五十九引同。

**與士卒分勞苦**〔七・二六三六〕　「苦」缺一筆。《治要》無「苦」字，《類聚》引同。《御覽》引作「分卒勞苦」。

**非然也**〔七・二六三六〕　《治要》「非」作「不」。

**遂死於敵**〔七・二六三六〕　《治要》「遂」上有「而」字。

**吴公今又吮其子**〔七・二六三六〕　《治要》作「今又吮此子」。

**妾不知其死所矣**〔七・二六三六〕　《治要》「所」作「處」。

**右彭蠡**〔七・二六三七〕　《治要》「右」上有「而」字。《札記》云：「《吴郡志・考證門》引此文有裴駰注云『今太湖中包山有石穴，其深洞無知其極者，名洞庭』十九字，蓋《集解》文。」

**德義不脩**〔七・二六三七〕　凌、程、毛本「脩」作「修」，下並同，《治要》同。

**禹滅之**〔七・二六三七〕　《治要》「禹」上有「而」字。

**右泰華**〔七・二六三七〕　《治要》「泰」作「太」。

**瓚曰**〔七・二六三七〕　正德本「瓚」上衍「薛」字。

**皇甫謐曰**〔七・二六三七〕　毛本脱「甫」字，「謐」誤「謚」。

**壺開有羊腸阪**〔七・二六三七〕　舊刻「開」作「閞」，各本作「關」。

**大河經其南**〔七・二六三七〕　舊刻、凌、毛本「大」誤「太」。

**殷紂之國**〔七・二六三七〕　「殷」缺筆。

**舟中之人盡爲敵國也**〔七·二六三七〕　《治要》「舟」作「舩」，無「爲」字。

**楊子法言曰**〔七·二六三七〕　百衲、中統、舊刻、游、正德、凌、程本同，各本「楊」作「揚」。案《札記》「楊子《法言》」誤作「楊子雲」。

**此子三者皆出吾下**〔七·二六三八〕　《後漢書·朱浮傳》注引作「此三者，子皆出吾下」。《雜志》云：「『子』字本在『三者』下，今誤在『三者』之上，則文不成義。」

**而自喜名也**〔七·二六三八〕　《雜志》云：「『名』字後人所加，《太平御覽·皇親部》引此無『名』字。」

**又與强秦壤界**〔七·二六三八〕　百衲、中統、舊刻、游、正德本同，各本「强」作「彊」。

**盡欲害吳起**〔七·二六三九〕　毛本脱「欲」字。

# 卷六六　伍子胥列傳第六

**地理志**〔七・二六四二〕　凌、殿本上有「駰案」二字。下「音犬詬反」「烏還反」、「六古國」云云、「豫章在江西」「子常公孫瓦」「鄧楚都」「音云國名」、「稷丘地名」云云、「楚良反」「音椒」「沮，自吕反」「鏤，録于反」並同。

**潁川有城父縣**〔七・二六四二〕　舊刻、游、王、南雍、秦、李、凌、毛、殿本「潁」作「穎」，是。中統本誤「潁」。

**而使城父司馬奮揚**〔七・二六四二〕　中統本「揚」作「楊」。

**呼必来**〔七・二六四二〕　各本「来」作「來」，下同。

**駰案音火候反**〔七・二六四三〕　百衲、舊刻、毛本無「駰案音」三字，中統、游、秦、凌本無「駰案」二字。王、柯、南雍、程本「火」作「大」，李、殿本作「犬」。正德本「音」上有「詢」字，「駰案」誤作「徐廣曰」。

**彼見來之并禽**〔七・二六四二〕　百衲、正德、王、毛本「來」誤「求」。

**其執必不來**〔七・二六四二〕　各本「執」作「勢」。

**二子去則父子俱死**〔七・二六四二〕　各本「去」作「到」，凌本旁注：「一本『到』作『去』。」

**往而令讎不得報耳**〔七・二六四二〕　游本「令」誤「今」。

**尚既就執**〔七·二六四三〕　《札記》云：「『尚既就執』，游本誤『報』。」案游本此文作「執」，下「貫弓執矢」，「執」字誤「報」，《札記》蓋誤以下「執矢」「執」字爲此文「執」字也。

**伍胥貫弓執矢嚮使者**〔七·二六四三〕　游、正德本「執」誤「報」。

**烏還反**〔七·二六四三〕　凌本「烏」上有「貫」字，此文移至「使者」「者」字下。

**鄭定公與子産**〔七·二六四三〕　王、柯、秦本「與」上空一格。

**江上有一漁父乘船**〔七·二六四三〕　百衲、中統、舊刻、游本「船」作「舡」。

**在丹陽溧陽縣**〔七·二六四四〕　正德本「溧」誤「栗」，王、秦本誤「慄」。

**楚平王以其邊邑鍾離**〔七·二六四四〕　游、正德本「鍾」作「鐘」，下「拔其鍾離」，游本亦作「鐘」。

**吴世家云**〔七·二六四五〕　中統本「云」誤「去」。

**取六與潛**〔七·二六四五〕　百衲、舊刻本「潛」作「灊」，注同。

**六古國**〔七·二六四五〕　正德本上衍「《索隱》曰」三字。

**左傳**〔七·二六四五〕　各本上有「案」字，正德本「案」上衍「《索隱》曰」三字。

**又兼称囊瓦**〔七·二六四五〕　各本「称」作「稱」。

**吴使伍員迎擊**〔七・二六四五〕❶ 舊刻「伍」作「五」。

**豫章在江南**〔七・二六四六〕 正德本「豫章」上衍「徐廣曰」三字。

**吴王之弟夫概**〔七・二六四六〕 各本「摡」作「概」。

**子常公孫瓦**〔七・二六四六〕 正德本上衍《索隱》曰」三字，「瓦」下有「也」字。

**郢楚都**〔七・二六四六〕 正德本上衍「徐廣曰」三字，「都」下有「也」字。

**鄖音云國名**〔七・二六四七〕 正德本上衍「徐廣曰」三字，「云」誤「雲」。百衲、舊刻、中統、游、王、柯、南雍、秦、李、凌、程、毛、殿本無「鄖」字。

**吴兵圍隨**〔七・二六四六〕 中統本「兵」誤「王」。

**謂隨人曰**〔七・二六四六〕 百衲、舊刻本脱「謂」字。

**天定亦能勝人**〔七・二六四七〕 百衲、中統、舊刻、游、正德、王、柯、秦、凌、毛、殿本「勝」作「破」，凌本旁注：「一本作『勝人』。」

**吾日暮塗遠**〔七・二六四七〕 《索隱》「暮」作「莫」

**稷丘地名**〔七・二六四八〕 正德本上衍「徐廣曰」三字。

**夫概既走**〔七・二六四七〕 各本「既」作「敗」，此誤。

---

❶ 「吴」，原作「楚」，據寶禮堂本改。

**駰案地理志**〔七・二六四八〕　正德本「駰」上衍「裴」字。

**音普寒反**〔七・二六四八〕　百衲、舊刻本無「音」字。

**鄀楚也音若**〔七・二六四八〕　正德本上衍「徐廣曰」三字，無「鄀」字，各本亦無「鄀」字，又「楚也」作「楚地」。凌本脱「鄀楚也」三字。

**北滅齊晉**〔七・二六四八〕　各本「滅」作「威」，此誤。《札記》云：「凌本『威』誤『滅』。」案凌本不誤。

**音楚良反**〔七・二六四九〕　百衲、中統、舊刻、游、正德、王、柯、南雍、秦、李、程、毛、殿本無「音」字。凌本「音」上有「創」字。

**二年伐越**〔七・二六四八〕　各本「年」下有「後」字，此脱。

**椒音**〔七・二六四九〕　各本「椒音」作「音椒」，此誤倒。

**遺吴大宰嚭以請和**〔七・二六四八〕　各本「大」作「太」。

**大敗齊師於艾陵**〔七・二六四九〕　中統、游本「大」誤「太」。

**遂滅鄒魯之君以歸**〔七・二六四九〕　百衲、中統、舊刻、游、王、柯、秦、毛本「滅」作「威」。《考異》云：「『魯』當作『虜』，音之訛也。《左氏傳》『邾子又無道，吴子使太宰子餘討之，囚諸樓臺』，『鄒』即邾也，當云『虜其君』，轉寫或誤爾。一本『滅』作『威』。」《志疑》云：「《鍾山札記》云：『「遂滅鄒」爲句，「鄒」即「邾」也。「魯其君」，虜鄒君也，「魯」「虜」古通用。』據《札記》，本文『之』字當作『其』，似曲。」

**子胥專愎彊諫**〔七・二六五〇〕　程、殿本「彊」誤「疆」。

**自昌反**〔七・二六五一〕　各本「昌」作「吕」，此誤。中統、游、正德、王、柯、南雍、秦、李、程本「自」上有「沮音」二字。凌本「沮音自吕反」五字誤連上「《索隱》曰愎音皮逼反」爲一條。

**詳病不行**〔七・二六五〇〕　正德、柯、李、凌、程本「詳」作「佯」。

**且嚭使人微伺之**〔七・二六五〇〕　各本「徵」作「微」，此誤。

**録干反**〔七・二六五一〕　各本「干」作「于」。中統、游、正德、凌本「録」上有「鏤音」二字，王、柯、南雍、秦、李本上有「音」字，程、殿本有「鏤」字，正德本上衍「徐廣曰」三字。

**欲分吴國予我**〔七・二六五〇〕　正德本「予」作「與」。

**胥山在太湖邊**〔七・二六五一〕　中統、游、正德、王、柯、秦本「太」作「大」。

**而抉吾眼縣吴東門之上**〔七・二六五〇〕　《雜志》云：「《匡謬正俗》八引《史記》作『抉吾目著於東門』，《藝文類聚・人部》、《初學記》、《太平御覽・人事部》引《史記》並作『抉吾眼著吴東門之上』。」

**使居楚之邊邑鄢**〔七・二六五二〕　正德本「鄢」誤「鄒」，注同。

**汝南褒信縣有白亭**〔七・二六五三〕　中統、游、正德本「褒」作「裒」。

**勝自礪劍**〔七・二六五三〕　《索隱》作「白公礪劍」。

**楚世家亦云王從者**〔七・二六五四〕　中統、游本「云」誤「亡」。

**白公之徒敗**〔七・二六五三〕　中統、游本「徒」誤「徙」。

**不言將亨**〔七・二六五三〕　舊刻、正德、柯、凌、程本「亨」作「烹」，下同。

# 卷六七　仲尼弟子列傳第七

**師也僻**〔七・二六五七〕　舊刻「僻」作「辟」，《札記》引舊刻誤作「僻」。

**失於邪僻文過**〔七・二六五七〕　游、正德本「文」誤「之」。

**曾子遲鈍**〔七・二六五七〕　百衲、凌本同，各本「遅」作「遲」，王、柯、秦本誤「遟」。

**鄭玄曰**〔七・二六五七〕　「玄」缺筆，下二葉及十四葉二「玄」字、十五葉四「玄」字、二十一葉一「玄」字、二十四葉七「玄」字並同，二十三葉十六「玄」字，五字不缺，餘並不缺。

**愚直之愚**〔七・二六五七〕　正德本「愚」下有「也」字。

**唯財貨是殖**〔七・二六五八〕　毛本「殖」下有「也」字。

**億度是非**〔七・二六五八〕　舊刻「億」作「意」。

**蓋美回所以勵賜也**〔七・二六五八〕　中統、舊刻、游、正德本「蓋」省作「盖」，下注「蓋蘧伯玉之行」「蓋晏平仲之行也」「蓋老萊子之行」「蓋柳下惠之行」「蓋銅鞮伯華之行」「蓋介山子然之行也」並同。

**雖不窮理而幸中**〔七・二六五八〕　毛本「雖」作「唯」。

**於衛蘧伯玉**〔七・二六五八〕　舊刻「蘧」作「籧」，注同。

**外寬而内直**〔七・二六五八〕　正德本上衍「《索隱》曰」三字，殿本上有「《大戴禮》」三字，各本無。

**自娱於隱拈之中**〔七・二六五八〕　本「括」誤「拈」。殿本「娱」作「設」。

**汲汲於仁以善自終**〔七・二六五八〕　百衲、舊刻本作「以善存亡汲汲」。

**君擇臣而使之**〔七・二六五八〕　正德本上衍「徐廣曰」三字，殿本上有「《大戴禮》」三字，各本無。

**孝恭慈仁**〔七・二六五八〕　正德本上衍「徐廣曰」三字，殿本上有「《大戴禮》」三字，各本無。

**蓋柳下惠之行**〔七・二六五八〕　舊刻、正德本「行」下有「也」字。

**國家有道**〔七・二六五九〕　舊刻無「家」字。

**大戴禮曰**〔七・二六五九〕　殿本上有「駰案」二字，下「冠以雄雞」云云，又「言恭謹謙敬」云云，又「音鼻」云云，又「徼，急堯反」云云，又「虚，音墟」云云，又「廢舉謂停貯也」云云，又五引《家語》，一引《孔子家語》，又「葳，音點」，又「音遥」，又「矯，音橋」云云，又引《毛詩傳》又「五男也」，又「鱣，一作鯉」，又「魯，一作曾」，又「哆，赤者反」云云，又「鄡，苦堯反」，並同。

**晉太康地記云**〔七・二六五九〕　中統、游本「太」作「大」。

**孔安國口**〔七・二六六〇〕　「曰」字缺中畫。

**⿱⿰夕又示其退還**〔七・二六六〇〕　本「察」誤「⿱⿰夕又示」。

**捨之則藏**〔七・二六六〇〕　舊刻「捨」作「舍」。

**閔損字子騫**〔七・二六六一〕　舊刻連上不提行，下「冉耕」「冉雍」「冉求」「仲由」同。毛本空一格，下並同。

**不食污君之禄**〔七・二六六一〕　百衲同，各本「污」作「汙」。

**自牖執其手**〔七・二六六二〕　舊刻、李本「牖」誤「牗」，注同。

**包曰再言之者痛之甚也**〔七・二六六二〕　正德、凌、殿本「包」下有「氏」字，下「包曰可使南面」同。

**子華怪之**〔七・二六六三〕　舊刻本，❶各本「恠」作「怪」。

**問同而答異**〔七・二六六三〕　《志疑》云：「《史詮》云：『宋本無此五字。』」

**志伉直**〔七・二六六四〕　毛本「伉」誤「阬」。

**佩豭豚**〔七・二六六四〕　百衲、毛本同，各本「佩」下有「以」字。

**陵暴孔子**〔七・二六六四〕　《類聚》九十一引「陵」作「殘」。

**孔子設禮稍誘子路**〔七・二六六四〕　《類聚》引作「孔子乃設禮義稍誘之」。

**子路後儒服委質**〔七・二六六四〕　《類聚》引作「子路乃委質」，又九十四引「子路後服委質」，脱「儒」字。

**先導之以德**〔七・二六六四〕　舊刻、毛本「導」作「道」。

**其由也與**〔七・二六六五〕　舊刻「與」作「歟」。

**偏信一言折獄者**〔七・二六六五〕❷　正德本「偏」誤「徧」。

---

❶ 按，「本」下當有「同」字。

❷ 「信」，原作「聽」，據寶禮堂本改。

**其由也歟**〔七・二六六五〕　百衲、中統、舊刻、游、正德、柯、凌本同，各本「歟」作「與」。

**可使治其賦**〔七・二六六六〕　中統本「賦」誤「富」。

**荷蓧丈人**〔七・二六六六〕　舊刻「蓧」誤「條」。

**子路爲衛大夫孔悝之邑宰**〔七・二六六六〕　《索隱》出「爲衛大夫」四字，云「按服虔云『爲孔悝之邑宰』」，則以子路爲孔悝之邑宰乃服虔語，非史公語也。《札記》云：「警云：『小司馬所見史文無「孔悝之邑宰」五字。』」

**蕢聵弗聽**〔七・二六六七〕　舊刻「弗」作「不」。

**子路爲孔子侍衛**〔七・二六六七〕　毛本「孔」下脱「子」字，《札記》引北宋本同。

**是以惡言不聞於孔子耳**〔七・二六六七〕　舊刻無「孔子」二字。

**利口辯辭**〔七・二六六七〕　舊刻「辯」作「辨」。

**樂必崩**〔七・二六六七〕　舊刻脱「樂」字。

**鑽燧改火**〔七・二六六七〕　中統、游、正德本「燧」作「遂」。

**周書月令**〔七・二六六八〕　本「令」誤「今」。

**秋取柞楢之火**〔七・二六六八〕　中統本「柞楢」誤「祚栖」。

**子之不仁也**〔七・二六六七〕　本「予」誤「子」。

**自天子達於廣人**〔七・二六六八〕　本「庶」誤「廣」。

**宰我晝寢**〔七・二六六八〕　凌本「我」作「予」。

**不可圬也**〔七・二六六八〕　游、正德本「圬」誤「圬」，注同。

**墁也**〔七・二六六八〕　各本「墁」作「圬」，此誤。

**二者喻雖能功**〔七・二六六八〕　各本「能」作「施」，此誤。

**端木賜**〔七・二六六九〕　《索隱》「木」作「沐」，云：「《家語》作『木』。」《札記》引吴校本同。《志疑》云：「疑古字借用。」

**包曰**〔七・二六六九〕　殿本「包」下有「氏」字。

**宗廟之貴器**〔七・二六六九〕　正德本「器」下有「也」字。

**抑人君自願與之爲治者**〔七・二六七〇〕　中統、游、王、柯、南雍、秦、李、凌、程、毛、殿本無「者」字，正德本「者」作「耶」。

**明人君自與之**〔七・二六七〇〕　百衲「君」誤「若」。

**其士氏又惡甲兵之事**〔七・二六七一〕　本「民」誤「氏」。

**地廣以深**〔七・二六七一〕　舊刻「地」作「池」。

**鮑晏等帥師**〔七・二六七一〕　正德本「等」誤「尊」，「帥」誤「師」。

**君桉兵無伐**〔七・二六七一〕　毛本「桉」作「案」，各本作「按」。

**有報人之意**〔七・二六七二〕　百衲、舊刻本「意」作「志」。

**王肅曰激射其志徼音結堯反**〔七・二六七三〕　游、正德本「激」作「徼」，百衲、舊刻、毛本「徼」下注云：「結堯。」「其志」下注云：「王肅曰，激射其志。」中統、游、正德、王、柯、南雍、秦、李、凌、程本「徼，音結堯反」亦在「王肅曰，激射其志」之上，殿本作「駰案：徼，結堯反」，是此五字非王肅語，不當蒙上「王肅曰」之文也。正德本「徼」上衍「徐廣曰」三字。

**其伐齊必也**〔七・二六七二〕　舊刻「也」作「矣」。

**劍一**〔七・二六七三〕　毛本「劍」誤「劍」。

**棲于會稽**〔七・二六七三〕　舊刻「于」作「於」。

**音墟**〔七・二六七三〕　中統、游、正德、王、柯、南雍、秦、李、凌、程、殿本「音」上有「虛」字，此文在「莽」字下。

**莫朗反**〔七・二六七三〕　中統、游、正德、王、柯、南雍、秦、李、凌、程、殿本「莫」上有「莽音」二字。游、正德本「朗」誤「郎」。

**使得奉俎豆而修祭祀**〔七・二六七三〕　舊刻「修」作「脩」，下「敢修下吏」同。

**鈇屈盧之矛**〔七・二六七三〕　柯、南雍、李、程、殿本「鈇」誤「鈌」，凌本誤「缺」。

**兵不先辨**〔七・二六七四〕　百衲、中統、舊刻、游、正德、柯、凌本「辨」作「辯」。

**脩兵休卒以待之**〔七・二六七四〕　凌、程、毛本「脩」作「修」。

**與時謂逐時也**〔七・二六七五〕　中統、游、正德本「謂」誤「習」。

**値貴即逐時轉易**〔七・二六七五〕❶　中統、游、正德本「即」作「而」。

**聞弦歌之聲**〔七・二六七五〕　舊刻、凌、程、殿本「弦」作「絃」。

**莞爾小笑貌**〔七・二六七五〕　中統、游本「貌」作「皃」，下「倩笑貌」同。

**道謂禮樂也**〔七・二六七六〕　中統、游本「禮」作「礼」，下並同。

**温國十商**〔七・二六七六〕　本「卜」誤「十」。

**美目盼兮**　百衲、游本同，各本「盼」作「盻」，注同。

**在衛風碩人之二章**〔七・二六七六〕　游、正德本「二」誤「三」。

**凡畫繢**〔七・二六七六〕　百衲、舊刻、毛本同，各本「繢」作「繪」。

**孔言繢事後素**〔七・二六七六〕　正德、殿本「繢」作「繪」。

**孔子既没子夏居西河教授爲魏文侯師**〔七・二六七七〕　《後漢書・徐防傳》注引《史記》：「孔子没，子夏居西河，教弟子三百人，爲魏文侯師。」

---

❶ 「轉易」，原作「也」，當涉上條而誤，據寶禮堂本改。

**慎言其餘**〔七・二六七八〕「慎」缺筆，注及下同。

**尤過也**〔七・二六七八〕王、秦本「也」誤「地」。

**其餘不疑**〔七・二六七八〕游本「餘」誤「余」。

**行篤敬**〔七・二六七八〕「敬」缺筆，下同。

**他日從在陳蔡困問行**〔七・二六七八〕百衲、舊刻、凌、程本「困」作「因」。

**雖蠻貊之國行也**〔七・二六七八〕❶百衲、舊刻本「國」作「邦」。

**五家爲鄰**〔七・二六七八〕毛本「家」誤「象」。

**則常想見**〔七・二六七八〕毛本「想」誤「相」。

**佞人黨多**〔七・二六七九〕游、正德本「黨多」二字倒。

**密不齊**〔七・二六八一〕王、南雍、秦本同，《字類》五《補遺》引同，《索隱》及各本「密」作「宓」。

**少孔子四十九歲**〔七・二六八一〕《索隱》云：「《家語》云：『魯人字子賤，少孔子四十九歲。』此云『三十』，不同。」則此本本作「三十」，後人據《家語》改之也。

**教不齊听以治者**〔七・二六八一〕各本「听」作「所」，此誤。

---

❶ 此條原在「他日從在陳蔡困問行」條上，今移。

**包氏曰**〔七・二六八二〕　毛本「包氏」誤「鄭玄」。

**原憲亡在草澤中**〔七・二六八二〕　《索隱》「亡」上有「遂」字。

**公治長**〔七・二六八三〕　舊刻「治」誤「治」。

**其徒寒浞殺之**〔七・二六八四〕❶　毛本「浞」誤「捉」。

**稷播百穀**〔七・二六八四〕　舊刻「穀」作「谷」。

**賤不義而貴德**〔七・二六八四〕　中統、游、正德本「德」上有「有」字。

**公晳哀**〔七・二六八四〕　舊刻不提行。中統、舊刻本「晳」作「晢」，下「曾蒧字晳」「狄黑字晳」並同，《志疑》云：

「古『晳』『晢』通寫。」

**曾蒧**〔七・二六八四〕　《字類》三引作「箴」。

**音點**〔七・二六八五〕　殿本上有「騆案蒧」三字。

**我欲冠者五六人**〔七・二六八五〕　各本「欲」下有「得」字，此脱。

**遥音**〔七・二六八五〕　百衲、舊刻本同，各本作「音遥」。

**賣以作榑**〔七・二六八六〕　舊刻「榑」作「槨」。

---

❶ 「殺」，原作「叛」，據寶禮堂本改。

**材不材**〔七·二六八五〕　舊刻二「材」字作「才」。

**有棺而無槨**〔七·二六八五〕　舊刻、凌本「槨」作「椁」，下同。

**音橋**〔七·二六八六〕　百衲、毛本「音」上有「矯又」二字，殿本有「駰案矯」三字。

**音自移反**〔七·二六八七〕　百衲、舊刻、毛本無「音」字，殿本「音」作「疵」。

**疵傳燕人周子家豎**〔七·二六八六〕　各本「豎」作「豎」，下同。

**屬琅琊**〔七·二六八七〕　各本「属」作「屬」，「琊」作「邪」。

**高柴字子羔**〔七·二六八七〕　《志疑》云：「案《檀弓上》疏引《史》作『子高』，❶《檀弓》上下疏兩引《史》云『鄭人』，今本無。」

**賤夫人之子**〔七·二六八八〕　本「賊」誤「賤」。

**然後爲學**〔七·二六八八〕　中統本「學」省作「斈」，注同。

**漆彫開**〔七·二六八八〕　百衲、舊刻、毛、殿本「彫」作「雕」。

**鄭玄曰善其志道深**〔七·二六八九〕　正德本「鄭玄」誤「安国」。

**公伯僚**〔七·二六八九〕　《索隱》「僚」作「繚」，舊刻作「寮」。

❶ 「高」，《禮記》疏作「皋」，《志疑》亦引作「皋」。

**字子周**〔七・二六八九〕　《索隱》無「子」字。

**季孫信譖恚子路也**〔七・二六八九〕　舊刻「恚」誤「愬」。

**吾勢猶能辯子路之無罪於季孫**〔七・二六八九〕　舊刻「辯」作「辨」，中統、王、柯本「無」作「无」，秦本誤「元」。

**言仁亦不得不難也**〔七・二六九〇〕　柯、凌本「難」作「訒」。

**牛兄桓魋將爲乱**〔七・二六九〇〕　「桓」缺筆。「乱」爲「亂」之俗字。

**牛自宋来學**〔七・二六九〇〕　各本「来」作「來」。

**自省無罪惡無何憂懼**〔七・二六九〇〕　中統本二「無」字作「无」。

**字子遲**〔七・二六九〇〕　《索隱》無「子」字，百衲、舊刻、凌本「遲」作「遅」。《札記》云：「《索隱》本『遲』，各本作『遅』。」案《索隱》亦作「遅」。

**有若少孔子四十三歲**〔七・二六九一〕　《索隱》云：「今此《傳》云四十二歲，不知《傳》誤，又所見不同也。」則小司馬所據本作「二」不作「三」。

**人知禮貴和**〔七・二六九一〕　中統、舊刻、游本「禮」作「礼」。

**亦不可以行也**〔七・二六九一〕　百衲、舊刻、殿本同，各本「也」作「之」。

**弟子可曰**〔七・二六九二〕　各本「可」作「問」，此誤。

**俾滂沱矣**〔七・二六九二〕　《字類》二引「沱」作「池」。

**畢噣也**〔七・二六九二〕　中統、游、正德、王、柯、南雍、秦、李、凌、程本「噣」誤「濁」。

**當有五丈夫子**〔七・二六九二〕❶　各本此下有《集解》「五男也」三字，此脱。

**冉有爲其母請粟**〔七・二六九三〕　舊刻「有」作「子」。

**包氏曰**〔七・二六九三〕　中統、游、正德本「包氏」誤「勉正」。

**字子旗**〔七・二六九三〕　中統、游、正德本「旗」作「祺」，下「退而揖巫馬旗曰」同。

**陳司敗問孔子曰**〔七・二六九三〕　游、正德本「司敗」誤「司馬」。

**司敗官名**〔七・二六九四〕　本「官」誤「宫」。

**禮同姓不婚**〔七・二六九四〕　游、王、柯、秦本「禮」作「礼」。

**諱國惡禮也**〔七・二六九四〕　百衲、舊刻、游、王、柯、秦、李本「禮」作「礼」。

**一作鱓**〔七・二六九四〕　殿本上有「駰案鱣」三字，下注「一作曾」上有「駰案魯」三字。

**孔子家語曰**〔七・二六九四〕❷　正德本無「孔子」二字。

**顏幸**〔七・二六九四〕　正德本「幸」作「辛」。

**伯虔字子析**〔七・二六九五〕　《索隱》及百衲本「析」作「折」，中統、游本誤「柝」。

---

❶ 「五丈夫子」，原作「丈夫子二」，據寶禮堂本改。

❷ 此條原在「一作鱓」條上，今移。

**自子石已右三十五人**〔七・二六九五〕　各本不提行。中統、游、正德本「已」作「以」。

**顔有年名**〔七・二六九五〕　百衲、舊刻、王、南雍、秦、李、毛、殿本同，各本「顔」作「顯」，凌本旁注：「一本『顯』作『顔』。」

**紀于左**〔七・二六九五〕　毛本「于」作「於」，「左」誤「右」。

**冉季字子産**〔七・二六九六〕　《索隱》出「冉季産」三字，云：「《家語》『冉季，字子産』。」《雜志》云：「此本作『冄季産』，『字子』二字則後人據《家語》增之也。」

**公祖句茲字子之秦祖字子南**〔七・二六九六〕❶　正德本此二條誤在「石作蜀」下。

**漆雕哆**〔七・二六九六〕　《索隱》及正德本「雕」作「彫」。

**赤者反**〔七・二六九六〕　中統、游、正德、王、柯、南雍、秦、李、凌、程本「音」上有「哆」字，❷殿本有「騆案哆」三字。

**字子斂**〔七・二六九六〕　百衲、毛本同，各本「斂」作「歛」，下「邽巽字子斂」同。

**顔高字子驕**〔七・二六九六〕　《索隱》作「顔子驕」，《志疑》云：「《孔子世家》《漢書・人表》及今《家語》並作『顔

---

❶ 此條原在「冉季字子産」條上，管氏於其上批「下」，又於「冉季」條上批「上」，兩條之間批「二條互易」，並以綫乙正。

❷ 「音」，當作「赤」。

刻』，此所書名『高』似誤。」

**漆雕徒父**〔七・二六九七〕　正德本此條列「秦祖」下，下有「字子有」三字，注云：「鄭玄曰『魯人』。」不知何據。

**壤駟赤字子徒**〔七・二六九七〕　《索隱》無「子」字。

**商澤**〔七・二六九七〕　《索隱》作「石高澤」，《札記》云：「疑『石』字涉下而衍，『商』『高』形似易譌。」

**字子季**〔七・二六九七〕　毛本「季」誤「秀」。

**石作蜀字子明**〔七・二六九七〕　《索隱》無「子」字。

**公良孺字子正**〔七・二六九七〕　正德本此條列「后處」下。

**后處字子里**〔七・二六九八〕　《索隱》無「子」字。

**秦冉字開**〔七・二六九八〕　正德本此條列「奚容箴」下。

**奚容箴**〔七・二六九八〕　中統、游本「箴」作「葴」，正德本作「蒧」。《志疑》云：「『箴』乃『葴』之譌，即『點』字。因『葴』通作『黬』，遂省借用之。《說文》言『古人名黬字皙』，可證。」

**公肩定字子中**〔七・二六九八〕　《索隱》及百衲、中統、舊刻、正德、毛本同，游、王、柯、南雍、秦、李、凌、程、殿本「肩」作「堅」。《索隱》「中」上無「子」字。

**鄡單字子家**〔七・二六九九〕❶　正德本列「罕父黑」下。

---

❶「鄡」，原作「鄥」，據寶禮堂本改。

**苦堯**〔七・二六九九〕　各本「苦」作「苦」。中統、游、正德、王、柯、南雍、秦、李、凌、程、殿本「堯」下有「反」字，舊刻作「音堯」。

**善**〔七・二六九九〕　百衲、舊刻、毛本同，各本「善」上有「音」字。

**句井疆**〔七・二六九九〕　正德本「疆」作「彊」。

**罕父黑字子索**〔七・二六九九〕　中統、正德本此條列「顔祖」下，「鄡單」上。

**申黨**〔七・二六九九〕　《索隱》「黨」作「堂」。

**榮旂字子祺**〔七・二七〇〇〕　《索隱》作「榮子祺」，毛本「祺」誤「祺」，下「縣成，字子祺」同。案《札記》出「子祈」二字，《史記》各本無作「祈」者也。

**縣成字子祺**〔七・二七〇〇〕　正德本此條列「顔之僕」下。

**燕伋字思**〔七・二七〇〇〕　《索隱》「伋」作「級」，「思」作「恩」。正德本此條列「榮旂」下。

**鄭國字子徒**〔七・二七〇一〕　正德本列「左人郢」下。

**施之常字子恒**〔七・二七〇一〕　「恒」缺筆。

**原亢籍**〔七・二七〇一〕　中統本「籍」作「藉」。正德本作「原亢，字子籍」。

**名亢**〔七・二七〇一〕　毛本「亢」作「伉」。

**字籍**〔七・二七〇一〕　中統、游、正德本「籍」作「藉」。

**廉絜字庸**〔七・二七〇二〕　《索隱》及中統、游、正德本「絜」作「潔」。《索隱》「庸」上有「子」字。

**鄭玄曰魯人**〔七・二七〇二〕　柯、南雍、李、凌、程本「魯」作「晉」。

**邽巽**〔七・二七〇二〕　《索隱》「邽」作「邦」，《雜志》云：「作『邦』者是也。《廣韻》『邦，國也，又姓，出何氏《姓苑》』，而『邽』字下不云是姓，然則古無邽姓，不得作『邽』明矣。」

**公西輿如**〔七・二七〇三〕　中統、舊刻、游、正德本無「如」字，《志疑》云：「案《索隱》謂《史》與《家語》同，而今《家語》作『公西與』，《白水碑》同。《唐志》《通典》作『與如』，《通考》作『舉如』，《古史》作『公西輿』，當以『輿如』爲定。」

**公西蒧字子上**〔七・二七〇三〕　《索隱》「蒧」作「箴」。案《索隱》此下出「已上四十二人，無年及不見書者」十四字，❶與前「其四十二人」云云文相應，疑《史》文本有之，不然何於《傳》末作大書乎？

**則論言弟子籍出孔氏古文近是**〔七・二七〇三〕　中統、游本「籍」作「藉」。

**并次爲篇**〔七・二七〇三〕　舊刻「并」作「並」。

---

❶「書」下，脱「傳」字。

# 卷六八　商君列傳第八

**衛之諸庶孽公子也**〔七・二七〇七〕　《雜志》云：「『公』字後人所加，《文選・西征賦》《長笛賦》注引此皆無『公』字。」

**事魏相公孫座**〔七・二七〇七〕　南雍、李、程、殿本「座」作「痤」，下並同，《字類》二《補遺》引同，《讀書記》云：「座，諸本俱作『痤』。」《札記》云：「各本皆作『痤』，下同。」案三説均但舉所見言之，張未見南雍諸本，朱未見百衲、❶舊刻、中統、游、王、柯諸本也。

**王嘿然**〔七・二七〇七〕　李本「嘿」誤「哩」。

**將脩繆公之業**〔七・二七〇八〕　凌、程、毛本「脩」作「修」。

**比三代**〔七・二七〇八〕　《索隱》出「比三」兩字，云：「比者頻也，謂頻三見孝公，言帝王之道也。」是小司馬所據本無「代」字。「比三」謂三見孝公，與三代無涉也。

**恐天下議己**〔七・二七〇九〕　毛本「下」誤「子」，《札記》引北宋本同。

---

❶「朱」，疑當作「何」。

**且夫有高人之行者固見非於世**〔七・二七〇九〕　《後漢書・馮衍傳》公孫鞅曰：「有高人之行，負非於世。」注云：「語見《史記・商君傳》。」

**有獨知之慮者必見敖於民**〔七・二七〇九〕　《索隱》無「必」字，「民」作「人」，下「令民爲什伍」，又「教之化民」「民之効上」並同。《馮衍傳》引作「有獨見之慮，見贅於人」，注云：「贅猶惡也，《史記》『贅』作『疑』。」案今《史記》作「敖」，此云「作『疑』」，豈所見本有異歟？

**五伯不同法而霸**〔七・二七〇九〕　毛本「伯」作「霸」。

**智者作法**〔七・二七〇九〕　舊刻「智」作「知」。

**夏殷不易禮而亡**〔七・二七一〇〕　舊刻「禮」作「古」，蓋涉上句「循古」「古」字而誤。

**而循禮者不足多**〔七・二七一〇〕　舊刻「禮」誤「理」。

**令民爲什伍**〔七・二七一〇〕　王、柯、秦本「伍」作「五」。

**而相收司連坐**〔七・二七一〇〕　《索隱》「收」作「牧」，《雜志》云：「『收』當爲『牧』字之誤也。」

**告姦者與斬敵首同賞**〔七・二七一〇〕　《索隱》「姦」作「姧」，下「匿姦者」同。

**各以卒**〔七・二七一〇〕　百衲、舊刻、柯、凌本同，各本「卒」作「率」。

音律〔七・二七一一〕　殿本上有「駰案」二字，下「所及反」又「《新序》論曰」並同。

**民怪之**〔七・二七一一〕　李、凌本「怪」作「恠」，俗。

**莫敢徙**〔七・二七一一〕　舊刻「敢」作「能」。

**作爲築冀闕宫庭於咸陽**〔七·二二七一二〕　百衲、中統、舊刻、游、正德本「冀」作「兾」，下「大築冀闕」，又「而大築冀闕」並同。《考證》云：「董份曰：『既云「作爲」，又云「築」，何也？恐有衍字。』」《札記》云：「疑『爲』字一本作『築』，校者旁注，後人誤并。」

**凡三十一縣**〔七·二二七一二〕　王、秦本「凡」誤「几」。

**封疆**〔七·二二七一二〕　舊刻「疆」作「彊」，正德本誤「彊」。

**音勇鄭玄曰今之斛也**〔七·二二七一二〕　「玄」缺筆，下「鄭玄曰，相謂送杵聲」不缺。各本「音勇」二字在「鄭玄曰」下，《索隱》作「鄭玄音勇」，無「曰」字。秦本「今」誤「令」。

**秦人富彊**〔七·二二七一二〕　秦、程本「彊」誤「疆」。

**殺將軍龐涓**〔七·二二七一三〕　中統、游、正德本「殺」下有「其」字。

**魏居嶺阸之閒**〔七·二二七一三〕　《索隱》「嶺」作「領」。

**而魏遂去安邑**〔七·二二七一三〕　《索隱》「而」作「西」，疑誤。

**弘農商縣也**〔七·二二七一三〕　「弘」缺筆。

**商君相秦十年**〔七·二二七一四〕　舊刻「商」作「商」，下「趙良見商君，商君曰，鞅之得見也」，「商君曰，子不説吾治秦歟」，「商君曰，語有之矣」，「商君勿從」「秦發兵攻商君」「莫如商君反者」「遂滅商君之家」「商君其天資刻薄人也」「亦足發明商君之少恩矣」「余嘗讀商君開塞耕戰書」，❶並同，餘作「商」。

**今鞅請得交可乎**〔七・二七一四〕　舊刻「交」作「見」。

**自勝之謂彊**〔七・二七一四〕　《索隱》「彊」作「强」。

**殷紂墨墨以亡**〔七・二七一四〕　「殷」缺筆。案上二「殷」字不缺。

**款關請見**〔七・二七一五〕　舊刻「關」作「関」，俗省。

**暑不張蓋**〔七・二七一五〕　舊刻「蓋」省作「盖」。

**此五羖大夫之德也**〔七・二七一五〕　殿本「羖」誤「羖」。

**民之効上也捷於令**〔七・二七一五〕　《索隱》無「也」字。中統、游、正德本「効」作「效」。

**君又南面而稱寡人**〔七・二七一五〕　中統、游、王、秦本「而」作「也」，毛本「而」上有「也」字。

**相鼠有體**〔七・二七一五〕　中統、游、柯本「體」誤「禮」。

**君又殺祝懽**〔七・二七一五〕　「祝」字下半體泐。

**一作寮屈盧之勁矛**〔七・二七一七〕　舊刻「一」作「此」，《索隱》「寮」作「寮」，《志疑》云：「徐廣云『一作「寮」，屈盧之勁矛，干將之雄戟』，與《文選・吴都賦》注引《史》同，蓋異本也。」

**秦國之所以收君者**〔七・二七一五〕　《索隱》無「者」字。

---

❶ 「勿」，當作「弗」。

**商君喟然歎曰**〔七·二七一七〕　中統、舊刻、游、正德本「歎」作「嘆」。

**魏人怨其欺公子卬而破魏師**〔七·二七一七〕　百衲「卬」誤「卭」。

**殺之於黽池**〔七·二七一七〕　《索隱》及各本「黽」上有「鄭」字，此脱。

**莫如商鞅反者**〔七·二七一七〕❶　毛本脱「反」字。

**太史公曰**〔七·二七一八〕　各本提行。

**乃得用**〔七·二七一八〕　各本「乃」作「及」，此誤。

**欺魏將卬**〔七·二七一八〕　百衲、舊刻本同，各本「卭」作「卬」，下注「今商君倍公子卬之舊恩」亦誤「卭」。

**北牧上郡**〔七·二七一九〕　各本「牧」作「收」。

**周室歸籍**〔七·二七一九〕　毛本「歸」作「歸」，下「四方歸之」同。《索隱》及中統、游、正德、殿本「籍」作「藉」，《索隱》云：「音胙，字合作『胙』，誤爲『藉』耳。」《札記》云：「中統、游本『籍』，它本作『藉』。」案所引與中統、游本適相反，蓋失檢也。百衲、舊刻、王、柯、南雍、秦、李、凌、程、毛本並作「籍」，豈均未見乎？

**秦遂以彊**〔七·二七一九〕　中統、游、正德本「彊」作「强」。

**夫商君極身無二慮**〔七·二七一九〕　中統本「二」誤「三」。

**使民内争耕織之業**〔七·二七一九〕　各本「争」作「急」。

---

❶ 「鞅」，原作「君」，據寶禮堂本改。

**以勸戎士**〔七・二七一九〕　毛本「士」誤「軍」。

**法令必行**〔七・二七一九〕　毛本「法」誤「發」。

**外不偏疏遠**〔七・二七一九〕　王、秦本「偏」誤「徧」，下「故雖《書》云『無偏無黨』」，秦本亦誤「徧」。

**而諸侯畏其彊而親信之**〔七・二七一九〕　舊刻「彊」作「强」，下「故諸侯畏其彊而不親信也」同。

**弃交魏之明信**〔七・二七一九〕　正德、南雍、李、程、殿本「弃」作「棄」，下「弃灰於道者被刑」同。

**詐取二君之衆**〔七・二七一九〕　各本「二君」作「三軍」，此誤。游、正德本「詐」誤「許」。殿本「取」誤「聚」。

**籍使孝公遇齊桓晉文**〔七・二七一九〕　百衲、中統、舊刻、游、正德、毛本同，各本「籍」作「藉」。

**天下無桓文之君**〔七・二七一九〕　「桓」缺筆，案上三「桓」字不缺。

**源其事不論也**〔七・二七一九〕　各本「源」作「原」。百衲、中統、舊刻、游、正德、王、南雍、秦、李、程、殿本「論」作「諭」，凌、毛本作「喻」。

**蔽茀甘棠之詩是也**〔七・二七一九〕　本「茀」誤「苐」，中統、游、正德本「詩」作「詞」。

**外深鈇鉞之誅**〔七・二七一九〕❶　舊刻「鈇」誤「鈦」，秦、程本誤「鉄」。

**弃灰於道者被刑**〔七・二七一九〕　《索隱》出注「刑用棄灰」，下云：「案《説苑》云『秦法弃灰於道者有

---

❶ 此條原在「渭水盡赤」條下，據嘉業堂本移。

刑』，是其事也。」今注此四字無所屬，豈即「弃灰於道」句之異文乎？

**匕百餘人**〔七・二七一九〕 本「七」誤「匕」。

**渭水盡赤**〔七・二七一九〕 王、柯、秦本「盡」作「尽」，俗省字。

**畜怨積讎**〔七・二七一九〕 中統本「畜」誤「留」。毛本「讎」作「仇」。

**加之以恩**〔七・二七一九〕 秦本「加」誤「如」。

# 卷六九　蘇秦列傳第九

**潁川陽城有鬼谷**〔七·二七二三〕　各本「潁」作「潁」，下《史》文「東有淮、潁、𣏌」注「在潁川」，❶又「潁川有昆陽、舞陽縣」，並同。

**出其書徧觀之**〔七·二七二四〕　《札記》云：「《索隱》本於『屈首受書』下出『徧觀之』三字，其下出『得周書《陰符》』五字，疑此文六字當在下文『雖多亦奚以爲』下，作『於是出其書徧觀之，得周書《陰符》』云云，今本錯簡。」

**戰國策曰**〔七·二七二四〕　殿本上有「駰案」二字，下引《周禮》，又「卷，兵權反」，又「音附」，又「愒，音呼曷反」，又「純，匹端名」云云，又「宛，於袁反」云云，又「許慎」云云，又引《淮南子》，又「音附」云云，又引《吳越春秋》，又「哎，音伐」，又引《地理志》、《漢書·刑法志》、劉向《別録》，又「呼葛反」，又「白洛反」，又引《儀禮》《風俗通義》，又「眉貧反」，又引《戰國策》，又「魏襄王五年」云云，又「韓宣惠王十九年」云云，又「魏哀王十六年」云云，又「趙肅侯二十二年」云云，並同。

---

❶ 「𣏌」上，脱「煑」字。

**疾辯士**〔七・二七二五〕 《札記》云:「中統本『疾』誤『病』。」案今所見補鈔本亦作「疾」。

**其川滹沱鄭玄曰滹沱出鹵城**〔七・二七二六〕 「玄」缺筆。《索隱》作「滹沲」,百衲、毛本與此本同,各本作「嘑沱」。

**地方二千餘里**〔七・二七二五〕 毛本「地」誤「城」。

**騎六千匹**〔七・二七二五〕 舊刻「匹」誤「四」。

**北有棗栗之利**〔七・二七二五〕 中統、游、正德本「栗」誤「粟」。《類聚》八十七引「北」誤「此」,「利」誤「科」。

**民雖不佃作而足於棗栗矣**〔七・二七二五〕 《類聚》引作「民雖不級而足」。

**秦計固不能守也**〔七・二七二七〕 舊刻「秦」作「其」。

**軍於東垣矣**〔七・二七二七〕 舊刻「軍」作「至」。

**渡滹沱**〔七・二七二七〕 毛本同,各本「滹」作「嘑」。

**西迫彊趙**〔七・二七二七〕❶ 舊刻「西」誤「而」。

**常苦出辭斷絶人之交也**〔七・二七二八〕 舊刻「苦」誤「若」。

**韓弱則效宜陽**〔七・二七二八〕 中統、游、正德本「効」作「效」。

❶ 「趙」,原作「楚」,據寶禮堂本改。

**不可不孰計也**〔七・二七二八〕　舊刻「孰」作「熟」。

**據衛取淇卷**〔七・二七二九〕　《索隱》無「淇」字，毛本「淇卷」誤「淇巷」，《雜志》云：「『卷』上本無『淇』字，後人據《趙策》加之也，《索隱》《正義》皆釋『卷』字而不釋『淇』字，則無『淇』字明矣。」

**丘權切**〔七・二七二九〕　百衲、中統、舊刻、游、正德、毛本同，王、柯、南雍、秦、李、凌、殿本「丘」作「兵」，「切」作「反」。各本「丘」上有「卷」字，殿本有「騆案卷」三字。

**然則韓魏趙之南蔽也**〔七・二七三〇〕　舊刻無「則」字，「魏」下有「者」字。

**音附**〔七・二七三〇〕　凌本「音」上有「傅」字。

**湯武之士不過三千**〔七・二七三〇〕　《雜志》云：「《文選》枚乘《諫吴王書》，李善注引《史記》『蘇秦説趙王曰，湯武之士不過百里』，後人據《趙策》改『士不過百里』爲『士不過三千』，又改下文之『三千』爲『三萬』，斯爲謬矣。」

**并力西鄉而攻秦**〔七・二七三二〕　第六葉「并力」「力」字起，至「燕出鋭師以佐之」「燕」字止，係補板，中有《索隱》十條，今删。

**臣人之與見臣於人也**〔七・二七三二〕　《索隱》出「臣人之與臣於人」七字，是所據本無「見」字，與《戰國策・趙策》合。

**騆案衡音横**〔七・二七三二〕　百衲、中統、舊刻、游、正德、毛本無「騆案」二字。中統、游、正德本「横」作「行」。王、柯、秦、凌本以「音横」二字見《正義》而删之，《札記》遂疑爲後人旁注，不知補板雖羼入《索隱》，亦宋刻也。百衲、中統諸本並有此文，其爲《集解》本文明矣。

**騆案惕音呼曷反**〔七・二七三二〕　殿本同，百衲、舊刻、毛本無「騆案惕音」四字，各本無「騆案」二字。

**今天下之將相**〔七・二七三二〕　各本「今」作「令」，此誤。

**刳白馬而盟**〔七・二七三二〕　舊刻「刳」作「剗」。

**韓守城皋**〔七・二七三二〕　殿本「城」作「成」。

**趙徙河博關**〔七・二七三二〕　百衲、舊刻本「河」下有「漳」字，王、秦、殿本「關」誤「闕」，瞿氏據宋本作「關」。

**晉伐齊到傅陵**〔七・二七三三〕　各本「傅」作「博」，此誤。

**齊涉渤海**〔七・二七三二〕　百衲、舊刻本「渤」作「勃」。

**乃飾車百乘**〔七・二七三三〕　舊刻「飾」誤「飭」，凌本旁注：「一本『乃』下有『封蘇秦爲武安君』句。」

**黄金千鎰**〔七・二七三三〕　中統、毛本「鎰」作「溢」，《札記》云：「《索隱》本、游本注皆作『溢』，則正文作『鎰』者，後人所改也。」

**周禮曰**〔七・二七三三〕　游本「禮」作「礼」。

**於是説韓宣惠王曰**〔七・二七三四〕　《索隱》無「惠」字。

**韓北有鞏洛成皋之固**〔七・二七三四〕　《索隱》無「洛」字，《御覽》百五十八引同。

**於袁切**〔七・二七三五〕　中統、游、正德、王、柯、南雍、秦、李、凌、程、殿本「於」上有「宛」字，「切」作「反」，此文在「涓水」下，下「于軌切」同。舊刻「切」亦作「反」。

**于軌切**〔七・二七三五〕　中統、游、正德、王、柯、南雍、秦、李、凌、程、殿本「于」上有「洧」字，「切」作「反」。

王、柯、南雍、秦、李、凌、程、殿本「軌」作「鬼」。

**地方九百餘里**〔七・二七三四〕　「百」字下體泐。

**天下之彊引勁弩**〔七・二七三四〕　本「弓」誤「引」。

**距來者**〔七・二七三四〕　《雜志》云：「《文選・閑居賦》注引《史記》作『巨黍』，『距』『鉅』『巨』古並通用。」

**汝南吴房有棠谿亭**〔七・二七三五〕　中統、游、正德本「房」誤「号」。

**寡人聞吴有十將**〔七・二七三六〕　本「干」誤「十」。

**寡人欲囚子**〔七・二七三六〕　本「因」誤「囚」。

**乃往見二子**〔七・二七三六〕　中統、游、正德本「子」作「人」。

**水𢧵鵠鴈**〔七・二七三四〕　百衲、舊刻、毛本同，《字類》五引同，各本「𢧵」作「截」。

**□作决**〔七・二七三七〕　空格「一」字。

**音伐**〔七・二七三七〕　中統、游、正德、王、柯、南雍、凌、程、殿本「音」上有「吱」字。

**今兹効之**〔七・二七三七〕　《索隱》及凌本「効」作「效」。

**在滎陽**〔七・二七三八〕　正德本「滎」作「榮」。

**於㦥切**〔七・二七三八〕　百衲、舊刻、毛本同，中統、王、柯、凌、殿本「㦥」作「幰」，游、正德本誤「隱」。

**地理志**〔七・二七三八〕　凌、殿本「志」下有「云」字。

**交彊虎狼之秦**〔七・二七三八〕　本「狼」誤「狠」。

**王天下之賢主也**〔七・二七三八〕　中統、游、正德本「主」作「王」。

**禽夫差於干遂**〔七・二七三九〕　舊刻「干」誤「于」。

**贏三日之糧**〔七・二七四〇〕　中統、游、正德本「贏」誤「羸」。

**日中而趨**〔七・二七四〇〕　舊刻「趨」作「趍」。

**夫事秦必割地以効實**〔七・二七三九〕　《索隱》「効」作「效」，下「効愚計」同。

**以内劫其主**〔七・二七四〇〕　毛本「主」誤「王」。

**蔓蔓柰何**〔七・二七四一〕　中統、游本「何」誤「河」。

**豪氂不伐**〔七・二七四一〕　百衲同，《字類》一引同，中統、舊刻、游、正德、王、柯、南雍、秦、毛本「豪」作「毫」。

　李、凌、程、毛、殿本「氂」作「釐」。

**敬以國從**〔七・二七四一〕　「敬」缺筆，下同。案上二「敬」字不缺。

**臨菑甚富而實**〔七・二七四一〕　《書鈔》一百十一引作「臨菑富而寔」。

**其民無不吹竽鼓瑟**〔七・二七四一〕　游、正德本「竽」誤「竿」。

**鬬雞走狗**〔七・二七四一〕　中統、游、正德本「雞」作「鷄」。

**六博蹋鞠者**〔七·二七四一〕　舊刻「蹋」誤「[illegible]」，注同。

**徒獵切**〔七·二七四二〕　百衲、舊刻、毛本同，中統、游、正德、王、柯、南雍、秦、李、凌、程、殿本「徒」上有「蹋」字，此文與下「求六切」並移至「劉向《别録》」云云下。

**求六切**〔七·二七四二〕　百衲、舊刻、毛本同，各本「求」上有「鞠」字。

**家殷人足**〔七·二七四一〕　「殷」缺筆。

**爲與秦接境壤界也**〔七·二七四二〕　「境」缺筆，下「四境不守」「東境之國也」並同。

**是故恫疑虚喝**〔七·二七四二〕　《索隱》「喝」作「猲」。

**呼葛反**〔七·二七四三〕　凌本「呼」上有「喝」字。

**王天下之賢主也**〔七·二七四三〕　中統、游、正德、王、柯、南雍、秦、李、程、殿本「主」作「王」。

**徐廣曰**〔七·二七四四〕　柯本「徐」誤「除」。

**今人武陵也**〔七·二七四四〕　本「之」誤「人」。王、秦、殿本「也」作「地」。柯本誤作「巫郡者南郡」，與下注複出，南雍、李、程本作「黔中西陵也」，凌本脱此條。

**折縣有鈞水**〔七·二七四四〕　各本「折」作「析」，王、柯、秦本「鈞」誤「鈞」。

**一本北有汾陘之塞也**〔七·二七四四〕　舊刻「汾」誤「分」。

**大王不從**〔七·二七四五〕　凌本「大」誤「太」。

**一軍出武關**〔七・二七四五〕 中統本「關」作「関」。

**患至而后憂之**〔七・二七四五〕 百衲、舊刻本同，中統、游、正德、南雍、李、程、殿本「后」作「後」，王、柯、秦、凌本「而后」作「其後」。

**則無及已**〔七・二七四五〕 中統、游、正德本「已」作「矣」。

**諫士厲兵**〔七・二七四五〕 本「練」誤「諫」。

**則韓魏齊燕趙衛之妙音美人**〔七・二七四五〕 舊刻「燕」「趙」二字倒。

**寡人且料**〔七・二七四六〕 本「自」誤「且」。

**白各反**〔七・二七四六〕 各本「各」作「洛」。

**今主君欲一天下**〔七・二七四六〕 中統本「主」誤「王」。

**擬於王者**〔七・二七四六〕 索隱「擬」作「疑」。

**儀禮曰**〔七・二七四七〕 中統、游本「禮」作「礼」。

**嫂委蛇蒲服**〔七・二七四六〕 《索隱》「蛇」作「虵」。

**蘇秦喟然歎曰**〔七・二七四六〕 中統、游、正德、程、殿本「歎」作「嘆」。

**貸人百錢爲資**〔七・二七四七〕 百衲、舊刻本同，各本無「人」字。

**乃投從約書於秦**〔七・二七四七〕　《索隱》云：❶「按諸本亦作『投』，言『設』者，謂宣布其從約六國之事。」《雜志》云：「蓋正文『投』字本作『設』，《索隱》之『投』當爲『設』。」

**太草經曰**〔七・二七四九〕　本「本」誤「太」。

**而禮之於庭**〔七・二七四九〕　中統、游、正德本「庭」作「廷」。

**而功得十城**〔七・二七四九〕　百衲、中統、舊刻、游、正德本「功」作「攻」。

**固去自爲而行進取也**〔七・二七四九〕　舊刻「去」誤「云」。

**而事弱燕之危王哉**〔七・二七四九〕　毛本「王」作「主」。

**抱柱而死**〔七・二七四九〕　《雜志》云：「『柱』上本有『梁』字，《文選・獄中上梁王書》注、《太平御覽・人事部》引此並作『抱梁柱而死』，《燕策》及《莊子・盜跖篇》同。」

**御齊之彊兵哉**〔七・二七五〇〕　本「彊」誤「疆」。

**於是子佯僵而棄酒**〔七・二七五〇〕　本「乎」誤「子」。各本「佯」作「詳」，惟舊刻與此同，下「於是蘇秦佯爲得罪於燕」同。

**故妾一僵而覆酒**〔七・二七五〇〕　本「妾」誤「妄」。

---

❶「索」上，原有「雜志云」三字，涉下文衍，今删。

**易王十三年卒**〔七・二七五一〕❶ 各本「三」作「二」。

**風俗通義稱漢令**〔七・二七五一〕 舊刻「稱」誤「箱」，「令」誤「吟」。

**釋鉏耨而于大王**〔七・二七五一〕 本「干」誤「于」。

**至于邯鄲**〔七・二七五一〕 舊刻、毛本「于」作「於」。

**今王奉仇讎以伐援國**〔七・二七五一〕 毛本「奉」誤「秦」。

**對曰**〔七・二七五二〕 毛本「對」誤「封」。

**封内敝大**〔七・二七五二〕 本「矣」誤「大」。

**王誠能無羞寵子母弟以爲質**〔七・二七五二〕 《索隱》「寵」作「從」。

**於是燕王專任子之**〔七・二七五三〕 毛本「王」誤「主」。

**已而讓位**〔七・二七五三〕 「讓」缺筆。

**蘇代乃遺燕昭王書曰**〔七・二七五四〕 中統本「燕」上空一格。

**而寄質於名卑卑而權輕**〔七・二七五四〕 各本「於」下有「齊」字，「卑」下不重「卑」字，此本脱誤不可讀。

**取敗素染以爲紫**〔七・二七五五〕 毛本「染」誤「深」。

---

❶ 「易王」，原作「燕易王之」，涉别句集解而誤，據寶禮堂本改。

**焚秦符**〔七·二七五六〕　中統本「焚」誤「楚」。

**燕趙之所利也**〔七·二七五六〕　毛本「燕趙」作「趙燕」。

**如脱躧矣**〔七·二七五六〕　毛本「脱」誤「税」。

**子之之亂**〔七·二七五七〕　舊刻不重「之」字。

**秦拔楚鄢**〔七·二七五七〕　本「鄢」誤「鄢」。

**汶音眉貧反**〔七·二七五八〕　各本無「汶音」二字。百衲「反」作「切」。

**一日而斷太行**〔七·二七五八〕　百衲、舊刻、游、正德、王、柯、南雍、秦、李、凌本「太」作「大」。

**取成皋也**〔七·二七六〇〕　中統、游、正德本「成」作「城」。

**錟音白冉反**〔七·二七六〇〕　各本「白」作「由」。百衲、毛本無「錟音」二字，「反」作「切」。各本無「音」字。

**徐廣曰秦始皇五年**〔七·二七六〇〕　舊刻脱「徐廣曰」三字，「始」上無「秦」字。

**爲木人以象寡人**〔七·二七六〇〕　各本「象」作「寫」，《札記》云：「『寫』乃『舄』之譌，『舄』古『象』字，《燕策》作『象』。」

**監本作寫**　各本無此四字。❶案此是後人旁記，非《集解》本文。

---

❶「四」，原作「三」，據上下文改。

**塞鄳阸**〔七・二七六一〕　《索隱》「塞」作「安」，「鄳」作「黽」，《雜志》云：「『安』即『閼』字也，『閼』亦『塞』也，後人依《韓策》改『安』爲『塞』，不知『安』與『閼』同字，『閼』與『塞』同義，無煩改爲『塞』也。」

**鄳音盲**〔七・二七六一〕　舊刻「盲」誤「育」。

**河南范陵有林鄉**〔七・二七六一〕　各本「范」作「苑」。

**質公予延**〔七・二七六一〕　本「子」誤「予」。

**因犀首屬行而攻趙**〔七・二七六一〕　舊刻同，各本「屬」作「屬」。

**兵傷於譙石**〔七・二七六二〕　百衲「譙」作「離」。

**遇敗於陽馬**〔七・二七六二〕　《索隱》「遇」上有「而」字。

**魏襄王五年**〔七・二七六二〕　舊刻「襄」作「宣」，又上有「駰案」二字，下「韓宣惠王十九年」同，殿本同。

**秦大破我岸門**〔七・二七六三〕　舊刻「岸」作「鴈」。

**秦敗我封侯**〔七・二七六三〕　各本「侯」作「陵」，此誤。

**趙莊與秦戰敗**〔七・二七六三〕　百衲「敗」作「而」。

## 卷七〇　張儀列傳第十

**呂氏春秋曰**〔七・二二七七一〕　殿本上有「騶案」二字，下「䣛，音釋」「觀，音貫」「卷，丘權反」「衍，以善反」，「徒跔音徒俱」云云，「言執戟奮怒而入陳也」「于僞反」「綿善反」，「笄，婦人之首飾」云云，「音在」，並同。

**不服䣛之**〔七・二二七七一〕　《藝文類聚》十七引「䣛」作「釋」。

**子毋讀書游説**〔七・二二七七一〕　《類聚》引「毋」作「無」。

**張儀謂其妻曰**〔七・二二七七一〕　《類聚》作「張儀張口曰」。

**視吾舌尚在不**〔七・二二七七一〕　《類聚》十七引「不」作「否」，又八十四引作「視吾舌存否」。

**其妻笑曰舌在也**〔七・二二七七一〕　《類聚》八十四引作「妻曰存」。

**此在吾術中**〔七・二二七七三〕　中統本「吾」作「乎」，南雍、李、程、殿本「在吾」作「吾在」。

**渠音詎**〔七・二二七七三〕　百衲、舊刻、毛本無「渠」字。

**一作咫尺之檄**〔七・二二七七三〕　毛本「咫尺」作「尺一」，《札記》引北宋本同。

**譙周曰**〔七・二七七四〕 本「譙」誤「誰」。

**益州天苴讀爲苞黎之苞**❶〔七・二七七四〕 《索隱》「苞」作「芭」，中統、游、正德、王、柯、秦本作「包」。舊刻「黎」作「藜」。

**塞斜谷之口**〔七・二七七四〕 舊刻、南雍、李、凌、程、殿本同，《索隱》及各本「斜」作「什」。《續漢書・郡國志》注引《史記》曰：「張儀下兵三川，塞什谷之口。」《水經》五《洛水》注云：❷「謂之洛汭，即什谷也，故張儀説秦曰『下兵三川，塞什谷之口』，謂此川也。」「斜谷」是「什谷」之譌，説詳《讀書叢録》。

**徐廣曰一作尋成皋鞏縣有尋口**〔七・二七七五〕 《水經・洛水》注引《史記音義》曰：「鞏縣有鄩谷水者也。」此「尋口」當作「鄩谷水」。

**案圖籍**〔七・二七七四〕 中統、游、正德本「案」作「按」。

**欲彊兵者**〔七・二七七五〕 游、正德本「彊」作「强」。

**臣請論其故**〔七・二七七六〕❸ 《索隱》「論」作「謅」，《雜志》云：「『論』本作『謅』，此後人以意改之也，《秦策》及《新序》並作『謅』。」

---

❶ 按，底本此條頂格，依例當低兩格寫，今改。

❷ 按，《洛水》篇在《水經注》卷十五，疑因「洛汭」又見卷五《河水》而誤。

❸ 此條原在「音貫」條上，據嘉業堂本移。

**秦以益强富厚**〔七・二七七六〕　百衲、毛本同，各本「强」作「彊」。

**以爲秦欲令魏先事秦而諸侯効之**〔七・二七七七〕　殿本「効」作「效」。

**音貫**〔七・二七七八〕　百衲、毛本同，各本「音」上有「觀」字。

**南與楚境**〔七・二七七八〕　「境」缺筆。下「北與趙境」「東與齊境」「則從境以東」「今秦與楚接境壤界」並同。

**東與齊不與趙**〔七・二七七八〕　中統、游、正德本「不」上有「而」字。

**楚攻其南**〔七・二七七八〕　百衲、中統、游、正德本同，各本「楚」上有「則」字。

**刑白馬以盟洹水之上**〔七・二七七八〕　「洹」缺筆。

**音桓**〔七・二七七八〕　「桓」缺筆。凌本「音」上有「洹」字。

**大王不事秦**〔七・二七七八〕　柯本脱「不」字。

**據卷衍酸棗**〔七・二七七八〕　《志疑》云：「《國策》『衍』下有『燕』。《正義》亦有，故云『燕滑州胙城縣』。蓋傳寫失之。」

**丘權反**〔七・二七七九〕　百衲「丘」誤「輕」，游、正德本誤「立」，毛本誤「兵」。中統、游、正德、王、柯、南雍、秦、李、凌、程、殿本上有「卷」字。

**以善反**〔七・二七七九〕　中統、游、正德、王、柯、南雍、秦、李、凌、程、殿本「以」上有「衍」字。此與上「丘權反」並在「酸棗」下。

**豈得無眩哉**〔七·二七七九〕　「眩」缺筆。

**閉關絶約於齊**〔七·二七八〇〕　游本「關」作「関」。

**秦奚貪夫孤國**〔七·二七八〇〕　此本八葉，雖係羼入，而「夫」字不誤，若從潘本改「天」，則誤矣。

**詳失綏墯車**〔七·二七八一〕　舊刻「詳」作「佯」。

**以商於之地六百里**〔七·二七八一〕　中統、游、正德本「商」誤「啇」。

**秦王甚愛張儀而欲出之**〔七·二七八二〕　舊刻同，《索隱》及各本「而」下有「不」字，❶《志疑》云：「《索隱》言『「不」字當作「必」』，是也。《策》作『秦王欲出之』，《正義》解爲『秦王不欲出張儀使楚』，非。」

**積粟如兵山**〔七·二七八二〕　本「丘」誤「兵」。

**其勢不兩立**〔七·二七八三〕　百衲「其」誤「兵」。

**秦下甲據宜陽**〔七·二七八三〕　毛本「甲」誤「申」。

**舫船載卒**〔七·二七八三〕　《索隱》「舫」作「枋」。

**不至十日而距扞關**〔七·二七八三〕　王、柯、秦、凌本「距」作「拒」。

---

❶ 「不」，原作「六」，據上下文改。

**扞關驚則從境以東**〔七・二七八三〕「驚」缺「敬」末筆。❶

**或音戟**〔七・二七八四〕游、正德、凌、殿本「或」上有「搏」字。

**必大關天下之匈**〔七・二七八五〕《索隱》作「大關天下胷」。

**乃詳有罪**〔七・二七八五〕舊刻「詳」作「詐」。

**混壹諸侯**〔七・二七八五〕《索隱》及凌、毛本「壹」作「一」。

**効萬室之都**〔七・二七八五〕❷中統、游、正德本「効」作「效」，下「梁効河外」「使使臣効愚計於大王」「効河關以事秦」「儀有愚計願効之」並同。❸

**現卒不過二十萬而已矣**〔七・二七八六〕游、正德本「二」誤「一」。

**上徒下俱**〔七・二七八六〕百衲、舊刻、毛本同，中統、游、正德、王、柯、南雍、秦、李、凌、程、殿本作「跿跔，音徒俱」。正德本上衍「徐廣曰」三字。凌本上有「駰案」二字，殿本同。

**謂不著兜鍪入敵**〔七・二七八六〕中統、游、正德、王、柯、南雍、秦、李、凌、程、殿本「謂」上有「科頭」二字。

---

❶ 按，寶禮堂本不缺。

❷ 此條原在「乃詳有罪」條上，今移。

❸ 「効河關」，寶禮堂本作「効河間」。

**言執戟奮怒而入陳也**〔七・二七八七〕　正德本上衍「徐廣曰」三字。凌本上有「駰案」二字，殿本同。

**蹄閒三尋者**〔七・二七八六〕　舊刻同，各本「者」上有「騰」字。

**不可勝數**〔七・二七八六〕　舊刻「不」上衍「而」字。

**東取成皋滎陽**〔七・二七八七〕　李本「滎」誤「榮」。

**桑一作栗**〔七・二七八七〕　毛本「栗」誤「粟」。

**干僞切**〔七・二七八七〕　百衲同，各本「干」作「于」。

**使張儀東説齊湣王曰**〔七・二七八八〕　本「曰」字，脱中畫。

**殷衆富樂**〔七・二七八八〕　「殷」缺筆，下「以正殷紂之事」同。

**梁効河外**〔七・二七八八〕　《索隱》「効」作「效」，中統、游、正德本同。

**綿善切**〔七・二七八八〕　百衲、舊刻、毛本同，各本「切」作「反」。

**是故願大王孰計之也**〔七・二七八八〕　舊刻「孰」作「熟」，下「故願大王孰計之」同。

**綿善**　百衲、舊刻本同，毛本「善」下有「切」字，各本無此文。《札記》云：「北宋、毛本『澠』下複衍音切，今删。」

**敬使使臣**〔七・二七八九〕　「敬」缺筆。

**先王棄群臣**〔七・二七九〇〕　凌本「棄」作「弃」，下「忠且見棄」「今臣雖棄逐之楚」「然則魏必圖秦而棄儀」

並同。

**奉祭祀之日新**〔七・二七九〇〕　百衲、舊刻、毛本同，各本無「祭」字。

**約與大王遇於句注之塞**〔七・二七九〇〕　各本「大」作「代」，此誤。

**笄婦人之首飾**〔七・二七九一〕　凌本上有「駰案」二字，殿本同。

**獻恒山之尾五城**〔七・二七九二〕　「恒」缺筆。

**群臣多讒張儀曰**〔七・二七九二〕　舊刻「儀」作「阻」。

**而毋伐以臨周**〔七・二七九二〕　南雍、凌、程本「毋」作「無」。

**案圖籍**〔七・二七九二〕　南雍本「案」作「按」。

**皆貴重争寵**〔七・二七九三〕　毛本「争」作「尊」。

**王以其言爲然**〔七・二七九四〕　毛本「王」誤「主」。

**吾請令公厭事可乎**〔七・二七九四〕　《索隱》出「厭事矣」三字。

**臣與燕趙之王有故**〔七・二七九四〕　毛本「與」誤「於」。

**亦思寡人不**〔七・二七九五〕　《類聚》七十五引「不」作「否」。

**不聞**〔七・二七九五〕　《類聚》引「不」作「弗」。

**有頃而病**〔七・二七九五〕　《類聚》引「頃」誤「須」，「病」作「疾」，下「故在其病也」同。

**中謝之士對曰**〔七・二七九五〕　百衲同，各本無「之士」二字。《類聚》引作「或對曰」。

**彼思越則越聲不思越則楚聲**〔七・二七九五〕　《類聚》引二「則」字作「即」。

**亦嘗有以夫卞莊子刺虎**〔七・二七九五〕❶　《索隱》「卞」作「館」，云：「或作『卞莊子』也。」王、柯、秦本作「辨」。

**館豎子止之曰**〔七・二七九五〕　「豎」缺筆。

**立須之**〔七・二七九五〕　中統、游、正德本「須」作「頊」，王、秦本作「湏」，《札記》云：「中統、游、王、柯本『須』誤『頊』。」案王本作「湏」，即「須」字，非「頊」字也。

**有頃兩虎果鬭**〔七・二七九五〕　游本「頃」誤「須」。

**犀首聞張儀復相秦**〔七・二七九七〕　中統本「秦」誤「奏」。

**秦得燒掇焚杅**〔七・二七九七〕　毛本同，《索隱》及各本「杅」作「杆」。

**一孤切**〔七・二七九七〕　王本「切」字空格。

**君之國有事**〔七・二七九七〕　《索隱》無「國」字。

**乃以文繡于純**〔七・二七九七〕　本「干」誤「于」。

---

❶「夫」，原脱，據寶禮堂本補。

**大敗秦人李伯之下**〔七·二七九七〕《索隱》及中統、游、正德本「人」作「入」，《志疑》云：「《索隱》本『人』作『入』，謂『義渠破秦而收軍，入于李伯之下』，恐非。」

**太史公曰**〔七·二七九八〕各本提行。

宋蜀大字本

# 史記校勘記

（下）

〔清〕管世駿 王舟瑶 撰

張 彧 酆子翔 校點

北京大學出版社
PEKING UNIVERSITY PRESS

# 卷七一　樗里子甘茂列傳第十一

**盡出其人**〔七・二八〇四〕　中統本「出」作「入」，《札記》引吴校金板同。

**号爲嚴君**〔七・二八〇四〕　各本「号」作「號」。

**意甚敬**〔七・二八〇四〕　「敬」缺筆。

**楚王怒讓周**〔七・二八〇四〕　「讓」缺筆。

**智伯之伐仇猶**〔七・二八〇四〕　《索隱》「智」作「知」。

**許慎曰**〔七・二八〇五〕　「慎」缺筆。

**戰國策曰**〔七・二八〇五〕　殿本上有「騆案」二字，下「賴利也」，又「譬禽獸得困急」云云，又「烏合反」，又「已買反」，並同。

**因隨之以兵**〔七・二八〇四〕　舊刻、王、柯、秦本無「以」字。

**齊桓公伐蔡**〔七・二八〇四〕❶　「桓」缺筆。

---

❶ 「蔡」，原作「楚」，據寶禮堂本改。

**强弩在後**〔七・二八〇五〕　王、柯、南雍、秦、李、凌、程、殿本「强」作「彊」，下「魏必强」「秦楚争强」「未有以强也」「南挫强楚」「重强齊楚」「方秦之强時」並同。

**因効金三百斤**〔七・二八〇六〕❶　中統、游、正德、殿本「効」作「效」。

**後百歲是當有天子之宫夾我墓**〔七・二八〇六〕　《類聚》四十引「百」上有「一」字，無「是」字。

**武庫正直其墓**〔七・二八〇七〕　《類聚》引「直」作「當」。

**蜀侯煇相壯反**〔七・二八〇七〕　中統、游、正德、王、柯、秦、凌本「煇」作「輝」，凌本旁注「一本作『煇』」。

**而寡人死不朽矣**〔七・二八〇八〕　中統、游、正德本「朽」誤「利」。

**然願王勿伐**〔七・二八〇八〕　《治要》十二「伐」下有「也」字。

**音秘**〔七・二八〇九〕　殿本脱此條。

**頃之**〔七・二八〇八〕　《治要》「之」作「然」。

**頃又一人告之曰**〔七・二八〇八〕　《治要》作「頃然，一人又告之曰」。

**武王竟至周而卒於周**〔七・二八〇九〕　「竟」缺筆，下「甘茂竟言秦昭王」「而甘茂竟不得復入秦」並同。

**且以國南合於楚**〔七・二八〇九〕❷　各本「且」上有「公叔」二字，《札記》云：「二字疑衍，葉校删。」案此本無

---

❶「斤」，原作「金」，據寶禮堂本改。

❷「合」，原作「令」，據寶禮堂本改。

此二字，足見蜀刻之精。

**烏曷反**〔七·二八一一〕　凌本「烏」上有「閼」字。

**願公孰慮之也**〔七·二八一〇〕　王、柯、南雍、秦、李、凌、程本同，各本「孰」作「熟」。

**是自爲責也**〔七·二八一〇〕　舊刻「責」作「貴」。

**徐廣曰**〔七·二八一二〕　本「曰」字，缺中畫。

**而以其地德韓也**〔七·二八一一〕　毛本「德」誤「得」。

**已買反**〔七·二八一二〕　凌本上有「解音」二字。

**而子之燭光幸有餘**〔七·二八一三〕　毛本「有」誤「可」。

**而得一斯便焉**〔七·二八一三〕　百衲「便」誤「使」。

**夫其茂賢人也**〔七·二八一四〕　本「甘」誤「其」。

**一作環**〔七·二八一五〕　百衲、舊刻、王、柯、南雍、秦、李、程、殿本「環」作「蠉」。

**滑一作涓**〔七·二八一五〕　中統、游、正德本「涓」作「倡」。

**一云内句章昧之難**〔七·二八一五〕　毛本「句」誤「可」。游、正德本「章」誤「意」。

**而甘茂竟不得復入秦**〔七·二八一五〕　中統、游、正德、王、秦、毛本「復」誤「獲」。

**張唐爲文信侯曰**〔七·二八一六〕　各本「爲」作「謂」，此誤。

**夫項槖生七歲**〔七・二八一六〕《索隱》出「大項槖」三字，云：「尊其道德，故云『大項槖』。」是小司馬所據本作「大」不作「夫」。

**請因孺子行**〔七・二八一六〕百衲同，各本「孺」作「孺」。

**令秦有十一**〔七・二八一七〕《索隱》「令」作「今」。

**天下尤趍謀詐哉**〔七・二八一八〕各本「趍」作「趨」。

# 卷七二　穰侯列傳第十二

**穰侯列傳第十二**〔七・二八二一〕　自此篇至《春申君列傳第十八》均鈔配，今依潘本。

**姓羋氏**〔七・二八二一〕　百衲同，舊刻「芈」誤「芊」，毛本誤「芊」，各本誤「芊」，下並同。

**本紀曰**〔七・二八二二〕　舊刻「紀」誤「記」。

**庶長壯與大臣公子謀反**〔七・二八二二〕　毛本「庶」誤「器」，秦本「反」誤「友」。

**其客宋公謂液曰**〔七・二八二二〕　中統本脱「謂」字。

**而秦果免樓緩**〔七・二八二二〕　舊刻「免」誤「兑」，下「魏冉謝病免相」「其明年燭免」「六歲而免」「免二歲」「乃免相國」並同。

**白起者穰侯之所任舉也**〔七・二八二三〕❶　本「任」誤「住」。

**上莫邛反**〔七・二八二五〕　殿本上有「駰案」二字，下引《爾雅》，又「丘權反」，並同。游本「邛」作「卬」，正德本誤「卯」。

---

❶「所」，原闕，據寶禮堂本改。

**田完世家云**〔七·二八二五〕「完」缺筆。

**而故地復反**〔七·二八二四〕毛本「故地」二字倒。

**夫秦何猒之有哉**〔七·二八二四〕百衲、中統、游、王、柯、南雍、李、凌、程、殿本作「猒」，❶舊刻、正德、秦、毛本作「厭」。游本「何」誤「河」。

**且劫王以求多割也**〔七·二八二四〕中統、游本「劫」誤「却」。

**夫戰勝暴子**〔七·二八二四〕秦本「戰勝」誤「願君」。

**此非兵大之精也**〔七·二八二四〕各本「大」作「力」，此誤。

**又非計之工也**〔七·二八二四〕毛本「工」作「上」。

**以上成大梁**〔七·二八二四〕各本「成」作「戍」，此誤。

**四尺謂之刃倍刃謂之尋**〔七·二八二五〕各本二「刃」字作「仞」。

**則前功必弃矣**〔七·二八二四〕舊刻、正德、程、毛、殿本「弃」作「棄」。

**衛必效單父**〔七·二八二五〕舊刻「效」作「効」。

**秦兵可全**〔七·二八二五〕秦本「兵」誤「唐」。

---

❶「作猒」，似當作「同」。

**何索而不得**〔七・二八二五〕　毛本脱此句。

**願君熟慮之而無行危**〔七・二八二五〕　秦本「願君」誤「戰勝」，此與上「戰勝暴子」互誤。

**得魏三縣**〔七・二八二六〕　毛本「三」誤「二」。

**丘權反**〔七・二八二七〕　正德本上衍「徐廣曰」三字，「丘」上有「卷」字。　毛本「丘」上有「音」字。

**祭陽**〔七・二八二六〕　各本「祭」作「蔡」，此誤。

**長社**〔七・二八二六〕　中統本「社」誤「杜」，《札記》云：「柯本『社』譌『杜』。」案柯本不誤。

**使蘇代爲齊陰遺穰侯晉曰**〔七・二八二六〕　本「書」誤「晉」。

**秦將益趙甲四萬以伐齊**〔七・二八二六〕　毛本「將」誤「兵」。

**秦反受敵**〔七・二八二七〕　中統本「敵」誤「**敵**」。

**昭王於是用范睢**〔七・二八二八〕　正德本「於是」二字空格。

**穰侯擅權於諸侯**〔七・二八二八〕　《書鈔》五十引「擅」作「用」。

**富於王室**〔七・二八二八〕　《書鈔》一百三十九引「穰侯之富於王家」。

**於是秦昭王悟**〔七・二八二八〕　王、柯、秦、凌本脱「昭」字。

**輜車千乘有餘**〔七・二八二八〕　《書鈔》五十引作「輜重車千乘」。

**况於羇之臣乎**〔七・二八二八〕　各本「羇」下有「旅」字，此脱。

# 卷七三　白起王翦列傳第十三

**善用兵**〔七・二八三一〕　正德本「用」誤「周」。

**楚歲穰侯相秦**〔七・二八三一〕　本「是」誤「楚」。

**舉任鄙以爲漢中守**〔七・二八三一〕　本「任」誤「住」。

**郭璞曰**〔七・二八三二〕　中統、游、正德、王、柯、南雍、秦、李、凌、程、殿本上有「駰案」二字，連上「徐廣曰，音干」共爲一條。

**白起爲大良造**〔七・二八三二〕　王、秦、程本「大」誤「太」。

**昭王三十八年**〔七・二八三二〕　各本「三」作「二」。

**此南陽河内修武是也**〔七・二八三二〕　毛本「此」誤「北」。百衲、中統、舊刻、游、正德、王、柯、南雍、程、殿本「修」作「脩」。

**韓之國都也**〔七・二八三三〕　各本「也」上有「是」字。

**屬潁川**〔七・二八三三〕　中統本「屬」作「属」。舊刻「潁」誤「頴」，游、毛本誤「頻」。

**秦使左庶長王齕攻韓**〔七・二八三三〕　李本「秦」誤「奏」。

音紇〔七・二八三四〕　凌本「音」上有「齕」字。殿本上有「駰案」二字，下「音余」「音龕」並同。

在泫氏〔七・二八三四〕　「泫」缺筆。王、秦本「在」誤「左」。

趙王數以爲讓〔七・二八三四〕　「讓」缺筆。

而王齕爲尉裨將〔七・二八三四〕　本「裨」誤「禆」。

秦軍詳敗而走〔七・二八三四〕　正德本「詳」作「佯」。

遮絶趙救及糧食〔七・二八三四〕　王、柯、南雍、秦本「糧」作「粮」。

出鋭卒自搏戰〔七・二八三五〕　中統本「搏」誤「摶」。

乃挾詐而盡坑殺之〔七・二八三五〕　殿本「坑」作「阬」。

遺其小者二百四十人〔七・二八三六〕　毛本「遺」誤「遣」。

司馬梗定太原〔七・二八三六〕　中統、游本「太」作「大」。

武安君擒馬服子乎〔七・二八三六〕　殿本「擒」作「禽」，下「北擒趙括之軍」同。《治要》十二「北擒趙括之軍」亦作「禽」。

雖周邵吕望之功〔七・二八三六〕　正德、殿本「邵」作「召」，《治要》同。

上黨之民〔七・二八三六〕　《治要》「民」作「人」，避太宗諱改，下「天下不樂爲秦民之日久矣」不避。

亡音無也〔七・二八三七〕　正德本無「也」字。

**徐廣曰卷縣有垣雍城**〔七・二八三七〕　凌本脱此條。

**陵攻邯鄲少利**〔七・二八三七〕　中統本「鄲」誤「鄿」，《治要》作「陵戰少利」。

**而秦卒死者過半**〔七・二八三七〕❶　《治要》「過」上有「亦」字。

**遠絶河山**〔七・二八三七〕　《治要》「遠」上有「遂」字。

**破秦軍必矣**〔七・二八三七〕　凌本「軍」作「兵」。

**强起武安君**〔七・二八三七〕　王、柯、南雍、秦、李、凌、程、殿本「强」作「彊」，下注「而適足以强天下之戰」「夫以秦之强」並同。

**則張虚捲**〔七・二八三八〕　毛本「捲」作「拳」，《札記》引毛誤「卷」。

**是爲雖能栽四十萬之命**〔七・二八三八〕　各本「栽」作「裁」，此誤。

**其所以終不敢復加兵於邯鄲者**〔七・二八三八〕　王、秦本「加」誤「如」。

**非但憂平原之補袒**〔七・二八三八〕　舊刻、正德、毛本「袒」作「但」，《索隱》「原」下有「君」字。

**患所侯之捄至也**〔七・二八三八〕　各本「所」作「諸」，此誤。《索隱》無「患」字。中統、舊刻、游、正德本「捄」作「救」。

**可謂善戰而拙勝**〔七・二八三八〕　毛本「可」作「所」。

---

❶「卒」，原作「兵」，據寶禮堂本改。

**夫以秦之强**〔七·二八三九〕　殿本脱「之」字。

**又何稱奇哉**〔七·二八三九〕　殿本「稱」上有「以」字。❶

**年少壯勇**〔七·二八四〇〕　毛本「年少」二字倒。

**不過用二十萬人**〔七·二八四〇〕　《書鈔》一百十五引作「不過三十萬」。

**李將軍果勢壯勇**〔七·二八四〇〕　《御覽》二百七十四引「勢」作「斷」。

**歸老於頻陽**〔七·二八四〇〕　《御覽》引「頻」誤「穎」。

**始皇聞之**〔七·二八四一〕　毛本「皇」誤「王」。

**今門荆兵日進而西**〔七·二八四一〕　本「聞」誤「門」。

**獨忍弃寡人乎**〔七·二八四一〕　舊刻、正德、李、程、毛、殿本「弃」作「棄」，《書鈔》引同。

**爲聽將軍計耳**〔七·二八四一〕　《御覽》引無「爲」字。

**始皇自送至灞上**〔七·二八四一〕　毛本「自送」二字倒，《書鈔》引「灞」作「霸」。

**故及大王之嚮臣**〔七·二八四一〕　《御覽》引「嚮」作「向」。

**亦已甚矣**〔七·二八四一〕　毛本「已」作「以」。

---

❶ 「以」，原作「之」，據殿本改。

**夫秦王柤而不信人**〔七・二八四一〕　舊刻同，毛本「柤」作「怚」，各本誤「怚」，注同。

**音麁**〔七・二八四一〕　柯、南雍、李、程、殿本「麁」作「麄」，秦本誤「鹿」。凌本脱此二字，毛本此二字在「怚，一作組」下。

**怚一作組**〔七・二八四一〕　舊刻同，凌本「組」作「麤」，各本作「粗」。此本「組」下有雙行小注「音麄」二字，似後人旁記，舊刻、毛本並有此二字，正德本作「怚，音麄，一作粗」。

**專亦作摶**〔七・二八四一〕　舊刻「摶」誤「博」，王、柯、秦、程、毛本誤「搏」。

**爲子孫業以自堅**〔七・二八四一〕❶　《書鈔》引「堅」作「牢」，避隋諱改。

**顧令秦王坐而疑我邪**〔七・二八四一〕　《書鈔》引「顧」作「固」，「邪」作「哉」。

**顧令秦王坐而疑我邪**〔七・二八四一〕　百衲、中統、游、正德、王、柯、秦、毛本「邪」作「矣」，《御覽》引「顧」作「固」，「邪」作「耶」。

**王翦東代李信擊荆**〔七・二八四一〕　舊刻同，各本「東」作「果」。《御覽》引作「翦東代信擊荆」。

**一作拔**〔七・二八四二〕　中統、舊刻、游、正德、王、柯、南雍、秦、李、凌、程、殿本「一」上有「超」字，此文在「距」字下。

**漢書云**〔七・二八四二〕　中統、游、正德、王、柯、南雍、秦、李、凌、程、殿本上有「駰案」二字，連上「一作

❶　此條及下條，管氏原補於「亦已甚矣」條下，今據《史記》文本移。

拔」爲一條。

**飛石重十二斤爲機**〔七・二八四二〕　中統、游、正德、王、柯、南雍、秦、李、凌本「機」作「幾」。

**至蘄南**〔七・二八四二〕　王、南雍、秦、程本「蘄」作「蘄」，毛本作「鄿」。

**其後受其不詳**〔七・二八四二〕　中統、游本同，各本「詳」作「祥」。

**固其根本**〔七・二八四三〕　中統、游、正德、柯本「固」誤「因」。

# 卷七四　孟子荀卿列傳第十四

**孟軻騶人也**〔七・二八四七〕　舊刻「軻」作「子」，《索隱》及百衲、舊刻、正德、毛本作「騶」，各本作「鄒」。

**秦用商君**〔七・二八四七〕　中統、舊刻、游、正德本「商」誤「啇」。

**富國强兵**〔七・二八四七〕　王、柯、南雍、秦、李、凌、程、殿本「强」作「彊」，下「博聞强記」同。

**其前鄒忌**〔七・二八四八〕　凌本「鄒」作「騶」。

**以鼓琴干威王**〔七・二八四八〕　秦本「干」誤「于」。

**至于無垠**〔七・二八四八〕　舊刻「垠」誤「琅」。

**並蒲浪反**〔七・二八四九〕　中統、游、正德、王、柯、秦、李、凌、程本「並」下有「音」字，殿本上有「駰案」二字，下引《爾雅》，兩引劉向《别録》，又引《晉太康地記》《墨子》，並同。

**因載其機祥度制**〔七・二八四八〕　本「禨」誤「機」。

**物類所珍**〔七・二八四八〕　中統、游本「珍」誤「殄」。

**稱引天地剖判以來**〔七・二八四八〕　舊刻「來」作「来」，下同。正德本下三「來」字亦作「来」。

**於天下乃八十分居其一分耳**〔七・二八四八〕 舊刻「乃」作「迺」。

**禹之序九州是也**〔七・二八四八〕 《類聚》六「序」作「敘」。

**於是有裨海環之**〔七・二八四八〕 百衲、毛、殿本「裨」作「禆」。《類聚》「裨」誤「神」。

**莫能相通者**〔七・二八四八〕❶ 中統、游、正德本「能」作「得」。

**乃爲一州**〔七・二八四八〕 毛本「爲」誤「謂」。

**適梁惠王郊迎**〔七・二八四九〕 王、南雍、秦、李、程、殿本「梁」下重「梁」字。

**平原君側行撇席**〔七・二八四九〕 《索隱》及中統、游、正德、王、柯、南雍、秦、李、凌、程、殿本「撇」作「襒」。《字類》五《補遺》引同。

**如燕昭王擁彗先驅**〔七・二八四九〕 《類聚》六十二引「如燕」作「之燕」，「擁彗」作「擁篲」。

**作主運**〔七・二八四九〕 毛本「主」誤「王」。

**而孔子不答**〔七・二八四九〕 毛本「而」作「於」。

**孟軻稱大王去邠**〔七・二八四九〕 《索隱》及舊刻、正德、南雍、李、凌、程、殿本「大」作「太」。

**持方枘**〔七・二八五〇〕 正德本「枘」誤「柄」。

---

❶ 此條原在「於是有裨海環之」條上，管氏於其上批「下」，又於「於是有裨海環之」條上批「上」，兩條之間批「二條互易」，並以綫乙正。

**百里奚飦牛車下**〔七・二八五〇〕　百衲、中統、游、正德、王、柯、南雍、秦、李、凌、程本同，舊刻、毛、殿本「飦」作「飯」。

**慎到**〔七・二八五一〕　「慎」缺筆，下三「慎」字不缺。

**以干世主**〔七・二八五一〕　毛本「干」誤「于」。

**淳于髡**〔七・二八五一〕　毛本空一格，下「慎到」「騶奭」同。

**管晏不及**〔七・二八五一〕　舊刻「晏」誤「嬰」。

**豈寡人不足爲言邪**〔七・二八五一〕　毛本「足」誤「是」。

**壹語連三日三夜無倦**〔七・二八五一〕　舊刻「壹」作「一」。

**今慎子劉向所定**〔七・二八五二〕　游、王、南雍、秦本「劉」作「刘」，俗，下同。

**騶奭者**〔七・二八五二〕　百衲、中統、游、正德、王、柯、南雍、秦、李、凌、程、殿本提行。

**爲門第康莊之衢**〔七・二八五二〕　舊刻、正德本同，各本「門」作「開」。

**四達謂之衢**〔七・二八五二〕　百衲「謂」誤「爲」。

**騶奭脩衍之文飾**〔七・二八五三〕　舊刻、王、南雍、秦、李、程、毛本「脩」作「修」。

**齊襄王時**〔七・二八五二〕　毛本「襄」誤「宣」。

**齊尚脩列大夫之缺**〔七・二八五二〕　王、南雍、秦、李、程、毛本「脩」作「修」。百衲、中統、游、正德、王、柯、秦、凌、毛本「缺」作「鈌」，《字類》五引作「師尚修列士大夫之鈌」。

**又滑稽亂俗**〔七・二八五三〕 百衲、舊刻、正德、南雍、李、程、毛、殿本同，各本「滑」作「猾」。

**特堅利**〔七・二八五四〕 毛本「特」誤「持」。

**案應劭氏姓注**〔七・二八五四〕 中統、游、正德、王、柯、南雍、秦、李、凌、程、殿本「案」作「按」。王、秦本「劭」誤「邵」。

**直云處子也**〔七・二八五四〕 王、秦本「處」作「処」。

**楚有尸子長盧**〔七・二八五四〕 毛本「盧」作「盧」。

**謀事畫計**〔七・二八五四〕 王、秦本「畫」誤「晝」。

**蓋墨翟宋之大夫**〔七・二八五五〕 中統、舊刻、游、正德本「蓋」作「盖」，俗。

**墨子解帶爲城云云**〔七・二八五五〕 王、柯、秦、凌本脱此文二十八字，南雍、程本亦同。

**臣之弟子禽滑釐等三百人**〔七・二八五五〕 王、李本「釐」作「厘」。

**吾請無攻宋矣**〔七・二八五五〕 各本「宋」下有「城」字。

# 卷七五　孟嘗君列傳第十五

**文之父曰靖郭君田嬰**〔七·二八五九〕　《類聚》二十一引「靖」作「静」。

**韓魏服於齊**〔七·二八五九〕　王、秦本脱「韓魏」二字。

**音紺**〔七·二八六〇〕　各本「紺」作「絹」，此誤。殿本上有「駰案」二字，下兩引《皇覽》又「親弗人姓名」，又「音歡」云云，又「苦怪反」云云，又「伎，亦作技」，並同。

**田嬰使張丑説楚威王**〔七·二八五九〕　中統本「丑」誤「田」。

**而封田嬰於薛**〔七·二八五九〕　各本「薛」作「薛」，百衲此文作「薛」，下「諸侯皆使人請薛公田嬰」「薛公文卒」「而齊魏並滅薛」「使人出錢於薛」「何人可使收債於薛者」「故出息錢於薛」「薛歲不入」「至薛」「故貸錢於薛」「令薛民親君」「吾嘗過薛」「入薛中」，亦作「薛」，餘作「薛」。此本下亦「薛」「薛」錯見。

**其賤妾有子名文**〔七·二八六〇〕　本「妾」誤「妄」。

**而見其子文於田嬰**〔七·二八六〇〕　舊刻「文」誤「大」。

**五月子者長與户齊將不利其父母**〔七·二八六一〕　《類聚》引作「五月子，長至户，則害父」。

**則可高其户耳**〔七·二八六一〕　百衲、舊刻、毛本同，中統、游、正德、王、柯、南雍、秦、李、凌、程、殿本無

「可」字。

**今君後宮緆綺縠**〔七・二八六一〕　各本「緆」作「蹈」。

**而士不得短褐**〔七・二八六一〕　程本「短」作「裋」。

**僕妾餘粱肉**〔七・二八六一〕　百衲、南雍、程、毛、殿本「粱」作「粱」。

**而士不猒糟糠**〔七・二八六一〕　百衲、中統本同，《字類》四引同，各本「猒」作「厭」。

**今君又尚厚積餘藏**〔七・二八六一〕　秦本「又」誤「文」。

**於是嬰乃禮文**〔七・二八六一〕　舊刻「乃」作「迺」，下「孟嘗君乃奔」「乃如魏」「乃多釀酒」並同。

**無貴賤一與文等**〔七・二八六二〕　《御覽》四百七十五引「文」作「之」，《雜志》云：「『文』當爲『之』字之誤也，『之』字指食客言，非指孟嘗君言。」

**而屏風後常有侍史**〔七・二八六二〕　中統、游、正德本「侍」誤「待」。

**人人各自以爲孟嘗君親己**〔七・二八六二〕　毛本「親」上衍「將」字。

**見木偶人**〔七・二八六二〕　《索隱》「偶」作「禺」，古字通用。

**敗則歸土**〔七・二八六三〕　《御覽》三百九十六引「則」作「即」。

**君得無爲土偶人所笑乎**〔七・二八六三〕　《御覽》引「君得無」作「無乃」。

**以入秦宮藏中**〔七・二八六三〕　《札記》云：「《字類》引作『臧』，各本作『藏』。」

**關法雞鳴而出客**〔七・二八六三〕　舊刻「關」作「関」。中統、舊刻、游、正德本「雞」作「鷄」，❶百衲下二「雞」字亦作「鷄」。

**客之居下坐者有能爲雞鳴而雞盡鳴遂發傳出**〔七・二八六三〕　《類聚》六引作「客居下坐者能爲雞鳴，於是群雞皆鳴，遂出關」。

**始以薛公爲魁然也**〔七・二八六四〕　《類聚》十九引「然」作「梧」。

**齊湣王不自得**〔七・二八六四〕　《索隱》「得」作「德」。

**年表曰**〔七・二八六五〕　凌本「曰」作「云」。

**韓魏齊共擊秦軍於函谷**〔六・二八六四〕❷　中統本「谷」誤「名」。

**取宛葉以北以强韓魏**〔七・二八六四〕　王、柯、南雍、秦、李、凌、程、殿本「强」作「彊」，下並同。舊刻下「無不欲强齊而弱秦者」「無不欲强秦而弱齊者」亦作「彊」。

**今復攻秦以益之**〔七・二八六四〕　柯本「今」誤「令」。

**君不如令弊邑深合於秦**〔七・二八六四〕　舊刻「弊」作「敝」，下並同。

**君令弊邑以此患秦**〔七・二八六五〕　百衲同，各本「患」作「惠」。

---

❶「鷄」，原作「雞」，涉上下文而誤，今改。
❷「齊」，原作「秦」，據寶禮堂本改。

**秦得無破而以東國自免也**〔七・二八六五〕　舊刻「免」誤「兑」，下「若齊免於天下之兵」同。

**三晉必重齊**〔七・二八六五〕　王、秦本「三」誤「二」。

**薛文走**〔七・二八六六〕　毛本「走」誤「定」。

**孟嘗君乃奔魏子所與粟賢者聞之**〔七・二八六五〕　《札記》云：「《御覽》四百三十六引作『乃奔魏，前有獲粟於孟嘗之賢者聞之』，蓋是别本。」案《御覽》四百三十六、《人事部》七十七未見此文。❶

**湣王乃驚**〔七・二八六五〕　「驚」缺「敬」末筆。

**孟嘗君因謝病**〔七・二八六五〕　本「病」誤「痼」。

**而孟嘗君中立爲諸侯**〔七・二八六七〕　殿本「爲」作「於」。

**孟嘗君家**〔七・二八六七〕　各本「家」作「冢」，此誤。

**孟嘗邑于薛城**〔七・二八六七〕　毛本「城」下有「也」字。

**躡屩而見之**〔七・二八六七〕　《索隱》出「躡蹻」二字，云「字亦作『蹻』，又作『屩』」，是作「屩」者小司馬所見别一本也。

**先生遠辱**〔七・二八六七〕　舊刻「生」誤「王」。

**孟嘗君置傳舍十日**〔七・二八六八〕　《御覽》三百四十六引作「置之傳舍五日」。

---

❶ 按，此文見《御覽》四百三十八《人事部》七十九。

**馬先生甚貧**〔七・二八六八〕　本「馮」誤「馬」。

**苦恠反**〔七・二八六八〕❶　各本「恠」作「怪」。中統、游、正德、王、柯、秦、凌本「苦」上有「蒯音」二字。中統本「苦」誤「若」。

**以小繩纏之也**〔七・二八六八〕　中統、游、正德本無「小」字。

**音侯**〔七・二八六八〕　中統、游、正德、王、柯、秦、凌本「音」上有「緱」字。

**亦作候**〔七・二八六八〕　正德、王、柯、秦本「候」誤「侯」。

**謂把劒之處**〔七・二八六八〕　王、秦本「處」作「処」。

**彈其劒而歌曰**〔七・二八六八〕　王、柯、南雍、秦、李、凌、程本「歌」作「謌」。

**長鋏歸來乎**〔七・二八六八〕　舊刻「來」作「来」，下同。

**形容狀皃甚辯**〔七・二八六八〕　百衲同，各本「皃」作「貌」。

**亦作技**〔七・二八六九〕　南雍、李、凌、程、殿本「亦」上有「伎」字，凌本「技」誤「枝」。

**故出息錢於薛**〔七・二八六九〕　游、王、南雍、秦、李、程、殿本「出」作「貸」。

**令富給者以要期**〔七・二八六九〕　百衲、中統、舊刻、游、正德、王、南雍、秦、毛、殿本同，柯、李、凌、程本「令」誤「今」。

---

❶「苦」，原作「古」，據寶禮堂本改，下一「苦」字同。

孟嘗君乃拊乎而謝之〔七・二八七〇〕 本「手」誤「乎」。

而奉邑益廣〔七・二八七〇〕 王、秦本「奉」誤「秦」。

馮軾結靷〔七・二八七〇〕 毛本「馮」作「馮」，下並同。

雄者得天下奚〔七・二八七〇〕 本「矣」誤「奚」。

秦土曰〔七・二八七〇〕 本「王」誤「土」。

無不欲强齊而弱秦者馮軾結靷西入秦者〔七・二八七〇〕 王、秦本脱此十七字。

無不欲疆秦而弱齊者〔七・二八七〇〕 本「强」誤「疆」，下「秦雖疆國」「而絶其霸疆之略」並同。

又益以千户〔七・二八七一〕 秦本「又」誤「文」。

孟嘗君太息嘆曰〔七・二八七一〕 王、柯、南雍、秦、李、凌、程、毛、殿本「嘆」作「歎」。

君獨不見夫朝趨市者乎〔七・二八七一〕 《索隱》「趨」作「趣」，《字類》四引同。

過市者掉臂而不顧〔七・二八七一〕 《索隱》及各本「市」下有「朝」字。

其俗閭里率多暴桀子弟〔七・二八七二〕 舊刻「桀」作「傑」。

孟嘗君招致天下任俠姦人薛中〔七・二八七二〕 各本「薛」上有「入」字，此脱。

# 卷七六　平原君虞卿列傳第十六

**賓客蓋至者數千人**〔七・二八七五〕　舊刻、游、正德本「蓋」作「盖」，俗。

**亦作跚**〔七・二八七六〕　中統、游、正德、王、柯、秦、凌本「亦」上有「散」字，殿本上有「騆案散」三字。下「音禄」，又「郝，音釋」，又「光卧反」，上並有「騆案」二字。

**明日躄者至平原君門**〔七・二八七五〕　毛本「躄」誤「躃」。

**臣不幸有罷㾦之病**〔七・二八七五〕　《索隱》及舊刻、正德、毛、殿本「㾦」作「癃」。

**觀此豎子**〔七・二八七五〕　舊刻「豎」作「竪」，下同。

**未嘗敢失禮**〔七・二八七六〕　百衲「嘗」作「常」，游本「禮」作「礼」。

**□君之不殺笑躄者**〔七・二八七六〕　空格「以」字，舊刻作「聞」。

**其後門下乃復稍稍來**〔七・二八七六〕　舊刻「來」作「来」，下同。

**則敢血於華屋之下**〔七・二八七六〕　本「歃」誤「敢」。

**約與食客門下**〔七·二八七六〕❶　游本「與」作「与」，下同。

**前白贊於平原君曰**〔七·二八七六〕　本「自」誤「白」。《類聚》七十引作「毛燧自進於平原君曰」，「遂」誤「燧」，下則誤以平原君語爲毛遂語矣。

**先生處勝之門下**〔七·二八七六〕　游本「處」作「処」，下並同。

**平原君曰**〔七·二八七六〕　中統、游本無「君」字。

**使遂蚤得處囊中**〔七·二八七七〕　《類聚》引「蚤」作「早」。

**乃穎脱而出**〔七·二八七七〕　《索隱》及百衲、程、毛本「穎」作「穎」，是。

**非特其末見而已**〔七·二八七七〕　《類聚》引「已」下有「也」字。

**平原君竟與毛遂偕**〔七·二八七七〕　「竟」缺筆，下「後竟與魏俱亡」同。

**十九人相與目笑之而未發也**〔七·二八七七〕❷　《索隱》出「目笑而未廢也」六字，❸釋作「廢棄」，《雜志》云：「『廢』即『發』之借字。」

**王之命懸於遂手**〔七·二八七七〕　「懸」缺「縣」末筆，毛本作「縣」。

---

❶ 此條原在「則敢血於華屋之下」條上，今移。

❷ 「目」，原作「自」，據寶禮堂本改。

❸ 「目」，原作「自」，據汲古閣本改。「六」，原作「五」，今改。

以楚之强〔七·二八七七〕　王、柯、南雍、秦、李、凌、程、殿本「强」作「彊」，下並同。

白起小豎子耳〔七·二八七七〕　「豎」缺筆，案上「觀此豎子」不缺。

卒數萬之衆〔七·二八七七〕　各本「卒」作「卒」。

取雞狗馬之血來〔七·二八七八〕　舊刻、正德、程本「雞」作「鷄」。

毛遂奉銅盤〔七·二八七八〕❶《索隱》「盤」作「槃」。

公等録録〔七·二八七八〕《志疑》云：「《廣韻》注引《史》作『娽』，《説文》『娽，隨從也』，與『因人成事』意合。」

自目爲不失天下之士〔七·二八七八〕　百衲、中統、游、柯、凌本同，各本「目」作「以」。

信陵君亦矯奪晉鄙軍往救趙〔七·二八七九〕　百衲「往」誤「住」。

而君之後宫目百數〔七·二八七九〕❷　百衲、中統、游、王、南雍、李、程、毛、殿本同，柯、秦本「目」誤「臣」，各本作「以」。

餘粱肉〔七·二八七九〕　百衲、毛、殿本同，各本「粱」誤「梁」。

而民褐衣不完〔七·二八七九〕　「完」缺筆。

而君器物鍾磬自若〔七·二八七九〕　程本「鍾」作「鐘」。

---

❶　「奉」，原作「捧」，據寶禮堂本改。

❷　「而」，原作「以」，據寶禮堂本改。

士方其危苦之時〔七・二八七九〕　王、秦本「士」下衍「於」字。

河内平皋有李城〔七・二八七九〕　各本「平」作「城」，程、殿本作「成」。

爲趙國無有也〔七・二八八〇〕　毛本「有」誤「憂」。

今信陵君存邯鄲而請封〔七・二八八〇〕　游本「今」誤「令」。

辨者别殊類〔七・二八八〇〕　各本「辨」作「辯」。

杼意通指〔七・二八八〇〕　中統本「指」誤「相」，游、正德本作「旨」。

使不得反其意〔七・二八八一〕　各本「反」作「及」。

虞卿者〔七・二八八一〕　王、秦本不提行。

躡屩檐簦〔七・二八八一〕　正德、柯、南雍、李、凌、程、殿本「檐」作「擔」。《類聚》八十四引作「躡屩檐簦」。

食邑於虞〔七・二八八一〕　《索隱》無「於」字。

不如發重使爲媾〔七・二八八一〕　《索隱》「使」下有「而」字。

必且欲破趙軍〔七・二八八一〕　王、秦本脱「趙」字。

以附楚魏楚魏欲得王之重寶〔七・二八八一〕　王、秦本不重「楚魏」二字。

音釋〔七・二八八三〕　凌、殿本「音」上有「郝」字。

此彈丸之地弗予〔七・二八八二〕　游本「丸」誤「九」。

今秦善韓魏而攻王〔七・二八八二〕　王、秦本「今」誤「令」。

今臣爲足下解□親之攻〔七・二八八三〕　空格「負」字。《索隱》「之攻」作「攻之」。王、秦本「今」誤「令」。

開關通幣〔七・二八八三〕　王、秦本「關」作「関」。中統、游、毛本「幣」誤「弊」。

郝言不媾〔七・二八八三〕　「媾」缺筆，下同，案上十一「媾」字不缺，下「秦趙構難」「構」亦不缺。

我㠯六城收天下〔七・二八八三〕　正德本「㠯」作「以」。

有以王之事秦〔七・二八八三〕　程、殿本「有」作「又」，凌本旁注「一本『有』作『又』」。

來年秦復求割地〔七・二八八三〕　中統本「求」誤「來」。

緩辭讓曰〔七・二八八三〕　「讓」缺筆。

王昚勿予〔七・二八八四〕　「昚」缺筆，避宋孝宗諱。

音慎〔七・二八八四〕　「慎」缺筆。

夫秦趙構難〔七・二八八四〕　毛本同，各本「構」作「搆」。

𤓰分之〔七・二八八四〕　毛本「𤓰」作「瓜」。

而取償於秦也〔七・二八八五〕　中統、游、正德本「取」下誤重「取」字。

魏請爲從〔七・二八八五〕　王、秦本「請」下空一格。

音光卧反〔七・二八八五〕　各本無「音」字。

**今魏㠯小國請其禍**〔七・二八八五〕 百衲、凌本同，中統本「㠯」誤「臣」，各本作「以」。

**竊以爲從便**〔七・二八八五〕 百衲、中統、游、凌本「以」作「㠯」。

**大史公曰**〔七・二八八六〕 舊刻低一格，非。

**然未睹大體**〔七・二八八六〕 游、王、柯、秦本「睹」誤「曙」。

**邯鄲幾亡**〔七・二八八六〕 王、秦、毛本「邯」誤「戰」。

# 卷七七　魏公子列傳第十七

**魏公子列傳第十七**〔七・二八八九〕　王、柯、南雍、秦、李、凌、程、殿本「魏公子」作「信陵君」，案篇中俱稱「魏公子」，無稱「信陵君」者，❶《太史公自序》作「魏公子列傳第十七」，《索隱》及百衲、中統、舊刻、游、正德、毛本從之，合刻本蓋沿《正義》之舊而失之也。

**文顥曰**〔七・二八九〇〕　百衲「顥」作「穎」，是，各本均誤。

**作高土櫓**〔七・二八九〇〕　中統、舊刻本同，百衲、毛本「土」誤「士」，各本作「木」。

**常低之**〔七・二八九〇〕　王、南雍、秦、程、殿本「低」作「眡」。

**復從北方來傳言曰**〔七・二八八九〕　舊刻「來」作「来」，下同。

**魏王大驚曰**〔七・二八八九〕　「驚」缺筆，下「賓客皆驚」不缺。

**臣之客有能探得趙王陰事者**〔七・二八八九〕　《索隱》「探」作「深」。

**臣脩身絜行數十年**〔七・二八九〇〕　舊刻、毛本「脩」作「修」，中統、游、正德、王、南雍、秦、李、程、殿本「絜」

---

❶「陵」，原作「凌」，今改。

作「潔」。

**侯生攝弊衣冠**〔七・二八九〇〕 舊刻「弊」作「敝」。

**微察公子公子顏色愈和**〔七・二八九〇〕 王、秦本不重「公子」二字，《札記》云：「『公子顏色』，各本『公子』二字不重。」案百衲、舊刻、游、正德、南雍、李、凌、程、毛、殿本並重「公子」二字。

**偏贊賓客**〔七・二八九〇〕 毛本「徧」作「偏」。

**賓客雷驚**〔七・二八九〇〕 各本「雷」作「皆」，此誤。

**嬴乃夷門抱關者也**〔七・二八九〇〕 舊刻「關」作「関」，俗。

**而公子親枉車騎**〔七・二八九一〕 毛本「枉」誤「往」。

**同迎嬴於衆人廣坐之中**〔七・二八九一〕 本「自」誤「同」。

**公子往數請之**〔七・二八九一〕 程本「往數」二字倒。

**公子怪之**〔七・二八九一〕 李本「怪」作「恠」，俗。

**平原君使者冠蓋相屬於魏**〔七・二八九一〕 舊刻、正德、王、秦本「蓋」作「盖」，俗。

**爲能急人之困今邯鄲旦暮降秦而魏救不至安在公子能急人之困也**〔七・二八九一〕 王、秦本脱「今邯鄲」至「困」字二十一字。

**棄之降秦**〔七・二八九一〕 程本「棄」作「弃」。

**獨不憐公子姊邪**〔七・二八九一〕 毛本「憐」作「怜」。

**然公子遇臣厚**〔七・二八九二〕　舊刻「然」作「往」，蓋涉下句「公子往而臣不送」而誤。

**如姬資之三年**〔七・二八九二〕　中統本「三」誤「二」。

**敬進如姬**〔七・二八九二〕　「敬」缺筆。

**主令有所不受**〔七・二八九三〕　中統、舊刻本「主」誤「王」。

**公子畏死耶**〔七・二八九三〕　中統、舊刻、游、正德、南雍、秦、李、程、殿本「耶」作「邪」。

**上音烏百切下音莊白切**〔七・二八九三〕❶　殿本上有「騆案」二字，下引《禮記》、劉歆《七略》並同。正德本「烏」誤「鳥」。

**而晉鄙不授公子兵**〔七・二八九三〕　中統、游、正德本「授」誤「受」。

**是目泣耳**〔七・二八九三〕　中統、舊刻本「目」誤「臣」，程本作「以」。

**臣乃市井鼓刀屠者**〔七・二八九三〕　王本「臣」誤「目」，下「臣宜從」同。舊刻「乃」作「迺」。正德本「鼓」作「皷」，俗。

**此乃臣效命之秋也**〔七・二八九三〕　舊刻、王、秦本「效」作「効」。

**屯於境上**〔七・二八九三〕　「境」缺筆。案上「南北境傳舉烽」不缺。

**朱亥袖四十斤鐵椎椎晉鄙**〔七・二八九三〕　毛本二「椎」字作「鎚」。

---

❶ 此條原頂格，上有管批「低一格」。兩「切」字，原作「反」；「白」原作「百」，並據寶禮堂本改。

**遂救邯鄲**〔七・二八九三〕　王、秦本「鄲」誤「戰」。

**韊盛弩失**〔七・二八九四〕　本「矢」誤「失」。

**㠯五城封公子**〔七・二八九四〕　舊刻「㠯」作「以」。

**趙王埽除**〔七・二八九四〕　中統、游本「埽」誤「歸」。

**公子側行辭讓**〔七・二八九四〕　「讓」缺筆，下同。

**禮記曰**〔七・二八九四〕　中統本「禮」作「礼」。

**公子竟留趙**〔七・二八九四〕　「竟」缺筆，下「竟病酒而卒」不缺。

**薛公藏於賣漿家**〔七・二八九四〕　百衲「薛」作「薜」，下「毛公、薛公兩人」同。❶

**平原君乃免冠謝**〔七・二八九五〕　舊刻「免」誤「兑」。

**多近婦女**〔七・二八九六〕　程本「近」誤「進」。

**其後秦稍蠶食魏**〔七・二八九六〕　舊刻「蠶」作「蚕」。

**爲公子置守冢五家**〔七・二八九七〕　毛本「冢」作「塚」，殿本誤「冡」。

**吾過大梁之墟求問其所謂夷門夷門者城之東門也**〔七・二八九七〕　《御覽》一百五十八引《史記》云「大梁城有十二門，東門曰夷門，隱士侯嬴年七十」云云，此撮取大略，不必盡依原文也。

---

❶ 按，百衲本兩「薜」字皆作「薜」。

# 卷七八　春申君列傳第十八

**東至竟陵**〔七・二八九九〕　「竟」缺筆。

**天下莫强於秦楚**〔七・二九〇〇〕　王、柯、南雍、秦、李、凌、程、殿本「强」作「彊」，下並同。

**而駑犬受其弊**〔七・二九〇〇〕　舊刻「弊」作「敝」。

**致至則危**〔七・二九〇〇〕　程本「至」誤「極」。

**此從生民已來**〔七・二九〇〇〕　舊刻「來」作「来」，下同。正德本下注「往來皃」亦作「来」。

**王又舉甲而攻魏**〔七・二九〇〇〕　王、秦本「甲」誤「申」。

**決宿胥之**〔七・二九〇一〕　各本「之」下有「口」字，此脱。

**縣有桃城**〔七・二九〇一〕　各本「縣」上有「燕」字，此脱。毛本「城」誤「縣」。

**魏之兵雲翔而不敢捄**〔七・二九〇〇〕　程本「捄」作「救」。

**屬陳留**〔七・二九〇一〕❶　王、南雍、秦、程本「屬」作「属」。

**以臨仁平丘**〔七・二九〇〇〕　殿本「丘」作「邱」。

**黄濟陽嬰城**〔七・二九〇〇〕　中統、舊刻、游、正德本「濟」誤「齊」。

**王又割濮磨之北**〔七・二九〇〇〕　《讀書記》云：「磨，《新序》作『歷』，本一字，『磨』乃傳寫之誤。」《志疑》云：「『磨』乃『磿』之誤，與『歷』通。《新序・善謀上》篇政作『濮歷』。」

**濮水北於鉅野入濟**〔七・二九〇一〕　中統、毛本「濮」誤「僕」，正德本「濟」誤「齊」。

**詩曰**〔七・二九〇一〕　毛本「曰」作「云」。

**還爲越王禽三渚之浦**〔七・二九〇二〕　程本「禽」作「擒」。

**戰國策曰**〔七・二九〇二〕　中統、游、正德、殿本上有「騆案」二字，下引韓嬰《章句》同。

**三江之浦**〔七・二九〇二〕　正德本「三」誤「二」。

**趯趯往來兒**〔七・二九〇三〕　百衲、中統、游本同，各本「兒」作「貌」，舊刻誤「者」。

**毚兔狡兔也**〔七・二九〇三〕❷　中統本「狡」誤「校」。

**鄭玄曰**〔七・二九〇三〕　「玄」缺筆，舊刻「玄」誤「云」。

---

❶ 「陳」，原作「程」，據寶禮堂本改。

❷ 下「兔」字，原作「免」，據寶禮堂本改。

**謂田犬**〔七・二九〇三〕　毛本「犬」誤「大」。

**本國殘社稷壞宗廟毁刳腹絶腸折頸摺頤**〔七・二九〇三〕　《御覽》三百六十八引此脱「壞宗廟」三字，「稷」誤「魏」，「絶」誤「結」，有注云：「摺，盧合反。」

**搆而不離**〔七・二九〇四〕　「搆」缺筆。百衲、中統、游、正德、王、柯、南雍、秦、李、凌、毛、殿本「搆」作「構」。

**足以校於秦**〔七・二九〇四〕　舊刻、游、正德、王、柯、南雍、秦、李、凌、程、殿本「挍」作「校」。《索隱》「秦」下有「矣」字。

**其於楚王之爲帝有餘矣**〔七・二九〇四〕❶　百衲、舊刻、游、正德、王、毛本同，各本「楚」作「禁」，《索隱》云：「『禁』字作『楚』者，誤也。」則小司馬所據本正作「楚」。

**壹舉事而樹怨於楚**〔七・二九〇五〕　「樹」缺末點。毛本「壹」作「一」。舊刻「舉」下脱「事」字，《札記》云：「舊刻、毛本『壹』作『一』。」案舊刻作「壹」不作「一」。

**遲令韓魏歸帝**〔七・二九〇五〕　《索隱》及百衲、中統、游、柯本「遲」作「遅」，《字類》四引同。

**一作還**〔七・二九〇五〕　中統、舊刻、游、正德、南雍、秦、李、凌、程、殿本「一」下有「遲」字。柯本「還」誤「遲」。毛本脱「一」字。

**韓必斂手**〔七・二九〇五〕　百衲「斂」作「歛」，各本作「歛」。

---

❶「帝」，原作「秦」，據寶禮堂本改。

**王施以東山之險**〔七・二九〇五〕❶　毛本「王」誤「左」。

**韓必爲關内之侯**〔七・二九〇五〕　舊刻、游本「關」作「関」，游本下「關」字亦作「関」。

**楚使歇與太子完**〔七・二九〇六〕　「完」缺筆，下「太子完」不缺。

**願相國孰慮之**〔七・二九〇六〕　百衲、游、正德、毛本「孰」作「熟」。

**令楚太子之傅先往**〔七・二九〇六〕　王、秦本「傅」誤「傳」。

**出身以徇其主**〔七・二九〇六〕　百衲「徇」作「侚」，程本作「狥」。

**因并獻淮北十二縣**〔七・二九〇七〕　程本「并」誤「井」。

**趙使欲夸楚**〔七・二九〇七〕　《類聚》八十四引「夸」作「誇」。

**刀劍室以珠玉飾之**〔七・二九〇七〕　舊刻「玉」作「王」，《類聚》八十四引作「劍器悉飾以瑇瑁」，《御覽》四百九十三引作「刀劍悉以珠飾之」，又八百七引作「刀劍室悉飾以瑇瑁」。《札記》云：「七百九十七，又八百七，引『室』『悉』並有，疑今本脱。」案《御覽》七百九十七《四夷》部無此文。

**以以見趙使**〔七・二九〇七〕　「以」下衍「以」字，此二字一在七葉末行末字，一在八葉首行首字，不相檢照，以致複出也。

**人皆以楚爲疆**〔七・二九〇八〕　本「强」誤「疆」。

---

❶ 「東山」，原作「山東」，據寶禮堂本改。

**其許魏割以與秦**〔七・二九〇八〕　毛本「與」作「爲」。

**將更立兄弟**〔七・二九〇九〕　中統、游、正德本「將更」二字倒。

**旦暮且卒**〔七・二九一〇〕　王、秦本「旦」誤「日」。

**卒而君相少主**〔七・二九一〇〕　舊刻、南雍、李、程、殿本同，各本無「卒」字。

**李園不治國**〔七・二九一〇〕　柯、李本「不」作「果」，蓋涉下「李園果先入」「果」字而誤。

**此謂毋望之人也**〔七・二九一〇〕　百衲、中統、舊刻、游、正德、毛本同，各本「謂」上有「所」字。

**朱英知言不用**〔七・二九一〇〕　《索隱》「英」誤「亥」。

**嫪毐亦爲亂於秦**〔七・二九一一〕　百衲、舊刻、游、王、柯、秦本「毐」誤「毒」。

**初春申君之説秦昭王**〔七・二九一一〕　舊刻「初」誤「而」。

**當斷不斷**〔七・二九一一〕　王、柯、秦本脱「當」字。

**春申君失朱英之謂邪**〔七・二九一一〕　《札記》云：「游本脱『失』字。」案游本不脱。

# 卷七九　范睢蔡澤列傳第十九

**范睢蔡澤列傳第十九**〔七・二九一五〕　《索隱》及百衲、南雍、毛本作「睢」，各本作「雎」。此卷自「范睢乃上書曰」至「范睢曰益親」亦作「睢」，以下「雎」「睢」錯出，不悉舉。

**齊襄王聞睢辯口**〔七・二九一五〕　《雜志》云：「《太平御覽・居處部》引此作『辯有口才』，《人事部・辯類》作『辯有口』。」案《札記》引《雜志》「《御覽・居處》《才人部》引作『辯有口』」，誤以「才」字連下「人」字，又脱「事」字，且《居處部》引作「辯有口才」，《人事部》引作「辯有口」，可混而爲一乎？

**守者乃請出棄簀中死人**〔七・二九一五〕　百衲無「乃」字。

**王稽知范睢賢**〔七・二九一六〕　《類聚》五十三引作「王稽知其是范睢也」，蓋以意改，不若原文之善也。

**至湖關**〔七・二九一七〕　《索隱》無「關」字，《雜志》云：「《文選・解嘲》注引《史記》曰『竊載范睢入秦至湖』，則無『關』字明矣。」

**其見事遲**〔七・二九一七〕　百衲同，各本「遲」作「遟」。

**嘗稱帝**〔七・二九一八〕　百衲、舊刻、毛本同，各本「嘗」作「常」。

**猒天下辯士**〔七・二九一八〕　中統、舊刻、游、正德、毛本「猒」作「厭」，《字類》四引作「猒」。

**穰侯相**〔七・二九一八〕 舊刻「侯」誤「后」。

**且欲越韓魏而伐齊綱壽**〔七・二九一八〕❶ 舊刻、正德本「綱」作「剛」，❷《志疑》云：「『綱』『剛』古通借，故下文蔡澤封『剛成君』亦作『綱』。」

**臣聞明主立政**〔七・二九一八〕 舊刻「明」作「名」。

**薛綜曰**〔七・二九一九〕 中統本「綜」誤「編」，「曰」誤「田」。

**一曰美王**〔七・二九一九〕 各本「王」作「玉」。

**楚有和朴**〔七・二九一九〕 正德本「朴」作「璞」。

**一作溉**〔七・二九二〇〕 中統、游、正德本「溉」誤「概」。

**一語無效**〔七・二九一九〕 舊刻、程、毛、殿本同，各本「效」作「効」。

**詳爲不知永巷而入其中**〔七・二九二〇〕 舊刻、正德本「詳」作「佯」。

**逐之曰王至**〔七・二九二〇〕 中統本「至」誤「者」。

**群臣莫不洒然變色易容者**〔七・二九二〇〕 《索隱》「洒」作「灑」。

**已説而立爲太師**〔七・二九二一〕 中統、游本「太」作「大」。

---

❶ 「綱」，原作「綗」，據嘉業堂本改。

❷ 「綱」，原作「綗」，今改。

而文武無與成其王業也〔七・二九二一〕　王、秦本「王」誤「正」。

皆匡君之事〔七・二九二一〕　「匡」缺筆，下「一匡天下」同。

願効愚忠〔七・二九二一〕　中統、舊刻、游、正德、程、毛本「効」作「效」。

五伯之賢焉而死〔七・二九二一〕　毛本「伯」作「霸」。

吴越春秋曰〔七・二九二三〕　殿本上有「駰案」二字，下「《漢書音義》曰」，又「諱，畏也」，又「荀卿曰」，又「攣，兩膝曲也」，又「持梁，作飯也」，❶又「《爾雅》曰」，又「式拙反」，並同。

死者人之所必不免也〔七・二九二一〕　舊刻無「者」字，「免」誤「兑」。

至於陵水〔七・二九二一〕　《御覽》五百八十引「水」作「上」。

鼓腹吹篪〔七・二九二一〕　程本「篪」作「箎」。《書鈔》一百十一引《伍員傳》云：「子胥鼓腹吹簫，乞食於吴市。」案《伍子胥傳》有「乞食」無「吹簫」，蓋即此《傳》「吹篪」之異文，徐廣曰「一作簫」是也。

一作簫〔七・二九二三〕　中統、游本「簫」誤「蕭」。

卒興吴國〔七・二九二一〕　柯本「興」誤「與」。

可以有補所賢之主〔七・二九二一〕　舊刻「所」上有「於」字。

天下見臣之盡忠而身死〔七・二九二三〕　舊刻無「身」字。

---

❶「持」，原作「搏」；「梁」，原作「粱」，據寶禮堂本改。

**莫肯鄉秦耳**〔七・二九二二〕　舊刻「鄉」作「向」。

**下惑於姦臣之態**〔七・二九二二〕　《索隱》無「於」字。

**音溷**〔七・二九二三〕　中統、游、正德本「溷」誤「圂」。

**先生奈何有言若是**〔七・二九二三〕　舊刻、毛本同，各本「有」作「而」。

**譬若馳韓盧而搏蹇兔也**〔七・二九二三〕　《索隱》「馳」作「施」。《類聚》九十四、九十五並引「馳」作「縱」。

**不敢窺兵於山東者**〔七・二九二三〕　《類聚》九十四引「窺」作「闚」。

**而大王之計有所失也**〔七・二九二三〕　舊刻「有」上有「亦」字。

**夫穰侯越韓魏而攻齊綱壽**〔七・二九二三〕❶　正德本「綱」作「剛」。

**形埶不能有也**〔七・二九二四〕　各本「埶」作「勢」。

**諸侯見齊之罷獘**〔七・二九二四〕❷　舊刻「獘」作「敝」。

**皆咎其王曰**〔七・二九二四〕　王、秦本「曰」下衍「曰」字。

**此所謂借賊兵而齎盜糧者也**〔七・二九二四〕　《索隱》「齎」作「賫」，又與此本及百衲、中統、舊刻、游、正德本並有「而」字，各本無。

---

❶「齊」，原脱，據嘉業堂本補。
❷「齊」，原作「秦」，據嘉業堂本補。

**以威楚趙**〔七・二九二四〕　中統、游、正德本「威」誤「盛」。

**而韓魏因可虜也**〔七・二九二四〕　舊刻「也」作「矣」。

**韓安得不聽乎**〔七・二九二五〕　舊刻同，各本「不」作「無」。

**聞齊之有田文**〔七・二九二五〕　《雜志》云：「《秦策》『田文』作『田單』，張載注《魏都賦》引《史記》正作『田單』。」

**縣之於廟梁**〔七・二九二六〕　「縣」缺末點。

**見王獨立於朝**〔七・二九二六〕　舊刻、正德本「見」作「是」。

**習知之**〔七・二九二八〕　《書鈔》一百三十九引無「知」字。

**吾固不出**〔七・二九二八〕　舊刻、程本同，各本無「固」字，《書鈔》引同，凌本旁注「一本『吾』下有『固』字」，《志疑》云：「《史詮》云『吾固不出』，湖本缺『固』字。」

**范叔不出何也**〔七・二九二八〕　《書鈔》引「叔」作「睢」。

**卿者與我載而入者**〔七・二九二八〕　本「鄉」誤「卿」。

**乃吾相張君也**〔七・二九二八〕　《書鈔》引作「向者乃吾相君也」。

**宮車一日晏駕**〔七・二九二九〕❶　本「駕」誤「馬」。

---

❶ 「宮車一日」，原作「一日宮車」，據嘉業堂本改。

字。

**君卒然捐館舍**〔七・二九二九〕　中統本「卒然」下有「有」字，游本空一格，正德本作「而」字。

**凡郡掌治民**〔七・二九三〇〕　百衲、舊刻、毛本同，各本「掌」誤「長」。

**又住鄭安平**〔七・二九三〇〕　本「任」誤「住」。

**欲爲范睢必報其仇**〔七・二九三〇〕　王、南雍、秦、李、程、殿本「仇」作「讎」。

**乃詳爲好書**〔七・二九三〇〕　舊刻、程本「詳」作「佯」。

**齊桓公得管夷吾**〔七・二九三一〕　「桓」缺筆，下「昔者齊桓九合諸侯」不缺。

**不不然**〔七・二九三一〕　各本不重「不」字，此誤衍。

**貴而爲友者爲賤也**〔七・二九三一〕　《索隱》作「貴而爲交者爲賤也」，《雜志》云：「隸書『交』字或作『爻』，形與『友』相似，又因下文『勝之友』而誤。」

**夫虞卿躡屩檐簦**〔七・二九三一〕　百衲、舊刻、王、柯、秦本同，各本「檐」作「擔」。

**鄭安平爲趙所圍急**〔七・二九三二〕　舊刻、正德、南雍、李、程、殿本同，各本「圍」作「困」。《考證》云：「『圍』字，監本譌作『困』字。」

**游學于諸侯**〔七・二九三三〕　舊刻同，各本「于」作「干」，《御覽》三百六十七引作「於」。

**持國秉政**〔七・二九三三〕　《索隱》出「持國秉」三字，《御覽》四百六十三引此作「持國秉」。

**曷一作偈**〔七・二九三四〕　中統、游、正德本「偈」誤「渴」。

**偈一作仰**〔七·二九三四〕 殿本連上句，作「曷，一作仰」，無「一作偈偈」四字。

**攣兩膝曲也**〔七·二九三四〕 柯本「膝」誤「脥」，《札記》誤以柯本爲王本。

**□作率**〔七·二九三四〕 「作」上空一格，各本是「一」字。

**吾持梁刺齒肥**〔七·二九三三〕 百衲、南雍、毛、殿本「梁」作「粱」。《集解》云：「『刺齒』二字當作『齧』。」《御覽》三百八十三及七百二十九引並作「齧」。

**足以**〔七·二九三三〕 各本「以」作「矣」，此誤。

**入韓魏**〔七·二九三三〕 毛本「入」作「之」，注云：「之，一作『入』。」各本並作「入」，無此注文。

**天下雄俊弘辯智士也**〔七·二九三四〕 「弘」缺筆。

**子常宣言**〔七·二九三五〕 《札記》云：「《御覽》四百六十三、《元龜》八百九十引並作『嘗』，各本作『常』，誤。」❶

**成功者去**〔七·二九三五〕 《札記》云：「《御覽》引下有『未成者來』四字。」

**天下懷樂敬愛而尊慕之**〔七·二九三五〕 「敬」缺筆，下「敬受命」同。

**欺舊友**〔七·二九三五〕 正德本「友」作「交」。

**卒爲秦禽將破敵**〔七·二九三五〕 程本「禽」作「擒」。

---

❶ 「常」，原作「嘗」，今據《札記》改。

**然爲霸主彊國**〔七・二九三五〕❶　柯、凌本「彊」作「强」。

**夫信妻貞**〔七・二九三六〕　「貞」缺筆。

**比干忠而不能存殷**〔七・二九三六〕　「殷」缺筆。

**子胥智而不能完吴**〔七・二九三六〕　「完」缺筆。

**蔡澤少得閒**〔七・二九三六〕　程本「澤」誤「侯」。

**豈不亦忠聖乎**〔七・二九三六〕　凌本無「忠」字。《考證》云：「一本無『聖』字。」

**爲主安危脩政**〔七・二九三七〕❷　各本「脩」作「修」。

**治亂彊兵**〔七・二九三七〕　各本「彊」作「彊」，此誤，下「彊主」同。

**吴王夫差**〔七・二九三七〕　王本「差」作「荖」。

**勸民耕農利士**〔七・二九三八〕　各本「士」作「土」。

**又越韓魏而攻彊趙**〔七・二九三八〕　中統、游、正德本「彊」作「强」。

**沸聲若靁**〔七・二九三八〕　毛本「靁」作「雷」。

**南收楊越**〔七・二九三八〕　程、殿本「楊」作「揚」。

---

❶「爲」，原脱，據嘉業堂本補。

❷「主」，原作「王」，據嘉業堂本改。

**免會稽之危**〔七・二九三八〕　舊刻「免」作「兑」，下「范睢免相」同。

**而有許由延陵季子之讓**〔七・二九三九〕　「讓」缺筆。

**願君孰計之**〔七・二九三九〕　舊刻「孰」作「熟」。

**號爲綱成君**〔七・二九四〇〕　舊刻「綱」作「剛」，《水經注》十三《濕水》注云：「按《史記》『蔡澤，燕人也，謝病歸相，秦號罡成君』，疑即澤所邑也。」所引《史》文「綱」作「罡」。

**世所謂一切辯士**〔七・二九四〇〕　毛本「切」誤「世」。

**所謂説力少也**〔七・二九四〇〕　程本同，各本「謂」作「爲」。

# 卷八〇　樂毅列傳第二十

**樂毅辭讓**〔七・二九四六〕　「讓」缺筆，下「燕惠王乃使人讓樂毅」同。

**齊湣王彊**〔七・二九四六〕　《治要》十二「彊」作「强」。

**令趙嚪秦以伐齊之利**〔七・二九四六〕　《索隱》「嚪」下有「説」字。

**獨追至於臨菑**〔七・二九四七〕　《類聚》五十九引「菑」作「淄」，下同。

**燕昭王大説**〔七・二九四七〕　《治要》「説」作「悦」，《書鈔》四十七及《類聚》引同。

**樂毅知燕惠王之不善代之**〔七・二九四八〕　《治要》「不」作「弗」。

**會先王棄群臣**〔七・二九四八〕　淩本「棄」作「弃」，下「及至棄群臣之日」，注「棄王德之隆」，並同。

**故召將軍休且計事**〔七・二九四八〕　南雍、李、程、殿本同，各本「休」字在「且」字下。

**故鼎反乎磨室**〔七・二九五〇〕　《索隱》「乎」作「于」。舊刻、游本「磨」作「磿」，注同。

**植於紋篁**〔七・二九五〇〕　各本「紋」作「汶」，此誤。

**謂燕之彊界**〔七・二九五〇〕　舊刻、游、正德、王、柯、秦本同，各本「彊」作「疆」。

**脩法令**〔七・二九五一〕　百衲同，各本「脩」作「修」。

**慎庶孽**〔七・二九五一〕　「慎」缺筆。

**吴王不寤先論之可以立功**〔七・二九五一〕　游本「功」誤「攻」。

**故沈子胥而不悔**〔七・二九五一〕　游、正德本「沈」誤「波」。

**夫免身立功**〔七・二九五一〕　舊刻「免」誤「兑」。

**以明先王之名**〔七・二九五一〕　各本「名」作「迹」，此涉下句「墮先王之名」而誤。

**墮先王之名**〔七・二九五一〕　《索隱》「墮」作「隳」。游本「名」誤「明」。

**不絜其名**〔七・二九五一〕　《索隱》及舊刻、柯、李、凌本「絜」作「潔」。《索隱》無「其」字。

**夏侯玄曰**〔七・二九五二〕　「玄」缺筆。「曰」脱一畫。殿本上有「駰案」二字。

**其殆庶乎知機合道**〔七・二九五二〕　程本「機」作「幾」。《考證》云：「按《集解》所引與今所傳王羲之帖小有異同，『其殆庶乎知機合道』句，帖作『庶乎幾合乎道者』，是。『庶乎幾』義見《易・繫辭》。」

**以禮始終者與**〔七・二九五二〕　舊刻「禮」作「礼」。

**必致其主於盛隆**〔七・二九五二〕　正德本「必」誤「心」。

**干斯時也**〔七・二九五二〕　舊刻、正德本同，各本「干」作「于」。

**夫于載一遇之世**〔七・二九五二〕　本「千」誤「于」。

**夫討齊以明燕主之義**〔七・二九五二〕　柯本「討」誤「計」。

**樂生方恢大綱**〔七・二九五二〕　王、秦本「綱」誤「網」。

**以待其弊**〔七・二九五二〕　舊刻「弊」作「敝」。

**顧仇其上**〔七・二九五二〕　毛本「顧」誤「願」。

**願釋干戈**〔七・二九五二〕❶　毛本「願」誤「儀」。王、秦本「干」誤「于」。

**仕窮則徙**〔七・二九五二〕　舊刻同，各本「徙」作「從」。

**以待田單之徒**〔七・二九五二〕　游、正德本「待」誤「侍」。

**思戴燕主**〔七・二九五三〕　游、正德本「戴」誤「載」。

**乃致速於天下也**〔七・二九五三〕　中統本「速」誤「連」。

**奓殺傷之殘**〔七・二九五三〕　王、秦、凌本「奓」誤「受」。

**其猶豺虎**〔七・二九五三〕　中統、游、正德本「豺」誤「豹」。

**而喪濟溺之仁**〔七・二九五三〕　中統、游、正德本「溺」誤「弱」。

**其與鄰國**〔七・二九五三〕　王、南雍、秦、程本「其」作「甚」。

---

❶「釋」，原作「息」，據嘉業堂本改。

**顧城拔而業乖也**〔七·二九五三〕　程本「乖」誤「垂」。

**未可量也**〔七·二九五三〕　殿本「也」上有「者」字。

**燕趙以爲客卿**〔七·二九五三〕　毛本無「燕」字。

**身祇辱焉**〔七·二九五四〕　中統本「祇」誤「祗」。

**及民志不入**〔七·二九五四〕　《索隱》「民」作「人」，避太宗諱改。

**不若殷民之甚也**〔七·二九五四〕　「殷」缺筆。

**襄王使樂乘代廉頗**〔七·二九五五〕　毛本「代」誤「伐」。

**樂成公善修黄帝老子之言**〔七·二九五五〕❶　舊刻、淩、程、毛、殿本同，各本「修」作「脩」。

---

❶ 「樂」，原作「東」，據嘉業堂本改。

# 卷八一　廉頗藺相如列傳第二十一

**取晉陽**〔八·二九五七〕《索隱》「晉陽」作「陽晉」，云：「有本作『晉陽』，非也。」《考異》云：「《表》與《世家》皆作『昔陽』，而此作『晉陽』，《索隱》又作『陽晉』。」

**願結友**〔八·二九五八〕《雜志》云：「『友』亦『交』之誤，《文選·恨賦》注、《太平御覽·治道部》引此並作『願結交』。」

**相如謂臣曰**〔八·二九五八〕本「曰」誤「口」。

**臣請完璧歸趙**〔八·二九五八〕「完」缺筆。

**以脩敬也**〔八·二九五八〕「敬」缺筆。百衲、凌、程、毛本「脩」作「修」。

**以戲弄臣**〔八·二九五八〕《類聚》八十四引作「以爲戲弄」。

**臣觀大王無意償趙王城邑**〔八·二九五八〕《類聚》引作「無償趙王城邑」。

**舍相如廣成傳舍**〔八·二九五九〕《索隱》無「舍」字，《類聚》引同，《雜志》云：「左思《魏都賦》張載注引此作『舍相如廣成傳』，與小司馬本同，足正今本之誤。」

**乃使其從者**〔八·二九五九〕王、秦本「從」下有注云：「去聲。」各本無。

**從徑道亡歸璧於趙**〔八・二九五九〕《類聚》引作「從他道以璧還趙」。

**徑道亡歸璧于趙** 各本「徑」上有「從」字。

**乃設九賓禮於廷**〔八・二九五九〕❶ 舊刻、殿本「廷」作「庭」。

**唯大王與群臣熟計議之**〔八・二九五九〕 程、毛本「熟」作「孰」。

**欲毋行**〔八・二九六〇〕 舊刻「毋」作「不」。

**請奏盆缻秦王以相娛樂**〔八・二九六〇〕 舊刻同，各本「奏」作「奉」，《雜志》云：「《文選・西征賦》注、《太平御覽・器物部》引此並作『奏』。」《札記》云：「《御覽》四百三十三、又七百五十八，《元龜》八百四十七，《寰宇記》五，引並同。」

**風俗通義曰**〔八・二九六一〕 殿本上有「駰案」二字，下「管子曰」，又「擔，都甘反」，並同。

**爲一擊缻**〔八・二九六一〕 《治要》十二「一」作「壹」。

**秦王竟酒終**〔八・二九六一〕 「竟」缺筆，下「竟不誅也」同。

**有攻城野戰之大功**〔八・二九六一〕 《治要》無「大」字，《書鈔》一百三十九引同，《雜志》云：「《文選・西征賦》注、《後漢書・寇恂傳》注、《太平御覽・兵部》《人事部》《疾病部》引此並無『大』字，《群書治要》及《通鑑・周紀四》同。」

---

❶ 此條原在「徑道亡歸璧于趙」條上，今改。

**而位居我上**〔八・二九六一〕《書鈔》引「居」上有「反」字。

**時常稱病不欲與廉頗争列**〔八・二九六一〕《書鈔》三十七引作「常稱疾不起」。

**相如引車避匿**〔八・二九六一〕《書鈔》一百三十九引「匿」作「之」。

**徒募君之高義也**〔八・二九六一〕各本「募」作「慕」，此卷第六葉板式與舊本稍異，當係羼入，❶故有此誤。

**今君與廉頗同列**〔八・二九六一〕《治要》「頗」作「君」。《雜志》云：「『廉頗』當爲『廉君』，《文選》盧湛《覽古詩》注、曹攄《感舊詩》注引此並作『廉君』。」

**而君畏匿之**〔八・二九六一〕《雜志》云：「《覽古詩》注引作『畏匿』，《感舊詩》注引作『畏之匿』，案作『畏之匿』者，是也，今本『之』字在『匿』字下，則文不成義。」

**藺相如固止之**〔八・二九六二〕《治要》「固」舊作「故」，《札記》云：「案二字古通。」

**獨畏廉將軍哉**〔八・二九六二〕《治要》「畏」上有「何」字。

**彊秦之所以不敢加兵於趙者**〔八・二九六二〕《治要》「彊」作「强」，下並同。

**以先國家之急**〔八・二九六二〕《治要》作「先公家之急」。

**卒相與驩**〔八・二九六二〕《治要》「驩」作「歡」。

---

❶「羼」，原作「群」，據上下文擬改。

**而平原君家不肯出趙奢以法治之**〔八・二九六三〕❶　舊刻「趙」作「租」。

**國賦大平**〔八・二九六三〕　中統、游、正德本「大」作「太」。《治要》「平」作「治」。

**王乃令趙奢將救之**〔八・二九六三〕　《御覽》二百八十二引作「王乃命救之」。

**許歷復請諫曰**〔八・二九六四〕❷　《索隱》「復請」作「請復」。

**趙惠文王賜奢號爲馬服君**〔八・二九六五〕　《治要》「號」上有「爵」字。

**趙王信秦之間秦之間言曰**〔八・二九六五〕　毛本不重「秦之間」三字，案《札記》誤以毛本爲王本，王本與此本同。

**然不謂善**〔八・二九六五〕　《治要》「謂」下有「之」字。

**使趙不將括即已**〔八・二九六五〕　《治要》「即」作「則」。

**身所奉飯飲**〔八・二九六五〕　《治要》無「飲」字，疑衍。

**盡以予軍吏士大夫**〔八・二九六六〕　《治要》「予」作「與」。

**佯敗走**〔八・二九六六〕　毛本「佯」作「詳」。

**趙括出鋭卒自搏戰**〔八・二九六六〕　中統本「搏」誤「摶」。

---

❶「家」，原脱，據嘉業堂本補。

❷「諫」，原脱，據嘉業堂本補。

**廉頗卒死于壽春**〔八・二九六八〕　毛本「春」誤「陽」。

**趙王讓李牧**〔八・二九六八〕　「讓」缺筆，下「退而讓頗」不缺。

**趙王乃復强起使將兵**〔八・二九六九〕　百衲、王、柯、南雍、秦、李、凌、殿本「强」作「彊」。

**能破敵擒將者**〔八・二九六九〕　王、秦本「破」誤「被」。

**滅襜襤**〔八・二九六九〕　舊刻、殿本「襜襤」作「襜襤」，毛本「襜」誤「檐」，「襤」亦作「襤」。

**都甘反**〔八・二九六九〕　中統、游、正德、王、柯、南雍、秦、李、凌、程、殿本「都」上有「襜」字，此注移至「襤」字下。

**路談反**〔八・二九六九〕　中統、游、正德、王、柯、南雍、秦、李、凌、程、殿本「路」上有「襤」字。

**秦破趙殺將扈輒於武遂城**〔八・二九七〇〕　《索隱》「趙殺」作「殺趙」，「武遂」下無「城」字。《攷異》云：「《趙世家》作『武城』，武遂在燕趙之交，秦兵未得至其地，恐因上有『武遂、方城』之文，誤衍『遂』字耳。」

**走秦將桓齮**〔八・二九七〇〕　「桓」缺筆。

**太史公曰**〔八・二九七一〕　各本提行。

**一作恇懦**〔八・二九七一〕　舊刻、殿本同，百衲、中統、游、正德、王、柯、秦、凌、毛本「恇」作「掘」，非。

# 卷八二　田單列傳第二十二

**及燕使樂毅代破齊**〔八·二九七三〕　本「伐」誤「代」。

**多作悼齒也**〔八·二九七四〕　正德本無「也」字。

**敗死**〔八·二九七三〕　舊刻、正德本「死」作「卒」。

**宣言曰**〔八·二九七四〕　南雍本「言」誤「王」。

**樂毅因歸趙**〔八·二九七四〕　程本脱「樂毅」二字。

**其欲出戰**〔八·二九七五〕　舊刻「其」作「俱」，殿本作「共」。

**燕軍皆呼万歲**〔八·二九七五〕　各本「万」作「萬」。

**得千溢**〔八·二九七五〕　舊刻、正德、柯、程、毛本「溢」作「鎰」，凌本旁注：「一本作『鎰』。」

**田單乃收城中得千餘牛云云**〔八·二九七五〕　《類聚》八十引作「田單取牛千頭，衣以五采，束刀其角，結火其尾」，又九十四引同，惟「結火」作「縛火」，此約舉《史》文，不必依原書也。

**號安平君**〔八·二九七六〕　嘉靖、南雍本「君」誤「尹」，萬曆本不誤。

**魏武帝曰先出合戰爲正云云**〔八·二九七六〕　殿本上有「駰案」二字，下「魏武帝曰，如女示弱」云云同。

**初淖齒之殺湣王也**〔八·二九七七〕　王、柯、秦、凌本「淖」作「悼」，凌本旁注：「一本作『淖』。」《志疑》云：「『悼』當作『淖』。」《札記》云：「蔡本、中統、游本此段在《索隱述贊》之後，疑後人所增。毛本連上空一格，恐非。今依舊刻、王、柯、凌本。」案舊刻、王、柯、凌本此文連上不提行，而金陵合刻本另提行，則與蔡、中統諸本同，何言依舊刻、王、柯、凌本耶？

**得之太史嬓之家**〔八·二九七七〕　王、秦本「太」作「大」。《攷異》云：「《世家》『嬓』作『敫』。」

**劉熙曰齊西南近邑畫音獲**〔八·二九七八〕　南雍、李、程本脱「齊西南近邑」五字。

**貞女不更二夫**〔八·二九七七〕　「貞」缺筆。

**齊亡大夫聞之曰**〔八·二九七七〕　舊刻、游、正德本「亡」作「士」。

# 卷八三　魯仲連鄒陽列傳第二十三

**而不肯仕宧任職**〔八·二九八一〕　百衲、中統、舊刻、游、正德、南雍、李、程本同，王、柯、秦、凌、毛、殿本「宧」作「官」，《志疑》云：「湖本『宧』誤『官』。」

**莫敢擊秦軍**〔八·二九八二〕　百衲、中統、舊刻、南雍、李、凌、程、毛、殿本同，游、正德、王、柯、秦本「軍」作「兵」。

**地理志**〔八·二九八二〕　殿本上有「騊案」二字，下「鮑焦，周之介士，見《莊子》」，又「謂晉寺人勃鞮、齊管仲也」，又引《公羊傳》、《方言》、桓譚《新論》，七引《漢書音義》，兩引《列士傳》，一引《漢書》，並同。

**事將奈何**〔八·二九八二〕　中統本「何」誤「河」。

**今又内圍邯鄲而不能去**〔八·二九八二〕　舊刻「不」作「未」，中統本誤「大」。

**吾請爲君責而歸之**〔八·二九八二〕　毛本「請」誤「且」。

**魯連見新垣衍而無言**〔八·二九八三〕　游、正德本「連」上有「仲」字。

**周之介士也**〔八·二九八三〕　殿本無「也」字。

**彼秦者弃禮義而上首功之國也**〔八·二九八三〕　舊刻、正德、李、程、毛本「弃」作「棄」。

**虜使其民**〔八·二九八三〕《志疑》云：「《鹽鐵論·論功篇》引作『虐使』。」

**昔者齊威王嘗爲仁義矣**〔八·二九八四〕毛本「矣」誤「也」。

**列王七年崩威王之十年**〔八·二九八五〕各本「列」作「烈」。舊刻、毛本「七年」作「十年」，《正義》曰：「《周本紀》及《年表》云烈王七年崩，齊威王十年也，與徐不同。」《札記》云：「此『十』與『七』互誤，故《正義》引《紀》《表》以糾之，各本依《紀》《表》改則《正義》贅矣。」

**東藩之臣因齊後至**〔八·二九八五〕正德本「因」作「田」，《札記》云：「王本『因』譌『同』。」案王本作「因」不作「同」。

**嗚呼**〔八·二九八五〕王本「嗚」誤「鳴」。

**新垣衍怏然不悦**〔八·二九八五〕中統、游、正德本「怏」誤「快」。

**亦太甚矣先生之言也**〔八·二九八五〕游、正德本「太」作「大」。

**鄂一作邢**〔八·二九八六〕百衲、舊刻、南雍、李、程、毛本同，游、正德、王、柯、秦、凌本「邢」誤「邪」，殿本作「邘」。

**鄂侯争之强**〔八·二九八五〕❶王、柯、南雍、秦、凌、程、殿本「强」作「彊」。

**故拘之牖里之庫百日**〔八·二九八五〕百衲、中統、舊刻、王、毛本同，各本「牖」作「羑」。

---

❶「鄂」，原作「九」，據嘉業堂本改。

**攝衽抱机**〔八·二九八六〕　《索隱》及南雍、李、程、毛、殿本「衽」作「袵」。百衲、中統、游、正德、王、柯、秦、凌本「抱」作「枹」，凌本旁注：「一本作『抱』。」舊刻「机」誤「杋」。

**然后天子南面弔也**〔八·二九八六〕❶　毛本同，各本「后」作「後」。

**魯連辭讓使者三**〔八·二九八八〕　《雜志》云：「《藝文類聚·人部》、《太平御覽·封建部》《人事部》引此並作『辭謝者三』，《文選》左思《詠史詩》注、江淹《上建平王》注引此並作『辭謝』，皆無『使』字，又案諸書引《史記》作『辭謝』，而今本作『辭讓』，後人依《趙策》改之也。」

**魯連笑曰**〔八·二九八八〕　《類聚》二十一引作「連歎曰」。

**所貴於天下之士者**〔八·二九八八〕　舊刻、南雍、李、程本同，各本「所」下有「謂」字。《類聚》引作「所貴天下之士者」。

**爲人排患釋難解紛亂而無取也**〔八·二九八八〕　《雜志》云：「《類聚·人部》、《御覽·人事部》，《文選·詠史詩》注、《北山移文》注，《後漢書·桓榮傳》注、《荀彧傳》注，引《史記》皆無『亂』字。」

**其後二十餘年**〔八·二九八八〕　《索隱》「二」作「三」。

**智者不倍時而弃利**〔八·二九八八〕　百衲、王、柯、南雍、秦、李、凌、殿本同，各本「弃」作「棄」。

**勇者不怯死而滅名**〔八·二九八八〕　《索隱》「怯」作「郤」。

---

❶「子」，原作「下」，據嘉業堂本改。

後世無稱焉〔八・二九八八〕　舊刻「無稱焉」作「無所稱」。

勇士不怯死〔八・二九八八〕　王、秦本「怯」誤「法」。

而齊無南面之心〔八・二九八九〕　王、秦本「面」作「西」。

齊弃南陽〔八・二九八九〕　中統、舊刻、游、正德、程、毛本「弃」作「棄」，下「捐燕弃世」同。

昔者管夷吾射桓公〔八・二九九一〕　「桓」缺筆，下同。

遺公子糾不能死〔八・二九九一〕　《索隱》「糾」作「糺」。

身死而不反於齊〔八・二九九一〕　李本「反」誤「及」。

駡婢曰獲〔八・二九九二〕　柯本作「駡婢則曰獲也」。

曹子弃三北之恥〔八・二九九一〕　南雍、李、殿本同，各本「弃」作「棄」。

枝桓公之心〔八・二九九一〕　《索隱》及中統、游、正德本「枝」作「技」。

三戰之所亡〔八・二九九一〕　舊刻「所」下衍「以」字。

諸侯驚駭〔八・二九九一〕　「驚」缺「敬」末筆。

猶預不能自決〔八・二九九二〕　舊刻、毛本「預」作「豫」。

以讒見禽〔八・二九九三〕　程本「禽」作「擒」，下「禽勁吴」同。

大子丹質於秦〔八・二九九三〕　各本「大」作「太」。

**列士傳曰**〔八・二九九三〕　殿本「烈」作「列」。

**太白蝕昴**〔八・二九九三〕　《索隱》「蝕」作「食」，案《集解》「故太白食昴，食，干歷之也」，則《史》文當作「食」矣。

**食干歷之也**〔八・二九九四〕　舊刻「干」作「下」。

**願大王孰察之**〔八・二九九三〕　舊刻、游、正德本「孰」作「熟」。

**昔卞和獻寶楚王刖之**〔八・二九九四〕　《索隱》「卞和」作「玉人」，「刖之」作「誅之」。

**乃使王尹攻之**〔八・二九九四〕　各本「王」作「玉」。❶　舊刻脱「之」字。

**願大王熟察卞和李斯之意**〔八・二九九四〕　舊刻、游、正德同，下「願大王熟察」同，各本「熟」作「孰」。

**桓譚新論曰**〔八・二九九六〕　舊刻上有「駰案」二字，殿本同。「論」下無「曰」字。王、秦本「譚」誤「潭」。

**藉荆軻首以奉丹之事**〔八・二九九五〕　游、正德本「藉」誤「籍」。

**漢書音義曰王奢齊人也云云**〔八・二九九六〕　舊刻上有「駰案」二字，下「《漢書音義》曰，駃騠，駿馬也」云云同，殿本同。

**夫義不苟生**〔八・二九九六〕❷　王、秦本「苟」誤「茍」。

**食以駃騠**〔八・二九九五〕　秦本「駃」誤「駛」，注同。

---

❶「玉」，原作「王」，據各本改。

❷「夫」，原作「失」，據嘉業堂本改。

**兩主二臣**〔八・二九九五〕　游、正德本「主」誤「王」。

**剖心折肝相信**〔八・二九九五〕　百衲、王、柯、秦、李、凌、毛本同，舊刻「折」作「析」，《御覽》四百七十五引同，中統、游、正德、南雍、程、殿本作「折」。

**范睢摺脅所齒**〔八・二九九六〕　本「折」誤「所」。

**殷之末世人**〔八・二九九七〕　「殷」缺筆。

**商哥曰**〔八・二九九八〕　各本「商」作「商」，「哥」作「歌」。《書鈔》一百六引「商哥」作「高歌」。

**南山矸**〔八・二九九八〕　王、秦本「矸」誤「矸」。《書鈔》引作「南山𠍸𠍸」。

**白石爛**〔八・二九九八〕　《書鈔》「爛」下重「爛」字。

**短布單衣適至骭**〔八・二九九八〕　正德本「單」作「襌」。游、正德本「骭」誤「肝」。

**長夜曼曼何時旦**〔八・二九九八〕　舊刻、正德本「曼曼」作「漫漫」。游本「旦」誤「日」。《書鈔》引作「夜長漫漫何時旦」。

**豈借宦於朝**〔八・二九九七〕　中統、游、正德本「宦」誤「官」。

**豈或於衆口哉**〔八・二九九七〕　各本「或」作「惑」。

**齊用越人蒙而强威宣**〔八・二九九七〕　舊刻、中統、游、正德本同，各本「强」作「彊」。

**繫阿偏之辭哉**〔八・二九九七〕❶　毛本「偏」誤「徧」。

**不合則骨肉出逐不收**〔八・二九九七〕　百衲、王、秦本「不」誤「之」。

**則五伯不足稱**〔八・二九九七〕　舊刻「伯」作「霸」。

**是以聖王覺寤**〔八・二九九九〕　舊刻「寤」作「悟」。

**修孕婦之墓**〔八・二九九九〕　正德本「修」作「脩」。

**紂刳任者**〔八・二九九九〕　百衲、中統、舊刻、游、王、柯、秦、凌本「任」作「姙」，正德、南雍、李、程、殿本作「妊」。

**而一匡天下**〔八・二九九九〕　「匡」缺筆。

**慈仁慇勤**〔八・二九九九〕　程本「勤」作「懃」。

**列士傳曰**〔八・三〇〇〇〕　舊刻「列」作「烈」。

**今人主誠能去驕慠之心**〔八・九九九九〕　百衲、中統、游、王、柯、秦、凌、殿本同，各本「慠」作「傲」，凌本旁注：「一作『傲』。」

**跖之客爲其人使刺由**〔八・三〇〇〇〕　毛、殿本「跖」作「蹠」。

**由許由也**〔八・三〇〇〇〕　殿本「由」下無「也」字。

---

❶「阿偏」，原作「偏私」，據嘉業堂本改。

**跖盜跖也**〔八・三〇〇〇〕　南雍、李、程、毛、殿本「跖」作「蹠」。

**蟠木根柢輪囷離詭**〔八・三〇〇〇〕　舊刻「柢」作「抵」，中統、游、正德、王、柯、秦本作「柢」。中統、游本與此本作「囷」，各本作「困」，是，注同。

**輪囷離詭委曲槃戾也**〔八・三〇〇一〕　王、秦本「詭」誤「詔」。

**雖出隨侯之珠**〔八・三〇〇〇〕　凌本「隨」作「隋」。

**雖包堯舜之術**〔八・三〇〇一〕　《索隱》「包」作「蒙」，《雜志》云：「《新序》《漢書》《文選》皆作『蒙』。」

**龍逢比干之意**〔八・三〇〇一〕　中統、游、正德、南雍、李本「逢」作「逄」。

**陶家名模下圓轉者爲鈞**〔八・三〇〇一〕　柯、凌本「圓」作「員」。

**太公望塗覯卒遇**〔八・三〇〇二〕　「覯」缺筆，避高宗諱同音字，中統、游、正德本誤「觀」。

**牽於帷裳之制**〔八・三〇〇二〕　百衲、秦本「帷」誤「惟」。

**使羈之士**〔八・三〇〇二〕　各本「羈」上有「不」字，此脱。

**砥厲名號者**〔八・三〇〇二〕　中統、游、正德、南雍、李、程、殿本「厲」作「礪」。

**不以利汙義**〔八・三〇〇二〕　游、正德本「汙」誤「汗」。

**故縣名勝母**〔八・三〇〇二〕　《索隱》「名」上有「爲」字。

**今欲使天下寥廓之士**〔八・三〇〇二〕　正德本「寥」誤「廖」。

**則士伏死堀穴巖巖之中耳**〔八・三〇〇二〕《札記》云：「下『岩』字誤也，《漢書》《文選》並作『藪』，《集解》據誤本强爲之説。」

**亦可謂抗直不橈矣**〔八・三〇〇三〕百衲、中統、游、王、秦、毛本同，各本「橈」作「撓」。

# 卷八四　屈原賈生列傳第二十四

**史記音隱曰音閑**〔八・三〇〇九〕　中統、毛本同，舊刻「音隱」誤「素隱」，游、正德本誤「索隱」。百衲「曰」誤「切」，柯本誤「又」，王、秦本無「曰」字。南雍、李、程本無「史記」五字，凌本作《史記》嫺音隱，又音閑」，殿本「音閑」上有「駰案」二字，亦無「史記」五字。

**博闻彊志**〔八・三〇〇九〕　《治要》十二「彊」作「强」。

**懷王使屈原造爲憲令**〔八・三〇〇九〕　《治要》「屈原」作「平」。

**屈平屬草藁**〔八・三〇〇九〕　《索隱》「藁」作「稾」，萬曆南雍及凌本作「藁」。百衲、王、秦本「藁」下衍「二」字，蓋以「索隱」作二字誤入正文，故注「《索隱》曰」止有一「曰」字也。

**平伐其公**〔八・三〇〇九〕　各本公作功，《治要》同，「平」上有「屈」字。

**曰以爲非我莫能爲也**〔八・三〇〇九〕　《治要》無「曰」字，《札記》云：「今本有者，疑旁注也。」

**故憂愁幽思而作離騷**〔八・三〇一〇〕　《索隱》「騷」作「慅」，云：「『慅』亦作『騷』。」是小司馬所據本作「慅」不作「騷」。

**小雅怨誹而不亂**〔八・三〇一〇〕　《札記》云：「王本作『非』，注同。」案王本作「誹」不作「非」。

**其志絜**〔八・三〇一〇〕　舊刻、毛本同，各本「絜」作「潔」，下注「已静絜」同。

**蟬蜕於濁穢**〔八・三〇一〇〕　舊刻「蜕」作「脱」。

**皭然泥而不滓者也**〔八・三〇一〇〕❶　各本「泥」作「泥」。

**皭疏淨之貌**〔八・三〇一一〕　舊刻、毛本同，各本「淨」作「静」。

**乃令張儀佯去秦**〔八・三〇一一〕　百衲、中統、游、王、柯、秦、凌、殿本「佯」作「詳」。

**大破楚師於丹淅**〔八・三〇一一〕　《索隱》及南雍、李、凌、程、毛、殿本同，百衲、中統、舊刻、游、正德、王、柯、秦本「淅」作「陽」，據《索隱》以「丹」「淅」爲二水名，則作「陽」者非也。《攷異》云：「『淅』當作『淅』。」

**虜楚將屈匄**〔八・三〇一一〕　《索隱》「匄」作「丐」。

**秦敗屈匄**〔八・三〇一二〕　本「秦」誤「奉」。

**而齊竟怒**〔八・三〇一一〕　「竟」缺筆，下「懷王竟聽鄭袖」「竟死於秦」「竟爲秦所滅」並同。

**懷王悔追張儀不及**〔八・三〇一二〕　《索隱》無「張」字，殿本「悔追」二字倒。

**不如無行**〔八・三〇一二〕　索隱「無」作「毋」。

**人君無愚智賢不肖**〔八・三〇一三〕　《索隱》「智」作「知」，萬曆、南雍本「智愚」作「愚智」。

---

❶ 「滓」，原作「澤」，據嘉業堂本改。

**爲我心惻**〔八·三〇一三〕　毛本「惻」誤「測」。《札記》云：「《索隱》本作『測』，誤。」案《索隱》並無作「測」之文，張蓋誤以毛本爲《索隱》本也。

**易象曰**〔八·三〇一四〕　殿本上有「駰案」二字。下「《離騷序》曰」，又「莫邪，吴大夫也」，又「劉向《别録》曰」，又「《漢書》『螘』字作『蝦』」，又「《漢書》『專』字作『鈞』」，又「《漢書音義》曰」，並同。

**豈足福哉**〔八·三〇一三〕　舊刻脱「哉」字。

**離騷序曰遷於江南**〔八·三〇一四〕　殿本脱此條，蓋沿南雍本之舊。

**掌王族三姓**〔八·三〇一四〕　舊刻「三」誤「王」，正德本「王」誤「主」。

**以厲國士**〔八·三〇一四〕　毛本「士」下衍「也」字。

**蒙垢維**〔八·三〇一五〕　百衲、王、柯、南雍、秦、李、凌、毛、殿本「維」作「㡣」，舊刻作「汙」，中統、游、正德本作「瑕」，程本作「蔽」。

**而蒙世俗之温蠖乎**〔八·三〇一四〕　舊刻同，《索隱》「世俗」作「代俗」，避諱改，又「温蠖」作「蠖温」。各本無「俗」字。

**陶陶盛陽貊**〔八·三〇一五〕　本「貌」誤「貊」。

**眴兮窈窈**〔八·三〇一五〕　中統、舊刻、游、正德、毛本同，各本「窈窈」作「窈窕」。

**墨無聲也**〔八·三〇一五〕　中統、游本「無」作「无」。

**離愍之長鞠**〔八·三〇一五〕　中統、舊刻、游本同，各本「愍」作「慜」。

**惤病也**〔八·三〇一五〕 中統本「也」誤「人」。

**撫情効志兮**〔八·三〇一五〕 游、正德本「効」作「效」。

**俛詘以自抑**〔八·三〇一五〕 中統、游、正德本「詘」誤「絀」。

**刑方以爲圜兮**〔八·三〇一六〕 各本「刑」作「刓」，此注亦作「刓」。自第四葉至六葉皆羼補，多誤字。

**度法也**〔八·三〇一六〕 中統本「法」誤「人」。

**玄器也**〔八·三〇一六〕 各本「器」作「黑」，此誤。

**矇者盲也**〔八·三〇一六〕 百衲、中統、舊刻、游、正德、王、柯、秦、凌本「者」字在「盲」字下，南雍、李、程本無「者」字。

**詩云矇瞍奏公**〔八·三〇一六〕 毛本「公」誤「功」。

**瞽以不爲無明**〔八·三〇一六〕 各本無「不」字，此衍。

**鳳凰在笯兮**〔八·三〇一六〕 《索隱》及百衲、中統、游、王、柯、南雍、秦、李、程、毛、殿本「凰」作「皇」。

**笯籠落也**〔八·三〇一七〕 《索隱》「笯」誤「奴」，無「也」字。

**誹駿疑桀兮**〔八·三〇一七〕 《索隱》「誹」作「非」。舊刻、南雍、李、程、殿本「駿」作「俊」，凌本旁注：「一作『俊』。」案，注「千人才爲俊」其字正作「俊」，單本《索隱》云「今乃誹俊疑桀」，亦作「俊」，與舊刻本合。《札記》云：「『駿』字各本皆同，姑仍之。」豈未見舊刻、南雍諸本乎？

**巽一作奧**〔八·三〇一八〕 中統本「奧」誤「臭」。

**米文采也**〔八·三〇一八〕　本「采」誤「米」。

**材僕委積兮**〔八·三〇一七〕　中統、游、正德本「僕」作「撲」，各本作「樸」。

**脩路幽拂兮**〔八·三〇一八〕　毛本「脩」作「修」。

**曾唫恒悲兮**〔八·三〇一八〕　「恒」缺筆，舊刻「唫」作「吟」。

**人生有命兮**〔八·三〇一八〕　《雜志》云：「案『有命』當從宋本作『稟命』，此涉下句『有』字而誤也，《楚辭》作『民生稟命』，王注曰『言萬物稟受天命而生』。」

**余何畏懼兮**〔八·三〇一八〕　《索隱》「余」作「餘」，云：「《楚詞》『餘』並作『余』。」正德本「兮」誤「乎」。

**曾傷爰哀云云**〔八·三〇一八〕　《雜志》云：「『曾唫恒悲』四句即『曾傷爰哀』四句之異文，特《史記》在『道遠忽兮』之下，《楚辭》在『余何畏懼兮』之下耳，後人據《楚辭》增入，而不知已見於上文也。」

**知死不可讓兮**〔八·三〇一八〕　「讓」缺筆。

**遂自投汨羅以死**〔八·三〇一九〕　《索隱》「投」作「沈」。

**投書以弔屈原**〔八·三〇二〇〕　游、正德本無「屈」字。

**治平爲天下弟一**〔八·三〇二〇〕　各本「弟」作「第」。

**而常學事焉**〔八·三〇二〇〕❶　中統、游本「事」作「士」。

---

❶「常」，原作「嘗」，據嘉業堂本改。

**一歲中至太中大夫**〔八·三〇二一〕 殿本「太」作「大」。

**法制度**〔八·三〇二一〕 中統、舊刻、游、正德本「法」作「改」。

**其説皆自賈生發之**〔八·三〇二一〕 游本「發」誤「廢」。

**於是天子後亦疏之**〔八·三〇二一〕 游、正德本「於是」作「如是」。

**乃以賈生爲長沙王太傅**〔八·三〇二一〕 游、正德「傅」誤「傳」。

**又以適去**〔八·三〇二二〕 舊刻「去」作「至」。

**讁譴也**〔八·三〇二二〕 毛本「讁」作「謫」。

**及渡湘水**〔八·三〇二二〕 南雍、李、程、殿本「渡」作「度」。

**自沈汨羅**〔八·三〇二二〕 游本「汨」誤「汩」。

**嗚呼哀哉**〔八·三〇二二〕 游、正德、程本「哉」下有「兮」字。

**逢時不祥**〔八·三〇二二〕 南雍、李本「逢」誤「逄」。

**于嗟嚜嚜兮**〔八·三〇二二〕❶ 舊刻「于」作「吁」。

**許慎曰**〔八·三〇二三〕 王、秦本「慎」誤「瑱」。

---

❶ 「嚜嚜」，原作「嘿嘿」，據嘉業堂本改。

**斡棄周鼎兮而寶康瓠**〔八·三〇二二〕　《索隱》無「而」字，《雜志》云：「《漢書》《文選》『兮』字在『瓠』下，亦無『而』字。」

**斡音筦筦轉也**〔八·三〇二三〕　舊刻二「筦」字誤「浣」。

**騰駕罷仲兮驂蹇驢**〔八·三〇二三〕　各本「仲」作「牛」，此誤。

**章甫薦屨兮**〔八·三〇二三〕　正德本「屨」誤「屢」。

**劉向别録口**〔八·三〇二四〕　「口」本作「曰」，脱中一畫。

**因以自諭自恨也**〔八·三〇二四〕　中統、游、正德本「諭」作「論」。

**訊曰**〔八·三〇二四〕　《索隱》「訊」作「誶」，注「訊告也」同。

**訊告也**〔八·三〇二四〕　中統本「告」誤「自」。

**訊離騷下竟亂辭也**〔八·三〇二四〕　百衲、舊刻、王、柯、南雍、秦、李、凌、程、毛本同，《索隱》作「訊」，《離騷》下章誶亂也」，中統、游、正德、殿本「竟」作「章」。

**獨堙鬱兮其誰語**〔八·三〇二四〕　《索隱》「堙」作「煙」。

**鳳漂漂其高遰兮**〔八·三〇二四〕　舊刻「遰」作「遞」。

**鄧展曰**〔八·三〇二五〕　毛本「展」誤「辰」。

**沕深潛以自珍**〔八·三〇二四〕　百衲、中統、游、正德、王、柯、南雍、秦、李、凌、程、毛、殿本「以」作「目」，案此及下「夫差㠯敗」二「㠯」字乃古字之僅存者，❶此本果係蜀刻，當作「㠯」，不作「以」，今作「以」者，其爲後人羼補可知矣。《札記》於下「夫差㠯敗」「㠯」字，臚舉蔡本、中統、舊刻、游、王、柯、毛本以證之，何此文在前而反遺之耶？

**忘筆反**〔八·三〇二五〕　正德本「忘」上有「沕音」二字，凌本上有「音」字。南雍、李、凌、程、殿本此三字在「沕潛藏也」下。

**徐廣曰沕潛藏也**〔八·三〇二五〕　《索隱》及舊刻、毛本「徐廣」作「張晏」。

**漢書螘字作蝦**〔八·三〇二五〕　中統、游、正德本無「字」字。

**蝦蝦螾也**〔八·三〇二五〕　王本下「蝦」字誤「𡵆」。

**使騏驥可得係羈兮**〔八·三〇二四〕　舊刻「驥」作「驎」，正德本「係」作「繫」。

**或曰盤桓不去**〔八·三〇二五〕　中統本「桓」誤「相」。

**瞝九州而相君兮**〔八·三〇二四〕　《字類》一《補遺》「瞝」作「瞝」。

**鳳皇翔于千仞之上兮**〔八·三〇二四〕　舊刻、游、正德本「皇」作「凰」。

**覽德輝而下之**〔八·三〇二四〕　毛本「德」作「悳」，游、正德本作「得」。《索隱》「輝」作「煇」。《索隱》及南雍、殿本作「而下之」，各本作「焉下之」。

---

❶「下」，原作「上」，據下文改。

**橫江湖之鱣鱏兮**〔八・三〇二四〕❶　《索隱》及毛本「橫」作「撗」。

**固將制於螻蟻**〔八・三〇二四〕　《索隱》「螻蟻」作「蟻螻」，《札記》云：「倒文以叶韻。」

**賈生爲長沙王太傅**〔八・三〇二六〕　正德本「太」作「大」。

**止於坐隅**〔八・三〇二六〕　舊刻「於」作「于」，殿本「止」誤「上」。

**異物志有山鴞**〔八・三〇二七〕　毛本「鴞」誤「鳥」。

**土俗因形名之曰服**〔八・三〇二七〕　毛本「俗」誤「浴」。

**行不出城**〔八・三〇二七〕　各本「城」作「域」。

**單閼之歲兮**〔八・三〇二七〕　舊刻提行，非。

**策言其度**〔八・三〇二七〕　索隱「策」作「筴」。

**請對以臆**〔八・三〇二七〕　《索隱》「臆」作「意」，云：「協音『臆』也。」《雜志》云：「今本作『臆』者，後人以『意』與『息』『翼』韻不相協而改之也。」

**斡流而遷兮**〔八・三〇二八〕　舊刻「斡」作「幹」。

**化變而嬗**〔八・三〇二八〕　《索隱》及毛本「化變」作「變化」。

---

❶ 「鱏」，原作「鱓」，據嘉業堂本改。

**嬗音如蟬反**〔八·三〇二八〕 百衲、中統、舊刻、游、正德、柯、李、凌、毛本無「反」字。王本「蟬」誤「嬋」。

**變蛻也**〔八·三〇二八〕 柯、凌本「變」上有「謂」字。

**或曰蟬蔓相連也**〔八·三〇二八〕 王、秦本「也」誤「反」。

**夫差以敗**〔八·三〇二八〕 百衲、中統、舊刻、游、王、南雍、秦、李、毛、殿本「以」作「目」。

**何異糾纆**〔八·三〇二八〕 舊刻、游、正德本「纆」誤「纏」，注同，中統本注亦誤。

**雲蒸雨降兮**〔八·三〇二八〕 秦本「蒸」誤「烝」。

**且夫天地爲爐兮**〔八·三〇三〇〕 《索隱》「爐」作「鑪」。

**何足控摶**〔八·三〇三〇〕 中統、游、正德、毛本同，各本「摶」誤「搏」，注同，此本注亦誤「搏」。

**達人大觀兮**〔八·三〇三〇〕 各本「達」作「通」。

**貪夫徇財兮**〔八·三〇三〇〕 《索隱》及程本「徇」作「狥」，《索隱》無「兮」字。

**列士殉名**〔八·三〇三〇〕 《索隱》及舊刻、程本「列」作「烈」。毛、殿本「殉」作「徇」。

**以身從物曰徇**〔八·三〇三一〕 毛、殿本「徇」作「狥」。

**好榮死於權利**〔八·三〇三一〕 舊刻「權」作「藿」，下同。

**瓚曰**〔八·三〇三一〕 正德本「瓚」上有「臣」字，衍。

**權勢不尤**〔八·三〇三一〕 毛本「尤」作「死」。

**則夸者不死也**〔八·三〇三一〕　舊刻「夸者」作「夸毗」，《索隱》及中統、游、正德、毛、殿本「死」作「悲」。

**或趨西東**〔八·三〇三〇〕❶　毛本「趨」作「趍」。

**攌如囚拘**〔八·三〇三〇〕　《索隱》「攌」作「樞」。

**至人遺物兮**〔八·三〇三〇〕　《索隱》「遺」誤「遣」。

**真人恬漠兮**〔八·三〇三〇〕　南雍、李、程、殿本同，舊刻「恬」作「澹」，百衲、中統、游、正德、王、柯、秦、凌、毛本作「淡」，《札記》云：「舊刻『淡』作『儋』，蓋『澹』之誤。」案舊刻作「澹」不作「儋」。

**寥廓忽荒兮**〔八·三〇三〇〕　各本「廓」作「廓」，此誤。

**張晏曰**〔八·三〇三三〕　毛本「晏」誤「宴」，中統、舊刻、游、正德、殿本上有「駰案」二字。

**坻水中小洲也**〔八·三〇三三〕　王、柯、秦本「洲」作「州」。

**其死若休**〔八·三〇三〇〕　《索隱》「死」下有「兮」字。《雜志》云：「案《漢書》《文選》並作『其生兮若浮，其死兮若休』，《索隱》出『其死兮若休』五字，則上句亦當與《漢書》《文選》同。」

**澹乎若深淵之靜氾乎若不繫之舟**〔八·三〇三〇〕　舊刻二「乎」字並作「兮」。

**養空而遊**〔八·三〇三〇〕　《索隱》「遊」作「浮」，各本作「游」。

**甇音士介反**〔八·三〇三三〕　毛本「士」作「土」。

❶「西」，原作「而」，據嘉業堂本改。

**駰案如淳曰**〔八·三〇三四〕 正德本「駰」上衍「裴」字。

**漢唯祭天地五畤**〔八·三〇三四〕 中統、游、正德本「畤」誤「時」。

**文帝復封淮南厲王子四人**〔八·三〇三四〕 舊刻「淮」誤「懷」。

**文帝十一年**〔八·三〇三四〕 王、秦本「文」字空格。

**世其家**〔八·三〇三四〕 舊刻、南雍、李、程、殿本同，各本「世」下重「世」字，《志疑》云：「『世』字衍一，各本誤重。」

**太史公曰**〔八·三〇三四〕 舊刻誤低一格。

**又怪屈原以彼其材游諸侯**〔八·三〇三四〕 毛本「材」誤「君」，「游」誤「激」。

**何國不容**〔八·三〇三四〕 毛本「何」誤「使」。

**一本作𠅤**〔八·三〇三五〕 中統本「一」字空格。南雍、李、程、殿本「一」上有「爽」字。

# 卷八五　呂不韋列傳第二十五

**母愛**〔八・三〇四二〕　李、凌、毛本「母」作「毋」。

**子楚秦諸庶孽孫**〔八・三〇四二〕　《索隱》「孽」作「孼」，下同。

**見而憐之**〔八・三〇四二〕　毛本「憐」誤「鄰」。

**以子楚方財貨也**〔八・三〇四三〕　殿本「以」上有「駰案」二字，下引《説苑》《論語》並同。

**且自大君之門而乃大吾門**〔八・三〇四二〕　《雜志》云：「案『且』當作『盍』，字之誤也，《太平御覽・居處部》引此作『盍自大君之門，顧乃大吾門』，高誘《呂氏春秋注序》作『何不大君之門，乃大吾之門邪』，皆其證。」

**今子兄弟二十餘人**〔八・三〇四二〕　秦本「今」誤「令」。

**日夜泣思太子及夫人**〔八・三〇四四〕　中統、王、柯、秦本「太」作「大」。

**夫人大喜**〔八・三〇四四〕　游本「喜」誤「嘉」，正德本誤「悦」。

**雖欲開一語**〔八・三〇四四〕　南雍、李、程、殿本「語」作「言」。

**夫在則重尊**〔八・三〇四四〕　《札記》云：「據上《索隱》引，則當作『尊重』。」

**今予楚賢**〔八・三〇四四〕 本「子」誤「予」。

**從容言子楚**〔八・三〇四四〕 李本「容」誤「客」。

**而請呂不韋傅之**〔八・三〇四四〕 秦本「傅」誤「傳」。

**莊襄王所養母華陽后**〔八・三〇四五〕 《索隱》作「所母華陽君」，云：「劉氏本作『所生母』，『生』衍字也，今檢諸本並無『生』字。」《雜志》引《索隱》「華陽君」作「華陽后」，與今本合，則小司馬所據本「母」字上無「養」字可知矣。

**食河南雒陽十萬户**〔八・三〇四五〕 《索隱》及舊刻、毛本同，各本「雒」作「洛」。

**號曰呂氏春秋布咸陽市門懸千金其上延諸侯游士賓客有能增損一字者予千金**〔八・三〇四六〕 《志疑》云：「《御覽》八百九引《史》同，而百九十一引《史》云：『呂不韋撰《春秋》成，牓于秦市曰：『有人能改一字者，賜金三十斤。』豈別據異本乎？」

**乃私求大陰人嫪毒**〔八・三〇四七〕 舊刻同，各本「毒」作「毐」，此誤。案此本第五葉六「毐」字誤「毒」，惟「諸客求宦爲嫪毐舍人千餘人」不誤，❶第六、七葉並作「毐」。

**不韋又陰謂太后曰**〔八・三〇四七〕 舊刻「不韋」上有「呂」字，王、秦本「太」作「大」，下「太后私與通」同。

**諸客求官**〔八・三〇四八〕 各本「官」作「宦」。

❶「客」，原作「侯」，據嘉業堂本改。

**爲嫪毐舍八千餘人**〔八・三〇四八〕　舊刻同，各本「八」作「人」，不誤。

**有告嫪毐實非宦者**〔八・三〇四八〕　舊刻無「實」字。

**王即薨**〔八・三〇四八〕　游本「即」誤「耶」。

**其與家屬徙處蜀**〔八・三〇四九〕　中統、游、正德本「處」作「居」，《札記》引吴校金板同。

**駟案皇覽曰**〔八・三〇五〇〕　正德本「駟」上衍「裴」字。

**不韋冢在河南洛陽比邙道**〔八・三〇五〇〕　「比」，本作「北」，字之誤也。毛本「冢」誤「家」。游、正德本「邙」誤「邛」，凌本誤「印」。

**故其冢名吕母也**〔八・三〇五〇〕　游、正德本「故」誤「致」。

**與莊襄王會葬茝陽**〔八・三〇五〇〕❶　正德本「茝」誤「芷」。

**一作芒陽**〔八・三〇五〇〕　本「芷」誤「芒」。

**矯太后璽**〔八・三〇五〇〕　各本「璽」作「璽」。

---

❶「會」，原作「合」，據嘉業堂本改。

# 卷八六　刺客列傳第二十六

**曹沫者**〔八・三〇五三〕　《索隱》及中統、南雍、毛本同，各本「沬」作「沫」，下同，殿本誤「洙」。

**齊强魯弱**〔八・三〇五四〕　百衲、正德、王、柯、南雍、秦、李、程、殿本「强」作「彊」。

**夫貪小利以自快**〔八・三〇五四〕　各本「怏」作「快」。

**吴堂邑人也**〔八・三〇五四〕　《索隱》「堂」作「常」，注同。

**伍子胥之亡楚而如吴也**〔八・三〇五四〕　《札記》云：「舊刻『五』，各本作『伍』，下同。」案今所見舊刻本此文作「伍」，下「彼伍員父兄」「伍」字作「五」。

**未可説之外事**〔八・三〇五五〕　各本「之」作「以」。

**窟一作空**〔八・三〇五七〕　毛本無「窟」字。

**而晉有豫讓之事**〔八・三〇五七〕　「讓」缺筆，注及下同。惟五葉九「讓」字，又七葉「嚴仲子固讓」不缺。

**故嘗事范中行氏**〔八・三〇五七〕　《索隱》出「事范氏及中行氏」七字，《治要》十二亦作「范氏及中行氏」。

**乃變名姓爲刑人**〔八・三〇五八〕　《治要》「姓」上有「易」字。

**則豫讓內持刀兵**〔八・三〇五八〕　正德本「刀」作「刃」。

**欲爲智伯報仇**〔八・三〇五八〕　殿本「仇」作「讎」，下「而其臣欲爲報仇」同。

**卒釋去之**〔八・三〇五八〕　《索隱》出「卒醳」二字，云：「下音『釋』，字亦作『釋』。」

**音賴**〔八・三〇五九〕　正德本上衍「徐廣曰」三字，殿本上有「駰案」二字，下「自三晉滅智伯」云云，又「此芮反」，又「一作鍪」，又「呂氏」云云，又「批，音白結反」，又「言以匕首試人」云云，又「漢《鹽鐵論》曰」，又「曜，音海各反」，並同。

**其餘四十餘年**〔八・三〇六〇〕　各本「其餘」作「其後」，此涉下「餘」字而誤。

**與韓相俠累有郤**〔八・三〇六一〕❶　《索隱》「郤」作「郄」。

**嚴仲子奉黃金百鎰**〔八・三〇六一〕　百衲、中統、王、秦、毛本「鎰」作「溢」。

**毳音此芮反**〔八・三〇六二〕　百衲、中統、游、王、柯、南雍、秦、李、凌、程、毛本無「毳音」二字。游、正德本「芮」誤「茵」。正德本上衍「徐廣曰」三字。

**將用爲夫人麤糲之費**〔八・三〇六一〕　殿本「夫」作「大」，《攷異》云：「《正義》本作『太人』，注中『夫人』字皆『大人』之譌。」《志疑》云：「《韓策》作『丈人』，❷注云：『一本「夫人」或作「大人」。』蓋『丈人』是。」

---

❶「韓」，原作「漢」，據嘉業堂本改。

❷「丈」，原作「大」，據《史記志疑》改。

**政身未敢以許人也**〔八・三〇六一〕　舊刻「敢」作「可」。

**既以葬除服**〔八・三〇六二〕　各本「以」作「已」。

**仲子所欲報仇者爲誰**〔八・三〇六三〕　毛本「仇」作「讎」。

**今足下幸而不棄**〔八・三〇六三〕　王、秦本「棄」誤「益」。

**請益其車騎**〔八・三〇六三〕　百衲、王、秦本「益」誤「登」。

**相又國君之親**〔八・三〇六三〕　王、秦本「之」誤「夫」。

**多人不能無生得失**〔八・三〇六三〕　《索隱》出「無生得」三字，云：「此云『生得』，言得多人往殺俠累，後又被生擒而事泄。」《雜志》云：「案如《索隱》説，則《史記》作『不能無生得』，今本『得』下有『失』字，乃後人以意加之也。」

**因自皮面決眼**〔八・三〇六三〕　《御覽》五百十七引「皮」作「披」，「決」作「抉」。

**購問莫知誰子**〔八・三〇六四〕　「購」缺筆。下「於是韓縣購之」「王縣購其名姓千金」「北購於單于」並同，餘不缺。

**於是韓縣購之**〔八・三〇六四〕　「縣」缺筆，下同。

**政姊榮**〔八・三〇六四〕　《御覽》引作「嫈」，即《集解》所引「一作嫈」也。《志疑》云：「《集解》作『嫈』，與《國策》合，此誤『榮』也，下同。」

**一作嫈**〔八・三〇六五〕　正德本「一」上有「榮」字，正德本上衍「徐廣曰」三字。

**伏尸哭極哀**〔八・三〇六四〕　程本「極」誤「泣」。

**乃其姊亦烈女也**〔八・三〇六五〕　百衲、中統、舊刻、南雍、李、程、毛、殿本同，游、正德、王、柯、秦、凌本「乃」作「及」。

**必絶險千里以列其名**〔八・三〇六五〕　毛本「列」作「烈」。

**劍技曰持**〔八・三〇六六〕　正德本「技」誤「杖」。

**徙衛元君之支屬於野王**〔八・三〇六六〕　舊刻同，各本「屬」作「屬」。

**荆軻嗜酒日與猪屠及高漸離飲於燕市**〔八・三〇六七〕　本「狗」誤「猪」。《書鈔》一百一十引《刺客傳》云：「荆軻擊筑，與高漸離飲於燕市。」案本傳兩言「高漸離擊筑，荆軻和而歌」，此誤以擊筑屬之荆軻。

**以相樂也**〔八・三〇六七〕❶　各本無「以」字。

**質秦亡歸燕**〔八・三〇六八〕　正德本「亡」誤「王」。

**秦王之遇燕太子丹不善**〔八・三〇六八〕　毛本「太」作「大」。

**巴漢之饒**〔八・三〇六八〕　各本「巴」上有「擅」字。

**右隴蜀之山**〔八・三〇六八〕　正德本「隴」誤「龍」。

**白結反**〔八・三〇六八〕　舊刻、毛本同，各本上有「批音」二字。

---

❶「樂」，原作「與」，據嘉業堂本改。

**不能爲之謀也**〔八・三〇六九〕　百衲、中統、王、秦本「爲」誤「謂」。

**其後迺可圖也**〔八・三〇六九〕　舊刻、正德本「迺」作「乃」。

**謂資怨而助禍矣**〔八・三〇六九〕❶　舊刻「謂」上有「所」字。

**且以雕鷙之秦**〔八・三〇六九〕　各本「雕」作「鵰」。

**其爲人智深而勇沈**〔八・三〇六九〕❷　毛本「智」作「知」。

**敬諾**〔八・三〇六九〕　「敬」缺筆，下「敬奉教」同，餘不缺。

**太子進迎**〔八・三〇六九〕　舊刻、毛本同，各本「進」作「逢」。

**跪而蔽席**〔八・三〇六九〕　殿本「蔽」作「襒」，注同。《考證》云：「蔽，疑作『襒』，音蹩，《孟荀列傳》『平原君側行襒席』。」

**一作拔**〔八・三〇七〇〕　百衲、游、正德、王、南雍、秦、殿本「拔」作「拔」。

**有頃而后言曰**〔八・三〇七〇〕　舊刻、毛本同，各本「后」作「後」。

**闞以重利**〔八・三〇七一〕　各本「闞」作「闚」。

**供大牢**〔八・三〇七一〕　舊刻、柯、南雍、秦、李、凌、程、毛、殿本「大」作「太」。

---

❶「謂」上，原有「所」字，據嘉業堂本删。

❷「爲」，原脱，據嘉業堂本補。

**太子丹恐懼**〔八·三〇七二〕　毛本無「丹」字。

**則雖欲長侍足下**〔八·三〇七二〕　游、王、秦本「侍」誤「待」。

**太子曰**〔八·三〇七二〕　中統本「太」作「大」。

**樊將軍窮困來歸丹**〔八·三〇七二〕　中統、游本「困」作「因」。

**右手椹其匈**〔八·三〇七三〕　百衲、中統、游、正德、柯、毛本同，各本「椹」作「揕」，下「而右手持匕首椹之」同，秦本下「椹」字亦作「椹」。

**一作抗**〔八·三〇七三〕　舊刻「抗」誤「仇」。

**一作揞**〔八·三〇七三〕　舊刻、毛本同，百衲、中統、游、正德、王、柯、南雍、秦、李、凌、程、殿本「一」上有「捥」字。百衲、中統、游、正德、柯、李本「揞」作「棺」，王、秦本誤「搕」。

**於是太子豫求天下之利匕首**〔八·三〇七三〕　舊刻「豫」作「預」。

**便立死也**〔八·三〇七四〕　舊刻「便」作「使」。

**荆卿豈有意哉**〔八·三〇七三〕　中統、舊刻、游、正德本「卿」誤「軻」，《札記》引吴校金板同。

**往而不反者**〔八·三〇七三〕　舊刻「反」作「返」。

**太子遲之**〔八·三〇七三〕　中統、游本同，各本「遲」作「遅」，下「今太子遲之」同。

**既祖取道**〔八·三〇七四〕　舊刻「祖」誤「袓」。

**爲變徵之聲士皆垂淚涕泣**〔八・三〇七四〕❶　《志疑》云：「案《風俗通・聲音》卷引《史》作『濮上音』，『垂淚』作『垂髮』，豈所見本異歟？」

**又前而爲歌曰**〔八・三〇七四〕　百衲、王、柯、南雍、秦、李、凌、程、殿本無「爲」字。

**而秦舞陽奉地圖匣**〔八・三〇七四〕　《索隱》「匣」作「柙」。

**故振慴**〔八・三〇七五〕　舊刻「慴」作「摺」。

**秦王驚**〔八・三〇七五〕　「驚」缺「敬」末筆，下「舉座客皆驚」同。

**荆軻逐秦王秦王環柱而走**〔八・三〇七五〕　舊刻不重「秦王」二字。

**中銅柱**〔八・三〇七五〕　南雍、李、程、毛、殿本同，各本「銅」作「桐」，《札記》云：「《策》無『桐』字，疑衍。」

**軻被八創**〔八・三〇七五〕　毛本無「軻」字。

**箕倨以駡曰**〔八・三〇七五〕　毛本「倨」作「踞」，《札記》引蔡本同。

**而賜夏無且黄金二百溢**〔八・三〇七五〕❷　百衲、中統、王、秦、毛本同，各本「溢」作「鎰」。

**徐廣口**〔八・三〇七七〕　本「曰」字脱一畫。

**傍偟不能去每出言曰**〔八・三〇七七〕　舊刻「傍偟」作「傍徨」，《志疑》云：「《顔氏家訓・書證篇》引《風俗

---

❶ 「聲」，原作「音」，據嘉業堂本改。

❷ 「二」，原作「三」，據嘉業堂本改。

通》述此事云：『「伎癢不能無出言」，今《史記》並作「徘徊」，或作「徬徨不能無出言」。』是六朝時《史記》已爲流俗裁改，而今所傳本又異矣。」

**彼有善有不善**〔八・三〇七七〕　毛本「彼」誤「被」。

**乃矐其目**〔八・三〇七七〕　柯、凌本「矐」誤「矔」。

**海各反**〔八・三〇七八〕　舊刻、毛本同，各本「海」上有「矐音」二字。正德本上衍「徐廣曰」三字。

**舉筑扑秦皇帝**〔八・三〇七七〕　《索隱》及百衲、中統、游、正德、柯、秦、凌本「扑」作「朴」。

**太過**〔八・三〇七八〕　毛本「太」作「大」。

## 卷八七　李斯列傳第二十七

**爲郡小吏**〔八·三〇八三〕　《索隱》「郡」作「鄉」，《類聚》九十五引作「爲鄉中吏」。《雜志》云：「《藝文類聚·獸部》引此正作『鄉』。」《札記》云：「案《御覽》百八十八引亦作『鄉』，與小司馬本合。」

**鼠食不絜**〔八·三〇八三〕　各本「絜」作「潔」，下「易心絜行」「絜行修善」並同，《類聚》引作「絜」。

**數驚恐之**〔八·三〇八三〕　「驚」缺「敬」末筆，下「二世驚」同。

**觀倉中鼠食積粟**〔八·三〇八三〕　《類聚》引作「見鼠食積粟」。

**乃歎曰**〔八·三〇八三〕　舊刻「歎」作「嘆」。

**此布衣馳騖之時而游説者之秋也**〔八·三〇八三〕　舊刻「時」作「秋」，「秋」作「時」。

**人面而能强行者耳**〔八·三〇八三〕　中統、舊刻、游、正德本同，各本「强」作「彊」。

**故詬莫大於卑賤**〔八·三〇八四〕　毛本「故」作「而」，《札記》云：「涉下而誤。」

**久處卑賤之位**〔八·三〇八四〕　舊刻「賤」作「微」。

**終不東并國者**〔八·三〇八四〕　各本「國」上有「六」字，案春秋時無六國之名，此無「六」字是。

**故五伯迭興**〔八・三〇八四〕　舊刻「伯」作「霸」。

**由竈上騷除**〔八・三〇八五〕　《類聚》二十五引「騷」作「掃」。《雜志》云：「《太平御覽・人事部》引此『竈』字上有『老嫗』二字，念孫案：《索隱》曰：『言秦欲并天下，若炊婦埽除竈上之不浄，不足爲難。』據此則正文内有『老嫗』二字明矣。」

**成帝業**〔八・三〇八五〕　《類聚》引「業」下有「矣」字。

**今怠而不急就**〔八・三〇八五〕　《類聚》引「不」作「弗」，下「不能并也」同。

**求丕豹公孫支於晉**〔八・三〇八六〕　《索隱》「求」作「來」。

**此五子者**〔八・三〇八六〕　百衲、中統、舊刻、游、正德、南雍、李、程、殿本同，王、柯、秦、凌、毛本無「子」字，凌本旁注：「一本『五』下有『子』字。」

**孝公用商鞅之法**〔八・三〇八六〕　中統、舊刻、游本「商」誤「啇」。

**皆以客之功**〔八・三〇八六〕　舊刻「以」下有「爲」字。

**是使國無富利之實**〔八・三〇八六〕　舊刻「實」誤「寶」。

**今陛下致昆山之玉**〔八・三〇八八〕　舊刻「昆」作「崐」。

**服大阿之劍**〔八・三〇八八〕　王、柯、南雍、秦、李、凌、程、毛、殿本此下有注云：「見《蘇秦傳》。」殿本上有「駰案」二字。案百衲、中統、舊刻本與此本並無之。

**駰案鄭玄注月令云**〔八・三〇八九〕　各本無「駰案」二字。

**犀象之器**〔八·三〇八八〕　各本「犀」作「犀」。

**而駿良駃騠**〔八·三〇八八〕　王本「駃」誤「駛」。

**隨俗一作脩使**〔八·三〇八九〕　中統、舊刻、凌、毛、殿本「脩」作「修」。

**夫擊甕叩缻**〔八·三〇八八〕　《索隱》「缻」作「缶」。

**彈箏搏髀**〔八·三〇八八〕　舊刻「搏」誤「搏」。

**而歌乎嗚嗚**〔八·三〇八八〕　各本「乎」作「呼」。

**快耳者**〔八·三〇八八〕　各本「耳」下有「目」字，《雜志》云：「《文選》無『目』字。舊本《北堂書鈔·樂部》六，出『彈箏快耳』四字，引《史記》『彈箏搏髀而歌嗚嗚快耳者』，亦無『目』字。《藝文類聚·樂部》四、《太平御覽·樂部》十四，所引並無『目』字。」案《史記》各本惟此本無『目』字，與《文選》及諸類書合。

**真秦之聲也**〔八·三〇八八〕　《類聚》四十四引無「也」字。

**徐廣曰昭一作韶**〔八·三〇八九〕　毛本脱此條。王、柯、南雍、秦、李、凌、程、殿本「徐廣」誤「索隱」。

王、柯、秦、凌本脱「一」字。

**不問可否**〔八·三〇八八〕　毛本「問」誤「論」。

**是以太山不讓土壤**〔八·三〇八九〕　「讓」缺筆，下「盛德不辭讓」「詔讓斯居三公位」並同。舊刻、正德本「太」作「泰」。

**内自虚而外樹怨於諸侯**〔八·三〇九〇〕　「樹」缺末點，下「以樹秦之名」同。

**新序曰**〔八・三〇九〇〕　殿本上有「駰案」二字，下「辨士隱姓名」云云，又引《史記音隱》，引《史記音義》，又「音刑」，又「朒，膚䍶反」，又「《詩》云『牸羊羵首』」云云，並同。

**竟并天下**〔八・三〇九〇〕　「竟」缺筆。

**尊王爲皇帝**〔八・三〇九〇〕　百衲、中統、游、正德、王、柯、秦、凌、毛本及萬曆南雍本「王」作「主」，瞿氏據宋本作「王」。

**殷周之王**〔八・三〇九一〕　「殷」缺筆。

**今臣青等**〔八・三〇九一〕　程本「臣青」作「青臣」，《札記》云：「各本倒。」《考證》改。

**辨白黑而定一尊**〔八・三〇九一〕　《索隱》「辨」作「别」，南雍、李、程、殿本作「辯」。

**門廷車騎以千數**〔八・三〇九二〕　《書鈔》五十引無「廷」字。

**物禁太盛**〔八・三〇九二〕　舊刻「太」作「大」。

**行出游會稽**〔八・三〇九二〕　《治要》十二「游」作「遊」。

**北抵琅邪**〔八・三〇九二〕　正德本「邪」作「琊」。

**辯士隱姓名**〔八・三〇九二〕　百衲、毛本同，各本「辯」作「辨」，王、柯、秦本誤「辧」。

**此書在善文中**〔八・三〇九二〕　本「文」字，脱一點。

**病甚**〔八・三〇九二〕　《治要》「病」作「疾」。

**一作輜車**〔八・三〇九三〕　游、正德本「輜」誤「蹈」。

**及幸宦者五六人知**〔八・三〇九三〕　王、柯本「宦」作「官」。

**文穎曰**〔八・三〇九三〕　南雍本同，各本「穎」誤「潁」。

**史記索隱宰顯反**〔八・三〇九四〕　各本「宰」作「音」，此誤。

**臣聞湯武殺其主**〔八・三〇九三〕　殿本「殺」作「弒」，下「衛君殺其父」同。

**故顧小而忘大**〔八・三〇九三〕　舊刻、正德、南雍、李、程、殿本同，各本「故」誤「胡」。

**與喪會咸陽而立爲嗣**〔八・三〇九四〕　程本「立爲」下誤重「立爲」二字。

**高故内宦之廝役也**〔八・三〇九四〕　百衲、中統、游、正德、南雍、李、程本同，舊刻、王、柯、秦、凌、殿本「宦」作「官」。

**就變而從時**〔八・三〇九五〕　毛本「就」作「龍」，瞿氏據宋本同，《文選・東方朔畫贊》注引作「聖人龍變而從之」。

**水搖動者萬物作**〔八・三〇九五〕　《索隱》無「動」字。

**齊桓兄弟爭**〔八・三〇九五〕　「桓」缺筆。

**身死爲戮**〔八・三〇九五〕　程本「爲」誤「而」。

**國爲丘墟**〔八・三〇九五〕　殿本「丘」作「邱」。

**孔墨之智**〔八・三〇九五〕　舊刻「智」作「知」。

**足以爲寒心**〔八・三〇九五〕《文選・報任少卿書》注引作「足爲寒心也」。

**今扶蘇與將軍蒙恬**〔八・三〇九六〕　本「恬」誤「怙」。

**以不得罷歸爲太子**〔八・三〇九六〕　舊刻「得」作「能」。

**不匡正**〔八・三〇九六〕　「匡」缺筆。

**賜扶蘇於上郡**〔八・三〇九六〕　毛本「於」作「與」。

**諸公子及大臣**〔八・三〇九七〕《治要》「及」作「至」。

**臣戰戰栗栗**〔八・三〇九七〕《治要》「栗栗」作「慄慄」。

**害除而奸謀塞**〔八・三〇九七〕　舊刻同，《治要》同，各本「奸」作「姦」。

**僇死咸陽市**〔八・三〇九七〕《治要》「僇」作「戮」。

**矺音貯格反**〔八・三〇九七〕　百衲、中統本「矺」上有「《史記音隱》曰」五字，此脱，舊刻「音隱」誤「索隱」，游、正德、王、柯、南雍、秦、李、凌、程本誤「正義」，殿本誤「音義」，毛本脱此條。

**胡亥大説**〔八・三〇九八〕　殿本「説」作「悦」，《治要》同。

**治直馳道**〔八・三〇九八〕《治要》「直」下有「道」字。《雜志》云：「『直馳道』當作『直道馳道』，今本『直』下脱『道』字。」

**賦斂愈重**〔八·三〇九八〕 百衲同，各本「斂」作「歛」。

**戍傜無已**〔八·三〇九八〕 百衲、王本同，各本「傜」作「徭」。

**吾有私議**〔八·三〇九八〕 中統、游本「私」誤「斯」。

**采椽不斵**〔八·三〇九八〕 中統、游本「椽」誤「掾」。

**一作溜**〔八·三〇九九〕 游、正德、凌本「溜」誤「榴」，殿本作「霤」。凌本「一」上有「甌」字，此文在「啜土鉶」下。

**音刑**〔八·三〇九九〕 凌本「音」上有「鉶」字。

**不轂於此矣**〔八·三〇九八〕 《索隱》「此」作「是」。

**轂音學**〔八·三〇九九〕 南雍、李、程、殿本「學」作「嚳」。

**胈膚毳皮**〔八·三〇九九〕❶ 毛本脱此條。

**手足胼胝**〔八·三〇九八〕 各本「胝」作「胝」，此脱一筆。

**然則夫所貴於有天下者**〔八·三〇九八〕 程本脱「者」字。

**今身且不能利**〔八·三〇九八〕 《治要》「不」作「弗」，下「故民不敢犯也」「故天下不敢犯也」「不能加也」「趙高使吏棄去不奏」並作「弗」。

---

❶ 「皮」，原作「反」，據嘉業堂本改。

**故吾願肆志廣欲**〔八・三〇九九〕　百衲、中統、游、正德、王、毛本「肆」作「賜」，《字類》四《補遺》引同，《治要》作「肆」，《札記》云：「《方言》賜，盡也，義自可通。今本作『肆』者疑後人以『賜志』不經見而改。」瞿氏據宋本「故吾願肆志廣欲」，不作「賜志」。

**章邯以破逐廣等兵**〔八・三〇九九〕　南雍、李、程殿本「以」作「已」。

**使者覆案三川相屬**〔八・三〇九九〕　程本「覆」作「復」。

**則臣不敢不竭能以徇其主矣**〔八・三〇九九〕　程本「徇」作「狥」，下同。

**可不察焉**〔八・三〇九九〕　《治要》「焉」作「邪」。

**有天下而不恣睢**〔八・三一〇〇〕　百衲、毛、殿本「睢」作「睢」。

**命之曰以天下爲桎梏者**〔八・三一〇〇〕　王本「者」誤「告」。《治要》舊無「梏」字，下「桎梏」同。

**無他焉**〔八・三一〇〇〕　舊刻「他」作「它」。

**而人所徇者貴**〔八・三一〇〇〕❶　《治要》無「人」字。

**謂之爲桎**〔八・三一〇〇〕　百衲、中統、舊刻、游、王、柯、毛本同，《治要》同，各本「桎」下有「梏」字。

**不能督責之過也**〔八・三一〇〇〕　《治要》「能」作「知」。

**故商君之法**〔八・三一〇〇〕　各本「商」作「商」。

---

❶ 「人」下，原衍「之」字，據嘉業堂本删。

**刑棄灰於道者**〔八·三一〇〇〕 毛本無「者」字。《治要》「棄」作「弃」，下並同。

**庸人不釋**〔八·三一〇〇〕 《索隱》「不」作「弗」。

**鑠金百溢**〔八·三一〇〇〕 《索隱》同，各本「溢」作「鎰」。

**搏必隨手刑**〔八·三一〇一〕 游、正德本「搏」誤「摶」，下「則盗跖不搏百溢」同。

**盗跖不搏百**〔八·三一〇〇〕❶ 舊刻「跖」作「蹠」，「搏」誤「摶」，下並同。

**許慎曰**〔八·三一〇一〕 「慎」缺筆。

**泰山之高百仞而跛牂牧其上**〔八·三一〇一〕 《志疑》云：「《説文繫傳》『夌』字注引《史》曰『泰山之高，跛牂牧其上，夌稺故也』，與今本殊。」

**詩云牂羊墳首**〔八·三一〇一〕 「墳首」二字闕壞，正德本「墳」作「羵」。

**牝曰牂**〔八·三一〇一〕 舊刻、正德本「牝」誤「牡」，百衲「牂」誤「佯」。

**陗壍之勢異也**〔八·三一〇一〕 百衲、中統、舊刻、游、正德、凌、毛本同，《索隱》及南雍、李、程、殿本「陗」作「峭」，凌本旁注：「一作『峭』。」

**可不哀邪**〔八·三一〇一〕 中統、游、正德本「邪」作「耶」。

**諫説論理之臣閒於側**〔八·三一〇二〕 舊刻、游、正德本同，各本「閒」作「開」。

---

❶ 此條原在「搏必隨手刑」條上；「百」，原作「者」，並據嘉業堂本改。

**而脩其明法**〔八·三一〇二〕　舊刻、凌、毛、殿本「脩」作「修」，下「而脩商君之法」「法脩術明」「絜行脩善」「陰脩甲兵」「脩宗廟」，舊刻、毛、殿本作「修」，凌本作「脩」。

**必將能拂世摩俗**〔八·三一〇二〕　《索隱》「摩」作「磨」。

**困烈士之行**〔八·三一〇二〕　百衲、王、柯本「烈」作「列」。

**塞聰揜明**〔八·三一〇二〕　《治要》「揜」作「掩」。

**而內不可奪以諫説忿爭之辯**〔八·三一〇二〕　《治要》「辯」作「辨」。

**故能犖然獨行恣睢之心**〔八·三一〇二〕　各本「犖」作「犖」，《治要》同，此誤。

**而脩商君之法**〔八·三一〇二〕　《治要》「脩」作「修」，下同。

**未之聞也**〔八·三一〇二〕　《治要》「聞」作「有」。

**國家富則君樂豐**〔八·三一〇二〕　中統、游、正德本「豐」誤「豊」。

**二世悅**〔八·三一〇三〕　舊刻「悅」作「説」。

**若此則可謂能督責矣**〔八·三一〇三〕　《治要》無「督」字，瞿氏據宋本同，《札記》云：「前句，王本、《治要》皆無『責』字。」案《治要》前句有「責」字，無「督」字，王本前句「督」下有「責」字，後句無。

**若此可謂能督矣**〔八·三一〇三〕　中統本同，百衲、王、柯、南雍、秦、李、凌、程、毛、殿本「可」上有「則」字，《治要》同。舊刻、游、正德、南雍、李、凌、程、殿本「督」下有「責」字。

**揆一作撥也**〔八·三一〇三〕　毛本無「也」字。

**今上急益發繇**〔八·三一〇三〕 王、柯、南雍、凌、程、殿本無「益」字。

**君何不諫**〔八·三一〇三〕 南雍、程、殿本「諫」誤「見」。

**吾有所言者**〔八·三一〇四〕 《治要》作「吾所欲言者」。

**請爲君候上閒語君**〔八·三一〇四〕 《治要》「候」誤「侯」。

**於是趙高待二世方燕樂**〔八·三一〇四〕 舊刻、正德本「待」誤「侍」。

**吾常多閒日**〔八·三一〇四〕 殿本「常」作「嘗」。

**吾方燕私**〔八·三一〇四〕 《治要》「燕」作「宴」。

**夫沙立之謀**〔八·三一〇四〕 本「丘」誤「立」。

**公一作訟**〔八·三一〇四〕 舊刻同，百衲、中統、游、正德、王、柯、秦、凌、殿本「訟」下有「音私」二字。《札記》云：「『音松』，各本誤『私』，依《吴王濞傳》集解改。」

**文穎曰**〔八·三一〇五〕 南雍、毛、殿本「潁」作「穎」，是。

**布惠施德**〔八·三一〇四〕❶ 舊刻「布」作「市」。

**絜行脩善**〔八·三一〇五〕 《治要》「絜」作「潔」，「脩」作「循」。

---

❶ 「布惠施德」，原作「布德施惠」，據嘉業堂本改。

精廉彊力〔八・三一〇五〕《治要》「彊」作「强」。

貪欲無厭〔八・三一〇五〕《治要》「厭」作「饜」。

列勢次主〔八・三一〇五〕《治要》「列」作「烈」。

李斯拘執束縛〔八・三一〇五〕王、柯、凌本「執」誤「埶」。游本「縛」誤「縳」。

昔者桀殺關龍逢〔八・三一〇六〕中統、正德、王、秦本「逢」作「逄」。中統、游本「關」作「関」。

出令造事〔八・三一〇六〕本「令」誤「今」。

加費而無益於民利者禁〔八・三一〇六〕中統、舊刻本「加」作「如」，《札記》引吴校金板同。

麋鹿游於朝也〔八・三一〇六〕各本「麋」作「麋」。

貴斯與子由謀反狀〔八・三一〇六〕本「責」誤「貴」。

榜掠千餘〔八・三一〇六〕舊刻「榜」作「搒」，下「輒使人復榜之」同。

逮秦地之陝隘〔八・三一〇六〕南雍、李、程、殿本「陝」作「狹」。

先王之時〔八・三一〇六〕王、秦、毛本「王」誤「生」。

臣盡薄材〔八・三一〇六〕程本「薄」誤「簿」。

陰脩甲兵〔八・三一〇六〕舊刻、李、毛、殿本「脩」作「修」。

飭政教〔八・三一〇六〕百衲、中統、游、正德、王、柯、南雍、秦、李、凌、程、殿本「飭」作「飾」，舊刻作「餙」，毛本作「鍗」。

**罪一矣**〔八·三一〇六〕　游、正德本「矣」誤「也」。

**南定百越**〔八·三一〇六〕　舊刻「越」作「粵」。

**薄賦斂**〔八·三一〇七〕　中統本同，各本「斂」作「歛」。

**萬民戴主**〔八·三一〇七〕　百衲、舊刻、毛本「主」誤「王」。

**死而不志**〔八·三一〇七〕　各本「志」作「忘」，此誤。

**囚安得上書**〔八·三一〇七〕　王本「囚」誤「因」。

**論腰斬咸陽市**〔八·三一〇七〕　正德、南雍、秦、李、程、殿本「腰」作「腰」，《治要》同。

**吾欲與若復牽黄犬俱出上蔡東門**〔八·三一〇七〕　《類聚》九十五引「若」作「汝」，脱「上」字。

**乃召太卜令卦之**〔八·三一〇七〕　王本「卦」誤「封」。

**奉宗廟鬼神**〔八·三一〇七〕　《治要》「廟」作「庿」。

**當遠避宫以禳之**〔八·三一〇八〕　中統本「宫」誤「害」，舊刻、游、正德、王、南雍、秦、程、毛、殿本「禳」作「禳」，《治要》同。

**高即因劫令自殺**〔八·三一〇八〕　《治要》作「高劫令自殺也」。

**殿欲壞者三**〔八·三一〇八〕　中統、舊刻本「壞」誤「環」。

**乃召始皇弟授之璽**〔八·三一〇八〕　舊刻「召」作「詔」。

**自係其頸以組**〔八·三一〇八〕　正德本「係」作「繫」。

**斯知六蓺之歸**〔八·三一〇八〕　舊刻、程、毛、殿本「蓺」作「藝」。

**不務明政**〔八·三一〇八〕　毛本「務」誤「輔」。

**持爵禄之重**〔八·三一〇八〕　百衲、中統本無「之」字。

**乃與俗議之異**〔八·三一〇九〕　百衲、中統、柯、毛本同，各本「議」作「議」。

**斯之功且與周邵列矣**〔八·三一〇九〕　百衲、中統、南雍、毛本同，舊刻、游、正德、李、凌、程、毛、殿本「邵」作「召」，王、柯、秦本誤「劭」。《字類》四《補遺》引作「斯之功且周邵列」。

# 卷八八　蒙恬列傳第二十八

**取成皐滎陽**〔八·三一一三〕　百衲、中統、游、正德、王、柯、秦、凌本「成」作「城」。

**恬嘗學書獄典文學**〔八·三一一三〕　《索隱》無「典」字。

**蒙恬因家世得爲秦將**〔八·三一一三〕　毛本無「得」字。

**用制險塞**〔八·三一一四〕　百衲、中統、舊刻、游、正德、王、柯、秦、毛本同，各本作「用險制塞」。

**屬隴西**〔八·三一一四〕　舊刻「隴」作「壠」。

**透虵而北**〔八·三一一四〕　舊刻同，各本「虵」作「蛇」。

**爲宦者**〔八·三一一四〕　毛本「宦」誤「官」。

**當高罪死**〔八·三一一四〕　中統、游、正德本「罪死」作「死罪」，《札記》引吴校金板同。

**除其宦籍**〔八·三一一四〕　南雍、程、殿本「宦」誤「官」。

**乃使蒙恬通道**〔八·三一一五〕　舊刻「乃」作「迺」。

**少子胡亥**〔八·三一一五〕　王、柯、秦本「少」作「公」。

**中車府令趙高**〔八・三一一五〕　毛本「車」誤「軍」。程本「令」誤「命」。

**乃與丞相李斯公子胡亥**〔八・三一一五〕　舊刻「乃」作「迺」。凌、殿本「公」作「少」。

**趙高恐蒙氏復貴而用事**〔八・三一一五〕　百衲、王、柯、秦本脱「用」字。

**若知賢而愈不立**〔八・三一一六〕　《索隱》「愈不」作「俞弗」。

**燕王喜陰用荆軻之謀**〔八・三一一六〕　毛本「軻」誤「朝」。

**而倍秦之約**〔八・三一一六〕　毛本無「之」字，《札記》云：「蔡作『士』，蓋『㞢』之譌。」

**而主欲一旦棄去之**〔八・三一一六〕　舊刻、毛本「主」作「王」。

**獨智者不可以存君**〔八・三一一六〕　舊刻「智」作「知」。

**先主欲立太子**〔八・三一一六〕　舊刻「主」作「王」，下「以臣不能得先主之意」「夫先主之舉用太子」「爲羞累先主之名」「以不忘先主也」並同。

**以臣不能得先主之意**〔八・三一一六〕　中統、游、正德本「主」作「王」。

**則臣少宦**〔八・三一一七〕　舊刻、正德、秦本「宦」誤「官」。

**使臣得死情實**〔八・三一一七〕　毛本「實」作「寔」。

**遂殺之**〔八・三一一七〕　王、柯、秦本無「遂」字。

**然自知必死而守義者**〔八・三一一七〕　中統、舊刻、游、正德、毛本同，各本無「然」字。

**未離襁緥**〔八·三一一七〕 中統、游、正德本「緥」作「褓」。

**卒定天下**〔八·三一一七〕 毛本「定」上有「平」字。

**公旦自揃其爪**〔八·三一一七〕 百衲、游、王、柯、南雍、李、凌、程、殿本「旦」作「且」。舊刻、正德、秦、毛本「爪」作「爪」。

**孰謂周公旦欲爲亂乎**〔八·三一一八〕 毛本「謂」誤「爲」。

**一作辭**〔八·三一一八〕 舊刻「一」字空格，「辭」誤「亂」。

**桀殺關龍逢**〔八·三一一八〕 中統、游、正德本「逢」作「逄」。中統、游本「關」作「関」。

**則身死國亡**〔八·三一一八〕 南雍、李、程、殿本同，百衲、中統、舊刻、游、正德、王、柯、秦、凌、毛本作「身死則國亡」，凌本旁注：「一本作『則身死亡國』。」

**蒙恬喟然太息曰**〔八·三一一八〕 游、正德本「太」作「大」。

**城塹萬餘里**〔八·三一一八〕 中統、游本「萬」作「万」。

**此其中不能無絶地脈哉**〔八·三一一八〕 中統本「無」作「无」。

**行觀蒙恬所爲秦築長城亭鄣**〔八·三一一八〕 舊刻同，各本「鄣」作「障」。

**不以此時彊諫**〔八·三一一八〕 程本「彊」誤「疆」。

**務修衆庶之和**〔八·三一一九〕 舊刻無「務」字。

# 卷八九　張耳陳餘列傳第二十九

**父時故賓客**〔八・三一二二〕　殿本下有「抵，歸也，音丁禮反」七字，蓋誤以索隱爲集解。

**陳餘者**〔八・三一二二〕　各本提行，《漢書・張耳陳餘傳》同，毛本空一格。

**購求**〔八・三一二三〕❶　「購」缺筆，下同。

**陳中豪桀父老**〔八・三一二三〕　南雍、李、程本同，百衲、中統、舊刻、游、正德、王、柯、秦、凌、程、毛、殿本「桀」作「傑」，《班馬異同》八同。

**將軍身被堅執鋭**〔八・三一二三〕　柯、凌本「被」作「披」。

**自爲樹黨**〔八・三一二三〕　「樹」缺末點，下「田榮欲樹黨於趙以反楚」同。

**與衆則兵彊**〔八・三一二三〕　程本「彊」誤「疆」。

**據咸陽以令諸侯**〔八・三一二三〕　《異同》「據」作「㨿」，下「南據大河」「使張敖據天下」並同。

**以德服之**〔八・三一二三〕　中統本「服」作「報」，《札記》引吴校金板同。

---

❶ 此條原低一格，今改。

**知其豪桀及地形**〔八・三一二三〕　舊刻、殿本「桀」作「傑」。

**説其豪桀曰**〔八・三一二四〕　舊刻、正德、殿本「桀」作「傑」，下「豪桀皆然其言」同，《異同》同。

**至河北縣説之**〔八・三一二四〕　秦本「河北」誤「何諸」。

**北有長城之役**〔八・三一二四〕　舊刻、南雍、李、程、毛、殿本同，與《漢書》合，百衲、中統、游、正德、王、柯、秦、凌本「役」作「域」，《志疑》云：「别本『域』作『役』，與《漢書》同，湖本譌。」

**漢書音義曰**〔八・三一二四〕　殿本上有「駰案」二字，下兩引《漢書音義》，又引《漢書》，引《關中記》，又「張敖謚武侯」云云，並同。

**外内騷動**〔八・三一二四〕　舊刻「外内」作「内外」。

**頭會箕斂**〔八・三一二四〕　各本「斂」作「歛」，注同。

**將卒百萬**〔八・三一二四〕　游本「萬」作「万」，下「乃行收兵得數萬人」同。

**西擊秦**〔八・三一二四〕　舊刻「擊」下有「於」字，蓋涉下「於此時」而衍。

**李奇曰**〔八・三一二五〕　中統本「奇」誤「晉」，王本「李」上衍「相連」二字。

**君急遣臣**〔八・三一二五〕　中統本「君」誤「若」。

**足下必將戰勝然后略地攻得然后下城**〔八・三一二五〕　毛本下句「后」字與此同，各本二「后」字並作「後」。

**使驅馳燕趙郊**〔八・三一二五〕　舊刻、毛本「驅馳」作「馳驅」。

**怨陳王不用其筴**〔八・三一二六〕　正德本「筴」作「策」。

**又聞諸將爲陳王徇地**〔八・三一二六〕　程、殿本「徇」作「狥」，下「北徇燕代」，程本同。

**將軍今以二千人**〔八・三一二六〕❶　各本「二」作「三」，與前文「與卒三千人」合。

**介音戛**〔八・三一二六〕　秦本「戛」誤「憂」。

**將軍毋失時**〔八・三一二六〕　《異同》「將」上有「願」字，案《漢書》有。

**析薪爲廝**〔八・三一二七〕❷　秦本「析」誤「折」。

**豈欲爲卿相終已邪**〔八・三一二七〕　《異同》「邪」作「耶」，下「泄公耶」同。

**未敢參分而王**〔八・三一二七〕　中統本「未」誤「永」，《異同》「參」作「三」。

**此兩人名爲求趙王**〔八・三一二七〕　舊刻脱此句。

**况以兩賢王左提右挈**〔八・三一二七〕　毛本「左提右挈」作「右提左挈」，《札記》云：「蔡本、毛本『左』『右』互易。」

**至石邑**〔八・三一二八〕　凌本「石」誤「后」。

**竟殺武臣邵騷**〔八・三一二八〕　「竟」缺筆。

---

❶　此條原在「又聞諸將爲陳王徇地」條上，今移。

❷　「廝」，原作「炏」，據嘉業堂本改。

**而欲附趙難獨立立趙後**〔八·三一二八〕 《索隱》「獨立」下無「立」字，《漢書》「兩君羈旅，而欲附趙難，可獨立趙後，輔以誼」，不重「立」字。蓋此文「而欲附趙難」句，「獨立趙後」句，各本則以「獨立」屬上「難」字爲句也。

**往讓陳餘**〔八·三一二九〕 「讓」缺筆，下「責讓陳餘」「而陳餘還，亦望張耳不讓」並同。

**今必俱死**〔八·三一二九〕 秦本「今」誤「令」。

**張黶陳澤曰**〔八·三一二九〕 正德本「黶」誤「厴」，下「令張黶陳澤先嘗秦軍」「及問張黶陳澤所在」「張黶陳澤以必死責臣」並同。

**當是時**〔八·三一三〇〕 王、秦本脱「時」字。

**卒存鉅鹿者**〔八·三一三〇〕 中統本「存」誤「亡」。

**楚力也**〔八·三一三〇〕 毛本脱「也」字。

**張耳與陳餘相見**〔八·三一三〇〕 毛本「餘」誤「與」。

**臣聞天與不取**〔八·三一三〇〕 《異同》「與」作「予」。

**今陳將軍予君印**〔八·三一三〇〕 毛本同，《異同》同，各本「予」作「與」。

**之河上澤中魚獵**〔八·三一三〇〕❶ 各本「魚」作「漁」。

---

❶ 「之」，原作「去」，據嘉業堂本改。

**漢元年二月**〔八・三一三一〕　毛本「二月」作「十二月」。

**項羽亦素數聞張耳賢**〔八・三一三一〕　毛本「聞」誤「問」。

**陳餘客多説項羽曰**〔八・三一三一〕　毛本脱「客」字。

**徒故王王惡地**〔八・三一三一〕　各本「徒」作「徙」，此誤。

**曰漢王與我有舊故**〔八・三一三二〕　毛本脱「曰」字。

**羽既彊盛**〔八・三一三二〕　王、秦本「彊」作「强」。

**文潁曰**〔八・三一三二〕　中統本「潁」作「頴」，各本作「穎」，案當從禾作「穎」。

**善説星者甘氏也**〔八・三一三二〕　舊刻「星」字空格。

**留傅趙王**〔八・三一三二〕　中統、游、正德、王、秦本「傅」誤「傳」，《異同》同。

**而使夏説以相國守代**〔八・三一三二〕　中統、游本「國」作「国」，俗。

**一音丁禮反**〔八・三一三三〕　游、王、秦本「禮」作「礼」。

**趙王朝夕祖韝蔽**〔八・三一三三〕　百衲、游、正德、王、柯、南雍、秦、凌、程本「祖」誤「袓」。

**高祖箕倨詈**〔八・三一三三〕❶　《索隱》「倨」作「踞」，與《漢書》合，《札記》云：「舊刻『踞』。」案今所見舊刻本作

---

❶「詈」，原作「駡」，據嘉業堂本改。

「倨」。

**乃怒曰**〔八・三一三三〕　王、秦本脱「乃」字。

**音如孱湲之孱**〔八・三一三四〕　正德本二「孱」字誤「孱」。王本脱「之孱」二字。

**仁謹貌**〔八・三一三四〕　毛本「謹」誤「敬」。王本「貌」作「皃」，秦本誤「孱」。

**夫天下豪桀並起**〔八・三一三三〕　舊刻、秦、殿本「桀」作「傑」，《異同》同。

**張敖噐其指**〔八・三一三三〕　《索隱》無「其」字。

**秋毫皆高祖力也**〔八・三一三三〕　百衲、王、柯、秦、凌、毛本「毫」作「豪」，《異同》「毫」大書，「豪」細書，所據《史記》正作「毫」，與此本同。

**故欲殺之**〔八・三一三四〕　中統本「欲」誤「爲」。

**何乃洿王爲乎**〔八・三一三四〕　《索隱》「洿」作「汙」，合刻本《索隱》有「《漢書》作汙」四字，單本無。

**令事成歸王**〔八・三一三四〕　舊刻、程本「令」誤「今」。

**要之置**〔八・三一三四〕　《索隱》及毛本「置」下有「厠」字，《異同》「厠」字細書，則《漢書》文也。凌云：「按舊本『置』下有『厠』字，《漢書》亦有『厠』字。」

**於是上皆逮并捕趙王**〔八・三一三五〕　舊刻「并」作「並」，下「而并捕王」同。各本「逮」字在「并」字下。案「上皆逮」者，逮趙高等十餘人也，「並捕王」者，即下文所云「王實無謀而并捕王也」，此蜀本勝處，各本作「皆并逮捕」。

**皆争自剄**〔八・三一三五〕　中統、舊刻、游、正德本「剄」作「刎」。

**吏治榜笞數千刺剟**〔八・三一三五〕　秦本「千」誤「于」。

**今王已出**〔八・三一三六〕　秦本「今」誤「令」。

**乃仰絶肮遂死**〔八・三一三六〕　《索隱》「遂」作「而」，與《漢書》合。

**於是上賢張王諸客**〔八・三一三六〕　毛本「客」下重「客」字。

**及孝惠高后文帝孝景時**〔八・三一三六〕　王、秦本「高」誤「魯」。

**乃封張敖他姬子二人**〔八・三一三七〕　王、柯、秦、凌、毛本「乃」誤「及」。舊刻「他」作「它」。

**爲樂昌侯**〔八・三一三七〕　百衲、舊刻、毛本同，各本「爲」上有「壽」字。《札記》云：「警云：『據傳末集解，此句「壽」字，下句「侈」字，皆後人所增。』」

**漢紀張酺傳曰**〔八・三一三七〕　舊刻「紀」作「記」。

**食細陽之池陽鄉也**〔八・三一三七〕　舊刻、游、正德、柯本「池」誤「地」，王本誤「也」。

**莫非天下俊桀**〔八・三一三七〕❶　舊刻、秦、殿本「桀」作「傑」，《異同》同。

**豈非以利哉**〔八・三一三七〕　《索隱》出「勢利交」三字，云：「有本作『私利交』，《漢書》作『勢利』。」則此句本作「豈非以勢利交哉」，各本脱「勢」「交」二字。

---

❶「莫」，原作「無」，據嘉業堂本改。

# 卷九〇　魏豹彭越列傳第三十

**從項羽入關**〔八・三一四二〕　中統、游本「關」作「関」，下「項籍入關」同。

**高祖本紀曰**〔八・三一四三〕　殿本上有「駰案」二字，下「傅音附」同。

**河東太原上黨**〔八・三一四三〕　毛本脱「東」字，又「原」下衍「原」字。

**諸豪桀相立畔秦**〔八・三一四三〕　舊刻、秦、殿本「桀」作「傑」，《班馬異同》九同。

**亦効之**〔八・三一四三〕　正德、王、柯、南雍、秦、李、凌、程、殿本「効」作「效」，《異同》同。

**臣不願與諸君**〔八・三一四三〕　《異同》「君」下有「也」字，案《漢書》作「越謝不願也」，有「也」字。

**諸君彊以爲長**〔八・三一四三〕　程本「彊」誤「疆」。

**皆笑曰**〔八・三一四四〕　《異同》「笑」作「咲」。

**乃令徒屬**〔八・三一四四〕　秦本「徒」誤「徙」，下「徒屬皆大驚」同。

**沛公之從碭北擊昌邑**〔八・三一四四〕❶　中統本「北」誤「比」。

**毋所屬**〔八・三一四四〕　《異同》「屬」作「屬」。

**乃使曹咎守城臯**〔八・三一四五〕　南雍、李、程、殿本「城」作「成」。

**漢乃使人賜越將軍印**〔八・三一四四〕❷　《志疑》云：「案田榮使越反楚，印即榮賜之，項羽、高祖二《紀》可據，此『漢』字誤。」劉氏《刊誤》曰『不合有漢字』。」

**附音**〔八・三一四六〕　百衲同，各本作「音附」。凌、殿本「音」上有「傳」字。

**彭越乃悉引兵會垓下**〔八・三一四六〕　毛本「會」作「至」。

**高帝自往擊**〔八・三一四六〕　《異同》「擊」下有「之」字，案《漢書》有。

**使人讓梁王**〔八・三一四六〕　「讓」缺筆，下同。

**文穎曰**〔八・三一四七〕　百衲同，中統、舊刻、游、正德、王、柯、南雍、秦、凌、程、毛、殿本「穎」作「潁」，李本作「潁」，均非。

**廷尉王恬開**〔八・三一四七〕　舊刻、游、正德、李、凌、程本同，《異同》同，各本「開」作「闓」，中統本作「閧」。

**喋一作唼**〔八・三一四七〕　毛本同，各本「一」上無「喋」字。

---

❶ 「沛公」，原作「漢王」，據嘉業堂本改。

❷ 此條原在「附音」條下，今移。

**懷畔逆之意**〔八·三一四七〕《異同》「畔」作「叛」。

**不死而虜囚**〔八·三一四七〕百衲「囚」誤「因」。

**身被刑戮**〔八·三一四七〕舊刻「戮」作「僇」。

# 卷九一　黥布列傳第三十一

**布皆與其徒長豪桀交通**〔八·三一五一〕　舊刻、秦、李、凌本「桀」作「傑」。

**聚兵數千人**〔八·三一五二〕　南雍本脱「人」字，《考證》云：「監本脱『人』字，今添。」

**范曾爲末將**〔八·三一五二〕　百衲、中統、舊刻、游、王、柯、南雍、秦、毛本同，正德、李、凌、程本「曾」作「增」。

**悉屬宋義**〔八·三一五二〕　中統、舊刻、游本「屬」作「属」，下「諸將皆屬項籍」「皆屬布」，舊刻亦作「属」。

**項籍使布先渡河擊秦**〔八·三一五二〕　百衲、舊刻、毛本同，各本「渡」上有「涉」字。

**至關不得入**〔八·三一五三〕　中統、游本「關」作「関」，下同。

**徵兵九江**〔八·三一五三〕　「徵」缺筆，下注「一作徵」同。

**稱病不往**〔八·三一五三〕　程本「病」誤「兵」。

**遣將將數千人行**〔八·三一五三〕　百衲下「將」字作「軍」。

**數使使者誚讓**〔八·三一五三〕　「讓」缺筆。

**漢書音義曰**〔八·三一五三〕　殿本上有「駰案」二字，無「曰」字，下三引《漢書音義》，又「音埽」，又「一作徽」，又「往年前年同耳」云云，又引「桓譚《新論》」，❶又「娼，音冒」云云，並同。

**欲親用之**〔八・三一五三〕　舊刻無「親」字。

**可以百全**〔八・三一五四〕　毛本「百」作「萬」，注云：「一本作『百全』。」案各本無作「萬全」者，惟下文有「漢之取天下可以萬全」語耳。

**必以楚爲强**〔八・三一五四〕　王、柯、南雍、秦、李、凌、程、毛、殿本「强」作「彊」，下並同。毛本下句「必以楚爲强」亦作「强」。

**敬進書大王御者**〔八・三一五四〕　「敬」缺筆，下「故漢王敬使使臣」同。

**項王伐齊**〔八・三一五四〕　毛本誤重「項」字。

**音埽**〔八・三一五五〕　凌、殿本「音」上有「騷」字。

**還守成皐滎陽**〔八・三一五五〕　游本「滎」作「榮」，下同。

**深溝壁壘**〔八・三一五五〕　毛本「溝」誤「漢」。

**進則不得攻**〔八・三一五五〕　中統本「得」作「能」。

**退則不能解**〔八・三一五五〕　凌本「能」作「得」。

**大王發兵而倍楚**〔八・三一五五〕　中統、游、正德本「倍」作「背」。

---

❶ 「桓」，原作「植」，今改。

**漢王必裂地而分大王**〔八・三一五五〕　各本「分」作「封」。

**文穎曰**〔八・三一五六〕　百衲同，各本「穎」誤「潁」。

**而疾走漢并力**〔八・三一五六〕　舊刻「并」作「竝」。

**悔來**〔八・三一五六〕　舊刻「來」作「来」，下同。

**漢四年**〔八・三一五七〕　各本「四」作「五」，此誤。

**五年**〔八・三一五七〕　各本「五」作「六」，此誤。

**誘大司馬周殷**〔八・三一五七〕　「殷」缺筆，下同。

**候伺旁郡警急**〔八・三一五八〕　「警」缺「敬」末筆。

**欲有□會**〔八・三一五八〕　空格「所」字。

**迺厚餽遺**〔八・三一五八〕❶　舊刻「餽」作「饋」。

**一作徵**〔八・三一五八〕　中統、游、正德本「徵」下有「驗」字。

**上迺赦貰赫**〔八・三一五八〕　舊刻「赦」作「赦」。

**坑豎子耳**〔八・三一五八〕　舊刻「豎」作「竪」。

---

❶ 「餽」，原作「饋」，據嘉業堂本改。

**是故當反**〔八·三一五八〕 百衲、舊刻、毛本同，各本「故」作「固」。

**前年殺韓信**〔八·三一五九〕 毛本「殺」誤「擊」。

**此三人者**〔八·三一五九〕 舊刻同，各本「此」上有「言」字，《考證》云：「按『言』字疑衍，蓋從上『信』字譌寫也。」

**據敖倉之粟**〔八·三一五九〕 《索隱》「倉」作「庾」。

**桓譚新論曰**〔八·三一六〇〕 「桓」缺筆，王、秦本「譚」誤「潭」。

**趨作郢**〔八·三一六〇〕 中統、游、正德本「趨」作「趍」，下同。

**□吴楚**〔八·三一六〇〕 空格「取」字。

**據長沙以臨越**〔八·三一六〇〕 中統、游本「據」作「据」。

**布故麗山之徒也**〔八·三一五九〕 舊刻「麗」作「驪」。

**上曰善**〔八·三一五九〕 王、秦本「曰」誤「初」。

**布之初反**〔八·三一六〇〕 王、秦本「初」誤「夜」。

**使諸將諸將獨患淮陰彭越**〔八·三一六〇〕 百衲不重「諸將」二字。

**數止戰不利**〔八·三一六一〕 舊刻「止」誤「上」。

**將率封者六人**〔八·三一六二〕 中統、王、柯、秦、凌、殿本無「率」字。

**禍之興自愛姬殖妒媢生患竟以滅國**〔八・三一六二〕「竟」缺筆。《志疑》云：「《顔氏家訓・書證篇》云：『太史公論英布曰：「禍之興自愛姬，生於妒媢，以至滅國。」』『媢』當作『娼』，顔氏見本異。」

**音冒**〔八・三一六二〕中統、游、正德、王、柯、南雍、秦、李、凌、程、殿本「音」上有「娼」字。

# 卷九二　淮陰侯列傳第三十二

可推舉選擇〔八・三一六五〕　中統本脱「擇」字。

又不能治生商賈〔八・三一六五〕　中統、舊刻本「商」作「啇」。

下鄉縣屬淮陰也〔八・三一六五〕　中統、舊刻、游本「屬」作「属」，下「又屬項羽」，中統、游本同。

竟絶去〔八・三一六五〕　「竟」缺筆，下「竟漂數十日」「然竟以勝」並同。

有一母見信飢〔八・三一六五〕　《班馬異同》十「飢」作「饑」。

謂漂母曰〔八・三一六五〕　中統本「謂」誤「爲」。

於是信孰視之〔八・三一六六〕　舊刻「孰」作「熟」。

一市人皆笑信〔八・三一六六〕　《異同》「笑」作「咲」。

信杖劍從之〔八・三一六六〕　王、南雍、李、程、毛、殿本「杖」作「仗」。

戲一作麾〔八・三一六七〕　中統、游、正德本「麾」下衍「下」字。

大説之〔八・三一六七〕　殿本「説」作「悦」。

**文穎曰**〔八・三一六八〕　百衲、凌、毛本同，王本「文」誤「又」。各本「穎」誤「潁」，下同。

**擇良日齊戒**〔八・三一六八〕　百衲、南雍、程本同，各本「齊」作「齋」，《異同》同。

**乃韓信也**〔八・三一六八〕　王、秦、殿本無「韓」字，凌本旁注：「一本无『韓』字。」

**一軍皆驚**〔八・三一六八〕　「驚」缺「敬」末筆，下同。惟「壁皆漢赤幟，而大驚」，「驚」字不缺。

**豈非項王邪**〔八・三一六八〕　《異同》「邪」作「耶」，下「又可盡亨之邪」同。

**勇悍仁彊**〔八・三一六八〕　《異同》「彊」作「强」。

**惟信亦以爲大王不如也**〔八・三一六八〕　舊刻「惟」作「雖」。百衲、中統、游、王、柯、秦、凌、毛本無「以」字，凌本旁注：「一本『亦』下有『以』字。」《異同》「惟」作「唯」，《雜志》云：「『唯』讀爲『雖』。」《札記》云：「王本作『雖』。」案王本作「惟」不作「雖」。

**項王暗噁叱咤**〔八・三一六八〕　《異同》「噁」作「啞」。

**恭敬慈愛**〔八・三一六八〕　「敬」缺筆。

**音凶于反**〔八・三一六九〕　殿本上有「駰案」二字，下四引《漢書音義》，又「輕我伐我」云云，又引《魏都賦》，並同。

**印刓弊**〔八・三一六八〕　舊刻「弊」作「敝」，《異同》同。

**亦皆歸逐其主**〔八・三一六八〕　王、秦本「皆」誤「背」。

**特劫於威彊耳**〔八・三一六八〕　殿本「於」作「于」。

**何所不誅**〔八・三一六八〕　《索隱》無「所」字，下「何所不散」同，《雜志》云：「三『所』字皆後人所加，《漢書》《新序》並無三『所』字。」

**項王詐坑秦降卒二十餘萬**〔八・三一六八〕　毛本「詐」誤「誅」。

**秋豪無所害**〔八・三一六九〕　百衲、中統、游、正德、王、柯、秦本同，各本「豪」作「毫」，《異同》同。

**出關**〔八・三一六九〕❶　中統、游本「關」作「関」，下「即絶河關」「引兵出關」並同。

**齊趙亦反漢**〔八・三一七〇〕　百衲、舊刻、游、正德、毛本同，各本「亦」作「欲」，《雜志》云：「『欲反漢』當依宋本、游本作『亦』，『亦』者承上之詞，此時諸侯皆反漢而與楚，非欲反也。《漢書》正作『齊、趙、魏亦皆反，與楚和』。」

**益張旍旗**〔八・三一七〇〕　游、正德、凌、殿本「旍」作「旌」。

**陳船欲渡**〔八・三一七〇〕　《索隱》「渡」作「度」。

**廣武君李左車**〔八・三一七一〕　毛本「李」誤「季」。

**從間路絶其輜重**〔八・三一七一〕　舊刻「路」作「道」，《御覽》四百六十一引同。

**倍則戰**〔八・三一七二〕　各本「戰」下有「之」字，《雜志》云：「案宋本『戰』下無『之』字，是也，《太平御覽・兵部》一引《史記》無『之』字，《漢書》及《通典・兵》十三並同。」

---

❶「關」下，原衍「中」字，據嘉業堂本删。

**而輕來伐我**〔八・三一七二〕　毛本「輕」誤「聽」。殿本「而輕我伐我」下有集解云：「駰案，『輕我伐我』一本作『輕來伐我』。」各本無。

**未至井陘口三十里**〔八・三一七二〕　毛本「十」誤「千」。

**夜半傳發**〔八・三一七二〕　毛本脱「半」字。

**選輕騎二千人人持一赤幟**〔八・三一七二〕　王、秦本同，各本「幟」作「幟」，百衲、中統、游本不重「人」字。

**從閒道萆山**〔八・三一七二〕　各本「閒」作「間」，此誤。《索隱》「萆」作「卑」。

**依山目覆蔽**〔八・三一七三〕　本「自」誤「目」。

**令其裨將傳飱**〔八・三一七二〕　《索隱》「飱」作「湌」，《異同》作「餐」。

**服虔曰立駐傳飱食也**〔八・三一七三〕　百衲、舊刻、王、柯、秦、凌本「飱」作「湌」，殿本脱此九字。

**小飯曰飱**〔八・三一七三〕　百衲、中統、舊刻、游、正德、王、柯、秦、凌本「飱」作「湌」。

**佯應曰諾**〔八・三一七二〕　百衲、中統、游、王、南雍、李、毛、殿本「佯」作「詳」，秦本誤「祥」。

**先行出背水陳**〔八・三一七三〕　南雍、李、殿本「陳」作「陣」。

**詳棄鼓旗**〔八・三一七三〕　舊刻、正德、柯、李、凌本「詳」作「佯」，《異同》同。凌本「棄」作「弃」。中統、游、正德本「鼓旗」作「旗鼓」。

**逐韓信張耳**〔八・三一七三〕　秦本「逐」誤「遂」，下「共候趙空壁逐利」同。

**以爲漢皆已得趙王將矣**〔八・三一七三〕　中統、游、正德本「已」作「以」。

**徐廣曰泜音遲**〔八・三一七四〕　中統、游本「遲」作「遟」，王、柯、凌、殿本脱此條。

**購千金**〔八・三一七四〕　「購」缺筆。

**於是有縛廣武君而致戲下者**〔八・三一七四〕　舊刻、正德、王、秦本「縛」誤「縛」，《異同》同，下「信乃解其縛」，中統、舊刻、游、王、秦本亦誤「縛」。

**諸將效首虜畢賀**〔八・三一七四〕　百衲同，《異同》同，《索隱》及殿本「効」作「效」。各本「畢」上有「休」字。

**右倍山陵**〔八・三一七四〕　《異同》「倍」作「背」。

**然竟以勝此何術也**〔八・三一七四〕❶　舊刻「勝此」二字倒。

**此在兵法**〔八・三一七四〕　舊刻「在」作「皆」。

**臣聞敗軍之將**〔八・三一七四〕　中統、游本「軍」誤「君」。

**願効愚忠**〔八・三一七五〕　正德、凌、殿本「効」作「效」。

**莫不輟耕釋耒**〔八・三一七五〕　王、柯、秦本「不」作「敢」。

**恐滅亡不久故也**〔八・三一七六〕　舊刻「也」誤「亡」。

---

❶「術」，原作「故」，據嘉業堂本改。

**今將軍欲舉倦弊之兵**〔八・三一七五〕　舊刻「弊」作「敝」，南雍、李、程、殿本作「罷」。

**情見埶屈**〔八・三一七五〕　各本「埶」作「勢」。

**齊必距境以自强也**〔八・三一七五〕　王、柯、秦本脱「距」字。王本「境」作「竟」。南雍、李、凌、程、殿本「强」作「彊」，《異同》同。

**而後遣辯士**〔八・三一七五〕　《異同》「辯」作「辨」。

**楚數使奇兵**〔八・三一七六〕　王、柯、秦本脱「使」字。

**楚方急圍漢王於滎陽**〔八・三一七六〕　中統本「滎」誤「榮」，《異同》同。

**之宛葉間**〔八・三一七六〕　百衲、中統、游本「宛」作「苑」。

**走入成臯**〔八・三一七六〕　百衲、舊刻、南雍、李、程、毛本同，《異同》同，各本「成」作「城」，下「漢王出成臯」「傷成臯」同。《攷異》云：「『城』當作『成』。」下同。

**張耳軍脩武**〔八・三一七六〕　凌、程、毛本「脩」作「修」，《異同》同。

**謂趙人未嘗見發者**〔八・三一七七〕　中統、游、正德本「嘗」作「常」。

**反不如一豎儒之功乎**〔八・三一七七〕　「豎」缺筆，下「豎子不用臣之策」「如彼豎子用臣之計」並同。中統、舊刻、游本下二「豎」字作「竪」，《異同》並作「竪」。

**齊已聽酈生**〔八・三一七七〕　王本脱「酈」字。

**乃亨之**〔八・三一七七〕　舊刻、正德、凌本「亨」作「烹」，下並同，《異同》同。

**其鋒不可當**〔八·三一七七〕《異同》「當」下有「也」字，案《漢書》作「鋒不可當也」。

**佯不勝還走**〔八·三一七八〕南雍、程本「佯」作「詳」。

**遂追信渡水**〔八·三一七八〕百衲、中統、舊刻、游、正德、南雍、程、毛、殿本同，王、柯、秦、凌本無「信」字。

**水大至**〔八·三一七八〕《異同》「大」誤「天」。

**龍且軍太半不得渡**〔八·三一七八〕舊刻、王、柯、南雍、秦、凌、程、殿本「太」作「大」，《異同》同。

**龍且水東軍散走**〔八·三一七八〕毛本「散」作「敗」。

**齊僞詐多變反覆之國也**〔八·三一七八〕舊刻「覆」作「復」。

**相與勠力擊秦**〔八·三一七九〕舊刻、毛本同，各本「勠」作「戮」。

**參分天下王之**〔八·三一七九〕百衲、毛本同，各本「參」作「叁」，殿本作「三」，《異同》同。又「王」上有「而」字，案《漢書》作「三分天下而王齊」。

**臣事項王**〔八·三一七九〕《異同》「事」上有「得」字，案《漢書》有。

**予我數萬衆**〔八·三一七九〕毛本「予」作「與」。

**貴而不可言**〔八·三一八〇〕舊刻同，各本「而」作「乃」。

**蒯通曰**〔八·三一八〇〕《異同》「曰」上有「因」字，案《漢書·蒯伍江息夫傳》作「通因請閒曰」。

**俊雄豪傑**〔八·三一八〇〕南雍、程、殿本「傑」作「桀」。

**建號壹呼**〔八・三一八〇〕　舊刻「壹」作「一」。游、正德、王、柯、南雍、秦、程、殿本「建」作「連」，《異同》同，案《漢書》作「建」。

**其勢非天下之賢聖**〔八・三一八〇〕　舊刻「賢聖」作「聖賢」。

**縣於足下**〔八・三一八〇〕　「縣」缺末點。

**効愚計**〔八・三一八〇〕　凌、殿本「効」作「效」。

**參分天下**〔八・三一八〇〕　百衲、正德、毛本同，中統、游、王、柯、南雍、秦、程本「參」作「叁」，舊刻、凌、殿本作「三」，《異同》同。

**據强齊**〔八・三一八一〕　游、正德、王、柯、南雍、秦、凌、程、毛、殿本「强」作「彊」，《異同》同。

**割大弱强**〔八・三一八一〕　百衲、中統、舊刻、游、正德、毛本同。各本「强」作「彊」，《異同》同。

**懷諸侯之德**〔八・三一八一〕　《雜志》云：「此當從游本作『懷諸侯以德』。」《札記》云：「游本『以』，各本譌『之』。」案游本作「之」不作「以」。游據中統本，中統本亦作「以」，蓋王氏誤記，張氏承用其説耳。

**深拱揖讓**〔八・三一八一〕　「讓」缺筆，下同。

**蓋聞天與弗取**〔八・三一八一〕❶　中統、舊刻、游、正德本「蓋」作「盖」，《異同》同，下「而功蓋天下者不賞」同。

**願足下孰慮之**〔八・三一八一〕　舊刻、游、正德、殿本「孰」作「熟」。

---

❶「弗」，原作「不」，據嘉業堂本改。

**韓信曰漢王遇我甚厚**〔八・三一八一〕　毛本無「韓」字，《札記》引宋本同。

**奉項嬰頭**〔八・三一八一〕　《異同》「項」作「頊」。

**今□□□震主之威**〔八・三一八二〕　空格「足下戴」三字，王、秦本「戴」作「載」，《異同》同。

**不過一二石耳**〔八・三一八三〕　中統、游、正德本「不」誤「又」。

**一説一儋與一斛之餘**〔八・三一八三〕　毛本無「與」字。

**闕卿相之位**〔八・三一八二〕　百衲、毛本同，舊刻「闕」誤「關」，各本作「闚」，《異同》同。

**審豪氂之小計**〔八・三一八二〕　百衲、中統、游、王、柯本「氂」作「釐」。

**時乎時不再來**〔八・三一八三〕　舊刻、毛本「不」上有「乎」字。

**已佯狂爲巫**〔八・三一八三〕　百衲、舊刻、正德、柯、秦、凌本同，《異同》同，中統、游、王、南雍、程、毛、殿本「佯」作「詳」，注同，正德本注亦作「詳」。

**漢王之困固陵**〔八・三一八三〕　《異同》「困」下有「敗」字，案《史》作「困」，《漢》作「敗」，《異同》二字連文，非。

**令出胯下者**〔八・三一八四〕　南雍、程、殿本「胯」作「袴」。

**東海昫縣**〔八・三一八四〕　游、正德、柯、凌、毛、殿本「昫」作「朐」，舊刻誤「�」。

**家在伊盧**〔八・三一八四〕　《攷異》云：「按《漢書・郡國志》作『伊盧』，注引《史記》亦作『盧』字，『廬』『盧』古通用，今江西廬陵縣土人讀如『盧』音。」

**行縣邑**〔八・三一八四〕　毛本「縣」下衍「鄉」字。

**吾將游雲夢**〔八・三一八四〕　《書鈔》一百三十九引「游」上有「南」字。

**信弗知**〔八・三一八四〕　《書鈔》引作「上行未知」。

**謁高祖於陳**〔八・三一八四〕　《書鈔》引作「楚王信郊迎道中」。

**上令武士縛信載後車**〔八・三一八四〕　《書鈔》引作「高帝顧其武士，見信即縛之」，「後」作「后」。

**信曰**〔八・三一八四〕　《書鈔》引「曰」上有「呼」字。

**狡兔死**〔八・三一八四〕　《索隱》「狡」作「郊」，云：「郊，音狡。」則所據本是「郊」字，《攷異》云：「小司馬本『狡』作『郊』，與《吴越春秋》同。」

**良狗亨**〔八・三一八四〕　游、正德本「良」作「走」，《異同》同。正德、凌本「亨」作「烹」。《書鈔》引下「我固當亨」，亦作「烹」。

**仰天嘆曰**〔八・三一八五〕　王、柯、南雍、秦、凌、程、毛、殿本「嘆」作「歎」，《異同》同。

**公之所居**〔八・三一八五〕　舊刻同，與《漢書》合，各本無「之」字。

**漢十年**〔八・三一八五〕　舊刻同，各本「十」下衍「一」字。

**茀擧兵**〔八・三一八五〕　南雍、程本同，殿本「茀」作「弟」，各本作「第」。

**待豨報**〔八・三一八六〕　百衲「報」誤「赦」。

**信囚欲殺之**〔八·三一八六〕　程本「囚」誤「因」。

**乃與蕭相國謀**〔八·三一八六〕　《異同》「乃」字細書，案各本均有。

**强入賀**〔八·三一八六〕　王、柯、秦、凌、毛本「强」作「彊」，《異同》同。

**斬之長樂鍾室**〔八·三一八六〕❶　凌本「鍾」作「鐘」，《異同》同。

**信方斬**〔八·三一八六〕　王、柯、南雍、秦、凌、程本「斬」下衍「之」字，《志疑》云：「《史詮》謂宋本無『之』字，是也，《漢書》無。」

**若教淮陰侯反乎**〔八·三一八六〕❷　《類聚》九十四引作「若何教韓信反」。

**秦之綱絶而維弛**〔八·三一八六〕　百衲、毛本同，各本「綱」作「網」。

**英俊烏集**〔八·三一八六〕　舊刻「烏」誤「鳥」。

**跖之犬吠堯**〔八·三一八六〕　舊刻「跖」作「蹠」。

**夷滅宗族**〔八·三一八七〕　百衲「滅」作「威」。

---

❶ 此條原在「信方斬」條下，管氏分别於其上批「下」「上」二字，並畫綫乙正。

❷ 「淮陰侯」，原作「韓信」，據嘉業堂本改。

# 卷九三　韓信盧綰列傳第三十三

**韓信盧綰列傳第三十三**〔八・三一九一〕　《索隱》及百衲、舊刻本同，各本「韓」下有「王」字。

**徐廣曰一云信都**〔八・三一九一〕❶　舊刻「曰」誤「口」，「一」字空格。

**孺子爲孽**〔八・三一九一〕　百衲同，各本「孺」作「孺」。

**及其鋒東鄉**〔八・三一九二〕　《索隱》「鄉」作「鄉」。

**文穎曰**〔八・三一九二〕　百衲、毛本「穎」作「穎」，各本誤「潁」，中統本誤「頴」。

**迺令故項籍游吴時**〔八・三一九二〕　中統本「令」誤「念」。

**竟從擊破項籍**〔八・三一九二〕　「竟」缺筆，下「高后竟崩」同。

**王潁川**〔八・三一九二〕　中統、舊刻、游、正德、程本「潁」誤「穎」。

**迺詔徙韓王信王太原**〔八・三一九三〕　中統本「太」作「大」。

---

❶「云」，原作「名」，據嘉業堂本改。

**被音被馬也**〔八・三一九三〕　殿本「也」作「反」。

**信乃徙治馬邑**〔八・三一九三〕　殿本「治」誤「泊」。

**使人責讓信**〔八・三一九三〕　「讓」缺筆。

**曼丘臣**〔八・三一九四〕　凌、程、毛本「曼」作「曼」。

**復破之**〔八・三一九四〕　百衲「復」上有「后」字，各本「復」上有「後」字，《雜志》云：「『復』上不當有『後』字，『後』即『復』之誤也。今作『後復破之』者，一本作『復』，一本作『後』，而後人誤合之耳，《漢書・韓王信傳》無『後』字。」案此本無「後」字，與《漢書》合。

**匈奴復聚兵樓煩西北**〔八・三一九四〕　毛本「煩」誤「頓」。

**匈奴常敗走**〔八・三一九四〕　中統、游、正德本「常」作「嘗」。

**白登臺名**〔八・三一九五〕　中統本「臺」作「邑」。

**漢書音義曰**〔八・三一九五〕　殿本上有「駰案」二字，下兩引《漢書音義》，一引《地理志》，並同。

**無雜仗也**〔八・三一九五〕　百衲、舊刻、毛本同，各本「仗」作「杖」。

**請令强弩**〔八・三一九四〕　王、柯、南雍、秦、凌、程、毛、殿本「强」作「彊」。

**説誤陳豨**〔八・三一九五〕　百衲、正德本同，各本「豨」作「豨」，下並同。

**故韓王信復與胡騎入居參合**〔八・三一九五〕　百衲無「信」字。

**鄧展曰柴武也**〔八・三一九六〕　百衲、舊刻、毛本同，各本「武」作「奇」。案《索隱》云：「應劭云：『柴武，鄧展云柴奇。』」則鄧注作「奇」，其作「武」者，後人以應注改之也。

**文穎曰**〔八・三一九六〕　百衲同，各本「穎」誤「潁」。

**盲者不忘視也**〔八・三一九五〕　舊刻「者」作「人」。

**柴將軍屠參合**〔八・三一九五〕　王、柯、秦本「參」作「叁」。

**在匈奴地**〔八・三一九六〕　中統、毛本「地」誤「也」。

**韓大子亦生子**〔八・三一九六〕　各本「大」作「太」。

**嬰孫以不敬失侯**〔八・三一九六〕　「敬」缺筆，注同。

**説孫曾**〔八・三一九六〕　《索隱》「曾」作「增」，毛本誤「會」。

**迺使盧綰别將**〔八・三一九八〕　百衲「迺」誤「曰」。

**從擊燕王臧荼**〔八・三一九八〕　王、南雍、秦、李本「荼」誤「茶」，下並同。

**爲群臣觖望**〔八・三一九八〕　舊刻「觖」作「觖」，注同。

**觖音辭別之訣**〔八・三一九八〕　舊刻「辭」作「決」，當從之。王、秦本「決」誤「抉」，柯、凌、殿本作「訣」。

**觖謂相觖而怨望也**〔八・三一九八〕　殿本「相觖」作「相抉」。

**迺下詔**〔八・三一九八〕　中統、游、正德本「迺」作「乃」，下「迺赦趙代吏人」同。

**公等欲急滅狶等狶等已盡**〔八・三一九九〕　舊刻、毛本同，各本不重「狶等」二字。《札記》云：「毛本重『狶等』二字，各本無。」

**迺詐論他人**〔八・三一九九〕　舊刻「他」作「它」。

**上又使辟陽侯審食其**〔八・三一九九〕　百衲、王、柯、秦、凌、殿本脱「審」字。

**居長城下候伺**〔八・三一九九〕　王、秦本「伺」誤「同」。

**亡入□□□奴以爲東胡盧王**〔八・三一九九〕　空格「匈奴匈」三字。

**爲東胡主來降也**〔八・三二〇〇〕❶　各本「主」作「王」。

**東胡烏九也**〔八・三二〇〇〕　舊刻「九」作「凡」，各本作「丸」，是。

**封爲亞谷侯**〔八・三二〇〇〕　百衲「封爲」二字倒。

**亞一作惡**〔八・三二〇〇〕　毛本同；百衲無「亞」字，「惡」下有「也」字；各本作「亞，一作『惡』也」。

**陳狶者**〔八・三二〇〇〕　百衲本不提行，各本提。

**封狶爲列侯**〔八・三二〇〇〕　凌本「列」誤「烈」。

**監趙代邊兵**〔八・三二〇〇〕　舊刻無「趙」字。

---

❶「來」，原作「耒」，據嘉業堂本改。

**及高祖七年七月**〔八・三二〇一〕　殿本「七」作「十」，《考證》云：「按《高紀》十年七月太上皇崩，八月陳豨反，《韓信傳》亦云『漢十年信令王黄等説誤陳豨』，❶《田叔傳》亦云『陳豨反代，漢十年高祖往誅之』。」《志疑》云：「『七年』乃『十年』之誤。」

**自立爲代王**〔八・三二〇一〕　百衲、中統、舊刻、正德本同，《札記》引吴校金板同，各本「代」作「大」，陳子龍云：「本『代王』，譌爲『大』者，北音相譌也。」案此與百衲諸本作「代」，與《漢書》合。

**見四人**〔八・三二〇一〕　各本無「見」字。

**上慢罵曰**〔八・三二〇一〕　舊刻「慢」作「謾」，「曰」誤「四」。

**豎子能爲將乎**〔八・三二〇一〕　「豎」缺筆。

**吾以羽檄徵天下兵**〔八・三二〇一〕　「徵」缺筆。

**魏武帝奏事曰**〔八・三二〇一〕　舊刻「奏」作「志」。

**今邊有小警**〔八・三二〇一〕❷　「警」缺「敬」末筆。王、南雍、秦、李、殿本「今」作「令」。舊刻「小」作「二」。

**非羽檄之意也**〔八・三二〇一〕　百衲、南雍、李、毛本同，王、柯、秦、凌、程、殿本「非」作「飛」。舊刻「羽

---

❶ 「説誤」，原作「誤説」，據殿本《考證》乙正。

❷ 「警」，原作「驚」，據嘉業堂本改。下一「警」字同此。

檄」作「矩侈」。中統、游、正德本「羽」誤「取」。游、正德本「檄」誤「侈」。

**取其急速若飛鳥也**〔八·三二〇二〕 舊刻無「取」字。

**以慰趙子弟**〔八·三二〇一〕 舊刻「以」上有「不」字，王、南雍、秦、李、程、殿本「慰」作「尉」。

**迺各以千金購黄臣等**〔八·三二〇一〕 「購」缺筆，下同。

**破豨將張春于聊城**〔八·三二〇二〕 舊刻「于」作「後」。

**迺立子恒爲代王**〔八·三二〇二〕 「恒」缺筆。

**内見疑强大**〔八·三二〇三〕 百衲、中統、舊刻、游、正德、毛本同，各本「强」作「彊」。

**是以日疏自危**〔八·三二〇三〕 中統本「日」誤「自」，毛本「自」作「事」，涉下句「事窮智困」而誤。

**夫計之生孰成敗於人也深矣**〔八·三二〇三〕 舊刻「孰」作「熟」。

## 卷九四　田儋列傳第三十四

**故齊王田氏族榮**〔八・三二〇七〕　各本「榮」作「也」，此本「榮」字有剜補，痕甚淺，人因「也」字缺而妄補之也。

**榮弟田横**〔八・三二〇七〕　中統、游本「横」作「撗」，下並同。

**佯爲縛其奴**〔八・三二〇七〕　舊刻、正德、柯、凌本同，各本「佯」作「詳」。

**古殺奴婢**〔八・三二〇七〕　秦本「古」誤「右」。

**故詐縛奴**〔八・三二〇七〕　毛本「詐」作「詳」，《札記》云：「宋作『詐』，各本作『詳』。」案此本與百衲、舊刻、中統、游、正德、王、柯、南雍、秦、李、凌、程、徐、殿本並作「詐」，其作「詳」者，獨一毛本耳。蓋注以「詐」釋「佯」，毛本作「詳」，亦「詐」之誤，故各本别無作「詳」者，何概云「各本作『詳』」耶？

**𠫪古之建國**〔八・三二〇七〕　百衲、中統、舊刻、游、王、柯、秦本同，各本「𠫪」作「齊」，下「田儋因發兵東略定𠫪地」「𠫪王田榮兵敗」並同。《札記》出「𠫪士」二字，下云：「宋、中統、舊刻、游、王、柯本並作『𠫪』。」案《史》無「𠫪士」之文，當是「𠫪古之建國」五字，「古」誤爲「士」，又脱「之建國」三字。

**大破齊楚軍**〔八・三二〇八〕　百衲、舊刻、毛本同，殿本「齊楚軍」作「魏軍」，各本作「齊魏軍」。

**東走東阿**〔八・三二〇八〕　百衲、舊刻、游、正德、毛本同此，各本「走」上無「東」字。

**今田假田角田閒**〔八・三二〇八〕　毛本「今」誤「則」。

**文潁曰**〔八・三二〇九〕❶　百衲、凌、毛本「潁」作「穎」，各本誤「頴」。

**迺釋齊而歸**〔八・三二一〇〕❷　《索隱》「釋」作「醳」。

**酒**〔八・三二一一〕　舊刻「酒」誤「洒」。

**而亨酈生**〔八・三二一一〕　舊刻、正德、柯、秦、凌、徐本「亨」作「烹」，下「臣亨陛下之使酈生」「且吾亨人之兄」並同，❸李本此文作「烹」，下二「亨」字作「亨」不作「烹」。

**破殺龍且**〔八・三二一一〕　中統「破殺」作「殺破」，《札記》引吴校金板同。

**居𡷫中**〔八・三二一一〕　百衲同，各本「𡷫」作「島」，下及注同，《字類》三引作「嶋」。

**今聞其弟酈商**〔八・三二一一〕　中統本「商」作「啇」，下同。

**與其弟併肩而事其主**〔八・三二一二〕　舊刻「併」作「並」。

**遂自剄**〔八・三二一二〕　舊刻「剄」作「刎」，下「皆自剄，下從之」同。

**兄弟三人更王**〔八・三二一二〕　游、正德本「三」作「二」。

---

❶ 此條原在「今田假田角田閒」條上，今移。

❷ 「齊」，原作「秦」，據嘉業堂本改。

❸ 「陛」，原作「生」，據嘉業堂本改。

**迺大驚**〔八·三三一三〕「驚」缺「敬」末筆。

**於是迺知田横兄弟能得士也**〔八·三三一三〕　中統、游、正德本「迺」作「乃」。

**號爲儁永**〔八·三三一三〕　中統、游本「號」作「号」。

**永一作求**〔八·三三一三〕　舊刻「一」字空格。

**安期生嘗干項羽**〔八·三三一三〕　秦本「干」誤「于」。

**項羽不能用其筴**〔八·三三一三〕　正德本「筴」作「策」。

**無不善畫者莫能圖**〔八·三三一三〕　《索隱》出「無不善畫者莫圖何哉」九字，❶《雜志》引「無不」作「不無」，謂：「今本『不無』作『無不』，乃後人依誤本改之。」案《索隱》以「天下非無善畫者」釋「無不善畫者」，則「無不」當作「不無」自無可疑，今單本《索隱》與各本同誤。

---

❶「何哉」，原脱，據汲古閣本補。

# 卷九五　樊酈滕灌列傳第三十五

**初從高祖起豐**〔八·三二一五〕　舊刻「豐」誤「豊」，下同。

**與司馬尼戰碭東**〔八·三二一五〕　舊刻、毛本同，百衲「尼」作「𡰥」，《班馬異同》十一同，各本作「尼」，《志疑》云：「『尼』當作『𡰥』。」

**文穎曰**〔八·三二一六〕　此篇四引文穎說，前兩引作「頴」，後兩引作「穎」，作「穎」是也。百衲並作「穎」，中統、舊刻、游、正德、王、柯、南雍、秦、李、程並作「頴」；❶凌本前作「穎」，後作「頴」；毛本前作「頴」，後作「穎」。

**即公大夫爵第七**〔八·三二一六〕　百衲「第」作「弟」，各本作「第」。

**復常從從攻城陽**〔八·三二一五〕　《異同》不重「從」字。

**下户牖**〔八·三二一五〕　舊刻「牖」誤「牗」。

**賜上間爵**〔八·三二一五〕　《索隱》「間」作「聞」，與《漢書》合。《志疑》云：「各本誤『間』字。」

---

❶「作」，原無，據上下文補。

天子賞文侯以上間爵〔八・三三一七〕　王本「天」誤「大」，「間」誤「問」。

河間守軍於杠里〔八・三三一六〕　各本「杠」作「扛」，《異同》誤「杜」。

斬候一人〔八・三三一六〕　《異同》「候」作「侯」，下細書「候」字，則作「候」者《漢書》也。

捕虜二十七人〔八・三三一六〕　中統、游、正德本「七」作「一」，《札記》引吴校金板同，《異同》同。

攻宛陵〔八・三三一六〕　百衲「宛」作「苑」。

賜重封〔八・三三一六〕　舊刻「封」作「爵」。

亞父謀欲殺沛公〔八・三三一八〕　凌本「父」誤「夫」。

項伯常肩蔽之〔八・三三一八〕　中統、舊刻、游、正德本「之」字作「沛公」二字，《異同》大書「沛公」，細書「之」字，是《史》作「沛公」，《漢》作「之」字也。

時獨沛公與張良得入座〔八・三三一八〕　中統、游、正德本無「獨」字。

漢書音義曰〔八・三三一九〕　凌、殿本上有「騆案」二字，下三引《漢書音義》，又「𩢻，音胎」，並同。

音撞鍾〔八・三三一九〕　中統、凌本「鍾」作「鐘」，舊刻誤作「撞，音鐘」。

一本立帷下〔八・三三一九〕　南雍、李、程本「立」誤「作」。

沛公參乘樊噲〔八・三三一八〕　舊刻「參」作「驂」。

是日微樊噲犇入營〔八・三三一九〕　程本「犇」作「奔」，《異同》同。

誚讓項羽〔八・三三一九〕《索隱》「誚」作「譙」。

立沛公爲漢王〔八・三三一九〕《異同》脱「公」字。

從攻雍斄城〔八・三三一九〕毛、殿本「斄」作「氂」，注同。

音胎〔八・三三二〇〕百衲、舊刻、毛本同，各本「音」上有「斄」字。

陷陣〔八・三三一九〕《異同》「陣」作「陳」。

虜二十人〔八・三三一九〕毛本「十」作「千」。

從擊秦軍騎壤東〔八・三三一九〕凌本「軍」作「車」，旁注：「一本『車』作『軍』。」

擊破王武程處軍於外黄〔八・三三二〇〕中統本「黄」誤「革」。

虜荼〔八・三三二一〕百衲、舊刻本無此二字。

因擊陳豨與𣋲丘臣軍〔八・三三二二〕百衲同，各本「豨」作「狶」，下並同。凌、程本「𣋲」作「曼」，注同，《異同》同，殿本亦作「𣋲」，《字類》四《補遺》引作「𣋲」。

害義謂之殘〔八・三三二三〕舊刻「害」作「賊」。

破得綦毋卬尹潘軍於無終廣昌〔八・三三二二〕百衲、舊刻、正德、南雍、秦、李、凌本同，《異同》同。中統、游、王、柯本「卬」誤「卯」，秦、殿本誤「卭」，程本誤「印」。

因擊韓信軍於參合〔八・三三二二〕王、柯、南雍、秦、李、凌、程、殿本「參」作「叅」，《異同》作「条」。

將軍太僕解福等十人〔八・三二二二〕　南雍、李、程、毛本同，與《漢書》合。百衲、舊刻、中統、游、正德、王、柯、秦、凌、殿本「太僕」上衍「太卜」二字，《異同》同，程本「太僕」作「大僕」。

高帝笑而起〔八・三二二三〕　《異同》「笑」作「咲」。

乃復封噲他庶子市人爲舞陽侯〔八・三二二四〕　舊刻「他」作「它」，下「子他廣代侯」及注同。

曲周侯酈商者〔八・三二二五〕　中統本「商」作「啇」，下並同。

屬沛公於岐〔八・三二二五〕　中統、游、南雍、程、殿本同，各本「岐」作「歧」，《異同》同。

別將攻旬關〔八・三二二五〕　柯本「旬」誤「洵」，注同，凌本旁注「一作『洵』」。

將軍烏氏〔八・三二二六〕　《索隱》「烏」作「焉」。

音支〔八・三二二六〕　凌本上有「駰案」二字，殿本脱此條。

駔一作駃〔八・三二二六〕　程本「駔」誤「驅」。

賜食邑武成六千户〔八・三二二六〕　《異同》「成」作「城」。

益食邑四千户〔八・三二二六〕　《異同》「益食」二字倒。

先登陷陣〔八・三二二六〕　中統、游、正德本「陣」作「陳」，《異同》同，又下「陷陣卻敵」同。

以將軍爲太上皇衛〔八・三二二七〕　《異同》「太」作「大」。

以右丞相擊陳豨〔八・三二二七〕　百衲、毛本同，各本「豨」作「狶」，下同。

**故與出游**〔八・三二二八〕《異同》「游」作「遊」。

**雖權吕禄以安社稷**〔八・三二二八〕 各本「權」作「擢」。

**音舒**〔八・三二二八〕 凌本上有「裴駰曰俞」四字，殿本有「駰案俞」三字，中統、游、正德、南雍、李、程本有「俞」字。

**滅趙王自殺**〔八・三二二八〕 百衲無「自」字。

**寄欲取平原君爲夫人**〔八・三二二八〕 舊刻無「取」字。

**景帝乃以商他子堅**〔八・三二二八〕 舊刻「他」作「佗」，下注同。

**故與降也**〔八・三二三〇〕 中統本「與」作「与」。

**竟載之徐行**〔八・三二三〇〕「竟」缺筆，下「竟高祖崩」同。

**面雍樹乃馳**〔八・三二三〇〕「樹」缺筆，注五「樹」字同。

**蘇林口**〔八・三二三一〕「口」本「曰」字。

**似懸樹也**〔八・三二三一〕「懸」缺「縣」末點。

**而致孝惠魯元於豐**〔八・三二三一〕 舊刻「致」作「置」。

**復爲太僕**〔八・三二三二〕 王、秦本「太」作「大」。

**子夷侯竈立**〔八・三二三二〕《異同》「竈」誤「竈」。

**坐與父御婢姦罪**〔八・三二三二〕《異同》「姦」作「奸」。

**潁陰侯灌嬰者**〔八・三二三三〕李本「陰」誤「侯」。

**睢陽販繒者也**〔八・三二三三〕❶南雍本「者」誤「是」。

**擊降殷王**〔八・三二三三〕「殷」缺筆。

**魏相項他**〔八・三二三三〕中統、游、正德本「他」作「佗」，此本下「虜柱國項佗」亦作「佗」。

**軍定陶南**〔八・三二三三〕王、柯、秦本「定」誤「走」。

**軍於滎陽**〔八・三二三四〕柯本「滎」作「榮」。

**皆推故秦騎士**〔八・三二三四〕中統本「故」誤「其」。

**所將卒斬樓煩將伍人**〔八・三二三四〕百衲、王、柯、秦本同，各本「伍」作「五」。

**連尹二人**〔八・三二三四〕《札記》云：「舊刻『二』作『一』。」案今所見舊刻本亦作「二」。

**擊王武別將桓嬰白馬下**〔八・三二三四〕「桓」缺筆。

**以騎度河南**〔八・三二三四〕舊刻、王、柯、南雍、秦、凌、程、殿本「度」作「渡」，《異同》作「度」，下「嬰度淮北」同。

---

❶「販」，原作「賣」，據嘉業堂本改。

**還至敷倉**〔八・三二三四〕　百衲、柯本同，各本「敷」作「敖」。

**攻龍且留公於高密**〔八・三二三五〕　百衲、舊刻、王、柯、南雍、秦、李、凌、程、毛、殿本同，《索隱》「於」作「族」，云：「留，縣。令稱公。族，其名也。」中統、游、正德本「於」上有「旋」字。

**生得右司馬連尹各一人**〔八・三二三五〕　中統本「一」作「二」。❶

**盡降其城邑**〔八・三二三五〕　中統本「城」誤「殘」。

**嬰度淮北**〔八・三二三六〕　舊刻、殿本「度」作「渡」。

**虜柱國項佗**〔八・三二三六〕　毛本「佗」誤「陀」。

**苦縣有頤鄉**〔八・三二三六〕　毛本「鄉」誤「縣」。

**㠯車騎將軍**〔八・三二三七〕　中統、柯、毛本同，王、秦本「㠯」誤「臣」，各本作「以」。《札記》云：「宋本、中統、游、王、柯、毛並作『目』。」案柯、毛本作「㠯」，非作「目」，游本作「以」，亦不作「目」，張氏失檢。

**從還軍東垣**〔八・三二三七〕　《異同》「垣」誤「恒」。

**得將軍一人**〔八・三二三八〕　各本「一」作「二」。

**風齊王㠯誅吕氏事**〔八・三二三八〕　百衲、中統、王、柯、南雍、秦、李、毛本同，舊刻、正德、凌、毛、殿本「㠯」作「以」，游本誤「臣」。

---

❶ 「一作二」，原作「二作一」，據中統本改。

**子强代侯**〔八・三二三九〕　王、柯、南雍、秦、李、程、殿本「强」作「彊」，《異同》此文作「强」，下「强有罪絶」作「彊」。

**十三年**〔八・三二三九〕　百衲、中統、舊刻、毛本同，與《史》《漢》表合，各本「三」誤「二」。

**垂名漢庭**〔八・三二三九〕　舊刻「庭」作「廷」。

# 卷九六　張丞相列傳第三十六

**万版也**〔八・三三四三〕　本「方」誤「万」。

**解衣伏質**〔八・三三四三〕　《班馬異同》十二無「衣」字。

**遂從西入武關**〔八・三三四三〕　中統、游本「關」作「関」，下並同。

**文穎曰**〔八・三三四四〕　百衲、毛本同，凌本「穎」誤「潁」，各本誤「頴」。

**周昌者沛人也**〔八・三三四四〕　毛本不提行。

**於於周昌周苛**〔八・三三四四〕　各本下「於」字作「是」，此誤。

**楚圍漢王滎陽急**〔八・三三四五〕　程本「滎」作「榮」，下同。

**亨周苛**〔八・三三四五〕　舊刻、正德本「亨」作「烹」，《異同》同。

**九年封**〔八・三三四五〕　舊刻、毛、殿本同，各本「九」作「元」，《考證》云：「監本作『元』，依長曆計之，一本作『九年』者是。」

**漢書音義曰**〔八・三三四五〕　凌、殿本上有「駰案」二字，下兩引《漢書》並同。殿本下「名千秋」，又「名廣漢」，又「名廣德也」，又引「高堂隆答魏朝訪」，並有「駰案」二字。

**騎周昌項**〔八・三三四五〕　舊刻「項」誤「頃」。

**於是上笑之**〔八・三三四五〕　《異同》「笑」作「咲」，下「上欣然而笑」同。

**上以留侯策**〔八・三三四五〕　中統本「上」誤「止」，《札記》引吳校金板同。

**而周昌廷爭之彊**〔八・三三四五〕　中統、游、正德本「廷」作「庭」。

**呂后側耳於東廂聽**〔八・三三四五〕　中統、游本「聽」作「廳」，《異同》同。《索隱》引小顔「廂」作「箱」。

**爲跪謝曰**〔八・三三四五〕　百衲、舊刻、南雍、李、程、毛、殿本同，各本「跪」作「詭」。

**謂御史大夫周昌曰**〔八・三三四六〕　王、南雍、李、殿本脱「史」字，《考證》云：「按『御大夫』明脱『史』字，各本皆同，今仍之。」案此本與百衲、舊刻、中統、游、正德、柯、秦、凌、程、毛本並有「史」字，不得謂各本皆同。

**然奇才也**〔八・三三四六〕　《札記》云：「奇才，王脱『才』字。」案王本「才」字不脱，當因上句「御史大夫」王本脱「史」字，而誤以「御史」爲「奇才」也。

**刀筆吏耳**〔八・三三四六〕　舊刻「刀」誤「刁」。

**其人有堅忍質直**〔八・三三四六〕　《雜志》云：「《太平御覽・職官部》引此無『有』字，《漢書・周昌傳》作『其人堅忍伉直』，亦無『有』字。」

**陛下獨奈何中道而棄之於諸侯乎**〔八・三三四六〕❶　凌本「棄」作「弃」。

---

❶「獨」，原脱，據嘉業堂本補。

**念非公無可者**〔八・三三四六〕　《札記》云：「《御覽》二百二十六引『無』作『毋』，蓋舊本如是。」

**孰視趙堯曰**〔八・三三四七〕　中統、舊刻、游、正德、柯、凌本「孰」作「熟」。

**從擊陳豨有功**〔八・三三四七〕　百衲同，各本「豨」作「豨」，下並同，毛本下「陳豨反時」亦作「豨」。

**十一年封**〔八・三三四七〕　百衲、舊刻、游、正德、毛、殿本同，各本無「封」字。

**呂太后使使召趙王**〔八・三三四七〕　毛本「太」作「大」。

**昌既徵**〔八・三三四七〕　「徵」缺筆，下「御史徵之」、注「徵一作徵」並同。

**任敖者**〔八・三三四八〕　毛本不提行，百衲「任」上空二格。

**高祖常辟吏**〔八・三三四八〕　各本「常」作「嘗」。

**守豐二歲**〔八・三三四八〕　毛本「二」誤「三」。

**徐誤也**〔八・三三四九〕　舊刻「徐」誤「除」。

**以平陽侯曹窋**〔八・三三四八〕　柯、凌本「窋」作「窟」，《志疑》云「仝窋」。

**文穎曰**〔八・三三四九〕　百衲、毛本「潁」作「穎」，凌本作「潁」。

**入之音聲**〔八・三三四九〕　舊刻、南雍、李、程本同，各本「入」作「人」。《札記》云：「警云：『倪氏《史漢異同》、許氏《史漢方駕》録此傳作「入」，今本皆誤「人」。』」

**謂以北故取類**〔八・三三四九〕　本「比」誤「北」。

**然后敢歸家**〔八・三二五〇〕　百衲同，各本「后」作「後」。

**言漢王德**〔八・三二五〇〕　各本「王」作「土」，此誤。

**上以讓蒼**〔八・三二五〇〕❶　「讓」缺筆，下「有讓國之名」同。❷

**子康代侯**〔八・三二五〇〕　《索隱》作「子康侯代」。

**一作顯**〔八・三二五〇〕　毛本「一」誤「二」。舊刻、毛本「顯」作「蒯」。

**音聵**〔八・三二五〇〕　中統、游、正德本「聵」作「瞶」。

**不敬**〔八・三二五〇〕　「敬」缺筆，下並同。

**蒼子復長**〔八・三二五〇〕　《志疑》云：「《御覽》五百十九引《史》云『蒼子復八尺餘』，與《漢書》同，疑今本脱之。」

**蒼年百有餘歲而卒**〔八・三二五一〕　中統、游、正德本無「有」字。

**申屠丞相嘉者**〔八・三二五一〕　百衲不提行。

**是時太中大夫鄧通**〔八・三二五二〕　中統、柯、毛本「太」作「大」。

**賞賜累巨萬**〔八・三二五二〕　《異同》「巨」作「鉅」。

---

❶「蒼」，原作「湯」，據寶禮堂本改。

❷「同」，原無，今補。

而通居上傍〔八・三三二五二〕　舊刻「傍」作「旁」。

汝弟往〔八・三三二五二〕　百衲、中統、舊刻、毛本同，各本「弟」作「第」。

鼂錯爲内史〔八・三三二五二〕　《異同》「鼂」誤「鼂」。

太上皇廟堧垣〔八・三三二五二〕　《索隱》「堧」作「壖」。

堧音畏愞之愞〔八・三三二五三〕❶　游、正德本二「愞」字並誤「堧」，毛本上「愞」字亦誤「堧」。王、秦本「之」誤「而」。

錯所穿非真廟垣〔八・三三二五三〕　本「穿」誤「穿」。

故他官居其中〔八・三三二五三〕　舊刻「他」作「它」。

三年卒〔八・三三二五三〕　各本「三」作「二」。

子臾改封靖安侯〔八・三三二五三〕　毛本「臾」誤「更」，下「子侯臾代」同。

桃侯劉舍爲丞相〔八・三三二五三〕❷　百衲、毛本同，各本「舍」誤「含」，下及注並同。

高陵侯趙周〔八・三三二五三〕　毛本「高」誤「商」。

爲楚王戊太傅〔八・三三二五四〕　中統、游、正德本「太傅」誤「大傅」。

---

❶ 此條原在「太上皇廟堧垣」條上，今移。

❷ 「桃」，原作「陶」，據嘉業堂本改。

**一作斷**〔八・三三五四〕　中統、舊刻本「斷」誤「鉬」。

**用秦之顯項曆**〔八・三三五四〕　「頊」缺筆，注同。

**何哉**〔八・三三五四〕　中統本「哉」作「也」。

**謂傷辱昌后吏**〔八・三三五四〕　本「吕」誤「昌」。

**孝武時**〔八・三三五四〕　百衲、舊刻連上不提行，中統、游、正德、南雍、李、程、毛本提行，凌、殿本低一格。《異同》無以下文。

**卒而有韋丞相代**〔八・三三五五〕　正德本「代」下衍「以」字。

**韋丞相賢者**〔八・三三五五〕　毛本空一格，凌、殿本另行低一格，下「魏」「邴」「黄」「韋」「匡」並同。

**以讀書術爲吏**〔八・三三五五〕　《書鈔》五十引「吏」作「史」。

**有相工相之**〔八・三三五五〕　《書鈔》引無上「相」字。

**有男四人使相工相之**〔八・三三五五〕　《書鈔》及《類聚》四十五引《史記》無「相工」二字，又七十五引「使」上有「又」字。

**此子貴當封**〔八・三三五五〕　《類聚》四十五引「封」下有「侯」字，又七十五引作「此子貴，亦當爲丞相」。

**我即爲丞相**〔八・三三五五〕　《書鈔》及《類聚》四十五引「即」作「今」，《類聚》七十五引作「若」。

**有長子**〔八・三三五五〕　《類聚》七十五引「子」下有「在」字。

**是安從得之**〔八·三二五五〕　《類聚》引作「是安得爲之」，《書鈔》引無「是」字。

**後竟爲丞相**〔八·三二五五〕　「竟」缺筆，下並同。

**玄成時佯狂不肯立**〔八·三二五五〕　《書鈔》引「佯」作「徉」。

**又得擅屏騎士事**〔八·三二五五〕　中統本「擅」誤「檀」，下同。

**又有使掾陳平等**〔八·三二五五〕　中統、王、柯、秦本「掾」誤「椽」。

**劾中尚書**〔八·三二五五〕　百衲、舊刻本無「尚」字。

**邴丞相吉者**〔八·三二五六〕　百衲無「邴」字。

**至太僕**〔八·三二五六〕　王、柯、秦本「太」作「大」。

**其後三人竟更相代爲相**〔八·三二五六〕　中統、游、正德、王、柯、南雍、秦、李、凌、程、殿本「相」上有「丞」字。

**是何見之明也**〔八·三二五六〕　舊刻、毛本同，各本無「是」字。

**徵爲京兆尹**〔八·三二五六〕　「徵」缺筆。

**以御史大夫于定國代**〔八·三二五六〕　舊刻「于」誤「干」，下「于丞相去」同。

**于丞相去**〔八·三二五七〕　中統本「于」誤「子」。

**御史大夫韋玄成代**〔八·三二五七〕　「玄」缺筆，下同。

**世間美之**〔八·三二五七〕　舊刻「間」作「聞」。

**御史大夫匡衡代**〔八・三二五七〕「匡」缺筆，下同。

**丞相匡衡者**〔八・三二五七〕百衲接上空一格，各本提行。

**封樂安侯**〔八・三二五七〕《書鈔》引「樂安」倒。

**豈非遇時而命也哉**〔八・三二五七〕《書鈔》引作「豈非遇四時而舍也哉」。《札記》云：「《御覽》二百四引『命』作『合』，疑今本誤。」

**深惟士之游宦**〔八・三二五七〕《索隱》「深惟」上有「太史公曰」四字，蓋所見本如是。

**其□異幸丞相物故也**〔八・三二五八〕空格「心」字。本「冀」誤「異」。

**高堂隆答魏朝訪曰**〔八・三二五八〕凌本「隆」誤「降」。

**物無也**〔八・三二五八〕中統本「無」作「无」。

**至于封侯**〔八・三二五八〕舊刻「于」誤「干」，凌本作「於」。

**困戹不得者衆甚也**〔八・三二五八〕舊刻「戹」作「厄」。

# 卷九七　酈生陸賈列傳第三十七

**落魄惡之類也**〔八・三二六一〕　百衲同，中統、舊刻、游、正德、王、柯、南雍、秦、李、凌、程、毛、殿本「惡」字上有「志行衰」三字。舊刻、正德、柯、南雍、李、凌、程、殿本「類」作「貌」，中統、游、王、秦本作「皃」。毛本「貌」下無「也」字。

**落薄落託**〔八・三二六一〕　舊刻「薄」作「魄」。

**義同也**〔八・三二六一〕　南雍、李、程、殿本無「也」字。

**諸將徇地**〔八・三二六二〕　程本「徇」作「狥」。

**酈生聞其將**〔八・三二六二〕　舊刻同，各本「聞」作「問」。

**急促之皃**〔八・三二六二〕　百衲、中統、游、王、秦本同，各本「皃」作「貌」。

**適酈生里中子也**〔八・三二六二〕　《索隱》「酈生」作「食其」。

**弟言之**〔八・三二六二〕　中統、百衲、游、王、秦、殿本同，《字類》四引同，各本「弟」作「第」，《異同》同。

**沛公方倨牀**〔八・三二六三〕　《索隱》「倨」作「踞」。

**一作烏合云云**〔八・三二六三〕　殿本上有「騶案」二字，下「渠，音距」，又「趙氏，秦姓也」，又兩引《漢書音義》，並同。

**欲以徑入彊秦**〔八·三二六三〕　柯、凌本「彊」作「强」。

**夫陳留天下之衝**〔八·三二六三〕　百衲、舊刻「衝」作「衛」，《字類》一引同，程本誤「衡」。

**足下舉兵攻之**〔八·三二六三〕　中統、游本「舉」作「𢑚」，俗省字。

**漢王數困滎陽成皋**〔八·三二六四〕　柯、凌本下有小注云「數，亦音朔」，《札記》云：「蓋旁注誤入，各本無。」

**王者以民人爲天而民人以食爲天**〔八·三二六四〕　《索隱》本出上句，無「民」；《漢書》無兩「人」字。

**臣聞其下廼有藏粟甚多**〔八·三二六四〕　舊刻「廼」作「乃」。

**令適卒分守成皋**〔八·三二六四〕　舊刻「令」誤「今」。

**自奪其便**〔八·三二六四〕　《索隱》無「其」字。

**上黨壺關也**〔八·三二六五〕　中統本「關」誤「開」。

**案蜚狐在代郡西南**〔八·三二六五〕　舊刻「案」上有「駰」字。

**以示諸侯効實形制之勢**〔八·三二六四〕　舊刻「効」作「效」，殿本誤「劾」，《異同》作「効」。

**軍於歷下**〔八·三二六四〕　百衲、中統、南雍、李、程、毛、殿本同，《札記》引吴校金板同，各本「下」作「城」，凌本旁注「一本『城』作『下』」。

**即齊國未可得保也**〔八·三二六五〕　凌本「即」作「則」。

**天下何所歸**〔八・三二六五〕 《類聚》二十五引無「所」字。

**漢王與項王勠力**〔八・三二六五〕 百衲、中統、游本同，各本「勠」作「戮」。

**項王遷殺義帝**〔八・三二六五〕 《類聚》引作「又遷煞義帝」，下「殺」並作「煞」。

**出關而責義帝之處**〔八・三二六六〕 《類聚》引「處」作「罪」。

**方船而下**〔八・三二六六〕 《類聚》引「方」作「萬」，「船」作「舡」。

**方船而下**〔八・三二六六〕 《索隱》「船」作「舡」，舊刻作「船」。❶

**於人之功無所記**〔八・三二六六〕 《異同》「記」作「紀」。

**玩惜侯印**〔八・三二六六〕 中統、游、正德、毛本「玩」誤「刓」。

**賢才怨之**〔八・三二六六〕❷ 《異同》「才」作「材」，「材」大書，「才」細書，案《漢書》作「材」，疑二字互易。

**大行之阪**〔八・三二六六〕 凌、程、殿本「大」作「太」，《異同》同。

**迺聽酈生**〔八・三二六六〕 《類聚》「迺」作「乃」。

**我將亨汝**〔八・三二六七〕❸ 舊刻、正德、秦本「亨」作「烹」，下同，游本下「齊王遂亨酈生」亦作「亨」。

---

❶ 此條原在「我將亨汝」條下，今移此。

❷ 「怨」，原作「怨」，據嘉業堂本改。

❸ 「汝」，原作「也」，據嘉業堂本改。

**盛德不辭讓**〔八・三二六七〕❶　「讓」缺筆。

**齊王遂亨酈生**〔八・三二六七〕　殿本「亨」作「烹」。

**當弃市**〔八・三二六七〕　凌本同，各本「弃」作「棄」，下「弃冠帶」同。

**尉他平南越**〔八・三二六七〕❷　正德、李本「他」作「佗」，下並同，《類聚》五十三引同，舊刻下「尉他大笑曰」「陸生卒拜尉他爲南越王」，又「往使尉他」「尉他去黄屋稱制」，四「他」字並作「佗」；凌本「尉他迺蹶然起坐」「尉他大笑曰」，二「他」字亦作「佗」，《札記》云：「柯、凌作『佗』，下同。」案柯、凌本作「他」，與此同。

**尉他魋結箕倨見陸生**〔八・三二六八〕　《類聚》「倨」作「踞」，「陸生」作「賈」。

**今兵士椎結**〔八・三二六八〕　舊刻「兵士」誤「士兵」。

**足下中國人**〔八・三二六八〕　《類聚》引「人」上有「之」字。

**諸侯豪傑並起**〔八・三二六八〕　殿本「傑」作「桀」。

**天子憐百姓新勞苦**〔八・三二六八〕　李本「百」誤「而」。

**居蠻夷中久**〔八・三二六八〕　中統、游本「蠻」作「蛮」，游本下「皆蠻夷」同，俗字。

**殊失禮義**〔八・三二六八〕　《類聚》引「義」作「儀」。

---

❶「辭」，原作「解」，據嘉業堂本改。

❷「平」，原作「年」，據寶禮堂本改。

**繼五帝三皇之業**〔八・三二六九〕《雜志》云：「當從《漢書》《漢紀》《説苑・奉使篇》作『三王』，《太平御覽・奉使部》引《史記》亦作『三王』。」

**人衆車轝**〔八・三二六九〕 中統本「轝」作「輂」。

**萬物殷富**〔八・三二六九〕 「殷」缺筆。

**自天地剖泮**〔八・三二六九〕 舊刻、王、柯、凌本「泮」作「判」。

**音距**〔八・三二六九〕 百衲、毛本同，各本「音」上有「渠」字。

**迺大説陸生**〔八・三二六九〕❶ 《異同》「迺」作「乃」，下「陸生迺粗述存亡之徵」「陳平迺以奴婢百人」同。❷

**他送亦千金**〔八・三二六九〕 正德本「他」作「佗」。

**陸生卒拜尉他爲南越王**〔八・三二六九〕 百衲、中統、舊刻、游、正德、毛本同，各本無「南」字。

**高祖大悦**〔八・三二六九〕 舊刻「悦」作「説」。

**高帝罵之**〔八・三二六九〕 中統本「帝」作「祖」。

**秦任刑法不變**〔八・三二七〇〕 中統、游本「變」作「变」，俗。

**陸生迺粗述存亡之徵**〔八・三二七〇〕 「徵」缺筆，凌本「粗」作「麤」。

---

❶ 「陸生」，原作「之」，據嘉業堂本改。

❷ 「同」，原無，據上下文補。

**極欲**〔八·三三七〇〕《異同》「欲」作「飲」。

**揣度也**〔八·三三七一〕毛本「度」作「量」。

**徐廣曰務一作豫**〔八·三三七一〕毛本脱「徐廣曰」三字，又此注在上句「則士務豫」下。

**即權不分權不分**〔八·三三七一〕百衲、中統、舊刻、游、正德、毛本同，各本脱下「權不分」三字。

**名聲藉甚**〔八·三三七二〕中統、游、正德、李、毛本「藉」作「籍」，《異同》同。南雍、程、殿本「藉甚」作「籍盛」。

**言狼藉甚盛**〔八·三三七二〕百衲、舊刻、王、柯、秦、毛本同，各本「藉」作「籍」。

**騶案黥布列傳無此語**〔八·三三七二〕❶毛、殿本同，舊刻「傳」下有「中」字。各本無「騶案」二字。

**陸生竟以壽終**〔八·三三七二〕「竟」缺筆。

**聽梁父侯**〔八·三三七二〕百衲同，各本「聽」上有「而」字。

**何迺賀我乎**〔八·三三七三〕中統、游、正德、王、柯、秦、李、凌、程、殿本「迺」作「乃」。

**相知當同恤災危**〔八·三三七三〕舊刻「災」作「灾」，毛本脱「災」字。

**韋昭昭曰**〔八·三三七三〕「昭」下衍「昭」字，各本無。

**辟陽侯乃奉百金往稅**〔八·三三七三〕舊刻「乃」作「迺」。

---

❶「黥」，原作「黔」，據嘉業堂本改。

**迺求見孝惠幸臣閎籍孺**〔八·三三七四〕《索隱》出「閎籍」二字，云：「今總言『閎籍孺』，誤也。」蓋所據本已與今本同。

**於是閎籍孺大恐**〔八·三三七四〕 游本「籍」誤「藉」。

**迺大驚**〔八·三三七四〕 「驚」缺「敬」末筆。

**拜爲中大夫**〔八·三三七五〕 《索隱》「中」上有「太」字。

**初沛公引兵過陳留**〔八·三三七五〕 凌本提行。

**狀皃類大儒**〔八·三三七五〕 百衲、中統、游本同，各本「皃」作「貌」。

**沛公敬謝先生**〔八·三三七五〕 「敬」缺筆，下「敬聞命無」同。

**臣恐至失謁曰走**〔八·三三七五〕 中統本「走」誤「夫」。

**將兵助楚誅不義**〔八·三三七五〕 百衲、舊刻、毛本同，王、秦本脱「誅」字，各本「誅」作「討」。

**天下之據衝也**〔八·三三七六〕 百衲「衝」作「衝」，《異同》「據」作「攄」，下「據陳留之城」同。

**沛公引兵攻城**〔八·三三七六〕❶ 中統本「引」誤「及」。

**縣令首於長竿**〔八·三三七六〕 「縣」缺末點。舊刻、正德本「縣」作「懸」。

**余讀陸生新語十二篇**〔八·三三七七〕 凌本「余」誤「今」。

---

❶ 「城」，原作「秦」，據嘉業堂本改。

# 卷九八　傅靳蒯成列傳第三十八

**陽陵侯傅寬**〔八·三三七九〕　王、柯、秦、凌本此下有注云「《地理志》云馮相陽陵縣」九字，殿本上有「駰案」二字，《札記》云：「宋本、中統、游、毛皆無此文，疑後人所增。」

**起橫陽**〔八·三三七九〕　《索隱》「橫」作「撗」。

**從攻安陽杠里**〔八·三三七九〕　百衲、舊刻、中統、游本「杠」誤「杜」。

**從定三秦**〔八·三三七九〕❶　李本「三」誤「二」。

**屬太尉勃**〔八·三三八一〕　《班馬異同》十四「太」作「大」。

**案律謂勒兵而守曰屯**〔八·三三八一〕　舊刻「案」上有「駰」字，游、正德、王、秦本「兵」誤「夫」。

**謚爲景侯**〔八·三三八一〕　中統、游本「謚」誤「謐」。

**子頃侯精立**〔八·三三八一〕　百衲、舊刻、正德、毛本同，各本「頃」誤「須」，《異同》同，《志疑》云：「案『須』當作『頃』。」

---

❶ 「從」，原作「還」，據嘉業堂本改。

**子侯偃立三十一年**〔八・三二八一〕　百衲、中統、舊刻、毛本同，《札記》引吴校金板同，各本「三」作「二」，《志疑》云：「立三十一年也，各本皆譌。」

**斬騎千人將一人**〔八・三二八一〕　毛本同，各本「千」誤「一」，《志疑》云：「七字一句讀，古本譌『千』爲『十』，遂誤以『人』字爲句。」

**斬車司馬二人**〔八・三二八一〕　柯、凌本「二」誤「一」，《志疑》云：「湖本譌『一人』。」

**將一作候**〔八・三二八二〕　游、正德、毛本「候」誤「侯」。

**説音悦**〔八・三二八二〕　毛本「悦」作「税」。

**上音肥下音釋**〔八・三二八三〕　殿本上有「駰案」二字。

**車馬二百五十匹**〔八・三二八二〕❶　舊刻「匹」誤「四」。

**從攻安陽以東**〔八・三二八二〕　舊刻「東」誤「車」。

**從攻朝歌邯鄲**〔八・三二八二〕　《異同》「歌」作「謌」。

**擊絶楚饟道**〔八・三二八二〕　柯、凌本「饟」作「餉」，《異同》同。

**起滎陽至襄邑**〔八・三二八三〕　王、秦本「滎」作「榮」。

**略地東至繒郯下邳**〔八・三二八三〕　《異同》「繒」作「鄫」。

---

❶「十」下，原衍「四」字，據嘉業堂本删。

**號信武侯**（八·三三八三）　中統本「信武」作「武信」。

**別擊陳豨丞相敞**（八·三三八三）　《索隱》「豨」作「狶」。

**一本無此五字**（八·三三八四）　中統、游本「無」作「无」。

**謚爲肅侯**（八·三三八四）　中統、游本「謚」誤「謚」。

**人過律**（八·三三八四）　殿本「過」誤「遇」。

**蒯音菅蒯之蒯**（八·三三八四）　正德「菅」誤「管」。

**以舍人從起沛**（八·三三八四）　《異同》「從」下有「高祖」二字。

**蒯成侯表云**（八·三三八五）　中統本「云」誤「方」。

**遇淮陰侯軍襄國**（八·三三八五）　中統本「遇」誤「謁」。

**不敢離上**（八·三三八五）　中統、游本「離」作「离」。

**今上常自行**（八·三三八五）❶　中統、游、正德本「常」誤「嘗」。

**是爲無人可使者乎**（八·三三八五）　中統本「人」誤「令」。

**賜入殿門不趨**（八·三三八五）　中統、游、正德本「趨」作「趍」。

**謚爲貞侯**（八·三三八五）　「貞」缺筆。

---

❶「常」，原作「當」，據嘉業堂本改。

**居爲太常**〔八・三二八五〕　中統本「太」作「大」，下「太史公曰」同。

**此一作比**〔八・三二八六〕　王、柯、秦本「比」下誤重「比」字。

**然可謂篤厚君子矣**〔八・三二八六〕　《異同》脱「然」字。

# 卷九九　劉敬叔孫通列傳第三十九

**劉敬叔孫通列傳第三十九**〔八・三二八九〕　「敬」缺筆，下並同。

**婁敬脱輓輅**〔八・三二八九〕　舊刻「婁」作「劉」。

**大王以狄伐故去豳**〔八・三二九〇〕　凌本「大」作「太」。

**遂滅殷**〔八・三二九〇〕　「殷」缺筆，下「故夏殷周之禮」同。

**莊子曰**〔八・三二九一〕　殿本上有「駰案」二字，下兩引《漢書音義》，又引《關中記》並同。

**効其貢職**〔八・三二九〇〕❶　舊刻、正德、殿本「効」作「效」，《異同》作「効」。

**今陛下起豐擊沛**〔八・三二九〇〕　毛本無「擊」字，凌本旁注「一本『豐』下無『擊』字」。

**争成皐之口**〔八・三二九〇〕　《異同》「皐」作「皋」。

**甚美膏腴之地**〔八・三二九〇〕　《異同》「腴」誤「腴」。

---

❶「貢職」，原作「職貢」，據嘉業堂本乙正。

**不搤其肮**〔八・三二九〇〕　《索隱》「肮」作「亢」，《御覽》三百七十一，又四百九十六引同，注同。

**今陛下入關而都**〔八・三二九〇〕　中統、游本「關」作「関」，下「留侯明言入關便，即日車駕西都關中」「爲關内侯」並同。

**即日車駕西都關中**〔八・三二九一〕　《索隱》出「即日駕西」四字，《札記》云：「《御覽》引亦無『關中』二字。」

**徒見羸瘠老弱**〔八・三二九二〕　中統本「弱」作「病」。

**今迺妄言沮吾軍**〔八・三二九二〕　舊刻、毛本「迺」作「乃」。

**械繫敬廣武**〔八・三二九二〕　《索隱》及毛本「繫」誤「擊」。

**吾皆以斬前使十輩言可擊者矣**〔八・三二九二〕　中統、舊刻、游、正德、毛本「以」作「已」，《異同》「以」大書，「已」細書。

**迺封敬二千户**〔八・三二九二〕　中統本「户」作「石」，《札記》引吴校金板同。

**韓王信亡入胡**〔八・三二九三〕　百衲「胡」誤「朝」。

**兵强**〔八・三二九三〕　王、柯、南雍、秦、李、凌、程、殿本「强」作「彊」，下「宗强」「强本弱末之術也」並同，《異同》同。

**控弦三十萬**〔八・三二九三〕　「弦」缺筆。

**奈何棄之匈奴**〔八・三二九三〕　凌本「棄」作「弃」。

**上竟不能遣長公主**〔八・三二九三〕　「竟」缺筆，下「因竟從漢」「竟朝置酒」並同。

**及豪桀名家**〔八・三三九四〕　舊刻、淩本「桀」作「傑」。

**迺使劉敬徙所言關中十餘萬口**〔八・三三九四〕　《索隱》無「關中」二字，《異同》「迺」作「乃」，下「迺賜叔孫通帛二十匹」「迺謂曰」「吾迺今日知爲皇帝之貴也」「上迺詔有司立原廟」「上迺許之」並同。

**以文學徵**〔八・三三九四〕　「徵」缺筆，下並同。

**安敢有反側**〔八・三三九四〕　各本「側」作「者」。

**於是二世令御史案諸生言反者**〔八・三三九五〕　《異同》「案」作「按」。

**謂發石以投人**〔八・三三九六〕　毛本「投」誤「殺」。

**徐廣曰蓋言其德業足以繼蹤齊稷下之風流也**〔八・三三九六〕　《水經注》二十六「淄水」注引《史記音義》作：「欲以繼蹤齊稷下之風矣。」

**故夏殷周之禮**〔八・三三九六〕　百衲「禮」作「礼」。

**積德百年**〔八・三三九七〕　本「百」誤「首」。❶

**叔孫通笑曰**〔八・三三九七〕　《異同》「笑」作「咲」，下「爲天下笑」同。

**遂與所徵三十人西**〔八・三三九七〕　毛本「三十」下衍「三」字。

---

❶ 按，嘉業堂本不誤。

**蕞謂以茅翦樹地爲纂位**〔八・三二九七〕❶ 「樹」缺末點。

**迺令群臣習肄**〔八・三二九七〕 《索隱》及正德、毛本「肄」作「肆」。

**郎中俠陛**〔八・三二九七〕 舊刻「俠」作「夾」。

**臚句傳**〔八・三二九七〕 《索隱》無「句」字，《雜志》云：「案『臚』下本無『句』字，此後人依《漢書》加之也。」

**文潁曰**〔八・三二九八〕 毛本「文」誤「又」，百衲「潁」作「穎」，中統本誤「頡」，王、秦本誤「頴」。

**作酒令法也**〔八・三二九八〕 舊刻「令」誤「今」。

**御史執法**〔八・三二九八〕 王、秦本「史」誤「吏」。

**無敢讙譁失禮者**〔八・三二九八〕 柯、凌本「讙」作「諠」，毛本「失」誤「夫」。

**叔孫通諫上曰**〔八・三二九九〕 毛本無「上」字。

**秦以不早定扶蘇**〔八・三二九九〕 凌本「早」作「蚤」。

**吕后與陛下攻苦食啖**〔八・三二九九〕 《類聚》七十四引「啖」作「淡」，即徐注所云「一作淡」也。

**吾直戲耳**〔八・三二九九〕 《類聚》「直」作「特」。

**太子天下本**〔八・三二九九〕 《類聚》引「本」上有「根」字。

---

❶ 「蕞」，原作「蕞」，據嘉業堂本改。

**本一搖**〔八・三二九九〕　《類聚》引「一」作「壹」。

**群臣莫能習**〔八・三三〇〇〕　《雜志》云：「案『莫能習』當從《漢書》作『莫習』，《北堂書鈔・設官部》《藝文類聚・職官部》引《史記》並無『能』字。」

**稍定諸侯儀法漢諸儀法皆叔孫生爲太常所論著也**〔八・三三〇〇〕　百衲、毛本同，各本不重「漢諸儀法」四字。百衲「著」作「箸」。

**關中記曰**〔八・三三〇〇〕　舊刻上有「駰案」二字，殿本同。中統本「關」作「開」。

**及間往來**〔八・三三〇〇〕　《索隱》無「來」字。

**迺作複道**〔八・三三〇〇〕　舊刻「迺」作「及」，《札記》云：「蓋『乃』之誤。」

**今壞此**〔八・三三〇〇〕　舊刻「今」誤「令」。

**則示有過舉**〔八・三三〇〇〕　中統、游本「示」作「是」。

**方今櫻桃孰**〔八・三三〇一〕　舊刻、正德本「孰」作「熟」，《異同》同。

**非一木之技**〔八・三三〇一〕　百衲、中統、舊刻、游、柯、毛本同，各本「技」下有「也」字，《異同》同。

**道固委蛇**〔八・三三〇一〕　《索隱》「蛇」作「虵」。

# 卷一〇〇　季布欒布列傳第四十

**爲氣任俠**〔八・三三〇五〕　《御覽》四百七十三引「氣」作「人」，《札記》云：「《漢書》無『氣』字，疑此衍。」

**俠傳也**〔八・三三〇六〕　王、柯、凌、殿本「傳」作「甹」，《札記》云：「《索隱》同。」案單本《索隱》出注「俠傳」不作「甹」，合刻本誤「傳」爲「甹」，秦本已改作「傳」，安得謂與王、柯、凌本同乎？

**購求布千金**〔八・三三〇五〕　「購」缺筆，下同。

**朱家迺乘軺車**〔八・三三〇五〕　中統、游、正德「迺」作「乃」。

**夫忌壯士以資敵國**〔八・三三〇五〕　百衲「忌」作「諅」，瞿氏據宋本同。

**于今創痍未瘳**〔八・三三〇七〕　游、正德、秦本「創」作「瘡」。

**此人必有毀臣者**〔八・三三〇七〕　百衲、舊刻本同，各本「毀」上有「以」字。

**臣恐天下有識聞之**〔八・三三〇七〕　《班馬異同》十六「識」下有「者」字，案《漢書》有「者」字。

**上默然慙**〔八・三三〇七〕　舊刻、南雍、李、程、殿本同，各本無「然」字，凌本旁注「一本『默』下有『然』字」。案《漢書》有「然」字，《異同》此字細書，非《史》文。

**河東吾股肱郡**〔八・三三〇七〕　中統本「股」誤「服」。

**故時召君耳**〔八・三三〇七〕　百衲、中統、王、秦、毛本同，各本「時」作「特」。案《漢書》作「特」，《異同》「時」大書，「特」細書，可證。

**楚人曹丘生**〔八・三三〇七〕　殿本「丘」作「邱」，下同。

**以自炫耀也**〔八・三三〇八〕　「炫」缺末點。

**文潁曰**〔八・三三〇八〕　百衲、殿本「潁」作「穎」，王、柯、秦、凌本誤「潁」。

**與通勢**〔八・三三〇八〕　中統、游本「與」作「与」。

**司馬遷以其父名談**〔八・三三〇八〕　中統、游本「遷」作「迁」，俗。

**季將軍不說足下**〔八・三三〇八〕❶　《異同》「軍」誤「君」。

**季布迺大說**〔八・三三〇八〕　殿本「説」作「悦」。

**氣蓋關中**〔八・三三〇八〕　中統、舊刻、游本「蓋」作「盖」，《異同》同。中統、游本「關」作「関」，下「著聞關中」同。

**顧丁公曰**〔八・三三〇九〕　《異同》「顧」下有「謂」字，案《漢書》有。

**高祖以丁公徇軍中曰**〔八・三三〇九〕　舊刻、毛本同，各本無「曰」字。程本「徇」作「狥」。

**丁公爲項王臣不忠**〔八・三三〇九〕　舊刻、毛本「丁」上有「曰」字，《異同》「曰」字細書，案《漢書》有「曰」字。

---

❶ 「季」，原作「李」，據嘉業堂本改。

**漢書音義曰**〔八·三三一〇〕 殿本上有「駰案」二字。

**趣亨之**〔八·三三一〇〕 舊刻、正德、秦本「亨」作「烹」，下「請就亨」同，《御覽》四百二十引同，《異同》同。

**方提趣湯**〔八·三三一〇〕 《札記》云：「《索隱》本出『提趣』二字，又出『趣湯』二字，疑『湯』上重『趣』字，今本皆無。」

**敗滎陽成皋間**〔八·三三一〇〕 游本「滎」作「榮」。

**項王所以遂不能西徒以項王居梁地**〔八·三三一〇〕 百衲、舊刻、中統、毛本同，《札記》引吴校金板同，瞿氏據宋本同，《異同》同，各本「徒」誤「徙」。《雜志》云：「案此當從《漢書》作『項王所以不能遂西，徒以彭王居梁地，與漢合從苦楚也』」，❶宋本『遂』字誤在『不能』上，今本『徒』字又誤作『徙』，遂致文不成義。《太平御覽·人事部》引《史記》正與《漢書》同。」

**今陛下一徵兵於梁**〔八·三三一〇〕 「徵」缺筆。

**彭王病不行**〔八·三三一〇〕 《御覽》四百二十引作「彭王病不能從」。

**燕齊之間**〔八·三三一一〕 南雍本脱「燕」字。

**爲太常**〔八·三三一一〕 中統、游本「太」作「大」。

**犧牲不如令**〔八·三三一一〕 王本「令」誤「今」。

---

❶ 「漢」，下原衍「書」字，蓋涉上文「漢書」而誤，據《讀書雜志》删。

**身屨典軍**〔八・三三一一〕《索隱》作「身履軍」，《志疑》云：「余謂依《漢書》『履軍』爲勝，『屨』亦『履』也，『典』字當衍。」

**屨一作屢**〔八・三三一一〕毛本「屢」誤「屨」。

**瓚曰**〔八・三三一一〕毛本「瓚」誤「黄」。

**然至被刑戮**〔八・三三一一〕百衲、中統、舊刻、游、正德、毛本同，各本無「至」字。

**或作概字**〔八・三三一一〕游、正德、秦本「概」誤「慨」。

**其計畫無復之耳**〔八・三三一一〕程本「畫」誤「晝」。

# 卷一〇一　袁盎鼂錯列傳第四十一

**常自送之**〔八·三三一五〕❶　中統、游、正德本「常」作「嘗」，下「常同席坐」同。

**主亡與亡**〔八·三三一五〕　《索隱》無「主」字，疑承上句而省。

**陛下謙讓**〔八·三三一五〕　「讓」缺筆，下並同。

**今兒廷毀我**〔八·三三一六〕　王、柯、秦本「今」誤「令」。

**徵繫清**〔八·三三一六〕❷　「徵」缺筆，下「老不可徵」同，「淮南王徵」不缺。

**漢書作請**〔八·三三一六〕　殿本上有「駰案」二字。

**諸侯太驕**〔八·三三一六〕　舊刻同，《異同》十七同，各本「太」作「大」。

**今陛下親以王者修之**〔八·三三一七〕　百衲、中統、游、正德、王、柯、南雍、秦、李、殿本「修」作「脩」，《異同》同。

---

❶ 「自」，原作「目」，據嘉業堂本改。

❷ 「繫清」，原作「擊請」，據嘉業堂本改。

**趙同參乘**〔八・三三一八〕《異同》「參」作「驂」，《書鈔》一百三十九引同。

**臣聞天子所與共六尺輿者**〔八・三三一八〕❶《書鈔》引「六尺輿」作「乘輿」。❷

**皆天下豪英**〔八・三三一八〕《書鈔》引「英」作「俠」。

**陛下獨奈何與刀鋸餘人載**〔八・三三一八〕《書鈔》引「餘」作「之」。

**趙同泣下車**〔八・三三一八〕《書鈔》引作「同泣而下車」。

**百金之子不騎衡**〔八・三三一八〕《志疑》云：「《水經注》十九作『立不倚衡』，依上『坐不垂堂』句，似失一字。」案《札記》引「立不倚衡」，「倚」誤「依」。

**自惜身不騎衡**〔八・三三一八〕王、秦本「惜」誤「措」。

**如有馬驚車敗**〔八・三三一八〕「驚」缺「敬」末筆，下「盎乃驚謝曰」不缺。

**上乃止**〔八・三三一八〕舊刻「乃」作「迺」，下「慎夫人乃妾」「於是上乃説」「君乃爲材官蹶張」「吴兵乃可罷」並同。

**皇后慎夫人從**〔八・三三一九〕「慎」缺筆，下同，惟「慎夫人乃妾」不缺。

**豫設供張待之**〔八・三三一九〕舊刻、毛本「張」作「帳」，各本無此字。

---

❶ 「輿」，原作「與」，據嘉業堂本改。

❷ 兩「輿」字，原作「與」，據《北堂書鈔》及上下文改。

**故得卻慎夫人坐**〔八·三三一九〕❶　游、正德、柯本「得」誤「待」。

**豈可與同坐哉**〔八·三三一九〕　百衲本此下有「適所以失尊卑矣」七字，各本無。

**毋苛**〔八·三三一九〕　百衲、南雍、毛本同，瞿氏據宋本作「無苛」，王、秦本作「毋奇」，亦「苛」之誤。各本作「毋何」，《異同》同。

**丞相從車上謝袁盎還愧其吏**〔八·三三二〇〕　各本「袁盎」下重「袁盎」二字，案此第四葉羼入，脱此二字。

**袁盎即跪説曰**〔八·三三二〇〕　王、南雍、秦、李、毛本「跪」作「詭」。

**君即自謂不如**〔八·三三二〇〕　《異同》「即自」兩字作「目目」，誤。

**言可用採之**〔八·三三二〇〕　各本「用」作「受」。

**君受禍不久矣**〔八·三三二〇〕　百衲、毛本「受」誤「授」。

**使吏案袁盎受吴王財物**〔八·三三二〇〕　中統、游、正德本「案」作「按」，百衲、王、秦、毛本「受」誤「授」。

**丞史丞相史**〔八·三三二一〕　王、柯、南雍、秦、李、凌、程、殿本「史」下有「也」字。《札記》云：「『丞及史也』，舊刻『及』，與《漢書》注合，各本誤『相』。」案今所見舊刻本亦作「相」，無「也」字，與此本同。

**宜知計謀**〔八·三三二一〕　《異同》「計」上有「其」字，案《漢書》有「其」字。

**事未發之時**〔八·三三二一〕　毛本「事」作「爲」。

❶「慎」，原脱，據嘉業堂本補。

**盎大臣不宜有姦謀**〔八·三三二一〕　凌本「姦」作「奸」。

**鼂錯猶與未決**〔八·三三二一〕　舊刻、柯本「與」作「豫」，《異同》同。

**以錯故**〔八·三三二一〕　舊刻「以」作「目」。

**其語具在吴事中**〔八·三三二一〕　凌本「具」作「俱」，《札記》云：「王、柯、凌本『具』譌『俱』。」案王、柯本作「具」不譌。

**袁盎以以太常使吴**〔八·三三二一〕　各本不重「以」字，此第七葉羼補，「以」字爲首行第一字，與第六葉末行「以」字不相檢照而誤重也。

**嘗有從史從史嘗盜愛盎侍兒**〔八·三三二一〕　凌本無下「從史」二字，❶各本均有，《札記》云：「宋本、中統、游、王、柯、毛並重『從史』二字，疑衍，今依舊刻、凌本。」案今所見舊刻本亦重此二字。

**文穎曰**〔八·三三二二〕　此卷「穎」字四見，兩作「穎」，兩作「潁」，作「穎」者是也。百衲、毛本作「穎」，王、柯、秦本「潁」與「穎」錯出，各本並誤作「潁」。

**士卒饑渴**〔八·三三二一〕　中統、舊刻、游、正德、毛本「饑」作「飢」。

**幸有親**〔八·三三二一〕　各本「幸」上有「公」字，此誤脱。

---

❶「從」，原作「侍」，蓋涉「侍兒」而誤，據凌本改。

**吾不足以累公**〔八・三三二一〕　舊刻「足」作「可」。❶

**君茀去**〔八・三三二一〕　百衲、中統、王、秦本作「弟」，各本「第」，此「茀」字乃俗省字。

**避吾親**〔八・三三二一〕　《索隱》及李本「避」作「辟」。

**義匿我親**〔八・三三二一〕　各本「義」作「藏」，此誤。

**張音帳**〔八・三三二一〕　百衲、毛本「音帳」二字在《史》文「張」字下，「音」字上無「張」字，各本與此本同。

**夾開當所從亡者之道**〔八・三三二二〕　各本「夾」作「決」，此誤。

**騎馳去**〔八・三三二二〕　舊刻無「馳」字，正德本「馳」字空格。

**鬭雞走狗**〔八・三三二二〕　《異同》「雞」作「鷄」。

**贊曰**〔八・三三二三〕　各本「贊」作「瓚」，此誤王旁。

**乃之棓生所問占**〔八・三三二三〕　《索隱》及百衲、毛本同，各本「棓」作「掊」，注同，《異同》同。

**棓一作服**〔八・三三二三〕　中統本「服」誤「明」。

**棓音棓**〔八・三三二三〕　中統、游、正德本「音」誤「意」，各本下「棓」字作「陪」。

**秦時賢士**〔八・三三二三〕　毛本無「時」字。

---

❶ 「刻」，原脱，據上下文補。

**術岸高曰峭**〔八·三三二四〕　凌、程、殿本「峭」作「陗」。

**然奇其材**〔八·三三二四〕　舊刻「材」作「才」。

**上令公卿列侯宗室集議**〔八·三三二五〕　《字類》五引作「㯤議」，云：「音雜，集也。」《志疑》云：「《班馬字類》作『襍議』，《漢書》亦作『雜』，則今本譌『集』也。」《札記》云：「『集』字，《字類》引作『㯤』，蓋『襍』之誤。」

**獨竇嬰争之**〔八·三三二五〕　王、秦本「嬰」誤「安」。

**由此與錯有郄**〔八·三三二五〕❶　百衲、舊刻、毛本同，各本「郄」作「郤」，《異同》同。

**錯父聞之**〔八·三三二五〕　百衲「聞」誤「間」。

**一作讙**〔八·三三二六〕　凌、殿本「一」上有「議」字。

**吾去公歸矣**〔八·三三二六〕　王、秦本「公」誤「父」。

**夫鼂錯患諸侯强大**〔八·三三二六〕　王、柯、南雍、秦、李、凌、程本「强」作「彊」，《異同》誤「疆」。

**外爲諸侯報仇**〔八·三三二六〕　舊刻「仇」作「讐」。

**以脩黄老言**〔八·三三二七〕　凌、程、毛本「脩」作「修」。

**引義忼慨**〔八·三三二七〕　毛本「忼」作「慷」。

---

❶「此」，原作「是」，據嘉業堂本改。

**音以名數**〔八・三三二七〕「音」爲「竟」之駁文，「數」爲「敗」之錯字。

**不急匡救**〔八・三三二七〕「匡」缺筆。

## 卷一〇二　張釋之馮唐列傳第四十二

**以訾爲騎郎**〔九·三三二九〕　《索隱》出「訾」字，下引《字苑》云「貲即財也」，則正文「訾」字以「貲」之誤，《漢書·張馮汲鄭傳》作「貲」。

**雇錢若出穀也**〔九·三三二九〕　毛本「雇」作「顧」。中統、游、王、柯、秦本作「穀」，各本作「穀」。

**登虎圈**〔九·三三三〇〕　《異同》十八「登」下有「上」字，下句「上問上林尉」省「上」字，《異同》此文「上」字當細書，誤作大書。

**虎圈嗇夫從旁代尉對**〔九·三三三〇〕❶　《異同》「旁」作「傍」。

**豈斆此嗇夫**〔九·三三三〇〕　舊刻「斆」作「效」。

**音喋**〔九·三三三一〕　毛本「喋」誤「諜」。

**然其敝徒文具耳**〔九·三三三〇〕　舊刻「敝」作「弊」，下「問釋之秦之敝」同，《異同》同。

**陵遲而至於二世**〔九·三三三〇〕　百衲、中統、游、正德本同，各本「遲」作「遲」。

---

❶「夫」，原脱，據嘉業堂本補。

**疾於景響**〔九・三三三〇〕 游、正德、秦本「景」作「影」。

**上拜釋之爲公車令**〔九・三三三一〕 毛本「公」誤「宫」。

**不敬**〔九・三三三一〕 「敬」缺筆。

**薄太后乃使使承詔赦太子梁王**〔九・三三三一〕 游、正德本「承」作「丞」，正德本「王」誤「三」。

**然后得入**〔九・三三三一〕 百衲同，各本「后」作「後」。

**從行至霸陵**〔九・三三三一〕 《類聚》六十四引「霸」作「灞」。

**居北臨厠**〔九・三三三一〕 《書鈔》一百六十引「厠」誤「厦」。

**厠邊側也**〔九・三三三二〕 毛本「厠」誤「側」。

**上指示慎夫人新豐道之**〔九・三三三一〕 各本「之」作「曰」，此誤。《類聚》引作「上示慎夫人新豐曰」。

**漢書音義曰**〔九・三三三二〕 殿本上有「駰案」二字，下「《漢書》曰」「班固稱揚子曰」並同。

**書曰聲依咏**〔九・三三三二〕 百衲、中統、王、南雍、秦、李、凌、程本同，各本「咏」作「永」，正德本誤「未」。

**以北山石爲椁**〔九・三三三一〕 中統、游、正德、王、柯、南雍、秦、李、凌、程、殿本「椁」作「槨」，下同，《異同》同。《書鈔》引脱「北」字。

**斮陳絮漆其間**〔九・三三三一〕 《索隱》及舊刻、正德本同，《異同》同，各本「絮」作「紵」，注同。《書鈔》及《御覽》五百五十二引無「絮」字，《考證》云：「《漢書》《水經注》皆去此字。」

**雖錮南山猶有郄**〔九・三三三一〕《書鈔》引「郄」作「隙」。

**雖無石椁**〔九・三三三一〕正德、殿本「椁」作「槨」。

**乘輿馬驚**〔九・三三三三〕「驚」缺「敬」末筆，下「此人親驚吾馬」同。《類聚》九引「輿」作「轝」。

**廷尉奏當一人犯蹕**〔九・三三三三〕毛本「一」作「此」，《札記》引吴校元板同。案《史》作「一」，《漢》作「此」，《異同》分列甚明。《雜志》云：「案『一人』二字於義無取，當從宋本作『此人』。❶《初學記・地部》《太平御覽・儀式部》引《史記》並作『此人』，《漢書》同。」

**令他馬**〔九・三三三三〕舊刻「他」作「它」。

**民安所錯其手足**〔九・三三三三〕舊刻「錯」作「措」，《異同》同。

**下廷尉廷尉治**〔九・三三三四〕❷舊刻不重「廷尉」二字，《異同》同，凌本旁注「一本无重『廷尉』字」。《志疑》云：「『廷尉』二字，倪思本不重。」

**案律盗宗廟服御物者爲奏**〔九・三三三四〕中統、游、正德本「宗」誤「高」。

**欲致族之**〔九・三三三四〕舊刻「族之」作「之族」，與《漢書》合。

---

❶「宋」，原脱，據《讀書雜志》補。

❷「治」，原作「詔」，據嘉業堂本改。

**假令愚民取長陵一抔土**〔九・三三三四〕 《索隱》出「一抔」二字，而引「注一坏土」，❶則從土，百衲、舊刻、李、凌、毛、殿本作「抔」，《異同》同，《字類》二引同，中統、游、正德、王、柯、南雍、秦、程本作「杯」，《考證》云：「師古《漢書注》云：『其字當從手，今學者讀『杯』爲『抔勺』之『抔』，非也，『抔』非應盛土之物也。』其意蓋譏鄭氏，又音普迴反，則當從土。『坏』與『抔』不通。」

**一作間**〔九・三三三四〕 凌本「間」誤「閔」。

**故或爲開**〔九・三三三四〕 中統、游、正德本「開」下有「云」字。

**顧謂張廷尉**〔九・三三三五〕 舊刻「尉」下有「曰」字。

**欲以重之**〔九・三三三五〕 毛本「欲」誤「故」。

**吾尚食監高祛**〔九・三三三六〕 舊刻、中統、游、正德、王、柯、秦、李、毛本同，各本「祛」作「袪」。

**駰案晉灼曰**〔九・三三三六〕 舊刻「駰」誤「駟」。

**五人爲徹行亦皆帥將也**〔九・三三三六〕 《索隱》出注「百人爲徹行將帥」，中統、游、正德、王、柯、南雍、秦、李、凌、程、殿本「帥」作「師」，《札記》云：「毛本『帥』譌『師』。」案毛本作「帥」不作「師」，豈誤以王本爲毛本歟？

**而搏髀曰**〔九・三三三六〕 南雍本「搏」誤「博」。《異同》「而」下有「迺」字，案《漢書》有「迺」字無「而」字，《異

---

❶ 「坏」，原作「抔」，據汲古閣本改。

同》「迺」字當細書，誤作大書。

**召唐讓曰**〔九・三三三六〕「讓」缺筆。

**殺北地都尉昂**〔九・三三三七〕《索隱》「昂」作「卬」，《札記》云：「《御覽》二百七十八引作『卬』，注音昂。今各本並作『昂』。」

**上以胡寇爲意**〔九・三三三七〕舊刻「上」誤「止」。

**不從中覆也**〔九・三三三七〕毛本同，各本「覆」作「擾」，《異同》同。案《漢書》作「覆」，《札記》云：「《御覽》引作『御』。」

**㲉騎萬三千**〔九・三三三七〕《雜志》云：「『萬三千』下脱去『匹』字，《太平御覽・兵部》引此正作『㲉騎萬三千匹』，《漢書・馮唐傳》同。」

**澮一作襘**〔九・三三三八〕舊刻、游、正德本「襘」誤「檜」，王、秦本誤「澮」。

**西抑彊秦**〔九・三三三七〕舊刻「彊」誤「疆」。

**南支韓魏**〔九・三三三七〕王、南雍、殿本「支」誤「友」，《雜志》云：「『友』當從宋本、游本作『支』，字之誤也。《太平御覽・兵部》九引此正作『支』，《漢書》同。」

**安知尺籍五符**〔九・三三三七〕百衲、中統、游、正德、王、柯、秦、毛本同，各本「五」作「伍」。

**伍符亦什伍之符約節度也**〔九・三三三九〕百衲、中統、舊刻、游、正德、王、柯、李、凌、毛本「伍符」作「五符」。

**上功幕府**〔九·三三三七〕《索隱》及王、柯、南雍、秦、李、凌、程、殿本「幕」作「莫」，與《漢書》合。中統、游本「功」誤「攻」。

**班固稱揚子曰**〔九·三三四〇〕舊刻、游、正德、凌、程本「揚」作「楊」。

**彼將有激**〔九·三三四〇〕正德本「激」下有「也」字。

**主中尉及郡國車士**〔九·三三三八〕毛本「郡」誤「軍」。

**與余善**〔九·三三四〇〕中統補刊本「與」下衍「遂爲郎……」十一字。

**太史公曰**〔九·三三四〇〕中統本不提行。

**有味哉有味哉**〔九·三三四〇〕《札記》云：「有味哉，中統本不重。」案此中統補刊本、游本重此三字，意中統原本當同也。

## 卷一〇三　萬石張叔列傳第四十三

**徙居温**〔九・三三四五〕　王本「徙」誤「從」。

**愛其恭敬**〔九・三三四五〕　「敬」缺筆，下注「以其恭敬履度」同。

**高祖召其姊爲美人**〔九・三三四五〕　《類聚》四十四引「召」上有「乃」字。

**至太中大夫**〔九・三三四五〕　王、南雍、凌、程、殿本「太」作「大」。

**無文學**〔九・三三四五〕　中統、游本「無」作「无」。

**爲太子太傅免**〔九・三三四六〕　王、秦本「免」誤「逸」。

**皆推奮奮爲太子太傅**〔九・三三四六〕　舊刻不重「奮」字。

**號奮爲萬石君**〔九・三三四六〕　中統、游本「萬」作「万」，下「萬石君必下車趨」「萬石君必朝服見之」並同。

**歸老于家**〔九・三三四六〕　舊刻「于」作「於」。

**不譙讓**〔九・三三四六〕　「讓」缺筆，下同，惟「萬石君讓曰」「以書讓慶」不缺。

**然后諸子相責**〔九・三三四六〕　百衲、毛本同，各本「后」作「後」。

**雖燕居必冠**〔九・三三四六〕　舊刻無「居」字，《索隱》出「雖燕」二字，疑「居」字爲後人所加。

**申申如也**〔九・三三四六〕　舊刻下「申」字誤「甲」。

**許慎曰**〔九・三三四七〕　「慎」缺筆，下「其爲謹慎」不缺。

**其執喪**〔九・三三四六〕　凌本「執」誤「埶」。

**哀戚甚悼**〔九・三三四六〕　王、秦本「悼」誤「倬」。

**皇太后以爲儒者文多質少**〔九・三三四七〕　李本「太」作「大」。

**文穎曰**〔九・三三四七〕　百衲同，各本「穎」誤「潁」。

**取親中裙厠牏**〔九・三三四七〕　《索隱》「裙」作「帬」。

**音住**〔九・三三四八〕　毛本「住」誤「泣」。

**建隱於其側浣滌也**〔九・三三四八〕　毛本「側」誤「厠」，「浣」誤「洗」。❶

**械窬**〔九・三三四八〕　舊刻「械」誤「撼」。

**晉晉灼曰**〔九・三三四八〕　此第三葉羼入，首行「晉」字與上葉末行「晉」字複出。

**至廷見**〔九・三三四七〕　毛本「廷」誤「庭」。

---

❶ 「浣」，原作「涴」，據嘉業堂本及文義改。

**萬石君徙居陵里**〔九·三三四八〕❶　本「徙」誤「徒」。

**誤書馬者**〔九·三三四九〕　百衲、中統、舊刻、毛本同，各本「者」作「字」。

**雖他皆如是**〔九·三三四九〕　舊刻「他」作「它」，下「然無他大略」「醇謹無他」「不與他將争，有功常讓他將，上以爲廉，忠實無他腸」並同。

**猶然如此**〔九·三三四九〕　百衲、舊刻、毛本同，各本「猶然」作「然猶」。

**舉齊國皆慕其家行**〔九·三三四九〕　李本「慕」誤「暮」。

**趙周坐酎金免**〔九·三三五〇〕　《索隱》「周」誤「内」，殿本上有「騶案」二字，下引《史記音隱》同。❷

**脩上古神祠**〔九·三三四九〕　舊刻、淩、程、毛本「脩」作「修」，下「天子脩吴楚時功」同。

**桑弘羊等致利**〔九·三三四九〕　「弘」缺筆。

**事不關泱於丞相**〔九·三三四九〕　各本「泱」作「決」。

**無能有所匡言**〔九·三三四九〕　「匡」缺筆。

**城郭倉庫空虚**〔九·三三五〇〕　王、秦本「郭」誤「廓」。

**太初二年中**〔九·三三五〇〕　正德本「太」作「大」。

---

❶ 此條原在「至廷見」條上，今移。

❷ 「記」，原作「隱」，據寶禮堂本改。

**櫟機輻之類**〔九・三三五一〕　百衲同，《索隱》及各本「輻」作「轊」，案《索隱》云：「轊音衛。」則作「轊」是也，此第五葉係羼入，非真宋刻。

**醇謹無他**〔九・三三五一〕　《書鈔》六十五引作「爲人謹慎」。

**召上左右飲而縮稱病不行**〔九・三三五一〕　《書鈔》引作「嘗召文帝左右近臣飲，縮稱疾不往」。

**恐文帝謂豫有二心**〔九・三三五一〕　舊刻「二」誤「一」。

**故多數移易貿換之也**〔九・三三五二〕　舊刻、柯、南雍、李、凌、殿本同，百衲、王、秦本「故」誤「杖」，中統、游、正德本誤「校」。百衲、王、秦、程本「貿」誤「貨」。

**如職所奉**〔九・三三五二〕　《索隱》及各本「奉」作「奏」，瞿氏《藏書目録》據宋本作「奉」。

**諸官因多坐不辜者**〔九・三三五二〕　秦本「囚」誤「因」。

**爲郎**〔九・三三五三〕　本「郎」字脱一點。

**已而金主覺亡意不疑**〔九・三三五三〕❶　百衲、舊刻、南雍、李、程本同，《索隱》及中統、游、正德、王、柯、秦、凌、毛、殿本「亡」作「安」。

**朝廷見**〔九・三三五三〕　柯本「廷」作「延」。

**人或毁曰**〔九・三三五三〕　王、秦本「人」作「之」。

---

❶　「已」，原作「既」，據嘉業堂本改。

**常衣敝補衣溺袴**〔九・三三五四〕《索隱》「敝」作「弊」，百衲、中統、游、正德、王、柯、秦、毛本「常」作「裳」。

**期爲不絜清**〔九・三三五四〕《索隱》及舊刻、游、正德、王、秦、李本「絜」作「潔」。

**史記音隱曰**〔九・三三五五〕舊刻「音隱」誤「索隱」，正德本誤「音義」。

**音於友反**〔九・三三五五〕中統、游、正德、王、柯、南雍、秦、李、凌、程、殿本「音」作「歐」。

**從高祖以入漢也**〔九・三三五五〕中統本「以」誤「之」，游、正德本無「也」字。

**歸老干家**〔九・三三五六〕本「于」誤「干」。

**塞侯微巧**〔九・三三五六〕《索隱》「微巧」作「功微」。

**然斯可謂篤行君子矣**〔九・三三五六〕程本「矣」誤「也」。

## 卷一〇四　田叔列傳第四十四

**切直廉平**〔九・三三五九〕　游本「直」誤「置」。

**會陳豨反代**〔九・三三五九〕　百衲、毛本同，各本「豨」作「狶」，注同。

**七年韓王信反**〔九・三三六〇〕　中統本「信」誤「言」。

**高帝征之**〔九・三三六〇〕　中統本「征」誤「正」。

**漢十年**〔九・三三五九〕　百衲、舊刻本同，各本「十」作「七」。

**高祖箕踞罵之**〔九・三三五九〕　王本「踞」誤「鉅」。

**微陛下臣等當蟲出**〔九・三三六〇〕　中統本「蟲」誤「蠱」。

**卒私相與謀弒上**〔九・三三六〇〕　柯本「弒」誤「我」。

**辠三族**〔九・三三六〇〕　《治要》十二「辠」作「罪」。

**毋故士卒戰死者數百人**〔九・三三六〇〕　《治要》「毋」作「無」。王、秦本「數」字下有注云「音疏」二字，各本無。

**士卒罷敝**〔九・三三六〇〕　《治要》「罷敝」作「疲弊」，下「孟舒知士卒罷敝」同。

**士争臨城死敵**〔九・三三六一〕　王、柯、秦本「敵」誤「敝」。

**如其伏法**〔九・三三六一〕　百衲無「如其」二字，瞿氏《藏書目録》據宋本同。

**訟王取其財物百餘人**❶〔九・三三六一〕　毛本「財物」作「錢物」，《札記》引吴校元板同。

**餘各搏二十**〔九・三三六一〕　中統、游本「二」誤「一」。

**於是王乃盡償之**〔九・三三六一〕　舊刻「乃」作「迺」。

**王數使人請相休**〔九・三三六一〕　《治要》「休」上有「曰」字。❷

**張晏曰**〔九・三三六二〕　中統本「曰」字泐。

**衛青也**〔九・三三六二〕❸　正德本「衛」上衍「衛將軍謂」四字。

**掌佐丞相舉不法**〔九・三三六三〕　舊刻「掌」誤「軍」，「法」字泐。游、正德本「佐」作「左」。

**褚先生曰**〔九・三三六三〕　凌、殿本以上低一格。

**任安滎陽人也**〔九・三三六三〕　中統本「任」誤「壬」。程本「滎」作「榮」。

---

❶「物」，原脱，據嘉業堂本改。

❷「休」，原誤「体」，今改。

❸「青」，原作「音」，據嘉業堂本改。

**部署老小當壯劇易處**〔九·三三六三〕❶ 《雜志》云：「『劇易』下不當有『處』字，《太平御覽·人字部》《資産部》《獸部》引此皆無『處』字。」

**任少卿分別平**〔九·三三六三〕 《類聚》二十二引「別」誤「則」。

**令具鞌馬絳衣玉具劍**〔九·三三六五〕 百衲、中統本「玉」作「王」。凌本「具」作「貝」，南雍、李、程、殿本誤「見」。

**移猶施**〔九·三三六六〕 正德、殿本「施」下有「也」字。

**曰仁對曰**〔九·三三六五〕 「曰仁」本作「田仁」，此誤。

**三河尤甚**〔九·三三六六〕 舊刻「三」誤「二」。

**以警天下姦吏**〔九·三三六六〕❷ 「驚」缺「敬」末筆。❸

**杜杜周也**〔九·三三六六〕 殿本上有「駰案」二字，正德本上衍「徐廣曰」三字。

**以仁爲能不畏彊禦**〔九·三三六六〕 舊刻、正德本「彊」誤「疆」。

**暴勝也爲御史大夫**〔九·三三六七〕 各本「也」作「之」，此誤。

**佯或作詳也**〔九·三三六七〕 舊刻「或」作「一」。

---

❶ 「小」，原作「少」，據嘉業堂本改。

❷ 「警」，原作「驚」；「吏」，原作「利」，據嘉業堂本改。

❸ 「警」，原作「驚」，據上下文改。

知進不知退〔九・三三六七〕　王、柯、南雍、秦、李、凌、程、毛、殿本「不」上有「而」字。

禍積爲祟〔九・三三六七〕　游、王、秦本「祟」誤「崇」。

萬歲不忘〔九・三三六七〕　中統、游本「萬」作「万」。

# 卷一〇五　扁鵲倉公列傳第四十五

**扁鵲者勃海郡鄭人也**〔九·三三六九〕　《志疑》云：「《文選·七發》吕向注以爲鄭人，李善注引《史》作『鄭人』。」

**今屬河間**〔九·三三七〇〕　中統、游本「屬」作「属」。

**敬諸**〔九·三三六九〕　「敬」缺筆。

**盡見五藏癥結**〔九·三三六九〕　「癥」缺筆。

**諸大夫强而公族弱**〔九·三三七一〕　王、柯、南雍、秦、李、凌、程、殿本「强」作「彊」。

**專國事**〔九·三三七一〕　中統本「專」誤「事」。

**血脈治也**〔九·三三七一〕　王本「脈」誤「脤」。

**昔秦穆公嘗如此**〔九·三三七一〕　中統、游、正德本「穆」作「繆」。

**與百神游於鈞天**〔九·三三七一〕　毛本「鈞」誤「鈎」。

**帝屬我一翟犬**〔九・三三七一〕❶　中統本「犬」誤「大」。

**國中治穰**〔九・三三七二〕《札記》云：「《御覽》七百二十一、《元龜》八百五十八引並作『穰』。」

**鶵鳴**〔九・三三七二〕　百衲、中統、游、正德、毛本同，各本「鶵」作「雞」。

**至今曰收乎**〔九・三三七二〕　各本「曰」作「日」。

**收謂棺斂**〔九・三三七三〕　中統、舊刻、游、正德、秦、殿本上有「騆案」二字，下「奇，音羈」云云，又「七如反」，又「迵，音洞」云云，又「音益，謂喉下也」，又「音鬱」，並同。正德本「斂」下有「也」字。百衲、中統、王本「斂」作「歛」。

**鑱石撟引**〔九・三三七二〕　百衲、中統、游、正德、秦、毛本「撟」作「橋」。

**案杌毒熨**〔九・三三七二〕《索隱》及百衲、中統、游、正德、凌、毛本同，舊刻「杌」作「抏」，王、柯、南雍、秦、李、程、殿本誤「杭」，凌本旁注「一本『杌』作『杭』」。

**訣脈結筋**〔九・三三七二〕　中統本「脈」誤「服」。

**揲荒爪幕**〔九・三三七二〕　中統、游、柯、南雍、凌、程、殿本「爪」作「爪」。

**當聞其耳鳴而鼻張**〔九・三三七三〕　王、秦本「當」誤「嘗」。

**目眩然而不瞚**〔九・三三七五〕　「眩」缺筆。

❶ 「一」，原作「以」，據嘉業堂本改。

**舌橋然而不下**〔九·三三七五〕　中統、舊刻、游、正德、秦本同，《索隱》及各本「橋」作「撟」。

**大驚**〔九·三三七五〕　「驚」缺「敬」末筆，下同。

**因涕泣交流**　舊刻「泣」誤「戾」。

**陰上而陽内行**〔九·三三七五〕　百衲、中統本無「上而」二字，《札記》引吴校元板同。

**下内鼓而不起**〔九·三三七五〕　中統、游、正德、王、柯、秦、凌本「鼓」作「皷」。

**破陰絶陽之色已廢**〔九·三三七五〕　《雜志》云：「《太平御覽·人事部》《脈部》引此無『之』『已』二字。」

**以更熨兩脅下**〔九·三三七七〕　游、正德、王、柯、秦、李本「脅」作「膌」。王、秦本「兩」誤「雨」。

**傅玄曰**❶　「玄」缺筆，下同。

**齊桓侯客之**〔九·三三七八〕　「桓」缺筆，下並同。

**桓侯體病**〔九·三三七八〕　《雜志》云：「『體病』當作『體痛』，字之誤也，《文選·爲石仲容與孫詒書》注引此正作『體痛』，《韓子·喻老篇》《新序·雜事篇》亦作『體痛』。」

**桓侯遂死**〔九·三三七八〕　《札記》云：「宋本脱『侯』字。」

**是時齊無桓侯**〔九·三三七八〕　毛本「無」作「无」。

---

❶ 嘉業堂本此集解在「能使之起耳」下。點校本無此段集解。

**騶謂是齊侯田和之子桓侯午也**〔九・三三七八〕　中統本「之」誤「二」。

**則疾可已**〔九・三三七九〕　中統本無「則」字。

**秦太醫令李醯**〔九・三三七九〕　正德本「太」作「大」。

**齊太倉長**〔九・三三七九〕　柯本「太」作「大」。

**受之二年**〔九・三三七九〕　各本「二」作「三」。

**爲亦治**〔九・三三八一〕　正德本「治」下有「也」字。

**意年二十六**〔九・三三八二〕　舊刻「二十三」。

**音黶**〔九・三三八二〕　正德本「音」上衍「徐廣曰」三字，中統、游、正德、王、柯、南雍、秦、李、凌、程、殿本「音」上有「奇」字，在「咳」字下；又「下音該」，「該」上有「咳」字。

**精良**〔九・三三八二〕　毛本「良」誤「艮」。

**臣意年盡三年年三十九歲也**〔九・三三八二〕　毛本不重「年」字。《讀書記》云：「亭林云：『按徐廣注「高后八年，意年二十六」，當作「年盡十三年，三十九歲也」，脱「十」字。』」

**齊侍御史成**〔九・三三八二〕　毛本不提行，下並同。

**士如反**〔九・三三八三〕　各本「士」作「七」。

**徐廣曰一作鼂**〔九・三三八三〕　凌本「曰」下脱「一作鼂」三字。

**一作清**〔九·三三八三〕　凌本「一」上有「静」字。

**少陽初代**〔九·三三八二〕　《札記》云：「『少陽』上吴校元板有『以』字，疑衍。」

**數忔食飲**〔九·三三八四〕　《札記》云：「《集韻》九『迄，魚乙切』下有『忔』字，訓『心不欲也』，引《史記》此文爲證，《類篇》同。又『食飲』《集韻》《類篇》並作『飲食』，❶疑此倒誤。」

**脈來數疾去難而不一者**〔九·三三八四〕　舊刻、毛本同，《札記》引《考證》據宋本同，各本「疾」誤「病」。

**重陽者逿心主**〔九·三三八四〕　《索隱》及正德、王、南雍、秦、李、程、毛、殿本「逿」誤「遏」，注同。舊刻「主」作「生」。

**此悲心所生也病得之憂也**〔九·三三八四〕　此本「心所生也……」九字錯在十一行「刺」字下，兩行當互易。

**齊郎中令循病**〔九·三三八五〕　此行當在前，《雜志》云：「今本『病』誤作『疾』」，據宋本及《太平御覽》引改。」❷

**衆醫得以爲蹷入中而刺之**〔九·三三八五〕　各本「入」誤「人」，《雜志》云：「『人』當爲『入』，字之誤也，《太平御覽·方術部》引此正作『蹷入中』。」

**一飲得前溲**〔九·三三八五〕　《雜志》云：「『前』下當有『後』字，《太平御覽》引此正作『一飲得前後溲』。」

**三飲而病愈**〔九·三三八五〕　舊刻「病」作「疾」。

---

❶「韻」，原作「集」，今改。
❷「本」，原脱，據《讀書雜志》補。

**并陰者**〔九・三三八六〕《札記》云：「吳校元板『陰』譌『陽』。」

**故以此知之**〔九・三三八六〕中統、游本「故」作「固」。

**失治一時**〔九・三三八六〕中統、游、正德、王、柯、秦、毛本「失」誤「未」。

**齊王太后病**〔九・三三八六〕百衲、舊刻不提行。百衲本「太」作「大」。

**病得之流汗出𣶏𣶏者去衣而汗晞也**〔九・三三八六〕百衲、中統、游、正德、王、柯、南雍、秦、李、凌、殿本同，《索隱》及舊刻、毛本「𣶏」作「滫」，凌本作「滲」，《雜志》「𣶏」作「湏」，謂：「『湏』當爲『𣶏』，讀與『脩』同。《集韻》『湏，松倫切，流皃』，引《史記》『汗出湏湏』，既誤沿劉氏之音，又誤以『循循』二字連讀而訓爲流皃，其失甚矣。」

**浮之而大緊者**〔九・三三八七〕舊刻「大」作「太」，非。

**大者膀胱氣也**〔九・三三八七〕王本「大」字空格。

**齊章武里曹山跗病**〔九・三三八七〕中統、游、正德、王、柯、南雍、秦、李、凌、程、殿本提行。

**肺消癉也**〔九・三三八七〕毛本「肺」誤「沛」。

**後三日**〔九・三三八七〕舊刻「三」誤「一二」兩字。

**齊大醫先診山跗病**〔九・三三八七〕中統、游、正德、王、柯、凌、程本「大」作「太」。

**盡即死矣**〔九・三三八八〕《札記》云：「吳校元板無『盡』字，義長。」

**病小腹痛**〔九・三三八八〕❶ 百衲、中統、舊刻、游、正德、王、毛本同，各本「小」作「少」。

**臣意即謂齊太僕臣饒**〔九・三三八八〕 正德本「太」作「大」。

**一云來然合然合**〔九・三三八九〕 南雍、李、程本不重「然合」二字，凌本不重「然」字。《札記》云：「毛本下復衍『然合』二字。」❷是未見百衲、中統、舊刻、游、正德、王、柯、秦諸本也。

**三陰俱摶者**〔九・三三八八〕 南雍、凌、程本「摶」作「搏」，下並同。

**陽虚侯相趙章病**〔九・三三八九〕 程本不提行。

**音洞**〔九・三三八九〕 中統、游、正德、王、柯、南雍、秦、李、凌、程本「音」上有「迵」字。

**言洞徹入四支**〔九・三三八九〕 王、南雍、秦、李、程、殿本「支」作「肢」。

**故中藏實**〔九・三三八九〕《書鈔》一百四十四引作「故内藏實也」。

**盡三石**〔九・三三九〇〕 毛本「石」誤「日」，《讀書記》云：「日，一作『石』。」

**汗出伏地者**〔九・三三九〇〕 毛本「汗」誤「汁」，《札記》云：「《説文》『汗，身液也』『汁，液也』，是汁與汗同。」案此明係誤字，不必曲爲之説。前文「汗出伏地」，毛本作「汗」，此文不當獨異也。

**齊北宫司空命婦出於病**〔九・三三九〇〕 中統、游、正德、王、柯、南雍、秦、李、凌、程本提行，下「故濟北王

---

❶ 「病」，原作「兵」，據嘉業堂本改。

❷ 「合」，原作「否」，今改。

阿母」同。

**奴蓋女奴**〔九·三三九一〕　中統、游、正德本「蓋」作「盖」。

**濟一作齊王**〔九·三三九一〕　中統、游、正德本「王」作「主」。

**濟北王召臣意診脈**〔九·三三九一〕　中統、舊刻本同，《札記》引吴校元板同，各本無「臣」字。《雜志》云：「各本脱『臣』字，據宋本補。」

**臣意灸其左陽明脈**〔九·三三九二〕　毛本同，各本「左」下有「大」字。

**迺如豆北五六枚**〔九·三三九二〕　各本「北」作「比」，此誤。王本「枚」誤「枝」。

**齊丞相舍人奴**〔九·三三九二〕　中統、游、正德、王、柯、南雍、秦、李、凌、程、殿本提行。

**臣意即告宦者平**〔九·三三九二〕　游本「宦」誤「官」。

**即示平曰**〔九·三三九三〕　中統、游、正德本「示」作「視」。

**灸於火**〔九·三三九三〕　毛本「灸」作「炙」。

**臣意即以寒水拊其頭**〔九·三三九三〕　游本「拊」誤「柎」。

**諸客坐**〔九·三三九四〕　《雜志》云：「『諸客』上脱『與』字，《太平御覽》引此作『與諸客坐』。」

**及其未舍五藏**〔九·三三九四〕　正德本「藏」作「臟」。

**徐廣曰**〔九·三三九四〕　舊刻脱「曰」字。

**即弄之**〔九・三三九四〕　《雜志》云：「《太平御覽》引此作『取弄之』，於義爲長。」

**暮要脊痛**〔九・三三九四〕　《札記》云：「毛本『脊』誤『瘠』。」案毛本作「脊」不誤。

**濟北王侍者韓女**〔九・三三九五〕　中統、游、正德、王、柯、南雍、秦、李、凌、程、殿本提行，下「臨菑氾里女子」同。

**臨菑氾里女子薄吾病甚**〔九・三三九五〕　凌、殿本「氾」作「汜」。❶

**旋下**〔九・三三九五〕　程本「旋」誤「施」。

**上膚黄麤**〔九・三三九五〕　游、正德本「麤」作「麄」，下「其尺索刺麤」同。

**化爲蟲**〔九・三三九五〕❷　王、秦本「蟲」誤「蟲」。

**臣意所以知薄吾病者**〔九・三三九五〕　百衲、中統、舊刻、毛本同，《雜志》引宋本同，各本「知」下衍「寒」字。

**又作拳**〔九・三三九六〕　百衲、舊刻、毛同，《札記》引蔡、宋本及《元龜》同，《索隱》及各本「拳」作「秦」。

**如廁**〔九・三三九六〕　正德、王、柯、秦本「廁」誤「前」。正德、秦本下有「也」字。

**驅疾至舍**〔九・三三九六〕　《札記》云：「《元龜》引作『疾驅』，疑是。」

---

❶「作」，原脱，今補。

❷「化」，原作「代」，據嘉業堂本改。

**即泄數亠出**〔九・三三九六〕　本「十」誤「亠」。❶

**臣即爲一火齊米汁使服之**〔九・三三九六〕　殿本「一」誤「三」。

**所以知其墮馬者**〔九・三三九六〕　游、正德本「者」作「也」。

**黍主肝**〔九・三三九七〕　中統、舊刻、毛本同，各本「肝」作「肺」。

**養喜陽處者逆死**〔九・三三九七〕　百衲、毛本同，各本「養喜」二字誤倒。

**齊王侍醫遂病**〔九・三三九七〕　舊刻不提行。

**合一作古**〔九・三三九七〕　各本「古」作「占」。

**不加悍藥及鑱石**〔九・三三九七〕❷　王、秦本「鑱」誤「讒」。

**陽病益箸**〔九・三三九七〕　百衲同，各本「箸」作「著」。

**音始喻反**〔九・三三九八〕　中統、游、正德本無「音」字。

**忿發爲疽**〔九・三三九七〕　中統、游、正德本「發」下重「發」字。

**果爲疽**〔九・三三九七〕　《札記》云：「《御覽》引『爲』作『病』。」

**發乳上**〔九・三三九七〕　舊刻「乳」作「孔」。

---

❶ 按，嘉業堂本不誤。

❷ 「加」，原作「知」，據嘉業堂本改。

**齊王故爲陽虚侯時**〔九・三三九八〕 程本不提行。

**齊悼惠王子也**〔九・三三九八〕 游、正德本「悼」誤「倬」。

**卒謚孝王**〔九・三三九八〕 中統本「孝」誤「平」。

**大如覆杯**〔九・三三九八〕 中統本「杯」作「柸」。

**得之内**〔九・三三九八〕 舊刻同，各本「得」上有「病」字。

**臣意嘗診安陽武都里成開方**〔九・三三九八〕 百衲、舊刻本同，各本「嘗」誤「常」，凌本提行。

**音才交反**〔九・三三九八〕 各本「交」作「亦」，此誤。

**反一作及**〔九・三三九九〕 中統本「一」字空格。

**曰壯疝**〔九・三三九九〕 百衲、中統、舊刻、游、正德本同，《索隱》及各本「壯」作「牡」，下並同。瞿氏《藏書目録》據宋本同。

**慎毋爲勞力事爲勞力事**〔九・三三九九〕 「慎」缺末點，下「慎毋令我子孫知若學我方也」不缺。王、柯、秦本不重「爲勞力事」四字，非。

**絡□作結**〔九・三三九九〕 空格「一」字，毛本脱此條。

**他所診**〔九・三三九九〕 中統、游本「診」誤「脈」。

**案繩墨**〔九・三四〇〇〕 毛本「墨」誤「褱」。

**有數者能異之**〔九・三四〇〇〕《索隱》及百衲、中統、舊刻、毛本同，各本「能」作「皆」，《志疑》云：「《索隱》本『皆』作『能』，❶是。」

**問臣意曰**〔九・三四〇〇〕王、柯、秦本不提行。

**或不當針灸**〔九・三四〇〇〕凌本「針」作「鍼」。

**以文帝十五年卒**〔九・三四〇〇〕毛本上三字誤作「文以文」。

**臣意家貧**〔九・三四〇〇〕毛本「貧」誤「負」。

**不脩家生**〔九・三四〇〇〕凌本「脩」作「修」。

**因事俟**〔九・三四〇〇〕游、正德本「因」誤「內」。

**臣意心論之**〔九・三四〇一〕舊刻「心」作「切」。

**董謂深藏之**〔九・三四〇一〕毛本無「之」字。

**問臣意師慶安**〔九・三四〇一〕百衲、中統、舊刻、游、王、柯、秦本不提行。

**事之受方**〔九・三四〇二〕舊刻「事」誤「客」。

**徐廣曰法一作五**〔九・三四〇二〕百衲「曰」字誤在「法」字下。

---

❶「能」，原作「疑」，據《史記志疑》改。

**臣意悉受書之**〔九・三四〇二〕　舊刻「之」作「而」。

**吾中年時**〔九・三四〇二〕　舊刻同，《索隱》及各本「中年」作「年中」。

**猶言頁也**〔九・三四〇三〕　本「須」字，左旁泐。

**時者未往**〔九・三四〇二〕❶　舊刻「時」下重「時」字。

**會慶子男殷來**〔九・三四〇二〕　「殷」缺筆，下同。

**以意屬陽慶**〔九・三四〇二〕　王、柯、秦、毛本「陽」誤「楊」。

**濟北王遣太醫高期王禹學**〔九・三四〇三〕　《志疑》云：「《御覽》七百二十二引《史》此節高期、馮信、唐安等學醫語，皆删易引之，非所見本異也。」

**邪逆順**〔九・三四〇三〕　《雜志》云：「『邪』下脱『正』字，《太平御覽》引此作『邪正逆順』。」《札記》云：「案《元龜》引亦作『邪正』。」

**除爲齊王侍醫**〔九・三四〇三〕　中統本「王」作「國」。

---

❶「未」，原作「來」，據嘉業堂本改。

# 卷一〇六　吴王濞列傳第四十六

**吴王濞列傳第四十六**〔九・三四一五〕　此篇第一葉至五葉鈔配，今依潘本。

**自歸天子**〔九・三四一五〕❶　百衲「歸」誤「劉」。

**西度淮擊楚**〔九・三四一五〕　中統、游、正德本「度」作「渡」，《班馬異同》十九同。

**王二郡**〔九・三四一五〕　本「二」字，上畫泐。

**豈若邪**〔九・三四一六〕❷　《異同》「邪」作「耶」。

**慎無反**〔九・三四一六〕　「慎」缺筆。

**今故章**〔九・三四一七〕　正德本「章」下有「也」字。

**益鑄錢**〔九・三四一七〕　《雜志》云：「當依《正義》作『盜鑄錢』，字之誤也。《文選・吴都賦》《蕪城賦》注引此並作『盜』，《漢書》亦作『盜』。」

---

❶ 「自」，原作「身」，據嘉業堂本改。

❷ 「若」，原作「甚」，據嘉業堂本改。

**何必來葬爲**〔九·三四一七〕　舊刻「來」作「耒」，下並同。

**驗問實不病**〔九·三四一七〕　游、王、秦本「驗」誤「驕」，《異同》作「驗」。

**輒繫責治之**〔九·三四一七〕　《異同》「繫」誤「擊」。

**賞賜閭里**〔九·三四一八〕　游本「賞」誤「實」。

**漢書音義曰**〔九·三四一八〕　殿本上有「駰案」二字，下引《漢書音義》，又「音值」，又引《吴地記》，又「言濞之至吴」云云，並同。

**訟音松**〔九·三四一九〕　毛本「松」作「公」。

**晁錯爲太子家令**〔九·三四一九〕　百衲、舊刻本同，中統、游、正德、王、柯、南雍、秦、李、凌、毛、殿本「晁」作「鼂」，《異同》同。王本「太」作「大」。下「上方與晁錯調兵」「今賊臣晁錯」「共誅晁錯」「方今計獨斬晁錯」，中統、游、正德、王、柯、秦、凌本亦作「鼂」。

**數上書説孝文帝寬不忍罰**〔九·三四一九〕　各本「孝文帝」下有「文帝」二字。

**今吴王前有太子之郄**〔九·三四一九〕　舊刻「郄」作「隙」。

**不削反遲禍大**〔九·三四一九〕❶　百衲、中統、游、毛本同，各本「遲」作「遅」。

**往年爲薄太后服**〔九·三四一九〕　毛本「年爲」誤「爲年」。

❶「反」，原作「及」，據嘉業堂本改。

**故爲齊分爲國者**〔九・三四二一〕❶　毛本「者」誤「名」。

**膠東濟北之屬**〔九・三四二一〕　中統、舊刻、游本「屬」作「属」，游本下「屬中國」亦同。正德本「屬」下有「也」字。

**有宿夕之憂**〔九・三四二〇〕❷　毛本「夕」誤「久」。

**飾於邪臣**〔九・三四二〇〕　異同「飾」作「飭」。

**徵求滋多**〔九・三四二〇〕　「徵」缺筆。

**常患見疑**〔九・三四二〇〕　中統、游、正德、王、柯、南雍、秦、李、凌、程、殿本「常」作「嘗」。

**億亦可乎**〔九・三四二〇〕　殿本「億」作「意」。

**蝗蟲數起**〔九・三四二〇〕　《異同》「蟲」作「虫」。

**彷徉天下**〔九・三四二一〕　李本「天下」下衍「天下」二字。

**守滎陽敖倉之粟**〔九・三四二一〕　舊刻「滎」作「榮」。百衲、游、正德、王、柯、秦本「敖」作「敖」，下「食敖倉粟」同，《異同》同。

**弟令事成**〔九・三四二一〕　百衲、中統、舊刻、游、王、柯、殿本同，各本「弟」作「第」，《異同》同。

---

❶「齊」，原作「濟」，據嘉業堂本改。

❷「憂」，原作「愛」，據嘉業堂本改。

**不足爲漢郡什二**〔九·三四二一〕　中統本「二」誤「一」。

**文頴曰**〔九·三四二一〕　百衲「頴」作「頴」，毛本作「頴」。

**正月丙午**〔九·三四二二〕　《志疑》云：「正月不得有『丙午』，倪本作『戊午』，是。」《札記》云：「《班馬異同》作『戊午』。」

**濟北王城壞未完**〔九·三四二三〕　「完」缺筆。

**吴芮之玄孫靖王著**〔九·三四二四〕　「玄」缺筆。

**庶子一人**〔九·三四二四〕　舊刻、毛本同，各本「一」作「二」，《札記》云：「毛本『二』譌『一』。」案毛本與此及舊刻本合，非譌也。

**漢書音義曰故事也**〔九·三四二四〕　凌本上有「駰案」二字，殿本同。

**人雖少**〔九·三四二二〕　柯本「人」上衍「寡」字。

**寡人素事南越三十餘年**〔九·三四二三〕　舊刻、毛本「三」作「二」。

**搏胡衆**〔九·三四二三〕　《索隱》及程、殿本「搏」作「摶」。

**匡正天子**〔九·三四二三〕　「匡」缺筆。

**寡人節衣食之用**〔九·三四二三〕　王、柯、秦本脱「寡」字。

**脩兵革**〔九·三四二三〕　凌、毛、殿本「脩」作「修」，《異同》同。

**如得大將人户五千**〔九·三四二三〕　毛本「人」上衍「一」字。殿本「户」作「邑」。

**如得列將**〔九·三四二三〕　中統本「將」誤「侯」。

**他封賜皆倍軍法**〔九·三四二三〕　南雍、李、凌、程、殿本「軍」作「常」。

**敬以聞**〔九·三四二三〕❶　「敬」缺筆。

**天子乃遣太尉條侯周亞夫**〔九·三四二五〕　舊刻「太」作「大」，下「往往稍降太尉梁軍」，又「太史公曰」並同，《異同》同。

**盎時家居**〔九·三四二五〕　毛本「盎」上有「袁」字。

**誘天下豪桀**〔九·三四二五〕　游、正德、秦、李、毛本「桀」作「傑」，下「安得豪桀而誘之」「誠令吴得豪桀」並同，《異同》同。

**願屏左右**〔九·三四二五〕　百衲、中統、舊刻、游、正德本同，《異同》同，王、柯、南雍、秦、李、凌、程、殿本「屏」誤「并」。

**高帝王子弟**〔九·三四二五〕　《異同》「帝」上有「皇」字。

**故以反名爲**〔九·三四二五〕　百衲、毛本同，各本「名爲」作「爲名」。

**願上孰計之**〔九·三四二五〕　舊刻「孰」作「熟」。正德本「孰計」作「詳計」。

---

❶「聞」，原作「問」，據嘉業堂本改。

**吴王弟子德侯廣爲宗正也**〔九・三四二六〕❶　中統本「王」誤「三」，毛本「正」誤「王」。

**吴楚兵已攻梁壁矣**〔九・三四二五〕　秦本「吴」誤「楚」。

**我已爲東帝**〔九・三四二六〕　舊刻「已」作「以」。

**吾據滎陽以東**〔九・三四二六〕　凌、殿本「滎陽」下重「滎陽」二字，《札記》云：「王、柯、凌本重『滎陽』二字。」

案王、柯本不重。

**至淮陽**〔九・三四二六〕　《異同》「淮」誤「雒」。

**乃以全强制其罷極**〔九・三四二六〕　王、柯、南雍、秦、李、凌、程、殿本「强」作「彊」，《異同》誤「疆」。

**無佗奇道**〔九・三四二七〕　中統、舊刻、游、正德本「佗」作「他」。

**入武關**〔九・三四二七〕　中統、游本「關」作「関」，下「已入關」同，又「雖毋入關」「或入臨晉關」作「関」，均俗省。

**吴少將桓將軍**〔九・三四二七〕　「桓」缺筆，下同。

**願大王所過城邑不下**〔九・三四二七〕　舊刻「大」誤「太」。

**此少年推鋒之計可耳**〔九・三四二七〕　百衲、中統、舊刻、王、秦、毛本「推」作「椎」。

**吴王專并將其兵**〔九・三四二七〕　舊刻「并」作「倂」。《異同》無「吴」字。

---

❶ 此條原在「願上孰計之」條上，今移。

**未度淮**〔九・三四二七〕　毛本「度」作「渡」。

**比至陽城**〔九・三四二八〕　百衲、中統、舊刻、游、正德、王、柯、秦、毛本同，《異同》同，❶各本「陽城」作「城陽」，下「破陽城中尉軍」同。

**破陽城中尉軍**〔九・三四二八〕　游、王、秦本「陽城」誤「蕩城」。

**爲非者**〔九・三四二八〕　中統作「爲不善者」。

**以私錢淆亂天下錢**〔九・三四二八〕　舊刻「淆」作「殽」。

**賊殺大臣及漢使者**〔九・三四二八〕　百衲、舊刻、南雍、李、程、毛、殿本同，各本「及」誤「反」。

**掘其丘冢**〔九・三四二八〕　秦本「冢」誤「家」。

**初吳王之度淮**〔九・三四二九〕　《異同》「度」作「渡」，下「度江走丹徒」同。

**與楚王遂西敗棘壁**〔九・三四二九〕　中統、正德本「壁」作「璧」。

**梁數使使報條侯求救**〔九・三四二九〕　中統、游、正德本無「梁」字。秦本「求」誤「永」。

**吳糧絶卒飢**〔九・三四二九〕　凌本「飢」作「饑」，下「士卒多飢死」同。

**度江走丹徒**〔九・三四二九〕　《異同》「走」下有「奔」字。

---

❶ 「同同」下，原有一「同」字，此涉上而衍，今删。

**啗音徒覽反**〔九·三四三〇〕 毛本「覽」誤「屬」。

**膠西王乃袒洗**〔九·三四三〇〕 游、柯本「袒」誤「祖」。

**漢將弓高侯頹當**〔九·三四三〇〕 《異同》「頹」作「穨」。

**乃苦將軍遠道**〔九·三四三〇〕 王、柯、秦本「苦」誤「若」。

**至于窮國**〔九·三四三〇〕 舊刻、南雍、李、程、殿本「于」作「於」。

**擅發兵**〔九·三四三一〕 舊刻「擅」誤「壇」。

**納于漢**〔九·三四三一〕 舊刻「于」誤「干」。

**能薄賦斂**〔九·三四三一〕❶ 中統、舊刻、游、正德、王、柯、南雍、秦、李、凌、程、毛、殿本「斂」作「歛」。❷

**竟以夷隕**〔九·三四三一〕 「竟」缺筆。

**蓋謂吴邪**〔九·三四三一〕 舊刻「蓋」作「盖」，《異同》同。

**豈盎錯邪**〔九·三四三一〕 毛本「盎錯」作「袁盎」。

---

❶ 「斂」，原作「歛」，據嘉業堂本改。

❷ 「歛」「歛」，原缺右半，據嘉業堂本及諸校本補。

# 卷一〇七　魏其武安侯列傳第四十七

**魏其武安侯列傳第曰十七**〔九·三四三五〕　本「四」誤「曰」。

**天下者高祖天下**〔九·三四三五〕　中統、游、正德本「高祖」下有「之」字。❶

**律諸侯春朝天子曰朝秋曰請**〔九·三四三六〕　殿本上有「駟案」二字，下一引《漢書·百官表》，五引《漢書音義》，一引《漢書》，並同。

**王孫寧可以讓邪**〔九·三四三六〕　「讓」缺筆，下「必讓魏其」，又「有讓賢名」「上必多君有讓」，並同。

**竇嬰乃言袁盎**〔九·三四三六〕　百衲、舊刻、游、正德、毛本同，王、秦本脱「嬰」字。各本無「竇」字。

**封嬰爲魏其侯**〔九·三四三六〕　《史漢異同》二十「嬰」上有「竇」字。

**屏居藍田南山之下**〔九·三四三六〕　南雍、李、程、殿本同，與《漢書》合，各本無「藍」字。《異同》「藍田」二字細書，❷《漢書·田竇灌韓傳》有此二字。

---

❶ 「下」，原闕，今補。

❷ 「藍」，原作「南」，據國圖藏嘉靖本《班馬異同》改。

**螫怒也**〔九・三四三七〕　游、正德、王、柯、秦、凌本「怒」誤「恐」。

**必螫人**〔九・三四三七〕　中統本「人」誤「又」。

**又火各反**〔九・三四三七〕　中統「又」作「音」。

**一作恬**〔九・三四三七〕　《索隱》本「恬」作「怗」，中統、游、正德、王、柯、南、秦、李、凌、程、殿本「一」上有「沾」字。

**沾音憺也**〔九・三四三七〕❶　《索隱》及百衲、中統、舊刻、游、正德、王、南雍、秦、李、凌、程、毛、殿本同，柯本「憺」作「擔」，《札記》云：「與『憺』形近而誤。」

**時人相號長老者爲諸公**〔九・三四三八〕　各本「老」下重「老」字。

**學槃盂諸書**〔九・三四三八〕　毛本「槃」作「盤」，案注仍作「槃」。《異同》「盂」誤「孟」。

**黄帝史孔甲所作銘也**〔九・三四三八〕　中統、游、正德、王、柯、南雍、秦、李、凌、程、殿本「史」作「使」。

**未如魏其**〔九・三四三九〕❷　中統、游本「如」作「知」，《異同》同。

**將軍必爲太尉**〔九・三四三九〕　舊刻「太」作「大」，下「太尉尊丞相等耳」「屬太尉」並同。❸

---

❶　「音」，原作「者」，據嘉業堂本改。

❷　「未」，原作「不」，據嘉業堂本改。

❸　「尊」，原脱，據嘉業堂本補。

**請無奏事東宫**〔九・三四三九〕　《異同》「無」作「毋」。

**竇太后大怒**〔九・三四三九〕　《異同》「怒」下有「曰」字，蓋《漢書》文，誤作大書也。下「皆去魏其歸武安」，「歸」上有「而」字，亦同。

**爲御史大夫**〔九・三四三九〕　游本「大」誤「太」。

**天下士郡國諸侯**〔九・三四四〇〕　《索隱》本出「士郡諸侯」四字，《雜志》云：「『國』字後人所加，《漢書》亦作『郡諸侯』。」

**愈益附武安**〔九・三四四〇〕　王、南雍、秦本「附」誤「坿」。

**武安者貌侵**〔九・三四四〇〕　韋注下云「刻，确也」，《史》文「侵」下當有「刻」字。

**少府有考工室**〔九・三四四一〕　中統本「工」誤「二」。

**不可以兄故私橈**〔九・三四四〇〕　舊刻「橈」作「撓」，《異同》同。

**治宅甲諸弟**〔九・三四四〇〕　百衲、中統、南雍本同，各本「弟」作「第」，注同。

**狗馬玩好**〔九・三四四〇〕❶　《異同》「玩」作「翫」。❷

**潁陰人也**〔九・三四四二〕　舊刻「潁」作「潁」，下並同。

---

❶ 「玩」，原作「琓」，據嘉業堂本改。

❷ 「玩」，原作「琓」，據上下文改。

**官主千人**〔九・三四四三〕　舊刻「主」誤「王」。

**如侯司馬**〔九・三四四三〕　游、正德本「候」誤「侯」。

**潁陰侯彊請之**〔九・三四四二〕　程本「彊」誤「疆」，下「彊與俱」同。

**募軍中壯士**〔九・三四四二〕　百衲「募」誤「慕」。

**將軍壯義之**〔九・三四四二〕　《異同》「壯」下有「而」字，與《漢書》合。

**乃言太尉**〔九・三四四二〕　《異同》「太」作「大」，下「太尉乃固止之」同。

**吴已破**〔九・三四四二〕　中統本「已」作「以」。王本脱「破」字。

**上恐太后誅夫**〔九・三四四三〕　舊刻「太」作「大」。

**剛直使酒**〔九・三四四三〕　王、秦本「剛」誤「則」。

**不好面諛**〔九・三四四三〕　殿本「諛」作「腴」，《考證》云：「『面腴』即『面諛』也，或古字通，或傳寫之誤。」案各本無作「腴」者，❶《漢書》亦作「諛」。

**尤益敬與鈞**〔九・三四四三〕　「敬」本「敬」字。中統、游本「尤」作「猶」。

**無非豪傑大猾**〔九・三四四三〕　殿本「傑」作「桀」。

---

❶ 「各」，原作「作」，此涉下而訛，今改。

**食客日數十百人**〔九・三四四三〕　中統、舊刻、毛本「十」誤「千」。

**潁川兒乃歌之曰**〔九・三四四三〕❶　《異同》「歌」作「謌」。

**二人相倚**〔九・三四四四〕　舊刻「二」誤「一」。

**不與交通**〔九・三四四四〕　游本「與」作「与」。

**武安鄂謝曰**〔九・三四四五〕　游、正德本「安」誤「守」。

**灌夫亦持丞相陰事**〔九・三四四六〕　毛本「持」誤「時」。

**餘半膝席**〔九・三四四六〕　《札記》云：「吴校宋板『半』作『坐』。」

**屬之**〔九・三四四六〕　游本同，各本「屬」作「屬」，注同。

**乃罵臨汝侯**〔九・三四四六〕　中統本「乃」作「因」。

**今日斬頭陷匈**〔九・三四四六〕　王、秦本「今」誤「令」。《索隱》本「匈」作「匈」。

**有詔劾灌夫罵坐不敬**〔九・三四四六〕　「敬」缺筆，下「入宫不敬」同。

**魏其侯大媿**〔九・三四四七〕　李本「魏」誤「媿」，「媿」誤「魏」。

**立召入**〔九・三四四八〕　王、秦本「入」誤「人」。

❶「乃」，原脱，據嘉業堂本補。

**乃丞相以佗事誣罪之**〔九・三四四八〕　各本「佗」作「他」，下「不足引佗過以誅也」同。

**武安又盛毀灌夫所爲**〔九・三四四八〕　中統本「爲」誤「以」。

**辟音芳細反**〔九・三四四九〕　舊刻「芳」作「勵」。

**所好音□□馬田宅**〔九・三四四八〕　空格「樂狗」二字。

**今如魏其灌夫**〔九・三四四八〕　中統、游、正德、王、柯、南雍、秦、李、凌、程、毛、殿本「今」作「不」。

**日夜招聚天下豪傑壯士**〔九・三四四八〕　百衲、王、柯、南雍、凌、程、殿本「傑」作「桀」。

**不仰視天而俯畫地**〔九・三四四八〕　毛本無「不」字，與《漢書》合。

**臣乃不如魏其等所爲**〔九・三四四八〕　舊刻、毛本同，各本「如」作「知」。

**後不敢堅**〔九・三四四八〕　各本「堅」下有「對」字，毛本「對」誤「封」，案《漢書》作「後不堅」，《通鑑》作「後不敢堅」，❶亦無「對」字，各本「對」字蓋涉下文「餘皆莫敢對」「對」字而衍，此宋本之善也。

**而人皆藉吾弟**〔九・三四四九〕　舊刻、程、毛本「藉」誤「籍」。《索隱》本「弟」誤「第」。

**故廷辯之**〔九・三四四九〕　殿本「辯」作「辨」。

**止車門**〔九・三四五〇〕　舊刻「止」誤「上」。

---

❶ 「敢」，原作「見」，又圈出，據《資治通鑑》改。

**禿老公**〔九・三四五〇〕　百衲、毛本同，各本「公」作「翁」。

**言嬰無官位板授也**〔九・三四五〇〕　百衲、舊刻本「板授」作「板援」，游、正德、王、柯、南雍、秦、李本作「扳援」，毛本作「拔援」，案《漢書》注引服虔「言嬰無官位板授也」，與此本合。

**齚舌自殺**〔九・三四五〇〕　《索隱》本「齚」作「齰」。毛本「自」誤「目」。

**君亦毀之**〔九・三四五〇〕　百衲、舊刻、游、正德、南雍、李、程、殿本同，與《漢書》合，各本「之」作「人」。

**譬如賈豎女子爭言**〔九・三四五〇〕　「豎」缺筆，《異同》作「竪」。

**簿責魏其**〔九・三四五〇〕　百衲、舊刻、毛本「簿」誤「薄」。

**乃使昆弟子上書言之**〔九・三四五〇〕　百衲無「乃」字。

**蚡僞作飛揚誹謗之語**〔九・三四五一〕　中統、游本「揚」誤「楊」。

**春垂至也**〔九・三四五一〕　舊刻「垂」誤「箠」。

**言蚡號呼謝服罪也**〔九・三四五二〕❶　中統、游、正德本無「也」字。

**使巫視鬼者視之**〔九・三四五二〕　《異同》「使」上有「上」字，案《漢書》有「上」字。

**疑十二月當爲二月邪**〔九・三四五二〕　百衲同，各本「邪」作「也」。

---

❶「蚡」，原作「始」，據嘉業堂本改。

**未詳此正安在**〔九・三四五二〕　中統、游、正德本「正」誤「王」。

**竟死**〔九・三四五二〕　「竟」缺筆，下「竟被惡言」同。

**元朔三年**〔九・三四五二〕　中統、游本無「元朔」二字。

**不敬**〔九・三四五二〕　「敬」缺筆，注同。

**治王前朝**〔九・三四五三〕　王、柯、秦、凌本「王」誤「止」，《異同》「朝」下有「時」字，案《漢書》作「始安入」。

**特爲太后故耳**〔九・三四五三〕　中統、游本「特」誤「時」。

**竟被惡言**〔九・三四五三〕　毛本「竟」誤「音」。

# 卷一〇八　韓長孺列傳第四十八

**梁城安人也**〔九・三四五七〕《班馬異同》二十一「城」作「成」。

**在汝穎之間也**〔九・三四五七〕《索隱》及百衲、王、柯、南雍、秦、李、凌、程、毛、殿本「穎」作「潁」，舊刻、游、正德本作「潁」，中統本誤「陰」。

**後徙睢陽**〔九・三四五七〕毛本「睢」誤「雒」。

**出入游戲**〔九・三四五八〕《異同》「游」作「遊」。

**乃怒梁使者弗見**〔九・三四五八〕《異同》「乃」作「迺」。

**見大長公主**〔九・三四五八〕中統、游、正德本「大」誤「太」。

**景帝姊**〔九・三四五八〕舊刻、毛本「姊」誤「姑」。

**夫前日吴楚齊趙七國反時**〔九・三四五八〕百衲「前日」作「日前」。

**自關以東**〔九・三四五八〕游本「關」作「関」。

**將兵擊郤吴楚**〔九・三四五八〕毛本「擊」誤「繫」。

**入言警**〔九·三四五八〕❶　「警」缺「敬」末筆。

**即欲以侘鄗縣**〔九·三四五八〕❷　《索隱》「侘」作「任」。❸

**丑亞反**〔九·三四五九〕❹　《索隱》及百衲、舊刻、毛本同，中統、游、王、柯、南雍、秦、李、凌、程、殿本上有「駟案」二字，正德本作「裴駟案」。游、正德、王、秦本「丑」作「刃」，柯、凌本作「力」。中統諸本「丑」上有「侘音」二字，又此文移「徐廣曰『侘』一作『紆』也」之後。

**今梁使來**〔九·三四五八〕　舊刻「來」作「耒」，下同。

**大長公主具以告太后**〔九·三四五八〕　程本「大」誤「太」。

**爲言之帝言之帝心乃解**〔九·三四五八〕　《異同》「爲」下有「帝」字，「乃」作「迺」，下並同。《志疑》云：「《史詮》曰：『宋本作「爲帝言之帝言之」。』劉辰翁云：『正要重此一句。』」

**蒙縣名**〔九·三四五九〕　殿本脱此三字，蓋沿南雍本之舊，南雍本則以其文與《索隱》複見而删之也。

**漢使使者拜安國爲梁内史**〔九·三四五九〕　游本「史」誤「使」。

---

❶「警」，原作「驚」，據嘉業堂本改。下「警」字據上下文改。

❷「鄗」，原作「郡」，據嘉業堂本改。

❸「侘」，原作「佗」，據嘉業堂本及上下文改。

❹「亞」，原作「惡」，據嘉業堂本改。

**甲因肉袒謝**〔九・三四五九〕❶　本「袒」誤「祖」。《異同》「肉」誤「内」。

**公等足與治乎**〔九・三四五九〕　王、秦本「足」誤「成」。游本「與」作「与」，下「孰與太上皇之與高帝及皇帝之與臨江王親」「漢與匈奴和親」「閼單于不與漢合」並同。

**竇太后聞**〔九・三四五九〕　南雍本「聞」上衍「所」字。中統、游、正德本空一格。

**公孫詭羊勝説者王**〔九・三四五九〕　本「孝」誤「者」。

**及故吴相袁盎**〔九・三四五九〕　各本「故」上有「殺」字。

**故事紛紛至此**〔九・三四五九〕　《異同》無「事」字，案《漢書》無。

**孰與太上皇之與高皇帝**〔九・三四六〇〕　南雍本「太」誤「不」。

**景帝嘗屬諸姬**〔九・三四六〇〕　舊刻「屬」作「属」，下「自上古不屬爲人」「諸將皆屬護軍」，游本亦作「属」。

**栗姬憂死**〔九・三四六〇〕　正德本「死」誤「姬」。

**今大王列在諸侯**〔九・三四六〇〕　中統、游、正德本「大」誤「太」，下「幸大王自改」，又「大王尚誰攀乎」，游、正德本亦誤「太」。

**橈明法**〔九・三四六〇〕　舊刻、正德、程、毛本「橈」作「撓」，《異同》同。

**而大王終不覺寤**〔九・三四六〇〕　正德本「寤」作「悟」。

---

❶「甲」，原作「田」，據嘉業堂本改。

**遷爲大司農**〔九・三四六〇〕　百衲「大」誤「太」，《異同》同。

**安國及大行王恢將兵未至越**〔九・三四六〇〕　百衲、中統、舊刻、游、正德、南雍、李、程、毛、殿本同，各本無「兵」字。《異同》「大」誤「太」。

**天子下議**〔九・三四六一〕　《札記》云：「吴校本『下』下有『其』字。」

**遷徙鳥舉**〔九・三四六一〕　本「徙」誤「徒」。舊刻「遷徙」作「徙遷」。

**有其衆不足以爲彊**〔九・三四六一〕　程本「彊」誤「疆」，下「且彊弩之極」同。

**許慎曰**〔九・三四六一〕　「慎」缺筆。

**魯之縞尤薄**〔九・三四六一〕　毛本「尤」誤「光」。

**陰使聶翁壹**〔九・三四六一〕　《異同》「壹」作「一」。

**財物可盡得**〔九・三四六一〕　中統本「可」誤「乃」。

**若六博之梟矣**〔九・三四六二〕　毛本「博」誤「搏」，「矣」作「也」。

**太僕公孫賀**〔九・三四六二〕　舊刻「太」作「大」。

**於是時單于入漢長城武州塞**〔九・三四六二〕❶　百衲、舊刻、毛本同，各本無「時」字。

---

❶ 「單于」，原作「匈奴」，據嘉業堂本改。

**攻烽燧**〔九·三四六二〕　殿本「烽」作「熢」。

**單于顧謂左右曰**〔九·三四六二〕　毛本「謂」作「問」。

**衆不適**〔九·三四六三〕　百衲、舊刻、正德本同，❶各本「適」作「敵」。

**禔取辱耳**〔九·三四六三〕　凌、殿本「禔」作「褆」，《札記》云：「宋本、毛本『禔』，注同，各本作『褆』。」案百衲、中統、舊刻、游、正德、王、柯、南雍、秦、李、程本並作「禔」，《異同》同，《字類》一引同。

**然得完陛下士三萬人**〔九·三四六三〕　「完」缺筆。

**漢書音義曰**〔九·三四六三〕　殿本上有「駰案」二字，下「《漢書》曰」，又「蘢音龍」，並同。

**□曲行避敵也**〔九·三四六三〕　空格「逗」字。

**□顧望**〔九·三四六三〕　空格「橈」字。

**是爲匈奴報仇也**〔九·三四六三〕　《異同》「仇」作「讎」。

**首爲馬邑事者**〔九·三四六三〕　舊刻、正德本「首」誤「自」。

**以慰士大夫心**〔九·三四六三〕　舊刻、正德本「慰」作「尉」，《異同》作「慰」。

**智足以當世取合**〔九·三四六三〕　百衲、舊刻本同，瞿氏據宋本同，各本「合」作「舍」。

---

❶「刻」，原脱，據國圖藏明白鹿書院本補。

**然所推舉**〔九·三四六三〕　百衲、中統、舊刻、游、正德、南雍、李、程、毛、殿本同，與《漢書》合，王、柯、秦、凌本無「然」字。

**於梁舉壺遂**〔九·三四六三〕　《異同》「壺」作「壷」，下同。

**唯天子以爲國器**〔九·三四六三〕　舊刻「子」作「下」。

**而墯車跛足**〔九·三四六四〕　舊刻「跛」誤「破」。

**蹇愈**〔九·三四六四〕　《異同》「愈」作「瘉」。

**徙爲衛尉**〔九·三四六四〕　程本「徙」誤「徒」。

**音龍**〔九·三四六四〕　中統、游、正德、王、柯、南雍、秦、李、凌、程、殿本「音」上有「龍」字。

**使使責讓安國**〔九·三四六四〕　「讓」缺筆。

**甚自愧**〔九·三四六五〕　中統本「愧」作「媿」。

**病歐血死**〔九·三四六五〕　游、正德、秦本「歐」作「嘔」，《異同》同。

**天子方倚爲漢相**〔九·三四六五〕　各本「爲」上有「以」字，此脱。

**壺遂之内廉行脩**〔九·三四六五〕❶　程、毛、殿本「脩」作「修」。

---

❶「内」，原作「行」，據嘉業堂本改。

## 卷一〇九　李將軍列傳第四十九

**匈奴大入蕭關**〔九·三四六七〕　中統、游本「關」作「関」，下「有所衝陷折關」同，游本下「賜爵關内侯」亦作「関」。

**用善騎射殺首虜多**〔九·三四六七〕❶　王本「首」誤「百」。

**有所衝陷折關**〔九·三四六七〕　毛本「衝」作「衝」，《札記》引宋本同。

**萬户侯豈足道哉**〔九·三四六七〕　中統、游本「萬」作「万」。

**文穎曰**〔九·三四六八〕　百衲「顯」作「穎」，是，下同。李、凌、程、殿本兩引並誤「潁」。

**屬國公孫昆邪**〔九·三四六八〕　中統、游本「屬」作「属」，游本下「領屬護軍將軍」，又注「屬張掖」同，游、正德本此文「屬」上有「典」字。

**昆音魂**〔九·三四六八〕　正德本上衍「徐廣曰」三字，殿本上有「駰案」二字，下引《漢書音義》，又「孫灌嬰之孫名强」，並同。

❶「殺」，原作「善」，據嘉業堂本改。

**天下無雙**〔九・三四六八〕　中統本「無」作「无」。

**中貴人將騎數十縱**〔九・三四六八〕　《類聚》七十四引作「中貴人將騎從」。

**殺其騎且盡**〔九・三四六八〕　《類聚》引「且」作「將」。

**是必射雕者也**〔九・三四六八〕　《類聚》引「雕」作「鵰」。

**廣之百騎皆大恐**〔九・三四六八〕　中統、游本「恐」作「驚」，《異同》同。案《史》作「驚」，《漢》作「恐」，此與各本誤。

**今如此**〔九・三四六八〕　秦本「今」誤「令」，下「今我留」同。

**匈奴必以我爲大軍誘之**〔九・三四六八〕　百衲、中統、舊刻、南雍、李、程、毛、殿本同，各本「軍」上有「將」字，《異同》同。《雜志》云：「大軍，本或作『大將軍』，非，《史詮》已辨之。」

**不擊刁斗以自衛**〔九・三四六九〕　中統本「刁」作「刀」，下「擊刁斗」同。《札記》云：「中統、游本『刀』。」案游此文「刁」字作「刁」，注「名曰刁斗」同，下「擊刁斗」作「刀」，無注。

**晝炊飯食**〔九・三四七〇〕　中統、游本「飯」作「飲」。

**未嘗遇害**〔九・三四七〇〕　中統本「嘗」作「常」。

**程不識正部曲行伍**〔九・三四七〇〕　王、秦本「不」誤「亦」。

**士吏治軍簿**〔九・三四七〇〕　百衲「簿」誤「薄」。

**然亦未嘗遇害**〔九・三四七〇〕　游、正德本「嘗」作「常」。

**韓將軍後徙右北平**〔九·三四七一〕《札記》云：「『後韓將軍徙右北平』，❶宋本無『後』字，吴校宋本亦無。」

案各本「後」字並在「軍」字下。

**殺遼西太守**〔九·三四七一〕舊刻「太」作「大」。

**廣家與故潁陰侯孫**〔九·三四七一〕舊刻、游、正德本「潁」誤「頴」。

**廣佯死**〔九·三四七一〕百衲、王本「佯」作「詳」。

**廣行十餘里**〔九·三四七一〕《異同》無「廣」字，與《漢書》合。

**咸樂爲之死**〔九·三四七〇〕程本「爲」誤「謂」。

**則畫地爲軍陳**〔九·三四七二〕李本「畫」誤「晝」。

**廣亦竟射殺之**〔九·三四七二〕「竟」缺筆，下「竟死」同。

**嘗自射之**〔九·三四七二〕中統、游本「嘗」作「常」，《異同》同。

**一作没羽**〔九·三四七二〕百衲脱「一」字。

**至軍而斬之**〔九·三四七一〕《異同》無「而」字，案《漢書》有「而」，《異同》並未標明。

**於是天子**〔九·三四七一〕中統本脱「子」字。

---

❶「右」原作「石」，今據《校刊史記集解索隱正義札記》改。

**用此其將兵數困辱**〔九·三四七二〕　李本「辱」誤「辰」。

**本義法**〔九·三四七二〕　毛本作「充本法」。

**後三歲**〔九·三四七二〕　中統本「三」作「二」。

**與廣俱**〔九·三四七三〕　游本「與」作「与」，下「知與不知」「與青有親」同。

**廣爲圜陣外嚮**〔九·三四七三〕《異同》「嚮」作「向」。

**南都賦曰**〔九·三四七三〕　舊刻「南」作「西」。毛本「都」誤「郡」。

**騊案鄭德曰**〔九·三四七三〕　正德本「騊」上有「裴」字。

**孟康□**〔九·三四七三〕「曰」字脱中畫。

**角弩色黄而體大也**〔九·三四七三〕　中統、游、王、柯、南雍、秦本「體」作「躰」，俗。

**博望侯留遲後期**〔九·三四七三〕　百衲、中統、毛本同，游本「遲」作「遅」，各本作「遟」。

**代公孫弘爲丞相**〔九·三四七三〕「弘」缺筆。

**將軍自念**〔九·三四七四〕　程本「念」誤「志」。

**豈嘗有所恨乎**〔九·三四七四〕《異同》「嘗」作「常」，「恨」下有「者」字，案《漢書》作「豈嘗有恨者乎」。

**此乃將軍所以不得侯者也**〔九·三四七四〕《異同》「乃」作「廼」，下「乃自以精兵走之」「今乃一得當單于」「乃擊傷大將軍」並同。

**大出擊匈奴**〔九・三四七四〕　毛本「擊」誤「繫」。

**王爵趙食其爲右將軍**〔九・三四七五〕❶　本「主」誤「王」，程本誤「同」。

**如享曰**〔九・三四七五〕　本「淳」字脱水旁。

**遂引刀自剄**〔九・三四七六〕　王、柯、南雍、秦、李、凌、程本「剄」誤「頸」。

**坐侵孝景園壖地**〔九・三四七六〕　游本「園」作「园」，俗省。《異同》「孝」誤「李」。

**奪左賢王鼓旗**〔九・三四七六〕　中統、游、正德本「鼓旗」作「旗鼓」，《異同》同。

**上諱云鹿觸殺之**〔九・三四七六〕　中統本「上」誤「之」。

**李氏陵遲衰微矣**〔九・三四七六〕❷　百衲、中統、王、柯、南雍、秦、李、毛本同，游本「遲」作「遅」，各本作「遲」。

**擊匈奴右賢王於祁連天山**〔九・三四七七〕❸　百衲、中統、舊刻、游、正德、南雍、李、程、毛、殿本同，各本無「於」字，凌本旁注「一本『王』下有『於』字」。

**匈奴遮狹絕道**〔九・三四七七〕　柯本「狹」誤「俠」。

---

❶「右」，原作「石」，據嘉業堂本改。
❷「氏」，原脱，據嘉業堂本補。
❸「右」，原作「左」，據嘉業堂本改。

# 卷一一〇　匈奴列傳第五十

**匈奴列傳第五十**〔九・三四八三〕　《索隱》作「第五十二」，《正義》云：「此卷或本次平津侯後第五十二。」

**漢書曰**〔九・三四八四〕　殿本上有「駰案」二字，下一引《漢書》、兩引《毛詩傳》、十二引《漢書音義》，又「音鉤」云云，又「昭王母也」，又「音傍，白浪反」，又「適，音丁革反」，又「北假北方曰官」，又「骨都，異姓大臣」，又「須卜氏主獄訟」，❶又「音桀」，又「雩，音犬胡反」，又「湩，乳汁也」云云，又「昌占反」云云，又「言雖復著冠」云云，❷又「豻音干」云云，❸又「《韓長孺傳》曰，恢自殺」，又「音斗」，又「先，先生也」云云，又「音鉤」云云，又「《公羊傳》」云云，並同。

**匈奴始祖名**〔九・三四八四〕　毛本無「名」字。

**則橐駞**〔九・三四八三〕　《索隱》「駞」作「佗」，云：「或作『駞』。」

---

❶ 「主」，原作「之」，據嘉業堂本改。
❷ 「雖」，原作「須」，據嘉業堂本改。
❸ 「干」，原作「千」，據嘉業堂本改。

**驒騱**〔九・三四八三〕　《索隱》「騱」作「奚」，云：「鄒誕本『奚』字作『騱』。」

**士力能彎弓**〔九・三四八三〕　《索隱》「彎」作「毌」，云：「音彎，如字亦通也。」

**鋋形似矛**〔九・三四八五〕　正德本「矛」誤「予」。

**兄弟死**〔九・三四八四〕　游、正德本「死」下有「者」字。

**單于姓攣鞮氏**〔九・三四八五〕　舊刻「攣」誤「欒」。

**戎狄攻大王亶父**〔九・三四八五〕　舊刻、毛本「大」作「太」。

**亶父亡走岐下**〔九・三四八五〕　中統、王、柯、秦本「岐」作「歧」，下「秦襄公伐戎至岐」同。❶

**復居於酆鄗**〔九・三四八五〕　中統、游、正德、程本「酆」作「鄷」，下同。

**與申侯有郤**〔九・三四八五〕　舊刻「郤」作「隙」。

**故號曰驪戎**〔九・三四八七〕　舊刻「驪」作「麗」。

**去酆鄗而東徙雒邑**〔九・三四八五〕　舊刻、正德本「雒」作「洛」。

**而山戎越燕而伐齊齊釐公與戰于齊郊**〔九・三四八五〕　舊刻脱「伐齊」二字。

**燕告急於齊**〔九・三四八六〕　百衲同，各本「於」作「于」。

---

❶ 「同」，原無，今補。

**齊桓公北伐山戎**〔九・三四八六〕 「桓」缺筆，下「隱桓之間則章」同。

**襄王奔于鄭之氾邑**〔九・三四八六〕 舊刻「于」作「於」。殿本「氾」作「汜」。

**戎翟是應**〔九・三四八六〕 百衲同，各本「翟」作「狄」。中統、舊刻、王、柯、秦、凌、毛本作「應」，各本作「膺」，《札記》云：「舊刻、游本『應』，《建元以來侯者年表》及《字類》引《年表》亦同，它本並作『膺』。」案游本「應」已改「膺」，中統、王、柯、秦、凌、毛本並作「應」，與舊刻同，何云它本亦作「膺」乎？

**至於太原**〔九・三四八六〕 毛本「太」作「大」。

**彭彭四馬貌**〔九・三四八七〕 游、王、柯、秦本「貌」作「皃」。

**朔方北方**〔九・三四八七〕 正德本「方」下有「也」字。❶

**欲修霸業**〔九・三四八六〕 舊刻、正德本「修」作「脩」。

**乃興師伐逐戎翟**〔九・三四八六〕 中統、舊刻、游、正德本「翟」作「狄」。

**居于雒邑**〔九・三四八六〕 中統、游、正德本「雒」作「洛」。

**秦晉爲彊國**〔九・三四八八〕 王、柯、南雍、秦、李、毛、殿本同，各本「彊」作「强」，程本誤「疆」，下「剛直屈强」同，王、柯諸本下「東胡强而月氏盛」「是時東胡强盛」「以故冒頓得自强」「而匈奴最强大」「馬强力」「漢强使之」「然所以强者」「剛直屈强」「使强弩都尉路博德」「與强弩都尉會涿涂山」「强弩都尉路博德將萬餘人」並

---

❶「正」，原作「下」，今改。

作「彊」。❶

**居于河西圁洛之間**〔九・三四八八〕　《索隱》本「河西」作「西河」。

**音銀**〔九・三四八八〕　百衲、中統、舊刻、柯、南雍、李、凌、程、毛、殿本同，游、正德、王、秦本「銀」作「張」，《札記》云：「吴校金板下有『張作銀』三字。」

**朐音項于反**〔九・三四八九〕　舊刻、殿本同，南雍本無「音」字。李本「項」作「頊」，百衲、凌、程、毛本作「音頊」，中統、游、正德、柯、秦本作「音項」，《札記》云：「宋本、王、柯、凌、毛作『音頊』，汪校本改『頊』爲『詡』，與《索隱》引徐廣音合。」案王本「項」字左旁不明，鄂局翻刻本遂改作「詡」，然以秦本作「項」推之，則其字當作「項」，蓋秦本多依王本也。若柯本明明作「項」，謂「項」爲「頊」之誤則可，謂王、柯作「頊」不可也。《索隱》引徐廣「音詡」，又引鄭氏「音吁」，此文「項于反」正與鄭音合，疑百衲諸本脱「于反」二字而中統、游、王、柯、秦本又誤「項」爲「項」也。

**或云鮮卑**〔九・三四九〇〕　中統、游、正德本「云」作「曰」。

**音鉤山名在鴈門**〔九・三四九一〕　正德本上衍「徐廣曰」三字，又改此文作「句注山名，在鴈門，句音鉤」。

**音傍白浪反**〔九・三四九一〕　毛本無「傍」字，正德本作「並音傍，又白浪反」。

---

❶「大」，原作「犬」，據嘉業堂本改。諸「弩」字，並作「虜」，據嘉業堂本改。

**而秦稍蠶食**〔九・三四九〇〕　中統、游本「蠶」作「蚕」。

**在朔方**〔九・三四九一〕　正德本「在」上有「高闕」二字。

**而置雲中鴈門代郡**〔九・三四九〇〕　凌本「鴈」作「雁」，《札記》云：「中統、游本『鴈』，它本作『雁』。」案百衲、舊刻、游、正德、王、柯、南雍、秦、李、程、毛、殿本並作「鴈」，其作「雁」稚隆本而徐氏《測議》仍之耳，❶不得概云它本作「雁」也。

**歸□襲破東胡**〔九・三四九〇〕　「歸」下「而」字泐。

**丁革反**〔九・三四九二〕　中統、游、正德、王、柯、南雍、秦、李、凌、程、殿本「丁」上有「適音」二字，毛本有「音」字。

**又度河**〔九・三四九一〕　《異同》「度」作「渡」。

**東胡彊而月氏盛**〔九・三四九二〕　《異同》「氏」作「氐」。

**韋昭曰音𤄷**〔九・三四九三〕　正德、程、殿本「音」上有「曼」字。凌本此條誤入《索隱》。

**復稍度河南**〔九・三四九二〕　中統、游、正德本「度」作「渡」。

**愛一女子乎**〔九・三四九四〕　《異同》「女子」二字倒。

**遂取所愛閼氏予東胡**〔九・三四九四〕　《異同》「予」作「與」，下「予」字細書，案《漢書》作「予」，倪氏所據《史》

---

❶「稚」，原作「雅」，今改。

文作「與」，與《漢書》有别。

**中有棄地莫居千餘里**〔九・三四九四〕　毛本「居」誤「唐」。

**予之亦可**〔九・三四九四〕　毛本「予」作「與」。

**勿與亦可**〔九・三四九四〕❶　《異同》「與」作「予」。

**與漢關故河南塞**〔九・三四九五〕　中統、游本「關」作「関」，下「尚樂關市」「漢亦尚關市不絶以中之」「徙關東貧民」並同。

**至朝那膚施**〔九・三四九五〕❷　各本「那」作「那」。

**音鹿離**〔九・三四九六〕　正德本「音」上有「蠡」字，王、柯、南雍、秦、李、陵、程、殿本作「谷音鹿，蠡音離」。

**屠作諸**〔九・三四九六〕　各本「作」上有「一」字。❸

**左右賢以下至當户**〔九・三四九五〕　舊刻、正德本「賢」下有「王」字，《志疑》云：「案《漢書》作『自左右賢王以下』，是也，此缺『王』字。」

**呼衍氏須小氏常與單于婚姻**〔九・三四九六〕　本「卜」誤「小」。中統、游、正德本「常」作「嘗」。游本

---

❶「勿」，原作「弗」，據嘉業堂本改。
❷「膚」，原作「膚」，據嘉業堂本改。
❸「上」，原脱，據各本補。

「與」作「与」。殿本脱此條十二字。

**以西接月氏氐羌**〔九·三四九六〕《索隱》作「西接氐羌」。

**亦名自置**〔九·三四九六〕本「各」誤「名」。

**大會蘢城**〔九·三四九七〕游、正德、王、柯、秦、凌、毛本「蘢」作「籠」，《異同》同，《志疑》云：「湖本『蘢』作『籠』，誤。」

**祭其先**〔九·三四九七〕游、正德、王、柯、秦本「祭」誤「登」。

**音帶**〔九·三四九八〕中統、游、正德、王、柯、南雍、秦、李、凌、程、毛、殿本「音」上有「蹛」字，在「皆會祭處」下。

**有罪小者軋**〔九·三四九七〕王本脱「罪」字。

**多至數千百人**〔九·三四九七〕舊刻「千」作「十」。

**斬首虜**〔九·三四九七〕中統本「斬」作「捕」，《札記》引吴校金板同。

**如鳥之集**〔九·三四九七〕《札記》云：「凌本『烏』。」案凌本作「烏」，與各本同。

**丁靈**〔九·三四九八〕《索隱》本「靈」作「令」。

**薪犂之國**〔九·三四九八〕舊刻「薪」作「新」。

**於是冒頓佯敗走**〔九·三四九九〕中統、王、柯、秦、凌、殿本「佯」作「詳」，游、正德本誤「詐」。

**東方盡青駹馬**〔九·三四九九〕《雜志》云：「《藝文類聚·獸部》上、《太平御覽·獸部》五引此『青駹』『烏驪』

下皆無「馬」字。」

**使劉敬結和親之約**〔九·三四九九〕「敬」缺筆，下同，惟「皇帝敬問匈奴大單于無恙」「敬問漢皇帝無恙」不缺。

**陳豨反**〔九·三五〇〇〕百衲同，各本「豨」作「狶」。

**侵盜代地**〔九·三五〇〇〕毛本「代」誤「伐」。

**復脩和親之事**〔九·三五〇一〕凌、程、毛本「脩」作「修」。❶

**其三年五月**〔九·三五〇一〕❷中統、游本「五」誤「三」。

**聽後義盧侯難氏等計**〔九·三五〇一〕正德本「氏」誤「氐」。

**徐廣曰音支**〔九·三五〇二〕正德本「音」上有「氏」字。毛本脱此條。

**皇帝讓書再至**〔九·三五〇一〕「讓」缺筆。

**今以小吏之敗約**〔九·三五〇一〕《異同》「今」誤「令」。

**烏孫呼揭**〔九·三五〇一〕南雍本「烏」誤「鳥」。

**音桀**〔九·三五〇二〕正德本上衍「徐廣曰」三字。正德、秦本「音」上有「揭」字。

---

❶「修」，原作「脩」，據諸本改。

❷此條原在「復脩和親之事」條上，今移。

**老者安其處**〔九・三五〇一〕　中統、游本「老」上空一格，正德本「安」上衍「得」字，案《漢書》有「得」字。

**火胡反**〔九・三五〇二〕　正德本上衍「徐廣曰」三字，中統、游、正德、王、南雍、秦、李、凌、程、殿本「火」上有「雩音」二字。❶毛本有「音」字，「火」誤「大」。

**請獻橐他一匹**〔九・三五〇一〕　南雍、李本「他」作「駝」，程本誤「馳」。

**至薪望之地**〔九・三五〇一〕　程本「薪」誤「新」。

**公卿皆曰**〔九・三五〇一〕　李本「皆」誤「詩」。

**老者安其處**〔九・三五〇二〕　《異同》「安」上有「得」字。

**所以遺單于甚厚**〔九・三五〇二〕　秦本「遺」誤「潰」。

**一本無袷**〔九・三五〇三〕　各本「袷」下有「字」字，此脱。

**黄金飾具帶一**〔九・三五〇三〕❷《志疑》云：「倪本作『飾貝』，則今本《史》《漢》並譌『具』字也。」

**繡十匹**〔九・三五〇三〕　《異同》「匹」作「疋」，下「二匹」字同。

**號曰老土單于**〔九・三五〇四〕　各本「土」作「上」，此誤。

---

❶「正」，原作「本」，今改。「有」，原脱，今補。

❷「一」，原作「人」，據嘉業堂本改。

**一云稽粥第二單于**〔九・三五〇四〕❶ 百衲、中統、游、正德本「第」作「弟」。

**自後皆以第别之**〔九・三五〇四〕❷ 百衲、中統、舊刻、游、正德、王、柯、秦本「第」作「弟」。❸

**言漢物十中之一入匈奴**〔九・三五〇四〕 毛、殿本「十」作「什」。

**以示不如湩酪之便美也**〔九・三五〇四〕 《異同》「湩」作「潼」。

**音都奉反**〔九・三五〇四〕 游本「奉」誤「秦」，正德本誤「桊」。

**蓋以自爲守衛如此**〔九・三五〇五〕 舊刻、游本同，各本「盖」作「葢」。

**穹庐旃帳**〔九・三五〇五〕 正德本「帳」下有「也」字。

**故其急則人習錡射**〔九・三五〇五〕 本「騎」誤「錡」。

**今中國雖佯不取其父兄之妻**〔九・三五〇五〕 中統、舊刻、游、正德、王、柯、南雍、秦、李、凌、程、毛、殿本「佯」作「詳」。

**親屬益疏**〔九・三五〇五〕 殿本「疏」誤「踈」。《異同》「屬」作「属」，「疏」作「踈」。

**生力必屈**〔九・三五〇五〕 中統本「生」誤「至」，《札記》引吴校金板同。

---

❶ 「粥」，原作「弻」，據嘉業堂本改。

❷ 「第」，原作「弟」，據嘉業堂本改。

❸ 「第」「弟」，原脱，據諸本補。

**築城郭以目備**〔九・三五〇五〕　本「自」誤「目」。

**音諜**〔九・三五〇六〕　凌本「音」上有「喋」字。

**昌占反**〔九・三五〇六〕　正德本上衍「徐廣曰」三字，正德、凌、毛本「昌」上有「佔」字。

**則候秋孰**〔九・三五〇六〕　《異同》「孰」作「熟」。

**封爲餅侯**〔九・三五〇七〕　游、正德、王、柯、南雍、秦、李、凌、程本「餅」作「鉼」。

**在安定**〔九・三五〇七〕　毛本「在」誤「柱」。

**於是文帝以中尉周舍**〔九・三五〇六〕　毛本「舍」誤「召」。

**甯侯魏遬爲北地將軍**〔九・三五〇七〕　百衲、舊刻、王、柯、南雍、李、凌、殿本同，各本「遬」作「遫」，《異同》同。

**殺略人民畜産其多**〔九・三五〇七〕　中統本「人民」作「人户」，《札記》引吴校金板同。

**忘萬民之命**〔九・三五〇八〕　毛本「忘」作「亡」。

**二國已和親**〔九・三五〇八〕　毛本「國」誤「主」。

**闟音搶**〔九・三五〇九〕　柯本「搶」誤「槍」。

**幼者得長**〔九・三五〇八〕　中統本「長」誤「止」。

**而終其天年**〔九・三五〇八〕　王、柯、秦、凌、殿本「年」作「命」，凌本旁注「一本『命』作『年』」。

**鄰敵之國**〔九・三五〇八〕　百衲、舊刻、南雍、李、程、毛、殿本同，與《漢書》合，各本作「鄰國之敵」，《異同》同。

**佗物**〔九・三五〇八〕　中統、游、正德本「佗」作「他」。

**後元三年立**〔九・三五〇九〕　毛本「三」誤「二」。

**數不容爾也**〔九・三五一〇〕　毛本「容」誤「云」。

**各二萬騎**〔九・三五〇九〕　各本「二」作「三」，此誤。

**趙屯飛孤口**〔九・三五一〇〕　各本「孤」作「狐」。

**及備胡**〔九・三五一〇〕　各本「及」作「以」，此誤。

**終孝景時**〔九・三五一〇〕　毛本「景」下有「帝」字。

**今帝即位**〔九・三五一〇〕　游、正德、王、秦本「今」作「武」，案《漢書》作「武」。

**奸蘭**〔九・三五一〇〕　《索隱》「奸」作「奸」，中統本作「姦」，案中統正文作「姦」，注文作「奸」。

**音干**〔九・三五一一〕　中統、游、正德、王、柯、南雍、秦、李、程、殿本「音」上有「奸」字。凌本脱此條。

**于蘭犯禁私出物也**〔九・三五一一〕　本「干」誤「于」。游、王各本合上爲一條，凌本脱。

**詳爲賣馬邑城**〔九・三五一〇〕　舊刻、正德、程本「詳」作「佯」。

**見寇保此亭**〔九・三五一〇〕❶ 中統、游、正德、王、柯、秦、李、凌、毛、殿本「保」作「葆」。

**具告單于**〔九・三五一一〕 游、正德、王、秦本「具」作「去」。

**韓長儒傳曰**〔九・三五一一〕 本「孺」誤「儒」。

**至蘢城**〔九・三五一一〕 中統、游、正德、秦、程本「蘢」作「籠」。

**殺遼西太守**〔九・三五一二〕 毛本「太」作「大」。

**漢亦棄上谷之什辟縣**〔九・三五一二〕❷ 《札記》云：「《字類》引『什』作『斗』，皆『斗』之譌。」

**音斗**〔九・三五一二〕 凌本「音」上有「什」字。

**軍臣單于弟左谷蠡王伊稚斜**〔九・三五一二〕❸ 《異同》「軍」上有「其」字，案《漢書》作「其弟左谷蠡王伊穉斜」。

**西近胡**〔九・三五一二〕 舊刻「胡」誤「湖」。

**於單亡降漢**〔九・三五一二〕 百衲「降」誤「除」。

**漢封於單爲涉安侯**〔九・三五一二〕 百衲、南雍、李、程、毛、殿本同，各本「於單」誤「單于」，《異同》同。

---

❶「亭」，原作「事」，據嘉業堂本改。

❷「辟」，原作「碑」，據嘉業堂本改。

❸「谷」，原作「各」，據嘉業堂本改。

**殺代郡太守恭及略千餘人**〔九・三五一二〕《札記》云：「官本『友』，各本誤『及』。」案殿本亦作「及」，《考證》云：「《漢書》『恭及』作『恭友』，師古曰：『太守姓名也。』《衛青傳》作『代郡太守友』，則『及』爲『友』無疑。」是「及」當作「友」。❶《考證》嘗有此説，未改《史》文作「友」也。《衛青傳》徐廣曰：「友者太守名也，姓共。」「共」「恭」古字通。

**殺略吏民甚衆**〔九・三五一三〕《異同》「略」作「掠」。

**漢以衛青爲大將軍**〔九・三五一三〕游、正德本「大」誤「太」。

**漢兵出塞六匕百里**〔九・三五一三〕本「七」誤「匕」。

**用其姊妻之**〔九・三五一三〕❷《異同》「姊」作「娣」。

**象祭天人也**〔九・三五一四〕游、正德、王、秦本「象」誤「家」。柯、凌、殿本「人」作「主」。

**擊匈奴左賢王左賢王圍李將軍**〔九・三五一四〕南雍、李、凌、程、毛、殿本同，與《漢書》合，各本「左」作「右」，《異同》同。

**遠其輜重**〔九・三五一六〕《異同》「輜」誤「錙」。

**漢度河**〔九・三五一七〕《異同》「度」作「渡」。

---

❶「及」，原作「友」，今改。

❷「用」，原作「以」，據嘉業堂本改。

**而漢士卒物故亦數萬**〔九・三五一七〕《索隱》「士」下無「卒」字。

**遣使於漢**〔九・三五一七〕《異同》「遣」字細書，案《漢書》無「於漢」二字，《異同》「於漢」字旁未豎抹而「遣」字誤大書爲細書，均傳寫失之。

**至匈奴河水而還**〔九・三五一八〕《索隱》無「奴」字，與《衛霍傳》合，《志疑》云：「案匈河乃水名，故趙破奴爲匈河將軍。❶劉敞、劉攽並以『奴』爲衍字。」

**主使來客官也**〔九・三五一八〕毛本「客官」誤「主客」。

**何徒遠走**〔九・三五一八〕《札記》云：「王本『徒』誤『徙』。」案王本作「徒」不誤。

**求請和親**〔九・三五一八〕中統本「求」作「氷」，下「以求和親」同。

**漢使王烏等窺匈奴**〔九・三五一八〕《志疑》云：「《史》《漢》皆作『烏』，而《藝文類聚》作『焉』，李商隱《爲李兵曹祭兄濠州刺史文》云：『不拜無慙于蘇武，去節甯類于王焉。衒鬚誓死，齧雪獲全。』祭文同韻當不誤，此所謂『烏』『焉』混淆也。」

**習胡俗**〔九・三五一九〕百衲無「俗」字。

**黥面得入穹廬**〔九・三五一九〕《異同》「得」上有「而」字。

---

❶ 「匈」，原作「凶」，據《史記志疑》改。

**佯許甘言**〔九·三五一九〕❶　中統、舊刻、游、正德、王、柯、秦、凌、程、毛、殿本「佯」作「詳」。

**而西置酒泉郡**〔九·三五一九〕　凌本「置」誤「至」。

**又以翁主妻烏孫王**〔九·三五一九〕　百衲、舊刻、正德本同，各本「翁」作「公」。

**至肱靁爲塞**〔九·三五一九〕　「肱」缺筆，注不缺，毛本誤「胝」，注同。

**肱雷地名**〔九·三五二〇〕　百衲同，各本「雷」作「靁」。

**在烏孫北**〔九·三五二〇〕　毛本「孫」誤「子」。

**剛直屈彊**〔九·三五一九〕　《異同》「彊」作「强」，下「彊弩都尉」同。

**故約漢常遣翁主**〔九·三五一九〕　中統、游、正德本「翁」作「公」。

**匈奴輒報償**〔九·三五一九〕　舊刻無「匈奴」二字。

**吾欲入漢見天子**〔九·三五二〇〕　毛本「漢見」作「見漢」。

**及遣太子來質**〔九·三五二〇〕　舊刻「及」誤「乃」。

**子烏師廬**〔九·三五二〇〕　中統本「烏」誤「爲」。

**烏一作詹**〔九·三五二一〕　王、秦本「詹」誤「簷」。

---

❶「甘」，原作「其」，據嘉業堂本改。

**右方直酒泉燉煌郡**〔九・三五二〇〕　本「燉」誤「燉」。

**漢使貳師將軍廣利**〔九・三五二一〕　百衲、中統、舊刻、游、正德、王、柯、秦本「貳」作「二」。

**而令因杅將軍敖**〔九・三五二一〕　百衲、中統、舊刻、游、王、柯、南雍、李、凌、程本同，正德本「杅」作「杆」，下仍作「杅」，毛本「杅」並誤「杆」。殿本「敖」誤「敷」，下二「敖」字誤同，惟「因杅敖與左賢王戰，不利」「敖」字不誤。《異同》「杅」誤「杼」。

**匈奴大雨雪**〔九・三五二一〕　王、秦本「大」誤「太」。

**畜多飢寒死**〔九・三五二一〕　凌、殿本「飢」作「饑」。

**期至浚稽山而還**〔九・三五二一〕❶　舊刻「稽」誤「期」。

**發左方兵擊浞野浞野侯行捕首虜**〔九・三五二一〕　舊刻不重「浞野」二字。

**得數千人**〔九・三五二一〕　百衲、中統、舊刻、游、正德、毛本同，各本無「得」字。

**軍遂没於匈奴**〔九・三五二二〕　舊刻無「軍」字。

**遂遣奇兵攻受降城**〔九・三五二二〕　游本「攻」誤「致」。

**是歲太初三年也**〔九・三五二二〕　游、正德本「太」作「大」。

**至盧眴**〔九・三五二二〕　《索隱》及南雍、李、程、殿本「眴」作「朐」。

---

❶ 「浚」，原作「後」，據嘉業堂本改。

**音衢匈奴地名又山名**〔九・三五二二〕　殿本「匈奴地名」作「服虔云，匈奴地名也」，「又山名」作「張晏云，山名」，案此皆《正義》文。

**而使游擊將軍韓説**〔九・三五二二〕　中統、舊刻、游、正德本「游」作「遊」。

**屯其旁**〔九・三五二二〕　殿本「旁」作「傍」。

**昔齊襄公復百世之讎**〔九・三五二三〕　程本「百」作「九」，《志疑》云：「當依《漢書》作『九世』。」《札記》云：「官本『九』，與《漢書》合，各本誤『百』。」案殿本亦作「百」，與此本同。

**公羊傳曰**〔九・三五二三〕　毛本「公羊」作「春秋」，《札記》云：「宋本『公羊』，各本作『春秋』。」案各本惟毛本作「春秋」，此外若百衲、中統、舊刻、游、正德、王、柯、南雍、秦、李、凌、程本並作「公羊」，此云「各本作『春秋』」，不知何本。

**九世猶可以復讎乎**〔九・三五二三〕　毛本無「以」字。

**雖百世可也**〔九・三五二三〕　王、柯、南雍、秦、李、凌、程本「百」下衍「知」字。

**漢復使因杅將軍敖**〔九・三五二四〕　百衲、中統、舊刻、游、正德、王、柯、南雍、李、凌、程本「敖」作「敳」，下「因杅將軍敖將萬騎」「因杅敖與左賢王戰不利」並同，《字類》引同。毛本此「杅」字誤「杵」，殿本誤「敷」。

**匈奴圍陵陵降匈奴**〔九・三五二四〕　王、柯、秦、凌本不重「陵」字。

**强弩都尉路博德**〔九・三五二四〕　本「弩」誤「駑」。

**案史記將相年表及漢書**〔九・三五二五〕❶　毛本「及」誤「乃」。

**軍敗乃降**〔九・三五二五〕　中統、游、正德本脱「軍」字。

**患其徼一時權**〔九・三五二六〕❷《索隱》及百衲、舊刻、王、秦、毛本同，各本「權」上有「之」字。

**徼音皎**〔九・三五二六〕　毛本「皎」誤「校」。

**詩云彼己之子**〔九・三五二六〕　舊刻「詩」上有「駰案」二字。殿本此條連下「彼己者」云云誤作《索隱》。

---

❶「記」，原作「漢」，據嘉業堂本改。

❷「徼」，原作「儌」，據嘉業堂本改。下一「徼」字同此。

# 卷一一一　衛將軍驃騎列傳第五十一

**母號爲衛媼**〔九・三五三七〕　舊刻、王、柯、南雍、秦、李、凌、程、毛、殿本「母」上有「長君」二字。

**生子襄**〔九・三五三八〕　毛本「生」誤「主」。

**甘泉中徒所居也**〔九・三五三八〕　游、正德本「中」誤「守」。

**季須坐姧自殺**〔九・三五三九〕❶　舊刻、游、正德、王、柯、南雍、秦、李、凌、程、殿本「姧」作「奸」。

**大長公主執囚青**〔九・三五三九〕　程本「執」誤「就」。

**與壯士篡取之**〔九・三五三九〕　毛本「與」上衍「敖」字。《索隱》「篡」上有「往」字。

**太中大夫公孫敖**〔九・三五三九〕　舊刻「太」作「大」。

**出鴈門**〔九・三五三九〕　凌本「鴈」作「雁」，下「青爲車騎將軍，出鴈門」「入略鴈門千餘人」並同，《札記》云：「宋本、中統、游、毛『雁』作『鴈』。」案舊刻、正德、王、柯、南雍、秦、李、凌、程、殿本並作「鴈」，《漢書》同，惟凌本作「雁」耳。

---

❶ 「季」，原作「李」；「坐」，原作「生」，並據嘉業堂本改。

**青至蘢城**〔九・三五三九〕　百衲、中統、游、正德、王、柯、秦、凌、毛本「蘢」作「籠」，《字類》一《補遺》引《史記》同，❶《班馬異同》二十四同。

**至于隴西**〔九・三五三九〕　毛本「于」作「於」。

**造謀藉兵**〔九・三五四〇〕❷　舊刻、王、柯、南雍、秦、李、凌、程、殿本「藉」作「籍」，《異同》同。

**從蠻夷借兵鈔邊也**〔九・三五四〇〕　王、凌本「鈔」作「抄」。

**薄伐玁狁**〔九・三五四〇〕　游、正德本「玁」誤「儼」。

**至于太原**〔九・三五四〇〕　舊刻「太」作「大」。

**今車騎將軍青**〔九・三五四〇〕　王、秦本「今」誤「令」，《異同》同。

**畢收爲鹵**〔九・三五四〇〕　游本「收」誤「攸」。

**按行也**〔九・三五四一〕　中統、游、正德、王、柯、秦、凌本「按」作「案」。

**討蒲泥**〔九・三五四〇〕　毛本「討」誤「封」。

**捕服聽者三千七十一級**〔九・三五四〇〕　李、凌本「服」作「伏」。

**衛尉蘇建爲游擊將軍**〔九・三五四一〕　秦、殿本「游」作「遊」，下「蘇建爲游擊將軍」同。

---

❶「一」，原無，據《四部叢刊三編》景汲古閣景宋鈔本《班馬字類》補。

❷「造」，原作「遣」，據嘉業堂本改。

**文穎曰**〔九·三五四二〕❶　中統、毛本「穎」作「潁」，各本作「潁」，下同。

**右賢王驚夜逃**〔九·三五四一〕　中統、游、正德本「逃」作「遁」，《異同》同。案《史》作「遁」，《漢》作「逃」，《異同》分别甚晰。

**青子登爲發千侯**〔九·三五四二〕　游、南雍、李、徐、毛、殿本「千」作「干」，《漢書》同，中統本誤「于」。

**臣青子在繦褓中**〔九·三五四二〕　百衲、舊刻同，中統、游、正德、鍾、程本「繦褓」作「繈緥」，❷王本作「繈保」，柯、凌本作「襁保」，毛本「繦緥」，南雍、李、程、殿本作「繈褓」，《異同》同，《札記》云：「舊刻、柯、凌作『襁』。」

案今所見舊刻本作「繦」。

**今固且圖之**〔九·三五四二〕　游、正德本「且」誤「旦」。

**常護軍傅校**〔九·三五四二〕　游、正德本「校」作「挍」。

**從大將軍出窳渾**〔九·三五四二〕　游本「大」誤「木」。

**傳戰獲王**〔九·三五四二〕　百衲同，《索隱》及各本「傳」作「搏」。

**封説爲龍頟侯**〔九·三五四二〕　程本「頟」作「額」。

**太僕賀爲左將軍**〔九·三五四三〕　王、秦本「左」誤「列」。

---

❶ 此條原在「衛尉蘇建爲游擊將軍」條上，今移。

❷ 「德」，原作「正」，據引據各本名稱改。

**左内史李沮**〔九・三五四三〕　毛本「左」誤「右」。秦本「史」誤「吏」。

**並軍三千餘騎**〔九・三五四三〕❶　游、正德本「千」誤「十」。

**見急**〔九・三五四四〕　中統、游、正德、王、柯、秦本「急」誤「擊」。

**士盡不敢有二心**〔九・三五四四〕❷　《異同》「盡」下有「皆」字，案《史》作「盡」，《漢》作「皆」，《異同》「盡」字未豎抹而「皆」字又作大書，誤。

**不乃可乎**〔九・三五四四〕　百衲同，各本「乃」作「亦」。

**在泰山則曰奉高宮**〔九・三五四四〕　舊刻「奉」作「奏」。

**大將軍姊子霍去病**〔九・三五四四〕　各本不提行，《異同》依《漢書》提。

**大將軍受詔**〔九・三五四四〕　百衲、中統、舊刻、游、正德、南雍、李、程、毛本同，❸各本無「大將軍」三字。

**斬首虜二千一十八級**〔九・三五四五〕❹　各本「一」作「二」，此誤。

**斬單于大父行藉若侯産**〔九・三五四五〕　百衲、中統、游、正德、毛本同，與《漢書》合，各本「藉」作「籍」。

---

❶「並」，原作「戰」，據嘉業堂本改。
❷「有」，原作「不」，據嘉業堂本改。
❸「程」，原作「陳」，據中央民族大學圖書館藏明崇禎間程正揆刻本《史記評林》改。
❹「首虜」，原倒，據嘉業堂本乙正。

**身食萬户**〔九·三五四六〕　中統本「身」誤「變」。

**校尉張騫從大將軍**〔九·三五四六〕　毛本同，各本無「校尉」二字。

**軍得以無飢渴**〔九·三五四六〕　正德、凌、殿本「飢」作「饑」，《異同》同。

**因前使絶國功**〔九·三五四六〕　游本「因」誤「困」。

**率戎匕**〔九·三五四六〕　本「士」誤「匕」。

**討遬濮**〔九·三五四六〕　百衲、中統、王、柯、南雍、秦、李、凌、程本同，舊刻、游、正德、毛、殿本「遬」作「遫」，下同，《異同》同。

**漢書音義曰**〔九·三五四七〕　殿本上有「駰案」二字，下引《孫吴兵法》《漢書音義》並同。

**懾慴者弗取**〔九·三五四六〕　游、正德本「懾」作「攝」，《異同》同。

**一作與**〔九·三五四七〕　程本「與」誤「興」。

**而已斬者獲其首**〔九·三五四七〕　正德本「首」下有「也」字。

**誅全甲**〔九·三五四六〕　柯、凌本「全」作「仝」，王本注亦作「仝」，《札記》云：「蓋『全』之俗字也。」

**捕稽且王**〔九·三五四八〕　《索隱》本「且」誤「沮」。

**捕呼于屠王**〔九·三五四八〕　秦本「于」誤「干」。

**使人先要邊**〔九·三五五〇〕　舊刻同，各本「先」下有「遣使向邊境要遮漢人，令報天子」十三字。《索隱》出

「先要邊」三字，《漢書》作「使人先要道邊」，亦無此十三字。《異同》「邊」上有「道」字。

**見漢軍**〔九·三五五〇〕　舊刻「軍」作「兵」。

**驃騎乃馳入**〔九·三五五〇〕　舊刻「乃」作「迺」。

**數十巨萬**〔九·三五五〇〕　舊刻「巨」作「鉅」，《異同》「巨」大書，「鉅」細書。

**文潁曰**〔九·三五五〇〕　毛本同，王、柯、秦本「潁」作「穎」，各本作「頴」。

**胡王名**〔九·三五五〇〕　凌本上有「毒尼」二字。

**爲下麾侯**〔九·三五五〇〕　百衲、舊刻、南雍、李、程、毛本同，與《漢書》合，各本「麾」作「摩」，《異同》同。

**禽梨爲河綦侯**〔九·三五五〇〕　《異同》「梨」作「黎」。

**并將控弦萬有餘人**〔九·三五五〇〕　「弦」缺筆。

**誅獟駻**〔九·三五五〇〕　殿本「駻」作「悍」，《異同》「駻」大書，「悍」細書。

**降異國之王三十二人**〔九·三五五〇〕　中統、游、正德、王、柯、秦、殿本「王」作「主」。

**幸既永綏矣**〔九·三五五〇〕　《異同》「綏」誤「緩」。

**翕侯趙信爲單于畫計**〔九·三五五一〕　柯本「畫」誤「晝」。

**不能度幕輕留**〔九·三五五二〕❶　中統、游、正德本「度」作「渡」。

**人馬凡五萬騎**〔九·三五五二〕　毛本「人」上衍「軍」字。

**而適值大將軍軍**〔九·三五五二〕　《異同》「值」作「直」。

**會日且入**〔九·三五五二〕　王、南雍本「且」誤「旦」。

**而士馬尚彊**〔九·三五五二〕　殿本「彊」誤「疆」。

**薄暮**〔九·三五五二〕　毛本「暮」作「莫」。

**單于遂乘六騾**〔九·三五五二〕　舊刻同，百衲「騾」作「驘」，中統、游、正德、王、柯、南雍、秦、李、凌、程、殿本作「贏」，《字類》二《補遺》引同，毛本作「羸」。

**漢匈奴相紛挐**〔九·三五五二〕　毛、殿本「挐」作「拏」。

**遲明**〔九·三五五二〕　百衲、中統、游本同，注同，《索隱》及各本「遲」作「遟」。

**頗捕斬首虜萬餘級**〔九·三五五二〕　毛本「捕」誤「獲」。

**以誅北車耆**〔九·三五五三〕　百衲、舊刻、游、正德本同，《異同》同，各本「北」作「比」。

**轉擊左大將**〔九·三五五三〕　《異同》「將」下有「軍」字。

---

❶ 「幕」，原作「馬」，據嘉業堂本改。

**從至檮余山**〔九・三五五四〕　舊刻「檮」誤「禱」。

**封復陸支爲壯侯**〔九・三五五四〕　毛本脱「復」字。

**校尉自爲爵大庶長**〔九・三五五四〕　《索隱》「校」作「技」。舊刻「大」誤「太」。

**大將軍驃騎將軍**〔九・三五五六〕　中統、游、正德本「大」上有「及」字，《異同》同。

**如淳曰云云**〔九・三五五六〕　凌本脱此條。

**定令令驃騎將軍秩禄**〔九・三五五六〕　毛本下「令」字誤「今」。

**天子常欲教之孫吴兵法**〔九・三五五六〕　毛本同，各本「常」作「嘗」。

**天子爲遣太官**〔九・三五五六〕　舊刻「太」作「大」。

**重車餘棄粱肉**〔九・三五五六〕❶　南雍、毛、殿本「粱」作「梁」。

**而士有飢者**〔九・三五五六〕　凌、殿本「飢」作「饑」。

**而驃騎尚穿域蹋鞠**〔九・三五五六〕　游本「域」誤「城」。《異同》「鞠」下有「也」字，案《漢書》有。

**穿地爲營域**〔九・三五五六〕　中統、游、正德本「域」誤「城」。

**仁善退讓**〔九・三五五六〕　「讓」缺筆。

---

❶　「餘」，原作「遺」，據嘉業堂本改。

**像祁連山**〔九・三五五七〕❶《異同》「像」作「象」，「象」大書，「像」細書。

**曰景桓侯**〔九・三五五七〕「桓」缺筆，注同。

**及發干侯登**〔九・三五五七〕程本「干」作「千」。

**竟不復擊匈奴者**〔九・三五五八〕「竟」缺筆。

**大將軍以其得尚平陽長公主**〔九・三五五八〕百衲、中統、游、正德、毛本同，各本無「長」字。

**長平侯伉代侯**〔九・三五五八〕王、柯、秦本脱「伉」字。毛本「代」誤「伐」，《札記》誤「氏」。

**左方兩大將軍**〔九・三五五八〕凌、殿本此下提行。王、南雍、秦、李、凌、殿本「方」誤「右」，《異同》同，《志疑》云：「『左右』乃『左方』之謁，非大將軍有左右也。」

**侯千三百户**〔九・三五五八〕南雍、李、凌、程、殿本同，百衲、王、柯、毛本「侯」誤「二」，游、正德、秦本誤「三」，《志疑》云：「倪本作『三千三百户』，王本作『二千三百户』，並非。」

**其校尉裨將**〔九・三五五八〕《異同》「其」字細書。

**無傳者曰將軍公孫賀**〔九・三五五八〕李、凌、殿本「將軍公孫賀」另提行，《異同》同。王、柯本「軍」下誤空一格。

**賀義渠人**〔九・三五五九〕正德、秦本「賀」下衍「將軍」二字。

---

❶「祁連」，原倒，據嘉業堂本乙正。

**以騎將軍從大將軍有功**〔九・三五五九〕　游、正德本「大」誤「太」，下「再從大將軍出定襄」同。

**坐子敬聲**〔九・三五五九〕　「敬」缺筆。

**與陽石公主奸**〔九・三五五九〕　舊刻「奸」作「姧」，《異同》同。

**將軍李息**〔九・三五五九〕　毛本接上空一格，下「公孫敖」至「荀彘」並同。

**至武帝立八歲**〔九・三五五九〕　百衲脱「帝」字。

**後三歲**〔九・三五五九〕　毛本「後」誤「從」。

**將軍公孫敖**〔九・三五六〇〕　游本「敖」誤「放」。

**武帝立十二歲**〔九・三五六〇〕❶　游、正德本「二」作「三」。

**爲騎將軍**〔九・三五六〇〕　各本「騎」上有「驃」字，《異同》同，余有丁云：「驃騎將軍，武帝立名，以霍去病本傳前云『賀爲輕車將軍』，又曰『騎將軍』，此『驃』字必誤。」案「騎」上不當有「驃」字，各本皆誤，惟此本無之，益信蜀刻之善也。

**將軍公孫敖**〔九・三五六〇〕　游本「敖」誤「放」。

**以因杅將軍築受降城**〔九・三五六〇〕　百衲「城」上衍「士」字。南雍、毛本「杅」誤「扞」。

**復以因杅將軍再出擊匈奴**〔九・三五六〇〕　南雍本「杅」誤「杆」，毛本誤「杵」。

**發覺復繫**〔九・三五六〇〕　百衲、王、秦本「繫」誤「擊」。

---

❶ 此條原在「將軍公孫敖」條上；「武」，原作「景」，據嘉業堂本改。

**坐妻爲巫蠱族**〔九·三五六〇〕　游本「族」誤「侯」。

**出擊匈奴**〔九·三五六〇〕　游本「擊」誤「繫」。

**其後太后崩**〔九·三五六一〕❶　毛本「太」作「大」。

**後四歲爲游擊將軍**〔九·三五六一〕　《異同》無「後」字。

**家在大猶鄉**〔九·三五六一〕　百衲、王、柯、南雍、秦、李、凌、程、殿本同，各本「家」作「冢」，《異同》同。

**袑栩人也**〔九·三五六一〕　舊刻同，與《漢書》合，《索隱》及百衲、中統、游、正德、王、柯、南雍、秦、李、凌、程、毛本「栩」作「祤」，《異同》同，殿本「袑栩」作「袑祤」。

**從大將軍出定襄**〔九·三五六一〕　中統、游本「大」誤「太」。

**將軍韓說**〔九·三五六二〕　王、柯、秦本不提行。

**坐酎金失侯**〔九·三五六二〕　游、正德本「酎」誤「酧」。

**以太初三年**〔九·三五六二〕　殿本「太」作「大」。

**毋功奪印**〔九·三五六二〕　游、正德、南雍、李、凌、程、殿本「毋」作「無」。

**擊朝鮮無功**〔九·三五六二〕　中統本「無」作「毋」。

---

❶「崩」，原作「病」，據嘉業堂本改。

**以捕樓船將軍**〔九・三五六二〕　舊刻「捕」作「補」,「船」作「舩」。

**最驃騎將軍去病**〔九・三五六二〕　王、柯、南雍、秦、李本不提行。毛本誤以「最」字連上「坐法死」爲句,「最」下空一格。

**斬捕首虜十一萬餘級**〔九・三五六二〕　百衲、舊刻、毛本同,各本「首虜」作「虜首」。

**將軍路博德**〔九・三五六三〕　毛本上空一格,下「將軍趙破奴」同。

**坐酎金失侯**〔九・三五六三〕　游、正德、秦本「酎」誤「酧」,《異同》同。

**攻胡至匈河水**〔九・三五六三〕　王本「河」誤「奴」。

**元封二年**〔九・三五六三〕　游、正德本「二」作「三」。

**太初二年**〔九・三五六三〕　游、正德本「二」作「三」。

**破奴生爲虜所得**〔九・三五六三〕　王、柯、秦本無「破奴」二字。

**復與其太子安國亡入漢**〔九・三五六三〕　游本「國」字空格。

**自衛氏興**〔九・三五六四〕　游、正德、凌不提行,毛本上空一格。

**天子常切齒**〔九・三五六四〕　中統、游、正德本「常」作「嘗」,《異同》同。

# 卷一一二　平津侯主父列傳第五十二

**丞相公孫弘者**〔九・三五七三〕　「弘」缺筆，下同，惟「未有若故丞相平津侯公孫弘者也」「班固稱曰公孫弘」不缺。

**齊菑川國薛縣人也**〔九・三五七三〕　毛本無「齊」字、「國」字。

**乃學春秋雜説**〔九・三五七三〕　中統本「雜」作「雜」，下「牛酒雜帛」同。

**徵以賢良爲博士**〔九・三五七三〕　「徵」缺筆，下並同。

**弘迺病免歸**〔九・三五七三〕　《班馬異同》二十五「迺」作「乃」，「病」上有「移」字。

**弘讓謝國人曰**〔九・三五七三〕　「讓」缺筆。

**天子擢弘對爲第一**〔九・三五七四〕　毛本「對」作「策」。

**是時通西南夷道**〔九・三五七四〕　《異同》「通」上有「方」字，案《漢書》作「時方通西南夷」。

**人臣病不節儉**〔九・三五七四〕　毛本「節儉」二字倒。

**一云一歲**〔九・三五七四〕　毛本「云」上脱「一」字。

**常與主爵都尉汲黯請間**〔九・三五七四〕　各本「常」作「嘗」，《異同》同，下「常與公卿約議」同。

**弘乃謝曰**〔九・三五七四〕　程本「乃」作「迺」。

**上乃許之**〔九・三五七四〕　《異同》「乃」作「迺」。

**奉禄甚多**〔九・三五七五〕　《類聚》七十引作「俸禄甚厚」。

**桓公以霸**〔九・三五七五〕　「桓」缺筆，下同。

**愈益厚之**〔九・三五七五〕　《類聚》引「厚」作「善」。

**高成之平津鄉也**〔九・三五七五〕　毛本「鄉」誤「侯」。

**雖陽與善**〔九・三五七五〕　南雍、李、程本同，與《漢書》合，百衲、中統、游、王、柯、凌、毛、殿本「陽」作「詳」，舊刻、正德本作「佯」，《異同》同。凌本旁注「一本『詳』作『陽』」。

**食一肉**〔九・三五七五〕　《書鈔》一百四十五引《史記》作「食惟一肉而已」。

**宜佐明主填撫國家**〔九・三五七六〕　《異同》「填」作「鎮」。

**今諸侯有畔逆之計**〔九・三五七六〕❶　凌本「畔」作「叛」。

**智仁勇**〔九・三五七六〕　毛本「智」作「知」，《札記》引宋本同，下同。

---

❶「侯」，原作「位」，據嘉業堂本改。

**知此三者**〔九・三五七六〕　毛本「此」作「斯」。

**然后知所以治人**〔九・三五七六〕　各本「后」作「後」。

**今陛下躬行大孝**〔九・三五七六〕　《異同》「孝」下有「弟」字，案《漢書》作「今陛下躬孝弟」，此「弟」字當細書，誤大書。

**厲一作廣也**〔九・三五七七〕　王本「廣」誤「黄」。

**素有負薪之疾**〔九・三五七六〕　百衲、中統、舊刻、南雍、李、程、毛、殿本同，各本「疾」作「病」，《異同》同，《漢書》作「疾」，此文作「病」，倪氏所見本如此也。

**漢書音義曰**〔九・三五七七〕　殿本上有「駰案」二字，下引《漢書》，又「矜，音勤」，並同。

**是章朕之不德也**〔九・三五七六〕　百衲、毛本「德」誤「得」。

**今事少間**〔九・三五七六〕　毛本「今」誤「令」。

**牛酒雜帛**〔九・三五七六〕　中統、游本「帛」作「白」。

**學長短縱横之術**〔九・三五七七〕　各本「撗」作「横」。

**上不召**〔九・三五七八〕　毛本「上」誤「書」。

**須人功而後用**〔九・三五七九〕　中統本「後」作「后」。

**教而後成**〔九・三五七九〕　中統、游、正德本「後」作「后」。

**遷徙烏舉**〔九・三五七八〕　游、正德本「烏」誤「易」，《札記》引吴校宋本同，王、柯本誤「鳥」。

**靡敝中國**〔九・三五七八〕　《索隱》「敝」作「弊」。

**然後發天下丁男**〔九・三五七八〕　中統、游、正德「後」作「后」。

**文顥曰**〔九・三五七九〕　百衲、毛本「顥」作「穎」。

**起於東腄**❶〔九・三五七八〕　《索隱》「東」作「黄」，與《漢書》合。

**琅邪負海之郡**〔九・三五七八〕　《異同》「琅邪」作「瑯琊」。

**轉輸北河**〔九・三五七八〕　中統、游、正德本「北河」作「河北」。

**乃使劉敬往結和親之約**〔九・三五七九〕　「敬」缺筆。

**夫秦常積衆**〔九・三五七九〕❷　中統、游、正德本「常」作「嘗」。

**非完事也**〔九・三五七九〕　「完」缺筆。

**上及虞夏殷周**〔九・三五八〇〕　「殷」缺筆，下同。

**而下脩近世之失**〔九・三五八〇〕　舊刻、正德本「脩」作「循」，凌、毛本作「修」，《雜志》云：「『脩』當依《漢書》作『循』，謂因循近世之失而不改也。又下文『秦不行是風而脩其故俗』，『脩』亦當依《漢書》作『循』，隸書

❶「腄」，原作「睡」，據嘉業堂本改。

❷「衆」，原作「粟」，據嘉業堂本改。

「循」「脩」相似，傳寫易譌。」

**事苦則慮易**〔九・三五八〇〕　毛本「慮」誤「虞」。

**靡敝愁苦而有離心**〔九・三五八〇〕　《札記》云：「《索隱》本出『焳愁』二字，注云『上音焦』。今《史》文無此，疑即『愁苦』二字之異文。」

**是時趙人徐樂**〔九・三五八〇〕　《札記》云：「徐樂，中統、游本誤『岳』。」案中統、游本並作「樂」。惟《索隱》「嚴安上書」下云「安及徐樂並拜郎中」，中統、游本「徐樂」作「徐岳」，《札記》所謂「誤岳」者其即指此乎？然則「徐樂」上當冠以「索隱」二字，庶不致與正文相混也。

**徐樂曰**〔九・三五八〇〕　《異同》提行，下「嚴安」同。

**奮棘矜**〔九・三五八〇〕　《異同》「矜」作「矜」，下「杖棘矜」同。

**矜音勤**〔九・三五八一〕　正德本上衍「徐廣曰」三字。

**俗已亂而政不脩**〔九・三五八〇〕　凌、程、毛本「脩」作「修」，下「脩之廟堂之上」「而脩其故俗」並同。

**而安土樂俗之民衆**〔九・三五八一〕❶　中統本「土」誤「上」。

**故雖有彊國勁兵**〔九・三五八一〕　中統、毛本「彊」作「强」。

---

❶「俗」，原作「業」，據嘉業堂本改。

**弘游燕之囿**〔九・三五八一〕❶ 舊刻「弘」誤「引」。

**何征而不服乎哉**〔九・三五八二〕 毛本「哉」誤「載」。

**伯者常佐天子**〔九・三五八二〕 百衲、舊刻本同，與《漢書》合，各本「伯」上有「五」字。

**匡正海内**〔九・三五八二〕 「匡」缺筆，下同。

**强陵弱**〔九・三五八二〕 王、柯、南雍、秦、李、凌、程本「强」作「彊」，下「於是强國務攻」「秦失之强」並同。

**一海内之政**〔九・三五八二〕 百衲、舊刻、南雍、李、程、毛、殿本同，各本「一」作「主」，《異同》「一」上有「主」字。

**薄賦斂**〔九・三五八二〕 百衲「斂」作「斂」，各本作「歛」。

**蔫厚忠信者退**〔九・三五八二〕 各本「蔫」作「篤」。

**又使尉佗屠睢**〔九・三五八二〕 百衲同，《索隱》「佗」作「他」，各本「睢」作「雎」。

**深入越**〔九・三五八二〕 舊刻「越」作「粤」，下「越人遁逃」「秦乃使尉佗將卒以戍越」「南挂於越」並同。

**秦乃使尉佗將卒以戍越**〔九・三五八三〕 毛本「佗」作「陀」。

**秦禍北購於胡**〔九・三五八三〕 「購」缺筆，避宋高宗諱，百衲、毛本作「搆」，各本作「構」。

---

❶ 「囿」，原作「圃」，據嘉業堂本改。

**自經於道樹**〔九・三五八三〕　「樹」缺末點。

**項梁舉吳**〔九・三五八三〕　毛本「吳」誤「梁」。

**景駒舉郢**〔九・三五八三〕　游、王、柯、秦、凌本「駒」誤「騎」，《志疑》云：「『騎』乃『駒』之譌。」

**無尺寸之勢**〔九・三五八三〕　舊刻「勢」作「執」。

**杖棘矜**〔九・三五八三〕　舊刻同，各本「矜」作「矜」。下「非特棘矜之用也」，舊刻亦作「矜」。

**至于霸王**〔九・三五八三〕　毛本「王」誤「主」。《異同》「霸」作「伯」。

**降羌僰**〔九・三五八三〕❶　舊刻、中統、游、正德本「僰」作「僰」，各本作「僰」。

**燔其籠城**〔九・三五八三〕　正德本同，程本「籠」作「龍」，《字類》一《補遺》引同，各本作「蘢」，《異同》同。

**今中國無狗吠之驚**〔九・三五八四〕　「驚」缺「敬」末筆，下同。

**旁脅諸侯**〔九・三五八四〕　百衲「脅」誤「脅」。

**此旁所纂者**〔九・三五八五〕　《索隱》「纂」作「篹」。

**彊弱之形易制**〔九・三五八五〕　游本「彊」誤「疆」，下「急則阻其彊而合縱」同，正德本亦同。

**前日朝錯是也**〔九・三五八五〕　百衲、中統、游、王、柯本同，各本「朝」作「鼂」，《異同》同。

---

❶「僰」，原作「僰」，據嘉業堂本改。下一「僰」字據上下文改。

**天下豪桀并兼之家**〔九・三五八五〕　中統、舊刻、游、王、南雍、秦、李、凌、程、殿本「桀」作「傑」，《異同》同。

**外銷姦猾**〔九・三五八五〕　《異同》「姦」作「奸」。

**偃有功焉**〔九・三五八五〕　舊刻「偃」上有「蓋」字，《札記》引吴校同，《異同》同。

**太横矣**〔九・三五八五〕　游、正德、李本「太」作「大」。

**已而棄之**〔九・三五八六〕　凌本「棄」作「弃」。

**上竟用主父計**〔九・三五八六〕　「竟」缺筆，下同。

**諸君迎我或千里**〔九・三五八六〕　游、正德本「君」誤「軍」。

**乃使人以王與姊姦事動王**〔九・三五八六〕　凌本「姦」作「姦」，《異同》作「奸」。

**嘗游燕趙**〔九・三五八六〕　《異同》「游」作「遊」。

**出關**〔九・三五八六〕　毛本「關」誤「闕」。

**主父服受諸侯金**〔九・三五八六〕　中統本「服」誤「偃」。

**實不劫王令自殺**〔九・三五八六〕　中統本「王」誤「又」。

**乃遂族主父**〔九・三五八六〕　各本「主」下有「偃」字。

**主父偃方貴幸時**〔九・三五八六〕　殿本同，《異同》同，各本無「偃」字。

**公孫弘行義雖修**〔九・三五八七〕❶　舊刻、正德本「修」作「脩」，《異同》同。

**太皇太后詔大司徒大司空**〔九・三五八七〕　百衲、中統、舊刻、游、正德、王、柯、秦本並連上，程、毛本空一格，南雍、李、凌、殿本提行，低一格。舊刻「大司徒」「大」誤「太」，游、正德「大司空」「大」誤「太」，《異同》無此以下文。

**以續卷後**〔九・三五八八〕　毛本「後」作「后」。

**治之盛也**〔九・三五八七〕　南雍、李、程、殿本同，《札記》引宋本同，各本「治」作「始」，凌本旁注「一本『始』作『治』」。

**子率以正**〔九・三五八七〕　舊刻、正德、南雍、李、凌、程、殿本同，百衲、中統、游、王、柯、秦、凌、毛本「以」作「而」。

**未有若故丞相平津侯公孫弘者也**〔九・三五八七〕　游、正德、王、柯、秦本「故」誤「效」。

**應劭曰**〔九・三五八八〕　游本「劭」誤「邵」。

**孝武皇帝即制曰**〔九・三五八八〕❷　中統本「制」作「詔」。

**牛酒雜帛**〔九・三五八八〕　中統本「雜」作「雑」，游、正德、王、柯、秦本誤「羅」。

**竟以善終于相位**〔九・三五八八〕　游、王、柯、秦本「于」誤「至」。

---

❶「義」，原作「誼」，據嘉業堂本改。

❷「孝」，原作「考」，據嘉業堂本改。

**班固稱曰**〔九・三五八八〕 李、凌、殿本低一格。

**公孫弘卜式兒寬**〔九・三五八八〕 程本「兒」作「倪」，下同。

**弘羊擢於賈豎**〔九・三五八九〕 中統、舊刻、游本「豎」誤「竪」。

**斯亦曩時版築飯牛之明矣**〔九・三五八九〕❶ 中統、毛本同，各本「明」作「朋」。

**曆數則唐都落下閎**〔九・三五八九〕 李本「落」作「洛」。

**纂修洪業**〔九・三五八九〕 舊刻、正德本「修」作「脩」。

**亦講論六蓺**〔九・三五八九〕 中統、王、柯、秦、凌本同，各本「蓺」作「藝」。

**韋玄成**〔九・三五八九〕 「玄」缺筆。

---

❶ 「牛」，原作「年」，據嘉業堂本改。

# 卷一一三　南越尉佗列傳第五十三

**南越尉佗列傳第五十三**〔九·三五九三〕　《索隱》「南越」下無「尉佗」二字。舊刻「第」上有「卷」字。李本「越」下有「王」字。毛本「佗」作「陀」。

**南越王尉佗者**〔九·三五九三〕　《索隱》「佗」作「他」，下「即被佗書」同。毛本作「陀」，下「自尉佗初王後五世」「尉佗之王」並同，餘作「佗」。

**略定楊越**〔九·三五九三〕　《索隱》及中統、舊刻、游、正德、王、柯、秦、凌本同，各本「楊」作「揚」，注同。

**至二世元年六年耳**〔九·三五九四〕　毛本「耳」作「也」。

**待諸侯變**〔九·一〇〕❶　毛本「待」誤「侍」。

**湟谿**〔九·三五九三〕　《索隱》「湟」作「湼」，與鄒誕生、劉氏、姚蔡本同，《漢書》作「湟」。

**別異蠻夷**〔九·三五九五〕　毛本「蠻」誤「變」。

**漢書音義曰**〔九·三五九六〕　殿本上有「駰案」二字，下兩引《漢書音義》同。

---

❶「變」，原作「蠻」，據嘉業堂本改。

**歲時奉祀**〔九・三五九六〕　中統、游、正德本「歲」上有「祭」字。

**以爲太中大夫**〔九・三五九六〕　毛本「太」作「大」。

**因讓佗自立爲帝**〔九・三五九六〕　「讓」缺筆。

**以故自棄**〔九・三五九六〕　凌本「棄」作「弃」。

**其西甌駱裸國**〔九・三五九六〕　《索隱》「裸」作「躶」。

**老臣妄竊帝號**〔九・三五九六〕　舊刻「妄」誤「妾」。

**遂至孝景時**〔九・三五九七〕　中統本「時」誤「帝」。

**使人朝請**〔九・三五九七〕　凌本「人」誤「入」。

**佗蓋百歲矣**〔九・三五九七〕　舊刻、中統、游本「蓋」作「盖」。❶

**亦行以驚動南越**〔九・三五九七〕　「驚」缺「敬」末筆。

**且先王昔言事天子**〔九・三五九七〕　百衲、中統、南雍、李、程、殿本同，與《漢書》合，舊刻「王」誤「正」，游、正德、王、柯、秦本誤「生」。

**要之不可以説好語入見**〔九・三五九七〕　《索隱》「説」作「悦」，云：「悦，《漢書》作『怵』。」

❶ 「本蓋作盖」，原脱，據各本校補。

**竟不入見**〔九・三五九七〕「竟」缺筆。

**取邯鄲繆氏女**〔九・三五九八〕《索隱》「繆」作「摎」，與《漢書》合，《考異》云：「繆，當作『摎』，從手旁。」

**一作泱**〔九・三五九九〕正德本「泱」誤「央」。

**王太后飭治行裝重齎**〔九・三五九九〕中統、王、秦、凌本「飭」作「飭」。

**兄弟宗室**〔九・三五九九〕游、正德本「室」作「族」，凌本旁注「一本『室』作『族』」。

**連親婚也**〔九・三五九九〕中統、游、正德本「婚」作「姻」。

**王弗聽**〔九・三五九九〕王、柯、秦本無「王」字。

**王王太后亦恐嘉等先事發**〔九・三五九九〕百衲無「等」字。

**恃使者爲介胄也**〔九・三六〇〇〕舊刻、王、柯本「恃」誤「持」。

**太后南鄉**〔九・三五九九〕各本此下有「王北鄉」三字，此脱。

**鏦擅也**〔九・三六〇〇〕王、柯、南雍、秦本「擅」誤「檀」。

**使者怯無決**〔九・三六〇〇〕程本「怯」誤「法」。

**縣屬潁川**〔九・三六〇一〕游本「屬」作「属」。百衲、舊刻、游、正德本「潁」誤「頴」。中統本「川」誤「州」。

**音古洽反**〔九・三六〇一〕中統本「反」誤「字」。王、柯、秦、凌本「洽」誤「治」。正德本脱此四字。

**願得勇士二百人**〔九・三六〇〇〕毛本「二」誤「三」。

**爲校尉**〔九・三六〇一〕　凌本「爲」上有「千秋」二字。

**自立晏如**〔九・三六〇一〕　舊刻「立」誤「亡」。

**樓船十萬師**〔九・三六〇一〕　百衲、舊刻本「船」作「舩」，下及注同。

**案地理志曰**〔九・三六〇二〕　中統、游、正德、王、柯、南雍、秦、李、凌、程、殿本「案」上有「駰」字。

**主爵都尉楊僕**〔九・三六〇一〕　王、秦本「僕」誤「漢」。

**降爲侯**〔九・三六〇二〕　中統、游、正德本「爲」誤「於」。

**瀨水流涉上也**〔九・三六〇二〕❶　中統本「涉」誤「注」。

**樓船自擇便處**〔九・三六〇三〕　中統、游、正德本「自」作「因」。

**日暮**〔九・三六〇三〕　毛本「暮」作「莫」。

**賜印**〔九・三六〇三〕　舊刻「印」誤「卬」。

**漢書犁旦爲遲旦**〔九・三六〇三〕　百衲、中統、游、正德本同，各本「遲」作「遲」。

**以其故校尉司馬蘇弘**〔九・三六〇三〕　「弘」缺筆。

**蒼梧王趙光者**〔九・三六〇四〕　毛本「蒼」上有「曰」字，不提行，各本提。

❶　「瀨」，原作「賴」，據嘉業堂本改。

**珠崖**〔九・三六〇四〕《索隱》「珠」作「朱」。

**合浦**〔九・三六〇四〕王、柯、秦、凌本「合」誤「谷」。

**交阯**〔九・三六〇四〕百衲、中統、舊刻、王、柯、南雍、秦、李、凌、程、殿本「阯」作「阯」，游、正德、毛本作「趾」。

**樓船將軍兵以陷堅**〔九・三六〇四〕中統、游、正德本「以」作「已」。

**徵自繆女**〔九・三六〇五〕「徵」缺筆。

# 卷一一四　東越列傳第五十四

**今建安侯官是**〔九・三六〇九〕❶　《索隱》及凌、殿本「候」作「侯」。

**漢書音義曰**〔九・三六一〇〕　中統本上有「駰按」二字，殿本「按」作「案」，下三引「漢書音義」，殿本並有「駰案」二字，中統、游、正德本惟《漢書音義》曰，今吴南亭是也」有此二字。

**都東治**〔九・三六〇九〕　南雍、秦本「治」誤「治」。

**東甌受漢購**〔九・三六一〇〕　「購」缺筆。

**常勸閩越擊東甌**〔九・三六一〇〕❷　中統本「常」作「嘗」。

**天子問太尉田蚡**〔九・三六一〇〕　王、南雍、秦、李本「太」作「大」。

**自秦時棄弗屬**〔九・三六一〇〕　凌本「棄」作「弃」，下「何故棄之」「且秦舉咸陽而棄之」「棄其軍降」並同。

---

❶ 「建安」，原作「福建」，據嘉業堂本改。

❷ 「閩」，原作「閔」，據嘉業堂本改。

於是中大夫莊助詰蚡曰〔九・三六一〇〕❶　舊刻「詰」作「語」。

何乃越也〔九・三六三六一〇〕　百衲、王、南雍、秦、李、凌、程、毛、殿本同，中統、舊刻、游、正德本「乃」作「必」。

今小國以窮困來告急天子〔九・三六一〇〕　中統、舊刻本無「困」字。舊刻「來」作「耒」，中統作「来」，下並同。

當安所告愬〔九・三六一〇〕　舊刻「當」上有「彼」字。

莊助以節發兵會稽太守〔九・三六一〇〕　各本「會稽」下重「會稽」二字。

欲距不爲發兵〔九・三六一〇〕　中統本「距」作「拒」。

終滅國而止〔九・三六一一〕　中統本「滅」作「烕」。舊刻「止」誤「上」。

固一國完〔九・三六一一〕　「完」缺筆，百衲「完」誤「皃」。

所爲來者〔九・三六一一〕　毛本「爲」誤「謂」。

漢書作運〔九・三六一一〕　《索隱》及凌、殿本「運」作「殞」。

乃以便宜案兵〔九・三六一一〕　中統本「案」作「按」。

從樓船將軍〔九・三六一二〕　百衲、舊刻本「船」作「舡」，中統本作「舡」，下同。

---

❶「助」，原作「即」，據嘉業堂本改。

**兵至揭楊**〔九·三六一二〕 百衲、游、柯本同，中統、正德、凌本「楊」作「揚」，舊刻、王、南雍、秦、李、程、毛、殿本作「陽」。

**是時樓船將軍楊僕**〔九·三六一二〕 中統、游、正德本「樓」上有「漢」字。

**令諸校屯豫章梅嶺待命**〔九·三六一二〕 毛本「豫」作「預」，《字類》四《補遺》引同。中統本「嶺」作「領」。

**殺漢三校尉**〔九·三六一二〕 中統本脱「漢」字。

**故山州侯齒**〔九·三六一二〕 毛本「州」誤「川」。

**成陽共王子**〔九·三六一二〕 殿本「成」作「城」，下「福者成陽共王子」同。

**樓船將軍率錢唐轅終古**〔九·三六一三〕 游、王、柯、秦、凌本「終」誤「絡」，凌本旁注「一本『絡』作『終』」，《志疑》云：「『絡』乃『終』之譌。」案《漢書》作「轅終古」。

**今吴南亭是也**〔九·三六一三〕 正德本「吴」字上有「禦兒侯」三字，衍。

**亦東越臣**〔九·三六一四〕 凌、殿本「亦」作「敖」。

**與其卒**〔九·三六一三〕 中統、游、王、柯、南雍、秦、李、凌、程、毛、殿本「卒」作「率」。

**計殺餘善自歸**〔九·三六一三〕 中統脱「自」字。

**封横海將軍説爲按道侯**〔九·三六一四〕 凌本「按」作「案」。

**奮從軍**〔九·三六一四〕 毛本同，各本「奮」作「舊」。

**猶尚封爲萬户侯**〔九・三六一四〕游、王、柯、秦本「侯」誤「封」。

**蓋禹之餘烈也**〔九・三六一四〕中統、舊刻、游、正德本「蓋」作「盖」。

# 卷一一五　朝鮮列傳第五十五

**朝鮮有濕水洌水汕水**〔九·三六一七〕　舊刻「洌」作「冽」，下同。

**故燕人**〔九·三六一七〕　百衲、舊刻本同。❶各本「人」下有「也」字。

**遼東有番汗縣**〔九·三六一八〕　游、正德、王、柯、秦、凌、程、毛本「汗」誤「汙」。

**番音普寒反**〔九·三六一八〕　毛本「寒」誤「塞」，殿本誤「蓋」。

**復修遼東故塞**〔九·三六一七〕　舊刻「修」作「脩」。❷

**至浿水爲界**〔九·三六一七〕　舊刻「浿」作「湨」，下及注同。

**漢書音義曰**〔九·三六一八〕　中統、游、正德、殿本上有「駰案」二字，殿本下引「漢書音義」及「真番、臨屯、樂浪、玄菟也」並同。

**魋結蠻夷服而東走**〔九·三六一七〕　舊刻「魋」誤「魁」。

---

❶「同」，原脱，據百衲、舊刻本補。

❷「修」「脩」，原並作「攸」，據國圖藏明白鹿書院刻本校補。

**遼東守即約滿爲外臣**〔九・三六一八〕　各本「守」上有「太」字。

**真番旁衆國**〔九・三六一九〕　百衲「衆」作「辰」。

**又擁閼不通**〔九・三六一九〕　凌本旁注：「擁，讀曰『壅』，一本作『雍』。」案《漢書》作「雍」。

**漢使涉何誘諭右渠**〔九・三六一九〕　《索隱》「誘」作「譙」。

**即渡馳入塞**〔九・三六一九〕　毛本「渡」作「度」。

**左將軍卒正多**〔九・三六一九〕　中統、游、正德本「左」誤「右」。

**未能破自前**〔九・三六二〇〕　柯本「前」誤「削」。

**樓船亦往會**〔九・三六二〇〕　毛本「往」誤「住」。

**常持和節**〔九・三六二〇〕　中統本「和」下空一格。

**恐爲大害**〔九・三六二一〕　毛本「大」誤「太」。

**以報天子**〔九・三六二一〕　毛本「子」誤「下」。

**天子誅遂**〔九・三六二一〕　毛本「遂」誤「逐」。

**尼谿相參**〔九・三六二一〕　百衲「尼」作「𡰥」，下同。

　**戎狄不知官紀**〔九・三六二一〕　毛本「官」誤「管」。

**真番臨屯樂浪玄菟也**〔九・三六二一〕　「玄」缺筆，中統、游、正德本「也」上衍「者」字。

**封參爲澅清侯**〔九・三六二一〕 柯、凌本「澅」誤「澅」。

**陰爲萩苴侯**〔九・三六二一〕 《索隱》及游、正德本「萩」作「荻」，《志疑》云：「『萩』一作『荻』。」《考異》云：「《漢書》本傳作『秋苴』而《功臣表》作『荻苴』，《史記》表亦作『荻』，《索隱》『音狄』。」案《札記》漏列此條。

**韋昭□**〔九・三六二二〕 本「曰」字，脱中畫。

**屬勃海**〔九・三六二二〕 舊刻、程本「勃」作「渤」。

**爲温陽侯**〔九・三六二一〕 《索隱》「温」作「涅」，《考異》云：「當從《表》作『涅陽』，《漢書》亦作『涅陽』。」案《索隱》明出「最涅陽侯」四字，《札記》但引《考異》而不及《索隱》，何其疏略耶？

**左將軍徵**〔九・三六二二〕 「徵」缺筆。

**樓船將軍亦坐兵至列口**〔九・三六二二〕 《索隱》「列」作「洌」。

# 卷一一六　西南夷列傳第五十六

**西南夷列傳第五十六**〔九·三六二五〕　此篇及下《司馬相如傳》第五十七均鈔配，今依潘本。

**滇音顛**〔九·三六二六〕　百衲、中統、游、正德本「顛」作「顚」，下同。

**顛馬出其國也**〔九·三六二六〕　南雍、李、程、殿本「顛」作「滇」。

**自滇以北**〔九·三六二五〕　中統本「自」誤「蜀」。

**筰音昨**〔九·三六二六〕　中統、游、正德本「昨」作「胙」，秦本誤「胙」。

**其俗或土箸**〔九·三六二五〕　百衲、中統、游、正德、王、南雍、秦、程本同，各本「箸」作「著」，《札記》云：「宋、中統、毛本『箸』。」案毛本作「著」，當改「王本」。

**將兵循江上**〔九·三六二七〕　中統、游、正德「循」作「徇」。

**故楚莊王苗裔也**〔九·三六二七〕　百衲「裔」作「裦」，各本作「裔」。

**蹻至滇池地方三百里**〔九·三六二七〕　《索隱》出「滇池方三百里」六字，《雜志》云：「案此言滇池方三百里，『池』下不當有『地』字，《索隱》本及《漢書》皆無『地』字，『池』『地』字相似，又因下句『地』字而誤衍也。」

**音案**〔九·三六二七〕　殿本「音」上有「騆案」二字。

**或竊出商賈**〔九·三六二七〕 中統、舊刻本同，各本「商」作「商」。

**建元六年**〔九·三六二八〕 中統、游、王、柯、南雍、秦、李、凌、程、毛、殿本不提行。

**徐廣曰**〔九·三六二九〕 中統本「徐」誤「云」。

**拘一作蒟**〔九·三六二九〕 舊刻、毛本「蒟」作「苟」，正德本誤「蒟」。

**音寠**〔九·三六二九〕 中統、游、正德本「寠」作「蔞」，各本作「窶」。

**用其葉作醬酢美**〔九·三六二九〕 中統、游本「葉」作「𦫳」，舊刻「美」誤「羨」，似「羹」字。

**蒙問所從來**〔九·三六二八〕 程本「來」誤「求」。

**道西北牂柯**〔九·三六二八〕 《索隱》及中統、游、正德、王、柯、南雍、秦、李、凌、程、殿本「牂柯」作「牂牁」，下並同，案《索隱》出「道牂牁江」四字，此文「柯」下當有「江」字，《雜志》云：「《漢書》《漢紀》並作『道西北牂柯江，江廣數里』，是其證。」

**蒙歸至長安**〔九·三六二八〕 舊刻「歸」作「帰」。

**足以行船**〔九·三六二八〕 游、正德、王、柯、南雍、秦、李、凌、程、毛、殿本「船」作「船」，下同。中統、舊刻、游、正德本下「浮船牂柯江」作「舡」。

**今之長沙豫章往**〔九·三六二八〕 各本「之」作「以」。

**從巴蜀筰關入**〔九·三六二八〕 中統、游、正德本「筰」誤「笮」。

**使公孫弘往視問焉**〔九·三六二九〕 「弘」缺筆，下同。

**言其不便**〔九・三六二九〕　舊刻「便」上有「甚」字。

**以據河逐胡**〔九・三六二九〕　舊刻「逐」作「北」。

**使大夏來**〔九・三六三〇〕　舊刻「來」誤「耒」，下同。

**屬蜀**〔九・三六三〇〕　游、秦本「屬」作「属」。

**字或作竺**〔九・三六三〇〕　毛本同，各本「竺」作「竺」，下同。

**則浮屠胡是也**〔九・三六三〇〕　李本「是」誤「氏」。

**指求身毒國**〔九・三六三〇〕　中統本「指」誤「猶」。

**爲昆明所閉道**〔九・三六三〇〕　舊刻「昆」誤「是」。

**滇王與漢使者言曰**〔九・三六三〇〕　中統本「滇」誤「漢」。

**漢乃發巴蜀罪人嘗擊南越者**〔九・三六三一〕　程本「嘗」誤「當」。

**頭蘭常隔滇道者也**〔九・三六三一〕　中統、游、正德本「常」作「嘗」。

**夜郎遂入朝**〔九・三六三一〕　秦本「遂」誤「還」。

**笮都爲沈犂郡**〔九・三六三一〕　中統、游、正德本「犂」作「黎」。

**應劭曰**〔九・三六三一〕　王、柯、秦、凌本「劭」誤「邵」。

**上使王然于**〔九・三六三一〕　舊刻「于」誤「干」。

**皆同姓相杖**〔九·三六三一〕　各本「杖」作「扶」。

**有勞浸靡莫**〔九·三六三一〕　《索隱》「浸」作「寑」，中統、游、正德、秦本作「浸」。中統、游本下「勞浸、靡莫數侵犯使者吏卒」「擊滅勞浸、靡莫」亦作「浸」，《志疑》云：「案《漢書》作『勞深』，國名。」

**滇王始首善**〔九·三六三一〕　游、正德本「首」誤「守」。

**而滇小邑**〔九·三六三二〕　中統、游、正德本脱「而」字。

**太史公曰**〔九·三六三二〕　舊刻不提行。

**史記音義曰**〔九·三六三二〕　殿本「史記」誤「漢書」，上有「駰案」二字。

**音鷮**〔九·三六三二〕　凌、殿本「音」上有「揃」字。

**卒爲七郡**〔九·三六三二〕　王、秦本脱。

**徐廣曰云云**〔九·三六三二〕　此十九字王、秦本脱。

# 卷一一七　司馬相如列傳第五十七

**是時梁孝王來朝**〔九・三六三七〕　舊刻「來」作「耒」，下並同。

**從游說之士**〔九・三六三七〕　《班馬異同》二十六「游」作「遊」，下「游獵之地」「時從出游，游於後園」「揭輕車而遠游」「似游天地之間意」並同。❶

**於是相如往舍都亭**〔九・三六三八〕　王、秦本脱「是」字。毛本「往」作「乃」。

**臨邛令繆爲恭敬**〔九・三六三八〕　「敬」缺筆，下同。

**相如初尚見之**〔九・三六三八〕　凌本脱「相如」二字。

**强往**〔九・三六三八〕　百衲、王、柯、南雍、秦、李、凌、程、殿本「强」作「彊」。

**願目自娱**〔九・三六三八〕　百衲、中統、舊刻、游、正德、王、柯、秦本同，各本「目」作「以」，《異同》同。

**爲鼓一再行**〔九・三六三八〕　游、正德本「鼓」作「皷」。

**雍容閒雅甚都**〔九・三六三八〕　舊刻、王、秦本「甚」誤「是」，《異同》「閒」作「閑」。

---

❶ 「從出」，原誤倒，據寶禮堂本乙正。

**甚得都邑之容也**〔九·三六三九〕　百衲、中統、游、正德、王、柯、秦本「都」誤「新」。

**洵美且都**〔九·三六三九〕　百衲、中統、舊刻、游、正德、王、柯、秦、毛本「洵」誤「恂」。

**通殷勤**〔九·三六三八〕　「殷」缺筆，《類聚》四十四引「殷勤」作「慇懃」。

**相如乃與馳歸成都**〔九·三六三八〕　百衲、中統、舊刻、游、正德、毛本同，《異同》同，王、柯、南雍、秦、李、凌、程、殿本無「成都」二字。《札記》云：「舊刻及王、柯、凌本脱。」案舊刻有此二字。《讀書叢録》云：「錢氏大昕曰：『惟倪思《班馬異同》、南宋大字本《史記》「馳歸」下有「成都」二字。』頤煊案，《文選》左太冲《詠史詩》，李善注引《史記》有『成都』二字，❶曩在京師見南宋大字《史記》有集解、索隱，無正義，亦有『成都』二字。」

**家居徒四壁立**〔九·三六三八〕　《文選》左思《詠史詩》注引作「居徒四壁立」，《御覽》百八十七引作「家徒四壁立」，《漢書·司馬相如傳》亦無「居」字。

**長卿弟俱如臨卭**〔九·三六三九〕　《索隱》出「弟如臨卭」四字，「弟」爲「第」本字，《漢書》亦作「弟」，各本作「第」，《異同》同。《札記》云：「《索隱》本無『俱』字，疑後人依《漢書》增。」

**猶足爲生**〔九·三六三九〕　《異同》「猶」誤「猷」。

**而令文君當鑪**〔九·三六三九〕　王、秦本脱「當」字，《異同》「鑪」作「罏」。

---

❶ 「字」，原脱，據清道光二年富文齋刻本《讀書叢録》補。

**今三尺布作**〔九・三六四〇〕　王、柯、凌本脱「布」字。

**言其無恥也**〔九・三六四〇〕　游本「無」作「无」。

**方言曰**〔九・三六四〇〕　殿本無「曰」字，上有「駰案」二字。下凡七十二引《漢書音義》，又「音移靡」，又「洶音許勇反」云云，又「音遲」，又「古委字」，又「鷫明似鳳」，又引《禮・射義》，引《漢書》，引《漢書・百官表》，引《毛詩傳》，引《吴越春秋》，又「三危，山名也」，並有「駰案」二字。

**保庸調之**〔九・三六四〇〕　南雍、李、程本「調」作「謂」。殿本作「保庸謂之甬」，據《方言》改。

**郭璞曰**〔九・三六四〇〕　正德本「曰」作「云」。

**所不足者非財也**〔九・三六三九〕　毛本「財」作「材」，《讀書記》云：「財，宋本作『材』，古假借字也。」

**長卿故倦游**〔九・三六三九〕　李本無「長卿」二字，凌本旁注「他本與《漢書》皆有『長卿』二字」。

**厭游宦也**〔九・三六四〇〕　正德、秦本「宦」誤「官」。

**文君乃與相如歸成都**〔九・三六三九〕　毛本「乃」誤「及」。

**上驚**〔九・三六四〇〕　「驚」缺「敬」末筆，下並同。

**請爲天子游獵賦**〔九・三六四〇〕　中統本「子」誤「予」。

**烏一作惡**〔九・三六四一〕　中統、游、正德本「烏」下有「有」字，《札記》云：「此蓋《集解》單行本出『烏有』

二字而著注也。」❶

**鹽浦海邊地多鹽鹵**〔九・三六四二〕 中統、游、正德本上「鹽」字作「塩」。王、秦本下「鹽」字作「監」，柯本作「盬」，下同。「塩」「監」俗省字，「盬」則「王事靡盬」「盬」字也。

**又音而悦反**〔九・三六四二〕 毛本「悦」作「兑」。

**游獵之地**〔九・三六四一〕 毛本「游」作「遊」，下同，《漢書》亦作「遊」。

**游於後園**〔九・三六四一〕 王、秦本「園」誤「國」。

**蓋特其小小者耳**〔九・三六四二〕 舊刻「蓋」作「盖」，下同，《異同》同，下並同。毛本下「小」字誤「卜」。

**日月虧缺半見**〔九・三六四三〕 中統本「缺」作「明」，毛本作「缺」。

**罷池陂陁**〔九・三六四二〕 《異同》「陁」作「陀」。

**郭璞曰如龍之鱗采**〔九・三六四四〕 中統、游、正德本「曰」作「云」。

**赤玉赤瑾也**〔九・三六四四〕 舊刻上「赤」字誤「亦」。各本無「赤玉」二字，非。

**尸子曰**〔九・三六四四〕 游、正德、秦本「子」誤「了」。

**昆吾之金者**〔九・三六四四〕 正德本「昆吾」作「琨珸」。

---

❶ 「有二」二字，原脱，據《校刊史記集解索隱正義札記》補。

**瑊玏玄厲**〔九・三六四二〕❶　「玄」缺筆，下同，惟「其下則有白虎、玄豹」不缺。

**瑌石武夫**〔九・三六四二〕　《字類》一引「瑌」作「碝」。

**其東則有蕙圃衡蘭**〔九・三六四二〕　舊刻「蕙」誤「薰」。

**其臯如麋蕪**〔九・三六四四〕　中統、毛本同，各本「臯」作「臭」。

**江離麋蕪**〔九・三六四二〕　《異同》「麋」作「蘪」，「麋」字細書。

**諸蔗猼且**〔九・三六四二〕　《索隱》「猼」作「博」，中統、游、正德本誤「猼」，注同，《異同》同。

**猼音匹沃反**〔九・三六四五〕　王、秦本「匹」誤「四」。

**似虵牀而香**〔九・三六四五〕　中統本同，各本「虵」作「蛇」。

**諸蔗甘柘也**〔九・三六四五〕　毛本「柘」誤「拓」。

**猼且蘘荷也**〔九・三六四五〕❷　中統、舊刻本「蘘」誤「蓑」。

**案衍壇曼**〔九・三六四二〕　《索隱》「案」作「按」。

**其高燥則生葴薪苞荔**〔九・三六四二〕　索隱「薪」作「析」，《漢書》同。《雜志》云：「《索隱》本『葴薪』作『箴析』、『沇瀣』作『沇溉』、『欂櫨』作『欂奈』、『荔枝』作『離支』、『娬媚』作『嫵媚』、『杳渺』作『杳眇』、『葳蕤』作『威

❶「玏」，原作「功」，據寶禮堂本改。

❷「猼」，原作「搏」，據寶禮堂本改。

蕻」，較之今本，皆爲近古。」

**馬藍也**〔九・三六四五〕　毛本「藍」誤「監」。

**華可食**〔九・三六四五〕　舊刻「華」作「葉」。

**駰案漢書音義曰**〔九・三六四六〕　本「曰」字脱二畫。

**音蘋似莎而大也**〔九・三六四六〕　各本「音蘋」作「青蘋」，游、正德本誤作「青蘋」。此五葉多誤字，乃別本羼入也。

**其卑溼則生藏莨蒹葭**〔九・三六四三〕　《索隱》「卑」作「痺」。各本「蒹」作「蒹」，注同。游本「莨」誤「莨」。《異同》「藏」作「葴」，「蒹」作「兼」。

**東薔雕胡**〔九・三六四三〕　《索隱》「雕」作「彫」。

**烏桓國有薔**〔九・三六四六〕❶　柯本「桓」誤「相」。

**實知葵子**〔九・三六四六〕　本「如」誤「知」。

**藏似薍而葉大**〔九・三六四六〕　中統、游本「葉」作「茱」，下注「柟，葉似桑」「櫧似櫨，葉冬不落也」「女貞，木，❷葉冬不落」並同。

---

❶ 「薔」，原作「蓬」，據寶禮堂本改。

❷ 「木」，原作「女」，據寶禮堂本改。

**奄閭軒芋**〔九・三六四三〕　舊刻、毛本同，各本「奄閭」作「菴藺」，「芋」作「芓」，《異同》同，此本注亦作「芓」。

**奄閭蒿也**〔九・三六四六〕　《索隱》出注云「菴，閭蒿」，正德本「奄閭」作「菴藺」。

**軒芋□草也**〔九・三六四六〕　空格「蕕」字，《索隱》出注云「軒于，蕕草」，與《漢書》合。

**郭琪曰**〔九・三六四七〕　本「璞」誤「琪」。

**圖畫也**〔九・三六四七〕　柯、凌本「畫」誤「書」。

**其西則有浦泉清池**〔九・三六四三〕　舊刻、毛本「浦」作「涌」，《漢書》同，各本作「湧」，《異同》同。中統本「泉」作「淥」。

**外發芙蓉蔆華**〔九・三六四三〕　毛本「蔆」作「菱」。

**休在山北陰北**〔九・三六四七〕　各本「休」作「林」，下「北」字作「地」，此並誤。

**楩栅豫章**〔九・三六四三〕　各本「栅」作「楠」，此誤，注「楠」字不誤。

**郭璞曰**〔九・三六四七〕　游、正德本「曰」作「云」。

**似梓**〔九・三六四七〕　舊刻「梓」誤「梓」。

**豫章大木也**〔九・三六四七〕　正德本「木」誤「水」。

**桂椒木蘭**〔九・三六四三〕　《札記》云：「『木蘭』集解，王、柯、凌本脱。」案王、柯、凌本有「駰案，郭璞曰『木蘭，樹，皮辛香可食』」十三字，在下句「蘗離朱楊」下，非脱也，且各本皆然，豈獨此三家本哉？

**蘖離朱楊**〔九・三六四三〕 毛本「蘖」作「檗」。

**其上則有赤猨蠷蝚**〔九・三六四三〕 毛本「蠷」作「玃」。

**鵷鶵孔鸞**〔九・三六四三〕 百衲、中統、舊刻、游本「鵷」作「鴆」，《字類》一引同，毛本誤「鴛」，注同。《異同》「鶵」作「雛」。

**其丁則有白虎玄豹**〔九・三六四三〕 各本「丁」作「下」。

**長百尋**〔九・三六四八〕 中統本「尋」作「尺」。

**窮奇蟃蜒**〔九・三六四三〕 各本「蟃」作「獌」。

**驯優也**〔九・三六四九〕 本「擾」誤「優」。

**一角**〔九・三六四九〕 舊刻「一」字空格。

**鋸牙食虎**〔九・三六四九〕 殿本「虎」下有「豹」字。

**似當騶馬也**〔九・三六四九〕 本「以」誤「似」。

**乘雕玉之輿**〔九・三六四八〕 王、秦本「玉」作「王」。

**靡魚鬚之橈旃**〔九・三六四八〕 各本「鬚」作「須」，《漢書》同，此本注亦作「須」。

**郭璞曰**〔九・三六四九〕 本「曰」誤「口」。

**左烏嘷之雕弓**〔九・三六四八〕 《索隱》「嘷」作「號」，《漢書》同。《字類》二引「雕」作「鵰」。

**右夏服之勁箭**〔九·三六四八〕　《索隱》「右」誤「古」，「箭」上無「勁」字。

**夏夏羿也**〔九·三六四九〕　毛本「羿」誤「屏」。

**步乂謂之服也**〔九·三六四九〕　游、正德、秦本「乂」誤「又」。

**漢書音義曰陽子云云**〔九·三六四九〕　百衲「音」誤「曰」。

**案節未舒**〔九·三六四八〕　《索隱》及毛本「案」作「按」。

**卬卬似馬而青**〔九·三六五〇〕　百衲、中統、舊刻、游、正德、毛本同，王、秦本「而」下衍「而」字。柯本「馬」下空一格，南雍、李、凌、程、殿本「馬」下有「色」字。

**變文互言之**〔九·三六五〇〕　中統本同，游、正德本「互」誤「玄」，毛本誤「五」。

**儵胂淒浰**〔九·三六四八〕　百衲、王、南雍、秦、程、殿本「胂」作「䏞」，正德、毛本作「眒」，《玉篇·目部》、《字類》四「淒」下引並同，中統、舊刻、游本誤「聊」，柯、李、凌本誤「眒」，《異同》同，凌本旁注「『眒』一作『䏞』」。《札記》云：「《漢書》譌『胂』，《字類》引同。」案《字類》四「胂」下引《漢書》作「胂」，而「淒」下引《漢書》作「眒」，《札記》似未晰。《漢書》及《文選》「淒」作「倩」，《玉篇》引同。

**皆疾貌**〔九·三六五〇〕　中統、游本「貌」作「皃」，下「皆群行貌也」「穹隆，伏石貌」「油油雲行貌」並同。❶

**必決於眼眥也**〔九·三六五〇〕　中統本「眥」誤「皆」。

---

❶「雲」，原闕，據寶禮堂本補。

**今之所杖信節也**〔九・三六五〇〕❶　游本「杖」作「仗」，正德本誤「伏」。

**翺翔容與**〔九・三六四八〕　毛本「翺翔」作「翶翶」，非。

**儆翍受詘**〔九・三六四八〕　《索隱》「翍」作「𩿨」。《字類》五引此文作「𩿨」，云：「或作『翍』。《漢書》作『翍』，音同。」

**曼姬謂鄧曼**〔九・三六五一〕　游、正德、秦本「鄧」作「郤」。

**婦人之揔稱**〔九・三六五一〕　正德、凌、程、毛、殿本「揔」作「總」。

**揄紵縞**〔九・三六五一〕　百衲、舊刻、游、正德、王、柯、南雍本「揄」誤「揄」，注同。

**揄音臾**〔九・三六五一〕　百衲「臾」誤「吏」。

**雜纖羅**〔九・三六五一〕　中統本「雜」作「雜」，下「雜遝累輯」「而後因雜薦紳先生之略術」並同。

**埀霧縠**〔九・三六五一〕　毛本「埀」作「𡍮」，《異同》作「𡍮」，下同。

**鬱橈谿谷**〔九・三六五一〕　舊刻、游、正德、毛本同，瞿氏據宋本同。各本「撓」作「橈」，《異同》同。

**茀鬱迴曲**〔九・三六五一〕　《索隱》出注云「迟曲」，又下引孟康作「茀鬱迟曲」。

**楊袘卹削**〔九・三六五一〕　《索隱》及百衲、中統、舊刻、游、正德、王、柯、南雍、秦、李、凌、程本「楊」作「揚」，《異

---

❶「之」，原脱，據寶禮堂本補。

同》同。《索隱》「卹削」作「戌削」，《漢書》同。

**施音迤**〔九・三六五二〕　各本「迤」作「袘」。

**纖袿衣飾**〔九・三六五二〕　游、正德本「袿」誤「桂」。

**扶輿猗靡**〔九・三六五一〕　舊刻、柯、南雍、李、凌、程、殿本同，《異同》同，與《漢書》合。各本「輿」作「與」，注同。舊刻正文作「輿」，注文作「與」。

**淮南所謂曾折摩地**〔九・三六五二〕　中統、游、正德本「摩」作「靡」。

**噏呷萃蔡**〔九・三六五一〕　《索隱》「蔡」作「粲」。

**錯翡翠之威蕤**〔九・三六五一〕　凌本「威」作「葳」，據《漢書》改。《札記》云：「王、柯、凌『威』作『葳』。」❶案王、柯本作「威」不作「葳」。

**若神仙之仿佛**〔九・三六五一〕　毛本「仙」作「僊」。中統、游本「佛」作「彿」。正德、秦、毛本「仿佛」作「彷彿」，《異同》同。

**音遼**〔九・三六五三〕　李本「遼」下有「也」。

**媻珊勃窣**〔九・三六五三〕　《索隱》作「盤姍勃猝」。

**連駕鵞**〔九・三六五三〕　《索隱》及中統、游、正德、李、程、毛、殿本同，《異同》同，與《漢書》合。各本「駕」誤

---

❶ 「葳」，原作「威」，據《校刊史記集解索隱正義札記》改。

「駕」，注同。

**楊桂椎**〔九・三六五三〕　舊刻、柯、凌、殿本「楊」作「揚」，《異同》同。

**建羽蓋**〔九・三六五三〕　百衲、王、柯、南雍、秦、李、程本「蓋」作「盖」，《異同》同。

**釣紫貝**〔九・三六五三〕❶　百衲、王、秦本「釣」誤「鈞」。

**紫質黑文也**〔九・三六五四〕❷　李本「質」誤「即」。

**摐金鼓**〔九・三六五三〕　毛本「摐」作「樅」，注同。《異同》「鼓」作「皷」。

**滴泉起**〔九・三六五三〕　游、正德本「滴」作「湧」。

**磻石相擊**〔九・三六五三〕　殿本「磻」作「礧」。

**擊靈鼓**〔九・三六五四〕　中統、游、正德本「鼓」作「皷」。

**皆群行貌也**〔九・三六五四〕　中統、游本「貌」作「皃」。

**勺藥之和具而後御之**〔九・三六五四〕❸　正德、秦本「勺」作「芍」，注同。

**不若大王終日馳騁而不下輿**〔九・三六五四〕　游本「日」誤「目」。

❶「貝」，原作「見」，據寶禮堂本改。

❷「紫」，原作「黑」，據寶禮堂本改。

❸「和」，原作「秋」，據寶禮堂本改。

**胕割輪淬**〔九·三六五四〕《字類》三引「淬」作「焠」。

**胕膞**〔九·三六五五〕百衲、舊刻、王、柯、秦、李、凌、毛本「膞」作「膊」，此與南雍、程本同誤「膊」。中統、游、正德本「胕」誤「將」。游、正德本「膞」誤「傳」。

**乃欲勠力致獲**〔九·三六五五〕百衲、中統本同，各本「勠」作「戮」。

**東陼巨海**〔九·三六五五〕《索隱》及舊刻本同，與《漢書》合。各本「陼」作「有」。《異同》作「東有巨海」，「陼」字細書。

**觀乎成山**〔九·三六五五〕《索隱》「乎」作「於」。

**邪與肅慎爲鄰**〔九·三六五五〕「慎」缺筆，下同。

**烁田乎青丘**〔九·三六五五〕毛本「烁」作「秋」，據《漢書》改。

**郭璞曰青丘山名上有田出九尾狐在海外矣**〔九·三六五六〕王、柯、凌本脱此文，吴校金板同，蓋以與《正義》複見而删之也。王本「海外」作「海東」，下無「矣」字。柯、凌亦無「矣」字。

**傍偟乎海外**〔九·三六五五〕王、柯本脱此五字。《異同》「傍偟」作「彷徨」。

**若乃俶儻瑰偉**〔九·三六五五〕毛本無「若」字。

**是以王辭而不能復**〔九·三六五五〕《索隱》出「王辭而不復」五字。《雜志》云：「《漢書》《文選》及《藝文類聚·産業部》引此並作『王辭不復』，《索隱》本作『王辭而不復』，皆無『能』字。」

**無是公听然而笑**〔九·三六五七〕毛本無「而」字，正德本「而」字空格。《異同》「笑」作「咲」，下「宜笑的皪」

「爲天下笑」同。❶

**听听然笑貌也**〔九・三六五七〕　舊刻同，各本不重「听」字。正德本「听」誤「聽」。

**禁絶淫放也**〔九・三六五七〕　游、正德本作「禁淫，絶淫欲也」。中統、秦本作「禁絶淫欲也」。

**今齊列爲東藩**〔九・三六五七〕　中統本「今」字空格，游、正德本脱此字。《異同》「今」字細書。案《漢書》有「今」字。

**其於義固未可也**〔九・三六五七〕　舊刻、毛本同，各本「固」作「故」。

**西極邠國也**〔九・三六五八〕　舊刻同，各本無「邠」字。

**終始霸滻**〔九・三六五八〕　《索隱》「霸」作「灞」。

**酆鄗潦潏**〔九・三六五八〕　《索隱》「酆」作「豐」，中統、舊刻、游本作「鄷」。

**行乎洲游之浦**〔九・三六五八〕　舊刻同，各本「游」作「淤」，注同。

**淤亦洲名**〔九・三六六〇〕　王、柯、秦、凌本「洲」作「州」。

**見南海經也**〔九・三六六〇〕　正德本無「也」字。

**過乎泱莽之野**〔九・三六五八〕　《異同》「莽」作「漭」。

**穹隆伏石貌**〔九・三六六〇〕　中統、游本「貌」作「皃」。

---

❶「同」，原脱，據國圖藏嘉靖本《班馬異同》補。

**洶涌滂潰**〔九·三六五八〕《索隱》及中統、游、正德本「涌」作「湧」，《異同》同。「滂潰」，《索隱》作「澎湃」，案《漢書》作「洶涌彭湃」。

**許勇反**〔九·三六六〇〕舊刻、毛本與此同。各本「許」上有「洶音」二字，移其文於「潰」字下，與下「涌」注音「勇」、「滂」注「浦模反」、「沸」注「浦拜反」同，❶「滂」字、「潰」字下亦各增「音」字。

**澎濞沆瀣**〔九·三六五八〕《索隱》「瀣」作「溉」，《漢書》同。《志疑》云：「『瀣』乃『溉』之譌。」

**穹隆雲撓**〔九·三六五八〕《索隱》「隆」作「崇」，「撓」作「橈」，中統、舊刻、游、正德本亦作「橈」，《異同》同，案《漢書》作「橈」。

**蜿灗膠戾**〔九·三六五八〕《札記》云：「『蜿灗』，《正義》『蟬音善』，據此則張所見本作『蜿蟬』。」❷

**踰波趨浥**〔九·三六五八〕《索隱》「踰」作「隃」。

**烏狹反**〔九·三六六一〕正德、秦本「烏」下衍「泥」字。

**莅莅下瀨**〔九·三六五八〕《異同》「莅莅」作「泣泣」。

**批巖衝擁**〔九·三六五八〕毛本「衝」作「衝」，《異同》同。

**犇揚滯沛**〔九·三六五八〕中統、游、正德本「揚」誤「楊」。

---

❶「同」，原作「相」，今改。

❷「蜿蟬」，原作「蜿蟺」，據《校刊史記集解索隱正義札記》改。

**臨抵注壑**〔九·三六五八〕 各本「抵」作「坻」，此誤。

**馳波跳沫**〔九·三六五八〕 舊刻、正德本「沫」誤「流」。

**汨滃漂疾**〔九·三六五八〕 毛本「滃」誤「澀」。

**安翔徐佪**〔九·三六五八〕 舊刻、毛本同，各本「佪」作「徊」。

**東注大湖**〔九·三六五八〕 李、程、毛本「大」作「太」，非。

**螹音漸**〔九·三六六二〕 南雍、程、殿本「漸」誤「斬」。

**螹離未聞音恒曹也**〔九·三六六二〕 毛本「螹」誤「漸」。各本無「恒曹也」三字，惟舊刻與此本有，當衍。

**鰅音娛匈反**〔九·三六六二〕 各本無「匈反」二字，當衍。

**哆口魚**〔九·三六六二〕 百衲、中統、舊刻、游、正德、秦、殿本同，各本「哆」作「多」。

**鱅鰱似鰱而黑**〔九·三六六二〕 各本無「鰱」字，當衍。正德「鰱」誤「連」。

**禺禺魚牛也**〔九·三六六二〕 舊刻「牛」字空格。

**魶音榻**〔九·三六六二〕 各本「榻」作「納」，此涉上文「音榻」而誤。

**一作鰨**〔九·三六六二〕 舊刻、毛本同，各本「鰨」作「鰨」。

**魶鯢魚**〔九·三六六二〕 百衲、中統、游、正德、王、柯、秦、李、凌、毛本「鯢」作「鯷」。正德本「魚」下有「也」字。

**振鱗奮翼**〔九·三六五八〕　毛本「振」誤「振」。《異同》作「搌」，「振」字細書，蓋《史》作「搌」，《漢》作「振」也。

**潛處于深巖**〔九·三六五八〕　《異同》「于」作「乎」，案《漢書》作「乎」。

**玓瓅江靡**〔九·三六五八〕　《索隱》「玓瓅」作「的皪」，《漢書》同。

**鴻鵠鷫鴇**〔九·三六五八〕　《索隱》出「鷫鸨」二字，各本「鴇」作「鸨」。

**鷛瑀似鴨而大**〔九·三六六三〕　程、毛本「鷛」作「鶍」。秦本「瑀」誤「塢」。

**長頸赤目**〔九·三六六三〕　王、柯、秦、李、程本「頸」誤「鵛」。正德本「赤」誤「亦」。

**鵁鶄鶞目**〔九·三六五八〕　《索隱》「鶞」作「鷃」，案《漢書》作「交精旋目」。

**煩鶩鷛鸔**〔九·三六五八〕　《索隱》「鸔」作「渠」，案《漢書》「鷛鸔」作「庸渠」。

**灰色而鷄足**〔九·三六六三〕　百衲、中統、游、正德、王、柯、南雍、秦、凌、程、毛、殿本「鷄」作「雞」。

**箴疵鵁盧**〔九·三六五八〕　《索隱》「箴疵」作「葴鷥」，案《漢書》作「箴疵鵁盧」。

**鸕鷀鵁也**〔九·三六六三〕　百衲、中統、游、正德、王、柯、秦、李、凌、程、殿本「鵁」誤「鵁」。

**掩薄草渚**〔九·三六五八〕　《異同》「渚」作「陼」。

**九嵏巀嶭**〔九·三六六四〕　《字類》五「截」下引此作「巀嶭」。

**巖陁甗錡**〔九·三六六四〕　百衲、中統、游、正德、王、柯、南雍、秦、程、殿本「陁」作「陀」，注同，《字類》一《補遺》引同。

音遲〔九・三六六五〕　游、正德、王、柯、南雍、秦、凌、程、殿本同，各本「遲」作「遟」。

皆澗谷之形容也〔九・三六六五〕　百衲、中統、游、正德、王、柯、南雍、秦、李本「澗」作「間」，非。

𨸏陵別島〔九・三六六四〕　百衲、王、柯、南雍、李、凌、程、殿本同，《字類》三《補遺》引同，舊刻「𨸏」作「䧟」，中統、游、正德本作「阜」，《異同》同，秦、毛本作「𠂤」。舊刻「島」誤「㠀」，《異同》作「隝」。《札記》云：「中統、游、毛『𨸏』作『𠂤』。」案中統、游本作「阜」不作「𠂤」。

丘墟崫𡾊〔九・三六六四〕　毛本「𡾊」誤「藟」。

陂池貏豸〔九・三六六四〕　舊刻「池」誤「他」。

郭璞曰貏音衣被豸音蟲豸也〔九・三六六五〕❶　中統、游本「曰」作「云」。舊刻「蟲」作「虫」。正德本脱此條。

沇溶淫鬻〔九・三六六四〕　正德本此下注云「游渝漳衍皃」，此《索隱》所引郭璞説，誤入於此；又「散涣夷陸」下注云「夷，平也，廣平曰陸」，則《索隱》所引司馬彪説也。

言爲亭候於皋隰〔九・三六六六〕　正德本「候」誤「侯」。

賈山所謂隱以金椎也〔九・三六六六〕　百衲、中統同，李本「椎」誤「推」，正德本誤「惟」。

尃結縷〔九・三六六四〕　百衲、南雍、凌、程、殿本同，《字類》四引同。中統、舊刻、游、正德、王、柯、秦、李、毛本

---

❶「被」，原作「服」，據寶禮堂本改。

「尃」誤「専」，注同，《異同》同，案《漢書》「尃」作「布」。

**一作怖**〔九・三六六六〕　百衲、舊刻、柯、南雍、李、凌、程、毛、殿本同。中統、王、秦本「怖」作「㤼」，游、正德本誤「㤼」。游本「一」字空格。《札記》云：「舊刻『布』。」案舊刻左旁尚存一「丨」，知其非「布」字也。

**欑戾莎**〔九・三六六四〕　舊刻、正德、柯、李、凌、程、毛、殿本「欑」作「攢」。《札記》云：「蔡、中統、游本作『攢』。」案中統、游本作「欑」，與此本同。

**槀本射干**〔九・三六六四〕❶　《異同》「槀」作「藁」。

**揭車一名乞輿**〔九・三六六六〕　王、柯、南雍、秦、李、凌、程、殿本「輿」作「輿」。

**槀本槀茇**〔九・三六六六〕　正德、秦本「茇」誤「芰」。

**鮮枝黃礫**〔九・三六六四〕　《索隱》「枝」作「支」，《漢書》同。

**蔣芧青薠**〔九・三六六四〕❷　百衲、秦本「芧」誤「茅」，注不誤。

**布濩閎澤**〔九・三六六四〕　百衲、王、柯、秦、凌本「濩」誤「獲」。

**晻曖苾勃**〔九・三六六四〕　舊刻「晻」誤「晻」，各本「晻曖」作「晻曖」，《異同》同。案《漢書》作「晻薆咇茀」。

**眕一作緍**〔九・三六六七〕　柯、李、凌本「緍」作「旎」。

---

❶ 「本」，原作「木」，據寶禮堂本改。

❷ 「薠」，原作「蘋」，據寶禮堂本改。

**芒芒怳忽**〔九・三六六七〕　正德、秦本「忽」作「惚」。

**犛牛黑色**〔九・三六六八〕　正德、秦本「黑」誤「𪐴」。

**沈牛麈麋**〔九・三六六七〕　中統、游本「麈」誤「塵」，殿本誤「麈」。

**言水漫凍不解**〔九・三六六八〕　中統、游、正德本「水」誤「小」。

**地折裂也**〔九・三六六八〕　舊刻、正德、柯、凌本同。各本「折」作「拆」。

**獸則騏驎角端**〔九・三六六七〕　舊刻、毛本同。《索隱》及正德、柯、南雍、李、凌、程、殿本「騏驎」作「麒麟」，《異同》與《漢書》合，❶百衲、中統、游、王、秦本作「麒驎」。❷

**言長遠者**〔九・三六六九〕　各本「者」作「也」。

**纍臺增成**〔九・三六六九〕　南雍、李本「臺」作「臺」，毛本作「臺」，《異同》作「臺」，下並同。

**巖突洞房**〔九・三六六九〕　舊刻、程、毛本同，瞿氏據宋本同，《異同》同，與《漢書》合。《索隱》及各本「突」作「突」，《考異》云：「《文選》『突』作『窔』，《漢書》字誤爲『突』，小顏謂『若竈突狀』，非也。」

**在巖穴底**〔九・三六六九〕　毛本「巖」作「岩」。秦本「穴」誤「宛」。

**宛虹拖於楯軒**〔九・三六六九〕　游、正德本「楯」誤「循」，注同。

❶ 按，《異同》與《漢書》皆作「麒麟」。

❷ 「驎」，原作「麟」，據諸本改。

**暴於南榮**〔九・三六六九〕　凌本「榮」誤「滎」。

**醴泉涌於清室**〔九・三六六九〕　《異同》「涌」作「湧」。

**槃石裖崖**〔九・三六六九〕　《索隱》「槃」作「盤」，案《漢書》作「磐」。

**振音脣**〔九・三六七〇〕　《札記》云：「《集解》『音振』誤作『脣』，無此音，依《索隱》改。」案《索隱》引如淳曰「裖音振」，又云「音之忍反也」，徐廣注不必與如淳同，當作「音蜃」，「蜃」誤爲「脣」耳。

**嵯峩磼礏**〔九・三六六九〕　《異同》「磼礏」作「嶕嶫」，與《漢書》同。

**雜臿其間**〔九・三六六九〕　正德本「臿」誤「插」。

**峩一作地**〔九・三六七〇〕　各本「地」作「池」。

**雜一云插臿一云遝**〔九・三六七一〕　程、殿本同，舊刻脱兩「一」字。

**於是乎盧橘夏孰**〔九・三六七一〕　《索隱》及百衲、舊刻、程本「孰」作「熟」。

**若柚而芬香**〔九・三六七一〕　游、正德、秦本「柚」誤「抽」。

**或如彈九**〔九・三六七一〕　「丸」字脱一點。

**楟棕厚朴**〔九・三六七一〕　《索隱》「捺」作「奈」。

**搭樑荔枝**〔九・三六七一〕　《索隱》作「荅遝離支」，《漢書》同。

**楊翠葉**〔九・三六七一〕　舊刻、毛、殿本「楊」作「揚」。

**照耀鉅野**❶〔九·三六七一〕　舊刻同，各本「耀」作「曜」，《漢書》同。

**沙棠櫟櫧**〔九·三六七一〕　各本「棠」作「棠」。

**櫧似柂**〔九·三六七三〕　中統、游、正德本「柂」誤「摭」。

**華氾檘櫨**❷〔九·三六七一〕　《索隱》「氾」作「楓」，《漢書》同。正德本「檘」誤「擗」。

**落㰁也**〔九·三六七三〕　游、正德本「㰁」誤「獲」。

**并閭椶也**〔九·三六七三〕　正德本「椶」誤「梭」。

**欃檀木蘭**〔九·三六七一〕　王、秦本「欃」作「攙」。

**豫章女貞**〔九·三六七一〕　「貞」缺筆，注同。

**崔錯登骫**〔九·三六七一〕❸《索隱》及毛本「骫」作「骩」，與《漢書》合。《異同》「發骫」作「骩發」。

**紛容蕭蔘**〔九·三六七一〕　《周禮·考工記·輪人》注：「鄭司農云，『揱』讀爲『紛容揱參』之『揱』。」疏云：「先鄭云『紛容揱參之揱』，此蓋有文，今僉未得。」案此引《相如賦》。「蕭」本作「揱」、作「蔛」，皆聲相近也。❹孔

❶「照」，原作「昭」，據寶禮堂本改。
❷「氾」，原作「記」，據寶禮堂本改。
❸「發」，原作「發」，據寶禮堂本改。
❹「作」，原作「汻」，今改。按，《漢書·司馬相如傳》作「蔛」，疑脱「漢書」二字。

疏不知所出，蓋疑爲僻書也。

**旖旎從風**〔九·三六七一〕 《索隱》「旖旎」作「猗旎」，《異同》作「猗旎」，《考異》云：「《説文》無『旖』『旎』二字，《漢書》作『猗柅』，當從之。」案《考工記》注引鄭司農云：「『池』讀爲『倚移從風』之『移』。」疏云：「司馬相如《上林賦》云『從風倚移』。」是先鄭所見本「旖旎」作「倚移」，❶故引以證經。錢氏專據《漢書》矣。

**瀏莅芔吸**〔九·三六七一〕❷ 《索隱》「吸」作「歙」，《漢書》同。《字類》三「芔」下引作「蓻莅芔歙」，❸又四「芔」下引作「劉蒞芔吸」，又五《補遺》「颯」下引「莅颯芔翕」。

**柴音差**〔九·三六七四〕 中統、游、正德本「差」誤「羌」。

**於是玄猨素雌**〔九·三六七五〕 《索隱》及毛本同，《札記》引蔡本同，各本「猨」作「猿」。

**蜼似獮猴**〔九·三六七五〕 百衲、中統、游本「獮」作「猕」，正德、王、柯、南雍、秦、李、凌、毛、殿本作「獼」，程本誤「獮」，下同。

**仰鼻而長尾**〔九·三六七五〕 柯本「仰」誤「卬」。

**蛭蜩蠷蝚**〔九·三六七五〕 《索隱》「蠷」作「蠼」，《漢書》同。《札記》云：「舊刻『蠷』誤『蠼』。」案舊刻不作「蠼」，

---

❶ 「倚」，原作「徙」，據文義改。

❷ 「瀏」，原作「劉」，據寶禮堂本改。

❸ 「三」，原脱，據《叢刊三編》景汲古閣景宋鈔本《班馬字類》補。

其作「蠼」者《索隱》本也。

**蜥胡縠蛫**〔九・三六七五〕 《索隱》「蜥」作「㹏」，《漢書》同。

**翩幡亙經**〔九・三六七五〕 中統本同，各本「亙」作「互」，舊刻誤「玄」。下「亙折窈窕以右轉兮」，各本同。

**夭矯枝格**〔九・三六七五〕 王、柯、南雍、李、凌、程、殿本「撟」作「蟜」，《異同》同，《字類》三《補遺》云「《史記・司馬相如傳》『夭蟜』音矯，《漢書》同」。

**偃蹇杪顛**〔九・三六七五〕 百衲、中統、舊刻、游、正德、王、柯、秦本「杪」誤「抄」。

**捷垂條**〔九・三六七五〕 中統、游、正德本「捷」作「倢」，《異同》同。

**託鈞反**〔九・三六七六〕 毛本「託」誤「記」。

**若此輩者**〔九・三六七六〕 王、秦本「此」誤「比」。

**宮宿館舍**〔九・三六七六〕 舊刻同，各本「舍」作「客」。

**於是乎背秋涉冬**〔九・三六七七〕❶ 《異同》「秋」作「烁」，下「覽觀春秋」之「烁」同。

**天子校獵**〔九・三六七七〕 毛本「校」作「挍」，下並同。

**言有雕鏤**〔九・三六七七〕 中統本「鏤」誤「鑊」。

---

❶ 「乎」，原脱，據寶禮堂本補。

**即曲禮前有士師**〔九・三六七七〕　游本「禮」作「礼」，下同。舊刻「士」誤「六」。

**皆見周禮也**〔九・三六七七〕　王、柯、秦本「禮」作「礼」。

**太僕公孫賀也**〔九・三六七七〕　王、柯、南雍、秦、凌、程本「太」作「大」，下「太僕御」同。

**鼓嚴薄**〔九・三六七七〕　中統本「鼓」作「皷」，注同，《異同》同。

**騶謂鼓嚴於林簿之中**〔九・三六七七〕　毛本「簿」作「薄」。

**然後縱獠也**〔九・三六七七〕　游、秦本「獠」誤「僚」。

**生貔豹**〔九・三六七八〕❶　柯、李本「豹」誤「豿」，《異同》同。

**搏豺狼**〔九・三六七八〕　李本「搏」誤「摶」。

**手足謂拍蹴殺之**〔九・三六七八〕❷　百衲、王、南雍、秦本「拍」誤「栢」。中統、游、正德、王、南雍、秦、程、毛本「之」誤「人」。

**綺白虎**〔九・三六七八〕　王、柯、秦、凌本「綺」誤「袴」，注不誤。

**被豳文**〔九・三六七八〕　《索隱》「豳」作「斑」，《漢書》同。

**跨野馬**〔九・三六七八〕　《索隱》「野」作「壄」，《漢書》同。

---

❶ 「貔」，原作「貙」，據寶禮堂本改。

❷ 「殺」，原作「改」，據寶禮堂本改。

**磧歷陂名也**〔九・三六七九〕　舊刻同，各本「陂」作「阪」。

**徑陖赴險**〔九・三六七八〕　舊刻同，各本「徑」作「俓」，《異同》同。《字類》四「陖」下引作「徑」，又《補遺》「徑」下引作「徑」。

**推蜚廉**〔九・三六七八〕　《索隱》「推」作「椎」。

**格蝦蛤**〔九・三六七八〕　《索隱》同，與《漢書》合。各本「蝦」作「瑕」。❶

**冒騕褭**〔九・三六七八〕　中統、游、正德本「褭」作「裊」。

**日行萬里**〔九・三六八〇〕　王、柯、秦本「萬」作「万」。

**弓不虛發**〔九・三六七八〕❷　中統本「發」作「張」。

**於是乎乘輿彌節裴回**〔九・三六七八〕　游、正德本「彌」作「弥」。

**翺翔往來**〔九・三六七八〕　《異同》「來」作「来」。

**然后浸潭促節**〔九・三六七八〕❸　各本「后」作「後」。

**儵夐遠去**〔九・三六七八〕　下文《大人賦》，《索隱》引此作「倏敻遠去」。合刻本「倏」誤「修」。

---

❶「蝦」，原作「蛤」，據諸本改。

❷「弓」，原作「矢」，據寶禮堂本改。

❸「浸」，原作「漫」，據寶禮堂本改。

**一作叀也**〔九・三六八〇〕　各本「叀」作「惠」，凌本誤「有」。

**射游梟**〔九・三六七八〕　舊刻「梟」誤「梟」，注同。

**似人**〔九・三六八〇〕　中統、游、正德、秦本「人」誤「大」。

**櫟梢也**〔九・三六八〇〕　中統、游本「梢」誤「梢」。

**弦矢分**〔九・三六七八〕　「弦」缺筆。

**射准的曰藝**〔九・三六八一〕　百衲、中統、游、正德、王、柯、秦、李、凌本同，舊刻、程、毛、殿本「准」作「準」，南雍本誤「淮」。

**然後揚節而上浮**〔九・三六八一〕　百衲、中統、游、正德、王、南雍、秦本「揚」誤「楊」。

**歷駭飈**〔九・三六八一〕　舊刻「飈」作「飇」，《異同》同。《札記》云：「《文選》作『猋』，與《爾雅》合。」

**漢書音義曰山海經云**〔九・三六八一〕　百衲、中統、舊刻、游、正德、毛本同。王、柯、南雍、秦、李、凌、程、殿本「山海經云」，「云」作「曰」，上有「遒，秦由反。鷖，烏雞反。張云」十字。

**亂昆雞**〔九・三六八一〕　舊刻「雞」作「鷄」，《異同》同。

**拂翳鳥**〔九・三六八一〕　舊刻同，各本「翳」作「鷖」，注同，《異同》同，《字類》一《補遺》引同。

**名曰翳鳥也**〔九・三六八一〕　舊刻無「也」字。

**捷鴛鶵**〔九・三六八一〕　殿本「捷」作「捷」，《字類》一引同。游、正德、南雍、李、凌、程、殿本「鶵」作「雛」，《字類》一引亦作「雛」。

**掩焦明**〔九・三六八一〕《索隱》「掩」作「揜」。

**鷦明似鳳**〔九・三六八一〕王、柯、秦本「明」作「鳴」。毛本「鷦明」作「焦明」。

**招搖乎襄羊**〔九・三六八一〕《索隱》「招」作「消」，《漢書》同。

**皆甘泉宫左右觀名也**〔九・三六八二〕舊刻「名」上有「之」字。毛本脱「宫」字。

**濯鷁牛首**〔九・三六八一〕舊刻「牛」誤「龍」。

**在上林苑西頭**〔九・三六八二〕舊刻無「頭」字。

**鈎獠者之所得獲**〔九・三六八二〕舊刻「鈎」誤「鉤」。❶舊刻、毛本「獠」作「獵」。

**鈎一作診也**〔九・三六八二〕舊刻「鈎」誤「鉤」，「診」誤「説」。游、正德本「診」誤「詅」。

**佗佗藉藉**〔九・三六八二〕各本「藉藉」作「籍籍」，《異同》同。

**揜平彌澤**〔九・三六八二〕舊刻「平」作「乎」。

**樹靈鼉之鼓**〔九・三六八三〕「樹」缺末點，注同。中統、游、正德本「鼓」作「鼔」，注同，下「金鼓迭起」，中統、游本亦作「鼔」。

**巴俞宋蔡**〔九・三六八三〕凌本「俞」作「榆」，《考異》云：「巴俞，當作『嗙喻』。《説文》引司馬相如説『淮南宋蔡，歌舞嗙喻』，正據此賦。」《札記》云：「王、柯、凌本『俞』作『榆』。」案王、柯本作「俞」不作「榆」。

---

❶「刻」，原作「誤」，今改。

**淮南干遮**〔九·三六八三〕　舊刻同，《索隱》及各本「干」作「于」，注同，《異同》同。

**漢高募取以平三秦**〔九·三六八三〕　《索隱》及百衲、中統、舊刻、游、正德本同。各本無「取」字。

**因名巴俞舞也**〔九·三六八四〕　殿本「俞」作「渝」。

**族舉遞奏**〔九·三六八三〕　毛本「遞」作「逓」，俗。

**鏗鎗鐺鼛**〔九·三六八三〕❶　中統、舊刻、游、正德、毛本「鎗」作「鏘」，《異同》同。

**韶護武象之樂**〔九·三六八三〕❷　殿本「護」作「濩」，據《漢書》改。

**所以娱耳目而樂心意者**〔九·三六八三〕　毛本「娱」誤「娭」。

**麗靡爛漫於前**〔九·三六八三〕　中統本「漫」作「慢」，游、正德本作「熳」，《異同》同。

**妖冶嫺都**〔九·三六八四〕　百衲、舊刻、游、正德、王、柯、南雍、秦、凌、程、毛本同，《異同》同，與《漢書》合。《索隱》及李、殿本「妖」作「姣」。《索隱》「嫺」作「嫻」。

**靚莊刻飭**〔九·三六八四〕　中統、舊刻、游、正德、毛本「飭」作「飾」。

**靚莊粉白黛黑也**〔九·三六八五〕　毛本「靚」誤「艶」。

**便嬛婥約**〔九·三六八四〕　百衲、中統、舊刻、游、正德、毛本同，《異同》同，《字類》五引同，各本「婥」作「綽」。

---

❶「鏗」，原作「鑑」，據寶禮堂本改。

❷「武」，原作「舞」，據寶禮堂本改。

案《漢書》作「韕約」。

**娬媚姌嫋**〔九・三六八四〕 《索隱》作「嫵媚孅弱」,《漢書》同。

**抴獨繭之褕袘**〔九・三六八四〕 《索隱》「袘」作「絏」,《漢書》同。游、正德本「抴」誤「枻」。

**眇閻易以戌削**〔九・三六八四〕 「戌」缺筆。《索隱》作「恤」,《漢書》同。

**酷烈淑郁**〔九・三六八五〕 舊刻「郁」誤「都」。

**皓齒粲爛**〔九・三六八五〕 《索隱》「粲」作「爍」。

**長眉連娟**〔九・三六八五〕 《異同》「娟」誤「媚」。

**無事棄日**〔九・三六八六〕 凌本「棄」作「弃」。

**於是乃解酒罷獵**〔九・三六八六〕 《異同》「是」下有「乎」字,案《漢書》有「乎」字。

**地可以墾辟**〔九・三六八六〕 《異同》「墾」誤「懇」。

**隤牆填**壍〔九・三六八六〕 《異同》「壍」作「壍」。

**使山澤之民得至焉**〔九・三六八六〕 游、正德本「至」誤「志」。

**於是歷吉日以齊戒**〔九・三六八六〕❶ 舊刻「齊」作「齋」。

**鶩乎仁義之塗**〔九・三六八六〕 南雍、李、程、毛本「鶩」誤「鶩」。

---

❶ 「歷」,原作「應」,據寶禮堂本改。

**弋玄鶴**〔九・三六八六〕　正德本「弋」誤「戈」。

**載雲罕**〔九・三六八六〕　《索隱》「罕」作「罕」。

**修容乎禮園**〔九・三六八七〕　舊刻、殿本「修」作「脩」，《異同》同。

**刑錯而不用**〔九・三六八七〕　舊刻「錯」作「措」。

**功羨於五帝**〔九・三六八七〕　毛本「羨」誤「美」。

**抏士卒之精**〔九・三六八八〕　《索隱》「抏」誤「杭」，中統、舊刻誤「抗」。

**於是二子愀然改容**〔九・三六八八〕　舊刻「二子」誤「天子」。

**侈靡過其實**〔九・三六八九〕　《異同》「過」上有「都」字，案《漢書》有。

**相如爲郎數歲**〔九・三六八九〕　王、南雍、秦、凌、程、毛、殿本不提行。

**乃使相如責唐蒙等**〔九・三六八九〕　百衲、中統、舊刻、游、正德本同，《異同》二十七同，各本脱「等」。

**常効貢職**〔九・三六九〇〕　中統、舊刻、游、正德本同，各本「効」作「效」，《異同》同，與《漢書》合。

**不敢怠墮**〔九・三六九〇〕　《異同》「墮」作「惰」。

**今聞其乃發軍興制**〔九・三六九〇〕❶　秦本「今」誤「令」，下「今奉幣役至南夷」「方今田時」「今誠復通」「今又接以西夷」並同。

---

❶「軍」，原作「兵」，據寶禮堂本改。

**郡又擅爲轉粟運輸**〔九・三六九〇〕　毛本「郡」誤「郄」。

**當行者或亡逃自賊殺**〔九・三六九〇〕　《異同》「逃」作「迯」，俗。下「或亡逃抵誅」同。

**漢書音義**〔九・三六九一〕　舊刻同，各本「義」下有「曰」字。

**烽如覆米奠**〔九・三六九一〕　中統、游本「奠」誤「莫」，正德本誤「草」。

**縣著桔皐頭**〔九・三六九一〕❶　舊刻同，各本「皐」作「槔」。

**析珪而爵**〔九・三六九一〕　《索隱》「珪」作「圭」。

**居列東弟**〔九・三六九一〕　《索隱》及各本「弟」作「第」。

**故遣信使曉喻百姓以發卒之事**〔九・三六九一〕　毛本「曉喻」二字倒。《異同》「喻」作「諭」，無「曉」字。案《漢書》作「曉諭」。

**讓三老孝弟以不教誨之過**〔九・三六九一〕　「讓」缺筆，下並同。

**漢書百官表曰**〔九・三六九二〕　舊刻上有「駰案」二字，又「官」誤「宮」。

**縣有蛮夷曰道**〔九・三六九二〕　游本同，各本「蛮」作「蠻」。舊刻「夷」誤「表」。

**士卒多物故**〔九・三六九二〕　《異同》無「士」字，案《漢書》亦有「士」字。

**副使王然于**〔九・三六九二〕　舊刻、游本「于」誤「干」。

---

❶「著」，原作「若」，據寶禮堂本改。

**壺充國**〔九・三六九二〕《異同》「壺」作「壼」。

**以賂西夷**〔九・三六九二〕毛本「西」誤「四」。

**縣令負弩矢先驅**〔九・三六九二〕索隱「驅」作「駈」。

**蜀人以爲寵**〔九・三六九二〕《索隱》無「人」字。

**卓王孫喟然而嘆**〔九・三六九二〕❶李、程本同，《異同》同。各本「嘆」作「歎」。

**與男䓁同**〔九・三六九二〕「䓁」爲「等」之俗省。

**斯榆之君**〔九・三六九二〕游、正德本「榆」誤「揄」。

**南至牂柯**〔九・三六九二〕舊刻同，各本「柯」作「牁」，下同。

**橋孫水以通卭都**〔九・三六九二〕《索隱》出「橋孫女通筰」五字。案《漢書》作「橋孫水𠃧通卭筰」。《雜志》云：「案『卭都』本作『卭筰』，此淺學人改之也。」

**越嶲有零関縣**〔九・三六九四〕游本同。各本「関」作「關」。

**籍以蜀父老爲辭**〔九・三六九四〕《異同》「籍」作「藉」。

**而已詰難之**〔九・三六九四〕本「詰」誤「誥」。

---

❶「卓」，原作「卑」，據寶禮堂本改。

**漢興七十有八載**〔九·三六九四〕 舊刻提行。

**湛恩汪濊**〔九·三六九四〕 本「汪」誤「汪」。

**洋溢乎方外**〔九·三六九四〕 柯、凌本「溢」誤「益」。

**結軌還轅**〔九·三六九四〕 百衲、王、柯、秦、李本「軌」作「軏」，南雍、程本誤「軏」。《索隱》出「結軼」二字，云「《漢書》作『軌』」，是其所據本作「軼」，今作「軌」者後人以《漢書》改之也。

**固非觀者之所覩也**〔九·三六九六〕 「覩」左旁缺筆，避宋高宗諱。

**請爲大夫粗陳其略**〔九·三六九六〕 毛本「請」作「且」。凌本「粗」作「麤」，毛本作「麄」。

**非常者固常人之所異也**〔九·三六九六〕 毛本同，與《漢書》合。《索隱》及各本無「人」字，《異同》同。《志疑》云：「案『常』下缺『人』字。」

**故曰非常之元**〔九·三六九六〕 《索隱》同，與《漢書》合，各本「元」作「原」。

**黎民懼焉**〔九·三六九六〕 《索隱》「民」作「人」，避諱改，下「豈惟民哉」同。

**及臻厥成**〔九·三六九六〕 《異同》「臻」誤「溱」。

**滭沈贍菑**〔九·三六九六〕 《索隱》「贍」作「澹」，《漢書》同。

**躬胝無胈**〔九·三六九六〕 《索隱》「躬」下有「奏」字，引張揖曰：「『奏』作『戚』。戚，腠理也。」案《漢書》作「躬腠胝無胈」，《文選·難蜀文賦》作「躬腠胝無胈」，與《索隱》可互證。今本脱「奏」字，則「躬」字爲贅設矣。

**膚不生毛**〔九·三六九六〕 李本「膚」誤「睿」。

**脮腄也**〔九・三六九六〕　百衲、中統、游、正德、王、柯、南雍、秦、李、凌、程、殿本「腄」誤「種」，舊刻誤「腫」，毛本作「踵」。案《索隱》此下出注「厭睡」二字，云「上音五簟反，下音竹垂反」，疑即「脮腄」二字也。附記於此，以俟知者。

**一作腠音湊**〔九・三六九六〕　舊刻「腠」誤「蹀」，「湊」誤「溱」。中統、游、正德本「湊」誤「奏」。

**豈特委瑣握躖**〔九・三六九七〕　殿本「躖」作「齪」。

**莫非王土**〔九・三六九七〕　王、柯、南雍、李、凌、程、毛本「非」作「匪」。

**浸潯衍溢**〔九・三六九七〕　《索隱》「潯」作「淫」，《漢書》同。

**今封疆之內**〔九・三六九七〕　正德、南雍、李本「疆」誤「彊」。

**人迹䍐至**〔九・三六九七〕　各本「䍐」作「罕」。

**係纍號泣**〔九・三六九七〕　毛本「纍」作「累」。

**德洋而恩普**〔九・三六九七〕　柯本「洋」下注云「溢貌」，凌本「普」下注云「洋溢貌」。《札記》云：「案『洋溢』已見上文，後人旁注誤混，非《集解》文。」

**盭夫爲之垂涕**〔九・三六九七〕　《字類》四引脱「爲」字。

**阻深闇昧**〔九・三六九七〕　《索隱》出「曶爽」二字。❶《漢書》作「曶爽闇昧」。蓋此文本作「曶昧」，後人因上文

---

❶「爽」，原作「昧」，據汲古閣本改。

有「山川阻瀰」之語而妄改之也，説詳《雜志》。

**得燿乎光明**〔九·三六九七〕　舊刻同，各本「燿」作「耀」。

**中外提福**〔九·三六九七〕　《索隱》「提」作「禔」，《漢書》同。舊刻、秦本「中」誤「守」。

**徐廣曰**〔九·三六九八〕　中統本「曰」誤「旦」。

**提一作禔**〔九·三六九八〕　百衲脱「一」字。

**夫拯民於沈溺**〔九·三六九七〕　舊刻「拯」作「救」。

**反衰世之陵遲**〔九·三六九七〕❶　中統、游、王、柯、秦、凌本「遲」作「遟」。

**鳴和鸞**〔九·三六九八〕　柯本「鸞」作「鴦」，俗字也。

**上咸五**〔九·三六九八〕　《索隱》「咸」作「減」，《文選》同。

**咸同於五帝**〔九·三六九九〕　正德本「同」誤「固」。

**登三王之上**〔九·三六九九〕　毛本「王」誤「五」。

**猶鷦明已翔乎寥廓**〔九·三六九八〕❷　舊刻、正德本「明」作「鳴」，凌本旁注「明，一作『鳴』」。

**其於仕宦**〔九·三六九九〕　各本「於」作「進」，《異同》同。案《漢書》作「故其事宦」。《讀書記》云「『進』作

---

❶「陵」，原作「張」，據寶禮堂本改。
❷「猶」，原作「獨」，據寶禮堂本改。

『於』」。

常稱病閒居〔九·三六九九〕　中統、游本同，《異同》同。舊刻、正德、毛本「常」作「嘗」，各本無「常」字。

嘗從上至長楊獵〔九·三六九九〕　各本「嘗」作「常」。游、正德本「楊」誤「揚」。

其辭曰〔九·三六九九〕　毛本「辭」作「詞」，《札記》引蔡本同。

臣聞物有同類而殊能者〔九·三六九九〕　各本上不空格。

勇期賁育〔九·三六九九〕　毛本「賁」誤「奮」。

卒然遇軼材之獸〔九·三六九九〕　《索隱》「卒」作「猝」。

秦滅九國〔九·三七〇〇〕　中統、游、正德本「滅」誤「減」。

故大駕屬車八十一乘〔九·三七〇〇〕　游、王、柯、南雍、秦本「屬」作「属」，隸省。

雖有烏獲逢蒙之伎〔九·三七〇〇〕　舊刻、李本「逢」作「逄」，注同，《異同》同，中統、游本注亦作「逄」。

羿傳射於逢蒙〔九·三七〇〇〕　毛本「於」誤「干」。

且夫清道而后行〔九·三七〇〇〕　各本「后」作「後」，下同，舊刻下「中路而后馳」亦作「后」。

不難矣〔九·三七〇〇〕　各本「不」下有「亦」字，《異同》同，此本獨與《漢書》合。劉長翁《異同評》云：「須是減一『亦』字乃佳。」

禍故多藏於隱微〔九·三七〇一〕　各本「故」作「固」。

**家累千金者**〔九・三七〇一〕　南雍、李、凌、程、殿本無「者」字，與《漢書》合。

**登陂陁之長阪兮**〔九・三七〇一〕　舊刻提行。《索隱》及游、正德本「陁」作「陁」，《漢書》同，《類聚》四十引、「阪」作「坂」，❶又每句無「兮」字。

**坌入曾宫之嵳峩**〔九・三七〇一〕　《類聚》無「坌」字，「宫」誤「官」。

**巖巖深山之谾谾兮**〔九・三七〇一〕　《字類》一引不重「巖」字。《類聚》「谾谾」誤「涳涳」。

**通谷豁兮谽谺**〔九・三七〇一〕　各本「豁」作「䛤」，《異同》同。《索隱》「谺」作「䜸」，游、正德本誤「谺」。❷　案《漢書》作「通谷𧮰乎谽谺」，《類聚》作「通谷豁乎谽𧯁」。

**汩淢噏習以永逝兮**〔九・三七〇一〕　《異同》「汩」誤「泪」，《類聚》作「汩乎溝渠𩏂以永逝」。案《漢書》作「汩淢靸以永逝兮」，《類聚》「靸」誤「𩏂」，餘並形似之譌。

**觀衆樹之蓊薆兮**〔九・三七〇一〕　《類聚》「塕」作「蓊」，與《漢書》同。

**北揭石瀨**〔九・三七〇一〕　《類聚》「揭」誤「偈」。

**弭節容與兮**〔九・三七〇一〕　各本「弭」作「彌」。案《漢書》作「弭」，《類聚》同。

**亡國失勢**〔九・三七〇一〕　毛本「勢」作「埶」。

---

❶「引」下，原有「同」字，據《藝文類聚》删。

❷「德」，原作「得」，今改。

墳墓蕪穢而不脩兮〔九・三七〇一〕　凌、毛本「脩」作「修」。

魂無歸而不食〔九・三七〇一〕　《類聚》「魂」下衍「魄」字，「無」作「亡」。

捨九天而永逝〔九・三七〇一〕　舊刻、正德本「捨」作「捨」，《異同》同。秦本誤「捨」。

相如見上好僊道〔九・三七〇二〕　毛本「僊」作「仙」。

未就〔九・三七〇三〕　王、秦本提行，又下「請具而奏之」亦提，非。

相如以爲列僊之儒〔九・三七〇三〕　《索隱》及各本「儒」作「傳」。《異同》「傳」大書，「儒」細書。《志疑》云：「《漢書》『傳』作『儒』，師古曰：『凡有道術者爲儒。流俗本作「傳」字，非也。』」

世有大人兮〔九・三七〇三〕　舊刻提行，各本不空格。

以爲薖者〔九・三七〇四〕　各本無「薖」字。

垂旬始以爲幓兮〔九・三七〇三〕　中統、舊刻、游、正德本「幓」誤「慘」，程本誤「㕘」。

掛彗星而爲髾〔九・三七〇三〕　游、正德本「掛」誤「柑」。

縣於葆下〔九・三七〇四〕　「縣」缺筆。

綴著旒以爲燕尾〔九・三七〇四〕　舊刻「旒」誤「旂」。

掉指撟以偃蹇兮〔九・三七〇三〕　《索隱》及各本「撟」作「橋」，《異同》同。

**又旖旎以招搖**〔九・三七〇三〕　《異同》「旎」誤「㫺」。❶

**攙攙搶以爲旌兮**〔九・三七〇三〕　游、正德本「攙搶」作「攙槍」，毛本作「欃槍」。

**以斷虹爲旌杠之韜**〔九・三七〇四〕　舊刻、毛本「杠」作「旍」。

**紅杳眇以眩湣兮**〔九・三七〇三〕　舊刻同，《索隱》出「紅杳眇以泫湣」六字。各本「眇」作「渺」，俗。

**猋風涌而雲浮**〔九・三七〇三〕　百衲、中統、毛本同，與《漢書》合。各本「猋」誤「焱」。

**驂赤螭青糾之蚴蟉蜿蜒**〔九・三七〇三〕　柯、凌本「蚴」作「蜐」。

**低卬夭蟜**〔九・三七〇三〕　毛本脱「夭」字。

**蠖以連卷**〔九・三七〇三〕　《索隱》及百衲、中統、舊刻、游、正德、王、柯、秦、毛本「蠖」作「躩」，《異同》同，《字類》五《補遺》引同。

**佁儗不前也**〔九・三七〇五〕　毛本同，各本無「佁」字。各本此注在「沛艾赳螑仡以佁儗兮」下，惟舊刻與此本同。

**跮踱輵轄**〔九・三七〇三〕　《索隱》「轄」作「磍」，《漢書》同。

**跮踱乍前乍卻也**〔九・三七〇五〕　百衲、中統、舊刻、游、王、柯、南雍、秦、李本「跮踱」誤「蛭蝮」。

---

❶「㫺」，今檢國圖藏嘉靖本、明天啓閩啓祥刻劉辰翁評點本《班馬異同》（以下簡稱國圖藏天啓本《異同》）均作「扼」，不知管氏所據何本，又或手民筆誤。

**綢一作雕**〔九・三七〇五〕　中統、游、正德本「雕」作「彫」。

**綢繆偃蹇**〔九・三七〇三〕　《索隱》「綢繆」作「蜩蟉」，《漢書》同。

**糾蓼叫奡**〔九・三七〇三〕　毛本「叫」誤「叶」。

**蹋以艐路兮**〔九・三七〇三〕　《索隱》「蹋」作「踏」，《漢書》同。

**蔑蒙踊躍**〔九・三七〇三〕　《索隱》「蔑」作「篾」，《漢書》同。

**趡走**〔九・三七〇五〕　正德本「走」下有「也」字。

**邪絶少陽而登太陰兮**〔九・三七〇五〕　殿本「太」作「大」。

**邪度東極而升北極者**〔九・三七〇六〕　各本「者」下有「也」字。舊刻「邪」誤「郊」。

**悉徵靈圉而選之兮**〔九・三七〇六〕　「徵」缺筆。

**漢書音義曰**〔九・三七〇六〕　程本「曰」作「云」。

**摇光北斗杓頭第一星**〔九・三七〇六〕　正德、毛本「摇」作「瑶」。王、柯、南雍、李、程本「杓」作「標」。

**或曰水神**〔九・三七〇六〕　游、正德本「神」下有「云」字。

**厮征伯僑**〔九・三七〇六〕　《索隱》及百衲、中統、游、正德本同，瞿氏據宋本同，《異同》同。毛本「厮」誤「斯」，各本「伯」作「北」，《讀書記》云：「『斯』作『厮』，『北』作『伯』。」

**形解而仙化**〔九・三七〇六〕　毛本「仙」作「僊」。舊刻、游、正德本「化」作「也」。南雍、李、凌、程本「仙化」作「征也」。

**屬岐伯使尚方**〔九・三七〇六〕　舊刻、正德、程、毛、殿本「歧」作「岐」，注同。

**尚主也**〔九・三七〇七〕　游、正德、秦本「尚」誤「上」。

**雜遝膠葛以方馳**〔九・三七〇七〕　《索隱》「葛」作「轕」，《漢書》同。正德本「遝」誤「還」。

**騷擾衝蓯其相紛挐兮**〔九・三七〇七〕　《索隱》「衝」作「衝」。《異同》「挐」作「拏」。

**徐廣曰壇音坦**〔九・三七〇八〕　毛本脱此條。

**徑入靁室之砰磷鬱律兮**〔九・三七〇七〕　百衲、中統、游、正德本同，各本「徑」作「徑」。

**徧覽八紘而觀四荒兮**〔九・三七〇七〕　殿本「兮」誤「夸」。《異同》「紘」誤「絃」。

**楚辭曰**〔九・三七〇八〕　毛本「曰」上衍「有」字。

**氾濫水嬉兮**〔九・三七〇七〕　王、秦本「濫」誤「淫」。

**漢書音義曰杭船也絶渡也浮渚流沙中渚也**〔九・三七〇八〕　王、柯、秦本脱此條，而以下注「總極葱領山邑」云云誤入於此。

**馮夷得道以潛大川**〔九・三七〇九〕　中統、游、正德、王、秦本「潛」誤「僭」。

**西望崐崘之軋沕恍忽兮**〔九・三七〇七〕　舊刻同，各本「恍」作「洸」，《異同》同。

**亢烏騰而一止**〔九・三七〇七〕　《異同》「烏」作「鳥」。

**戴勝而穴處兮**〔九・三七〇七〕　百衲、中統、舊刻、游、正德、王、柯、秦、凌、毛本「戴」作「載」。舊刻「穴處」作「處穴」。

**勝玉勝也**〔九・三七一〇〕　舊刻、游、正德本「玉」作「王」，秦本誤「一」。

**亦幸有三足烏爲之使**〔九・三七〇七〕　百衲、南雍本「亦」誤「赤」。

**嘰音祈**〔九・三七一〇〕　舊刻「祈」誤「析」。

**媮侵潯而高縱兮**〔九・三七一〇〕　《索隱》「侵」作「浸」。

**列缺天門也**〔九・三七一一〕　南雍、凌、程、殿本同，百衲、舊刻、游、正德、王、柯、秦、李、毛本「門」作「問」，與《漢書》服虔注合。

**騁游道而循降兮**〔九・三七一〇〕　舊刻同，瞿據宋本同，各本「騁」作「馳」。百衲、中統、游、正德、毛、殿本作「循」，《異同》同，各本作「脩」，李、凌本作「修」。

**舒節出乎北垠**〔九・三七一〇〕　中統、游本「節」誤「即」。

**玄闕北極之山**〔九・三七一一〕　舊刻「闕」誤「関」。

**上寥廓而無天**〔九・三七一〇〕　凌本「寥」作「廖」。

**視眩眠而無見兮**〔九・三七一〇〕　「眩」缺筆。

**乘虛无而上假兮**〔九・三七一〇〕　各本「无」作「無」，下「超無友而獨存」同。

**超無有而獨存**〔九・三七一〇〕　《異同》「有」作「友」。

**伊上古之初肇**〔九・三七一一〕　舊刻提行，各本不空格。

**自昊穹兮生民**〔九・三七一一〕　游、正德本「昊」誤「旻」。　柯本「兮」誤「弓」。

**歷撰列辟**〔九・三七一一〕　《索隱》「撰」作「選」，《漢書》同。

**循省世近之遺迹**〔九・三七一一〕　凌、程、殿本「世近」作「近世」。

**聽察遠古之風聲**〔九・三七一一〕　正德本此下連引「風雅之聲」云云，乃《索隱》文，不當混入。

**紛綸葳蕤**〔九・三七一一〕　《索隱》「葳」作「威」，《漢書》同。

**續昭夏**〔九・三七一一〕❶　舊刻、正德、南雍、秦、李、凌、程、殿本同，與《漢書》合。各本「昭」作「韶」，《異同》同。

**七十有二人**〔九・三七一二〕　毛本「七十」在「有」字下。

**五三六經載籍之傳**〔九・三七一二〕❷　程本「籍」誤「藉」。

**王季徙程**〔九・三七一三〕　舊刻、游、正德本「程」作「郢」，下同。《札記》云：「案此以『郢』『郅』形近故疑爲『郢』。若『程』字則不相及矣。」

**故周書曰**〔九・三七一三〕　毛本「周」誤「漢」。

---

❶「續」，原作「讀」，據寶禮堂本改。

❷「五三」，原作「三五」，據寶禮堂本乙正。

**或者郅字宜爲程乎**〔九・三七一三〕　毛本「宜」作「其」。舊刻「乎」作「字」。

**或爲暒**〔九・三七一三〕❶　各本「暒」作「脛」，下同。

**周之王四海**〔九・三七一四〕　柯本「王」誤「正」。

**故軌迹夷易**〔九・三七一二〕　毛本「迹」誤「於」。

**是以業隆於繦褓**〔九・三七一二〕　程本「褓」作「緥」。《異同》「繦」作「襁」。

**繦褓謂成也**〔九・三七一四〕　各本「成」下有「王」字，此脱。

**湰涌原泉**〔九・三七一三〕　南雍、程本「湰」作「湰」，注同。《索隱》出「逢原泉」三字，下引張揖曰「逢，遇也」，又云「又作峰，讀曰烽」。《札記》云：「《索隱》本『逢』，與《漢書》《文選》合，《字類》引亦同，今本並誤『湰』。」案《字類》一「逢」下引《漢書・司馬相如傳》作「逢」，又云「《史》傳作『湰』」，則不得謂與《索隱》同作「逢」也。

**雲專霧散**〔九・三七一三〕　百衲、凌、毛、殿本同，《字類》四引同，各本「專」誤「專」，《異同》同。

**下泝八埏**〔九・三七一三〕　《異同》「泝」誤「沂」。

**埏音延地之八際也**〔九・三七一四〕　舊刻同，各本「埏若八埏，地之際也」。

**下流於地之際也**〔九・三七一四〕　舊刻同，各本「際」上有「八」字。

**霑濡浸潤**〔九・三七一三〕　程本「濡」作「霈」。

---

❶ 此條原在「王季徙程」條下，今移。

**迴闊泳沫**〔九・三七一三〕❶ 各本「迴」作「迴」，注同，《異同》同，案《漢書》亦作「迴」。

**闇昧昭晢**〔九・三七一三〕 《異同》「昧」作「眛」。

**喻夷狄皆化**〔九・三七一四〕 中統、游、正德本「化」下有「也」字。

**導一莖六穗於庖**〔九・三七一三〕 《索隱》「穗」作「蕙」。

**導瑞禾也**❷〔九・三七一四〕 游、正德本「禾」誤「木」。

**犧雙觡共抵之獸**〔九・三七一三〕 《異同》「雙」作「双」，俗。

**收龜於岐**〔九・三七一三〕 毛本「收」誤「牧」，《水經注》十八《渭水》注「相如《封禪書》曰『牧龜於岐』」。

**郭璞曰**〔九・三七一五〕 柯本「璞」誤「朴」。

**以登介丘**〔九・三七一三〕 《異同》「丘」作「山」，「丘」字細書，是《史》作「山」，《漢》作「丘」，倪氏所見本如此。

**介大**〔九・三七一五〕 殿本「大」作「太」。

**登大山封禪**〔九・三七一五〕 各本「大」作「太」。

**其何爽與**〔九・三七一三〕 《索隱》「其何」作「何其」。

**言周未可封禪而封禪爲進**〔九・三七一五〕 王、柯、南雍、秦、李、凌、程、殿本脱「而封禪」三字。

---

❶ 「沬」，原作「沫」，據寶禮堂本改。

❷ 「禾」，原作「午」，據寶禮堂本改。

**陛下仁育群生**〔九·三七一五〕　中統、游本「育」誤「有」。

**百蠻執贄**〔九·三七一五〕　李本「蠻」誤「變」。

**設壇場望幸**〔九·三七一五〕　《索隱》「幸」下有「華」字。

**珍符固不可辭**〔九·三七一六〕　凌本「辭」作「辤」，注及下同。

**咸濟世而屈**〔九·三七一六〕　《索隱》「世」作「代」，避諱改。

**夫修德以錫符**〔九·三七一六〕　舊刻、程本「修」作「脩」，《異同》同。

**若無封禪之遺迹**〔九·三七一八〕　中統本「無」作「无」。

**而修禮地祇**〔九·三七一六〕　中統、游、正德、王、柯、南雍、秦、李、凌、毛、殿本「脩」作「修」。舊刻、秦、李、毛、殿本「祇」作「祗」，《異同》同。

**發號榮**〔九·三七一六〕　《異同》「榮號」二字倒。❶

**使獲燿日月之末光**〔九·三七一六〕　殿本「燿」作「耀」。

**以展采錯事**〔九·三七一六〕　百衲、中統、游、正德、王、秦本「展」誤「㞡」。

**以展其官職**〔九·三七一八〕　毛本「以」上有「而」字。李本「以」誤「使」。

---

❶「發號榮」，原作「發榮號」，據寶禮堂本改。檢國圖藏嘉靖本《班馬異同》亦作「發號榮」，與寶禮堂本同。

**悉奏其儀而覽焉**〔九・三七一六〕　各本「儀」作「義」，《異同》同，此本與《漢書》合。

**主故事也**〔九・三七一八〕　毛本「主」誤「王」。柯本「也」下衍「一」字。

**詩大澤之博**〔九・三七一八〕　毛本「大」誤「犬」。

**雲之油油**〔九・三七一八〕　中統、游、正德本「油油」作「由由」。

**廣符瑞之富**〔九・三七一九〕　毛本「瑞」誤「符」，「之」誤「大」。

**謂斑斑之獸以下三章**〔九・三七一九〕　毛本下「斑」字誤「斈」。

**言符瑞廣大之富饒也**〔九・三七一九〕　各本無「之」字，當衍。

**自我天覆**〔九・三七一九〕　舊刻提行。

**油然作雲**〔九・三七一九〕　游、正德本「油」誤「由」。

**厥壤可游**〔九・三七一九〕　王、秦本「壤」誤「攘」。

**滲音色蔭反**〔九・三七一九〕　毛本「蔭」誤「陰」。

**畜嘉穀**〔九・三七一九〕　正德、秦本作「謂育嘉穀也」。

**我專濩之**〔九・三七一九〕　《索隱》出「氾布濩之」四字。舊刻作「我專濩之」，「專」爲「尃」之誤文，中統、游、正德、王、柯、秦本誤同，《異同》同。各本「我」作「記」，《漢書》「匪唯偏，我氾布護之」，《文選・封禪文》作「非惟偏之，我氾布濩之」，「我」字亦連下句讀。

**名山太山也**〔九・三七一九〕　王、柯、李、凌、毛本「太」作「大」。

**般般之獸**〔九・三七一九〕　各本連上不空格，下「濯濯之鱗」「宛宛黄龍」並同。

**君子之能**〔九・三七一九〕　王、秦本「能」誤「熊」。

**能一作態**〔九・三七二〇〕　王、柯、秦、李「態」誤「熊」。

**今觀其來**〔九・三七一九〕　王、秦本「今」誤「令」。

**濯濯之鱗**〔九・三七二〇〕　各本「鱗」作「麟」，此誤。

**采色炫燿**〔九・三七二〇〕　「炫」缺筆。

**煥炳煇煌**〔九・三七二〇〕　舊刻、正德、毛本同，《異同》同，與《漢書》合，各本「煌」作「湟」，注同，《字類》一《補遺》引同。《札記》云：「『湟』乃『煌』之譌。」

**止純反**〔九・三七二一〕　舊刻同，各本「止」上有「諄」字。

**依類託寓**〔九・三七二一〕　舊刻同，與《漢書》合，各本「託」作「記」，《異同》「記」大書，「託」細書。《札記》云：「據《集解》則本是『託』字。」

**以喻封禪者**〔九・三七二一〕　殿本「者」作「也」。

**兢兢翼翼也**〔九・三七二一〕　毛本無「也」字。

**不失肅祗**〔九・三七二一〕　中統、游、正德、南雍、程本「祗」作「祇」，王、秦本誤「秖」。

**舜在假典**〔九·三七二一〕　柯本「在」誤「尢」。

**封于太山**〔九·三七二一〕　正德本「太」作「泰」，《異同》同。

**推見事至於隱諱**〔九·三七二二〕　毛本「事」誤「爭」。《札記》引毛本作王本，王本作「事」，❶不誤也。

**易本隱之以顯**〔九·三七二二〕　正德本「之以」作「以之」，與《漢書》合。《札記》云：「據《索隱》則所見《史》本與《漢書》同。今本誤倒，并單本所出正文而改之矣。」

**小雅云人志狹小**〔九·三七二三〕　《札記》云：「『之』誤『云』，汪校改。」案《索隱》引文穎曰「小雅之人材志狹小」云云，與此本同，則「云」當作「之」明矣。

**其流乃及上政之得失**〔九·三七二三〕　各本「失」下有「者」字。柯本「政」誤「攻」。

**楊雄以爲靡麗之賦**〔九·三七二三〕　中統、游、正德、秦本同，《異同》同，各本「楊」作「揚」。《異同》劉評云：❷「『楊雄』字以下，班氏之詞也。」《讀書記》云：「係《漢書》贊語。」

---

❶「作」，原作「字」，今改。

❷「劉」，原作「揚」，涉上下文而誤，據國圖藏天啓本《異同》改。

## 卷一一八　淮南衡山列傳第五十八

**及貫高等謀反柏人**〔十・三七三九〕　王、柯、南雍、秦、李、凌、程、殿本「柏」作「栢」。

**令從者魏敬剄之**〔十・三七四〇〕❶　「敬」缺筆，下同。

**與棘蒲侯柴武太子奇**〔十・三七四〇〕❷　舊刻「太」作「大」。

**謀以輂車四十乘**〔十・三七四〇〕　舊刻「輂」作「轝」，注同。

**大車駕馬曰輂**〔十・三七四一〕　正德本「大」誤「太」。

**漢書音義曰**〔十・三七四一〕　殿本上有「駰案」二字，下四引《漢書音義》、一引《漢書》並同。

**丞相臣張倉**〔十・三七四一〕　中統、舊刻、游、正德、程、殿本「倉」作「蒼」，下同。百衲下「臣倉」作「倉臣」，「倉等」作「蒼」。中統、游、程本下二「倉」字並作「倉」。

**士伍開章等七十人**〔十・三七四一〕　舊刻、柯、南雍、李、凌、程、殿本同，正德本「士伍」作「仕伍」，百衲、中

---

❶「令」，原作「今」，據嘉業堂本改。
❷「蒲侯」，原作「陽」，據嘉業堂本改。

統、游、王、秦、毛本作「士五」。《札記》誤以柯本爲作「五」。

**稱士伍者也**〔十・三七四二〕　游本「士伍」作「仕五」，正德本作「仕伍」，毛本作「士五」。

**以文帝後元年卒**〔十・三七四二〕　中統本「年」誤「耳」。

**與故中尉簡忌**〔十・三七四一〕　《索隱》及舊刻、游、正德、毛本同，下注「忌，簡忌」同，《班馬異同》二十八同，各本「簡」作「蕑」。下同。

**爲棺槨衣衾**〔十・三七四一〕　百衲、王、柯、南雍、秦、李、凌、程、殿本「槨」作「椁」，《異同》同。

**爲命棄市罪**〔十・三七四一〕　毛本「命」上有「亡」字，《異同》「亡」字細書，《漢書》文也。

**獻璧皇帝**〔十・三七四二〕　中統、游本「璧」誤「壁」。《異同》「獻」作「献」。

**文潁曰**〔十・三七四三〕　舊刻同，毛、殿本作「穎」，是，各本作「頴」。

**駰案張晏曰**〔十・三七四三〕　正德本「駰」上有「裴」字。

**遣其子子母從居**〔十・三七四三〕　南雍、李、程、殿本同，《異同》同，與《漢書》合，各本不重「子」字。

**酒二升**〔十・三七四三〕　各本「升」作「斗」，《異同》同。案《漢隸字原》四十五書「斗」作「計」，❶此字本「斗」，隸體傳寫誤作「升」耳。

**於是乃遣淮南王**〔十・三七四四〕　《異同》「乃」作「廼」，下「乃不食而死」「乃可」「乃徙城陽王」「乃與太子謀」

---

❶「書」，原作「厚」，今改。

「乃舉兵未晚」「乃曰」「乃度」「王乃與伍被謀」「乃佩之王印」「王乃使孝客」「淮南王乃昆弟語」「乃自古記之矣」並同。❶

**弗爲置嚴傅相**〔十・三七四四〕　正德本「傅」誤「傳」，下「傅母屬」同。

**今復之**〔十・三七四四〕　凌本「今」誤「令」。《史詮》云：「宋本『令』作『今』。」

**縣傳淮南王者**〔十・三七四四〕　《異同》「南」誤「雨」。

**遂考諸縣傳送淮南王**〔十・三七四四〕　毛本「遂」作「逮」。《雜志》云：「『遂』當從宋本作『逮』。❷逮，捕也。考，問也。言捕問之也。《漢書》正作『逮』。」

**子良爲東成侯**〔十・三七四五〕　異同「成」作「城」。

**况於兄弟**〔十・三七四五〕　中統本「兄弟」作「弟兄」。毛本無「於」字。

**而更相逐乎**〔十・三七四五〕　毛本「更相」二字誤倒。中統、游、正德本「乎」作「也」。

**乃歎曰**〔十・三七四五〕　舊刻「歎」作「嘆」。

**天下豈以我爲貪淮南地邪**〔十・三七四五〕❸　舊刻「南」下有「王」字。

---

❶「記」，原作「訊」，據嘉業堂本改。
❷「從」，原脱，據《雜志》補。
❸「南」，下原有「王」字，據嘉業堂本删。

**參分之**〔十・三七四五〕　百衲、舊刻、毛本同，李本「參」作「三」，《異同》同，各本作「叄」。

**東城侯良前薨**〔十・三七四五〕　中統、游本「侯」下誤重「侯」字。正德本空一格。

**淮南以故得完**〔十・三七四六〕　「完」缺筆，百衲不缺。

**廬江王弗應**〔十・三七四六〕　中統、舊刻、游、正德本「應」作「聽」。

**上以爲貞信**〔十・三七四六〕　「貞」缺筆，下同。

**不喜弋獵**〔十・三七四六〕　李本「弋」誤「戈」。

**與王語曰**〔十・三七四六〕　舊刻「與」作「迎」。

**今彗星長竟天**〔十・三七四六〕　「竟」缺筆。

**諸辯士爲方略者**〔十・三七四六〕　百衲、中統、舊刻、游、正德、毛本同，《異同》同，各本「辯」作「辨」。

**淮南王有女陵慧**〔十・三七四七〕　中統、舊刻、游、毛、殿本同，《異同》同，與《漢書》合，各本「慧」誤「彗」。

**常多予金錢**〔十・三七四七〕　《異同》「常」作「嘗」。

**與淮南王女陵通**〔十・三七四七〕　百衲、王本「陵」誤「侯」。

**故棄市**〔十・三七四七〕　百衲「棄」誤「乘」。

**遷取王皇太后外孫脩成君女爲妃**〔十・三七四七〕　凌、毛、殿本「脩」作「修」，《異同》同。

**王乃佯爲怒太子**〔十・三七四七〕　百衲、中統、游、王、柯、南雍、李、凌、程、毛、殿本「佯」作「詳」，秦本誤「祥」。

**輒詣京師**〔十・三七四八〕　舊刻「京」誤「哀」。

**詔削二縣**〔十・三七四八〕　百衲、中統、游、王、秦本「二」誤「五」。

**諸使道從長安來**〔十・三七四八〕　第十一葉與第十二葉板心俱題「十一」兩字，原刻如此，當改正。

**廷臣必徵膠東王**〔十・三七五〇〕　「徵」缺筆，下同。

**不即常山王**〔十・三七五〇〕　游、王、秦本「即」誤「如」。正德本「即」下衍「如」字。

**故聖人萬舉萬全**〔十・三七五〇〕　中統本「全」作「全」。《札記》云：「蔡、中統本作『全』，可知《衛霍傳》『誅全甲』之誤，蓋亦當時俗字也。」

**昔文王一動**〔十・三七五〇〕　中統本「動」作「怒」。

**而功顯于千世**〔十・三七五〇〕　毛本「于」作「於」。

**願大王毋爲吴王之聽**〔十・三七五〇〕　《異同》「大」誤「太」。

**昔秦絶聖人之道**〔十・三七五〇〕　百衲、中統、舊刻、游、正德、毛本同，各本「聖人」作「先王」。《札記》誤以王本爲作「聖人」。

**女子紡績**〔十・三七五〇〕　百衲、王本「紡」誤「紛」。

**百姓力竭**〔十・三七五〇〕　舊刻「竭」作「屈」。

**西京賦曰振子萬童**〔十・三七五二〕　《拾遺》云：「按《文選・西京賦》及注皆作『侲子』，《説文》無『侲』字，惟『娠』字下『一曰官婢女隸謂之娠』。『侲』字《字林》始有之。當從《史記》作『振』爲是。」

**駰案薛綜曰**〔十・三七五二〕 舊刻「綜」誤「宗」。

**秦皇帝大説**〔十・三七五一〕 中統、游、正德本「説」作「悦」。

**以爲士卒補衣**〔十・三七五一〕 中統本「衣」誤「之」。

**高皇始於豐沛一倡**〔十・三七五一〕 《異同》「皇」下有「帝」字。

**天下不期而響應者**〔十・三七五一〕 中統、游本「響」作「嚮」。

**百姓願之**〔十・三七五一〕 毛本「願」誤「怨」。

**禮飲酒必祭**〔十・三七五二〕 百衲「禮」作「礼」。

**地方數千里**〔十・三七五一〕 中統、游、正德本「方」作「封」。

**上取江陵木以爲船**〔十・三七五一〕 中統、游本「船」作「舩」，下同。

**一船之載**〔十・三七五一〕 百衲、王、秦本脱「一船」二字。

**有萬倍於秦之時**〔十・三七五一〕 舊刻同，毛本「於秦」作「吴楚」，各本作「於吴楚」，《異同》「秦」上有「吴楚」二字。案《漢書》作「萬倍於秦時」，❶與此本合，《志疑》云：「當作『萬倍於秦時』。」

**王時所居**〔十・三七五二〕 王、秦本「王」誤「正」。

---

❶ 「倍」，原作「培」，據《漢書》改。

**涕滿匡而横流**〔十·三七五二〕　「匡」缺筆。

**善丞相公孫弘**〔十·三七五三〕　「弘」缺筆，下同。

**乃深購淮南事於弘**〔十·三七五三〕　「購」缺筆，毛本作「構」，案《漢書》作「搆」。

**遵古之道風俗紀綱**〔十·三七五三〕　程本「道風」二字誤倒。

**卒盡已度河**〔十·三七五三〕　百衲、中統、游、正德、王、柯、南雍、秦、李、凌、程、殿本「度」作「渡」，《異同》同。

**乃度**〔十·三七五三〕　南雍、李、凌、程、殿本「度」作「渡」。

**皇太后所賜金帛**〔十·三七五三〕　舊刻「太」作「大」。❶

**恐國陰事且覺**〔十·三七五四〕　舊刻「且覺」二字作「泄」字。

**公以爲吴興兵**〔十·三七五四〕　舊刻「興」作「舉」。

**臣聞吴王悔之甚**〔十·三七五四〕　《異同》「聞」作「爲」。

**願王孰慮之**〔十·三七五四〕　舊刻、李本「孰」作「熟」。

**一作嘄**〔十·三七五五〕　舊刻脱「一」字。

**駰案張晏曰**〔十·三七五五〕　中統本「駰」誤「駟」。

---

❶ 此條原在「乃度」條上，兩條上有管批云「二條互易」，據改。

**以死報之矣**〔十・三七五六〕　舊刻、南雍、李、凌、程、殿本同，與《漢書》合，各本「報」作「執」。

**周被下潁川兵**〔十・三七五四〕　百衲、中統、毛、殿本同，舊刻「潁」作「穎」，各本作「頴」，《異同》同。

**塞轘轅伊闕之道**〔十・三七五四〕　毛本「轘」作「環」。

**獨有洛陽耳**〔十・三七五四〕　舊刻、毛本同，各本「洛」作「雒」。

**據三川之險**〔十・三七五四〕　舊刻「據」作「擄」，《異同》同。

**鐖鑿棘矜也**〔十・三七五四〕　《異同》「矜」作「矝」。

**徐廣曰**〔十・三七五六〕　程本「廣」誤「光」。

**音五哀反**〔十・三七五六〕　正德本「五」誤「吾」。

**興萬乘之駕**〔十・三七五四〕　中統、游本「萬」作「万」。

**收太半之賦**〔十・三七五四〕　毛本「半」誤「平」，《札記》引吴校宋本同。

**當今諸侯無異心**〔十・三七五五〕　秦本「今」誤「令」。

**請書從郡國豪桀任俠**〔十・三七五五〕　毛本同，各本「桀」作「傑」，《異同》同。

**應劭曰**〔十・三七五六〕　凌本「劭」誤「邵」。

**古耐字從彡**〔十・三七五六〕　舊刻、毛本同，中統、游、正德、柯、南雍、李、凌、程、毛、殿本「從彡」作「與髟」。百衲作「字與彡」，無「古耐」二字。王、秦本亦無此二字，「從彡」作「与髟」。

**耐音若態**〔十・三七五六〕　百衲、中統、游、正德、王、柯、秦、凌、殿本「態」作「能」，舊刻誤「熊」，下衍「反」

字。南雍、李、程本作「耐，若態反」。

**家産五十萬以上者**〔十·三七五五〕❶　舊刻、毛、殿本同，各本無「家」字，凌本旁注：「一本『産』上有『家』字。」案《漢書·伍被傳》亦有「家」字，此本爲勝。

**急其會日**〔十·三七五五〕　王、秦、程本「日」誤「曰」。

**以逮諸侯太子幸臣**〔十·三七五五〕　舊刻、南雍、李、程、殿本同，各本無「以逮」二字，《異同》同，凌本旁注：「一本『書』下有『以逮』二字。」❷《志疑》云：「『逮』字當在『書』下，屬下句，此誤倒。『一本「書」下有「以逮」二字』，亦非。」案《漢書·伍被傳》「又僞爲左右都司空上林中都官詔獄書，逮諸侯太子及幸臣」，《異同》「以逮」二字細書，則「諸侯」上有「以逮」二字者乃《漢書》也。梁必移字以遷就其説，亦失之不考矣。

**即使辯武**〔十·三七五五〕　舊刻「辯」作「辦」。

**於是王乃令官奴入宫**〔十·三七五五〕　王、柯、秦本「宫」誤「官」。

**秦滅楚**〔十·三七五七〕　王本「滅」作「威」。

**王乃與伍被謀先**〔十·三七五七〕　各本此下有「殺相二千石僞失火宫中相二千石救火」十六字，❸此本錯在

---

❶「上」，原作「下」，據嘉業堂本改。

❷「二」，原脱，據凌本補。

❸「字」，原脱，今補。

下二十葉第九行，當移正。

**相二千石救火至**〔十・三七五七〕　王本脱「石」字。

**漢書音義曰**〔十・三七五七〕　舊刻上有「駰案」二字。

**屈彊江淮間**〔十・三七五七〕　毛本「江淮」誤「淮南」。

**所與謀者已死**〔十・三七五八〕　南雍本「已」誤「也」。

**王以非時發**〔十・三七五八〕　舊刻「以」下有「爲」字。

**與諸侯王列侯會肆丞相諸侯議**〔十・三七五八〕　各本「肆」作「肆」。

**當皆免削**〔十・三七五九〕　百衲、舊刻、王、南雍、秦、程、毛、殿本同，各本「削」作「官」，《異同》同。❶　案《漢書・淮南傳》「當皆免，削爵爲士伍」，不重「削」字，亦無「官」字，此文「削」字疑衍。

**毋得宦爲吏**〔十・三七五九〕　舊刻「宦」誤「官」。

**即位凡四十三年**〔十・三七五九〕　各本「三」作「二」。

**欲勿誅**〔十・三七五九〕　中統本「誅」作「殺」，游、正德本誤「謀」。

**被首爲王畫反計**〔十・三七五九〕　中統、舊刻、毛本同，游、正德、王、柯、秦、凌本「王」作「之」，《異同》同。百衲、王、柯、南雍、秦、李、凌、程、殿本「計」作「謀」。

---

❶「同」，原不重，據《異同》及上下文補。

又姬徐來〔十・三七六〇〕《異同》「來」作「来」。

故劾慶死罪〔十・三七六〇〕王、秦本「故」誤「死」。

王又數侵奪人田〔十・三七六〇〕毛本無「奪」字，「田」誤「曰」。

壞人冢以爲田〔十・三七六〇〕百衲、中統、游、正德、王、柯、秦本「冢」誤「家」。

天子不許〔十・三七六〇〕王本「許」誤「計」。

二百石以上〔十・三七六〇〕百衲、王本「上」誤「人」。

　漢儀法〔十・三七六〇〕各本「法」作「注」，此誤。

　密預作計校〔十・三七六〇〕毛本「校」作「挍」。

以刀刺傷王后兄〔十・三七六〇〕《異同》「刀」作「刅」。

與奴姧又與客姧〔十・三七六〇〕《異同》「姧」作「奸」，下並同。

太子數讓無采〔十・三七六〇〕「讓」缺筆。

又欲并廢孝〔十・三七六一〕秦本「并」誤「井」。

以汙之〔十・三七六一〕《異同》「汙」作「污」。

欲并廢兄弟而立其子廣〔十・三七六一〕《異同》「立」上有「以」字。

欲縛而笞之〔十・三七六一〕正德、殿本「縛」誤「縛」，《異同》同。

**王彊食**〔十・三七六一〕 李本「彊」誤「疆」，《異同》同。

**作輣車鏃矢**〔十・三七六一〕 中統本「輣」誤「軿」。

**輣車戰車也**〔十・三七六一〕 游本「輣」誤「裍」。

**音扶萌反**〔十・三七六一〕 王本「萌」誤「萠」。

**如周丘等**〔十・三七六一〕 殿本「丘」作「邱」。

**以爲淮南已西**〔十・三七六一〕 毛本「已」誤「巳」。

**除前郤**〔十・三七六二〕 舊刻「郤」作「隙」。

**衡山王使人上書**〔十・三七六二〕 中統、舊刻、游、正德、毛本同，各本無「王」字。

**吏捕嬴**〔十・三七六二〕 百衲、王本「捕」誤「稱」。

**反告太子爽**〔十・三七六二〕 毛本「太」作「大」。

**求捕所與淮南謀反者未得**〔十・三七六二〕 舊刻「者」作「漸」。

**雅數與王計謀反**〔十・三七六二〕 王本「雅」誤「稚」。

**又疑太子**〔十・三七六二〕 凌本「疑」誤「擬」。

**遣中尉安大行息**〔十・三七六二〕 凌本「大」誤「太」。

**坐告王不孝**〔十・三七六二〕 南雍、李、凌、程、殿本同，百衲作「主告不孝」，中統、舊刻、游、正德、王、柯、秦本作「王告不孝」，毛本作「王后不孝」，並無「坐」字。《異同》作「王告不孝」，「王」上細書「坐」「告」二字，「告」字下細書「父」字，❶劉辰翁評云：「《史記》文順。《漢書》添『告』字，贅辭。『告王父』雖異，不如『王告不孝』直。」案《漢書》云「及太子爽坐告王父不孝」，則當讀「坐告王」句，「不孝」句。此本爲勝。

**信哉是言也**〔十・三七六三〕　百衲、王、柯、秦、凌、殿本無「言」字，《異同》有「言」字。《考證》云：「一本作『信哉是言也』。」《志疑》云：「游本『之』下脱『言』字。」

**疆土千里**〔十・三七六三〕　舊刻、南雍、李本「疆」誤「彊」。

**不務遵蕃臣職**〔十・三七六三〕　舊刻「蕃」作「藩」，《異同》同。

**各不終其身**〔十・三七六三〕　舊刻無「各」字。

---

❶「下」，原脱，據國圖藏天啓本《異同》補。

## 卷一一九　循吏列傳第五十九

**刑罰所以禁姦也**〔十・三七六七〕　中統、游、正德「姦」作「奸」，《治要》十二同。

**孫叔敖者**〔十・三七六七〕　舊刻連上不提行，各本提。

**施教導民**〔十・三七六七〕　舊刻無「施教」二字。

**乘多水時而出材竹**〔十・三七六八〕　李本「竹」誤「本」。

**更以小爲大**〔十・三七六八〕❶　舊刻「大」誤「太」。

**今市令來言曰**〔十・三七六八〕　凌本「令」誤「令」。

**楚民俗好庳車**〔十・三七六八〕❷　《書鈔》一百三十九引「痺」作「卑」，下同。

**近者視而効之**〔十・三七六八〕　中統、游、正德、毛本同，各本「効」作「效」。

**知其材自得之也**〔十・三七六八〕　秦本「材」誤「林」。

---

❶「以小」，原作「小以」，據嘉業堂本乙正。

❷「庳」，原作「痺」，據嘉業堂本改。

**三去相而不悔**〔十·三七六八〕　毛本「悔」誤「侮」。

**皇覽曰**〔十·三七六八〕　殿本上有「駰案」二字，下引《皇覽》同。

**故城中白土里**〔十·三七六八〕　游、正德、秦本「白土」誤「曰士」，王、柯、南雍、李、凌、程、殿本「白」誤「曰」。

**去故楚都郢城北二十里所**〔十·三七六九〕❶　秦本「北」誤「比」。

**子産者**〔十·三七六九〕　百衲連上不提行。中統、游、正德本「子」上有「鄭」字。

**大宫子期言之君**〔十·三七六九〕　《索隱》本「大宫」作「太官」。

**道不拾遺**〔十·三七六九〕　李本「拾」誤「捨」。

**以高弟爲魯相**〔十·三七七〇〕　中統、游、正德、李、毛本「弟」作「第」。

**相不受**〔十·三七七〇〕　《治要》作「不授也」。

**今爲相**〔十·三七七〇〕　秦本「今」誤「令」，下「今受魚而免」，又「今過聽殺人」同。

**食茹而美**〔十·三七七〇〕　《類聚》八十二引「茹」作「葵」。

**拔其園葵而棄之**〔十·三七七〇〕　秦本「棄」誤「去」，《治要》作「弃」。

---

❶「城」，原脱，據嘉業堂本補。

**見其家織布好**〔十・三七七〇〕　毛本「布好」誤「好布」。

**安所讎其貨乎**〔十・三七七〇〕　正德本「讎」作「售」。案單行《索隱》本出「安所讎」三字，下云「音雔」，「雔」即「售」字之誤也，「讎」既音「售」，則不應作「售」矣。各本所載《索隱》均脱此條，金陵本已補「音售」二字。

**不奉主法**〔十・三七七〇〕　中統、游、正德、毛本「主」誤「王」。

**自刎而死**〔十・三七七一〕　中統、舊刻、游、正德本「死」下有「也」字。《字類》三引此「刎」作「歾」，云：「字亦作『刎』。」

**不與吏讓位**〔十・三七七一〕　「讓」缺筆。

**傅其罪下吏**〔十・三七七一〕　百衲、中統、游、王、南雍、秦、程、殿本「傅」誤「傳」。

**鄭民號哭**〔十・三七七一〕　百衲、舊刻、王、柯、南雍、秦、李、凌、程、毛、殿本同，中統、游、正德本「哭」作「泣」。《札記》云：「『哭』字與『復』『逐』爲韻，中統、游本作『泣』，非。」

# 卷一二〇　汲鄭列傳第六十

**汲鄭列傳第六十**〔十・三七七三〕《班馬異同》二十九「鄭」誤「黯」。

**文穎曰**〔十・三七七四〕程本同，毛本「潁」作「穎」，是，各本誤「潁」。

**至黯七世**〔十・三七七三〕舊刻「七」作「十」。

**河南失火**〔十・三七七三〕《書鈔》四十九引「河南」作「河内」，下同。「河南貧人傷水旱萬餘家」，《書鈔》引作「貧餓死水旱」。

**遷爲滎陽令**〔十・三七七三〕游本「滎」作「榮」。

**今揔言丞史**〔十・三七七四〕正德本「揔」作「總」，凌、毛本作「緫」。

**鄭當時爲大農**〔十・三七七四〕游、正德本「大」誤「太」。

**卧閨閤内不出**〔十・三七七三〕中統、游、正德本「閤」作「閣」。❶

**弘大體**〔十・三七七四〕「弘」缺筆，下並同。

---

❶「作」，原作「卧」，今改。

**游俠任氣節**〔十・三七七四〕　毛本「俠」誤「狹」。

**内行脩絜**〔十・三七七四〕　毛本「脩絜」作「修潔」。程本「脩」作「修」。舊刻「絜」作「潔」。

**常慕傅柏袁盎之爲人也**〔十・三七七四〕　《索隱》及殿本「柏」作「栢」，舊刻作「伯」，注同。

**常揖之**〔十・三七七四〕　毛本「揖」誤「損」。

**上常賜告者數**〔十・三七七五〕　舊刻「告」誤「誥」。

**最一作其也**〔十・三七七五〕　百衲、王、柯、南雍、秦、李、凌、程、殿本同，中統、舊刻、游、正德本「其」作「奇」，毛本誤「甚」。正德本無「一」字。

**汲黯何如人哉**〔十・三七七五〕　舊刻脱「汲」字。

**亦不能奪之矣**〔十・三七七五〕　舊刻無「能」字、「矣」字。

**古有社稷之臣**〔十・三七七五〕　游、正德本「有」作「者」。

**厠音側**〔十・三七七五〕　游、正德本「側」誤「則」。

**一云溷厠也**〔十・三七七五〕　游本「溷」誤「圂」。

**應劭曰**〔十・三七七五〕　殿本「劭」誤「邵」，下同。

**孟康曰**〔十・三七七五〕　舊刻脱此條。殿本「康」誤「東」。

**置兵蘭五兵於帳中**〔十・三七七五〕　正德、秦、殿本「蘭」作「闌」。

**韋昭曰**〔十·三七七五〕　舊刻脱「曰」字。

**其見敬禮如此**〔十·三七七五〕　「敬」缺筆。

**非苦就行**〔十·三七七六〕　《異同》「就」上有「於」字。

**放析就功**〔十·三七七六〕　游、正德本「析」作「折」。

**湯辯常在文深小苛**〔十·三七七六〕　毛本「辯」作「辨」。

**令天下重足而立**〔十·三七七六〕　舊刻「令」誤「今」。

**承上間**〔十·三七七六〕　游、正德、程、毛、殿本同，王、秦本脱「承」字，各本「承」作「乘」。《札記》云：「中統一本亦剜改『承』。」

**尊公孫弘**〔十·三七七六〕　「弘」缺筆，下並同。

**而刀筆吏專深文巧詆**〔十·三七七六〕　秦本「刀」誤「刃」。

**上愈益貴弘湯**〔十·三七七六〕　王、秦本脱「湯」字。

**然黯與亢禮**〔十·三七七七〕　中統、游、正德、秦本「亢」作「伉」。

**守節死義**〔十·三七七七〕　舊刻「守」作「伏」。

**天子既數征匈奴**〔十·三七七七〕　舊刻「天」誤「大」。

**及弘湯稍益貴**〔十·三七七七〕　中統本「稍」誤「稱」。

**如積薪耳**〔十·三七七七〕　各本「且」作「耳」，此與「且」字相似。

**漢發車二萬乘**〔十·三七七七〕　程本「萬」誤「千」。

**何至令天下騷動**〔十·三七七七〕　毛本「令」誤「今」。

**罷獘中國**〔十·三七七七〕　舊刻「獘」作「敝」，正德、程本作「弊」，殿本誤「幣」。

**賈人與市者**〔十·三七七七〕　殿本「賈」誤「買」。

**黄圖**〔十·三七七八〕　中統、游本「圖」作「啚」，正德、秦、殿本作「按《三輔黄圖》云」。

**皆以爲奴婢**〔十·三七七七〕　中統、游本「奴婢」作「婢奴」。

**所鹵獲**〔十·三七七八〕　柯本「鹵」誤「齒」。

**其法一也**〔十·三七七八〕　游、正德本脱「一」字。

**瓚曰**〔十·三七七八〕　正德、秦本「瓚」上有「臣」字，下同。

**無符傳出入爲闌**〔十·三七七八〕　游本「無」作「无」。

**詔數强予**〔十·三七七八〕　百衲、王、柯、南雍、秦、李、凌、程、殿本「强」作「彊」。

**臣常有狗馬病**〔十·三七七八〕❶　第八葉自「臣常有狗馬病」「病」字起，至「以其貴下人」「貴」字止，與第七葉

---

❶「狗」，原作「犬」，據嘉業堂本改。下一「狗」字同此。

誤易，原本板心「七」「八」二字互誤。

**出入禁□**〔十・三七七八〕　空格是「闥」字。

**外挾賊吏以爲威重**〔十・三七七九〕　百衲、中統、游、正德本「挾」誤「狹」。

**濮陽叚宏**〔十・三七七九〕　《索隱》本「叚宏」作「段客」，王、柯、秦、毛本「叚」作「段」，❶殿本誤「假」。《雜志》云：「《史記》本作『叚客』而今本作『段宏』，則後人據《漢書》改之也。」《拾遺》云：「《漢書・公卿表》未見『段宏』名，惟元朔五年有『中尉殷客』。『殷』字近『段』，『客』字近『宏』，或即其人乎？」

**漢書音義曰**〔十・三七八〇〕　殿本上有「駰案」二字。

**鄭莊以任俠自喜**〔十・三七八〇〕　《類聚》九十三引作「鄭當時以任俠自憙」。

**脱張羽於戹**〔十・三七八〇〕　李、凌本「羽」誤「禹」。《志疑》云：「湖本譌『羽』爲『禹』，然亦通借字。」

**請賓客便**〔十・三七八〇〕　毛本「便」作「使」。

**閑静可以請賓客**〔十・三七八〇〕　中統、游、正德、毛本「閑」作「間」。

**遷爲大農令**〔十・三七八〇〕　舊刻「大農令」作「大司農」。

**莊爲太史**〔十・三七八〇〕　凌、程本「太史」作「太吏」。《志疑》云：「此『大吏』之譌，《漢書》可證。別本《史記》亦作『大史』。」《札記》云：「『太』疑『内』之譌。」

---

❶「叚作」，原重出，今删。

**丞相長史**〔十·三七八一〕 王、柯、南雍、秦、李、凌本「史」誤「也」，殿本「史」下有「也」字。

**常趨和承意**〔十·三七八一〕 中統、游、正德本「趨」作「趍」。

**内行脩絜**〔十·三七八二〕 舊刻「脩絜」作「修潔」，凌、程、毛本作「修絜」，《異同》同。

**家無餘貨財**〔十·三七八二〕 舊刻同，各本「貨」作「貲」，《異同》同。

**夫以汲鄭之賢**〔十·三七八二〕 舊刻「鄭」誤「黯」。

**有勢則賓客十倍無勢則否**〔十·三七八二〕 毛本「勢」作「埶」。

**賓客闐門**〔十·三七八二〕 舊刻「闐」作「填」。

**交情乃見**〔十·三七八二〕 《讀書記》云：「北雍本作『交態乃見』。」

# 卷一二一　儒林列傳第六十一

**政由强國**〔十・三七八五〕　百衲、王、柯、南雍、李、凌、程、殿本「强」作「彊」。

**是以仲尼干七十餘君**〔十・三七八五〕　各本「尼」作「尼」，下注同。凌本「干」作「于」，《志疑》云：「湖本『干』譌『于』。」

**案仲尼弟子列傳**〔十・三七八六〕　殿本「案」上有「駰」字，下引《漢書・百官表》，又引《漢書音義》，又三引《漢書》，並有「駰案」二字。

**時孔子尚存**〔十・三七八六〕　百衲、中統、游、正德、王、柯、南雍、秦、李、凌、程、毛本「存」下有「也」字。

**如田子方段干木吴起禽滑氂之屬**〔十・三七八六〕　凌、毛本同，各本「段」誤「叚」。

**後陵遲以至于始皇**〔十・三七八六〕❶　中統、游、正德本「遲」作「遅」。

**然齊魯之間**〔十・三七八六〕　中統、游、正德、毛本「間」作「門」。《志疑》云：「案『門』疑當作『間』，與下『齊魯之間』對。」

❶「至」，原作「及」，據嘉業堂本改。

**坑術士**〔十·三七八六〕　殿本「坑」作「阬」。

**六藝從此缺焉**〔十·三七八六〕　百衲、中統、王、柯、凌、毛本同，下並同，各本「藝」作「藝」。游、秦本下「能通一藝以上」「及不能通一藝」「通一藝以上」，正德本「通一藝以上」，亦皆作「藝」。

**竟滅亡**〔十·三七八七〕　「竟」缺筆，下「於是董仲舒竟不敢復言災異」不缺。

**積怨而發憤于陳王也**〔十·三七八七〕　舊刻「于」作「於」。

**絃歌之音不絶**〔十·三七八七〕　殿本「絃」作「弦」。

**然後諸儒始得修其經藝**〔十·三七八七〕　舊刻、游、正德、李、凌、程、毛、殿本「修」作「脩」。

**於是喟然歎興於學**〔十·三七八七〕　舊刻無「興」字。

**一作陪**〔十·三七八八〕　毛本「陪」誤「掊」。

**音扶尤反**〔十·三七八八〕　中統、游、正德本「尤」誤「九」。

**而公孫弘以春秋**〔十·三七八八〕　「弘」缺筆，下並同。

**朕甚愍焉**〔十·三七八九〕　❶中統、游、正德本同，各本「愍」作「愍」。

**以廣賢才焉**〔十·三七八九〕　舊刻「才」作「材」。

---

❶　「甚」，原作「其」，據嘉業堂本改。

**夏曰校**〔十・三七八九〕　毛本「校」作「挍」。

**殷曰庠周曰序**〔十・三七八九〕　各本作「殷曰序，周曰庠」。

**勸學修禮**〔十・三七八九〕　中統、游本「修」作「脩」。

**當與計偕**〔十・三七八九〕　《索隱》本「當」作「常」。

**其高弟可以爲郎中者**〔十・三七八九〕　舊刻、毛本同，各本「弟」作「第」。

**其不事學**〔十・三七八九〕　中統、游本「學」作「斈」，俗省字。

**臣謹案詔書律令下者**〔十・三七八九〕　毛本「案」作「按」。

**治禮次治掌故**〔十・三七九〇〕　中統、游、正德本「次」誤「以」。

**一云次治禮學掌故**〔十・三七九〇〕　王本「禮」作「礼」。

**令申公傅其太子戊**〔十・三七九一〕　毛本「戊」誤「戍」。

**子王戊立**〔十・三七九一〕　百衲、中統、舊刻、游、正德、毛本同，各本無「戊」字。

**以吕后二年**〔十・三七九一〕　毛本「二」作「三」。

**封上邽侯**〔十・三七九一〕　中統、舊刻、游、正德本「封」下有「爲」字。

**無傳疑疑者則闕不傳**〔十・三七九一〕　毛本不重「疑」字，《讀書記》云：「『疑』字下重一『疑』字。」《志疑》云：「案『疑』字衍，《漢書》無之。」

**臧迺上書宿衛上**〔十・三七九二〕　舊刻「迺」作「乃」。

**於是天子**〔十・三七九二〕　舊刻脱「是」字。

**弟子二人乘軺傳從至見天子天子問治亂之事申公**〔十・三七九二〕　舊刻脱此二十一字。

**馬車**〔十・三七九二〕　毛本「馬車」誤「車馬」。

**爲治者不至多言**〔十・三七九二〕　百衲、中統、王、柯、南雍、李、凌、程、毛本同，各本「至」作「在」。

**是時天子方好文詞**〔十・三七九二〕　舊刻「詞」作「辭」。

**然已招致**〔十・三七九二〕　中統、舊刻、游、正德本「致」作「至」。

**生忠**〔十・三七九三〕　游本「生」誤「士」。

**其治官民**〔十・三七九二〕　百衲七十一引「民」作「人」，避太宗諱。

**清河王太傅轅固生者**〔十・三七九三〕　舊刻連上，不空格，各本提行，下「韓生者」同。

**臣下不能正言匡過**〔十・三七九三〕　「匡」缺筆，下同。

**反因過而誅之**〔十・三七九三〕　舊刻「反」誤「及」。

**是高帝伐秦**〔十・三七九三〕　毛、殿本「伐」作「代」。

**召轅固生問老子書**〔十・三七九四〕　《類聚》九十四引作「召轅固問老子」。

**乃使固入圈刺豕**〔十・三七九四〕　《類聚》引作「使固下圈擊豕」。

**復以賢良徵固**〔十・三七九四〕　「徵」缺筆，下並同。案上「孝文時頗徵用」「徵」字不缺。

**諸諛儒多疾毁固**〔十・三七九四〕　舊刻「諛」誤「諛」。

**薛縣在菑川**〔十・三七九四〕　游、正德本脱「川」字。

**韓生孫商**〔十・三七九五〕　各本「商」作「商」。

**張晏曰伏生名勝伏氏碑云**〔十・三七九五〕　舊刻此十一字誤入正文。

**使掌故朝錯往受之**〔十・三七九五〕　舊刻、游、正德、秦本「朝」作「鼂」，《類聚》十八引作「詔鼂錯往受之」。

**其後兵大起**〔十・三七九五〕　秦本「兵」誤「丘」。

**即以教於齊魯之間**〔十・三七九五〕　毛本「于」作「於」。

**伏生教濟南張生及歐陽生**〔十・三七九五〕　游本「歐」誤「毆」。

**兒寬貧無資用**〔十・三七九五〕　中統、舊刻、游、正德本「資」作「貲」。

**以試弟次補廷尉史**〔十・三七九五〕　各本「弟」作「第」。

**口不能發明也**〔十・三七九六〕　舊刻誤重「不」字。

**元封元年**〔十・三七九六〕　舊刻同，各本「封」作「狩」。《札記》云：「舊刻與《名臣表》合，各本誤『元狩』。」

**諸學者多言禮**〔十・三七九七〕　毛本空一格。

**公户滿意桓生單次**〔十·三七九七〕　「桓」缺筆。

**皆嘗爲漢禮官大夫**〔十·三七九七〕　中統、游、正德、王、柯、南雍、秦、李、凌、程、殿本「嘗」誤「常」。

**而瑕丘蕭奮**〔十·三七九七〕　毛本「瑕」誤「叚」。

**自魯商瞿受易孔子**〔十·三七九七〕　毛空一格。百衲、中統、游本「商」作「啇」，下同。

**以易爲太子門大夫**〔十·三七九八〕　中統本「太」作「大」。

**董仲舒廣川人也**〔十·三七九八〕　舊刻不提行。

**下帷講誦**〔十·三七九八〕　王本「帷」誤「惟」。

**以春秋災異之變**〔十·三七九八〕　王、柯、秦、程本「災」作「灾」，下並同。南雍、李本下三「災」字亦作「灾」。❶

**未嘗不得所欲**〔十·三七九八〕　毛本「嘗」誤「常」。

**徐廣曰建元六年**〔十·三七九九〕　舊刻脱「徐廣曰」三字。

**以修學著書爲事**〔十·三七九九〕　百衲、中統、舊刻、游、正德、王、柯、南雍、秦、李本「修」作「脩」。

**至于五世之間**〔十·三七九九〕　舊刻「于」作「於」。

**胡毋生**〔十·三七九九〕　游、正德本連上不提行，毛本空一格，各本均提行。

---

❶ 「災」，原作「灾」，此據嘉業堂本而言，故改。

**瑕丘江生**〔十·三七九九〕　毛本空一格。

**仲舒弟子遂者**〔十·三七九九〕　毛本「遂」作「通」，《札記》引吴校元板同。

**蘭陵褚大**〔十·三七九九〕　李、凌本同，殿本「褚」作「褚」，各本作「楮」。

**廣川殷忠**〔十·三七九九〕　「殷」缺筆，注同。案上「殷曰庠」不缺。

**殷一作叚**〔十·三八〇〇〕　凌、毛本「叚」作「段」。

**一瑕也**〔十·三八〇〇〕　中統、舊刻、王、柯、南雍、秦、李、凌、程、毛、殿本作「又作瑕也」，游、正德本作「又作叚也」。

**楮大至梁相**〔十·三七九九〕　李、凌本「楮」作「褚」，殿本作「褚」。

**弟子通者**〔十·三八〇〇〕　凌云：「按『通』一作『遂』，與『通』同，謂名位成達者。」

**以百數**〔十·三八〇〇〕　王本「百」誤「言」。

# 卷一二二　酷吏列傳第六十二

**酷吏列傳第六十二**〔十・三八〇三〕　此本自此篇至《太史公自序》第七十，均鈔配，今依潘本。

**昔天下之網常密矣**〔十・三八〇三〕　《索隱》「網」作「罔」。

**然姦僞萌起**〔十・三八〇三〕　《治要》十二「姦」作「奸」，下「不至于姦」同。

**吏治若救火揚沸**〔十・三八〇三〕　正德本「沸」誤「湯」。

**非武健嚴酷**〔十・三八〇三〕　南雍本「健」誤「犍」。

**言道德者溺其職矣**〔十・三八〇三〕❶　《治要》「其」作「於」。

**破觚而爲圜**〔十・三八〇三〕　《治要》「圜」作「圓」。

**漢書音義曰**〔十・三八〇四〕　殿本上有「駰案」二字，下十三引《漢書音義》，三引《漢書》，又「焄音熏」，並同。

**斲雕而爲朴**〔十・三八〇三〕　《索隱》出「斲琱爲璞」四字，《漢・酷吏傳》作「斲琱而爲樸」。

---

❶ 「溺」，原作「弱」，據嘉業堂本改。

**黎民艾安**〔十・三八〇三〕　正德本「艾」作「乂」。

**郅都者揚人也**〔十・三八〇四〕　中統、舊刻、南雍、李本同，《班馬異同》三十同，《索隱》及各本「揚」作「楊」，《漢・酷吏傳》作「河東大陽人也」。

**屬河東**〔十・三八〇五〕　舊刻、游本「屬」作「属」，隸省，下同。

**野彘卒來入廁**〔十・三八〇四〕　舊刻、毛本同，《異同》同，各本無「來」字。《異同》於「卒」字竪抹其旁。案《漢書》無「來」字，有「卒」字。

**濟南瞷氏**〔十・三八〇五〕　百衲、王、秦本提行，非。《索隱》及舊刻本「瞷」作「瞯」，《異同》同，下同。

**音小兒癇病也**〔十・三八〇五〕　柯、李、凌本「音」下有「間」字。中統、游、正德本「癇」誤「瞯」。

**至則族滅瞷氏首惡**〔十・三八〇五〕　正德、秦本「至」上衍「都」字。

**問遺無所受**〔十・三八〇五〕　舊刻脱「無」字。

**臨江王徵詣中尉對簿**〔十・三八〇五〕　「徵」缺筆，下並同。

**孝景帝乃使使持節拜都爲鴈門太守**〔十・三八〇六〕　凌、毛本「鴈」作「雁」。殿本「拜」下無「都」字。

**匈奴素聞郅都節居邊**〔十・三八〇六〕　舊刻「聞」誤「間」。

**竟郅都死**〔十・三八〇六〕　「竟」缺筆，下並同。

**臨江王獨非忠臣邪**〔十・三八〇六〕　舊刻「邪」作「也」。

**徐廣曰屬南陽**〔十・三八〇六〕 游本「陽」作「揚」，凌本「屬南陽」三字連上「寧，一作甯」，不别出「徐廣曰」。

**操下如束溼薪**〔十・三八〇六〕 正德本「下」下有「急」字，《漢書》作「操下急如束溼」。

**猾賊任威**〔十・三八〇六〕 正德本同，與《漢書》合，各本「猾」作「滑」，《異同》同。

**然宗室豪桀**〔十・三八〇六〕❶ 正德、秦本「桀」作「傑」。

**徙爲内史**〔十・三八〇七〕 殿本「徙」誤「徒」。

**於是解脱詐刻傳出關**〔十・三八〇七〕 《異同》「是」下有「迺」字，案《漢書》有。《御覽》四百七十三引「寧成抵罪得脱，乃詐刻傳出關」。

**安可比人乎**〔十・三八〇七〕 舊刻「乎」誤「平」。

**乃貫貸買陂田千餘頃**〔十・三八〇七〕 《索隱》及各本「貫」作「貰」，此誤。

**出從數十騎**〔十・三八〇七〕 毛本「十」誤「千」。❷

**其使民威重於郡守**〔十・三八〇七〕 《御覽》引作「其役民重於郡守」。

**孝文六年國除**〔十・三八〇八〕 舊刻、毛本「國除」二字倒。

---

❶ 「宗」，原作「家」，據寶禮堂本改。

❷ 「千」，原脱，據毛本補。

**伏者軾**〔十・三八〇八〕　程本「者」誤「著」。

**趙禹者**〔十・三八〇九〕　正德本不提行。

**音台**〔十・三八〇九〕　正德、秦本「台」誤「合」。

**事大尉亞夫**〔十・三八〇九〕　各本「大」作「太」。《異同》「亞」上有「周」字，案《漢書》有。

**今上時**〔十・三八〇九〕　王、秦本「今」誤「令」。

**至太中大夫**〔十・三八〇九〕　毛本「太」作「大」，下張湯「稍遷至太中大夫」、買臣「侍中，爲太中大夫」並同。

**張湯者杜人也**〔十・三八〇九〕　《類聚》九十五引「杜」下有「陵」字，案徐廣云「爾時未爲陵」，則有「陵」字者非也。

**其父爲長安丞出**〔十・三八〇九〕　《類聚》引「出」下有「外」字。

**笞湯**〔十・三八〇九〕　《類聚》「笞」上有「乃」字。

**湯掘窟得盜鼠及餘肉**〔十・三八〇九〕　《類聚》引「窟」作「遂」，「得」誤「待」。

**訊鞫論報**〔十・三八〇九〕　舊刻「鞫」誤「鞠」，注二「鞫」字同。

**謂傳囚也**〔十・三八一〇〕❶　程本「囚」誤「因」。

---

❶「謂」，原作「傳」，據寶禮堂本改。

**以此書易其辭處**〔十·三八一〇〕❶　正德、王、秦本「辭」作「辟」。

**訊者三日復問之**〔十·三八一〇〕　各本「者」作「考」。正德本「三」誤「二」。

**知與前辭同不也**〔十·三八一〇〕　正德本「同」誤「司」。

**罪備具**〔十·三八一〇〕　正德本「具」下有「也」字。

**大驚**〔十·三八〇九〕　「驚」缺「敬」字末筆，下同。

**周陽侯始爲諸卿時**〔十·三八一〇〕　舊刻、正德本「諸」誤「都」。

**偏見湯貴人**〔十·三八一〇〕　百衲、中統、舊刻、王、柯、秦、李、凌本「偏」誤「偏」。

**言大府調爲茂陵尉**〔十·三八一〇〕　正德、毛本「大」誤「太」，毛本注二「大」字亦誤。

**方中陵上土作方也**〔十·三八一〇〕　中統、游、正德、秦本「土」誤「士」。

**使案事**〔十·三八一〇〕　毛本「案」作「按」，下並同，惟「大者連逮證案數百」作「案」。

**隨勢沈浮也**〔十·三八一一〕　毛本「勢」誤「世」。程本「沈」誤「就」。

**交私**〔十·三八一一〕　各本此下有「徐廣曰姓魚也」六字，❷此脱。

**是時上方鄉文學**〔十·三八一一〕　舊刻「鄉」誤「卿」。

---

❶「處」下，原有「也」字，據寶禮堂本删。

❷「六」，原作「三」，據各本改。

**欲傳古義**〔十・三八一一〕　中統本「傳」誤「傅」。

**李奇曰亭平也**〔十・三八一二〕　凌本此下有「均也」二字。《札記》云：「中統、王、柯、毛本無此二字。」案各本均無此二字。《漢書・張湯傳》注：「李奇曰：『亭亦平也。』師古曰：『亭，均也，調也。』」是「均」字一訓乃小顔《漢書》注語，非李奇語也，凌誤引。

**必引正監掾吏賢者**〔十・三八一一〕　各本「吏」作「史」。

**主坐不用諸掾語**〔十・三八一二〕　王、柯、秦、凌本「掾」誤「椽」。

**故至於此**〔十・三八一三〕　毛本「於」作「于」。

**昭答問也**〔十・三八一三〕　各本「昭」作「詔」，此誤。

**駰案瓚曰**〔十・三八一三〕　程本「瓚」誤「贊」。

**欲與輕平也**〔十・三八一三〕　王本「與」作「与」。

**内行脩也**〔十・三八一二〕　李、毛、殿本「脩」作「修」，《異同》同。

**而刻深吏多爲瓜牙用者**〔十・三八一二〕　各本「瓜」作「爪」，此本下「瓜牙臣」亦作「爪」。

**丞相弘數稱其美**〔十・三八一二〕　「弘」缺筆，下並同。

**於是湯益尊任**〔十・三八一二〕　毛本脱「於」字。

**於是丞上指**〔十・三八一三〕　南雍、凌本「丞」作「承」，凌本旁注：「丞，一作『承』。」案「丞」「承」古通用，《漢書》

作「承」。

**請造白金及伍銖錢**❶〔十·三八一三〕　各本「伍」作「五」。❷

**排富商大賈**〔十·三八一三〕　游本「商」作「商」。

**姦吏並侵漁**〔十·三八一三〕　《異同》「姦」作「奸」。

**匈奴來請和親**〔十·三八一三〕　《異同》「來」作「来」。

**使蕃臣不自安**〔十·三八一四〕　舊刻「蕃」作「藩」，《異同》同，與《漢書》同。

**曰不能**〔十·三八一四〕　《異同》「曰」上有「山」字，案《漢書》有。

**以利交**〔十·三八一四〕　南雍、李本「利交」作「交利」。

**已而爲御史中丞恚**〔十·三八一四〕　舊刻、正德本「恚」誤「薦」。

**不能爲地**〔十·三八一四〕　柯本「地」作「也」。

**告文姦事事下湯**〔十·三八一四〕　百衲、中統、舊刻、游、正德、秦、毛、殿本同，與《漢書》合，各本不重「事」字。

**湯治論殺文**〔十·三八一四〕　中統本「治」誤「始」。

**湯佯驚曰**〔十·三八一五〕　百衲、中統、游、王、柯、南雍、秦、李、凌、程、毛、殿本「佯」作「詳」，下「而佯不省」「湯

---

❶ 「伍」，原作「五」，據寶禮堂本改。

❷ 「伍」「五」字，原皆爲空格，據寶禮堂本及諸校本補。

又佯驚曰」並同。舊刻「而佯不省」亦作「詳」，秦本「湯又佯驚曰」作「佯」。

**趙國以冶鑄爲業**〔十·三八一五〕　中統、秦、程本「冶」誤「治」。

**湯常排趙王**〔十·三八一五〕　中統、游、正德本「常」作「嘗」。

**太官之別也**〔十·三八一五〕　游、正德、秦本「太」誤「大」。

**湯亦治他囚導官**〔十·三八一五〕　毛本「他」作「它」。

**瘞埋錢於園陵以送死**〔十·三八一五〕　游、正德本「埋」誤「理」。

**湯無與也**〔十·三八一五〕　毛本「無」作「弗」。

**買臣固心望**〔十·三八一五〕　舊刻、正德、秦本「心」作「怨」，《異同》同。

**常欲死之**〔十·三八一五〕　凌本「常」作「嘗」，《札記》云：「中統、游、毛本『常』，它本譌『嘗』。」案自凌本外，各本皆作「常」。

**用相激怒**〔十·三八一六〕　中統、舊刻本「相」作「開」。

**故皆居湯右**〔十·三八一六〕　舊刻「右」誤「石」。❶

**常凌折之**〔十·三八一六〕❷　《異同》「凌」作「陵」。

---

❶ 「右」，原作「后」，據文義改。

❷ 「折」，原作「析」，據寶禮堂本改。

**使吏捕案湯左田信等**〔十・三八一六〕❶　百衲「使吏」作「使使」。

**禹至讓湯曰**〔十・三八一六〕　「讓」缺筆，下同。

**湯無尺寸功**〔十・三八一六〕　《異同》「尺寸」二字倒。

**皆所得奉賜**〔十・三八一七〕　舊刻「所得」作「得所」。

**有棺無槨**〔十・三八一七〕　游本「棺」誤「䅿」，正德、程本「槨」作「梆」。

**數歲亂悖**〔十・三八一七〕　舊刻「悖」作「誖」，《漢書》亦作「誖」。

**補上黨郡中令**〔十・三八一七〕　《索隱》出「上黨中令」四字，云：「按謂補上黨郡中之令。」《雜志》云：「此文『上黨』下本不當有『郡』字，❷而《漢書》亦有，疑後人依誤本《史記》加之也。」

**少蘊籍**〔十・三八一七〕　舊刻同，各本「籍」作「藉」，注同，《異同》同。

**縣無逋事**〔十・三八一七〕　舊刻「事」下有「者」字。

**舉爲第一**〔十・三八一七〕　舊刻無「爲」字，《異同》同。

**遷爲長陵及長安令**〔十・三八一七〕　毛本「令」誤「安」。

**以捕案太史外孫脩成君子仲**〔十・三八一七〕　《索隱》及李、凌、毛、殿本「脩」作「修」。李本「捕」誤「補」。

---

❶ 「等」，原作「事」，據寶禮堂本改。

❷ 「本」，原作「文」，據《讀書雜志》改。

**與淮南王女淩姦**〔十・三八一八〕　中統、游、正德、殿本「淩」作「陵」。

**弗爲禮**〔十・三八一八〕　柯本「禮」作「礼」。

**孔暴三姓大族**〔十・三八一九〕　凌、殿本「三」作「二」。

**重足一迹**〔十・三八一八〕　中統、游、正德本「迹」作「跡」。

**爲縱爪牙之吏**〔十・三八一八〕　舊刻、李本「爪」誤「𠂆」。

**縱一捕鞠**〔十・三八一八〕　游、正德、毛、殿本同，百衲「捕鞠」誤「補鞠」，中統、舊刻、王、柯、南雍、秦、李、凌、程本亦誤「鞫」，注同。

**私解脱桎梏鉗赭**〔十・三八一九〕　正德本「鉗」誤「詌」。

**猾民佐吏爲治**〔十・三八一八〕　《索隱》「民」作「人」，「治」作「理」，避諱改。

**必張毛羽也**〔十・三八一九〕　百衲、舊刻本同，各本「毛羽」作「羽毛」。

**以斬殺縛束爲務**〔十・三八一九〕　游、正德本「縛」誤「縳」，下「爲荀彘所縛」「縛辱郡太守都尉」並同，《異同》同。

**嗛音御**〔十・三八一九〕　各本「銜」，此誤。

**韋昭曰**〔十・三八一九〕　中統本「韋」誤「違」。

**部吏捕其爲可使者**〔十・三八一九〕　《索隱》出「求其可使」四字，云：「謂求楊可之使也。」《雜志》云：「據此則正文作『求爲可使者』，今本作『捕其爲可使者』，疑後人依《漢書》改之也。」

**椎殺人而埋之**〔十・三八二〇〕❶ 正德本「埋」誤「理」。

**即有避**〔十・三八二〇〕《書鈔》六十三引「避」上有「迴」字。

**令郡具私馬五十疋爲驛**〔十・三八二〇〕程、毛本「疋」作「匹」。

**家盡没入償臧**〔十・三八二〇〕正德本「臧」作「贓」。

**失之旁郡國梨來**〔十・三八二一〕《索隱》「梨來」作「黎來」，舊刻作「追求」，殿本作「梨求」。《拾遺》云：「新刊本『來』作『求』，耿、蔡本作『來』。」《札記》云：「凌引一本作『追求』。」案凌本旁注：「《漢書》作『追求』。」《考證》亦云：「凌稚隆曰：❷『黎來，《漢書》作「追求」。』」案《札記》謂「一本作『追求』」，豈初刻作「一本」而後改「漢書」乎？

**徙諸名禍猾吏**〔十・三八二一〕《索隱》出「徙請名禍猾吏」六字，云：「按《漢書》作『請召猜禍吏』。」《雜志》云：「『名』即『召』之譌，『禍』即『猾』之譌而衍者也。今本作『徙諸』，又『徒請』之譌。《漢書》作『徒請召猜禍吏』，『猜』『禍』二字皆『猾』字之譌。」《札記》云：「當作『徒召之猾吏』。」

**河内則楊皆麻戊**〔十・三八二一〕李本「楊」作「揚」。

---

❶「椎」，原作「錐」，據寶禮堂本改。

❷「稚」，原作「雅」，今改。

**一云麻成**〔十・三八二一〕　游本「一」字空格。

**尹齊者**〔十・三八二一〕　王、柯、南雍、秦、李、凌、程、殿本提行。

**東郡茌平人**〔十・三八二一〕❶　舊刻「茌」誤「荏」。

**張湯數稱以爲廉武**〔十・三八二一〕　李本「湯」誤「楊」。

**尹齊木强少文**〔十・三八二一〕　百衲、王、柯、南雍、秦、李、凌、程、毛、殿本「强」作「彊」。

**使督盜賊關東**〔十・三八二二〕　毛本「東」誤「中」。

**爲方略**〔十・三八二二〕　王、柯、秦本「方」誤「萬」。

**投缿**〔十・三八二二〕　中統、游、正德、王、柯、南雍、秦、程、殿本「缿」誤「銗」，《字類》一《補遺》引作「銗」。

**購告言姦**〔十・三八二二〕　「購」缺筆。正德本「購」上有「使」字，《異同》同。

**以牧司姦盜賊**〔十・三八二二〕　凌本旁注：「一本『牧』作『收』。」《讀書記》云：「牧，應作『收』，本《漢書》。」《志疑》云：「『牧』乃『收』之譌，『司』即『伺』。」

**善事有勢者**〔十・三八二二〕　毛本「勢」作「埶」，下並同。

**以君大豪**〔十・三八二二〕　《索隱》「君」作「熏」。

❶「東」，原作「在」，據寶禮堂本改。

**音熏**〔十・三八二三〕　舊刻、毛本同，各本「音」上有「焄」字。

**大抵盡靡爛獄中**〔十・三八二三〕　正德本「靡」作「糜」。

**其爪牙吏虎而冠**〔十・三八二三〕　正德本「爪」誤「瓜」。

**姦邪少禁**〔十・三八二三〕　游本「少」作「小」。

**發兵伐大宛**〔十・三八二三〕　毛本「伐」誤「代」。

**尹齊死未及斂**〔十・三八二四〕　王、毛本同，各本「斂」作「歛」。

**其治大抵盡放温舒**〔十・三八二四〕　《札記》云：「其治，吴校元板無此二字。」

**楚有殷中杜少**〔十・三八二四〕　「殷」缺筆，注同，下同。正德本「杜」誤「社」。

**沈藏匿也**〔十・三八二四〕　中統、游、正德本「也」上有「者」字。

**命亡逃也**〔十・三八二四〕　游、正德本「逃」作「逊」。

**其後小吏畏誅**〔十・三八二四〕　凌本脱「後」字。

**故盗賊寖多**〔十・三八二四〕　王、柯、南雍、程本作「寖」，百衲、中統、游、正德、秦、李、毛、殿本作「寖」，舊刻「寖多」作「寖又多」，《異同》同。

**詐爲虚文**〔十・三八二五〕　正德本「詐」誤「許」。

**楊人也**〔十・三八二五〕　游、正德本「楊」作「揚」。

**徵爲大厩丞**〔十・三八二五〕　中統、游、正德本「大」作「太」。

**官事辦**〔十・三八二五〕　中統、游、正德本「辦」作「辨」。下「爲小治辦」，游、正德本亦作「辨」。

**成信宣吏**〔十・三八二五〕　中統本「吏」字在下葉首行第一字，游本誤作大書，連下「信亡藏上林中」句。正德本「吏」字空格。❶

**宣下吏詆罪**〔十・三八二五〕　殿本「詆」作「抵」，《讀書記》云：「『詆』作『抵』。」

**文穎曰**〔十・三八二六〕　舊刻、王、秦、毛本同，各本「穎」作「潁」，中統本誤「類」。

**然重遲**〔十・三八二六〕　百衲、中統、游、正德本同，各本「遲」作「遟」。

**郡吏郡太守也**〔十・三八二七〕　游、正德本「太」作「大」。

**大抵盡詆以不道**〔十・三八二六〕　《索隱》出「大氐盡抵以不道」七字，云：「按『大氐』猶『大都』也，氐音至。」案合刻本引《索隱》曰：「案『大抵』猶『大都』也。『盡詆』者，盡至也。」蓋依游本改。

**吏所增加十萬餘人**〔十・三八二六〕　中統、舊刻本「十」誤「千」。正德本「十萬餘人」作「十餘萬人」。

**太始三年卒**〔十・三八二七〕　李本「太」誤「大」，毛本誤「泰」。

**家訾累數巨萬矣**〔十・三八二七〕　舊刻「訾」作「貲」。

**官事寖以耗廢**〔十・三八二七〕　百衲作「寑」，中統、游、正德、王、柯、南雍、秦、李、凌、程本作「寢」，毛、殿本作

---

❶「吏」，原作「史」，據正德本及上下文改。

「寖」，《異同》同，《字類》四引作「寑」。

**廣漢李貞擅磔人**〔十・三八二七〕❶ 「貞」缺筆。百衲、中統、游、正德、王、柯、南雍、秦、李、凌本「擅」誤「檀」，《志疑》云：「《史詮》云：『湖本「擅」誤「檀」，一本作「擅殺人」。』」

**天水駱璧推減**〔十・三八二七〕 《索隱》出「推減」二字云：「下音減。」則其字當作「咸」矣。舊刻「璧」誤「壁」，《異同》同。

**扑擊賣請**〔十・三八二八〕 中統、游、正德、程本「扑」誤「朴」，《異同》同，毛本誤「抃」，《讀書記》云：「『抃』作『扑』。」

❶ 「磔」，原作「殺」，據寶禮堂本改。

## 卷一二三　大宛列傳第六十三

**張騫漢中人**（十·三八三三）　《索隱》出「騫漢中人」四字。案上已云「見自張騫」，則此「張」字可省矣。

**飲器椑榼也**（十·三八三四）　游、正德本「榼」誤「榼」。

**與堂邑氏故胡奴甘父**（十·三八三三）　《索隱》無「故」字，《札記》云：「《漢書》無，蓋此即『胡』字誤衍，亦或因下文『故胡人』語而增之。」

**漢書音義曰**（十·三八三四）　殿本上有「駰案」二字，下五引《漢書音義》，又引《漢書》，並同。

**經匈奴**（十·三八三三）　《索隱》「經」作「徑」。

**爲發導驛抵康居**（十·三八三四）　百衲、中統、王、秦本「驛」作「繹」。凌云：「按『導驛』二字，觀後書『烏孫發導譯送騫還』，則此『驛』亦當作『譯』。」《志疑》云：「下有『導譯』，此譌『驛』字，《漢書》作『譯』也。」

**既臣大夏而君之**（十·三八三五）　舊刻同，各本「君」作「居」。百衲、王、柯、南雍、秦、李、凌、程、殿本無「之」字。

**元朔三年**（十·三八三六）　王本「年」誤「羊」，下衍「一」字。

**漢拜騫爲太中大夫**（十·三八三六）　百衲「太」作「大」。

**而傳聞其旁大國五六**〔十・三八三六〕　毛本「旁」作「傍」。

**且爲天子言曰**〔十・三八三六〕　各本「言」下有「之」字，此脱。

**因號曰天馬子**〔十・三八三七〕　游、正德本「號」作「号」。

**東則扜罙于寘**〔十・三八三六〕　《索隱》本作「扜罙于寘」，《字類》二《補遺》引此亦作「于寘」，毛本「罙」亦作「采」。程本「扜」誤「抒」。

**漢記曰**〔十・三八三七〕　中統、舊刻、游、正德、毛本同，各本「記」作「紀」。

**拘彌國去于寘三百里**〔十・三八三七〕　舊刻、游、南雍、李本「彌」作「弥」。舊刻「三」誤「二」。

**多玉石**〔十・三八三六〕　百衲、南雍本「玉」作「王」，下「軍入玉門者萬餘人」，百衲亦作「王」。

**河注中國**〔十・三八三六〕　舊刻「注」誤「汪」。

**烏孫在大宛東北可二千里**〔十・三八三八〕　毛本上空一格，下「康居至安息」並同。

**徐廣曰不土著**〔十・三八三八〕　秦本「土」誤「主」，正德本脱此條。

**控弦者數萬**〔十・三八三八〕　「弦」缺筆，下「控弦者八九萬人」「控弦者十餘萬」同，餘不缺。

**控弦者可一二十萬**〔十・三八三八〕　程本「一二」兩字誤合作「三」字。

**故時彊**〔十・三八三八〕　程本「彊」誤「疆」。

**始月氏居敦煌祁連閒**〔十・三八三八〕　舊刻「敦」作「燉」。

**安息在大月氏西**〔十・三八三九〕　百衲、中統、舊刻、游、正德、王、柯、南雍、秦、李、凌、程、殿本提行。

**有市民商賈**〔十・三八三九〕　湖本「商」作「商」。

**如其王面**〔十・三八三九〕　《索隱》及各本「如」上有「錢」字，此脱。《類聚》六十六引作「錢如王面」。

**輒更錢錢効王面焉**〔十・三八三九〕　各本不重「錢」字，「効」作「效」。《御覽》八百十二引作「放王面焉」，亦不重「錢」字。案上「以銀爲錢錢如其王面」，應重「錢」，此則不應重「錢」字，蓋傳寫者互誤也。

**北有奄蔡黎軒**〔十・三八三九〕　中統、游本「有」作「則」。

**條枝在安息西數千里**〔十・三八四一〕　凌、殿本提行，下「大夏」同。

**有大鳥卵如甕**〔十・三八四一〕　正德本「卵」誤「夘」，程本誤「卯」。

**應劭曰**〔十・三八四一〕　毛本「劭」誤「昭」。

**眩相詐惑**〔十・三八四一〕　本「惑」誤「感」。舊刻作「眩相亂」。

**無大王長**〔十・三八四二〕　《御覽》七百九十三引作「無大君長」，《漢書》《漢紀》並作「君」。

**善賈市**〔十・三八四二〕　百衲、中統、游、王、秦本「市」誤「氏」。

**其都曰藍氏城**〔十・三八四二〕　舊刻、毛本同，與《後漢書》合，各本「氏」作「市」，《漢書》作「監市城」。

**身或作齕**〔十・三八四二〕　舊刻「齕」誤「乾」。

**從蜀宜徑**〔十・三八四四〕　各本「徑」作「徑」，注並同，舊刻此「徑」字作「徑」，注二「徑」字作「徑」。程本「蜀」誤「屬」。

**兵强**〔十・三八四四〕　百衲、舊刻、殿本「强」作「彊」，王、柯、南雍、秦、李、凌、程本誤「疆」。

**屬漢嘉**〔十・三八四四〕　舊刻、游本「屬」作「属」。下「昆明之屬無君長」，舊刻作「属」，下並同，惟「素服屬匈奴」作「屬」。

**其北方閉氏筰**〔十·三八四四〕　程本「氏」誤「氐」。

**然聞其西可千餘里**〔十·三八四四〕　毛本「西」誤「四」。

**一作城**〔十·三八四五〕　毛本「城」誤「絶」。

**聞烏孫王號昆莫**〔十·三八四五〕❶　殿本「號」誤「好」。

**烏嗛肉蜚其上**〔十·三八四六〕　游、正德本「烏」作「鳥」。

**使將兵數有功**〔十·三八四六〕　百衲「有」誤「月」。

**强善將衆**〔十·三八四六〕　百衲、舊刻、王、柯、南雍、秦、李、凌、程本「强」作「彊」，下「强弩射之」同。

**大祿怒其不得代太子也**〔十·三八四七〕　游、毛本「大」誤「太」。

**予岑娶萬餘騎别居**〔十·三八四七〕　中統、游本「萬」作「万」，下「而昆莫有萬餘騎自備」同。

**而其大揔**〔十·三八四七〕　正德、殿本「揔」作「總」，❷凌、毛本作「緫」。

**于窴扜罙**〔十·三八四七〕　中統、游、正德、毛本「罙」作「冞」。舊刻「于」誤「干」。

**因令窺漢知其廣大**〔十·三八四七〕　中統本「知其」二字作「地」字，《札記》引吴校金板同。游、正德本「漢」

---

❶「孫」，原脱，據寶禮堂本補。

❷「緫」，原作「總」，據諸校本改。

下有「地」字。

**於是西北國始通於漢矣**〔十・三八四七〕　秦本「北」誤「比」。

**鑿開空通也**〔十・三八四七〕　游、正德、南雍、李、程、殿本作「鑿空開通」也。

**漢書作及**〔十・三八四八〕　《札記》云：「案今《漢書》作『迺』，徐所據本蓋『乃』字之譌。」

**漢書音義曰發易書以下**〔十・三八四八〕　凌本「漢書」上有「駰案」二字，殿本同。

**出其南**〔十・三八四八〕　毛本「南」誤「用」。

**因益發使抵安息奄蔡黎軒條枝身毒國**〔十・三八四八〕❶　各本「坻」作「抵」，此誤。

**人所齎操**〔十・三八四八〕　殿本「操」誤「持」。

**竟莫能得通**〔十・三八四九〕❷　「竟」缺筆，下同。

**來還**〔十・三八四九〕　程本「來」誤「求」。

**使者争徧言外國災害**〔十・三八四九〕　王、柯、南雍、秦、李、程本「災」作「灾」。

**於是酒泉列亭障至玉門矣**〔十・三八五〇〕　《索隱》出「自酒泉列亭至玉門」八字。

**往妻烏孫**〔十・三八五〇〕　南雍本「妻」誤「妾」。

---

❶「使」，原脱，據寶禮堂本改補。

❷「通」，原作「適」，據寶禮堂本改。

**其富人至有四五千匹馬**〔十・三八五〇〕❶ 中統、游、正德本「匹」作「疋」。

**以大鳥卵及黎軒善眩人獻於漢**〔十・三八五一〕 正德本「卵」誤「卯」，《索隱》出「黎軒眩人」四字。《雜志》云：「『眩』上本無『善』字。《漢書・張騫傳》正作『眩人』，《索隱》本出『黎軒眩人』四字，注曰：『韋昭云：「眩人，變化惑人也。」』則無『善』字明矣。」

**其山多王石采來**〔十・三八五一〕 各本「王」作「玉」。

**將持來至漢**〔十・三八五一〕 正德、秦本「持」誤「特」。

**以覽示漢宮厚焉**〔十・三八五一〕 各本「宮」作「富」，此誤。

**偏觀名倉庫府藏之積**〔十・三八五一〕❷ 殿本「名」作「各」，明鍾人傑刻《史記》同。《札記》云：「『名』字誤，當從《漢書》作『各』。」

**馬嗜苜蓿**〔十・三八五二〕 本「苜」誤「苜」。

**多鬚頓**〔十・三八五二〕 百衲、舊刻、王、柯、南雍、李、凌、程、毛、殿本同，中統、游、正德、秦本「頓」作「髯」。

**又或作鐵字**〔十・三八五二〕 中統、游、正德本脱「或」字。

**得漢黃白金**〔十・三八五二〕 中統本「白」誤「日」。

---

❶ 此條原在「使者争偏言外國災害」條下，據寶禮堂本移。

❷ 「府」，原作「存」，據寶禮堂本改。

**或云從行之微者也**〔十·三八五三〕　毛本「從」誤「徙」。

**如成熟者**〔十·三八五三〕　舊刻同，各本「者」下有「也」字。

**使壯士車令等**〔十·三八五二〕　程本「車」誤「軍」。

**漢去我遠**〔十·三八五二〕　李本「去」誤「法」。

**漢使怒妄言**〔十·三八五二〕　王、秦本「妄」誤「忘」。

**發屬國六千騎**〔十·三八五三〕　毛本「屬」誤「蜀」，中統、游本作「属」。

**趙始成爲軍正**〔十·三八五三〕❶　中統、游、正德本「正」作「政」。

**徐廣曰**〔十·三八五三〕　殿本「廣」誤「軍」。

**蜚西至燉煌**〔十·三八五三〕❷　毛本脱「西」字。百衲、中統、游、正德本「燉」作「敦」，下「轉車人徒相屬至燉煌」同。又「因留燉煌」，百衲、中統、游本作「敦」。「而出燉煌者六萬人」、注「燉煌有淵泉縣」，中統、游、正德本亦作「敦」。

**不下者數日則去**〔十·三八五四〕　中統、舊刻本「則」作「而」，《札記》引吴校金板同。

**比至郁成**〔十·三八五四〕　程本「比」誤「北」。

---

❶ 「成」，原作「戎」，據寶禮堂本改。

❷ 「西」，原作「而」，據寶禮堂本改。

**皆飢罷**〔十・三八五四〕　凌、程、殿本「飢」作「饑」，下「患飢」同。

**漢亡浞野之兵二萬餘於匈奴**〔十・三八五四〕　舊刻「二」誤「一」。

**趙破奴爲浚稽將軍**〔十・三八五四〕❶　舊刻「奴」上衍「匈」字。

**易輕**〔十・三八五四〕　李、毛本「輕」下衍「也」字。

**驢騾橐他以萬數**〔十・三八五四〕　百衲、中統本「橐他」作「槖他」，游、正德、南雍、李、程、殿本作「槖駝」，王、柯、秦、凌本作「槖它」，舊刻誤「橐馳」，毛本誤「橐他」，凌本旁注：「一本作『駝』。」

**多齎糧**〔十・三八五四〕　中統、游、正德本「糧」作「粮」。

**蓋以水蕩敗其城也**〔十・三八五五〕　中統、舊刻、游、正德本「蓋」作「盖」，俗。

**立二縣以衛邊也**〔十・三八五五〕　王、柯、秦本「二」誤「一」。

**而立宛貴人之故待遇漢使善者名昧蔡**〔十・三八五六〕❷　百衲、中統、舊刻、游、正德本「使」下有「之」字，《札記》引吳校金板同。百衲、王、秦本「名」誤「爲」。

**崑崙其高二千五百餘里**〔十・三八五八〕　《類聚》七引「其」作「甚」。

**其上有醴泉瑶池**〔十・三八五八〕　《類聚》引「瑶」作「華」。

---

❶「浚」，原作「復」，據寶禮堂本改。

❷「立」下，原衍「故」字，據寶禮堂本删。「貴人」二字，原脱，據寶禮堂本補。

# 卷一二四　游俠列傳第六十四

**儒以文亂法**〔十·三八六五〕　程本「法」作「灋」。

**公晳哀字季次**〔十·三八六六〕　舊刻「哀」誤「有」，「字」誤「若」。

**褐衣疏食不厭**〔十·三八六五〕　《索隱》「厭」作「饜」。

**既已存亡死生矣**〔十·三八六五〕　程本「亡」誤「忘」。

**蓋亦有足多者焉**〔十·三八六五〕❶　舊刻、游本「蓋」作「盖」，下「蓋千乘」同，《班馬異同》三十一同。

**太史公曰**〔十·三八六六〕　正德本提行，非。

**仲尼畏匡**〔十·三八六六〕　「匡」缺筆。

**菜色陳蔡**〔十·三八六六〕　舊刻「菜」誤「莱」。

**已嚮其利者爲有德**〔十·三八六六〕　《索隱》「嚮」作「饗」。正德本「已」下注云：「以同。」「嚮」下注云：「享

---

❶「者」下，原有「也」字，據寶禮堂本改。

同。」《索隱》文誤入此。

**跖蹻暴戾**〔十・三八六六〕　毛本「戾」誤「利」。

**今拘學或抱咫尺之義**〔十・三八六七〕　舊刻「拘」作「孤」，涉下「久孤於世」而誤。游本「學」作「斈」，俗。

**久孤於世**〔十・三八六七〕　《索隱》「世」作「代」，避唐諱。

**予季次原憲**〔十・三八六七〕　李本「原」誤「厚」。

**効功於當世**〔十・三八六七〕　中統、舊刻、游、正德、王、柯、南雍、秦、李、凌、程本同，《異同》同，百衲、毛、殿本「効」作「效」。

**可有延陵之号**〔十・三八六八〕　游、正德、王、柯、秦本同，各本「号」作「號」。舊刻、王、秦本「可」作「何」。

**但未詳是此人非耳也**〔十・三八六八〕　游、正德本「耳」作「焉」，各本無「也」字。

**皆因王者親屬**〔十・三八六七〕　舊刻「屬」作「属」，下「使使盡誅此屬」同。

**藉於有土卿相之富厚**〔十・三八六七〕　舊刻、游、正德本「藉」作「籍」，《異同》同。

**此如順風而呼**〔十・三八六七〕　南雍、李、程、殿本同，瞿氏據宋本同，《異同》同。百衲、中統、舊刻、游、正德、王、柯、秦、凌、毛本「此」作「比」，凌本旁注：「一本『比』作『此』。」

**其勢激也**〔十・三八六七〕　百衲「勢」作「埶」，下「解姊子負解之勢」同。

**脩行砥名**〔十・三八六七〕　李、程、毛本「脩」作「修」。

**然其私義廉潔退讓**〔十·三八六七〕　「讓」缺筆，下同。百衲、中統、舊刻、游、正德、王、柯、秦、凌、程、毛本「潔」作「絜」。

**士不虛附**〔十·三八六八〕　中統、游、王、柯、秦本「附」誤「俯」。

**魯未家者**〔十·三八六八〕　舊刻不提行，下「郭解」同。

**諸所甞施**〔十·三八六八〕　舊刻「甞」作「常」。

**衣不完采**〔十·三八六八〕　「完」缺筆。

**既陰脱季布將軍之阨**〔十·三八六八〕　《索隱》出「陰脱季將軍之戹」七字，案既稱「季將軍」，❶則「布」字可省，❷此淺人所增。

**自以爲行弗及**〔十·三八六九〕　《異同》「及」下有「也」字，案《漢書》有。

**而雒陽有劇孟**〔十·三八六九〕　《異同》「而」下有「後」字，案《漢書》作「後有劇孟」。

**周人以商賈爲資**〔十·三八六九〕　中統、游本「商」作「商」。

**條侯爲大尉**〔十·三八六九〕　各本「大」作「太」。

**乘傳車將**〔十·三八六九〕　正德本「傳」誤「傅」，《志疑》云：「案《漢書》作『乘傳東將』，《野客叢書》謂誤以『車』

---

❶ 「既」，原作「旣」，據文義改。

❷ 「布」，原作「季」，據文義改。

爲『東』字也。然師古云『乘傳車東出爲大將』，則誤者《史記》也。」

**而符離人王孟**〔十・三八六九〕 百衲「符」誤「付」。

**是時濟南瞯氏**〔十・三八六九〕 《索隱》及中統、舊刻、游、正德本同，各本「瞯」作「瞷」。

**陽翟薛況**〔十・三八六九〕❶ 《索隱》出「陽翟薛兄」四字，云「音況」，則所據本是「兄」字。

**潁川有郟縣**〔十・三八六九〕 百衲、王、柯、南雍、李、程、毛、殿本同，中統、舊刻本「潁」作「穎」，游、正德本作「潁」，均非，秦本又誤「頳」。毛本「郟」下誤重「郟」字。

**南越傳曰**〔十・三八六九〕 毛本脱「越」字。

**郭解軹人也**〔十・三八七〇〕 百衲、中統、游、正德、王、柯、南雍、秦、李、凌本提行。

**其陰賊箸於心**〔十・三八七〇〕 各本「箸」作「著」，「箸」爲「著」之本字。

**卒發於睚眦**〔十・三八七〇〕 《異同》「睚」誤「睢」。

**使之嚼**〔十・三八七〇〕 舊刻「嚼」作「爵」，脱口旁。《志疑》云：「《説文繫傳》兩引此文。一作『⿰樵欠』，乃『醮』之假借；一作『釂』，與《漢書》同，恐不可信。」

**遂去其賊**〔十・三八七〇〕 百衲「遂」作「逐」。《札記》云：「南宋本『遂』譌『逐』。」

**遣使去**〔十・三八七一〕 正德本「去」下衍「也」字。

---

❶ 「薛」，原作「狄」，據寶禮堂本改。下「薛」字據汲古閣《索隱》單刻本改。

**有人獨箕踞視之**〔十·三八七一〕　舊刻、毛本同，《異同》同，各本「踞」作「倨」，下同。

**居邑屋至不見敬**〔十·三八七一〕　「敬」缺筆，下同。

**是我德不脩也**〔十·三八七一〕　舊刻、李、凌、程、毛本「脩」作「修」，《異同》同。

**後從尉律**〔十·三八七一〕　舊刻「後從」誤「從後」。游本「後」作「后」。

**怪之**〔十·三八七一〕　游、王、秦本「怪」誤「快」。

**奪人邑中賢大夫權乎**〔十·三八七一〕　程本「賢大」二字誤倒。

**且無用待我**〔十·三八七一〕　《索隱》出「且無用」三字，❶云：「《漢書》作『無庸』。」則其所據本無「待我」二字，此二字當涉下「待我去」而複衍也。《考證》云：「王若虛《辨惑》曰：『疑重「用待我」字。』」

**不敢乘車入其縣廷**〔十·三八七二〕　程本「廷」誤「延」。

**及徙豪富茂陵也**〔十·三八七二〕　百衲、中統、游、王、柯、秦本「及」誤「又」。

**解家貧不中訾**〔十·三八七二〕　《索隱》「訾」作「貲」，各本俱誤。

**軹人楊季主子**〔十·三八七二〕　中統、游本「主」誤「王」。

**□兄子斷楊掾頭**〔十·三八七二〕　空格「解」字，中統、游本無此字。

---

❶「三」，原作「二」，今改。

**楊季主家主書**〔十·三八七二〕　各本「主書」作「上書」，此涉上「主」字而誤。

**屬馮翊**〔十·三八七三〕　百衲、舊刻、游、南雍本「屬」作「属」。

**解轉入太原**〔十·三八七三〕　《異同》「太」作「大」。

**侍使者坐**〔十·三八七三〕　百衲、中統、舊刻、游、王、秦本「侍」誤「待」。

**吏奏解無罪**〔十·三八七三〕　《異同》「無」作「毋」。

**以睚眦殺人**〔十·三八七三〕　程本「睚」誤「睢」。

**遂族郭解翁伯**〔十·三八七三〕❶　毛本「遂」誤「逐」。

**西河郭翁仲**〔十·三八七三〕　毛本同，舊刻「翁仲」作「翁伯」，各本作「公仲」。

**太原鹵公孺**〔十·三八七三〕　《索隱》出「太原鹵翁」四字，云：「《漢書》作『魯公孺』。」是所據本「公」作「翁」，無「孺」字。

**鴈門有鹵城也**〔十·三八七三〕　凌、毛本「鴈」作「雁」。

**至若北道姚氏**〔十·三八七三〕　《索隱》出「北道諸姚」四字，「姚氏」當作「諸姚」，與下「西道諸杜」一例。

**此乃鄉者朱家之羞也**〔十·三八七三〕　《札記》云：「吴校本『之』作『所』，與《漢書》合。」

---

❶「伯」，原作「主」，據寶禮堂本改。

**太史公曰**〔十・三八七四〕　程本不提行。

**人以顏狀爲貌者**〔十・三八七四〕　毛本「顏」誤「二」。

**則色有衰落矣**〔十・三八七四〕　舊刻、毛本同，各本「色」作「貌」。

**唯用榮名爲飾表**〔十・三八七四〕❶　舊刻「飾」誤「飭」。程本「名」誤「者」。

---

❶「唯」，原作「惟」，據寶禮堂本改。

## 卷一二五　佞幸列傳第六十五

**而士宦亦有之**〔十・三八七七〕　舊刻、正德、毛本「士」作「仕」，《札記》引南宋本同。

**高祖至暴抗也**〔十・三八七七〕　《索隱》「抗」作「伉」。

**此兩人非有材能**〔十・三八七七〕　毛本「材」作「才」。

**皆冠鵕鸃貝帶**〔十・三八七七〕　正德本「貝」誤「具」，注同，游本注亦誤「具」。

**漢書音義曰**〔十・三八七七〕　百衲、殿本上有「駰案」二字。

**鵕鸃鳥名**〔十・三八七七〕　中統、游本「鳥」誤「烏」。

**以毛羽飾冠**〔十・三八七七〕　中統、游、正德本「飾」誤「飭」。

**傅脂粉**〔十・三八七七〕　正德本「粉」誤「分」。

**化閎籍之屬也**〔十・三八七七〕　舊刻「屬」作「属」。下注「後屬犍爲」，百衲、舊刻、游本亦作「属」。

**宦者則趙同**〔十・三八七八〕　毛本「宦」誤「患」。

**鄧通蜀郡南安人也**〔十・三八七八〕　正德、南雍、李、凌、程、殿本提行，王、柯、秦本上一行適至末格，此行頂格。

**徐廣曰後屬犍爲**〔十・三八七九〕　百衲、舊刻本「犍」誤「健」。凌本脱此條。

**著黄帽也**〔十・三八七九〕　王、柯、南雍、秦、李、凌、程、殿本「著」作「着」，俗。

**善濯船池中也**〔十・三八七九〕　正德本「池」誤「也」。

**一説能持擢行船也**〔十・三八七九〕　中統、舊刻、游、王、柯、秦、毛本同，百衲、南雍、李、凌、程、殿本「擢」作「櫂」，正德本作「濯」。

**上水之母**〔十・三八七九〕　舊刻同，各本「上」作「土」，是。

**顧見其衣裻**〔十・三八七八〕　舊刻「顧」作「固」。

**徐廣曰一無此字**〔十・三八七九〕　中統本「此」誤「比」。凌本脱此條。

**以梦中陰目求推者郎**〔十・三八七八〕　正德、南雍、李、毛本同，《異同》同，與《漢書》合。百衲、中統、游、王、柯、秦、凌、程、殿本「目」作「自」，舊刻作「衣」。《札記》云：「疑《史》文『夢中』下本有『衣』字，誤倒。『自』則『目』之譌也。」

**文帝説焉**〔十・三八七八〕　《索隱》「説」作「悦」。

**當貧餓死**〔十・三八七八〕　《類聚》六十六引「餓」作「饑」。

**得自鑄錢**〔十・三八七八〕　中統、舊刻本「自」作「以」，《札記》引吴校金板同。《札記》云：「疑本作『臣』，譌爲『自』。」

**遂竟案**〔十・三八八〇〕　「竟」缺筆，下同。

**景帝姊也**〔十·三八八〇〕　秦本「姊」誤「財」。

**乃不甚篤**〔十·三八八〇〕　百衲、南雍、毛本同，各本「乃不」作「不乃」。案《索隱》云：「『乃不甚篤』，如韓嫣也。」此本是。

**嫣者弓高侯孽孫也**〔十·三八八〇〕❶　毛本空一格，下「李延年」同。程本不提行。

**韓王信之子穨當也**〔十·三八八一〕　李本作「韓穨當，王信之子也」，非。

**時嫣常與上卧起**〔十·三八八一〕　中統、游、正德本「常」作「嘗」。

**嗛讀與銜同**〔十·三八八一〕❷　游本「嗛」誤「兼」。

**而案道侯韓説**〔十·三八八一〕　《索隱》「案」作「按」。

**而召貴延年**〔十·三八八一〕　正德本「貴」誤「責」。

**爲變新聲**〔十·三八八一〕　凌本旁注：「舊本作『新變聲』。」

**又云埒者疇等之名**〔十·三八八二〕　正德本「又」誤「去」。舊刻無「之」字。

**久之寖與中人亂**〔十·三八八二〕　百衲、中統、游、正德、王、南雍、秦、程本同，《字類》四引同，舊刻、柯、李、凌、毛、殿本「寖」作「寑」。

---

❶「弓」，原作「王」，據寶禮堂本改。

❷「讀」字，原脱，據寶禮堂本補。

# 卷一二六　滑稽列傳第六十六

**六藝於治一也**〔十・三八八五〕　正德、李、毛本「蓺」作「藝」。

**春秋道義**〔十・三八八五〕　舊刻、南雍、程本同，百衲、中統、游、正德、王、柯、秦、李、毛本「道」作「以」，凌、殿本「道」上有「以」字。此與《異同》三十三同。

**太史公曰**〔十・三八八五〕　中統、舊刻、游、正德、王、柯、南雍、秦、李、程本提行，非。

**淳于髡者**〔十・三八八五〕　程本不提行。

**齊之贅壻也**〔十・三八八五〕　《書鈔》一百三十九引「壻」作「聟」，案「聟」即「壻」也。

**滑稽多辯**〔十・三八八五〕　《書鈔》引「辯」作「辨」。

**數使諸侯**〔十・三八八五〕　《書鈔》引「使」下有「于」字。

**未嘗屈辱**〔十・三八八五〕　《御覽》七百七十七引「屈」作「詘」，《元龜》八百三十三同。

**威王八年**〔十・三八八六〕　各本不提行，此與舊刻本提，非。

**車馬十駟**〔十・三八八六〕　《書鈔》《御覽》引無「車」字，《元龜》同。

**今者臣從東方來**〔十・三八八六〕　《異同》「來」作「来」，下「優孟復來」同。

**見道傍有禳田者**〔十・三八八六〕　中統、游、正德、王、柯、南雍、秦、李、凌、程、殿本同，《索隱》及舊刻、毛本「禳」作「穰」，《異同》同，《御覽》《元龜》並同。《書鈔》引「有」下有「一」字，又「傍」作「旁」，《御覽》《元龜》同。《志疑》云：「《史詮》云：『今本「穰」誤「禳」。』」

**操一豚蹄酒一盂而祝**〔十・三八八六〕　毛本無「而」字。《元龜》「豚」作「豘」。

**甌窶滿篝**〔十・三八八六〕　各本「窶」作「寠」。《書鈔》引「篝」誤「舟」。

**篝籠也**〔十・三八八六〕　《御覽》引此下有「音構」二字，《元龜》作「音搆」。《御覽》下云：「甌寠猶柸樓也，言豐年萊樹亦可滿篝。」《元龜》「甌」作「歐」，「萊」作「菜」，「亦」作「易」。《札記》云：「疑皆《集解》之文，而與《索隱》大同，或今本以重複而刪之。『萊』疑『采』之譌，『樹』當依《索隱》作『掇』。」

**汙邪滿車**〔十・三八八六〕　正德本「汙」誤「汗」，《御覽》引作「污」。《元龜》「邪」作「耶」。

**汙邪下地田也**〔十・三八八七〕　《御覽》引此句下有「則下地田之中有薪萊可滿車也」十三字，❶《元龜》「萊」作「菜」。《札記》云：「亦與《索隱》大同。『萊』亦『采』之譌。」案此條《札記》云《元龜》引注而不及《御覽》，不知《御覽》明引《史記》，《元龜》雖用《史記》之文，未嘗明標《史記》也。

**五穀蕃孰**〔十・三八八六〕　各本「孰」作「熟」，《異同》同，《書鈔》《御覽》引同。

---

❶ 「滿」，原作「溝」，據《太平御覽》及《札記》改。

**臣見其所持者狹**〔十・三八八六〕《異同》「狹」誤「挾」。

**於是齊威王乃益齎黄金千溢**〔十・三八八六〕毛本同，各本「溢」作「鎰」，《異同》同，《書鈔》引同。

**趙王與之精兵十萬**〔十・三八八六〕程本「十」誤「一」。

**革車千乘**〔十・三八八六〕中統本「車」誤「馬」。

**夜引兵而去**〔十・三八八六〕《書鈔》引「去」下有「矣」字。

**威王大説**〔十・三八八七〕《異同》「説」作「悦」，《御覽》《元龜》並同。

**髠對曰**〔十・三八八七〕舊刻、毛本同，《異同》同，各本無「髠」字。

**一石亦醉**〔十・三八八七〕《異同》「一」上有「飲」字。

**韝收衣褏也**〔十・三八八七〕舊刻、王、南雍、秦、李、程、殿本同，百衲作「韝收之裒也」，各本亦作「裒」，下同。

**褏衿也**〔十・三八八七〕舊刻、游、正德、程本「衿」誤「矜」。

**韝臂捍也**〔十・三八八七〕舊刻「捍」誤「捏」。

**飲不過二斗**〔十・三八八七〕毛本「不」誤「二」。

**若朋友交游**〔十・三八八七〕百衲、中統、游、正德、王、柯、南雍、秦、李、凌、程、殿本「游」作「遊」，《異同》同。

**飲可五六斗**〔十・三八八七〕舊刻「五」誤「至」。

**直視貌**〔十・三八八八〕 程本「貌」作「皃」。

**前有憧珥**〔十・三八八七〕 程、殿本「憧」作「墮」，《異同》同。

**杯盤狼籍**〔十・三八八七〕 百衲「杯」作「杯」。中統、舊刻、游、正德、王、柯、南雍、秦、凌、程、殿本「籍」作「藉」，《異同》同。

**髠常在側**〔十・三八八七〕 舊刻、毛本同，各本「常」作「嘗」，《異同》同。

**傻孟者**〔十・三八八八〕 百衲、中統、游、正德、王、柯、南雍、秦、李、凌、程、殿本提行，毛本空一格，下「優旃」同。

**故楚之樂人也**〔十・三八八八〕 《治要》十二作「楚優人也」。

**有所愛馬**〔十・三八八八〕 《異同》「所」作「一」。

**欲以棺槨大夫禮葬之**〔十・三八八八〕 程、毛、殿本「槨」作「椁」，《異同》同，下並同。《治要》作「使以大夫禮葬之」。

**以爲不可**〔十・三八八八〕 百衲無「以」字。

**王驚而問其故**〔十・三八八八〕 「驚」缺「敬」末筆。下「莊王大驚」「長老吏傍觀者皆驚恐」並同，餘不缺。程本「而」誤「曰」。

**臣請以彫玉爲棺**〔十・三八八八〕 《治要》「彫」作「雕」，《類聚》九十三引同。

**楩楓豫章爲題輳**〔十・三八八八〕 舊刻、正德本同，百衲、中統、游、王、柯、南雍、秦、李、凌、程本「楩」作「梗」，毛、殿本「輳」亦作「湊」，《異同》同，《類聚》引同，正德本注同。《字類》四《補遺》引「梗楓豫章」。《志疑》云：「《史詮》云：『今本「楩」作「梗」，誤。』」「輳」作「湊」，注「楱」字同。中統、王、柯、秦、李、程、本「豫」作「橡」。

**齊趙陪位於前**〔十・三八八八〕　舊刻「陪」作「倍」。

**楚莊王時未有趙韓魏三國**〔十・三八八九〕　百衲、殿本上有「駰案」二字，下引《戰國策》同，又注「魏文帝問群臣」，殿本亦有此二字。毛本「趙韓」作「韓趙」。

**廟食大牢**〔十・三八八八〕　舊刻同，各本「大」作「太」，《治要》同，《異同》同。

**請爲大王六畜葬之**〔十・三八八九〕　《類聚》引作「請爲王言六畜之葬」。

**以壠竈爲椁**〔十・三八八九〕　《索隱》及毛本「椁」作「槨」，《類聚》引作「以籠竈爲之槨」。

**銅歷爲棺**〔十・三八八九〕　《類聚》引作「以銅鑩爲之棺」。

**齎以薑棗**〔十・三八八九〕❶　《類聚》「棗」作「桂」。

**祭以粳稻**〔十・三八八九〕　中統、舊刻、南雍、李、程、毛、殿本同，百衲「粳」作「梗」，各本作「糧」，《異同》同。

**衣以火光**〔十・三八八九〕　《類聚》「以」上有「之」字。

**葬之於人腹腸**〔十・三八八九〕　《類聚》作「葬人腹中」。

**於是王乃使以馬屬太官**〔十・三八八九〕　正德本「太」作「大」，《治要》同。

---

❶ 「齎」，原作「齊」，據寶禮堂本改。

**無令天下久聞也**〔十·三八八九〕《類聚》引「久」作「知」。

**我孫叔敖子也**〔十·三八八九〕舊刻、毛本同，各本「子」上有「之」字，《異同》同。《札記》引南宋本同，《御覽》四百五十一引同。

**屬我貧困往見優孟**〔十·三八八九〕百衲「貧」作「窮」，「往」作「且」。

**若無遠有所之**〔十·三八八九〕《索隱》「無」作「毋」。

**抵掌談語**〔十·三八八九〕中統、游、正德本「語」作「話」，《札記》引吴校金板同。《御覽》三百六十九引「抵」誤「振」。

**談説之容則也**〔十·三八九〇〕舊刻「談説」作「説談」。毛本「則」誤「貯」。程本「容」誤「客」，「則」下衍「之」字。

**楚王及左右**〔十·三八九〇〕百衲、中統、舊刻、游、正德、毛本同，《異同》同，《御覽》四百五十一引同，又三百九十六引「及」作「與」。各本無「及」字。

**莊王大驚**〔十·三八九〇〕❶ 王本「王」誤「玉」。

**婦言慎無爲楚相**〔十·三八九〇〕「慎」缺筆。

**貪吏安可爲也**〔十·三八九〇〕李本此下脱「念爲廉吏」至「廉吏安可爲也」二十字。

---

❶「莊」，原作「楚」，據寶禮堂本改。

**竟死不敢爲非**〔十・三八九〇〕　「竟」缺筆。

**封之寢丘**〔十・三八九〇〕　《治要》「寢」作「寑」。

**秦倡朱儒也**〔十・三八九一〕　百衲、中統、王、南雍、秦、程、毛本同，各本「朱」作「侏」，《治要》同。

**優旃見而哀之**〔十・三八九一〕　《初學記》十九、《御覽》三百七十七並引作「旃矜之」。

**汝雖長何益幸雨立**〔十・三八九一〕　《初學記》引《史記》曰「女雖長雨中立」。《御覽》三百七十八引「汝雖長尚立」，又五百六十九引「汝雖長，何益，故雨中立」。《雜志》云：「『幸雨立』本作『雨中立』，今本『雨』上『幸』字涉下『幸体居』而衍，又脱去『中』字，遂致文不成義。」

**我雖短也幸休居**〔十・三八九一〕　《初學記》引作「我雖短故幸休」。《御覽》十引「我短幸休居」，又三百七十八引「我雖短故幸休」，又五百六十九引「我雖短也故休居」。

**主上雖無言**〔十・三八九一〕　毛本「主」誤「王」。

**漆城蕩蕩**〔十・三八九一〕　《御覽》四百五十一引「蕩蕩」上有「光」字。

**寇來不能上**〔十・三八九一〕　《類聚》二十四引「不能」作「不可」，又六十三引作「不得」。

**顧難爲蔭室**〔十・三八九一〕　《類聚》二十四引無「顧」字，又六十三引「顧」作「固」，「室」作「屋」，下有「爾」。《御覽》引亦作「固」，「蔭」作「廕」。

**於是二世笑之以其故止**〔十・三八九一〕　《類聚》二十四引作「二世笑而止」，又六十三引「二世乃止」。

**優孟摇頭而歌**〔十・三八九二〕　毛本「孟」誤「頭」，《讀書記》云：「上『頭』字作『孟』。」

**優旃臨檻病呼**〔十・三八九二〕　各本「病」作「疾」，此誤。

**褚先生曰**〔十・三八九二〕　李、凌、殿本低一格，《異同》無以下文。

**竊不遜讓**〔十・三八九二〕　「讓」缺筆。

**編之左方**〔十・三八九二〕　舊刻「左方」作「於左」。

**可以覽觀揚意**〔十・三八九二〕　百衲、中統、游、正德、王、柯、秦、凌本「揚」誤「楊」。

**武帝時**〔十・三八九二〕　百衲、正德本提行，低一格，王本空一格，下五條並同。

**號之曰大乳母**〔十・三八九二〕　《類聚》二十四引作「號曰太乳母」。

**皆敬重乳母**〔十・三八九三〕　「敬」缺筆。

**至前面見辭**〔十・三八九三〕　百衲「辭」作「辤」，下同。

**甯尚須汝乳而活邪**〔十・三八九三〕　舊刻「尚」誤「向」。

**乃下詔止無徙乳母**〔十・三八九三〕　王、柯、秦本「徙」誤「徒」。

**罰謫譖之者**〔十・三八九三〕　《索隱》「謫」作「適」。

**時詔賜之食於前**〔十・三八九四〕　南雍、李本「食」作「飯」，程本誤「反」，凌本旁注：「食，一本作『飯』。」

**飯已**〔十・三八九四〕　毛本「飯」誤「飲」。

**檐褐而去**〔十・三八九四〕　百衲、中統、游、毛本同，各本「檐」作「擔」。

**據地歌曰**〔十・三八九四〕　毛本「據」下衍「其」字。

**蒿廬之下**〔十・三八九四〕　游、正德本「廬」誤「蘆」。

**宦署門也**〔十・三八九四〕　舊刻、正德、秦、毛本「宦」作「宫」。《雜志》云：「『宦』下脱去『者』字。《藝文類聚》《太平御覽・居處》及《文選・西都賦》《别賦》注引此並有『者』字。」

**博士諸先生與論議**〔十・三八九四〕　《索隱》「論議」作「議論」。

**今子大夫修先王之術**〔十・三八九五〕❶　程本「修」作「脩」。

**得士者强失士者亡**〔十・三八九五〕　南雍、李、凌、殿本「强」作「彊」，王、柯、秦本「得士」下脱「强失士者」四字。

**天下平均**〔十・三八九五〕　毛本「平均」二字倒。

**並進輻湊者**〔十・三八九五〕　游、正德、王本「湊」作「輳」。

**安敢望常侍侍郎乎**〔十・三八九五〕　王、秦本「常侍」誤「常時」。

**鼓鍾于宫**〔十・三八九五〕　中統本「鼓」作「鼔」。王、柯、南雍、秦、李、凌、程、毛、殿本「鍾」作「鐘」。舊刻「于」誤「干」。

**鶴鳴九皐**〔十・三八九五〕　毛本「皐」作「臯」。

---

❶「王」，原作「生」，據寶禮堂本改。

**固其常也**〔十・三八九五〕　中統、舊刻、游、正德、王、柯、凌本「其」作「有」，凌本旁注：「有，一作『其』。」

**願賜美酒粱飯**〔十・三八九六〕　毛、殿本同，各本「粱」作「梁」。

**遠方當來歸義**〔十・三八九六〕　舊刻「來」作「来」，下「故來服過」同。

**匈奴混邪王**〔十・三八九六〕　中統、游、正德本「混」作「渾」。

**至余吾水上而還**〔十・三八九七〕　凌本「余」誤「於」。

**當道遮衛將軍車**〔十・三八九七〕　中統本「軍」下重「軍」字，衍。游本「車」上空一格。正德本衍「之」字。

**貧困飢寒**〔十・三八九七〕　凌、程本「飢」作「饑」。

**衣敝履不完**〔十・三八九七〕　「完」缺筆。

**青綬**〔十・三八九八〕　中統、游、正德本「綬」誤「受」。

**出宫門**〔十・三八九七〕　李本「門」誤「官」。

**其此之謂邪**〔十・三八九七〕　舊刻「邪」作「也」。

**王夫人病甚**〔十・三八九八〕　百衲提行，非。

**昔者齊王使淳于髡獻鵠於楚**〔十・三八九八〕　毛本上空一格，各本不提行，是六章而缺其一矣。《藝文類聚》九十引「鵠」作「鶴」，下並同。

**吾欲刺腹絞頸而死**〔十・三八九八〕❶　游本「絞」誤「紋」。

**武帝時徵北海太守詣行在**〔十・三八九九〕　「徵」缺筆。程本此文連上不提。毛本「太」誤「北」。《讀書記》云："「下『北』字作『太』字。」

**爲呼太守**〔十・三八九九〕　舊刻「太」作「大」。

**王先生曰天子即問君**〔十・三八九九〕　毛本脱「王」字。

**令無盗賊**〔十・三八九九〕　王、秦本「令」誤「今」。

**於呼**〔十・三八九九〕　游、正德本「呼」作「戲」。

**魏文侯時**〔十・三九〇〇〕　百衲、中統、游、正德、王、柯、南雍、秦、程、殿本提行，毛本上空一格。

**苦爲河伯娶婦**〔十・三九〇〇〕　程本「娶」誤「妻」。

**常歲賦斂百姓**〔十・三九〇〇〕　毛本同，各本「斂」作「歛」。《御覽》七百三十四引無「賦」字。

**巫行視小家女好者**〔十・三九〇〇〕　百衲、舊刻、毛本同，瞿氏據宋本同，《御覽》引同，各本「小家」作「人家」。

**即娉取**〔十・三九〇〇〕　舊刻、李本「娉」作「聘」。

**間居齊戒**〔十・三九〇〇〕　毛本同，各本「齊」作「齋」，下「爲治齊宮河上」同。

---

❶「而」，原作「以」，據寶禮堂本改。

**張緹絳帷**〔十・三九〇〇〕 《御覽》引「帷」上有「帳」字。

**行十餘日**〔十・三九〇〇〕 《御覽》引無「行」字。《雜志》云：「『十餘日』上不當有『行』字，蓋涉下文『浮行數十里』而誤衍耳。」

**恐大巫祝爲河伯取之**〔十・三九〇〇〕 百衲、舊刻、游、正德、南雍、李、毛、殿本同，《御覽》引同，各本脱「河」字。《志疑》云：「《史詮》曰：『湖本缺「河」字。』」

**又困貧**〔十・三九〇〇〕 《御覽》引「困貧」作「貧困」。

**水來漂没溺其人民云**〔十・三九〇〇〕 王、秦本「漂」誤「河」。《御覽》引作「水來漂溺人民」。

**願三老巫祝父老**〔十・三九〇〇〕 王本「祝」誤「祝」。

**三老官屬**〔十・三九〇一〕 舊刻「屬」作「属」。

**里父老皆會**〔十・三九〇一〕 毛本「里」誤「異」，《御覽》引無「里」字。《讀書記》云：「『異』作『里』。」

**以人民往觀之者三二千人**〔十・三九〇一〕 中統、王、柯、秦本無「人」字。❶《御覽》引作「與人民觀之者三十人」。

**從弟子女十人所**〔十・三九〇一〕 凌本「十」誤「千」。

**皆衣繒單衣**〔十・三九〇一〕 毛本「繒」誤「繪」，《御覽》引作「衣皆繒單衣」。

---

❶ 按，指下「人」字。

**立大巫後**〔十·三九〇一〕　《御覽》引「後」作「旁」。

**呼河伯婦來**〔十·三九〇一〕❶　王、秦本「呼」誤「子」。

**是女子不好**〔十·三九〇一〕　《治要》無「子」字。

**煩大巫嫗爲入報河伯**〔十·三九〇一〕　《治要》舊無「嫗」字，下「共抱大巫嫗」同。

**得更求好女**〔十·三九〇一〕　《治要》無「得」字，《御覽》引同。《札記》云：「《御覽》三百六十七引『得』作『待』。」案《御覽》三百六十七《人事部》未見此文。

**復使一人趣之復投一弟子河中凡投三弟子**〔十·三九〇一〕　《治要》作「復使投之，凡投三弟子也」。

**不能白事**〔十·三九〇一〕　舊刻「白」誤「曰」。

**雖患苦我**〔十·三九〇二〕　毛本「苦」誤「若」。

**子産治鄭**〔十·三九〇二〕　《索隱》「治」作「相」。

**民不能欺**〔十·三九〇二〕　《索隱》「民」作「人」，避太宗諱，下「民不忍欺」「民不敢欺」並同。《治要》此文作「民」，下二「民」字作「人」。

**子賤治單父**〔十·三九〇二〕❷　《索隱》「治」作「理」，避高宗諱，下「西門豹治鄴」同。

---

❶「婦」，原作「歸」，據寶禮堂本改。
❷「賤」，原作「賊」，據寶禮堂本改。

**辯治者當能别之**〔十・三九〇二〕《治要》「辯」作「辨」。

**司空王郎對曰**〔十・三九〇二〕百衲、舊刻、正德、程、毛、殿本「郎」作「朗」，《治要》同，各本誤「郎」。《札記》云：「《治要》『朗』，各本譌『郎』。」是未見作「朗」之本矣，何其狹哉。

**與夫導德齊禮**〔十・三九〇二〕舊刻「導」作「道」，下「與夫導政齊刑」同。游本「與」作「与」。中統、游、王、柯、秦本「禮」作「礼」。

**等趨者也**〔十・三九〇二〕程本「趨」作「趣」，毛本作「趍」。《治要》「等」下脱「趨者也，任察畏罪，與夫導政齊刑免而無同歸」十九字。

**譬如北辰**〔十・三九〇三〕程本「辰」誤「宸」。

**居其所而衆星共之**〔十・三九〇三〕中統、游、正德、李、程本「共」作「拱」，《治要》同。

**臣等以爲不忍欺不能欺**〔十・三九〇三〕中統本「等」誤「苿」。

**優劣之縣**〔十・三九〇三〕「縣」缺末點，下同。

**非徒低印之差**〔十・三九〇三〕本「印」誤「印」，中統、游、王、柯、南雍、秦、李、程、毛、殿本作「卬」，正德本作「昂」，《治要》同，百衲、舊刻、凌本誤「卭」，程本誤「仰」。毛本「低」誤「抵」。

**乃鈞銖之覺也**〔十・三九〇三〕本「鈞」誤「鈞」。

**校其仁者**〔十・三九〇三〕毛本「校」作「挍」，《治要》同。

**功則無以殊**〔十・三九〇三〕中統、游本「無」作「旡」。

**易稱神而化之**〔十·三九〇三〕《治要》無「之」字。

**若君化使民然也**〔十·三九〇三〕《治要》無「使民」二字。

**與夫强仁之化**〔十·三九〇三〕　中統、游本「與」作「与」。

**憂劣亦不得不相縣絶也**〔十·三九〇三〕❶「優」字左旁泐，《治要》「縣」作「懸」。

**則純以恩義崇不欺**〔十·三九〇三〕　程本「純」誤「絶」。

**既不可同概而比量**〔十·三九〇三〕《治要》「可」作「得」。

---

❶「相」，原作「稍」，據寶禮堂本改。

# 卷一二七　日者列傳第六十七

**墨子曰**〔十・三九〇七〕　凌本「墨子」誤「索隱」。

**帝以今日殺黑龍於北方**〔十・三九〇七〕　中統、舊刻、游、正德、李本「黑」誤「墨」。柯、凌本「今」誤「令」。

**太卜之起**〔十・三九〇七〕❶　程本「卜」誤「上」。

**司馬季主者**〔十・三九〇七〕　毛本不提行。

**相從論議**〔十・三九〇八〕　毛本「論議」二字倒。

**誦易先王聖人之道術**〔十・三九〇八〕　柯本「先王」誤「先生」。《御覽》七百二十五引「誦易」作「講習」。《札記》云：「王、柯譌『生』。」案王本「生」已改「王」。

**相視而歎**〔十・三九〇八〕　舊刻「歎」作「嘆」，下「相謂自歎曰」同，《班馬異同》三十四同，《元龜》此文作「嘆」，

---

❶ 「起」，原作「輿」，據寶禮堂本改。

下文作「歎」。❶

**吾聞古之聖人**〔十·三九〇八〕《御覽》引「聖」作「賢」。

**試之卜數中以觀采**〔十·三九〇八〕《御覽》引無「以」字，「采」下有「其人」二字。

**如類有知者**〔十·三九〇八〕《御覽》引作「類有道者」。

**宋忠賈誼瞿然而悟**〔十·三九〇八〕《元龜》「瞿」作「矍」。

**獵纓正襟**〔十·三九〇八〕《索隱》「獵」作「獦」，「襟」作「衿」。

**危坐**〔十·三九〇八〕《索隱》出「免坐」二字，云：「『免』謂俯俛爲敬。」百衲、中統、游、正德本上有「危一作免」四字，單本無。

**何行之汙**〔十·三九〇八〕《御覽》引「汙」下有「也」字。❷

**觀大夫**〔十·三九〇九〕《御覽》引下有「之貌」二字。

**今夫子所賢者何也**〔十·三九〇九〕中統本「賢」作「貴」，《札記》引吴校金板同。《御覽》引「何」作「誰」，下「所謂高者誰也」，「誰」作「何」。

---

❶「歎」，原無，據《冊府元龜》補。

❷「下」，原爲空格，據《太平御覽》卷七二五《方術部》六補。然《太平御覽》卷五一〇《逸民部》十引正與寶禮堂本同。

**今何以卑汙長者**〔十・三九〇九〕《御覽》引「者」上有「乎」字。

**賢才處之**〔十・三九〇九〕《御覽》引「才」作「材」。

**日月照之則行不照則止**〔十・三九〇九〕《元龜》「照」作「炤」。

**則不能理**〔十・三九〇九〕《御覽》引作「則弗能理也」。

**由是觀之**〔十・三九〇九〕《元龜》「由」作「繇」，下同。

**禄非其功不受也**〔十・三九〇九〕中統本脱「其」字。

**見人有汙**〔十・三九〇九〕中統本「汙」誤「衆」。

**孅趨而言**〔十・三九〇九〕《索隱》及毛本「趨」作「趍」。

**飾虚功**〔十・三九〇九〕中統本「飾」誤「飭」。

**以少爲多**〔十・三九一〇〕毛本「爲」誤「無」。

**虚公家**〔十・三九一〇〕《元龜》八百三十三「虚」下有「耗」字。

**夷貊不服**〔十・三九一〇〕本「服」誤「服」。毛本作「貊」，各本作「貃」。

**姦邪起不能塞**〔十・三九一〇〕《異同》「姦」作「奸」。

**官秏亂不能治**〔十・三九一〇〕各本「秏」作「耗」，俗。

**歲穀不孰不能適**〔十・三九一〇〕舊刻、游、正德、南雍、李、凌、程、殿本「孰」作「熟」，《異同》同，《元龜》同。

**才不賢**〔十·三九一〇〕《元龜》「才」上衍「不」字。

**妨賢者處**〔十·三九一〇〕《元龜》無「處」字。

**子獨不見鴟梟之與鳳皇翔乎**〔十·三九一〇〕舊刻、游、正德、程本「皇」作「凰」，下「而鳳皇不與燕雀爲群」同，《異同》同，《元龜》同。

**君子義也**〔十·三九一〇〕中統本「君」誤「非」，《札記》引吴校金板同。

**旋式正棊**〔十·三九一〇〕《索隱》及百衲、中統、游、正德、南雍、李、程、毛、殿本同，《御覽》引及《元龜》並同。王、柯、秦、凌本「旋」作「按」，《異同》同。

**然後言天地之利害**〔十·三九一〇〕❶《御覽》引「言」作「別」。

**事之成敗**〔十·三九一〇〕《御覽》引「事」上有「明」字。

**昔先王之定國家**〔十·三九一〇〕❷《御覽》引無「之」字。

**而後乃敢代**〔十·三九一〇〕《御覽》引下有「也」字。

**乃後入家**〔十·三九一一〕《元龜》「後」作「敢」。

**後乃有之**〔十·三九一一〕《類聚》七十五引「有」作「育」。

---

❶「後」，原作「則」，據寶禮堂本改。

❷「昔」下，原有「者」字，據寶禮堂本改。

**自伏羲作八卦**〔十·三九一一〕❶ 《御覽》引「羲」作「犧」。

**埽除設坐**〔十·三九一一〕 《御覽》引作「埽設坐位」。

**言而鬼神或以饗**〔十·三九一一〕 《御覽》引無「而」字。《元龜》「鬼神」作「神鬼」。

**利大而謝少**〔十·三九一一〕 《異同》「少」作「小」。

**老子之云**〔十·三九一一〕 《御覽》引「云」作「言」。

**君子内無飢寒之患**〔十·三九一一〕 程本「飢」作「饑」，《異同》同，《元龜》同。

**居上而敬**〔十·三九一一〕 「敬」缺筆。

**積之無委聚**〔十·三九一一〕 王、柯、秦本脱「聚」字。

**徒之不用輜車**〔十·三九一一〕 百衲「徒」誤「徙」。

**子何故而云不可卜哉**〔十·三九一一〕 王、柯、秦本脱「可」字。《元龜》「子」下有「果」字。

**乍存乍亡**〔十·三九一一〕 毛本「亡」誤「立」。

**公責卜者言必信**〔十·三九一一〕 中統、舊刻本「責」誤「貴」。

**公見夫談士辯人乎**〔十·三九一二〕 游、王、秦本「辯」誤「庶」。《札記》云：「王、柯誤『庶人』。」案柯本不誤。

---

❶ 此條上有眉批「越王句踐倣文王八卦」。

**飾先王之成功**〔十·三九一二〕　中統、游本「飾」作「飭」，《異同》作「飭」。《札記》云：「飭，隸書『飭』。」

**以恐喜人主之志**〔十·三九一二〕　《御覽》引「喜」作「憙」。

**然欲彊國成功**〔十·三九一二〕　《御覽》引「彊」作「强」。

**今夫卜者**〔十·三九一二〕　本「卜」字，脱一點。

**豈能以一言而知之哉**〔十·三九一二〕　《御覽》引無「而」字。

**故騏驥不能與罷驢爲駟**〔十·三九一二〕❶　《元龜》脱「故」字。

**故君子處卑隱以辟衆**〔十·三九一二〕　《御覽》引「辟」作「避」，下「自匿以辟倫」同。❷

**以除群害**〔十·三九一二〕　《御覽》引「群」作「衆」。

**公之等喁喁者也**〔十·三九一二〕　《御覽》引無「之」字。

**悵然噤口不能言**〔十·三九一二〕❸　《索隱》出「悵然噤」三字。《札記》云：「《索隐》本無『口』字，疑衍。」

**不見奪糈**〔十·三九一二〕　南雍、李、凌、程、殿本「糈」作「糈」，注同，秦本誤「糈」，《異同》同。

---

❶「與」，原脱，據寶禮堂本補。

❷「倫」，原作「偏」，據寶禮堂本及《太平御覽》改。

❸「悵」，原作「帳」，據寶禮堂本改。

**猶天冠地屨也**〔十・三九一三〕❶　毛本「屨」誤「履」，《元龜》同。

**彼久而愈安**〔十・三九一三〕　正德本「久」字空格。

**而賈誼爲梁懷王傅**〔十・三九一三〕　中統本「傅」誤「傳」。

**王墮馬薨**〔十・三九一三〕　毛本「墮」作「墯」。

**褚先生曰**〔十・三九一三〕　凌、殿本低一格，中統本「生」誤「王」，《異同》無以下文。

**稱引吉明王聖人道**〔十・三九一四〕❷　本「古」誤「吉」。

**能以伎能立名者甚多**〔十・三九一四〕　中統本「名」誤「身」。

**滎陽褚氏**〔十・三九一四〕　游本「滎」誤「榮」。

**樹之不生**〔十・三九一四〕　「樹」缺末點。

**夫家之教子孫**〔十・三九一四〕　中統本「夫」作「一」，《札記》引吴校金板同。

**好含苟生活之道**〔十・三九一四〕　《札記》云：「南宋本作『舍』。」

**五行家曰可**〔十・三九一四〕　百衲脱「行」字。

**太一家曰大吉**〔十・三九一四〕　程本「一」作「乙」。

---

❶「冠」，原作「官」，據寶禮堂本改。

❷「引」，原作「列」，據寶禮堂本改。

# 卷一二八　龜策列傳卷第六十八

**龜策列傳卷第六十八**〔十·三九一七〕　《索隱》及各本「第」上無「卷」字。

**各據禎祥**〔十·三九一七〕　「禎」缺筆，下「信禎祥者」同，舊刻作「禛」。

**故殷興**〔十·三九一七〕　「殷」缺筆，下同，惟「民衆殷喜」不缺。

**百穀之筮告**〔十·三九一七〕　中統本「筮」誤「無」。

**蠻夷氐羌**〔十·三九一七〕　中統本「氐」誤「氏」。

**亦有決疑之卜**〔十·三九一七〕　毛本「有」誤「以」。

**已則弃去之**〔十·三九一八〕　正德、毛本「弃」作「棄」。

**或以爲昆蟲之所長**〔十·三九一八〕　舊刻、程本「蟲」作「虫」。

**享國日少**〔十·三九一八〕　王、秦本「少」誤「小」。

**博開藝能之路**〔十·三九一八〕　百衲「藝」作「蓺」，程本作「埶」。

**咸得自効**〔十·三九一八〕　毛本「効」作「效」。

**絶倫超奇者爲古**〔十・三九一八〕 各本「古」作「右」，是。

**太卜大集**〔十・三九一八〕 游、正德本「大」誤「太」。

**上尤加意**〔十・三九一八〕 中統本「尤」誤「禮」，《札記》引吴校金板同。

**如丘子明之屬**〔十・三九一八〕 舊刻「屬」作「属」。

**素有眦睚不快**〔十・三九一八〕 毛本「眦睚」二字倒。

**左傳曰遇黄帝戰于阪泉之兆**〔十・三九一九〕 殿本上有「駰案」二字，下「左傳曰」「莊子曰」「禮記曰」，又「胻，音衡」云云，又「世本曰」「新序曰」，又「甲乙謂之曰」云云，並同。

**其禍竟流五世**〔十・三九一九〕 「竟」缺筆。

**投龜詢天而呼曰**〔十・三九一九〕 舊刻、游、正德、秦本「詢」誤「訽」。

**是區區者而不余畀**〔十・三九一九〕 中統、游、正德、王、柯、秦、毛本「畀」誤「畁」。❶

**領與蓮聲相近**〔十・三九一九〕 王、柯本「與」作「与」。南雍、殿本無「領與」二字，程本無「領」字，又「聲」作「声」，俗。

**或假借字也**〔十・三九一九〕 正德本脱「字」字。

---

❶ 「畀」，原作「畁」，據諸校本改。

**劉向云**〔十・三九一九〕❶　正德本「向」誤「尚」。

**蓍百年而一本生百莖**〔十・三九一九〕　程本「蓍」誤「著」。

**江傍家人**〔十・三九一九〕　《御覽》九百三十一引作「江旁人家」。

**常畜龜**〔十・三九一九〕　《御覽》引「常」作「嘗」。

**褚先生曰**〔十・三九二〇〕　正德本提行，毛本空一格，凌、殿本提行，低一格。

**臣以通經術**〔十・三九二〇〕　正德、秦本「臣」下有「自幼」二字，衍。

**竊好太史公傳**〔十・三九二〇〕　舊刻「太」作「大」。

**故之太卜官**〔十・三九二〇〕　程、毛本「太」作「大」。❷

**上有擣蓍**〔十・三九二〇〕　毛本「上」誤「下」。

**所謂伏靈者在兔絲之下**〔十・三九二〇〕　《御覽》九百八十九引作「伏苓在兔絲之下」。

**即以簎燭此地**〔十・三九二〇〕　王、柯、南雍、秦、李、凌、程、殿本「簎」作「篝」，《御覽》引作「即篝燭此地」，❸注「簎」字並作「篝」。

---

❶「云」，原作「曰」，據寶禮堂本改。

❷「卜」，原作「吏」，據寶禮堂本改。

❸「地」，原作「字」，據《太平御覽》改。

⿱竹構**籠也**〔十・三九二一〕　百衲、中統、舊刻、毛本同，各本「⿱竹構」作「⿱竹搆」，下同。

**蓋然火而籠罩其上也**〔十・三九二一〕　舊刻、游、南雍、秦、程本「蓋」作「盖」。

**千歲杠根也**〔十・三九二〇〕　《雜志》云：「《御覽》及《爾雅翼》並引《龜策傳》曰：『伏苓者，千歲松脂也。』」案鮑刻《御覽》九百八十九引《史記・龜策傳》曰：「伏苓者，千歲松根。」下引《淮南子》注：「茯苓，千歲松脂也。」疑作「松脂」是引《淮南》注文。

**其叢生滿百莖**〔十・三九二〇〕　《雜志》云：「《藝文類聚・草部》《太平御覽・百卉部》引此並作『其叢生百莖共根』，無『滿』字。」

**六曰日月龜**〔十・三九二〇〕　《類聚》九十六引脱「日」字。

**七曰九州龜八曰玉龜**〔十・三九二〇〕　《類聚》引作「七曰玉龜，八曰九州龜」。

**必見其光**〔十・三九二一〕　游、王、南雍、程、凌本「必」作「之」，凌本旁注：「一本『之』作『必』。」

**故王處於山而木潤**〔十・三九二一〕　各本「王」作「玉」。❶ 凌本「處」誤「出」。

**藏於**蚪**中**〔十・三九二一〕　本「蚌」誤「蚪」。

**蛈龍伏之**〔十・三九二一〕　各本「蛈」作「蚗」，此本注亦作「蚗」。《索隱》及南雍、程、殿本「龍」作「蠪」，注同；凌本正文作「蠪」，注文作「龍」。

---

❶「玉」，原作「王」，據諸校本改。

**蚗龍龍屬也**〔十・三九二一〕　百衲、舊刻、南雍本「屬」作「属」，下注「騰蛇龍屬也」同。王、柯、秦、程本下注亦同。

**廬江郡常歲生龜長尺二寸者二十枚**〔十・三九二一〕　各本「歲」下有「時」字，此脱。

**輸太卜官太卜官因以吉日**〔十・三九二一〕　南雍、李、凌、程、殿本不重「太卜官」三字，殿本「太」作「大」。《札記》：「三字，柯、凌本不重，蓋脱寫。」案柯本重此三字。

**取龜置室西北隅懸之**〔十・三九二二〕　「懸」缺「縣」末點。

**有神龜在江南嘉林中**〔十・三九二二〕　《水經注》三十二《決水》注：「褚先生所謂『神龜出于江灌之間，嘉林之中』，蓋謂此水也。」《雜志》云：「此傳原文本作『神龜出於江灌之間』，且其地在江北非在江南，今本云『神龜在江南』，蓋後人多聞江水少聞灌水，故以意改之耳。」案《文選・七啓》注引《史記》曰「有神龜在江南嘉林中」，則唐初人所見本已作「江南」矣。

**有上正**〔十・三九二二〕　各本「上」作「土」，此誤。

**求之於白蛇蟠杅林中者**〔十・三九二二〕❶　《索隱》及中統、舊刻本「蛇」作「虵」，《札記》引吴校金板同。中統本下「騰蛇之神」及注二「蛇」字並作「虵」。❷

---

❶「於」，原脱，據寶禮堂本補。

❷「虵」，原作「蛇」，據中統本改。

**故龜可不敬歟**〔十·三九二二〕　「敬」缺筆。舊刻「歟」作「與」。

**南方老人**〔十·三九二二〕　中統、游、正德、王、柯、南雍、秦、李、凌、程、毛、殿本不提行。

**用龜支牀足**〔十·三九二二〕　《類聚》引作「以龜搘牀足」。❶

**行二十餘歲**〔十·三九二二〕　《類聚》引「行」作「經」。

**龜能行氣導引**〔十·三九二二〕　《類聚》引「導」作「道」。

**宋元王二年**〔十·三九二三〕　舊刻上空二格。

**衣玄繡之衣**〔十·三九二三〕　「玄」缺筆，下注「鄭玄曰」同，餘不缺。

**故來告訴**〔十·三九二三〕　《御覽》七百二十五引「訴」作「愬」。

**介蟲先見**〔十·三九二三〕　百衲「蟲」誤「蟲」，下「蝗蟲暴生」同。

**白雲壅漢**〔十·三九二三〕　《御覽》引「壅」作「擁」。

**在籠中**〔十·三九二四〕　王、秦本「籠」誤「寵」。

**風雨晦冥**〔十·三九二四〕　《御覽》引「冥」作「暝」。

**五采青黄**〔十·三九二四〕　《御覽》引「采」作「色」。

---

❶ 「搘」，原作「楮」，據《藝文類聚》改。

**雷雨並起**〔十·三九二四〕　百衲、中統、舊刻、毛、殿本同，《御覽》引同，游、正德、王、柯、南雍、秦、李、凌、程本「雷」作「雲」。凌本旁注：「雲，一作『雷』。」

**而終昔囚**〔十·三九二五〕　《御覽》引「昔」作「夕」。

**欲亟去也**〔十·三九二五〕　游、王、柯、秦、李本「欲」作「郤」，涉上「縮頸而郤」而誤。毛本「欲」下衍「望」字。

**勿令失期**〔十·三九二五〕　《御覽》引「勿」作「毋」。

**春蒼夏黄**〔十·三九二五〕❶　百衲、中統、游、正德、王、柯、秦、凌本「蒼」作「倉」。

**審於刑德**〔十·三九二五〕　中統本「審」誤「定」，《札記》引吴校金板同。

**降于上天陷於深淵**〔十·三九二五〕　程本「于」作「於」，「於」作「于」。

**故來告寡人**〔十·三九二五〕　毛本「來」誤「求」。

**重寄不歸**〔十·三九二五〕　舊刻「寄」誤「奇」。

**還復其所**〔十·三九二五〕　毛本「復」誤「服」。

**風而揚埃**〔十·三九二六〕❷　正德本「揚」誤「楊」。

**其祟在龜**〔十·三九二六〕　秦本「祟」誤「崇」。

---

❶「春」，原作「青」，據寶禮堂本改。

❷「而」，原作「雨」，據寶禮堂本改。

**元王慨然而嘆曰**〔十・三九二六〕　百衲、中統、游、正德、王、柯、南雍、秦、李、凌、程、殿本「嘆」作「歎」。

**是不强乎**〔十・三九二六〕　王、柯、南雍、秦、李、凌、程、殿本「强」作「彊」，下並同。

**今我聽子**〔十・三九二六〕　王本「今」誤「令」。

**趣駕送龜**〔十・三九二六〕　毛本「龜」誤「歸」。

**音吐和反**〔十・三九二七〕　中統、游、正德、王、柯、秦、李、凌本「吐」作「土」。柯、凌本「反」誤「又」。

**天出五色以辯白黑**〔十・三九二六〕　中統、游、正德、王、柯、南雍、秦、李、凌、程、殿本「辯」作「辨」。

**不知田作**〔十・三九二六〕❶　正德本「田」誤「曰」。

**置之山原**〔十・三九二六〕　游、正德本「原」作「源」。

**有介之蟲**〔十・三九二六〕　百衲、毛本「蟲」作「蟲」。

**内經閭術**〔十・三九二六〕　游本「術」誤「衔」。

**口得所嗜**〔十・三九二七〕　王、秦本「嗜」誤「著」。

**鐫石拌蚌**〔十・三九二七〕　毛本「拌」誤「坢」。中統本「蚌」誤「蚌」，下「不如拌蚌於海也」同。

**拌音判**〔十・三九二八〕　中統、游、正德本「判」誤「刊」。

---

❶「不」，原作「莫」，據寶禮堂本改。

**以爲大寶**〔十・三九二七〕　中統本「以」作「出」，《札記》引吴校金板同。

**今王自以爲暴**〔十・三九二七〕❶　程本「王」誤「日」。

**取者無咎**〔十・三九二七〕　毛本「無」作「无」。

**以知吉凶**〔十・三九二八〕　王、秦本「吉」誤「告」。

**勸以貪狼**〔十・三九二八〕　李本「狼」作「很」。

**殺關龍逢**〔十・三九二八〕　百衲「關」作「関」。中統本「逢」作「逄」。

**國危於累卵**〔十・三九二八〕　正德、秦本「卵」誤「卯」。

**誇而目巧教爲象郎**〔十・三九二八〕　《御覽》一百八十五引《史記》「紂有諛臣曰左强，夸而目巧，教紂爲象廊」。《札記》引誤作「八百八十五」。

**禮記曰**〔十・三九二九〕　游本「禮」作「礼」。

**許慎曰**〔十・三九二九〕　「慎」缺筆。

**不由法度**〔十・三九二九〕　毛本「由」誤「甲」。

**象箸而羹**〔十・三九二八〕　百衲、游、正德本「箸」誤「著」。《札記》云：「王誤『管』。」案王本不誤。

---

❶ 「爲」下，原有「無」字，據寶禮堂本删。

競一作竟〔十・三九二九〕 舊刻「竟」作「竟」，各本作「競」。

興卒聚兵〔十・三九二八〕 中統本「兵」誤「共」。

頭懸車軫〔十・三九二八〕 「懸」缺「縣」末點，下「與人懸而射之」不缺。

欲無猒時〔十・三九二八〕 百衲、舊刻本同，各本「猒」作「厭」。

貪狼而驕〔十・三九二九〕 游、正德、柯本「狼」作「很」。

今寡人之邦〔十・三九二九〕 中統本「今」作「念」。

故云取以暴强〔十・三九二九〕 中統、舊刻、游、正德、毛本同，《札記》引吴校金板同，各本「取」下有「之」字。

諸侯賓服〔十・三九二九〕 毛本「賓」誤「兵」。

王不自稱湯武〔十・三九三〇〕 百衲「王」誤「土」。

桀紂爲暴强也〔十・三九三〇〕 舊刻、毛本同，各本無「桀紂」二字。

張華博物記亦云〔十・三九三〇〕 李本「博」誤「傳」。

桀作瓦蓋是昆吾爲桀作也〔十・三九三〇〕 百衲、中統、舊刻、游、正德、南雍、程本「蓋」作「盖」。

賦斂無度〔十・三九三〇〕 毛本「斂」作「歛」，各本作「歛」。

與人懸而射之〔十・三九三〇〕 毛本「懸」作「縣」。

至今不已〔十・三九三〇〕 李本「今」誤「令」。

**傳之賢士**〔十·三九三〇〕　《札記》云：「『士』疑當作『王』，與上下文韻。」案各本無作「王」者，「士」字與上句「使」字爲韻，猶前「必親賢士」與「鬼神爲使」爲韻也，何必改「士」爲「王」乎？

**元王大悦而喜**〔十·三九三〇〕　《御覽》引作「王大悦」，案「悦」「喜」不應復用，《御覽》所引是也。

**於是元王向日而謝**〔十·三九三〇〕　《御覽》引無「元王」二字。《札記》云：「『元王』二字疑衍。」案《索隱》出「元王向日而謝」六字，則其所據本有此二字矣。

**擇日齋戒**〔十·三九三〇〕　李本「齋」誤「齊」。

**於壇中央**〔十·三九三〇〕　毛本「於」作「于」。

**以刀剥之**〔十·三九三〇〕　《御覽》引「剥」作「刳」。

**必制其創**〔十·三九三〇〕　《御覽》引「創」作「瘡」。

**理達於理**〔十·三九三〇〕　《御覽》引作「程達其理」，《雜志》引《御覽》作「程達於理」。

**福音副**〔十·三九三一〕　中統、游、正德本「音」作「者」。

**楚雄渠子夜行**〔十·三九三二〕　毛本「雄」作「熊」。

**射者重以逢蒙門子之巧**〔十·三九三二〕　中統、殿本同，各本「逢」作「逄」。

**禹名爲辯智**〔十·三九三一〕　毛本「辯」作「辨」。

**天故毋椽**〔十·三九三一〕　百衲、舊刻、游、正德、毛、殿本同，各本「椽」誤「掾」。

**神龜知吉凶而骨直空枯**〔十・三九三二〕❶　毛本「而」誤「面」。

**郭僕曰**〔十・三九三二〕　本「璞」誤「僕」。

**蝟能制虎**〔十・三九三二〕　王、秦本「蝟」誤「蝟」，下「鵲令蝟反腹者」同。

**蝟憎其意心恶之也**〔十・三九三二〕　正德本「憎」誤「曾」。舊刻「心」作「而」。百衲、中統、游、正德、王、柯、南雍、秦、李、凌、程、殿本「心」上有「而」字。

**蝍蝍似蝗**〔十・三九三二〕　各本下「蝍」字作「蛆」，此誤。

**食蛇腦也**〔十・三九三二〕　本「腦」誤「腦」，中統、王本誤同，游本誤「淄」。

**甲乙謂之曰**〔十・三九三二〕　游、正德、王、柯、南雍、秦、李、凌、程本「曰」作「卯」。

**子丑謂之曰辰**〔十・三九三二〕　各本無「曰」字。

**寅卬爲虛**〔十・三九三二〕　本「卯」誤「卬」。殿本「爲」上有「即」字。

**子丑爲虛**〔十・三九三二〕　各本「爲」上有「即」字。

**戊亥爲虛**〔十・三九三二〕　各本「爲」上有「即」字。王、秦本「戊」誤「成」。

**故世爲屋不成三瓦而陳之**〔十・三九三二〕❷　舊刻「陳」作「棟」。

---

❶「龜」，原作「龍」，據寶禮堂本改。

❷「屋」，原作「瓦」，據寶禮堂本改。

**一云爲屋成欠三瓦而揀之也**〔十·三九三二〕　毛本「揀」誤「陳」。

**首仰**〔十·三九三三〕　凌本連上「四月」，不空格。王、柯、秦、李本此二字脱。《札記》云：「王、凌連上『四月』。」

案王本脱「首仰」二字，與凌本異。

**卜禁日**〔十·三九三三〕　百衲、舊刻、正德、毛本「日」作「曰」，各本誤。

**子亥戌不可卜**〔十·三九三三〕　「戌」缺筆。

**常以月旦**〔十·三九三三〕　百衲、舊刻、正德、毛、殿本同，各本「月」作「日」。

**以卯祓之**〔十·三九三三〕　程本「卯」誤「卯」。

**若嘗以爲祖**〔十·三九三四〕　毛本「嘗」作「常」。

**皆祓之以卵**〔十·三九三四〕❶　正德本「卵」誤「卯」，下「卵指之者三」同。

**辨兆皆可占**〔十·三九三四〕　毛本同，各本「辨」作「辯」。

**卜先以造**〔十·三九三五〕　毛本上空一格，下並同。

**音竈也**〔十·三九三五〕　毛本「音」誤「有」。

**假之玉靈夫子**〔十·三九三五〕　《索隱》「玉」作「王」。

**諸靈數莿**〔十·三九三五〕　毛本同，《索隱》「莿」作「蒳」，百衲、中統、舊刻、游、正德、王、柯、秦、李本作「剌」，南

---

❶ 「以」，原作「之」，據寶禮堂本改。

雍、淩、程、殿本作「蓾」,《字類》五引作「蔛」,云:「音策,字或作『莿』。」《雜志》云:「《説文》《玉篇》無『蓾』『莿』二字,❶此皆『莿』之誤也。今本作『蓾』者,因『徐廣音策』而誤。《索隱》本作『莿』者,『莿』字俗書作『莿』,因誤而爲『莿』。」

**今日良日**〔十·三九三五〕 毛本上「日」字誤「目」。

**行一良貞**〔十·三九三五〕 「貞」缺筆,下並同。

**即得發鄉我身長大**〔十·三九三五〕 游本「鄉」誤「卿」,下「發鄉我身挫折」同。

**中外不相應**〔十·三九三五〕 游、正德本「中」作「内」。

**五筳五靈**〔十·三九三五〕 各本「筳」作「筵」。

**不知神龜之靈**〔十·三九三五〕 百衲、舊刻、柯、淩、李、毛本同,中統、游、正德、南雍、程、殿本「知」作「如」。

此「知」字蓋涉下「知人死知人生」而誤。

**某身良貞**〔十·三九三五〕 王、柯、秦、李、淩本脱「貞」字。

**首止開**〔十·三九三五〕 中統本同,各本「止」作「上」。《札記》云:「中統本『上』作『止』,疑『足』之壞文,而上脱『仰』字。」

**卜病者祟曰**〔十·三九三五〕 毛本「祟」誤「崇」,下四「祟」字同。《讀書記》云:「『祟』作『崇』。」

❶ 「玉」,原作「王」,據上下文改。

**卜繫者出不出**〔十·三九三六〕　中統本「繫」誤「擊」。各本「不出」下重「不出」二字，金陵合刻本脱。《札記》失校。

**卜有賣若買**〔十·三九三六〕　各本提行。

**卜繫盜**〔十·三九三六〕　中統、游、正德、南雍、淩、程、毛、殿本「繫」作「擊」，此與百衲、舊刻、王、柯、秦、李本並誤。

**内自撟**〔十·三九三六〕　各本「撟」作「橋」，下並同。

**呈兆若横吉安**〔十·三九三六〕❶　殿本「呈」誤「星」。

**身折節**〔十·三九三六〕　殿本作「身節折」。

**卜歲中禾稼孰不孰**〔十·三九三六〕　游、正德本「孰」作「熟」，下同。

**首仰有外**〔十·三九三六〕　中統、游、王、秦本「首」誤「手」。

**卜歲中民疫**〔十·三九三七〕　各本此下有「不疫」二字，此脱。

**不得首仰足肣有外**〔十·三九三七〕　中統、游、正德本「外」下衍「足」字。

**卜日瘳不死**〔十·三九三七〕　程本「死」字空格。

**過一日不得不得**〔十·三九三七〕　程本「一」誤「不」。

---

❶ 此條原在「身折節」條下，今移。

**民疾疫無疾**〔十・三九三七〕　凌本「無疾」作「無疫」。

**命曰者仰足肣**〔十・三九三八〕　本「首」誤「者」。

**居家多灾**〔十・三九三八〕　百衲、中統、游、正德、殿本「灾」作「災」。

**歲稼也孰**〔十・三九三八〕　各本「也」作「中」。游、正德、秦本「孰」作「熟」，以下游、正德本作「孰」、作「熟」不一律。

**霽不霽**〔十・三九三八〕　各本下有「凶」字，此脱。

**擊盜不見**〔十・三九三八〕　王、柯、秦、李本「擊」誤「繫」。

**内自驚**〔十・三九三八〕　「驚」缺「敬」末筆。

**歲稼不孰**〔十・三九三八〕　游、正德、毛本「孰」作「熟」。

**來者來**〔十・三九三九〕　柯本「來」作「来」。

**擊盜行不見盜**〔十・三九三九〕　中統本「擊」誤「繫」。

**内外自撟**〔十・三九四〇〕　各本「撟」作「橋」。

**卜日毋瘳死**〔十・三九四〇〕　毛本「卜」作「占」。

**見貴人吉行不遇盜**〔十・三九四〇〕　中統本「人」下脱「吉」字，「行」下衍「人」字。

**來者來**〔十・三九四〇〕　中統本「者」作「不」。

**民疾疫**〔十・三九四〇〕　程本「疫」誤「疾」。

**命曰橫吉揄仰**〔十・三九四一〕❶ 南雍、程本同，各本「揄」作「楡」。

**徙官居官吉**〔十・三九四一〕 各本「徙」作「徒」，此誤。

**擊盜盜行不合**〔十・三九四一〕 中統本「擊」誤「繫」。

**雨不雨大吉**〔十・三九四二〕 舊刻無「大吉」二字，連下「命曰」爲一條。

**命曰首仰足肣**〔十・三九四二〕 中統、舊刻本「仰」誤「頭」。

**卜病不死有祟**〔十・三九四二〕 正德本「祟」誤「祟」。

**居官家室不吉**〔十・三九四二〕 凌本「家」誤「宗」。

**行不行**〔十・三九四二〕 王、柯、秦、李、凌本「行」上衍「行」字，游本「行」下有「者」字，❷正德本「行」下空格。

《札記》云：「行行不行，第一『行』字疑衍，中統、毛本無。」

**徙官居官家室不吉**〔十・三九四二〕 程本「家室」作「室家」。

**民疾疫無死**〔十・三九四二〕 程本「疫」誤「疾」。中統、游、正德本「無」作「毋」。

**有祟**〔十・三九四二〕 正德、秦、李本「祟」誤「崇」。

**繫者久不出**〔十・三九四三〕 中統本「久」誤「交」。

---

❶ 「吉」，原作「去」，據寶禮堂本改。
❷ 「有者」，原作「注二」，據游本改。

**擊盜有用勝**〔十・三九四三〕　中統本「擊」誤「繫」。

**歲不熟**〔十・三九四三〕　中統、游本同，各本「熟」作「孰」。

**繫者不出**〔十・三九四三〕　舊刻「不」誤「下」。

**命曰橫吉内外相**〔十・三九四三〕❶　凌、殿本「相」下有「應」字。

**自橋揄仰上柱**〔十・三九四三〕　舊刻同，程本「撟揄」作「橋揄」，各本作「撟揄」。

**卜曰即不至**〔十・三九四三〕　舊刻、游、正德、程「曰」作「日」。

**此挺詐有外**〔十・三九四四〕❷　百衲、毛本不提。

**病不死**〔十・三九四四〕　毛本「不」誤「有」。

**數起留禍罪無傷繫出**〔十・三九四四〕　《札記》云：「各本『繫』字錯在『傷』下，❸今正。」案「繫」字連「出」字爲句，若改屬上句，則下文「出行不行」豈復成句乎？且各條「行不行」，「行」上并無「出」字，此不應獨異也。

**行行來來**〔十・三九四五〕　舊刻「行」下脱一「行」字。

**此交狢以卜有求不得**〔十・三九四五〕　各本「交」作「狐」。秦本「卜」誤「十」。百衲、舊刻、中統、游、正德、

---

❶ 「曰」，原作「者」，據寶禮堂本改。
❷ 「挺」，原作「挻」，據寶禮堂本改。
❸ 「錯」，原作「借」，據《札記》改。

王、柯、南雍、李本「卜有」二字誤倒。《札記》云：「葉校本『狐』作『交』。」

**此狐徹以卜**〔十・三九四五〕❶ 中統、舊刻、正德、柯、李本「狐」作「交」，《札記》引吴校金板同。凌本旁注：「狐，一本作『交』。」

**擊難出**〔十・三九四五〕 本「繫」誤「擊」。

**病者卜日不死**〔十・三九四五〕 秦本「卜」誤「十」。各本「曰」作「日」，下同。

**此橫吉上柱足肣**〔十・三九四五〕 中統、游、正德、秦、李本此條複出，蓋誤衍也。

**内自舉**〔十・三九四五〕 舊刻「自」誤「曰」。

**爲人病**〔十・三九四五〕 舊刻、正德、李本連上不提。

**卜輕失大**〔十・三九四五〕 游、王、柯、秦、李本「卜」誤「十」。

---

❶「徹」，原作「徹」；「卜」，原作「北」，並據寶禮堂本改。

# 卷一二九　貨殖列傳第六十九

**雞狗之聲相聞**〔十・三九四九〕　程、殿本同，各本「鷄」作「雞」。

**太史公曰**〔十・三九四九〕　中統、舊刻、游、正德、王、柯、秦、李、凌、殿本提行，非。

**而心誇矜埶能之榮**〔十・三九四九〕　百衲同，各本「埶」作「勢」。

**夫山西饒財**〔十・三九五〇〕　百衲、游、正德本同，各本「財」作「材」。

**紵屬**〔十・三九五〇〕　舊刻「屬」作「属」，下「屬巨野」，注「屬之琅琊」並同。

**王石**〔十・三九五〇〕　各本「王」作「玉」。

**丹沙**〔十・三九五〇〕　程本「沙」作「砂」，下並同，《異同》同。

**龍門碣石**〔十・三九五〇〕　王、秦本「碣」誤「竭」。

**往往山出棊置**〔十・三九五〇〕　正德本「棊」誤「綦」。

**商而通之**〔十・三九五〇〕　百衲、中統本「商」誤「啇」，下並同。游本「商鞅行法」以下亦並作「啇」。

**貴之徵賤**〔十・三九五〇〕　「徵」缺筆，餘不缺。

**虞不出則財匱少**〔十・三九五一〕　游本「出」誤「至」。

**地瀉鹵**〔十・三九五一〕　殿本「瀉」誤「瀉」，注同。

**斂袂而往朝焉**〔十・三九五一〕　中統、毛本同，各本「斂」作「歛」。

**管子修之**〔十・三九五一〕　《異同》「修」作「脩」。

**則桓公以霸**〔十・三九五一〕　「桓」缺筆，下「桓發用之富」同，「北鄰烏桓」不缺。

**一匡天下**〔十・三九五一〕　「匡」缺筆。

**位在陪臣**〔十・三九五一〕　舊刻「陪」作「倍」。

**富於列國之君**〔十・三九五一〕　毛本「於」作「于」，下「禮生於有而廢於無」「不死於市」「浮於江湖」並同。

**是以齊富强**〔十・三九五二〕　李本同，各本「强」作「彊」，《異同》同，正德本誤「疆」。

**富者得勢益彰**〔十・三九五一〕　百衲、南雍本「勢」作「埶」，下「失勢則客無所之」同，又「此所謂得勢而益彰者乎」「地勢饒食」，百衲並作「埶」，程本「失勢則客無所之」、毛本「地勢饒食」亦作「埶」。

**尚猶患貧**〔十・三九五二〕　凌本「猶」誤「有」。

**昔者越王句踐**〔十・三九五二〕　百衲、毛本不提行。

**研桑心筭**〔十・三九五三〕　毛、殿本「筭」作「算」。

**葵丘濮上人**〔十・三九五三〕　王、秦本「濮」誤「漢」。

**嘗南游於楚**〔十・三九五三〕 中統、游、正德本「嘗」作「常」，又「游」作「遊」，南雍、李、程、殿本同。毛本「於」作「于」。

**知關則修備**〔十・三九五二〕 中統、游、正德本「修」作「脩」，《異同》同。

**二者形則萬貨之情可得而觀已**〔十・三九五二〕❶ 毛本無「則」字。

**平糶齊物**〔十・三九五二〕 毛本「糶」誤「糴」。

**關市不乏**〔十・三九五二〕 中統本「關」作「関」，下「關中自汧以東」「故關中之地」並同。

**務完物**〔十・三九五二〕 「完」缺筆。

**無息幣**〔十・三九五二〕 《索隱》「幣」作「弊」。《雜志》云：「古字多以『獘』爲『幣』。《莊子・則陽篇》『搏幣而扶翼』，《釋文》作『獘』。《秦策》『必卑辭重幣以事秦』、《趙策》『受其幣而厚遇之』，姚本並作『獘』。《趙策》『啓關通幣』，《史記・虞卿傳》作『獘』。《史記・司馬相如傳》『發巴蜀士民各五百人以奉幣帛』，❷《漢書》作『獘』。」

**修之十年**〔十・三九五二〕 《異同》「修」作「脩」。

---

❶ 「貨」，原作「物」，據寶禮堂本改。

❷ 「司」，原作「史」，今改。

**乃喟然而歎曰**〔十・三九五三〕❶　中統、舊刻、游、正德、李、毛本「歎」作「嘆」。

**漢書音義曰特舟也**〔十・三九五四〕　百衲上有「駰案」二字，下「《漢書音義》曰逐時而居貨」同。

**漢書音義曰逐時而居貨**〔十・三九五四〕　殿本上有「駰案」二字，下「徐廣曰《地理志》作『蓏』」，又「歸者取利而不停貨也」，又十引《漢書音義》並同。案上引「《漢書音義》曰『特舟也』」，殿本無「駰案」二字，又所引徐廣注多矣，並不冠以「駰案」，此獨有之，亦不一律。

**子孫脩業而息之**〔十・三九五五〕　中統、舊刻、游、正德、南雍、李、程、毛、殿本「脩」作「修」。

**子貢結駟連騎**〔十・三九五五〕　《書鈔》八十一引「駟」作「四」。

**所至國君無不分庭與之抗禮**〔十・三九五五〕　《書鈔》引作「所至國君無不分庭見禮也」。

**白圭周人也**〔十・三九五五〕　舊刻不提行，毛本空一格。

**夫歲孰取穀**〔十・三九五五〕　正德本「孰」作「熟」，《異同》同。

**蠒出**〔十・三九五五〕　殿本「出」誤「凶」。

**趨時若猛獸摯鳥之發**〔十・三九五五〕　程本「摯」作「鷙」。

**蓋天下言治生祖白圭**〔十・三九五五〕　中統、舊刻、游、正德、南雍、程本「蓋」作「盖」，俗。

**猗頓**〔十・三九五六〕　中統、舊刻、游、正德、王、柯、南雍、秦、李、程、殿本提行，下「烏氏倮」同。王、柯、秦、李、凌本

---

❶「而」，原脱，據寶禮堂本補。

「猗」作「倚」，注仍作「猗」。

**孔叢曰**〔十・三九五六〕 淩本「叢」下有「子」字。❶

**猗頓魯之窮士也**〔十・三九五六〕 淩本脱「猗」字。

**耕則常飢**〔十・三九五六〕 淩、程本「飢」作「饑」。

**當畜五牸**〔十・三九五六〕 中統、舊刻、游、正德、程本同，各本「牸」作「特」。

**大畜牛羊于猗氏之南**〔十・三九五六〕❷ 本「于」誤「干」。

**烏氏倮**〔十・三九五七〕 中統、游、正德、王、柯、南雍、秦、李、程、殿本提行。

**間一作姧**〔十・三九五七〕 百衲、舊刻、游、正德、南雍、殿本「姧」作「姦」，王、柯、秦、李、淩、程、毛本作「奸」，下「謂之姧也」同。

**不以公正**〔十・三九五七〕 各本「不」上不空格。

**戎王什倍其償與之畜**〔十・三九五七〕 《索隱》出「什倍其當予之畜」七字，云：「『當』字《漢書》作『償』也。」是小司馬所據本作「當」，其作「償」者後人以《漢書》改《史記》也。説詳《雜志》。

**漢興海内爲一**〔十・三九五八〕 百衲、南雍、李、淩、程、毛、殿本不提行。

---

❶ 「下」，原作「上」，據淩本改。
❷ 「南」，原作「間」，據寶禮堂本改。

而徙豪傑諸侯强族於京師〔十・三九五八〕　王、柯、南雍、秦、李、凌、程、殿本「强」作「彊」，《異同》同。

大王王季在岐〔十・三九五八〕　凌、毛本「大」作「太」。中統、游本作「歧」，各本作「岐」。

文王在豐〔十・三九五八〕　舊刻「豐」作「豊」。

殖五穀〔十・三九五八〕　中統、游、正德、程本「殖」作「植」。

地居隴蜀之間要路〔十・三九五九〕　毛本「隴」誤「龍」。

櫟邑北郤戎翟〔十・三九五八〕　毛本「戎」誤「伐」。

丹沙〔十・三九五八〕　《異同》「沙」作「砂」。

南御滇僰僰僮〔十・三九五八〕　《異同》不重「僰」字。

惟褎斜綰轂其口〔十・三九五八〕　秦本「斜」誤「剁」。

昔唐人都河東〔十・三九五九〕　毛本「唐」誤「咸」。

周人都河内〔十・三九五九〕　李本脱此句。

人民矜懻忮〔十・三九六〇〕　李本「懻」誤「僟」，注同。

忮音堅忮〔十・三九六一〕　毛本「堅」下脱「忮」字。

今以土名强直爲懻中也〔十・三九六一〕　王、柯、南雍、秦、李、凌、程、殿本「强」作「彊」。

好氣任俠爲姧〔十・三九六〇〕　各本「姧」作「姦」，下同，《異同》同。

**㹫音兕**〔十・三九六一〕　秦本「兕」誤「𠒃」，李本誤「皃」。

**固已患其慓悍**〔十・三九六〇〕　毛本「慓」作「慓」。

**故楊平陽陳掾其閒**〔十・三九六〇〕　百衲、舊刻、毛本同，《集韻・二仙》「掾」下引同，《索隱》及各本「掾」作「椽」。

**一作儇**〔十・三九六一〕　《索隱》及舊刻、游、王、柯、秦、程本同，各本「儇」誤「懷」。

**一作惠也**〔十・三九六一〕　百衲、毛本同，各本無「也」字。

**起則相隨椎剽**〔十・三九六〇〕　李本「椎」誤「推」。

**休則掘冢作巧姦治**〔十・三九六〇〕　各本「治」作「冶」，中統本亦誤「治」。

**一作推**〔十・三九六一〕　百衲、程、毛本「推」作「椎」。

**爲倡優女子**〔十・三九六〇〕　李本「倡」作「娼」。

**跕音怗**〔十・三九六一〕　舊刻「怗」誤「帖」。

**跕屣也**〔十・三九六一〕　各本「屣」作「屣」。

**鄭衛俗與趙相類**〔十・三九六二〕　程本脱「鄭衛」二字。

**微重而矜節**〔十・三九六二〕　《御覽》一百六十二引作「重義而務節」，案徐廣注「矜，一作務」，則作「務節」者，徐所見別一本也。

**野王好氣任俠**〔十・三九六二〕　本「任」誤「住」。

**而民雕捍少慮**〔十・三九六二〕《索隱》出「人雕悍」三字云：「言如雕性之捷捍也。」❶「民」避太宗諱改「人」。「捍」正文作「悍」，而注仍作「捍」。

**洛陽東賈齊魯**〔十・三九六三〕　中統、游、正德、王、柯、南雍、秦、李、凌、程本提行，百衲、舊刻、毛、殿本不提。

**故泰山之陽則魯**〔十・三九六三〕　程本「泰」作「太」。

**屬之琅邪**〔十・三九六三〕　舊刻「邪」作「琊」。中統、游本「屬」作「属」。

**膏壤二千里**〔十・三九六三〕　程本「膏」誤「高」。

**人民多文綵布帛魚鹽**〔十・三九六三〕　舊刻「綵」作「采」。

**勇於持刺**〔十・三九六三〕　毛本「於」作「于」，下「甚於周人」同。百衲「持」誤「恃」。

**及其衰**〔十・三九六三〕　百衲、舊刻、正德、毛本同，各本無「其」字。

**好賈趨利**〔十・三九六三〕　中統、游本「趨」作「趍」。

**在滎陽**〔十・三九六三〕　中統、游、正德、凌本「滎」作「榮」。

**今爲臨淮**〔十・三九六三〕　百衲「淮」誤「準」。

---

❶「性」字，原重出，今據删。

**屬巨野**〔十·三九六三〕 舊刻「屬」作「属」。

**今陶之浚儀**〔十·三九六四〕 舊刻無「陶」字。

**今之定陶**〔十·三九六四〕 百衲、舊刻本「今」誤「定」，程本誤「人」。

**在成陽**〔十·三九六四〕 毛本「陽」誤「湯」。

**今梁國薄縣**〔十·三九六四〕 王、秦本「今」誤「令」。百衲「國」作「国」，俗。中統、游、正德本「薄」誤「簿」。

**致其蓄藏**〔十·三九六三〕 南雍、程、殿本「蓄」作「畜」。

**通魚塩之貨**〔十·三九六四〕 「塩」爲「鹽」俗省字。

**皆在下邳**〔十·三九六五〕 《札記》云：「南宋本『邳』字誤入下句正文。」

**則清刻矜已諾**〔十·三九六四〕 《札記》云：「王本『矜』作『務』。」案王本作「矜」，秦本亦同。

**三江五湖之利**〔十·三九六五〕 毛本「湖」誤「河」。

**耜縣屬江夏**〔十·三九六六〕 中統、舊刻、游本同，各本「属」作「屬」。

**高帝所置江南者**〔十·三九六六〕 毛本「置」誤「制」。

**武帝改名丹陽**〔十·三九六六〕 正德本「改名」誤「江南」。

**與闔中于越雜俗**〔十·三九六五〕 舊刻「于」作「干」，當從之，秦本誤「子」。

**故費用也**〔十·三九六六〕　百衲、毛本「費」誤「貴」。

**而楊越多焉**〔十·三九六六〕　舊刻、游、正德、南雍、程、殿「楊」作「揚」。

**果謂龍眼離支之屬**〔十·三九六七〕　毛本「謂」作「爲」，《字類》一《補遺》引同。舊刻、游本「屬」作「属」。

**潁川南陽夏人之居也**〔十·三九六七〕　百衲、毛本不提行。百衲、中統、柯、南雍、秦、凌、程、毛、殿本作「潁」，與此同，下並同，舊刻作「穎」，各本「潁」，均非。

**禹居陽翟**〔十·三九六七〕　中統、游、正德本「陽翟」二字誤倒。

**接漢中**〔十·三九六七〕　游、正德、王、柯、南雍、秦、李、凌、程、毛、殿本「接」作「按」。

**山西食鹽鹵**〔十·三九六七〕　舊刻「鹽」誤「海」。

**領南沙北**〔十·三九六七〕　正德、凌本「領」作「嶺」。

**地廣人希**〔十·三九六八〕　中統、游、正德本「希」作「狶」。

**乃遘反**〔十·三九六八〕　「遘」避高宗諱缺筆，王、柯、秦、李本「乃」誤「及」。

**除草也**〔十·三九六八〕　王、柯、秦、李、凌本「除草」誤「縣苴」。

**果隋**〔十·三九六八〕　《索隱》及百衲、毛本「隋」作「隨」，《字類》二《補遺》，又三《補遺》引並同。《讀書記》云：「『隋』作『隨』。」案「隋」爲「隨」之俗省，何氏蓋未檢《索隱》諸本也。

**蠃蛤**〔十·三九六八〕　中統、游、正德、王、柯本「蠃」誤「蠃」。

**地理志作蓏**〔十・三九六八〕　百衲、中統、游、正德、毛本同，各本「蓏」誤「窳」。凌本「志」下衍「云」字。

**無飢饉之患**〔十・三九六八〕　南雍、李、凌、程、毛本「飢」作「饑」，《異同》同。

**呰窳苟且愔嬾之謂也**〔十・三九六八〕　中統、游、正德本「窳」誤「蓏」。游、正德本「愔嬾」誤「隋賴」。

**燕代田畜而事蠶**〔十・三九六八〕　中統本「蠶」作「蚕」。

**騆案應劭**〔十・三九六八〕　各本「劭」下有「曰」字，此脱。

**窳病也**〔十・三九六八〕　舊刻無「也」字。

**隱居巖穴之士**〔十・三九六九〕　毛本「巖」作「岩」。

**歸者取利而不停貨也**〔十・三九六九〕　百衲、毛本「歸」上有「騆案」二字，殿本同。

**劫人作姧**〔十・三九六九〕　舊刻同，《異同》同，各本「姧」作「姦」。

**走死地如鶩者**〔十・三九六九〕　百衲、舊刻、游、正德、毛本同，《異同》及《雜志》引宋本、瞿氏據宋本並同，中統本「走」誤「是」，各本無「者」字。

**鶩一作流**〔十・三九六九〕　毛本脱「一」字。

**揄音臾**〔十・三九六九〕　游、李本「臾」誤「庾」，正德本誤「萸」。

**跕音吐協反**〔十・三九六九〕　中統、游、正德本「協」作「叶」。

**馳阬谷**〔十・三九六九〕　游本「馳」誤「駐」。

**博戲馳逐**〔十・三九六九〕　李本「博」誤「傳」。

**鬭鷄走狗**〔十・三九六九〕　程本同，《異同》同，各本「鷄」作「雞」。

**醫方諸食技術之人**〔十・三九六九〕　游本「技」誤「枝」。

**農工商賈畜長**〔十・三九六九〕　百衲「商」誤「問」。

**百里不販薪**〔十・三九六九〕　舊刻同，各本「薪」作「樵」，《異同》同。

**居之一歲**〔十・三九六九〕　百衲本脱「一」字。

**爵邑之入**〔十・三九七〇〕　舊刻「入」誤「人」。

**而更傜租賦出其中**〔十・三九七〇〕　百衲、王、柯、毛本同，各本「傜」作「徭」，《異同》同，舊刻誤「隆」。

**駰案漢書音義曰五十四**〔十・三九七一〕　百衲、毛、殿本與此同，各本無「駰案」二字，下「《漢書音義》曰百六十七頭也」同。

**百六十七頭也**〔十・三九七一〕　百衲「頭」下衍「千」字。

**魚以斤兩爲計也**〔十・三九七一〕　凌本「計」誤「記」。

**一作楸**〔十・三九七一〕　游、正德本「楸」誤「啾」。

**楸木所以爲轅**〔十・三九七一〕　正德本「楸」誤「愀」。

**音秋**〔十・三九七一〕　百衲「秋」作「萩」。

**安邑千樹棗**〔十・三九七〇〕　「樹」缺末點，下並同。

**河濟之間千樹萩**〔十・三九七〇〕　百衲、舊刻本「萩」作「荻」。《類聚》八十九引「濟」誤「齊」，「萩」作「楸」。

**畝鍾之田**〔十・三九七〇〕　《異同》「鍾」作「鐘」，下「販穀糶千鍾」同。

**六斛四斗也**〔十・三九七一〕　百衲「斗」作「㪷」。

**徐廣曰**〔十・三九七一〕　舊刻「廣」誤「席」。

**千畦二十五畝**〔十・三九七一〕❶　百衲「畦」誤「魅」。

**進醵飲食**〔十・三九七〇〕　舊刻「醵」誤「釀」。

**凡編户之民**〔十・三九七二〕　百衲、毛本不提行。

**醯醬千瓨**〔十・三九七二〕　《索隱》出「醯醢千甀」四字，❷各本「瓨」作「坻」，《異同》同，《書鈔》一百四十六引同。《字類》一引此文作「瓨」，蓋所據真宋刻也。《考異》云：「『坻』當作『瓨』，《説文》：『瓨似罌，長頸，受七升，讀若洪。』」

**長頸罌**〔十・三九七三〕　舊刻「頸」字空格，「罌」誤「甖」，游、正德本作「長頸甖」。

**漿千甔**〔十・三九七二〕　毛本同，《札記》引南宋本同，《字類》二引同，各本「漿」作「醬」，《異同》同。《索隱》出

---

❶ 此條原在「畝鍾之田」條上，今移。

❷ 「醯」爲字不成，僅存「酉」旁，據《史記索隱》補。

「醬千檐」三字，「檐」疑「甀」之誤。《雜志》云：「案下句『醬』字當從《漢書》作『漿』，❶此涉上句而誤也。《北堂書鈔・酒食部》《太平御覽・飲食部》引《史記》並作『漿千甀』。」

**出穀也**〔十・三九七三〕　舊刻「穀」誤「谷」。

**糶音掉也**〔十・三九七三〕　舊刻「糶」作「粜」，省右旁，俗字也。游、正德本誤「糴」。

**薪稾千車**〔十・三九七二〕　中統、游、正德本「稾」作「藁」，下注同。

**船長千丈**〔十・三九七二〕　李本此下有「徐廣曰揔積數長千丈」，案此《索隱》文誤入。

**漢書音義曰**〔十・三九七三〕　百衲上有「駰案」二字，下「《漢書音義》曰『音如楚人言薺』」，又「《漢書音義》曰『貪賈未當賣而賣』」、「《漢書音義》曰『奴自相謂曰』」云云、「《漢書音義》曰『儉嗇也』」、「《漢書音義》曰『謂街巷居民』」云云、「《漢書音義》曰『若今吏督租穀』」「《漢書音義》曰『邊塞主斥候卒也』」，並同。中統、游、正德本「音義」下脱「曰」字。

**舊將作大匠掌材曰章曹掾**〔十・三九七三〕　游、正德、王、柯、秦、李本「掾」誤「椽」。

**竹竿萬个**〔十・三九七二〕　《索隱》「竿」作「千」，此「竿」字當本「千」字，後人誤加竹頭也。

**其軺車百乘**〔十・三九七二〕　舊刻脱「乘」字。

**馬車也**〔十・三九七三〕　中統、游、正德本「車」誤「牛」。

---

❶ 按，《讀書雜志》出文作「醯醬千瓨，醬千甀」，故「下句」即指「醬千甀」三字。

**牛車千兩**〔十·三九七二〕 《異同》「兩」作「輛」，「兩」字細書。

**髹者千枚**〔十·三九七二〕 《索隱》無「枚」字。

**髹音休**〔十·三九七三〕 中統、舊刻、游、正德本「休」誤「沐」。

**百二十斤爲石**〔十·三九七四〕 舊刻作「三十斤爲石」，蓋涉上注「三十斤」而誤。

**案漢書音義曰**〔十·三九七四〕 毛本同，各本「案」下有「駰」字。

**素木素器也**〔十·三九七四〕 舊刻「木」誤「本」。

**皦苦弔反**〔十·三九七四〕 舊刻「弔」誤「手」。

**馬八髎**〔十·三九七四〕❶ 百衲、毛本「髎」下有「也」字。舊刻「八」誤「入」。

**古者無空手游曰**〔十·三九七四〕❷ 中統「曰」作「口」，舊刻、游、正德、柯、李、凌、毛、殿本作「日」。

**以别爲牛蹄角也**〔十·三九七四〕 本「馬」誤「焉」。

**荅布皮革千石**〔十·三九七二〕 《索隱》及百衲、舊刻本同，各本「荅」作「榻」，《異同》同，毛本作「搨」。《志疑》云：「『搨』乃『荅』之譌。」案此本注作「榻」。

**蘗麴鹽豉千荅**〔十·三九七二〕 《索隱》「荅」作「蓋」，百衲、毛本作「瓻」，各本作「荅」，《異同》作「瓻」。舊刻

---

❶ 「髎」，原作「膠」，據寶禮堂本改。下一「髎」字據文義改。

❷ 「古」，原作「右」，據寶禮堂本改。

「豉」誤「𣄢」,「荅」誤「谷」。《札記》云:「《漢書》作『合』,疑『荅』字形近而譌。南宋本、毛本作『瓵』,蓋後人依《集解》改。」

**鮆魚與鮐魚也**〔十·三九七五〕❶　中統、游本「與」作「与」。

**鮿音輒鱄魚也**〔十·三九七五〕　《索隱》出注云:「鯫音輙,膊魚也。」毛本「輙」作「鄹」,各本作「鯫音鯫,鯫魚也」。《雜志》云:「案,鯫音昨苟反,字從魚,取聲,《説文》:『白魚也。』鮿音輒,字從魚,耴聲。《玉篇》:『膊魚也。』兩字絶不相通。此文以鮐鮆爲一類,鮿鮑爲一類。鮿音輒,字從耴,不從取。世人多見取,少見耴,故鮿誤爲鯫。今俗書『輒』字作『輙』,誤與此同也。徐廣注當作『鮿音輒,膊魚也』,考《漢書》正作『鮿鮑千鈞』,顔師古曰:『鮿,膊魚也,即今不著鹽而乾者也。鮿音輒。』是其證矣。《索隱》不用徐廣之説,乃云『鯫音輒,一音昨苟反,小魚也』,且云『鯫生之字與此同』,是直不辨『鯫』『鮿』之爲兩字矣。」

**駔音祖朗反**〔十·三九七五〕　「祖朗」二字微泐。王本「朗」字右旁亦作「刀」,南雍、殿本作「郎」,程本誤「所」。

**羔羊裘千石**〔十·三九七二〕　《索隱》無「裘」字。

**佗果菜千鍾**〔十·三九七二〕　《索隱》「鍾」作「種」。王、秦本「千」誤「十」。

**子貸金錢千貫**〔十·三九七二〕　百衲、毛本脱「錢」字。

**馬儈也**〔十·三九七五〕　中統、游、正德本「儈」作「會」。

---

❶「鮆」,原作「𦍒」,據寶禮堂本改。

**節節物貴賤也**〔十・三九七五〕　毛本脱下「節」字。

**謂估儈**〔十・三九七五〕　游、正德本「估」誤「怙」，李本誤「佑」。

**其餘利比千乘之家**〔十・三九七五〕　正德本「千」誤「十」，毛本誤「于」。

**其大率也**〔十・三九七二〕　《異同》「其」上有「此」字。案《漢書》有「此」字，上句「此亦千乘之家」無「此」字。

**蜀卓氏之先**〔十・三九七六〕　毛本不提行，下「程鄭」「宛孔氏」、齊「刁間」、周「師史」、「宣曲任氏」並同。

**用鐵冶富**〔十・三九七六〕　秦本「冶」誤「治」，下「用鐵冶爲業」同，百衲下「冶」字亦誤「治」。

**爭與吏求近處處葭萌**〔十・三九七六〕　王、南雍、秦、李本脱一「處」字。

**下有蹲鴟**〔十・三九七六〕　《字類》一「踆」下引《漢書・貨殖傳》下有「踆鴟」，又《補遺》云：「《史傳》同，古『蹲』字。」

**古蹲字作踆**〔十・三九七七〕　正德本「古」誤「石」。《札記》云：「杭氏云：『據此，則本文作「踆」。』案，《漢書》作『踆』。」

**至死不飢**〔十・三九七六〕　凌、程本「飢」作「饑」，《異同》同。

**椎髻之民**〔十・三九七七〕　《索隱》「椎」作「魋」，云：「上音椎。」則其字不當作「椎」矣。

**富埒卓氏**〔十・三九七七〕　中統、游、正德本「埒」誤「埒」。

**宛孔氏之先**〔十・三九七七〕　舊刻「氏」上衍「子」字。

**大鼓鑄**〔十・三九七七〕　王、柯、秦、李、凌本「鼓」作「皷」，《異同》同。

**因通商賈之利**〔十・三九七七〕　百衲、游本同，各本「商」作「商」。

**有游閑公子之賜與名**〔十・三九七七〕　《索隱》「閑」作「閒」。案注「閒暇」亦作「閒」。

**然其贏得過當**〔十・三九七七〕❶　舊刻「當」誤「常」。

**貰貸行賈徧郡國**〔十・三九七八〕　中統、柯本「貰」作「貫」。

**而刁間獨愛貴之**〔十・三九七八〕　中統本「刁」作「刀」。

**使之逐漁鹽商賈之利**〔十・三九七八〕　毛本「漁」作「魚」。

**寧欲免官作民有爵邪**〔十・三九七八〕　舊刻「邪」作「也」。

**無發聲語助**〔十・三九七八〕　舊刻、柯、李、凌本「無」作「毋」。舊刻「助」作「辭」，正德本脱「助」字。

**周人既纖**〔十・三九七九〕　中統、舊刻、游、正德本提行，各本不提。

**轉轂以百數**〔十・三九七九〕　游本「以」誤「而」。

**謂街巷居民無田地**〔十・三九七九〕　百衲「街」誤「衜」。

**在此諸國也**〔十・三九七九〕　正德本「此」誤「比」。

---

❶「贏」，原作「羸」，據寶禮堂本改。

**故師史能致七千萬**〔十・三九七九〕　游本「史」誤「使」。

**使上道輸在所也**〔十・三九八〇〕　百衲、舊刻、毛本同，各本「使」誤「吏」。

**督道秦時邊縣名**〔十・三九八〇〕　百衲同，各本無「時」字。

**而任氏獨窖倉粟**〔十・三九七九〕　王、秦本「窖」作「穿」，涉注文「穿地以藏也」而誤。《札記》云：「吴校金板『粟』作『穀』。」

**楚漢相距滎陽也**〔十・三九七九〕　游本「滎」作「榮」，《異同》同，《類聚》八十五引同。

**米石至萬**〔十・三九七九〕　《類聚》引作「米至貴」。

**則身不得飲酒食肉**〔十・三九七九〕　王本「身」誤「匈」。

**邊塞主斥候卒也**〔十・三九八〇〕　中統、游、正德本「主」誤「王」。毛本「候」誤「侯」。

**唯此人能致富若此**〔十・三九八〇〕❶　毛本「若」作「至」。

**齎貸子錢**〔十・三九八〇〕　舊刻「貸」作「貣」。

**田蘭**〔十・三九八一〕　游、正德本「蘭」作「闌」，《異同》「闌」大書，「蘭」細書。

**此其章章尤異者也**〔十・三九八一〕　中統、游、王、南雍、秦本脱一「章」字。

---

❶ 「唯」，原作「惟」，據寶禮堂本改。

又作較〔十・三九八一〕　游、正德本「又」誤「及」。

田農拙業〔十・三九八一〕　《字類》五引此作「田農掘業」。《雜志》云：「案『拙』本作『掘』，故徐廣《音義》曰：『古「拙」字亦作「掘」也。』後人改『掘』爲『拙』，則與《音義》相左矣。」

古拙字亦作掘也〔十・三九八二〕　秦本「拙」誤「挹」。凌本「掘」誤「拙」。

而秦陽以蓋一州〔十・三九八一〕　《索隱》「陽」作「揚」。舊刻、南雍、程本「蓋」作「盖」，《異同》同。《札記》云：「《漢書》作『楊』。」

掘冢姦事也〔十・三九八一〕　《異同》「姦」作「奸」。

而田叔以起〔十・三九八二〕　百衲、舊刻、毛本同，各本「田」作「曲」。《讀書記》云：「田，《漢書》作『曲』。」

而雍伯千金〔十・三九八一〕　舊刻「千」誤「于」。

洒削薄技也〔十・三九八一〕　舊刻「技」誤「扳」。

治刀鉤名〔十・三九八二〕　各本「鉤」作「劒」。

胃脯簡微耳〔十・三九八二〕　毛本「胃」誤「冒」。《讀書記》云：「胃，《漢書》作『胃』。」

張里聲鍾〔十・三九八二〕　李本「鍾」作「鐘」。

能者輻湊〔十・三九八二〕　程本「湊」作「輳」。

不肖者瓦解〔十・三九八二〕　李本「解」誤「斛」。

## 卷一三〇　太史公自序第七十

**昔在顓頊**〔十・三九八九〕　「頊」缺筆，餘不缺。

**使復典之**〔十・三九八九〕　李本「典」誤「興」。

**至于夏商**〔十・三九八九〕　中統本「商」誤「啇」。

**司馬氏世典周史**〔十・三九八九〕　《索隱》「世」作「代」，避太宗諱。

**以傳劒論顯**〔十・三九九〇〕　舊刻脱「劒」字。

**傳手搏**〔十・三九九一〕　王、秦、李、凌本「搏」誤「摶」。

**非信仁廉勇**〔十・三九九一〕　毛本「廉」誤「兼」。

**不能傳劒論兵書也**〔十・三九九一〕　中統本「能」誤「罷」。

**一作蘄**〔十・三九九一〕　百衲此下有「錯音七各反」云云十五字，乃《索隱》文連引，誤。

**文穎曰**〔十・三九九一〕　王、柯、秦、李本同，當從舊刻、南雍、程本作「穎」。他本作「頴」，亦非。

**俱賜死杜郵**〔十・三九九〇〕❶　舊刻「郵」誤「陲」。

**在鄠縣**〔十・三九九一〕　舊刻「鄠」誤「雩」。

**昌爲秦主鐵官**〔十・三九九〇〕　百衲「主」誤「王」。

**蒯聵玄孫卬**〔十・三九九一〕　「玄」缺筆。

**爲武信君將而徇朝歌**〔十・三九九一〕　舊刻、程、殿本「徇」作「狥」，下「以身徇君」「用徇其君」並同。

**武臣自號武信君**〔十・三九九二〕　中統、游本「號」作「号」。

**王卬於殷**〔十・三九九一〕　「殷」缺筆，下「作《殷本紀》」「漢用得大司馬殷」並同，餘不缺。

**長安城無高門**〔十・三九九二〕　舊刻「城」誤「成」。

**漢儀注**〔十・三九九二〕　王、柯、南雍、秦、李、凌、程、殿本「注」作「註」，俗。

**行太史公文書而已**〔十・三九九二〕　游、正德、秦本「文」誤「立」。

**天下一致而百慮**〔十・三九九三〕　王、秦本脱「天」字。

**嘗竊觀陰陽之論大祥**〔十・三九九三〕　中統、游、正德本「嘗」作「常」。

**一作詳**〔十・三九九四〕　《索隱》出注云：「一作『大詳』。」

---

❶「杜」，原作「北」，據寶禮堂本改。

**贍足萬物**〔十・三九九四〕 《索隱》「贍」作「瞻」，誤。

**撮名法之要**〔十・三九九四〕 凌本「名」誤「明」。

**形大勞則敝**〔十・三九九四〕 毛本「大」作「太」。

**夫儒者以六蓺爲法**〔十・三九九五〕 游、正德、程本「蓺」作「藝」，下同。

**六蓺經傳以十萬數**〔十・三九九五〕 各本「十」作「千」。

**食土軌**〔十・三九九五〕 各本「軌」作「簋」，《字類》二「刑」下引此作「軌」，又三「甂」下引作「簋」。

**一作溜**〔十・三九九六〕 百衲、舊刻本「溜」作「熘」，是。

**糲粱之食**〔十・三九九五〕 《索隱》及百衲、程、毛、殿本「粱」作「粱」。中統、游、正德本「食」誤「石」。

**一斛粟七斗米爲糲**〔十・三九九六〕 百衲、中統、游、正德、王、柯、秦、李、凌本「斗」作「㪷」，王、秦本「糲」誤「糰」，下同。

**五斗粟三斗米爲糲**〔十・三九九六〕 毛本「米」誤「采」。

**韋劭曰**〔十・三九九六〕 本「昭」誤「劭」。

**糲礲也**〔十・三九九六〕 中統本「礲」作「龐」。

**藜藿之羹**〔十・三九九五〕 中統、游本「藜」作「黎」。

**教喪禮**〔十・三九九五〕 中統、游本「禮」作「礼」，下注亡，《景紀》《武紀》《禮書》《樂書》《律書》同。

**名家苛察繳繞**〔十・三九九七〕　中統、游本「繳」作「繚」，注同，正德本於正文已改「繳」，注二「繚」字未改。

**參錯交玄**〔十・三九九七〕　本「互」誤「玄」。

**無成勢**〔十・三九九七〕　百衲「勢」作「埶」，下「其勢銷弱」「欒公不劫於勢而倍死」「不爭勢利」並同。

**聲則名也**〔十・三九九八〕　各本「則」作「別」。

**姧乃不生**〔十・三九九七〕　各本「姧」作「姦」。

**光燿天下**〔十・三九九七〕　中統、游、正德、程本「燿」作「耀」。

**神者生之本也**〔十・三九九七〕　毛本「神」誤「人」。

**年十歲則誦古文**〔十・三九九八〕　李本脱「歲」字。

**闚九疑**〔十・三九九九〕　《索隱》「闚」作「窺」。

**鄒嶧薛三縣屬魯**〔十・四〇〇〇〕　中統、舊刻、游本「屬」作「属」。

**自上世嘗顯功名於虞夏**〔十・四〇〇〇〕　中統、游、正德、殿本「嘗」作「常」。

**宣周召之風**〔十・四〇〇一〕　各本「召」作「邵」。案上言「周公」，而此云「宣周邵之風」，董份謂此必「周南」「召南」耳。❶則此本「召」字是也，各本作「邵」，非。

---

❶ 上「南」字，原作「召」，據凌本眉批改。

**禮樂衰**〔十・四〇〇一〕　百衲「樂」作「義」。

**孔子脩舊起廢**〔十・四〇〇一〕　百衲、中統、游、正德、李、凌、毛、殿本「脩」作「修」。

**四百有餘歲**〔十・四〇〇一〕　百衲、南雍、程、殿本同，各本無「有」字。凌本旁注：「一本『百』下有『餘』字。」

**騆案年表**〔十・四〇〇一〕　百衲、殿本同，各本無「騆」字。

**魯哀公十四年獲麟**〔十・四〇〇一〕　正德本「麟」誤「鱗」。

**廢天下之史文**〔十・四〇〇一〕　程本「史文」作「文史」。

**汝其念哉**〔十・四〇〇一〕　毛本「其」誤「某」。

**紬音抽**〔十・四〇〇一〕　中統、舊刻本「抽」誤「油」。

**遷爲太史**〔十・四〇〇二〕　王、柯、秦本「遷」作「迁」，俗。

**封禪序曰**〔十・四〇〇二〕　中統、游、正德本「曰」作「云」。

**封禪則萬靈罔不湮祀**〔十・四〇〇二〕　各本「湮」作「禋」。王、柯、秦本「萬」作「万」。

**騆案曰昭曰**〔十・四〇〇二〕　本「韋」誤「曰」。

**告於百神**〔十・四〇〇二〕　毛本「百」誤「肖」。

**與天下更始**〔十・四〇〇二〕　中統、游本「與」作「与」。

**太史公曰**〔十・四〇〇二〕　百衲、毛本不提行。

**有能紹明世**〔十·四〇〇二〕　中統、游本「紹」作「受」。

**小子何敢讓焉**〔十·四〇〇二〕　「讓」缺筆，下「豫讓義不爲二心」同，餘不缺。

**下辨人事之紀**〔十·四〇〇三〕　正德本「辨」作「辯」。

**春秋辯是非**〔十·四〇〇三〕　毛本脱「辯」字。

**春秋萬八千字**〔十·四〇〇四〕　舊刻脱「萬」字。

**董仲舒自治公羊春秋公羊經傳**〔十·四〇〇四〕　中統、游、正德、王、柯、秦、李、凌本無「春秋公羊」四字，毛本下「公羊」二字錯在「春秋」上。

**失之豪釐**〔十·四〇〇三〕　舊刻、正德、李、殿本「豪」作「毫」。

**差以千里**〔十·四〇〇三〕　游本「差」作「羌」。

**徐廣曰一云繆以千里**〔十·四〇〇五〕　毛本「繆」作「謬」。各本此文連上「徐廣曰『一云差以豪釐』」爲一條，不再出「徐廣曰」，惟毛本與此同。

**故曰臣弒君**〔十·四〇〇三〕　李本脱「弒」字。

**必蒙首惡之名**〔十·四〇〇三〕　中統本「蒙」誤「家」。

**必陷簒弒之誅死罪之名**〔十·四〇〇三〕　《志疑》云：「《後書·儒林傳論》注引《史》作『必陷簒弒誅死之罪』」，豈誤以《漢書》爲《史記》耶？

**夫君不君則犯**〔十·四〇〇四〕　百衲、舊刻、游、正德、毛本同，各本無「夫」字。

**則受而弗敢辭**〔十・四〇〇四〕　凌、程本「辭」作「辤」。❶

**故春秋者禮義之大宗也**〔十・四〇〇四〕　毛本脱「義」字。

**今夫子上遇明天子**〔十・四〇〇五〕　舊刻「今」誤「令」。

**否否不通也**〔十・四〇〇六〕　舊刻、殿本同，各本「也」上有「者」字。

**建封禪**〔十・四〇〇五〕　百衲、中統、舊刻、游、正德、王、柯、秦、凌本無「建」字，凌本旁注：「一本『封』上有『建』字。」

**應劭曰**〔十・四〇〇六〕　王、柯、秦、李本「劭」誤「邵」。

**乃喟然而嘆曰**〔十・四〇〇六〕　百衲、凌、毛本「嘆」作「歎」。

**孔子戹陳蔡**〔十・四〇〇六〕　毛本「戹」作「厄」。

**此人皆意有所鬱結**〔十・四〇〇六〕　舊刻、游、正德本同，各本「欝」作「鬱」。

**維昔黄帝**〔十・四〇〇七〕　百衲、正德、毛本不提，各本提。

**唐堯遜位**〔十・四〇〇七〕　游本「唐堯」二字空格。

**作五帝本紀第一**〔十・四〇〇七〕　中統本「第」作「弟」，下「作《歷書》第四」「作《陳涉世家》第十八」「作《老子韓非列傳》第三」並同。

---

❶ 「辤」，原作「辭」，據凌、程本改。

**維禹之功**〔十・四〇〇七〕　百衲、毛本不提，舊刻空二格，下並同。此本以下或空二格，或三格，或一格，或不空，殊不一律。

**夏桀淫驕**〔十・四〇〇七〕　游本「桀」作「傑」。

**維契作商**〔十・四〇〇七〕　百衲、中統本「商」作「商」，下並同。

**既喪酆鎬**〔十・四〇〇八〕　中統、舊刻、游、正德、南雍、秦、凌本同，各本「酆」作「酆」。

**陵遲至赧**〔十・四〇〇八〕❶　百衲、中統、游本同，各本「遲」作「遲」。

**二世受運**〔十・四〇〇八〕　程本脱此文以下十字。

**豪桀並擾**〔十・四〇〇八〕　正德、秦、凌、毛、殿本「桀」作「傑」。

**子羽接力**〔十・四〇〇八〕　各本「力」作「之」。

**號慶子冠軍**〔十・四〇〇八〕　中統、游、正德本「慶」作「卿」，《札記》引吴校金板同。案《札記》此文誤屬「殺慶」二字下，不知《史》文「殺慶」無異文，乃注文也。

**還定三秦**〔十・四〇〇八〕　本「秦」誤「奏」。

**作高祖本紀第八**〔十・四〇〇八〕　毛本「祖」誤「帝」。

**不爲百姓所悦**〔十・四〇〇九〕　中統、游、正德本「悦」作「説」。

---

❶「赧」，原作「郝」，據寶禮堂本改。

**殺隱幽友**〔十·四〇〇九〕 王、秦本誤重「友」字。

**内脩法度**〔十·四〇〇九〕 舊刻、凌、毛、殿本「脩」作「修」。

**封禪改正朔易服色**〔十·四〇〇九〕❶ 南雍、程、殿本「封」上有「建」字，凌本旁注：「一本『封』上有『建』字。」

**□□代尚已**〔十·四〇〇九〕 各本「代」上有「維三」二字，此缺。

**蓋取之譜牒舊聞**〔十·四〇〇九〕 舊刻、南雍、李、程本「蓋」作「盖」，俗省字。

**欲睹周世桓先後之意**〔十·四〇〇九〕 本「相」誤「桓」。

**天下三擅**〔十·四〇一〇〕 百衲、毛本「擅」作「嬗」。

**彊弱之原云以世**〔十·四〇一〇〕 《索隱》本「彊」作「强」。

**敞義依霍**〔十·四〇一〇〕❷ 毛本「霍」作「敞」。

**作漢興以來諸侯年表第五**〔十·四〇一〇〕 中統、游、正德、王、柯、南雍、秦、李、凌、程、殿本「以」作「已」。

**維高祖元功**〔十·四〇一〇〕 《雜志》云：「案『祖』上本無『高』字。《文選·吳都賦》注、《漢高祖功臣頌》注、《弔魏武帝文》注三引此文皆作『維祖元功』，則無『高』字明矣。下文述《荆燕世家》云『維祖師旅，劉賈是與』，又其一證也。」

---

❶ 「禪」，原作「建」，據寶禮堂本改。

❷ 「敞」，原作「敞」，據寶禮堂本改。

**或殺身隕國**〔十・四〇一〇〕　凌本「隕」作「殞」。

**宗屬爵邑**〔十・四〇一〇〕　百衲本「屬」作「属」。

**北討强胡**〔十・四〇一〇〕　王、柯、南雍、秦、李、凌、程、殿本「强」作「彊」。

**諸侯既强**〔十・四〇一一〕　王、柯、南雍、秦、李、凌、程、毛、殿本「强」作「彊」，下「非兵不强」同。

**人情既感**〔十・四〇一一〕　舊刻「感」誤「惠」。

**可不慎歟**〔十・四〇一一〕　「慎」缺筆。

**極人變**〔十・四〇一一〕　游、王、秦本「變」誤「蠻」。

**封禪之符罕用**〔十・四〇一二〕　中統、舊刻、游、正德、王、柯、南雍、秦、李、凌、程、殿本同，《字類》三引同，百衲、毛本「罕」作「罕」。

**一云荅應**〔十・四〇一三〕　舊刻脱「一」字。

**決瀆通溝**〔十・四〇一三〕　百衲「瀆」誤「漬」。

**作河渠書第七**〔十・四〇一三〕　程本「渠」作「梁」。

**維幣之行**〔十・四〇一三〕　《索隱》「幣」作「獘」。

**其極則玩巧**〔十・四〇一三〕　《索隱》「玩」作「杬」，中統本誤「玩」。

**去本趨末**〔十・四〇一三〕　中統、游、正德本「趨」作「趍」。

**太伯避歷**〔十·四〇一三〕　中統本「太」作「大」。

**繆權于幽**〔十·四〇一三〕　中統、舊刻本「于」誤「子」。

**番番黃髮**〔十·四〇一三〕　王、柯、南雍、秦、李、凌、程本此下有注云：「番音婆，毛萇云：『番番，威勇武貌也。』案『黃髮』言老人髮白而更黃也。」殿本上有「駰案」二字。《札記》云：「南宋、中統、舊刻、游、毛本皆無。」

**爰饗營丘**〔十·四〇一三〕　游本「爰」誤「爰」。

**桓公以昌**〔十·四〇一三〕　「桓」缺筆，下「隱桓之際」「三桓争强」「桓公之東」並同，餘不缺。

**大任十子**〔十·四〇一四〕　《索隱》及凌、毛、殿本「大」作「太」。

**作陳杞世家第六**〔十·四〇一五〕　游本「杞」誤「祀」。

**收殷餘民**〔十·四〇一五〕　舊刻、柯、南雍、程、毛本同，各本「收」作「牧」。

**申以商亂**〔十·四〇一五〕　游本「申」誤「中」，王、秦本誤「巾」。

**酒材是告**〔十·四〇一五〕　舊刻「材」作「村」。

**衛傾不寧**〔十·四〇一五〕　《索隱》「傾」作「頃」。

**嗟箕子乎**〔十·四〇一五〕　百衲、游本「嗟」作「嗟」，下同。

**叔虞邑唐**〔十·四〇一五〕　王、秦本脱「唐」字。

**晉國以秏**〔十·四〇一五〕　各本「秏」作「耗」，俗。

**嘉文公錫珪鬯**〔十·四〇一五〕　百衲「珪」作「圭」。

**好諛信讒**〔十·四〇一六〕　百衲「讒」誤「纔」。

**實賓南海**〔十·四〇一六〕　游本「賓」字空格，正德、柯、李本「賓」作「居」，王、秦本脱此字。

**黿鱓與處**〔十·四〇一六〕　《索隱》及□□「黿」作「蚖」，❶王、秦本誤「鼋」。

**能修其德**〔十·四〇一六〕　程本「修」作「脩」。

**太史是庸**〔十·四〇一六〕　王、秦本「太」作「大」。

**維驥騄耳**〔十·四〇一六〕　中統、游、正德本「騄」作「緑」。

**主父生縛**〔十·四〇一六〕　游本「縛」誤「縳」。

**卜人知之**〔十·四〇一七〕　毛本「卜」誤「十」。

**匡周天子之賦**〔十·四〇一七〕　「匡」缺筆，下「匡亂世反之於正」同，餘不缺。

**仲尼悼禮廢樂崩**〔十·四〇一七〕　各本「尼」作「尼」，「崩」作「萠」。游本「廢」作「癈」。

**追修經術**〔十·四〇一七〕　李本「修」作「脩」。

**垂六蓺之統紀於後世**〔十·四〇一七〕　中統、游、正德、程本「蓺」作「藝」。毛本「垂」作「埀」。

---

❶「及」下，底本空兩格。

**桀紂失其道**〔十·四〇一七〕 李本「紂」誤「討」。

**成皐之臺**〔十·四〇一七〕 王、秦本連上不提行，毛本「皐」作「皋」。

**詘意適代**〔十·四〇一七〕 凌本「詘」誤「絀」。

**陳后太驕**〔十·四〇一七〕 游、正德本「太」作「大」。

**戊溺於邪**〔十·四〇一八〕 舊刻、正德本「戊」誤「戌」。

**憙游輔祖**〔十·四〇一八〕 本「嘉」誤「憙」。游、正德本「祖」誤「袒」，中統本誤「相」。

**怵午信齊**〔十·四〇一八〕 中統本「午」誤「中」。

**親屬既寡**〔十·四〇一八〕 舊刻「屬」作「属」，下「親屬洽和」「宗屬維嬰」並同。

**實鎮東土**〔十·四〇一八〕 游本「東土」誤「東上」。

**楚人圍我滎陽**〔十·四〇一八〕 游、正德、王、秦本「滎」作「榮」，下「率師抗山東滎陽」，游本亦作「榮」。

**給糧食不絶**〔十·四〇一八〕 舊刻「糧」作「糧」。

**嘉參不伐功矜能**〔十·四〇一八〕 百衲無「矜」字。中統「嘉」誤「言」。

**運筭帷幄之中**〔十·四〇一八〕 舊刻同，各本「筭」作「籌」。

**而勃反經合於權**〔十·四〇一九〕 中統、游、正德本「於」作「道」。程本「合」誤「各」。

**親屬洽和**〔十·四〇一九〕 凌本「洽」作「協」。

**文辭可觀**〔十·四〇一九〕　王、秦本「文」誤「又」。

**齊桓以霸**〔十·四〇一九〕　中統本「桓」誤「相」。

**景公以治**〔十·四〇一九〕　中統、游、正德本「以」作「亦」。

**韓非揣事情循埶理**〔十·四〇一九〕　百衲同，各本「埶」作「勢」。王、秦本「情循」二字誤作「循循」。

**非信廉仁勇**〔十·四〇一九〕　上文「在趙者以傳劒論顯」，晉灼注引《史記·吴起贊》曰：「非信仁廉勇，不能傳劒論兵書也。」《雜志》云：「今本『仁廉』二字倒轉，『劒論兵』三字上下錯亂，❶又脱去『書』字。」

**爰及子奢**〔十·四〇二〇〕　舊刻「及」誤「反」。

**作伍子胥列傳第六**〔十·四〇二〇〕　游本「伍」作「五」。

**咸爲師傅**〔十·四〇二〇〕　中統、游、正德本「傅」誤「傳」。

**作商君列傳第八**〔十·四〇二〇〕　百衲、中統、游本同，各本「商」作「商」。

**約從以抑貪彊**〔十·四〇二〇〕　程本「彊」作「强」。

**作張儀列傳第十**〔十·四〇二〇〕　百衲「傳」誤「傅」。

**苞一作施**〔十·四〇二〇〕　中統、游、正德本「施」作「䍦」。

**使諸侯歛手而事秦者**〔十·四〇二〇〕　中統、毛本「歛」作「斂」。

---

❶「字」字，原脱，據《讀書雜志》補。

**王翦之能**〔十・四〇二〇〕　「翦」爲「鬋」之俗字，下「作《白起王翦列傳》第十三」同，毛本此文誤「翥」，下不誤。各本「能」作「計」，惟百衲、舊刻與此同。

**爲齊扞楚魏**〔十・四〇二一〕　本「扞」誤「扜」。李本脱「齊」字。

**作廉頗藺相如列傳第二十一**〔十・四〇二一〕　毛本脱「列」字。

**收西河上黨之兵**〔十・四〇二二〕　毛本「西」誤「兩」。

**漢用得大司馬殷**〔十・四〇二二〕　游、正德本「大」誤「太」。

**卒破子羽於垓下**〔十・四〇二二〕　舊刻、凌本同，各本「垓」作「陔」。

**而韓信爲填潁川**〔十・四〇二二〕　百衲、王、柯、南雍、秦、凌、程、毛、殿本同，舊刻「潁」作「穎」，中統、游、正德、李本作「頴」，均非。

**作韓信盧綰傳第三十三**〔十・四〇二二〕　百衲、游、正德、凌本「韓」下有「王」字。

**又與之脱難**〔十・四〇二二〕　王本「又」字空格。

**作傅靳蒯成列傳第三十八**〔十・四〇二三〕　舊刻「傅」誤「傳」。《索隱》「蒯」作「蒯」，云：「其字音從崩邑。」❶《字類》一《補遺》：「《太史公自序》『鄘』又音浮，《漢書》作『蒯』，音陪。」是其所據本正作「鄘」，與《漢書》作「蒯」有别。

❶「音」，原作「言」，今改。

和約匈奴〔十・四〇二三〕　舊刻「匈」誤「匂」。

作袁盎朝錯列傳第四十一〔十・四〇二三〕　游、正德本「朝」作「晁」。

增主之明〔十・四〇二三〕　正德本「主」誤「王」。

作萬石張叔列傳第四十三〔十・四〇二三〕　游本「萬」作「万」。

守數精明〔十・四〇二三〕　百衲脱「守」字。

作韓長孺列傳第四十八〔十・四〇二四〕　各本「孺」作「孺」。

號令不煩〔十・四〇二四〕　毛本「煩」誤「順」。

破祁連〔十・四〇二四〕　毛本「祁」誤「神」。

唯弘用節衣食〔十・四〇二四〕　「弘」缺筆，下同。

而佗能集楊越〔十・四〇二四〕　舊刻、程、毛、殿本「楊」作「揚」。

納貢職〔十・四〇二四〕　王、柯、秦、李、凌本「貢」作「晢」，《志疑》云：「《史詮》曰：『湖本「貢」作「晢」，誤。』」《札記》云：「無此字。」

葆塞爲外臣〔十・四〇二四〕　舊刻、正德本「外」作「内」。

作西南夷列傳第五十六〔十・四〇二四〕　舊刻「夷」誤「吏」。

歸於無爲〔十・四〇二五〕　王、柯、秦、程本「無」作「无」。

**長孺矜焉**〔十・四〇二五〕　舊刻同，各本「孺」作「孺」。

**好之人稱長者**〔十・四〇二五〕　本「薦」誤「之」。

**作汲鄭列傳第六十**〔十・四〇二五〕　百衲、毛本「鄭」作「黯」。

**欲觀中國**〔十・四〇二五〕　毛本「觀」作「親」。

**一云不慨信**〔十・四〇二五〕　中統本「一」字空格。

**義者有取焉**〔十・四〇二五〕　中統本「取」誤「敢」。

**而獲親近**〔十・四〇二五〕　程本「親」誤「新」。

**一作總**〔十・四〇二六〕　王本「總」誤「緫」。

**作龜策列傳第六十八**〔十・四〇二六〕　《索隱》「策」作「筴」。

**維我漢繼五帝末流**〔十・四〇二六〕　中統、游本「繼」誤「維」。

**接三代統業**〔十・四〇二六〕　《文選・頭陁寺碑文》注引此「統業」作「絶業」。《雜志》云：「案『統業』當從《漢書》作『絶業』，字之誤也。」

**故司馬民世主天官**〔十・四〇二七〕　本「氏」誤「民」。《索隱》「世」作「代」。

**録秦漢**〔十・四〇二七〕　游本「秦」誤「奏」。

**下至于茲**〔十・四〇二七〕　王本「于」誤「干」，秦本誤「千」。

**律曆改易**〔十·四〇二七〕　毛本「曆」作「數」。舊刻「改」誤「故」。

**漢書音義曰**〔十·四〇二八〕　百衲及殿本上有「駰案」二字，下引衛宏《漢書舊儀》注，又引《漢書音義》，並同。

**老子言車三十輻運行無窮**〔十·四〇二八〕　中統、游本「無」作「无」。

**以奉主上**〔十·四〇二七〕　游、正德本「主」誤「王」。

**扶義俶儻**〔十·四〇二七〕　舊刻「儻」誤「黨」。

**爲太史公書**〔十·四〇二七〕　游本「公」誤「父」。

**以拾遺補蓺**〔十·四〇二七〕　《索隱》「蓺」作「藝」。

**整齊百家雜語**〔十·四〇二七〕　百衲「雜」作「雑」。

**俟後世聖人君子**〔十·四〇二七〕　《索隱》出「以俟後聖君子」六字，與《漢書·司馬遷傳》「以竢後聖君子」語正相合。❶《雜志》云：「今本無『以』字，有『世人』二字，皆後人所改也。」

**武帝怒而削去之**〔十·四〇二九〕　毛本「去」誤「云」。

**太史公曰**〔十·四〇二九〕　百衲、舊刻、毛本不提。

**至太初而訖**〔十·四〇二九〕　百衲、殿本「太」作「大」。

---

❶「竢」，原作「竣」，據《漢書》改。

**百三十篇**〔十・四〇二九〕　《索隱》出「凡百三十」四字，疑「百」上本有「凡」字。

**傅靳蒯列傳**〔十・四〇二九〕　中統、游、正德本脱「傳」字，❶「蒯」誤「前」。

**元成之間褚先生補缺**〔十・四〇二九〕　游、正德本「成」誤「城」。中統本「生」下空一格，游、正德本誤隔一圈。毛本「缺」作「闕」。

❶ 「傳」，原作「傅」，據上下文改。